高等学校"十四五"医学规划新形态教材
（药学类系列）

生物制药新兴领域
"十四五"高等教育教材

供药学类、中药学类、生物科学类、化学类、化工与制药类
及相关专业使用

天然药物化学

主　审　姚新生
主　编　宋少江　林厚文
副主编　张培成　刘宏伟　何祥久　陈国栋

编　者（按姓氏汉语拼音排序）

陈国栋	暨南大学	符雷蕾	西南交通大学
何祥久	广东药科大学	胡芳弟	兰州大学
李　宁	沈阳药科大学	林厚文	上海交通大学
刘宏伟	中国科学院大学	刘金平	吉林大学
宋少江	沈阳药科大学	王　超	大连医科大学
王凯波	中国药科大学	汪　锴	北京大学
余　斌	郑州大学	曾克武	北京大学
张培成	中国医学科学院北京协和医学院	张　琼	山西医科大学
张　伟	中国科学院海洋研究所		

中国教育出版传媒集团
高等教育出版社·北京

内容简介

本教材编写旨在夯实学生的天然药物化学基础知识，引导学生掌握天然药物化学研究的关键技术手段、各类天然产物的特点和研究开发策略。充分体现学科交叉融合创新的理念，引导学生探索基于多学科交叉的天然产物研究新策略，提升学生的实践能力和创新精神。

全教材分为四篇共20章。第一篇为天然药物化学的研究内容和技术手段，共4章，分别为绪论、天然药物的提取方法、天然产物的分离方法、结构研究法；第二篇为各类天然药物的研究，共11章，分别为天然产物生源途径与结构类型、糖类和苷、苯丙素、醌、黄酮、萜类和挥发油、三萜及其苷、甾体及其苷、生物碱、海洋天然药物、微生物天然药物；第三篇为天然药物创新药的研究策略，共2章，分别为天然药物的结构修饰与改造、天然药物创新药的研究；第四篇为天然药物化学生物学研究，共3章，分别为天然药物化学生物学概述、天然药物靶点发现方法学、天然药物调控靶点结构、功能及细胞分子机制的研究。

本教材图文并茂、内容精炼。教材以融合创新的思路，将信息技术与教材建设、课程建设融合。以数字链接的形式，展现"学习目标""教学课件""微视频""自测题""拓展阅读""案例探讨"等内容资源，以期展现出"新形态"的特色。

本教材主要供药学类、中药学类、生物科学类、化学类、化工与制药类及相关专业学生使用。

图书在版编目（CIP）数据

天然药物化学 / 宋少江，林厚文主编. -- 北京：高等教育出版社，2025.9. -- ISBN 978-7-04-063364-1

I. R284

中国国家版本馆 CIP 数据核字第 2024E54X29 号

Tianran Yaowu Huaxue

项目策划　吴雪梅　张映桥

策划编辑　张映桥　　责任编辑　张映桥　　封面设计　李卫青　　责任印制　高峰

出版发行	高等教育出版社	网　　址	http://www.hep.edu.cn
社　　址	北京市西城区德外大街4号		http://www.hep.com.cn
邮政编码	100120	网上订购	http://www.hepmall.com.cn
印　　刷	固安县铭成印刷有限公司		http://www.hepmall.com
开　　本	850mm×1168mm 1/16		http://www.hepmall.cn
印　　张	31.25	版　　次	2025年9月第1版
字　　数	861千字	印　　次	2025年9月第1次印刷
购书热线	010-58581118	定　　价	79.80元
咨询电话	400-810-0598		

本书如有缺页、倒页、脱页等质量问题，请到所购图书销售部门联系调换
版权所有　侵权必究
物　料　号　63364-00

数字课程（基础版）

天然药物化学

主　编　宋少江　林厚文

abooks.hep.com.cn/63364

使用方法：

1. 电脑或移动设备访问课程网站。
2. 注册并登录后，进入"个人中心"。
3. 刮开图书封底防伪码涂层，通过扫描二维码或手动输入 20 位密码，完成防伪码绑定。
4. 绑定成功后，即可开始本数字课程的学习。

如有使用问题，请点击页面下方的"疑问"按钮。

"天然药物化学"数字课程编委会

主　　编　李　宁
副 主 编　洪丽莉

编　　者（按姓氏汉语拼音排序）
　　　　白　明　沈阳药科大学
　　　　陈保送　天津科技大学
　　　　崔　方　兰州大学
　　　　郭　睿　山西医科大学
　　　　洪丽莉　上海交通大学
　　　　黄　帅　西南交通大学
　　　　李　宁　沈阳药科大学
　　　　逯颖媛　北京大学
　　　　刘玉霜　中国药科大学
　　　　宋宜辉　郑州大学
　　　　王翠竹　吉林大学
　　　　王高乾　暨南大学
　　　　王宜海　广东药科大学
　　　　王营杰　沈阳药科大学
　　　　王　涛　中国科学院大学
　　　　武玉卓　大连医科大学
　　　　杨桠楠　中国医学科学院北京协和医学院

序

中华民族运用天然药物防治疾病的智慧源远流长。从《神农本草经》到《本草纲目》，从麻黄素平喘到青蒿素抗疟，数千年来，我们的祖先以生命实践积累了丰富的药物经验。作为一门将传统药用经验与现代科学技术相融合的学科，天然药物化学承载着解析天然药物化学本质、发掘药用价值、推动新药创制的重要使命。值此新版教材付梓之际，我想与青年药学同仁分享这门学科的历史积淀、当代发展与未来期许。

天然药物化学的勃兴，始终与新技术的突破和人类健康需求紧密相连。十九世纪，从鸦片中分离出单体化合物吗啡，掀开了天然产物化学研究的序幕；二十世纪四十年代，从放线菌中发现链霉素，开启了抗生素拯救生命的时代；而我国科学家屠呦呦从东晋葛洪《肘后备急方》汲取灵感，成功分离青蒿素，更彰显了传统知识与现代科学交融的巨大潜力。这些里程碑昭示着：天然药物既是古老的智慧，更是创新的源泉。

在我七十年的教研生涯中，亲身经历了这门学科的飞速变迁。1955年从东北药学院（现沈阳药科大学）毕业后留校任教，我深切体会到提取分离技术的革新如何重塑研究范式——从早年依赖溶剂萃取和柱色谱，到高效液相色谱、超临界流体色谱的普及，再到质谱联用与超导核磁共振技术的突破，使得微量、复杂天然产物的快速精准解析成为可能。这些进步不仅推动我们发现新活性分子，更让天然药物化学从经验科学走向理性设计。

"天然药物化学"是药学本科生的必修课。本课程始终遵循立足基础、追踪前沿、服务实践三大原则。以不同类型天然产物为主线构建知识框架，系统阐释其理化性质、提取分离及结构鉴定方法。既符合天然产物的生源合成规律，亦便于学生建立"结构–活性–方法"的关联思维。较之既往版本，本版教材进行了重要革新，增加了天然药物化学生物学概述，天然药物靶点发现方法学，天然药物调控靶点结构、功能及细胞分子机制的研究等前沿内容，充分体现学科交叉融合创新的理念，引导学生探索基于多学科交叉的天然产物研究新策略，提升学生的实践能力和创新精神。

今日的天然药物化学正经历深刻变革：单细胞代谢组学让微量植物组织的成分分析成为现实，基因簇挖掘技术加速了活性分子生物合成途径的解析，人工智能更在重新定义药物发现范式。面对如此激荡的时代，我希望青年学子能永葆好奇之心，坚守求实之志，师法自然，守正创新。

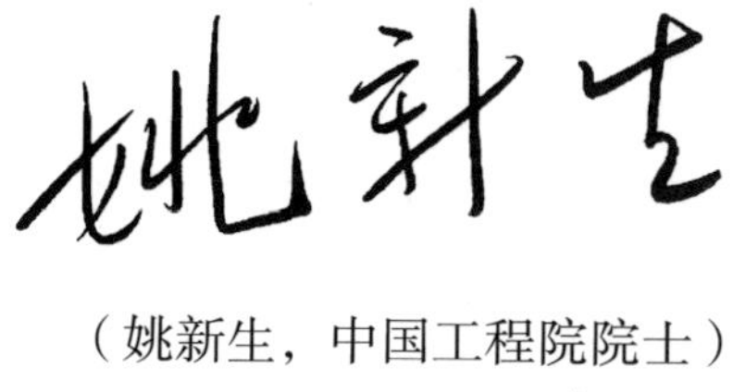

（姚新生，中国工程院院士）

2025年6月

前　言

医药创新已经成为中国进入创新型国家的重要标志，成为中国经济高质量发展的重要领域。目前，我国药物研究和产业发展正进入创新跨越新阶段，但创新药物研发还存在诸多瓶颈和短板。党和政府多次强调，要加强医药人才培养，集中力量加快解决药品、医疗器械、医用设备、疫苗等领域"卡脖子"问题。

为认真贯彻落实党的二十大报告对教材建设与管理作出的新部署、新要求，全面推进习近平新时代中国特色社会主义思想和党的二十大精神进教材，打造一批将信息技术与教育教学深度融合的药学类专业本科新形态教材，助力高校"懂医精药、善研善成"的药学人才培养，高等教育出版社启动了高等学校"十四五"医学规划新形态教材（药学类系列）建设工作。

受高等教育出版社委托，我们联合国内长期从事天然药物化学科研及教学工作的专家、学者，编写了这本《天然药物化学》新形态教材。姚新生院士担任教材主审，宋少江教授、林厚文教授联合主编。

本教材旨在夯实基础，引领前沿，探索学科交叉融合创新。体现以学生为中心的教学理念，着力培养学生的创造性思维及发现问题和解决问题的能力。内容精练，言简意赅，图文并茂。

全书按照基础、提高、拓展、创新的递进思路进行编写，整体分为四篇。第一篇为天然药物化学的研究内容和技术手段，共4章，分别为：绪论，天然药物的提取方法，天然产物的分离方法，结构研究法；第二篇为各类天然药物的研究，共11章，分别为：天然产物生源途径与结构类型，糖类和苷，苯丙素，醌，黄酮，萜类和挥发油，三萜及其苷，甾体及其苷，生物碱，海洋天然药物，微生物天然药物；第三篇为天然药物创新药的研究策略，共2章，分别为：天然药物的结构修饰与改造，天然药物创新药的研究；第四篇为天然药物化学生物学研究，共3章，分别为：天然药物化学生物学概述，天然药物靶点发现方法学，天然药物调控靶点结构、功能及细胞分子机制的研究。力争提升学生的创新能力。

教材以融合创新的思路，将信息技术与教材建设、课程建设融合。以数字链接的形式，展现"学习目标""教学课件""微视频""自测题""拓展阅读""案例探讨"等内容资源，以期展现出"新形态"的特色。

本教材主要供药学类、中药学类、生物科学类、化学类、化工与制药类及相关专业学生使用。教材的编写得到了各参编单位及出版社的大力支持，在此表示衷心的感谢！由于编者水平有限，在教材编写过程中难免存在诸多不足，衷心希望广大读者批评指正。

宋少江　林厚文
2024年12月

目 录

第一篇 天然药物化学的研究内容和技术手段

第一章 绪论 ……………………………… 3
第二章 天然药物的提取方法 …………… 9
第三章 天然产物的分离方法 …………… 15
 第一节 传统分离方法 ………………… 15
 第二节 导向分离技术 ………………… 31
第四章 结构研究法 ……………………… 38
 第一节 化合物的纯度确定 …………… 38
 第二节 结构研究的主要方法 ………… 39
 第三节 结构解析的主要程序 ………… 52

第二篇 各类天然药物的研究

第五章 天然产物生源途径与结构类型 … 59
 第一节 概述 …………………………… 59
 第二节 生物合成的基本构建单元与基本反应 …………………………… 60
 第三节 天然产物生物合成途径 ……… 61

第六章 糖类和苷类化合物 ……………… 73
 第一节 概述 …………………………… 73
 第二节 糖类和苷类化合物的分类 …… 76
 第三节 糖类化合物的理化性质 ……… 88
 第四节 糖类化合物的提取分离 ……… 95
 第五节 糖类化合物的鉴定及结构解析 … 100
 第六节 糖类化合物的生物活性 ……… 109
 第七节 糖类化合物提取研究实例 …… 111

第七章 苯丙素类化合物 ………………… 114
 第一节 概述 …………………………… 114
 第二节 苯丙素类化合物的结构类型与理化性质 …………………………… 116
 第三节 苯丙素类化合物的提取分离 … 127
 第四节 苯丙素类化合物的结构鉴定 … 130
 第五节 苯丙素类化合物的生物活性 … 136
 第六节 苯丙素类化合物的研究实例 … 138

第八章 醌类化合物 ……………………… 141
 第一节 概述 …………………………… 141
 第二节 醌类化合物的结构类型与理化性质 …………………………… 142
 第三节 醌类化合物的提取分离 ……… 149
 第四节 醌类化合物的结构鉴定 ……… 151
 第五节 醌类化合物的生物活性 ……… 158
 第六节 醌类化合物的研究实例 ……… 159

第九章 黄酮类化合物 …………………… 162
 第一节 概述 …………………………… 162
 第二节 黄酮类化合物的结构类型与理化性质 …………………………… 163
 第三节 黄酮类化合物的提取分离 …… 178
 第四节 黄酮类化合物的结构鉴定 …… 180
 第五节 黄酮类化合物的生物活性 …… 197
 第六节 黄酮类化合物的研究实例 …… 201

第十章 萜类化合物和挥发油 …………… 205
 第一节 萜类化合物概述 ……………… 205
 第二节 萜类化合物的结构类型与理化性质 …………………………… 206
 第三节 萜类化合物的提取分离 ……… 224

第四节 萜类化合物的结构鉴定 ……… 225
第五节 萜类化合物的生物活性 ……… 225
第六节 萜类化合物的研究实例 ……… 227
第七节 挥发油 …………………………… 230

第十一章 三萜及其苷类化合物 ……… 235
第一节 概述 …………………………… 235
第二节 三萜及其苷类化合物的结构
类型与理化性质 ……………… 236
第三节 三萜及其苷类化合物的提取分离 … 250
第四节 三萜及其苷类化合物的结构鉴定 … 252
第五节 三萜及其苷类化合物的生物活性 … 257
第六节 三萜类化合物的研究实例 …… 259

第十二章 甾体及其苷类化合物 ……… 265
第一节 概述 …………………………… 265
第二节 强心苷类化合物 ……………… 266
第三节 甾体皂苷类化合物 …………… 277
第四节 其他甾体类化合物 …………… 285
第五节 甾体及其苷类化合物的研究实例 … 288

第十三章 生物碱类化合物 …………… 293
第一节 概述 …………………………… 293
第二节 生物碱类化合物的结构类型和

生源关系 …………………… 296
第三节 生物碱类化合物的理化性质 … 308
第四节 生物碱类化合物的提取与分离 … 317
第五节 生物碱的结构鉴定 …………… 324
第六节 生物碱类化合物的生物活性 … 328
第七节 生物碱类化合物的研究实例 … 334

第十四章 海洋天然药物 ……………… 336
第一节 概述 …………………………… 336
第二节 海洋天然药物的结构类型与
生物活性 …………………… 339
第三节 海洋天然药物的生物合成 …… 366
第四节 海洋天然药物的研究实例 …… 368

第十五章 微生物天然药物 …………… 378
第一节 概述 …………………………… 378
第二节 微生物的采集、分离、鉴定、
发酵和菌种保藏 …………… 380
第三节 微生物天然药物的来源及结构
特点 ………………………… 383
第四节 微生物天然药物的生物合成 … 391
第五节 微生物天然药物的生物活性及
作用机制 …………………… 395
第六节 微生物天然药物的研究实例 … 401

第三篇 天然药物创新药的研究策略

第十六章 天然药物的结构修饰与改造 … 409
第一节 天然药物结构修饰策略 ……… 409
第二节 改善天然药物药代动力学性质 … 413
第三节 提高天然药物的化学稳定性 … 415
第四节 天然药物减毒增效的结构修饰 … 417

第十七章 天然药物创新药的研究 …… 420
第一节 概述 …………………………… 420
第二节 天然药物创新药的研究方法 … 423
第三节 天然药物创新药的开发过程 … 425
第四节 天然药物创新药研究实例 …… 428

第四篇 天然药物化学生物学研究

第十八章 天然药物化学生物学概述 … 437
第一节 天然药物作用靶点 …………… 437
第二节 基于蛋白质靶点的天然药物
化学生物学 ………………… 440
第三节 基于核酸靶点的天然药物化学
生物学 ……………………… 441

第四节 基于肠道微生物靶点的天然药物
化学生物学 ………………… 443

第十九章 天然药物靶点发现方法学 … 446
第一节 基于经典亲和纯化策略的蛋白质
靶点发现 …………………… 446

第二节 基于蛋白质微阵列策略的蛋白质
 靶点发现 …………………………… 448
第三节 基于点击化学策略的蛋白质靶点
 发现 ………………………………… 451
第四节 基于非标记策略的靶点蛋白
 发现 ………………………………… 453
第五节 基于生物学信息分析策略的
 核酸靶点发现 ……………………… 457
第六节 基于基因组测序策略的核酸
 靶点发现 …………………………… 459
第七节 基于功能培养组学策略的肠道
 微生物靶点发现 …………………… 462
第八节 靶点发现前沿技术展望 ………… 464

**第二十章 天然药物调控靶点结构、功能
 及细胞分子机制的研究** ……… 470
第一节 天然药物对靶点蛋白结构与
 功能的调控研究 …………………… 470
第二节 天然药物对靶点蛋白介导的
 细胞信号通路的调控 ……………… 475
第三节 天然药物作用于核酸靶点的
 结构与功能研究 …………………… 477
第四节 天然药物对肠道微生物靶点的
 调控与功能研究 …………………… 482

参考文献 ………………………………………… 484

第一篇

天然药物化学的研究内容和技术手段

第一章 绪 论

编者导学

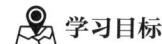
学习目标

思维导图

天然药物是药物研发的基础，更是药学发展的重要基石。人类应用天然药物有着悠久的历史。自古以来，在获取食物和与疾病做斗争的过程中，人类通过以身试药等途径，对天然药物的应用积累了丰富的经验，逐渐发展形成了具有各民族和区域特色的天然药物，天然药物为人类的健康和社会的发展作出了巨大的贡献。

一、天然药物化学的基本含义和研究内容

（一）基本含义

天然药物化学（natural medicinal chemistry）是运用现代科学理论与方法研究天然药物中化学成分的一门学科。天然药物是一个广义的概念，它的来源包括植物、动物、矿物和微生物，并以植物为主，种类繁多。在我国，中草药是天然药物的重要组成部分，更具有自己的特色，与中医一起构成了中华民族文化的瑰宝，也是全人类的宝贵遗产。

与天然药物化学相近的学科有植物化学、中药化学等，它们的研究内容有很多相似之处，但侧重点各有不同。如植物化学（phytochemistry）是研究植物代谢产物的成分、结构、分布规律的科学，与中药有效成分、植物系统分类有密切关系，是一门交叉学科。而中药化学（chemistry of traditional Chinese medicine），虽然研究对象也以植物化学成分为主，但其研究的目的则是通过应用化学的理论和技术阐明传统中药的科学内涵，从化学成分的角度诠释中药临床治疗疾病的有效物质，以及物质基础与中药性味、归经的关系。与上述学科相比，天然药物化学则更注重生物活性，更注重将化学研究与药理学研究紧密结合，并贯穿始终。

（二）研究内容

天然药物化学的研究内容非常广泛，包括各类天然药物的化学成分（主要是生物活性成分或药效成分）的结构特征、物理化学性质、提取分离方法、结构鉴定方法及生物活性，同时也研究化学成分的生物合成规律与途径，以及有效成分在生物体内或采收、储存过程中的动态变化规律及相互转化规律，为实现天然产物的主动获取及高产奠定基础。此外，还研究活性成分的构效关系，发现先导化合物，并对其进行结构修饰和改造，为获得疗效更高、选择性更好、毒性和副作用更低、安全性更好的新药奠定基础。

天然药物化学研究的最终目的是发现有药用价值的天然化合物，为创制新药奠定基础。具有生物活性或药理作用的化学成分是我们关注的重点，这就需要我们确定有关化学成分的活性属性，主要涉及有效成分、有效部位、生物活性成分等概念。

有效成分是指天然药物中具有一定的生物活性、能代表天然药物临床疗效的单一化合物。例如，中药麻黄（Ephedra spp.）的地上全草的有效成分左旋麻黄碱［(-)-ephedrine］，具有平喘、解痉作用；中药黄连（Coptis chinensis）的根茎具有清热燥湿、泻火解毒的功效，其中小檗碱（berberine）是黄连的有效成分，具有抗菌消炎作用。有效部位，则是指天然药物中的一类或几类化学成分作为有效成分时，该一类或几类化学成分的混合体即被认为是有效部位，如人参总皂苷。

麻黄碱　　　　　　　　小檗碱

生物活性成分是指具有一定生物活性的化学成分，但这种生物活性不完全与相应的药用植物或传统中药临床功效一致，甚至完全不相关。如黄瑞香（Daphne giraldii Nitsche）根皮及茎皮一般具有祛风通络，祛瘀止痛的功效，而从其中分离得到的 3-甲氧基-4',5,7-三羟基-3',8-二异戊烯基黄酮（daphnegiravone D）具有显著的抗肿瘤作用。虽然与黄瑞香的传统功效不相符，但可认为是其生物活性成分。生物活性成分虽然不能完全解释天然药物的临床功效，但为发现具有新活性的天然药物分子奠定了基础，是天然药物化学研究中很重要的部分。

3-甲氧基-4',5,7-三羟基-3',8-二异戊烯基黄酮

在我国，天然药物通常是指传统的中药，由于古代称其为"本草"，且中药里很大一部分都是植物类药物，所以又称中草药，是我国天然药物化学工作者的主要研究对象。我国中医药经历了几千年的发展，逐步形成了完整的医学理论，为发现具有药用价值的天然化合物提供了丰富的临床经验，构成了中国天然药物化学研究的优势和特色。

二、天然药物化学的发展简史

（一）国外天然药物化学发展概况

从人类文明的启蒙期，各民族人民就开始认识并利用天然药物，各国的民族民间草药是典型代表，天然药物化学即发源于此。据国外文献记载，从天然药物中分离其中所含的有机化合物成分，始于 1769 年舍勒（Carl Wilhelm Scheele）将酒石（酒石酸氢钾）转化为钙盐，再与硫酸反应制得酒石酸（tartaric acid）。后来，舍勒又用类似方法从天然物中得到了苯甲酸（benzoic acid）、乳酸（lactic acid)、苹果酸（malic acid）、没食子酸（gallic acid）等有机酸类物质。

苯甲酸　　　　　乳酸　　　　　苹果酸　　　　　没食子酸

1806年，德国学者赛尔杜纳（Friedrich Serturner）从鸦片中分离得到了吗啡（morphine），开创了以生物碱为代表的天然药物化学和有机化学研究，被认为是现代天然药物化学的开端。其后有多个生物活性显著的生物碱被相继发现，如士的宁（strychnine）、奎宁（quinine）、可卡因（cocaine）和麻黄碱（ephedrine）等。

吗啡　　　　　士的宁　　　　　奎宁　　　　　可卡因

20世纪50年代，磺胺类化合物等合成药物得到爆发式发展，这一时期成为化学合成药物的黄金时代。然而，一些较严重的药源性损害不断涌现，其中影响最大的是20世纪60年代初震惊世界的"反应停"事件，造成万例以上的短肢畸胎。当年的"反应停"是沙利度胺（thalidomide）的外消旋体混合物，用以治疗妊娠呕吐，随后的研究发现其R型异构体具有良好的镇静和止吐作用，而S型异构体则具有强烈的致畸作用。这时人们又将目光重新转向天然来源的化学成分，认为天然药物经过长时间的临床验证，是全人类的宝贵遗产，从其中发现和发展新药的风险小、成功率高，于是又掀起了天然药物化学研究的热潮。而青霉素的偶然发现和成功上市不但扩大了天然药物的研究范围，同时也加快了其发展速度。

沙利度胺　　　　　青霉素

1952年从印度民间草药蛇根木（*Rauvolfia serpentina*）的根中发现了具有较高治疗指数的降压药利血平（reserpine），1954年确定其结构，1956年完成全合成，这被认为是现代天然药物化学研究兴盛的开始。1958年美国科学家从长春花（*Catharanthus roseus*）中发现具有抑制肿瘤细胞微管聚合活性的长春碱（vinblastine），随后又发现了长春新碱（vincristine），1963年投入市场，给美国制药企业带来了3 000万美元的年销售收入。1972年从非洲的卵叶美登木（*Maytenus hookeri*）中首先分离得到具有抗肿瘤作用的美登碱（maytansine），临床上对肺癌疗效较好。1969年美国科学家从太平洋红豆杉（*Taxus brevifolia*）中分离得到紫杉醇（taxol），1971年确定其结构，1992年美国FDA批准其用于卵巢癌和乳腺癌的临床治疗，紫杉醇被誉为20世纪最令人瞩目的抗肿瘤药物。

利血平　　　　　　　　　紫杉醇

天然药物化学的发展离不开现代科学技术的进步。过去，一个天然化合物从天然药物中分离、纯化，到结构确定、人工合成需要很长的时间。以吗啡为例，其于1804—1806年被发现，1925年提出正确结构，1952年实现人工全合成，总共花了约150年时间。而利血平从发现、确定结构，到人工全合成，只用了几年时间。近30年来，由于各种色谱技术及谱学技术的进步和广泛应用，天然药物化学的发展取得了更为显著的进步，研究工作的速度大大加快，水平大大提高，研究工作的深度与广度也已今非昔比。另外，过去在测定一个化合物结构时，往往需要用化学方法进行降解或制成适当衍生物进行比较才有可能予以确认，因此一般需要至少几百毫克甚至几克的纯物质，十几毫克乃至几十毫克的物质往往因为无法测定而被束之高阁。现在，由于科学技术的飞速发展，尤其是核磁共振（nuclear magnetic resonance，NMR）、质谱（mass spectrum，MS）等设备在性能及测试技术方面的大幅度改善，以及量子计算化学的广泛运用，结构测定需要的样品量已大幅度降低，十几毫克甚至几毫克就可以完成结构测定工作。相对分子质量在1 000以下的大多数天然化合物甚至单用NMR测试技术就可以确定其结构。有的微量成分，相对分子质量虽然很大，结构也相当复杂，但只要能得到良好的单晶（每边不少于0.1 mm），则单独利用X射线单晶衍射就可以在几天之内确定整个分子的立体结构。除了超微量物质的分离及结构测定技术有明显的进步外，天然化合物合成研究也迎来了蓬勃发展的时代。天然化合物合成在30年前多为结构测定过程中的一种辅助手段，而且由于缺乏特异性的立体反应，含有多个不对称碳原子的化合物的合成几乎不可能进行。最近，以金属有机化合物为主，先后开发了许多特殊的合成试剂及合成技术，含多个不对称碳原子的天然化合物的合成也已成为研究的目标，立体选择性合成已经取得了明显的进步，具有复杂结构的植物抗癌药物紫杉醇的全合成就是突出的例子。

（二）我国天然药物化学发展

天然药物的应用在我国有着数千年的历史，古代本草的著作中记载着诸多关于中药、天然药物化学成分研究的描述。明代李梴的《医学入门》（1575）中记载了用发酵法从五倍子（Rhus chinensis）中得到没食子酸的过程，书中谓"五倍子粗粉，并矾、曲和匀，如作酒曲样，入瓷器遮不见风，候生白取出"，是世界上最早制得的有机酸，比瑞典化学家舍勒的发明早了二百多年。又如樟脑的记载在中国最早见于1170年洪遵著的《洪氏集验方》一书，后由马可·波罗传至西方。《本草纲目》卷34下详尽记载了用升华法等制备、纯化樟脑的过程。而欧洲直至18世纪下半叶才提出了樟脑纯品。1765年在《本草纲目拾遗》中就有关于乌头碱（aconitine）的制备和毒性的记载：取新鲜草乌汁，经沉淀、过滤，清液置碗中日晒蒸发，至瓶口现"黑沙点子"；再放炉内低温蒸发，直到下层为稠膏，上层现白如砂糖状的结晶。由此可见，古代中国的医药化学与其他自然科学一样，在世界上居于领先地位，故有"医药化学源于中国"的高度评价，这是作为后人的我们应当引以为豪的。

樟脑　　　　　　　　乌头碱

尽管我国中医药理论博大精深、蕴涵丰富并且有着悠久的历史，但直到20世纪20年代，我国天然药物化学先驱赵承嘏先生等科学家才开始运用近代化学方法研究中药、天然药物，先后对延胡索、防己、贝母等多种中药中的有效成分进行研究，其中成就最大的是对麻黄碱的研究。1923年，我国现代药理学先驱陈克恢先生从麻黄中分离出麻黄碱纯品，并通过药理作用和临床疗效研究证实其具有平喘作用，使麻黄碱成为世界范围治疗哮喘病的常用药物，同时奠定了我国天然麻黄碱制药工业的基础。在最初的三四十年中，我国科学家虽然在中草药有效成分和药理作用方面开展了一些艰苦的工作，但突破性成果不多。

新中国成立以来，党和政府高度重视中医药和天然药物化学的发展。特别是改革开放以来，"中药现代化"的号召推动中药和天然药物化学进入蓬勃发展的新时代。我国科学家从传统中药中发现了小檗碱、穿心莲内酯（andrographolide）、青蒿素（artemisinin）等至今仍在临床一线使用的药物。其中青蒿素是我国科学家在20世纪70年代从中药黄花蒿（*Artemisia annua*）中获得的新型带过氧基团的倍半萜内酯化合物。该化合物作用机制独特，打破了以前抗疟药均是含氮杂环化合物的框架，在疟疾治疗史上是继氯喹之后的又一重大突破。为了提高其药效和改善其溶解性，科学家对青蒿素进行了结构修饰。2015年，中国科学家屠呦呦因对青蒿素研究的贡献而获得诺贝尔生理学或医学奖。这是中国科学家因在中国本土进行的科学研究而首次获诺贝尔奖，是中国医药学界迄今为止获得的最高奖项，是中医药为人类做出的巨大贡献。

穿心莲内酯　　　　　　青蒿素

我国有着丰富的天然药物资源，在临床应用等许多方面更有着丰富的经验积累，天然药物是一个亟待发掘、整理、提高的巨大宝库。中华人民共和国成立以来，尤其近二十年来，与其他各项科学事业一样，天然药物化学迎来了蓬勃发展的新时代。"中西医药结合创造新医学、新药学"的号召及防病治病、开发新药的需要有力地推动着天然药物化学研究工作的深入发展及天然药物产品的新药开发研制工作。目前，除原有的中国科学院上海药物研究所、昆明植物研究所，中国医学科学院药物研究所及药用植物研究所外，全国各地的医药院校、卫生部门几乎也都普遍设立了从事天然药物化学研究的机构。天然药物化学已成为我国改革开放以后国际学术交流最活跃的领域之一，很多学者赴发达国家学习交流，回国后为我国天然药物化学科研和教学作出了巨大贡献。

拓展阅读　五味子丙素的发现及发展历程

拓展阅读　麻黄碱的发现及发展历程

三、天然药物化学研究的未来

当前天然药物化学研究已经进入了一个新的时期，传统的研究内容，即天然化合物的提取分离、结构测定、生物活性筛选，已经成为天然药物化学实验室的常规工作。未来的天然药物化学研究一方面需要拓展研究资源，寻找新的资源；另一方面需要拓展研究思路，实现学科交叉融合。

天然药物化学的研究对象和内容正在日益扩大，研究对象已从传统的陆生动植物逐渐向陆地土壤微生物、海洋动植物、无脊椎动物、海洋微生物等发展。例如，美国科学家在缅因州的土壤内发现了一种名为teixobactin的抗生素，它是近30年来发现的第一种新型抗生素，可以杀死耐甲氧西林金黄色葡萄球菌（MRSA）等多种致命病原体。它与其他主要攻击细菌蛋白质的多数抗生素不同，它主要通过破坏细菌的细胞壁来消灭细菌，病原体很难对其发展出抗药性，它的出现有望成为人类打败细菌抗药性的"超级武器"。

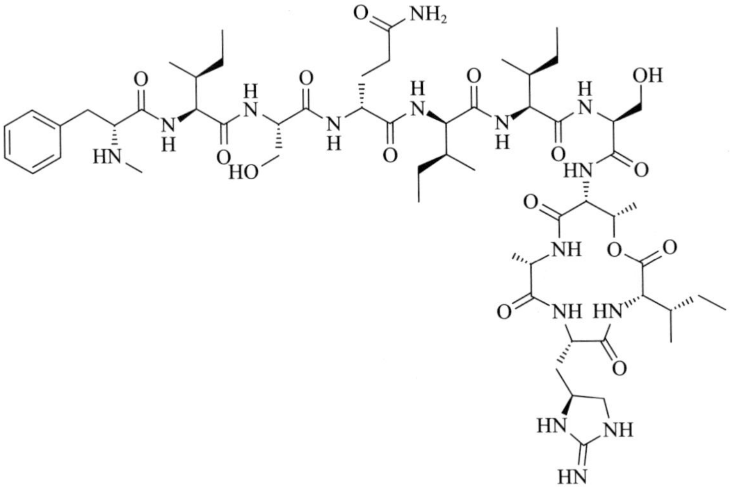

teixobactin

天然药物化学研究的最终目的是实现天然化合物的药用价值，但大多需要对天然化合物进行结构修饰。这就需要与药理学、有机合成化学、应用生物学等学科密切合作。在化学研究方面，应该密切结合一些现代分析手段，如高效液相色谱-质谱联用仪（high performance liquid chromatography-mass spectrometer，HPLC-MS）等现代高新技术，研究清楚其中的常量成分和微量成分；在化学成分体内过程研究中，应用多组分、多成分的药代动力学与药效动力学相结合的方法；在生物活性研究中，使用病证结合、以病为主的动物模型跟踪确定与药物临床疗效一致的成分，并力求引入代谢组学、蛋白质组学这些复杂体系研究的系统生物学方法。

（宋少江）

数字资源详见　新形态教材网

学习目标　思维导图　思政元素　案例探讨　参考文献
微视频　拓展阅读　本章小结　自测题　教学课件

第二章
天然药物的提取方法

编者导学

学习目标

思维导图

　　天然药物化学的研究是从有效成分或生理活性化合物的提取、分离工作开始。提取就是从药材原料中获得有效成分的操作。适宜的提取方法，是后续分离工作的重要基石，选择理想的提取方法将有效地简化后续的分离工作。因此，在对药材提取之前，应对所用材料的基源（如动、植物的学名）、产地、药用部位、采集时间与方法等进行考察，系统查阅文献，充分了解、利用前人的经验，并通过小试，对选取的方法进行验证。

　　药材提取的实质是溶质从固相向液相的传质过程。提取过程一般可分为三个步骤：①溶剂向药材内部的渗透和药材的润湿；②药材内部溶质的溶解；③溶质从药材内部向药材表面及由药材表面向溶液主体的扩散。因此，两相间的浓度差、提取温度、提取时间等是影响提取效率的主要因素。常用的提取方法有溶剂提取法、水蒸气蒸馏法、升华法等。近年来随着科学技术的不断发展，涌现出了许多现代化的提取方法，如超临界提取技术、超声提取技术、微波提取技术、罐组逆流提取技术、常温高压提取技术、酶提取法、分子印迹技术、半仿生提取法、液膜提取法等。这些新技术的应用，不仅加快了提取过程，而且提高了提取效率。本章主要讨论药物提取的常用方法及其对应的原理和应用。

一、溶剂提取法

　　溶剂提取法系选择适当溶剂将中草药中的化学成分从药材中提取出来。如无特殊要求，药料须经干燥并适当粉碎，以增大与溶剂的接触表面，提高提取效率。一般可将固体药材按提取所用溶剂的极性递增方式依次进行提取，如石油醚或汽油（可提出油脂、蜡、叶绿素、挥发油、游离甾体及三萜类化合物），三氯甲烷或乙酸乙酯（可提出游离生物碱、有机酸及黄酮、香豆素的苷元等中等极性化合物），丙酮或乙醇、甲醇（可提出苷类、生物碱盐及鞣质等极性化合物），水（可提取氨基酸、糖类、无机盐等水溶性成分）。得到的各个馏分经活性测试确定有效部位后再做进一步分离。另外，也可将药材直接用乙醇、含水乙醇或含水丙酮提取，提取液浓缩成膏，拌以硅藻土等辅料，减压干燥成粉后，再用上述不同溶剂进行分步处理。

　　1. 溶剂提取法原理　溶剂提取法是根据"相似相溶"原理进行，选用对有效成分溶解度大，而对杂质成分溶解度小的溶剂，将有效成分从药材中溶解出来的方法。中药的有效成分在溶剂中的溶解度与其自身及溶剂的理化性质有关。对于有效成分来说，两种基本母核相同的成分，其分子中官能团的极性越大或者极性官能团数目越多,则分子的极性就越大,亲水性就越强;非极性部分越大或者碳链越长,则极性越小,亲脂性越强。植物成分中萜类、甾体等脂环类及芳香类化合物因为极性较小,易溶于三氯甲烷、乙醚等亲脂性溶剂中;而糖苷、氨基酸等成分极性较大,则易溶于水及含水醇中;至于酸性、碱性及两性化合物,因为存在状态(分子或离子形式)随溶液pH不同而异,故溶解度将随pH的改变而改变。根据有效成分结构的分析,通过其极性的大小可以选择合适的溶剂进行提取,常见溶剂的极性强弱顺序如下:石油醚(低沸点→高沸点)<二硫化碳<四氯化碳<三氯乙烯<苯<二氯甲烷<乙醚<三氯甲烷<乙酸乙酯<正丁醇<丙酮<乙醇<甲醇<乙腈<水<吡啶<醋酸。

2. 溶剂提取法 溶剂提取法按照是否加热可分为冷提和热提两种方式,按照具体操作可分为以下几种方法。

(1)浸渍法:在常温或低热(<80℃)条件下用合适的溶剂浸渍药材以溶出其中成分的方法。本法适用于植物中有效成分遇热不稳定或含大量淀粉、树胶、果胶、黏液质的药材提取。但本法出膏率低,需要特别注意的是当水作为溶剂时,其提取液容易发霉变质,须加入适当的防腐剂。

(2)渗漉法:通过不断向粉碎的原料中添加新鲜溶剂,使其渗过药材,自上而下从渗漉筒下端流出浸出液的一种方法(图2-1)。渗漉法属于动态浸出,溶剂利用率高,有效成分浸出完全。该方法适用于贵重药材、毒性药材及高浓度制剂,同时也适用于有效成分含量较低的药材提取;不适用于新鲜易膨胀和无组织结构的药材。该方法常选用不同浓度的乙醇作为溶剂,使用时应注意溶剂的挥发。渗漉法消耗的溶剂量大,耗时长,操作比较麻烦。

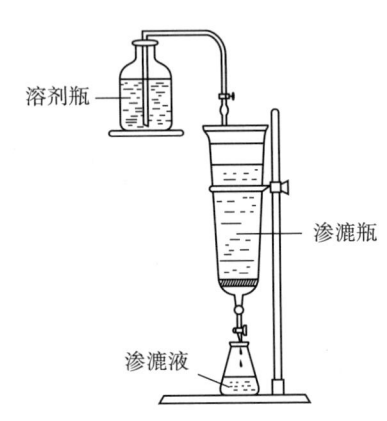

图 2-1 简单渗漉装置

(3)煎煮法:将药材中加入水后加热煮沸,将有效成分提取出来的方法,也称"水煮法"或"水提法"。该方法适用于有效成分能溶于水,且对湿、热均稳定的成分提取。此方法操作简便,但含挥发性成分或有效成分遇热易分解,以及含淀粉、黏液质、糖类化合物等成分较多的药材不宜使用。

(4)回流提取法:使用易挥发的有机溶剂加热回流提取药材的方法(图2-2)。加热提取时使用了回流装置,有效减少溶剂的蒸发损失。该方法对热不稳定成分不适用。

(5)连续回流提取法:该法弥补了回流提取法中溶剂消耗量大、操作繁琐的不足。实验室通常使用索氏(沙氏)提取器来完成本法操作(图2-3),但此法时间较长,对于受热易分解的成分不适用。

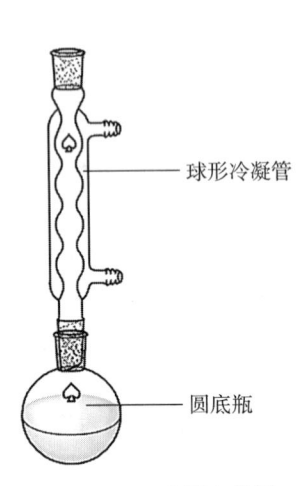

图 2-2 回流提取装置

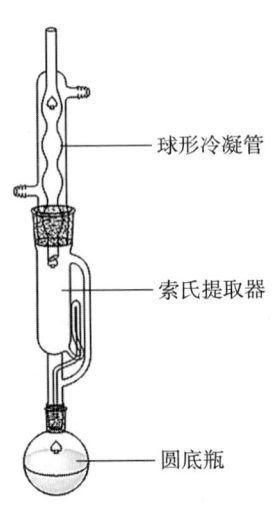

图 2-3 索氏提取装置

拓展阅读 青蒿素的提取
拓展阅读 连花清瘟胶囊主成分的提取

二、水蒸气蒸馏法

水蒸气蒸馏法适用于具有挥发性的、能随水蒸气蒸馏而不被破坏、难溶或不溶于水的成分提取（图2-4）。此类成分的沸点多在100℃以上，并在100℃左右有一定的蒸气压。水蒸气蒸馏所依据的原理是当两种互不相溶的液体共存时，各组分的蒸气压和它们在纯粹状态时的蒸气压相等，而另一种液体的存在并不影响它的蒸气压，混合体系的总蒸气压等于两个组分的蒸气压之和，由于体系的总蒸气压比任一组分的蒸气压高，所以混合物的沸点要比任一组分的沸点低。该方法不适用于热不稳定成分的提取。

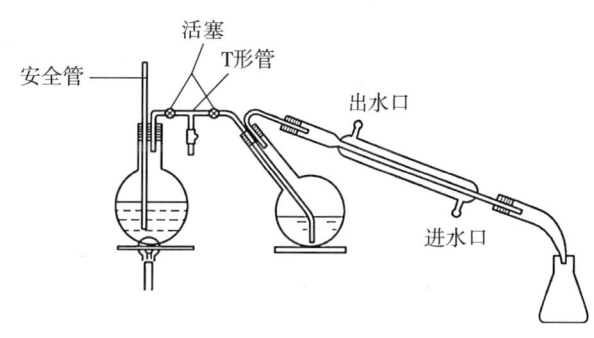

图2-4 水蒸气蒸馏装置

三、升华法

固体物质在受热时不经过熔融直接转化为蒸气，这个过程为升华过程，蒸气遇冷后又凝结成固体为凝华现象。利用中药中有一些成分具有升华的性质，即可直接从中药中提取某些成分，如樟木中的樟脑、茶叶中的咖啡因等。此外，游离羟基蒽醌类成分、一些香豆素类、有机酸类成分，也具有易升华的性质。升华法虽然简单易行，但药材炭化后，往往产生挥发性的焦油状物，黏附在升华物上，不易精制除去；而且，升华不完全，产率低，有时还伴有分解现象。

四、超临界流体萃取技术

1. 基本原理 物质处于其临界温度（T_c）和临界压力（p_c）以上状态时，称为单一相态，将此单一相态称为超临界流体（supercritical fluid，SF）。在超临界状态下，将超临界流体与待分离的物质接触，通过控制不同的温度、压力以及不同种类及含量的夹带剂，使超临界流体有选择性地把极性大小、沸点高低和相对分子质量大小不同的成分依次萃取出来，这种萃取方法称为超临界流体萃取法（SFE）。

已知可作为超临界流体的物质有很多，如二氧化碳、一氧化二氮、六氟化硫、乙烷、庚烷、氨、二氯二氟甲烷等，其中以二氧化碳最为常用。

2. 优点 超临界流体萃取技术的优点：①不残留有机溶剂，萃取速度快，收率高、工艺流程简单、操作方便。②无传统溶剂法提取的易燃易爆的危险；减少环境污染，无公害；产品是纯天然的。③萃取温度低，适用于对热不稳定物质的提取。④萃取介质的溶解特性容易改变，在一定温度下只需改变其压力。⑤适于对挥发性物质和脂溶性化合物的萃取。⑥还可加入夹带剂，改变萃取介质的极性来提取极性物质。⑦萃取介质可循环利用，成本低。⑧可与其他色谱技术及红外吸收光谱法联用（infrared absorption spectroscopy）、质谱联用，可高效快速地分析中药及其制剂中的有效成分。

3. 局限性 超临界流体萃取技术的局限性：①对脂溶性成分的溶解能力强，而对水溶性成分的溶解能力弱。②设备造价高而导致产品成本中的设备折旧费比例过大。③更换产品时清洗设备较困难。

4. 超临界流体萃取技术夹带剂的作用 夹带剂（entrainer）作为亚临界组分，挥发度介于超临界流体与被萃取溶质之间,以液体形式和相对小的量加入超临界流体中。其作用在于:①改善或维持选择性;②提高难挥发溶质的溶解度。一般,具有很好溶解性能的溶剂也往往是很好的夹带剂,如甲醇、乙醇、丙酮和乙腈等。

5. 超临界流体萃取技术的应用　超临界流体萃取技术在医药、化工、食品、轻工及环保等领域取得了可喜的成果,特别是在天然药物有效成分萃取技术领域,如生物碱、挥发油、苯丙素、黄酮、有机酸、苷类、萜类及天然色素的萃取方面得到广泛应用。

五、超声波提取技术

1. 超声波提取技术原理　超声波提取技术是采用超声波辅助提取溶剂进行提取的技术。超声波是一种弹性机械振动波,其传播的振动频率在弹性介质中高达 20 kHz。超声波作用于液体介质引起介质的振动,当振动处于稀疏状态时,在介质中形成许多小空穴,这些小空穴的瞬间闭合可引起高达几千个大气压的压力,同时局部温度可上升到千度高温,这一现象称为空化现象。它可造成植物细胞壁及整个生物体的瞬间破裂,使溶剂能渗透到药材的细胞中,从而加速药材中的有效成分溶解于溶剂,根据这种作用机制可将超声波应用于提取。

2. 超声波提取技术优点　因超声波提取不会改变有效成分的结构,同时缩短了提取时间、提高了提取率,从而为重要成分的提取提供了一种快速、高产的提取新技术。

3. 超声波提取技术局限性　超声波提取设备通常比传统提取设备价格昂贵。对某些特殊成分可能提取效果不佳。

4. 超声波提取技术应用　超声波提取技术在天然药物成分提取中的应用近年来发展得较为广泛。如在对皂苷类成分的提取中,对皂苷类成分如果采用加水煎煮或有机溶剂浸泡的方法提取,则耗时长、提出率低,但采用超声技术则可大幅缩短提取时间,提高浸出率,且还具有节约药材、杂质少等优点。如从穿山龙根茎中提取主要有效成分薯蓣皂苷,以 70% 乙醇浸泡 48 h 为对照,用 20 kHz 的超声波提取 30 min,其提出率是对照组的 1.2 倍;用 1 MHz 的超声波提取 30 min,其提出率是对照组的 1.34 倍,此工艺可以节约药材 23.4%。

六、微波提取法

微波波长在 0.1~100 cm,微波提取是把微波作为一种与物质相互作用的能源来使用,是在传统的有机溶剂萃取的基础上发展起来的一种提取技术(图 2-5)。微波提取法是利用微波无温度梯度的热效应使被提取物的里外同时加热,增加物质的扩散性和溶剂的穿透性,从而加速提取过程的一种提取法,其起步较晚于超临界流体萃取技术。与传统方法相比,该方法具有提取成分不易分解、耗时短、耗能低、环境污染小等优点。

1. 微波提取法的原理　微波具有吸收性、穿透性、反射性,即它可为极性物质如水等选择性吸收,从而被加热,而不为非极性物质吸收,表现出穿透性。分子对微波具有选择性吸收,极性分子可吸收微波能,然后弛豫,以热能形式释放能量,使介质内部温度迅速上升,造成内部压力过大,导致成分流出溶解于溶剂中;另一方面,微波所产生的电磁场可使部分成分向萃取溶剂界面扩散,加速其热运动,缩短提取时间,既提高

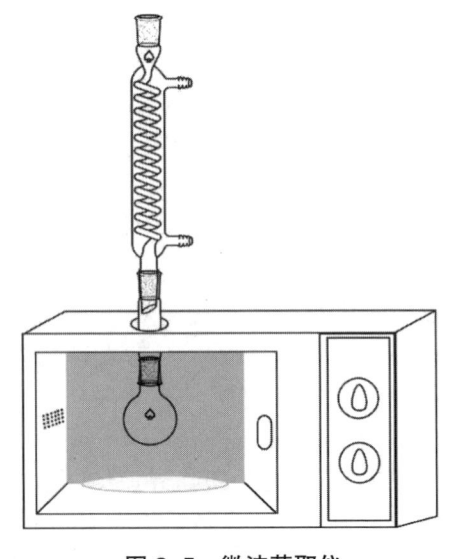

图 2-5　微波萃取仪

了提取速率，又降低了提取温度，对不耐热物质实用性较好。

2. 影响微波提取法的因素 提取选用的溶剂；因微波在样品中的传播有反射性，故待提取样品的形状、粒度也影响对微波的吸收和加热效果；对于易吸收微波的被提取样品，用量不能太大，否则因穿透深度小，提取效果不佳；此外选择恰当的微波功率亦很重要，太大则浪费功率，太小则样品加热不够，内部靠传统方式受热。

3. 微波提取法的应用 微波提取法具有操作时间短、溶剂消耗少、能耗低、有效成分损失少、目标组分得率高等优点。

七、其他提取方法

1. 罐组逆流提取法 罐组逆流提取法（multi-stage countercurrent extraction，MCCE）是集萃取、重渗漉、动态、逆流技术为一体，具有多种用途的新型提取技术。罐组逆流提取法是通过多个提取单元之间，药材和溶剂的合理浓度梯度排列和相应的流程配置，结合物料的粒度、提取单元数和提取温度，循环组合对物料进行提取的方法。此技术主要利用了固液（药材与溶剂）两相中有效成分的浓度梯度差，逐级将药材中有效成分扩散至起始浓度较低的提取溶剂中，达到最大限度转移药材中有效成分的目的。

2. 高压提取技术 高压提取技术是在常温、高压条件下，提取中药原料中的有效成分的新技术。高压是指压力在 100 MPa 以上，甚至高达 1 000 MPa 以上的流体静压力，其全称为超高冷等静压（ultra high isostatic hydrostatic pressure at room temperature），简称为高静压（high hydrostatic pressure，HHP），或超高压（ultra high pressure，UHP）。该法可以提取的有效成分有生物碱、多糖、芳香油、脂质、黄酮、苷类等水溶性、醇溶性、脂溶性有机溶剂中的小分子成分。

3. 酶提取技术 在中药提取过程中，溶剂需要克服细胞壁及细胞间质的传质阻力，因而会影响提取效率。酶提取技术（enzyme leach）就是选用合适的酶（如纤维素酶、半纤维素酶、果胶酶）对中药材进行预处理，能分解构成细胞壁的纤维素、半纤维素及果胶，从而破坏细胞壁的结构，减少来自细胞壁和细胞间质的传质阻力，加速有效成分的溶出，提高提取效率，缩短提取时间。但由于酶发挥最佳效率的条件较为狭窄，因此该提取方法的效率受温度、pH 等环境因素影响较大。

4. 半仿生提取法 模仿口服药物在胃肠道的转运过程，采用固定 pH 的酸性水和碱性水依次连续提取，以得到有效成分更高的活性混合物。半仿生提取法（semi-bionic extraction method，SBE）根据中药药效物质部分已知、大部分未知的现阶段科学技术水平，利用"灰思维方式"，将整体药物研究法与分子药物研究法相结合，从生物药剂学角度为经消化道给药的中药及其复方创立了一种提取新技术。该法既重视单体成分对制剂质量的影响，又注重中药的整体作用及多成分、多靶点的特点，对单味中药及中药复方的药效成分进行提取方法研究。

5. 液膜分离技术 液膜分离技术（liquid membrane separation technology）是一种通过模拟生物膜的结构，利用选择透过性原理，以膜两侧溶质的浓度差为传质动力，使外相料液中的待分离物质在膜内相富集、浓缩，从而分离待分离物质的技术。液膜通常由膜溶剂（有机溶剂或水）、表面活性剂（乳化剂）和流动载体（萃取剂）等物质组成，有时候部分还会加入一些膜增强剂来提高它的稳定性。根据液膜传质机理的不同，可分为有载体和无载体传输液膜两种。有载体液膜由膜溶剂、表面活性剂及一定量载体组成，后者则是直接由膜溶剂和表面活性剂组成。按液膜构成和操作方式的不同，又可将液膜分为支撑液膜（supported liquid membrane）和乳状液膜（emulsion liquid membrane）。根据膜的种类不同，其分离机理可分为选择性渗透、渗透伴有化学反应、萃取和吸附等。

（宋少江）

第二章　天然药物的提取方法

🌐 **数字资源详见　新形态教材网**

📍 学习目标	🖇 思维导图	🌐 思政元素	👤 案例探讨	📄 参考文献
💻 微视频	🎭 拓展阅读	🖥 本章小结	📝 自测题	🎬 教学课件

第三章 天然产物的分离方法

编者导学

📍 学习目标
🧠 思维导图

本章导航
第一节　传统分离方法
第二节　导向分离技术

从天然药物中提取得到的提取物，仍然是成分复杂的混合物，需要经再一次的分离纯化，才能得到单体化合物。在传统分离方面，可根据化合物的溶解性、酸碱性上的差别进行分离，可根据物质在两相溶剂中的分配比不同进行分离，可根据溶解性上的差别进行分离，还可根据色谱法进行分离。随着分离手段的不断提升，分离化合物的数量逐年增多，但发现化合物的结构新颖性却在逐渐降低。因此，近年来众多导向分离特征性天然产物的新技术也不断涌现出来，已成为目前天然产物分离过程中的必备手段。

第一节　传统分离方法

一、溶剂分离法

根据物质"相似相溶"的溶解特性，采用适当的溶剂将所需要的有效成分从提取物中溶解出来或去除不需要的杂质，这种方法即为溶剂分离法。它包括根据化合物的溶解度差别进行分离和根据化合物的酸碱性进行分离两种。

（一）根据化合物的溶解度差别进行分离

1. 有机溶剂分步提取法　利用化学成分在不同极性溶剂中的溶解度不同进行分离，一般选用 3~4 种极性由低到高的溶剂进行分步分离提取，得到相应的提取部位。如果天然药物的水提取浸膏或乙醇提取浸膏不容易均匀分散，可拌入适量惰性填充剂，如硅藻土或纤维粉等，然后在搅拌下低温或自然干燥。再选择不同溶剂依次提取，使总提取物中各种化学成分按照在不同极性溶剂中溶解度的差异而得到分离（图 3-1）。

2. 析出沉淀法　析出沉淀法系向天然药物提取溶液（水或乙醇溶液）中加入另一种溶剂，析出某种（某类）成分，或析出其杂质。如提取黄酮苷类成分时可以向乙醇溶液中加入乙醚，冷却放置可得总黄酮苷的沉淀（图 3-2），这种方法也可以用于分离获得总皂苷。除去天然药物水提液中的树胶、黏液质、蛋白质、糊化淀粉等时，可以加入数倍量的乙醇（通常使提取液中乙醇含量达到 80%），使

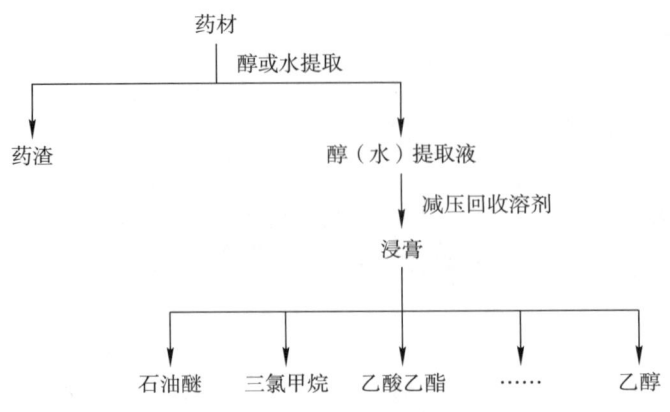

图 3-1 天然药物有机溶剂分布提取流程

这些不溶于乙醇的成分自溶液中以沉淀形式析出；也可以在浓缩的乙醇提取液中加入水，放置沉淀以除去树脂、叶绿素等脂溶性杂质。例如，从白及水提取液中获得白及胶，可采用加乙醇沉淀法；从新鲜栝楼根汁中提取天花粉素，可滴入丙酮使之分次沉淀析出。目前，提取多糖及多肽类化合物，多采用水溶解、浓缩、加乙醇或丙酮析出的办法。

（二）根据化合物的酸碱性进行分离

1. 酸水法 酸性、碱性或两性有机化合物可以通过加入酸或碱调节 pH，改变分子的存在状态（游离型或解离型），从而改变溶解度，使某种成分析出。例如，生物碱一般不溶于水，遇酸生成生物碱盐而溶于水，再加碱碱化，又重新生成游离生物碱，因此可以通过酸提碱沉法来分离纯化生物碱（图 3-3）；而提取分离黄酮、蒽醌、酚酸等成分时也可以采用碱提酸沉法（具体见各论部分）。

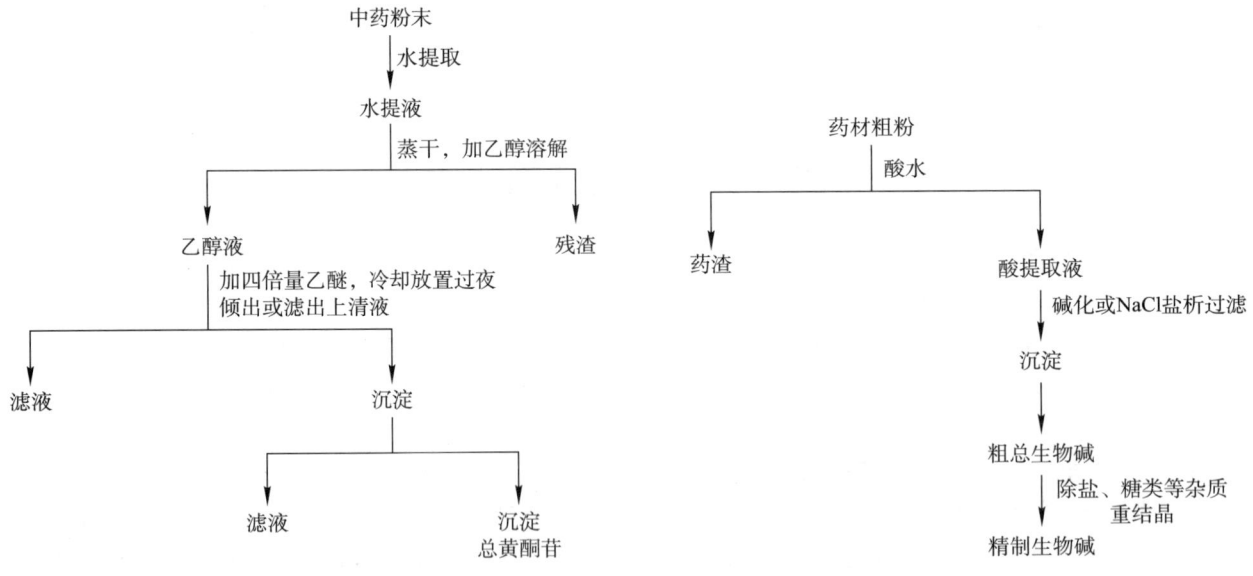

图 3-2 用沉淀法分离中药中总黄酮苷的流程　　　　图 3-3 酸水法提取生物碱流程

2. 试剂沉淀法 试剂沉淀法是指在天然药物的水提取物中加入试剂使酸性或碱性化合物生成水不溶解的盐类从而析出的一种方法。酸性化合物可以做成钙盐、钡盐、铅盐沉淀，生物碱可做成苦味酸盐、有机酸盐、磷钼酸盐、硅钨酸盐、雷氏铵盐等。

3. pH 梯度法 当天然药物含有酸碱性强弱不同的化合物时，可采用 pH 梯度法进行分离，如在生物碱的分离中，可以依次在不同 pH 条件下利用与水不混溶的有机溶剂分步萃取达到分离的目的。

二、两相溶剂萃取法

（一）萃取法的原理及操作注意事项

1. 萃取法的原理　萃取法是利用混合物中各成分在两种互不相溶的溶剂中分配系数不同而达到分离的方法。萃取时如果各成分在两相溶剂中分配系数相差越大，则分离效率越高，分离效果就越好。如果水提取液中有效成分是亲脂性物质，一般多用亲脂性有机溶剂如苯、三氯甲烷或乙醚进行两相萃取；如果有效成分是偏亲水性物质，在亲脂性溶剂中难溶解，就需要改用弱亲脂性的溶剂，如乙酸乙酯、正丁醇等与水相之间进行两相萃取；还可以在三氯甲烷、乙醚中加入适量乙醇或甲醇以增强其亲水性。分离黄酮类成分时，多采用乙酸乙酯和水两相萃取体系；分离亲水性强的皂苷时则多选用正丁醇、异戊醇和水两相萃取体系。不过，一般有机溶剂的亲水性越大，与水做两相萃取的效果就越不好，这是因为能使较多的亲水性杂质伴随而出，对有效成分进一步精制影响很大。

2. 操作注意事项　两相溶剂萃取操作需注意以下几点：

（1）稀浸膏的相对密度：萃取使用的稀浸膏的相对密度最好在 1.1～1.2，过稀则溶剂用量太大，产生成分交叉，同时影响操作；过浓则分散不均匀，不容易分层。

（2）萃取溶剂的用量：萃取溶剂与稀浸膏应保持一定量的比例，第一次的萃取溶剂要多一些，一般为水提取液的 1/3，不超过水提取液的 1/2，以后的用量可以适当减少，一般在 1/6～1/4。

（3）萃取次数：一般 3～4 次即可。但当亲水性较大的成分不易转入有机溶剂层时，需增加萃取次数，或改变萃取溶剂。

（4）乳化：萃取时有些溶剂容易乳化，如乙酸乙酯、三氯甲烷等。如果发生乳化现象，可利用如下方法进行破乳：①搅动乳化层并延长分层放置时间；②增加萃取溶剂的量；③抽滤乳化层；④将乳化层稍稍加热破乳。

（5）萃取设备：小量（实验室）萃取，可在分液漏斗中进行，如为中量萃取，可在适当的下口瓶中进行。在工业生产中大量萃取多在密闭萃取罐内进行，在浸膏中加入萃取溶剂后用搅拌机搅拌 2～5 min，使稀浸膏和萃取溶剂充分混合，再放置令其分层。有时将两相溶液喷雾混合，以增大接触面积，提高萃取效率，也可应用两相溶剂逆流连续萃取装置。

（二）连续萃取法

为克服使用分液漏斗多次萃取的操作麻烦，连续萃取器于 1903 年被发明，利用两种溶剂的相对密度不同自然分层或分散相液滴穿过连续相溶剂时发生传质的原理。选择连续萃取法时，需视所用溶剂的相对密度大小及被提取的水溶液相对密度的情况而采用不同式样的仪器。溶剂在进行萃取后，可自动流入加热器中，蒸发成为气体，遇冷凝器转变成液体，再进行萃取，如此循环不已。此法简便且可避免乳化，由于两相呈动态逆流相遇，并经常能保持较大的浓度差，萃取过程能连续不断地进行，所以溶剂用量不多而蒸取效率甚高。

逆流连续萃取法不需要加热，装置由一根、数根或更多的萃取管组成，管内用小瓷圈或小的不锈钢丝圈填充，以增加两相溶剂萃取时的接触面。例如，用三氯甲烷从川楝树皮的水浸液中萃取川楝素。将三氯甲烷盛于萃取管内，而相对密度小于三氯甲烷的水提取浓缩液贮于高位容器内，开启旋塞，则水浸液在高位压力下流入萃取管，遇瓷圈撞击而分散成细粒，使与三氯甲烷接触面增大，萃取就比较完全。如果需要用相对密度小的溶剂如乙酸乙酯进行萃取，则要将水提浓缩液装在萃取管内，乙酸乙酯贮于高位容器内。萃取时可取样品用薄层色谱（thin layer chromatography，TLC）、纸色谱（paper chromatography，PC）及显色反应或沉淀反应检查萃取是否完全。

（三）逆流分配法

逆流分配（counter current distribution，CCD）法，又称逆流分法、逆流分布法或反流分布法，是一种多次、连续的液液萃取分离过程。如图3-4所示,在多个分液漏斗中装入固定相,在0号漏斗中溶入溶质并加入流动相溶剂,振摇使两相溶剂充分混合。静置分层后,分出流动相,令其移入1号管,再在0号管中补加新鲜流动相。再次振摇混合静置分层并进行转移。如此连续不断地操作下去,溶质即在两相溶剂相对做逆流移动过程中,不断地重新分配并达到分离的目的。进行多次转移时,使用分液漏斗十分不便,而须采用Craig逆流分溶仪,该仪器为由上百个萃取单元组成的全自动连续液液萃取装置。每个单元相当于一个分液漏斗(图3-4b)。图3-5为逆流分溶仪每个萃取单元所进行的振摇萃取(a)、静置分层(b)、两相分开(c)、转移(d)几个操作程序的连接过程。

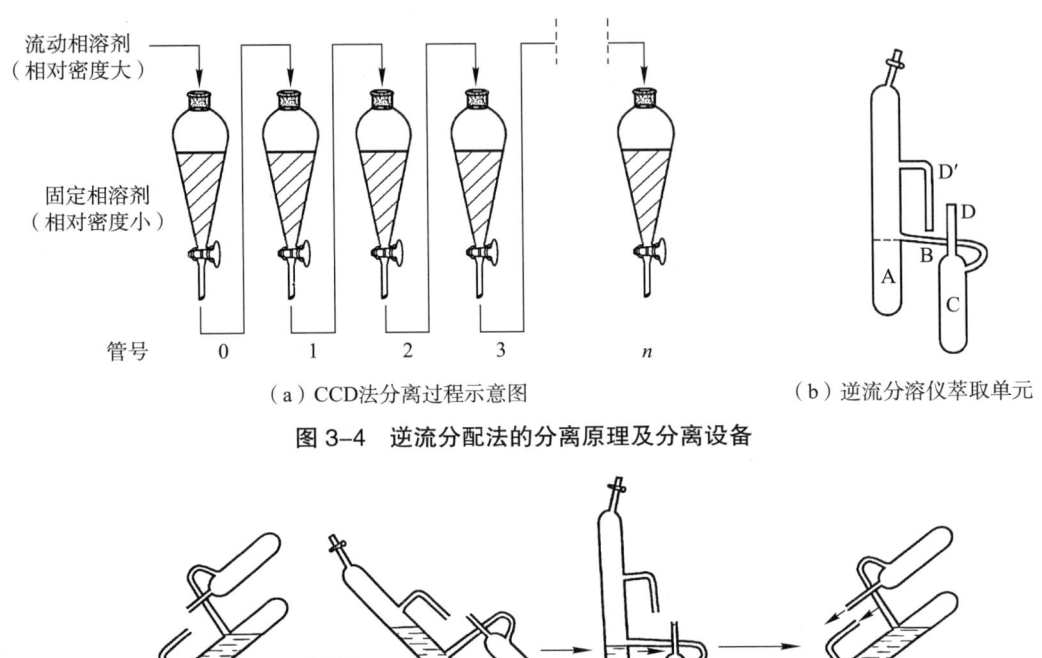

(a) CCD法分离过程示意图　　　　　　(b) 逆流分溶仪萃取单元

图3-4　逆流分配法的分离原理及分离设备

(a) 振摇萃取　　(b) 静置分层　　(c) 两相分开　　(d) 转移

图3-5　逆流分溶仪萃取单元的工作流程

CCD法因为操作条件温和、样品容易回收,故特别适合中等极性、不稳定物质的分离。另外,溶质浓度越低,分离效果越好。但是,样品极性过大或过小,以及分配系数受浓度或温度影响过大时则不宜采用此法分离。易于乳化的萃取溶剂系统也不宜采用。但该法操作时间长,萃取管易因机械振荡而损坏,消耗溶剂亦多,在应用上常受到一定限制。

三、结晶法

(一)结晶法的分离原理

结晶法的分离原理是利用温度变化引起溶解度的改变以分离物质。结晶法及重结晶是工业化制备单体化合物的最常用方法之一,其操作相对简单,需要的仪器设备简单。结晶法适用于产品与杂质溶解度差别较大的体系,如果待分离的成分有一定的结晶形态,通过寻找合适的溶剂溶解,待放冷或稍浓缩便可得到结晶,从而达到分离精制的目的。此外,在某些复杂天然产物的结构确证中,单晶X射线衍射技术在结构解析及立体构型确定中具有重要作用。通常结晶或重结晶后可以得到单体化合物,但有时候得到的结晶可能是混合物。对于某些不易结晶的化合物则需要制备结晶性的衍生物或盐进行结晶纯化，如需要可再用化学方法处理得到原化合物，如粉末状莲心碱是通过氯酸盐结晶而纯化的。

（二）结晶法操作中的注意事项

在结晶操作过程中，应该注意以下几个方面。

1. 溶剂的选择　合适的溶剂是形成结晶的关键。首先选择的溶剂不应和目标成分发生化学反应，同时溶解度可以随温度不同而有显著的变化，即在温度低时对所需要的成分溶解度较小，温度高时溶解度较大。对杂质来说，所选择的溶剂应该是冷热均不溶解（过滤除去）或冷热均溶解（结晶后留在母液）。常用的结晶溶剂有甲醇、乙醇、丙酮、三氯甲烷、乙酸乙酯等。此外所选结晶溶剂的沸点要低于化合物的熔点，以免化合物受热分解。在工业化生产中一般首先选择使用乙醇作结晶溶剂，因为它是一个有脂溶性和水溶性基团的溶剂，而且比较经济安全。

如果使用一种溶剂得不到结晶时，可以选择用两种或两种以上的混合溶剂。混合溶剂的选择要求是：低沸点的溶剂对待分离成分的溶解度大，而高沸点的溶剂对待分离成分的溶解度小。一般操作方法是：先将需要结晶的样品溶于易溶的溶剂中，在加热的情况下滴加难溶的溶剂直到混浊，再加热溶解或稍滴加易溶的溶剂使全溶后放置析晶。也可以直接使用配好的小量各种比例的混合溶剂，进行预试验，筛选合适的混合溶剂及比例。此外，有些化合物只能在特定溶剂中形成结晶。例如，葛根素、逆没食子酸（ellagitannin）在冰醋酸中易形成结晶；大黄素（emodin）在吡啶中易于结晶；萱草毒素（hemerocallin）在 N,N-二甲基甲酰胺（DMF）中易结晶；而穿心莲内酯亚硫酸氢钠加成物在丙酮-水中较易结晶。

2. 结晶溶液的除杂　结晶溶液中含有过多的色素等杂质会影响结晶的效果或最终结晶产物的外观，因此结晶前就需要对结晶溶液进行除杂。常用的除杂方法有：过滤除去不溶性杂质颗粒；加入少量活性炭脱色（除去叶绿素及水溶性色素）；结晶溶液通过氧化铝、硅胶或硅藻土装填的短玻璃柱除杂。而使用吸附剂纯化结晶溶液时，其吸附杂质的同时会对目标成分产生吸附作用，需谨慎使用。

3. 结晶溶液的制备　一般用适量的溶剂在加热情况下溶解化合物（或样品）获得结晶溶液，结晶溶液通常是过饱和溶液，溶液通过放置可得到晶体。如果在室温中可以析出结晶，就不用放置于冰箱中，以免伴随结晶过快析出更多的杂质；结晶溶液浓度越高，降温越快，析出结晶的速度也就越快，但得到结晶颗粒较小，杂质较多；结晶溶液太浓，黏度大反而不易结晶化。所以，适宜的结晶溶液浓度才有可能得到晶形较大而纯度较高的结晶。有的化合物其结晶的形成需要较长时间，如铃兰毒苷等，有时需放置数天或更长的时间。

4. 加速结晶的方法　制备结晶时如果放置一段时间后没有结晶析出，可以考虑加入极微量的晶种（引入晶种）。加晶种是诱导晶核形成常用而有效的手段。结晶过程是有高度选择性的，当加入同种分子或离子，结晶多会立即长大。而溶液中如果是光学异构体的混合物，还可依晶种性质优先析出其同种光学异构体。没有晶种时，可用玻璃棒蘸一滴过饱和溶液，在空气中任溶剂挥散，再用以摩擦容器内壁溶液边缘处，以诱导结晶形成。

5. 重结晶及分步结晶　通常初步析出的结晶总会带有一些杂质，可以用溶剂溶解再次结晶精制，这种方法称为重结晶法。结晶过程中所得各部分母液，再经处理又可分别得到第二批、第三批结晶，这种方法则称为分步结晶法或分级结晶法。晶态物质在分步结晶过程中，结晶的析出总是越来越快，纯度也越来越高。分步结晶法各步所得结晶，其纯度往往有较大的差异，在未检测前不可贸然合并以免纯度下降。

6. 结晶纯度的判定

（1）通过结晶的熔点判断纯度：化合物的结晶都有一定的结晶形状、色泽、熔距，可以作为纯度鉴定的初步依据，这是非结晶物质所没有的物理性质。化合物结晶的形状和熔点往往因所用溶剂不同而有差异，如原托品碱在三氯甲烷中形成棱柱状结晶，熔点为207℃；在丙酮中则形成半球状结晶，熔点为203℃；在三氯甲烷和丙酮混合溶剂中则形成以上两种晶形的结晶。所以文献中常在化合物的晶形、熔点之后注明所用溶剂。一般单体纯化合物结晶的熔距较窄，有时要求在0.5℃左右，如果熔距较长则表示化合物不纯。有时化合物熔点一致，熔距较窄，也不是单体，如一些立体异构体和结构非常类似的混合物。还有些化合物具有双熔点的特性，即在某一温度已经全部熔融，当温度继续上升时又固化，再升温至一定温度又熔化或分解，如防己诺林碱在176℃时熔化，至200℃时又固化，在242℃时分解。

（2）通过色谱方法确定纯度：一般结晶溶解后采用薄层色谱或纸色谱法经数种不同展开剂系统分析，均为一个斑点则可认为是一个单体化合物。有些化合物在一般色谱条件下，虽然呈现一个斑点，但未必是单体成分。例如，鹿含草中主成分高熊果苷、异高熊果苷极难用一般方法分离，经反复结晶后，在纸色谱及聚酰胺色谱上都只有一个斑点，易误认为单一成分，但测其熔点在115~125℃，熔距很长。经制备其甲醚衍生物后，进行纸色谱检查，则出现两个斑点，异高熊果苷衍生物的R_f值大于高熊果苷衍生物的R_f值。

因此，判定结晶纯度时要依据具体情况加以分析。也可以利用高效液相色谱、气相色谱、紫外光谱等多种方法确定结晶样品的纯度。

四、色谱法

色谱法是基于混合物中各组分在两相（固定相和流动相）之间的分配不均匀的性质进行分离的一种方法。混合样品被导入固定相的支持体中，另一流体即流动相通过时，由于样品中各组分与固定相和流动相的相互作用（包括范德瓦耳斯力、氢键等）的差异，各组分通过固定相支持体的速率不同，从而得以分离。色谱法可根据流动相所处的状态分类，使用液体作为流动相称为液相色谱，使用气体作为流动相称为气相色谱。同时又根据固定相的不同，液相色谱可再分为液-固色谱和液-液色谱，气相色谱可再分为气-固色谱和气-液色谱。

另一种是按色谱过程的机理（表3-1）来分类：利用吸附剂对不同组分吸附性能的差异进行分离鉴定的称为吸附色谱；利用不同组分在流动相和固定相之间的分配系数差异而进行分离的称为分配色谱；利用分子大小不同引起的阻滞作用不同进行分离的称为排阻色谱（或凝胶色谱）；利用不同组分对离子交换剂亲和力差异进行分离的称为离子交换色谱。

表3-1 色谱法的分类

色谱机理	亚类
吸附色谱（adsorption chromatography）	液-固吸附色谱（liquid-soild adsorption chromatography）
	气-固吸附色谱（gas-soild adsorption chromatography）
分配色谱（partition chromatography）	液-液分配色谱（liquid-liquid partition chromatography）
	气-液分配色谱（gas-liquid partition chromatography）
排阻色谱（exclusion chromatography）	液-固排阻色谱（liquid-solid exclusion chromatography）
	气-固排阻色谱（gas-solid exclusion chromatography）
离子交换色谱（ion-exchange chromatography）	有机离子交换树脂（organic resinous material）
	纤维素及无机高分子交换剂（cellulosic and inorganic resinous material）

在天然产物的分离过程中，最常用的方法是将不同固体固定相灌装成不同类型的色谱柱来实现，这样的方法称为柱色谱法；另一种方法是将固定相固定于玻璃或塑料等材料表面，从而形成固定相薄

层来使用，则称为薄层色谱。不同固定相的柱色谱的分离原理不同，综合运用便可分离制备不同类型的天然产物；薄层色谱和纸色谱则主要用于鉴定分析，也可用于半微量制备。下面将对常用色谱分离方法做简要介绍。

（一）柱色谱法

1. 分配柱色谱 分配色谱与溶剂萃取法的原理相同，都是利用化学成分在两种互不相溶的溶剂中分配系数的差异达到分离的目的。

分配柱色谱使用一种多孔物质吸附一种溶剂，这样溶剂在色谱过程中始终固定在支持剂上，形成固定相。另外使用一种与固定相互不相溶的溶剂进行洗脱，该洗脱剂在色谱过程中始终是移动的，即流动相。溶质在固定相和流动相之间，在柱上做连续动态地反复分配，从而利用不同成分在两相间分配系数的差异而得以分离。分离工作的难易主要取决于不同成分间分配系数差值，如果分配系数差值较大，只要用较小的柱和较少的固定相支持体用量便能获得理想的分离效果；如果相差极小，则同样质量的样品往往要用较大的柱和较多的固定相支持体才能分开。分配柱色谱（一般指液-液分配柱色谱）采用的载体主要有硅胶、硅藻土及纤维素粉等。

通常，分离水溶性或极性较大的成分如生物碱、苷类、糖类、有机酸等化合物时，固定相多采用强极性溶剂，如水、缓冲溶液等，流动相则用三氯甲烷、乙酸乙酯、丁醇等弱极性有机溶剂，称之为正相分配柱色谱。在正相分配柱色谱中，极性小的成分先洗脱，极性大的成分后洗脱。而在分离脂溶性化合物如高级脂肪酸、油脂、游离甾体等时，则两相可颠倒，可用液体石蜡等脂溶性溶剂作为固定相，而流动相则用水或甲醇等强极性溶剂，故称之为反相分配柱色谱（reverse phase partition chromatography）。在反相分配柱色谱中，极性大的成分往往先被洗脱，极性小的成分则后被洗脱。反相柱色谱的常用填料是将普通硅胶经化学修饰（图3-6）键合长度不同的烃基（—R）形成亲脂性表面而成。根据烃基（—R）长度为乙基（—C_2H_5），还是辛基（—C_8H_{17}）或十八烷基（—$C_{18}H_{37}$），分别命名为RP（reverse phase）-2、RP-8及RP-18。三者亲脂性强弱顺序为：RP-18 > RP-8 > RP-2。

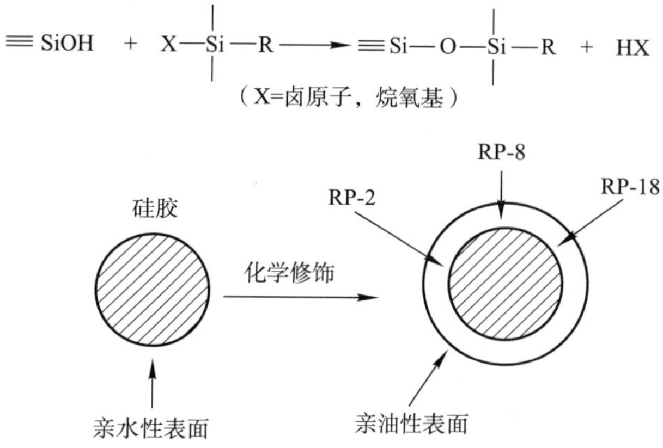

图3-6 反向柱色谱的填料

经典分配柱色谱中所用的载体（如硅胶）颗粒直径较大（100~150 μm），流动相仅靠重力作用自上而下缓缓流过色谱柱，流出液经人工分段收集后再进行分析，因此柱效较低，费时较长。如今各种加压液相色谱已逐渐代替经典分配柱色谱。

无论是在分离效能或速度方面，加压液相色谱均远远超过了经典的液-液分配柱色谱方法，因而其在天然药物分离工作中得到了越来越广泛的应用。根据所用压力大小的不同，可分为快速色谱（flash chromatography，约 2.02×10^5 Pa）、低压液相色谱（LPLC，$< 5.05 \times 10^5$ Pa）、中压液相色谱（MPLC，$5.05 \times 10^5 \sim 20.2 \times 10^5$ Pa）及高压液相色谱（HPLC，$> 20.2 \times 10^5$ Pa）等。各种加压液相柱色谱的大体分离规模如图3-7所示。

天然产物分离中经常遇到的问题是：长时间洗脱造成敏感化合物分解，并使色带拖尾。快速色谱技术可使分离所需时间大幅缩短，从而避免上述问题发生。使用最广泛的快速色谱固定相为硅胶。天然产物的最终纯化可采用硅胶快速色谱法，但更常见的是用此方法对粗提物或混合物进行初步纯化，继而利用高分辨率的色谱技术进行纯化。

中压液相色谱可采用更长、更大内径的色谱柱，能够一次性分离更多的样品。中压液相色谱比常

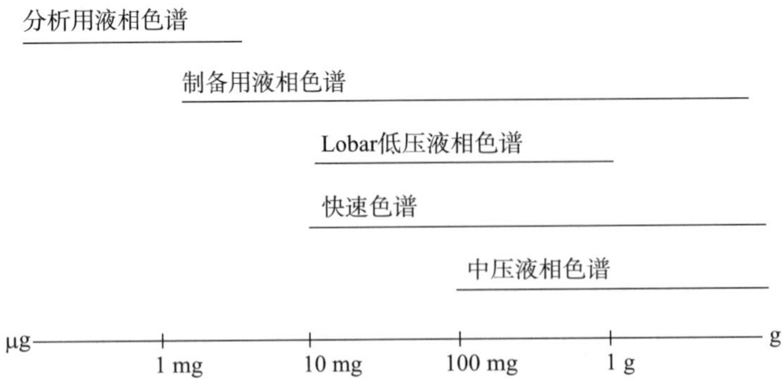

```
                分析用液相色谱
                        制备用液相色谱
                                Lobar低压液相色谱
                                        快速色谱
                                                中压液相色谱
        μg ┬─────────┬──────────┬──────────┬─────── g
                  1 mg      10 mg     100 mg      1 g
```

图 3-7 各种加压液相色谱的大体分离规模

压液相色谱使用的填料颗粒度更小，分辨率更高，需使用更大的压力来维持适当的流速，所需压力可由压缩空气或往复泵提供。为提高效率，可先利用分析型 HPLC 有效地选择适当的溶剂系统。在天然产物分离中，中压液相色谱多采用硅胶或反相硅胶为固定相，但有时也采用聚酰胺或纤维素为固定相。

与中压液相色谱相比，高压液相色谱柱内填装粒度范围更窄的细小颗粒为固定相，需采用较高的压力使流动相流出。系统的复杂性及成本增大，但分离度可得到较大的提高。许多分离工作需要从大量的粗提物中分离出微量成分，通常采用高效液相色谱进行最后阶段的制备分离。为使单次分离获得的纯品的量增加，在使用制备型高压液相色谱对粗样进行分离时通常造成粗样超载。制备型高效液相色谱分离大多采用恒定的洗脱剂条件，这样可减少操作中可能出现的问题。但是对于那些难分离的样品，有时也需采用梯度洗脱方式分离。

2. 吸附柱色谱 吸附色谱的原理是利用固体吸附剂（固定相）对混合物中各组分的吸附能力的不同而进行分离。液-固吸附色谱是运用较多的一种方法，更适用于中等相对分子质量的样品（相对分子质量小于 1 000 的低挥发性样品）的分离，特别是脂溶性成分，而高相对分子质量样品（如蛋白质、多糖或离子型亲水化合物等）的分离则一般不适用。

吸附剂、溶剂和被分离物质的性质是影响吸附色谱分离效果的三个最主要因素。

（1）吸附剂：即吸附柱色谱中的固定相，通过物理吸附或化学吸附作用对被分离物质产生吸附作用，常用的吸附剂有硅胶、氧化铝、聚酰胺、大孔树脂、硅藻土等。

1）硅胶：色谱用硅胶是一种多孔性物质，分子中具有硅氧烷的交链结构，同时在颗粒表面又有很多硅醇基。硅胶吸附作用的强弱与硅醇基的含量有关。硅醇基能够通过氢键的形成而吸附水分，因此硅胶的吸附力随吸附的水分增加而降低。如果吸水量超过 17%，吸附力极弱不能用作为吸附剂，但可作为分配色谱中的支持剂。当硅胶被加热至 100~110℃时，硅胶表面因氢键所吸附的水分即能被除去；当加热温度升高至 500℃时，硅胶表面的硅醇基也能脱水缩合转变为硅氧烷键，丧失因氢键吸附水分的活性，不再具有吸附剂的性质，即便用水处理也不能再恢复其吸附活性。因此硅胶的活化不宜在较高温度下进行，一般在 170℃以上即有少量结合水失去。

硅胶是一种酸性吸附剂，适用于中性或酸性成分的分离。硅胶不适用于碱性物质的分离，这因为硅胶也是一种弱酸性阳离子交换剂，其表面的硅醇基能释放弱酸性的氢离子，当遇到较强的碱性化合物，可因发生离子交换反应而吸附碱性化合物。

2）氧化铝：因氧化铝中易混有碳酸钠等成分，其可能带有碱性，对于分离一些碱性天然产物，如生物碱类成分的分离颇为理想。但是碱性氧化铝不宜用于醛、酮、内酯等类型化合物的分离，因为碱性氧化铝可与上述成分发生次级反应，如异构化、氧化消除反应等。除去氧化铝中的碱性杂质，用水洗至中性，称为中性氧化铝。中性氧化铝仍属于碱性吸附剂的范畴，用途最广，适用于生物碱、萜类、甾体、挥发油及在酸碱中不稳定的苷类、内酯类等化合物的分离，不适用于酸性成分的分离。用稀硝酸或稀盐酸处理氧化铝，不仅可中和氧化铝中含有的碱性杂质，并可使氧化铝颗粒表面带有 NO_3^- 或 Cl^-，从而具有离子交换剂的性质，适合于酸性成分的分离，这种氧化铝称为酸性氧化铝。

3）聚酰胺：是一类由酰胺聚合而成的高分子物质，不溶于水、甲醇、乙醇、乙醚、三氯甲烷及丙酮等常用有机溶剂，对碱较稳定，对酸尤其是无机酸稳定性较差，可溶于浓盐酸、冰醋酸及甲酸。商品名为锦纶、尼龙。

聚酰胺对于一般的酚类、黄酮类化合物的吸附是可逆的（糅质例外），分离效果好，加之吸附容量又大，故聚酰胺色谱特别适合于该类化合物的制备分离。此外，其对生物碱、萜类、甾体、糖类、氨基酸等其他极性与非极性化合物的分离也有着广泛的用途。另外，因聚酰胺对鞣质的吸附力特强，近乎不可逆，所以其也特别适用于植物粗提取物的脱鞣处理。

4）大孔吸附树脂：是一种人工合成的具有多孔立体结构的聚合物吸附剂，含有无数的网状孔穴结构，一般为白色球形颗粒，通常分为非极性和极性两类。因其理化性质稳定，不溶于酸、碱及有机溶媒，所以广泛应用于天然化合物的分离与富集操作中。对有机物选择性好，不受无机盐等离子和低分子化合物的影响。国内常见的用于提取分离的大孔树脂类型有 D101 型、DA201 型、SIPI 系列等。

大孔吸附树脂是兼具吸附性和分子筛原理的分离材料，它的吸附性是由于范德瓦耳斯力或产生氢键的结果。本身多孔性结构决定了其具有分子筛的性质。天然化合物的分离和富集现已广泛应用于大孔吸附树脂，如苷与糖类的分离、生物碱的精制等。在多糖、黄酮、萜类化合物的分离方面都有很好的应用实例。

（2）溶剂：色谱过程中溶剂的选择，对组分分离影响极大。使用柱色谱时所用的溶剂（单一溶剂或混合溶剂）一般称为洗脱剂，使用薄层或纸色谱时常称展开剂。选择洗脱剂需根据被分离物质与所选用的吸附剂性质，将两者结合起来加以考虑。在用极性吸附剂进行色谱分离时，若被分离物质为弱极性成分，一般选用弱极性溶剂为洗脱剂；若被分离物质为强极性成分，则需选用极性溶剂为洗脱剂。如果对某一极性物质用吸附性较弱的吸附剂（如以硅藻土或滑石粉代替硅胶），则洗脱剂的极性亦需相应降低。

据此，影响吸附过程的主要因素是极性强弱。所谓极性，是一种抽象概念，用以表示分子中电荷不对称的程度，并大体上与偶极矩、极化度及介电常数等概念相对应。那么极性又应当如何判断呢？

1）官能团的极性强弱按图 3-8 顺序排列。
2）溶剂极性的大小大体上可以根据介电常数（ε）的大小来判断。

常用溶剂的介电常数及其极性排列如表 3-2 所示。

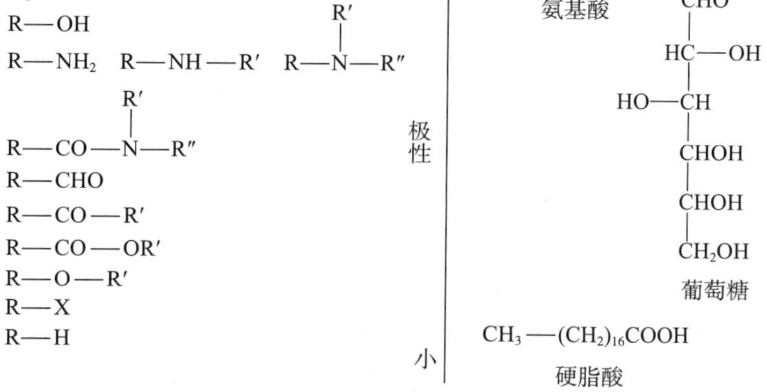

图 3-8　官能团的极性大小

表 3-2 常用溶剂的介电常数及极性排列

溶剂	ε/F·m^{-1}	水溶度（g/100 g）	极性
己烷	1.88	0.007	弱
苯	2.29	0.06	
乙醚（无水）	4.47	1.3	
三氯甲烷	5.20	0.1	
乙酸乙酯	6.11	3.0	
乙醇	26.0		强
甲醇	31.2		
水	81.0		

3）洗脱溶剂的极性宜逐步增加，跳跃不能太大。实践中多用混合溶剂，并通过调节比例以改变极性，达到梯度洗脱分离物质的目的。一般情况下，混合溶剂中强极性溶剂的影响比较突出，故不可随意将极性差别很大的两种溶剂组合在一起使用。实验室中最常应用的混合溶剂组合如图 3-9 所示。在用溶剂冲洗柱时，流速不宜过快，洗脱液的流速一般以 30~60 min 内流出液体的体积（mL）与所用吸附剂的质量（g）相等为合适。

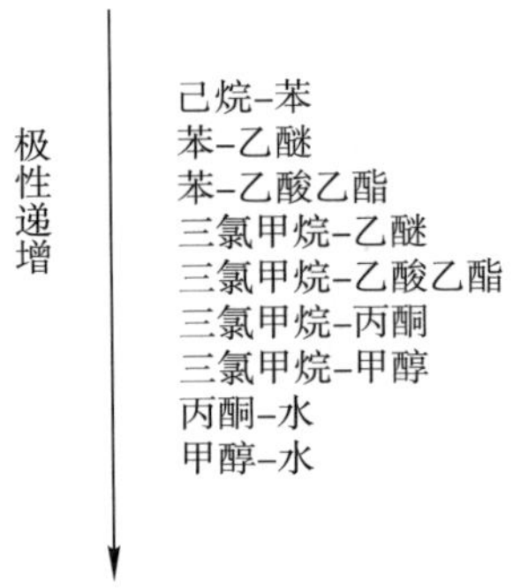

4）大孔树脂吸附色谱中，洗脱液可使用甲醇、乙醇、丙酮、乙酸乙酯等。根据吸附作用的强弱，选用不同的洗脱液或不同浓度的溶剂。对非极性大孔树脂，洗脱液极性越小，洗脱能力越强；对于中等极性大孔树脂和极性较大的化合物来说，则选用极性较大的溶剂较为适宜。

极性递增
己烷-苯
苯-乙醚
苯-乙酸乙酯
三氯甲烷-乙醚
三氯甲烷-乙酸乙酯
三氯甲烷-丙酮
三氯甲烷-甲醇
丙酮-水
甲醇-水

图 3-9 各种加压液相柱色谱的大体分离规模

（3）被分离物质的性质：在吸附剂与洗脱剂指定的条件下，各个成分的分离效果直接与被分离物质的结构与性质有关。对极性吸附剂而言，若成分的极性大，则吸附力强。

被分离物质的极性则取决于分子中所含官能团的种类、数目及排列方式等综合因素。以氨基酸来说，分子结构中既有正电荷基团，又有负电荷基团，故极性很强。高级脂肪酸，如硬脂酸，虽也含有如羧基这样的强极性基团，但因分子的主体是由长链烃基所组成，故极性依然很弱。中药大黄中的主要成分为蒽醌化合物，包括大黄酚、大黄素、大黄素甲醚、芦荟大黄素、大黄酸等，它们结构差别仅在 R_1、R_2 基不同，故极性大小取决于 R_1、R_2 的种类。表 3-3 极性大小顺序为：大黄酸（COOH）>大黄素（OH）>芦荟大黄素（CH_2OH）>大黄素甲醚（OCH_3）>大黄酚（H）。极性强弱顺序决定着这些化合物在硅胶上的吸附行为及柱色谱的洗脱规律。

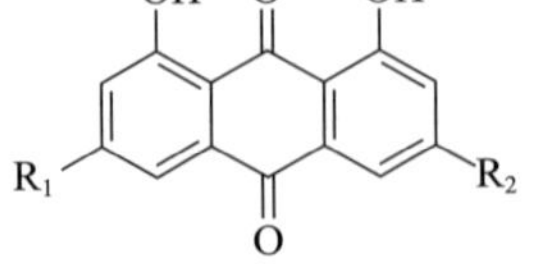

中药大黄主要成分结构

应当强调指出，酸性、碱性及两性有机化合物的极性强弱及吸附行为主要由其存在状态（游离型或解离型）所决定，并受溶剂 pH 的影响。对生物碱而言，游离型为非极性化合物易为活性炭所吸附；但解离型则不然，为极性化合物，不易为活性炭所吸附。因此实践中常可通过改变溶剂 pH 以改变酸性、碱性及两性化合物的存在状态，进而影响其吸附或色谱行为达到分离精制的目的。

（4）聚酰胺柱色谱的分离原理：前面介绍的硅胶及氧化铝吸附剂，通常认为是通过物理性吸附作用产生分离效果的，但聚酰胺柱色谱的吸附原理则是由于聚酰胺树脂的分子内有很多酰胺键，可与酚类、酸类、醌类、硝基化合物等形成氢键，因而对这些物质所产生的吸附作用，即所谓"氢键吸附"学说。

表 3-3 大黄中的蒽醌成分

名称	R_1	R_2
大黄酚	CH_3	H
大黄素	CH_3	OH
大黄素甲醚	CH_3	OCH_3
芦荟大黄素	H	CH_2OH
大黄酸	H	COOH

该理论认为：①酚类（包括黄酮体、鞣质等）和酸类的羟基（或羧基）与锦纶分子中酰胺键的游离氨基形成氢键；②芳香硝基化合物（包括二硝基氨基酸）和醌类的硝基（或醌基）与锦纶分子中酰胺键的游离氨基形成氢键。其吸附原理可用图 3-10 表示。

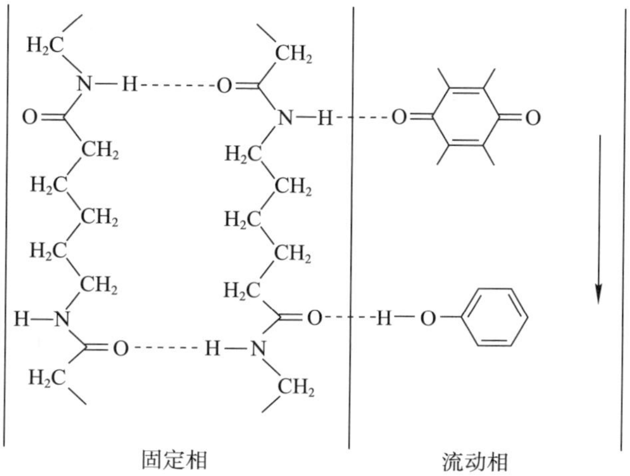

图 3-10 聚酰胺吸附色谱的原理

形成氢键缔合的能力与溶剂有关，一般在水中形成氢键的能力最强，在有机溶剂中较弱，在碱性溶剂中最弱。由于各种化合物与聚酰胺形成氢键的能力不同，聚酰胺对它们的吸附力也不同。在含水溶剂中通常有如下大致规律。

1）形成氢键的基团数目越多（如酚羟基、羧基、醌基、硝基等），则吸附能力越强。如：

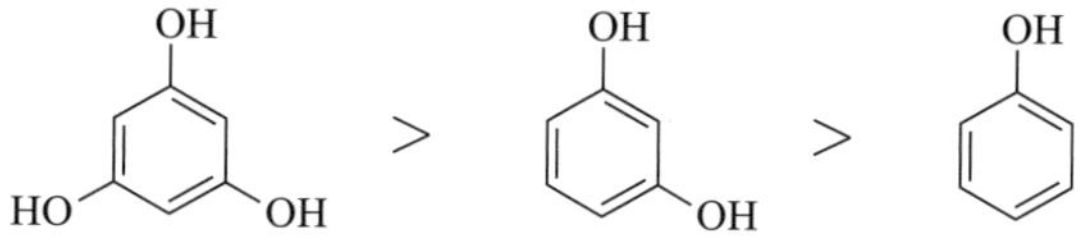

2）形成氢键的基团的位置与吸附力有很大关系。易形成分子内氢键者，其在聚酰胺上的吸附也相应减弱。如：

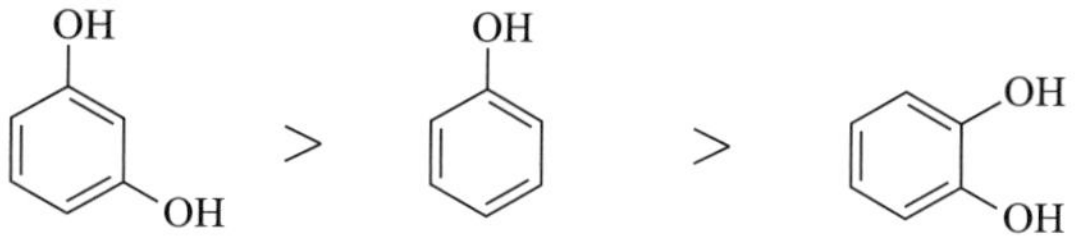

3）分子中芳香化程度越高、共轭双键越多，则吸附性越强；反之，则弱。如：

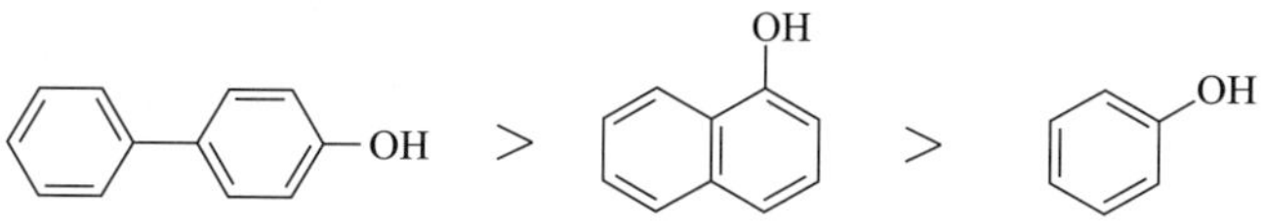

以上仅针对化合物本身对聚酰胺的亲和力而言。但因为吸附在溶液中进行，所以溶剂也会参与吸附剂表面的争夺，或者通过改变聚酰胺对溶质的氢键结合能力而影响吸附过程。在水溶液中加入碱或酸均可以破坏聚酰胺与溶质之间氢键的缔合，也有很强的洗脱能力，可用于聚酰胺的精制及再生处理。常用的聚酰胺再生剂有10%醋酸、3%氨水及5%氢氧化钠水溶液等。

但是，随着聚酰胺色谱的不断发展，有许多现象难以用"氢键吸附"来解释。如某些很难与聚酰胺形成氢键的物质，如萜类、甾体、生物碱等也可用聚酰胺色谱分离；又如黄酮苷元与苷的分离，若用非极性溶剂作洗脱剂，黄酮苷元比其苷先洗脱下来。后者无法用"氢键吸附"解释。于是某些学者认为聚酰胺具有"双重色谱"的性能。因为聚酰胺分子中既含有非极性的脂肪链，又含有极性酰胺基团。当用极性流动相（如含水溶剂系统）洗脱时。聚酰胺为非极性固定相，其色谱行为类似于反相分配色谱。因黄酮苷比其苷元极性大，故黄酮苷比苷元更容易洗脱。当用非极性流动相（如三氯甲烷-甲醇）洗脱时，聚酰胺则作为极性固定相其色谱行为与正相分配色谱类似。因黄酮苷元比其苷极性小，故此时黄酮苷元比苷容易洗脱。这样则使聚酰胺色谱中一些用"氢键吸附"难以解释的现象得以解释。各种溶剂在聚酰胺柱上的洗脱能力由弱到强，可大致排列成以下顺序：水→甲醇→丙酮→氢氧化钠水溶液→甲酰胺→N,N-二甲基甲酰胺→尿素水溶液聚酰胺的"双重色谱"的性能只适用于解释难与聚酰胺形成氢键或形成氢键的能力不太强的化合物，如萜类、甾体、生物碱、糖类及某些酚类、黄酮、酸类等。它对于寻找这些化合物的聚酰胺色谱溶剂系统及推测这些化合物的结构特征具有一定的指导意义。

拓展阅读 天然甾体皂苷的分离

3. 凝胶柱色谱

（1）原理：凝胶滤过法是20世纪60年代发展起来的一种分离分析技术，其使用的固定相凝胶是多孔隙网状结构，具有分子筛的性质。其中所用载体如葡聚糖凝胶是在水中不溶但可膨胀的球形颗粒，具有三维空间网状结构。当加入样品混合物，用同一溶剂洗脱时，受凝胶网孔半径的限制，大分子因为无法渗入凝胶颗粒内部（被排阻在凝胶粒子外部）而在颗粒间隙移动，随溶剂一起先行从柱底流出；小分子可以自由渗入并扩散到凝胶颗粒的内部，因此通过色谱柱时阻力增大、流速变缓，较晚流出。样品混合物中各个成分因为分子大小各异，渗入扩散至凝胶颗粒内部的程度也不尽相同，故在经历一段时间的流动并达到动态平衡后，即按分子由大到小顺序先后流出而得到分离（图3-11），此法称为凝胶滤过法（gel filtration）也叫凝胶色谱法（gel chromatography）。该方法在蛋白质及多糖等大分子化合物的分离中应用较普遍。

（2）凝胶的种类与性质：商品凝胶种类很多，常用的有葡聚糖凝胶（Sephadex G）及羟丙基葡聚

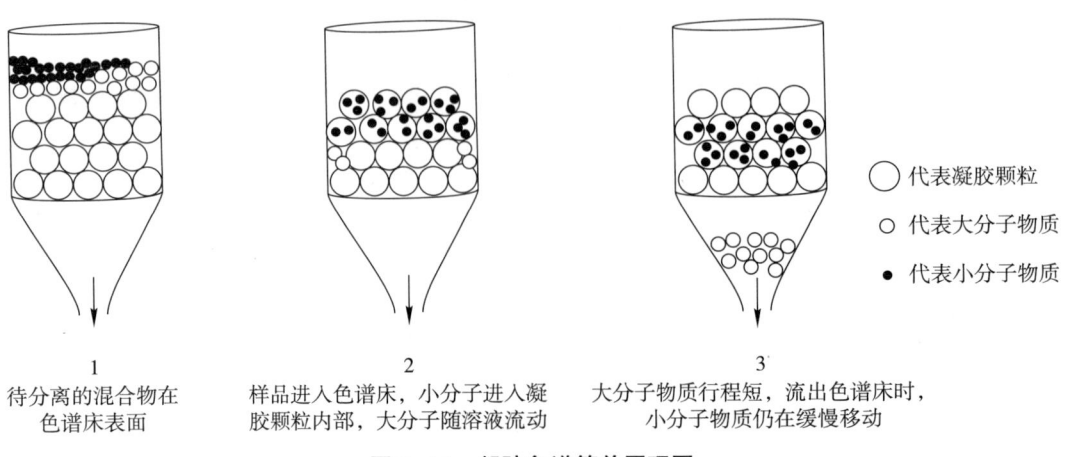

图3-11 凝胶色谱简单原理图

糖凝胶（Sephadex LH-20）。

1）葡聚糖凝胶：它由一定平均相对分子质量的葡聚糖和交联剂（一般为环氧氯丙烷）以醚桥形式相互交联形成，是水不溶性的白色球状颗粒，在酸性环境中能水解，在碱性环境中稳定。凝胶颗粒的表面有许多孔隙，其孔隙的大小由葡聚糖与交联剂的配比及反应条件决定，交联度越大，网状结构越紧密，孔隙越小，吸水膨胀就越少；反之，交联度越小，网状结构越疏松，孔隙越大，吸水膨胀就越大。商品型号是按凝胶的交联度大小分类，并以吸水量来表示：英文字母 G 代表葡聚糖凝胶，后面的阿拉伯数字为凝胶的吸水量再乘以 10 的值。例如，G-25 的吸水量为每克葡聚糖凝胶吸水 2.5 mL。

2）羟丙基葡聚糖凝胶：在交联葡聚糖分子上引入一个基团，则会增大其亲脂性。如 LH-20 型交联葡聚糖凝胶，便是在 G-25 上引入羟丙基基团。与 Sephadex G 相比，Sephadex LH-20 分子中羟基总数虽然没有改变，但碳原子所占比例却相对增加了。因此与 Sephadex G 不同，Sephadex LH-20 不仅可在水中应用，也可在极性有机溶剂（如三氯甲烷、丁醇、四氢呋喃、二氧六环等）或它们与水组成的混合溶剂中溶胀后应用，但是在甲苯、乙酸乙酯中溶胀不多。这种凝胶在 pH 大于 2 的无氧化剂溶液中稳定。表 3-4 表示 Sephadex LH-20 在不同溶剂中湿润膨胀后得到的柱床体积及保留溶剂数量。

表 3-4　Sephadex LH-20 对各种溶剂的保留量

溶剂	溶剂保留量	柱床体积
	mL 溶剂/g 干凝胶	mL/g 干凝胶
二甲基酰胺	2.2	4.0～4.5
水	2.1	4.0～4.5
甲醇	1.9	4.0～4.5
乙醇	1.8	3.5～4.5
三氯甲烷（含 1% 乙醇）	1.8	3.5～4.5
三氯甲烷	1.6	3.0～3.5
正丁醇	1.6	3.0～3.5
环己烷	1.4	3.0～3.5
四氢呋喃	1.4	3.0～3.5
丙酮	0.8	3.3～3.6
乙酸乙酯	0.4	1.6～1.8
甲苯	0.2	1.5～1.6

Sephadex LH-20 的使用方法类似于一般交联葡聚糖凝胶。以低级醇为溶剂时，芳香族杂环化合物在凝胶上有阻滞作用；但用三氯甲烷作溶剂时，这些化合物不受阻滞；而其对含羟基与含羧基的化合物也有阻滞作用。Sephadex LH-20 适用于分离有机物质，如脂类、固醇类、保护多肽和脂溶性维生素等吸水量为 2 mL/g 干凝胶，分离范围为 100～2 000 和 100～20 000 两种（在三氯甲烷中）。其中羟丙基［HO（CH$_2$）$_2$CH$_2$O—］还可以根据需要将烷烃加长，加长至 11～14 和 15～18 个碳原子，这种凝胶分离度更高。

4. 离子交换柱色谱　离子交换树脂是一种合成的呈球状或无定形粒状的高分子化合物，可分为阳离子交换树脂和阴离子交换树脂两大类。根据解离性能大小，各类树脂还可分为强、中、弱等。阳离子交换树脂中的解离性基团为磺酸（—SO$_3$H）、磷酸（—PO$_3$H$_2$）、羧酸（—COOH）和酚羟基（—OH）等酸性基团。阴离子交换树脂中含有季铵、伯胺、仲胺、叔胺等碱性基团。

离子交换法可以用于氨基酸、肽类、生物碱、有机酸、酚类等的分离。使用离子交换树脂，特别是对水溶性成分的分离，比以前方便得多。

（1）有效部位的分离：民间使用中药时多用煎剂，一般可将水煎剂通过强酸性（磺酸型）阳离子交换树脂，再通过强碱性（季铵型）阴离子交换树脂，分别洗脱，分成酸性、中性、碱性部位供动物或临床试验，如图 3-12。

（2）生物碱的分离：从中药水浸液或稀乙醇提取液或者乙醇提取部位的水溶部分直接分离生物碱可用强酸性阳离子交换树脂，即先用氨水或氨性乙醇洗脱，所得部位再用其他分离手段分离。该法由

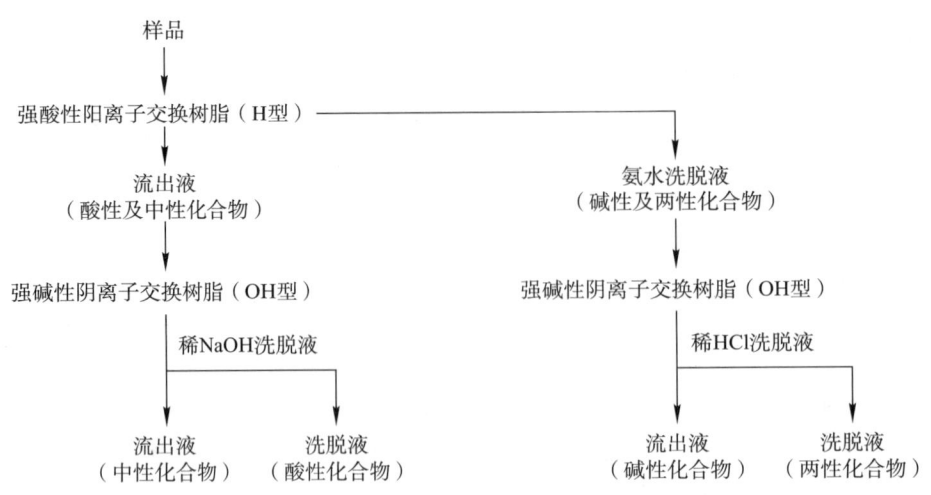

图 3-12 离子交换树脂法分离物质模式图

于树脂是可反复使用的，特别对水溶性生物碱的提取分离，较经典方法方便有利。

（3）有机酸及酚性物质的提取分离：用离子交换色谱法能理想分出多种有机酸。

（4）氨基酸的提取分离：离子交换色谱是分离氨基酸的有效方法，一般使用不同 pH 的缓冲液梯度洗涤以达到分离的目的。目前的氨基酸自动分析仪也是利用离子交换色谱法设计成的。

案例探讨 鸡骨香中成分的提取

（二）薄层色谱法

薄层色谱法相对于柱色谱而言，分离效果好，分析速度快，操作简单，在各个学科中均有广泛应用。一般是将吸附剂均匀地涂在玻璃、金属或塑料等表面上，形成薄层。干燥后在涂层的一端点样，竖直放入一个盛有少量展开剂的有盖容器中。展开剂接触到吸附剂涂层，借毛细作用向上移动。分离物质在吸附剂和展开剂之间产生多次吸附－溶解，混合物中各组分被分离成孤立的样点，实现化合物的分离。

1. 薄层色谱条件

（1）固定相选择：同柱色谱类似，薄层色谱最常用的固定相主要是硅胶、氧化铝、聚酰胺等，但薄层色谱吸附剂的粒度更小，市场上可购买到薄层色谱专用的吸附剂，如硅胶 H。分离亲脂性化合物时常用氧化铝和硅胶；分离亲水性化合物时常用反相色谱填料或聚酰胺。

（2）展开剂选择：选择展开剂时，应考虑混合样品中各组分的极性及溶剂对样品中各组分的溶解能力，且通常选择使用混合溶剂组合以方便调整展开剂极性。以最常用的硅胶薄层色谱而言，展开剂极性越大对化合物的洗脱能力越强，一个合适的混合溶剂展开剂组合，应当能使样品的组分在薄层中展开适当的距离。若混合物中所有的组分点都移到了溶剂前沿附近，则说明展开剂的极性过强，应增大小极性溶剂的比例；若混合物中的组分点留在了原点上，说明展开剂的极性过弱，应增大大极性溶剂的比例；反复试验，直到选出合适的展开剂组合。

（3）比移值：薄层色谱的比移值（R_f）是指样品的点在薄层色谱上移动的距离与溶剂移动距离之比，是薄层色谱的基本定性参数。从点样原点开始到展开后的溶剂前沿，是溶剂的移动距离，记为 $l0$，混合物中各组分的移动距离分别记为 $l1$，$l2$，$l3$，$\cdots$，li，则比移值可表示为 $R_f = li/l0$。在相同条件下测得的比移值可以用作化合物的薄层色谱特征值进行比较对照。当 R_f 值为 0 时，表示组分留在原点未被展开，当 R_f 值为 1 时，表示组分随展开剂至溶剂前沿，即组分不被固定相保留。在以薄层色谱选择柱色谱条件时，R_f 值以 0.2～0.3 较为适宜，此时的溶剂系统即为一般柱色谱分离组分的最佳溶剂系统。

（4）显色：如果被分离的化合物有颜色，则很容易识别出来各个样点。但多数情况下，化合物一般没有颜色，要识别样品，必须使用显色剂。通用的显色方法有碘蒸气显色和紫外显色，也可喷 5% 硫酸乙醇加热显色，不同类型的天然产物需尽量针对性地使用特征显色剂。

2. 薄层色谱操作

（1）薄层板的准备：薄层板可自己铺制，但多数情况都是直接购买预先铺好的薄层板，用玻璃刀按需要切割成 2 cm×10 cm、5 cm×10 cm、10 cm×10 cm 等规格。如果进行制备薄层层析，可以使用 20 cm×20 cm 的预制薄层板。

（2）点样 使用点样器或毛细管吸取样品后，在距离薄层板底边 1.0~1.5 cm 的基线上点样，一般为圆点，样点直径不大于 2 mm，若样品溶液太稀，可重复点样，但应待前次点样溶剂挥发后才可重新点样，以免样点过大造成拖尾、扩散等现象而影响分离效果。做制备薄层层析时，在距离薄层板底边约 1.5 cm，两边各 1 cm，用微量注射器或毛细管吸取样品溶液，可以来回点成线条状，线条宽度不得超过 2 mm。点样时必须注意勿损伤薄层表面。

（3）展开 在点样完成之后，将薄层板放入盛有展开剂的层析缸中（浸入展开剂的深度为距离原点 5 mm 较为适宜），密封，待薄层板展开至规定距离（一般为 8~15 cm），取出薄层板，吹干溶剂，待检测。层析缸如需用展开剂预平衡，可在缸中加入适量的展开剂密闭，一般保持 15~30 min 即可。

（4）显色与检视：如果样品在可见光下有颜色，则可直接在日光下检视，也可用喷雾或浸渍法，以适宜的显色剂显色，或加热显色。有荧光的物质或遇某些试剂可激发荧光的物质可在 365 nm 紫外灯下观察荧光。对于在可见光下无色，但在紫外光下有吸收的成分可用带有荧光剂的硅胶板（如 GF254 板），在 254 nm 紫外灯下观察。

3. 薄层色谱的应用 ①判断两个化合物是否相同；②确定混合物中含有的组分数；③柱色谱选择合适的展开剂，监视柱色谱分离状况和效果；④监测反应过程。

（三）纸色谱法

1. 纸色谱法的原理 纸色谱以滤纸作为支持体，依靠样品在两相间分配系数的差异达到分离目的。滤纸纤维常能吸收 20%~25% 的水分，其中 6%~7% 的水以氢键形式与纤维素上的羟基结合，一般较难脱去。所以常规的纸色谱固定相实质上是水，流动相是以水饱和的有机溶剂。此时相当于正相分配色谱，极性大的成分 R_f 值较小，后洗脱出来。

如果滤纸用石油醚或硅油处理后作为固定相，以水溶液（或有机溶剂）作为流动相，此时相当于反相纸上分配色谱。极性大的成分 R_f 值较大，先洗脱出来。

2. 纸色谱法操作注意事项 近年来，由于薄层色谱的快速发展和广泛应用，其相比纸色谱在很多方面显示出更强的优越性，但纸色谱在糖类、氨基酸等大极性化合物的分离、分析中仍具有其独特的应用价值。操作过程中应注意以下几点。

（1）滤纸的选择：滤纸质地要均一，厚薄要适宜、平整无折痕，杂质要少。若含有过多的杂质，会影响分析的结果。一般定性分析需要用较薄的滤纸，而分离制备则需要厚质滤纸。

（2）展开剂的选择：纸色谱的展开剂常由有机溶剂和水组成，往往不是单一溶剂，如常用的正丁醇-水，是指水饱和的正丁醇；而展开系统正丁醇：乙酸：水（4：1：5）则是将溶剂先按此比例混合然后置分液漏斗中静置分层，取上层正丁醇溶液作为展开剂。展开剂的选择可以根据文献报道的类似化合物常用的展开系统来加以改善，原则上要求待分离样品的各组分在该溶剂系统中的 R_f 值差异较大，且该系统对样品有良好的溶解性能，不会与样品发生化学反应，组成的比例也不应受温度影响。

（3）点样：样品的浓度一般配制成 0.5~15 mg/mL 的溶液（适宜的浓度要根据预试验确定，不同成分有所差异），然后用毛细点样管（定量时采用刻度毛细管或微量注射器点样）点于离滤纸底边 2~4 cm 的点样线上。点样的斑点直径不应超过 0.5 cm，点样时可以采用少量多次点样的方法，每次点少量样品后立即用电吹风吹干，再进行下一次的点样，这样可以避免样品斑点的扩散过大；如果同一张滤纸上点多个样品,样品之间的距离则不可太近,以 2 cm 以上较为适宜,这样可以避免样品展开后相互干扰;点样量不宜过大,超载会出现拖尾现象影响分离效果,以 10~30 μg 较为适宜。

(四)其他分离方法与技术

1. 逆流色谱法 逆流色谱(counter-current chromatography,CCC)是基于某一样品在两个互不混溶的溶剂之间的分配作用,溶质中的各个组分在通过两溶剂相的过程中按不同的分配系数得以分离。这是一种不用固态支持体的全液态分配色谱方法。逆流色谱是在逆流分溶法的基础上发展起来的,这种方法早在 20 世纪 40 年代至 50 年代建立,它具有混合物断续地分流和连续地分流两种方式。

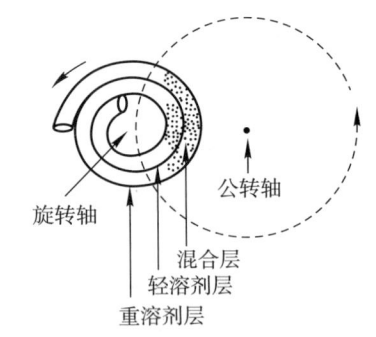

图 3-13 HSCCC 分离物质原理示意图

在液-液分配色谱基础上创建的液滴逆流色谱(droplet counter currentchromatography,DCCC)可使流动相呈液滴形式垂直上升或下降,通过固定相的液柱,实现物质的逆流色谱分离。

高速逆流色谱(high-speed counter current chromatography,HSCCC)是一种较新型的液-液分配色谱,分离原理(图 3-13)是基于样品在旋转螺旋管内互不混溶的两相溶剂间分配不同而获得分离。

2. 膜分离技术 膜分离使用选择性的透过膜作为分离介质,当膜两侧存在某种推动力(如电位差、压力差、浓度差等)时,原料侧组分选择性地透过膜而达到分离、提纯的目的。同传统分离方法相比,膜分离对中药体系有其特殊的优势:分离时没有相变,尤其是用于中药中热敏性物质的分离、浓缩;分离不消耗有机溶剂(尤其是乙醇),可缩短生产周期,降低有效成分的损失,而且有利于减少环境污染;分离选择性高,选择合适的膜材料进行过滤,可以截留中药提取液中的鞣质、淀粉、树脂和某些蛋白质,且不损失有效成分,制剂的质量可提高;膜分离适用范围广,从去除热原、细菌等固体微粒到分离溶液中有机物和无机物;可实现连续化和自动化操作,容易与其他生产过程匹配,满足中药现代化生产的要求。根据分离的功能,膜可分为微滤膜(≥0.1 μm)、超滤膜(10~100 nm)、纳滤膜(1~10 nm)、反渗透膜(≤1 nm)几类。

3. 高速离心法 高速离心法是以离心机为主要设备,通过离心机的高速转动,离心加速度超过重力加速度成千上万倍,使提取液中的大分子杂质沉降速度增加,加速杂质沉淀并使其除去的一种方法。目前使用的离心机主要有沉降式离心机、管式离心机、碟片式离心机、过滤式离心机、三足式离心机、卧式刮刀离心机、活塞推料离心机等。

4. 分子蒸馏技术 自 20 世纪 30 年代出现以来,分子蒸馏技术得到了世界各国的重视。到 20 世纪 60 年代,已被成功应用于鱼肝油中提取维生素 A 的工业化生产。相比较而言,我国分子蒸馏技术研究起步较晚。

分子蒸馏技术的分离原理是利用液体分子受热会从液面逸出,而不同种类分子逸出后其平均自由程不同这一性质来实现的。该技术的核心是分子蒸馏装置。为达到分离的目的,首先对液体混合物进行加热,使足够的分子逸出液面,轻分子的平均自由程大,重分子的平均自由程小,在离液面小于轻分子的平均自由程而大于重分子平均自由程处设置捕集器,使得轻分子不断被捕集,从而破坏了轻分子的动平衡而使混合液中的轻分子不断逸出,而重分子因达不到捕集器很快趋于动态平衡,不再从混合液中逸出,这样液体混合物便达到了分离的目的,其分离原理示意图见图 3-14。分子蒸馏主要结构装置则由加热器、捕集器、高真空系统组成。

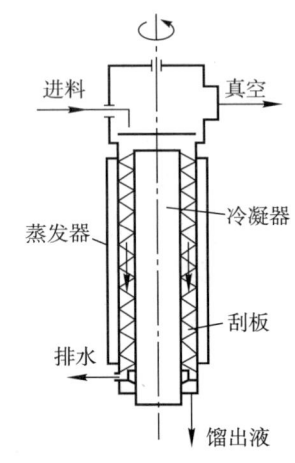

图 3-14 分子蒸馏分离原理

第二节 导向分离技术

天然产物成为上市药物的漫漫长路之中，提取分离天然产物单体仅仅是开端。传统的大海捞针式研究思路不仅费时费力，拉长研究战线，更是会重复性地分离已知化合物，导致事倍功半。同时，与发现新天然化合物的数量逐年增加相反，近年来新发现化合物的结构新颖性却在逐渐降低，适用于首创新药（first-in-class）研发的新颖结构小分子化合物仍然匮乏。因此，卓越的科学家们近年来上下求索，提出了众多导向分离特征性天然产物的新思想、新策略和新工具。

一、基于核磁共振波谱的导向分离技术

核磁共振波谱因其强大的结构测定功能，在天然产物领域中有着广泛的应用。其可以在原子水平上详细分析小分子的结构，是未知化合物鉴定的必备工具。一方面，核磁共振可检测所有含有顺磁性核的分子，允许大范围的结构类别分析。另一方面，基于核磁共振的方法能够创建核磁共振指纹来定义结构独特性和新颖性特征。此外，具有结构相似的化合物的高度区分，以及微小的仪器间差异也是核磁共振波谱方法的强大之处。为了不断提高波谱分辨率和减少测量时间，研究者们探索出了各种强大的优化方法，如二维核磁共振脉冲序列、非均匀采样（NUS）和协方差核磁共振等。此外，研究人员开发了多种谱图比对算法，利用 NMR 谱图（尤其是 2D NMR 谱图）进行去重研究。然而，由于样品浓度、杂质峰信号、溶剂效应、官能团之间的相互作用等对化学位移值的影响，上述算法对复杂的 NMR 谱图信号的识别效率和准确性较差，限制了它们在天然产物去重研究中的推广和应用。为克服上述不足，深度学习（deep learning）等人工智能技术（artificial intelligence，AI）逐渐被应用到复杂 2D NMR 图谱的精确识别中。相比于传统的机器学习方法，深度学习不需要研究人员的任何设计和参与，在训练过程中即可创建最合适的特征集，尤其适合庞大且未知的数据集。这些进步使得核磁共振波谱技术在复杂和痕量组分的研究中被用来表征分析复杂提取物中的天然产物。

2017 年，研究者运用非均一采样技术（non-uniform sampling，NUS）和卷积神经网络技术（convolutional neural network，CNN），开发了基于异核单量子相关谱（heteronuclear single quantum coherence，HSQC）的天然产物高效发现新策略，并将其命名为小分子精确识别技术（small molecule accurate recognition technology，SMART）。该技术利用 siamese 神经网络架构对一个包含 2 054 张天然产物 HSQC 谱图的数据集进行深度卷积神经网络训练，构建了一个可区分谱图相似度的节点空间。在这个节点空间中，结构相似的化合物在空间上相近，而结构相差较大的化合物在空间上则相离较远。随后，通过一个非均一采样序列，快速采集待分析物的 HSQC 图谱，并提交至上述训练后的深度卷积神经网络。在接下来的数据分析中，可根据待分析物的 HSQC 谱图信号在节点空间中的分布，来实现对复杂提取物中所含已知化合物和新化合物的快速区分（图 3-15）。

为进一步提高 SMART 技术识别天然产物 HSQC 谱图的准确性，研究者运用 JEOL 数据库中

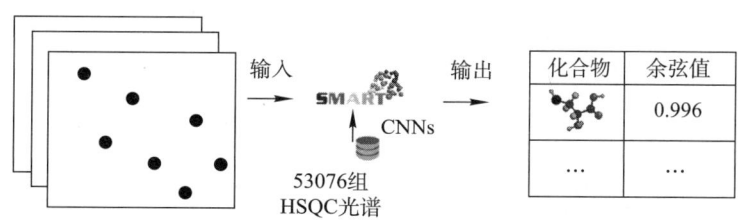

图 3-15　小分子精确识别技术工作流程图

25 434张天然产物的HSQC谱图,以及利用ACD/Labs软件所预测的27 642张天然产物的HSQC谱图进行了卷积神经网络学习,将SMART技术升级到2.0版本。相比于之前的版本,SMART2.0使用了更多天然化合物的HSQC谱图作为训练集,这些化合物大约占目前已知天然产物的15%。因此,通过增加训练集的数目极大地提升了SMART技术在识别不同结构类型天然产物HSQC谱图方面的能力。吉玛烷型倍半萜类化合物广泛分布于菊科植物,以其显著的抗肿瘤活性深受化学和生物学界的关注。利用SMART技术,研究者从菊科植物地胆草中分离出一系列具有良好抗肿瘤活性的吉玛烷型倍半萜内酯衍生物,如scaberol C。

案例探讨 吉玛烷型倍半萜内酯衍生物的导向分离

二、基于质谱的导向分离技术

质谱是一种不可替代的结构鉴定技术。尽管天然产物存在独特的复杂性,但由于MS的高分辨率性能,相关的MS信息已被应用于粗提物中的复杂天然产物进行去重复、新分子表征、测量分子式、同位素图、光谱特征(MS/MS、MSn)分析等。为了更好地利用质谱数据,研究者们开发了一些可视化工具,包括分子网络(MN)和质谱成像技术,促进了天然产物的发现和导向分离。在复杂天然提取物的质谱数据分析过程中,MN在可视化和结构注释方面发挥了关键作用。经过对原始质谱数据的格式转化和科学处理,有效的分子网络分析和注释使研究者更清晰、简单地获得复杂质谱数据中的重要信息。

（一）分子网络技术

2012年,美国学者多雷斯特因(Pieter Dorrestein)及其团队首次提出了基于二级质谱(MS/MS)的分子网络技术,并将其运用于天然生物活性分子的发现研究中。分子网络技术是综合运用现代质谱、生物信息学、计算机等技术所开发的一种二级质谱数据可视化策略。其原理是:结构相同或相近的化合物在同一条件下可产生相同或相似的二级质谱碎片,反之亦然(图3-16)。按照一定的算法将LC-

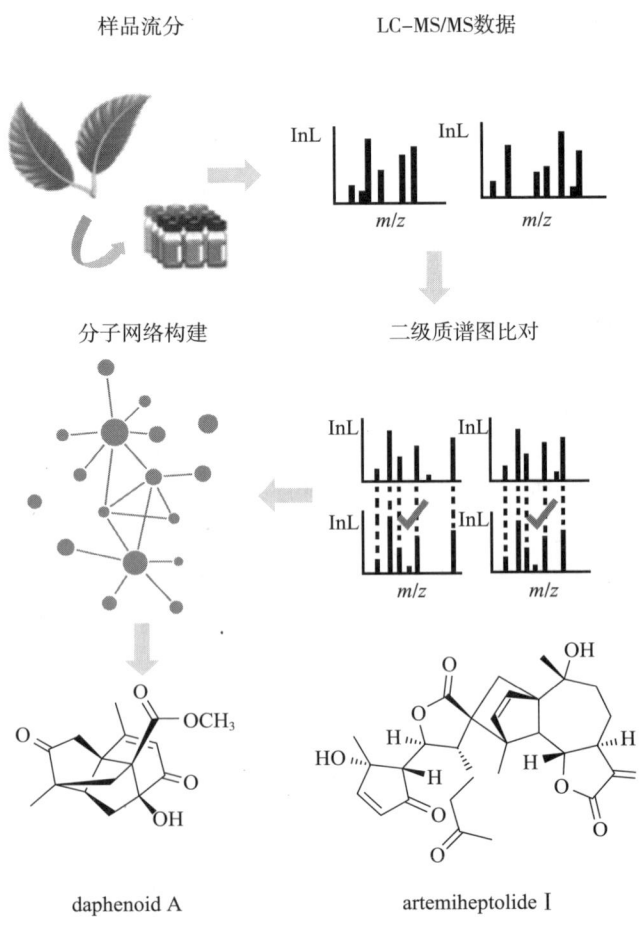

图3-16　分子网络技术工作流程图及相应代表性化合物

MS/MS 图谱中的每张二级质谱图进行比对，并计算各图谱的相似度，以余弦值（0~1）表示，相似度越高，则余弦值越大。根据计算所得余弦值的大小，可将相似度较高的图谱分别聚集成簇，而相似度较低的图谱则单独成簇，最终可将所有的二级质谱图整合成为一张可视化的分子网络图。在该网络图中，每一个节点代表一个化合物，其所包含的二级质谱信息可用节点的名称、颜色、大小、形状等来表示。节点与节点之间的连线则表示两个化合物结构的相关性，其大小可用连线的粗细来表示。通过构建分子网络图，可将复杂的二级质谱信息十分直观地呈现出来，这些信息包括了测试样品中所含有的全部化合物，以及化合物与化合物之间化学结构的关联性。如研究者利用经典的分子网络技术从岷江瑞香中分离得到一个具笼状骨架的倍半萜类化合物 daphenoid A。近期，研究者在运用 MS/MS 数据构建经典分子网络的基础上，首次引入了液相色谱的保留时间以及一级质谱数据的信息，开发了基于特征的分子网络技术（feature-based molecular networking，FBMN）。该技术一方面解决了传统分子网络技术在鉴定同分异构体方面的局限性，可区分同分异构体；另一方面，还可通过整合一级质谱数据的离子丰度等信息，对目标化合物进行相对定量分析。利用 FBMN 技术，从蒿属植物半荒漠绢蒿中分离得到一系列具有显著抗甲型流感病毒活性的倍半萜二聚体类化合物 artemiheptolide I。

在传统分子网络技术中，化合物的指认通常通过比对待分析物与已知化合物的二级质谱数据完成，利用该方法所发现的新化合物多为已知化合物的同系物或类似物，其结构的新颖性往往不强。因此，如何实现靶向识别具有新颖骨架的化合物依然面临挑战。天然化合物骨架结构复杂、类型多样，但它们通常来自简单的生源前体，经转化形成特定的生源砌块，再经进一步的生物合成途径而形成。而天然化合物的生源砌块所对应的结构片段，往往会在化合物的二级质谱图中显示出特征性的子离子碎片峰或（和）中性丢失碎片峰，可用于生源砌块的识别。为克服传统分子网络技术在鉴定具有新颖骨架结构化合物方面的不足，研究者通过集成生源砌块识别技术和分子网络技术，首次提出了基于生源砌块的分子网络策略（building blocks-based molecular network，BBMN）。相比于传统的分子网络技术，BBMN 策略在发现新颖骨架结构化合物方面具有明显的优势：一方面，BBMN 策略可根据目标化合物的结构特点对复杂提取物中所包含的生源砌块进行快速识别，因而对分析的化合物具有强选择性；另一方面，针对二级质谱数据量庞大、冗杂的特点，BBMN 策略在选择性过滤的基础上可简化待分析物的数据集，并通过分子网络技术对数据进行可视化分析，方便研究人员快速锁定目标化合物。BBMN 策略可广泛应用于其他结构类型天然化合物的发现研究中，有望为传统天然活性化合物的发现研究带来新变革（图 3-17）。

拓展阅读 基于生源砌块的分子网络策略

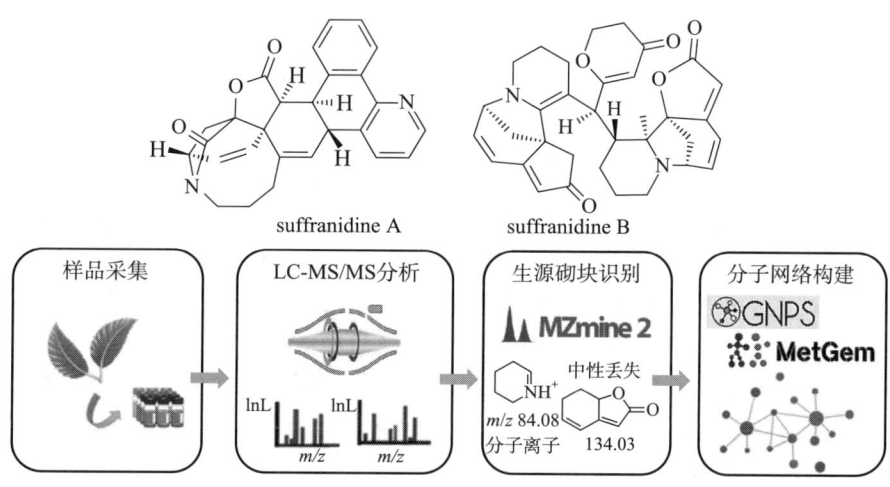

图 3-17 基于生源砌块的分子网络构建流程图

（二）分子网络注释工具

分子网络可以将相似的结构聚在一起，但由于 GNPS 数据库缺乏特定类型的化合物二级质谱，可能无法仅凭分子网络分析出流份中天然产物的结构信息，因此有研究者开发了分子网络注释工具以弥补这些缺陷，如 In Silico MS/MS 数据库（ISDB）、网络注释传播（NAP）、MS2 LDA 和 MolNetEnhancer 等。2016 年，研究者提出了 MS2 LDA，该算法以无监督的方式从碎片谱中找到并匹配共有的分子片段和中性光谱"Mass2Motifs"。反过来，获得的 Mass2Motifs 提供了功能基团、生源砌块，甚至化合物的支架，可用于在没有参考光谱的情况下对未知分子进行从头注释。利用分子网络技术结合 MS2 LDA 注释工具，从夹竹桃科植物中分离得到首个杂化苯丙烷基化单萜吲哚生物碱 inaequalisine A。NAP 是第一个直接分析网络拓扑结构的计算机程序，利用分子网络拓扑和结构相似性，通过预测工具 MetFrag 重新排列结构候选物，并在连接组件的分子家族中进行预期的注释一致性。结合 NAP 注释工具和分子网络技术，研究人员从阿尔泰瑞香中分离得到具有神经保护活性的杂萜类化合物 daphnaltaicanoid A。此外，MolNetEnhancer 是一个计算质谱注释工具和集成工作流，它将现有的分析结果（包括 MS2 LDA、NAP、DEREPLICATOR）放在一起，并使用化学类别注释工具 ClassyFire 进行整体化学分类。利用 MolNetEnhancer 注释工具，从植物仙茅中分离得到一系列环阿尔廷烷型三萜类化合物（图 3-18）。分子网络注释工具的出现为缺少标准光谱的天然活性化合物发现提供了便利。

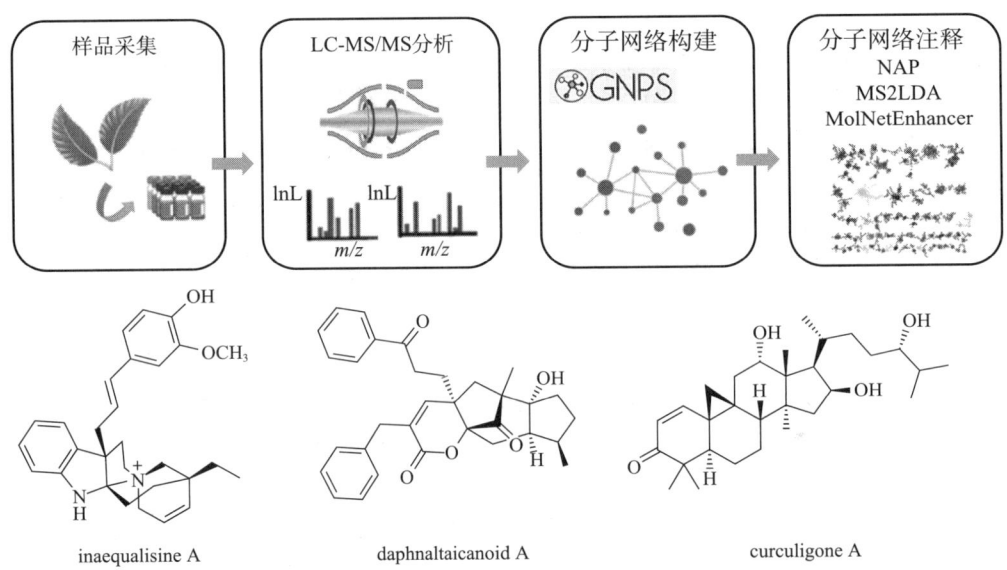

图 3-18 借助分子网络注释工具分析分子网络的工作流程图及相应代表性化合物

（三）质谱成像技术

质谱成像技术是质谱领域中里程碑式的发明，是以质谱技术为基础的成像方法。该方法通过质谱直接扫描生物样品成像，可以在同一张组织切片同时分析数百种分子的空间分布特征。高分辨率质谱成像仪兼具高空间分辨率和高质量分辨率的特性，且操作流程简单，适用性广，是进行生物样本质谱成像的不二选择。目前该技术能够实现细胞水平的空间成像分辨率，并且集高质量分辨率、高质量精度及串联质谱于一身，为准确地分析质谱成像数据提供可靠保证。质谱成像技术的出现，为天然产物的精准挖掘提供了便利。研究者通过监测微生物板上代谢物的空间分布，以青霉菌（*Penicillium polonicum*）和尖孢镰刀菌（*Fusarium oxysporum*）的异常运动来筛选候选抗真菌药物，随后通过经典色谱方法分离目标分子。利用质谱成像成功地鉴定了两种具有抗真菌活性的吲哚类生物碱 fructigenine A 和 B。

fructigenine A　　　　　fructigenine B

三、基于基因组学的导向分离技术

天然产物是由生命系统产生并受基因调控的次生代谢物。从生物合成的角度来看，只有10%遗传编码的次级代谢物被分离出来，这意味着尚存巨大的宝藏有待开发。基因组挖掘技术是根据自然界编写的最精确的代码开发的，这些代码与各种代谢产物的产生密切相关。生物合成基因簇（BGCs）是编码次生代谢物生物合成途径的局部基因簇，也是预测特定代谢物及其化学变异产物的基本单位。微生物基因组分析旨在快速推断微生物体的生物合成潜力，但BGCs是否与天然产物类别相对应，以及编码未知代谢物BGCs的鉴定是尚未解决的任务。基因组挖掘技术有助于探索未被发现的化学空间，降低重复发现率，并产生更多的假设，同时为获得更多的活性新天然产物提供可能。目前已开发可用于基因组挖掘的工具有AntiSMASH、PRISM等，可为天然产物的快速发现提供助力。

（一）AntiSMASH

AntiSMASH旨在分析基因组的次级代谢产物合成基因簇，包含细菌、真菌和植物。可实现基因组与基因组之间的相关天然产物合成基因簇的查询和预测；源于微生物的天然产品经常用于抗菌和抗癌药物、杀虫剂、除草剂或杀菌剂。2011年首次发布以来，AntiSMASH已成为次级代谢物基因组挖掘的标准工具，并且是目前使用最广泛的工具。开源的AntiSMASH软件继续为自然产品领域蓬勃发展的计算工具生态系统作出贡献。除了直接提供微生物天然产物预测外，AntiSMASH还作为其他工具的技术平台，如植物天然产物预测工具PlantiSMASH、初级代谢基因簇预测工具GutSMASH以及其他目前正在开发的工具。

利用AntiSMASH分析真菌 *Aspergillus parasiticus* SDU001编码序列的功能后，利用经典色谱分离方法得到了具有罕见的笼状6/6/5/6/5五环体系的倍半萜类化合物astellolide R和具有罕见的烟酸片段的astellolide S（图3-19）。

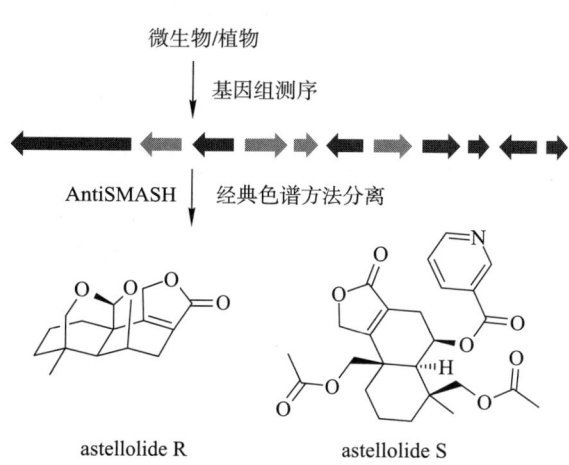

图3-19　借助AntiSMASH进行天然产物导向分离的大致思路及相应代表性化合物

（二）高通量激发子筛选 HiTES

随着基因测序技术的不断提高，研究者发现微生物基因组具有产生大量未知天然分子的巨大潜力。然而，一个重要的未解决问题是在实验室条件下很难使沉默BGCs高表达。利用已有的小分子化合物文库，研究者开发了一种称为高通量激发子筛选（High-Throughput Elicitor Screening, HiTES）的方法，可以快速激活原本沉默（或隐秘）的次级代谢途径，从而产生相应的天然产物。在此基础上，将其与分子网络、质谱成像及活性数据进行结合，为天然活性分子的发现提供了新的思路。

研究者利用增强的绿色荧光蛋白，成功激活了白链霉菌 J1074 中沉默的 BGC，在此基础上鉴定出了一系列次级代谢物，包括一种名为 acyl-surugamide A 的杀菌剂。

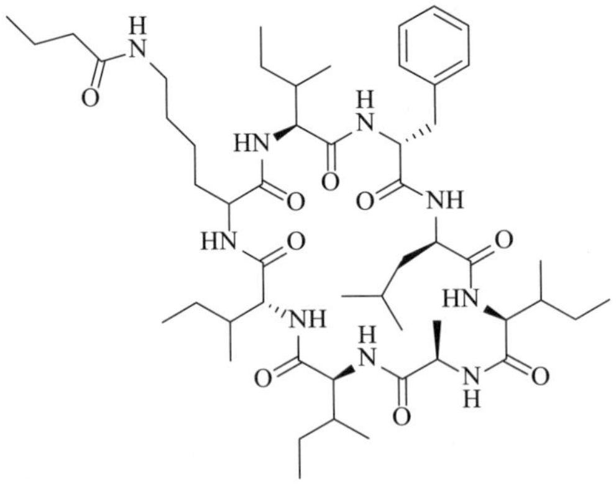

acyl-surugamide A

四、基于活性数据的导向分离技术

除导向分离新颖骨架化合物外，天然产物的生物活性也值得重点关注。利用经典的生物活性导向方法已经分离出了紫杉醇、长春新碱和青蒿素等明星分子，但其局限性不容忽视。经典的活性导向方法是重复筛选活性提取物及其流份，这是一个耗时、费力和昂贵的过程。同时由于天然产物提取物组分的复杂性，相互之间可能存在拮抗或激动的关系，常常出现提取物或者流份的活性无法与天然产物的活性相联系的情况。为突破这一困境，研究者们开发了一系列工具，可以在分离前将提取物的活性数据与其组分建立联系，为分离活性天然产物提供可靠依据。

2018 年，研究者首次提出了基于生物活性的分子网络（bioactivity-based molecular network）策略，并运用该策略从大戟科植物 *Euphorbia dendroides* 的提取物中靶向获得了新的具有显著抗基孔肯雅热病毒（CHIKV）活性的二萜类化合物 2,4,6-decatrienoic acid。基于生物活性的分子网络策略主要包括以下 3 个步骤：①采集待分析物各流份的 LC-MS/MS 数据，运用质谱数据处理软件提取谱图中的母离子峰及碎片峰信号，并对各母离子峰进行相对定量分析；②测试各流份的生物活性，根据样品质谱数据中母离子峰强度和所测得的样品活性数据结果，运用 Pearson 相关性分析计算各母离子峰的生物活性分值；③将活性预测分值整合到质谱数据中，并运用 GNPS 平台生成基于生物活性的分子网络图。

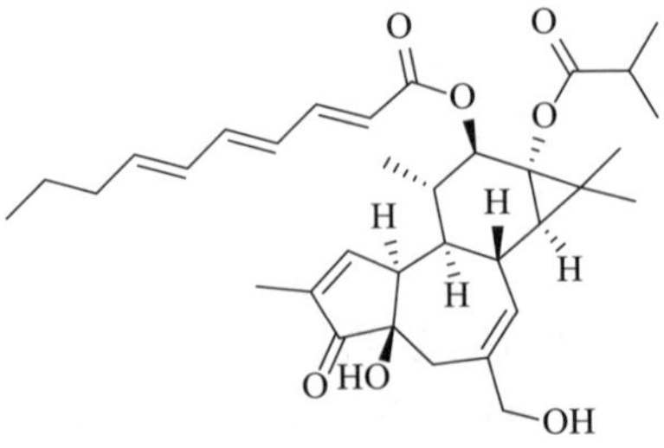

2,4,6-decatrienoic acid

与基于 MS 技术的活性成分靶向分离策略类似，利用 NMR 技术定向地寻找活性成分也是天然生物活性化合物发现研究的重要方向之一，但目前在该领域的研究报道相对较少。迄今，仅有学者基于统计泛多样性分析（statistical heterocovariance analysis，HetCA）方法，将小分子化合物的 NMR 数据与生物学功能相关联。其中，ELINA 是 eliciting nature's activities 的简称，是基于 ^{1}H-NMR 谱的 HetCA 统计分析所开发的一种活性化合物追踪分离策略。在该策略中，根据提取物或流份活性测试的结果，对其 ^{1}H-NMR 谱信号中的特征峰进行正面（hot）或负面（cold）评分，从而可在分离前判断活性化合物可能含有的特征信号峰。运用该策略，从多孔真菌 *Fomitopsis pinicola* 的复杂提取物中发现了具有甾醇硫酯酶抑制活性的羊毛甾烷三萜类化合物 lanostane triterpenes。此外，研究者开发了一种名为 Plasmodesma 的计算机程序，可将复杂天然产物提取物的 1D 和 2D NMR 谱图数据进行自动化处理，进而可从中提取出活性相关成分的 NMR 指纹图谱，从而实现对药效团结构进行快速排查［如利用该方法从金鸡纳树中获得的奎尼丁（quinidine）］。

lanostane triterpenes　　　　　　　奎尼丁

（宋少江）

第四章 结构研究法

编者导学

📍 学习目标

✦ 思维导图

本章导航
第一节 化合物的纯度确定
第二节 结构研究的主要方法
第三节 结构解析的主要程序

天然产物的分子结构研究是天然药物化学的重要任务之一,也是天然药物开发与研究中无法替代的环节。对于从植物、微生物等天然资源中分离得到的活性单体化合物,只有在其化学结构完全清楚的情况下,才能开展深入的构效关系研究、结构修饰和改造,从而进行体内代谢、人工合成等药学相关方面的工作,最终才可能将其开发为新药。

与合成化合物相比,天然化合物的结构研究难度较大。这是因为合成产物的原料已知、反应条件较为固定,反应产物比较清楚,故可对产物的结构事先做出某种程度的预测。但天然产物复杂多样的生源合成途径导致其结构复杂且种类繁多,未知因素较多,很难以经典的化学方法(如化学降解、衍生物合成等)进行结构研究。但随着波谱学技术的进步和分析仪器的广泛运用,谱学分析的方法包括紫外-可见吸收光谱(UV-vis)、红外光谱(infrared spectroscopy,IR)、核磁共振波谱、质谱、旋光光谱(optical rotatory dispersion,ORD)、圆二色谱(circular dichroism,CD)和 X 射线单晶衍射已成为天然产物结构研究的主要方法。这些方法都具有样品需求量相对较少或对结构不产生破坏等优点。

第一节 化合物的纯度确定

在结构研究前必须首先确定化合物的纯度。纯度不合格,会给结构测定工作带来更大难度,甚至会导致结构测定工作的失败。判断化合物纯度的方法有很多,且往往需要综合多种方法进行判定。

一、根据化合物的晶体形状、色泽和熔点进行判断

每种化合物的结晶都有一定的形状、色泽和熔点,可以通过检查有无均匀一致的晶型,有无明确、敏锐的熔点作为化合物纯度初步判定的依据。液体化合物根据有无恒定的沸点、沸程、折射率及相对密度等判定。

二、根据化合物的色谱行为进行判断

在结构鉴定中常用的色谱方法包括薄层色谱（TLC）、气相色谱（GC）和高效液相色谱（HPLC）等。薄层色谱如硅胶、纸色谱，通常以组成不同的3种溶剂系统进行展开，样品均为单一斑点时（比移值在0.2~0.8）可认为是单纯的化合物。气相色谱主要适用于在加热条件下能汽化而不分解的物质，如植物中的挥发油。高效液相色谱则不然，不但可用于挥发性物质，亦可用于非挥发性物质，具有高速、高效、灵敏、微量、准确的优点，已被广泛地用于化合物纯度的检测。

第二节　结构研究的主要方法

一、紫外-可见吸收光谱法

分子吸收波长范围在200~800 nm的电磁波产生的吸收光谱为紫外-可见吸收光谱，为电子跃迁光谱。含有共轭双键、发色团及具有共轭体系的助色团分子在紫外及可见光区域产生的吸收即由相应的 $\pi \to \pi^*$ 及 $n \to \pi^*$ 跃迁所引起，因此紫外光谱主要用于鉴定结构中共轭体系的有或无。

在天然产物结构中，如黄酮类、蒽醌类、香豆素类等的结构与紫外光谱特征之间的规律已比较清楚。尤其是黄酮类成分，在加入某种诊断试剂后，其紫外光谱因分子结构中取代基的类型、数目及取代位置不同而发生不同改变，故还可用于该类化合物精细结构的测定。

二、红外光谱法

红外光谱是研究红外光与物质分子间相互作用的吸收光谱，分子中价键的伸缩及弯曲振动将在光的红外区域产生吸收，其中 2.5~25 μm 的中红外区，即 4 000~400 cm^{-1} 波数处为多数官能团的基频振动吸收峰区，故用于判断结构中某些官能团的有或无。按照红外光谱与分子结构的特征，红外光谱可大致分为两个区域，特征区（官能团区）（4 000~1 300 cm^{-1}）和指纹区（1 300~400 cm^{-1}），初步划分为八个重要区段，如表4-1所示。

表4-1　红外光谱的八大区域

波数/cm^{-1}	波长/μm	振动类型
3 750~3 000	2.7~3.3	ν_{OH}，ν_{NH}
3 300~3 000	3.0~3.4	$\nu_{\equiv CH} > \nu_{=CH} \approx \nu_{ArH}$
3 000~2 700	3.3~3.7	ν_{CH}（-CH$_3$、饱和 CH$_2$ 及 CH-CHO）
2 400~2 100	4.2~4.9	$\nu_{C\equiv C}$，$\nu_{C\equiv N}$
1 900~1 650	5.3~6.1	$\nu_{C=O}$（酸酐、酰氯、酯、醛、酮、羧酸、酰胺）
1 675~1 500	5.9~6.2	$\nu_{C=C}$，$\nu_{C=N}$
1 475~1 300	6.8~7.7	δ_{CH}（各种面内弯曲振动）
1 000~650	10.0~15.4	$\gamma_{=CH}$（不饱和碳-氢面外弯曲振动）

三、核磁共振法

随着傅里叶变换波谱仪的诞生，除 ^1H 核外，^{13}C 核的研究自 20 世纪 70 年代中期也得以迅速开展，大量有磁矩的放射性核素的"多核"研究也广为进行，包括 ^{15}N、^{19}F、^{31}P 等。伴随着二维、三维核磁技术，NMR 现已成为结构测定的主要谱学方法，在结构研究中发挥着巨大作用。

1. 常用的氘代溶剂　用于测定核磁共振谱的样品包括固体、液体甚至气体，液体高分辨 NMR 是目前用于化合物结构测定的主要技术，常用于 NMR 测定的氘代溶剂种类及其残余质子和碳信号的化学位移值见表 4-2。

2. ^1H-NMR　氢同位素中，^1H 的丰度比最大，信号灵敏度也高，故 ^1H-NMR 测定比较容易，为结构研究提供了化学位移（δ）、谱线积分面积（氢的数目）以及耦合常数 J（峰裂分情况）等。

（1）化学位移（chemical shift，δ）：氢的化学位移在 0～20 范围内，常用的为 0～13，受外围电子云密度、磁的各向异性等化学环境影响，常见基团的大致化学位移区域见表 4-3，据此可推断 H 所处的化学环境。

（2）积分面积：氢信号的积分面积与分子中的总质子数成正比，若分子式已知，可据此算出每个信号相当的 ^1H 数，但要注意活泼质子如—OH、—NH、—SH，包括酚、羧酸、酰胺上的活泼质子在一些测试溶剂中（或含水时）常不出现信号，在推断氢的数目时还要结合质谱、碳谱等。

表 4-2　常用的 NMR 氘代溶剂氢信号和碳信号的化学位移值 /δ

溶剂	δ_H	δ_C
丙酮 $-d_6$	2.05	206.3
		29.8
苯 $-d_6$	7.16	128.1
三氯甲烷 $-d$	7.26	77.2
环己烷 $-d_{12}$	1.38	26.4
二氯甲烷 $-d_2$	5.32	53.8
DMSO $-d_6$	2.50	39.5
甲醇 $-d_4$	4.87	49.0
	3.31	
吡啶 $-d_5$	8.74	150.4
	7.58	135.9
	7.22	123.9
D_2O	4.79	

表 4-3　常见基团氢的化学位移

基团	化学位移	基团	化学位移
$H_3C-Si\lessdot$	0～0.4	$H_3C-C\lessdot$	0.6～1.0
$\gtrdot C-CH_2\lessdot$ (with C above)	1.2～1.6	CH_2(cyclic)	1.4～1.8
环丙烷 RCH(H)	0.3～0.7	$H_3C-C-O\lessdot$	1.0～1.6
$H_3C\gtrdot C=C\lessdot$	1.6～2.0	H_3C-Ph	2.0～2.5
H_3C-CO-	2.0～2.7	$H_3C-N\lessdot$	2.2～3.4
$\gtrdot C-C(CO-)-CH_2\lessdot$	2.1～2.8	$\gtrdot N-CH_2\lessdot$	3.6～4.4

续表

基团	化学位移	基团	化学位移
—C≡CH	3.7 ~ 3.9	$\rangle\underset{|}{C}$—O—CH_2	4.6 ~ 5.3
Ph—SH	3.7 ~ 3.9	R—OH	1.0 ~ 5.4
Ph—NH_2	3.8 ~ 4.6	—C=CH_2 / H	4.4 ~ 6.0
—C=C— / H H	4.4 ~ 8.0	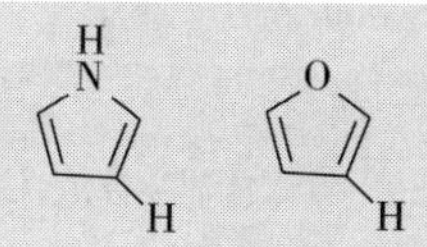 (吡咯 β-H,呋喃 β-H)	5.4 ~ 6.6
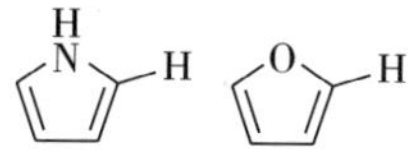 (吡咯 α-H,呋喃 α-H)	6.1 ~ 7.4	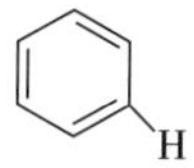 (苯环 H)	6.4 ~ 8.0
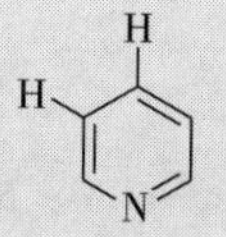 (吡啶 β,γ-H)	6.4 ~ 7.2	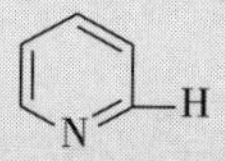 (吡啶 α-H)	8.0 ~ 8.8
Ph—OH	4.0 ~ 10.0	—CHO	9.5 ~ 10.0
—COOH	9.0 ~ 12.0	—SO_3H	11.0 ~ 12.0

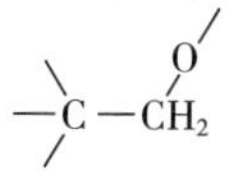

（3）耦合常数（J）：磁不等价的两个或两组 ^1H 核在一定距离内会有耦合裂分，若为低级耦合，峰的裂分符合 $n+1$ 规律，可对应有 d（doublet，二重峰）、t（triplet，三重峰）、q（quartet，四重峰）、m（multiplet，多重峰）峰等；高级耦合则有 dd、dt、td、m 峰等多种裂分形式。

两组氢核之间相互耦合产生氢信号裂分，只要相互耦合的两组氢核具有不同的化学位移，它们之间的耦合裂分数值相同且会在核磁共振波谱图中显现，其信号裂分的距离为耦合常数（coupling constant），用 J 值表示，单位通常以赫兹（Hz）表示，其大小取决于间隔键的距离。间隔的键数越少，则 J 的绝对值越大；反之则越小。通常，超过三根单键的耦合可以忽略不计。但在 π 系统中，如烯丙基、芳环、萘环等，因电子流动性较大，即使间隔超过了三根键，仍可发生耦合，则为远程耦合，如烯丙耦合、W 形耦合。

3. ^{13}C-NMR ^{13}C-NMR 提供的信息在结构鉴定中的作用更大，因 ^{13}C 的磁旋比仅为 ^1H 的 1/4，自然界中 ^{13}C 的丰度比又只有 1%，故测定的灵敏度只有 ^1H 的 1/6 000。随着高兆周仪器的开发，使得少量甚至微量成分的结构测定成为可能，因此发现新结构的概率也大大增加。^{13}C-NMR 图谱的基本特点总结如下：

（1）^{13}C 的信号裂分：因 ^{13}C 的自然丰度小，两个 ^{13}C 相连的概率只有万分之一，故 ^{13}C-^{13}C 之间的同核耦合一般不予考虑；相反，^1H 的耦合影响（异核耦合）却十分突出。因 ^1H 核自旋耦合干扰产生的峰裂分数目仍遵循 $n+1$ 规律。以直接相连的 ^1H 为例，则 CH_3 为 q 峰、CH_2 为 t 峰、CH 为 d 峰、季 C 为 s 峰。$^1J_{CH}$ 为 120 ~ 250 Hz，而两根键 $^2J_{CH}$ 及三根键 $^3J_{CH}$ 范围内的远程耦合影响也存在，故 ^{13}C 信号裂分十分复杂。为消除这种干扰并使信号指认准确，最常见的碳谱是采用全氢去耦方法来测定的，即为噪声去耦谱（COM）或质子宽带去耦谱（BBD），则每一种化学等价的碳原子只有一条谱线。在去掉氢的耦合的同时，有核的 Overhauser 效应（NOE），则连有氢的碳信号更为增强，因季碳不连氢，故信号峰相对低矮。为此这种全氢去耦谱中，峰高不能定量地反映碳原子数目，则化学位移成为碳谱中最重要的信息。

（2）化学位移：碳谱的化学位移的定义及表示方式与氢谱一致，所用的内标也与氢谱完全相同，位移幅度较宽，约为500个化学位移单位，常用范围为0~250。因信号之间很少重叠，故识别起来比较容易。与氢化学位移一样，碳原子的化学位移成为推断化合物骨架结构的有力工具。一些常见基团的碳信号化学位移值见表4-4。

表4-4　核磁共振碳谱中碳的类型与化学位移值范围

化学位移	碳的类型
0~60	脂肪碳（烷烃的甲基、亚甲基、次甲基、季碳等）
40~60	甲氧基或氮甲基
60~85	连氧脂肪碳（—OCH 或—OCH$_2$，包括糖上的碳信号，糖端基碳信号除外）
95~105	糖端基碳
100~135	未取代芳碳及烯碳
123~167	取代芳碳或烯碳
140~165	连氧芳碳
160~220	羰基碳（醛：190~205；酮：195~220；羧酸：170~185；酯及内酯：165~180；酰胺及内酰胺：165~180）

（3）影响碳的化学位移的主要因素

1）碳的杂化方式：$\delta_{sp^3} < \delta_{sp} < \delta_{sp^2}$，相应的化学位移值范围为$\delta_c$ 10~100、70~130和100~200。

2）碳核的电子云密度：碳周围的电子云密度增高，向高场位移，化学位移值δ减小。取代基的数目越多，相应的诱导效应增加，电子云密度下降，化学位移增加，但诱导效应随相隔键的数目增加而减弱。

3）共轭效应：在π电子系统中，共轭效应对于电子的分布有很大影响，如不饱和的羰基化合物（图4-1）中β-碳一般要比α-碳处于低场。

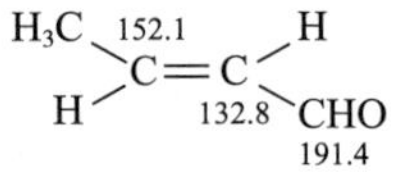

图4-1　不饱和的羰基化合物

4）分子内部作用：分子内氢键使C═O的化学位移值增加。邻羟基苯甲醛（图4-2，b）和邻羟基苯乙酮（图4-2，d）中的羟基和羰基形成分子内氢键，电荷的分散使得羰基碳去屏蔽，δ值增大。

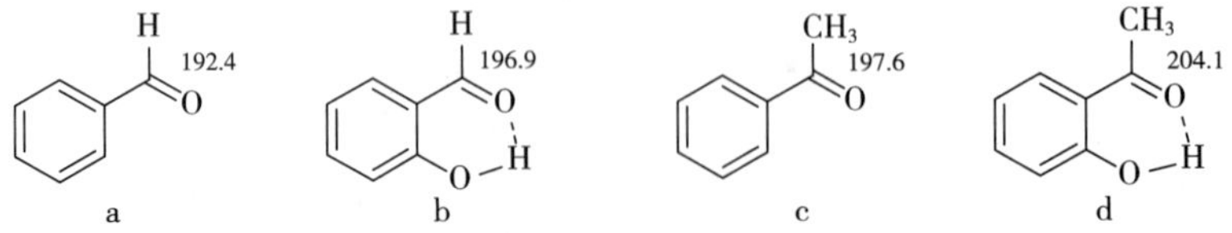

图4-2　分子内氢键使C═O的化学位移值增加
a. 苯甲醛；b. 邻羟基苯甲醛；c. 苯乙酮；d. 邻羟基苯乙酮

5）空间位阻的γ-效应：较大基团对γ-位碳上的氢通过空间有一种挤压作用，使电子云偏向碳原子，使碳化学位移向高场移动，这种效应称为γ-效应，又称为γ-旁式效应。分子内空间效应的影响在环己烷或其类似化合物中，间隔两根键的碳因 γ- 效应而使其上的电子云密度增加，如图 4-3 中 γ 位的碳因 α 位的直立甲基的 γ- 效应而向高场位移，该效应也称 1,3- 效应（1,3-effect）。

环状结构中 γ- 效应的存在使得直立键上的甲基比平伏键上的甲基处在更高场。如常见的天然产物齐墩果烷型五环三萜类化合物，29 位甲基为平伏键，化学位移出现在低场 33.1 处，30 位甲基为直立键，由于 γ- 效应，化学位移出现在高场 23.6 处。

图 4-3　γ- 旁式效应与齐墩果烷

6）其他效应：还存在电场效应、"重原子"效应、放射性核素效应等，具体内容可参考相应的文献。

在结构解析中，对碳化学位移与结构的对应关系已经总结了很多经验规律，常见的有苯的取代基位移、羟基苷化位移（glycosidation shift）、酰化位移（acylation shift）规律等，在结构研究中均具有重要的指导作用。

（4）其他类型的碳谱

1）DEPT（distortionless enhancement by polarization transfer）：DEPT 法系通过改变照射 ^{1}H 核的脉冲宽度（θ）或设定不同的弛豫时间（delay time，2D$_3$，使不同类型的 ^{13}C 信号在谱图上呈单峰并分别呈现正向峰或倒置峰，故灵敏度高，信号之间很少重叠，目前已成为 ^{13}C-NMR 谱的一种常规测定方法。DEPT 序列的特征是质子脉冲宽度 θ 是可变的，一般可设置为 45°、90° 和 135°。设置的 θ 不同，CH、CH$_2$ 和 CH$_3$ 三种类型的碳显示的信号强度与符号也不相同。θ 为 45° 时，CH、CH$_2$ 和 CH$_3$ 均显示正峰；90° 时只有 CH 显示正峰；135° 时 CH 和 CH$_3$ 显示正峰，CH$_2$ 则显示负峰。而季碳在 DEPT 谱中不出峰。脉冲宽度（θ）为 135° 的 DEPT 谱应用最广，故可用于区分碳的伯、仲、叔、季类型。

2）选择氢核去耦谱（selective proton decoupling spectrum）及远程选择氢核去耦谱（long-range selective proton decoupling spectrum）：两种方法均是在氢核信号归属已经明确的前提下，用弱或很弱的能量选择性地照射某种（组）（单照射）或某几种（组）（双照射或三重照射）特定的氢核，以分别消除它们对相关碳的耦合影响。此时图谱上峰形发生变化的只是与之有耦合相关或远程耦合相关的 ^{13}C 信号。

3）偏共振去耦谱（off resonance decoupling spectrum）：当照射 ^{1}H 核用的电磁辐射偏离所有 ^{1}H 核的共振频率一定距离时，测得的 ^{13}C-NMR（偏共振去耦谱）谱中将不能完全消除直接相连的氢对碳的耦合影响。按 $n+1$ 规律，CH$_3$ 显示四重峰（q），CH$_2$ 显示三重峰（t），CH 显示二重峰（d），季碳显示单峰（s）。偏共振去偶法可以确定与碳原子相连的质子数目，从而可判断各碳的类型。

4. 二维核磁共振（2D-NMR）　一维核磁共振谱中，如果信号过于复杂或者堆积在一起难于分辨时，结合二维核磁共振技术则信号归属会收到良好的效果。常用的二维核磁共振谱主要有 ^{1}H-^{1}H COSY、HSQC（HMQC）、HMBC、NOESY（ROESY）、TOCSY 等，利用这些技术可将一维核磁共振谱峰之间的关系联系起来，进而实现一维核磁共振谱峰的准确归属。

（1）同核化学位移相关谱

1）^{1}H-^{1}H COSY（^{1}H-^{1}H correlation spectroscopy，氢-氢化学位移相关谱）：为同一个耦合体系中

质子之间的耦合相关谱,用于确定质子的化学位移、质子之间的相互耦合关系及连接顺序。横轴、纵轴均为 ^{1}H-NMR 谱。同一 ^{1}H 核信号在对角线上相交,形成对角峰(diagonal peak)。对角线以外的点叫相关峰(cross peak 或 correlation peak)。因 COSY 谱的对称性,故对对角线半侧的峰进行解析即可。

2)NOESY(nuclear Overhauser effect spectroscopy):结构中两个(组)不同类型的质子位于相近的空间距离时,照射其中一个(组)质子会使另一(组)质子的信号强度增强,这种现象称为核的 Overhauser 效应,简称 NOE。NOE 效应的强弱与相关质子的空间距离有关,当质子间的空间距离小于 3.5 Å 时便可以观察到,据此可确定分子中某些基团的空间位置,故在化合物的立体化学研究时具有重要意义,尤其是对蛋白质等生物大分子的研究。

质子 NOE 二维相关谱简称 NOESY 谱横纵坐标均为 ^{1}H-NMR 谱。谱的外观与 COSY 谱类似,对角线上的点为对角峰,非对角线上的点为 NOE 相关峰。NOESY 谱的最大作用在于一张谱图中同时给出了所有质子间的 NOE 信息,但不是所有的信号都为 NOE 相关,常常混有质子 COSY 残留峰,结构解析时需加以注意。

(2)异核化学位移相关谱:用得最多的是 ^{13}C-^{1}H COSY 谱,包括 HMQC(或 HSQC)、HMBC 等。

1)HMQC 和 HSQC:HMQC 为 ^{1}H 的异核多量子相关(heteronuclear multiple quantum coherence,HMQC)谱,HSQC 是 ^{1}H 的异核单量子相关(heteronuclear single quantum coherence,HSQC)谱。HMQC 和 HSQC 都是把 ^{1}H 核与其直接相连的 ^{13}C 关联起来,横、纵坐标是 ^{1}H、^{13}C 的化学位移。谱中的交叉峰表示 ^{13}C-^{1}H 的相关性。

2)HMBC(heteronuclear multiple bond correlation,HMBC):为 ^{1}H 的异核多键相关谱,将 ^{1}H 核和远程耦合的 ^{13}C 核关联起来,通常 2~3 个键的质子与碳的耦合信息较多。HMBC 可以高灵敏地检测 ^{1}H-^{13}C 远程耦合($^2J_{CH}$、$^3J_{CH}$),尤其是质子与季碳的远程耦合也有相关峰,因此从中得到有关季碳及因杂原子存在而被切断的耦合系统之间的结构信息,将分子片段连接。

四、质谱法

质谱法的灵敏度远远超过其他谱学方法。质谱的作用在于确定相对分子质量、分子式及分子碎片结构。

(一)质谱图

不同质荷比的离子经质量分析器分开,而后被检测、记录成为质谱图,简称质谱。质谱图的横坐标表示质荷比(m/z),纵坐标为离子流的强度,最常见的标注方法为相对丰度,此时把最强峰定为 100%,作为基峰,其他离子的峰强度以其百分数表示。

(二)电离技术

多年来,电子轰击电离质谱(EI-MS)和化学电离质谱(CI-MS)是有机结构分析中所应用的两大主要技术。EI-MS 是一种硬电离技术,该法从质谱诞生以来一直在使用;而 CI-MS 是一种软电离技术,与 EI 所产生的分子离子相比,CI 产生的分子离子不太容易发生裂解,应用该法可提高分子离子峰的强度,因此是 EI 的很好补充。CI 和 EI 的另一个不足是不挥发物质(如盐)或热不稳定性物质(如共轭多烯或有机金属化合物)通常不能给出有用的质谱。为了克服这些不足,在 20 世纪 80 年代产生了使不稳定性物质电离的第二代质谱电离技术。这些新的电离方法可分为两类:快速汽化(rapid vaporization)和快速解吸(rapid desorption)。快速汽化产生离子的过程有时也称为能量爆发(energy sudden)过程,这种过程包括快速加热产生离子的物理过程和以高能粒子轰击样品使其发射离子的过程。能量爆发电离包括解吸化学电离(DCI)、快原子轰击(FAB)、激光解吸电离(LDI)、基质辅助激光解吸电离(MALDI)和等离子体解吸(PD)。快速解吸产生离子的必要部分是强静电场,强静电场可以在真空中或在大气压下应用,利用该特征可以将各种方法加以区别,这些方法包括场解吸(FD)、场致电离(FI)、热喷雾电离(TSI)和电喷雾电离(ESI)。不同的电离方式适用的化合物类型见表4-5。

表4-5 不同电离方式的特点及适宜的化合物类型

电离方式	适应的化合物类型	样品进样形式	阳离子	阴离子	HR-MS	GC-MS	相对分子质量范围	主要特点
EI	小分子、低质量、易挥发	GC或液体/固体吸附于探针	√	×	×	√	1~1 000	硬电离,重现性高、结构信息多
CI	小分子、中低极性、易挥发	GC或液体/固体吸附于探针	√	√	√	√	60~1 200	软电离,提供$[M+H]^+$
ESI	蛋白质、多肽、非挥发性	液相色谱或直接注射进样	√	√	√	×	100~50 000	软电离,多电荷离子
FAB电离	糖类、有机金属化合物、蛋白质、非挥发性化合物	样品溶解在黏稠的基质中	√	√	×	×	300~6 000	软电离,比ESI和MALDI-MS硬
MALDI	多肽、蛋白质、核酸	样品与固体基质混合	√	√	√	×	达500 000	软电离,适用于高分子化合物

五、旋光光谱和圆二色谱法

旋光光谱和圆二色谱在测定手性化合物的构型和构象、确定某些官能团(如羰基)在手性分子中的位置方面有独到之处,是其他光谱无法代替的。

平面偏振光通过手性物质时,能使其偏振平面发生旋转,这种现象称之为旋光。产生旋光的原因是组成平面偏振光的左旋圆偏振光和右旋圆偏振光在具有手性的有机化合物介质中传播时,它们的折射率不同,传播速度不同,从而导致偏振面的旋转,再合成的偏振光就出现了共振平面的偏转现象。除了旋光外,左旋、右旋圆偏光通过手性介质也带来了物质对其吸收的不同,进而导致各自振幅上的变化,合成的矢量则为椭圆形圆偏光,椭圆程度可用摩尔椭圆度$[\theta]$衡量,构成"圆二色性"。

用不同波长(200~760 nm)的偏振光照射光学活性物质,并用波长λ对比旋光度$[\alpha]$或摩尔旋光度$[\theta]$,即以比旋光度$[\alpha]$或摩尔旋光度$[\theta]$为纵坐标、以波长λ为横坐标作图所得的曲线称为旋光曲线或旋光谱。手性物质以摩尔吸收系数之差$\Delta\varepsilon$或摩尔椭圆度$[\theta]$为纵坐标、以波长为横坐标作图,获得的谱线称为圆二色谱。传统平面偏振光的波长范围为200~400 nm,属紫外区,由于其吸收光谱是由分子内电子能级跃迁引起的,称为电子圆二色谱(electronic circular dichroism,ECD);当平面偏振光的波长范围在红外区时,由于其吸收光谱是由分子的振动转动能级跃迁引起的,称为振动圆二色谱(vibrational circular dichroism,VCD)。

1. ORD谱的类型 旋光谱的谱线可以分为三大类:平坦谱线、单纯Cotton效应谱线和复合Cotton效应谱线。

(1)平坦谱线:化合物手性中心附近无发色团时,其谱线为平坦的旋光谱线,无峰、谷之分。其中谱线在短波处升起者为正性谱线,如图4-4的谱线1;降低者为负性曲线,如图4-4中的谱线2和3。

（2）单纯 Cotton 效应谱线：谱线只含有 1 个峰和 1 个谷。其中峰在长波部分，谷在短波部分者称之为正 Cotton 效应曲线，如图 4-4 中的谱线 4；反之，谷在长波部分，峰在短波部分者称之为负 Cotton 效应曲线，如图 4-4 中的谱线 5。

（3）复合 Cotton 效应谱线：当化合物含有多个发色团时，ORD 谱线将出现多个峰与谷，如图 4-4 中的谱线 6 和 7。

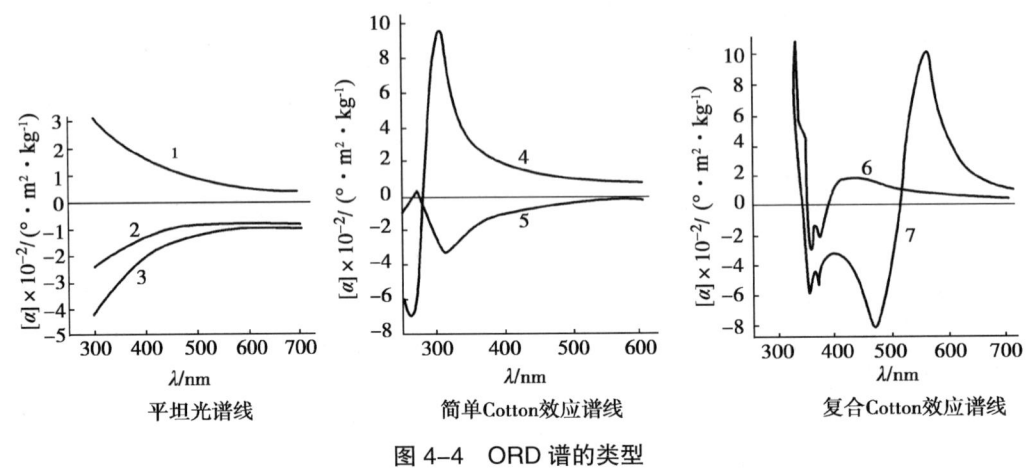

图 4-4 ORD 谱的类型

2. CD 谱 由于 ORD 曲线的复杂性，简单的 CD 曲线为结构解析带来了诸多便利。就像旋光谱那样，CD 谱也有正性 Cotton 效应曲线和负性 Cotton 效应曲线，即呈现正峰的为正性曲线、呈现负峰的为负性曲线。

3. 常用的经验规则——环己酮的八区律 应用 ORD 和 CD 谱，研究若干发色团周围各种手性中心的立体化学情况，获得了一些经验规律，其中最为典型的是环己酮的八区律（octant rule）。链酮不适合的原因在于其构象不固定。

羰基本身不具有光学活性，但当其存在于非对称分子中时，其对称的电子分布受到分子内不对称因素的干扰，诱发成为一个新的不对称中心，即呈现光学活性，导致羰基在 290 nm ± 20 nm 的波长范围内出现 Cotton 效应。Cotton 效应的符号及谱型取决于羰基所处的不对称环境，故在非对称分子内，不对称中心离羰基越近，Cotton 效应越显著，因此 ORD 曲线和 CD 曲线与手性中心的构型及取代基的种类、位置建立了联系，可用 ORD、CD 曲线中的 Cotton 效应来解决环己酮手性化合物的绝对构型或构象。

（1）八区律规则：利用八区律解决含羰基化合物的立体化学时，一个很重要的问题是如何将羰基化合物置于八区中。用 3 个相互垂直的平面 A、B 和 C 将空间分割成 8 个区域，以 C 平面为界，平面前称"前区"，平面后称"后区"。每个区又可分为上、下、左、右 4 个分区，各区的旋光分担如图 4-5 所示。

（2）旋光分担规则：①在 3 个平面上的原子对旋光无贡献，则 C-4 的 a（直立键，axial bonds）和 e（平伏键，equatorial bonds）键及 C-2 和 C-6 的 e 键取代基均无贡献；②C-5 的 a 和 e 键、C-2 的 a 键取代基均为正贡献；③C-3 的 a 和 e 键、C-6 的 a 键取代基均为负贡献；④旋光贡献具有加和性；⑤距离羰基越远，贡献越小；⑥基团越大，贡献越大。

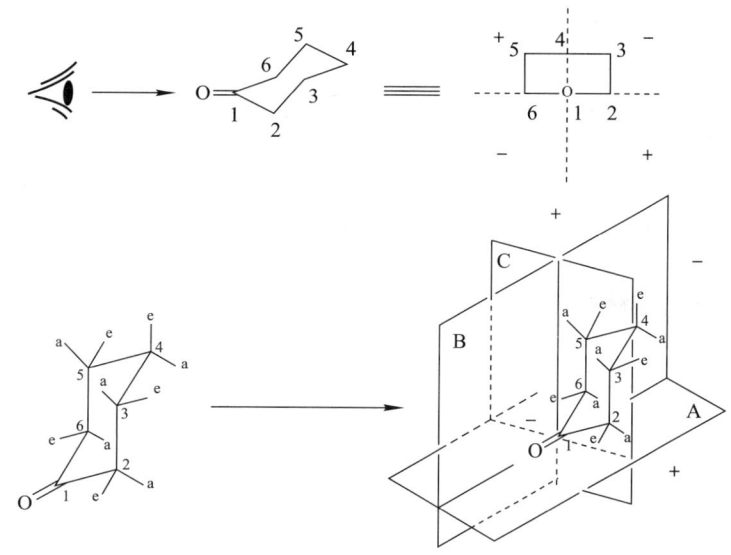

图 4-5 各区的旋光分担

六、单晶 X 射线衍射技术

X 射线被誉为 19 世纪末 20 世纪初物理学的三大发现之一，在 1895 年被德国科学家伦琴（Wilhelm Conrad Röntgen）偶然发现的，因此 X 射线又称伦琴射线。在 1912 年，随着科学家们对晶体 X 射线衍射的深入研究，德国科学家劳厄（Max von Laue）发表了用于计算衍射条件的劳厄方程；同年英国物理学家布拉格（William Lawrence Bragg）提出了布拉格定律，用以简单明确地解释 X 射线晶体衍射的形成。十年以后，科学家们首次使用单晶 X 射线衍射测定有机化合物（六亚甲基四胺）的晶体结构。随着理论、衍射仪和计算机技术的发展，单晶 X 射线衍射从早期的可以解析简单的化合物到了能解析一些复杂化合物的结构，甚至可以解析生物大分子（如蛋白质和核酸）等的结构。伦琴、劳厄、布拉格等人因为对 X 射线的研究获得了诺贝尔奖的荣誉。

当 X 射线作用于单晶体上时，入射的 X 射线由于晶体三维点阵引起的干涉效应，形成数目众多，波长不变，在空间具有特定方向的衍射，这就是 X 射线衍射（X-ray diffraction）。测量出这些衍射的方向和强度，并根据晶体学理论推导出晶体中原子排布的情况，称 X 射线结构分析。X 射线结构分析的方法包括单晶结构分析和粉末结构分析。其中单晶结构分析可以提供化合物在固态中所有原子的连接形式、分子构象、键长和键角等数据，即原子的精确空间位置。除此之外，还可获得化合物的化学组成比例、对称性、原子（分子）的三维排列和堆积的情况。在天然药物有效成分的结构测定时，单晶结构分析常用于确定化合物的相对构型和绝对构型。

七、量子化学计算法

量子化学是应用量子力学的基本原理和方法研究化学问题的一门基础科学。利用量子化学的原理，我们可以预测分子性质、通过计算结果与实验结果的比较阐释不明确的实验数据，并可以模拟那些无法通过实验直接观测的、短暂存在的、不稳定的中间体和过渡态。

使用量子化学方法进行有机化合物的结构确证在早些时候是十分困难的，其主要困难来源于三个方面。首先，量子化学领域的知识壁垒很高，很多实验化学家无法独立完成相关计算。其次，早期模型化学方法的时间成本与精确度是正相关的。随着体系的增大，研究者不得不牺牲精确度以使时间成本处于可接受的范围。最后，计算机计算能力的固有限制也很大程度上限制了量子化学在有机化合物结构确证方面的应用。近年来，量子化学计算方法与计算机硬件的发展使量子化学计算这些问题得到解决。量子化学计算手段已经逐渐成为研究化合物的结构（尤其是复杂天然产物的绝对构型）与各种性质的重要工具—一方面，以 Gaussian 为代表的计算软件的出现，使得研究者可以在完全没有任何计算化学基础的情况下完成相关理论计算；另一方面，密度泛函理论（density functional theory，DFT）的出现与计算机计算能力的发展，使得一台几千元的主机即可满足常规的计算需求。通过量子化学计算对分子的各种性质进行模拟，可以得到大量光谱学信息，如分子的 ORD、CD 以及 NMR 数据，然后将计算模拟谱图与实验数据进行分析比对，从而进一步明确与分子结构相关的信息。

量子化学计算的方法与步骤：

1. 构象搜索 常见的 UV、NMR、ECD、ORD 等通常都是在溶液中测试获得的，溶液中的分子往往有多种构象，这些构象对其光谱都有一定的贡献。在利用量子化学进行计算时，先要分析预测分子可能存在的各种构象，进行构象搜索。除了手动改变原子或基团间的相对位置寻找低能态构象外，构象搜索通常利用分子力学方法（MMFF94），通过一些软件如 CONFLEX、MOE、Spartan、HyperChem 等进行，寻找分子的各构象并结合能量值进行评估，用于后续的计算。

2. 几何优化 在对分子的各构象进行分析后，分子力场对构象的键参数与能量的描述不够精确，需要对构象进行几何优化。几何优化通常用密度泛函理论中的 B3 LYP 的泛函，以及 6-31G* 基组进行，获得用于后续计算的优化构象及玻尔兹曼（Boltzmann）分布。

3. 计算分子的性质 在几何优化后，对每个构象进行 ECD、VCD、NMR、ORD 等分子的性质的计算，并利用玻尔兹曼分布对计算获得的数据进行加权，最终获得化合物的计算数据，并与实际测试获得的数据对比分析。

量子化学计算实例 1：

化合物 pinnatifidaone A（图 4-6）是从山楂中提取分离得到的具有 5/6/6 三环体系新颖笼状骨架的木脂素类化合物。由于此类结构中存在可自由旋转的柔性侧链片段，C-8′ 位的相对构型无法单纯通过 NOESY 谱及耦合常数分析判断。基于此，我们采用了近年来快速发展的量子化学计算核磁的手段与统计学（R^2 和 DP4+ 概率分析）的方法，在 B3 LYP/6-31G（d）em = GD3BJ 理论水平下对构象搜索获得的构象进行几何优化，并在 mPW1PW91/6-311+G（d, p）理论水平下对优化后的结构进行核磁计算，从而确定了 pinnatifidaone A C-8′ 位的相对构型。木脂素类结构因为其油性性状及柔性结构往往难于获得可进行单晶 X 衍射的晶体，在多次尝试之后，在混合溶剂（MeOH/H_2O，9∶1）条件下幸运地获得了化合物外消旋体的单晶，进一步验证了化合物相对构型的正确性（图 4-7、图 4-8、图 4-9）。

由于化合物单晶 Flack 常数的缺失，结合化合物的旋光值趋近零，因此推测该化合物以外消旋体混合物的形式存在。采用手性拆分柱 Daicel Chiralpak IG 对该化合物进行拆分，结果得到一对对映异构体（+）-pinnatifidaone A 和（-）-pinnatifidaone A，二者比例接近 1∶1，且二者的实测 ECD 曲线呈现镜像对称的关系。该化合物的绝对构型是通过计算 ECD 与实测 ECD 相比较的方法确定的，首先，利用 Conflex 软件在 MMFF94 立场下进行构象搜索，选择玻尔兹曼分布大于 1% 的构象在 B3 LYP/6-

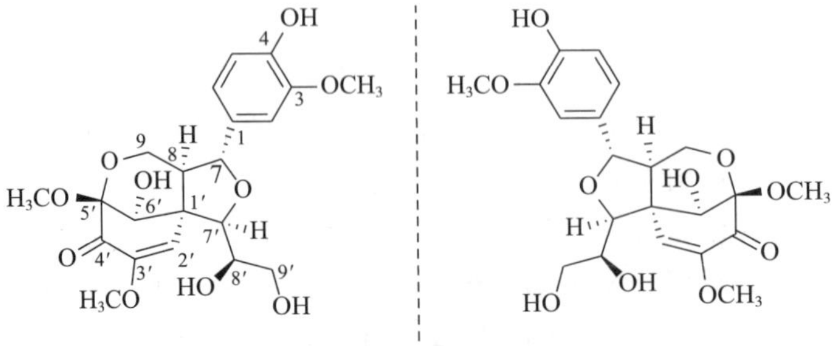

图 4-6 化合物 pinnatifidaone A 结构

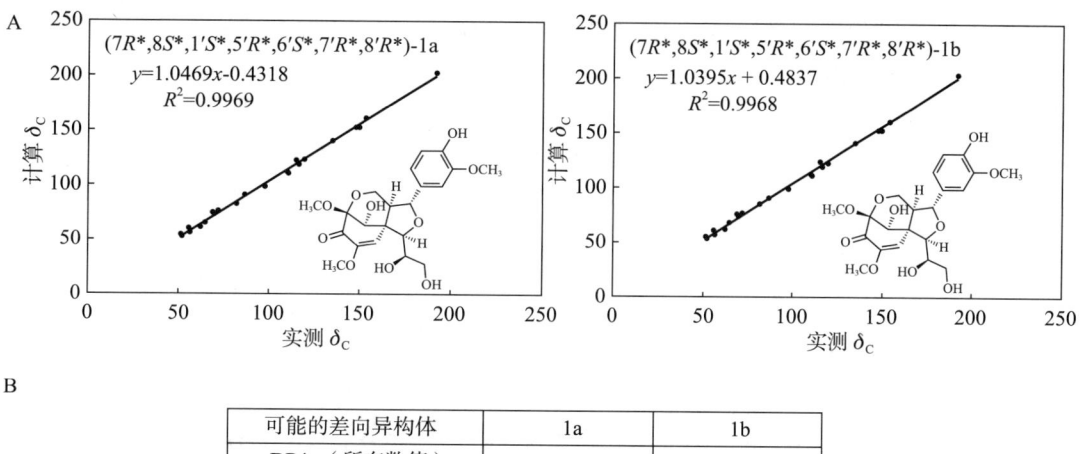

图 4-7　A：pinnatifidaone A 计算核磁的 R^2 分析；B：DP4+ 概率分析

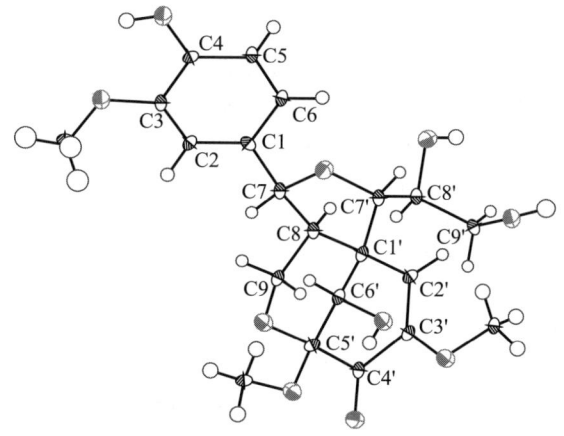

图 4-8　pinnatifidaone A 单晶

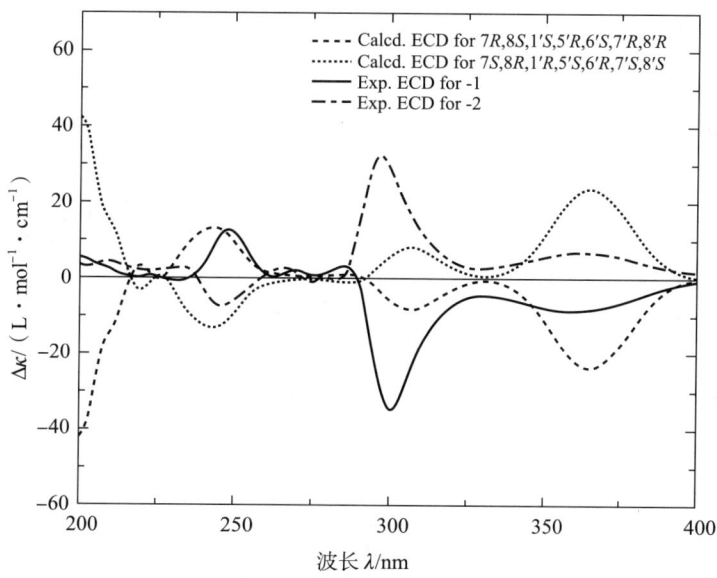

图 4-9　pinnatifidaone A（1）和 pinnatifidaone（2）实测 ECD 与计算 ECD 对比图

31G（d）基组水平下优化后，进一步在 B3 LYP/6-311++G（2d，p）水平下进行激发态计算，最终使用 SpecDis 软件拟合 ECD 谱图。通过比较计算的 ECD 谱图和实测的 pinnatifidaone A 的 ECD 谱图（图 4-9），确定化合物（+）-pinnatifidaone A（1）的绝对构型为 $7R$，$8S$，$1'S$，$5'R$，$6'S$，$7'R$，$8'R$，而（−）-pinnatifidaone A（2）的绝对构型为 $7S$，$8R$，$1'R$，$5'S$，$6'R$，$7'S$，$8'S$。

量子化学计算实例2：

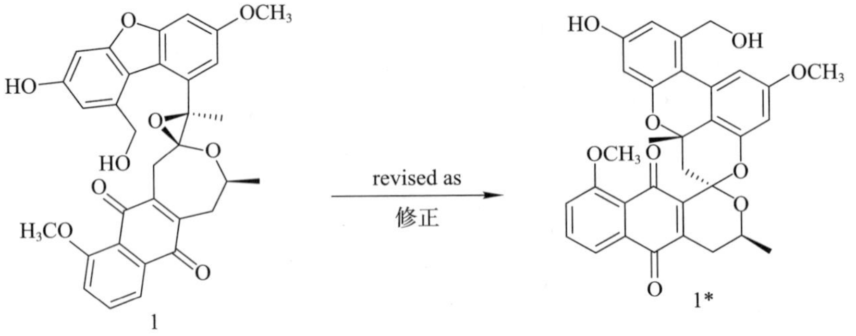

图 4-10 化合物 1* 的结构

化合物 1* 的平面结构（图 4-10）通过综合的光谱数据分析以及 ACD 计算确定。在 ωB97X-D/6-31G（d）理论水平上，以优化的几何形状分析了原始结构 1 和修正后结构的四种可能的异构体

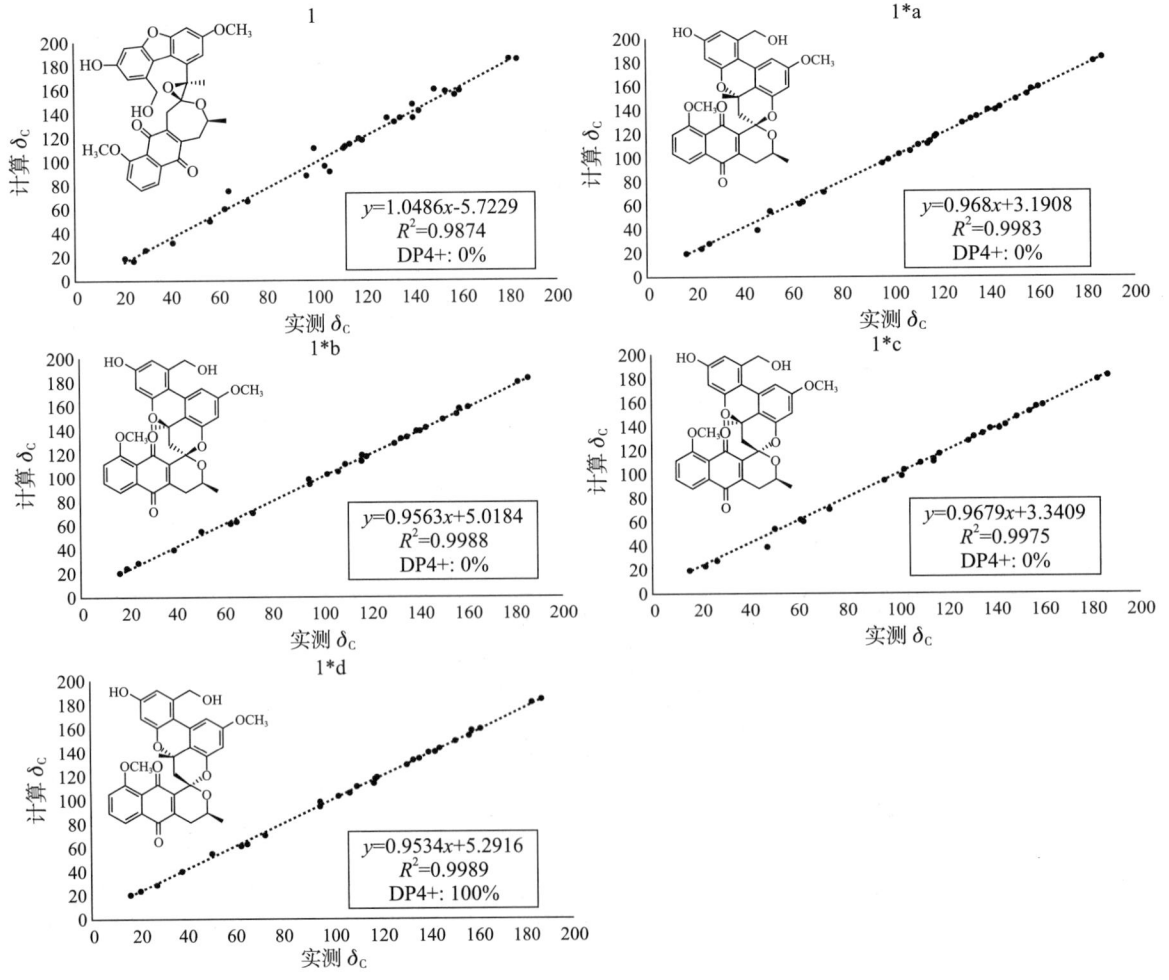

图 4-11 1* 的 R^2 以及 DP4$^+$ 分析

1*a–1*d。利用 DFT 方法进一步验证了 1* 的相对构型,在 DMSO 隐式溶剂模型中,mPW1PW91/6-311+G(d,p)水平上使用 GIAO 方法进行 NMR 化学位移预测。1*d 的预测光谱数据与 DP4+ 概率约为 100% 的实验值更接近(图 4-11)。

量子化学计算实例 3:

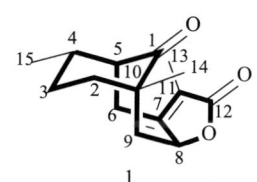

图 4-12　daphaulide A(1)的结构

daphaulide A(1)(图 4-12),淡黄色油状物,通过 HRESIMS 确定了分子式为 $C_{15}H_{18}O_3$,通过核磁数据分析确定了部分结构片段,采用计算机辅助结构解析(CASE)确定了化合物的平面结构(图 4-13)。

C-5 的相对构型不能通过 NOESY 确定。然而,采用 GIAO 方法进行核磁共振化学位移计算,与实验值比较,计算了两种可能的同分异构体 1a 和 1b 的 ^{13}C 核磁共振化学位移,1a 的预测光谱数据与实验数据更接近,且 DP4+ 概率为 100%。确定 1a 为正确的相对构型(图 4-14)。

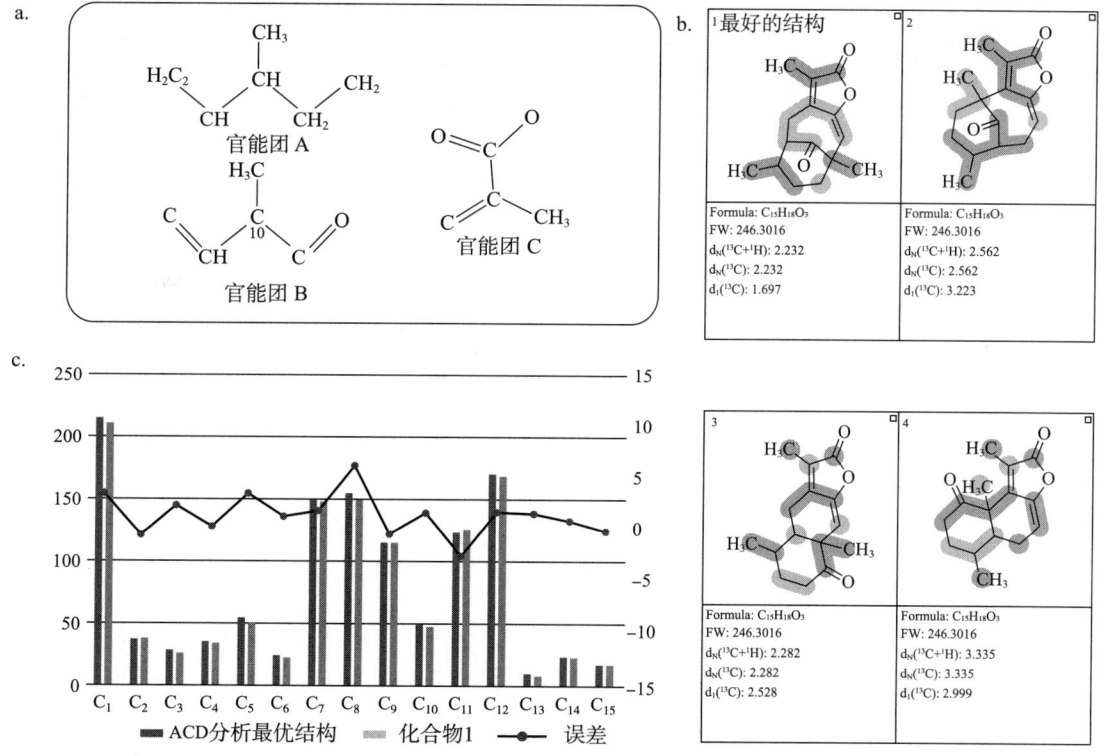

图 4-13　daphaulide A(1)的 CASE 结果

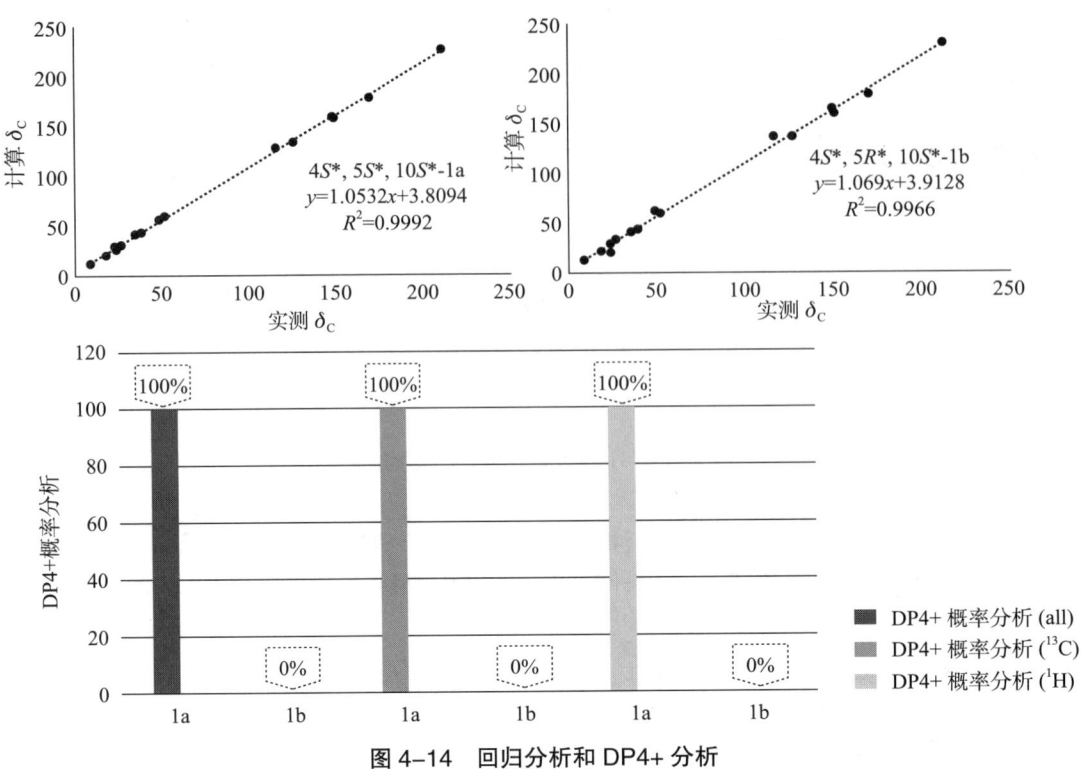

图 4-14 回归分析和 DP4+ 分析

计算的 4S, 5S, 10S-1 的 ECD 光谱与实验结果吻合较好, 两者曲线表现出相似的负 Cotton 效应 (图 4-15), 确定 1 的绝对构型为 4S, 5S, 10S。

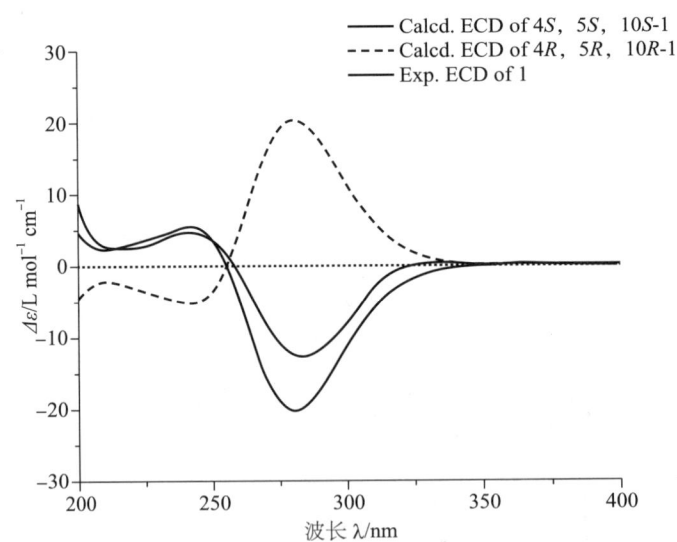

图 4-15 daphaulide A (1) 的计算 ECD 与实测 ECD 谱图对比

第三节　结构解析的主要程序

对未知天然化合物来说, 结构研究的程序及采用的方法大体如图 4-16 所示:

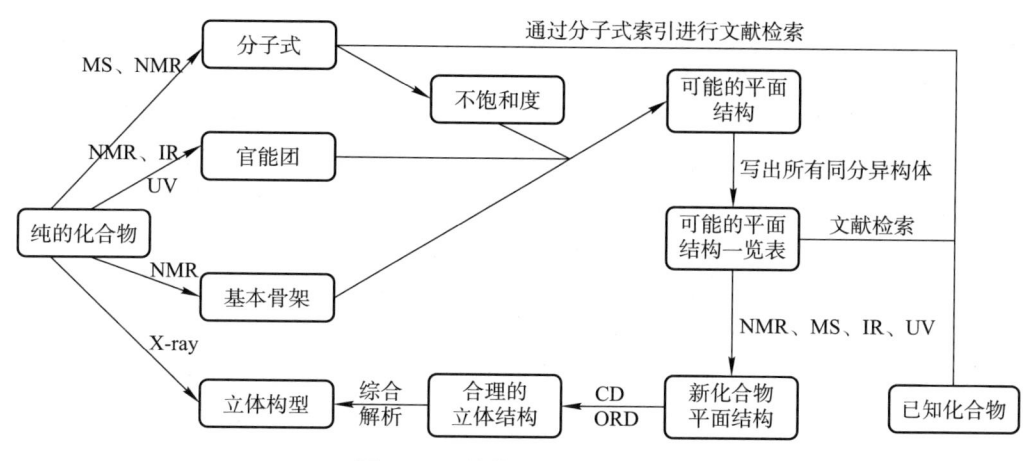

图 4-16 结构研究的主要程序

一、平面结构确定

（一）确定分子式，计算不饱和度

分子式的测定有多种方法，其中较为传统的方法有元素定量分析配合相对分子质量测定、同位素丰度比法等。当前现代方法中应用最为直接的一种方法为高分辨质谱（high resolution mass spectrometry，HR-MS）。高分辨质谱仪可将物质的质量精确测定到小数点后第 3 位。以 $^{12}C = 12.000\ 00$ 质量单位（amu）为基准，则 $^1H = 1.007\ 825$、$^{14}N = 14.003\ 07$、$^{16}O = 15.994\ 91$。因此，对于 $C_8H_{12}N_4$、$C_9H_{12}N_2O$、$C_8H_{12}O_2$、$C_{10}H_{16}N_2$ 四个有机化合物，相对分子质量虽都为 164，但精确质量则并不相同，故在 HR-MS 仪上可以很容易地进行区别。

确定分子式还可结合化合物的核磁谱进行，如根据 ^{13}C-NMR 图谱的吸收峰数推测碳原子个数，但应注意结构中是否存在对称或部分对称现象，以免对结构推断产生误导。根据 DEPT 谱可以获得与各个碳原子相连的质子个数，其质子总和可简单地计算出来，此结果与根据 ^1H-NMR 的积分强度比算出的质子数应当一致，但应注意活泼质子存在与否（与氮、氧原子连接的质子）。对结构中氮原子（=NR、—NO_2、—NO）个数的推断可根据质谱中的"氮律"推断结构含有奇数或偶数个氮原子；氧原子个数的推断常结合 IR、^{13}C-NMR、^1H-NMR、MS 等多种谱学信息；卤素的存在与否常根据 MS 谱中的同位素峰强度比，对 Br 和 Cl 原子的存在与否判断还是比较直接的。化合物的分子式确定后，进行不饱和度的计算。通过计算，根据不饱和度可判定化合物是属于芳香族还是脂肪族，这在确定化合物结构的过程中可提供非常有价值的信息。

（二）平面结构的确定

当化合物的分子式确定后，通过 IR 确定化合物的特征性官能团，UV 观察其共轭情况。综合其分子式、官能团信息等，通过一维、二维核磁共振波谱确定化合物的结构片段，此外，质谱裂解碎片规律，也可以辅助验证化合物的结构片段。通过一维核磁数据的变化及二维核磁如 HMBC 等进行结构片段间的连接，确定化合物全部可能存在的连接方式，确定出化合物全部可能的平面结构。综合考虑 IR、UV、MS、NMR 信息，确定化合物的唯一正确结构。在现有的光谱数据不能确定化合物的完整结构或无法排除一些错误结构时，可以通过 ChemDraw、NUTS 和 ACD/Labs 等软件来辅助验证化合物的平面结构。

二、立体结构确定

化合物的平面结构确定后，如化合物存在手性中心还要进行立体化学研究，包括相对构型和绝对构型的确定。

相对构型的确定方法包括前面提到核磁共振技术中的质子耦合常数、NOE 差光谱、二维 NOE 技术等，碳谱中的 γ- 旁氏效应带来的化学位移影响等都可用于相对构型的判定。此外，计算核磁也为化合物相对构型的确定提供了很大帮助。但值得注意的是：①在非手性测试环境中（如使用非手性的氘代溶剂，且未添加手性添加剂或反应试剂），对映异构体的核磁共振数据相同，所以一般情况下，核磁共振技术不能用于确定绝对构型，只能鉴定相对构型。②当手性分子结构中存在两个及以上手性簇时，如果手性簇之间间隔 5 个或以上原子时，手性簇间隔很远、相互隔离，两个手性簇之间的簇间相对构型就不能通过核磁共振来确定。在这种情况下，如果手性分子结构中其任一手性簇的绝对构型发生反转，其核磁共振数据不会发生变化，这一现象即为"表观等价非对映异构（apparent-equivalent diastereoisomerism）"现象，如图 4-17 中的 fusarin G1 和 fusarin G2。因此，对于多手性簇化合物相对构型的鉴定，要进行表观等价非对映异构的判检。

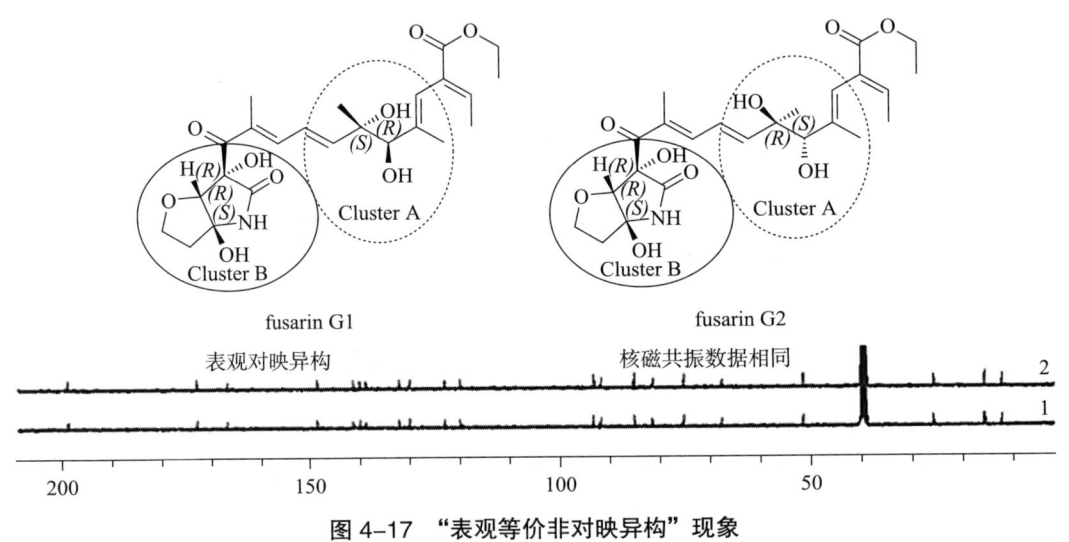

图 4-17 "表观等价非对映异构"现象

事实上，化合物绝对构型的确定才使得结构研究变得完全。具体的绝对构型确定技术有如下几个方法。

1. 单晶 X 射线衍射技术 独立结构分析方法，参见前述。

2. 旋光光谱或圆二色谱法 可用于非结晶性化合物立体构型的确定，需要的样品用量少。但要求样品本身具有或通过反应引入发色团，然后用经验规律来分析手性中心的绝对构型。近年来，计算 ORD 与计算 ECD 与实测值比较是天然产物绝对构型确定的常用方法。此外，利用 VCD 也可确定手性分子的绝对构型，通过计算 VCD 谱图，并通过计算与实测谱图的比对实现。值得一提的是，在计算 ECD 的过程中，UV 校正这一过程并不是必须的，而对于计算 VCD 而言，必须通过计算相应的红外光谱并与之进行比较才能实现。

3. CD 激子手性法 与 ORD 和 CD 两种方法比较，CD 激子手性法为非经验性方法。其原理在于连接在手性环境中，空间比较接近的两个或多个发色团，其强烈的电子跃迁矩通过空间相互作用，使得激发态的能级裂分，此裂分可由 UV/VIS 以及 CD 谱观测得到，在 CD 谱中对应出 Cotton 效应曲线，这种相互作用的两个发色团结构可以相同也可以不同，但要求有较高的对性。该方法为天然有机化合物在构型确定方面提供了一个快捷、可靠的途径，如图 4-18 所示的环己邻二醇连接两个相同的对取代苯甲酰基所给出 CD 的激子耦合谱图第一 Cotton 效应为正、第二 Cotton 效应为负，在小角度旋转条件下，C-3 相连的发色团的跃迁矩与 C-2 发色团的跃迁重叠时是顺时针的旋转方向，为正激子手性。邻二醇类结构体系广泛存在于天然产物中，包括糖类（如糖脂、糖蛋白）、萜类、维生素、核苷酸、类固醇、神经鞘脂、大环内酯等，在结构中通过衍生化反应，将二醇衍生为含有激子发色团的产物，通过发色团的 CD 效应，可实现化合物绝对构型的测定。用于衍化的发色团包括苯甲酰类似物、萘类、蒽类等。

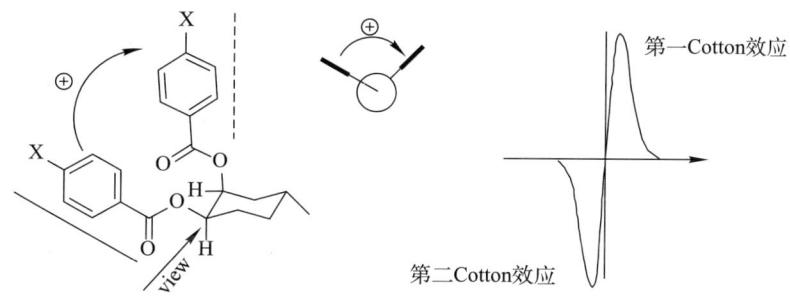

图 4-18　环己邻二醇酯的螺旋方向及 CD 谱

4. 核磁共振法　NMR 也成为天然有机化合物绝对构型确定中的一种较为常用的方法。通常情况下，根据原理不同此方法主要分为两类：一类是利用芳环抗磁屏蔽效应采用 ^{1}H-NMR 确定仲醇类化合物绝对构型的 Mosher 法或改良 Mosher 法等；另一类是应用 NMR 苷化位移效应确定化合物绝对构型的方法。

5. 反应质谱法　反应质谱的原理是样品与试剂构型相同时，有利于反应发生；两者构型相反时，则不利于反应发生。所以将一对试剂（R 和 S）分别与待测样品反应，观察相应的反应质谱（RMS 谱）。若样品与 R 试剂反应所生成的特征离子丰度高于与 S 试剂所生成者，则样品的绝对构型为 R 型。

（宋少江）

> 数字资源详见　新形态教材网
>
> 学习目标　思维导图　思政元素　案例探讨　参考文献
> 微视频　拓展阅读　本章小结　自测题　教学课件

第二篇

各类天然药物的研究

第五章 天然产物生源途径与结构类型

编者导学

📍 学习目标

🧠 思维导图

本章导航

第一节 概述
第二节 生物合成的基本构建单元与基本反应
第三节 天然产物生物合成途径

　　细胞不断地进行数千种化学反应，使得生物体能够生长和繁殖、保持它们的结构及应对外界环境，这些反应通常称为代谢。在代谢过程中，生命体除合成维持生存所需要的糖类、蛋白质、脂质等初级代谢产物，通常也有一部分反应产生了结构复杂多样的次级代谢产物，参与信号传导、化学防御、逆境生存等生命活动中。生物体内次级代谢产物的合成类似于一栋大楼的建造，需要砖石瓦木的原始材料（基本构建单元），也需要建筑工人在图纸指导下的夯基筑石（合成途径），同样后期也需要合适得体的设计装修（后修饰反应）。本章将从次级代谢产物生物合成途径（生源途径）的角度讲述次级代谢产物生物合成的基本构建单元，以及聚酮、萜类、生物碱等几类重要化合物的生源途径。

第一节 概　　述

　　天然产物种类繁多，是创新药物、食品、香料、化妆品和日化产品的重要来源。天然产物复杂的结构在生物体中的生物来源及合成过程一直吸引着科学家的探索。在过去的数十年中，随着现代生物技术，尤其是合成生物学的迅猛发展，许多天然产物的生物合成途径解析取得重大突破；一大批参与天然产物生物合成与结构修饰的工具酶被挖掘和表征；不同化合物的代谢途径在多种底盘细胞中被重构，并通过微生物细胞工厂获得了多种目标活性天然产物。天然产物生源途径解析填补了我们对自然复杂机制的理解空白，不仅可以了解天然产物的生物合成方式，还引导合成化学家开发经济、高效的合成方法。

 人工合成淀粉

　　细胞不断地进行数千种化学反应，来维持正常的生命活动，这些发生在细胞内的化学反应统称为代谢（metabolism）。在代谢的过程中，不断产生或者消耗能量，也产生了糖类、脂质、核酸和蛋白质（或它们的氨基酸成分），以及各种各样的小分子化合物。其中如糖类、脂质、核酸和蛋白质等被地球上所有生物共享，它们经由常见的代谢途径进行转化，对生命活动来说是不可缺少的，故习惯上称之为初级代谢产物（primary metabolites，初生代谢产物），合成这些代谢产物的过程被称为初级代谢过

程（初生代谢过程）。初级代谢产物的合成一般在生物化学这门学科中进行研究。

另外像本书后面涉及的黄酮、萜类、生物碱等结构多样的小分子化合物（一般相对分子质量小于1 500），通常由少数生物合成，它们通过特定的生物合成途径为特定目的（如防御或信号传导）而产生，这类化合物被称为次级代谢产物（secondary metabolites，次生代谢产物），其产生过程被称为次级代谢（次生代谢）过程。次生代谢产物因为结构富于变化，且多具明显的生理活性，而成为天然药物化学的主要研究对象。尽管天然产物结构十分复杂，但是可以确定的是，初级代谢过程为次级代谢产物的合成提供了起始物质，进而合成复杂多样的结构，二者关系如图5-1所示。

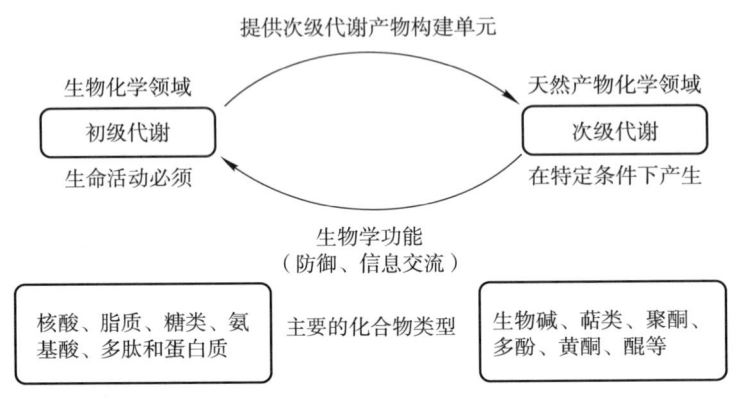

图 5-1　初级代谢与次级代谢

第二节　生物合成的基本构建单元与基本反应

一、初级代谢过程与基本构建单元的产生

阳光对生命至关重要，绿色植物及藻类可以通过光合作用将 CO_2 及 H_2O 合成为糖类，并释放氧气。这是生物合成葡萄糖等糖类化合物的最重要手段，并且是生物细胞中储存和保留碳原子的生化手段之一。生成的葡萄糖作为次生代谢的关键构建单元（building block）的起始物质，经磷酸化，进入糖酵解（glycolysis pathway）途径，最终产生丙酮酸（pyruvic acid，PA），丙酮酸进一步产生乙酰辅酶A（AcCoA），并进入三羧酸循环（Kreb's cycle）。在糖酵解和三羧酸循环过程中产生了非常重要的次级代谢的中间体（图5-2）：

葡萄糖、葡萄糖-6-磷酸（glucose-6-phosphate）和果糖-6-磷酸（fructose-6-phosphate）可以转化为其他己糖和戊糖，这些可以寡聚或形成糖苷；果糖-6-磷酸经戊糖磷酸途径（pentose phosphate pathway），生成赤藓糖-4-磷酸（erythrose-4-phosphate），并最终形成莽草酸（shikimic acid）。莽草酸是芳香族氨基酸（苯丙氨酸、酪氨酸或 C_6-C_3 单元）和 C_6-C_1 酚类化合物生物合成中的关键代谢产物；3-磷酸甘油醛（3-PGAL），可以重定向到叶绿体中的甲基赤藓糖醇-4-磷酸（methylerythritol-4-phosphate，MEP），是合成 C_5 单元异戊烯焦磷酸酯（isopentenyl pyrophosphate，IPP）和二甲基丙烯焦磷酸酯（dimethylallyl diphosphate，DMAPP）的前体物质，进一步合成萜类化合物，特别是 C_{10}、C_{20} 和 C_{40} 的萜类化合物；3-磷酸甘油醛也是丝氨酸的前体，并进一步合成其他氨基酸；磷酸烯醇式丙酮酸（phosphoenolpyruvic acid，PEP）是 PA 的前体，也是莽草酸的中间体；PA 不仅是基本的 "C_2" 单元——AcCoA 的前体，也是脂肪族氨基酸和 MEP 的中间体；AcCoA 是脂肪酸、聚酮类化合物和甲羟戊酸（mevalonic acid，MVA）的构建单元。AcCoA 在乙酰辅酶A羧化酶的作用下生成丙二酸单酰辅酶A（malonyl-CoA），malonyl-CoA 也是脂肪酸、聚酮类化合物的重要构成单元。

AcCoA 参与了三羧酸循环，产生多种氨基酸的前体，其中包括草酰乙酸和 α-酮戊二酸；草酰乙酸进一步通过转氨作用产生天冬氨酸的前体，天冬氨酸可以进一步生成赖氨酸，作为含氮的 C_5N 单元，或者生成甲硫氨酸作为甲基（C_1）供体；α-酮戊二酸进一步生成谷氨酸，谷氨酸的衍生产物鸟氨酸，是含氮的 C_4N 单元的供体；上述氨基酸也是生物碱生物合成关键的前体；MVA 是细胞质中 C_5 异戊二磷酸生物合成的前体，用于 C_{15} 和 C_{30} 系列萜类化合物的生物合成（注意它与 MEP 途径在产物和细胞位置上有所不同）。

上述初级代谢过程为次级代谢提供了基本的构建单元（building block），通过酶促或者非酶促反应把这些有限的基本构建单元累加起来，就形成了种类繁多的复杂结构。目前为止常见的基本构建单元有 C_1、C_2、C_4N、C_5、C_5N、C_6-C_3、C_6-C_2N 和吲哚 C_2N 等 8 种（图 5-2）。它们分别出现在主要合成途径中，这些途径是后续生物合成反应的基础。

以上 8 种构建单元是各种天然产物生物合成的基础。在下面的示例结构（图 5-3）中不难发现这些构建单元的存在。

微视频　生物合成的基本构建单元

二、次级代谢产物生物合成的基本反应

次级代谢物产生于特定的生物合成途径，这些途径使用先前定义的基本构建单元，在酶或者非酶催化的有机反应中，构建基本的天然产物骨架，最终通过"修饰"步骤产生多样化的结构。

对于酶促反应，大多数酶具有底物特异性，并且在进化过程中被选择用于完成特定的转化作用，产生结构或功能独特的天然产物。根据酶分类委员会（Enzyme Commission，EC）的分类，这些酶可以分为六类：EC-1，氧化还原酶（oxidoreductases，催化氧化还原反应）；EC-2，转移酶（transferases，催化功能基团的转移）；EC-3，水解酶（hydrolases，催化水解反应）；EC-4，裂合酶（lyases，又叫裂解酶，通过非水解或氧化的其他过程断裂键，生成新的双键或新的环）；EC-5，异构酶（isomerases，催化分子的异构化）；以及 EC-6，连接酶（ligases，在两个分子之间形成共价键）。这些酶的许多亚类取决于参与反应的原子和功能基团的类型，以及在这些反应中使用的辅因子。例如，脱氢酶可以使用多种辅因子，如 NAD（P）/NAD（P）H，FAD/$FADH_2$ 或 FMN/$FMNH_2$。至于这种分类的详细描述，可以参考专业的网站，比如 ExplorEnz。

天然产物的生物合成过程中涉及的反应过程也可以依据化学反应原理和机制来解释。天然产物骨架形成和后修饰过程涉及了多种反应类型，如亲核取代或亲电加成的烷基化反应、Wagner-Meerwein 重排反应、Aldol 和 Claisen 反应、Mannich 反应、脱羧反应、Pictet-Spengler 反应、杂原子烷基化（例如，由 S-腺苷甲硫氨酸进行甲基化）或烯丙基化（由 DMAPP）、酯化、杂原子或 C-糖苷化（形成糖苷）、自由基偶联（尤其是酚类物质）、醇氧化或酮还原、胺/酮转氨基化、烯烃二羟基化或环氧化、氧化卤代反应、Baeyer-Villiger 氧化反应以及进一步的氧化步骤。在生物合成的最后阶段，这些转化可能会完全掩盖天然产物的基本构建单元来源，影响我们对化合物生源途径的判断，因此，描述化合物生源途径时，一般描述的是天然产物骨架构建中涉及的反应。

第三节　天然产物生物合成途径

天然产物是一系列生物化学反应的产物，涉及的酶和化学反应多种多样，随着基因组学、生物信息学、分子生物学、同位素示踪、分析化学等学科和技术的发展，生物合成过程中涉及的酶和相关的反应机制已经被逐渐揭示。但从基本的构建单元出发，生源途径仍然主要分为乙酸-丙二酸途径（acetate-malonate pathway，AA-MA 途径）、莽草酸途径（shikimic acid pathway）、甲羟戊酸途径

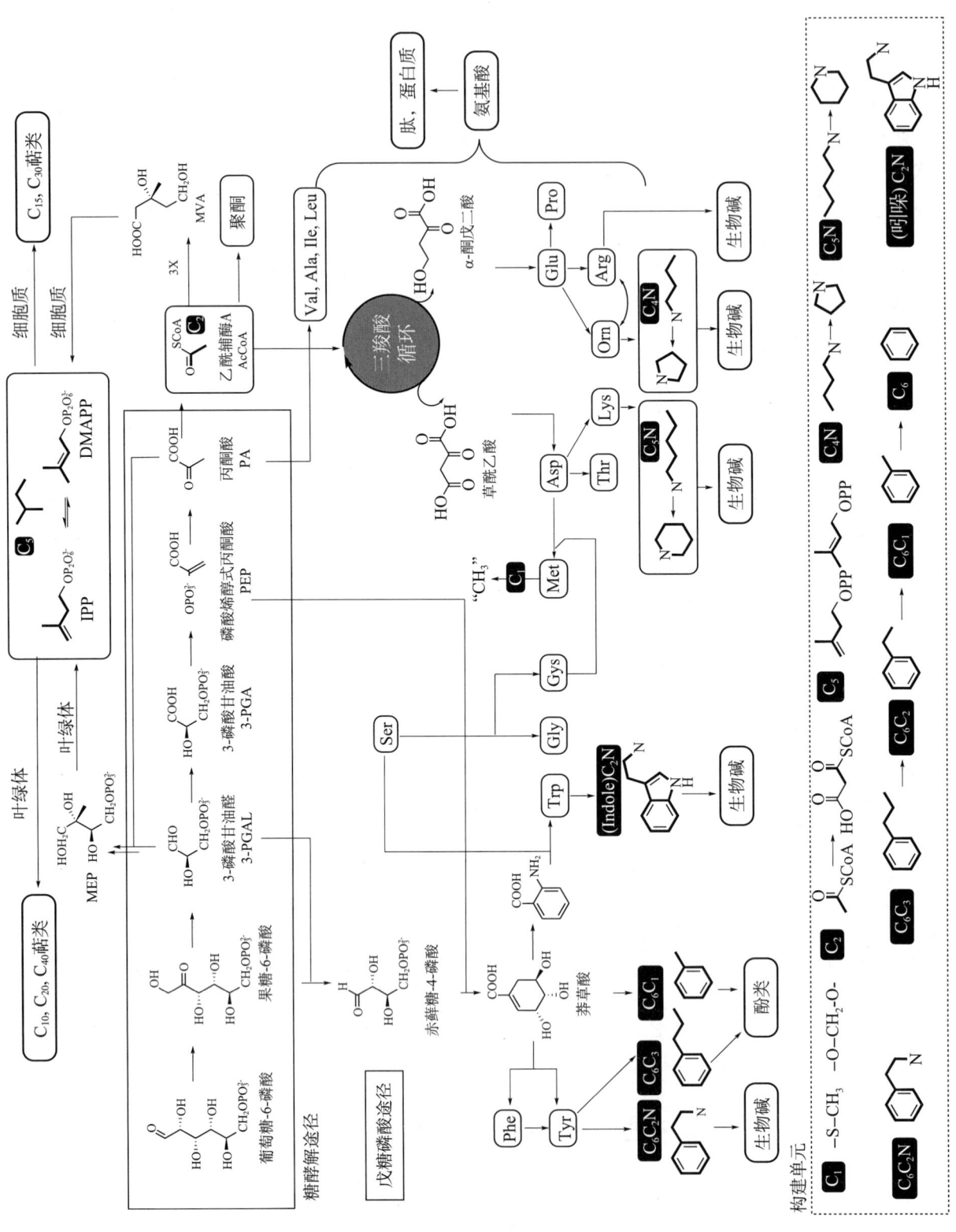

图 5-2 初级代谢过程与生物合成构建单元

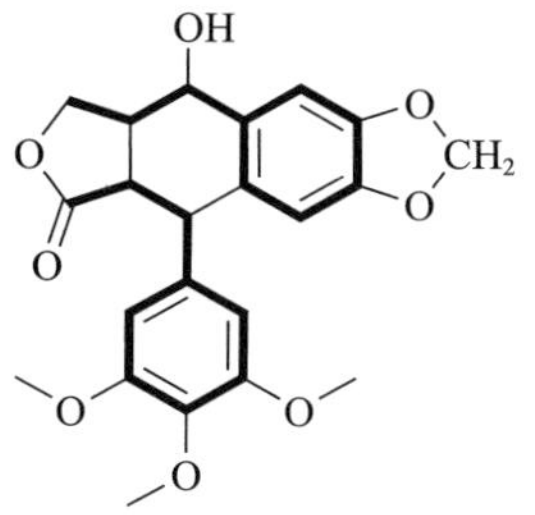

鬼白毒素
$2×C_6C_3+4×C_1$

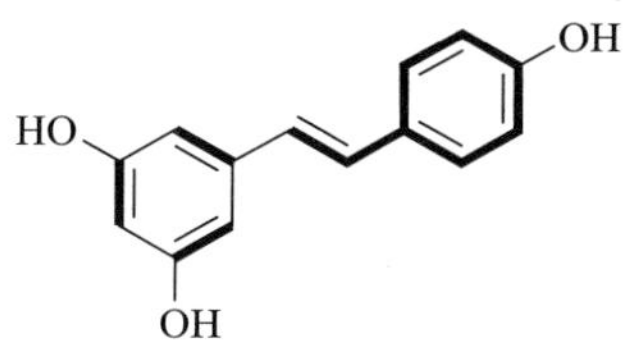

白藜芦醇
$1×C_6C_3+3×C_2$

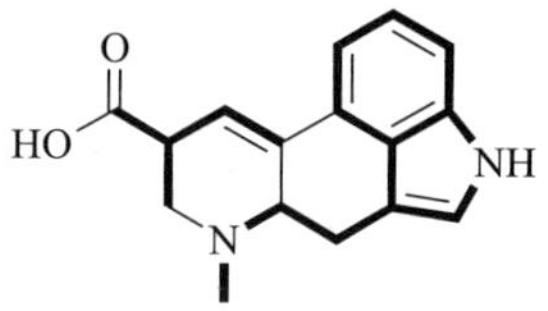

麦角酸
$1×吲哚C_2N+1×C_5+1×C_1$

图 5-3 次级代谢产物中的生物合成构建单元

（mevalonic acid pathway，MVA 途径）和脱氧木酮糖磷酸酯途径（deoxyxylulose-5-phosphate pathway，DXP 途径）、氨基酸途径（amino acid pathway）以及上述四种途径的复合途径。

一、乙酸 - 丙二酸途径

此途径的前体为乙酰辅酶 A 或乙酰辅酶 A 形成的丙二酸单酰辅酶 A，形成脂肪酸及聚酮类化合物，生物合成反应过程可能涉及羟醛缩合、Claisen 缩合、羟基化反应、酚氧化偶联反应、芳环的氧化开环等多个历程。

（一）脂肪酸类

脂肪酸在自然界中很普遍，它们的游离未酯化形式只在活细胞中微量存在。脂肪酸作为甘油三酯、磷脂、磷酸脂、鞘脂类、蜡质和甾醇等脂质的构建单元至关重要，并与许多其他天然产物生物合成过程结合。在大多数的生物系统中，脂肪酸的从头（de novo）生物合成由两种酶系统催化：乙酰辅酶 A 羧化酶和脂肪酸合成酶（fatty acid synthetase，FAS）酶系统。乙酰辅酶 A 羧化酶负责催化乙酰辅酶 A 形成丙二酸单酰辅酶 A。FAS 系统合成脂肪酸时，使用乙酰辅酶 A 作为一个二碳单元的起始，每一轮加入一个丙二酸单酰辅酶 A，并将它们转化为与酶（酰基载体蛋白 acyl carrier protein，ACP）结合的硫醚化合物。碳链的延伸由 Claisen 缩合及还原两个步骤交替而成，得到的饱和脂肪酸均为偶数碳。碳链为奇数碳的脂肪酸，起始物质不是乙酰辅酶 A，而是丙酰辅酶 A（propionyl CoA），支链脂肪酸的前体则为异丁酰辅酶 A（isobutyryl CoA）、α-甲基丁酰辅酶 A（α-methylbutyryl CoA）及甲基丙二酸单酰辅酶 A（methylmalonyl CoA）等，其缩合及还原过程均与上述过程类似（图 5-4）。

不饱和脂肪酸可以通过不止一种生物合成途径形成，但在多数生物体中，常见的机制是通过相应饱和脂肪酸的脱饱和作用形成。大多数真核生物都拥有 $\triangle^9$- 脱饱和酶，它可以在饱和脂肪酸的 9 位引入顺式双键，此过程在内质网上进行，需要 O_2 和 NADPH/NADH 辅因子。

（二）聚酮类

目前聚酮（polyketides）家族包含上万个活性天然产物，是新药发现的重要源泉。尽管数量庞大且结构纷繁复杂，包括小型芳香族和脂肪族多环化合物、大环内酯、复杂的聚醚等，但聚酮的生物合成方式非常保守，均由聚酮合酶（polyketide synthase，PKS）通过催化缩合简单的小分子砌块形成。与脂肪酸生物合成非常相似，聚酮的生物合成一般由两分子乙酰辅酶 A 或者丙二酰单酰辅酶 A 通过克莱森（Claisen）缩合形成一分子乙酰乙酰辅酶 A，这种反应反复进行，合成一定长度的多聚-β-酮酸酯链。

多聚-β-酮酸酯非常活泼，可以进行多种分子内的 Claisen 或 Aldol 反应，β-酮基团的还原也具有高度的灵活性。β-酮基团可以不还原，两个羰基中间的亚甲基是非常活泼的，它能形成碳负离子

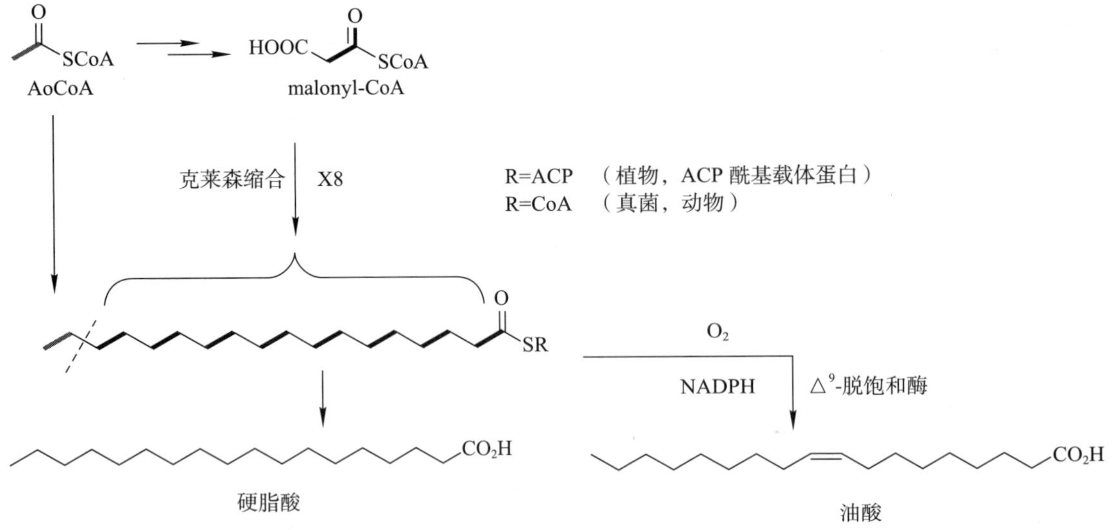

图 5-4 脂肪酸的生物合成过程

或烯醇，然后与酮或酯中的羰基反应可以生成没有张力的六元环，进而生成芳酮类化合物，如大黄素型蒽醌；β-碳的氧化态也可以在每一步延伸之后单独控制，保持酮、醇或相应位置的双键，生成的产物高度或部分还原，并为进一步后修饰，如羟基化、卤化，或者糖基化提供了多样性活性位点，如玉米烯酮的生物合成（图 5-5）。此外，聚酮的生物合成过程也可以与脂肪酸生物过程一起，完成一系列天然产物的生物合成，如 norsolorinic acid 的生物合成（图 5-6）。

拓展阅读　三种聚酮合酶

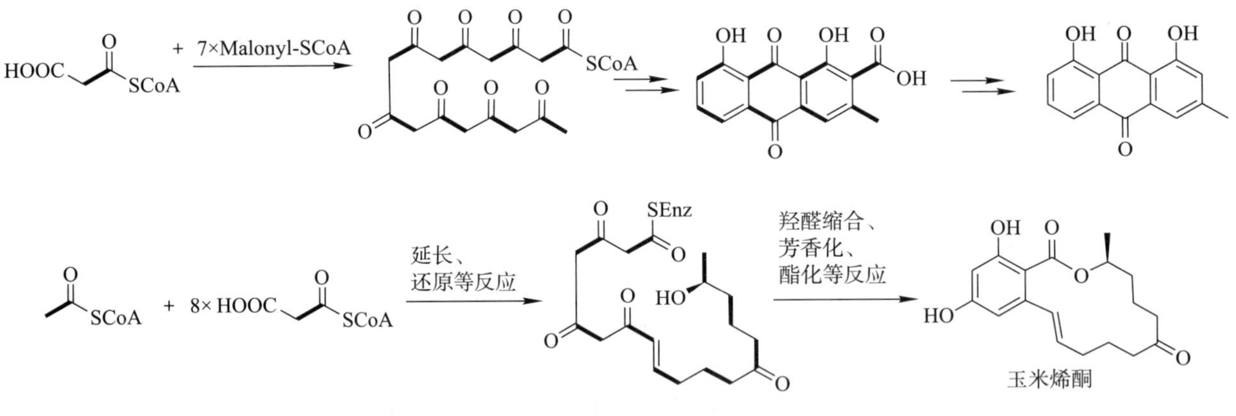

图 5-5　植物中玉米烯酮的生物合成途径

二、甲羟戊酸途径和脱氧木酮糖磷酸酯途径

萜类化合物是由异戊二烯单元头-尾相接生成的天然产物，按其聚合的异戊二烯单元数目可为半萜、单萜、倍半萜、二萜、二倍半萜、三萜（两个倍半萜尾-尾相接而成）、四萜和多聚萜等。异戊二烯并不参与萜类化合物的形成，真正具有生物活性的异戊二烯单元是焦磷酸二甲基烯丙酯（DMAPP）和焦磷酸异戊烯酯（IPP）。根据 IPP 和 DMAPP 的来源，萜类和甾体化合物的生物合成途径可分为甲羟戊酸途径和脱氧木酮糖磷酸酯途径。甲基赤藓糖醇-4-磷酸（methylerythritol-4-phosphate，MEP）也是 DXP 途径中的关键中间体，因此 DXP 途径也被称为 MEP 途径。

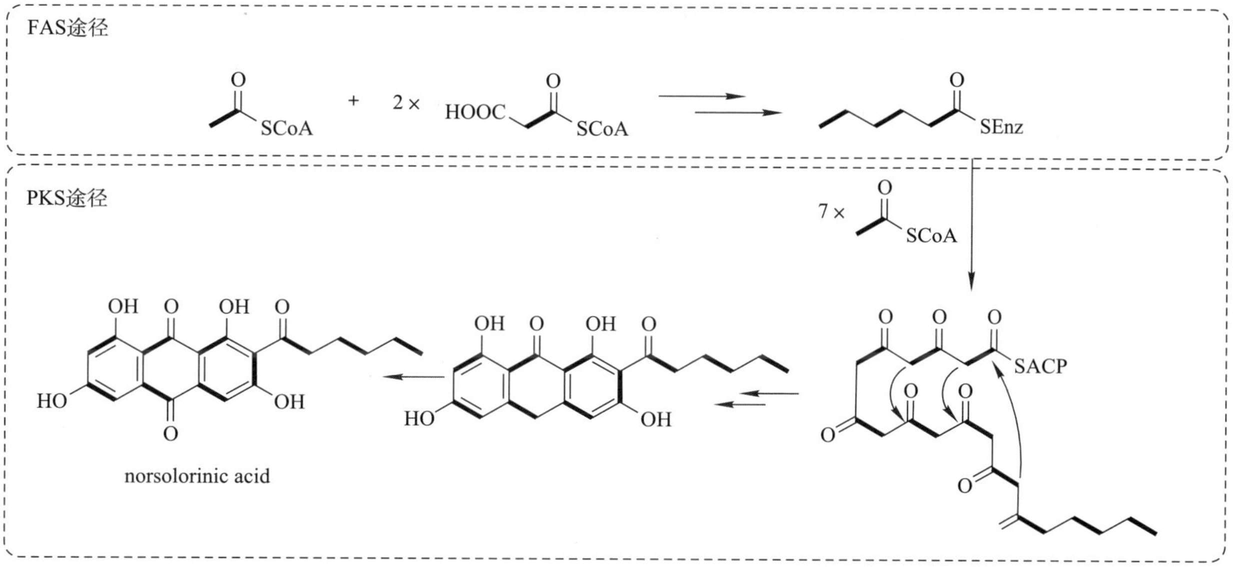

图 5-6　脂肪酸途径和聚酮途径共同完成 norsolorinic acid 的生物合成

（一）甲羟戊酸途径

MVA 途径主要存在于真核生物体内，由于 MVA 也是由乙酰辅酶 A 起始生成的，故其生物合成基源也可以说是乙酰辅酶 A。乙酰辅酶 A（acetyl-CoA）在乙酰乙酰辅酶 A 硫解酶的催化作用下生成乙酰乙酰辅酶 A，乙酰乙酰辅酶 A 在羟甲基戊二烯辅酶 A 还原酶的催化作用下生成羟甲基戊二酰辅酶 A（hydroxymethylglutaryl-CoA，HMG-CoA），HMG-CoA 接下来被羟甲基戊二酰辅酶 A 还原酶还原生成甲羟戊酸（MVA），甲羟戊酸在甲羟戊酸激酶、磷酸甲羟戊酸激酶、甲羟戊酸焦磷酸脱羧酶，以及异戊烯焦磷酸异构酶的催化作用下生成 IPP 和 DMAPP（图 5-7）。

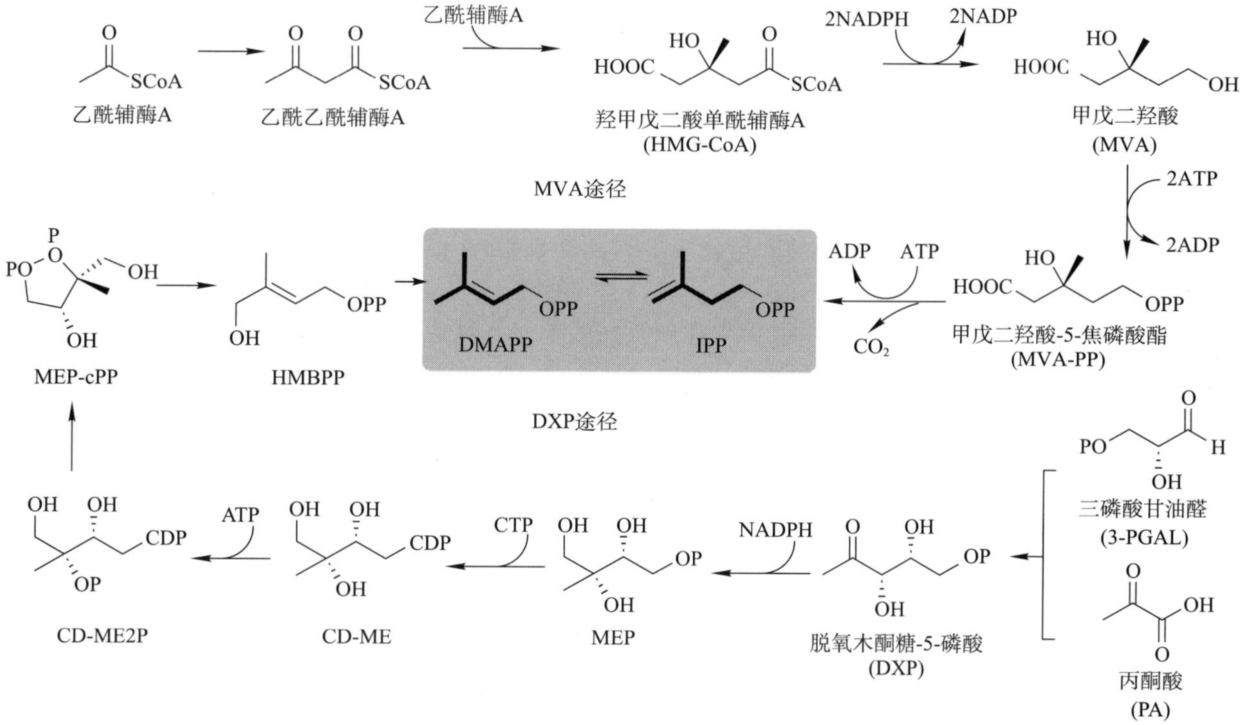

图 5-7　MVA 途径和 DXP 途径

（二）脱氧木酮糖磷酸酯途径

DXP途径存在于原核生物、绿藻及高等植物中，该过程以丙酮酸（pyruvate）和3-磷酸甘油醛（DL-glyceraldehyde 3-phosphate，3-PGAL）为前体，在5-磷酸脱氧木酮糖合成酶催化下缩合形成脱氧木酮糖-5-磷酸（1-deoxy-D-xylulose 5-phosphate，DXP），5-磷酸脱氧木酮糖还原异构酶催化DXP发生分子内重排和还原反应生成甲基赤藓醇-4-磷酸（MEP）。随后，MEP经4-二磷酸胞嘧啶-2-甲基赤藓糖醇合酶、4-二磷酸胞嘧啶-2-甲基赤藓糖醇激酶、甲基赤藓醇-2,4-环焦磷酸合酶、甲基赤藓醇-2,4-环焦磷酸还原酶和羟甲基-丁烯-4-焦磷酸还原酶5个酶的催化反应生成IPP和DMAPP（图5-7）。

IPP和DMAPP生成后，在萜烯合酶的作用下，由于焦磷酸基团是很好的离去基团，DMAPP发生活化，并与IPP结合，生成一定长度的焦磷酸酯，如焦磷酸香叶酯（geranyl diphosphate，GPP，C_{10}）、焦磷酸法尼酯（farnesyl diphosphate，FPP，C_{15}）、焦磷酸香叶基香叶酯（geranylgeranyl diphosphate，GGPP，C_{20}）。焦磷酸酯进一步生成对应的单萜、倍半萜和二萜。三萜则由两个FPP尾-尾相接形成的反式角鲨烯（*trans*-squalene）转变而成，再经氧化、还原、脱羧、环合或重排，即生成种类繁多的三萜化合物。与异戊烯法则不相符合的萜类化合物多由环化过程中伴随发生重排或者降解所引起，如甾体化物由三萜化合物经进一步修饰降解形成，具体见图10-1。

三、莽草酸途径

莽草酸途径是植物、真菌和细菌中芳香类天然产物的重要来源。莽草酸途径始于磷酸烯醇式丙酮酸（phosphoenolpyruvate，PEP）和赤藓糖-4-磷酸（erythrose 4-phosphate，E4P）缩合形成3-脱氧-D-阿拉伯庚酮糖酸-7-磷酸（3-deoxy-D-arabino-heptulosonate 7-phosphate，DAHP），之后经3-脱氢奎尼酸合成酶去磷酸化反应，羟醛缩合生成3-脱氢奎尼酸（3-dehydroquinate，DHQ），经3-脱氢奎尼酸脱水酶作用生成3-脱氢莽草酸（3-dehydroshikimate，DHS），后经莽草酸脱氢酶催化生成莽草酸（shikimic acid，SA）。详细过程见图5-8。

生成的莽草酸进一步合成生成芳香氨基酸、苯甲酸（C_6-C_1）和桂皮酸（C_6-C_3）等化合物，并由此进一步合成木脂素、苯丙素、香豆素等C_6-C_3化合物。此外，莽草酸途径与乙酸途径结合则得到苯乙烯吡喃酮类、1,2-二苯乙烯类、黄酮类、黄酮醇类和异黄酮醇类，与萜类的复合途径则生产萜醌类化合物。

（一）芳香氨基酸

莽草酸经一个简单的依赖ATP的磷酸化反应得到莽草酸-3-磷酸酯，并进一步与PEP反应生成3-烯醇丙酮酰莽草酸3-磷酸（3-enolpyruvylshikimic acid 3-phosphate，EPSP），最后转化为分支酸，分支酸可以进一步转化为邻氨基苯甲酸，并在丝氨酸的参与下生产色氨酸。分支酸可以经其异构体预苯酸转化生成L-苯丙氨酸和L-酪氨酸。

（二）桂皮酸途径

天然产物中C_6-C_3骨架非常常见，如苯丙素类、木脂素类。C_6-C_3骨架主要由苯丙氨酸经苯丙氨酸脱氨酶（phenylalanine ammonialyase，PAL）脱去氨后生成的桂皮酸而来。桂皮酸经氧化形成对羟基桂皮酸并进一步形成咖啡酸、阿魏酸等，对羟基桂皮酸也可由酪氨酸生成。苯丙素类经环化、氧化、还原等反应，还可生成具有C_6-C_2、C_6-C_1、C_6等骨架的化合物。此外，苯丙素与丙二酸单酰辅酶A结合，可生成黄酮类化合物（C_6-C_3-C_6）；苯丙素化合物也可以通过β位聚合，得到木脂素类化合物。

（三）醌类化合物及简单的苯甲酸类

醌类化合物一般经酚类化合物氧化而成。酚类化合物的来源主要有乙酸途径或者莽草酸途径。莽草酸途径中，一些简单的羟基苯甲酸类化合物，如没食子酸、对羟基苯甲酸等，可直接由莽草酸途径

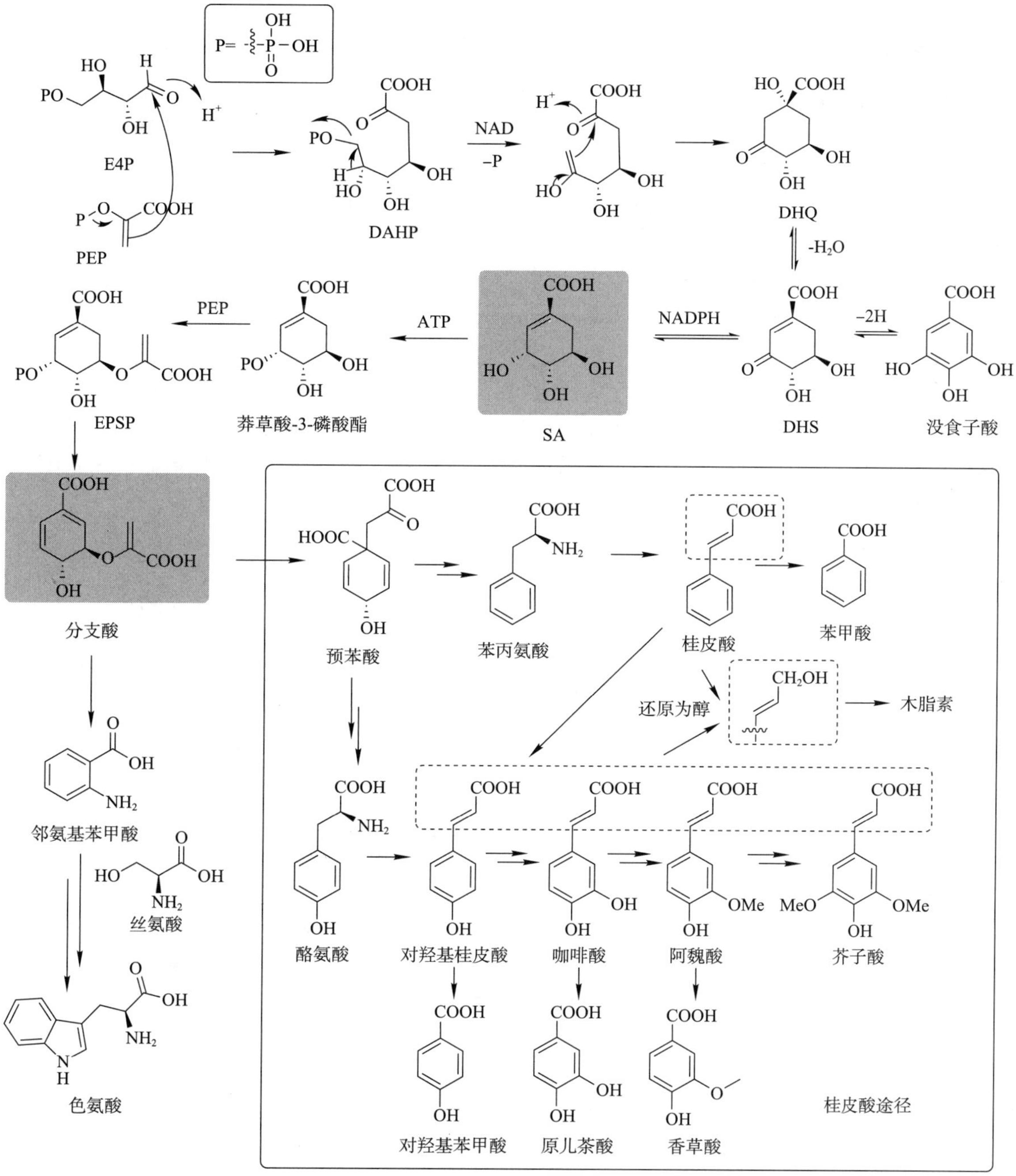

图 5-8　莽草酸途径

中的早期中间产物如 3-脱氢莽草酸或分支酸合成形成，并进一步氧化就可以生产醌类化合物。

四、氨基酸途径

氨基酸途径是天然产物中氮的主要来源。生物碱是重要的含氮化合物，往往以优良的活性闻名，这类化合物基本上都来源于氨基酸途径。肽可以直接通过氨基酸形成肽键（酰胺键）合成。在初级代谢过程中，肽由核糖体合成，并进一步合成蛋白质。此外也有一些肽是通过酶合成的，不参与初级代谢过程，由生物体产生后参与化学防御，信号传递等功能，这类肽一般被称为非核糖体肽（nonribosomal peptides，NRPs）。

（一）生物碱

生物碱的生物合成是以氨基酸为前体，在生物体内的一系列酶的作用下，经环合、耦合、裂解、甲基化、氧化、还原、消除等化学反应及伴随某些重排、降解等过程来完成的。其基本的关键反应有曼尼希（Mannich）反应、席夫碱（Schiff base）反应、酚的氧化偶联反应等。

目前已知作为生物碱前体的氨基酸，主要有脂肪族氨基酸鸟氨酸（ornithine，Orn）、赖氨酸（lysine，Lys），其基本上由三羧酸（TCA）循环及糖酵解途径中形成的 α-酮戊二酸经转氨（transamination）反应后生成；芳香族氨基酸中则有来自莽草酸途径的苯丙氨酸（phenylalanine，Phe）、酪氨酸（tyrosine，Tyr）及色氨酸（tryptophane，Trp）。

鸟氨酸，经过脱羧反应生成腐胺（一种"C_4N"单元）并进一步环化，形成吡咯烷环系统，该过程为生物碱的形成提供了一个 C_4N 单元；赖氨酸则首先脱羧形成尸胺（一种"C_5N"单元），环化形成哌啶环系统，并为生物碱的形成提供了一个 C_5N 单元。鸟氨酸和赖氨酸中存在 δ-氨基或 ε-氨基，生物碱的氮原子主要由 δ-氨基或 ε-氨基提供（图5-9，图5-10）。苯丙氨酸和酪氨酸经过脱

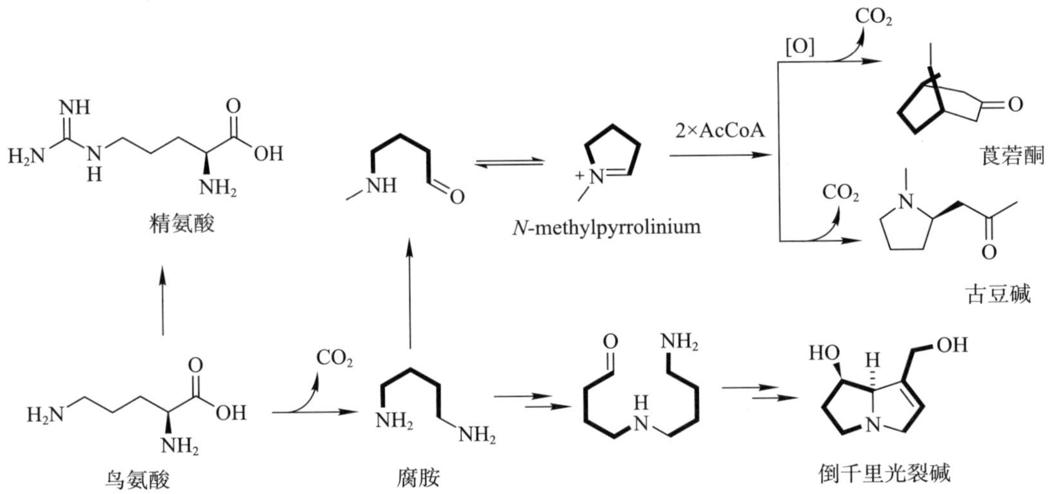

图 5-9　生物碱形成过程中的鸟氨酸途径

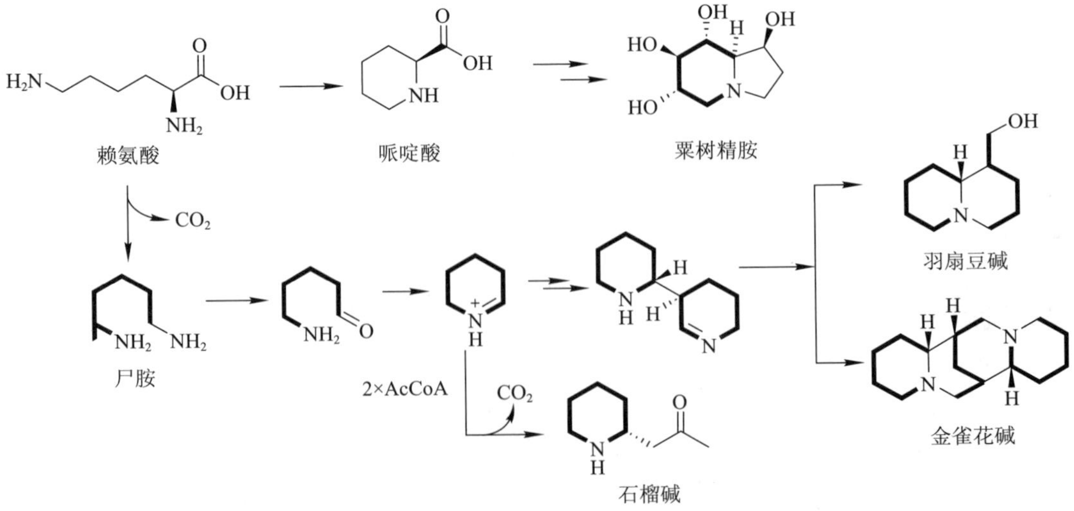

图 5-10　生物碱形成过程中的赖氨酸途径

羧，为生物碱的形成提供 C_6C_2N 单元。色氨酸是吲哚生物碱的来源，通过脱羧反应，为生物碱的生物合成提供了吲哚 C_2N 单元。苯丙氨酸、酪氨酸、色氨酸（非吲哚部分）形成的生物碱，氮原子的来源为 α- 氨基（图 5-11，图 5-12）。

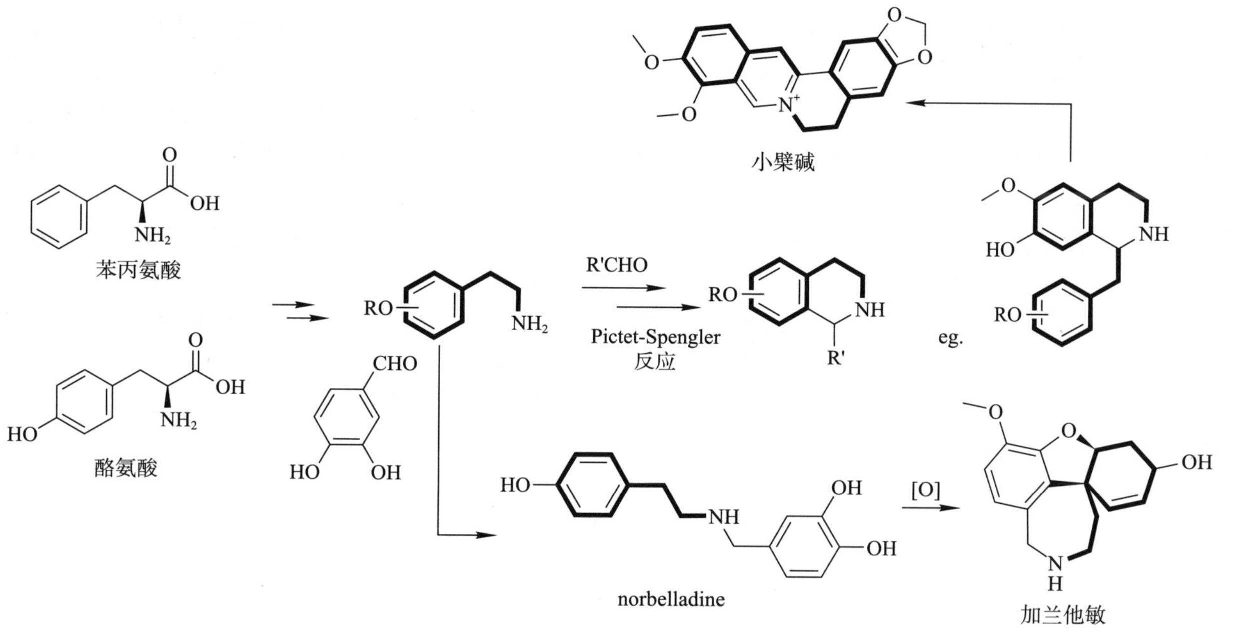

图 5-11 生物碱形成过程中的苯丙氨酸和酪氨酸途径

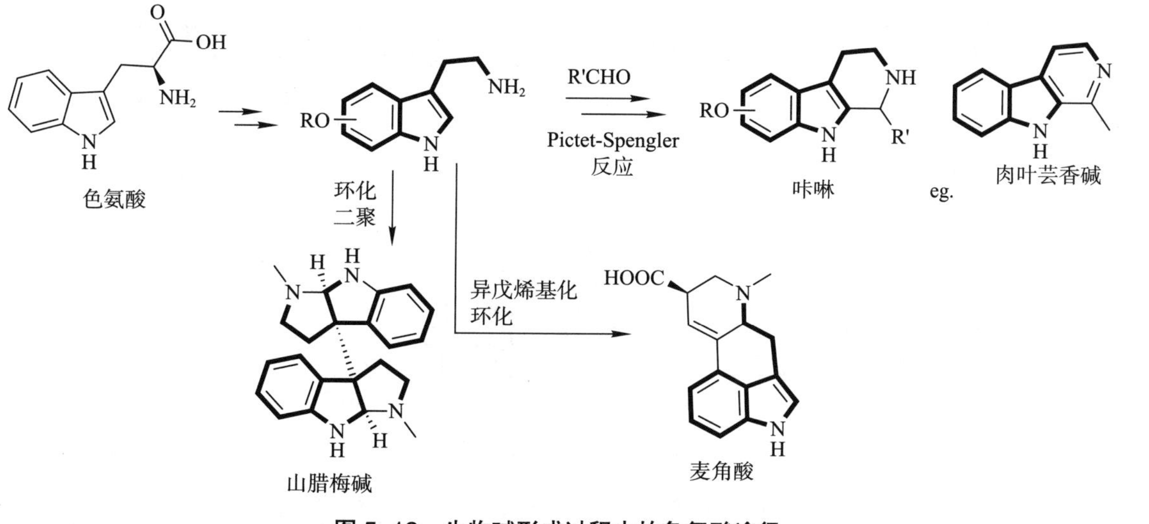

图 5-12 生物碱形成过程中的色氨酸途径

应当指出的是，并非所有的氨基酸都能转变为生物碱，并且有些生物碱并非经由氨基酸途径产生，它们是以非氨基酸前体为底物，在生物合成相对较晚的阶段氮原子才插入到结构中。这样的生物碱经常是以萜类和甾体化合物为基本骨架。氮原子是通过氨基酸与萜类和甾体骨架中的醛基或酮基发生转氨反应而引入的。

（二）非核糖体肽

生物体中肽和蛋白质的合成一般是由核糖体完成，非核糖体肽则是通过被称为非核糖体肽合酶（nonribosomal peptide synthetase，NRPS）的"多酶复合体"催化组装而成，结构中往往含有多种"非蛋白质组成氨基酸"，以及多种环状或分支状后修饰结构，因而具有结构复杂、药理活性多样等特点，是抗菌、抗癌、免疫抑制、抗病毒等药物的重要来源，如临床上常用的万古霉素、博来霉素、环孢菌素 A、达托霉素等均属于该类化合物。

一个典型的 NRPS 由多个模块构成，每个模块包含 3 个核心功能结构域，分别为：识别和活化氨基酸装配单元的腺苷化（adenylation，A）结构域；运载氨基酸和新生肽链的硫酯化（thiolation，T）结构域，又称肽基载体蛋白（peptidyl carrier protein，PCP）结构域；以及催化肽键形成的缩合（condensation，C）结构域。除了 C-A-T 三联结构域外，NRPS 模块还可能选择性地包含一些修饰结构域，负责甲基化、氧化、杂环化、异构化等。NRPS 的 C 端通常含有一个硫酯酶（thioesterase，TE）或末端缩合（terminal condensation，CT）结构域，负责终产物的释放。

绝大多数非核糖体肽的形成是由 NRPS 遵循共线性装配规则，即 NRPS 模块的数目、种类和排列顺序与其产物结构中氨基酸组成单元的数目、种类和排列顺序一致。在生物合成过程中，NRPS 按照固定的逻辑逐个行使各个模块的催化功能将氨基酸单体顺序装配成特定结构的非核糖体肽。NRPS 装配氨基酸的一个反应循环过程大致为以下几步（图 5-13）。

（1）氨基酸的活化：A 域在 ATP 的作用下结合特定氨基酸，形成相应的氨酰基 -AMP；

（2）氨基酸的运载：氨酰基 -AMP 与 T 结构域（PCP）上的辅因子的巯基结合，形成氨酰基 -S-T 复合物；

（3）肽链的延伸：氨酰基 -S-T 复合物上的氨基对肽酰基 -S-T 复合物上肽酰基的酰基进行亲核攻击，从而形成新的肽键。

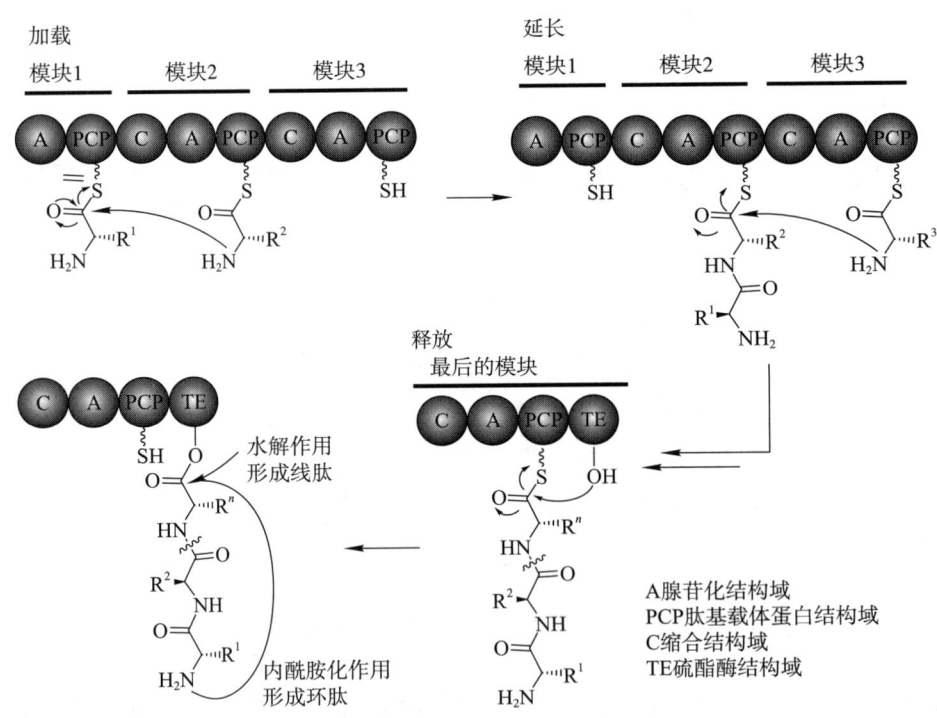

图 5-13 非核糖体肽的生物合成途径

案例分析 达托霉素生物合成途径

五、复合途径

由前述内容可知，结构复杂的天然化合物分子需经历两种以上的生物合成途径，即复合生物合成途径。常见的复合生物合成途径有以下几种：乙酸 – 丙二酸 – 莽草酸途径、乙酸 – 丙二酸 – 甲羟戊酸途径、氨基酸 – 甲羟戊酸途径、氨基酸 – 乙酸 – 丙二酸途径、氨基酸 – 莽草酸途径。

以黄酮类化合物为例，黄酮类的生物合成是按氨基酸 – 乙酸 – 丙二酸途径进行合成的（图 5-14）。同位素标记实验证实，植物体内黄酮类化合物的形成是由一分子苯丙氨酸经桂皮酸途径产生的桂皮酰辅酶 A（形成 B 环）与三分子由乙酸 – 丙二酸途径产生丙二酸单酰辅酶 A（形成 A 环），先缩合生成查耳酮，再由查耳酮在异构化酶的作用下异构化形成二氢黄酮，随后在各种酶的催

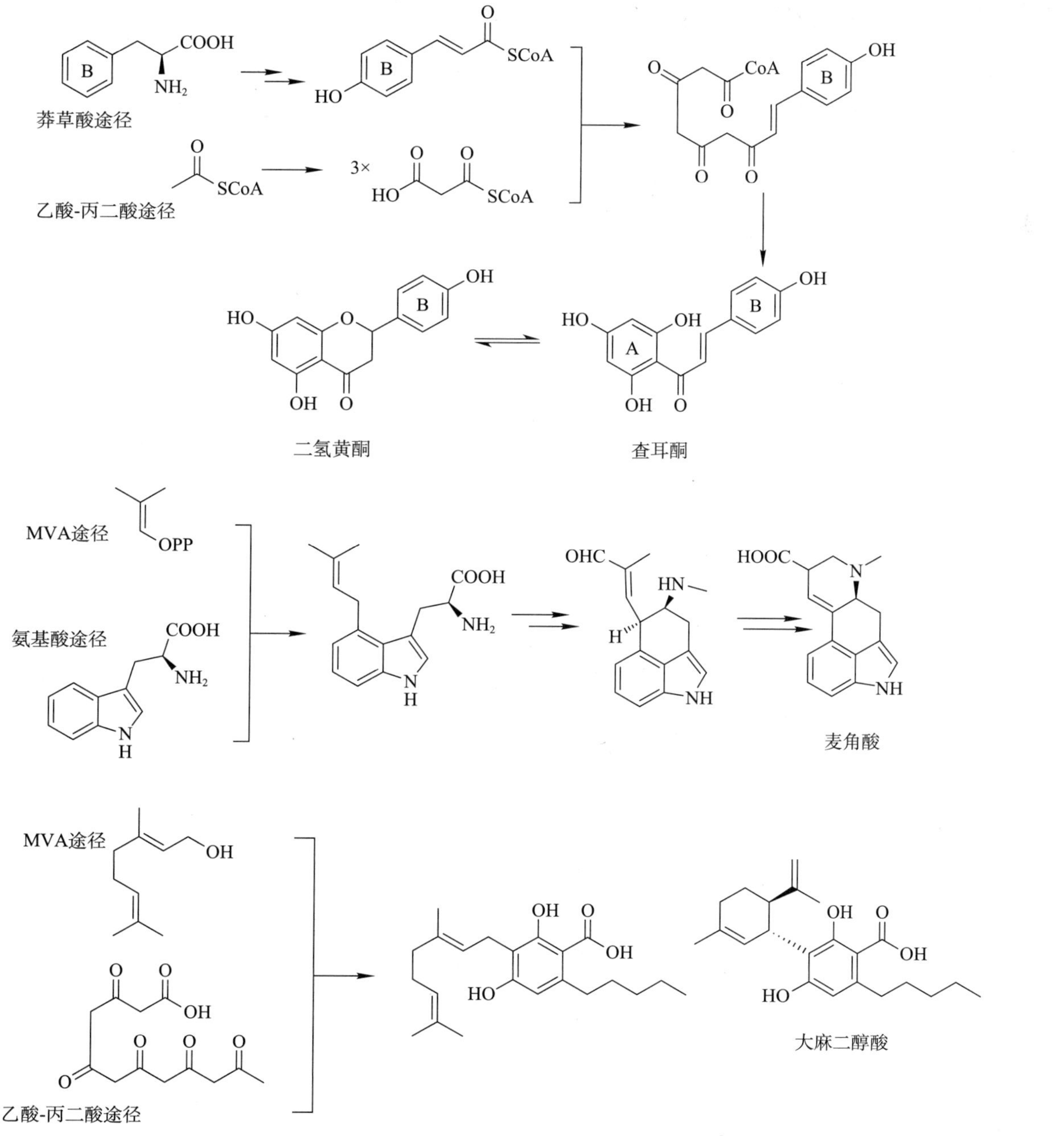

图 5-14　三个复合途径的例子

化下进一步转化衍生出各种结构类型的黄酮类化合物。图 5-14 中也展示了乙酸 – 丙二酸 – 甲羟戊酸途径合成大麻二醇酸和氨基酸 – 甲羟戊酸途径合成麦角酸的例子。

探索天然产物的生源合成途径具有重要意义，并由此衍生出天然产物生物合成这个天然药物化学学科中的一个重要领域，其也是合成生物学领域的重要组成。了解生物合成的有关知识，不仅对天然化合物进行结构分类或推测天然化合物的结构有帮助，而且对植物微生物化学分类学及仿生物合成等学科的发展有着重要的理论指导意义，对通过培养方法进行物质生产有实际指导意义。例如，了解目标物质的生物合成途径，在培养进程中有意添加关键的前体物质，可以大大提高目标物质的收率。

（刘宏伟，张伟）

数字资源详见　新形态教材网

- 学习目标
- 思维导图
- 思政元素
- 案例探讨
- 参考文献
- 微视频
- 拓展阅读
- 本章小结
- 自测题
- 教学课件

第六章 糖类和苷类化合物

编者导学

📍 学习目标
✦ 思维导图

本章导航

第一节　概述　　　　　　　　　　第五节　糖类化合物的鉴定及结构解析
第二节　糖类和苷类化合物的分类　　第六节　糖类化合物的生物活性
第三节　糖类化合物的理化性质　　　第七节　糖类化合物提取研究实例
第四节　糖类化合物的提取分离

　　糖类化合物成分无所不在且以不同的形式广泛存在于自然界的生物体中。近年来越来越多的研究发现，聚糖类化合物成分在免疫调节、抗肿瘤、降血糖、抗肝炎、治疗心血管疾病、延缓衰老等方面显示很好的生物活性。

第一节　概　　述

一、糖类化合物

　　糖类化合物（saccharides）多由碳、氢、氧元素组成，因分子式符合 $C_n(H_2O)_n$ 的通式，被称为碳水化合物（carbohydrates）。其实以碳水化合物定义糖类并不合适，符合碳水化合物通式的化合物如乙酸，并无糖类的性质；不符合碳水化合物通式的化合物如脱氧核糖、鼠李糖等，却具有糖类的性质。此外，某些糖类还含有氮、硫等元素，因此目前把具有多羟基醛或者多羟基酮及其多聚物和衍生物统称为糖类化合物。

　　由于糖类化合物中含有多个羟基，因此具有立体构型的多样性、多聚糖单糖残基之间成键位置的多变性、高级空间结构上的复杂性、单糖以链状或者环状的形式存在，以及环结构中端基碳又存在 α 或者 β 构型，因此，糖类化合物具有多种类型。

　　糖类的生物合成和核酸、蛋白质的合成不一样，核酸和蛋白质的合成由特定的模板来决定核酸和氨基酸的顺序，但是对于糖类的合成来说，没有合成模板，糖类的序列是通过一系列定位有序的糖基转移酶来实现的。绿色植物通过光合作用以二氧化碳和水为原料，可以直接合成葡萄糖，还可以在体内由三乙酰甘油、生糖氨基酸等简单分子合成葡萄糖。动物体内除了可以利用三乙酰甘油、生糖氨基酸合成葡萄糖外，还可以以乳酸为原料合成葡萄糖。以葡萄糖为前体，在系列酶的作用下，通过磷酸化、异构化、氧化还原等反应，葡萄糖可以被转化为果糖、葡萄糖醛酸、半乳糖、去氧糖等各类单糖

(图 6-1)。

在糖类化合物的生物合成中,几乎所有的糖类首先要在磷酸激酶的作用下磷酸化,然后在核苷酸转移酶/糖焦磷酸化酶的作用下和三磷酸核苷结合生成相应的糖核苷酸,然后在糖基转移酶的作用下完成糖基转运。否则,即使有糖基转移酶存在,游离的单糖也不能直接作为糖基供体。任何糖链的合成都是一系列定位有序的糖基转移酶共同作用的结果。糖基转移酶依靠自身对底物的选择性,以上一个酶的产物作为下一个酶的底物,以接力的形式逐次进行下去,从而完成糖链的转配合成(图 6-2)。

糖类成分以不同的形式广泛存在于自然界的生物体中,可以说无所不在。例如,作为多糖的纤维素是构成植物体的基本成分;同样为多糖的几丁质是动物甲壳及真菌细胞壁必不可少的组成部分;作为食物甜味剂的蔗糖广泛存在于甜菜、甘蔗、各种水果及多数中药中。作为人类主要食物来源的小麦、大米等,其中的淀粉也是多糖类成分。糖类按照分子中单糖残基数目的多少,即聚合度的高低,分为单糖、低聚糖和多糖。天然药物中大量的糖类成分,尤其是多糖成分,在糖类的生物学功能没有被认识之前,通常作为非生理活性的物质被除去。近年来越来越多的研究发现,多糖在免疫调节、抗肿瘤、降血糖、抗肝炎、治疗心血管疾病、延缓衰老等方面显示很好的生物活性。肝素有抗凝血作用,可作为成分分离的载体,且近年来发现了许多具有各种活性的多糖,如抗氧化活性的多糖(枸杞

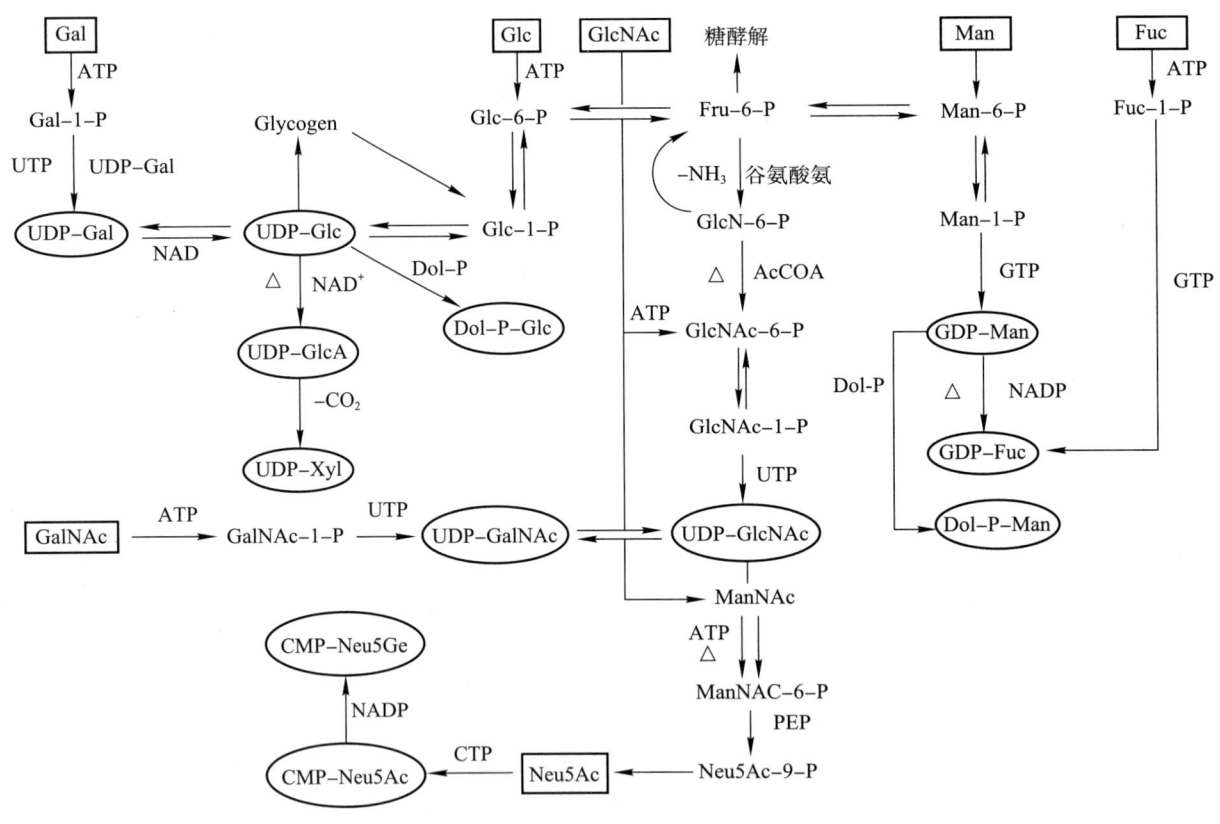

图 6-1　单糖间的相互转化

(Gal—半乳糖;Glc—葡萄糖;Man—甘露糖;Fuc—岩藻糖;GlcNAc—乙酰氨基葡萄糖;Gal-1-P—半乳糖 -1- 磷酸;Glc-1-P—葡萄糖 -1- 磷酸;Man-6-P—甘露糖 -6- 磷酸;Fru-6-P—果糖 -6- 磷酸;UTP—三磷酸尿苷;UDP-Glc—尿苷二磷酸葡萄糖;UDP-Gal—尿苷二磷酸半乳糖;GlcNAc-6-P—乙酰氨基葡萄糖 -6- 磷酸;GDP-Man—鸟苷二磷酸甘露糖;Dol-P—磷酸多萜醇;UDP-GlcA—尿苷二磷酸葡萄糖醛酸;UDP-Xyl—尿苷二磷酸木糖;GDP-Fuc—鸟苷二磷酸岩藻糖;Dol-P-Man—多萜醇磷酸甘露糖;GalNAc—乙酰氨基半乳糖;GalNAc-1-P—乙酰氨基半乳糖 -1- 磷酸;UDP-GalNAc—尿苷二磷酸乙酰氨基半乳糖;ManNAc—乙酰氨基甘露糖;CMP-Neu5Ac—胞苷单磷酸 -N- 乙酰神经氨酸;CMP-Neu5Gc—胞苷单磷酸 -N- 糖基神经氨酸;Neu5Ac—N- 乙酰神经氨酸;CTP—三磷酸胞苷;Neu5Ac-9-P—N- 乙酰神经氨酸 -9- 磷酸;PEP—磷酸烯醇丙酮酸;ATP—三磷酸腺苷;NAD—烟酰胺腺嘌呤二核苷酸;NADP—烟酰胺腺嘌呤二核苷酸磷酸;Dol-P-Glc—多萜醇磷酸葡萄糖;GlcN-6-P—氨基葡萄糖 -6- 磷酸;UDP-GlcNAc—尿苷二磷酸乙酰氨基葡萄糖;AcCOA—乙酰辅酶 A;ManNAC-6-P—氨基甘露糖 -6- 磷酸;GTP—三磷酸鸟苷)

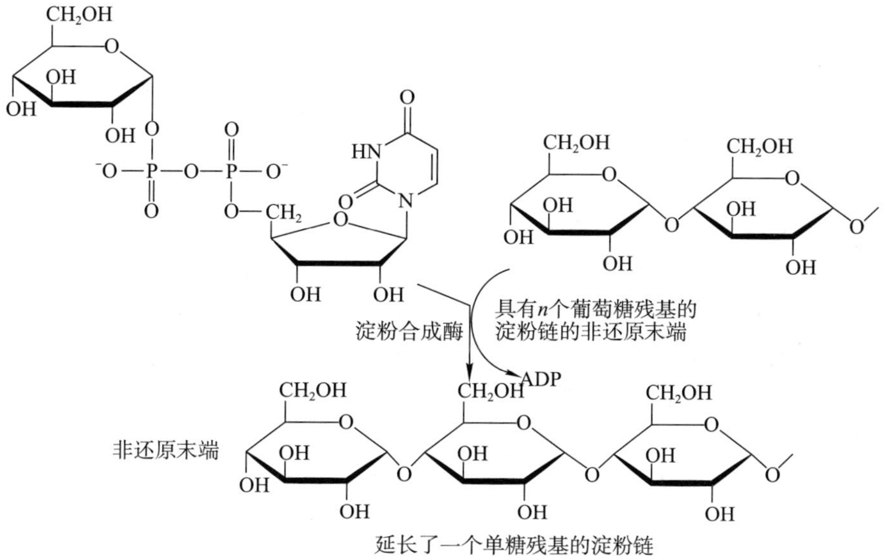

图 6-2　淀粉合成酶催化下的糖链合成

多糖、海带多糖、铁皮石斛多糖、桑黄多糖等)、免疫活性的多糖（石菖蒲多糖、远志多糖等）、抗肿瘤活性的多糖（海胆多糖、苦参多糖等），且猪苓多糖、香菇多糖、黄芪多糖、人参多糖等已批准上市。天然药物中的多糖研究越来越受到重视。近年来，围绕如党参、黄芪、人参等中药材，以及一些补益类中药如六味地黄丸、复方阿胶浆等中多糖类成分的分离鉴定和活性开展了大量研究。低聚糖特别是 inulin 型和 levan 型，由于其显著的生物活性，已成为糖类成分研究的重要方向。透明质酸（玻尿酸）具有胶体性质，可截留、存储 H_2O 等小分子，在药用化妆品中作为常用添加剂得到广泛应用。

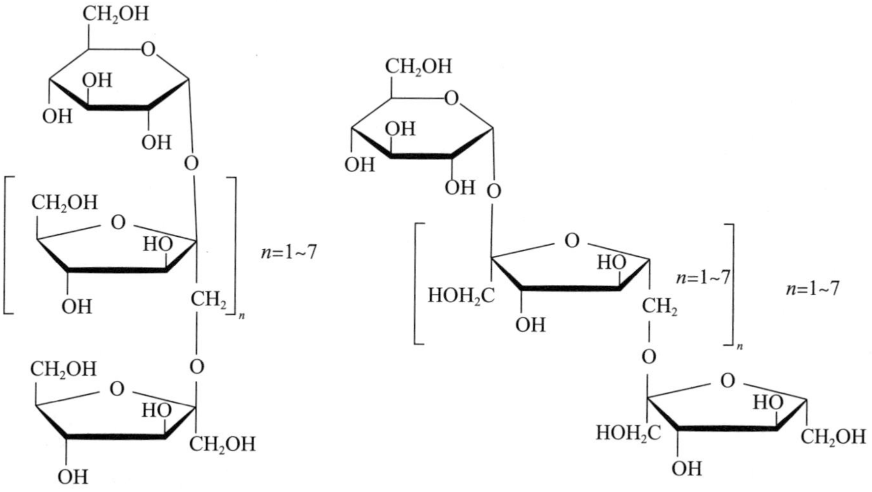

inulin型低聚果糖　　　　levan型低聚果糖

在糖类化合物的分离技术方面，单糖由于具有多个羟基，极性和水溶性都很大，由单糖组成的低聚糖和多糖成分不仅与单糖相似，具有较强的极性和水溶性，且化学性质极其相似，因此天然药物中糖类成分的分离难度很大，一定程度上制约了糖类成分的研究和开发利用。对于单糖和低聚糖，由于其很强的极性和水溶性，目前常用的色谱柱填料都难以有效地吸附或者分离。对于多糖，由于相对分子量大，分子中糖残基的数量和结构上的微小差别在整体上难以表现出来，也很难达到精细的分离。

近年来研究表明，很多中药筛选的活性部位，最终落在了多糖部位，因此多糖的生物活性和作用机理研究已成为中药研究的热点。

二、苷类化合物

苷类化合物（Glycosides）也称为甙类或配糖体，是由糖或者糖的衍生物，如氨基糖、糖醛酸等与另一非糖物质（称为苷元，aglycone），通过糖的半缩醛或半缩酮羟基与苷元脱水形成的一类化合物。很多天然产物均可与糖类或糖类的衍生物形成苷，苷的理化性质千差万别，化学结构类型繁多，生物活性多样。苷类化合物因具有广泛的生物活性常常被认为是中药的重要有效成分。例如，苯丙素苷类化合物鬼臼毒素-β-D-葡萄糖苷具有抗辐射活性；香豆素苷类化合物紫花前胡苷具有抗癌活性；木脂素苷类化合物牛蒡苷具有抗炎活性；黄酮苷类化合物金丝桃苷具有神经保护作用；蒽醌苷类化合物大黄素-8-O-β-D-葡萄糖苷也具有神经保护作用；二萜苷类化合物甜菊苷具有抑菌抗炎作用；三萜皂苷黄芪甲苷、甾体皂苷薯蓣皂苷具有抗肿瘤作用；强心苷类成分毛地黄毒苷具有强心、抗癌作用。由于苷类化合物的生物活性与苷元密切相关，有关苷类化合物相关内容将在以后各章节中根据苷元的不同分别介绍。

第二节　糖类和苷类化合物的分类

一、糖类化合物的分类

根据含有的单糖残基的个数将糖类化合物分为单糖（monosaccharide）、低聚糖（oligosaccharides）、多糖（polysaccharides）。

（一）单糖

单糖是指不能再被水解成更小分子的糖，是糖的最基本组成，在水溶液中常以半缩醛（酮）的形式存在。目前已发现有200多种单糖，从三碳糖至八碳糖都有，大多是含有5~6个碳原子的戊糖（五碳糖）或己糖（六碳糖）。

1. 单糖的立体化学　19世纪末，德国化学家费歇尔（Hermann Emil Fischer）用化学合成和旋光测定的方法阐明了葡萄糖及其异构体的结构，也因此荣获1902年诺贝尔化学奖；随着对葡萄糖结构研究的深入，发现葡萄糖在大多数情况下以环状形式存在，为了更方便、准确地显示其结构，英国化学家哈沃斯（Norman Haworth）提出了新的表示方法，后来称为Haworth式表示法。由于Fischer和Haworth两人在糖化学研究中的巨大贡献，人们称之为"糖化学之父"。单糖结构的表示方法有以下3种，即Fischer投影式、Haworth透视式和构象式。

（1）Fischer投影式：最早用于描述糖结构的式子，主碳链由上至下线性排列，氧化程度最高的醛基碳或羰基碳在最上端，水平方向的键及其相连基团指向纸面前方，上下两端的键指向纸面后方（即"横前竖后"）；表示某一化合物的Fischer投影式只能在纸面上平移，也能在纸面上旋转180°或其整数倍，但不能在纸面上旋转90°或其整数倍，更不可以离开纸面翻转，否则得到的Fischer投影式就代表其对映体的构型。以甘油醛为例，Fischer投影式的演示方法如下所示：

糖类化合物结构中含有多个手性碳原子，故具有旋光性。对单糖绝对构型的描述，习惯以旋光方向和用大写的 L、D 来表示。参比上图中甘油醛的 Fischer 投影式，在单糖结构中，距离羰基最远的手性碳原子上的 –OH 取向确定糖的绝对构型，羟基在碳链右侧为 D 型糖；羟基在碳链左侧为 L 型糖。

研究发现，糖类化合物结构中的醛基或酮羰基在红外光谱中没有羰基吸收峰，且晶体溶解后的溶液旋光度可以发生改变。糖类化合物无论是在固体还是溶液状态下，都是以环状存在的。Fishcer 投影式已不适合表示糖的真实存在形式，故有了糖类化合物的 Haworth 透视式。糖类化合物之所以还保留醛、酮官能团的化学性质则是因链状结构和环状结构存在转换平衡。

（2）Haworth 透视式：糖类化合物结构中多个位置的羟基都可以与醛羰基或酮羰基发生羟醛缩合反应，但由于五元环和六元环的环张力最小，所以自然界中糖类化合物大都以六元氧环或五元氧环形式存在（五元氧环的糖类化合物称为呋喃型糖，六元氧环的糖类化合物称为吡喃型糖）。下面以 D-葡萄糖和 L-岩藻糖为例说明单糖由 Fischer 投影式转换 Haworth 透视式形成吡喃环、呋喃环的过程（图 6-3）。

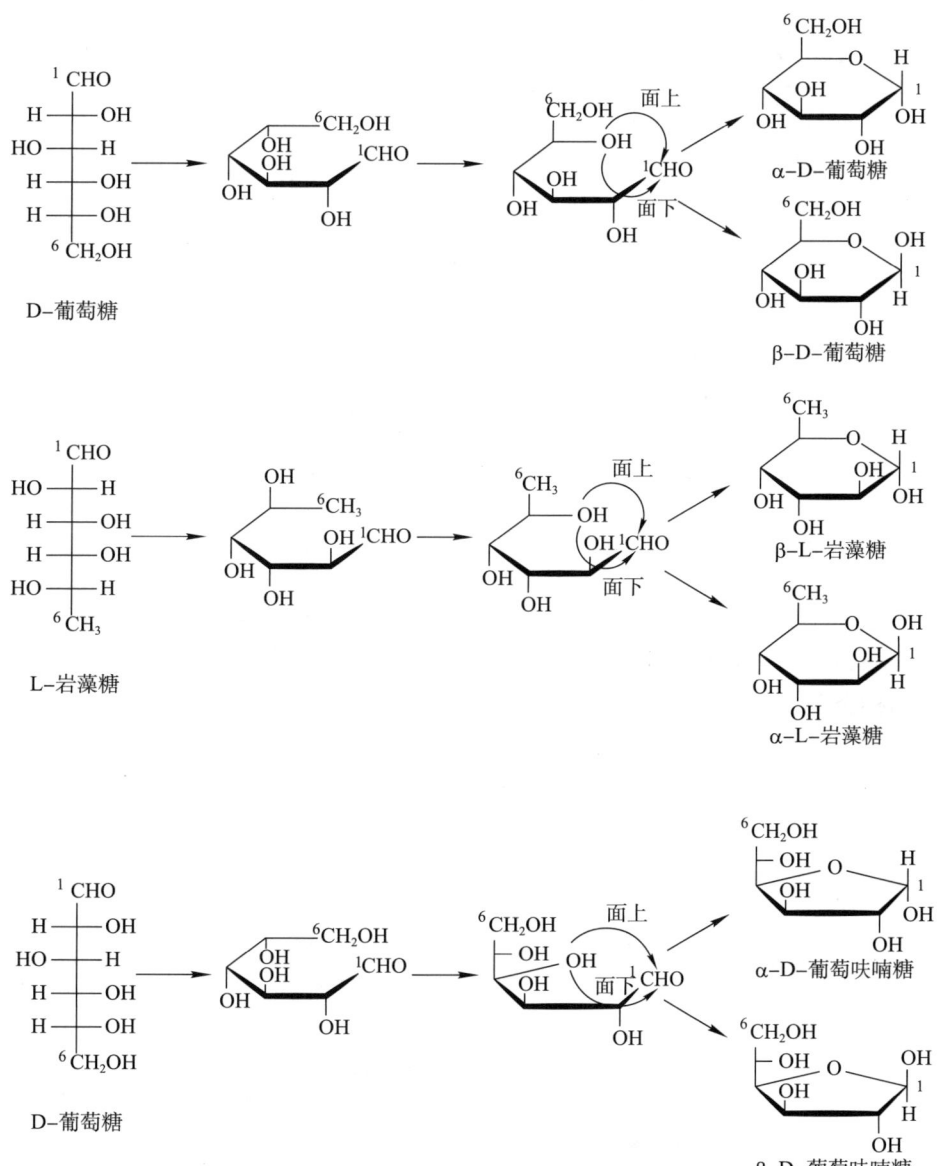

图 6-3　D- 葡萄糖和 L- 岩藻糖 Fischer 投影式向 Haworth 透视式转换示意图

拓展阅读 Haworth 透视式中糖绝对构型的判断

（3）构象式：根据环的无张力学说，呋喃型糖的五元氧环以信封式为稳定构象，只有醛糖的 C-3 位（酮糖的 C-4 位）超出环平面 0.05 nm，并无明显的构象变化；吡喃型糖有船式和椅式两类较为稳定的构象，实验证明，吡喃型糖在溶液或固体状态时其优势构象都为椅式构象，或是 C1 式，或是 1C 式。这里的 C 表示椅式（chair form），以 C-2、C-3、C-5、O 四个原子构成的平面为准，当 C-4 在面上，C-1 在面下时，称为 $^4C_1$ 式，并简称为 C1 式或 N 式（normal form）；当 C-4 在面下，C-1 在面上时，称为 $^1C_4$ 式，简称为 1C 式或 A 式（alternative form）。C1 式或 1C 式可以在纸面上做 180° 旋转，但 O 原子的位置不能随意改变，其糖类化合物上碳原子的编号必须按顺时针方向排序，以免对糖类化合物的绝对构型发生误判。常见的单糖中，D 型糖绝大多数的优势构象是 C1 式，这是因为多数取代基处于椅式构象的平伏键上，L 型糖的优势构象多是 1C 式，但少数糖类化合物，如 L- 吡喃阿拉伯糖其优势构象是 C1 式，是因取代基处于平伏键相对能量较低。

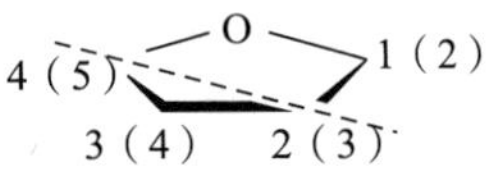

（ ）为酮糖的编号

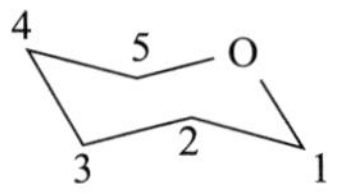

$^4C_1$ 式，简称 C1 式或 N 式

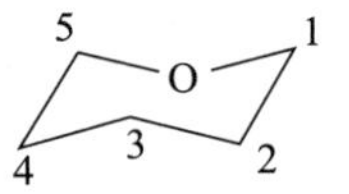

$^1C_4$ 式，简称 1C 式或 A 式

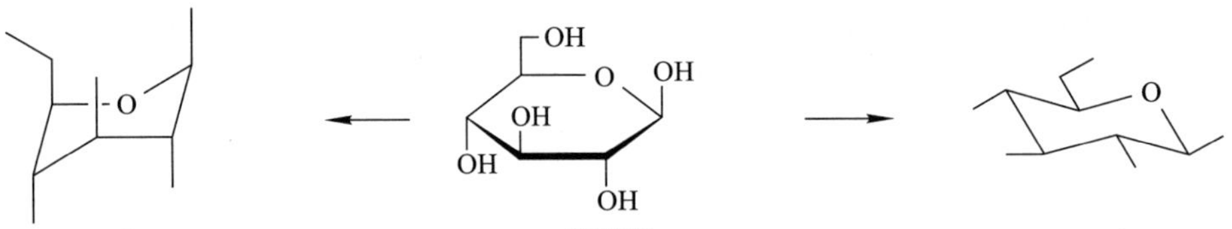

1C 式　　β-D-葡萄糖　　C1 式

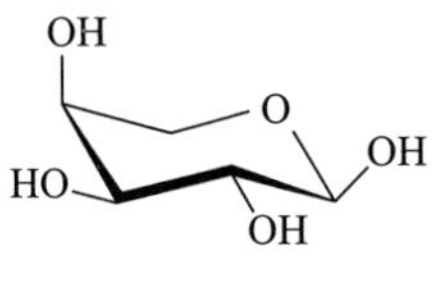

α-L-吡喃阿拉伯糖 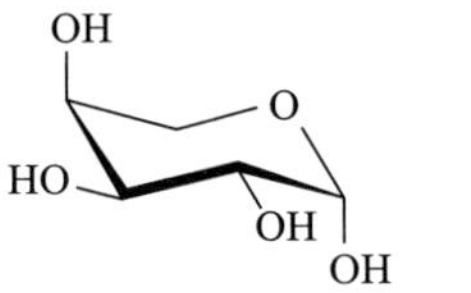　　β-L-吡喃阿拉伯糖

值得注意的是，不能把 1C 式和 C1 式看作是仅有的两种固定构象。实际上，无张力的这条歪斜构象（skew conformation）有无数个，写成这种固定形式只是为了便于与 Haworth 透视式联系起来。

2. 单糖的结构类型

（1）糖类化合物

1）四碳醛糖（aldotetrose）：常见的有 D- 赤藓糖、D- 苏阿糖。

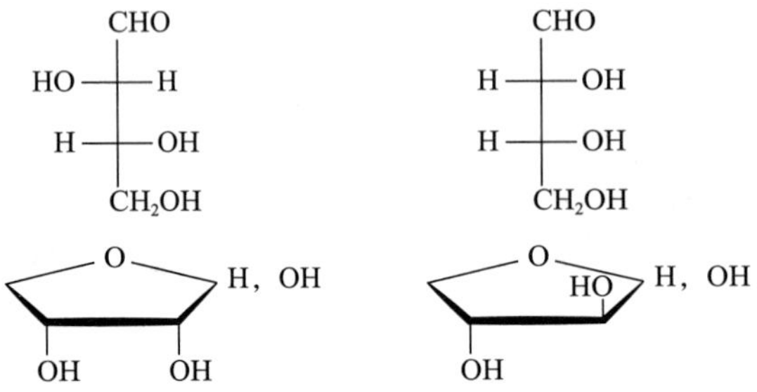

D-赤藓糖　　D-苏阿糖

2）五碳醛糖（aldopentose）：常见的有 D- 木糖、D- 核糖、L- 阿拉伯糖等。

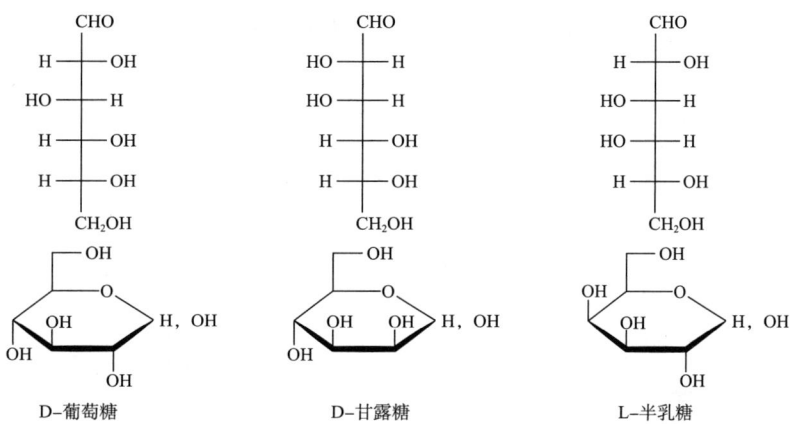

D-木糖　　D-核糖　　L-阿拉伯糖

3) 六碳醛糖 (aldohexose): 常见的有 D-葡萄糖, 还有 D-甘露糖、L-半乳糖等。

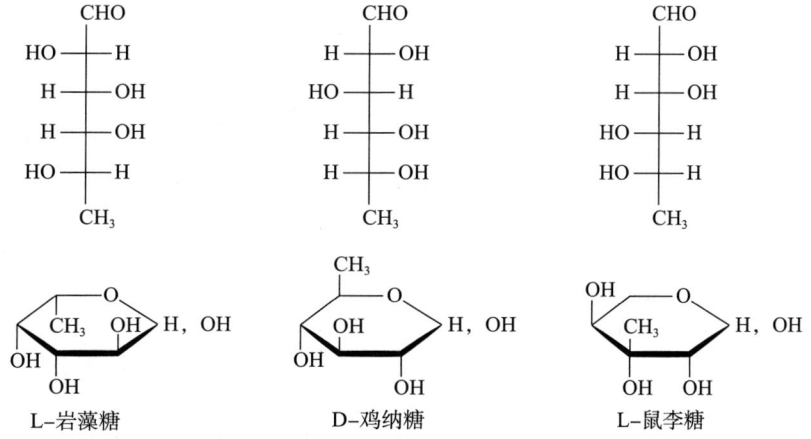

D-葡萄糖　　D-甘露糖　　L-半乳糖

4) 甲基五碳糖 (methyl aldopentose): 也是 6-去氧糖的一种, 代表性单糖有 L-岩藻糖、D-鸡纳糖、L-鼠李糖等。

L-岩藻糖　　D-鸡纳糖　　L-鼠李糖

5) 六碳酮糖 (ketohexose, hexulose): 代表性单糖如 D-果糖。

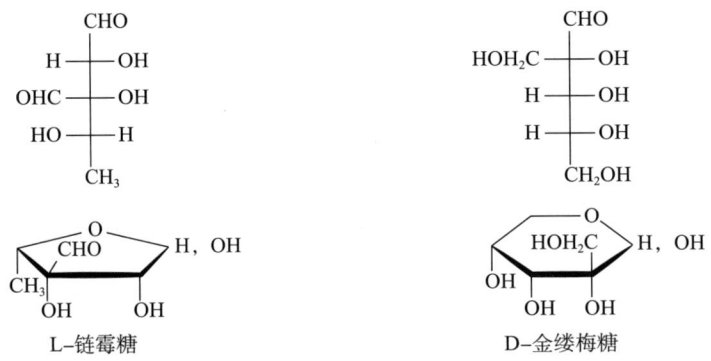

6）支链糖（branched carbon chains of sugar）：代表性支链糖有 L-链霉糖（L-stretose）和 D-金缕梅糖（D-hamamelose）等。

（2）糖类衍生物

1）氨基糖（amino sugar）：单糖上的一个或几个醇羟基被氨基取代后则变成氨基糖，天然氨基糖大多为 2-氨基-2-去氧醛糖，且主要存在于动物和微生物中。现已发现的氨基糖有 60 余种，如 2-氨基-2-去氧-D-葡萄糖（D-glucosamine）、2-氨基-2-去氧-D-半乳糖（D-galactosamine）。

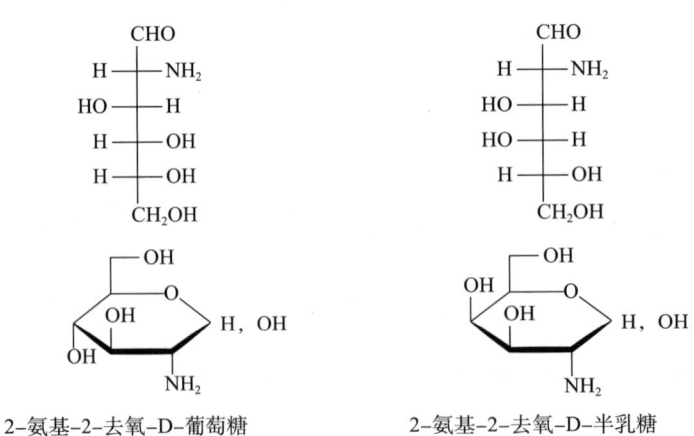

2）去氧糖（deoxysugar）：单糖分子中的一个或两个羟基被氢原子取代的糖类化合物称为去氧糖，常见的有 6-去氧糖、2,6-二去氧糖，代表性糖类化合物有 D-洋地黄毒糖（D-digitoxose）、D-加拿大麻糖（D-cymarose）。

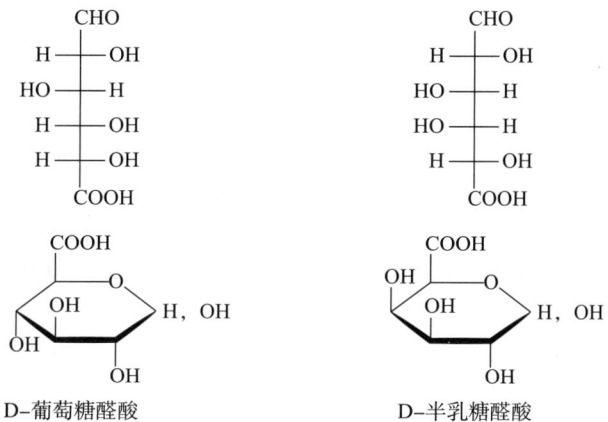

3）糖醛酸（uronic acid）：单糖中的伯羟基被氧化成羧基化合物称为糖醛酸。如 D- 葡萄糖醛酸（D-glucuronic acid）、D- 半乳糖醛酸（D-galacturonic acid）。

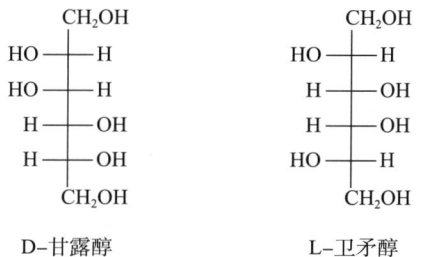

4）糖醇（alditol）：单糖中的羰基被还原成羟基后得到的化合物。如 D- 甘露醇（D-mannitol）、L- 卫矛醇（L-dulcitol）。

拓展阅读　D- 甘露醇的"甜味"及应用

（二）低聚糖

低聚糖（oligosaccharides）又称寡聚糖或寡糖，是指 2~9 个单糖通过苷键连接形成直链或支链的一类糖。一般低聚糖的构成单元主要为五碳糖或六碳糖，以葡萄糖（glucose）、果糖（fructose）、半乳糖（galactose）、木糖（xylose）、阿拉伯糖（arabinose）和甘露糖（mannose）等最为常见。

根据低聚糖中含有单糖的个数可分为二糖（蔗糖）、三糖（龙胆三糖）、四糖（水苏糖）、五糖（巴戟天寡糖 5 聚糖）等。低聚糖的化学命名是以末端糖作为母体，末端以外的糖类作为糖基，并标明糖类与糖类的连接位置、糖类的成环形式及苷键的构型等，如麦芽糖命名为 α-D- 葡萄糖（1→4）-D- 葡萄糖。

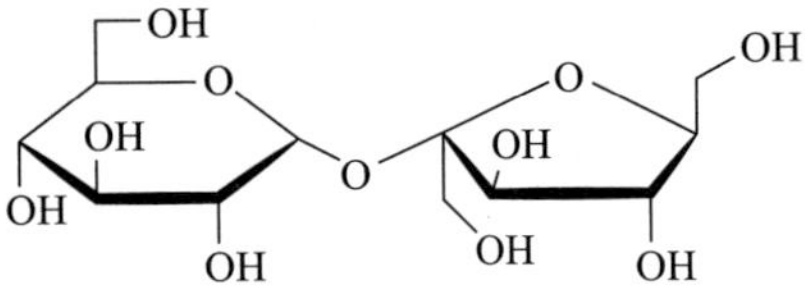

蔗糖

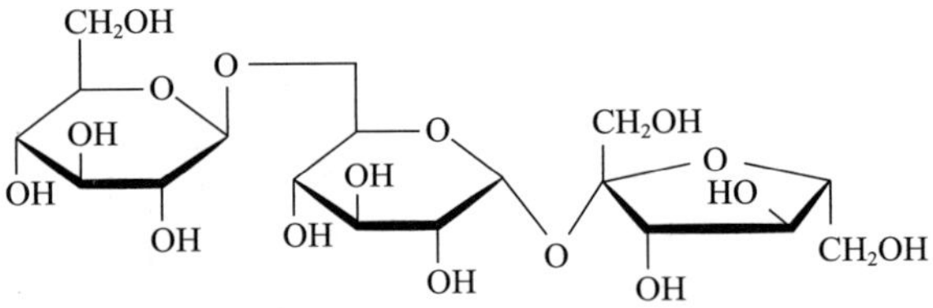

龙胆三糖

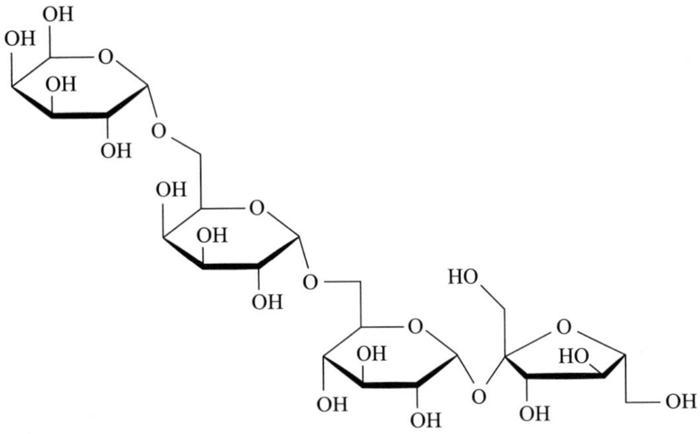

水苏糖

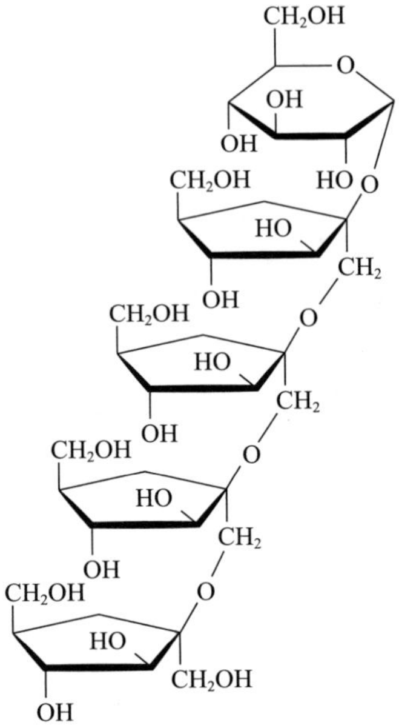

巴戟天寡糖五聚糖

依据低聚糖结构中是否含有游离的醛基或酮基又可将低聚糖分为还原糖和非还原糖，如二糖中的槐糖（sophorose，D-葡萄糖1β→2-D-葡萄糖）、樱草糖（primverose，D-木糖1β→6-D-葡萄糖）具有游离羟基，为还原糖。如果两个单糖以半缩醛或半缩酮上的羟基通过脱水缩合而成，则没有还原性，如蔗糖（sucrose）、棉子糖（raffinose）。

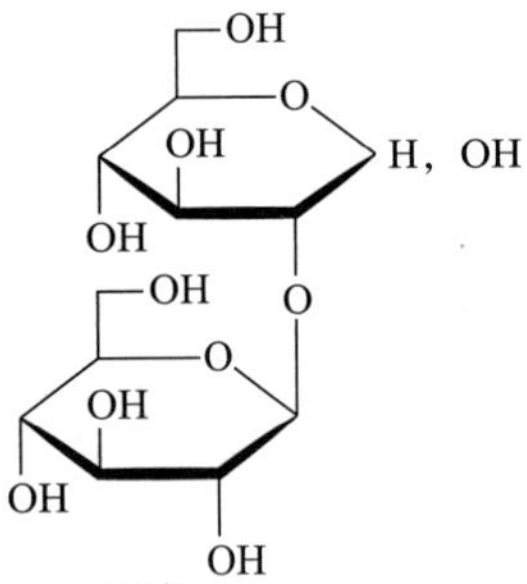

槐糖

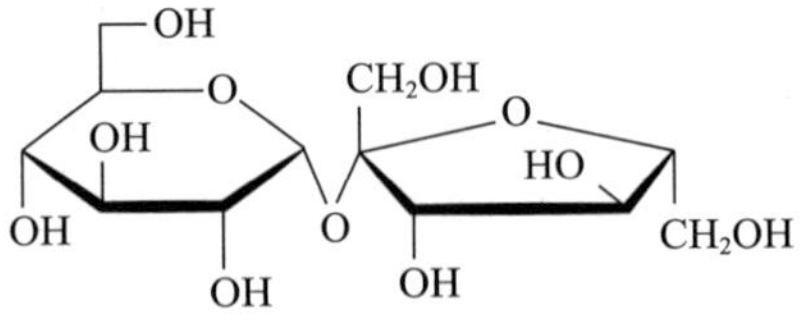

蔗糖

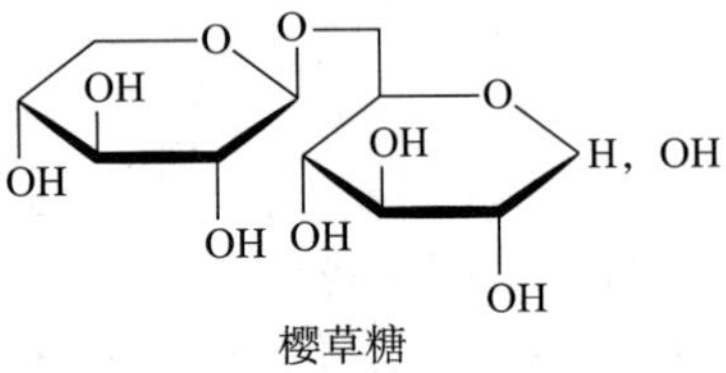

樱草糖
还原糖

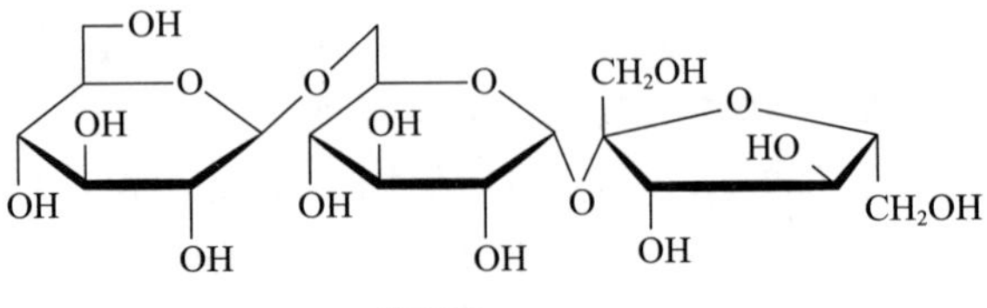

棉子糖
非还原糖

天然存在的三糖、四糖、五糖大多数都是以蔗糖为基本结构再加上其他的糖类而成的非还原糖。

但其结构特征、理化性质和生理功能与单糖和多糖有着较大区别,低聚糖一般具有低热值、味甜、黏度大、吸湿性强、不被胃肠道消化等理化特性。研究表明,低聚糖具有改善肠道微生物区系、提高饲料利用效率、降低血清胆固醇和中性脂肪含量、提高动物的免疫机能、促进生长等有关功能。天然药物中的低聚糖成分有很大一部分以低聚糖酯的形式存在并具有重要生理活性。这些低聚糖酯类成分主要是由低聚糖和一些常见的有机酸如乙酸、苯甲酸及其衍生物、苯丙烯酸及其衍生物结合成酯,在百合科、十字花科、蓼科及远志科等植物中广泛存在。

拓展阅读 治疗糖尿病的糖类化合物

(三)多糖

多糖是一类由十个及十个以上单糖通过糖苷键聚合而成的高分子化合物。多糖是自然界中普遍存在的资源最丰富的糖类化合物,是构成生物有机体的基本物质之一,同时也是生物体内重要生理活性物质,在生命活动中发挥着重要作用。与多肽、蛋白质、DNA等生物大分子的结构相比,多糖成分的结构更加复杂多样。自然界中常见的多糖通常由成百上千个单糖组成,且单糖种类繁多,也有一些多糖与蛋白质或脂类形成共价结合物。不同来源的多糖,结构各异。对于多糖的分类也有不同的方法,可以根据来源分类,也可以根据单糖组成分类。由于多糖的构型和连接位置的多样性,多糖或糖复合物中糖链结构的分析非常具有挑战性。

1. 根据来源分类 依据来源不同,多糖可以分为植物多糖(淀粉)、动物多糖(糖原)、海藻地衣多糖(卡拉胶)及微生物多糖(几丁质)。

(1)植物多糖:代表性的植物多糖有淀粉(starch),是葡萄糖以 α-1,4-糖苷键连接而成的线性葡聚糖链,聚合度一般为300~500;纤维素(cellulose),主要由葡萄糖以 β-1,4-糖苷键连接而成的线性葡聚糖。

淀粉   纤维素

(2)动物多糖:常见的动物多糖有糖原(glycogan),是葡萄糖以 α-1,4-糖苷键连接的直链部分和 α-1,6-糖苷键连接的支链部分组成;肝素(heparin),是由单元A(L-艾柱糖醛酸和D-葡萄糖醛酸以 α-1,4-糖苷键相连)和单元B(D-葡萄糖醛酸和D-葡萄糖醛酸以 β-1,4-糖苷键相连)聚合而成;硫酸软骨素A(chondroitin sulfate A)是由D-葡萄糖醛酸 β-1,3 和 4-硫酸酯基乙酰D-半乳糖胺 β1→4 相间连接而成。

拓展阅读 肝素的发现与应用

糖原

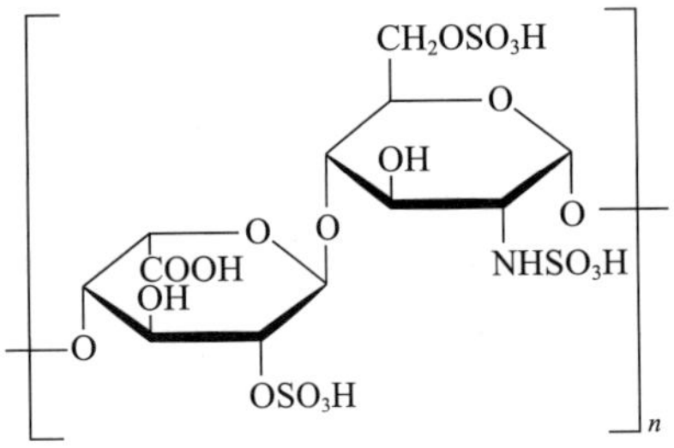

肝素

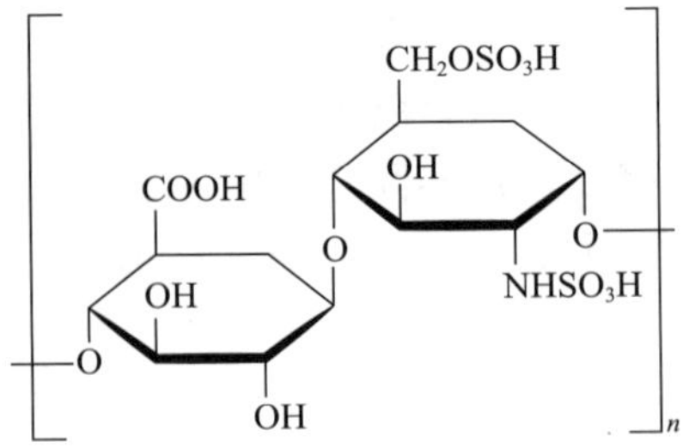

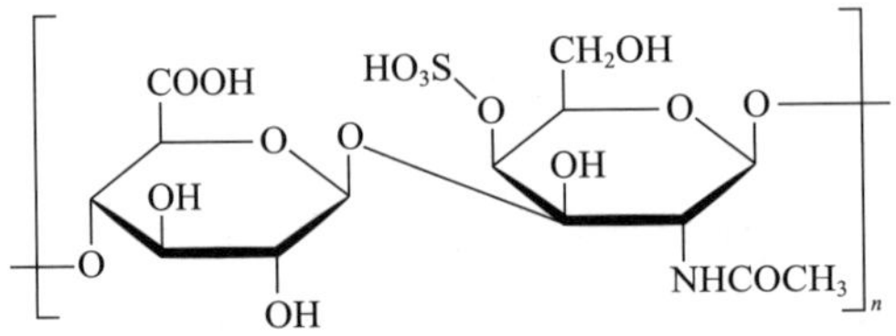

硫酸软骨素A

（3）其他来源多糖：主要有卡拉胶（carrageenan）：由硫酸酯化或非硫酸酯化的半乳糖和 3,6- 脱水半乳糖通过 α-1,3- 糖苷键和 β-1,4- 糖苷键胶体连接而成；几丁质（chitin）：由 2- 乙酰氨基 -2- 脱氧 -D- 吡喃葡萄糖以 β-1,4- 糖苷键连接而成。

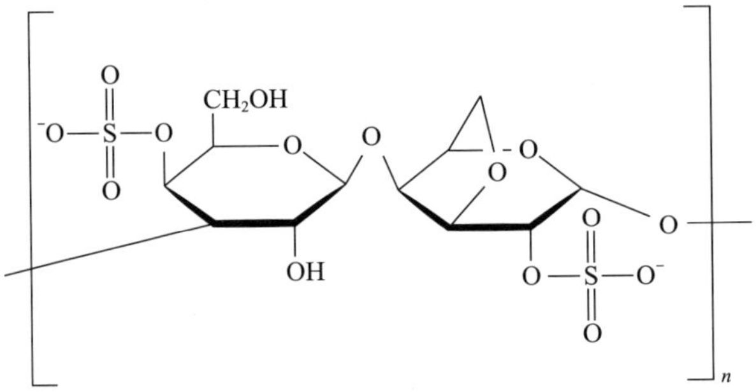

卡拉胶

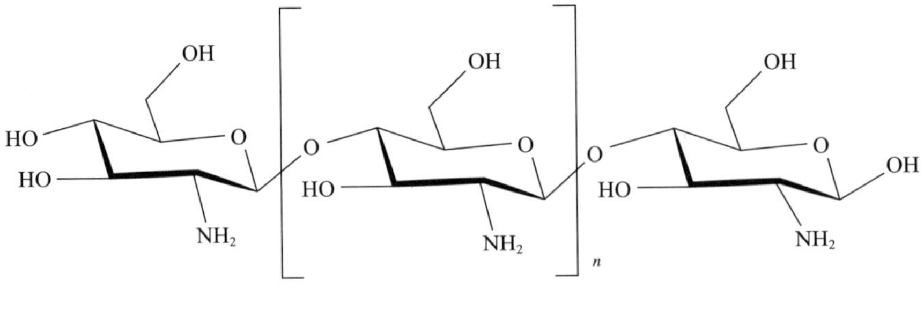

几丁质

2. 根据单糖的组成分类 因天然多糖成分结构复杂，有些多糖由同一种单糖聚合而成，有些多糖由两种或两种以上单糖聚合而成，前者被称为均多糖，如动物多糖中甲壳素，仅由 N- 乙酰基葡萄糖胺组成。后者被称为杂多糖，如透明质酸，由 D- 葡萄糖醛酸和 N- 乙酰氨基 -D- 葡萄糖组成。

拓展阅读 透明质酸

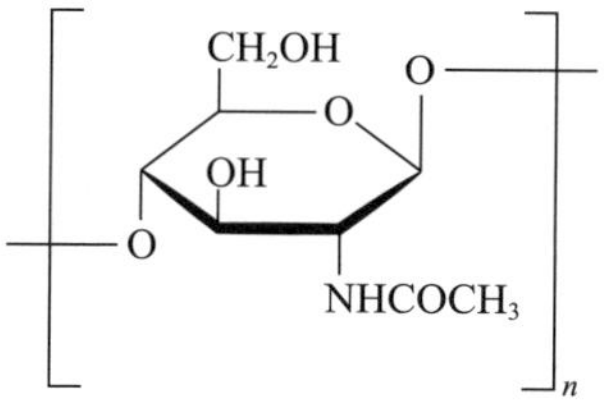

甲壳素 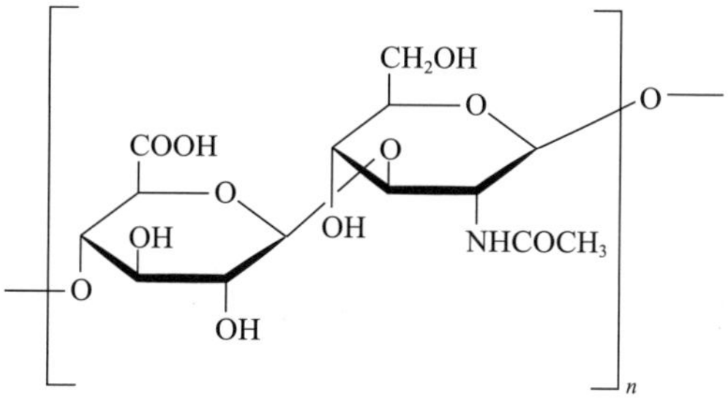　　　　　　　　　　　透明质酸

二、苷类化合物的分类

苷类化合物（glycoside）又称配糖体或糖杂体，是糖类或糖类的衍生物的端基碳原子与另一非糖物质（苷元）通过糖类化合物的半缩醛或半缩酮羟基脱水形成的一类化合物。苷化合物数目十分庞大，其生物活性遍布药物效用所涉及的各个医药领域，是极其重要的一类化学成分。苷的英文名常以 –in 或 –oside 作尾缀。苷的共性是糖类化合物部分，苷元的特性是其生物活性遍布各个医药领域的关键。糖与苷元连接的键称为苷键，苷元与糖类化合物成苷后，挥发性能低，水溶性增大，生物活性或毒性降低或消失。

（一）根据苷键成键原子分类

苷类化合物依据苷键原子的不同可分为氧苷（O-苷）、硫苷（S-苷）、氮苷（N-苷）和碳苷（C-苷）。

1. 氧苷（O-苷） 根据苷元提供的—OH 类型，可分为醇苷［红景天苷（salidroside）］、酚苷［天麻苷（gastrodin）］、酯苷［山慈菇苷（tuliposide）］、氰苷［百脉根苷（lotaustralin）］、吲哚苷［靛苷（indican）］等。

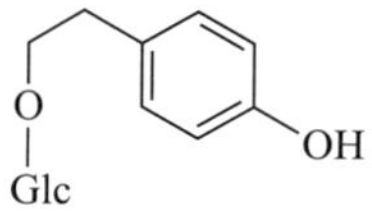

红景天苷 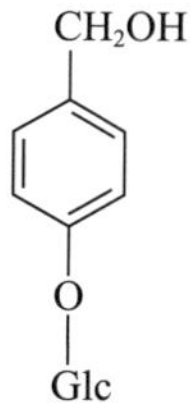　　　天麻苷 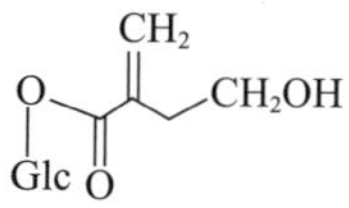　　　山慈菇苷

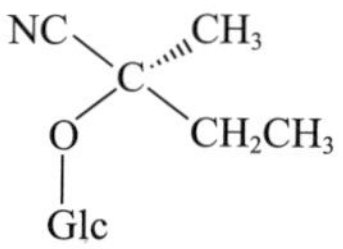

百脉根苷 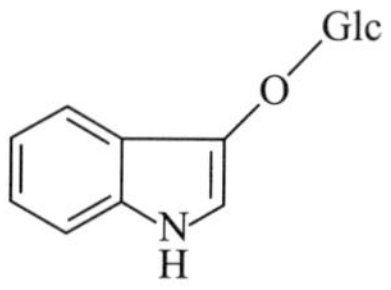　　　靛苷

2. 硫苷（S-苷） 糖端基碳直接与苷元的硫原子连接形成的苷，如萝卜中的萝卜苷（glucoraphenin）、黑芥子（*Brassia nigra*）中的黑芥子苷（sinigrin）等均为硫苷。

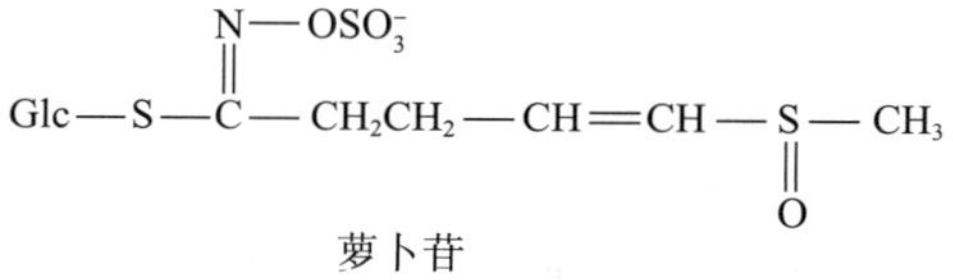

萝卜苷 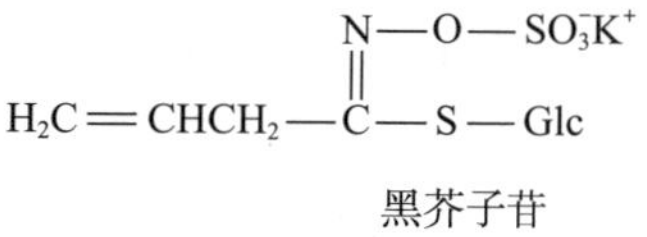　　　　　　　　　　黑芥子苷

3. 氮苷（N-苷） 糖端基碳直接与苷元的氮原子连接形成的苷。如腺苷（adenosine）、巴豆苷

（crotonoside）等。

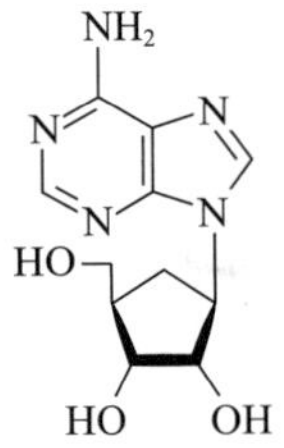

腺苷 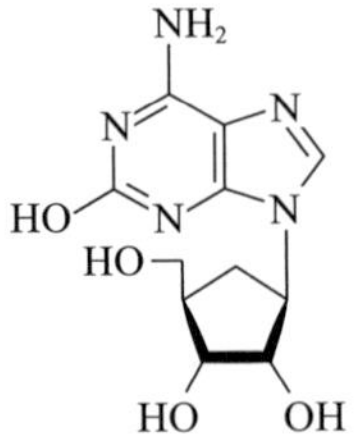　　　　巴豆苷

4. 碳苷（C-苷）　糖端基碳直接与苷元的碳原子连接形成的苷。在自然界数量很少，苷元类型也很少，常以黄酮、蒽醌及酚酸类为苷元，尤以黄酮苷最多，如牡荆素（vitexin）、芦荟苷（barbaloin，aloin）等。但仅在消化道等某些微生物产生的酶的作用下，可水解生成原苷元。

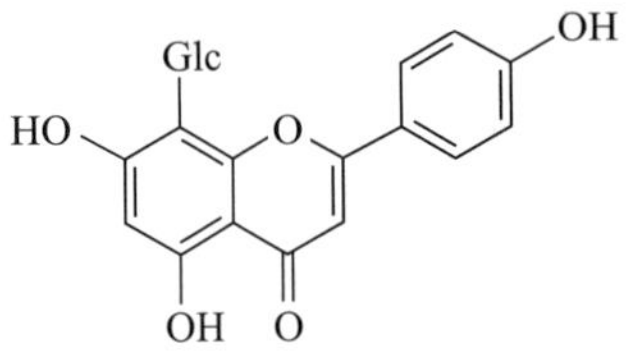

牡荆素 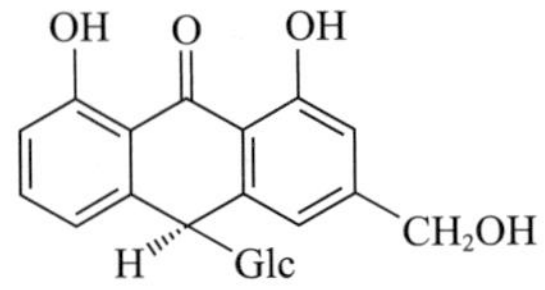　　　　芦荟苷

（二）根据所含单糖数目分类

苷类化合物根据所含单糖数目可分为单糖苷、双糖苷、三糖苷等。单糖苷是指由一个单糖与苷元结合形成的苷；双糖苷是指由两个单糖与苷元结合形成的苷；三糖苷是指由三个单糖与苷元结合形成的苷。

（三）根据苷元连接的糖链的数目分类

苷类化合物根据苷元连接的糖链的数目可分为单糖链苷、双糖链苷、三糖链苷等。①单糖链苷：苷元一个位置与糖连接；②双糖链苷：由两条糖链的端基碳原子分别与一个苷元结合形成的苷，苷元两个位置与糖类连接；③三糖链苷：由三条糖链的端基碳原子分别与一个苷元结合形成的苷，苷元三个位置与糖类连接。

（四）根据在植物体内的存在状况分类

苷类化合物根据在植物体内的存在状况可分为原生苷和次生苷。①原生苷是指植物体内原来存在的苷称为原生苷，又称原级苷；②次生苷是指含有两个以上糖类的原生苷，经水解失去一部分糖类后得到的苷称为次生苷，又称次级苷。如苦杏仁苷被苦杏仁苷酶水解后失去一分子葡萄糖，生成野樱苷，则苦杏仁苷是原生苷，野樱苷是次生苷。

苦杏仁苷　——水解→　野樱苷

（五）根据其性质或生理作用分类

苷类化合物可根据其性质或生理作用分类，如根据其水溶液振摇后可形成胶体溶液，并有持久性似肥皂泡溶液的泡沫的一类物质，将其称为皂苷（saponin），如甘草皂苷（glycyrrhizin）、薯蓣皂苷（dioscin）。根据其显示强心作用，被称作强心苷（cardiac glycoside），如毛花洋地黄苷 C（lanatoside C）、红海葱苷（scilliroside）。

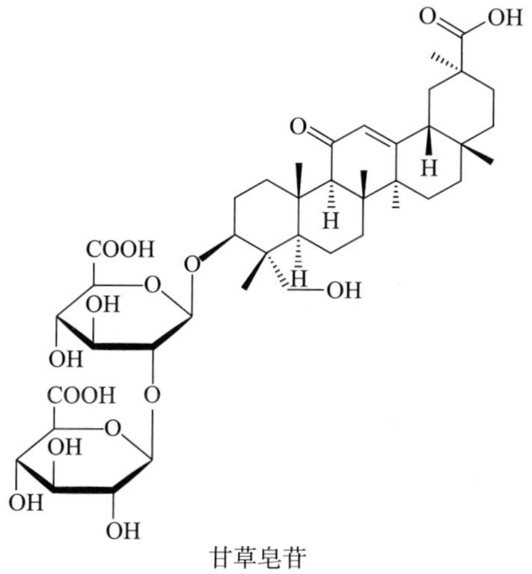

甘草皂苷

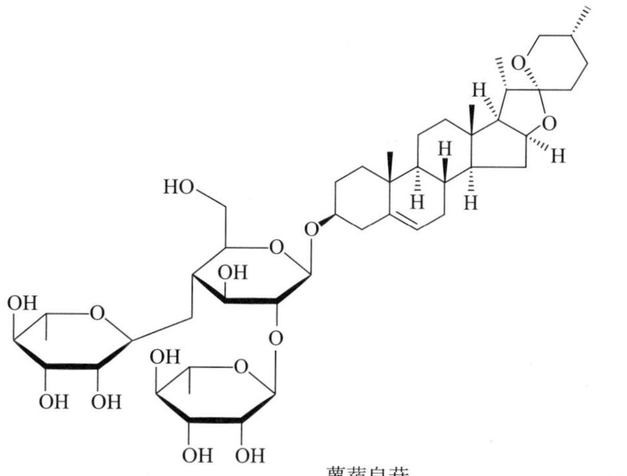

薯蓣皂苷

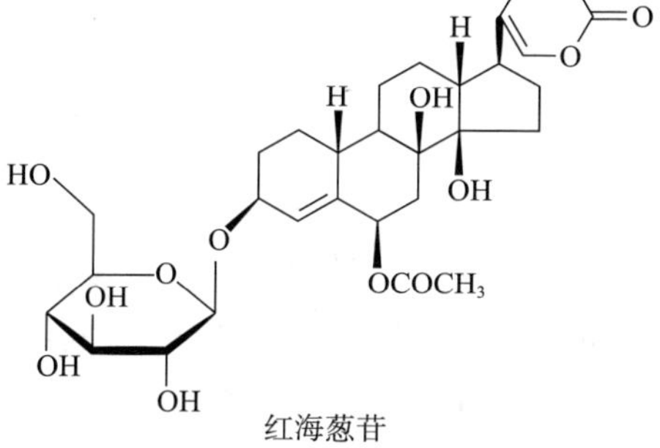

红海葱苷

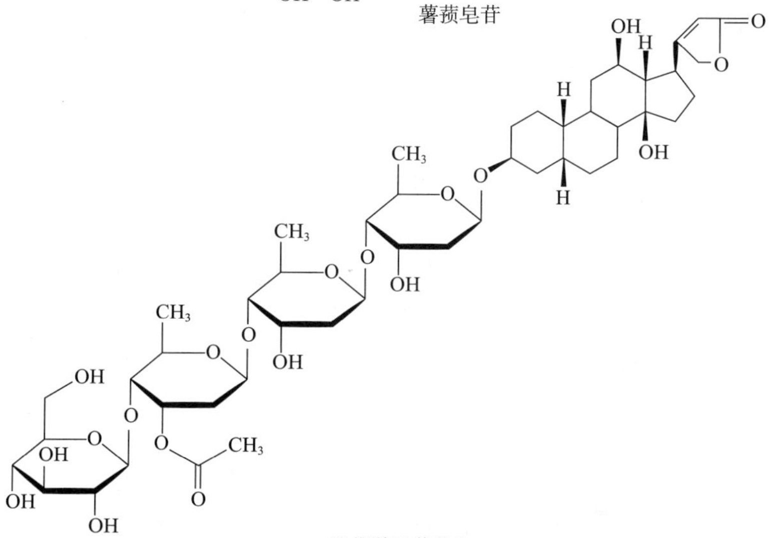

毛花洋地黄苷C

（六）根据苷元类型不同分类

苷化合物可根据苷元类型不同进行分类。如黄酮苷元、香豆素苷元、皂苷元、蒽醌苷元、强心苷元与糖类结合形成的苷分别被称为黄酮苷（如芦丁）、香豆素苷（如秦皮苷）、皂苷（如人参皂苷 Rb_1）、蒽醌苷（如大黄酚-8-O-β-D-葡萄糖苷）、强心苷（绿海葱苷）等。

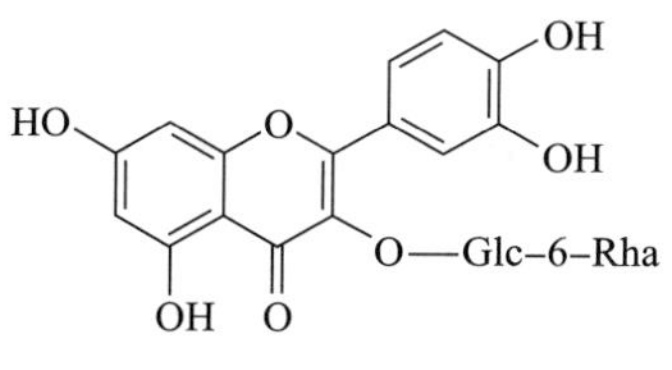

芦丁

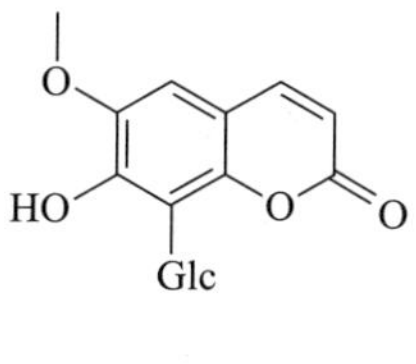

秦皮苷

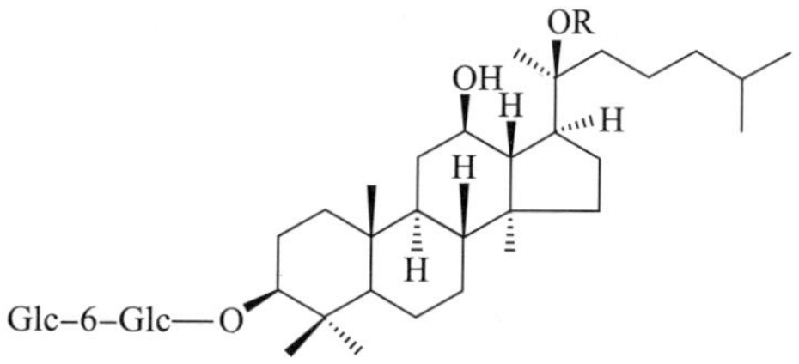

人参皂苷Rb_1

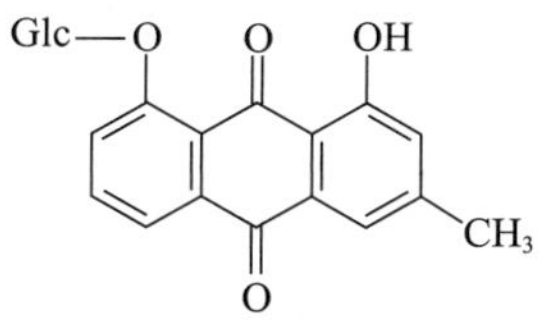

大黄酚-8-O-β-D-葡萄糖苷

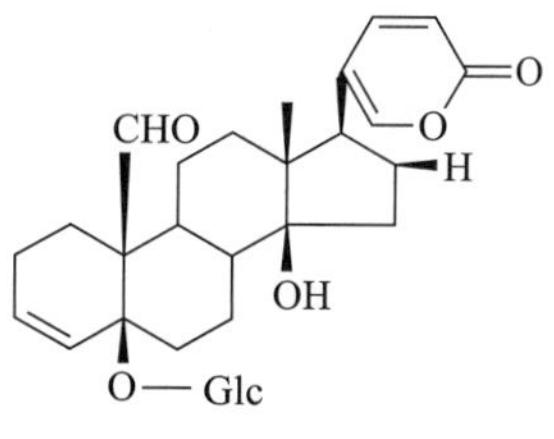

绿海葱苷

第三节 糖类化合物的理化性质

一、糖类化合物的物理性质

（一）性状
单糖大多是无色晶体，味甜，具有吸湿性；多糖的结构单元是单糖，但多糖的性质与单糖却有着很大的区别：多糖大部分为无定形粉末，无甜味，无固定熔点。

（二）溶解性
游离的单糖极易溶于水，难溶于乙醇，不溶于乙醚。但多糖大多数不溶于水，个别能与水形成胶体溶液。多糖按其在生物体内的功能可分为两类，一类是动植物的支持组织，该类成分不溶于水；另一类为动植物贮存养料，该类成分可溶于热水成胶体溶液。

（三）旋光性
单糖有旋光性，其溶液有变旋现象。多糖有旋光活性，无变旋现象。

二、糖类化合物的化学性质

糖类化合物的化学性质在普通有机化学中已有详细论述。下面仅就一些糖类化合物的分离和结构测定密切相关的化学性质来进行介绍。

（一）氧化反应
单糖分子有醛（酮）基、伯醇基、仲醇基和邻二醇羟基结构单元，通常醛（酮）基最易被氧化，伯醇基次之。在控制反应条件的情况下，不同的氧化剂可选择性地氧化某些特定的基团。如 Ag^+（银镜反应，Tollen reaction，生成金属 Ag）、Cu^{2+}（菲林反应，Fehling reaction，生成砖红色沉淀 Cu_2O），以及溴水可将醛基氧化成羧基、硝酸可使醛糖氧化成糖二酸、过碘酸和四乙酸铅可氧化邻二醇羟基。在糖苷类和多元醇类的结构研究中，过碘酸氧化反应是个常用的反应。

1. 可氧化的官能团及产物　过碘酸氧化反应不仅能氧化邻二醇，还能氧化 α-氨基醇、α-羟基醛（酮）、α-羟基酸、邻二酮等，而且该反应几乎是定量进行的，生成的 HIO_3 可以滴定，最终的降解产物（如甲醛、甲酸等）也比较稳定，其基本反应如下：

2. 影响反应速率的因素 反应通常在水溶液中进行，在中性或弱酸性条件下，对顺式邻二醇羟基的氧化速率比反式快得多，如对 α-D-甘露吡喃糖甲苷的反应速率快于 β-D-葡萄吡喃糖甲苷；但在弱碱性条件下顺式和反式邻二醇羟基的反应速度相差不大，对固定在环的异边并很难扭曲的邻二醇羟基不反应，如过碘酸不与 1,6-β-D-葡萄呋喃糖酐反应。

α-D-甘露吡喃糖甲苷　　β-D-葡萄吡喃糖甲苷　　1,6-β-D-葡萄呋喃糖酐

3. 反应消耗的试剂量 对开裂的邻二醇羟基的反应几乎是定量进行的，生成的 HIO_3 可以滴定，最终的降解产物也比较稳定；通过测定 HIO_4 的消耗量及最终的降解产物，可以推测糖的种类、糖环的大小、糖与糖的连接位置、分子中邻二醇羟基的数目及碳的构型。

| 消耗的过碘酸量 | 1 mol/L | 2 mol/L | 0 mol | 1 mol/L |

四醋酸铅反应机制与过碘酸相似，只是作用能力与过碘酸不同，如过碘酸在室温下无法氧化草酸（$H_2C_2O_4$）而四醋酸铅可以；四醋酸铅的立体选择性更高；而其对呋喃糖反式二醇羟基不能氧化；氧化需要在有机溶剂中进行（如乙酸、二氧六环等），故其在多糖化合物研究中的应用受到一定限制。

（二）糠醛形成反应

单糖在浓酸（4~10 mol/L）、加热作用下，脱去 3 分子水，生成具有呋喃环结构的糠醛衍生物。多糖和苷类化合物在浓酸的作用下首先水解成单糖，然后再脱水形成相应的产物。五碳醛糖生成的是糠醛（R=H），甲基五碳醛糖生成的是 5-甲基糠醛（R=CH_3），六碳醛糖生成的是 5-羟甲基糠醛（R=CH_2OH），六碳糖醛酸生成的是 5-羧基糠醛（R=COOH）。

糠醛衍生物可以和许多芳胺、酚类及具有活性次甲基基团的化合物缩合生成有色的化合物，许多糖的显色剂就是根据这一原理配制而成的。如 Molisch 反应常用于作为糖、苷的检测反应，试剂为浓硫酸和 α-萘酚；糖的纸色谱显色剂常用邻苯二甲酸和苯胺。

(三）羟基反应

糖与苷的共性部分在糖上，糖与苷的羟基反应主要有甲基化、乙酰化、缩醛（缩酮）化及与硼酸络合反应等。反应活性先后顺序为：半缩醛羟基、伯醇羟基、仲醇羟基。这是因为半缩醛羟基、伯醇羟基处于末端，空间位阻较小；2-OH 则受羰基诱导效应的影响，酸性有所增强。

酮或醛在脱水剂（如硫酸、无水 $ZnCl_2$、无水 $CuSO_4$ 等）的催化下可与有适当空间结构的 1,3-二醇羟基或邻二醇羟基生成环状缩酮（ketal）或缩醛（acetal）。通常醛易与 1,3-二醇羟基生成六元环状物，酮易与顺邻二醇羟基生成五元环状物。

苯甲醛与糖生成的六元环状缩醛称为苯甲叉衍生物，吡喃糖生成的苯甲叉衍生物有顺式和反式两种，其中顺式又有 O-内位和 H-内位两种。前者为 C1 式构象，以 O-内位构象较稳定。在反式苯甲叉衍生物中，虽然导入了一个手性碳原子，由于较大的取代基必定处于横键上，而且糖的氧环构象也不能发生改变（如 e、e 键变为 a、a 键，两环无法并合），故没有异构体产生。

硼酸可与具有邻二醇羟基的糖及苷反应生成络合物，使其理化性质发生较大的改变，据此可用于糖、苷等化合物的分离、鉴定及其构型的确定。

硼酸是一种 Lewis 酸，能与具有适当空间位置的二羟基（1, 2 或 1, 3）结合形成五元或六元环状络合物，由于络合物的形成，使硼原子变成四面体结构，使其酸性和导电度均增加。该络合反应分两步进行，首先硼酸与邻二羟基（或 1,3-二羟基化物）络合形成 1:1 的络合物（Ⅰ），络合物（Ⅰ）不稳定，易脱水形成平面三叉体的中性酯（Ⅱ）；然后络合物（Ⅰ）再与另一分子邻二羟基（或 1,3-二羟基化物）络合形成 2:1 的螺环状络合物（Ⅲ），该络合物四面体结构稳定，酸性和导电性都有很大的增加，在溶液中完全解离，呈强酸性。

三、苷键的裂解

苷键裂解（glycosidic bond fragmentation）反应是研究苷键和糖键结构的重要反应。要了解苷类的化学结构必须了解苷元结构，糖的组成，苷元与糖，糖与糖间的连接方式，为此必须使苷键裂解。

按裂解所用方法可分为均相水解和双相水解，双相水解可避免苷元长时间受酸、碱等的作用，有利于提高苷元的收率或获得原苷元；按裂解所用催化剂可分为酸催化水解、碱催化裂解、乙酰解、氧化裂解、酶解和微生物裂解等；按裂解的程度可以分为全部裂解和部分裂解，部分裂解所用的试剂和方法有 8%~10% 甲酸、40%~50% 乙酸、酶解、乙酰解、甲醇解等。本节主要介绍的化学方法有：酸催化水解、乙酰解、碱催化水解和 β- 消除反应、酶催化水解反应、过碘酸裂解反应。

（一）酸催化水解

苷键对酸不稳定，对碱较稳定，易被酸催化水解。酸催化水解常用的试剂是水或稀醇，常用的催化剂有稀盐酸、稀硫酸、乙酸、甲酸等。反应机制为苷键原子先被质子化，进而苷键断裂形成糖基正离子或半椅式中间体，该中间体与水结合形成糖，并释放催化剂质子。下面以葡萄糖氧苷为例介绍酸催化水解。

案例：葡萄糖氧苷的酸催化水解

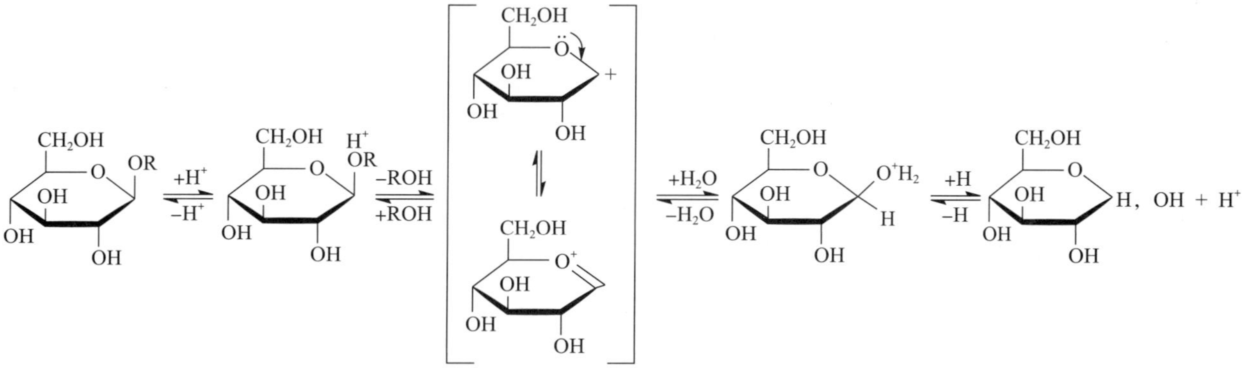

苷类酸催化水解发生的难易与苷键原子的碱性（即苷键原子上的电子云密度）以及它的空间环境有密切关系。只要有利于苷键原子质子化或有利于中间体稳定的因素就有利于酸催化水解进行。从苷键原子、糖类和苷元三方面归纳，苷的酸催化水解难易有以下规律：

（1）在形成苷键的 N、O、S、C 四个原子中，N 的碱性最强，最易质子化。碳上无共用电子时，几乎无碱性，最难质子化。故它们水解的难易程度是 C- 苷 > S- 苷 > O- 苷 > N- 苷。

（2）氮原子虽然碱性较强，易于质子化，但当氮原子在酰胺或嘧啶环上时，由于受到强烈的 p-π 共轭效应和诱导效应的影响，此时的氮已几乎没有碱性，甚至在酰亚胺中还有一定的酸性，所以这类苷很难水解。

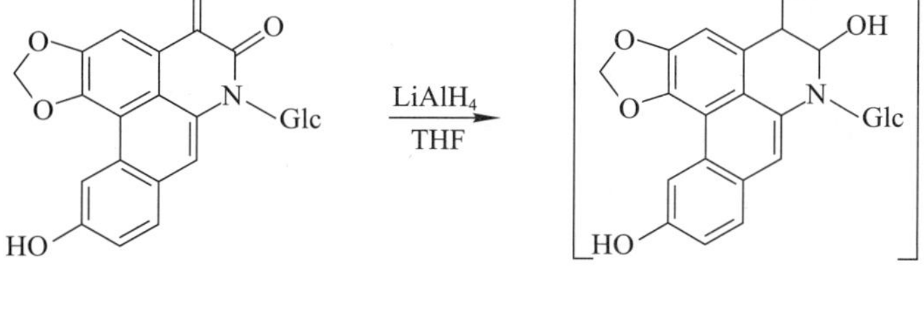

朱砂莲素

（3）因 p-π 共轭作用，酚苷及烯醇苷的苷元在苷键原子质子化时芳环或双键对苷键原子正电荷具有一定的分散作用，故酚苷及烯醇苷比醇苷易于水解。某些酚苷如蒽醌苷、香豆素苷等不用酸，只加热就有可能水解。

（4）由于氨基和羟基均可与苷键原子争夺质子，特别是 2-NH_2，不利于苷键原子的质子化，故 2-氨基糖苷最难水解，其次是 2-OH 糖苷，然后依次是 6-去氧糖苷、2-去氧糖苷和 2,6-二去氧糖苷。

（5）呋喃糖苷较吡喃糖苷的水解速率大 50～100 倍。由于五元呋喃环是平面结构，各取代基处于重叠位置比较拥挤，酸水解时形成的中间体使拥挤状态有所改善，环的张力减少，故最易水解的是果糖。

（6）酮糖多数为呋喃糖，而且在端基上又增加了一个—CH_2OH 大基团，更增加了呋喃环的拥挤状况，故酮糖较醛糖易水解。

（7）在吡喃糖苷中由于 C-5 上 R 会对质子进攻苷键造成一定的位阻，R 越大，则越难水解。其水解的难易程度是糖醛酸＞七碳糖＞六碳糖＞甲基五碳糖＞五碳糖。

（8）当苷元为小基团时，由于平伏键上的原子易于质子化，故平伏键的苷键较直立键的苷键更易水解；当苷元为大基团时，其空间因素占主导地位，苷元的脱去有利于中间体的稳定，故直立键的苷键较平伏键的苷键更易水解。

对于那些苷元对酸不稳定的苷，为了获得原苷元可采用双相水解的方法，即在水解液中加入与水不互溶的有机溶剂，如苯等，使水解后的苷元立即进入有机相，避免苷元长时间与酸接触。

（二）乙酰解反应

乙酰解（acetolysis）所用的试剂是醋酐和酸，常用的酸有 H_2SO_4、$HClO_4$、CF_3COOH 或 Lewis 酸（$ZnCl_2$、BF_3）等。其反应机制与酸催化水解相似，但进攻的基团是乙酰基缺电子位，而不是质子。虽然反应机制相似，但在苷键裂解的难易程度上有时却相反。当苷键邻位羟基能乙酰化或苷键邻位有环氧基时，由于强的诱导效应致使苷键裂解反应变慢。根据对双糖苷键乙酰解反应速率研究可知，β-苷键葡萄糖双糖乙酰解的难易程度是：（1→2）＞（1→3）＞（1→4）≫（1→6）。

乙酰解具有反应条件温和，操作简便（通常室温放置数天即可），可开裂部分苷键，所得产物为单糖、低聚糖及苷元的酰化物，增加了反应产物的脂溶性，有利于提纯、精制和鉴定等优点。但应该引起注意的是，乙酰解反应有时会使糖的端基发生异构化。此外，对于在 C-2、C-3 位有顺邻二羟基的呋喃型糖，其 C-2、C-3 位有时也会发生差向异构化，如由甘露呋喃型糖变为葡萄糖。

（三）碱催化水解和 β-消除反应

通常苷键对碱稳定，对酸不稳定，不易被碱水解。由于酚苷的芳环具有一定的吸电子作用，使糖端基碳上的氢酸性增强，有利于 OH^- 进攻。而苷元为酸、有羰基共轭的烯醇类、成苷羟基的 β 位有吸电子基取代的苷，这些苷键因具有一定酯的性质，遇碱可以发生水解。

对于酚苷和酯苷，当糖的 2-OH 与苷键成反式时则较顺式易于水解。前者获得的是 1,6-糖苷，后者则为正常的糖。1,6-糖苷的生成可能是发生了二次 Walden 转换所致，据此可以判断苷键的构型。

由于苷键β位吸电子基团能使苷元α位氢活化，有利于OH⁻的进攻，故苷键的β位有吸电子取代的苷如蜀黍苷等在碱液中可与苷键发生消除反应而使苷键开裂，此反应称为β-消除反应。由于游离的醛（酮）基能活化邻位的氢，故在1→3或1→4连接的聚糖中，碱能使还原端的单糖逐个剥落（peeling reaction），对非还原端则无影响。1→3连接聚糖还原末端剥落所形成的产物是3-脱氧糖酸，1→4连接聚糖的产物则是3-脱氧-2-羟甲基糖酸，两个以上取代的还原糖则很难形成糖酸，因此可根据所形成的产物推断还原糖的取代方式，这在聚糖的结构研究中是非常有用的。1→4连接的聚糖还原末端剥落糖的反应机制虽然与1→3连接的相似，但由于存在3位竞争性的脱羟基反应，故其降解速率比1→3连接慢得多。

（四）酶催化水解反应

酶是专属性很强的生物催化剂，利用酶催化水解苷键可避免酸、碱催化水解等剧烈条件，保护糖和苷元结构不再进一步变化。酶催化水解条件温和，可保留部分苷键得到次级苷，因而可以获知苷元与糖、糖与糖的连接方式。酶的专属性主要表现在特定的酶只能水解糖的特定构型的苷键。如α-苷酶只能裂解α-糖苷键，而β-苷酶只能裂解β-糖苷键，故酶水解也常用来推断苷键的构型；苦杏仁酶（emulsin）水解β-葡萄糖苷键（专属性较低，能水解一般的β-葡萄糖苷和有关六碳醛糖苷）；纤维素酶（cellulase）水解β-葡萄糖苷键；麦芽糖酶（maltase）水解α-葡萄糖苷键；转化糖酶（invertase）水解 β-果糖苷键。

pH 是影响酶解的一个重要因素，某些酶的酶解产物会随 pH 的改变而改变。如十字花科植物中的芥子苷酶（myrosinase），在 pH = 7 时对芥子苷的酶解产物是异硫氰酸酯，在 pH 3~4 时则是腈和硫磺。

由于酶的分离纯化比较困难和麻烦，市售的酶的品种有限。近年来有人采用微生物发酵的方法来水解苷类。在微生物培养液中加入苷，利用微生物产生的酶将苷水解。某些微生物会把苷中的糖当作碳源消耗掉而只留下苷元。

（五）过碘酸裂解反应

对某些采用酸催化水解时苷元结构易于发生改变的苷类或者难于水解的 C-苷类，使用氧化反应开裂苷键，可以避免采用剧烈的酸水解条件，而获得完整的苷元，常用的氧化开裂法是过碘酸裂解法，亦称 Smith 降解法。该反应条件温和，易得到原苷元，通过反应产物可以推测糖的种类、糖与糖的连接方式及氧环大小等。

Smith 降解法可分为 3 步：第 1 步，在水或稀醇溶液中，用 $NaIO_4$ 在室温条件下将苷分子中糖上的邻二醇羟基氧化开裂为二元醛；第 2 步，将二元醛用 $NaBH_4$ 还原成相应的二元醇；第 3 步，调节 pH 至 2 左右，室温放置让其水解。该法特别适合于那些苷元不稳定的苷和碳苷的裂解，但对于那些苷元上有邻二醇羟基或易被氧化的基团的苷则不能应用，因为过碘酸在氧化糖的同时也将其氧化。

人参皂苷 Rb_1（ginsenoside Rb_1）用各种方法水解均未获得原苷元，只是采用 Smith 降解法后才获得原苷元即 20（S）-原人参二醇［20（S）-protopanaxadiol］，这也是为什么原人参二醇上有 3 个羟基但却仍被称为原人参二醇的原因。因为最早用其他裂解方法所获得的苷元上只有两个醇羟基，故将其称为人参二醇，只是用 Smith 降解法后才知道原来获得的苷元实际上是一个人工产物，为了与原产物区别才在名称前加了一个"原"字。

第四节 糖类化合物的提取分离

一、糖类化合物的提取

单糖结构因含有多个羟基,极性大易溶于水,而难溶于低极性有机溶剂。低聚糖与单糖性质类似,但随着聚合度的增加,其性质与单糖差异越来越大,甚至聚合度大于10的多糖表现出非晶形、无甜味,难溶于冷水或溶于热水成胶体溶液的性质。

一般情况下,可以用含水的乙醇、甲醇等极性有机溶剂或直接用水进行单糖和低聚糖的提取,采用水、热水或者含水乙醇溶液进行多糖的提取,也可以根据实际情况利用稀酸、碱或者盐溶液进行提取。研究发现,多数天然存在的低聚糖和多糖拥有显著的药理活性,下面将着重对低聚糖和多糖的提取分离纯化进行介绍。

(一)低聚糖的提取

由于寡糖基本是水溶性糖,因此可采用水、稀醇或醇进行提取,然后除去其中的蛋白质、脂肪等杂质,再经脱色、脱盐、盐析、浓缩、干燥等工序,即可获得低聚糖粗品。使用此法制造的寡糖有棉子糖(提取自甜菜糖蜜或棉籽)、大豆低聚糖(提取自大豆乳清)、黑曲霉低聚糖(提取自菌体)等。

(二)多糖的提取

多糖是极性分子,一般不溶于有机溶剂,难溶于冷水。中性多糖一般易溶于热水,酸性多糖可溶于稀碱液,碱性多糖(含有氨基的多糖)可溶于稀酸,而有些多糖,如纤维素则在各种溶剂中均不溶。因此,多糖必须根据其分子组成,选择合适的溶剂进行提取。多糖提取常用的溶剂有冷水、热水、热或冷的 0.1~1.0 mol/L NaOH、热或冷的 1% 醋酸或 1% 苯酚等。另外,由于多糖在酸性条件下容易引起糖苷键的水解,因此采用稀酸提取时,时间宜短,温度不宜超过 50℃。

案例分析 香菇多糖的提取

1. 水提醇沉法 多糖的提取一般采用如下方法:先将原料用甲醇、乙醇、丙酮或乙醚等有机溶剂脱脂脱色,然后依次用水、稀盐水、稀碱水(酸性多糖)或稀酸水(碱性多糖)在不同温度下提取,将不同性质的多糖进行初步的分离;也可以根据多糖的性质,分别采用以上溶剂进行提取,提取液浓缩后,加沉淀剂(乙醇、丙酮等)沉淀、离心,沉淀部分可反复多次沉淀、离心,以除去部分水溶性色素等杂质。多糖一般提取流程如图6-4所示。

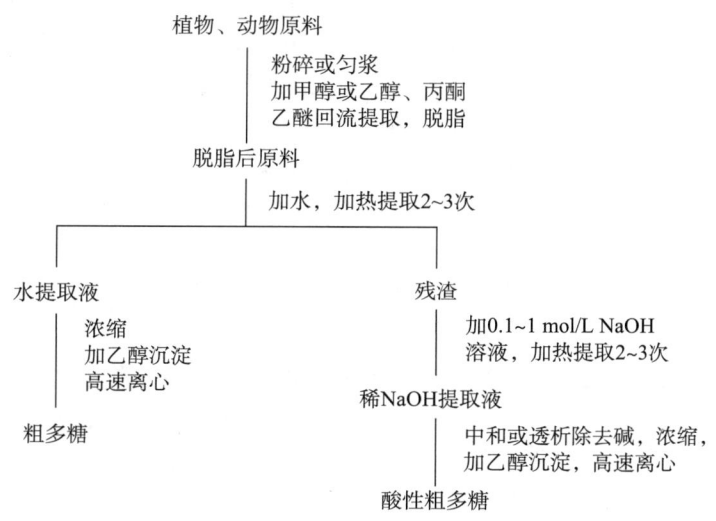

图 6-4 多糖提取流程

目前，除了传统的提取方法外，随着一些新的提取技术的出现，如超声辅助提取技术、酶辅助提取技术、微波辅助提取技术及多种技术联用：如酶-超声联合运用技术等在多糖的提取中也得到运用。

2. 超声辅助提取法 由于其具有提取温度低、效率高、时间短、操作方便等优点，在中药提取上得到了非常广泛的应用。超声辅助提取法依靠超声波产生强烈的空化效应、机械振动、扰动效应、高加速度、乳化、扩散、击碎和搅拌作用等多级效应，增大物质分子运动频率和速度，增加溶剂穿透力，从而加速目标成分进入溶剂，促进提取的进行。

3. 酶辅助提取法 使用条件温和、选择性强是酶辅助提取法的主要优点。在多糖的提取中，加入适当的酶可以降解组织细胞壁，使细胞壁中的多糖类成分能够有效地释放出来，从而提高提取效率。此外，可以利用酶法选择性地降解一些非目标成分，从而简化分离步骤，降低分离难度。例如，动物多糖，大多数与蛋白质结合存在，在提取的过程中，首先需要采取一定的方法将多糖解离下来，除去蛋白质后再进行分离。常用于多糖提取的酶有：蛋白酶、纤维素酶、果胶酶等。除了在提取过程中使用单一酶进行处理以外，还可以采用复合酶提取法，即采用一种以上的酶进行处理，然后提取多糖类成分。

4. 微波辅助提取法 微波提取又称微波萃取，微波在穿透介质的过程中，细胞内的极性物质尤其是水分子能够迅速吸收微波并产生大量热量，导致植物细胞因受热膨胀而破壁，使细胞内成分释放出来，同时微波还可以加速溶媒分子的渗透和促使提取成分的溶解，故提取时间短、效率高。且微波辅助提取具有提取温度相对低而均匀，避免长时间高温引起有效成分分解等优势，已用于中药的提取。

二、糖类化合物的分离纯化

（一）低聚糖的分离

低聚糖样品的分离纯化可借助色谱法进行，常用的方法有吸附色谱法、凝胶排阻色谱法和离子交换色谱法等。吸附色谱法常用的吸附剂有活性炭、硅胶、纤维素、淀粉等；离子交换色谱法可利用糖类与硼酸结合成配合物，在强碱性树脂上进行离子交换分离；凝胶排阻色谱法主要根据化合物的分子大小及在固定相表面的分配系数不同进行分离纯化。

1. 凝胶排阻色谱 凝胶排阻色谱广泛应用于低聚糖及其降解产物的分离和分析，可将低聚糖按照分子大小和形状不同进行分离。常用的凝胶有葡聚糖凝胶（Sephadex G）、琼脂糖凝胶（Sepharose Bio-gel A）和聚丙烯酰胺凝胶（Bio-Gel P），其中聚丙烯酰胺凝胶色谱是低聚糖分离的主要技术之一，常用的洗脱剂是各种浓度的盐溶液及其缓冲液。凝胶色谱中用于低聚糖分离较多的凝胶是聚丙烯酰胺凝胶 Bio-Gelp-2 和 Bio-Gelp-4。另外，羟丙基葡聚糖凝胶（Sephadex LH-20）除保留有分子筛的作用外，还具有反相分配色谱的效果，也可用于寡糖特别是寡糖衍生物的分离。

2. 离子交换色谱 Aminex HPX-42 型阳离子交换树脂可用于低聚木糖、低聚异麦芽糖和纤维寡糖的分离，此法可在 1 h 内分离聚合度达到 9 的低聚糖，与 Bio-Gel P-2 凝胶色谱技术相比，具有分析时间短、单糖分离效果好等优点。而一些强碱性阴离子交换树脂，如 AG 1-X8，OAc^-，Bio-Rad 可用于酸性低聚糖和中性低聚糖的分离。

硼酸配合物离子交换法是利用糖类化合物与硼酸可形成电离性的配合物，在硼酸盐处理过的强碱性阴离子交换树脂上可以起选择性的交换作用，再用不同浓度的硼酸盐溶液，例如，4~30 mmol/L 可以分别洗出单糖、二糖、三糖，各收集部分用纸色谱法做鉴定。此法分离效率高，往往一次已足够，但主要缺点为冲洗液体积太大，处理繁琐，耗时长。

3. 吸附色谱 活性炭柱色谱技术早在 20 世纪 40 年代初就有应用，后来采用活性炭-硅藻土或活性炭–三氧化二铝为吸附剂，大大提高了洗脱速度，以 0~15% 的乙醇溶液梯度洗脱，使木糖、木二糖、木三糖、木四糖和木五糖之间得到良好的分离，此法具有分离容量大、适用范围广等优点。

硅胶薄层色谱常用于糖类的分离和检测，但糖类在硅胶薄层上载样量小，一般点样量不大于 5 μg，点样量过大时，色点形状变长，R_f 值下降，这样会影响 R_f 值比较接近的糖类化合物的分离。这种缺点可以用硼酸溶液或一些无机盐的水溶液代替水调制吸附剂涂薄层进行改进，在这些特殊处理的硅胶薄层上，样品承载量显著提高，并且分离效果也有改善。用无机盐水溶液制备薄层，所用的盐主要是强碱与弱或中等强度的酸所成的盐，较好的如磷酸氢二钠溶液或磷酸二氢钠溶液，在这种盐溶液制备的硅胶薄层上分离糖类化合物的样品量可达到 400~500 μg。同时，这种处理使得硅胶薄层吸附能力下降，从而获得比较集中的色点。硅胶柱色谱也常用于糖类的分离，但糖类极性大，硅胶对其吸附很强，洗脱困难，同时色带在色谱柱上扩散也比较严重，为减小糖类化合物在硅胶柱上的吸附作用，可在洗脱剂中加入碱性试剂。

4. 分配色谱　纤维柱色谱的分离原理与纸色谱相同，以纤维表面吸附的水作为固定相进行分离的分配色谱，溶剂系统可用水、丙酮、水饱和的正丁醇、异丙醇、水饱和的丁酮等分离中性糖类；酸性糖类需用酸性溶剂，如正丁醇–醋酸–水。纤维素色谱柱溶剂极易通过，不需减压，不需加其他物质作助滤剂。

5. 石墨化碳柱的高压液相色谱　与糖类高效液相色谱分析中常用的正相、反相和阴离子交换柱的分离原理不同的是，石墨化碳柱（graphitized carbon column，GCC）的保留机制不仅基于填充剂与样品的疏水相相互作用，而且还包括电子受体、供体之间的相互作用。与高品质阴离子糖类分离法（HPAEC）相比，GCC 的容量更大，非常适合于寡糖的制备性分离，而且洗脱时只要用易于除去的水溶性有机溶剂即可。由于糖类分子的强亲水性，用液相色谱柱分离寡糖分子时通常需要进行衍生化，操作复杂，而 GCC 柱对非衍生化的寡糖和带有少量氨基酸残基的糖肽都能获得良好的分离效果。

6. 膜分离　膜分离技术是一种高效分离、浓缩和纯化技术，由于该技术具有常温、无相变、高效、节能、无污染等特点，在食品加工、医药、生物化工等领域获得了较大发展。膜分离技术主要分为微滤（MF）、超滤（UF）、纳滤（NF）、反渗透（RO）、透析（DS）、电渗析（ED）和渗透汽化（PV）等。用于低聚糖分离的膜技术主要有超滤、纳滤和反渗透，超滤可去除大分子物质或固体微粒，根据其膜孔径的大小，还可用于低聚糖的分级分离。纳滤在过滤分离时，能在截留小分子有机物的同时，透析出盐，即集浓缩与透析为一体。超滤–纳滤两种膜分离技术结合用于低聚糖的分离纯化也较为广泛。

7. 生物法分离　除常规的理化分离方法外，还可通过生物发酵法将功能性低聚糖中的非功效组分选择性除去。木糖和木二糖的混合溶液可通过酵母发酵的方法将混合液中的木糖选择性去除，离心除去酵母后便得到了纯化的木二糖溶液。

（二）多糖的精制

经上述多糖提取方法所得的粗多糖，经常会含有一些无机盐、小分子化合物、单糖、寡糖、蛋白质等杂质，在进行多糖的分离、纯化之前，须对粗多糖进行精制，除去非多糖杂质。

1. 有机溶剂除杂质　多糖的精制，最常用的方法是有机溶剂沉淀法，系利用多糖难溶于有机溶剂的特性，采用乙醇或丙酮进行反复沉淀、洗涤，除去醇溶性杂质。一般采用 80% 乙醇沉淀，静置醇析，大部分多糖都能够沉淀析出，大多需要反复进行几次有机溶剂沉淀，才能去除大部分杂质。有时也可以在多糖提取之前，先用石油醚、乙醚等有机溶剂对样品进行提取，然后药渣干燥后再用水或者含水乙醇进行多糖的提取。但后一种方法相对前者来说，耗费更多的溶剂和时间，因此多采用第一种方法，先对样品提取之后，再用有机溶剂进行沉淀的方法，对多糖进行精制。

2. 透析法除杂质　利用多糖相对分子质量比较大的特性，采用透析法去除多糖中的小分子杂质（无机盐、单糖、寡糖等）。通常将多糖溶于适量的水中，置于相对分子质量 3 000~10 000 的透析袋内，用水溶液透析。透析法对于去除多糖中无机盐及低相对分子质量的水溶性物质是一种较好的方法。透析法要根据被分离目标多糖的大概相对分子质量，选择合适的透析袋。透析袋在使用之前，通常要在沸水中处理 2~3 h，以除去其中杂质。当需要长时间透析操作时，应当注意防腐措施，以免在适宜温度下，样品和透析袋中生长霉菌而影响实验。

3. 除蛋白质 通过上述多糖提取方法制得的多糖一般为粗多糖，含有较多的蛋白质，需要除蛋白质，除蛋白质的方法通常有 Sevage 法、三氯乙酸法、酶解法、三氟三氯乙烷法等。其中 Sevage 法是经典的除蛋白质方法：它是根据蛋白质在三氯甲烷和正丁醇有机溶剂中变性的特点，将三氯甲烷按多糖水溶液 1/5 体积加入，随之加入三氯甲烷体积 1/5 的正丁醇，混合物经剧烈振摇后，离心，变性蛋白质处于水层与溶剂层交界处。此法条件温和，处理后多糖的连接键不易断裂，性质不变。但是采用此方法除蛋白质，需要重复 5 次左右才能除尽蛋白质，复杂、费时且样品损失较大。

酶解法除蛋白质在多糖的精制中也经常使用，利用酶可以降解特定蛋白质的性质，在粗多糖的溶液中加入适当的酶：如胰蛋白酶、木瓜蛋白酶等，调节溶液的 pH 和酶解温度，就可以除去粗多糖中的大部分蛋白质。但是对于样品中含蛋白质量比较低的粗多糖来说，用酶法除蛋白质的过程，相当于引入了新的外源蛋白质，有时候不能起到脱蛋白质作用，反而增加了样品中蛋白质的含量。因此用酶法除蛋白质的时候，应当考虑样品中蛋白质的含量，含量越高酶法除蛋白质越合适，但如果想彻底除去所有的蛋白质，这种方法很难达到。

在实际应用中，单一的方法往往无法完全除去蛋白质杂质，可以根据被分离多糖的性质，考虑多种方法联合应用，才有可能有效地除去样品中的蛋白质杂质。如对于糖类来说，用 Sevage 法、三氟三氯乙烷法、三氯乙酸法等能使糖肽也沉淀出来。因此，以上三种方法均不适合糖肽，可以考虑采取一定的方法将多糖和肽链分开后再进行除蛋白质操作，或者利用酶法除去其中的蛋白质。

4. 除色素 在多糖提取过程中有大量的色素存在，会影响多糖的色谱分析和性质测定。常用的脱色素方法有：吸附法（DEAE 纤维素、硅藻土、活性炭等）、氧化法（H_2O_2）、离子交换法、金属络合物法等。

离子交换法是最常用的脱色方法，通过离子交换柱色谱不仅可以脱色，而且可以根据多糖的离子强度不同对其进行分离。

H_2O_2 是一种氧化脱色剂，但必须在低温下进行，否则容易引起多糖的降解。用 H_2O_2 进行脱色时，一般在弱碱性条件下进行，但是溶液的 pH 不宜过高，否则容易引起糖苷键的裂解，破坏多糖的结构。

吸附脱色法也是一种常用的脱色方法，一般采用活性炭、吸附树脂、高岭土、硅藻土等吸附剂，使其吸附色素达到纯化的目的。其中活性炭和吸附树脂应用得比较多，在利用活性炭进行脱色时，应当考虑脱色温度、时间、活性炭用量等因素对脱色效果的影响。

除了以上方法外，金属配合法、三氧化铝柱色谱、聚酰胺柱色谱等方法都可以用于粗多糖的脱色，研究过程中应当根据实验室实际情况、多糖色素组成成分的性质等，选择合适的脱色方法。

（三）多糖的分离纯化

多糖的分离纯化是将多糖混合物分离成均一的多糖组分，实质上分离纯化很难区别开来的，因为分离的过程已在纯化，而纯化过程也是进一步的分离。提取的多糖一般为混合物，化学组成、聚合度、分子形状等不具有均一性，分离纯化一般可按分子形状、分子大小和分子所带基团的性质进行分离；如按分子形状和分子大小分离的方法有分部沉淀、超滤分子筛色谱分离方法等；按分子所带基团的性质分离的方法有电泳和离子交换色谱法等。总体来说，对于多糖常用的纯化方法有：分部沉淀法、超滤法、盐析法、金属配合法、纤维素柱色谱法、季铵盐沉淀法、纤维素阴离子交换柱色谱法、凝胶柱色谱法、制备型高效液相色谱法等。

1. 分部沉淀法 根据不同多糖在不同浓度的低级醇或低级酮中具有不同溶解度的性质，依次按比例由小到大加入这些醇或酮以达到分部沉淀。如首先加入少量的醇或酮，使其在低浓度醇或酮下（通常 30%），将相对分子质量最大的部分多糖先沉淀出来，然后逐步提高醇或酮的浓度使多糖按相对分子质量由大到小沉淀出来。因此，利用分部沉淀法可以依次将不同相对分子质量的多糖分离开来，但采用分部有机溶剂沉淀得到的一般仍为混合多糖，需要采用色谱方法等进行进一步的纯化。

2. **超滤法** 超滤是在外加压力作用下，利用机械筛分的原理选择性地从溶液中分离出大粒子溶质的分离过程。在分离过程中，溶质分子是否能够透过超滤膜，取决于溶质分子直径和超滤膜孔径的大小。当溶质分子直径远小于超滤膜的孔径时，溶质分子就会在外在压力的作用下，透过超滤膜达到低压一侧，溶质分子直径远大于超滤膜孔径时，就会被截留在超滤膜内侧，而当溶质分子直径和超滤膜孔径大小差不多的时候，则溶质分子可能被机械截留或吸附于膜表面，也有可能进入膜层内部阻塞膜孔，影响分离。因此在用超滤法分离多糖类成分的时候，要根据分离目标多糖分子的大小，选择合适孔径的超滤膜，除此之外，还应当考察压力、温度、时间等多种因素的影响。

3. **盐析法** 根据不同多糖在不同浓度盐溶液中具有不同溶解度的性质，加入不同盐析剂使不同多糖逐步析出。常用的盐析剂有 NaCl、KCl、$(NH_4)_2SO_4$ 等，其中以 $(NH_4)_2SO_4$ 最佳。盐析法成本低，但效率不高，并且在沉淀过程中有时还会出现共沉淀现象，因此在使用盐析法纯化多糖的时候，应当仔细考察多糖溶液的浓度、溶液 pH 等条件。

4. **金属配合法** 有些多糖能与金属离子形成配合物而沉淀，如 Cu、Ba、Ca 和 Pb 等。常用的络合剂有含有 Cu^{2+} 的斐林溶液、$CuCl_2$、$Ba(OH)_2$ 等。将配合物沉淀经水充分洗涤后，用无机酸乙醇液或硫化氢处理，即得到游离的多糖。

5. **季铵盐沉淀法** 季铵盐及其氢氧化物是一类乳化剂，可与酸性糖类形成不溶性沉淀，常用于酸性多糖的分离，通常不与中性多糖产生沉淀，但当溶液的 pH 增高或加入硼砂缓冲液使糖类的酸度增高时，也会与中性多糖形成沉淀。常用的季铵盐有溴代十六烷基三甲胺（cetyl trimethyl ammonium bromide，CTAB）及其氢氧化物（cetyl trimethyl ammonium hydroxide，CTA-OH）和十六烷基吡啶氢氧化物（cetyl pyridium hydroxide，CP-OH）。CTAB 或 CP-OH 的浓度一般为 1%~10%（W/V），在搅拌下滴至 0.1%~1%（W/V）的多糖溶液中，酸性多糖可从中性多糖中沉淀出来，因此控制季铵盐的浓度也能分离各种不同的酸性多糖。值得注意的是，酸性多糖混合物溶液的 pH 要小于 9，而且不能有硼砂存在，否则中性多糖将会被沉淀出来。

6. **离子交换柱色谱法** 离子交换柱色谱法常用的交换介质有 DEAE- 纤维素、DEAE- 葡萄糖凝胶（DEAE-sephadex）、DEAE- 琼脂糖凝胶（DEAE-sepharose），此法适用于分离各种酸性、中性多糖和黏多糖，最常用的是 DEAE- 纤维素，它一方面可纯化多糖，另一方面还可分离各种多糖。洗脱剂可用不同浓度的碱溶液、硼砂溶液、盐溶液等。

7. **凝胶柱色谱法** 以各种浓度的盐溶液及缓冲液为洗脱剂，以常用的葡聚糖凝胶（Sephadex G）、琼脂糖凝胶（Sepharose）、聚丙烯酰胺凝胶（Bio-gel P）等用来分离多或低聚糖。在分离多糖时，通常用小孔隙的凝胶如 Sephadex G-25、Sephadex G-50 等先脱去多糖中的无机盐及小分子化合物，然后再用大孔隙的凝胶 Sephadex G-200 等进行分离。凝胶柱色谱对于不同聚合度的糖类分离特别有效，方法快速、简单，条件温和。

8. **高效液相色谱法** 高效液相色谱法也已应用到多糖的分离。色谱柱采用凝胶色谱柱（如 Sephadex，Sepharose），具有 UV 吸收基团的多糖，如酸性多糖或氨基多糖及糖肽，可使用紫外检测器直接检测；对于没有 UV 吸收基团的中性多糖，使用蒸发光散射检测器（evaporative light-scattering detector，ELSD）或示差折光检测器（refractive index，RI）检测。HPLC 制备多糖，理论塔板数高，分离多糖的纯度较高，但是不适合制备分离大量多糖样品。

9. **其他纯化方法** 制备型区带电泳、超过滤及亲和色谱等方法也可以应用于多糖的分离纯化，但是这些方法比较适合制备一些小量的多糖纯品供分析用，同样不太适合大量样品的制备。

第五节　糖类化合物的鉴定及结构解析

多糖是生物高分子化合物，像蛋白质一样也具有一、二、三、四级结构，多糖的生物活性不仅与其相对分子质量（通常中等的较好）、溶解度、黏度以及糖链一级结构等有关，而且与其二、三级结构也有很大的关系。由于单糖的种类比氨基酸多，连接的位置也多，而且还有端基碳构型等问题，故多糖的糖链比蛋白质要复杂得多，如三个相同的氨基酸只能构成一种形式的三肽，而三个相同的单糖则能构成176种异构体。对多糖的结构测定包括了糖单元的种类鉴别、单糖的绝对构型测定、糖类的氧环、糖类与糖类的连接位置和顺序、苷键的构型等。

一、糖类化合物的鉴定和波谱特征

（一）糖类化合物的鉴定

随着对糖类化合物成分研究的不断深入，人们越来越发现：糖类化合物成分在某些生理过程或者生命现象中发挥着重要的作用。要想揭开糖类化合物成分发挥药理作用的机制的神秘面纱，首要的任务之一就是对糖类化合物成分包括糖复合物在内的糖蛋白等的结构进行分析研究。由于糖类成分结构的复杂多样性、结构鉴定的困难性及对分离检测技术要求的特殊性，糖类成分的分析研究相对于其他的小分子化合物来说比较滞后。但是随着现代科学技术的发展，新型的分离分析手段不断出现，对于糖类成分的分析，在近年有了飞速的发展，本节对目前糖类成分的分析方法和技术进行简单的总结和讨论。

糖类化合物的水溶性很大，且不易获得结晶，有些物理常数不易测定，给鉴定工作带来困难，现在多采用各种色谱和波谱技术对糖类进行鉴定，如纸色谱法、薄层色谱法、气相色谱法、液相色谱法、离子色谱法。

1. 纸色谱法　纸色谱（paper chromatography，PC）法是以惰性滤纸为支持物，用适当的溶剂系统展开，使混合样品达到分离的方法。由于其廉价快捷，目前在糖的定性鉴定中，仍然被很多人使用。滤纸纤维可吸收20%~25%的水分，且其中的6%~7%以氢键的形式与纤维素上羟基结合而难以脱去，所以纸色谱实际上是以水相作为固定相，展开的溶剂作为流动相，根据被分离的物质在固定相与流动相之间的分配系数不同而达到分离目的。

纸色谱法常用水饱和的有机溶剂作为展开剂展开，如正丁醇–乙酸–水［4:1:5（$V:V:V$），上层，BAW］、水饱和苯酚等溶剂系统。显色剂可通过糖的还原性或形成糠醛后引起的一些呈色反应，如三苯四氮唑盐试剂（单糖和还原性低聚糖呈红色）、邻苯二甲酸苯胺、氨性硝酸银试剂（使还原糖显棕黑色）、3,5-二羟基甲苯酸试剂（酮糖呈红色）、过碘酸–联苯胺（糖、苷和多元醇中有邻二羟基结构显蓝底白斑）。同一种糖对不同的显色结果有区别，对糖类成分14种不同显色方法的显色效果进行研究，可以作为糖类定性鉴别的参考。

2. 薄层色谱法　薄层色谱（thin layer chromatography，TLC）法是一种以涂布于支持板上的支持物作为固定相，以合适的溶剂为流动相，根据样品组分与吸附剂的吸附力及其在展开溶剂中的分配系数不同而使混合物分离鉴定的一种色谱分离技术。

应用薄层色谱法进行寡糖、多糖的单糖组成分析的一般流程为：首先将寡糖或多糖通过完全酸水解反应水解成单糖，然后通过适当的展开剂将其在薄层板上展开，应用通用的或者专用的糖显色剂显色，与糖标准品的斑点进行对照可以达到指认多糖及寡糖中单糖组成的目的，如果配合定量薄层扫描仪还能够实现单糖的定量分析。在单糖和小分子寡糖的薄层色谱中，常用的吸附剂为硅胶G，展开剂可以尝试用乙酸乙酯–异丙醇–水［26:14:7（$V:V:V$）］、正丁醇–吡啶–醋酸–水［6:4:1:3（$V:V:V:V$）］、乙酸乙酯–甲醇–醋酸–水［13:6:3:3（$V:V:V:V$）］等；显色剂可以用苯胺-二苯胺的磷酸丙酮液、苯胺-邻苯二甲酸等，并于105℃加热。以正丁醇-甲酸-水[4:1:6($V:V:V$)]为展开系统，对多种糖醛酸的G60F254薄层色谱行为进行了研究，结果显示分离效果良好。对于某些相对分子质量大的寡糖和多糖，在用薄层色谱进行分析之前，需要将其水解成单糖或者相对分子质量小的寡糖。

3. 气相色谱法 气相色谱（gas chromatography，GC）法由于所用的固定相不同，可以分为两种，用固体吸附剂作固定相的叫做气-固色谱，用涂有固定液的担体作固定相的叫做气-液色谱。气相色谱技术具有检测灵敏度高、选择性好、样品用量少等优点而成为目前糖类分析最为重要的手段。糖类物质是极性较大的多羟基化合物，不易挥发，因此在进行气相色谱分析之前需要进行衍生化，常见的衍生化方法包括甲基化、乙酰化、烷基化、三甲基硅醚化等，根据检测目的不同，所选的衍生方法及衍生化程序亦不相同。气相色谱法在天然糖类物质单糖组成和糖残基连接方式分析方面具有非常重要的作用，是目前糖类的结构分析中运用最普遍和被公认的方法之一。

对于天然来源的多糖、寡糖及糖复合物，首先利用完全酸水解反应水解成单糖，然后通过如糖腈乙酰化的方法将其衍生为相应的乙酰化衍生物，通过气相色谱检测，并与单糖的标准品色谱峰进行比对从而确定单糖的组成。利用气相色谱法进行单糖组成分析研究的优点在于其衍生程序简单、分辨率高、样品用量少。不足之处在于该方法不适用于糖醛酸及乙酰氨基糖的检测，如待检测的天然糖类物质中含有糖醛酸，需要首先将糖醛酸还原成相应的中性糖，再进行衍生化处理后再进行分析，如果待检天然糖类物质中含有 N-乙酰氨基糖，需要用较短的气相色谱柱进行检测。

4. 液相色谱法 高效液相色谱（high performance liquid chromatography，HPLC）又称高压液相色谱，是目前分离分析技术中应用最广泛的方法之一。高效液相色谱以液体为流动相，采用高压输液系统，将流动相泵入装有固定相的色谱柱，在柱内各成分被分离后，进入检测器进行检测，从而实现对样品的分析。由于糖类成分和其他大多数小分子化合物相比，具有分子极性大、无紫外吸收、结构近似等特点，限制了高效液相色谱在糖类分析中的应用。随着一些新型检测技术、新型分离材料及快速的糖衍生化技术的出现，高效液相色谱在糖类化合物分析中的应用越来越广泛，该法具有快速、简便、准确、分离度好等优点，测定热不稳定的单糖、低聚糖效果较好。

对于一般小分子化合物的分离，传统的高效液相色谱法，使用最多的就是键合相硅胶（如ODS C_{18}柱），依靠被分离物质在固定相和流动相之间的分配系数不同而达到分离目的。但是由于糖类成分是多羟基类成分，分子极性大，在这种传统的键合相硅胶柱上不能有效地保留，因而造成保留时间短、分离效果差等缺点。近年来，随着一些新型分离填料的出现，适合于糖类成分分离分析的新型色谱柱也越来越多。如氨基键合相色谱柱即通常所说的氨基柱，大多数单糖、低聚糖在氨基柱上可得到满意的分离，但是某些还原糖容易与固定相的氨基发生化学反应，产生席夫碱，使氨基柱的使用寿命缩短，另一方面，氨基柱用流动相平衡时耗时长，对大量样品的快速分析有一定的影响。因此基于离子交换、空间排阻、配位交换、分配吸附等多种分离原理的新型糖分析柱在糖类化合物的分析中应用越来越广，如Sugar S系列、Sugar KS系列、Asahipak GS-220 HQ、Asahipak NH2P系列、Carbopac系列色谱柱等对单糖和寡糖的分离分析都有比较好的效果。

另一方面，由于糖类成分仅有较弱的紫外吸收，所以传统的紫外检测器对糖类成分的检测比较困难。目前随着新型检测手段的不断出现和完善，加上一些有关糖衍生化的技术不断被报道。对糖类的分析，不仅可以将其制备成具有紫外或者有荧光吸收的衍生物来进行检测，而且也可以使用一些新型的非紫外检测器直接对其进行快速、灵敏的分析。常用的检测器有：紫外-可见光检测器（UV visible detector，UVD）、荧光检测器（fluorescence detector，FD）、示差折光检测器（refractive index，RI）、蒸发光散射检测器（evaporative light-scattering detector，ELSD）、电化学检测器（electrochemical detection，ECD）和电雾式检测器（charged aerosol detector，CAD）。

拓展阅读 液相色谱检测器

5. **质谱** 质谱（mass chromatography，MS）技术用于多糖的结构测定早期主要用 GC-MS 来分析多糖的组成和连接方式，随着电离技术的发展，ESI、FAB、MALDI 等软电离技术的出现，对于研究多糖的相对分子质量和糖残基的连接顺序具有非常大的帮助，尤其是 MALDI-TOF-MS 技术对于多糖的相对分子质量测定范围也大大加大。测定时只要选择合适的离子化条件，不仅能够得到多糖分子的准分子离子峰［M+H］$^+$、［M+K］$^+$、［M+Na］$^+$ 等，还可能出现多电荷离子、顺次断裂失去单糖残基的离子碎片峰（在负离子模式下还会出现［M-H］$^-$ 准分子离子峰等），进而直接给出精确的相对分子质量及糖类连接的一些信息，如断裂一个末端葡萄糖给出［$M-162$］$^+$ 的碎片峰；断裂一个岩藻糖给出［$M-146$］$^+$ 的碎片峰。此外，应用 ESI-MS-MS 技术对断裂的主要碎片峰进行分析，可以确定糖残基的种类和连接顺序，也大大拓展了多糖领域的研究。

糖类化合物成分虽然结构复杂，但是近些年来，由于对糖类成分在体内生理功能认识的不断深入，糖类成分的分析已经成为一个研究的前沿热点。新技术不断涌现，如阴离子交换 – 脉冲安培检测高效液相色谱（high performance anion-exchange chromatography-pulsed amperometric detection，HPAEC-PAD）技术用于单糖或者小分子寡糖的定性定量分析；胶束电动毛细管色谱（micellar electrokinetic capillary chromatography，MECC）技术、毛细管等电聚焦（capillary isoelectric focusing，CIEF）技术、毛细管区带电泳（capillary zone electrophoresis，CZE）技术、毛细管电泳 – 质谱联用技术（capillary electrophoresis-mass spectrometry，CE-MS）、凝集素识别等被广泛地应用于糖蛋白的糖基化位点及结构分析；液相色谱 – 质谱联用技术（HPLC-MS）如 HPLC-ESI-MS^n、Nano-LC-MS^n 等用于糖肽、寡糖和多糖的结构分析等。随着这些新技术的不断出现，对于糖类成分的分析也逐渐向高通量、自动化方面发展。另一方面随着高磁场核磁共振技术（NMR）的出现及糖类的结晶技术的出现，对于糖类成分的构效关系、与受体的相互作用及高级空间结构的研究也不断深入。

（二）糖类化合物的波谱特征

1. **紫外光谱** 除了含有紫外吸收基团（如含有糖醛酸、酰胺、氨基等），多糖通常只有较弱的紫外光谱（UV-visible spectroscopy，UV）吸收。因此，UV 在多糖结构测定中主要用于判断是否含有紫外吸收基团。在多糖含量测定时也不能直接采用紫外 – 可见分光光度法进行测定，需将糖转变成糖醛酸衍生物，即多糖经无机酸处理水解、脱水产生糠醛（戊糖）或糠醛衍生物（如羟甲基糠醛）（己糖），生成物再与酚类化合物缩合生成有色物质，才能测定。多糖含量测定大多使用硫酸和酚类试剂反应，常用的酚类试剂有 α- 萘酚、地衣酚、间苯二酚等。苯酚 – 硫酸法和硫酸 – 蒽酮法是常用于非还原多糖和还原糖含量测定的方法，在分离纯化时也常用此方法作为糖类化合物阳性检测方法。同时也常以紫外分光光度计在 280 nm 和 260 nm 处测定有无吸收判断多糖样品是否含有蛋白质和核酸。

2. **红外光谱** 红外光谱（infrared spectroscopy，IR）在多糖的结构分析上主要用于确定苷键的构型，以及观察其他官能团。一般多糖的红外光谱非常相似，在 3 000～3 500 cm^{-1} 显示一明显的宽峰，为 O-H 键伸缩振动峰，这个区域的峰通常可以用于判断结构测定中甲基化的完全程度；2 900 cm^{-1} 左右为 C-H 键伸缩振动峰；845 cm^{-1} 为 α- 吡喃糖苷键的特征吸收峰，890 cm^{-1} 为 β- 吡喃糖苷键特征吸收峰；1 100 cm^{-1} 左右为 C-O 键伸缩振动吸收峰，如果在 1 100～1 010 cm^{-1} 之间有三个吸收峰，则为吡喃糖苷，如果仅有两个吸收峰，则为呋喃糖苷；如果结构中有甘露糖，则在 810 cm^{-1} 和 870 cm^{-1} 出现特征吸收峰；如果糖上有乙酰基，则在 1 730 cm^{-1} 左右有酯基吸收峰。

3. **质谱** 质谱技术以其灵敏度高、信息直观等特点，可获得多种结构信息和适于分析混合物等优点，已成为糖链研究中重要的、不可缺少的手段。应用于糖类物质结构解析，可得到糖类样品的单糖组成及含量、相对分子质量，也可用来测定糖链序列和分析糖链连接方式及定性定量分析，糖型分析、糖谱分析、糖基化位点鉴定分析。

拓展阅读 常用质谱技术

如皂苷 I 经酸水解测得其糖类化合物为 D- 核糖、L- 鼠李糖和 D- 葡萄糖，且分子比为 1∶1∶1。

在 FAB-MS 谱中主要碎片有 m/z 877[M+Na]⁺、855[M+H]⁺、721、575、413、397,其 m/z 885 碎片经 FAB-MS-MS 分析,在碰撞活化解离谱(collision-activated dissociation,CAD)亦称碰撞诱导解离谱(collision-induced dissociation,CID)中主要碎片有 m/z 721、575、413、397。根据这些碎片即可推断该化合物的末端糖为核糖,中间连接的糖类为鼠李糖,与苷元直接相连的是葡萄糖。再如皂苷 Ⅱ 经酸水解测知含有葡萄糖和鼠李糖,且分子比为 2:1。在 FAB-MS 谱中主要碎片有 m/z 917[M+H]⁺、899[M+H-H₂O]⁺、753、557、445、429、411[429-H₂O]⁺。在 m/z 917 碎片的 FAB-MS-MS 碰撞活化解离谱中主要碎片有 m/z 917、899、769、753、735(M⁺-H₂O-葡萄糖基)、606、445、429。根据这些碎片即可推断鼠李糖和其中一个葡萄糖为末端糖,而且这两个末端糖是连在同一个葡萄糖上的。

> **注意事项**:在用质谱解决糖类的连接顺序时,低聚糖及其苷中的糖类不能是同一类糖,如六碳醛糖、五碳醛糖、甲基五碳糖等;如果所连的糖类是同一类糖类,如葡萄糖类、甘露糖、半乳糖等,因其所丢失的质量相等,故无法推断糖类的连接顺序。

皂苷 Ⅰ

皂苷 Ⅱ

4. 核磁共振氢谱 对于多糖的核磁共振氢谱(nuclear magnetic resonance hydrogen spectrum,¹H-NMR)来说,端基质子(—O—CH—O—)信号出现在 δ_H 4.5~5.5,与糖残基上其他位置氢质子信号相比,端基氢质子位于相对低场,有比较好的分离,仅仅受到 2 位氢质子的耦合,因此显示单氢双峰。除了端基氢,糖类上其他氢质子(CH₂OH/CHOH)的信号多集中出现在 δ_H 3.0~4.2 非常小的区域,谱峰重叠严重。甲基五碳糖的甲基信号(CH₃)出现在 δ_H 1.28,与邻位 C—H 存在耦合裂分。

在多糖的结构分析中,端基氢的信号具有重要的作用,一方面可以根据端基氢质子的耦合常数来判断糖端基的构型,另一方面也可以根据端基氢质子信号以及其积分值来推测多糖结构中单糖的组成类别和大致的组成比例。对于 2 位氢处于直立键的吡喃型糖来说(葡萄糖、半乳糖等):当与端基氢质子二面角为 180°,耦合常数 J_{H1-H2} 为 6~8 Hz 时,说明端基为 β 构型;当与端基氢质子的耦合常数

J_{H1-H2} 为 3~4 Hz 时，说明端基为 α 构型。但当 2 位氢处于平伏键位置时（鼠李糖、甘露糖、阿卓糖、塔罗糖、来苏糖等），该方法不适合用于判断糖类的端基构型。呋喃型糖无论端基氢质子和 2 位氢处于反式还是顺式，其耦合常数变化均不大（都在 0~5 Hz），故无法用端基质子的耦合常数来判断苷键构型（表 6-1）。

表 6-1 单糖的氢谱数据（δ_H）

糖（苷）	H-1	H-2	H-3	H-4	H-5	H-6
α-D-吡喃葡萄糖	5.23	3.54	3.72	3.42	3.84	3.76，3.84
β-D-吡喃葡萄糖	4.64	3.25	3.50	3.42	3.46	3.72，3.90
α-D-吡喃半乳糖	5.22	3.78	3.81	3.95	4.03	3.69，3.69
β-D-吡喃半乳糖	4.53	3.45	3.59	3.89	3.65	3.64，3.72
α-D-吡喃甘露糖	5.18	3.94	3.86	3.68	3.82	3.74，3.84
β-D-吡喃甘露糖	4.89	3.95	3.66	3.60	3.38	3.75，3.91
α-L-吡喃鼠李糖	5.12	3.92	3.89	3.45	3.86	1.28
β-L-吡喃鼠李糖	4.85	3.93	3.59	3.38	3.39	1.30
α-L-呋喃夫糖	5.20	3.77	3.86	3.81	4.20	1.21
β-L-呋喃夫糖	4.55	3.46	3.63	3.74	3.79	1.26
甲基-O-α-D-吡喃葡萄糖苷	4.70	3.46	3.56	3.29	3.54	3.77，3.66
甲基-O-β-D-吡喃葡萄糖苷	4.27	3.15	3.38	3.27	3.36	3.82，3.62
甲基-O-α-D-吡喃半乳糖苷	4.73	3.72	3.68	3.86	3.78	3.67，3.61
甲基-O-β-D-吡喃半乳糖苷	4.20	3.39	3.53	3.81	3.57	3.69，3.74
甲基-O-α-D-吡喃甘露糖苷	4.66	3.82	3.65	3.53	3.51	3.79，3.65
甲基-O-β-D-吡喃甘露糖苷	4.47	3.88	3.53	3.46	3.27	3.83，3.63
甲基-O-α-D-吡喃木糖苷	4.67	3.44	3.53	3.47	3.59，3.39	—
甲基-O-β-D-吡喃木糖苷	4.21	3.14	3.33	3.51	3.88，3.21	—

5. 核磁共振碳谱 核磁共振碳谱（carbon nuclear magnetic resonance spectrum，^{13}C-NMR）。糖类上碳信号可分为几类，大致范围为：CH_3 的化学位移在 δ_C 18 左右，是甲基五碳糖的 C-6，一般有几个信号（扣除苷元中的甲基）可表示有几个甲基五碳糖存在；CH_2OH 在 δ_C 62 左右，是 C-5 或 C-6；CHOH 在 δ_C 68~85，是糖氧环上的 C-2~C-4；—O—CH—O—在 δ_C 90~105，是端基 C-1 或 C-2，和 ^{1}H-NMR 一样，糖类的端基碳位于较低场。

因糖端基碳与两个氧原子相连，化学位移值通常在 100 左右，因此可根据此区域碳信号的数目来推测低聚糖及苷中所含糖类的个数。五元环呋喃型，如酮糖的 C-3 位和/或 C-5 位、六碳醛糖的 C-2 位和或 C-4 位的化学位移值多大于 80。因此可根据其化学位移值区别氧环的大小（表 6-2）。

表 6-2 单糖的碳谱数据（δ_C）

化合物	C-1	C-2	C-3	C-4	C-5	C-6	OCH_3
α-D-吡喃葡萄糖	92.9	72.5	73.8	70.6	72.3	61.6	
β-D-吡喃葡萄糖	96.7	75.1	76.7	70.6	76.8	61.7	
甲基-O-α-D-吡喃葡萄糖苷	100.0	72.2	74.1	70.6	72.5	61.6	55.9
甲基-O-β-D-吡喃葡萄糖苷	104.0	74.1	76.8	70.6	76.8	61.8	58.1

续表

化合物	C-1	C-2	C-3	C-4	C-5	C-6	OCH$_3$
α-D-吡喃半乳糖	93.2	69.4	70.2	70.3	71.4	62.2	
β-D-吡喃半乳糖	97.3	72.9	73.8	69.7	76.0	62.0	
甲基-O-α-D-吡喃半乳糖苷	100.1	69.2	70.5	70.2	71.6	62.2	56.0
甲基-O-β-D-吡喃半乳糖苷	104.5	71.7	73.8	69.7	76.0	62.0	58.1
α-D-吡喃果糖	65.9	99.1	70.9	71.3	70.0	61.9	
β-D-吡喃果糖	64.7	99.1	68.4	70.5	70.0	64.1	
α-D-呋喃果糖	63.8	105.5	82.9	77.0	82.2	61.9	
β-D-呋喃果糖	63.6	102.6	76.4	75.4	81.6	63.2	
α-D-吡喃甘露糖	95.0	71.7	71.3	68.0	73.4	62.1	
β-D-吡喃甘露糖	94.6	72.3	74.1	67.8	77.2	62.1	
甲基-O-α-D-吡喃甘露糖苷	101.9	71.2	71.8	68.0	73.7	62.1	55.9
甲基-O-β-D-吡喃甘露糖苷	101.3	70.6	73.3	67.1	76.6	61.4	56.9
α-L-吡喃鼠李糖	95.1	71.9	71.1	73.3	69.4	17.9	
β-L-吡喃鼠李糖	94.6	72.5	73.9	72.9	73.2	17.9	
甲基-O-α-L-吡喃鼠李糖苷	102.6	72.1	72.7	73.8	69.5	18.6	
甲基-O-β-L-吡喃鼠李糖苷	102.6	72.1	75.3	73.7	73.4	18.5	
α-D-吡喃阿拉伯糖	97.6	72.9	73.5	69.6	67.2		
β-D-吡喃阿拉伯糖	93.4	69.5	69.5	69.5	63.4		
甲基-O-α-D-吡喃阿拉伯糖苷	105.1	71.8	73.4	69.4	67.3		58.1
甲基-O-β-D-吡喃阿拉伯糖苷	101.0	69.4	69.9	70.0	63.8		56.3
α-D-呋喃阿拉伯糖	101.9	82.3	76.5	83.8	62.0		
β-D-呋喃阿拉伯糖	96.0	77.1	75.1	82.2	62.0		
甲基-O-α-D-呋喃阿拉伯糖苷	109.2	81.8	77.5	84.9	62.4		
甲基-O-β-D-呋喃阿拉伯糖苷*	103.1	77.4	75.7	82.9	62.4		
α-D-吡喃核糖	94.3	70.8	71.1	68.1	63.8		
β-D-吡喃核糖	94.7	71.8	69.7	68.2	63.8		
α-D-呋喃核糖	97.1	71.7	70.8	83.8	62.1		
β-D-呋喃核糖	101.7	76.0	71.2	83.3	63.3		
α-D-吡喃木糖	93.1	72.5	73.9	70.4	61.9		
β-D-吡喃木糖	97.5	75.1	76.8	70.2	66.1		
甲基-O-α-D-吡喃木糖苷	100.6	72.3	74.3	70.4	62.0		56.0
甲基-O-β-D-吡喃木糖苷	105.1	74.0	76.9	70.4	66.3		58.3

吡喃糖中端基碳的碳-氢耦合常数（J_{C1-H2}）也可用于确定苷键构型。根据 D、L 型吡喃糖的稳定构象，端基质子处于横键（平伏键）时，J_{C1-H2} 为 160~170 Hz，处于竖键（直立键）时，J_{C1-H2} 为 150~160 Hz。但呋喃型糖苷则无法用端基碳的碳氢耦合常数（J_{C1-H2}）判断其苷键构型。

取代基不同的空间排列对化学位移有较大的影响,端基碳上取代基为直立键比为平伏键的化学位移处于较高场,据此可以判断糖环的构型,如 D-葡萄糖,α 型化学位移在 δ_C 97~101,β 型 δ_C 103~106,当为酯苷、叔醇苷及个别的酚苷时,化学位移值可降至 δ_C 98。通常呋喃糖 C-3(或 C-5)的化学位移值明显偏大,多数大于 δ_C 80,据此可以区别氧环的大小。

6. 苷化位移 糖类与苷元成苷后,苷元的 α-C、β-C 及糖的端基碳的化学位移值均会发生改变,这种改变称为苷化位移(glycosylation shift, GS)。苷化位移值与苷元的结构有关,与糖的种类无关。苷化位移在推测糖类与苷元、糖类与糖类的连接位置、某些苷元被苷化后碳的绝对构型及碳氢信号归属上具有重要的作用。

糖类与糖类通过苷键相连虽然不称为苷,但在解决它们相互之间的连接位置时,苷化位移仍然适用。

苷元与糖类形成苷的类型,包括醇苷、酯苷(羧酸酯)、酚苷(烯醇苷)等,经大量的实例分析,已总结并形成了各自的位移规律,这也是解析糖苷化合物结构要掌握的重点内容,现结合苷元特征,对苷化位移规律阐述如下。

(1)醇苷的位移规律:成苷后,糖端基碳和苷元 α-C(成苷位置)化学位移均向低场位移,而 β-C 稍向高场位移(偶尔也有向低场移动的),对其余碳的影响不大。

1)糖端基碳的化学位移向低场移动的幅度与糖类的种类及端基构型无关,与苷元有关:苷元为甲醇时,糖端基碳向低场位移幅度最大,约为 7 个化学位移单位,其他则随着苷元为伯醇(δ_C: ~+6)、仲醇(δ_C: ~+4)、叔醇(δ_C: ~0)依次递减。

2)苷元的 α-C 向低场移动的幅度与糖端基碳、苷元 α-C 及 β-C 的构型有关。总体趋势是:α-C 向低场位移 5~7 个化学位移单位,β-C 向高场位移约 3~5 个化学位移单位。

3)苷元为环仲醇,若 β 位碳上无烷基取代,则苷元 α-C 与糖端基碳的苷化位移值与开链的仲醇相当。若 β 位有烷基取代,则 α-C 与糖端基碳的位移值与两者的手性都有关系,出现"同 5 异 10"的变化规律。具体为:

若苷元的 α-C 和糖端基碳构型相同,即同为"R"或同为"S",则苷化位移值与开链的仲醇相似,即苷元 α-C 与糖端基碳均向低场位移约 5 个化学位移单位。

若苷元的 α-C 和糖端基碳构型不同,苷化位移幅度增大,两者均向低场位移约 10 个化学位移单位。

若环醇苷的两个 β-C 都为前手性碳时,苷化位移还有"同小异大"的表述。即 β-C 上的一个氢被其他取代基取代,则成为手性碳(非对称碳),这样的碳称为前手性碳(prochiral carbon)或潜非对称碳。前手性碳又有 pro-S 和 pro-R 之分,即在该碳位置的 e 键上增加一个基团,并将该基团的优先序列定为第三,按 R、S 命名规则进行命名,当为 R 构型时则称该碳为 pro-R 碳,反之则称 pro-S 碳。当苷元 β-C 前手性和端基碳的绝对构型相同时,β-C 向高场位移约 2 个化学位移单位,不同时则约为 4 个化学位移单位,即"同小异大"(指化学位移值的绝对值)。

若环醇有 2 个 β-C,1 个为仲碳、另 1 个为叔碳或季碳的苷,β-C 的苷化位移见表 6-3。

表 6-3 苷化位移规律总结表

苷元	仲醇	环仲醇				叔醇
		β-C 均为仲碳		1 个 β-C 为仲碳,另 1 个碳为叔碳或季碳		
		C-1'(R)	C-1'(S)	C-1' 和 α-C 构型相同	C-1' 和 α-C 构型不同	
C-1'	~7	~7	~7	5	10	0~1
α-C	5~7	5~7	5~7	5	10	7

续表

苷元	仲醇	环仲醇						叔醇
		β-C 均为仲碳		1 个 β-C 为仲碳，另 1 个碳为叔碳或季碳				
		C-1′(R)	C-1′(S)	C-1′ 和 α-C 构型相同		C-1′ 和 α-C 构型不同		
				仲碳	叔碳	季碳	仲碳	叔碳	季碳	
β-C	−4	pro-S −4	pro-S −2	−5	−2	−0.5	−2	−1	±0.5	−3
		pro-R −2	pro-R −4							

4）若苷元为叔醇时，糖类与叔醇成苷后其 α-C 向低场位移约 7 个化学位移单位，β-C 向高场位移约 3 个化学位移单位，糖端基碳的化学位移无明显变化。

用苷化位移确定糖与糖之间的连接位置，关键是首先要将糖类中碳的信号正确归属。苷化的糖类，通常 α-C 的位移较大，β-C 稍有影响，其他碳则影响不大。对于双糖苷，在确定了苷中糖类的种类基础上可参考该糖甲苷的化学位移值归属末端糖类中碳的信号，然后再根据内侧糖甲苷的化学位移值归属内侧糖类的碳信号，最后根据苷化位移规律确定糖类与糖类的连接位置。对于三糖以上的苷，糖类中碳信号的归属往往较困难，需要借助二维核磁共振波谱才能正确归属。

（2）酚苷（烯醇苷）、酯苷的苷化位移规律：当糖类与羧基、酚羟基或烯醇羟基形成苷时，苷化位移值比较特殊，其中苷元的 α-C 向高场位移约 0~4 个化学位移单位，而糖类的端基碳在酚苷、烯醇苷中向低场位移 5~7 个化学位移（黄酮苷），在酯苷中向高场位移，但位移幅度不大，约 0~2 个化学位移单位。

例如，齐墩果酸的 3-OH 及 28-COOH 与糖类分别形成醇苷（环仲醇）、酯苷（吡啶-d_5 中测定），二氢查耳酮形成酚苷（甲醇-d_4 中测定），则成苷前后的化学位移变化如下：

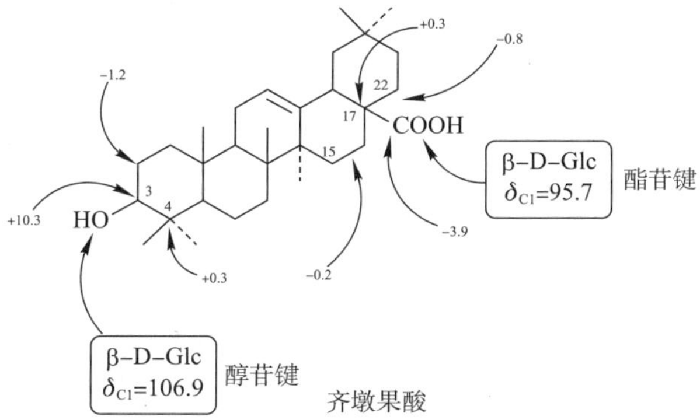

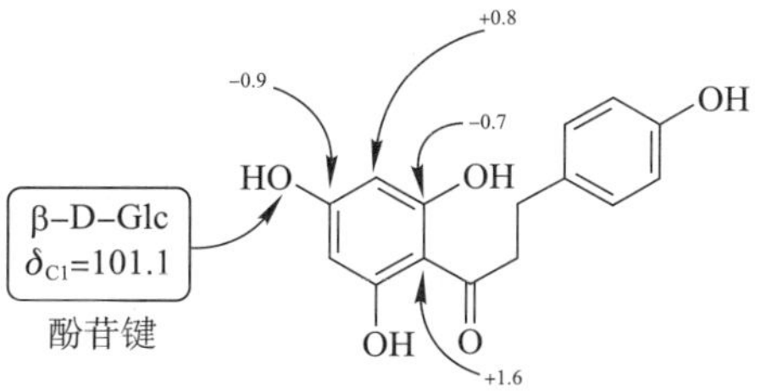

二、糖类化合物的结构测定

糖类化合物链结构的确定集中在多糖结构的研究中。多糖是生物大分子化合物，与蛋白质等生物大分子一样也有明确的三维空间结构，可以用一、二、三、四级结构来描述，多糖的一级结构是指多糖的单糖残基的组成、排列顺序、相邻单糖残基的连接方式、端基碳的构型及糖链有无分支、分支的位置和长短等。多糖的二、三、四级结构是指多糖分子中主链的构象，侧链的空间排布，单糖残基空间相对定位等。多糖与蛋白质一样，其活性不但与其相对分子质量、溶解度、黏度及一级结构有关，还与立体结构有关，也存在活性中心，与它所结合的蛋白质、色素、金属离子等也存在关系。

糖和苷的共性是糖链，在含有低聚糖的苷中，糖链的测定占主要地位，苷元的结构测定方法在以后各章节介绍，本节将重点介绍糖链的测定方法。糖链的测定主要包括单糖的组成、糖类之间的连接位置和顺序，以及苷键的构型。但在确定糖链结构前，首先需要对被测的聚糖样品纯度及相对分子质量进行测定。①纯度测定。比较常用的经典方法有：官能团分析，如羧基、氨基、醛基等特征官能团的摩尔比要恒定；样品比旋度经反复纯化前后保持恒定；水解后单糖组成恒定；柱色谱（如葡聚糖凝胶、纤维素等）显示单一、对称的色谱峰。②相对分子质量测定。可以用葡聚糖凝胶液相色谱法，与已知相对分子质量的标准糖对比计算出待测样品的相对分子质量；也可以使用质谱法，如 FAB-MS、ESI-MS 等均可以给出比较理想的（准）分子离子峰。对于相对分子质量较大的多糖，也可以采用渗透压法、黏度法、超离心法、膜分离法等方法进行测定。

1. 单糖组成测定 单糖的组成主要采取完全酸水解法（常用的酸：三氟乙酸、适当浓度的硫酸、盐酸等）。水解产物可以用纸色谱或者薄层色谱来初步分析样品是否被完全水解及得到初步的单糖组成等信息，然后根据实际情况选择合适的分析方法对单糖组成进行分析和定量。目前在进行糖类组分定量和鉴别中运用较多的是气相色谱（GC）法，将水解产物完全衍生化制备成挥发性物质，然后进行 GC 分析，通过和标准单糖进行对照，来确定单糖的组成。如果选用手性试剂进行衍生化还可以确定单糖的绝对构型。多数情况下，GC 可以和 MS 联用，通过分析 MS 数据就可以直接确定糖的结构组成。另外，还可以利用 2-氨基吡啶、8-氨基-1,3,6-萘三磺酸等试剂对水解产物进行荧光标记，然后利用 HPLC 荧光检测进行分析。20 世纪 90 年代出现的带有脉冲电检测的高效阴离子交换色谱（HPAEC-PAD）法因不需要衍生化反应就可以直接对水解产物进行分析，而得到了广泛的应用。

2. 单糖连接位置的测定 糖与糖之间连接位置的判断方法，主要有化学方法和核磁共振波谱（NMR）法。化学法常用的是甲基化法，先选择合适的方法将样品制备成甲基化产物，然后进行酸水解，这样在糖苷键两侧的羟基就被游离出来，经乙酰化后进行 GC-MS 分析，根据各个单糖衍生物的 MS 数据，就可以确定糖类之间的连接位置。由于末端糖和分支点的糖在进行甲基化、乙酰化后所含甲基和乙酰基数目和其他糖不同而很容易区别确定。

高场核磁共振仪的出现，对低聚糖尤其是多糖、蛋白质、核酸等生物大分子的结构鉴定起到了极大的推动作用。低聚糖和多糖中一般含有多个单糖基，这些单糖基的碳、氢信号分布相对集中，单糖的碳化学位移主要分布在 δ_C 60~110，一些去氧糖中不连接氧的碳例外；氢主要分布在 δ_H 3~5，在 δ_H 3~4 信号重叠非常严重，端基碳则处于相对低场，容易辨认。如果利用 NMR 的方法来确定糖之间的连接位置，首先需要利用二维核磁共振波谱（2D-NMR），如 ^{1}H-^{1}H COSY、HSQC、HMBC 等技术对各个单糖的碳氢进行详细的归属。大部分情况下由于糖类化合物上信号重叠过于严重，还需要采取选择性照射某些易于辨认的信号，如端基氢、去氧甲基和亚甲基上的氢信号来对每个糖类化合物上的氢进行分别归属，再通过 HSQC 实现碳原子的归属，最后借助于 HMBC、NOESY 等技术来确定各个单糖的连接位置和连接顺序。

3. 糖类化合物连接顺序 糖类化合物的连接顺序的确定，除了上面提到的 HMBC、NOESY 等 NMR 法以外，如果结构过于复杂，可以进行温和酸水解法、专一性酶水解法等，将糖链上单糖残基逐个水解后分别进行研究。在大多数情况下，水解后得到聚合度较低的低聚糖片段，然后再利用 NMR 结合化学方法对每一个片段分别研究，鉴定其结构。近年来，MS 技术也被广泛应用于糖序列的研究，目前出现的 FAB-MS、MALDI-TOF-MS、ESI-MS 等技术，都属于软电离技术，不仅可以得到非常理想的分子离子峰（或者[M+Na]$^+$、[M+K]$^+$等准分子离子峰），而且可以得到丰富的碎片信息，如果选择合适的测试参数，还可以得到从糖链上逐个失去糖残基的碎片离子，这对于研究糖类的序列尤其是低聚糖的序列有不可替代的作用。如 Gganguly 等人利用负离子 FAB-MS 对低聚糖类抗生素 ziracin 的结构进行了研究，得到准分子离子峰 [M-H]⁻ 1628，还有一系列含有糖类结构信息的碎片峰（m/z）：1478、1362、1302、1204、1014、854、694、951、564、249 等，根据这些碎片峰就可以推测出结构中糖类的连接顺序。

第六节 糖类化合物的生物活性

糖类不仅可以作为一种能量资源或结构材料，还有一部分多糖可以参与细胞的代谢及生理调节，使其产生多种生物学功能。对保健食品功能因子的研究焦点之一就是活性多糖的保健功能。近年来多糖的功效研究进展较快，多糖因其显著的生理活性受到了广泛关注，因此多糖成为开发研究的重点方向。研究表明多糖主要具有抗氧化、延缓衰老、抗肿瘤、降糖脂等功效，具体研究如下。

一、抗氧化活性

机体在新陈代谢过程中会产生很多有害的过氧化物及自由基。多糖具有抗氧化活性，能抑制自由基的形成。如枸杞多糖可有效升高总超氧化物歧化酶（T-SOD）和谷胱甘肽过氧化物酶（GSH-Px）的活性，同时能够降低丙二醛（MDA）水平。海带多糖能显著降低 MDA 和活性氧（ROS）的水平，证明海带多糖具有提高抗氧化能力和延缓衰老的潜力。铁皮石斛多糖及其分离纯化组分均具有良好的抗氧化活性。

二、免疫调节活性

多糖发挥免疫调节作用主要可以通过促进细胞因子的产生、激活补体系统等方式。从白肉灵芝的子实体中获得了一种水溶性多糖（GLP-3），GLP-3 能被 RAW264.7 巨噬细胞中的 Toll 样受体 3（TLR3）识别，并通过激活丝裂原活化蛋白激酶（MAPK）、磷脂酰肌醇-264 激酶（PI7K）/Akt 和核因子-κB（NF-κB）信号通路发挥免疫调节作用。石菖蒲多糖可以显著提高刀豆蛋白（ConA）所诱导的 T 细胞以及由脂多糖（LPS）所诱导的 B 细胞的增殖活性，还可以促进 RAW264.7 巨噬细胞肿瘤坏死因子-α（TNF-α）的产生。远志多糖不仅能促进 RAW264.7 细胞的增殖，还能促进细胞因子的释放，激活巨噬细胞。从党参中提取出的党参多糖 CPP1c 能增强 SAMP8 小鼠脾淋巴细胞的体外增殖能力，调节 SAMP8 小鼠的细胞亚群 CD4+ 及 CD8+ 的比例，使 CD4+/CD8+ 比值趋向于正常值，并可增加 CD28+ 细胞的比例、减低 CD152+ 细胞比例，促进 IL-2、IFN-γ 及 TNF-α 分泌，上调 PI3K、CD28、p38 MAPK mRNA 及蛋白质的表达，发挥免疫调节作用。

三、抗肿瘤活性

多糖基本不对癌细胞直接产生作用，而是通过活化机体的免疫系统从而促进淋巴细胞、巨噬细胞、自然杀伤细胞分化增殖。研究表明海胆多糖（HPP-1s）能在体外诱导人宫颈癌细胞（HeLa）的凋亡，体内实验表明 HPP-1s 能在携带低毒的 Hela 细胞异种移植的裸鼠中表现出明显的抗肿瘤功效，表明 HPP-1S 可能是一种潜在的抗肿瘤剂。从铁皮石斛中提取的多糖组分（DWPP-Is）在体外能显著抑制人肺腺癌细胞（SPC-A-1）和肺癌人类肺泡基底上皮细胞（A549）的增殖与分化，表明 DWPP-Is 具有成为肺癌预防功能剂的潜力。苦参多糖具有优越的抗肿瘤活性及体内外免疫调节活性。党参多糖 CPP1b 体外对 A549 细胞具有抑制作用，发现 CPP1b 具有明显的抗肿瘤活性，随着 CPP1b 浓度增大抗肿瘤活性增强。

四、抗凝血作用

肝素、硫酸软骨素等动物来源的硫酸化多糖，具有非常好的抗凝血活性，是临床上常用的抗凝血药物之一，这些硫酸化多糖的抗凝血活性与结构中负性荷电基团硫酸根具有非常密切的关系。目前，从植物、藻类、动物和微生物提取分离鉴定的多糖中，很多具有抗凝血活性，尤其是一些含有硫酸根基团的多糖，其抗凝血活性明显优于非硫酸化多糖。因为硫酸化多糖在动物和海藻中较常见，所以很大一部分抗凝血活性多糖源于动物和藻类多糖。如从褐藻中发现的硫酸化岩藻聚糖，能提高抗凝血酶因子Ⅲ的活性，从而抑制凝血过程所必需的丝氨酸蛋白酶、凝血酶和 Xa 因子的活性而发挥作用，其活性与化学结构相对分子质量和硫酸基含量有关。从鲨鱼骨中分离的一种类肝素类多糖，可以延长凝血、凝血酶、凝血酶原时间，其作用和肝素类似，具有抗凝血活酶样作用和抗凝血酶样作用。一些植物来源的多糖或者其硫酸化衍生物也具有抗凝血活性，如大蒜多糖 GP1 能延长人体血浆的凝血活酶时间，而对凝血酶原时间和凝血酶时间的影响不明显，说明大蒜多糖主要通过影响内源性凝血系统而发挥抗凝血作用。对正常人血浆进行的抗凝血实验表明，白树花多糖硫酸酯衍生物具有明显的抗凝血活性，在质量浓度为 5 mg/L 时就能表现出抗凝血效果，在质量浓度为 10 mg/L 时，相当于 150 U 肝素的抗凝血效果，其作用机制主要是通过作用于内源凝血系统，即通过抗凝血酶Ⅲ抑制凝血因子Ⅱa 和 Xa 的活性发挥抗凝血作用，抗凝血机理与肝素基本相同。

五、降糖作用

糖尿病是当前危害人类尤其是中老年人身体健康的主要顽症之一，被冠之为"沉默的杀手"，是由于体内胰岛素绝对或者相对分泌不足造成的以糖、脂肪、蛋白质等代谢紊乱为主的一种内分泌性疾病。因此，围绕抗糖尿病药物的研究是当前新药研发的重点领域。大部分多糖类成分对正常小鼠或药物致高血糖的小鼠有降血糖的作用。当归多糖可以明显降低 2 型糖尿病大鼠的血糖，并呈现时间和剂量依赖关系，在高剂量下（200 mg/kg），当归多糖还可以明显降低糖化血红蛋白、总胆固醇和甘油三酯，同时使高密度脂蛋白增加，低密度脂蛋白降低。玉米须多糖对四氧嘧啶造模小鼠有较好的降糖作用，可以促进模型小鼠肝糖原的合成，并对肾有保护作用。丹皮多糖-2b 能明显降低 2 型糖尿病大鼠空腹血糖，改善糖耐量异常及血脂异常，提高肝细胞低亲和力胰岛素受体最大结合容量，使胰岛素敏感性指数增加，从而起到治疗作用。此外，中药中的多糖类成分如黄精多糖、山药多糖、人参多糖、知母多糖、茶多糖、香菇多糖等都有比较明显的降糖作用。

六、其他活性

此外，多糖还具有抗衰老等其他多种生物活性。尤其是果胶多糖因其潜在的生物学特性和在健康产业中的应用而受到越来越多的关注，如柑橘皮中的果胶多糖 POS4 能通过抑制 ROS 的产生，显著延长果蝇的平均寿命，还能通过调节肠道微生物群和自噬的相关基因来增强肠道稳态。石斛多糖（DNP）可以显著减少一氧化氮（NO）的含量，还能降低促炎细胞因子的水平，抑制 LPS 所诱导的 RAW264.7 细胞的炎症应答。

第七节 糖类化合物提取研究实例

一、研究对象

2025年版《中国药典》记载，党参是桔梗科植物党参 [*Codonopsis pilosula* (Franch.) Nannf.]、素花党参 [*C. pilosula* Nannf. var. *modesta* (Nannf.) L. T. Shen] 或川党参 (*C. tangshen* Oliv.) 的干燥根。党参味甘，性平，具有健脾益肺，养血生津的作用。党参的主要成分有多糖类、萜类、聚炔类、黄酮类等，具有提高机体免疫功能、抗肿瘤、抗癌、抗衰老、抗疲劳、降血脂、抗病毒、抗氧化等作用。

二、研究目的

对党参中多糖和低聚糖进行分离纯化和结构鉴定。

三、研究内容

（一）党参低聚糖的提取分离及结构鉴定

如图6-5所示，取适量党参粉碎，精密称取5 g党参粉末，加入10倍量体积的95%乙醇，回流提取2次，1 h/次，弃去滤液，将滤渣晾至无醇味，加入10倍量体积的水，煎煮3次，45 min/次，合并滤液，60℃下减压浓缩至原体积的1/4，向浓缩液中缓慢加入95%乙醇至乙醇终浓度为80%，放置过夜后离心，离心15 min，收集上清液，于50℃，60 r/min减压浓缩回收乙醇，蒸干，冷冻干燥至恒重，即得党参低聚糖。

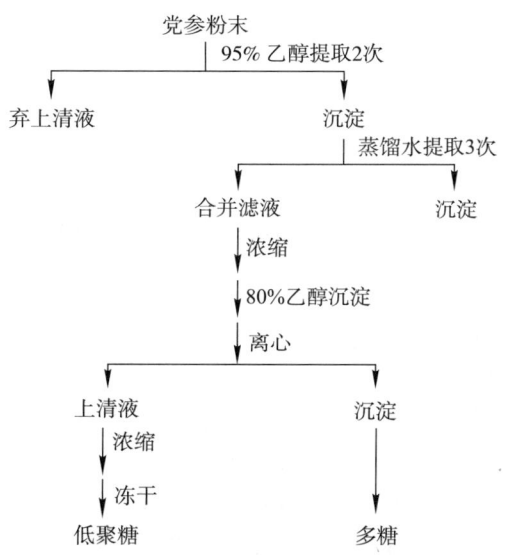

图6-5 党参低聚糖的提取流程

党参中的低聚糖不仅有inulin型低聚果糖，更有levan型低聚果糖。通过ESI-MS波谱、ESI-MS/MS获得目标峰的单个碎片模式，得到inulin型低聚果糖和levan型低聚果糖的结构如图6-6所示。

拓展阅读 党参低聚糖的提取

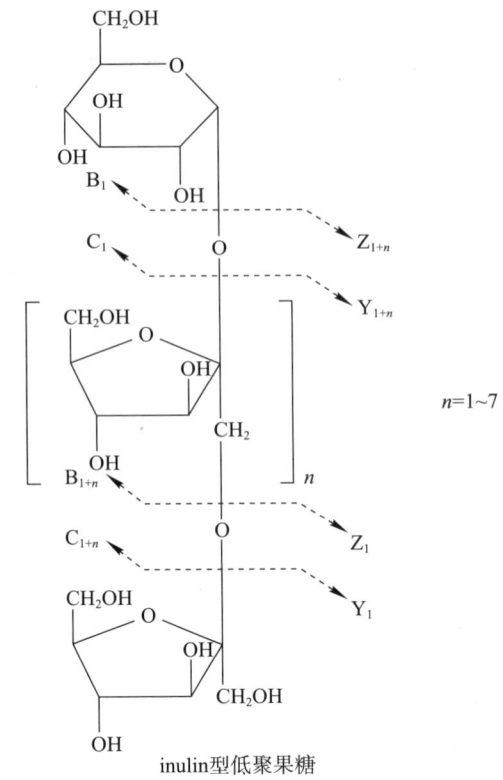

图 6-6　inulin 型和 levan 型低聚果糖

（二）党参多糖的提取分离及结构鉴定

取党参药材粉末 1 g，以 95% 乙醇脱脂（回流 2 次，每次 1 h），弃去醇提取液，药渣干燥后，分别以 12、10、8 倍量水煎煮，每次 40 min，合并水煎液并浓缩，加入 95% 乙醇至中体积分数为 80%，静置过夜，弃去上清液，沉淀冷冻干燥，即得党参粗多糖。取经 Sevage 法除蛋白质、过氧化氢法脱色素后的党参粗多糖样品，溶于 100 mL 经 0.45 μm 滤膜过滤的水中，离心（3 000 r/min，3 min），取上清液。DE-52 纤维素柱在用经 0.45 μm 滤膜过滤的水进行平衡后（大约 12 h），将上述制得的溶液上样，流速为 25 mL/h；上样结束后，用经 0.45 μm 滤膜过滤的水洗脱，洗脱速度设置为 25 mL/h，并用配套的试管接取洗脱液。采用苯酚-硫酸法对每管中的洗脱液的吸光度进行测定，做管号（横坐标）与吸光度值（纵坐标）的洗脱曲线，至几乎没有糖类出现时停止洗脱。将洗脱液合并，浓缩并透析后，冷冻干燥得水洗脱部分。水洗液收集结束后，用 0.2 mol/L 的 NaCl 溶液以上述方法进行洗脱及之后的操作，所得产物命名为 CPP1b（图 6-7）。

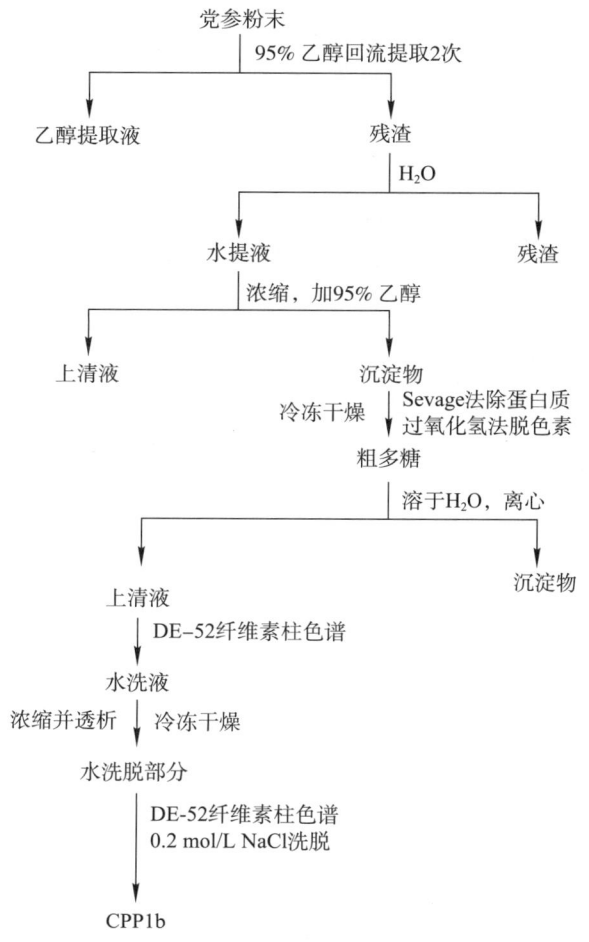

图 6-7 党参多糖 CPP1b 的提取分离流程图

通过对 CPP1b 的单糖组成分析、糖醛酸含量测定、相对分子质量测定、甲基化分析（糖醛酸还原，甲基化反应，水解、还原及乙酰化）、红外、核磁共振数据分析得：CPP1b 各糖残基的连接方式如图 6-8 所示。

拓展阅读 党参多糖的结构鉴定

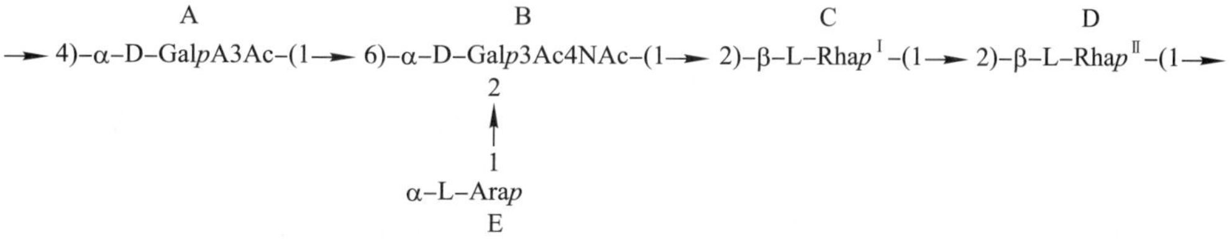

$$\begin{array}{cccc} A & B & C & D \\ \longrightarrow 4)\text{-}\alpha\text{-}D\text{-}GalpA3Ac\text{-}(1 \longrightarrow 6)\text{-}\alpha\text{-}D\text{-}Galp3Ac4NAc\text{-}(1 \longrightarrow 2)\text{-}\beta\text{-}L\text{-}Rhap^{I}\text{-}(1 \longrightarrow 2)\text{-}\beta\text{-}L\text{-}Rhap^{II}\text{-}(1 \longrightarrow \end{array}$$

$$\begin{array}{c} 2 \\ \uparrow \\ 1 \\ \alpha\text{-}L\text{-}Arap \\ E \end{array}$$

图 6-8 CPP1b 的连接方式图

（胡芳弟）

第七章
苯丙素类化合物

编者导学

📍 学习目标

🧠 思维导图

本章导航

第一节　概述
第二节　苯丙素类化合物的结构类型与理化性质
第三节　苯丙素类化合物的提取分离
第四节　苯丙素类化合物的结构鉴定
第五节　苯丙素类化合物的生物活性
第六节　苯丙素类化合物的研究实例

　　苯丙素类（phenylpropanoids）化合物是一类由莽草酸途径形成的以 C_6-C_3 为基本单元形成的天然产物，在植物与微生物中均有发现，其中植物来源的最多。它们在植物生长、发育过程中扮演了非常重要的角色。同时，它们也为新药研发提供了重要的活性分子，包括简单苯丙素类（如阿魏酸、细辛醚、丹参素、丹酚酸）、香豆素类（如补骨脂内酯、蛇床素等）、木脂素类（五味子甲素、鬼臼毒素等）等。

第一节　概　　述

　　苯丙素类化合物是指一类以 C_6-C_3 为基本单元形成的天然产物，其中 C_6 一般是指苯环，C_3 为连接在苯环上的由三个碳原子组成的侧链。它们多数由莽草酸途径通过苯丙氨酸和酪氨酸等芳香氨基酸，经脱氨、羟基化等一系列反应形成（图 7-1），包括由单一 C_6-C_3 单元形成的化合物，如苯丙烯类、苯丙酸类、苯丙醇类及香豆素类等，以及由 2 个、3 个甚至多个单元聚合形成的化合物，如木脂素和木质素等。

　　目前从植物中发现的苯丙素类化合物已经超过 8 000 个，参与了植物的生长、发育及应对环境的胁迫。其中不少化合物因具有显著药理活性被应用于药物研发中，成为保护人类健康的重要药物，如石菖蒲中的 α- 细辛醚、丹参中的丹参素、丹酚酸 A、美洲鬼臼中的鬼臼毒素、蛇床子中的蛇床子素，以及五味子果实中的五味子乙素等。

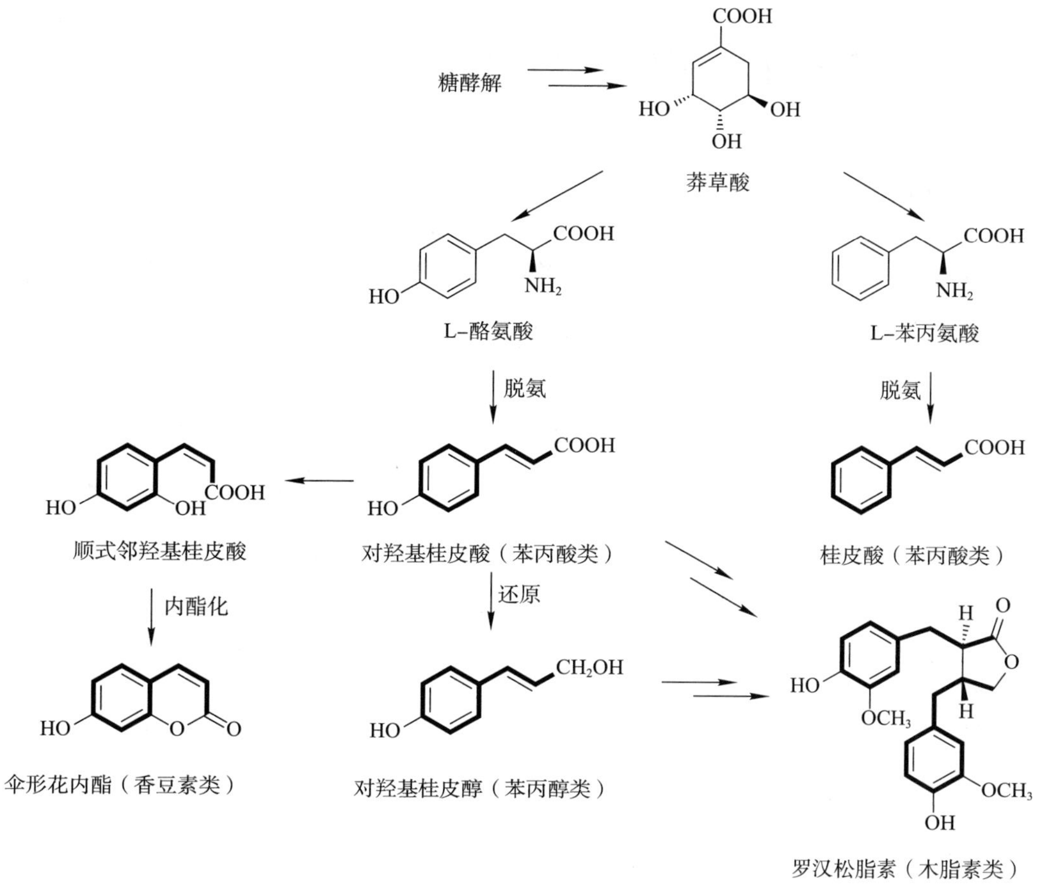

图 7-1　苯丙素类化合物生物合成关系

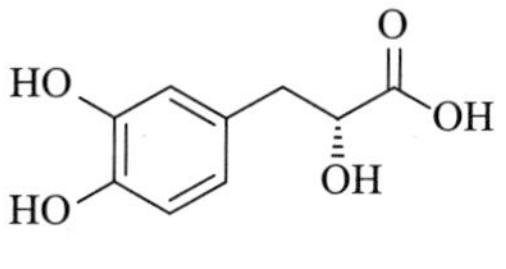

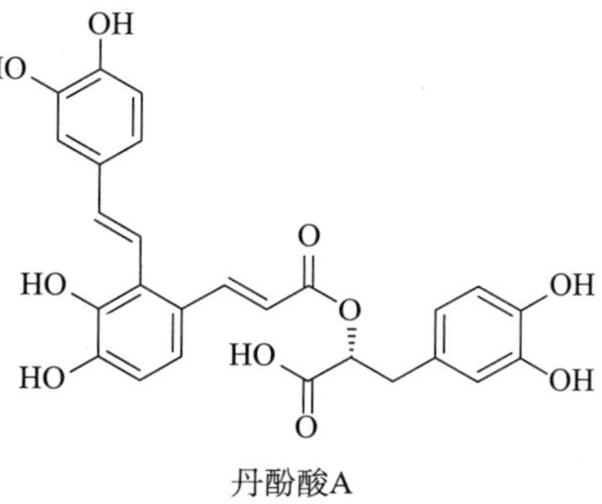

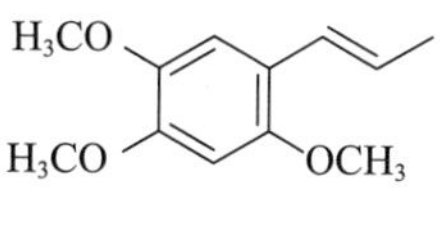

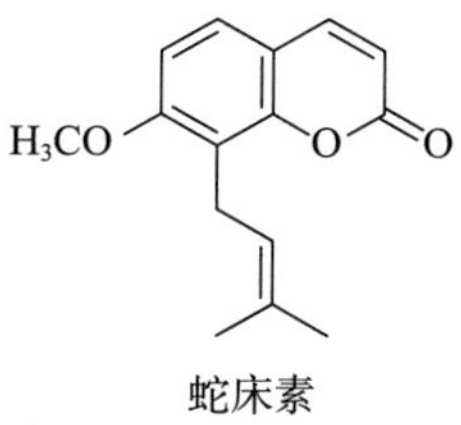

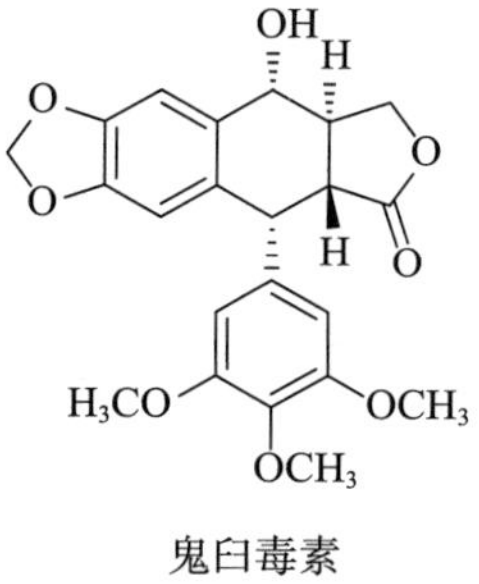

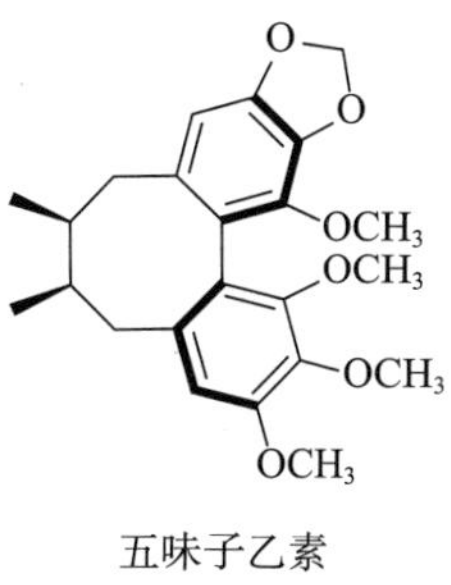

第二节 苯丙素类化合物的结构类型与理化性质

一、苯丙素类化合物的结构类型

苯丙素类化合物按照结构中 C_6-C_3 基本单元数目、环合情况及连接方式，可以分为简单苯丙素类（如苯丙酸、苯丙醇、苯丙烯等）、香豆素类、木脂素类及木质素类等（图7-2）。在植物体内，这些化合物以游离形式或者与糖结合成苷的形式存在。

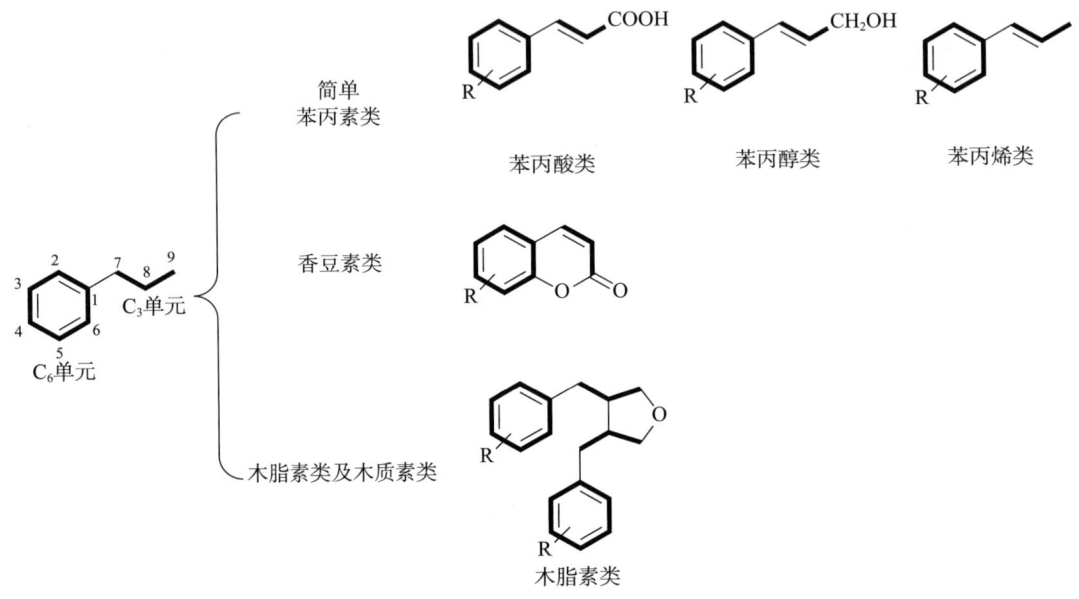

图 7-2 苯丙素类化合物结构分类

（一）简单苯丙素类化合物

简单苯丙素类化合物是一类由单一 C_6-C_3 单元形成碳骨架的苯丙素类化合物，包括苯丙酸类、苯丙醇类及苯丙烯类等。其中，苯丙醇类是苯丙酸类化合物经辅酶A酯和醛还原产生（图7-3）。

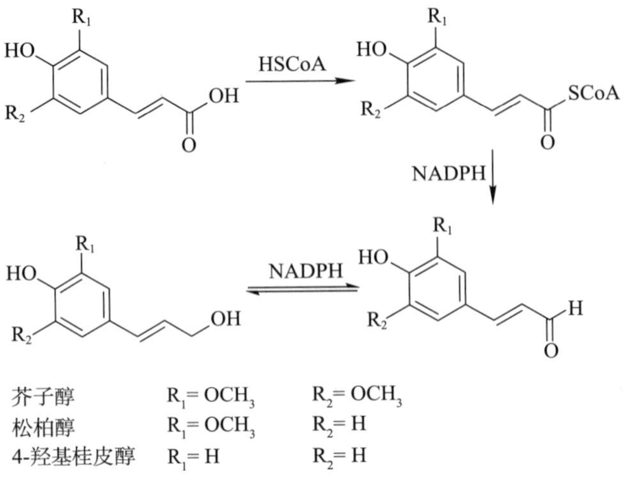

芥子醇　　　R_1= OCH$_3$　　R_2= OCH$_3$
松柏醇　　　R_1= OCH$_3$　　R_2= H
4-羟基桂皮醇　R_1= H　　　　R_2= H

图 7-3 苯丙醇类化合物的形成

由于苯环上酚羟基取代的数目、排列方式、甲基化程度有所不同而形成多种简单苯丙素类化合物，有些还由2个或多个 C_6-C_3 单元通过醚键聚合而成。植物中常见的简单苯丙素类化合物主要有桂皮酸（cinnamic acid）、对羟基桂皮酸（p-hydroxycinnamic acid）、咖啡酸（caffeic acid）、阿魏酸（ferulic acid）、异阿魏酸（isoferulic acid）、松柏醇（conferyl alcohol）、α-细辛醚（α-asarone）等。

桂皮酸 R_1=R_2=R_3=R_5=H, R_4=COOH
对羟基桂皮酸 R_1=R_3=R_5=H, R_2=OH, R_4=COOH
阿魏酸 R_1=OCH_3, R_2=OH, R_3=R_5=H, R_4=COOH
异阿魏酸 R_1=OH, R_2=OCH_3, R_3=R_5=H, R_4=COOH
松柏醇 R_1=R_5=H, R_2=OH, R_3=OCH_3, R_4=CH_2OH
α-细辛醚 R_1=R_2=R_5=OCH_3, R_3=H, R_4=CH_3

简单苯丙素类化合物结构

此外，简单苯丙素类化合物在植物中常与其他生物合成来源的结构单元结合，形成杂聚型苯丙素类化合物，如绿原酸（chlorogenic acid）。该化合物分布较为广泛，从高等双子叶植物到蕨类植物均有报道。绿原酸通常被认为是众多中药材和中成药中消炎利胆的主要有效成分，被作为这些药材或中成药的定性、定量的指标。

除绿原酸外，还有不少植物中含有杂聚型苯丙素类化合物，如从紫锥菊［*Echinacean purpurea*（Linn.）Moench］中发现具有抗病毒活性的菊苣酸（cichoric acid）；从菜蓟（*Cynara scolymus* L.）中分离得到具有保肝利胆作用的菜蓟素（cynarin）。

绿原酸

菊苣酸

菜蓟素

（二）香豆素类化合物

香豆素（coumarin）是以由羟基桂皮酸内酯化形成的苯并α-吡喃酮为基本骨架的一类化合物，最早从豆科植物香豆（*Coumarouna ordorata* Aubl.）中分离得到，因其有芳香气味故而得名。其生物合成途径为在桂皮酸的结构基础上，侧链邻位、对位发生羟基化，从而形成2-羟基桂皮酸（2-hydroxycinnamic acid）或2,4-二羟基桂皮酸（2,4-dihydroxycinnamic acid）。侧链上的反式双键异构成顺式双键后，侧链上的羧酸与邻位羟基酯化环合而形成香豆素的基本骨架苯并α-吡喃酮（图7-4）。

目前从自然界发现的香豆素有近2 000种，主要存在于高等植物中，特别是在伞形科、芸香科、瑞香科、木犀科、黄藤科、虎耳草科、五加科、菊科、豆科、茄科等植物的根、茎、叶、花、果实和种子中大量存在。也有少数的香豆素类化合物存在于微生物或动物体内，如从发光假蜜环菌 *Armillariella tabescens* 代谢产物中发现的亮菌甲素（armillarisin A）。

1. 简单香豆素类 仅在香豆素母核的苯环上有一些简单取代基的香豆素类化合物，这些取代基常见的有羟基、甲氧基、苯基、亚甲二氧基和异戊烯基等。大多数的简单香豆素类在其C-7位

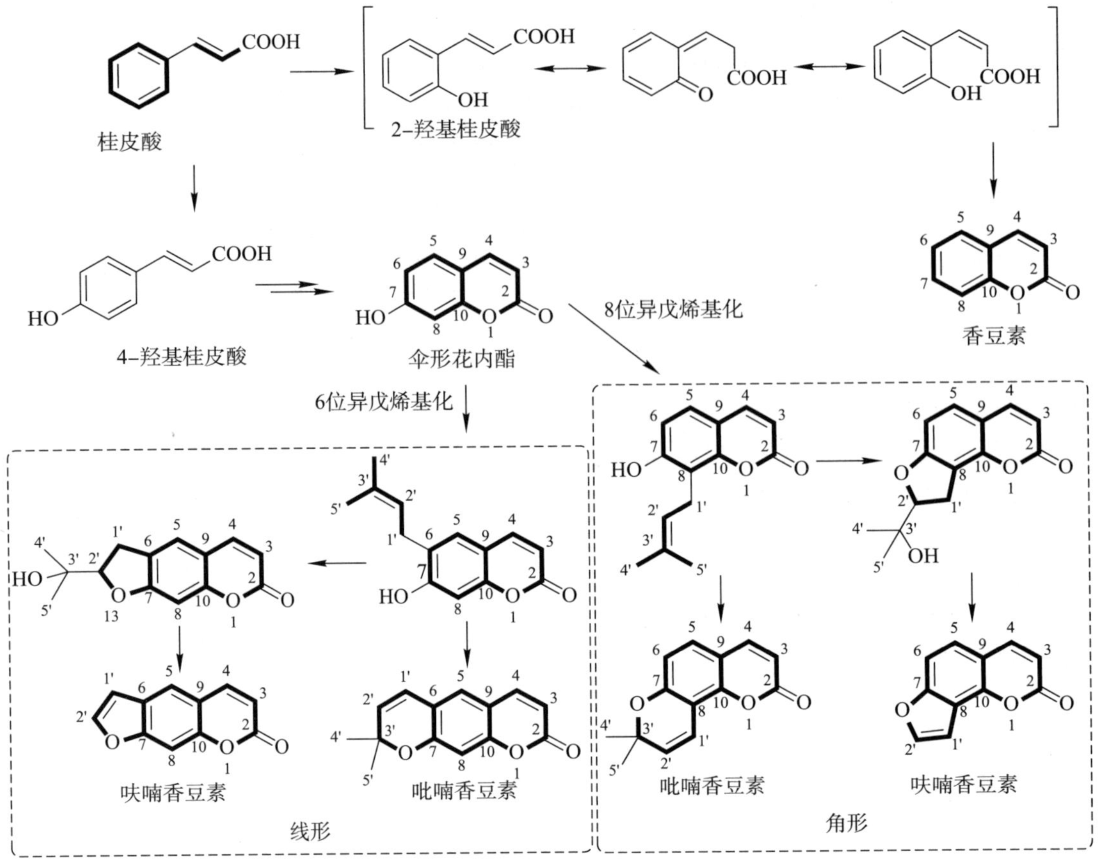

图 7-4 各类香豆素类化合物的生物合成关系

有含氧官能团存在，如白蜡树（*Fraxini chinensis* Roxb.）中的七叶内酯（esculetin）、蛇床 [*Cnidium monnieri*（L.）Cuss.] 的果实蛇床子中的蛇床子素（osthole）等。

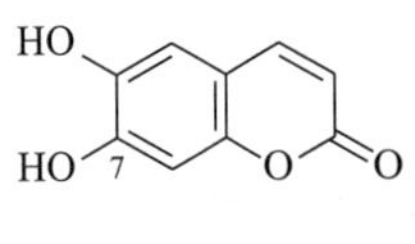

七叶内酯

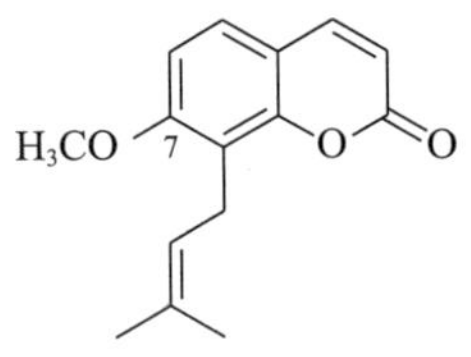

蛇床子素

2. 呋喃香豆素和吡喃香豆素 由于香豆素 C-6 和 C-8 位的电负性较高，易被异戊烯基取代，异戊烯基的 C-3′ 可与邻位羟基环合形成吡喃环，若是异戊烯基的 C-2′ 与邻位羟基环合及降解（失去 3 个碳原子）则形成呋喃环（图 7-4）。异戊烯基在苯环上的取代位置不同会导致含氧杂环与苯环的稠合位置不同。根据稠合位置不同，呋喃香豆素和吡喃香豆素均可分为线形和角形：

（1）线形（linear）呋喃香豆素：由 C-6 异戊烯基与 C-7 羟基环合而成的呋喃环，且与香豆素母核处于同一水平线的香豆素类化合物，如补骨脂内酯（psoralen）、花椒毒酚（xanthotoxol）、香柑内酯（bergapten）等。由于此类型化合物以补骨脂内酯（psoralen）为代表，又称补骨脂内酯型香豆素。

补骨脂内酯　　　花椒毒酚　　　香柑内酯

(2) 线形吡喃香豆素：由 C-6 异戊烯基与 C-7 羟基环合而成的呋喃环，与香豆素母核处于同一水平线，如来自从芸香科柑橘属植物根皮中的花椒内酯（xanthyletin）、美花椒内酯（xanthoxyletin）、鲁望橘内酯（luvangetin）等。

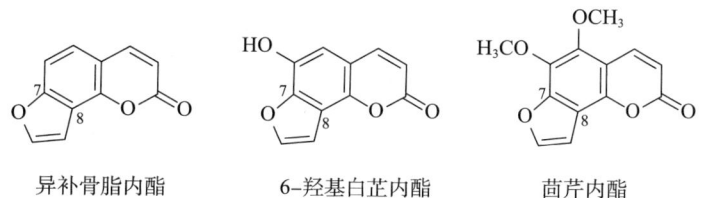

花椒内酯　　　美花椒内酯　　　鲁望橘内酯

(3) 角形（angular）呋喃香豆素：由 C-8 异戊烯基与 C-7 羟基环合而成的呋喃环，与香豆素母核处于折角位置。此类型化合物又称异补骨脂内酯型或白芷内酯型香豆素，常见的如异补骨脂内酯（isopsoralen，也称白芷内酯 angelicin）、6-羟基白芷内酯（heratomol）、茴芹内酯（pimpinellin）等。此外还有 5,6-角形呋喃并香豆素。

异补骨脂内酯　　　6-羟基白芷内酯　　　茴芹内酯

(4) 角形吡喃香豆素：香豆素的 C-8 异戊烯基与邻位酚羟基环合为吡喃环，代表性的化合物有：邪蒿内酯（seselin）、5-羟基邪蒿内酯（5-hydroxy seselin）和白花前胡苷Ⅱ（praeroside Ⅱ）等。

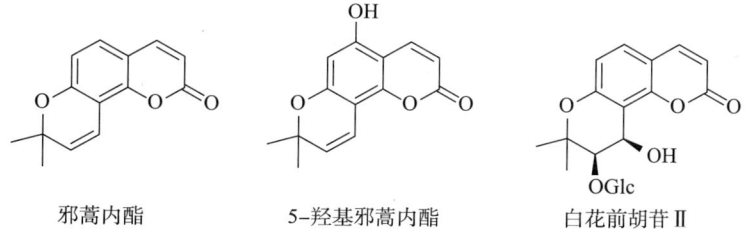

邪蒿内酯　　　5-羟基邪蒿内酯　　　白花前胡苷Ⅱ

3. 其他类 此类香豆素指香豆素结构中的 C-3 或 C-4 有取代基的香豆素，除了来自真菌的亮菌甲素（armillarisin A）以外，还有从鳢肠（*Eclipta prostrate* L.）中得到的蟛蜞菊内酯（wedelolactone）和西瑞香素（daphnoretin）等化合物。此外，草木犀 [*Melilotus officinalis* (L.) Pall.] 中的香豆素在微生物作用下形成双香豆素（dicoumarol），具有显著的抗凝血作用，后来被开发形成了著名的抗凝血药物华法林（warfarin）。

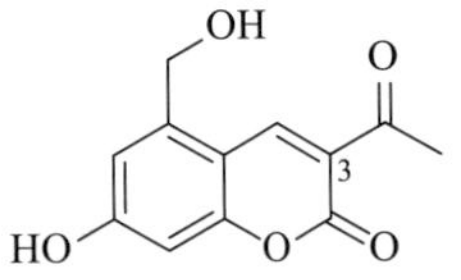

亮菌甲素 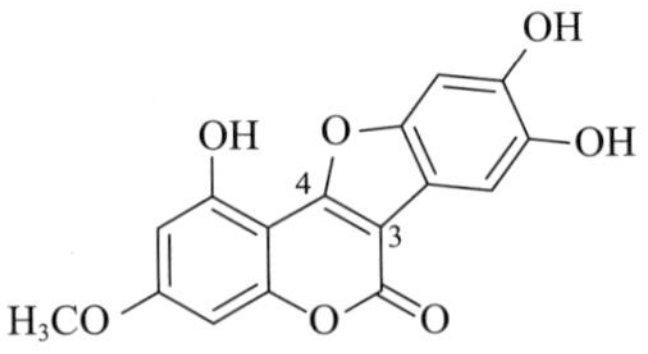　　　蟛蜞菊内酯 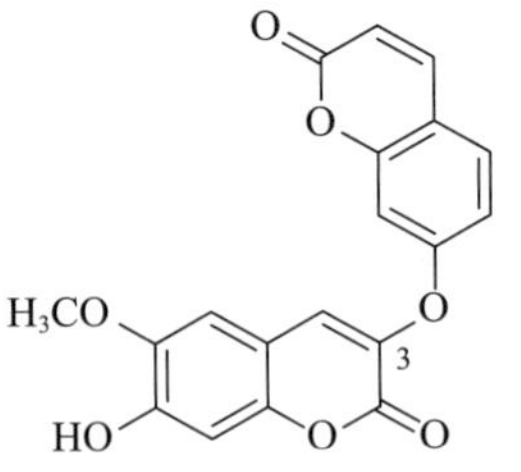　　　西瑞香素

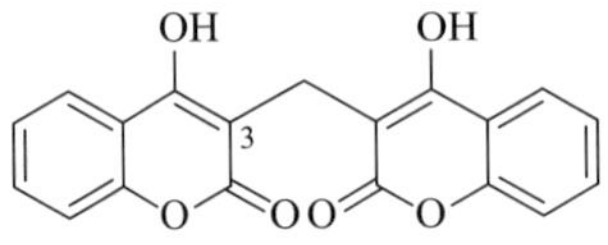

双香豆素 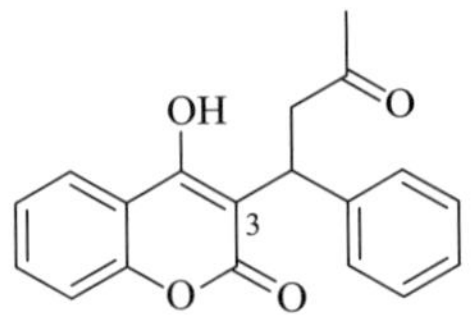　　　华法林

拓展阅读 亮菌甲素的发现和应用

拓展阅读 华法林的发现和应用

(三) 木脂素类化合物及其衍生物

木脂素又称木脂体 (lignans)，是一类由两个及两个以上 C_6-C_3 单元通过 C—C 键聚合形成的天然产物，因最早是从植物的木质部和树脂中被发现而得名。常见组成木脂素的 C_6-C_3 单元包括：4-羟基桂皮醇 (4-hydroxycinnamyl alcohol)、松柏醇 (coniferyl alcohol)、芥子醇 (sinapyl alcohol)、桂皮酸 (cinnamic acid)、苯丙烯 (propenyl benzene) 和烯丙苯 (allyl benzene)。

C_6-C_3 单元中的酚羟基在过氧化物酶 (peroxidase) 或漆酶 (laccase) 催化作用下发生单电子氧化产生自由基，通过电子离域至含氧官能团邻位和对位及侧链，从而形成多种自由基共振结构。这些共振结构之间通过自由基偶联从而形成一系列含有活泼亚甲基醌的二聚体，再经与分子内羟基或外源性水分子发生亲核反应形成结构多样的木脂素。

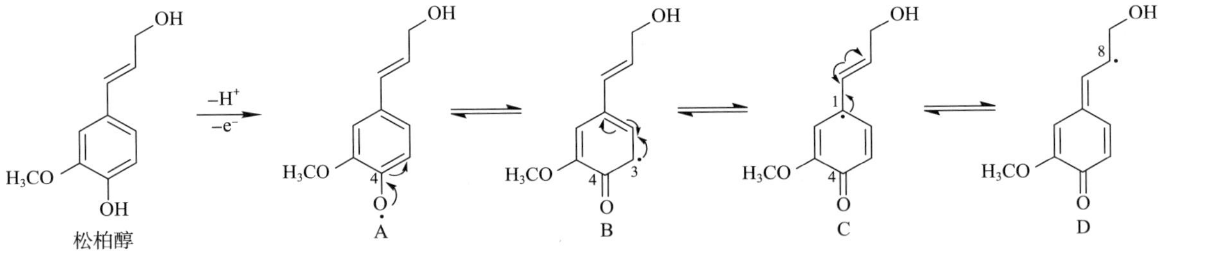

松柏醇　　　4种自由基共振结构

根据 C_6-C_3 单元 C—C 键连接位置的不同可以分为木脂素类、新木脂素类、多聚体木脂素及杂木脂素类等四大类型。

1. 木脂素类　该类化合物指由 2 个 C_6-C_3 单元以 C-8—C-8′ 相连形成的一类化合物。其生物合成途径是由两个未成对电子离域到 8 位上的 C_6-C_3 单元进行自由基偶联而形成以 C-8—C-8′ 相连的双四氢呋喃类化合物，之后再经亚甲基醌形式使四氢呋喃开环后还原进而形成二苄基丁烷类化合物。开环产生的一个羟甲基被氧化成羧基后再与一个羟甲基酯化而形成二苄基丁内酯类化合物。随后一个 C_6-C_3 单元苯环上的甲氧基和邻位羟基氧化偶联形成二氧亚甲基后，苯环 C-2 亲核进攻另一 C_6-C_3 单元的 C-1′ 从而环化形成芳基萘类化合物。

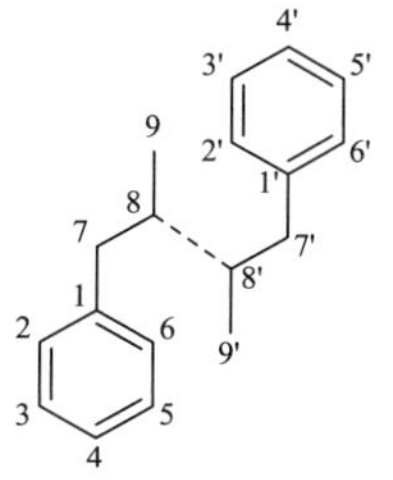

(1) 二苄基丁烷类 (dibenzylbutans): 是由 2 个 C_6-C_3 单元通过 C-8—C-8′ 相连形成的木脂素, 也包括二芳基丁烯、二芳基丁醇、二芳基丁酸等。如由大戟科植物珠子草 (*Phyllanthus niruri* L.) 中分离得到的叶下珠脂素 (phyllanthin); 从五味子科五味子 [*Schisandra chinesis* (Turcz.) Ball] 干燥果实五味子中分离获得的二氢愈创木脂酸 (dihydroguaiaretic acid)。

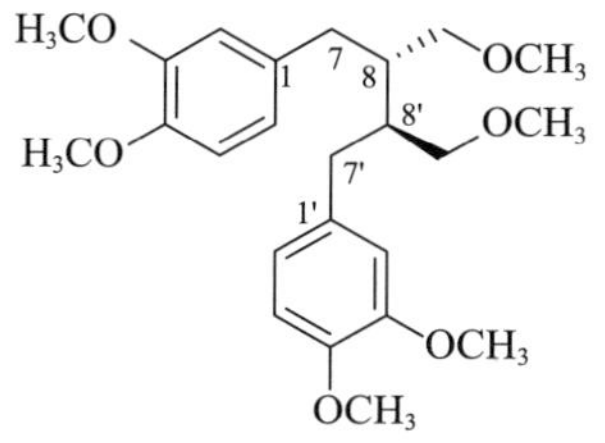

叶下珠脂素 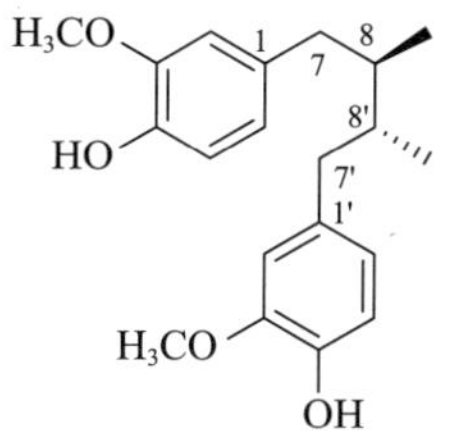　　二氢愈创木脂酸

(2) 二苄基丁内酯类 (dibenzyltyrolacton): 又称木脂素内酯, 由二苄基丁烷类衍生而来, 结构中的内酯环是由一个 C_6-C_3 单元的 C-8 羧基与另一 C_6-C_3 单元的 C-8′ 羟基缩合而成。内酯环可能朝上也可能朝下。如从麻栎叶下珠 (*Phyllanthus acutissima*) 中分离得的麻栎叶下珠木质 B (acutissimalignan B); 从柴胡属植物 (*Bupleurum salicifolium*) 分离得到的 guamarol。本亚型中还包括 C-7 或 C-8 去氢或双去氢衍生物。

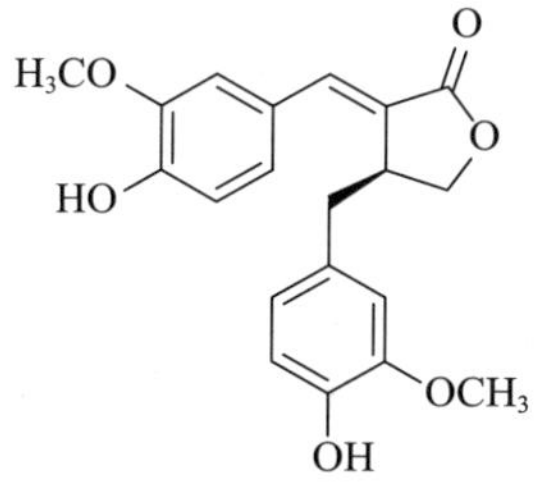

麻栎叶下珠木质B 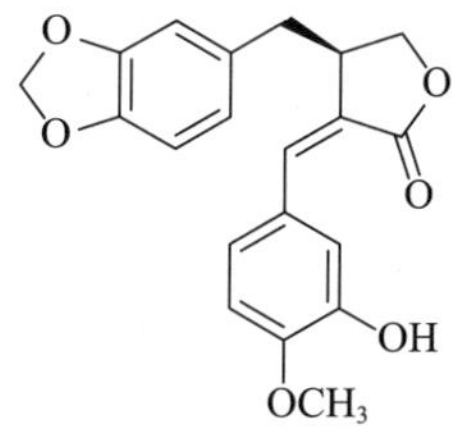　　guamarol

(3) 芳基萘类 (arylnaphthalen): 又称环木脂素类, 其结构通常由 2 个 C_6-C_3 单元通过 C-8-C-8′ 相连, 其中一个 C_6-C_3 单元芳香环上的一个碳原子与另一个 C_6-C_3 单元 C-7′ 构成一个二氢/四氢萘或萘环结构, 可分为芳基萘木脂素和芳基萘内酯木脂素两类。芳基萘木脂素代表性化合物如索马榆脂酸 (thomasic acid), 芳基萘内酯木脂素如从美洲鬼臼 (*Podophyllum peltatum*) 中分离出的鬼臼毒素 (podophyllotoxin) 和从台湾厚壳桂 (*Cryptocarya chinensis*) 分离获得的台湾脂素 C (taiwanin C) 等。

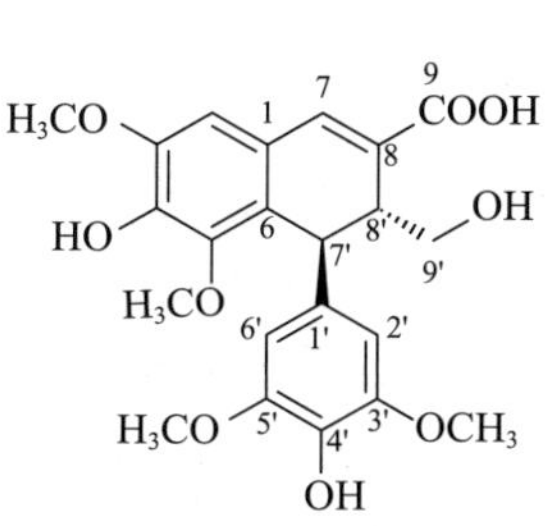

索马榆脂酸 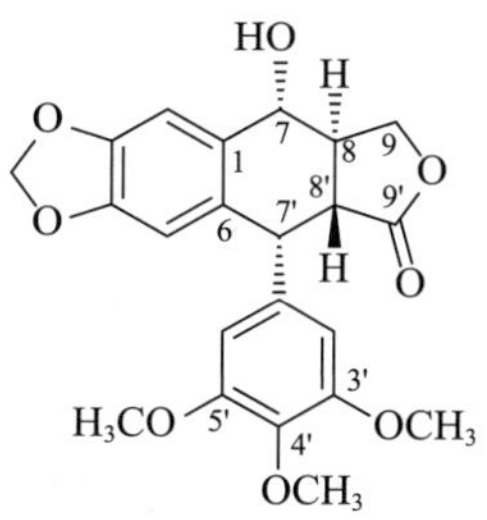　　鬼臼毒素 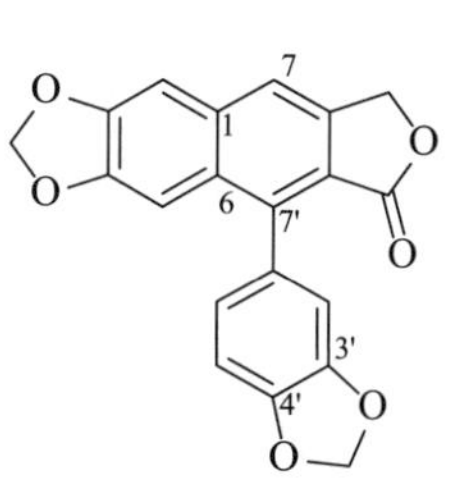　　台湾脂素C

(4) 四氢呋喃类（tetrahydrofurans）：又称呋喃环木脂素或单环氧木脂素，根据氧环连接的方式，可分为 7-O-7'、7-O-9' 和 9-O-9' 三种结构类型。此类木脂素主要分布在兰科、瑞香科、木兰科、菊科、胡椒科、樟科植物中，如来自樟科鳄梨属植物（*Persea membranacea*）树皮的（+）-machillin F，来自木兰科植物望春花（*Magnolia biondii* Pamp.）的花蕾辛夷中的赫耳酮（hernone）和来自樟科植物山鸡椒［*Litsea cubeba*（Lour.）Pers.］干燥成熟果实荜澄茄中的荜澄茄脂素（cubebin）等。

7-O-7'型
(+)-machillin F

7-O-9'型
赫耳酮

9-O-9'型
荜澄茄脂素

(5) 双四氢呋喃类（furofurans）：又称双环氧木脂素，是由 2 个四氢呋喃单元形成四氢呋喃并四氢呋喃结构。如从杜仲（*Eucommia ulmoides* Oliv）中分离得到的（+）-松脂素［(+)-pinoresinol］，从麻油的非皂化物中得到的（+）-芝麻脂素［(+)-sesamin］。

(+)-松脂素

(+)-芝麻脂素

(6) 联苯环辛烯类（dibenzocyclooctens）：是由 2 个 C_6-C_3 单元除了通过 C-8—C-8' 连接外，C-2—C-2' 之间也有连接，从而形成了一类由两个苯环并合的连氧取代环辛烯结构骨架。该类木脂素普遍存在于木兰科五味子属和南五味子属植物中，如从五味子［*Schizandra chinensis*（Turcz.）Baill.］果实中分离得到的五味子甲素［(+)-schizandrin A］和五味子乙素（schizandrin B），以及从华中五味子（*Schizandra sphenanthera* Rehd. et Wils）中分离得到的五味子酯甲（schisantherin A）等。

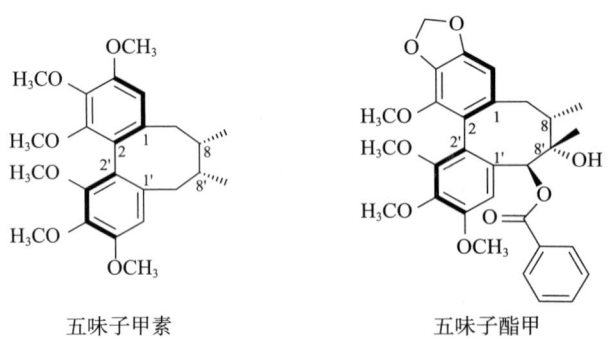

五味子甲素

五味子酯甲

2. 新木脂素类 新木脂素（neolignans）是指 2 个 C_6-C_3 单元通过非 C-8-C-8' 连接的二聚体。

(1) 苯并呋喃类：是由未成对电子离域到 C-8 和 C-3 的两种共振形式的自由基组合而成，其连接方式为其中一个 C_6-C_3 单元的 C-8 及 C-7（通过氧）同时与另一 C_6-C_3 单元苯环上两个相邻碳相连，形成一个呋喃环。其中包括其二氢、四氢或六氢衍生物，苯环的 3' 位和 4' 位常被氧化为醌，如从胡椒属植物（*Piper regnellii*）中发现的 eupomatenoid-5，以及从毛蒟［*Piper puberulum*（Benth.）Maxim

中分离得到的 puberulin E。

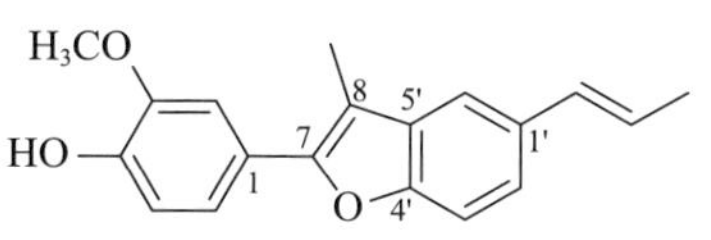

eupomatenoid-5 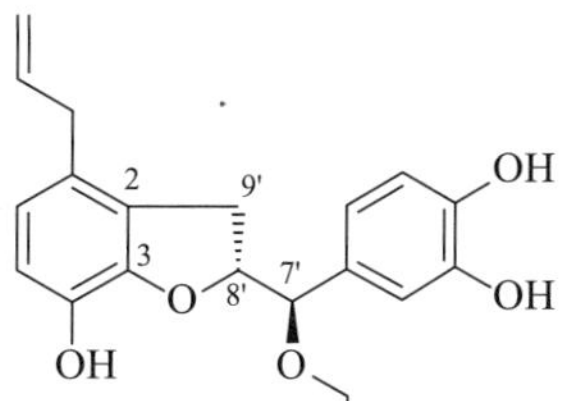　　puberulin E

（2）双环辛烷类：是结构中有两个脂环，脂环由7个碳原子组成，可看成木脂素中一个 C_6-C_3 单元的芳环被部分氧化，而另一个 C_6-C_3 单元的 C_3 部分连接在被氧化的芳环上。如从胡椒科植物风藤 [*Piper kadsura*（Choisy）Ohwi] 中分离得到的 kadsurenin L，以及从 [*Ocotea bullata*（Burch.）Baill.] 中分离得到的 isoocobullenone 等。

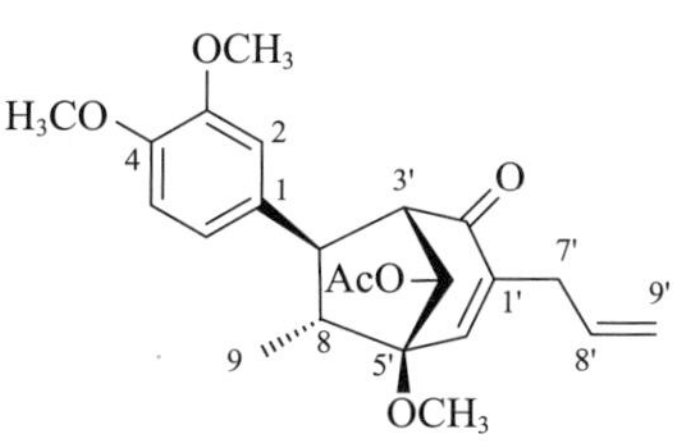

kadsurenin L 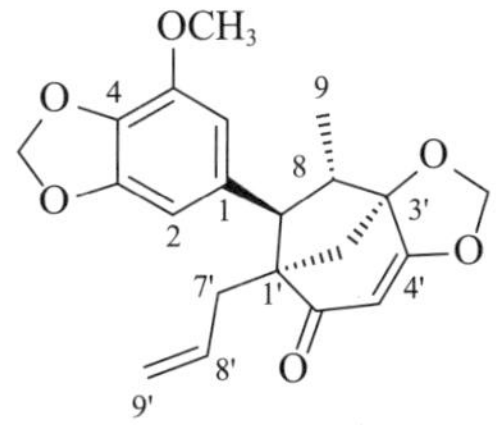　　isoocobullenone

（3）苯并吡喃类：是 C_6-C_3 单元间连接形成苯并吡喃环的 isochroman 结构，如从山楂（*Crataegus pinnatifida* Bunge）果实中分离得到的 crataeguslignan A，以及蒌叶（*Piper betle* Linn.）叶子中分离得到的 piperneoligan E。

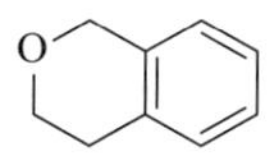

isochroman 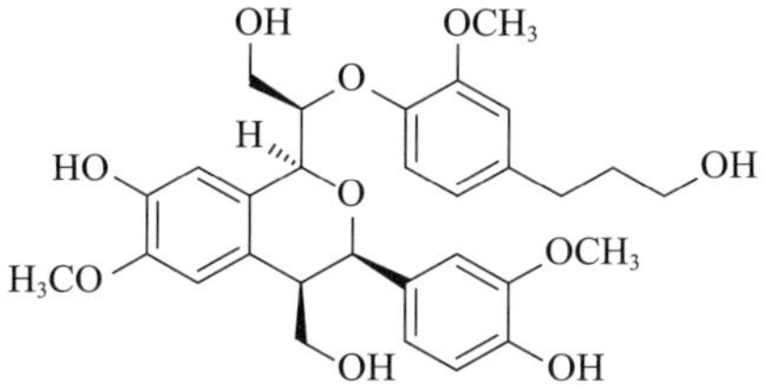　　crataeguslignan A 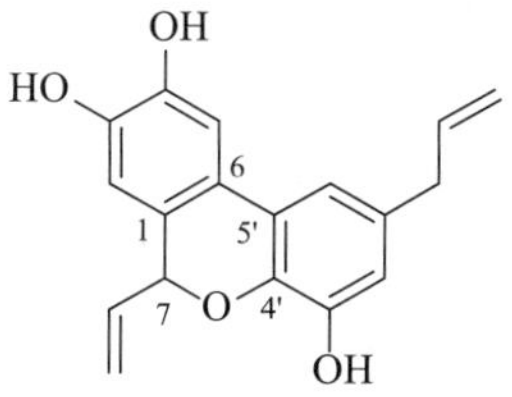　　piperneoligan E

（4）联苯类：是由2分子 C_6-C_3 单元的芳基碳直接相连，连接方式为通过 C-3—C-3′ 连接。如从厚朴（*Magnolia officinalis* Rehd.et Wils.）中分离得到的厚朴酚（magnolol）及和厚朴酚（honokiol）。

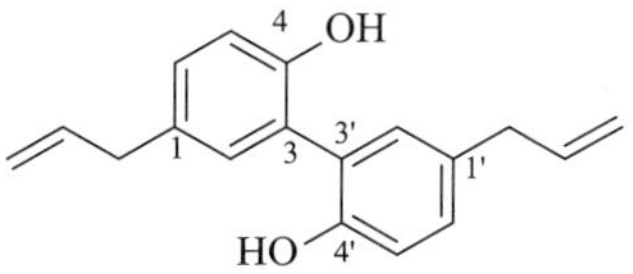

厚朴酚 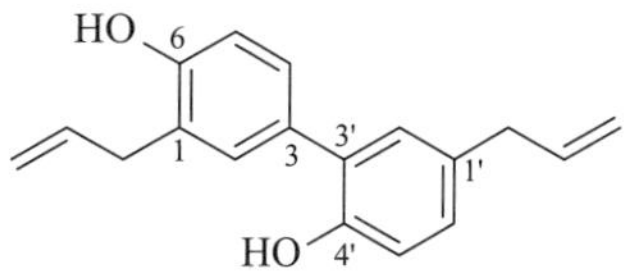　　和厚朴酚

3. 多聚体木脂素　这类木脂素由3个或3个以上 C_6-C_3 单元构成，其中由3个 C_6-C_3 单元构成的称为三倍体木脂素或称倍半木脂素，4个 C_6-C_3 单元构成的称为四倍体木脂素或称二聚木脂素，还有少数5个或6个 C_6-C_3 单元的聚合物。如从中华卷柏 [*Selaginella sinensis*（Desv.）Spring] 中分离得到的倍半木脂素 sinensiol D，以及从牛蒡中分离得到的牛蒡子酚 F（lappaol F）为二聚木脂素。

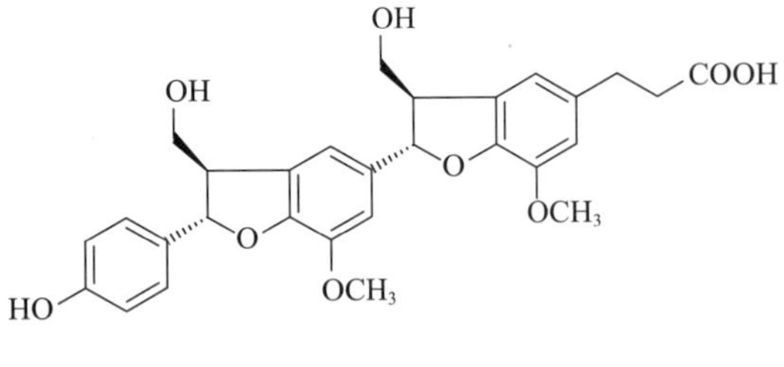

sinensiol D

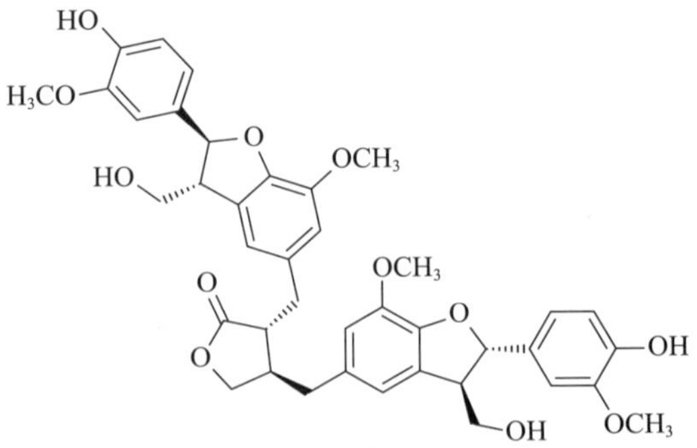

牛蒡子酚 F

4. 杂木脂素类 杂木脂素是指分子中含有黄酮及其他杂环类结构的苯丙素聚合物。黄酮木脂素（flavonolignan）类化合物如水飞蓟宾（silybin）及从藜科植物蒙古虫实（*Corispermum mongolicum*）中分离得到的 trigonotin C。

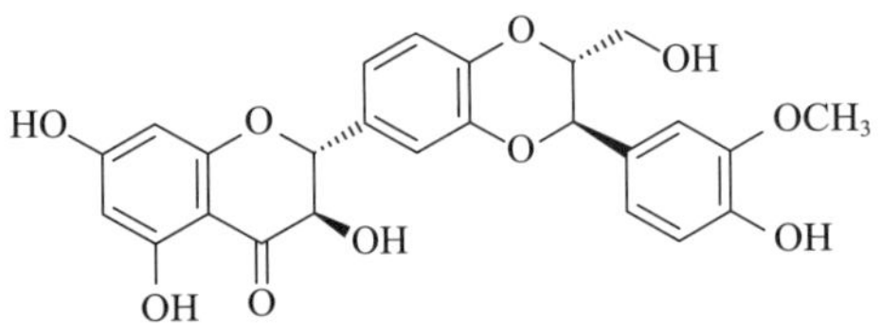

水飞蓟宾

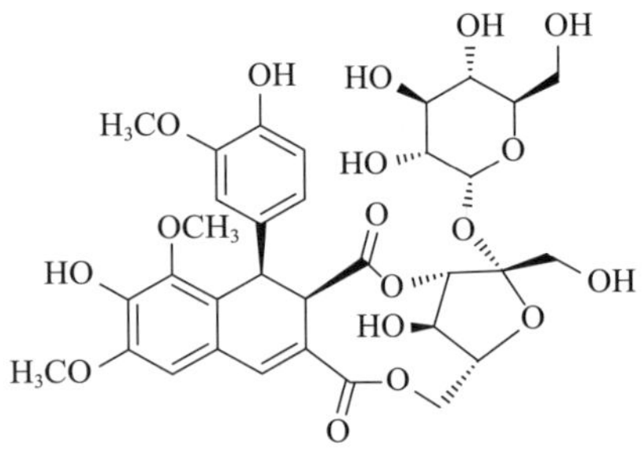

trigonotin C

拓展阅读 五味子甲素的研究

二、苯丙素类化合物的理化性质

（一）简单苯丙素类化合物

1. 物理性质

（1）性状：游离的简单苯丙素类化合物多数有较好的结晶，且大多具有香味。相对分子质量小的游离简单苯丙素类化合物具有挥发性，能随水蒸气蒸馏，且能升华，是挥发油中芳香类化合物的主要组成成分，常存在于植物花中。简单苯丙素类化合物成苷后多数无香味和挥发性，无升华性。

（2）溶解性：游离的简单苯丙素类化合物多具有脂溶性，易溶于有机溶剂，可溶于热水而难溶于冷水，且随着酚羟基数目的增加脂溶性减少，糖苷化后水溶性增加。

2. 化学性质

（1）与碱反应：简单苯丙素类化合物结构中含羧基及（或）数个酚羟基，可以释放质子，故呈现出一定的酸性，遇碱成盐后可溶于水。化合物的酸性一般随着酚羟基数目的增加而增加。

（2）三氯化铁反应：具有酚羟基取代的简单苯丙素类化合物可与 1%～2% 三氯化铁乙醇溶液反应，呈现出墨蓝色的阳性结果，可作为薄层色谱显色试剂。

（二）香豆素类化合物

1. 物理性质

（1）性状：游离的香豆素多容易结晶，且大多具有香味。相对分子质量小的游离香豆素与游离简单苯丙素类相似，具有挥发性，并能升华。糖苷化后的香豆素苷多数无香味和挥发性，无升华性。

（2）溶解性：游离的香豆素多为脂溶性，能部分溶于沸水，难溶于冷水，可溶于乙醚、乙酸乙酯、丙酮、乙醇等有机溶剂。成苷后极性增大，在水中溶解度增大，难溶于弱极性有机溶剂。

（3）荧光性质：大多数香豆素衍生物在紫外光下具有荧光，在碱性溶液中荧光增强，荧光的强弱和有无，与分子中取代基的种类及结合位置有关。香豆素母核本身无荧光，但 C-7 位上引入羟基即显强烈的蓝色荧光，甚至在可见光下也可辨认，加碱后可变为绿色荧光。羟基醚化后荧光减弱。7-羟基香豆素的 C-8 位引入羟基后荧光消失。个别的香豆素类化合物（如双香豆素）不产生荧光。

2. 化学性质

（1）与碱反应：香豆素及其苷类因分子中具有内酯环，在稀碱溶液中内酯环可以开环生成顺式邻羟基桂皮酸盐，加酸又可重新闭环成为原来的内酯。香豆素在碱液中形成顺式邻羟基桂皮酸盐，溶于碱液，而游离香豆素具有一定的脂溶性，可从酸水中沉淀析出，因此该性质可用于提取、分离与鉴定。但如果与碱长时间加热，则可转变为稳定的反式邻羟基桂皮酸盐，即使再经酸化也不能发生内酯化闭环反应。因此用碱液提取香豆素时，必须注意碱液的浓度，并应避免长时间加热，以防破坏内酯环。

（2）与酸反应：香豆素的取代基可受酸的影响而发生多种反应，如环化、醚键的开裂、双键加成等。

1）环化反应：香豆素的异戊烯基容易与邻酚羟基环合，在较温和的酸性条件下，几乎可定量地使异戊烯基侧链形成一个含氧杂环。通过此反应可在香豆素的结构测定中确定酚羟基和异戊烯基的相对位置。

2）醚键的开裂：香豆素结构中存在烯醇醚的结构，则遇酸容易水解，如 6- 甲氧基 -7- 异戊二烯基香豆素在酸性环境中水解生成东莨菪内酯。

3）双键加成反应：香豆素的取代基上有双键时，可发生加成反应，如黄曲霉素 B_1 中不饱和呋喃环上的双键在酸性条件下与 H_2O 加成得到羟化的黄曲霉素 B_1，从而降低毒性。这一反应提示酸处理可能是被污染食品去毒的一种方法。

（3）显色反应：以下四种反应可用于试管或者薄层色谱中对香豆素进行检识。

1）异羟肟酸铁反应：由于香豆素结构中具有内酯环，在碱性条件下可开环，与盐酸羟胺缩合成异羟肟酸，然后在酸性条件下与三价铁离子络合成盐而显红色或紫红色。

2）三氯化铁反应：具有酚羟基取代基的香豆素能与三氯化铁、硝酸银的氨溶液、三氯化铁–铁氰化钾试剂发生颜色反应，生成物的颜色与香豆素结构中的酚羟基数目、位置有关。

3）Gibb's 试剂反应：Gibb's 试剂是 2,6- 二氯（溴）- 苯醌氯亚胺，它在弱碱性条件下可与酚羟基对位的活泼氢缩合生成蓝色化合物。该反应可以判断香豆素结构 C-6 位上有无取代基，如香豆素结构中有酚羟基且对位未被取代，或者 C-6 位上无取代基，则可与 Gibb's 试剂反应显蓝色。

4）Emerson 试剂反应：与 Gibb's 试剂反应类似，C-6 位上无取代基的香豆素于碱性溶液中，加入 2% 的 4- 氨基安替比林和 8% 的铁氰化钾试剂，可生成红色缩合物。

（三）木脂素类及其衍生物

1. **物理性质** 木脂素多数为无色或白色结晶，多数无挥发性，少数具有升华性，如去甲二氢愈创酸。木脂素分子中常具有多个手性碳原子或手性中心结构，所以大部分木脂素都有光学活性。游离木脂素具有脂溶性，能溶于苯、三氯甲烷、乙醚、乙醇等有机溶剂，难溶于水，与糖类结合成苷后水溶性增大。

2. 化学性质 木脂素结构中常含醇羟基、酚羟基、甲氧基、亚甲二氧基及内酯环等官能团，表现出这些官能团所具有的化学性质。如三氯化铁可用于酚羟基的检查，Labat 试剂（5% 没食子酸浓硫酸试剂）可用于亚甲二氧基的检查，阳性反应显蓝绿色；此外异羟肟酸铁试剂也可用来鉴别木脂素内酯是否存在。

第三节 苯丙素类化合物的提取分离

一、提取

苯丙素类化合物提取可根据化合物的溶解性及特性选用不同的提取方法，常见的方法包括水蒸气蒸馏法、系统溶剂法、碱溶酸沉淀法、水提醇沉法、超声提取法、微波提取法、超临界 CO_2 萃取法等（表 7-1）。

表 7-1 不同提取方法在苯丙素类化合物中的应用

方法	适用化合物类型	原理
水蒸气蒸馏法	具有挥发性苯丙醇衍生物，如肉桂醛、丁香酚、茴香脑	依据化合物具有挥发性，随着水蒸气从植物中被提取出来
系统溶剂法	非挥发性苯丙酸类（如咖啡酸、阿魏酸、迷迭香酸等）、香豆素类、木脂素类等	依据化合物具有不同极性，在不同有机溶剂中的溶解度不同
碱溶酸沉淀法	含有酚羟基或内酯基团的苯丙素	依据化合物结构中具有酸性基团遇碱反应成盐，水溶性增加。然后再酸化，化合物水溶性降低，从而实现提取
水提醇沉法	水溶性苯丙素类化合物	水溶性苯丙素类化合物在甲醇或乙醇中具有一定的溶解度，而蛋白质或大分子物质在甲醇或乙醇中的溶解度较低，容易析出，从而实现化合物的提取与富集

方法	适用化合物类型	原理
超声提取法	含有挥发性、不耐热、易氧化的苯丙素类化合物，如苯丙烯、苯丙醛等	利用超声波的空化效应和机械效应，使植物细胞破裂，释放出有效成分
微波提取法	含有极性较强、易溶于水或亲水性有机溶剂的苯丙素类化合物	电磁波的高频振动和加热作用，加速了溶剂分子对样品基体的渗透，从而在短时间内达到提取效果
超临界CO_2萃取法	含有不饱和脂肪酸、挥发油、木脂素等亲脂性的苯丙素类化合物，特别适合对热敏感性强、容易氧化分解的小分子或挥发性香豆素的提取	超临界状态的CO_2对脂溶性化合物具有一定溶解性；相对分子质量较大或极性较强的成分则需要加入适当的夹带剂，如甲醇、乙醇等，以提高萃取的效果

二、分离

对于极性小的苯丙素类化合物，一般可采用溶剂分配、硅胶柱色谱等方法进行分离；对于苯丙酸类及其衍生物，由于极性较大，具有一定的水溶性，常常与其他水溶性成分如酚酸、黄酮苷等混在一起，分离较为困难，一般要经过纤维素、大孔树脂、聚酰胺树脂、反相 RP-18 柱色谱等方法才能分离纯化。

香豆素经典的分离方法常用到分步结晶法。即利用具有氧取代基的香豆素在石油醚中溶解度小的特点，在其乙醚溶液中，逐步加入石油醚，可使不同溶解度的香豆素分步析出。该法适用于含量较高的香豆素的分离。此外，大孔树脂法适用于分离纯化极性较大的香豆素苷类化合物。

木脂素的分离可根据彼此间性质的差异采用溶剂萃取法、分级沉淀法（一种利用物质在两种互不相溶的溶剂中分配系数不同，使物质从一种溶剂内转移到另外一种溶剂中的分离方法）、重结晶等方法进行初步分离，进一步分离一般采用色谱分离法，其中，具有酚羟基和内酯环的木脂素也可适当利用其溶于碱液的性质，而与其他结构的亲脂性成分分离。

部分木脂素的手性碳在分离过程中遇碱或酸或者受热，立体构型会发生改变，因此在提取及分离过程中应注意，如鬼臼毒素具有和四氢萘环反式相连的内酯环结构，遇碱容易发生异构化从而变为 8β,8′β- 顺式内酯；而在酸性条件下其结构中的 7-α-OH 会转变为 7-β-OH。此外，以芝麻脂素为代表的双四氢呋喃型香豆素在酸环境下加热也会发生开环 – 闭环反应导致 6,7/6′,7′ 位间的单键发生构型变化，这些情况都应该注意尽可能避免。

结构相似的苯丙素混合物最后必须经色谱方法才能有效分离，主要包括以下几种方法。

1. 硅胶色谱 以硅胶为吸附剂，常用的洗脱剂有石油醚－二氯甲烷、石油醚－乙醚、石油醚－乙酸乙酯、石油醚－丙酮等。在分离过程中，由于硅胶的酸性，可能会使某些具有邻二醇结构的苯丙素发生结构重排，从而生成一些次生产物。香豆素的苷由于极性较大则需要使用反相硅胶，一般用甲醇－水洗脱分离。吸附柱色谱也是分离木脂素常用的手段。常以硅胶为吸附剂，以石油醚－乙酸乙酯、石油醚－乙醚、苯－乙酸乙酯、三氯甲烷－甲醇等为洗脱剂逐渐增加极性进行洗脱。

2. 氧化铝色谱 吸附剂可用中性或酸性氧化铝，碱性氧化铝会引起香豆素降解，一般不用。洗脱剂常用乙醚、己烷－乙醚、己烷－乙酸乙酯等单一或者混合溶剂。

3. 凝胶色谱 常用 Sephadex LH-20 或 G-25 凝胶。如用 Sephadex LH-20 柱，以三氯甲烷－丁醇－水（1∶1∶1，V/V）为洗脱剂，可分离东莨菪碱和伞形花内酯；此外用 Sephadex G-25 柱，以 0.01 mol/L 氢氧化铵为洗脱剂，可以分离亮菌甲素和共存杂质。

4. 其他色谱技术 制备高效液相色谱（pHPLC）、制备薄层色谱（pTLC）、高速逆流色谱（HSCCC）等一些高效快速的分离技术越来越多地用于苯丙素的分离纯化。如以正己烷－乙酸乙酯－甲醇－水（1.5∶2.5∶2∶1.5，V/V）为 HSCCC 溶剂系统，上相为固定相，下相为流动相，主机转速为 850 r/min，体积流量为 3 mL/min，检测波长为 323 nm，可从 300 mg 裂叶独活粗提浸膏中分离得到二氢欧山芹醇乙酸酯 6.3 mg、蛇床子素 10.6 mg 和二氢欧山芹醇当归酸酯 6.4 mg，用时 250 min。

案例：石菖蒲中提取和分离 α-细辛醚

（1）石菖蒲干燥根茎破碎后，经 4 倍量体积分数 60% 乙醇－水加热回流提取 2 次，每次 2 h，合并提取液，减压回收溶剂，得到总浸膏。

（2）将总浸膏溶于 10 L 水中，分别用等体积的乙酸乙酯和正丁醇各萃取 3 次，合并萃取液并减压浓缩得到乙酸乙酯萃取部分，正丁醇萃取部分，以及水溶解部分。

（3）采用硅胶柱色谱对乙酸乙酯部位进行下一步分离，洗脱剂选择环己烷－乙酸乙酯（100∶0、98∶2、95∶5、9∶1、6∶4、0∶100），并对洗脱下来的各流分进行液质分析。

（4）综合分析紫外及质谱数据后，选取 98∶2 的流分用硅胶柱色谱进一步分离，选用石油醚－丙酮作为流动相，在 100∶1 石油醚－丙酮洗脱流分中获得 β-细辛醚的粗品，同时石油醚－丙酮（98∶2）的流分采用高效液相色谱柱的方法可以进一步分离获得 α-细辛醚。具体流程如图 7-5。

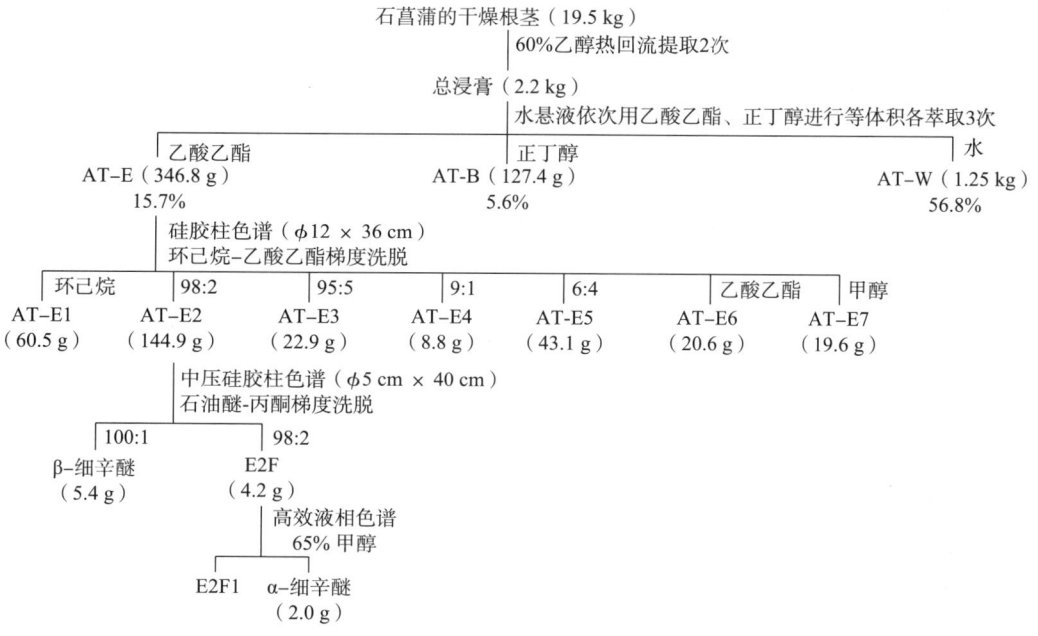

图 7-5 石菖蒲中细辛醚的提取分离流程

第四节 苯丙素类化合物的结构鉴定

一、紫外光谱

（一）简单苯丙素类

在苯丙酸结构中，连有取代基（助色团）的苯环具有强的紫外吸收，如果苯丙酸形成酯或苷，在中性溶液中，其吸收波长无显著改变。诊断试剂能够使苯丙酸的吸收波长发生明显位移，一般加入乙酸钠后，波长发生蓝移；加入乙醇钠，则发生红移。

（二）香豆素类

1. 取代基的影响 无含氧官能团取代的香豆素在紫外光谱上呈现两个高低不同的吸收峰。λ_{max}（275 ± 4）nm（$\lg\kappa$ 3.98~4.10）和 λ_{max}（315 ± 8）nm（$\lg\kappa$ 3.70~3.95），分别代表苯环和 α-吡喃酮环。母核上有氧原子取代时，最大吸收发生红移，移动的程度与取代基的类型、数目及位置有关。取代基类型对红移影响的顺序如下：—OH > —OCH$_3$ > —CH$_3$，如 7-CH$_3$ 香豆素的吸收峰为 284 nm，7-OCH$_3$ 香豆素的吸收峰为 322 nm，7-OH 香豆素的吸收峰为 325 nm。5,7-位及 7,8-位双氧取代的香豆素紫外光谱与 7-位氧取代的香豆素类似，而 6,7-位双氧取代的香豆素则明显不同，两个主要的强峰位于 230 nm 及 340~350 nm 附近。

呋喃香豆素的吸收峰向低波长位移，λ_{max} 在 220~230 nm 及 250 nm。母核上有氧原子取代时相应吸收也会发生红移，如 5-含氧取代呋喃香豆素香柑内酯 UV λ_{max}（MeOH）为 226 nm（$\lg\kappa$ 3.98），270 nm（$\lg\kappa$ 3.77）和 303 nm（$\lg\kappa$ 3.61）。

2. pH 的影响 在碱性溶液中，多数香豆素类化合物的吸收峰较在中性或酸性溶液中显著地红移，且吸收系数值增大。有些香豆素在近中性溶液中，实际上处于闭环的内酯型和开环型的动态平衡中，此时所表现的紫外吸收峰实际上是二者的总和。当加入酸后，平衡移向闭环的内酯型，此时所表现出的紫外吸收峰才是真正的香豆素的吸收峰。加入碱后，平衡移向开环型，所表现出的紫外吸收峰是邻羟基桂皮酸衍生物的吸收峰，如图 7-6 所示。

（三）木脂素类及其衍生物

多数木脂素的两个取代芳环是两个孤立的发色团，其紫外吸收峰位置相似，吸收强度是二者之和，立体构型对紫外光谱一般无影响。在某些类型木脂素中，紫外光谱可以提供重要的结构信息。如用紫外光谱可以确定苯代二氢萘型的木脂素中 B 环双键的位置，如 α-、β-、γ-脱水苦鬼臼脂素为 3 种异构体，3 种异构体的双键位置不同，因而紫外光谱也不同。β-脱水苦鬼臼脂素的 B 环双键因与两个苯环均不共轭，故紫外光谱 λ_{max} 为 290 nm（$\lg\kappa$ 3.66），α-脱水苦鬼臼脂素的 B 环双键由于共轭作用，吸收峰红移到 311 nm（$\lg\kappa$ 3.88），而 γ-脱水苦鬼臼脂素的 B 环双键使苯环与羰基共轭，其红移更加明显，出现在 350 nm（$\lg\kappa$ 4.10）处。紫外光谱还可用于区别芳基四氢萘、芳基二氢萘、芳基萘型木脂素。

二、红外光谱

（一）简单苯丙素类

苯丙酸中的苯环在 1 650~1 440 cm^{-1} 处有芳香环的特征吸收，当化合物为两种或两种以上分子以醚键形成的聚合物时，可以看到多个苯环对应的骨架振动信号；此外苯环上的酚羟基在 3 500~3 300 cm^{-1} 处具有强吸收。

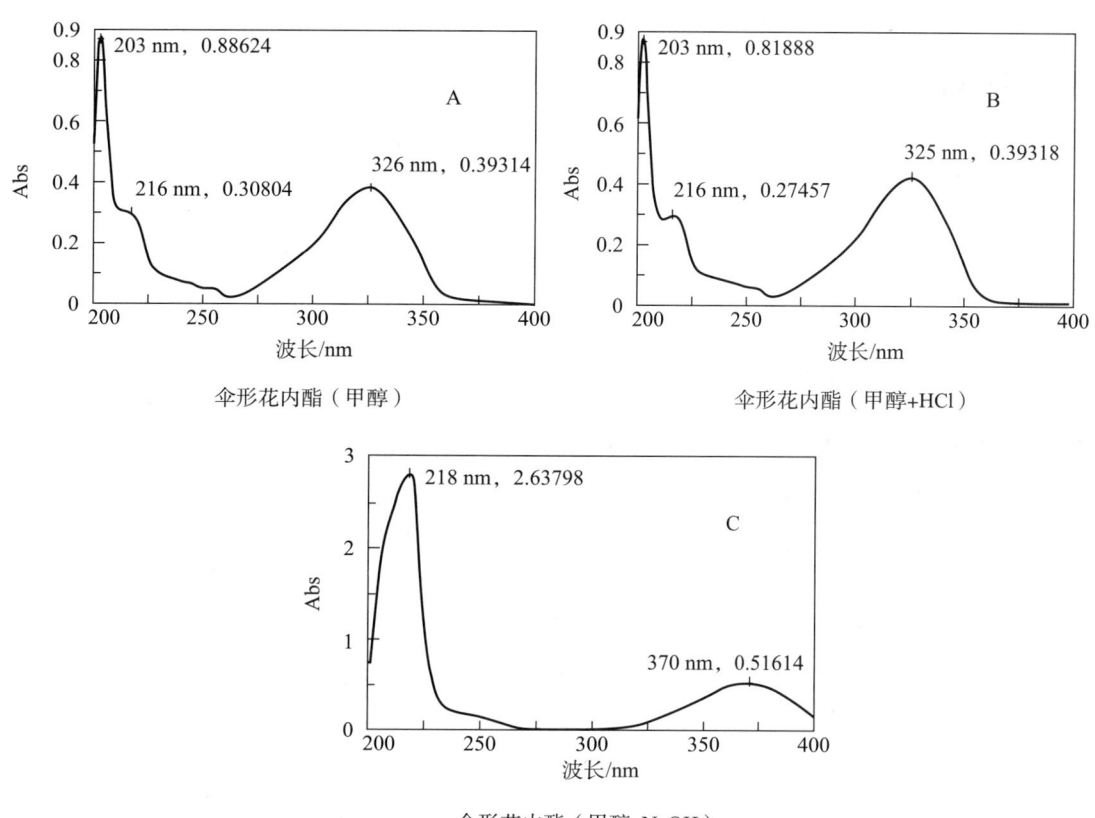

图 7-6 香豆素类化合物 UV 在不同酸碱溶液中的变化

(二) 香豆素类

(1) C=O 伸缩振动吸收：内酯环羰基的伸缩振动形成的吸收带在 1 750~1 700 cm^{-1}，羰基附近如果有羟基或羧基会形成分子内氢键，吸收带移至 1 680~1 660 cm^{-1}。双香豆素的 C=O 峰因有较强分子内氢键的存在而处于 1 600 cm^{-1}。

(2) C—H 伸缩振动吸收：在呋喃香豆素的 3 175~3 025 cm^{-1} 区内，可见到 2 个或 3 个弱至中等强度的吸收带，可归属于吡喃酮、苯、呋喃环的 C—H 伸缩振动。

(3) C=C 骨架振动吸收：芳环的 3 个吸收峰位于 1 660~1 600 cm^{-1} 范围。此外，呋喃香豆素还会由呋喃环双键产生强而尖锐的吸收带，位于 1 639~1 613 cm^{-1} 处。

(三) 木脂素类及其衍生物

红外光谱中的 1 600~1 450 cm^{-1} 区域可显示木脂素苯环的骨架振动特征吸收峰，并在 900~700 cm^{-1} 有苯环指纹区的特征吸收峰。红外光谱还可以确定木脂素结构中是否有内酯环存在。饱和的 γ- 内酯羰基在 1 780~1 760 cm^{-1} 有强吸收，α,β- 不饱和内酯的羰基吸收则在 (1 760 ± 20) cm^{-1}。鬼臼毒素及其类似物的红外光谱最重要的特征谱带就是该吸收带。在许多结构修饰中（如 C-7 上的反应），内酯容易开环（发生水解）转化为羧酸，该酸又被溶剂化形成甲酯或乙酯。这时用羰基吸收带的波数来判断结构的变化最为方便。甲酯羰基吸收范围大致为 1 725 ± 10 cm^{-1}，羧酸为 (1 700 ± 10) cm^{-1}，均与上述内酯羰基的范围不同。

三、核磁共振波谱

（一）简单苯丙素类

1. **^{1}H-NMR** 简单苯丙素的苯环上没有其他取代时，苯环上的 5 个氢化学位移接近，通常在低场区 δ_H 6.0～7.5。与苯环相连的反式烯键出现在 δ_H 6.2～7.8，J = 14～16 Hz，顺式双键 J = 10～12 Hz；但这个双键在很多情况下可能被还原成烃基或氧化为氧取代的烃基；在苯丙酸类化合物中，由于羧酸羰基吸电子共轭效应，H-7 会比 H-8 的化学位移值小 1.18 左右。羧基氢的化学位移值通常大于 δ_H 10，而醛基氢则在 δ_H 9.5～10.0。当苯环上发生含氧基团取代时，受苯环共轭效应影响，邻、对位碳上的氢向高场位移。

2. **^{13}C-NMR** 苯丙素的苯环及不饱和双键上的碳化学位移值在 δ_C 100～150，有氧取代的苯环碳化学位移为 δ_C 150～165；羧基化学位移为 δ_C 160～180，苯环上甲氧基在 δ_C 50～60。另外，α,β（7,8）- 不饱和羧基 β- 位上的碳比 α- 位碳处于更低场。

（二）香豆素类

1. **^{1}H-NMR** 由于受内酯羰基吸电子共轭效应影响，香豆素 α- 苯并吡喃酮上 H-3,6,8 化学位移值会比 H-4,5,7 位低。C-3、C-4 未取代的香豆素，H-3、H-4 相互耦合，表现为双重峰；以 CDCl$_3$ 为溶剂时，H-3 位于 δ_H 6.1～6.4，H-4 位于 δ_H 7.5～8.3，$J_{3,4}$ 一般为 9.5 Hz 左右。若以 DMSO-d_6 为溶剂，则 H-3、H-4 位于 δ_H 7.8～8.1、苯环上的质子信号一般处于 δ_H 6.5～8.0。C-7 位有氧取代时（表 7-2），氧上孤对电子和苯环上的电子有离域作用，使得苯环电子云密度增加，苯环上氢化学位移值降低，而氧取代碳的邻、对位氢降低得最为明显。C-5 位有氧取代时，也有类似影响。此外若分子中两个迫位质子之一被取代（如香豆素母核的 4,5 位质子），将对另一迫位质子产生较大的去屏蔽效应，使其向低场位移，即迫位效应。如 5 位被取代，4 位质子向低场位移约 0.3。

2. **^{13}C-NMR** 香豆素母核的碳化学位移大多在 δ_C 100～160 区域内，其中 C-2（羰基）化学位移最大，一般 3,4- 无取代香豆素 C-3 处在 δ_C 110～113，C-4 则在 δ_C 143～145；另外当某一碳原子上有 OR 取代，直接相连的碳化学位移值增加 13，邻位碳化学位移值减小 13，对位碳化学位移值减小 8 左右。根据比价碳化学位移及耦合常数的差异可以推断出取代位置、糖的类型及异头碳的构型等信息。

表 7-2 简单香豆素的 ^{1}H-NMR 化学位移

取代类型	7- 羟基	7,8- 二氧代	6,7- 二氧代	6,7,8 - 三氧代
H-3	6.2 d（9.0）	6.1～6.2 d（9.0）	6.1～6.3 d（9.0）	6.2 d（9.0）
H-4	8.2 d（9.0）	7.8 d（9.0）	7.6～7.9 d（9.0）	7.8 d（9.0）

取代类型	7-羟基	7,8-二氧代	6,7-二氧代	6,7,8-三氧代
H-5	7.7 d（9.0）	7.2~7.4 d（8.0）	6.7~6.9 s	6.78 s
H-6	6.9 dd（9.0, 2.5）	7.0 d（8.0）	—	—
H-8	7.0 d（2.5）	—	6.3~7.1 s	—

（三）木脂素类及其衍生物

（1）木脂素的骨架结构比较：不同类型木脂素的核磁共振氢谱有一定信号特征。双四氢呋喃类木脂素母核结构上的两个苯环，碳化学位移值 δ_C 100~165（10个芳香氢，化学位移值 δ_H 6.5~8.0），并四氢呋喃上四个与氧相连的碳 δ_C ~85（相应碳上氢化学位移值 δ_H 3.5~5.0），并合环上的两个桥头碳化学位移值为 δ_C ~54.3（桥头碳上的氢化学位移值 δ_H ~2.33）。双四氢呋喃类化合物具有刚性的母核结构，有些分子可能呈对称性，则核磁共振氢谱及碳谱中峰重叠而峰个数减少。当双四氢呋喃类木脂素开环，形成二苄基丁烷类木脂素后原本与氧相连的次甲基信号变成亚甲基信号，同时在核磁共振氢谱上向高场位移约2.43。

（2）确定取代基的位置：苯环的氧取代位置可以通过芳香氢的化学位移值及耦合常数进行初步推断，对于其他位置上的连接关系可以借助氢耦合常数及二维核磁共振谱（如HSQC、HMBC等）进行判断。

（3）确定相对构型：环上相邻基团的相对构型可以通过与两基团连接的碳上氢之间的耦合常数进行推断，若两基团为反式，则两个氢都位于直立键位置，耦合常数为8~11 Hz。2,3-丁内酯-4-芳基四氢萘类化合物如鬼臼毒素、表鬼臼毒素、苦鬼臼毒素等，其结构中2,3位的相对构型对H-4β和H-1β有明显影响：2,3-反式时，H-4β在 δ_H 4.50~4.60，H-1β在 δ_H 4.86；而2,3-顺式时，H-4β在 δ_H 3.88，H-1β在 δ_H 4.38，明显移向高场。另外也可以通过NOESY谱，即通过查看氢之间在空间位置上是否靠近来判断。

此外，相对构型的变化对化合物核磁共振数据有明显影响，如芝麻脂素和细辛脂素：细辛脂素与芝麻脂素为差向异构体，其C-7'构型的差异体现在H-7'与H-8'的邻位耦合常数不同，细辛脂素 $J_{7',8'}$ = 7.2 Hz，而芝麻脂素 $J_{7',8'}$ = 4.0 Hz。这是由于在细辛脂素中H-7'与H-8'处于顺式，而在芝麻脂素中H-7'与H-8'处于反式，在五元环结构中，邻位氢处于顺式时的二面角接近0，耦合常数较大（表7-3）。此外，由于C-7'构型的不同，导致细辛脂素在C-7'附近的碳化学位移与芝麻脂素相比，发生了明显改变。

芝麻脂素　　　　　细辛脂素

表 7-3 芝麻脂素和细辛脂素的 ^{13}C-NMR 和 ^{1}H-NMR（400 MHz for ^{1}H，CDCl$_3$）

序号	芝麻脂素 δ_C	芝麻脂素 δ_H	细辛脂素 δ_C	细辛脂素 δ_H
1	135.0		135.1	
2	106.3	6.85（1H, s）	107.9	6.86（1H, s）
3	146.9		147.3	
4	147.8		147.8	
5	108.0	6.76（1H, d, J = 8.0 Hz）	106.3	6.81（1H, m）
6	119.1	6.78（1H, d, J = 8.0 Hz）	119.4	6.81（1H, m）
7	85.6	4.70（1H, d, J = 4.0 Hz）	87.5	4.81（1H, d, J = 5.2 Hz）
8	54.2	3.03（1H, ddd, J = 7.2, 4.0, 3.2 Hz）	54.5	3.29（1H, m）
9	71.5	4.21（1H, dd, J = 9.2, 7.2 Hz）	69.5	4.09（1H, d, J = 9.6 Hz）
		3.85（1H, dd, J = 9.2, 3.2 Hz）		3.81（1H, m）
OCH$_2$O	100.9	5.92（2H, s）	100.9	5.94（2H, s）
1'	135.0		132.2	
2'	106.3	6.85（1H, s）	106.4	6.86（1H, s）
3'	146.9		146.5	
4'	147.8		147.5	
5'	108.0	6.76（1H, d, J = 8.0 Hz）	108.0	6.81（1H, m）
6'	119.1	6.78（1H, d, J = 8.0 Hz）	118.6	6.81（1H, m）
7'	85.6	4.70（1H, d, J = 4.0 Hz）	81.9	4.39（1H, d, J = 7.2 Hz）
8'	54.2	3.03（1H, ddd, J = 7.2, 4.0, 3.2 Hz）	50.1	2.84（1H, m）
9'	71.5	4.21（1H, dd, J = 9.2, 7.2 Hz）	70.9	3.81（1H, m）
		3.85（1H, dd, J = 9.2, 3.2 Hz）		3.29（1H, m）
OCH$_2$O	100.9	5.92（2H, s）	100.8	5.93（2H, s）

四、质谱

（一）香豆素类化合物

（1）简单苯丙素苯环侧链有不饱和双键时，分子内形成大的共轭，结构较稳定，分子离子峰丰度高。香豆素母核也有较强的分子离子峰，基峰常是失去羰基的苯并呋喃离子。香豆素类化合物的质谱图中都有连续脱去羰基的碎片离子峰。

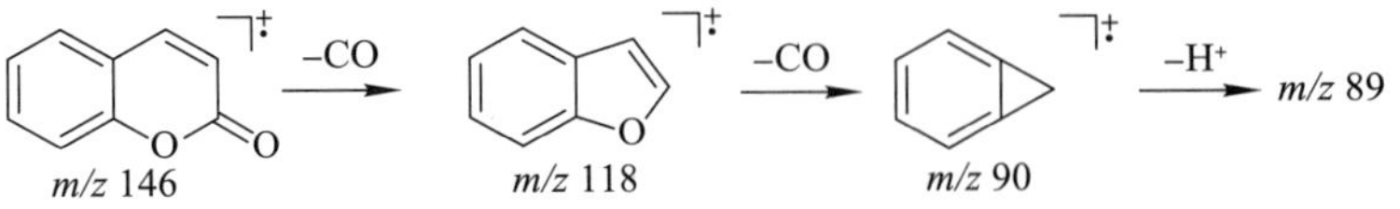

$$\text{香豆素} (m/z\ 146) \xrightarrow{-CO} \text{苯并呋喃} (m/z\ 118) \xrightarrow{-CO} (m/z\ 90) \xrightarrow{-H^+} m/z\ 89$$

（2）7-含氧取代香豆素的裂解方式与香豆素母体类似，有较强的分子离子峰和一系列失去 CO 的碎片离子峰。

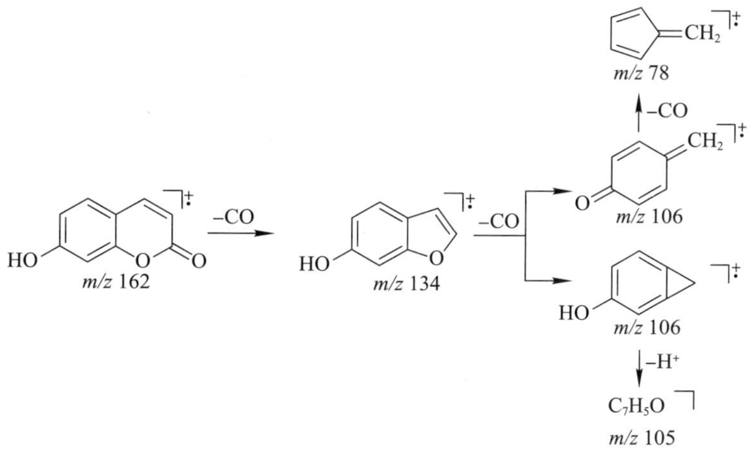

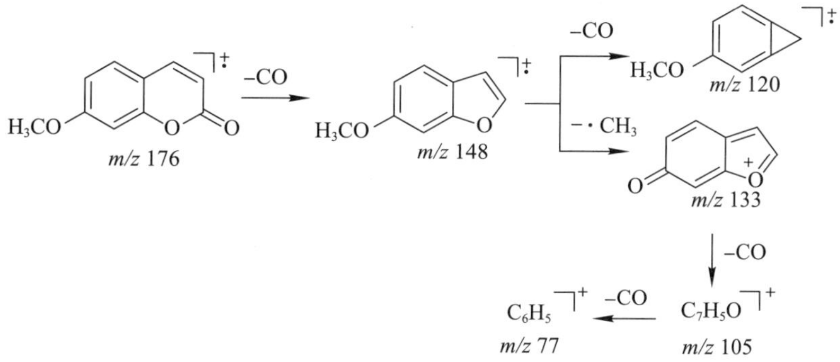

[反应图示:香豆素类化合物的质谱裂解途径]

（3）呋喃香豆素也可以脱去羰基，从而生成苯并呋喃离子。

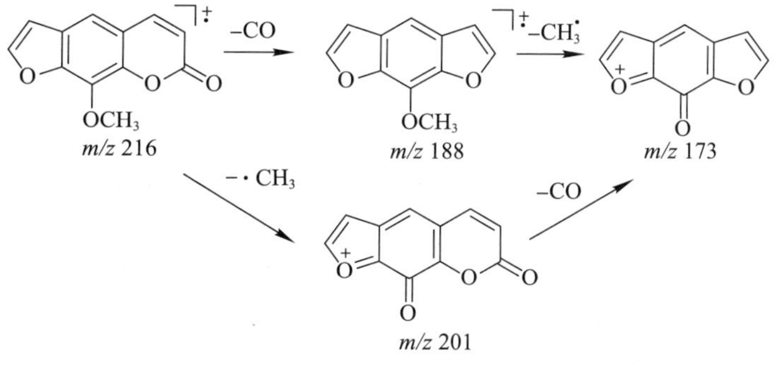

[反应图示:呋喃香豆素的质谱裂解途径]

（二）木脂素类化合物

由于木脂素结构中具有环状结构，因此其质谱通常能够给出丰度较高的分子离子峰，从而可以得到化合物相对分子质量的信息。

芳基萘类木脂素具有四环系统，裂解比较困难，因而其分子离子峰很强，一般为基峰。如鬼臼毒素和其类似分子通常都会出现 EI 的分子离子峰，而底物的碎片离子峰的丰度一般比较弱。这些碎片峰来源于 C-1 和 C-1' 键的断裂同时可能脱水，形成 m/z 167 或 m/z 154 的苯甲醚正离子（或自由基）和 m/z 229 的二氢萘衍生物离子（或自由基）；失去 4' 位氧原子上的 R 基团形成共轭二烯酮离子（m/z 99）；内酯开环失去二氧化碳形成萘衍生物离子（m/z 185）。其一般规律和裂解途径如下：

（1）苯环 α 位（苄基位）极易裂解。
（2）醚键和萘环正离子很稳定。
（3）2,6- 二甲氧基酚的正离子（m/z 154）相当稳定。

双四氢呋喃木脂素的质谱裂解主要发生在双四氢呋喃部分。(+)-芝麻脂素[(+)-sesamin]的质谱裂解对于双四氢呋喃木脂素的结构确定具有借鉴作用,其裂解的方式和主要碎片如下:

案例分析 结构解析

第五节 苯丙素类化合物的生物活性

苯丙素类化合物由于结构中含有游离酚羟基和碳碳双键,而具有显著的抗氧化、清除自由基的作用。常见的化合物有咖啡酸、阿魏酸、绿原酸、7-羟基香豆素、五味子乙素等。鉴于这种抗氧化活性,苯丙素类化合物对于氧化应激和炎症反应引起的一些肝肾功能损伤、心肌损伤和血管内皮损伤等具有一定的改善作用,同时也具有一定的调节细胞功能。以下介绍各类苯丙素类化合物的生物活性。

一、简单苯丙素类

(一)升白细胞和抗血小板凝集作用

咖啡酸在临床上作为一种升白细胞和止血药物使用,可应用于化疗引起的血小板及白细胞减少,并保护血小板不受损伤。阿魏酸对血小板的聚集和释放具有抑制作用,其作用机制可能是抑制磷脂酶A_2、合成血栓素的酶及拮抗血栓素而发挥作用。金银花也具有一定的抗血小板凝聚活性,可能是由于其中的绿原酸、异绿原酸在体内代谢成咖啡酸和阿魏酸而产生的活性。

(二)抗肿瘤活性

咖啡酸和咖啡酸苯乙酯等咖啡酸类衍生物在多种肿瘤细胞生长、分化、增殖方面有一定的抑制作用或促进肿瘤细胞凋亡的药理活性,现已有研究从氧化应激、信号通路及转录因子的激活或抑制、表观遗传学调控三个方面阐述了咖啡酸及其衍生物的抗肿瘤机制。绿原酸类化合物在抗癌症方面的研究也较为广泛。

(三)抗菌、抗病毒活性

现已发现多种抗菌、抗病毒活性的苯丙酸类化合物,如阿魏酸具有广谱的抑菌作用,且对于一些流行性感冒病毒、艾滋病病毒及呼吸道合胞体病毒(RSV)有显著抑制作用。绿原酸对于多种病毒具有较好的抑制和杀菌活性,它的衍生物二咖啡酰奎尼酸对乙肝病毒有较好的抑制作用。还有一些苯丙酸衍生物对于HIV-1的蛋白酶和逆转录酶呈现出较好的抑制作用。

(四)神经保护作用

阿魏酸在神经退行性疾病阿尔兹海默病(Alzheimer's disease,AD)方面呈现潜在的防治作用,现有多种胆碱酯酶抑制药物与阿魏酸结合形成的衍生物在细胞或动物实验研究中呈现出活性更好、毒副作用更弱的潜在抗AD作用,如他克林-阿魏酸衍生物、小檗碱-阿魏酸衍生物、多奈哌齐-阿魏酸衍生物等。丹参注射液对于改善损伤脊髓的神经功能及缓解神经性疼痛方面具有一定的药理活性。也有许多研究表明,咖啡酸苯乙酯可通过对抗氧化应激、调节基因表达、信号通路调控等多种机制而发挥神经功能保护作用。

二、香豆素类

(一)抗菌、抗病毒作用

秦皮中的七叶内酯(aesculetin)及其苷和从微生物中获得的新生霉素(novobiocin)、亮菌甲素等均有明显的抗菌作用。其中亮菌甲素是20世纪70年代江苏省江苏新医学院(现南京医科大学)、南京大学、镇江制药厂等多家单位通力合作从假蜜环属亮菌[*Armillariella tabescens*(Scop. Ex Fr.)Sing.]系统研究中发现的,可治疗胆囊炎和急慢性肝炎。蛇床子中的蛇床子素(osthole)可抑制乙肝表面抗原,机制是增加乙型肝炎表面抗原的糖基化和在体外抑制乙型肝炎病毒的分泌。

(二)抗凝血作用

双香豆素类化合物具有明显的抗凝血活性,最初的发现是源于动物误食腐烂的草木犀后引起体内出血,导致死亡。之后以双香豆素为合成模板,用合成的方法生产了华法林、硝苄香豆素等一系列的抗凝血药物,临床上用于防止血栓形成。

(三)抗癌作用

现已发现多种具有抗癌活性的天然香豆素类化合物,如[*Angelica sinensis*(Oliv.)Diels]中含有6种具有抗癌作用的角形呋喃香豆素,其中的edulisin V的抑癌作用最强。此类香豆素的抗癌作用可能是在于3′和4′位上的酯基。另外,7-羟基香豆素可通过降低细胞cyclin D1的表达抑制癌细胞的增殖,临床上可用于治疗恶性黑色素瘤、肾癌和前列腺癌等疾病。

(四)平滑肌松弛作用

色原酮凯林(khellin)、二氢沙米丁(dihydrosamidin)、维司那定(visnadin)等结构为7,8-吡喃香豆素,都有扩张冠状动脉作用。茵陈蒿(*Artemisia capillaries* Thunb.)中的滨蒿内酯(scoparone)具有松弛平滑肌、解痉利胆的作用。

(五)光敏作用

呋喃香豆素能提高皮肤对紫外线的敏感性,外涂或内服后经日光照射可引起皮肤色素沉着,临床上用白芷总香豆素、补骨脂内酯治疗白斑病,其中8-甲氧基或5-甲氧基补骨脂内酯作用更显著。

(六)毒性

香豆素类除了以上的用于人体防病治病的生物活性,还可能存在毒性。如黄曲霉素(AFT),它是一类化学结构类似的化合物，均为二氢呋喃香豆素的衍生物，在极低浓度下就能引起动物的肝损伤并导致肝癌。主要由黄曲霉（*Aspergillus flavus*）、寄生曲霉（*A. parasiticus*）产生，在湿热环境下的食物、中药材和饲料中出现的概率最高。

三、木脂素及其衍生物

（一）抗肿瘤作用

目前已经发现许多木脂素具有抗肿瘤活性。从糙叶败酱中分离提取出的糙叶败酱总木脂素对K562细胞增殖有显著抑制作用，作用的机制与其诱导该细胞凋亡有关。伞形科植物 *Steganotaenia araliacea* 中的联苯环辛烯内酯具有很好的抗白血病P388活性。

（二）抗病毒作用

木脂素于1990年首次被报道具有抗HIV活性。近年来，许多木脂素化合物具有抗HIV活性已经被研究并被证实，如南五味子中报道的12种木脂素中就有7种具有抗HIV病毒性能。还有一些木脂素类也对乙型肝炎抗原具有不同程度的对抗作用。

（三）血小板活化因子拮抗作用

海风藤中的新木脂素类成分海风藤酮能明显减少脑缺血后梗死面积，增加脑缺血后脑局部血流量，减轻缺血后神经功能缺损；其与传统PAF受体拮抗剂银杏苦内酯相似，有明显的缺血后脑保护作用。

（四）其他作用

脱氧鬼臼毒素和鬼臼毒素的杀虫活性测试表明，它们对菜青虫有较强的胃毒和拒食作用，木脂素类化合物在草食畜禽胃肠道微生物对其饲草的消化利用中起重要的作用，可以提高微生物消化，提高动物营养水平和畜禽产品质量。

> **拓展阅读**　白花前胡丙素的研究

第六节　苯丙素类化合物的研究实例

接骨木（*Sambucus williamsii* Hance）是忍冬科（Caprifolianceae）接骨木属（*Sambucus*）的多年生灌木，又名木蒴藋、续骨木、扦扦活、接骨丹、透骨草、马尿骚、接骨草等，生长于向阳山坡，广泛分布于东北、华北、华中、华东以及甘肃、四川、云南等地。历代本草典籍中多有关于接骨木的记载，始载于唐代《新修本草》，记载其"接骨以功而名"；《本草新编》记载其"入骨节、专续筋接骨""独用以接续骨节固奇"。接骨木的茎枝、叶、花、根及根皮均可入药，最常用的为茎枝，其性味甘、苦、平，归肝经，具有接骨续筋、活血止痛、祛风利湿的功效。现代药理学研究表明，接骨木具有骨保护、抗炎镇痛、抗氧化、抗真菌、抗血栓、护肝等多种活性。化学研究表明其含有苯丙素类、萜类、黄酮类等化合物。

根据历史应用结合现代药理学手段，研究人员发现了接骨木提取物的抗骨疏松药效活性，为了从接骨木中寻找到抗骨质疏松的活性天然产物，研究人员运用生物活性指导分离的策略和各种色谱学方法，从接骨木中分离到了一系列木脂素类化合物，samwinol是接骨木活性部位分离得到的木脂素类新化合物。

samwinol为黄色无定形粉末。根据HR-ESI-MS数据（m/z 341.1371 $[M+H]^+$，calcd for $C_{20}H_{21}O_5$，341.137 2），确定其分子式为 $C_{20}H_{20}O_5$，不饱和度为11。^{13}C-NMR（100 MHz，in CD_3OD，表7-4）和DEPT谱图显示20个碳信号，归属为2个甲氧基、4个亚甲基（2个含氧）、5个烯烃次甲基和9个季碳（4个含氧烯烃，5个烯烃），推知该化合物为木脂素。通过 ^{1}H-^{1}H COSY谱，推知存在1个 C_3 的

自旋耦合片段 H-9′（δ 3.60）/H-8′（δ 1.90）/H-7′（δ 2.77），再根据 H-7′ 与 C-1′、C-2′ 和 C-6′ 的 HMBC 相关，推知 C_3 单元附着在 C-1′ 上。从 H-9（δ 4.80）到 C-7（δ 155.5）/C-8（δ 114.7）/C-5′（δ 132.8）和从 H-2（δ 7.46）到 C-7（δ 155.5）的 HMBC 相关，推知一个 C_3 单元 C-7–C-8–C-9 与两个苯环相连。此外，根据剩余的 2 个不饱和度，以及 C-6（δ 148.9）、C-7（δ 155.5）、C-8（δ 144.7）、C-9（δ 55.5）和 C-4′（δ 142.8）的化学位移，推知吡喃环和呋喃环的存在。最终推知化合物的结构如图 7-7 所示。核磁共振数据归属如下：

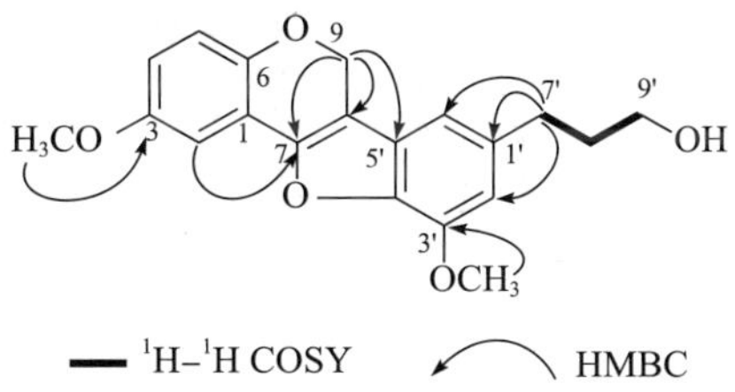

图 7-7　木脂素 samwinol 的结构及关键的 2D NMR 相关

表 7-4　samwinol 的核磁共振数据（400 MHz for ^{1}H，CD_3OD）

序号	δ_C	δ_H	^{1}H-^{1}H COSY	HMBC
1	123.5			
2	112.0	7.46（1H, d, J = 2.0 Hz）		7
3	149.3			
4	121.9	7.33（1H, dd, J = 8.3, 1.9 Hz）		
5	116.6	6.91（1H, d, J = 8.3 Hz）		
6	148.9			
7	155.5			
8	114.7			7, 8, 5′
9	55.5	4.80（2H, overlapped）		
5-OCH$_3$	56.5	3.94（3H, s）		
1′	139.1			
2′	108.8	6.74（1H, br s）		
3′	146.1			
4′	142.8			
5′	132.8			
6′	112.1	7.11（1H, br s）		
7′	33.5	2.77（2H, m）	8′	1′, 2′, 6′,
8′	35.9	1.90（2H, m）	7′, 9′	
9′	62.3	3.60（2H, t, J = 6.5 Hz）	8′	
3′-OCH$_3$	56.5	4.00（3H, s）		

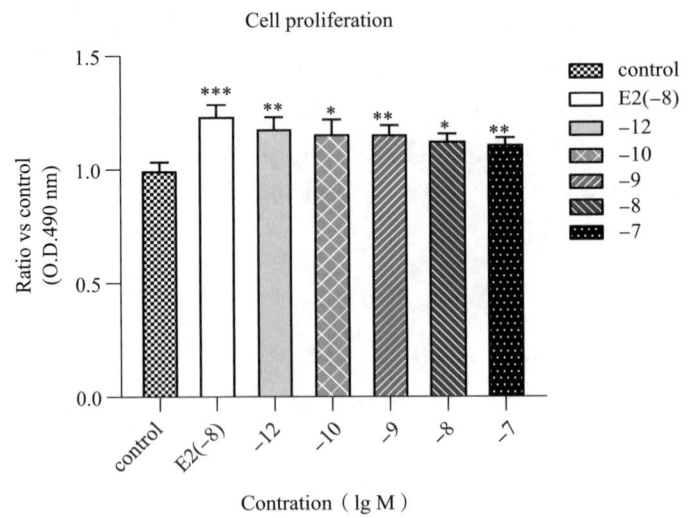

图 7-8 samwinol 促进类成骨 UMR 106 cells 细胞增殖的活性
（E2：β-estradiol 是雌激素，为本实验的阳性对照）

结合体外实验，确认 samwinol 具有促进类成骨细胞增殖的药效活性，为接骨木的抗骨质疏松的活性成分（图 7-8）。

（陈国栋）

第八章
醌类化合物

编者导学

本章导航

- 学习目标
- 思维导图

第一节　概述
第二节　醌类化合物的结构类型与理化性质
第三节　醌类化合物的提取分离
第四节　醌类化合物的结构鉴定
第五节　醌类化合物的生物活性
第六节　醌类化合物的研究实例

醌类化合物即指醌类或易转变为具醌类性质的化合物，包括苯醌、萘醌、菲醌和蒽醌等，分子中常连有—OH，—OCH$_3$ 等助色团而带有颜色，故常作动植物、微生物色素，而广泛存在于自然界中。诸多醌类化合物中，以蒽醌及其形成的衍生物最为重要，构成不少天然药物的有效成分，如大黄、何首乌、番泻叶、芦荟、丹参、紫草等。其中多具有显著的生物活性，是天然产物中一类比较重要的活性成分。本章将对蒽醌类化合物作详细介绍，并进一步探讨其生物活性的应用前景。

第一节　概　　述

醌类化合物（quinonoids）是指分子内具有醌式结构（不饱和环二酮）或容易转变成这类结构的化合物的总称。醌类化合物是天然药物中一类重要的化学组成，主要分为苯醌、萘醌、菲醌和蒽醌四种结构类型，其中蒽醌及其衍生物种类最多。

醌类化合物在高等植物中分布比较广泛，如蓼科、茜草科、紫草科、豆科、百合科、唇形科等多种植物中均含有醌类化合物。在低等植物（藻类、菌类及地衣类）、微生物、动物中也有醌类化合物的存在。

醌类化合物主要通过酚类化合物氧化生成，故其生源合成可通过乙酰－丙二酸（acetate-malonate）、莽草酸（shikimic acid）等途径实现。如苯醌类化合物可由 4-羟基苯甲酸通过莽草酸途径，经进一步的脱羧、氧化形成；萘醌类由异分支酸与 2-酮戊二酸在辅酶二磷酸硫胺（TPP）催化加成后，经消除、脱氢、类狄克曼缩合等形成；蒽醌类化合物由八个 C$_2$ 单元（乙酰辅酶 A 和丙二酸单酰辅酶 A）缩合形成聚酮结构，而后经折叠环合形成，再经进一步氧化偶联反应生成二蒽酮类衍生物。

醌类化合物具有泻下、抗肿瘤、抗菌、抗病毒、抗炎和止血等多方面生物活性。如番泻叶中的番泻苷类化合物具有较强的泻下作用；大黄中游离蒽醌类化合物（芦荟大黄素、大黄素等）具有强效抗菌作用，大黄素还具有抗病毒、抗炎、抗氧化、抗肿瘤等作用；紫草中的主要活性成分紫草素及其衍生物具有止血、抗炎、抗菌、抗病毒及抗肿瘤的作用；丹参中的脂溶性成分丹参醌 II$_A$ 具有抗菌及扩张冠状动脉作用。

第二节 醌类化合物的结构类型与理化性质

一、醌类化合物的结构类型

天然醌类化合物根据其结构中含有苯环的数目及苯环与醌环的相对位置分为苯醌（benzoquinones）、萘醌（naphthoquinones）、菲醌（phenanthra-quinones）和蒽醌（anthraquinones）四种类型。

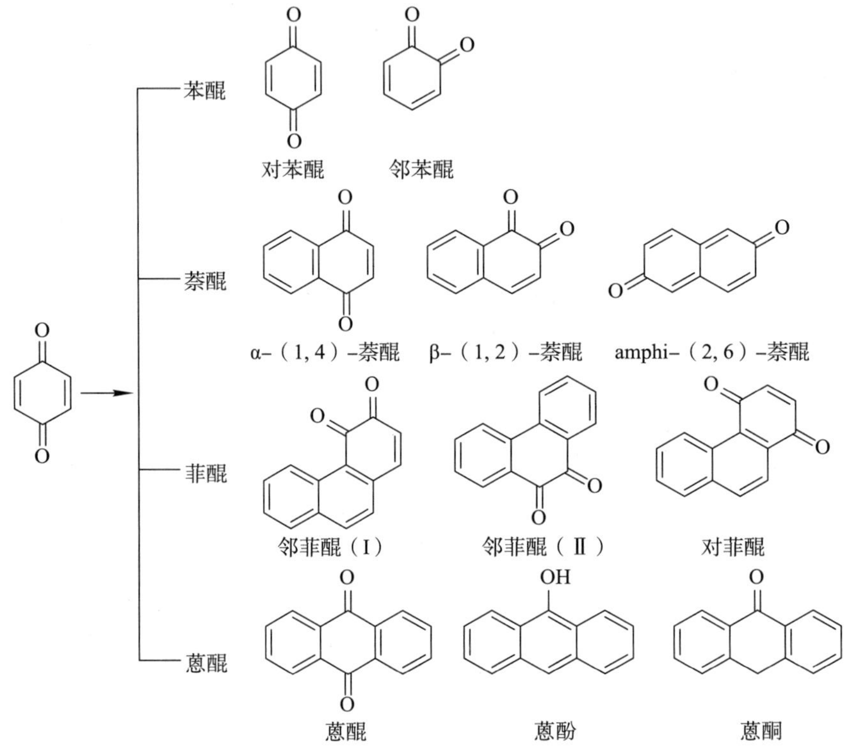

- 苯醌
  - 对苯醌
  - 邻苯醌
- 萘醌
  - α-(1,4)-萘醌
  - β-(1,2)-萘醌
  - amphi-(2,6)-萘醌
- 菲醌
  - 邻菲醌（Ⅰ）
  - 邻菲醌（Ⅱ）
  - 对菲醌
- 蒽醌
  - 蒽醌
  - 蒽酚
  - 蒽酮

此外，一些醌类化合物以二聚体或聚体的形式存在，还可以与其他类型的天然产物聚合形成杂合体，如倍半萜醌、香豆醌、蒽醌炔聚合物等。

（一）苯醌类化合物

苯醌（benzoquinones）类化合物包括邻苯醌和对苯醌两大类。前者结构不稳定，故天然存在的多为对苯醌类化合物。该类化合物多为黄色或橙色晶体，醌核上常见的取代基有—CH_3、—OH、—OCH_3或其他烃基。

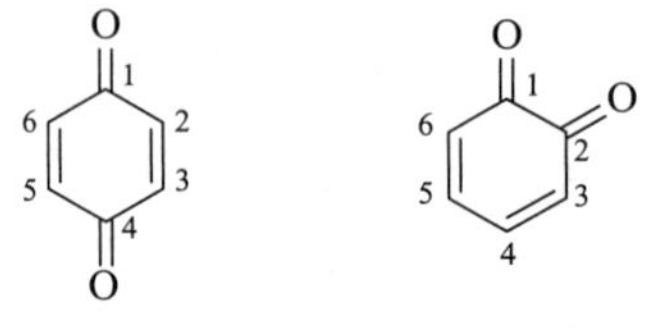

对苯醌　　邻苯醌

苯醌类化合物在植物、动物、微生物中均有分布，具有广泛的生物活性。如苦木科植物臭椿（*Ailanthus altissima*）果实中的2,6-二甲氧基对苯醌具有较强的抗菌活性；高级烃基侧链取代的对苯醌衍生物，如白花酸藤果（*Embelia ribes*）果实中的信筒子醌（embelin）具有驱虫作用，马蔺（*Iris lactea*）成熟种皮中的马蔺子甲素（irisquinone）具有抗癌活性。

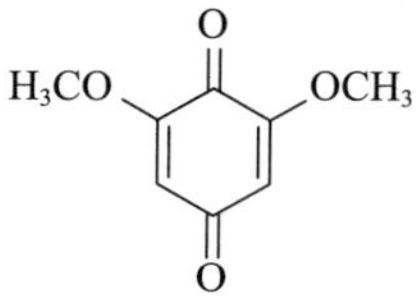

2,6-二甲氧基对苯醌 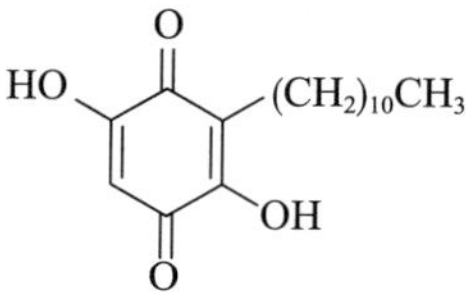　　信筒子醌 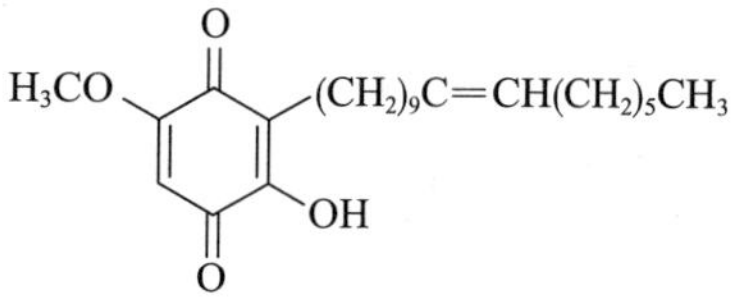　　马蔺子甲素

此外，还有一些结构复杂的苯醌类衍生物，如中药软紫草（*Arnebia euchroma*）根中分离得到的紫草醌（arnebinone）和紫草呋喃醌（arnebifuranone），对前列腺素 PGE_2 生物合成具有抑制作用。大麻二酚羟基醌（cannabidiolquinone）是大麻二酚的一种氧化代谢产物，具有 PPAR-γ 调节活性。从海绵（*Hippospongia metachromia*）中分离得的 ilimaquinone 具有抗 HIV、抗炎、抗菌的活性。

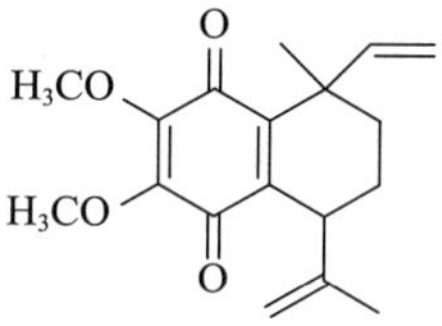

紫草醌 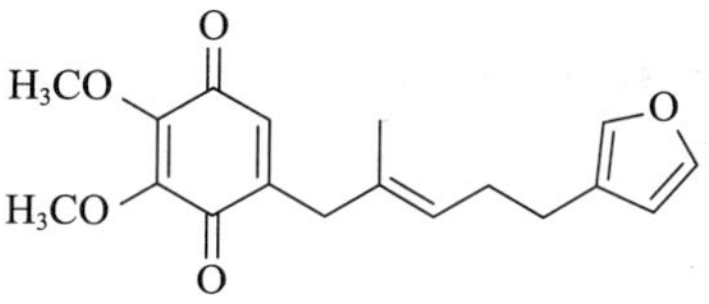　　紫草呋喃醌

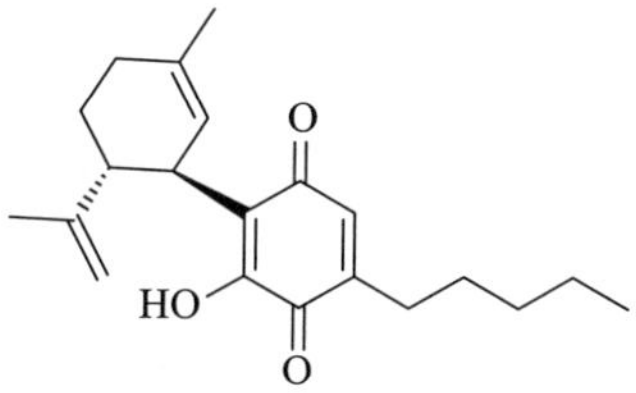

大麻二酚羟基醌 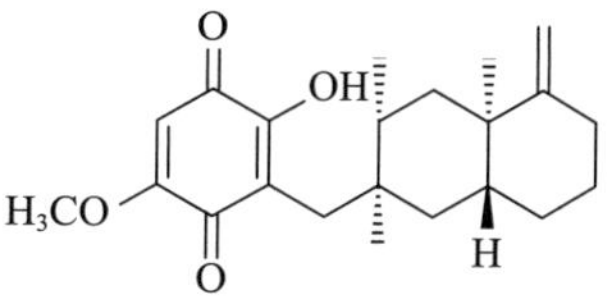　　ilimaquinone

泛醌类（ubiquinones）又称辅酶 Q 类（coenzymes Q），是一种存在多种生物体内的脂溶性醌类化合物，能参与生物体内氧化还原过程。包括辅酶 Q_6~Q_{10}，其中辅酶 Q_{10}（$n=10$）已用于治疗心脏病、高血压及癌症等疾病。

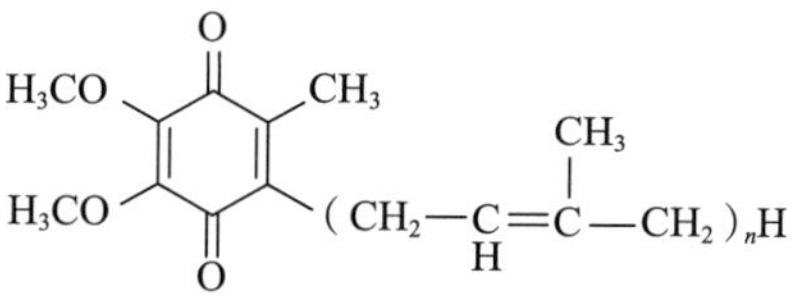

辅酶Q
$n = 6$~10

拓展阅读　辅酶 Q_{10} 的发现和应用

（二）萘醌类化合物

萘醌类（naphthoquinones）化合物根据酮羰基取代位置，分为 α-（1,4）-萘醌、β-（1,2）-萘醌及 amphi-（2,6）-萘醌三种类型。天然产物中常见 α-萘醌类衍生物，多数呈橙色或橙红色。

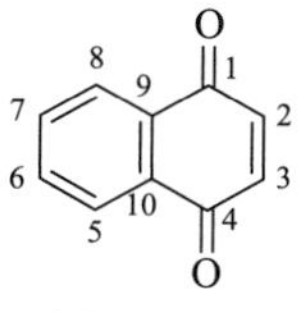

α-（1,4）-萘醌 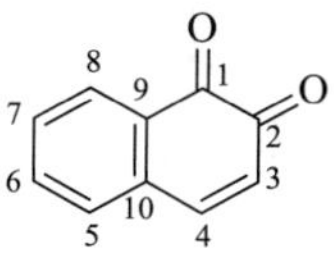　　β-（1,2）-萘醌 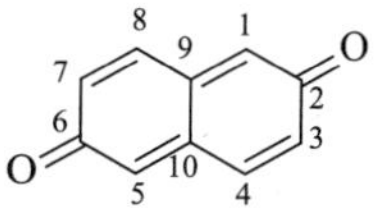　　amphi-（2,6）-萘醌

萘醌类化合物主要分布于紫草科、柿科、白花丹科、紫葳科等高等植物中，在地衣、藻类等低等植物中也有少量分布，具有显著的生物活性。如紫草（Lithospermum erythrorhizon）中的主要活性成分紫草素（shikonin）、左旋紫草素（alkannin）及其衍生物具有止血、抗炎、抗菌、抗病毒及抗肿瘤的作用；胡桃（Juglans regia）未成熟果皮及叶中的胡桃醌（juglone）具有抗菌、抗癌及中枢神经镇静作用；白花丹（Plumbago zeylanica）根中的白花丹醌（plumbagin）具有抗菌、止咳祛痰及降压作用。

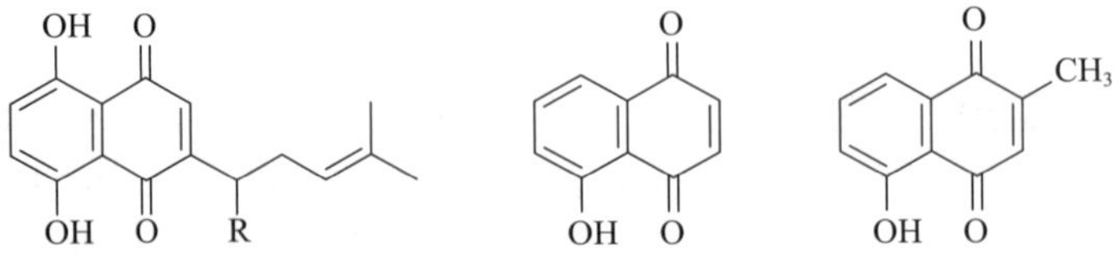

紫草素　R=—OH
左旋紫草素 R=⋯OH
胡桃醌
白花丹醌

维生素 K 类为天然存在萘醌衍生物，具有促进血液凝固作用，可用于新生儿出血、肝硬化及闭塞性黄疸出血等症，如菠菜（Spinacia oleracea）、芫荽（Coriandrum sativum）等蔬菜中的维生素 K_1 和动物肠道细菌合成的维生素 K_2。

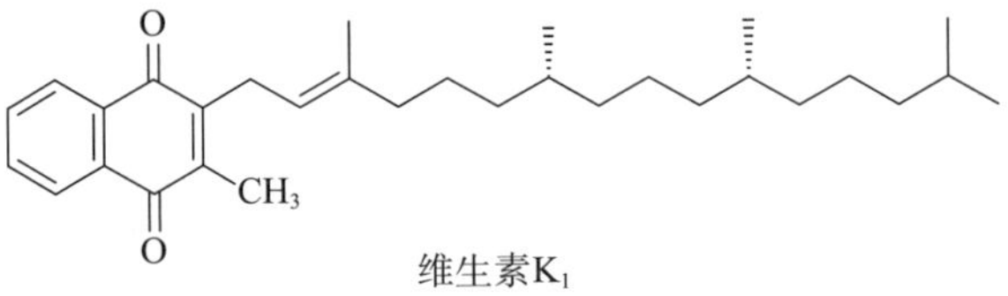

维生素K_1

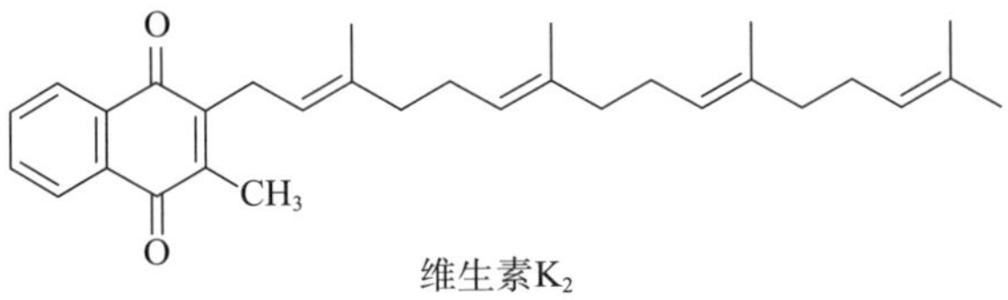

维生素K_2

萘醌类化合物还以二聚体或多聚体的形式存在。如从柿科植物 Diospyros sylvatica 根中分离得到的柿双醌（diospyrin）和异柿醌（isodiospyrin），具有抗癌、抗菌和抗真菌活性。

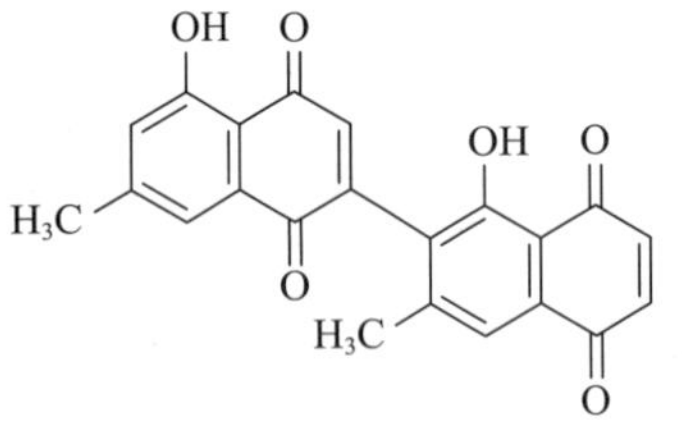

柿双醌
异柿醌 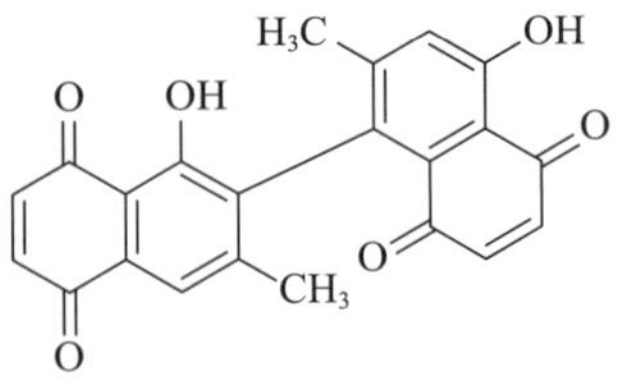

萘醌类化合物还可与其他类型天然产物聚合形成杂醌类化合物。如从芸香（Ruta graveolens）根中分离得到的 naphthoherniarin 和从飞龙掌血（Toddalia asiatica）根中分离得到的飞龙掌血香豆醌（toddacoumaquinone），为香豆素与萘醌聚合而成，具有抗炎镇痛活性。从红葱（Eleutherine americana）中分离得到的杂合萘醌 eleucanainone A 和 eleucanainone B，具有抗菌活性。

（三）菲醌类化合物

天然菲醌类（phenanthraquinones）化合物包括邻菲醌和对菲醌两种类型。主要分布在唇形科、兰科、豆科、番荔枝科、使君子科、蓼科、杉科植物中，在低等植物地衣中也有分布。

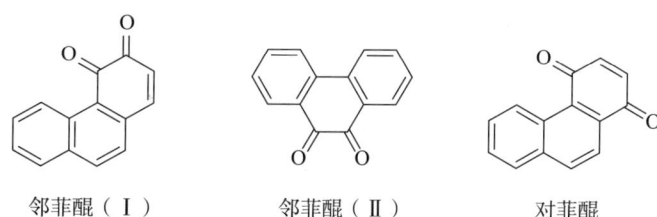

邻菲醌（Ⅰ）　　邻菲醌（Ⅱ）　　对菲醌

从中药丹参（*Salvia miltiorrhiza*）根中分离得到了多种菲醌衍生物，其中数十种具有抗菌及扩张冠状动脉的作用，如丹参醌Ⅱ$_A$制得的丹参醌Ⅱ$_A$磺酸钠注射液临床上用于治疗冠心病和心肌梗死。

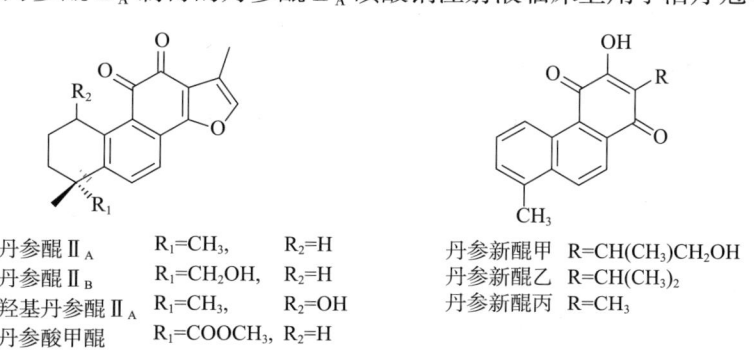

丹参醌Ⅱ$_A$	$R_1=CH_3$,	$R_2=H$
丹参醌Ⅱ$_B$	$R_1=CH_2OH$,	$R_2=H$
羟基丹参醌Ⅱ$_A$	$R_1=CH_3$,	$R_2=OH$
丹参酸甲酯	$R_1=COOCH_3$,	$R_2=H$

丹参新醌甲　$R=CH(CH_3)CH_2OH$
丹参新醌乙　$R=CH(CH_3)_2$
丹参新醌丙　$R=CH_3$

拓展阅读　丹参药效物质基础研究

从中药石斛（*Dendrobium nobile*）茎中分离得到的石斛菲醌（denbinobin），具有抗氧化、抗血小板凝聚、抗炎及抗肿瘤等活性。

从兰科植物密花石豆兰（*Bulbophyllum odoratissimum*）全株中分离得到的化合物石豆兰菲醌（bulbophyllanthrone），具有抗菌活性。

石斛菲醌　　　　　　　石豆兰菲醌

（四）蒽醌及其结构衍生物

蒽醌（anthraquinones）类化合物包括蒽醌衍生物及其不同程度的还原产物，分为蒽醌、蒽酚（或蒽酮）、二蒽酮类及一些与其他类型结构杂合的蒽醌类成分。主要分布于蓼科、鼠李科、茜草科、豆科等高等植物中，在低等植物、微生物和动物体内也有发现。

1, 4, 5, 8位为α位
2, 3, 6, 7位为β位
9, 10位为 meso 位

1. 蒽醌类　天然蒽醌类化合物结构中常见取代基有—OH、—OCH$_3$、—CH$_2$OH、—COOH等。多以游离或与糖类结合成苷两种形式存在。根据羟基在蒽醌母核上的分布情况，可将羟基蒽醌衍生物分为大黄素型和茜草素型两类。

（1）大黄素型：大黄素型蒽醌是蒽醌衍生物中最多的一种类型，结构中羟基分布在两侧的苯环上，多呈黄色。如中药掌叶大黄（*Rheum palmatum*）、虎杖（*Polygonum cuspidatum*）、拉索芦荟（*Aloe barbadensis*）等中的蒽醌衍生物多属大黄素型，并常与葡萄糖结合成单糖苷或双糖苷。

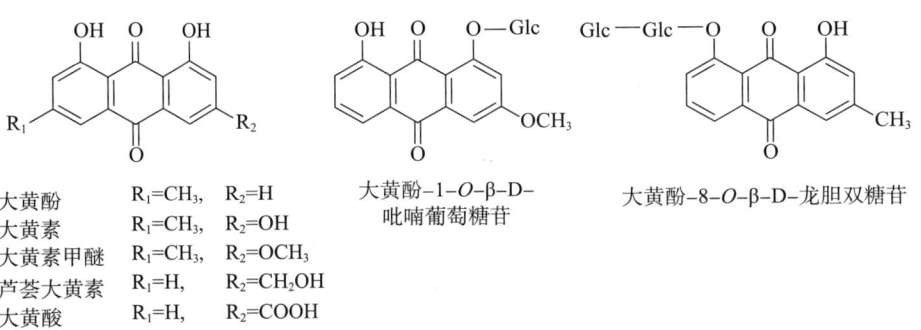

大黄酚	R$_1$=CH$_3$,	R$_2$=H
大黄素	R$_1$=CH$_3$,	R$_2$=OH
大黄素甲醚	R$_1$=CH$_3$,	R$_2$=OCH$_3$
芦荟大黄素	R$_1$=H,	R$_2$=CH$_2$OH
大黄酸	R$_1$=H,	R$_2$=COOH

大黄酚-1-*O*-β-D-吡喃葡萄糖苷　　　大黄酚-8-*O*-β-D-龙胆双糖苷

（2）茜草素型：茜草素型蒽醌结构中的羟基分布在一侧的苯环上，颜色较深，多为橙黄色至橙红色。如中药茜草（*Rubia cordifolia*）中的蒽醌衍生物多属此类型。

茜草素　　　　茜草酸　　　　茜根酸

2. 蒽酚和蒽酮类　蒽醌在酸性条件下被还原，生成蒽酚及其互变异构体蒽酮。故蒽酚和蒽酮类性质不稳定，一般只存在于新鲜植物中。

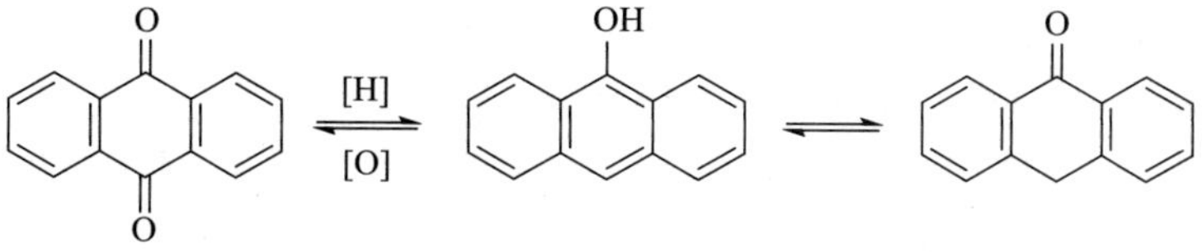

第二节 醌类化合物的结构类型与理化性质

蒽醌 ⇌[H]/[O] 蒽酚 ⇌ 蒽酮

但当蒽酚类衍生物的 *meso* 位羟基与糖类缩合成苷时，其性质比较稳定，只有经水解除去糖才易被氧化转变成蒽醌衍生物。

3. 二蒽酮类　二蒽酮类成分是由两分子蒽酮缩合而成的化合物，根据连接位置分为 *meso* 位连接和其他位置二蒽酮连接。如中药大黄和番泻叶中的致泻成分，番泻苷（sennosides）A～D。

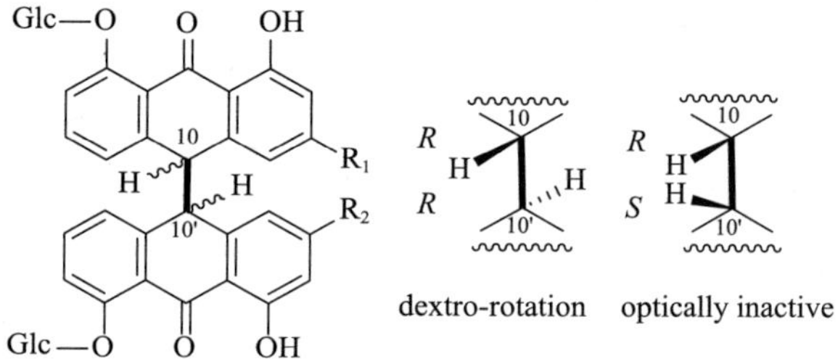

番泻苷A	R₁= R₂=COOH	(+),*trans*
番泻苷B	R₁= R₂=COOH	*meso, cis*
番泻苷C	R₁=COOH, R₂=CH₂OH	(+), *trans*
番泻苷D	R₁=COOH, R₂=CH₂OH	*meso, cis*

贯叶连翘中的金丝桃素（hypericin）也属于二蒽酮类化合物，具有抑制中枢神经和镇静的作用。

其他位置连接的二蒽酮类化合物，如从真菌 *Cladosporium fulvum* 中分离的 cladofulvin，具有细胞毒活性。还有一些卤素取代的二蒽酮类成分，如从海百合（*Gymnocrinus richeri*）中分离得到的溴化的 gymnochrome A～C 等。

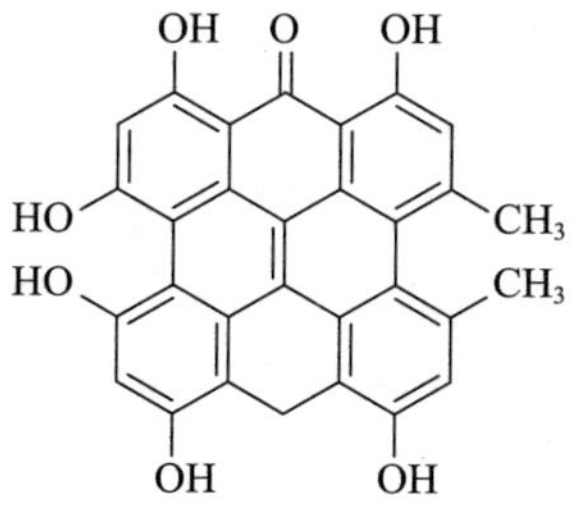

金丝桃素

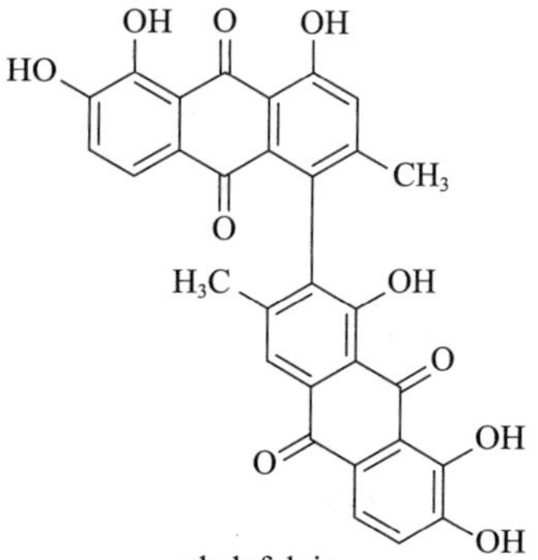

cladofulvin

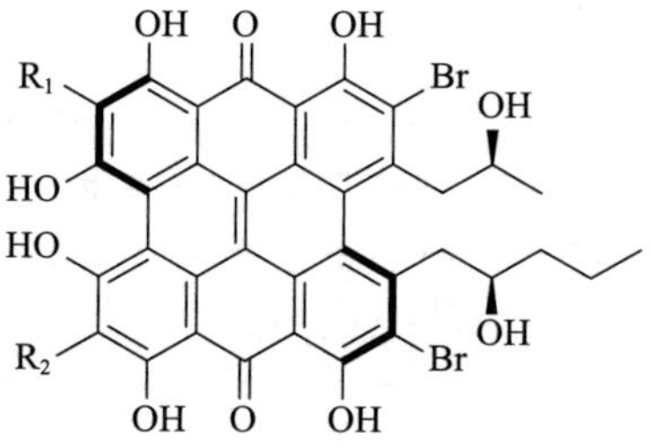

gymnochrome A　R₁= R₂=Br
gymnochrome B　R₁=Br, R₂=H 或 R₁=H, R₂=Br

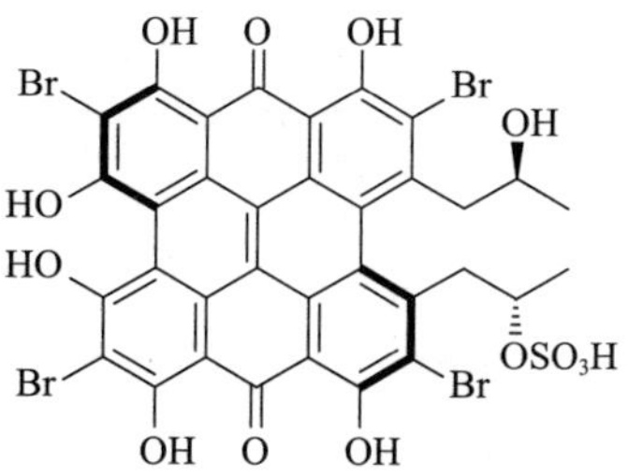

gymnochrome C

此外，还有一些杂合的蒽醌炔类成分，如从小单孢菌 *Micromonospra chersina* 中得到的达内霉素（dynemicin A）和从 *Streptomyces unicialis* 中得到的 uncialamycin，均为含蒽醌结构的烯二炔类成分，是一类高效抗肿瘤抗生素，对耐药肿瘤细胞株的杀伤作用显著，具有较高的治疗指数。

达内霉素　　　　　　uncialamycin

拓展阅读　番泻叶如何"泻"

二、醌类化合物的理化性质

（一）物理性质

1. 颜色　醌类化合物的颜色与母核上酚羟基的数目有关。取代的助色团越多，颜色越深，多为黄、橙、红色等。

2. 升华性与挥发性　游离的小分子醌类化合物一般具有升华性。小分子苯醌及萘醌类具有挥发性，能随水蒸气蒸馏。

3. 溶解性　苷元极性较小，易溶于甲醇、乙醇、乙醚、苯和三氯甲烷等有机溶剂，难溶于水；成苷后极性增大，易溶于甲醇、乙醇，可溶于热水中。

（二）化学性质

1. 酸性　醌类化合物结构中多具有酚羟基，少数具有羧基，故表现一定的酸性，可在碱性水溶液中成盐溶解，加酸酸化后转为游离态而从水中沉淀析出，此即为"碱溶酸沉法"。醌类酸性强弱与分子中酚羟基（羧基）的数目及位置有关。酸性强弱排列顺序如下：含—COOH＞醌环上—OH＞β-OH＞普通酚—OH＞α-OH；相同情况下，含酚羟基越多，酸性越强。

根据醌类酸性强弱的差别，可用碱梯度萃取法进行分离。以游离蒽醌类化合物为例，其酸性强弱排序如下：含—COOH＞含2个以上β-OH＞含一个β-OH＞含二个α-OH＞含一个α-OH，可依次用5% NaHCO$_3$、5% Na$_2$CO$_3$、1% NaOH 及 5% NaOH 水溶液从有机溶剂中进行梯度萃取，从而达到分离的目的。

2. 显色反应　醌类的显色反应主要取决于其氧化还原性质，以及分子中的酚羟基性质，总结如表 8-1 所示。

表 8-1　醌类化合物的显色反应

反应名称	适用对象	使用方法	反应现象
Feigl 反应	醌类衍生物	在碱性条件下经加热能迅速与醛类及邻二硝基苯反应	紫色产物
无色亚甲蓝显色试验	醌类及萘醌类	用于 PC 法和 TLC 法的喷雾剂	蓝色反应产物
碱性条件下呈色反应（Bornträger's 反应）	羟基蒽醌类	碱性溶液中	颜色加深，多呈橙、红、紫红色及蓝色

续表

反应名称	适用对象	使用方法	反应现象
活性次甲基试剂反应（Kesting-Craven 法）	苯醌及萘醌类（醌环上有未被取代的位置）	在氨碱性条件下与含有活性次甲基试剂的醇溶液反应（乙酰乙酸酯、丙二酸酯、丙二腈等）	蓝绿色或蓝紫色反应产物
金属离子的反应	醌类化合物中有 α-酚羟基或邻二酚羟基	与 Pb^{2+}、Mg^{2+} 等金属离子形成络合物	不同颜色络合物
对亚硝基二甲苯胺反应	羟基蒽酮类化合物（C-9、C-10 位未取代）	0.1% 对亚硝基二甲苯胺吡啶溶液	紫色、绿色、蓝色产物；1,8-二羟基衍生物均呈绿色

第三节 醌类化合物的提取分离

一、醌类化合物的提取

醌类化合物通常以游离苷元或与糖类结合成苷两种形式存在，它们的极性及溶解度有很大差别。不同类型的醌类化合物，根据其理化性质差异选择相应的提取方法，如表 8-2 中所示。

表 8-2 醌类化合物的常用提取方法

提取方法		适用范围	常用溶剂
溶剂提取法	醇提取法	常用于游离蒽醌及苷的提取	乙醇、甲醇
	有机溶剂提取法	醌类苷元（游离，极性小）	三氯甲烷、苯、乙醚等
	超临界流体萃取法	中、低极性醌类化合物	CO_2 等超临界流体
	碱提酸沉法	含有酸性基团的醌类化合物（酚羟基、羧基）	先用碱液进行提取，再酸化使其沉淀析出
水蒸气蒸馏法		用于具挥发性的小分子苯醌及萘醌类化合物的提取	

二、醌类化合物的分离

（一）根据极性差异大小分离

1. 蒽醌苷元及蒽醌苷类化合物 蒽醌苷元与蒽醌苷类成分的极性差别较大，在有机溶剂中的溶解度不同。根据"相似相溶"原理，可将醇提液浓缩后的混合物在三氯甲烷/水、乙醚/水两相溶剂中进行液-液萃取，极性小的苷元易溶于有机溶剂，而极性大的苷类则留在水相中。为充分提取出蒽醌类成分，通常需预先加酸酸化使之全部游离后再进行提取。

2. 游离蒽醌类化合物 梯度 pH 萃取法：是分离游离蒽醌衍生物的经典方法，适用于酸性差别较大的游离羟基蒽醌类化合物的分离。

例如，根据蒽醌类成分的 α 位与 β 位羟基酸性差异及羧基的有无，使用不同 pH 的碱液（5% $NaHCO_3$、5% Na_2CO_3、1% NaOH、5% NaOH）依次从有机溶剂中萃取蒽醌类成分。具体分离流程如图 8-1 所示：

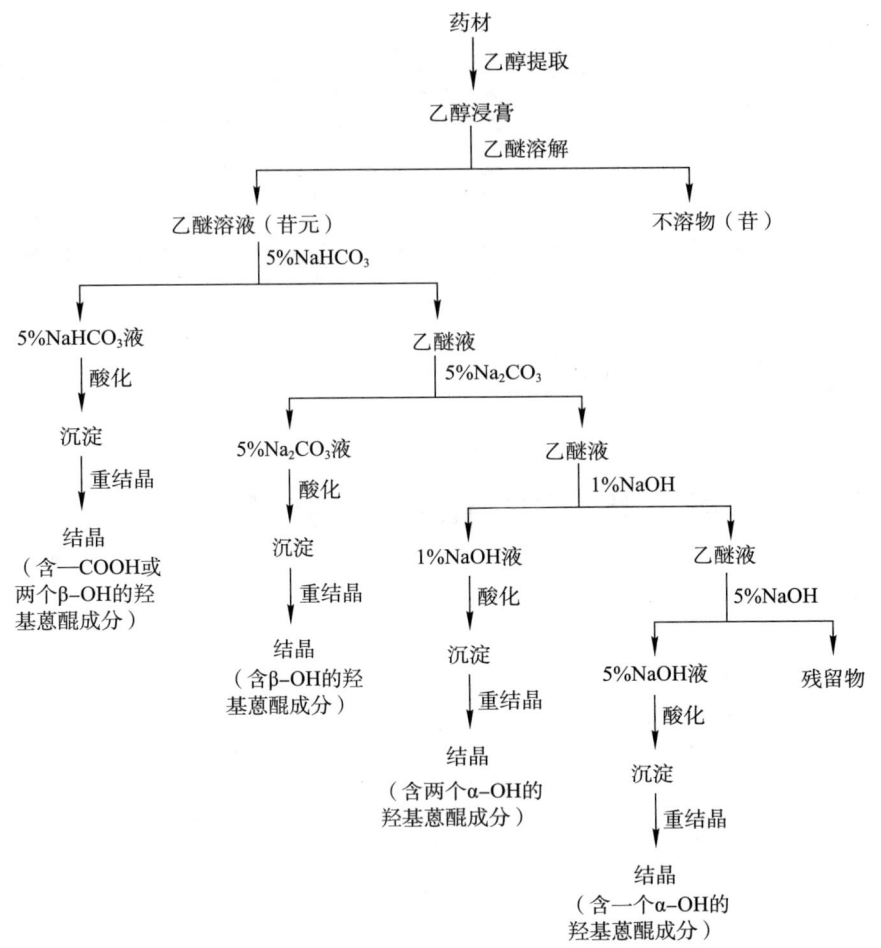

图 8-1 pH 梯度萃取法分离蒽醌类化合物的流程图

如中药大黄中的蒽醌苷元的提取分离过程：大黄粗粉先溶于三氯甲烷、乙醚等有机溶剂中，用 pH 由低到高的碱性缓冲溶液依次进行萃取，再进行酸化，即可依次得到酸性不同的羟基蒽醌类化合物（图 8-2）。

（二）根据吸附性差异分离

色谱法是分离游离蒽醌及蒽醌苷类化合物最有效的方法。

对于蒽醌苷类成分，在分离前一般采用溶剂法预处理粗提物（用正丁醇等极性较大的溶剂进行萃取，得到总蒽醌苷）。常用柱色谱法（硅胶柱色谱、反相硅胶柱色谱、葡聚糖凝胶柱色谱）和高效液相色谱法等。

对于羟基蒽醌类化合物的分离，常用的方法有硅胶色谱法、聚酰胺色谱法等。当有一系列结构相近的蒽醌衍生物时，须经过反复多次色谱，才能达到较好的分离效果。

（三）根据相对分子质量大小差异分离

凝胶柱色谱法也多用于蒽醌苷类成分的分离，可以将相对分子质量相差较大的蒽醌苷类成分分成不同部位，而对各部位中相对分子质量相差较小的成分无明显分离效果。如采用 Sephadex LH-20 分离大黄中的蒽醌类成分，将大黄的 70% 甲醇/水提取液上样后，用 70% 甲醇/水进行洗脱，蒽醌苷类成分将以相对分子质量由大到小的顺序先后流出色谱柱，依次得到二蒽酮苷类（番泻苷 B、A、D、C 等）、蒽醌二葡萄糖苷类（大黄酸、芦荟大黄素、大黄酚的二葡萄糖苷等）、蒽醌单糖苷类（芦荟大黄素、大黄素、大黄素甲醚及大黄酚的葡萄糖苷等）、游离苷元（大黄酸、大黄酚、大黄素甲醚、芦荟大黄素及大黄素）。

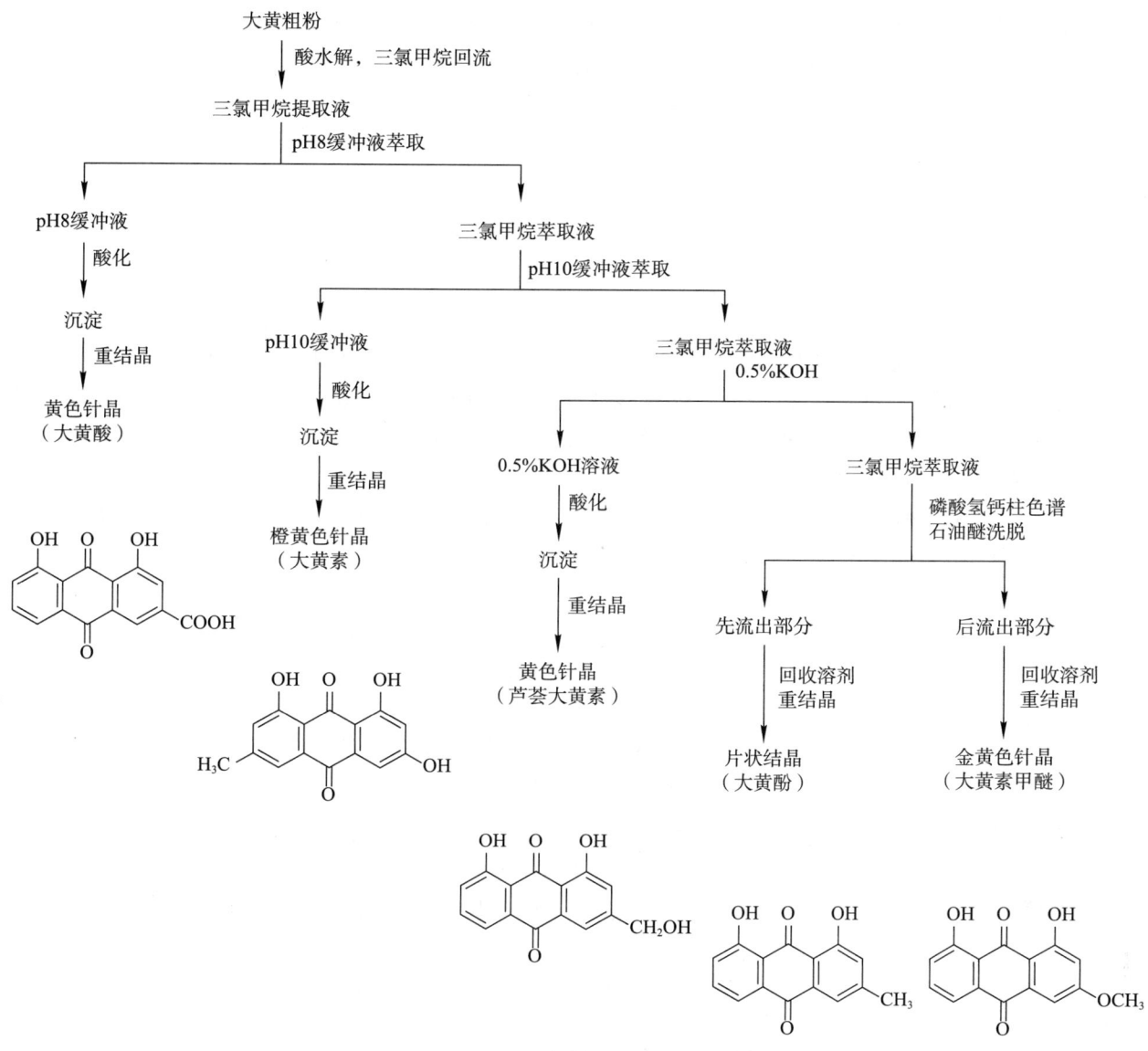

图 8-2 大黄中蒽醌苷元的分离流程图

案例探讨 芦荟蒽醌的提取

第四节 醌类化合物的结构鉴定

波谱学方法在醌类化合物的结构鉴定中起着重要作用。此外，对于醌类化合物结构研究，除了谱学方法，也可结合衍生物制备（甲基化或乙酰化等）等化学方法来推测分子中羟基的数目和位置。

一、醌类化合物的紫外光谱

醌类化合物中存在较长的共轭体系，因此在紫外区域有较强的特征吸收。

（一）苯醌和萘醌类化合物的紫外光谱

苯醌类化合物紫外光谱中可观测到 3 个主要吸收峰：≈240 nm（强峰），≈285 nm（中强峰），≈400 nm（弱峰）。

萘醌类化合物紫外光谱中可观测到4个主要吸收峰，其中3个吸收峰（245 nm、251 nm、335 nm）由苯样结构引起，1个吸收峰（257 nm）由醌样结构引起的。

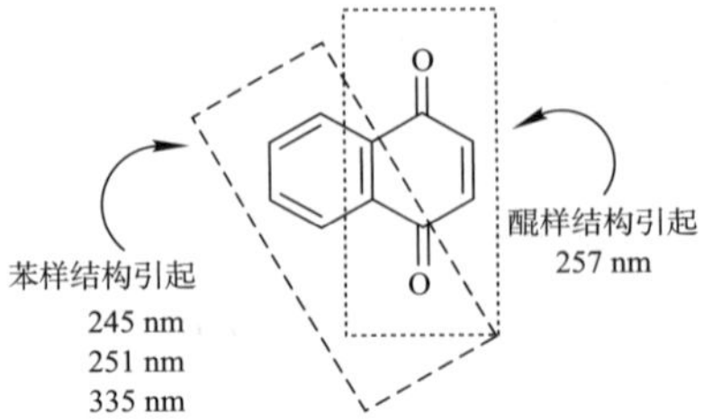

当萘醌结构中引入助色团（—OH、—OCH₃等含氧取代基）时，会使相应的吸收峰发生红移。当醌环上引入助色团时，只影响257 nm处吸收峰红移，而不影响苯环引起的3个吸收带。当苯环上引入上述取代基（如α-OH），将使335 nm处吸收峰红移到427 nm。

（二）蒽醌类化合物的紫外光谱

蒽醌类化合物紫外光谱中可观测到4个主要吸收峰，分别由苯样结构（252 nm、325 nm）和醌样结构（272 nm、405 nm）引起。

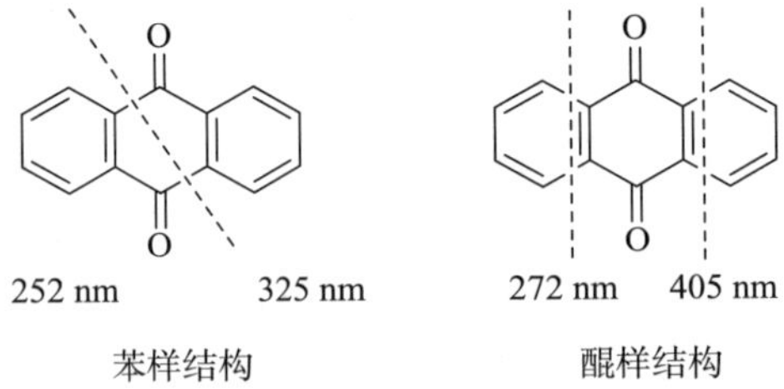

羟基蒽醌衍生物紫外光谱中有5个主要吸收带，峰Ⅰ：230 nm左右（非母核的强吸收峰）；峰Ⅱ：240～260 nm（苯样结构引起）；峰Ⅲ：262～295 nm（醌样结构引起）；峰Ⅳ：305～389 nm（苯样结构引起）；峰Ⅴ：＞400 nm（醌样结构中的C=O引起）。羟基取代将影响相应的吸收带发生红移。

峰Ⅰ的最大吸收波长（λ_{max}）与羟基数目及取代位置的关系如表8-3中所示。

表8-3　羟基蒽醌类紫外吸收光谱（峰Ⅰ）

—OH 数目	—OH 位置	λ_{max}/nm
1	1-；2-	222.5
2	1,2-；1,4-；1,5-	225
3	1,2,8-；1,4,8-；1,2,6-；1,2,7-	230 ± 2.5
4	1,4,5,8-；1,2,5,8-	236

峰Ⅲ（262～295 nm）受β-OH的影响，β-OH存在可使该峰带红移，且吸收强度增加。

对于峰Ⅴ，α-OH数目越多，峰带红移值也越大，如表8-4所示。

表8-4　羟基蒽醌类第Ⅴ峰的吸收

β-OH 数目	λ_{max}/nm（lgκ）
无	356～362.5（3.30～3.88）
1	400～420

续表

	β-OH 数目	λ_{max}/nm（lgκ）
2	1,5- 二羟基	418～440
	1,8- 二羟基	430～450
	1,4- 二羟基	470～500（靠近 500 nm 处有一个肩峰）
3		485～530（2 至多个吸收）
4		540～560（多个重峰）

二、醌类化合物的红外光谱

醌类化合物红外光谱的主要特征体现在羰基、羟基、双键和苯环的吸收峰。羟基蒽醌类化合物在红外区域可观测到：①羰基的伸缩振动吸收峰 $v_{C=O}$（1 675～1 653 cm^{-1}）；②羟基的伸缩振动吸收峰 v_{-OH}（3 600～3 130 cm^{-1}）；③苯核的骨架伸缩振动吸收峰 $v_{芳环}$（1 600～1 480 cm^{-1}）。其中 $v_{C=O}$ 吸收峰数目和峰位与分子中 α-OH 的数目及位置密切相关，如表 8-5 所示。

表 8-5　蒽醌类 $v_{C=O}$ 峰数和峰位与 α-OH 数目及位置的关系

α-OH 数目和位置		$v_{C=O}$ 峰数和峰位	$v_{C=O}$ 峰位差
无取代		1 个吸收峰：1 678～1 653 cm^{-1}	—
1		2 个吸收峰：1 675～1 647 cm^{-1}（游离羰基） 1 637～1 621 cm^{-1}（缔合羰基）	＜40
2	1，4 位或 1，5 位	1 个吸收峰：1 645～1 608 cm^{-1}	＞40
	1，8 位	2 个吸收峰：1 678～1 661 cm^{-1}（游离羰基） 1 626～1 616 cm^{-1}（缔合羰基）	
3（1，4，5 位）		1 个吸收峰：1 616～1 592 cm^{-1}	—
4（1，4，5，8 位）		1 个吸收峰：1 592～1 572 cm^{-1}	

三、醌类化合物的核磁共振谱

（一）醌类化合物的 ^{1}H-NMR

1. 醌环氢信号　无取代时的化学位移值分别为 δ_H 6.72（s，p- 苯醌）和 δ_H 6.95（s，1,4- 萘醌）。醌环引入给电子取代基，使其他质子化学位移值 δ 向高场位移。在 1,4- 萘醌中的位移顺序为：—OCH$_3$ ＞ —OH ＞ —OCOCH$_3$ ＞ —CH$_3$。

2. 苯环氢信号　在 1,4-萘醌（最多 4 个）及 9,10-蒽醌（最多 8 个）化合物中，其芳香氢可分为 α-H 及 β-H 两类。α-H 因处于羰基的负屏蔽区，受影响较大，共振信号出现在较低场。

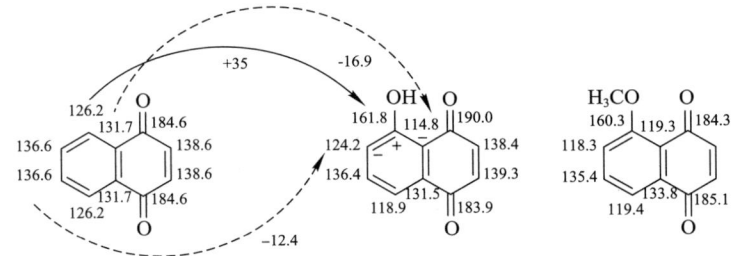

3. 取代基特征氢信号

（1）甲氧基：一般在 δ_H 3.8～4.2，呈单峰。

（2）芳香甲基：一般在 δ_H 2.1～2.5，α-甲基在 δ_H 2.7～2.8，均为单峰。

（3）酚羟基：α-羟基与羰基能形成分子内氢键，共振信号出现在最低场，δ_H 11.0～12.5。当分子中只有一个 α-OH 时，δ_H > 12.2；当两个羟基位于同一羰基的 α 位时，δ_H 11.6～12.1。β-OH 的化学位移在较高场，邻位无取代时 δ_H 11.1～11.4，邻位有取代时 δ_H < 10.9。

（二）醌类化合物的 ^{13}C-NMR

1. 1,4-萘醌类化合物的 ^{13}C-NMR 特征　如下所示：

（1）醌环上取代基的影响：取代基对醌环碳信号化学位移的影响与简单烯烃的情况相似，化学位移如表 8-6 所示。

表 8-6　1,4-萘醌醌环上的取代基位移（$\Delta\delta_C$）

取代基位置和类型		C-2 位	C-3 位	C-1 位和 C-4 位
C-3 位	—OH 或 —OR	-30	+20	无明显影响
C-2 位	烃基（R）取代	+10	-8	无明显影响

注："+"示向低场位移；"-"示向高场位移。

（2）苯环上取代基的影响：在 1,4-萘醌中，当 C-8 位有 —OH、—OCH$_3$ 或 —OAc 时，化学位移变化如表 8-7 所示。

表 8-7　1,4-萘醌苯环上的取代基位移（$\Delta\delta_C$）

取代基	C-1	C-2	C-3	C-4	C-5	C-6	C-7	C-8	C-9	C-10
8-OH	+5.4	-0.1	+0.8	-0.7	-7.3	+2.8	-9.4	+35.0	-16.9	-0.2
8-OCH$_3$	-0.6	-2.3	+2.4	+0.4	-7.9	+1.2	-14.3	+33.7	-11.4	+2.7
8-OAc	-0.6	-1.3	+1.2	-1.1	-1.3	+1.1	-4.0	+23.0	-8.4	+1.7

注："+"示向低场位移；"-"示向高场位移。

2. 9,10-蒽醌类化合物的 ^{13}C-NMR　蒽醌母核及 α 位有一个羟基或甲氧基取代时，其 ^{13}C-NMR 化学位移如下所示：

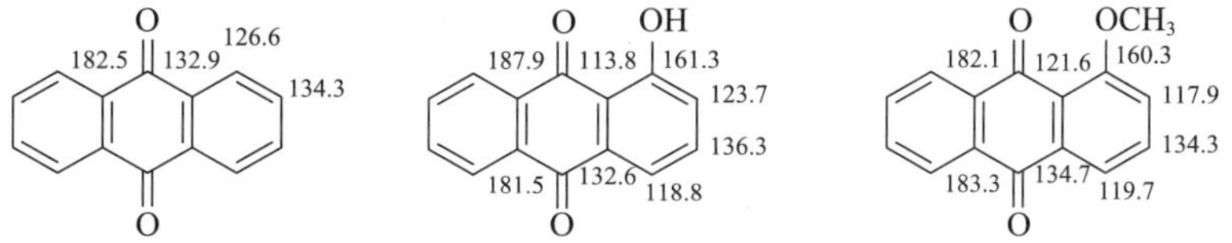

当蒽醌母核每一个苯环上只有一个取代基时，母核各碳信号化学位移值呈现规律性的位移，如表 8-8 所示。进行推算所得的化学位移计算值与实验值很接近，误差一般在 0.50 以内。而当两个取代基在同环时则产生较大偏差，须在上述化学位移基础上做进一步修正。

表 8-8　蒽醌 ^{13}C-NMR 的取代基化学位移值（$\Delta \delta_C$）

C	1-OH	2-OH	1-OCH$_3$	2-OCH$_3$	1-CH$_3$	2-CH$_3$	1-OAc	2-OAc
C-1	+34.73	-14.37	+33.15	-17.13	+14.0	-0.10	+23.59	-6.53
C-2	-10.63	+28.76	-16.12	+30.34	+4.10	+10.10	-4.84	+20.55
C-3	+2.53	-12.84	+0.84	-12.94	-1.00	-1.50	+0.26	-6.92
C-4	-7.80	+3.18	-7.44	+2.47	-0.60	-0.10	-1.11	+1.82
C-5	-0.01	-0.07	-0.71	-0.13	+0.50	-0.30	+0.26	+0.46
C-6	+0.46	+0.02	-0.91	-0.59	-0.30	-1.20	+0.68	-0.32
C-7	-0.06	-0.49	+0.10	-1.10	+0.20	-0.30	-0.25	-0.48
C-8	-0.26	-0.07	0.00	-0.13	0.00	-0.10	+0.42	+0.61
C-9	+5.36	+0.00	-0.68	+0.04	+2.00	-0.70	-0.86	-0.77
C-10	-1.04	-1.50	+0.26	-1.30	0.00	-0.30	-0.37	-1.13
C-10a	-0.03	+0.02	-1.07	+0.30	0.00	-0.10	-0.27	-0.25
C-8a	+0.99	+0.16	+2.21	+0.19	0.00	-0.10	+2.03	+0.50
C-9a	-17.09	+2.17	-11.96	+2.14	+2.00	-0.20	-7.89	+5.37
C-4a	-0.33	-7.84	+1.36	-6.24	-2.00	-2.30	+1.63	-1.58

四、醌类化合物的质谱

醌类化合物质谱的主要特征是：分子离子峰通常为基峰，且出现丢失 1~2 个分子 CO 的碎片离子峰。苯醌及萘醌类还可以从醌环上脱去 1 个 CH≡CH 碎片；醌环上有羟基时，断裂还伴随有特征的氢重排。

（一）p-苯醌的质谱特征

（1）苯醌母核的主要开裂过程。无取代的苯醌有 A、B、C 三种开裂方式，分别得到 m/z 82、m/z 80 及 m/z 54 的碎片离子。

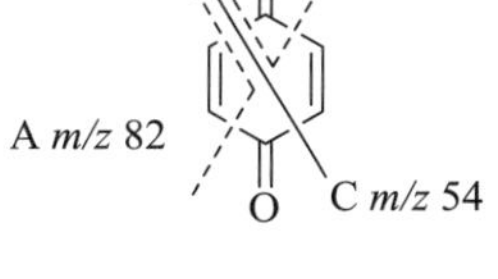

（2）连续脱去2个分子的CO，无取代的苯醌将得到特征的 m/z 52 碎片离子（环丁二烯离子）。

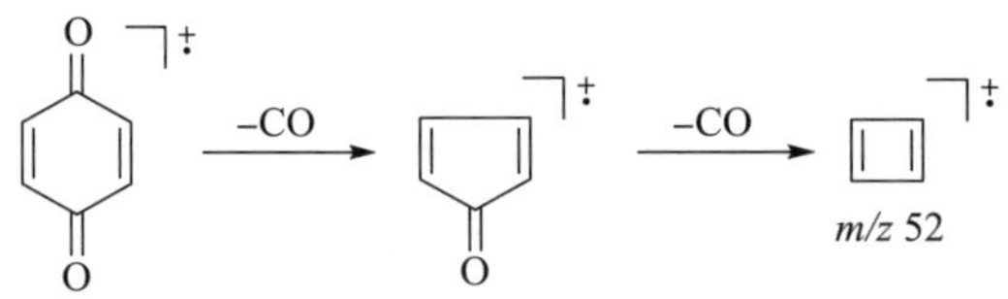

（二）1,4-萘醌类化合物的质谱特征

苯环上无取代时，将出现 m/z 104 的特征碎片离子及其进一步裂解得到的 m/z 76 及 m/z 50 的离子。

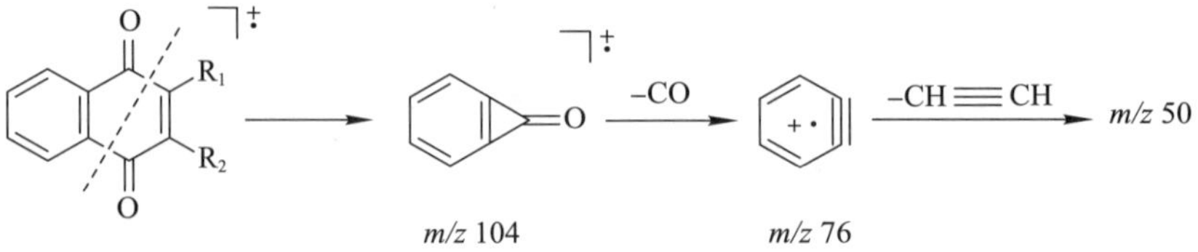

（三）9,10-蒽醌类化合物的质谱特征

（1）游离蒽醌依次脱去2分子CO，得到 m/z 180（M-CO）及152（M-2CO），以及它们的双电荷离子峰 m/z 90 及 m/z 76。蒽醌衍生物也经过同样的开裂方式，得到相应的碎片离子峰。

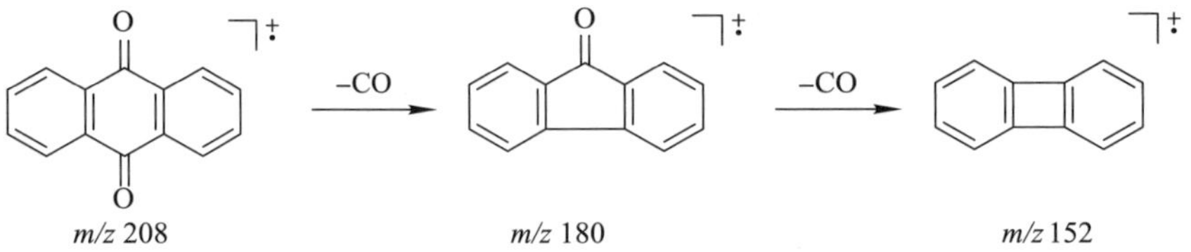

（2）蒽醌苷类化合物用常规电子轰击质谱，一般得不到分子离子峰，其基峰一般为苷元离子峰，故一般采用场解吸质谱（FD-MS）、电喷雾质谱（ESI-MS）或快原子轰击质谱（FAB-MS）等软电离质谱，从而获得相对分子质量信息。

五、衍生化法在醌类化合物结构鉴定中的应用

除了对上述波谱数据的解析，在确证醌类结构中羟基的数目和位置时，可结合必要的衍生物制备（甲基化或乙酰化等）等化学方法。

（一）甲基化反应

甲基化反应的目的是保护羟基，测定羟基数目及成苷的位置。甲基化难易及作用位置主要取决于醌类化合物苯环上羟基的类型与化学环境，以及甲基化试剂的种类及反应条件。

结构类型及化学环境不同的羟基，一般酸性越强，质子越易解离，甲基化反应越容易：—COOH > β-OH > Ar—OH > α-OH > R—OH。溶剂的极性越强，甲基化能力越强。常用甲基化试剂的活性强度：CH_3I > $(CH_3)_2SO_4$ > CH_2N_2。常用甲基化试剂的反应能力强弱及其与反应官能团的大致关系如表8-9所示。采用不同甲基化试剂，严格控制反应条件进行选择性甲基化，可得到甲基化程度不同的衍生物。如图8-3曲菌素在不同条件下的甲基化反应。

表 8-9 甲基化试剂与反应官能团的关系

甲基化试剂的组成	反应官能团
CH_2N_2/Et_2O	—COOH、β-酚羟基、—CHO
CH_2N_2/Et_2O+MeOH	—COOH、β-酚羟基、两个α-酚羟基之一、—CHO
$(CH_3)_2SO_4$+K_2CO_3+丙酮	β-酚羟基、α-酚羟基
CH_3I+Ag_2O+$CHCl_3$	—COOH、所有的酚羟基、醇羟基、—CHO

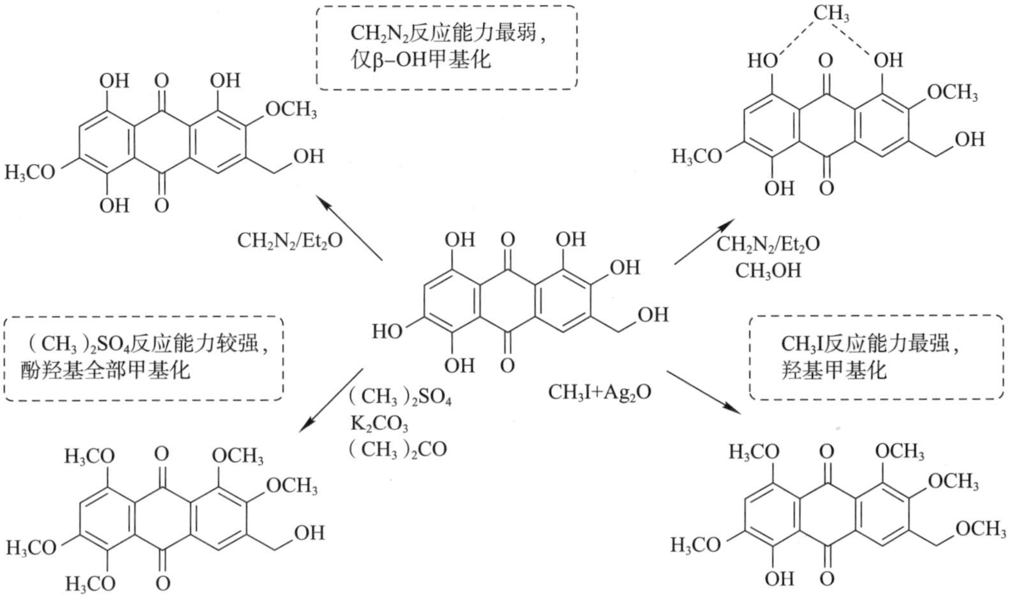

图 8-3 曲菌素在不同条件下的甲基化反应

（二）乙酰化反应

乙酰化反应的目的是保护羟基，测定羟基数目及成苷的位置。影响乙酰化反应速率的因素有：反应物的活性（易与酰化试剂中的羰基形成氢键）R-OH > β-OH > α-OH；酰化试剂的活性，常用的乙酰化试剂按乙酰化能力强弱顺序排列为：CH_3COCl > $(CH_3CO)_2O$ > CH_3COOR > CH_3COOH；催化剂的催化能力：吡啶 > 浓硫酸。试剂和反应条件不同，影响乙酰化的作用位置，如表 8-10 所示。

表 8-10 乙酰化试剂和反应条件及作用位置

试剂组成	反应条件	作用位置
冰醋酸（加少量乙酰氯）	冷置	醇羟基
醋酐	加热 短时间	醇羟基、β-酚羟基
	加热 长时间	醇羟基、β-酚羟基、两个α-酚羟基之一
醋酐+硼酸	冷置	醇羟基、β-酚羟基
醋酐+浓硫酸	室温放置过夜	醇羟基、β-酚羟基、α-酚羟基
醋酐+吡啶	室温放置过夜	醇羟基、β-酚羟基、烯醇式羟基

微视频 醌类化合物结构解析实例

第五节 醌类化合物的生物活性

天然来源的醌类化合物具有泻下、抗菌、抗病毒、抗肿瘤、抗氧化等多方面的生物活性。

一、泻下作用

蒽醌及其衍生物具有显著的泻下作用，其作用强度与结构类型有关。

蒽醌苷的致泻作用强于苷元，游离蒽醌衍生物几乎无泻下作用；还原型蒽醌苷作用强于氧化型蒽醌苷，即蒽酚和蒽酮苷的作用强于相应蒽醌类；若蒽醌类的酚羟基被酯化，则泻下作用消失。

分子中含羧基的蒽醌苷，其致泻作用强于相应的不含羧基的蒽醌苷；含羧基的蒽醌苷中，二蒽酮苷的活性强于蒽醌苷。

例如，中药大黄发挥致泻作用的主要为具有二蒽酮类结构的番泻苷类成分（如番泻苷 A~F 等），而其他蒽醌类成分如芦荟大黄素、大黄酸及其 8-O-葡萄糖苷活性较低，而大黄酚、大黄素甲醚及大黄素则无泻下活性。

二、抗菌和抗病毒作用

蒽醌类化合物通常具有一定的抗菌活性。一般苷元的活性强于苷类。如大黄酚、大黄素甲醚等对多种细菌具有抗菌作用。

蒽醌类化合物具有抗病毒作用。如大黄素能够抑制单纯性疱疹病毒的复制，对单纯疱疹病毒有明显的灭活作用；另外，大黄素对人类免疫缺陷病毒、霍乱毒素的生成也有明显的抑制作用。

三、抗肿瘤作用

醌类化合物大多数具有抗肿瘤作用，它在许多癌症中都有应用和研究。如蒽环酮类抗生素（如柔红霉素、多柔比星等）是 20 世纪 70 年代发展起来的抗肿瘤抗生素。2022 年改良型新药——盐酸米托蒽醌脂质体注射液上市，用于治疗复发或难治的外周 T 细胞淋巴瘤。大黄素可以通过 caspase 介导的线粒体途径，对多种癌细胞发挥抑制增殖作用。达内霉素（dynemicin A）是一类高效抗肿瘤抗生素，对耐药肿瘤细胞株的杀伤作用较强，具有较高的治疗指数。

柔红霉素　　　　　　　　多柔比星　　　　　　　　米托蒽醌

丹参醌 II_A 联合阿霉素可协同抑制 A549 细胞的迁移，诱导细胞凋亡并阻滞细胞周期于 S 期和 G2 期。大黄酸赖氨酸盐和紫杉醇或顺铂联合给药可显著抑制非小细胞肺癌细胞 A549 的增殖。

四、抗氧化作用

蒽醌类化合物结构中多具有羟基取代，表现出较好的抗氧化作用，抗氧化能力强弱与羟基的取代数目和位置有关。如 1,2- 二羟基蒽醌、6- 羟基茜草素等可以通过清除羟基自由基，而发挥抗氧化作用。

五、其他作用

蒽醌类化合物具有较广泛的生物活性。如大黄素、大黄酸等蒽醌类成分还具有抗炎、抗骨质疏松、利尿、扩张冠状动脉等活性。

第六节　醌类化合物的研究实例

何首乌根中 2 个蒽醌类化合物的分离和结构鉴定。

（一）研究对象

2025 年版《中国药典》记载，何首乌为蓼科植物何首乌（*Polygonum multiflorum* Thunb.）的干燥块根。何首乌味苦、甘、涩，性温。具有解毒、消痈、截疟、润肠通便的功效。何首乌的主要成分有蒽醌类、二苯乙烯苷类、黄酮类等，具有抗氧化、抗肿瘤、抗衰老、降血脂等作用。

（二）研究目的

对何首乌中的蒽醌类化合物进行分离纯化和结构鉴定。

（三）研究流程

取何首乌干燥块根 10 kg，粉碎后使用 90% 乙醇 / 水进行提取，具体提取分离过程见图 8-4。

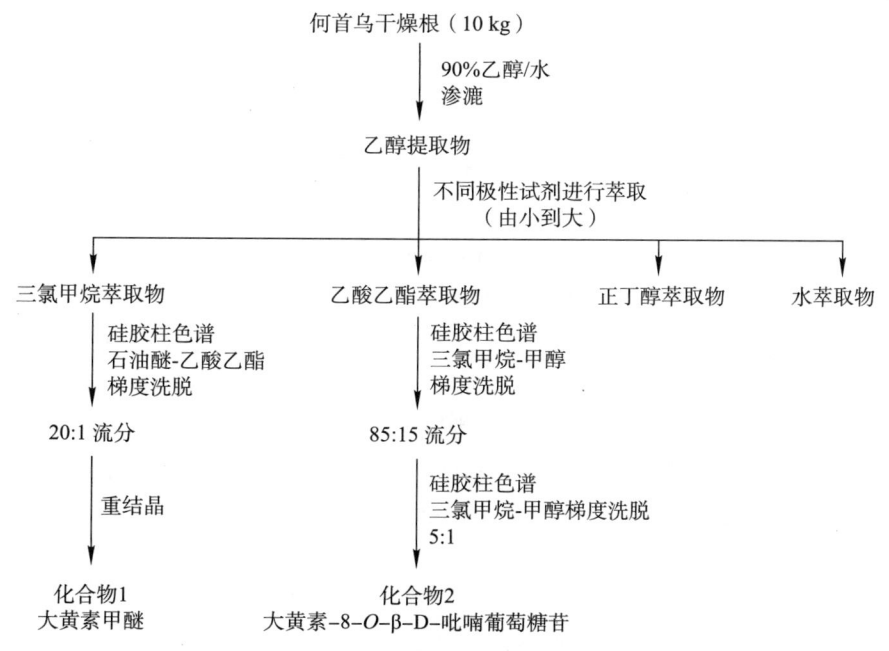

图 8-4　何首乌根的提取分离流程图

从何首乌根中分离得到 2 个化合物，通过波谱分析确定了它们的结构，其推导过程如下：

化合物1：金黄色针晶（乙酸乙酯），mp 204~205℃。Bornträgers 反应呈红色，提示为羟基蒽醌类化合物。ESI-MS 谱给出准分子离子峰 [M-H]⁻ m/z 283.1，推测该化合物分子式为 $C_{16}H_{12}O_5$。

UV 光谱吸收带 λmax/nm：223、253、265、287、435，结合 IR 光谱中 2 个羰基吸收峰 1 675 cm⁻¹（非缔合）、1 627 cm⁻¹（缔合）及苯环特征吸收峰 1 600 cm⁻¹，推测化合物1为1,8-二羟基蒽醌衍生物。

^{1}H-NMR（CDCl$_3$）谱中 δ_H 7.38（1H, d, J = 2.4 Hz, H-5），δ_H 6.69（1H, d, J = 2.4 Hz, H-7）和 δ_H 7.63（1H, br. s, H-4），δ_H 7.09（1H, br. s, H-2）为两组苯环上互为间位耦合的两个芳环质子；δ_H 3.94（3H, s, CH$_3$）为芳环上甲氧基信号；δ_H 2.45（3H, s, CH$_3$）为芳环上甲基信号。^{1}H-NMR 和 ^{13}C-NMR 波谱数据见表 8-11，该化合物结构定为大黄素甲醚。

表 8-11 化合物 1 的氢谱和碳谱核磁数据

序号	δ_H	δ_C	序号	δ_H	δ_C
1		162.5	9		190.7
2	7.09（1H, br. s）	124.5	10		182.0
3		148.4	4a		133.1
4	7.63（1H, br. s）	121.3	8a		110.2
5	7.38（1H, d, J = 2.4 Hz）	108.2	9a		113.7
6		166.5	10a		135.2
7	6.69（1H, d, J = 2.4 Hz）	106.7	—OCH$_3$	3.94（3H, s）	56.1
8		165.2	—CH$_3$	2.45（3H, s）	22.1

化合物2：黄色针晶（三氯甲烷-甲醇），mp 192~193℃。Bornträger's 反应呈红色，Molish 反应呈阳性，提示为羟基蒽醌苷类化合物。ESI-MS 谱给出准分子离子峰 [M-H]⁻ m/z 431.1，推测该化合物分子式为 $C_{21}H_{20}O_{10}$。

UV 光谱吸收带 λmax/nm：230、284、325、329、422，结合 IR 光谱中有 3 410（—OH）cm⁻¹，和 1 672（非缔合）、1 634 cm⁻¹（缔合）的两个羰基吸收峰及苯环特征吸收峰 1 596 cm⁻¹，推测结构中有一个 α-OH。^{1}H-NMR（DMSO-d_6）谱中 δ_H 13.19（1H, s, α-OH）、11.08（1H, s, β-OH）为两个活泼氢信号；δ_H 7.23（1H, d, J = 2.3 Hz, H-5），6.97（1H, d, J = 2.3 Hz, H-7）和 δ_H 7.38（1H, br. s, H-4），7.09（1H, br. s, H-2）为两组苯环上互为间位耦合的两个芳环质子；δ_H 2.39（3H, s, CH$_3$）为芳环上甲基信号；δ_H 5.03（1H, d, J = 7.6 Hz, H-1'）糖端基质子信号。化合物2的核磁共振数据见表 8-12，鉴定该化合物为大黄素-8-O-β-D-吡喃葡萄糖苷。

表 8-12　化合物 2 的氢谱和碳谱核磁共振数据

序号	δ_H	δ_C	序号	δ_H	δ_C
1		164.3	8a		113.2
2	7.09（1H，br.s）	119.2	9a		114.5
3		146.9	10a		136.5
4	7.38（1H，br.s）	124.2	1′	5.03（1H，d，J = 7.6 Hz）	100.8
5	7.23（1H，d，J = 2.3 Hz）	108.4	2′	3.42（1H，m）	73.3
6		161.1	3′	3.37（1H，m）	77.3
7	6.97（1H，d，J = 2.3 Hz）	108.4	4′	3.25（1H，m）	69.4
8		161.7	5′	3.71（1H，m）	76.4
9		186.4	6′	4.39（1H，d，J = 11.6 Hz） 4.14（1H，d，J = 11.6 Hz）	60.6
10		182.1	–CH₃	2.39（3H，s）	21.4
4a		132.1			

（李　宁）

数字资源详见　新形态教材网

学习目标　　思维导图　　思政元素　　案例探讨　　参考文献
微视频　　　拓展阅读　　本章小结　　自测题　　　教学课件

第九章 黄酮类化合物

编者导学

学习目标

思维导图

本章导航
第一节　概述
第二节　黄酮类化合物的结构类型与理化性质
第三节　黄酮类化合物的提取分离
第四节　黄酮类化合物的结构鉴定
第五节　黄酮类化合物的生物活性
第六节　黄酮类化合物的研究实例

　　黄酮类化合物是植物中分布广泛而且重要的一类多酚类天然产物。该类化合物不仅广泛存在于高等植物，也存在于许多低等植物（如苔藓和地钱）中，即几乎存在于所有的绿色植物中，尤以芸香科、唇形科、玄参科、豆科、苦苣苔科、杜鹃科和菊科等高等植物中分布较多。据估计，经植物光合作用所固定的碳有2%转变为黄酮类化合物或与其密切相关的其他化合物，大部分的鞣质也是由黄酮类化合物转变而来。黄酮类化合物在自然界中含量丰富，也是人类饮食的重要组成部分，通常存在于各种水果、蔬菜、茶和饮料中。到目前为止，已经鉴定出超过13 000种黄酮类化合物，其中不乏在临床应用多年的药物，如黄芩苷、灯盏花乙素、水飞蓟宾、淫羊藿素等，在心血管疾病、炎症及肿瘤等疾病治疗中发挥重要作用。

第一节　概　　述

　　黄酮（flavonoids）是一类由15个碳原子组成的具有$C_6-C_3-C_6$骨架的化合物，骨架中含有两个苯环（A环和B环），两个苯环由一个C_3部分桥连（C部分），C_3部分可以是开链，也可以与C_6部分形成六元或五元氧杂环（图9-1）。

　　研究表明，几乎所有黄酮类化合物的生物合成都会首先形成柚皮素。同位素标记显示其生物合成过程经过莽草酸途径（通过赤藓糖-4-磷酸，E4P）到苯丙氨酸，然后再到4-香豆酰辅酶A起始单元，4-香豆酰辅酶A和三个丙二酸单酰辅酶A形成聚酮中间体，通过克莱森缩合形成柚皮素型查耳酮，再由查耳酮异构酶作用经麦克尔型亲核加成形成二氢黄酮型柚皮素，其他类型黄酮则由柚皮素在P450酶氧化或还原型辅酶Ⅱ（NAD（P）H）等不同酶作用下形成（图9-2）。

　　黄酮类化合物不仅对植物的生长、发育、开花和结果，以及抵御异物的侵袭起着重要的作用，而且具有广泛的药理活性，包括炎症、氧化应激、糖尿病、癌症、心脑血管疾病、神经系统疾病、代谢紊乱、溃疡和自身免疫性疾病等。经文献检索发现，截至2023年1月，19种基于黄酮的药物获得批准上市，36种候选药物处于不同的临床阶段。淫羊藿素（icaritin）是一种从淫羊藿中分离的天然异

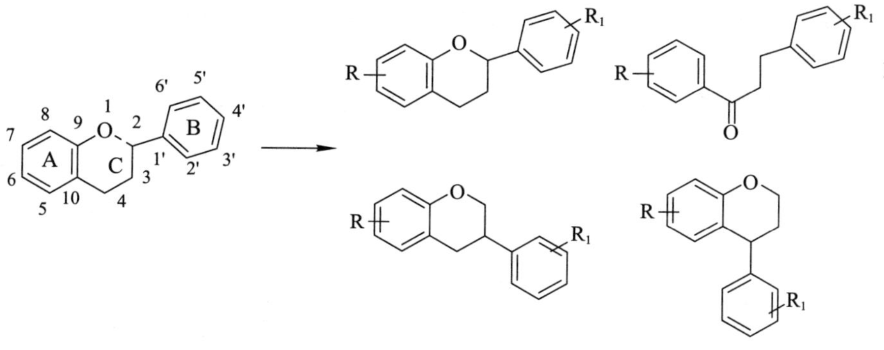

图 9-1　黄酮类化合物的基本骨架

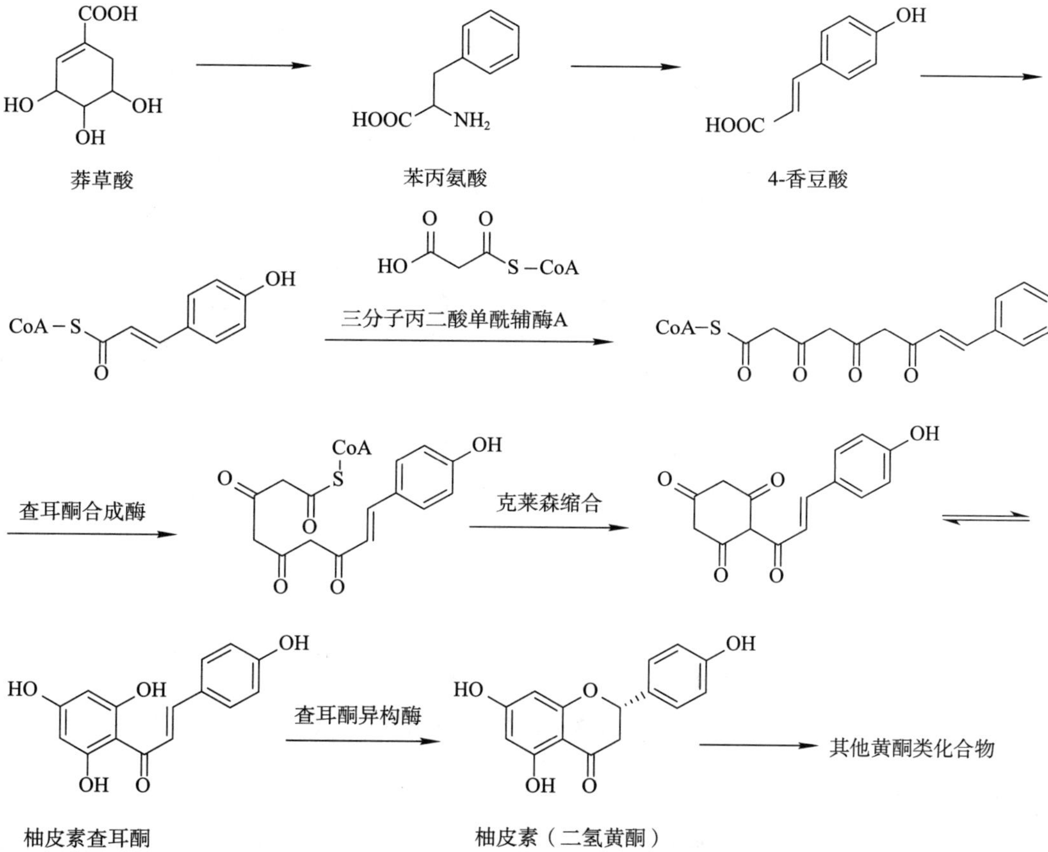

图 9-2　黄酮类化合物生物合成途径

戊烯基黄酮，可靶向雌激素受体亚型 ER-α36，已成功开发为用于治疗癌症的药物，于 2022 年 1 月批准上市。

第二节　黄酮类化合物的结构类型与理化性质

一、黄酮类化合物的结构类型

黄酮是一类具有 C_6-C_3-C_6 骨架的化合物，根据其以下结构特征将其分为不同类型：① B 环的连接位置；② C_3 桥是开环还是与 C_6 部分形成六元和五元氧杂环；③ C 环的氧化程度；④ 化合物是单体、二聚体或是多聚体。

根据 B 环的连接位置不同将黄酮类化合物分为黄酮、异黄酮和新黄酮三大类（图 9-3）。

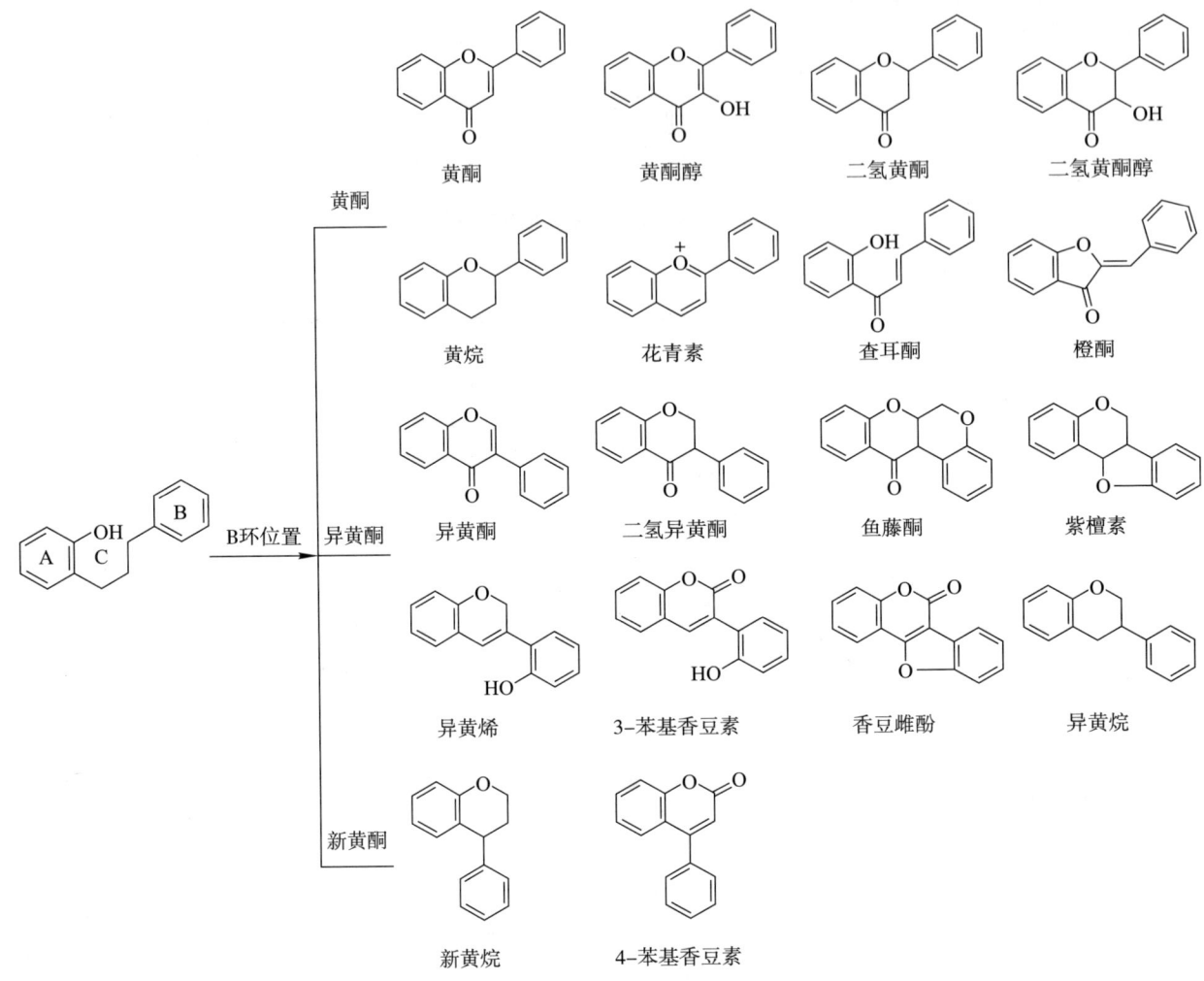

图 9-3　黄酮化合物的主要类型

（一）黄酮

黄酮母核的多样性主要由 B 环的连接位置、环系的变化和氧化程度不同而产生。当 B 环连接在 C-2 时称为黄酮类，根据 C 环的氧化程度和环系的不同又可分为黄酮、黄酮醇、二氢黄酮、二氢黄酮醇、黄烷、花青素、查耳酮和橙酮。其中 C_3 部分为开链且含有羰基时，主要有查耳酮和二氢查耳酮；具有五元 C 环的黄酮主要为橙酮；其他具有六元 C 环的黄酮类化合物根据 C 环的氧化程度不同又可分为黄酮、黄酮醇、二氢黄酮、二氢黄酮醇、黄烷和花青素等。黄酮化合物命名时的编号及代表性化合物见表 9-1。

从生源途径看，查耳酮异构酶将查耳酮转化为二氢黄酮类化合物，进一步通过几种酶催化途径分化成主要类型的黄酮类化合物（图 9-4）。

第二节 黄酮类化合物的结构类型与理化性质

表 9-1 不同类型黄酮化合物

骨架结构与编号	中文名/英文名	典型实例	名称
(结构图)	黄酮/flavone	(结构图)	黄芩素/5,6,7-三羟基黄酮
(结构图)	黄酮醇/flavonol	(结构图)	槲皮素/5,7,3',4'-四羟基黄酮醇
(结构图)	二氢黄酮/dihydroflavone	(结构图)	柚皮素/5,7,4'-三羟基二氢黄酮
(结构图)	二氢黄酮醇/dihydroflavonol	(结构图)	二氢杨梅素/5,7,3',4',5'-五羟基二氢黄酮醇
(结构图)	查耳酮/chalcone	(结构图)	柚皮素查耳酮/4,2',4',6'-四羟基查耳酮
(结构图)	二氢查耳酮/dihydrochalcone	(结构图)	4,2',4',6'-四羟基二氢查耳酮
(结构图)	橙酮/aurone	(结构图)	4,6,4'-三羟基橙酮
(结构图)	黄烷/flavane	(结构图)	儿茶素/3,5,7,3',4'-五羟基黄烷
(结构图)	花青素/anthocyanidin	(结构图)	矢车菊素/3,5,7,3',4'-五羟基花青素

（二）异黄酮

当 B 环连接在 C-3 的位置，根据 C 环的氧化程度和环系的不同又可将异黄酮类化合物分为异黄酮、二氢异黄酮、紫檀素、3-苯基香豆素和鱼藤酮等，不同类型异黄酮化合物见表 9-2。

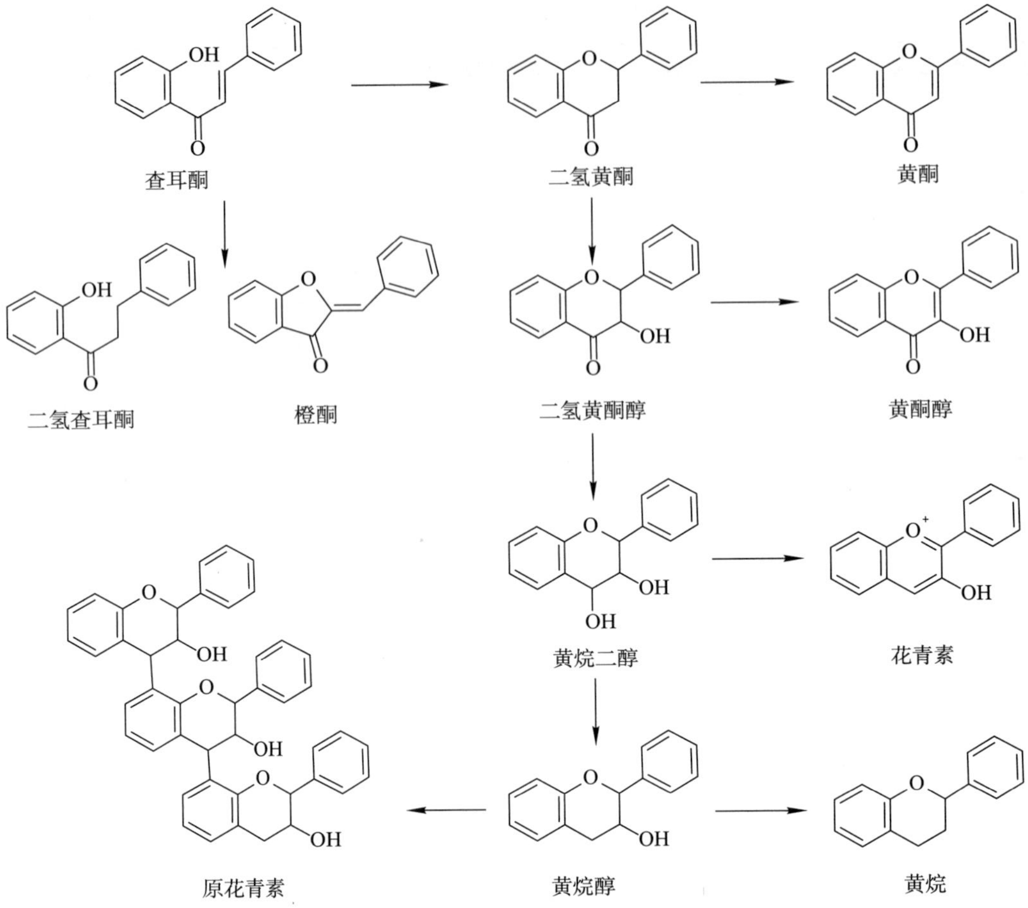

第九章 黄酮类化合物

图 9-4　不同类型黄酮的生物合成关系

查耳酮 → 二氢黄酮 → 黄酮

查耳酮 → 二氢查耳酮

查耳酮 → 橙酮

二氢黄酮 → 二氢黄酮醇 → 黄酮醇

二氢黄酮醇 → 黄烷二醇 → 花青素

黄烷二醇 → 黄烷醇 → 黄烷

黄烷醇 → 原花青素

表 9-2　不同类型异黄酮化合物

骨架结构与编号	中文名 / 英文名	骨架结构与编号	中文名 / 英文名
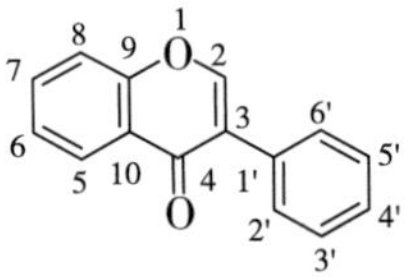 (异黄酮骨架)	异黄酮 / isoflavone	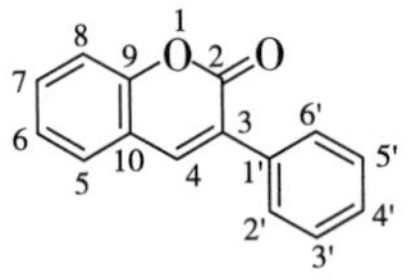 (3-苯基香豆素骨架)	3-苯基香豆素 / 3-arylcoumarin
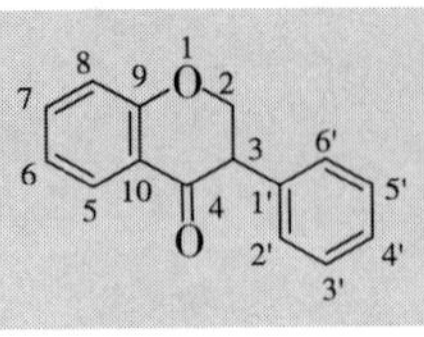 (二氢异黄酮骨架)	二氢异黄酮 / isoflavanone	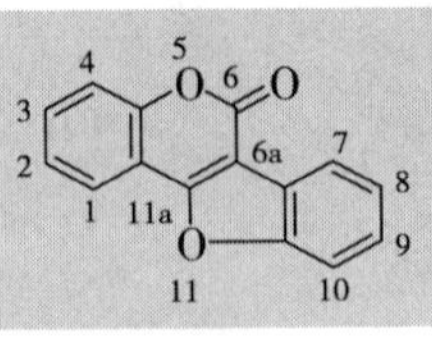 (香豆雌酚骨架)	香豆雌酚 / coumestan
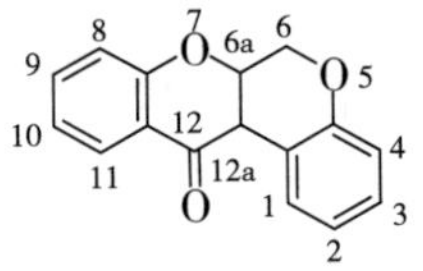 (鱼藤酮骨架)	鱼藤酮 / rotenoid	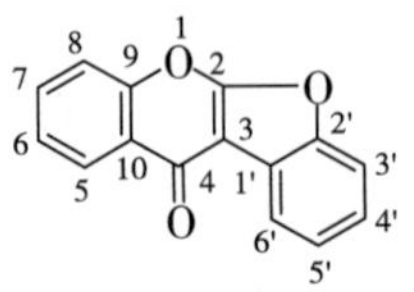 (coumaronochromone 骨架)	coumaronochromone
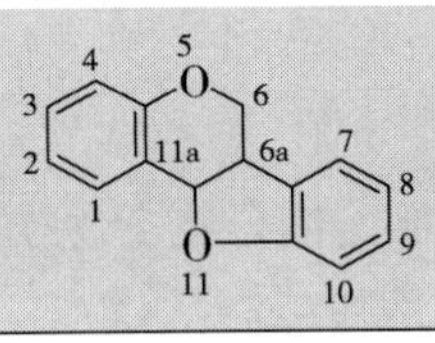 (紫檀素骨架)	紫檀素 / pterocarpan	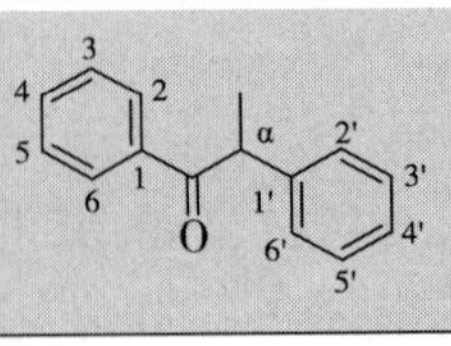 (α-甲基去氧安息香骨架)	α-甲基去氧安息香 / α-methyldeoxybenzoin

骨架结构与编号	中文名/英文名	骨架结构与编号	中文名/英文名
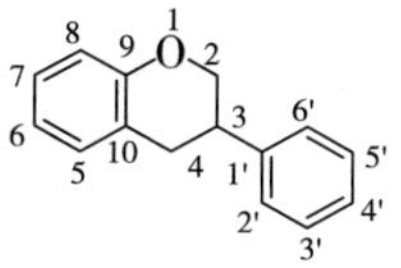 (异黄烷骨架结构图)	异黄烷 /isoflavane		

其中异黄酮、大豆抗毒素 I 和鱼藤酮在天然产物中占比较多。它们的生物合成途径见图 9-5、图 9-6、图 9-7。

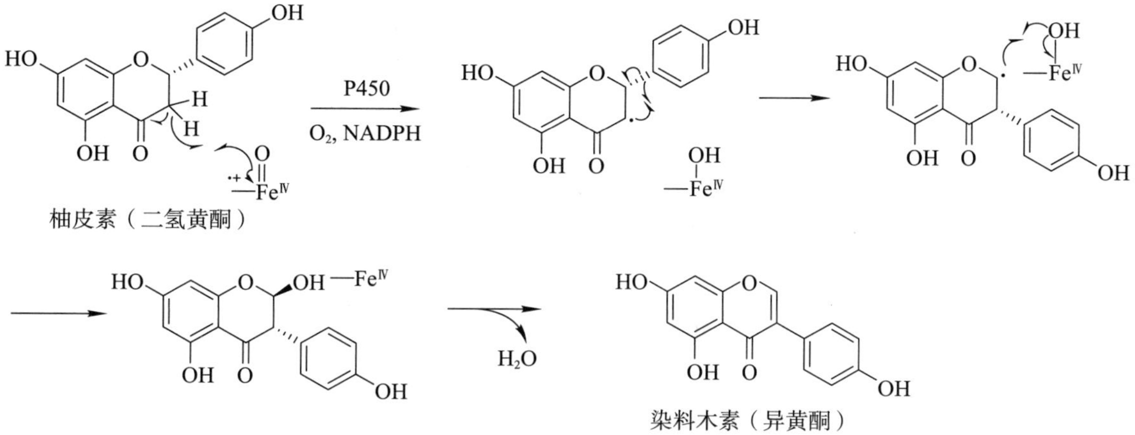

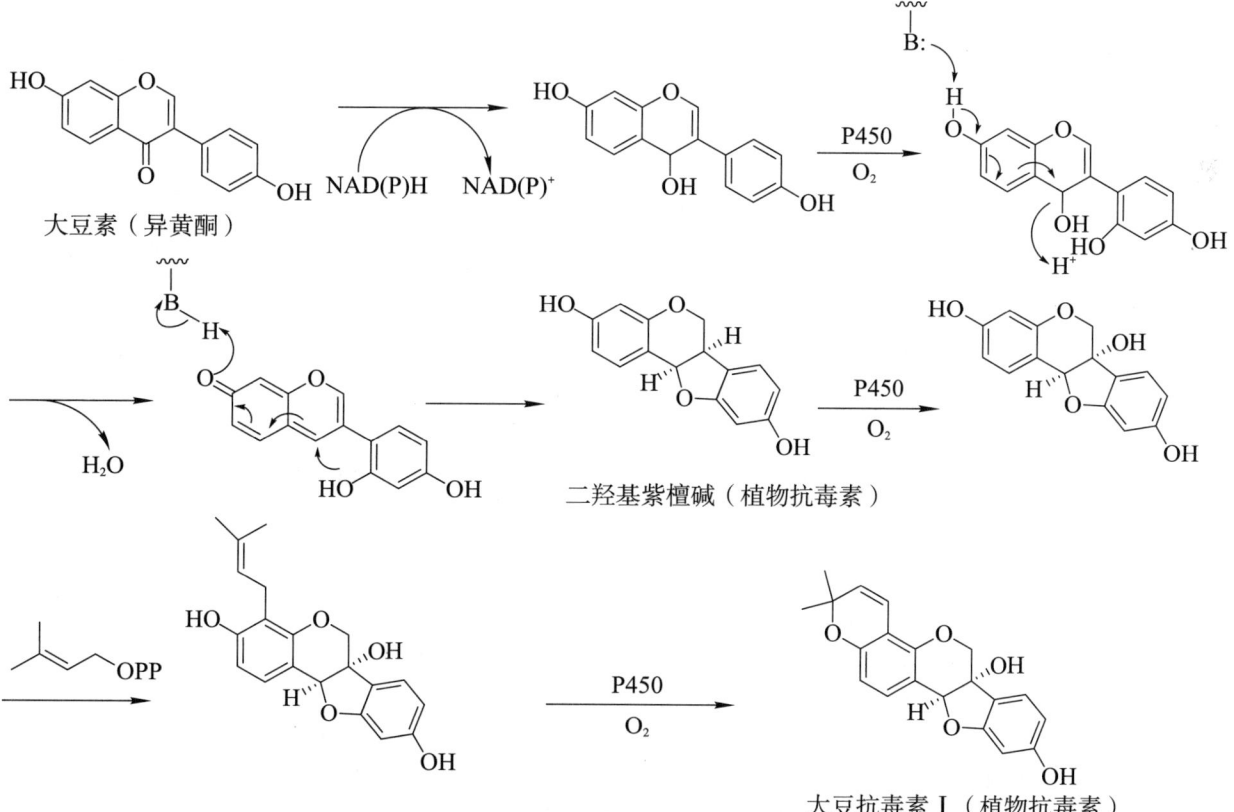

图 9-5 由柚皮素通过生物合成得到染料木素的过程

图 9-6 植物抗毒素二羟基紫檀碱和大豆抗毒素的生物合成途径

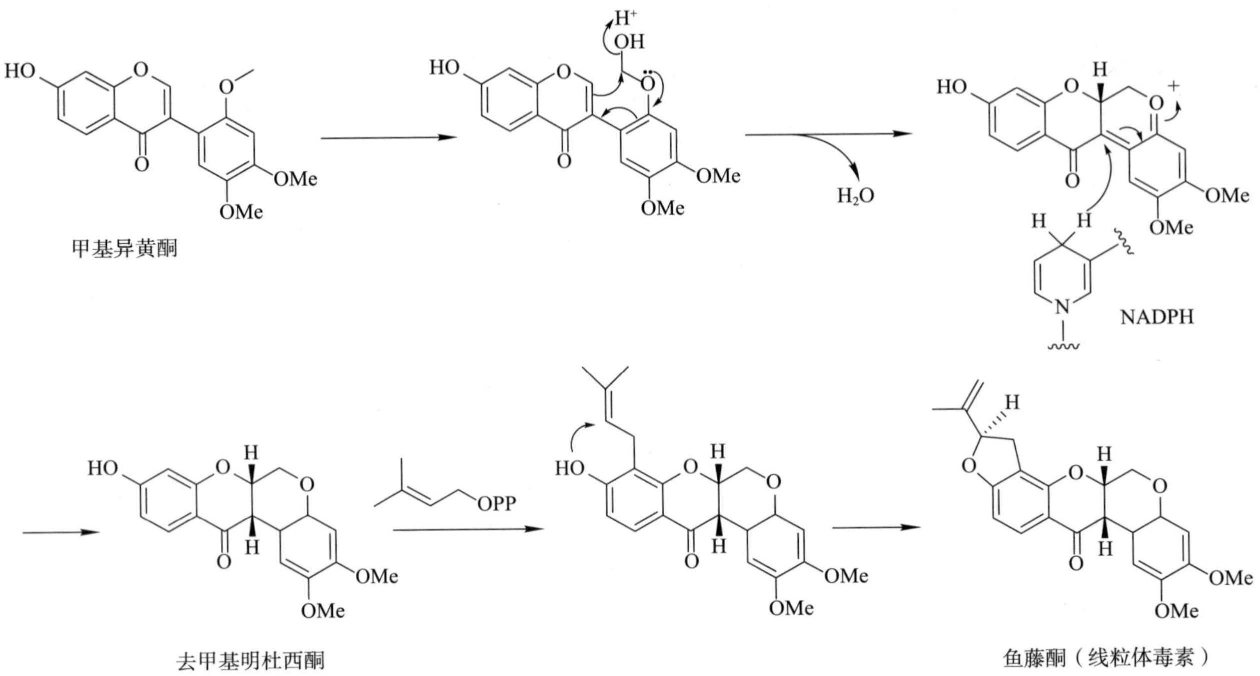

第九章 黄酮类化合物

甲基异黄酮

去甲基明杜西酮

鱼藤酮（线粒体毒素）

图 9-7　由甲基异黄酮生成鱼藤酮的生物合成途径

各种异黄酮化合物生源关系见图 9-8。

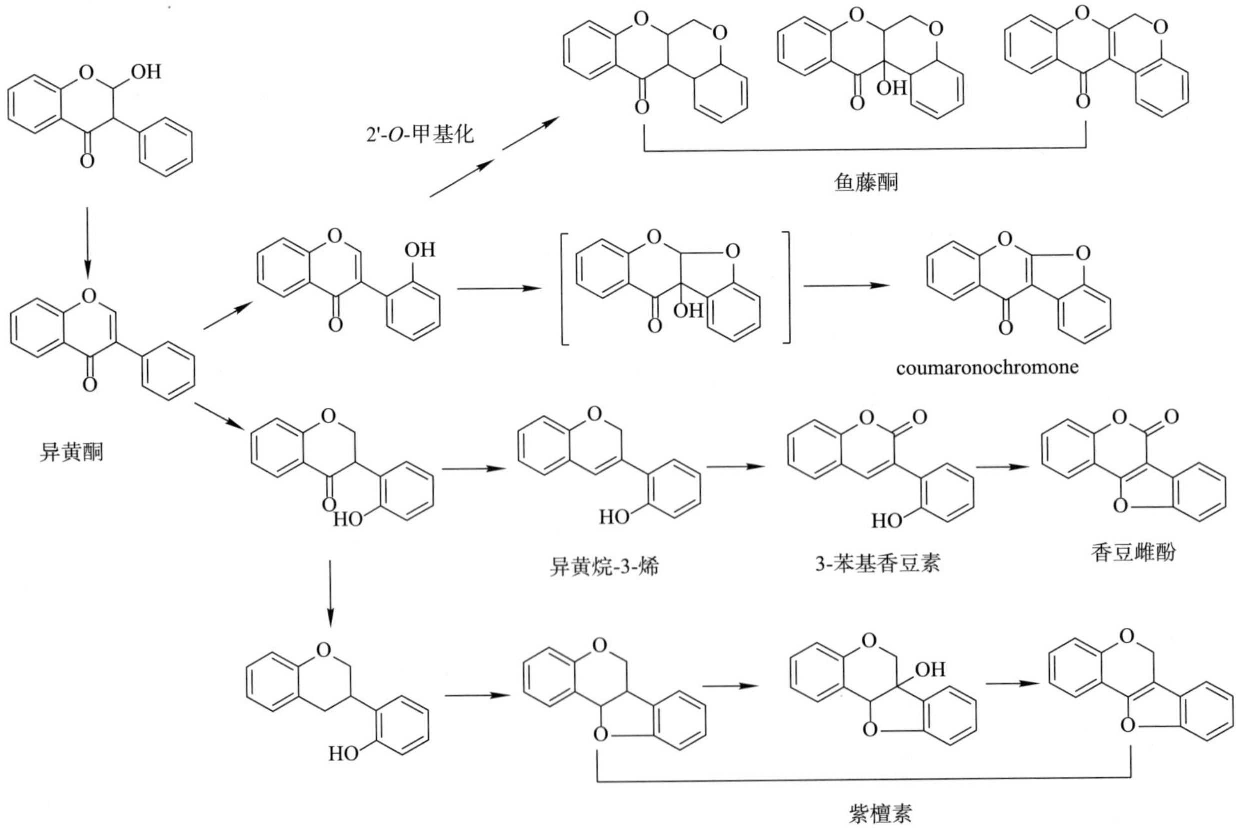

2'-O-甲基化

鱼藤酮

异黄酮

coumaronochromone

异黄烷-3-烯　　3-苯基香豆素　　香豆雌酚

紫檀素

图 9-8　各种异黄酮化合物生源关系

（三）新黄酮

新黄酮（neoflavonoids）是指 B 环与 C 环 C-4 位相连的一类黄酮衍生物，其骨架结构和化合物基本类型如下：

海棠果内酯（calophyllolide）、红厚壳内酯（inophyllolide）和海棠果酸（calophyllic acid）是由鲍伦斯基（J Polonsky）于 1955 年首次从藤黄科（Guttiferae）红厚壳属植物红厚壳（*Calophyllum inophyllum*，海棠果）中分离出的新黄酮类化合物。此后，这类化合物由于具有良好抗艾滋病病毒活性，受到药物化学界的高度重视。

此外，也有研究人员将高异黄酮和𠮷酮归为黄酮类化合物，其骨架结构如下：

（四）黄酮类化合物结构多样性

黄酮母核固定后，黄酮结构多样性主要表现在：①黄酮环上羟基的甲基化、邻二羟基的亚甲基化和异戊烯基化（O- 烷基化）；②黄酮类化合物本身的甲基化和异戊烯化（C- 烷基化）；③黄酮类化合物 C-、O- 糖苷化；④醌式黄酮（黄酮的氧化）；⑤黄酮环上羟基的酯化，如硫酸酯的形成；⑥双黄酮及黄酮与其他类型天然产物加合物。

1. 黄酮环上 O- 烷基化 对大多数黄酮化合物，其 A、B、C 三个环上常含有一个或多个羟基，这些羟基常可被烷基化如 O- 甲基化、邻二羟基的亚甲基化和 O- 异戊烯基化。

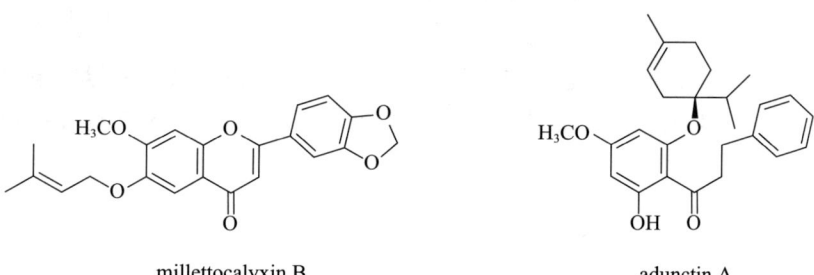

millettocalyxin B

adunctin A

2. 黄酮类化合物 C- 烷基化　大多数黄酮化合物的 A、B、C 三个环上常含有一个或多个含氧基团如羟基、甲氧基等，它们的邻位和对位常可发生 C- 甲基化、C- 异戊烯基化等烷基化。

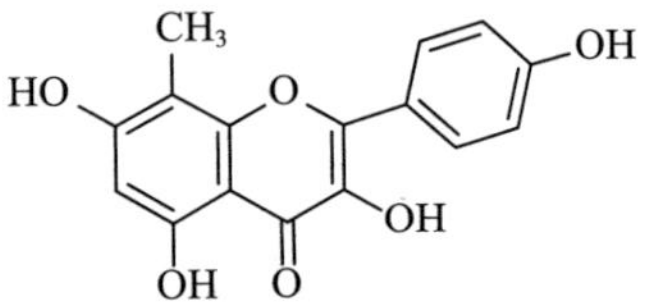

8-C-甲基山奈酚 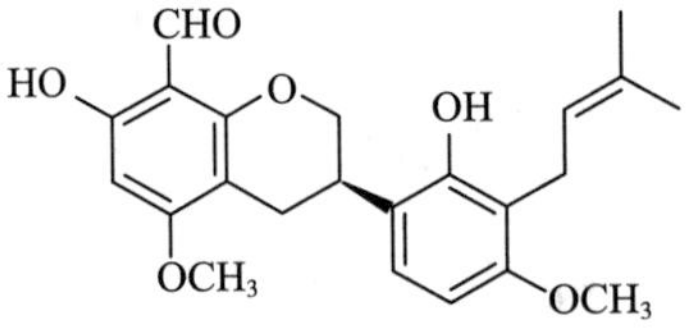　　　　kanzonol M 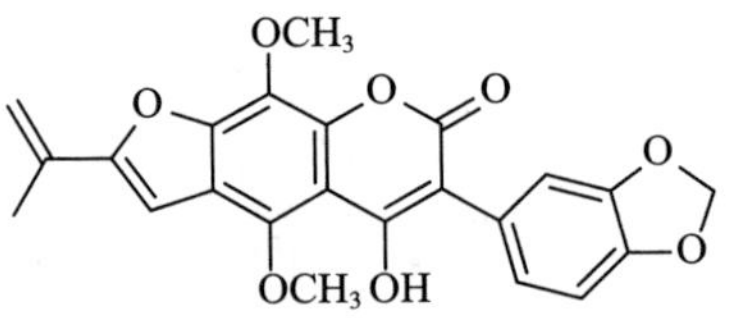　　　　thonningine A

3. 黄酮类化合物 O-、C- 糖苷化　氧苷黄酮为一类数量较多的黄酮类化合物，其中包括单糖苷、二糖苷、三糖苷和少数四糖苷，糖类上羟基也可被各种酰基酰化。黄酮苷元上几乎每个位置上的酚羟基都可成苷，而且一个或多个羟基可与一个或多个糖类分子相接。最常见为在黄酮、异黄酮和二氢黄酮的 7-OH，黄酮醇、二氢黄酮醇的 3-（7-）OH 及花色苷的 3-（5-）OH 成苷。单糖分子存在形式可以是吡喃糖也可以是呋喃糖。

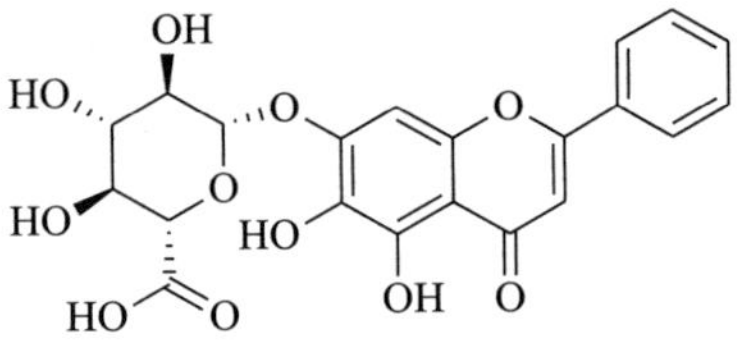

黄芩苷 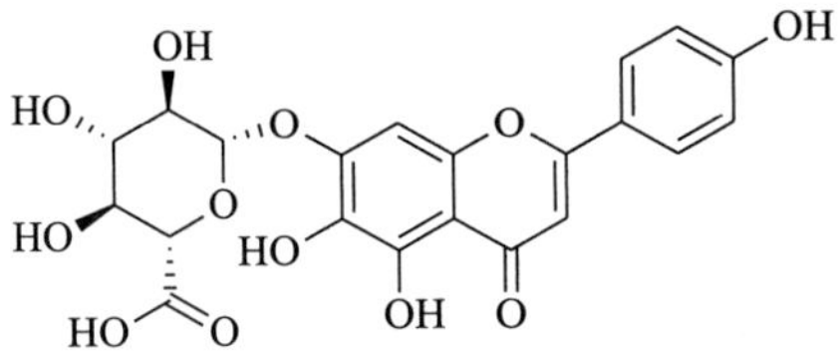　　　　灯盏花乙素 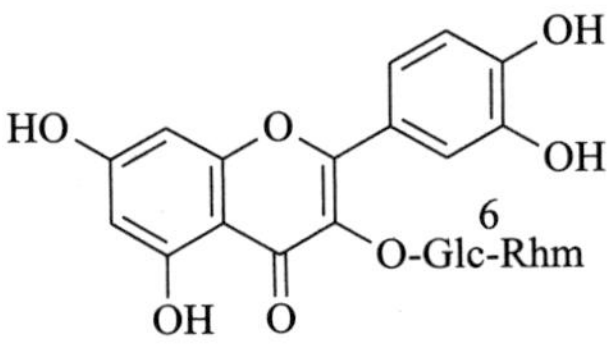　　　　芦丁

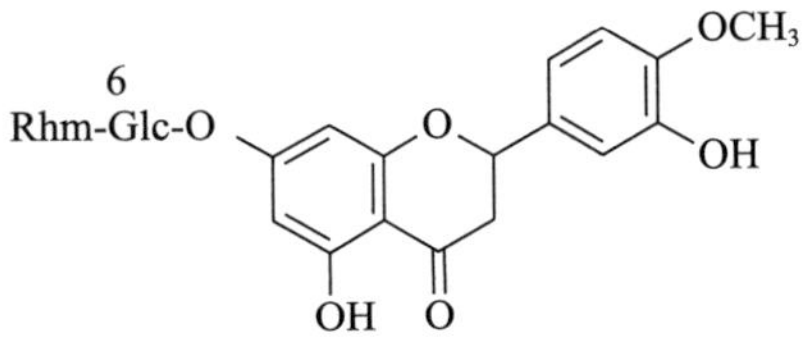

橙皮苷 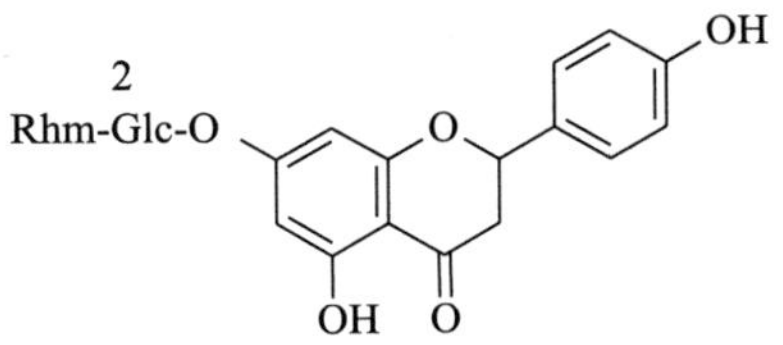　　　　柚皮苷

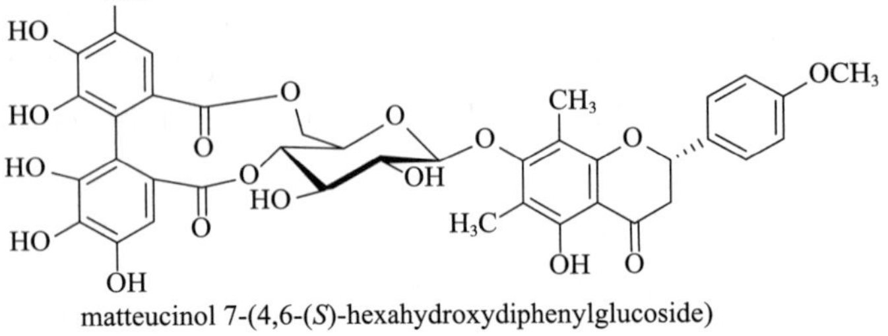

matteucinol 7-(4,6-(S)-hexahydroxydiphenylglucoside) 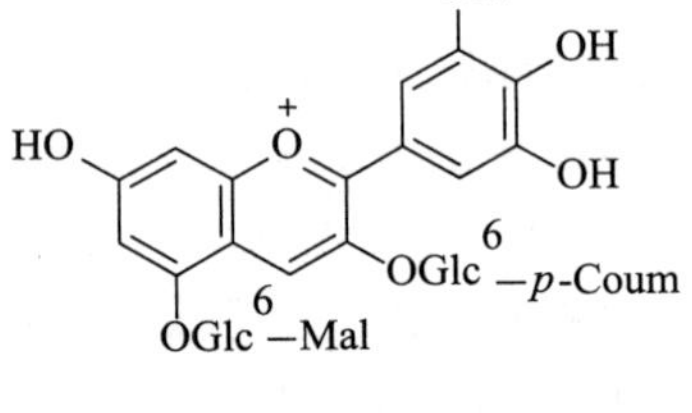　　　　飞燕草素-3-[6-O-(p-香豆酰)葡萄糖]-5-(6-O-丙二酰葡萄糖苷)

碳苷黄酮（C-glycosylflavones）是糖与黄酮母核通过 C—C 键连接的一类黄酮苷。连接的糖类有葡萄糖、鼠李糖、芹糖、木糖和阿拉伯糖，主要与黄酮母核 A 环的 C-6 位或 C-8 位相连。

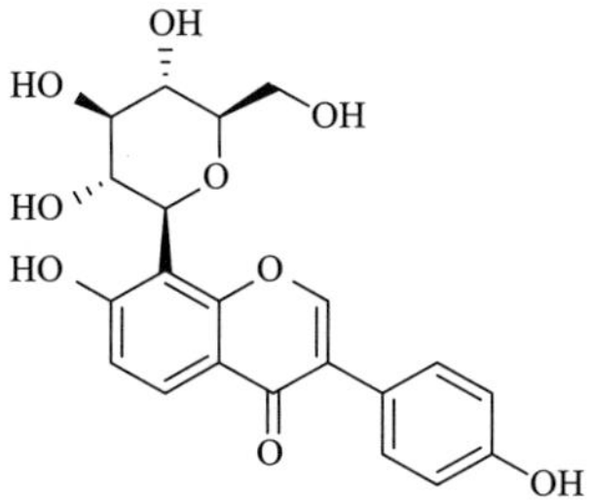

葛根素 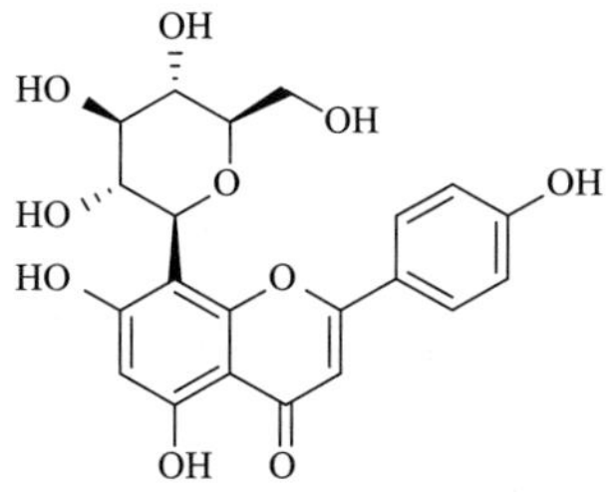　　　　　　　牡荆素 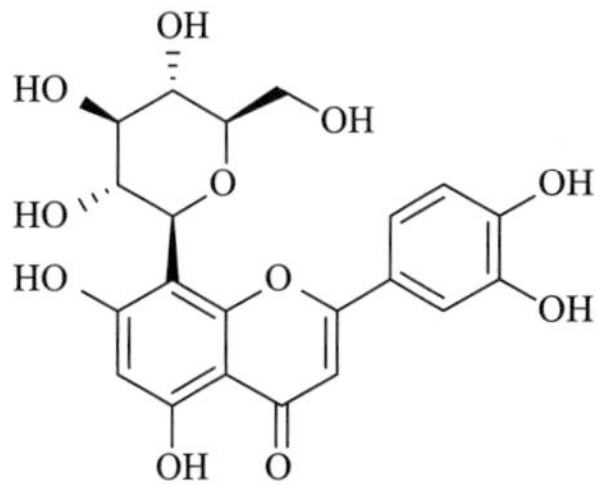　　　　　　　荭草素

4. 醌式黄酮　醌式黄酮类化合物保持了黄酮类化合物的母核骨架结构，其变化主要是黄酮母核的某些结构如 A 环或 B 环被氧化成醌式或半醌式，所以称之为醌式黄酮。

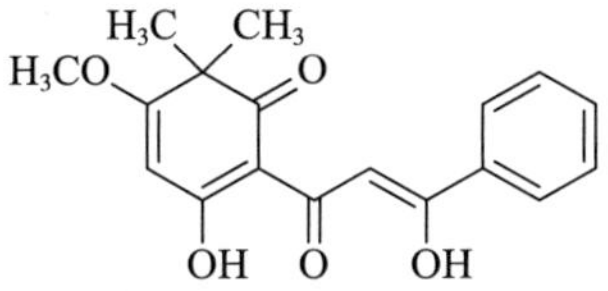

syzygiol 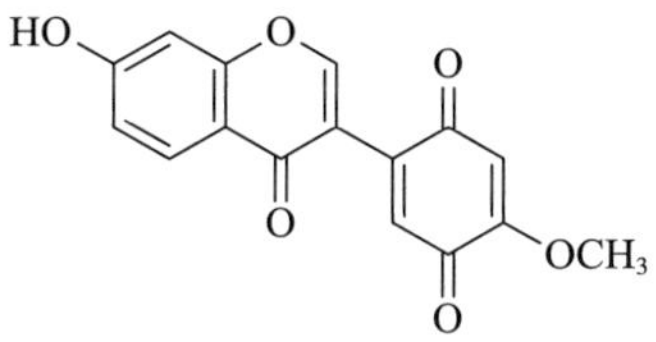　　　　　　bowdichione 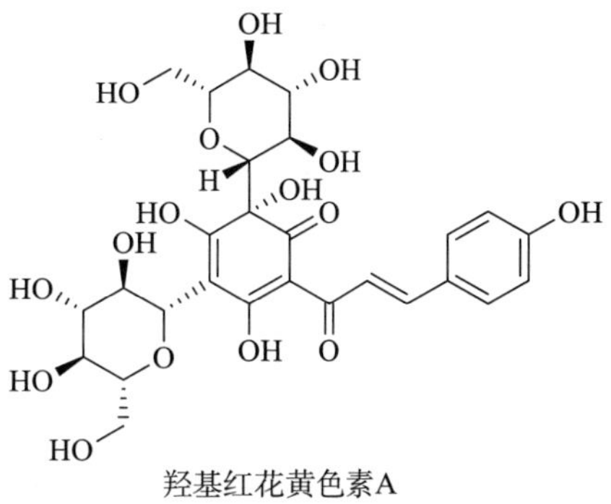　　　　　　羟基红花黄色素A

5. 黄酮硫酸酯（盐）　黄酮硫酸酯（盐）类化合物主要分为黄酮醇硫酸酯（盐）和黄酮硫酸酯（盐），其中最常见的是在黄酮 C-7 位和/或 C-3 位酚羟基成硫酸酯。

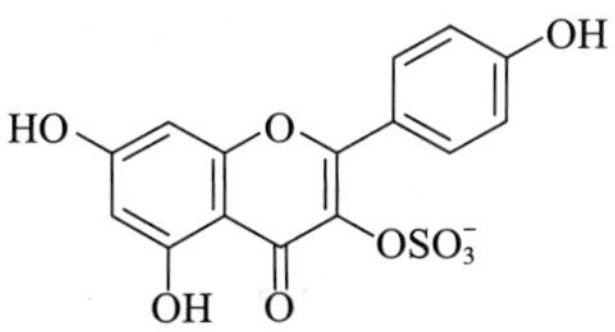

山奈酚-3-硫酸酯 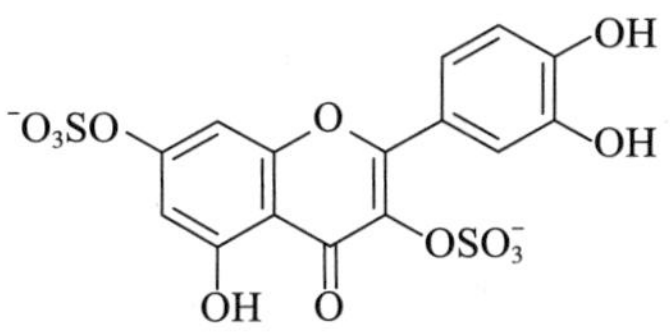　　　槲皮素-3,7-二硫酸酯 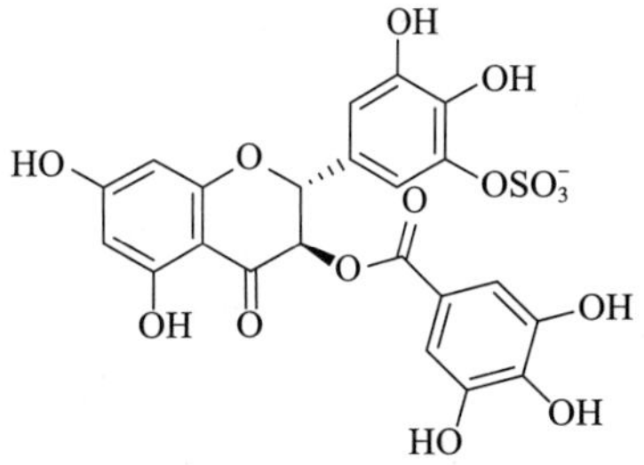　　　二氢杨梅素-3-没食子酸酯-3′-硫酸酯

6. 双黄酮及黄酮与其他类型天然产物加合物　双黄酮是由两分子黄酮或其衍生物聚合生成的二聚物，组成单元可以是不同类型的黄酮单体化合物，通过 C—C 或 C—O—C 连接而成的。

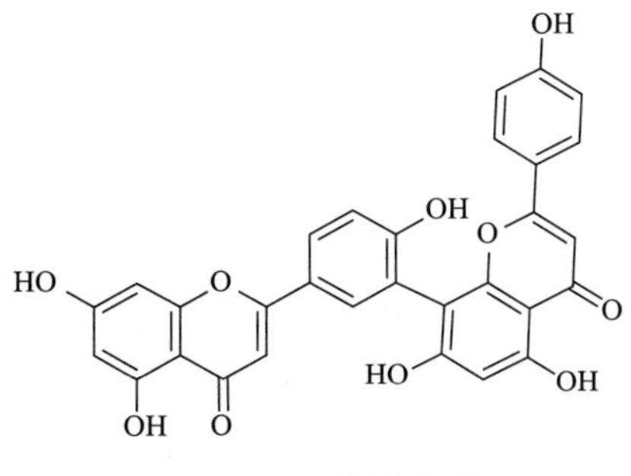

穗花杉双黄酮 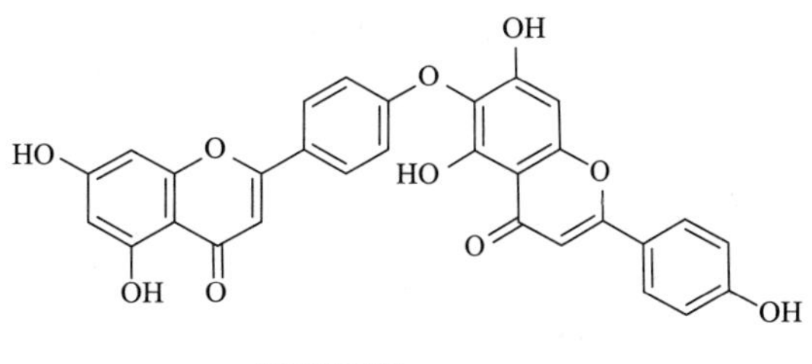　　　　　　扁柏双黄酮

此外，不同类型黄酮化合物还可与其他类型天然产物如苯丙素类、二苯乙烯类、萜类等通过各种

形式形成加合物。

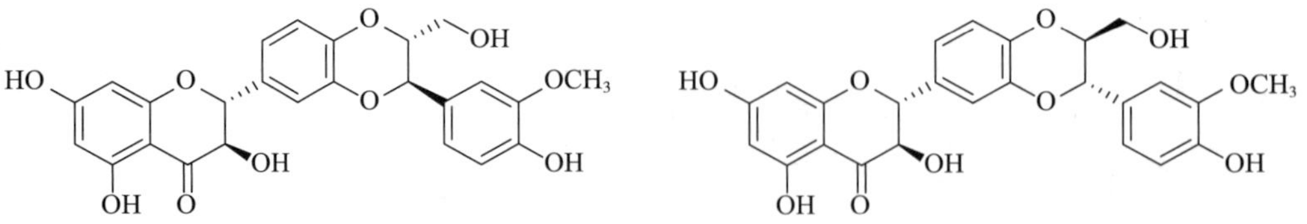

二氢黄酮与苯丙素：水飞蓟宾A和B

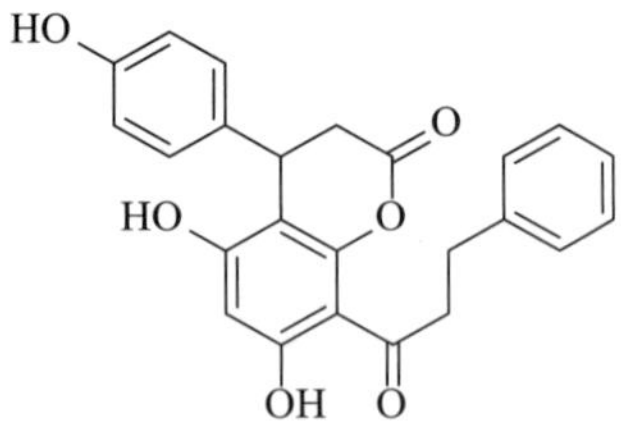

calomelanol C 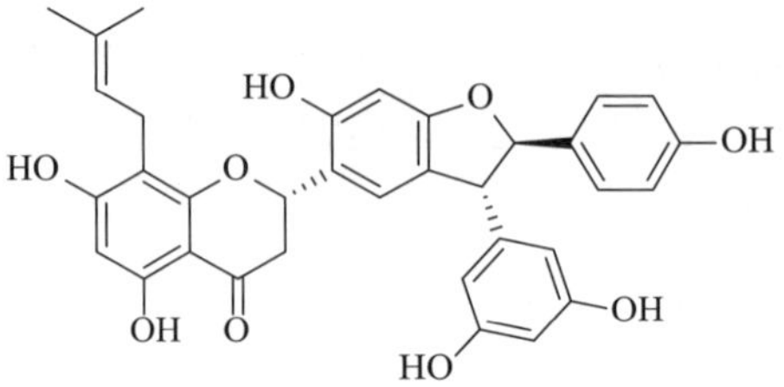　　　槐黄烷酮H 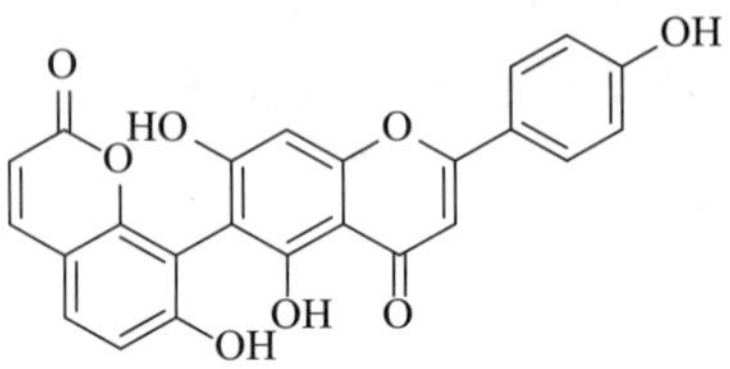　　　6-(8''-umbelliferyl)-apigenin

二、黄酮类化合物的理化性质

（一）物理性质

黄酮类化合物结构多样，大多数苷元由于其结构更具有共平面性，多为结晶性固体。当分子中的酚羟基被苷化成黄酮苷，则多为无定形粉末。当苷元中存在手性碳，分子具有旋光性，黄酮苷类由于在结构中引入糖类的片段，故均有旋光性。

黄酮类化合物的溶解度也因结构及存在状态（苷元、单糖苷、双糖苷或三糖苷）不同而有很大差异。一般游离苷元难溶或不溶于水，易溶于甲醇、乙醇、乙酸乙酯、乙醚、丙酮等有机溶剂及稀碱水溶液中。其中黄酮、黄酮醇、查耳酮等平面性强的分子，因分子与分子间排列紧密，分子间引力较大，故更难溶于水；而二氢黄酮及二氢黄酮醇等，因其为非平面性分子，故分子与分子间排列不紧密，分子间引力降低，有利于水分子进入，溶解度稍大。花青素类虽也为平面性结构，但因以离子形式存在，具有盐的共性，亲水性较强，在水中溶解度较大。

黄酮苷元分子中引入羟基，将增加在水中的溶解度，黄酮类化合物的羟基糖苷化后，水溶解度即相应加大，黄酮苷一般易溶于水、甲醇、乙醇等强极性溶剂中。糖链越长，则在水中溶解度越大。另外，糖的结合位置不同，对苷在水中的溶解度也有一定影响。

除上述基本性质外，在黄酮类化合物的分离和结构检识中还会利用黄酮类化合物的颜色、酸碱性和显色反应。

1. 黄酮的颜色　判断黄酮类化合物是否有颜色，主要观察分子中是否存在苯甲酰与桂皮酰交叉共轭体系，以及存在的助色团如—OH、—OCH$_3$等的数目和取代的位置（图9-9）。

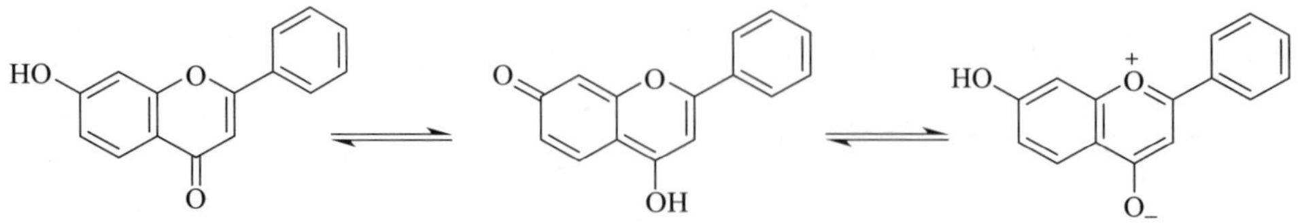

图9-9　黄酮类化合物的共轭体系

（1）可见光下黄酮的颜色：①黄酮、黄酮醇、查耳酮及其苷存在交叉共轭体系，黄酮和黄酮醇显灰黄色~黄色，查耳酮显黄色~橙色。②二氢黄酮（醇）不具交叉共轭体系一般不显色，共轭链短的异黄酮显微黄色。③花色苷及苷元具有交叉共轭体系，且存在共轭氧鎓离子，其颜色为黄色~蓝色。此外，颜色变化与 pH 有关：pH < 7 时，呈红色；pH = 8.5 时，呈紫色；pH > 8.5 时，呈蓝色。

（2）在紫外光下黄酮的颜色：黄酮显绿色荧光；若 C-3 位有游离羟基取代，显亮黄或黄绿荧光；若 C-3 位羟基被甲基化或糖苷化，则显暗绿棕色荧光。查耳酮和橙酮显深黄绿色和亮黄荧光。二氢黄酮（醇）和儿茶素则不显色。

利用这些性质可检识不同类型黄酮类化合物。

2. 酸碱性

（1）酸性：大多数黄酮类化合物具有一个或多个酚羟基，因而显酸性。酚羟基的数目和位置不同，酸性强弱也不同。其酸性强弱次序如下：

7,4′- 二 OH > 7- 或 4′-OH > 一般酚 OH > 5-OH

对于具有 4-C＝O 的黄酮类化合物，处于羰基对位的羟基具有更强的酸性，也就是说，当羟基的对位和邻位有吸电子取代基时，由于有利于氧负离子的稳定，酸性更强。而处于 C-5 位的羟基由于与 4-C＝O 形成氢键，具有较弱的酸性。

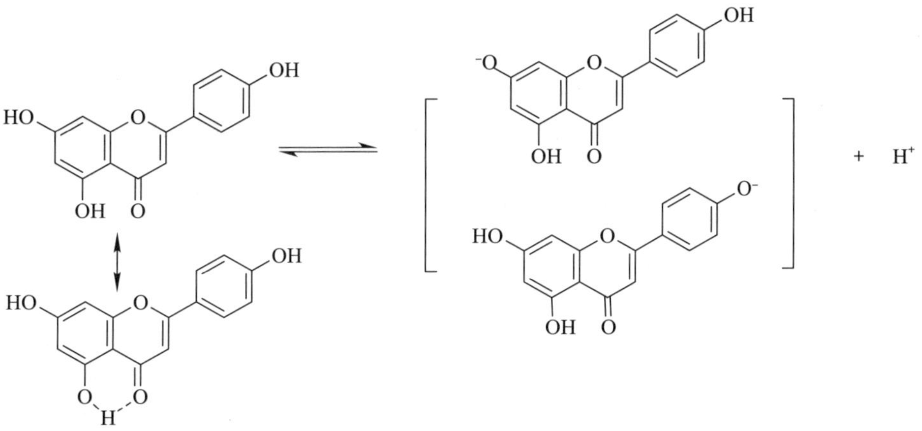

在天然产物的分离过程中，利用黄酮类化合物的这一性质，可采用 pH 梯度萃取法将不同类型的黄酮化合物从混合物中分离出来。此外，在紫外光谱鉴定黄酮结构时，也可利用这一性质，确定羟基是否以游离状态存在及其可能存在的位置。

（2）碱性氧原子的性质：黄酮分子中吡喃环上的氧原子，因具有未共用电子对，故显微弱的碱性，可与强酸成盐。但生成的盐不稳定，加水后即可分解。这一性质可用于黄酮的鉴别，例如，黄酮类化合物溶于浓硫酸中生成的盐，常显示出特殊颜色；某些甲氧基黄酮溶于浓盐酸可显深黄色，且可与生物碱沉淀试剂生成沉淀。

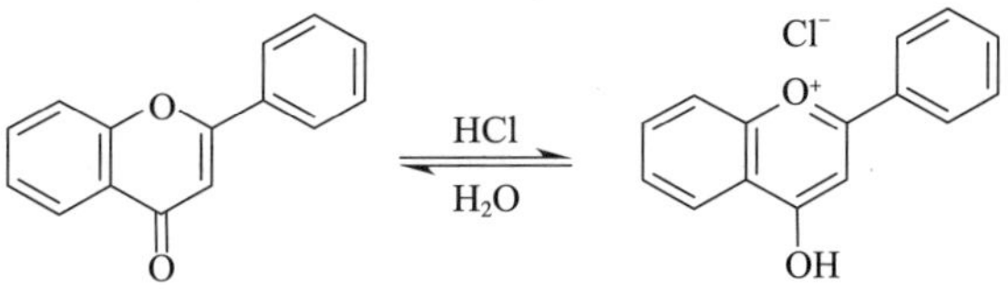

（二）显色反应

黄酮类化合物显色反应主要利用结构中存在酚羟基和苯并吡喃酮环这些基团的性质。常见显色反应主要有还原试验：盐酸 - 镁粉（或锌粉）、硼氢化钠（钾）；金属盐类试剂的络合反应：铝盐、铅盐、锆盐和锶盐；硼酸显色反应。

1. 还原试验

（1）盐酸-镁粉（或锌粉）：是鉴别黄酮的最常用的反应。黄酮、黄酮醇、二氢黄酮及二氢黄酮醇类化合物显橙红~紫红色，少数显紫~蓝色。

（2）硼氢化钠（钾）：硼氢化钠（钾）可选择性还原二氢黄酮（醇）类化合物。二氢黄酮类化合物中加入硼氢化钠呈红色~紫色。

2. 与金属盐类络合反应

黄酮类化合物分子中具有下列结构单元（含有酚羟基和羰基），其氧原子上的孤对电子常可与具有空轨道的铝盐、铅盐、锆盐、镁盐试剂发生络合反应，并呈现一定颜色。

（1）铝盐：常用试剂为1% $AlCl_3$ 或 $Al(NO_3)_3$。黄酮类化合物可与铝盐形成黄色络合物，并在415 nm处出现最大吸收，在紫外灯下有荧光。因此使用该法不仅可进行定性鉴别，还可用于定量分析样品中总黄酮。

（2）铅盐：常用试剂为醋酸铅和碱式醋酸铅。醋酸铅可与分子中含有邻二-OH或3-OH（或/和5-OH）4-C=O黄酮类化合物形成黄~绿色沉淀，因此使用该法不仅可进行定性鉴别，还可用于黄酮的提取与分离。碱式醋酸铅可与所有酚类化合物形成沉淀，可用于酚类化合物的定性鉴别、提取和分离。

（3）锆盐：常用试剂为2% 二氯氧化锆甲醇溶液。黄酮分子中有游离的3-OH或5-OH时，均可与该试剂生成黄色的络合物。但3-OH和4-C=O络合物的稳定性强于5-OH和4-C=O络合物，当加入枸橼酸后，5-OH黄酮褪色，3-OH黄酮仍呈鲜黄色。因此，锆-枸橼酸反应可用于鉴定含3-OH和4-C=O黄酮类化合物。

黄酮与二氯氧化锆形成的络合物

（4）氯化锶：在氨性甲醇溶液中，可与分子中具有邻二酚羟基结构的黄酮类化合物生成绿色~棕色至黑色沉淀。

3. 与硼酸显色反应 硼酸可用于鉴别分子中具有如下结构的 5-羟基黄酮和 2-羟基查耳酮，在酸性条件下，硼酸可与这两类黄酮反应，形成亮黄色络合物。

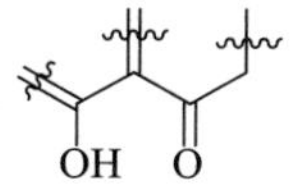

（三）化学反应

1. 黄酮类化合物苷元的化学降解 化学降解是黄酮类化合物结构研究手段之一，常用的方法主要有碱分解、水解、氧化和还原等，其中碱分解法是黄酮苷元最常用和最有效的降解方法，即将黄酮苷元降解为 A 环和 B 环两个部分。水解常用于黄酮苷的结构解析，通常采用酸水解或酶水解的方法，获得糖类和黄酮苷元。

（1）黄酮：在 30%~50% KOH 水溶液或 30% NaOH 乙醇液封管或熔融的 KOH 条件下，黄酮分子中的 γ-吡喃酮环发生裂解，得到酚类、芳香酸和乙酸，见图 9-10。

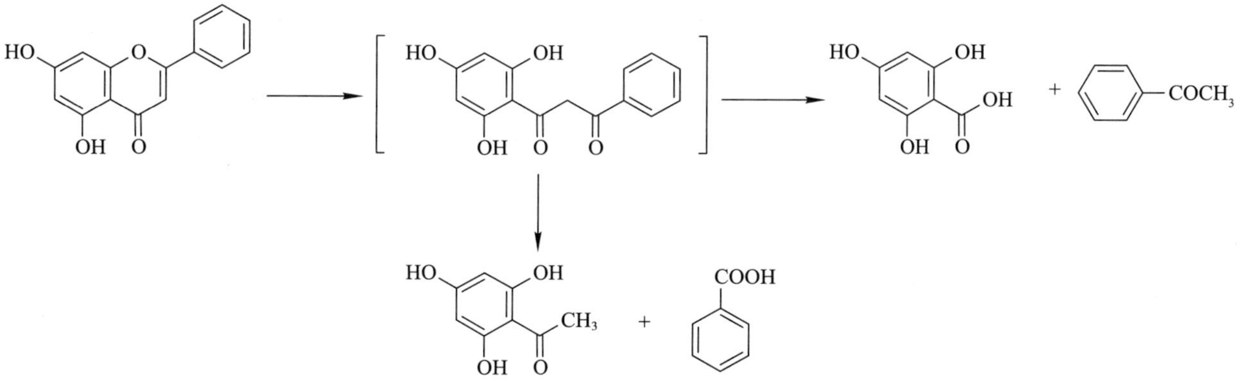

图 9-10 黄酮的碱性裂解

如用 Ba(OH)$_2$ 的乙醇溶液降解，反应温和，能从反应物中分离出 β-二酮衍生物，见图 9-11。

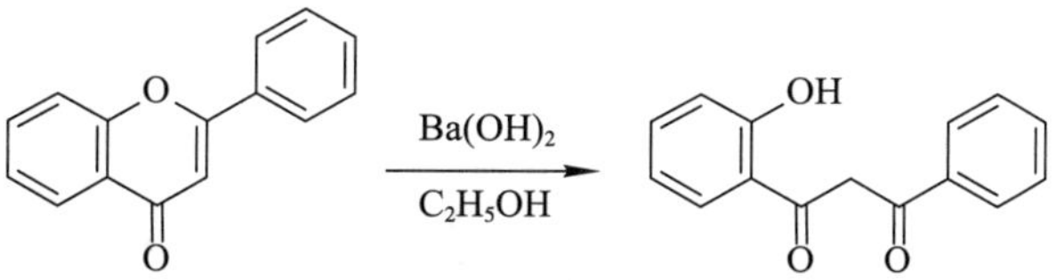

图 9-11 黄酮在氢氧化钡乙醇溶液中的降解

（2）异黄酮：异黄酮在 5% KOH 乙醇溶液中回流，生成一分子的甲酸和邻羟基苯基苄基酮衍生物，见图 9-12。

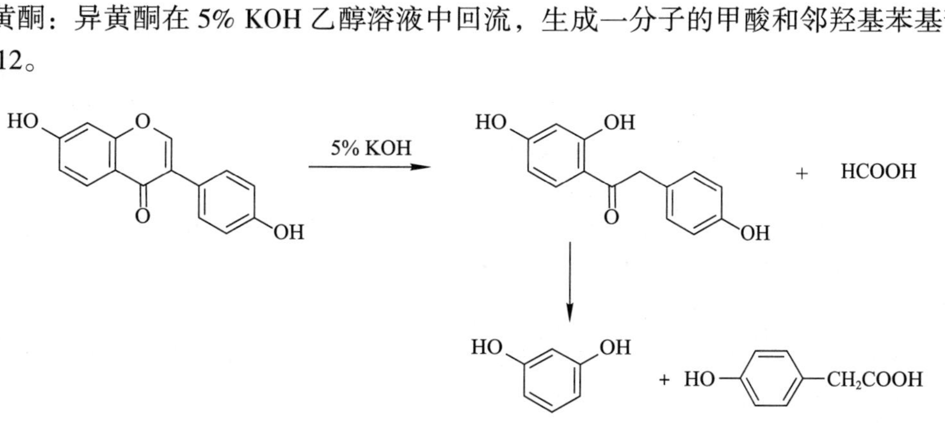

图 9-12 异黄酮的转化反应

（3）二氢黄酮、查耳酮及橙酮：二氢黄酮在10% KOH 溶液中能转变成查耳酮，遇酸又生成原来的二氢黄酮，如遇浓 KOH 溶液或熔融的 KOH 则被裂解成酸类和苯乙酮类化合物。与弱碱 Ba(OH)$_2$ 溶液反应生成醛和苯乙酮，查耳酮的降解反应与二氢黄酮类相同，见图9-13。

KMnO$_4$ 能氧化裂解橙酮类化合物，生成 B 环衍生的芳香酸，见图9-14。

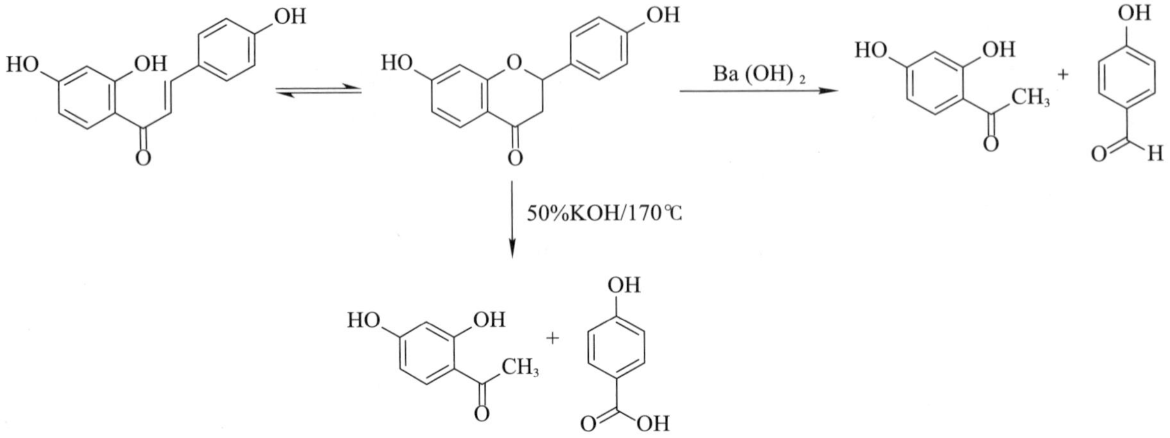

图9-13　查耳酮在碱性条件下的转化反应

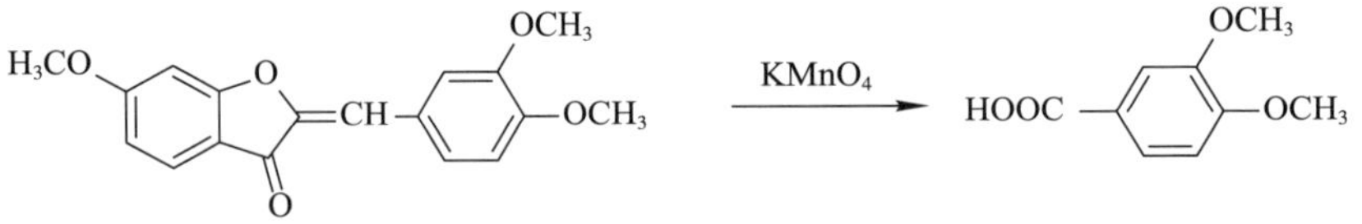

图9-14　橙酮在高锰酸钾条件下的裂解

（4）二氢黄酮醇：二氢黄酮醇在稀碱溶液中其二氢 γ-吡喃酮环裂解，生成 α-二酮衍生物，并可进一步反应生成 α-羟基酸类衍生物，见图9-15。

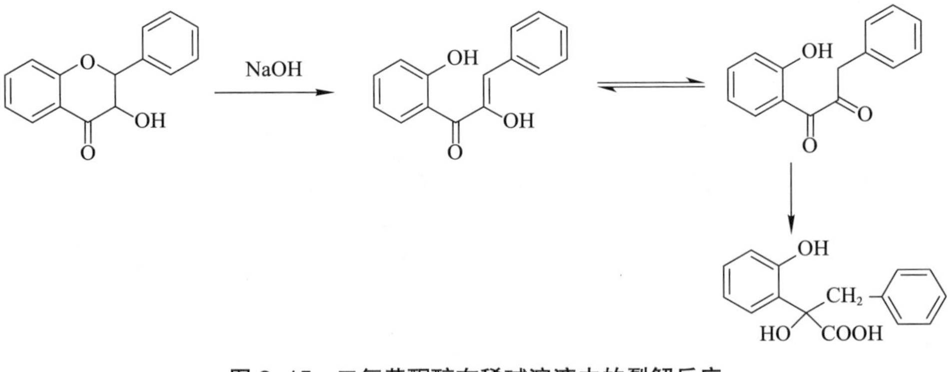

图9-15　二氢黄酮醇在稀碱溶液中的裂解反应

（5）花青素与黄烷：花青素与黄烷在氢氧化钾熔融后，降解产物与黄酮类似。在 Ba(OH)$_2$ 水溶液中加热，降解反应相同，但不会有脱甲基产物的生成，见图9-16。

2. 黄酮苷的水解　黄酮苷类化合物包括氧苷黄酮和碳苷黄酮。碳苷黄酮在一般水解条件下是不能被水解的，而氧苷可被酸或专一性酶水解，适当控制水解条件，可实现部分水解或完全水解的目的，此性质通常可用于鉴定黄酮苷类化合物。

（1）氧苷黄酮：酸水解使用的酸常见的有硫酸、盐酸、三氟乙酸、乙酸和甲酸等。可通过选择不

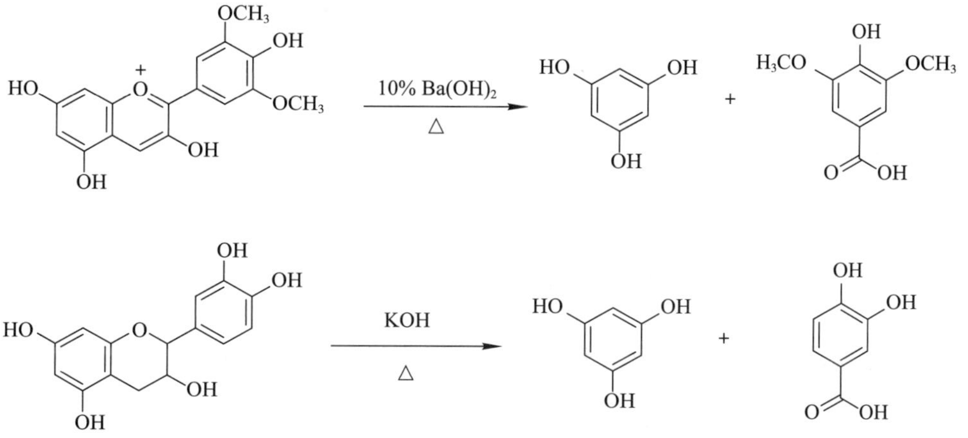

图 9-16　花青素与黄烷在碱性条件下的裂解反应

同类型、不同浓度的酸及反应温度和时间控制水解程度。研究表明黄酮苷的水解速率：葡萄糖醛酸 < 葡萄糖 < 鼠李糖。不同位置的黄酮苷水解难易程度顺序为 5 > 3 > 3′ = 5′ > 4′ > 7。

黄酮 -5-O- 葡萄糖苷在酸存在情况下极易水解，这样往往导致 5-O- 葡萄糖苷发生水解而变为苷元，从而很难分离得到黄酮 -5-O- 葡萄糖苷。如山奈酚 -3-O- 芹菜糖 -7-O- 鼠李糖苷，不同条件下水解产物见图 9-17。

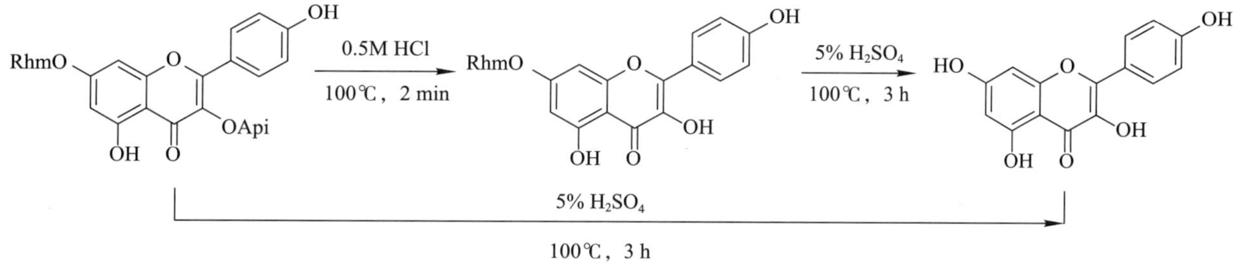

图 9-17　山奈酚 -3-O- 芹菜糖 -7-O- 鼠李糖苷在不同条件下的水解反应

酶水解是一种温和、专一、简便的方法。随着各种酶逐渐商品化，其应用将更加广泛。常用的水解酶有：β- 葡萄糖苷酶、β- 葡萄糖醛酸酶、α- 鼠李糖苷酶和花青苷酶等。其中苦杏仁酶是容易获得的 β- 葡萄糖苷酶的半纯品，它除了可水解 β- 葡萄糖苷外，还可水解其他 β- 糖苷，如 β- 半乳糖苷和 β- 木糖苷等，见图 9-18。

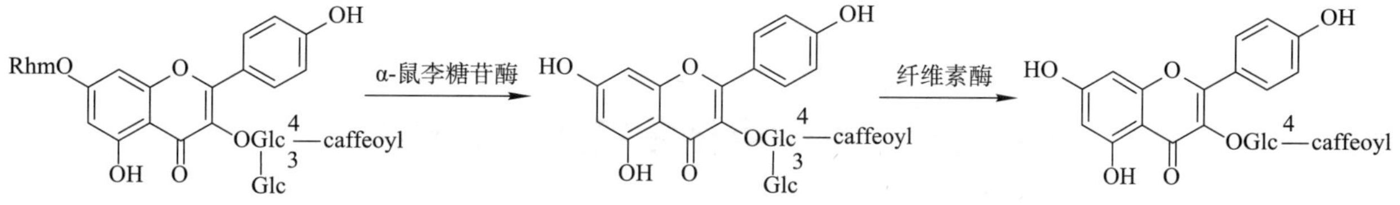

图 9-18　山奈酚 -3-O-（4″- 咖啡酰）昆布双糖 -7-O- 鼠李糖苷的酶解反应

（2）碳苷黄酮：碳苷黄酮上的糖类不能通过酸水解除去，但在强酸条件下碳苷黄酮会发生 Wessely-Moser 重排，如牡荆素在酸存在的情况下产生一个同分异构体异牡荆素，见图 9-19。

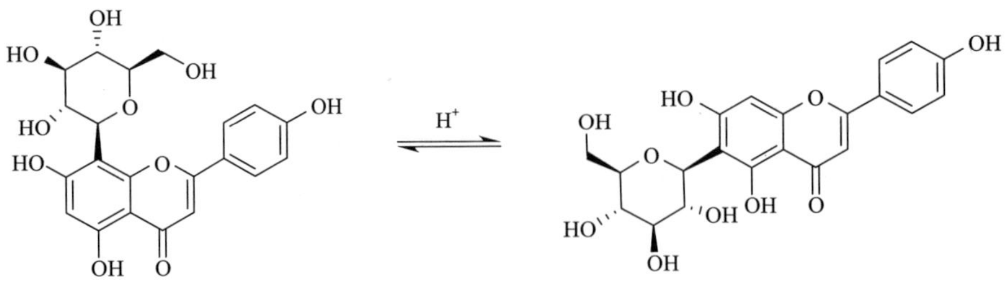

图 9-19 碳苷黄酮的 Wessely-Moser 重排

对于碳苷黄酮的水解，可通过三氯化铁氧化去除碳苷黄酮中的糖类分子（图 9-20）。但是，此方法可能导致黄酮分子部分结构的破坏。

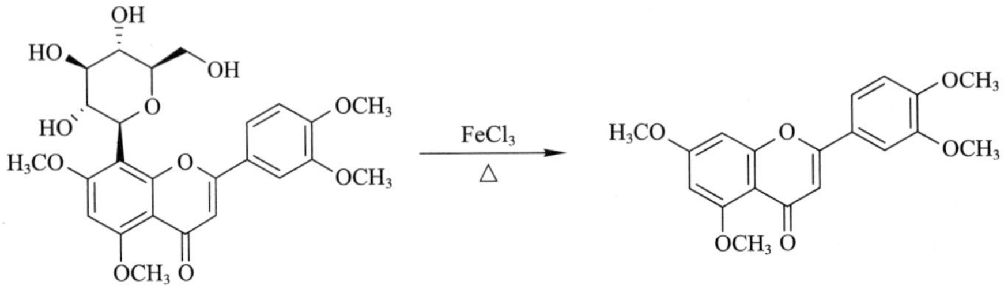

图 9-20 碳苷黄酮的三氯化铁氧化

3. 黄酮的互相转化

（1）二氢黄酮类在碱性溶液中易转化为查耳酮。

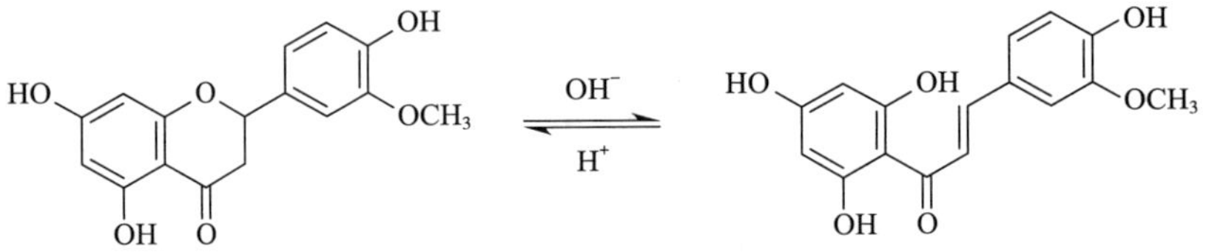

（2）查耳酮可被氧化生成相应的橙酮。

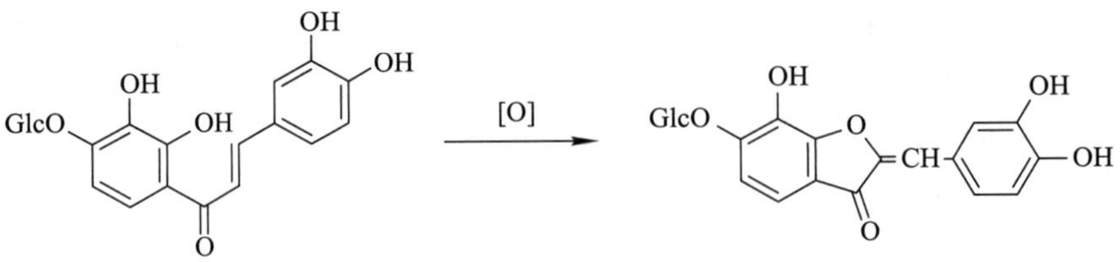

第三节　黄酮类化合物的提取分离

黄酮类化合物的提取和分离方法的选择，主要取决于植物原料的特性、目标化合物的理化性质、提取目的等。一般来说，黄酮类化合物在植物花、叶、果等组织中多以苷的形式存在，而在木部坚硬组织中，则多以游离苷元形式存在。由于不同类型黄酮化合物之间的性质差别较大，需根据每个植物中所含的其他成分性质选择适当的提取分离方法。

一、黄酮类化合物的提取方法

（一）常规溶剂提取法

常用的提取溶剂有乙醇、水、甲醇、丙酮、乙酸乙酯等。其中乙醇最为常用，其原理是利用黄酮类化合物在乙醇中的溶解性，通过浸泡、回流、蒸发等操作，将其从植物材料中提取出来。乙醇提取法具有提取效率高、安全性好等优点。另外在乙醇中添加适当比例的水，甚至使用纯水进行提取也是常用的方法。

（二）碱提酸沉法

由于黄酮类化合物大多具有酚羟基，有弱酸性，易溶于碱性水，当再遇酸后析出沉淀，故可利用黄酮类物质与杂质在酸碱性溶液中溶解度差异进行提取。操作中可用碱性水（如石灰水、Na_2CO_3、稀NaOH、碱性稀醇）进行提取，然后将碱提取液调成酸性，黄酮类化合物即可沉淀析出。

（三）超声辅助提取法

超声辅助提取法是利用超声波的空化作用，加速黄酮类化合物的溶出，有效提高了有效成分的提取率和原料的利用率。超声辅助提取法具有操作简便、提取效率高等优点。

（四）微波辅助提取法

微波辅助提取法是利用微波的加热作用，由磁控管所产生的超高频率的快速振动使样品内分子间相互碰撞和挤压产生热能，物质的介电常数越大，产热越大，产生的热量使细胞内部温度迅速上升，细胞中的水分汽化将细胞涨破，以此促进样品中有效成分的浸出。微波辅助提取法具有提取效率高、节省时间等优点。

（五）超临界流体萃取法

超临界流体是指介于气体与液体之间的流体，表面张力为零，这使它很容易渗透到样品的里面，获得目标成分。超临界流体萃取法的优点是溶剂和溶质易分离，且活性成分和热不稳定成分不易被分解。但该法主要应用于极性小的黄酮类化合物的分离，对极性大的物质则不甚理想，需要摸索加入极性夹带剂（如甲醇、乙醇、丙酮等）改变溶剂的极性，以扩大该方法的适用性。

二、黄酮类化合物的分离方法

（一）柱色谱

1. 聚酰胺柱色谱　聚酰胺色谱是目前针对黄酮类化合物较常用的一种分离方法，其分离原理为通过黄酮类化合物分子中的酚羟基与聚酰胺分子中的酰胺基形成氢键，根据它们之间吸附能力的不同从而将不同类型的黄酮类化合物进行分离。聚酰胺柱通常用水－乙醇梯度洗脱，黄酮类化合物从聚酰胺柱色谱上洗脱时大体有下述规律。

（1）苷元相同，洗脱先后顺序一般是：三糖苷、双糖苷、单糖苷、苷元。

（2）母核上增加羟基，洗脱速度即相应减慢。

2. 硅胶柱色谱　分为正相硅胶柱色谱和反相硅胶柱色谱，其中包含常压、中压、高压、超高压液相色谱法。采用常压正相色谱对其分离时，通常使用混合溶剂进行梯度洗脱。例如，石油醚－乙酸乙酯、三氯甲烷－甲醇、石油醚－丙酮。对于极性较大的化合物可用反相硅胶，而常用的洗脱剂组合为水－甲醇。

3. 葡聚糖凝胶柱色谱　羟丙基葡聚糖凝胶（Sephadex LH-20）为分离黄酮类化合物的常用填料。在分离时既可以起到分子筛的作用，又可以发挥吸附作用。分离黄酮苷时，常用的溶剂系统为不同比例的醇－水等，可以根据分子的体积大小及极性对化合物进行分离，体积越大、极性较大的黄酮苷先被洗脱下来；分离黄酮类苷元时，常用的溶剂系统为不同比例有机溶剂，极性小的物质首先被洗脱下来。

（二）pH 梯度萃取法

此法适合于酸性强弱不同的黄酮类苷元的分离。根据黄酮类苷元的酸性强弱不同，改变溶液的 pH，可以使其分别溶于不同的溶剂中，从而实现分离。pH 梯度萃取法具有分离效果好、操作简单等优点。

（三）铅盐沉淀法

因为铅盐能与酸性成分或某些酚类结合生成不溶于水或醇的铅盐或络合物，所以利用铅盐作为沉淀剂可分离和纯化黄酮类成分。常用的铅盐包括中性醋酸铅和碱式醋酸铅的水或醇溶液，沉淀完全后滤出沉淀并用溶剂洗涤。之后，将沉淀悬浮于醇溶剂中，通过硫化氢脱铅，进一步滤除沉淀并浓缩滤液得到黄酮。该方法的缺点是新生成的硫化铅沉淀能吸附部分目标成分，因此需要用溶剂反复处理以尽可能多的收回所需的成分。

三、黄酮类化合物的提取分离实例

山楂叶中黄酮类化合物的提取与分离流程见图 9-21。

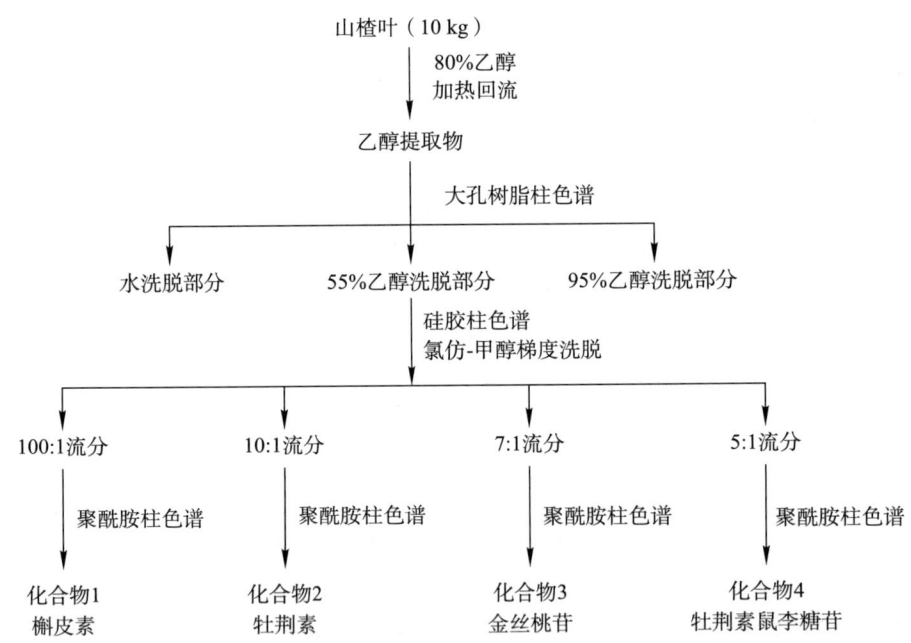

图 9-21　山楂叶中黄酮类化合物的提取与分离流程

第四节　黄酮类化合物的结构鉴定

黄酮类化合物的结构鉴定常通过波谱方法的综合解析来实现，对于一个未知的黄酮类化合物，首先通过高分辨质谱对其相对分子质量进行测定，确定其分子式，再结合它的紫外光谱、红外光谱、质谱、核磁共振谱等波谱数据确定其平面结构，最后再通过电子圆二色谱、X 射线单晶衍射等方法确定其绝对构型。本章主要讨论黄酮类化合物的紫外光谱、质谱、核磁共振谱和圆二色谱，以及该类化合物的综合解析。

一、黄酮类化合物的紫外光谱

多数黄酮类化合物紫外光谱在波长 220～400 nm 间有两个吸收带，处于 300～400 nm 区域的吸收带称为带Ⅰ，220～280 nm 为带Ⅱ。黄酮类化合物由于分子中共轭体系和羟基的数目、位置和存在形式的不同，导致其吸收带的波长范围、强度和谱形各异，呈现各自特征的紫外吸收谱图。常见黄酮类化合物的紫外 – 可见吸收波段范围见表 9-3。

表 9-3　黄酮类化合物的紫外 – 可见吸收波段范围

黄酮类型	带Ⅱ λ/nm	带Ⅰ λ/nm
黄酮类	250～280	310～350
黄酮醇类（3-OH 取代）	250～280	330～360
黄酮醇类（3-OH 自由）	250～280	350～385
异黄酮类	245～275	310～330　肩峰
黄烷酮和二氢黄酮类	275～295	300～330　肩峰
查耳酮类	230～270（低强度）	340～390
橙酮类	230～270（低强度）	330～430
花色素和花色素苷	270～280	465～560

（一）黄酮和黄酮醇类化合物的紫外光谱

黄酮和黄酮醇的分子可视为由两个生色团组成，一个为含 A 环的苯甲酰基，另一个为含 B 环的肉桂酰基，二者互相影响，带Ⅰ主要与肉桂酰生色团有关，带Ⅱ与苯甲酰生色团有关，见图 9-22。

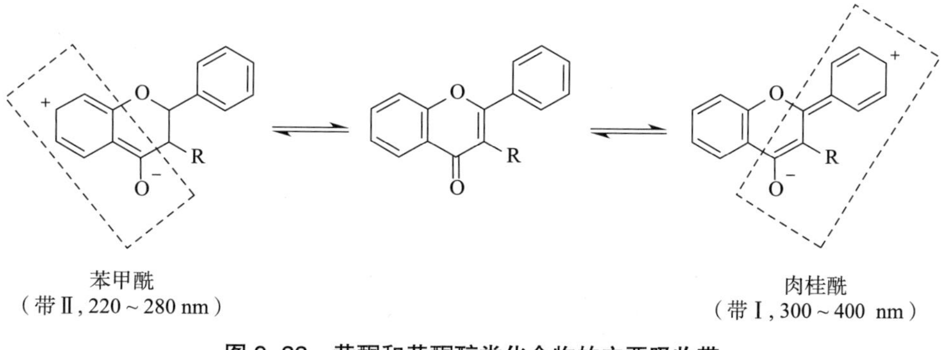

苯甲酰
（带Ⅱ，220～280 nm）

肉桂酰
（带Ⅰ，300～400 nm）

图 9-22　黄酮和黄酮醇类化合物的主要吸收带

1. 取代基及其位置对黄酮类化合物的紫外光谱的影响（表 9-4）

表 9-4　羟基取代位置对紫外光谱的影响

—OH 引入位置	—OH 的位置	带Ⅰ λ/nm	带Ⅱ λ/nm
C 环	黄酮	294～352	240～280
	黄酮醇	354～387	240～280

续表

—OH 引入位置	—OH 的位置	带 I λ/nm	带 II λ/nm
A 环	黄酮		
	7-OH	+10	250
	5		252
	5,7		260
	5,6,7		274
	5,7,8		281
B 环	3	344	
	3,5,7	359	
	3,5,7,4′	367	
	3,5,7,3′,4′	370	
	3,5,7,3′,4′,5′	374	

羟基醚化（如甲基化及糖苷化）使带 I 紫移；羟基乙酰化使原羟基的影响消失。

2. 各种诊断试剂的应用 在各种诊断试剂作用下，黄酮类化合物的紫外－可见吸收光谱明显发生变化并有一定规律，可用于其结构鉴定。常用的诊断试剂有 NaOMe、NaOAc、NaOAc/H_3BO_3、$AlCl_3$、$AlCl_3$/HCl，测定样品在甲醇溶液中加入各种诊断试剂后得到的紫外－可见光谱，通过比较来确定黄酮的结构。

（1）NaOMe（NaOH）诊断试剂对黄酮及黄酮醇紫外光谱的影响：NaOMe（NaOH）可使所有羟基成为氧负离子，使带 I、带 II 均向长波移动，这种改变不宜用来鉴定羟基所在位置，但对识别 3-OH、4′-OH 和 3′,4′-OH 还是有意义的（表 9-5）。

表 9-5　NaOMe（NaOH）诊断试剂对黄酮及黄酮醇紫外光谱的影响

黄酮	带 I（λ/nm）	lgκ 强度
4′-OH	+40~65	不减弱或有增强
3-OH（无 4′-OH）	+50~60	减弱
3,4′-OH	光谱不稳定	几分钟消失
3′,4′,3-OH	光谱不稳定	立即消失
5,6,7；5,6,8；3′,4′,5′	不稳定	

（2）NaOAc 诊断试剂对黄酮紫外光谱的影响：乙酸钠的碱性较弱，只能使酸性较强的酚羟基形成氧负离子，因此乙酸钠主要用于鉴定分子中是否含 7-OH。黄酮分子中存在 7-OH 时，乙酸钠使黄酮带 II 向长波移动约 10 nm。

（3）$AlCl_3$ 和 $AlCl_3$/HCl 对黄酮紫外光谱的影响：主要用于鉴定分子中是含有 3-OH/4-C=O、5-OH/4-C=O 和 B 环上邻二羟基。三氯化铝试剂不仅可与 3-OH 或 5-OH 和 4-C=O 络合，也可与邻二羟基络合，但在酸性条件下，与邻二羟基形成的络合物不稳定，在酸中易分解，见图 9-23。

（4）NaOAc/H_3BO_3 对黄酮紫外光谱的影响：主要用于鉴定分子中是否含有邻二羟基，尤其是 B 环邻二羟基。

表 9-6　铝络合物的相对稳定性

铝络合物的相对稳定性：3-OH > 5-OH > 邻二酚	
AlCl$_3$/HCl 谱图 = AlCl$_3$ 谱图	示结构中无邻二羟基
AlCl$_3$/HCl 谱图 ≠ AlCl$_3$ 谱图	示结构中可能有邻二羟基
带 I	
紫移 30~40 nm	示 B 环中可能有邻二羟基
紫移 50~60 nm	示 A，B 环中可能有邻二羟基
AlCl$_3$/HCl 谱图 = MeOH 谱图	示无 3- 及/或 5-OH
AlCl$_3$/HCl 谱图 ≠ MeOH 谱图	示可能有 3- 及/或 5-OH

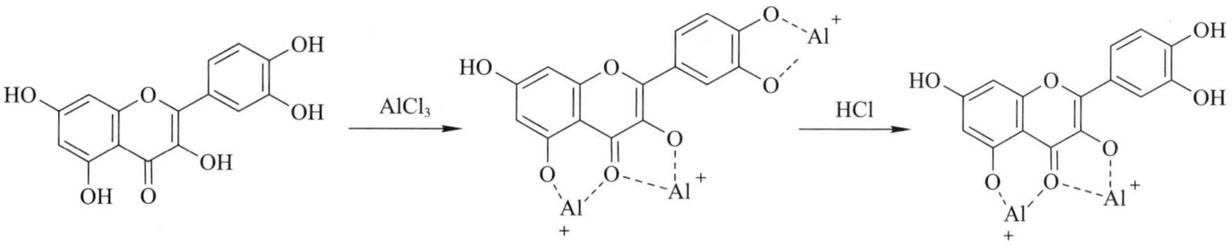

图 9-23　AlCl$_3$ 和 AlCl$_3$/HCl 对黄酮紫外光谱的影响

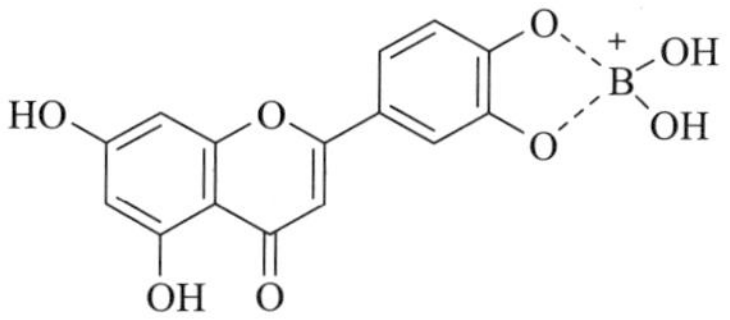

B 环	3',4'-二羟基	带 I	+14~30 nm
A 环	6,7 或 7,8-二羟基	带 I	+5~10 nm

（二）二氢黄酮和二氢黄酮醇类

由取代苯甲酰基的 A 环和烷基苯的 B 环所组成，B 环烷基苯较 A 环的甲氧酰苯基的紫外吸收强度低 1~2 个数量级。二氢黄酮醇中 C 环没有双键，3- 位上的羟基与 4- 羰基不处于同一平面，故不易形成氢键，它的存在对光谱影响很小，因此二氢黄酮和二氢黄酮醇的紫外光谱相似，带 II 的吸收处于 270~295 nm。

（三）查耳酮、橙酮和儿茶素类

查耳酮和橙酮的生色团与黄酮类似，均由苯甲酰基与肉桂酰基构成，带 I 的吸收强，带 II 的吸收弱。查耳酮类：带 II 230~270 nm（低强度）；带 I 340~390 nm。橙酮类：带 II 230~270 nm（低强度），带 I 330~430 nm。

查耳酮的 2'-OH 和橙酮的 4-OH 可视为黄酮分子中的 5-OH，与羰基一起和三氯化铝形成络合物，使带 I 和带 II 均向长波方向移动（带 II 移动不明显）。

儿茶素因结构中没有羰基，因此只表现似多元酚的紫外吸收，儿茶素的紫外最大吸收值在 280 nm。花青素及其苷的紫外最大吸收在 500~550 nm，并随溶液的 pH 不同而变化。

（四）异黄酮的紫外光谱

异黄酮的 B 环不能与 C 环 α，β- 不饱和羰基共轭，使异黄酮化合物的带 I 消失或强度减弱，而带 II 吸收较强，因此很容易通过紫外光谱与黄酮和黄酮醇类相区别。异黄酮分子存在苯甲酰及苯乙烯两个生色团，带 II 位于 245~270 nm，带 I 300~330 nm 常以肩峰或很弱的峰出现，见图 9-24。

甲基化、苷化几乎不影响异黄酮紫外光谱。乙酰化使带 II 蓝移。

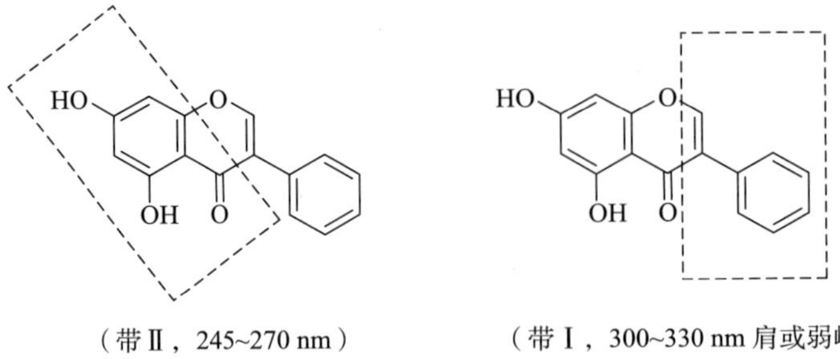

（带Ⅱ，245~270 nm） （带Ⅰ，300~330 nm 肩或弱峰）

图 9-24　异黄酮的主要吸收带

二、黄酮类化合物的质谱

随着质谱技术的发展，特别是 ESI、APCI 等电离方法的出现，使得一些难挥发且热不稳定黄酮类化合物尤其是黄酮苷类化合物，在不需要衍生化情况下就可给出相对分子质量，同时利用碎片离子可获得一些结构特征的信息。另外，根据黄酮类化合物的电离特点，可以分别选择正、负离子检测模式，采用 MS/MS 技术对比研究它们相应的质谱裂解规律，有助于建立快速、简便、准确地鉴定黄酮尤其是黄酮苷类物质的质谱分析方法。

（一）黄酮类化合物苷元的电子轰击质谱（EI-MS）

大多数黄酮苷元热稳定性较高，可采用 EI-MS 测定，在获得其相对分子质量的同时还可根据裂解碎片推测分子中可能存在的结构片段和取代基团，黄酮类化合物的裂解规律一般有两种即途径 a 和途径 b。见图 9-25。

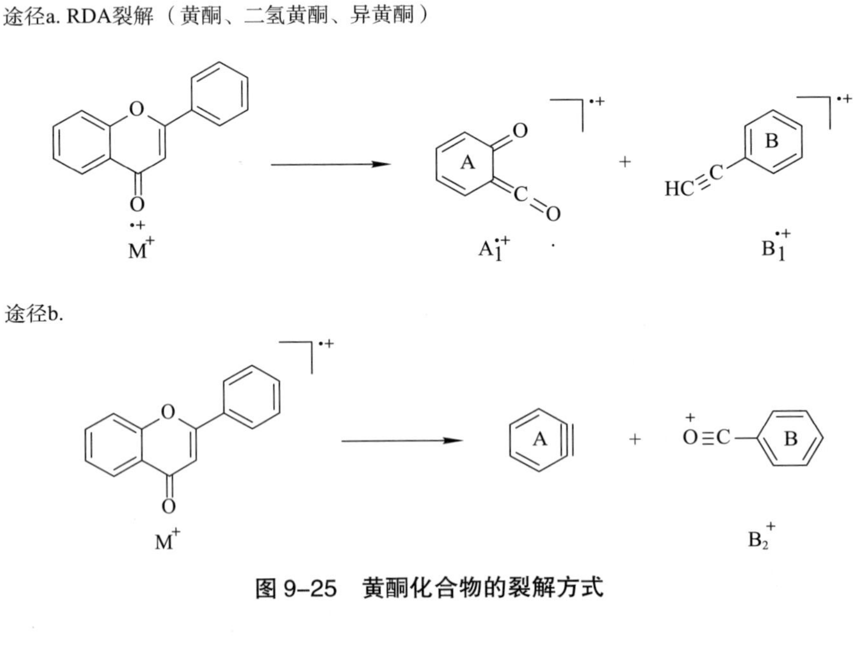

途径 a. RDA 裂解（黄酮、二氢黄酮、异黄酮）

途径 b.

图 9-25　黄酮化合物的裂解方式

例如，黄酮化合物 5,7,4'- 三取代黄酮碎片离子如下：

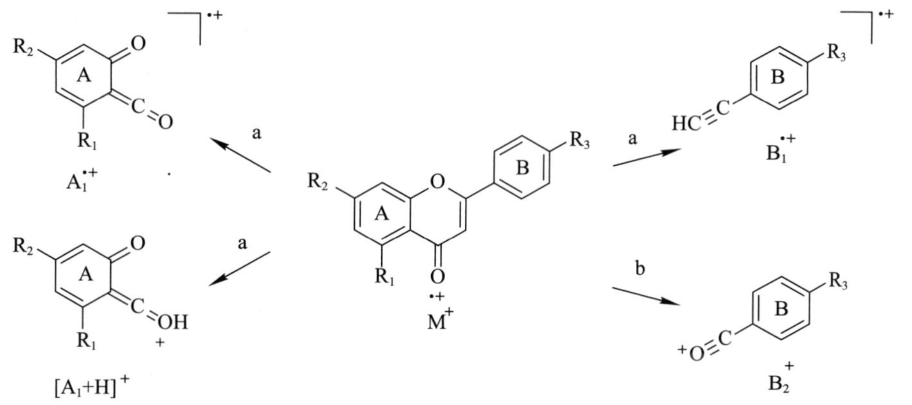

通常对于黄酮和异黄酮主要碎片为 [A_1+H]$^+$ 和 B_1^+，黄酮醇主要碎片为 A_1^+ 和 B_2^+，二氢黄酮主要碎片为 A_1^+ 和 [B_1+2H]$^+$，二氢黄酮醇主要碎片为 A_1^+ 和 [B_1+H_2O]$^+$。当 A 环和 B 环有取代基时，可根据裂解碎片质量确定取代基所处的环系。

除此之外，有时还可看到 [M-28]$^+$（M-CO）、[A_1-28]$^+$（A_1-CO）、[B_2-28]$^+$（B_2-CO）的碎片离子。当结构中存在甲氧基时，可看到 [M-15]$^+$（M-CH_3）碎片离子。

(二) 黄酮及其苷类化合物的 ESI-MS/MS

多酚类黄酮具有较大的极性、难挥发及热不稳定性等特点，EI-MS 分析具有明显的局限性。在引入快原子轰击（FAB）和大气压电离技术（API，包括 APCI 和 ESI）之后，可以直接获得关于极性分子的有用结构信息，尤其是 ESI-MS 及 ESI-MS/MS 技术被广泛用于黄酮类化合物的分析研究中。另外，黄酮苷类天然产物的结构特征，包括具有较大的共轭体系、多个酚羟基，以及黄酮氧苷、碳苷等异构体，使得该类化合物具有不同的质谱行为特征。

1. 氧苷黄酮 采用 APCI 和 ESI 为离子源的各种质谱仪广泛用于黄酮苷类化合物的结构鉴定。通过质谱分析可获得黄酮苷元的结构，黄酮苷中糖类的类型（单糖、二糖、三糖或四糖，六碳糖、去氧六碳糖或五碳糖），多糖链各个糖类的连接次序及位置。氧苷黄酮的裂解过程常伴随氢质子的重排，并丢失单糖残基，如六碳糖（162 Da）、六碳去氧糖（146 Da）、五碳糖（132 Da）或糖醛酸（176 Da），借此可确定糖类的连接次序。

如芦丁在配有 ESI 源的扇形场/TOF 复合质谱仪获得的低能量 CID 谱中，除看到 m/z: 611[M+H]$^+$、465 [M+H-146]$^+$、303 [M+H-146-162]$^+$，有时也可观察到糖正离子的峰 m/z: 147，偶尔也会有苷元裂解产生的碎片。但要想阐明未知黄酮的苷元，还需 [M+H]$^+$ 更高能量下的 CID 谱，见图 9-26。

[M+Na]$^+$ 和 [M+K]$^+$ 准离子峰常出现在正离子模式下以 FAB 和 ESI 为离子源的一级质谱中，这些碱金属离子通常来源于玻璃器皿。

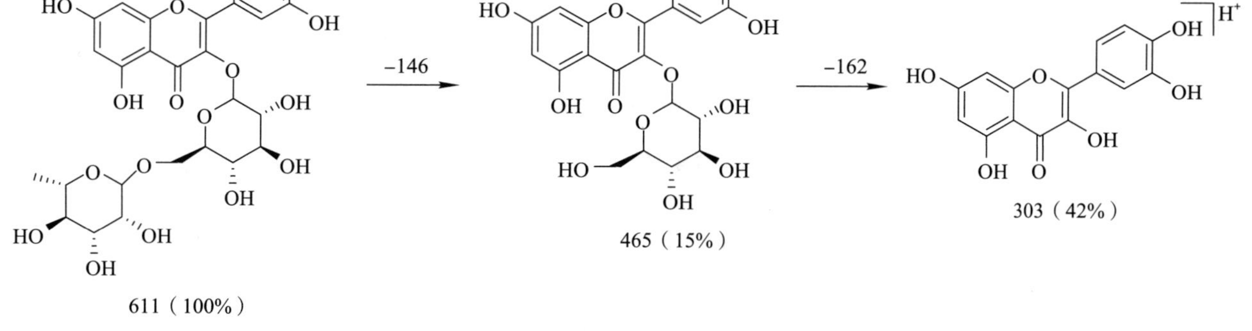

图 9-26 芦丁 [M+H]$^+$ 离子的低能量质谱图

2. 碳苷黄酮 由于碳苷黄酮中糖类与苷元之间以 C—C 键相连，结构稳定，因此，在其一级质谱中除提供相对分子质量外，可提供的其他结构信息较少。但在 MS/MS 质谱中，无论正离子模式还是负离子模式，都能给出一些特征离子碎片，这些离子主要通过糖残基的交叉环断裂和脱除水分子产生的。正离子模式下交叉环断裂产生的特征离子碎片见图 9-27。

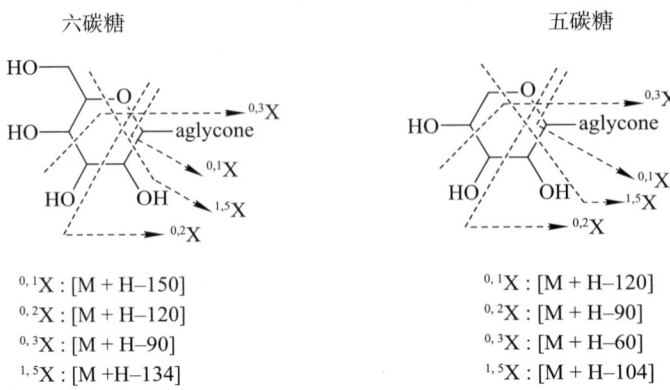

图 9-27 己糖和戊糖基通过交叉环断裂产生的特征离子碎片

三、黄酮类化合物的核磁共振谱

核磁共振氢谱和碳谱（^{1}H 和 ^{13}C NMR）是鉴定黄酮类化合物的结构类型、确定取代基的位置和进行结构研究的最有效方法。借助黄酮化合物的 ^{1}H 和 ^{13}C NMR 数据，主要获得下列结构信息：①黄酮的类型；②含氧取代基在 A、B、C 环上的取代模式；③确定甲氧基的数目；④确定糖类的数目和构型；⑤是否存在 C—CH$_3$ 和戊烯基侧链等。

（一）黄酮类化合物的核磁共振氢谱

黄酮类化合物的结构由黄酮本身骨架和取代基两部分组成，常见的取代基主要有甲基、甲氧基、异戊烯基、乙酰基等各种酰氧基和各种糖取代基，因此黄酮类化合物中常见的不同类型质子的化学位移见表 9-6。

表 9-6 黄酮类化合物中不同类型质子的化学位移

近似化学位移	质子的类型
≈1.0	鼠李糖上的甲基质子 C—CH$_3$
≈1.7	异戊烯基 [—CH$_2$CH=C(CH$_3$)$_2$] 的甲基质子 其他质子 ≈3（CH$_2$），≈5.2（CH=）
≈2.0	乙酰氧基的甲基质子（OCOCH$_3$） 芳环上的甲基质子（CH$_3$）
2.0～3.0	二氢黄酮 H-3
3.5～4.1	糖类上质子，甲氧基质子
4.2～6.0	糖端基质子 H-1，二氢黄酮醇 H-2 和 H-3，二氢黄酮 H-2
≈6.0	O—CH$_2$—O
5.8～8.0	黄酮 A- 和 B- 环上质子
7.8～8.0	异黄酮 H-2
12.0～14.0	5-OH（DMSO-d_6）

黄酮的类型和含氧取代基在 A、B、C 环上的取代模式可根据环上质子的化学位移和耦合常数来确定。

1. 黄酮类化合物 A 环质子化学位移　黄酮类化合物 A 环的取代式样可通过黄酮类化合物 A 环质子化学位移和耦合常数加以推断，在黄酮类化合物中 A 环的取代式样主要有 7- 含氧取代、5,7- 二含氧取代和 5,6,7 或 6,7,8- 三含氧取代，以及上述取代情况下未取代位置含有其他取代基如烷基或 C- 苷，除 7- 含氧取代、5,7- 二含氧取代外，其他取代形式仅剩一个或不含 A 环质子，容易辨认。而 7- 含氧取代、5,7- 二含氧取代黄酮分子中 A 环质子化学位移及耦合常数见表 9-7。

A环5,7-二含氧取代：H-8 5.9~6.5 d ($J=2.0$ Hz)；H-6 5.7~6.4 d ($J=2.0$ Hz)

A环7-含氧取代：H-8 6.3~7.0 d ($J=2.0$ Hz)；H-6 6.4~7.1 dd ($J=8.5, 2.0$ Hz)；H-5 7.7~8.2 d ($J=8.5$ Hz)

表 9-7　黄酮分子中 A 环质子化学位移和耦合常数（J）

化合物	H-5	H-6	H-8
5,7- 二羟基			
黄酮（醇）		6.0~6.2 d (2.0)	6.3~6.5 d (2.0)
异黄酮		6.0~6.2 d (2.0)	6.3~6.5 d (2.0)
7-O 苷		6.2~6.4 d (2.0)	6.5~6.9 d (2.0)
二氢黄酮（醇）		5.7~6.0 d (2.0)	5.9~6.1 d (2.0)
7-O- 苷		5.9~6.1 d (2.0)	6.1~6.4 d (2.0)
7- 羟基			
黄酮（醇）、异黄酮	7.9~8.2 d (8.5)	6.7~7.1 dd (8.5, 2.0)	6.7~7.0 d (2.0)
二氢黄酮、二氢黄酮（醇）	7.7~7.9 d (8.5)	6.4~6.5 dd (8.5, 2.0)	6.3~6.4 d (2.0)

2. 黄酮类化合物 C 环质子化学位移（特征区）　C 环质子信号是判断黄酮类型的重要依据，主要呈现三类质子，芳香质子、连氧碳上质子和烷烃质子，质子化学位移差别显著。常见黄酮类化合物中 C 环质子化学位移和耦合常数如下。

黄酮：H-3 6.3~6.8 (s)

二氢黄酮：H-2 5.0~5.5 (dd, $J=11, 5$ Hz)；H-3 2.3~2.8 (1H, dd, $J=17, 11$ Hz)；(1H, dd, $J=17, 5$ Hz)

二氢黄酮醇：H-2 4.9~5.5 (d, $J=11$ Hz)；H-3 4.3~4.6 (d, $J=11$ Hz)

查耳酮：6.7~7.4 (d, $J=17$ Hz)；7.3~7.7 (d, $J=17$ Hz)

橙酮：6.5~6.7 (s)

异黄酮：H-2 7.6~8.4 (s)

3. 黄酮类化合物 B 环质子化学位移 黄酮类化合物 B 环的取代式样主要有 4′- 含氧取代、3′,4′- 或 2′,4′- 双含氧取代和 3′,4′,5′- 三含氧取代。B 环质子化学位移通常出现在（δ_H 6.7～8.1），并受到 B 环含氧取代基和 C 环的影响，因此，通过 B 环质子的化学位移和耦合常数不仅可确定 B 环的取代式样，同时也可提供 C 环的结构信息。

（1）4′-O- 取代黄酮类（AA′BB′）：由于 4′-OR 对 H-3′,5′ 屏蔽作用和 C 环对 H-2′,6′ 去屏蔽作用，使得 H-3′,5′ 向高场位移，而 H-2′,6′ 质子化学位移明显向低场位移。4′-O- 取代黄酮类化合物中 B 环质子化学位移和耦合常数见表 9-8。

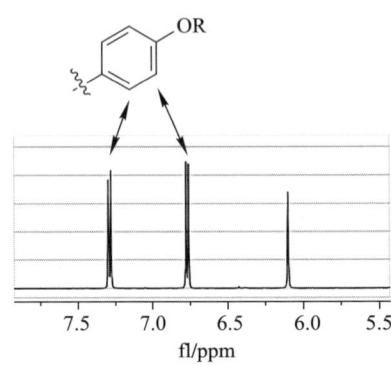

表 9-8　4′-O- 取代黄酮类化合物中 B 环质子化学位移和耦合常数（J）

化合物	H-2′,6′	H-3′,5′
二氢黄酮	7.1～7.3 d（8.5）	6.5～7.1 d（8.5）
二氢黄酮醇	7.2～7.4 d（8.5）	6.5～7.1 d（8.5）
异黄酮	7.2～7.5 d（8.5）	6.5～7.1 d（8.5）
查耳酮	7.4～7.6 d（8.5）	6.5～7.1 d（8.5）
橙酮	7.6～7.8 d（8.5）	6.5～7.1 d（8.5）
黄酮类	7.7～7.9 d（8.5）	6.5～7.1 d（8.5）
黄酮醇	7.9～8.1 d（8.5）	6.5～7.1 d（8.5）

黄酮、黄酮醇、查耳酮和橙酮的 H-2′,6′ 质子较二氢黄酮、二氢黄酮醇、异黄酮的 H-2′,6′ 质子化学位移明显向低场位移，主要是 C 环存在不饱和双键，H-2′,6′ 质子处于其去屏蔽区而造成的。

（2）3′,4′- 二氧取代（ABX）（见表 9-9）

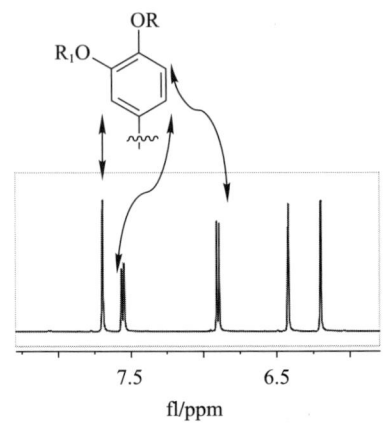

表 9-9 3′,4′- 二氧取代黄酮分子中 B 环质子化学位移和耦合常数（J）

化合物	H-2′	H-6′	H-5′
黄酮			
3′,4′-OH	7.2~7.3 d（2.0）	7.3~7.5 dd（8.5, 2.0）	6.7~7.1 d（8.5）
3′-OH, 4′-OMe			
黄酮醇			
3′,4′-OH	7.5~7.7 d（2.0）	7.6~7.9 dd（8.5, 2.0）	6.7~7.1 d（8.5）
3′-OH, 4′-OMe			
异黄酮，二氢黄酮（醇）			
3′,4′-OH	6.7~7.1 d（2.0）	6.7~7.1 dd（8.5, 2.0）	6.7~7.1 d（8.5）

（3）2′,4′- 二氧取代（ABX）：与 3′,4′- 二氧取代的 ABX 不同，2′,4′- 二氧取代黄酮、黄酮醇中具有较大化学位移的 H-6′ 为 d 峰，且耦合常数较大。

	H-3′	H-5′	H-6′
二氢黄酮	6.0~6.4 d（2.0）	6.3~6.5 dd（8.0, 2.0）	7.0~7.4 d（8.0）
黄酮	6.0~6.4 d（2.0）	6.3~6.5 dd（8.0, 2.0）	7.6~8.0 d（8.0）

（4）3′,5′- 二氧取代：B 环具有 3′,5′- 二氧取代黄酮在天然黄酮中极为罕见。

结构图：5-OCH₃、3′,5′-二OCH₃ 取代黄酮，H-2′,6′: 7.02 d（2.5）；H-4′: 6.61 t（2.5）

（二）黄酮类化合物的 ¹³C-NMR

根据黄酮类化合物的多样性结构，其常见的不同类型碳的化学位移见表 9-10。

表 9-10 黄酮类化合物不同类型碳的化学位移

碳的类型	通常化学位移范围
4-酮羰基，酰基碳	210~170
芳香环和烯烃	
a 被氧化	165~155（o/p 无含氧取代）
	150~130（o/p 存在含氧取代）
b 未被氧化	135~125（o/p 无含氧取代）
	125~90（o/p 存在含氧取代）
烃	
被氧化（糖类等）	83~69（O-苷 C-1，~100）
未被氧化（二氢黄酮 -C-2,3）	80~40（儿茶素 C-4，~28）
O—CH₂—O	100
O—CH₃	55~63
C—CH₃	7~20（与甲基所处位置有关）
COCH₃	17~22
异戊烯基—CH₂CH=C（CH₃）₂	21（CH₂），122（CH），131（C），18（CH₃），25（CH₃）

1. 黄酮类化合物苷元的 ^{13}C-NMR　黄酮类化合物的芳环上常存在含氧取代基，通常情况是一个含氧取代基的存在，会使与取代基直接相连的碳化学位移增加 25～35（苯分子碳化学位移为 128），而使邻位和对位碳化学位移降低 7～15。含氧取代基对芳环间位碳化学位移影响较小。

芳环上被氧化的碳，当其邻对位无含氧取代基时，其 ^{13}C-NMR 化学位移在 165～155；当其邻、对位有含氧取代基时，其 ^{13}C-NMR 化学位移在 151～130。

芳环上未被氧化的碳，当其邻、对位无含氧取代基时，其 ^{13}C-NMR 化学位移在 135～125；当其邻、对位有含氧取代基时，其 ^{13}C-NMR 化学位移在 125～90。

利用上述规律及羰基对芳环上碳的 ^{13}C-NMR 影响，可确定黄酮 A、B、C 环含氧取代的位置。

（1）不同氧化程度的 A 环的黄酮化合物的 ^{13}C-NMR 数据。

（2）不同取代的 B 环黄酮化合物的 ^{13}C-NMR 数据。

可以看出，对于 B 环同为二氧取代的 3′,4′- 二氧取代、3′,5′- 二氧取代，^{13}C-NMR 数据无论是含氧碳，还是连有质子碳的化学位移都有明显不同。而 3′,4′- 二氧取代和 3′,5′ 二氧取代相比，尽管含氧碳 ^{13}C-NMR 数据较为接近，但连有质子 C-6 的化学位移却有明显不同。利用这些特征，可非常容易区分和确定 B 环取代模式。

（3）具有羰基的黄酮类化合物 C 环的 ^{13}C-NMR 数据。

当黄酮 5-OH 烷基化或苷化，C-4 和 C-2 向高场位移（δ_c -4.5）和（δ_c -0.87），而 C-3 向低场位移（δ_c +1.99）。

2. 黄酮类化合物的确定（图9-28）

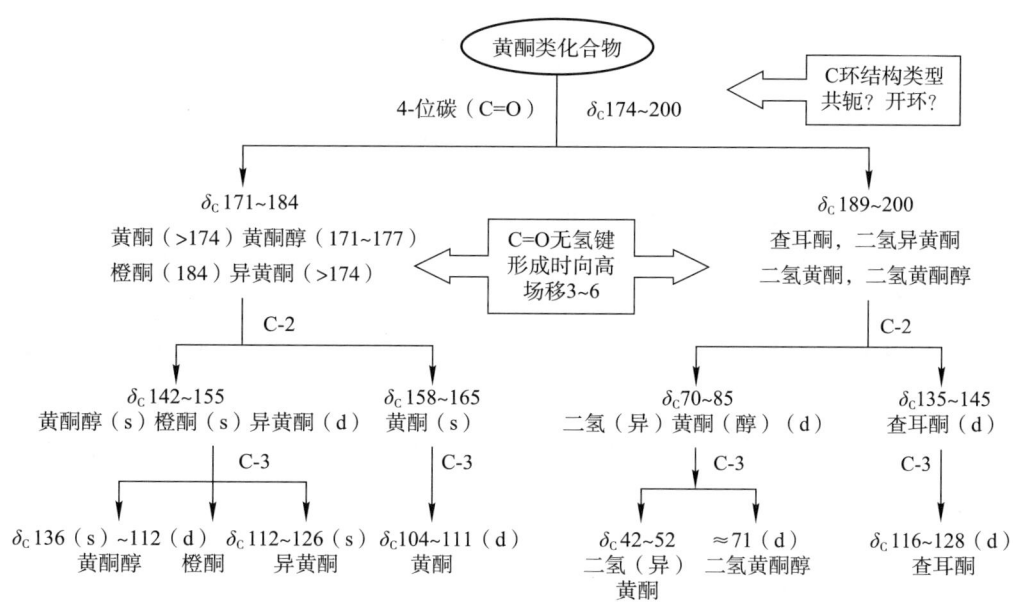

图9-28 黄酮类化合物的确定

3. 5,7-二羟基黄酮中C-6和C-8信号特征及取代位置的确定 对大多数5,7-二羟基黄酮类化合物来说，C-6（d）及C-8（d）信号在δ_C 90.0~100.0的范围内出现，且C-6信号总是比C-8信号出现在较低场。

（1）在黄酮及黄酮醇中，C-6信号与C-8信号差别较大，约差4.8。C-6或C-8有无烷基或者有无芳香基取代可以很容易地通过观察^{13}C NMR上C-6、C-8信号是否发生位移而加以认定。例如，6-C-异戊烯基及8-C-异戊烯基黄酮的C-6、C-8信号，可以看到被取代的碳原子将向低场位移6.0~9.6至δ_C 102左右，但未被取代的碳原子信号则无大的改变。牡荆素（8-C-糖苷）或异牡荆素（6-C-糖苷）也可据此进行鉴定。因为C-6或C-8位结合成碳糖苷时将使相应的C-6或C-8信号向低场位移约10，但未被取代的碳原子信号则无多大改变。

（2）在二氢黄酮和二氢黄酮醇中，由于^{13}C-NMR上C-6、C-8信号比较接近，约差0.9，难以区分。当C-6或C-8连接烷基等取代基时，也难以确定取代基是连接在C-6上、还是在C-8上。此时需采用 HMBC 等二维核磁共振技术进行取代基位置的确定。

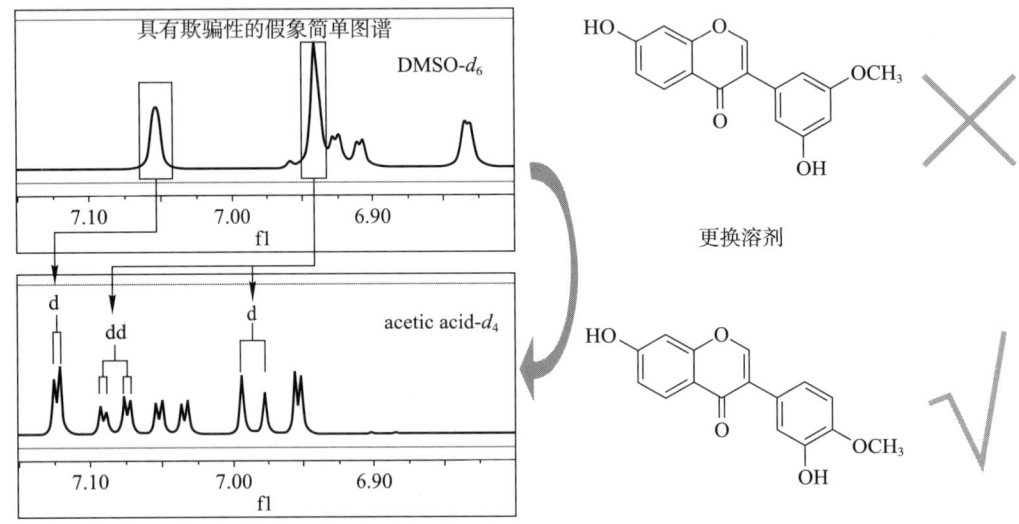

4. 是 3′,4′- 二氧取代还是 3′,5′- 二氧取代 对一些 B 环具有 3′,4′- 二氧取代的二氢黄酮醇、异黄酮、黄烷化合物，其 ¹H-NMR 应呈现 ABX 系统，但当 H-5′ 和 H-6′ 化学位移正好相同时，耦合消失，出现假象简单图谱，即出现两个宽单峰时（1∶2），很容易错误确定 B 环为 3′,5′- 二含氧取代。此时也可变换氘代溶剂，即可呈现典型 ABX 系统信号，见图 9-29。此外，仔细分析碳谱数据及规律可进行结构的准确确定，见图 9-30。

图 9-29 不同溶剂中 3′,7- 二羟基 -4′- 甲氧基异黄酮部分 ¹H-NMR 谱

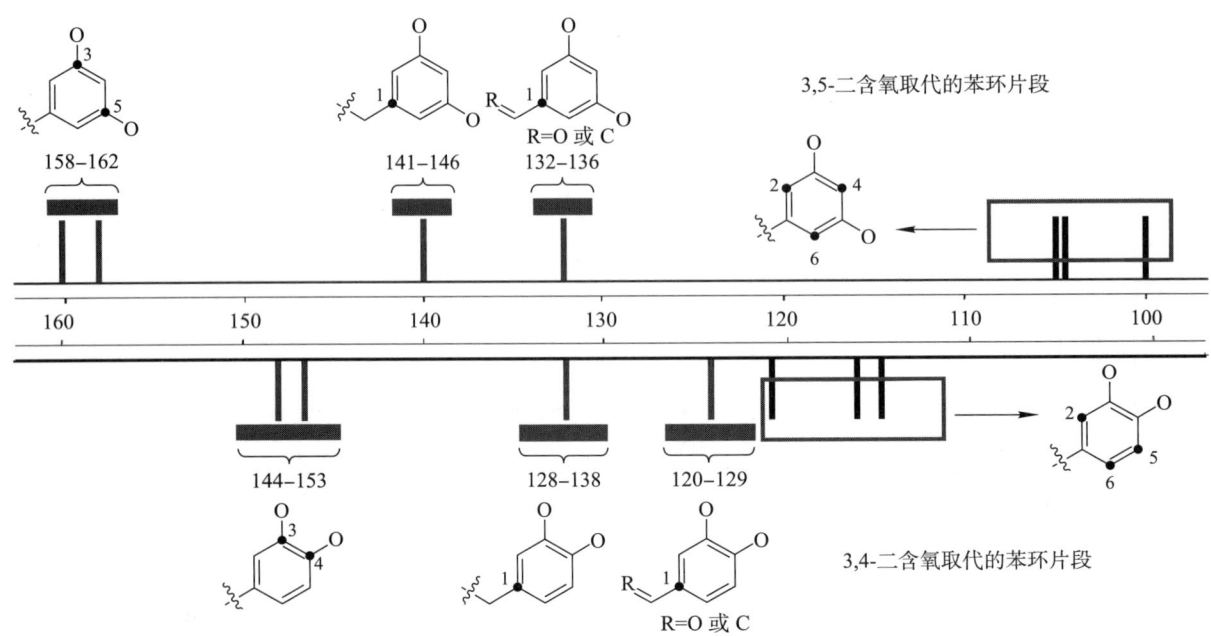

图 9-30 3,4- 二氧取代还是 3,5- 二氧取代芳环 ¹³C-NMR 数据

(三)氧苷黄酮类化合物结构确定

1. ^{1}H-NMR 光谱 糖的数目和相对构型可根据糖端基质子化学位移和耦合常数推断。通常连接在酚羟基上的糖,其端基质子化学位移较连接于脂肪族羟基上的糖端基质子处于更低场。如黄酮-7-O-葡萄糖苷,其端基质子化学位移在 $\delta_H \sim 5.0$,而二氢黄酮醇-3-O-葡萄糖苷,其端基质子化学位移在 $\delta_H \sim 4.3$。另外,不同位置酚羟基苷化后,其糖端基质子化学位移也不同,见表 9-11。

表 9-11 单糖苷其糖端基质子化学位移

化合物	H-1″ (δ_H)
黄酮醇-3-O-糖苷	5.4~6.0
黄酮-7-O-糖苷、4′-O-糖苷和 5-O-糖苷	4.8~5.2
二氢黄酮醇-3-O-葡萄糖苷	4.1~4.3
二氢黄酮醇-3-O-鼠李糖苷	4.0~4.2

黄酮苷中糖端基 C-1 的相对构型可根据 H-1 与 H-2 的耦合常数来确定,如(α-D-葡萄糖和 β-D-葡萄糖,在 β-D-葡萄糖苷中,端基质子 H-1 与相邻质子 H-2 都处于 a 键呈反式,具有较大的耦合常数($J = 6 \sim 8$ Hz),而(α-葡萄糖苷中端基质子 H-1 处于 e 键并与相邻质子 H-2 呈顺式,其耦合常数($J = 1 \sim 2$ Hz)较小。

α-D-葡萄糖 　　　β-D-葡萄糖
端基质子与 H-2 为顺式　　　端基质子与 H-2 为反式双直立

2. ^{13}C-NMR 谱 黄酮类化合物 C-7、C-5、C-3、C-3′、C-4′ 位一般具有酚羟基,在形成氧苷后,苷元将产生苷化位移,但由于苷元上成苷的羟基位置及糖类的种类不同,苷化位移幅度也不相同。据此,可判断氧苷黄酮类化合物中糖类的连接位置(表 9-12)。

表 9-12 黄酮类化合物 ^{13}C-NMR 谱上的苷化位移

苷化位置	苷元的苷化位移平均值													
	2	3	4	5	6	7	8	9	10	1′	2′	3′	4′	5′	6′
7-O-葡萄糖					+0.75	−1.35	+1.05		+1.7						
7-O-鼠李糖					+0.75	−2.35	+1.0		+1.7						
3-O-葡萄糖	+9.2	+1.6 / −2.1		+0.4					+1.0 / −0.8	+1.1 / −0.3		+0.7 / −0.4		+1.45
3-O-鼠李糖	+10.3	+1.95 / −1.05		+0.6					+1.1						

续表

苷化位置	苷元的苷化位移平均值												
	2	3	4	5	6	7	8	9	10	1′	2′	3′	4′	5′	6′
5-O-葡萄糖	−2.8		−6.0		+4.4		+3.2		+4.3	−1.2		−0.8		−1.8
		+2.2		−2.7		−3.0		+1.4			−1.3	−0.4		−1.0	
3′-O-葡萄糖	−0.5										+1.6		+1.4		+3.2
		+0.4										0		+0.4	
4′-O-葡萄糖	+0.1									+0.4		−1.2		0
		+1.0									+3.7	+2.0		+1.4	

（1）黄酮醇 3-OH 糖苷化后，对 C-2 引起的苷化位移比一般邻位效应要大得多，C-2 向低场移动约 10。

（2）7-OH 与鼠李糖成苷时引起的 C-7 的苷化位移比别的糖更大一些，可以通过这一特征与其他糖苷相区别。

（3）存在 4-C＝O 的黄酮，5-OH 糖苷化后，破坏了 5-OH 与 4-C＝O 的氢键缔合并对整个分子的电子分布产生了很大影响，尤其是对 C 环上的碳原子影响更为明显。由于 4-C＝O 形成氢键的作用消失，C-2 和 C-4 很明显向高场位移，而 C-3 信号则向低场位移。

（四）碳苷黄酮类化合物结构确定

植物中发现的碳苷黄酮主要发生于黄酮类化合物的 A 环。C-6 和 C-8 苷化后，除对苷化碳 ^{13}C-NMR 有 6~11 的低场位移外，对 A 环其他碳影响较小。C-8 苷化后，仅对 C-7 有约 2 的高场位移；C-6 苷化后，仅对 C-7 有约 1 的高场位移。对 5,7- 二羟基黄酮 C-6 苷化后，C-6 的化学位移约为 δ_C 108，C-8 苷化后，C-8 的化学位移约为 δ_C 104。

^{13}C-NMR 是判别碳苷和氧苷的简便而可靠的手段。碳苷的端基碳（C-1″）在 δ_C 71~78 区域内，除去氧糖的去氧碳在高场区外，糖类上其他碳化学位移出现在 δ_C 60~82，见表 9-13。

表 9-13　一些 8-C- 苷芹菜素糖上碳原子的 ^{13}C-NMR 数据

C	葡萄糖	鼠李糖	阿拉伯糖	半乳糖	木糖
1″	73.4	77.3	74.4	73.9	74.6
2″	70.9	75.0	68.2	68.5	70.3
3″	78.7	75.5	74.5	75.4	78.5
4″	70.4	69.1	68.9	69.1	70.0
5″	81.9	80.5	71.0	80.5	70.0
6″	61.3	17.3		61.3	

四、黄酮类化合物的立体化学

（一）黄酮类化合物骨架的立体化学

许多黄酮类化合物其骨架本身都含有不对称的碳原子，如二氢黄酮、二氢黄酮醇、查耳酮、紫檀素、鱼藤酮等。实验发现一些天然黄酮类化合物的立体化学与其旋光性（589.3，钠 -D 光）有关，见表 9-14。

表 9-14 黄酮类化合物的立体化学

化合物	旋光性	立体构型
二氢黄酮	−	2S
二氢黄酮醇（反式）	+	2R, 3R
表儿茶素（顺式）	−	2R, 3R
表儿茶素（顺式）	+	2S, 3S
儿茶素（反式）	+	2R, 3S
紫檀素（顺式）	−	6αR, 11αR
6α-羟基紫檀素（顺式）	−	6αS, 11αS
6α-羟基紫檀素（顺式）	+	6αR, 11αR

测定黄酮类化合物绝对构型的方法主要有以下几种：①化学关联法；② Mosher 法，可确定二氢黄酮醇 C-3 位的绝对构型；③单晶 X 射线衍射法，该法是确定有机化合物构型的重要方法，可靠性高，但一般要求待测物可形成良好的晶体；④旋光法，文献报道了部分黄酮类化合物的立体化学与旋光性（589.3，钠-D 光）的关系；⑤圆二色谱法，是确定黄酮类化合物绝对构型最常用的方法。下面介绍根据圆二色光谱的 Cotton 效应（CE）确定各类具有手性碳的黄酮类化合物的绝对构型方法。

1. 二氢黄酮 二氢黄酮的 $\pi \to \pi^*$ 和 $n \to \pi^*$ 的吸收带分别在 270~290 nm（主峰）和 320~330 nm（肩峰），可以采用修正的八区律来判断绝对构型。自然界中存在的二氢黄酮 H-2 和 H-3（ax）的耦合常数很大（$J = 11.0$ Hz），说明 C-2 位的芳基处于平伏键。对于 C-2 位的芳基处于平伏键的二氢黄酮的一般判断规律见表 9-15。

表 9-15 二氢黄酮的 Cotton 效应（CE）与绝对构型

CE/nm		C-2 构型
$\pi \to \pi^*$ 270~290	$n \to \pi^*$ 320~335	
−	+	(S)
+	−	(R)

（2S）-5-甲氧基-7,4′-二羟基-8-（3,3-二甲基烯丙基）二氢黄酮的 ECD 谱见图 9-31。

2. 二氢黄酮醇 二氢黄酮醇具有两个手性中心 C-2 和 C-3，有 4 种可能的立体异构体，自然界中最常见的是（2R, 3R）异构体。在确定二氢黄酮醇的构型时，首先根据 NMR 中 H-2 和 H-3（ax）的耦合常数判断 C-2 和 C-3 的取代为顺式还是反式，然后通过 ECD 判断 C-2 的绝对构型，见表 9-16。

表 9-16 二氢黄酮醇的 Cotton 效应（CE）与绝对构型

	结果	CE 在 $n \to \pi^*$（ca. 300~340 nm）	结果	绝对构型
反式	（2R, 3R）或	正性	2R	（2R, 3R）
	（2S, 3S）	负性	2S	（2S, 3S）
顺式	（2R, 3S）或	正性	2R	（2R, 3S）
	（2S, 3R）	负性	2S	（2S, 3R）

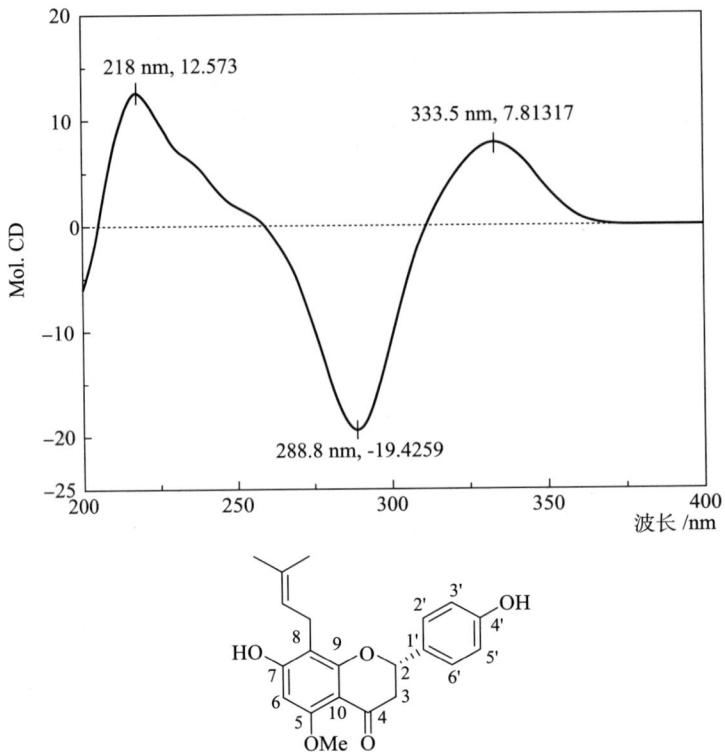

图 9-31 （2S）-5-甲氧基-7,4′-二羟基-8-（3,3-二甲基烯丙基）二氢黄酮的 ECD 谱

（2R，3R）-8-异戊烯基-7,4′二羟基-5-甲氧基二氢黄酮醇的 ECD 谱见图 9-32。

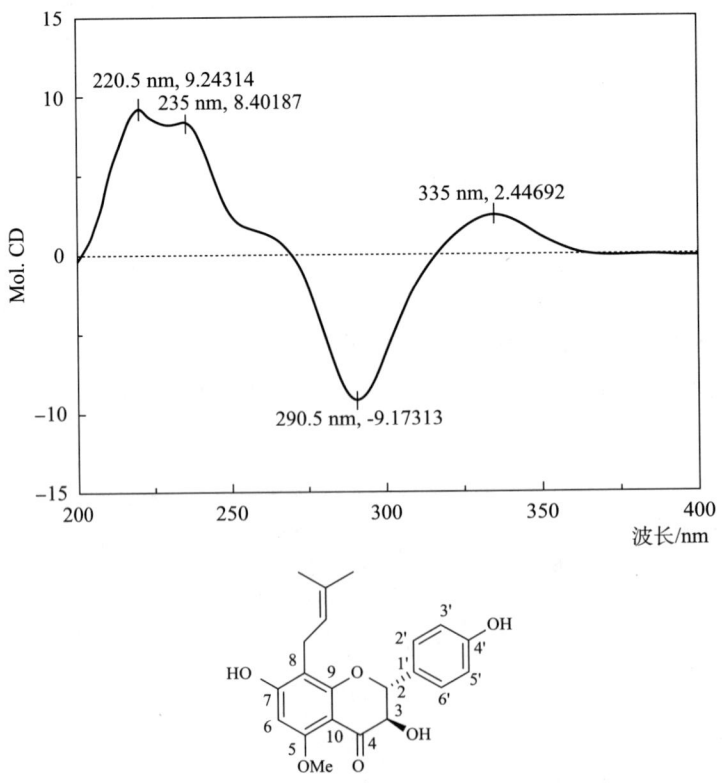

图 9-32 （2R，3R）-8-异戊烯基-7,4′二羟基-5-甲氧基二氢黄酮醇的 ECD

3. 紫檀素 紫檀素具有色原烷（A环和B环）和2,3-二氢苯并呋喃环（C环和D环）两个发色团。对于顺式紫檀烷，两个发色团在^1L_b带的Cotton效应符号相反，但色原烷发色团为主导。由于2,3-二氢苯并呋喃环发色团的贡献，^1L_b带也有可能发生裂分或在较短波长出现肩峰；对于反式紫檀烷，两个发色团在^1L_b带的Cotton效应符号一致。通过NMR判断顺反式，再根据Cotton效应确定绝对构型，见表9-17。

（6aR，11aR）-6'-乙酰基三叶豆紫檀苷的ECD谱见图9-33。

表9-17 紫檀烷的Cotton效应（CE）与绝对构型

	CE在^1L_b（ca. 260~310 nm）	螺旋	CE在^1L_a（ca. 220~250 nm）	绝对构型
顺式	正性	P	负性	（6aR，11aR）
	负性	M	正性	（6aS，11aS）
反式	正性	M		（6aS，11aR）
	负性	P		（6aR，11aS）

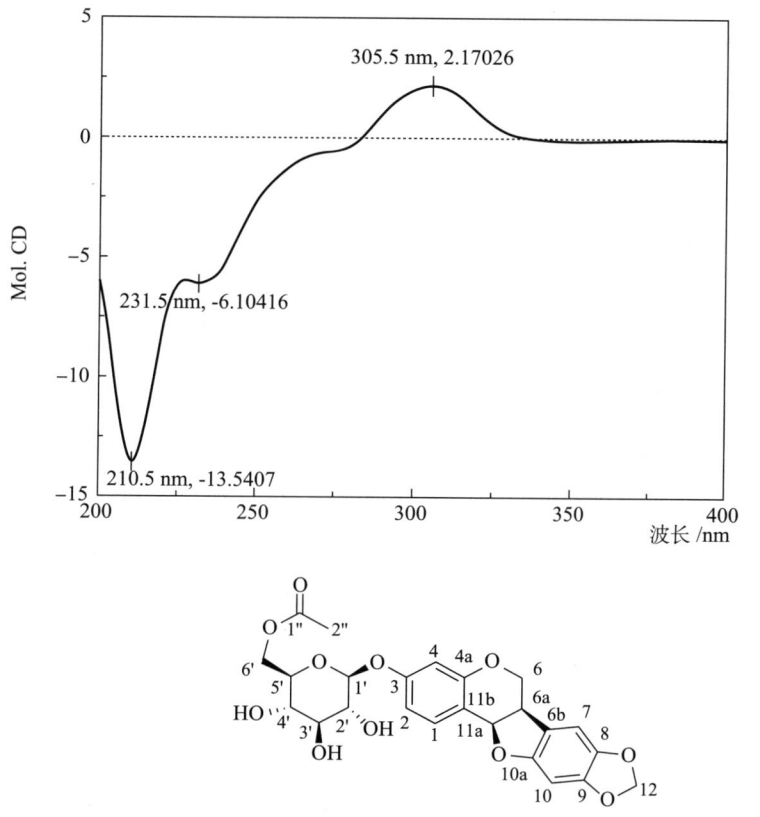

图9-33 （6aR，11aR）-6'-乙酰基三叶豆紫檀苷的ECD谱

第五节 黄酮类化合物的生物活性

黄酮类化合物具有广泛的药理活性，用于治疗炎症、氧化应激、糖尿病、癌症、心脑血管疾病、神经系统疾病、代谢紊乱、溃疡和自身免疫性疾病等。

一、山楂叶总黄酮

山楂叶总黄酮为山楂叶提取物中黄酮类化合物的总称,主要成分为槲皮素、牡荆素、金丝桃苷、芦丁、牡荆素鼠李糖苷等黄酮类成分。

山楂叶总黄酮具有明显的抗心脑血管疾病作用,以山楂叶总黄酮为主要成分的中成药益心酮的功效为活血化瘀,宣通血脉,可用于瘀血阻脉所致的胸痹,症见胸闷憋气、心前区刺痛、心悸健忘、眩晕耳鸣;冠心病心绞痛、高脂血症、脑动脉供血不足。

山楂叶总黄酮可通过降低血清总胆固醇、甘油三酯和低密度脂蛋白含量,提高高密度脂蛋白/胆固醇比值,增强超氧化物歧化酶活性调节脂质代谢;还可以改善冠脉血流量、减少脂质过氧化损伤程度、阻止血小板的聚集进而起到抗动脉粥样硬化的作用;山楂叶总黄酮能够保护缺血心肌细胞结构的完整性,抑制心肌酶的释放,减小心肌梗死面积,抑制髓过氧化物酶的活性,进而对心肌缺血再灌注损伤起到保护作用。同时,山楂叶总黄酮还可通过清除氧自由基、抗膜脂质过氧化和抗NO毒性作用,并且抑制缺血再灌注后炎症反应发挥抗脑缺血再灌注损伤作用。

山楂叶总黄酮除了对心脑血管方面的药理作用,还对糖尿病及其并发症、肝损伤修复等也具有较好的药理活性。

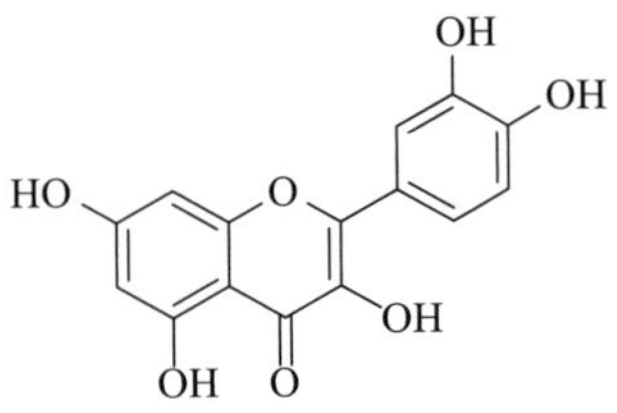

槲皮素 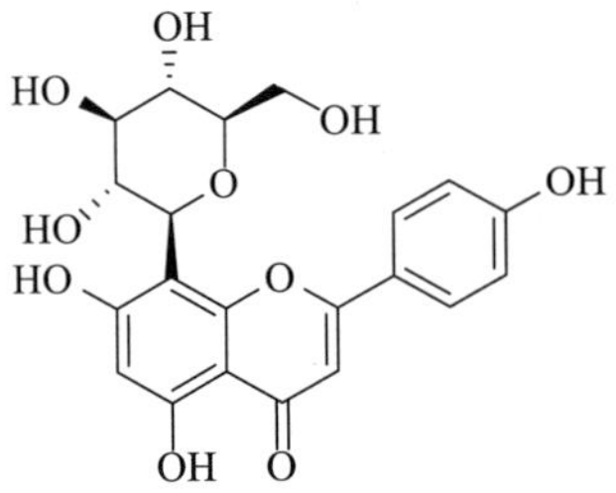　　　　　牡荆素 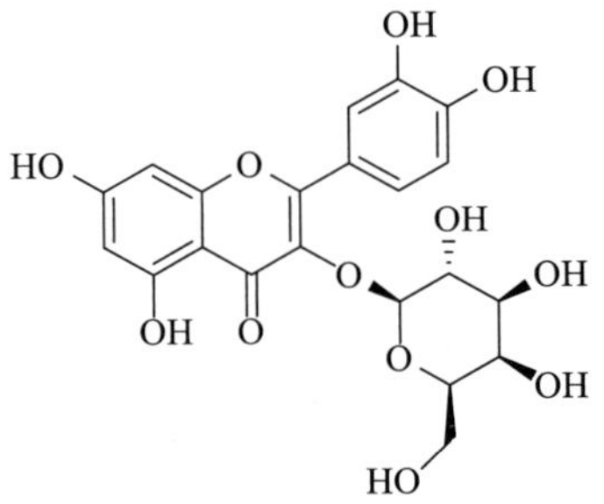　　　　　金丝桃苷

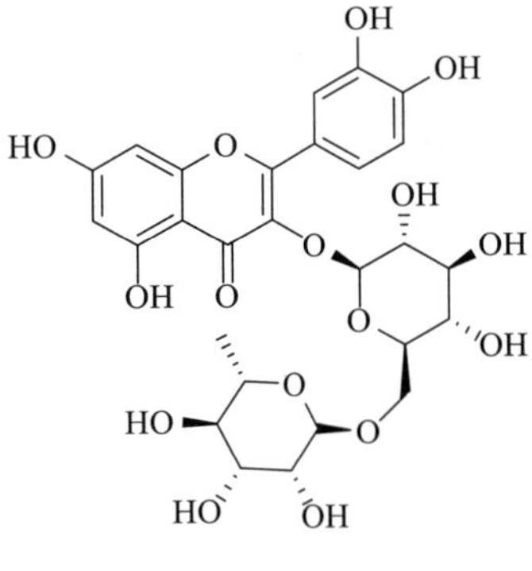

芦丁 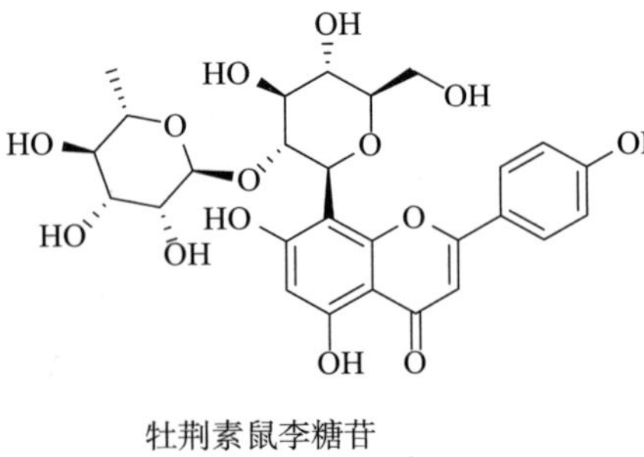　　　　　牡荆素鼠李糖苷

二、水飞蓟宾

水飞蓟宾(silybin)是从中药水飞蓟种子的种皮中获得的黄酮苯丙素类天然产物混合物,它由立体异构体的 silybin A 和 silybin B 按 1∶1 的比率组成。水飞蓟宾是自然界中首次发现的黄酮苯丙素类化合物,结构上由花旗松素和松柏醇加合而成。

水飞蓟宾具有显著的抗氧化作用,能够清除肝细胞内的活性氧自由基,保护肝细胞,临床上作为保肝药用于治疗肝炎、肝纤维化及代谢中毒性肝损伤等疾病。水飞蓟宾可通过降低血清丙氨酸氨基转移酶、天冬氨酸氨基转移酶水平以及丙二醛、一氧化氮含量，升高肝组织超氧化物歧化酶、谷胱甘肽水平实现对肝的保护；通过抑制肝星状细胞活化，减少细胞外基质积聚，从而抑制肝纤维化。

silybin A   silybin B

三、黄芩素

黄芩素（baicalein）是黄芩中含量最高的黄酮类化合物之一。临床上用于治疗细菌、病毒引起各种急、慢性肠炎。

目前针对黄芩素抗呼吸道感染、抗流感病毒感染和抗肿瘤等适应证也正在临床Ⅰ或Ⅱ期试验中。药理研究表明，黄芩素具有抗菌抗病毒、抗炎、抗肿瘤的作用，以及对心脑血管、神经系统和肝的保护作用。黄芩素抗菌谱广，对多种革兰阳性菌、革兰阴性菌及螺旋体等生长均有抑制作用，对白色念珠菌等真菌也具有抑制作用，还可以抑制甲1型流感病毒和艾滋病病毒的复制；黄芩素可以通过干扰花生四烯酸的代谢通路、抑制炎症因子而发挥解热镇痛抗炎的作用；黄芩素的抗肿瘤作用是通过抑制肿瘤细胞增殖、转移和侵袭、新生血管形成发挥作用；通过抑制炎症反应、抗氧化、保护线粒体等多种途径实现心脑血管、神经系统和肝的保护作用。

黄芩素   黄芩苷

四、灯盏花素

灯盏花素为中药灯盏细辛提取制剂，主要成分是灯盏花乙素和少量灯盏花甲素。具有增加血流量、改善微循环、扩张血管、降低血黏度、调节血脂、抗血栓等作用。临床上用于治疗缺血性脑血管疾病、脑出血所致后遗症、冠心病、心绞痛等疾病。

在心血管治疗方面，灯盏花素不仅能够降低血黏度，防治灌注心律失常，减弱心肌收缩力，减轻心肌耗氧，而且还能够降低急性心肌梗死患者的血小板聚集率，减少急性心血管疾病的发生。在治疗脑血管疾病方面，灯盏花素可以选择性扩张脑血管，在维持动脉血压的状态下增加脑血流量，提高脑部受损区域的供氧，有利于受损功能的恢复，提高脑卒中患者的生活质量。

灯盏乙素作为主要成分，其药理活性主要有抗炎、抗氧化、抗凋亡、抗纤维化、神经保护、抗凝及改善循环等作用。

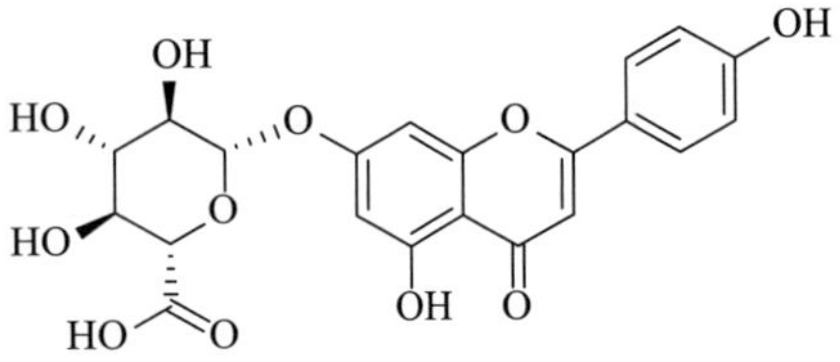

灯盏花甲素

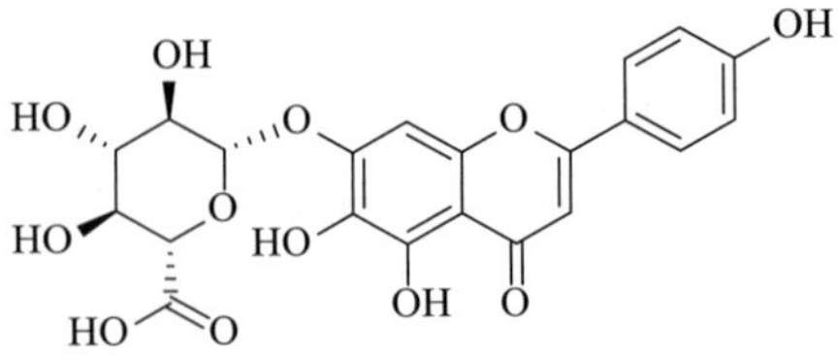

灯盏花乙素

五、葛根素

葛根素（puerarin）为中药葛根中获得的碳苷异黄酮，具有扩张冠状动脉和脑血管、降低心肌耗氧量，改善微循环和抗血小板凝集作用，临床上用于辅助治疗冠心病、心绞痛、心肌梗死、视网膜动静脉阻塞、突发性耳聋。

药理研究表明，葛根素不仅可以通过抑制炎症来防治心肌缺血再灌注损伤，降低心肌梗死面积，还可以通过抑制兴奋离子内流，保护心肌细胞；通过调控 PI3K/Akt 信号通路中相关蛋白质，抑制心肌细胞凋亡及纤维化；葛根素还可以控制血压，改善血液功能异常，在心脑血管系统疾病治疗方面发挥重要作用。

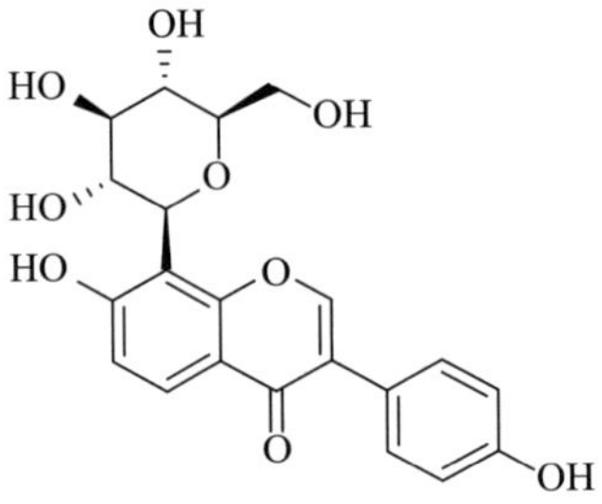

葛根素

六、羟基红花黄色素 A

羟基红花黄色素 A（hydroxysafflor yellow A）具有醌式查耳酮碳苷，是红花黄色素的活血化瘀有效成分，是注射用红花黄色素的主要成分。具有抗血小板和抗心肌缺血作用、抗凝血酶诱导的血小板聚集活性、抗炎活性等作用。

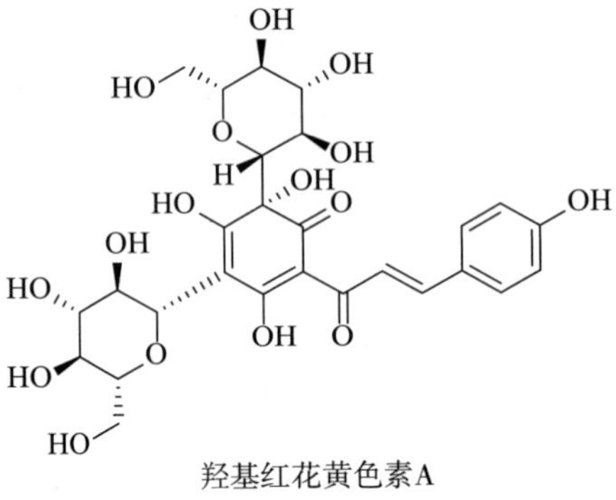

羟基红花黄色素A

七、大豆素

大豆素（daidzein）是从大豆或其他植物中分离或通过合成获得。具有雌激素样作用，抗肿瘤、抗氧化、预防骨质疏松、抗心律失常，提高非特异性免疫功能。

大豆素

第六节　黄酮类化合物的研究实例

一、研究对象

《中国药典》（2025 年版）记载，山楂叶（*C. pinnatifida* Bge. Var. major N. E. Br.）为蔷薇科植物山里红或山楂（*C. pinnatifida* Bge.）的干燥叶。夏、秋二季采收，晾干。具有活血化瘀，理气通脉，化浊降脂之功效。用于气滞血瘀，胸痹心痛，胸闷憋气，心悸健忘，眩晕耳鸣，高脂血症。

二、研究目的

对山楂叶中的黄酮类化合物进行分离纯化和结构鉴定。

三、研究流程

山楂叶 10 kg 经烘干粉碎后，用 80% 的工业乙醇提取，减压浓缩提取液，浓缩物过大孔吸附树脂，水洗脱后，用 55% 的乙醇洗脱，减压回收乙醇，干燥得到棕红色粉状固体。取 120 g 提取物按下列所示流程进行系统分离（分离流程图见第三节，图 9-21）。

从山楂叶中分离得到的化合物 **1** 和 **2**，通过波谱分析确定了它们的结构。

四、结构解析

（一）化合物 1 结构解析

化合物 **1**：黄色粉末，mp > 300℃（MeOH），与盐酸-镁粉反应呈阳性，三氯化铝反应呈黄绿色荧光；IR（KBr）δ/cm^{-1}：3 400，1 660，1 600，1 510，1 240，提示有羟基，共轭羰基和芳环。化合物 **1** 的 ^1H 和 ^{13}C-NMR 谱见图 9-34 和图 9-35。

^1H-NMR 中质子信号 δ_H 6.89（1H，d，J = 8.5 Hz），7.54（1H，dd，J = 8.5，2.0 Hz），7.68（1H，d，J = 2.0 Hz）的 ABX 系统信号为 B 环 5′,6′,2′-H；δ_H 6.19（1H，d，J = 2.0 Hz）为 H-6，δ_H 6.40（1H，d，J = 2.0 Hz）为 H-8，δ_H 12.49（1H，s）为 5-OH，δ_H 10.73（1H，s）为 7-OH，δ_H 9.34（3H，3-OH，3′-OH 和 4′-OH）。化合物 **1** 的氢谱和碳谱核磁共振数据见表 9-18。以上数据与文献报道的槲皮素完全一致，故化合物 **1** 鉴定为槲皮素（quercetin）。

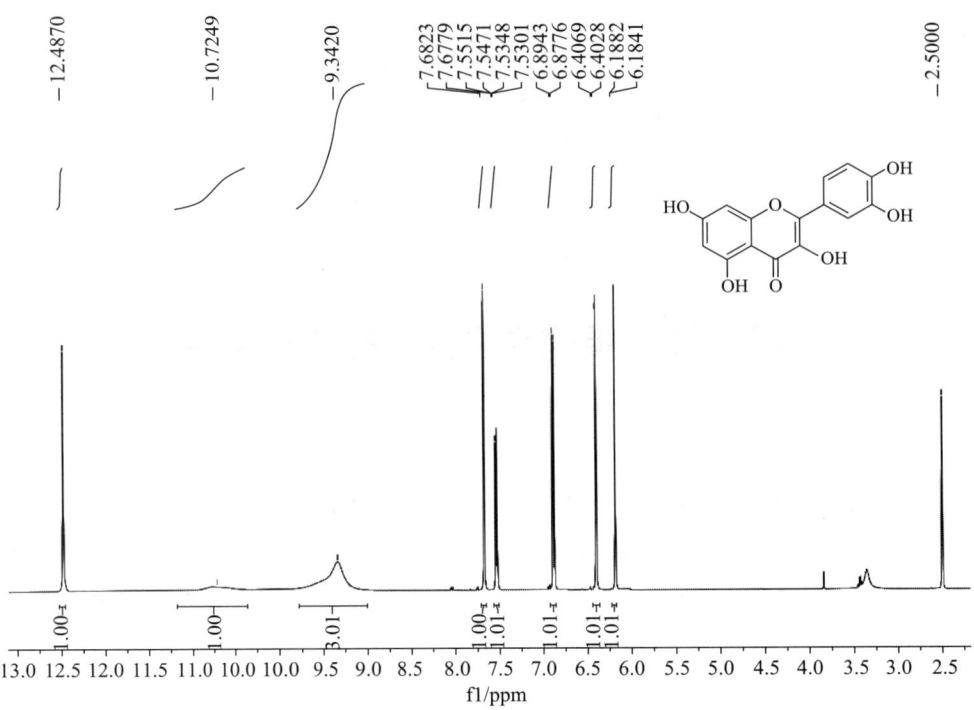

图 9-34　化合物 1 的 ^{1}H-NMR 谱（500 MHz）

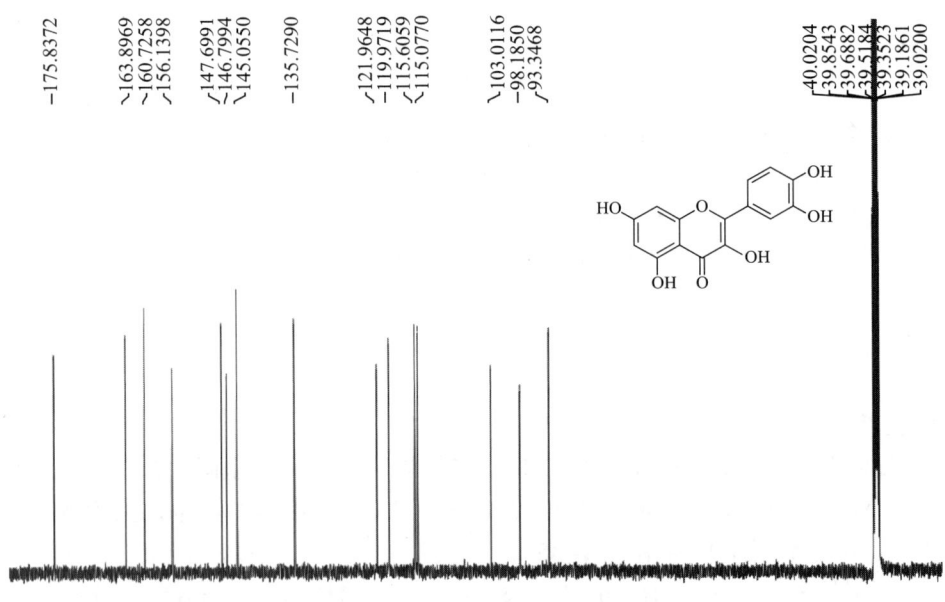

图 9-35　化合物 1 的 ^{13}C-NMR 谱（125 MHz）

第六节　黄酮类化合物的研究实例

表 9-18　化合物 1 的氢谱和碳谱核磁共振数据（DMSO-d_6）

序号	δ_H	δ_C	序号	δ_H	δ_C
1			9		156.1
2		145.1	10		103.0
3		135.7	1'		122.0
4		175.8	2'	7.68（1H，d，J = 2.0 Hz）	115.1
5	12.49（1H，s，5-OH）	160.7	3'		146.8
6	6.19（1H，d，J = 2.0 Hz）	98.2	4'		147.7
7	10.73（1H，s，7-OH）	163.9	5'	6.89（1H，d，J = 8.5 Hz）	115.6
8	6.40（1H，d，J = 2.0 Hz）	93.3	6'	7.54（1H，dd，J = 8.5，2.0 Hz）	120.0

（二）化合物 2 结构解析

淡黄色针状晶体（MeOH），mp 262～264℃；与盐酸-镁粉试剂反应呈阳性，三氯化铝反应呈黄绿色荧光；IR（KBr）δ/cm^{-1}：3400，1650，1610，1505，1430，提示有羟基，共轭羰基和芳环；^{13}C-NMR 谱显示 21 个碳信号，其中黄酮骨架有 15 个碳信号，其余 6 个为糖基碳信号。

^{1}H-NMR 谱中 δ_H 13.15（1H，s）为 5-OH，由于位于低场，表明有羰基与其形成强烈的氢键，δ_H 10.79（1H，s）为 7-OH，δ_H 10.30（1H，s）为 4'-OH；δ_H 8.01（2H，d，J = 8.8 Hz）和 δ_H 6.88（2H，d，J = 8.8 Hz）分别为 2',6' 和 3',5' 的质子信号。^{13}C-NMR 谱中 δ_C 129.0 和 115.9 两峰信号约为其他峰的两倍，因此，该黄酮 B 环 3'、5' 和 2'、6' 位无其他取代基。δ_H 6.76（1H，s）为 3-H，δ_H 6.26（1H，s）为 6-H。^{13}C NMR 谱中除 15 个黄酮骨架碳信号外，其余 6 个碳信号分别为 δ_C 81.9，78.7，73.4，70.9，70.6，61.4，未见位于低场含氧端基碳信号，结合 δ_C 104.7 为 C-8 信号，表明化合物为一碳苷黄酮。经与文献对照该糖类为葡萄糖，而 δ_C 104.7 的 C-8 信号表明糖基连接在 C-8 位。因此确定化合物 2 为牡荆素（vitexin）。化合物 2 的氢谱和碳谱核磁共振数据见表 9-19。

表 9-19　化合物 2 的氢谱和碳谱核磁共振数据（DMSO-d_6）

序号	δ_H	δ_C	序号	δ_H	δ_C
1			1'		121.7
2		164.0	2',6'	8.01（2H，d，J = 8.8 Hz），	129.0

续表

序号	δ_H	δ_C	序号	δ_H	δ_C
3	6.76（1H, s）	102.5	3′,5′	6.88（2H, d, J = 8.8 Hz）	115.9
4		182.1	4′	10.30（1H, s, 4′-OH）	160.4
5	13.15（1H, s, 5-OH）	161.2	1″	4.73（1H, d, J = 8.8 Hz）	73.4
6	6.26（1H, s）	98.2	2″	3.23 ~ 3.42	70.9
7	10.79（1H, s, 7-OH）	162.6	3″	3.23 ~ 3.42	78.7
8		104.7	4″	3.23 ~ 3.42	70.6
9		156.0	5″	3.23 ~ 3.42	81.9
10		104.1	6″	3.52（1H, dd, J = 11.0, 5.5 Hz）3.76（1H, bd, J = 11.0 Hz）	61.4

（张培成）

数字资源详见　新形态教材网

学习目标　　思维导图　　思政元素　　案例探讨　　参考文献
微视频　　　拓展阅读　　本章小结　　自测题　　　教学课件

第 十 章
萜类化合物和挥发油

编者导学

🎯 学习目标

🧠 思维导图

本章导航

第一节　萜类化合物概述
第二节　萜类化合物的结构类型与理化性质
第三节　萜类化合物的提取分离
第四节　萜类化合物的结构鉴定
第五节　萜类化合物的生物活性
第六节　萜类化合物的研究实例
第七节　挥发油

　　萜类化合物是地球上最丰富的一类天然产物，有 7 万～8 万种天然产物属于此类。它是所有异戊二烯聚合物及其衍生物的总称，萜类化合物中的烃类常单独称为萜烯，萜类化合物除以萜烯的形式存在外，还以各种含氧衍生物的形式存在，包括醇、醛、羧酸、酮、酯类及苷等。萜类化合物广泛存在于自然界，结构新颖、活性独特，具有极大的新药开发潜力，代表性化合物如青蒿素、紫杉醇、雷公藤内酯、丹参酮等。

第一节　萜类化合物概述

　　萜类化合物（terpenoids）是指由甲戊二羟酸衍生且分子式符合 $(C_5H_8)_n$ 通式的化合物及其衍生物。根据分子骨架中异戊二烯单元的数目进行分类，可分为单萜、倍半萜、二萜等，见表 10-1。根

表 10-1　萜类化合物的分类及分布

分类	碳原子数	异戊二烯单元数目 n	存在
半萜（hemiterpenoids）	5	$n=1$	植物叶
单萜（monoterpenoids）	10	$n=2$	挥发油
倍半萜（sesquiterpenoids）	15	$n=3$	挥发油
二萜（diterpenoids）	20	$n=4$	树脂、苦味质、植物醇
二倍半萜（sesterterpenoids）	25	$n=5$	海绵、植物病菌、昆虫代谢物
三萜（triterpenoids）	30	$n=6$	皂苷、树脂、植物乳汁
四萜（tetraterpenoids）	40	$n=8$	植物胡萝卜素
多聚萜（polyterpenoids）	$7.5\times10^3 \sim 3\times10^5$	$n>8$	橡胶、硬橡胶

据分子结构中碳环的数目,可进一步分为链萜(无环萜)、单环萜、双环萜、三环萜和四环萜等,如链状二萜、单环二萜、双环二萜、三环二萜、四环二萜等。

萜类化合物在天然药物中分布极为广泛,菌类、藻类、苔藓类、地衣类、蕨类、裸子植物及被子植物中均有萜类存在,其中在被子植物中最为丰富。单萜和倍半萜是组成植物挥发油的主要成分,是香料和医药工业的重要原料。单萜在伞形科、唇形科、松科及樟科等植物腺体、油室及树脂道内有大量存在。倍半萜数量最多,主要分布于芸香目、木兰目、山茱萸目及菊目等植物中。二萜分布丰富的科属有马兜铃科、五加科、橄榄科、菊科、大戟科、杜鹃花科、唇形科、豆科和茜草科,是形成树脂的主要物质。二倍半萜数量较少,常分布于羊齿植物、地衣类、菌类、海洋生物及昆虫的分泌物等中。三萜是构成植物皂苷、树脂等的重要物质。

萜类化合物的生源合成途径的生源经历了从经验的异戊二烯法则到生源的异戊二烯法则的演变过程。德国科学家瓦拉赫(Otto Wallach)在1887年提出"经验的异戊二烯法则",认为自然界中存在的萜类化合物均由异戊二烯衍生而来,是异戊二烯的聚合体或衍生物,并以分子骨架是否符合异戊二烯法则作为判断化合物是否为萜类化合物的一个重要原则。瑞士藉南斯拉夫人利鲁齐卡(Leopold Ruzicka)教授提出萜类化合物的前体物是"活性的异戊二烯"的假设,并由此提出"生源的异戊二烯法则",指出萜类化合物由甲戊二羟酸衍生形成。异戊二烯并不参与萜类化合物的形成,真正具有生物活性的异戊二烯单元是焦磷酸二甲基烯丙酯(DMAPP)和焦磷酸异戊烯酯(IPP)。在萜烯合酶的作用下,由于焦磷酸基团是很好的离去基团,DMAPP发生活化,并与IPP结合,生成一定长度的焦磷酸酯,如焦磷酸香叶酯(geranyl diphosphate,GPP,C_{10})、焦磷酸法尼酯(farnesyl diphosphate,FPP,C_{15})、焦磷酸香叶基香叶酯(geranylgeranyl diphosphate,GGPP,C_{20})。焦磷酸酯进一步生成对应的单萜、倍半萜和二萜。三萜则由两个FPP尾-尾相接形成的反式角鲨烯(*trans*-squalene)转变而成,再经氧化、还原、脱羧、环合或重排,即生成种类繁多的三萜化合物。与异戊烯法则不相符合的萜类化合物多由环化过程中伴随的重排或者降解所引起,如甾体化物由三萜化合物经进一步修饰降解形成(图10-1)。

萜类化合物具有抗肿瘤、抗疟、抗炎、抗心血管疾病和降血糖等多方面生物活性。如红豆杉中的紫杉醇类化合物具有较强的抗肿瘤作用;黄花蒿中青蒿素具有强抗疟作用;雷公藤中的雷公藤内酯具有抗炎作用;甜叶菊中的甜菊苷具有降血糖作用;丹参中的脂溶性成分丹参酮II_A对多种心血管疾病都有着显著的治疗作用。

第二节 萜类化合物的结构类型与理化性质

一、萜类化合物的结构类型

(一)单萜

单萜(monoterpenoids)是指分子骨架由两个异戊二烯单位构成,含10个碳原子的化合物,是植物挥发油的主要组成成分,常分布于高等植物的腺体、油室和树脂道等分泌组织中,在昆虫和微生物的代谢产物及海洋生物中也有存在。它们的含氧衍生物多数具有香气和较强的生物活性,是医药、化妆品及食品工业的重要原料。有些单萜在植物体内以苷的形式存在,则不具有挥发性。

无环单萜　　　月桂烷型　　　蒿烷型　　　薰衣草烷型

第二节 萜类化合物的结构类型与理化性质

图 10-1 萜类化合物的生物合成

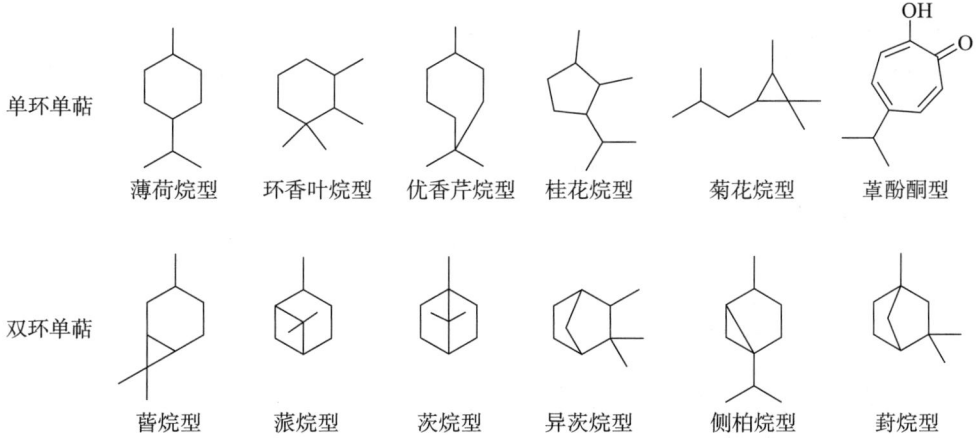

单萜可分为链状和环状单萜，其中环状单萜又可分为单环、双环、三环等类型，以单环和双环型单萜数量最多。构成的碳环大多为六元环，也有五元、四元、三元和七元环。

1. 链状单萜　链状单萜常见的有薰衣草型、香叶烷型和艾蒿烷型等，代表性的化合物有薰衣草醇（lavandulol）、香叶烯（myrcene）、蒿酮（artemisia ketone）及异蒿酮（isoartemisia ketone）。

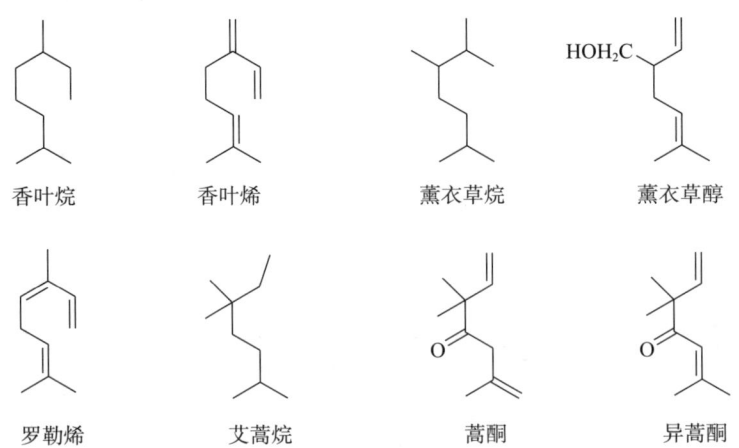

香叶烯（myrcene）和罗勒烯（ocimene）是一对同分异构体，具有特殊香味，在工业中常用作香料。香叶烯存在于蛇麻、桂叶、马鞭草的挥发油中，罗勒烯存在于吴茱萸果实、罗勒叶等的挥发油中。

香叶醇（geraniol）又称"牻牛儿醇"，是玫瑰油、香叶油等的主要成分。

橙花醇（nerol）又称香橙醇，是香叶醇的几何异构体，主要存在于橙花油、柠檬草油等多种植物的挥发油中。

香茅醇（citronellol）存在于玫瑰油、香茅油等多种植物的挥发油中，具有光学活性，其中以左旋体的经济价值较高。

柠檬醛（citral）通常是混合物，具有顺反异构体，以反式为主，顺式为β-柠檬醛，又称橙花醛（neral），反式为α-柠檬醛，又称香叶醛（geranial）。具有柠檬香气，常存在于多种植物的挥发油中，以香茅油和柠檬草油的含量较高，常作为食品工业原料。

香茅醛（citronellal）为香茅醇的氧化产物，广泛存在于香茅油中，在桉叶油、柠檬油等挥发油中也存在。

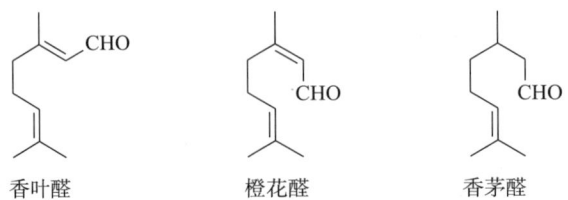

上面几种链状单萜含氧衍生物可相互转化，因此常共存于同一挥发油中。如蒿酮和异蒿酮共存于黄花蒿（*Artemisia annua*）的挥发油中。

2. 单环单萜　薄荷醇（menthol）是薄荷（*Mentha haplocalyx*）和欧薄荷（*Mentha longifolia*）等挥发油中的主要成分。它的左旋体（*l*-menthol）习称"薄荷脑"，为薄荷油中的主要组成部分。薄荷醇常用在牙膏、饮料、香水和糖果等产品中。在医药上常用作刺激药，作用于皮肤或黏膜，有清凉止痒作用；内服可作为驱风药，用于头痛及鼻、咽、喉炎症等。

薄荷醇结构中有 3 个手性碳原子，有 8 种立体异构体，分别为 l- 薄荷醇（l-menthol）、l- 异薄荷醇（l-isomenthol）、d- 新薄荷醇（d-neomenthol）及 l- 新异薄荷醇（l-neoisomenthol）及各自的对映异构体，但在薄荷油中只存在 l- 薄荷醇（l-menthol）和 d- 新薄荷醇（d-neomenthol）。

薄荷酮（menthone）常与薄荷醇共存于薄荷油中，具有浓郁的薄荷香气。

l-薄荷醇　　　　l-异薄荷醇　　　　d-新薄荷醇　　　　l-新异薄荷醇　　　　薄荷酮

紫罗兰酮（ionone）存在于千屈菜科植物指甲花的挥发油中，是混合物，α- 紫罗兰酮具有馥郁香气，用于配制高级香料；β- 紫罗兰酮可用作合成维生素 A 的原料。

柠檬醛　　+　$H_3C-\overset{O}{\underset{}{C}}-CH_3$　$\xrightarrow{C_2H_5ONa}$　伪紫罗兰酮

$\xrightarrow[\text{加热}]{H_2SO_4}$　α-紫罗兰酮　　+　　β-紫罗兰酮

斑蝥素（cantharidin）存在于斑蝥、芫青干燥虫体中，可作为皮肤发赤、发泡或生毛剂。斑蝥素衍生物去甲斑蝥素（demethylcantharidin）和 N- 羟基斑蝥胺（N-hydroxy cantharidimide）为抗肿瘤药。

斑蝥素　　　　去甲斑蝥素　　　　N-羟基斑蝥胺

3. 双环单萜　龙脑（borneol）又称"冰片"，为白色片状结晶，具香气，有升华性。龙脑的右旋体存在于龙脑香（*Dryobalanops aromatica*）等的挥发油中，以游离状态或结合成酯的形式存在；左旋体存在于艾纳香（*Blumea balsamifera*）的叶子和野菊花花蕾挥发油中；合成品为消旋体。均用于香料、中成药及清凉剂等。

樟脑（camphor）为无色透明的硬块或白色结晶状固体，易升华。主要存在于樟树的挥发油中，有局部刺激和防腐作用，用于炎症、神经痛和跌打损伤，是重要的医药和工业原料。

樟脑　　　　l-龙脑　　　　d-龙脑

芍药苷（paeoniflorin）是从芍药（*Paeonia lactiflora*）根中分离得到的蒎烷单萜苷，具有抗炎、镇静、镇痛及防治老年性痴呆等生物活性。

芍药苷

4. 䓬酚酮 䓬酚酮类化合物是一类变形的单萜，它们的碳骨架不符合异戊二烯法则，结构中均有一个七元芳环。䓬酚酮类具有芳香化合物的性质，环上羟基具有酚羟基的性质，显酸性，其酸性介于酚类和羧酸之间。分子中的酚羟基易于甲基化，但不易被酰化。分子中的羰基类似于羧酸中羰基的性质，但不能和一般的羰基试剂反应。红外光谱中羟基吸收峰在 3 200～3 100 cm^{-1}，羰基吸收峰在 1 650～1 600 cm^{-1}。能与多种金属离子形成络合物结晶体，并显示不同颜色，可用于鉴别。如铜络合物为绿色结晶，铁络合物为赤红色结晶。

䓬酚酮类常存在于许多柏科植物的心材中。α-崖柏素（α-thujaplicin）和 γ-崖柏素（γ-thujaplicin）存在于欧洲产崖柏（*Thuja plicata*）、北美崖柏（*Thuja occidentalis*）及罗汉柏（*Thujosis dolabrata*）的心材中；β-崖柏素也称扁柏酚（hinokitiol），存在于台湾扁柏（*Chamaecyparis taiwanensis*）及罗汉柏（*Thujosis dolabrata*）的心材中。

α-崖柏素　　扁柏酚　　γ-崖柏素

5. 环烯醚萜 环烯醚萜为单萜衍生物，包括取代环戊烷环烯醚萜（iridoid）和环戊烷开裂的裂环环烯醚萜（secoiridoid）两种基本碳架。

环烯醚萜骨架　　裂环环烯醚萜骨架

环烯醚萜类为臭蚁二醛的缩醛衍生物。臭蚁二醛（iridodial）原来是从臭蚁（*Iridomyrmex detectus*）的防卫性分泌物中分离得到的，它是衍生环烯醚萜的关键性中间体，它在植物体内也是由活性焦磷酸香叶酯（GPP）衍生而成的。GPP 经水解脱去焦磷酸后，经氧化形成香茅醛，香茅醛在环合过程中发生双键转位，双键经水合成伯醇基，伯醇基经氧化得臭蚁二醛。臭蚁二醛烯醇化后，经分子内羟醛缩合，即产生环烯醚萜，其生物合成途径如图 10-2 所示。

环烯醚萜的 C_4-甲基经氧化、脱羧形成 4-去甲基环烯醚萜（4-demethyliridoid）。环烯醚萜中环戊烷部分的 C_7—C_8 断裂，则形成裂环环烯醚萜（secoiridoid），后者经氧化、闭环后形成裂环环烯醚萜内酯。

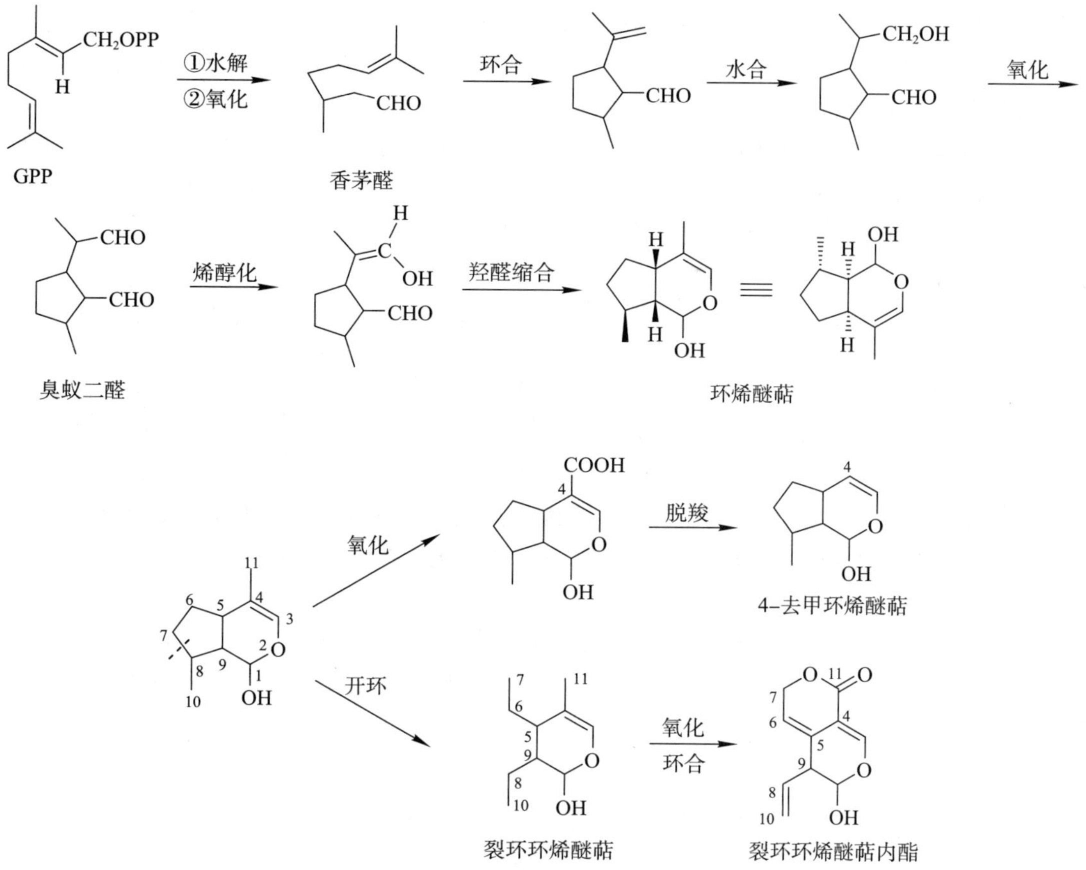

图 10-2　环烯醚萜的生物合成途径

环烯醚萜类化合物在植物界中分布很广泛，在玄参科、木犀科、唇形科、茜草科和龙胆科等植物中较常见。环烯醚萜类化合物的 1 位半缩醛羟基不稳定，主要以糖苷形式存在。

（1）环烯醚萜（苷）：此结构特点为 1 位羟基多与葡萄糖结合形成单糖苷，且多为 β-D- 葡萄糖苷。根据 C_4 位取代基的有无，可进一步分为环烯醚萜苷及 4- 去甲基环烯醚萜苷两种类型。环烯醚萜苷的 C_4 位多连有甲基、羧基、羧酸甲酯或羟甲基，故又称为 C-4 位有取代基的环烯醚萜（苷）。

栀子苷（gardenoside）、京尼平苷（geniposide）和京尼平苷酸（geniposidic acid）是栀子（*Gardenia jasminoides*）中的主要成分。其中栀子苷有泻下作用，京尼平苷有泻下、利胆作用，京尼平苷苷元（genipin，京尼平）具有显著的促进胆汁分泌和泻下作用。

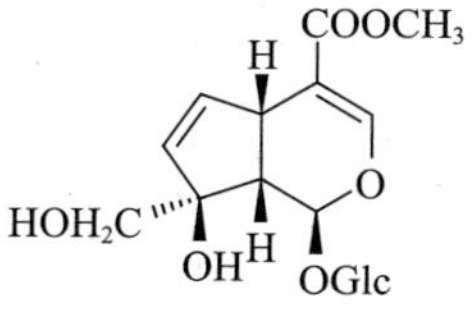

栀子苷

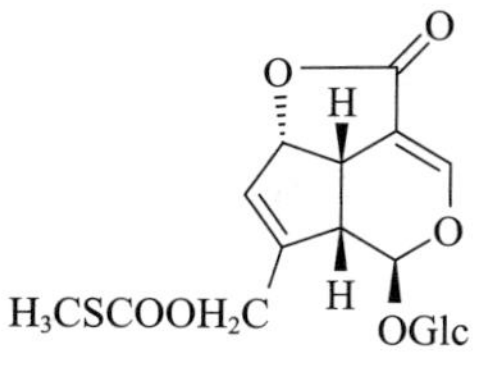

鸡屎藤苷

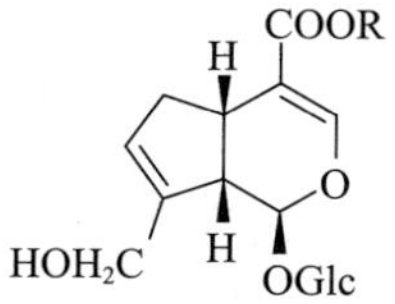

京尼平苷　　R=CH_3
京尼平苷酸　R=H

鸡屎藤苷（paederoside）是鸡屎藤 *Paederia scandens* 的主要成分，C-10 位的甲硫酸酯在组织损伤时，产生鸡屎样恶臭，主要因该化合物酶解生成甲硫醇而产生。

（2）4-去氧环烯醚萜（苷）：是 C_4 位去甲基的降解苷，苷元部分由 9 个碳组成，又称作 C-4 位无取代基的环烯醚萜苷。

梓醇（catalpol）是地黄（*Rehmannia glutinosa*）中降血糖的活性成分，并有较好的利尿及迟缓性泻下作用。梓苷（catalposide）存在于梓实（*Catalpa ovata*）中，具有与梓醇类似的药理作用。桃叶珊瑚苷（aucubin）是车前草清湿热、利尿的主要有效成分。

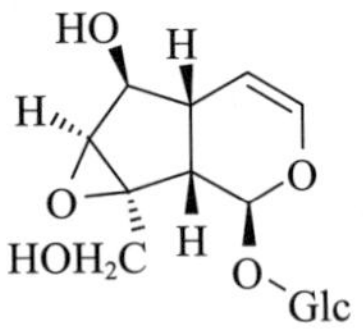

梓醇 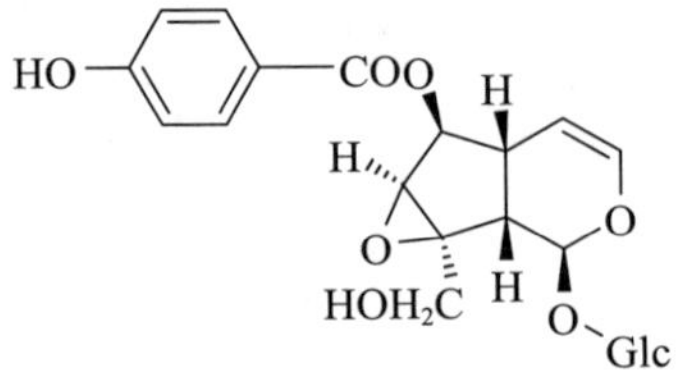　　　梓苷 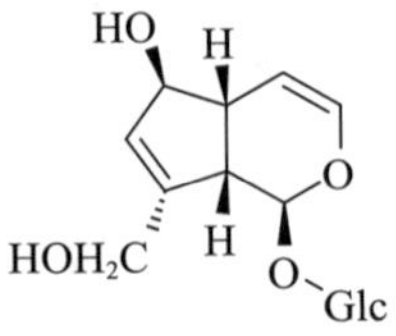　　　桃叶珊瑚苷

（3）裂环环烯醚萜（苷）：此类化合物的结构特点为环烯醚萜母核中的苷元部分在 C-7,8 处断键，裂环后 C-7 有时还可与 C-11 形成六元内酯环。该类化合物在龙胆科、茜草科、木犀科、忍冬科等植物中分布广泛，多具有苦味。

龙胆苦苷（gentiopicroside, gentiopicrin）在龙胆科龙胆（*Gentiana scabra*）、当药（*Swertia pseudochinensis*）和獐牙菜（*Swertia bimaculata*）等植物中均有存在，味极苦，龙胆苦苷在氨的作用下可转化成龙胆碱（gentianine）。

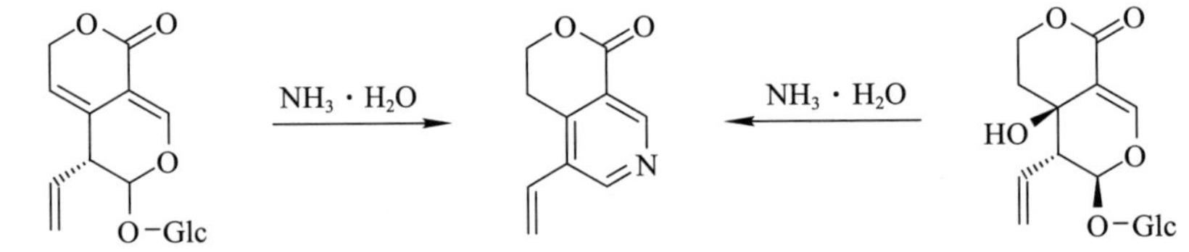

龙胆苦苷　　　龙胆碱　　　当药苦苷

治疗肝炎中药獐牙菜中的苦味成分为当药苷（sweroside）和当药苦苷（swertiamarin）。当药苦酯苷（amarogentin）和羟基当药苦酯苷（amarowerin）在当药中的含量较少，但其苦味比当药苦苷强 100 倍以上。橄榄苦苷（oleuropein）和 10-羟基女贞苷（10-hydroxyligustroside）只存在于木犀科植物中，具有 Δ^8 双键，C-7 被氧化成羧基后成酯。

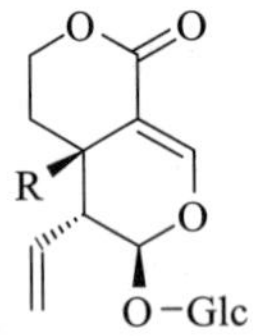

当药苷　　R=H
当药苦苷　R=OH

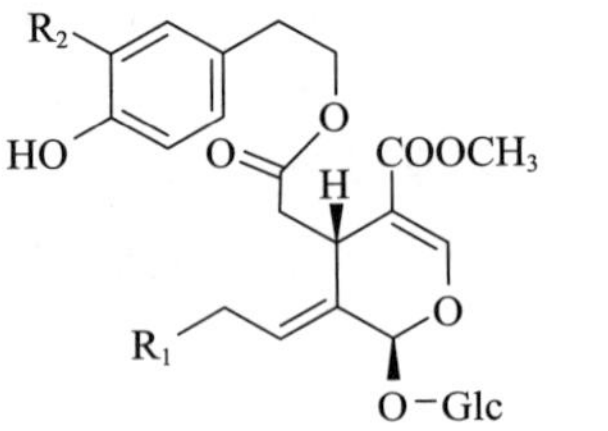

橄榄苦苷　　　　R₁=H，R₂=OH
10-羟基女贞苷　R₁=OH，R₂=H

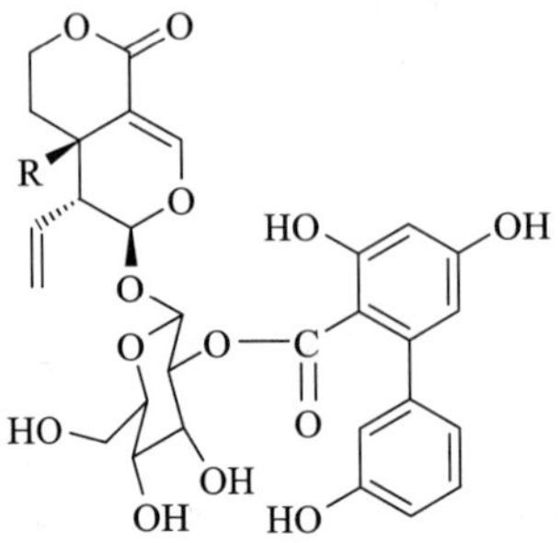

当药苦酯苷　　　R=H
羟基当药苦酯苷　R=OH

环烯醚萜苷和裂环环烯醚萜苷多具有旋光性,味苦。环烯醚萜苷类易溶于水和甲醇,可溶于乙醇、丙酮和正丁醇,难溶于三氯甲烷、乙醚等亲脂性有机溶剂。

环烯醚萜苷对酸敏感,易被水解,生成的苷元为半缩醛结构,化学性质活泼,容易进一步聚合或分解。苷元遇酸、碱、羰基化合物和氨基酸等都能变色。玄参中含有玄参苷(harpagoside),地黄中含有梓醇(catalpol)等,在共存的酶的作用下水解成苷元,苷元发生聚合而成黑色。苷元溶于冰醋酸溶液中,加少量铜离子,加热显蓝色。这些显色反应可用于环烯醚萜苷的检识及鉴别。

(二)倍半萜

倍半萜(sesquiterpenoids)类的基本骨架由15个碳原子,即3个异戊二烯单位构成,多与单萜共存于植物挥发油中,是挥发油高沸程(250~280℃)部分的主要成分。倍半萜的许多含氧衍生物具有较强的香气和生物活性,是医药、食品和化妆品的重要原料。

焦磷酸金合欢酯(farnesyl pyrophosphate,FPP)是倍半萜生物合成的前体,如图10-3和图10-4

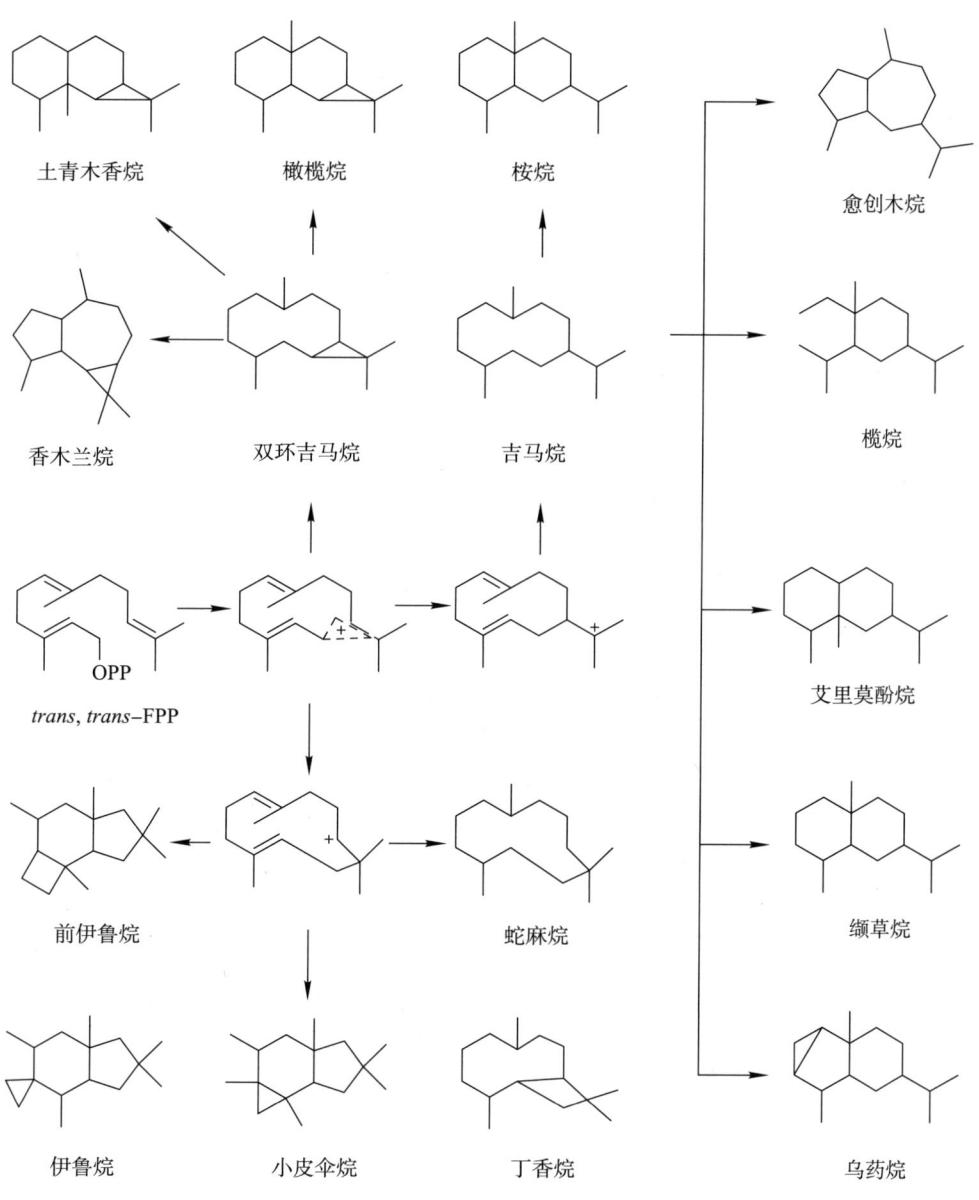

图10-3 倍半萜的基本骨架、立体结构及生物合成途径1

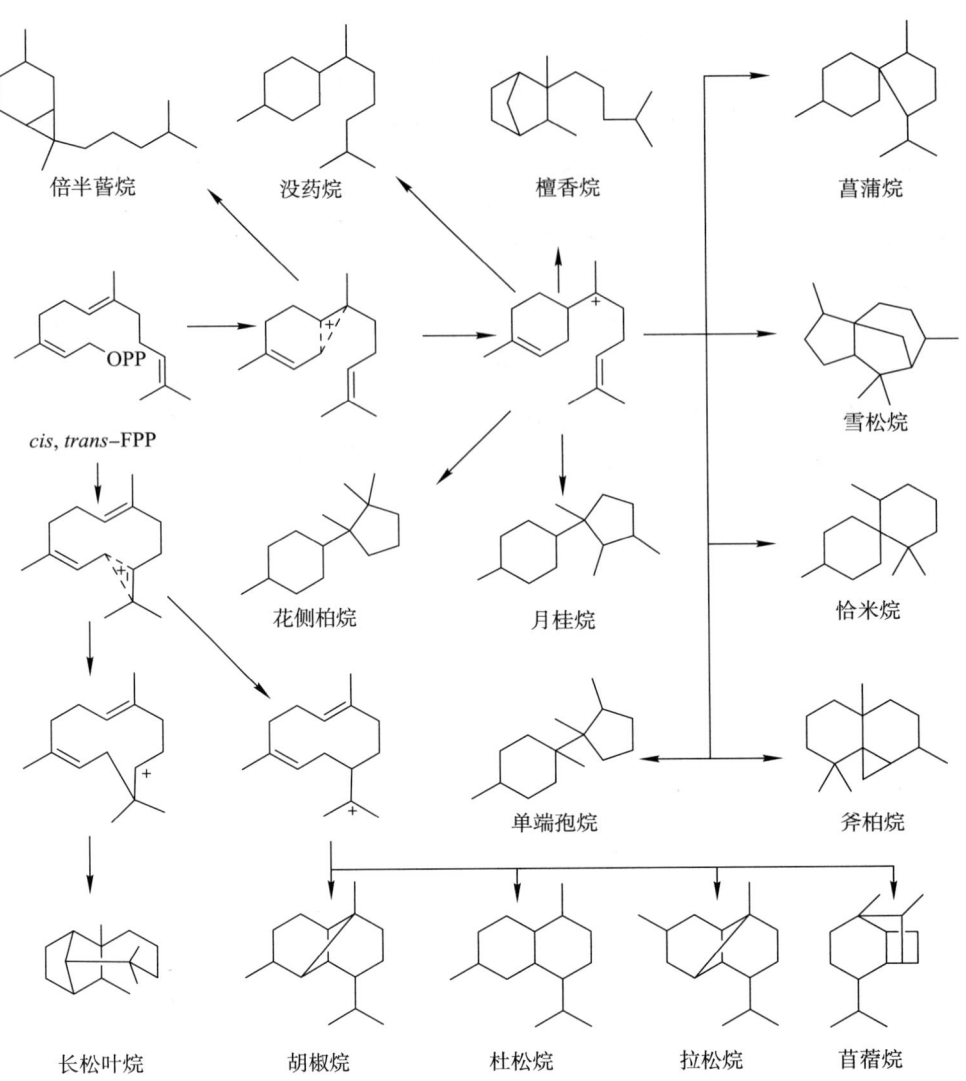

图 10-4 倍半萜的基本骨架、立体结构及生物合成途径 2

所示。倍半萜类在植物中多以醇、酮、内酯或苷的形式存在，也有以生物碱形式存在。近年来，在海洋生物中的海藻、腔肠动物、海绵和软体动物中发现的倍半萜越来越多。

倍半萜类是萜类化合物中数目及骨架类型较多的一类。根据结构中碳环的数目可分为无环、单环、双环、三环、四环型等；根据环的大小可分为五元、六元、七元直至十二元环等；根据含氧功能团的不同分为倍半萜醇、醛、酮、内酯等。

1. 无环倍半萜

（1）金合欢烯（farnesene）：有 α、β 两种构型，多存在于生姜、洋甘菊及枇杷叶的挥发油中。

（2）金合欢醇（farnesol）：在金合欢（*Acacia farnesiana*）花油、橙花油、香茅油中含量较多，是重要的高级香料原料。

（3）橙花叔醇（nerolidol）：具有苹果香，是橙花油的主要成分之一。

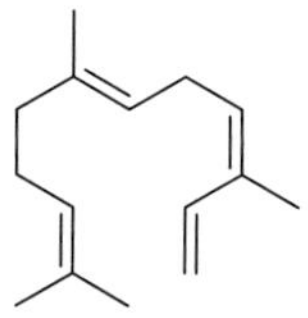

α-金合欢烯 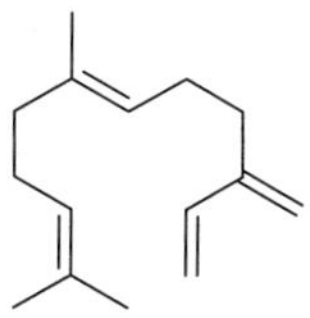　　　β-金合欢烯 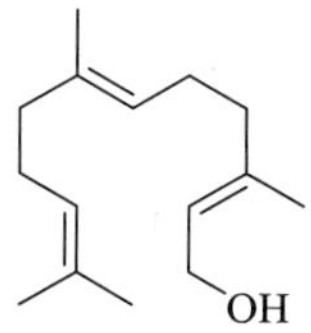　　　金合欢醇 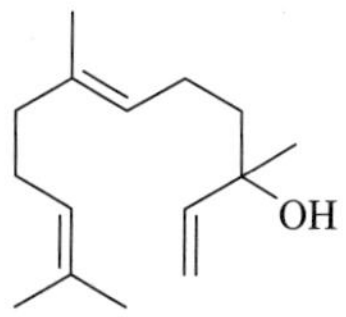　　　橙花叔醇

2. 单环倍半萜　青蒿素（arteannuin，artemisinin）是从黄花蒿（*Artemisia annua*）中分离到的抗恶性疟疾的过氧化物倍半萜。由于其在水及油中均难溶解，为改善其溶解性，对其结构进行了化学修饰，合成了大量衍生物，从中筛选出具有抗疟效价高、原虫转阴快、速效、低毒等特点的双氢青蒿素（dihydroqinghaosu），再进行进一步衍生化，制成了油溶性的蒿甲醚（artemether）及水溶性的青蒿琥珀酸单酯（artesunate）用于临床。

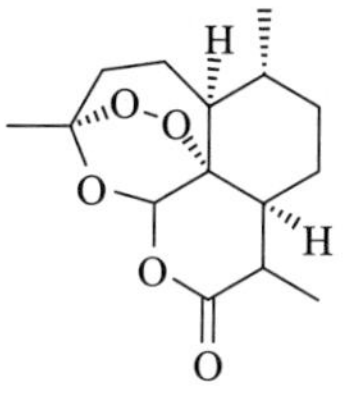

青蒿素 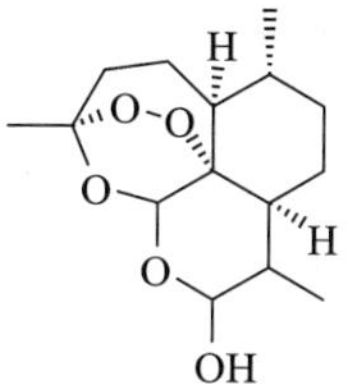　　　双氢青蒿素 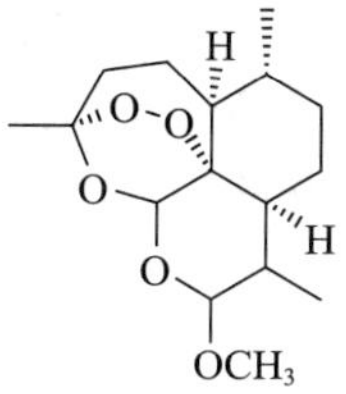　　　蒿甲醚 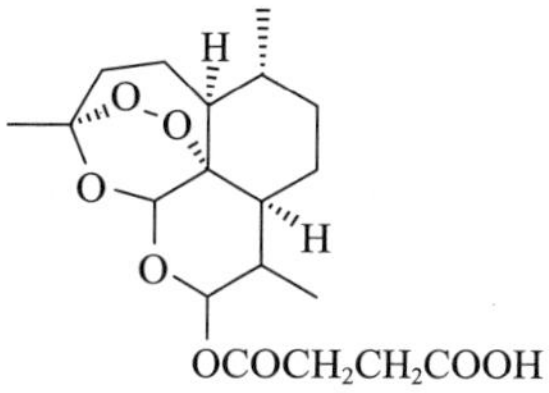　　　青蒿琥珀酸单酯

3. 双环倍半萜　棉酚（gossypol）为双杜松烷型倍半萜，结构中不含手性碳原子，但由于两个苯环折叠障碍而有光学活性。在棉籽中为消旋体，在棉的茎、叶中亦含有。棉酚是有毒的黄色液体，具有杀精子的作用，还有抗菌、杀虫活性。

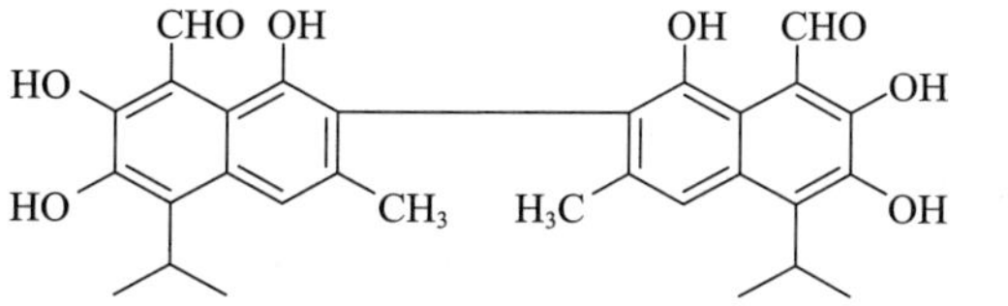

棉酚

马桑毒素（coriamyrtin）和羟基马桑毒素（tutin）早期是从日本产桑科植物毒空木（*Coriaria japonica*）叶中分离得到，后来我国药学工作者从国产马桑（*Coriaria sinica*）及马桑寄生物中也分离得到，用于治疗精神分裂症，但副作用较大。

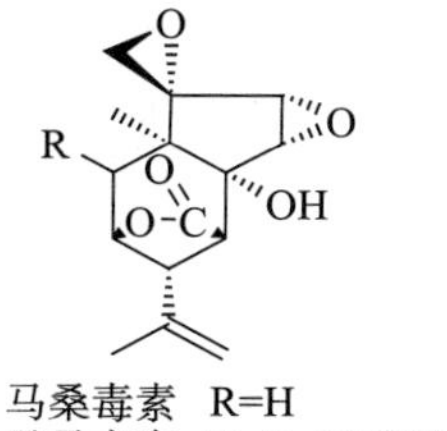

马桑毒素　R=H
马桑毒素　R=β-OH羟基　　　莽草毒素

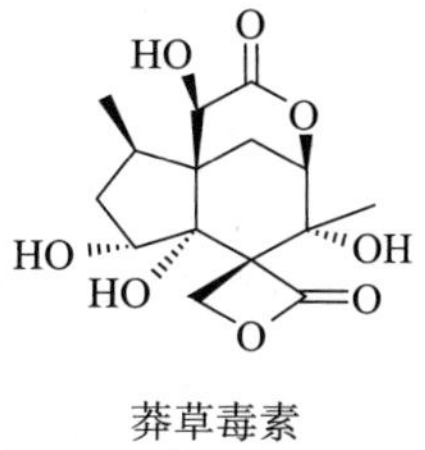

莽草毒素（anisatin）为莽草（*Illicium anisatum*）和大八角（*I. majus*）果实、叶、树皮中所含的双内酯倍半萜化合物，有毒。

4. 三环倍半萜

（1）环桉醇（cycloeudesmol）：从对枝软骨藻（*Chondric oppsiticlada*）中分离得到，有很强的抗白念珠菌和抗金黄色葡萄球菌活性。

（2）白檀醇（santalol，檀香醇）：存在于白檀木的挥发油中，有很强的抗菌作用，曾用作尿道消毒药。

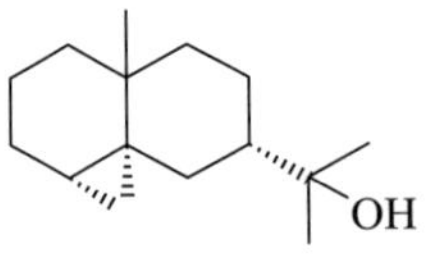

环桉醇 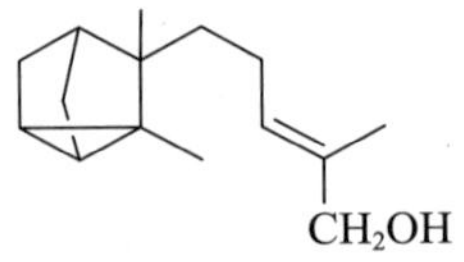　　　　　　　　　　　　α-白檀醇

5. 薁衍生物　薁类化合物（azulenoids）是由五元环与七元环并合的芳环衍生物，属于一种特殊的倍半萜。可溶于乙醚、石油醚、乙醇及甲醇等有机溶剂，不溶于水，溶于强酸。薁的沸点较高，一般在 250~300℃，在挥发油分馏时，高沸点馏分如出现美丽的蓝色、紫色或绿色的现象时，则表示可能有薁类化合物的存在。薁类化合物可与苦味酸或三硝基苯试剂作用，产生 π-络合物结晶，此结晶具有敏锐的熔点可供鉴别。薁分子具有高度共轭体系的双键，在紫外-可见光谱的 360~700 nm 可有强吸收峰。

常用 Sabety 反应检测挥发油中有无薁类，取挥发油 1 滴溶于 1 mL 三氯甲烷中，加入 5% 溴的三氯甲烷溶液，若产生蓝紫色或绿色时，表明有薁的存在；或与 Ehrlich 试剂（对二甲氨基苯甲醛浓硫酸）反应产生紫色或红色时，可证实挥发油中含有薁类化合物。

愈创木醇（guaiol）是存在于愈创木（*Gutiacum officinale*）木材挥发油中的氢化薁类衍生物，属于薁的还原产物。

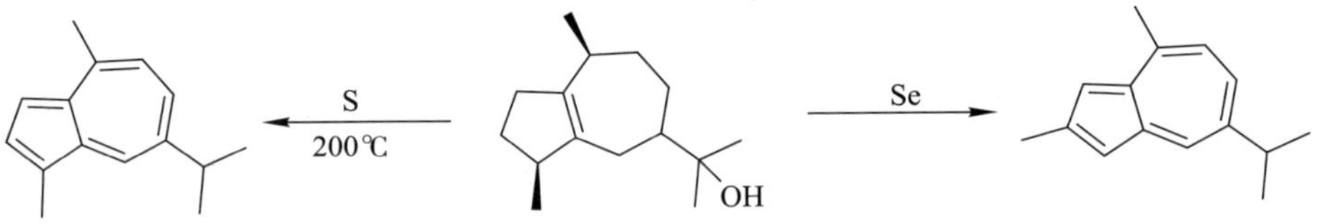

1,4-二甲基-7-异丙基薁　　　愈创木醇　　　2,4-二甲基-7-异丙基薁

（三）二萜

二萜（diterpenoids）的基本骨架由 20 个碳原子，即 4 个异戊二烯单位构成。广泛分布于植物界中，许多植物分泌的乳汁、树脂等均以二萜化合物为主。此外，菌类及海洋生物中也分离到较多的二萜化合物。不少二萜化合物具有很好的生物活性，如穿心莲内酯、紫杉醇、银杏内酯等。

焦磷酸香叶基香叶酯（geranylgeranyl pyrophosphate，GGPP）是二萜化合物的生物前体，GGPP 脱去焦磷酸基形成环化正碳离子后，经反式 1,2-加成或移位反应，即可衍生成各种二萜化合物。基于二萜的基本骨架，1968 年美国学者提出"环状二萜一般命名法"的提案，现正广为应用，其主要骨架、立体结构及相互之间的转化如图 10-5 所示。其中贝壳杉烷、赤霉烷、阿替烷及乌头烷等骨架的对映体，即对映-贝壳杉烷（*ent*-kaurane）、对映-赤霉烷（*ent*-gibberellane）、对映-阿替烷（*ent*-atisane）及对映-乌头烷（*ent*-aconane）骨架的化合物在天然产物中有较多发现。

二萜化合物根据其分子中碳环的多少分为无环（链状）、单环、双环、三环、四环及五环等类型，天然无环及单环二萜较少，双环及三环二萜数量较多。

1. 链状二萜　该类化合物在自然界中存在较少，常见的有植物醇（phytol），是广泛存在于叶绿素的组成成分，是合成维生素 E 和 K_1 的原料。

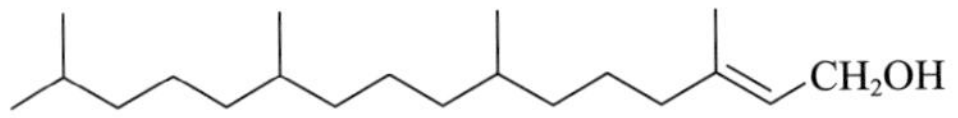

植物醇

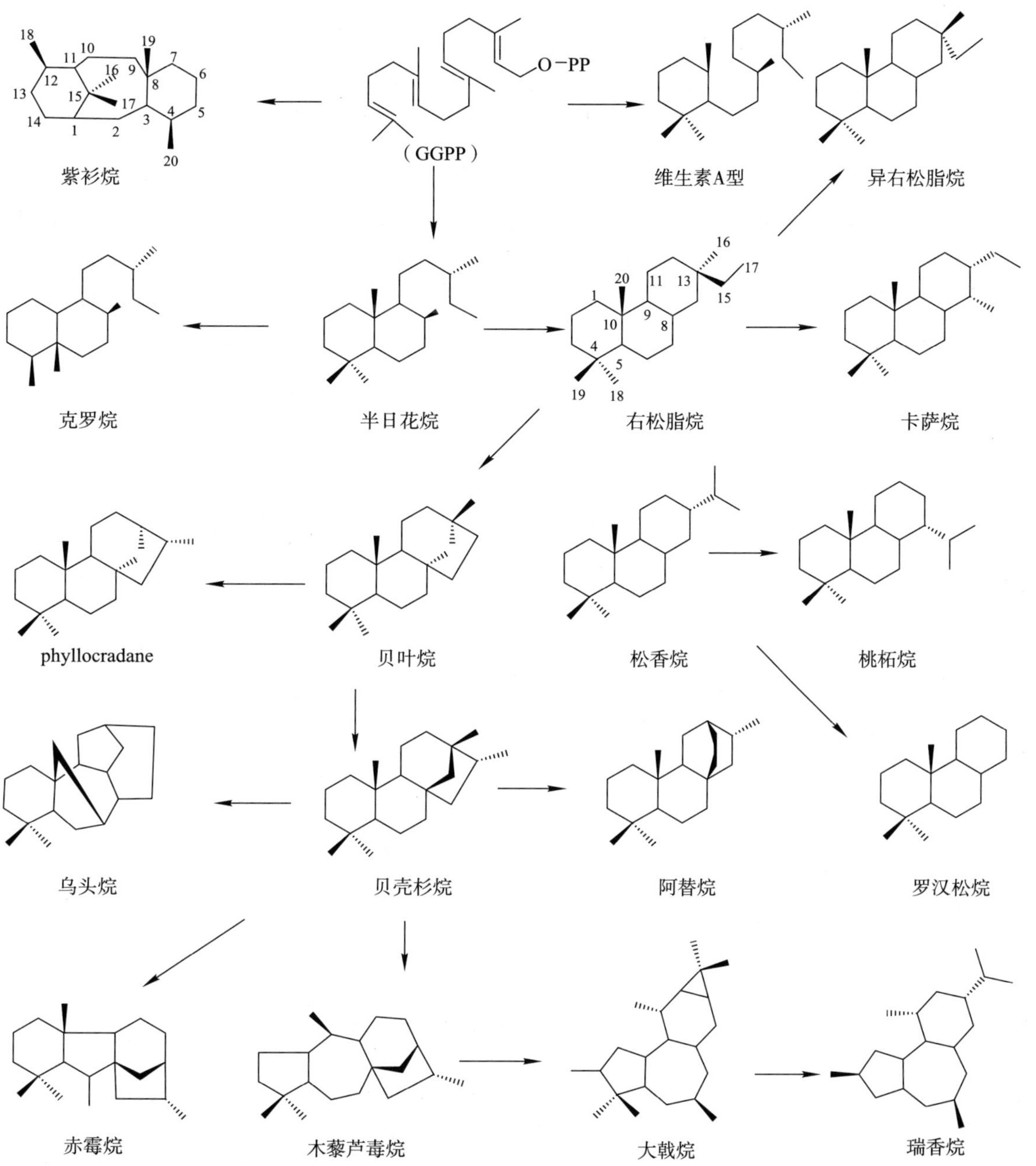

图 10-5 二萜的基本骨架、立体结构及生物合成

2. 单环二萜 维生素 A（vitamin A）是存在于动物肝中的一种重要的脂溶性维生素，在鱼肝中含量更丰富，常以酯的形式存在。

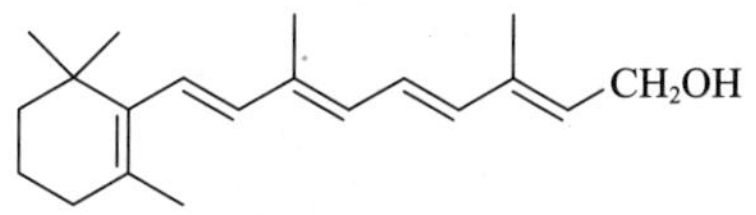

维生素A

3. 双环二萜 银杏内酯（ginkgolides）是从银杏（*Ginkgo biloba*）根皮及叶中分离得到的强苦味成分，目前已分离出银杏内酯 A、B、C、M、J（ginkgolides A、B、C、M、J）等多种内酯。银杏内酯和银杏总黄酮是银杏叶制剂中治疗心脑血管疾病的主要有效成分。

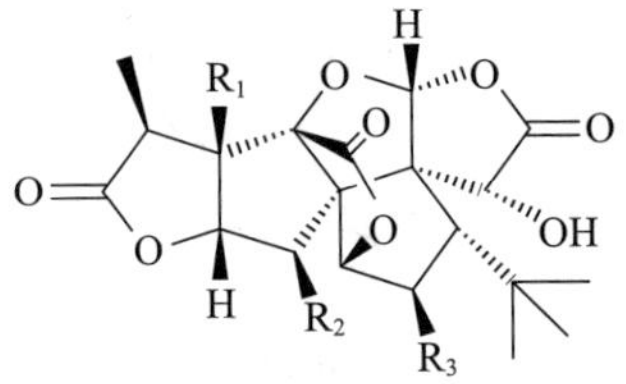

	R_1	R_2	R_3
银杏内酯A	OH	H	H
银杏内酯B	OH	OH	H
银杏内酯C	OH	OH	OH
银杏内酯M	H	OH	OH
银杏内酯J	OH	H	OH

穿心莲内酯（andrographolide）是穿心莲（*Andrographis paniculata*）叶中主要的抗炎活性成分，临床用于治疗急性菌痢、胃肠炎、咽喉炎、感冒发热等，疗效确切，但水溶性不好。为增强穿心莲内酯的水溶性，将穿心莲内酯制备成丁二酸半酯的钾盐或穿心莲内酯磺酸钠，用于制备浓度较高的注射剂，如图10-6所示。

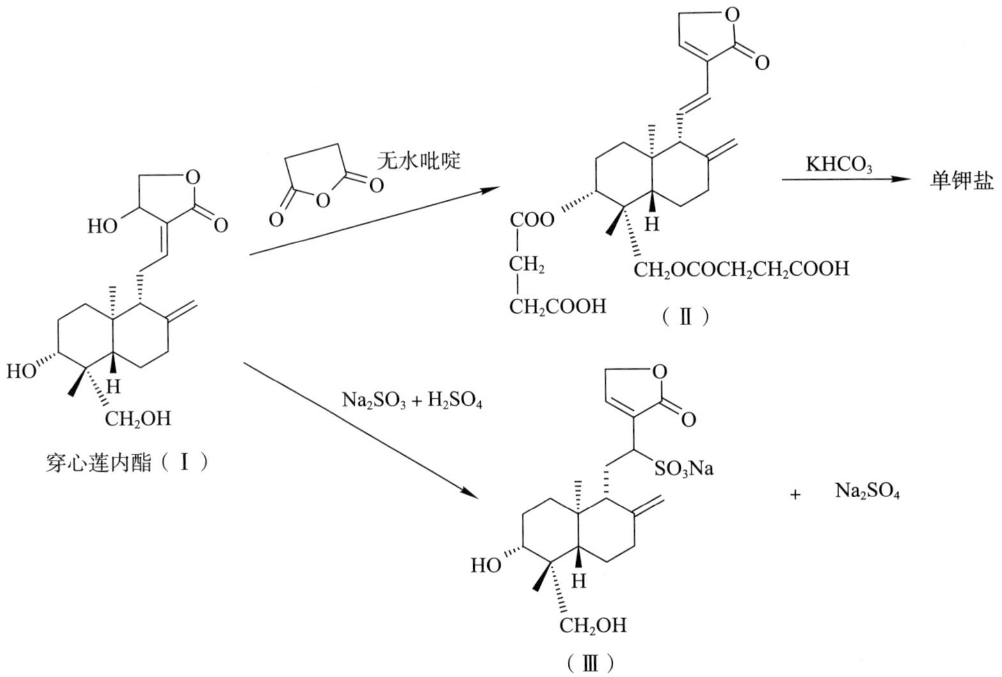

图10-6 穿心莲内酯成盐增加水溶性

防己内酯（columbin）属于克罗烷二萜，是非洲防己（*Jatrorrhiza palmata*）根及金果榄（*Tinospora capillipes*）块根中具有免疫抑制作用的强苦味成分。

土荆酸甲、乙、丙、丙2（pseudolaric acids A、B、C、C2）是从金钱松树皮中分离到的抗真菌成分，其中土荆酸乙含量最大，具有抗生育活性，是造成胚胎死亡的重要原因。

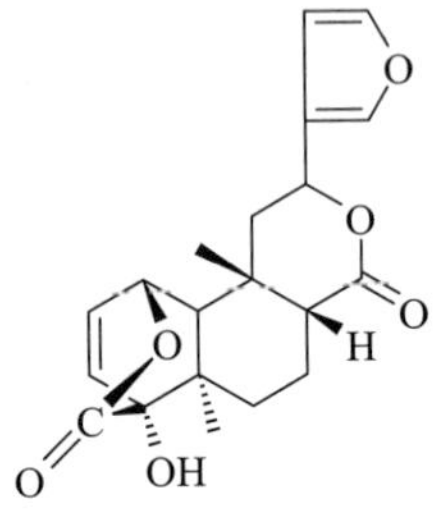

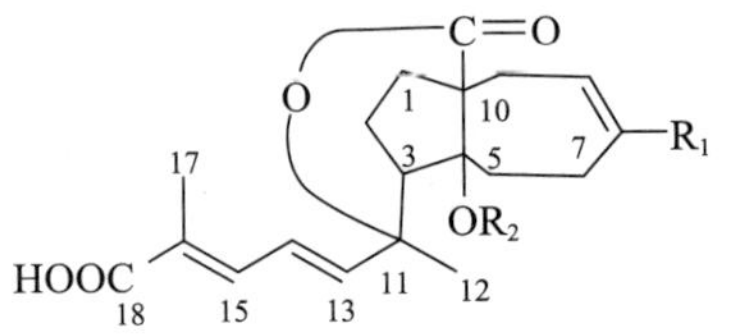

	R_1	R_2
土荆酸甲	CH_3	$COCH_3$
土荆酸乙	$COOCH_3$	$COCH_3$
土荆酸丙	$COOCH_3$	H
土荆酸丙2	COOH	$COCH_3$

4. 三环二萜 雷公藤甲素（triptolide）、雷公藤乙素（tripdiolide）、雷公藤内酯（triptolidenol）及16-羟基雷公藤内酯醇（16-hydroxytriptolide）是雷公藤（*Tripterygium wilfordii*）根中的分离得到的抗

癌活性物质。

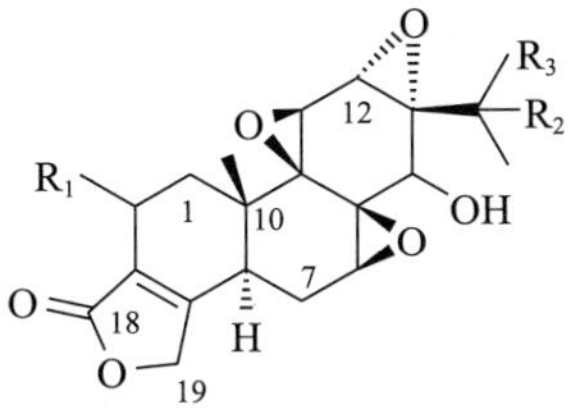

	R_1	R_2	R_3
雷公藤甲素	H	H	CH_3
雷公藤乙素	OH	H	CH_3
雷公藤内酯	H	OH	CH_3
16-羟基雷公藤内酯醇	H	H	CH_2OH

芫花酯甲（yuanhuacine）及芫花酯乙（yuanhuadine）存在于瑞香科植物芫花（*Daphne genkwa*）的花蕾和根中，具有致流产作用，为中期妊娠引产药。

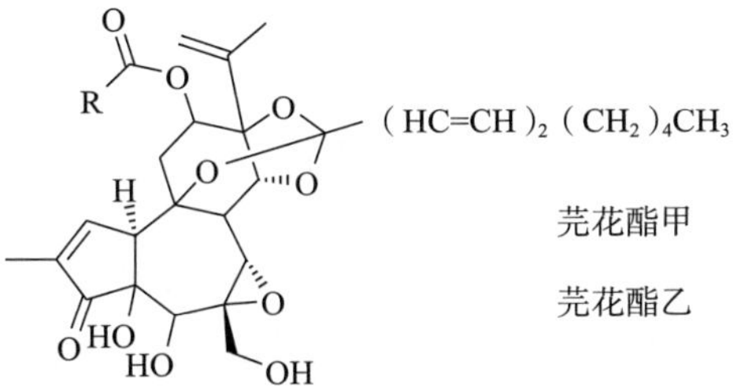

芫花酯甲　R=C_6H_5
芫花酯乙　R=CH_3

紫杉醇（taxol）是存在于红豆杉科红豆杉属（*Taxus*）多种植物中具有抗癌作用的二萜生物碱类化合物，临床上用于治疗晚期卵巢癌、乳腺癌及非小细胞肺癌等，有较好疗效，其销售额高居世界抗癌药物之首，为20世纪90年代国际抗肿瘤药三大成就之一。

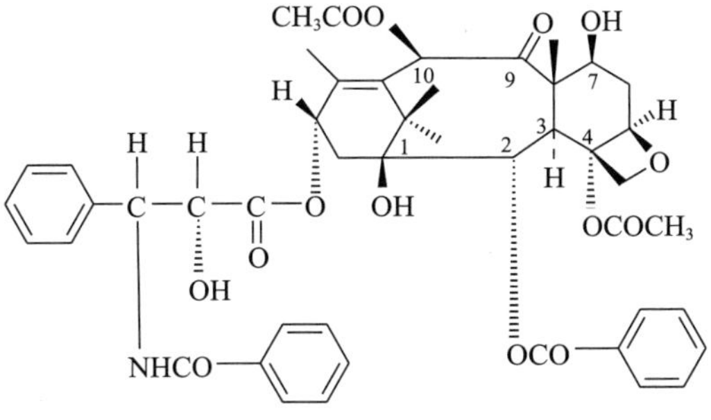

紫杉醇

拓展阅读　紫杉醇的发现和应用

5. 四环二萜　甜菊苷是菊科植物甜叶菊（*Stevia rebaudianum*）叶中所含的对映-贝壳杉烷（*ent-kaurane*）型四环二萜甜味苷，包括甜菊苷（stevioside）及甜菊苷A、D、E（rebaudiosides A、D、E）等。甜菊中总甜菊苷的含量约6%，其甜度约为蔗糖的300倍。甜菊苷在医药、食品等工业中应用广泛。我国已大面积栽培甜菊。

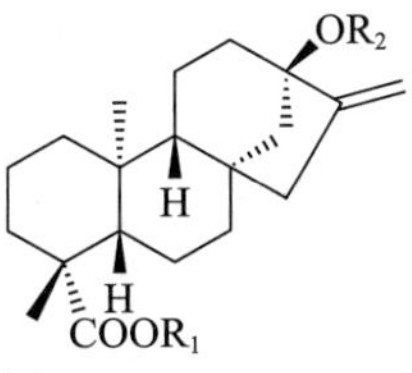

	R_1	R_2
甜菊苷	Glc	Glc $\frac{2-1}{}$ Glc
甜菊苷A	Glc	Glc $\frac{2-1}{}$ Glc, $\frac{3}{1}$ Glc
甜菊苷D	Glc $\frac{2-1}{}$ Glc	Glc $\frac{2-1}{}$ Glc, $\frac{3}{1}$ Glc
甜菊苷E	Glc $\frac{2-1}{}$ Glc	Glc $\frac{2-1}{}$ Glc

唇形科香茶菜属植物富含多种二萜类成分，香茶菜甲素（amethystoidin A）是该属植物叶中普遍存在的成分，具有抗肿瘤及抑制金黄色葡萄球菌活性。

冬凌草甲素（rubescensin A，oridonin）和冬凌草乙素（rubescensin B，ponicidin）是从冬凌草（*Rabdosia rubescens*）中分离得到的具有显著抗肿瘤活性的二萜化合物。

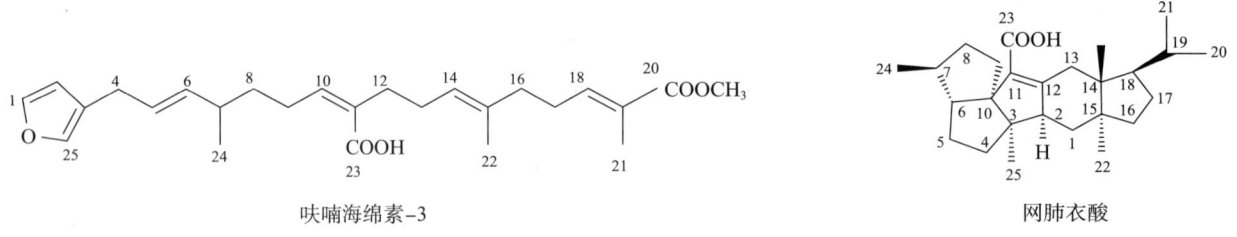

香茶菜甲素　　　　　冬凌草甲素　　　　　冬凌草乙素

拓展阅读　冬凌草药效物质基础研究

（四）二倍半萜

二倍半萜（sesterterpenoids）的基本骨架由 25 个碳原子，即 5 个异戊二烯单位构成。这类化合物数量少，主要分布在羊齿植物、植物病原菌、海洋生物如海绵、地衣及昆虫分泌物中。

呋喃海绵素 –3（furanospongin-3）是从海绵中分得的链状二倍半萜化合物；网肺衣酸（retigeranic acid）是网肺衣（*Lobaria retigera*）及其近缘种中的具有五环骨架的二倍半萜。

呋喃海绵素-3　　　　　网肺衣酸

二、萜类化合物的理化性质

（一）物理性质

1. 形态　多数单萜和倍半萜在常温下为油状液体，少数为固体结晶，具有挥发性及特异性香气。单萜的沸点比倍半萜低，且随相对分子质量和双键的增加，功能基的增多，熔点和沸点相应增高。利用该规律，可采用分馏的方法达到分离的目的。二萜和二倍半萜多为固体结晶。

2. 味　萜类化合物多具有苦味，有的味极苦，所以萜类化合物又称苦味素。但有的萜类化合物具有强的甜味，如甜菊苷的甜味是蔗糖的 300 倍。

3. 旋光性　大多数萜类化合物都具有手性碳原子，有光学活性。

4. 溶解性　萜类化合物难溶于水，易溶于醇及脂溶性有机溶剂，但单萜和倍半萜类具挥发性能随水蒸气蒸馏。具有内酯结构的萜类化合物能在热碱液中开环成盐而溶于水中，酸化后又从水中析出。

萜类化合物随着分子中糖类化合物数目的增加，水溶性增强，脂溶性降低，能溶于热水，易溶于甲醇、乙醇溶液，不溶或难溶于亲脂性有机溶剂。

萜类化合物对高温、光、酸、碱较为敏感，易被氧化，或发生重排反应，引起结构的变化。

（二）化学性质

1. 加成反应　萜类化合物分子结构中含有双键或羰基时，可与某些试剂发生加成反应，借此可识别分子中不饱和的程度及用于分离纯化。

（1）双键加成反应

1）与卤化氢加成反应：萜类化合物中的双键能与氯化氢、溴化氢等卤化氢类试剂进行加成反应。例如，柠檬烯与氯化氢在冰醋酸中反应，反应完毕加入冰水即可析出柠檬烯二氢氯化物结晶。

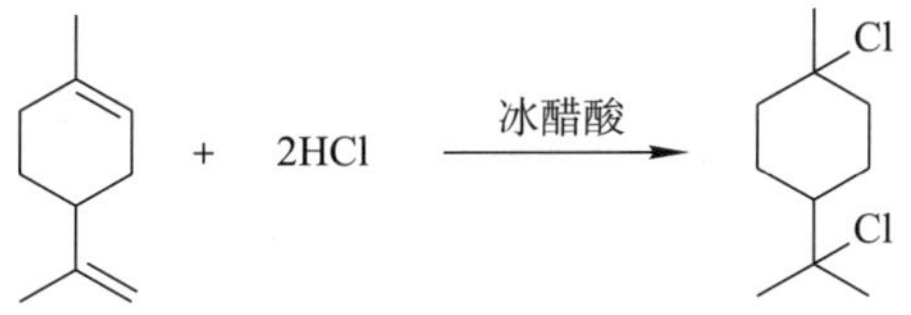

柠檬烯　　柠檬烯二氢氯化物

2）与溴加成反应：萜类化合物在冰醋酸或乙醚－乙醇的混合溶液中滴加溴，在冰冷却条件下，即析出加成产物结晶。

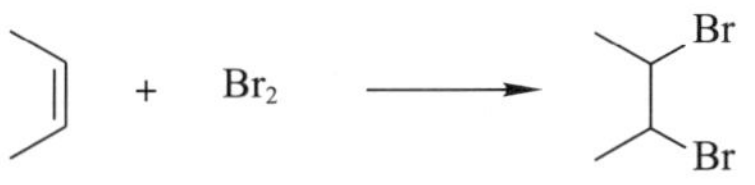

3）与亚硝酰氯反应：许多萜类化合物的双键能与亚硝酰氯（Tilden 试剂）发生加成反应，生成蓝色或蓝绿色的氯化亚硝基衍生物结晶，可用于不饱和萜类的分离和鉴定。氯化亚硝基衍生物还可进一步与伯胺或仲胺（常用六氢吡啶）缩合生成亚硝基胺类，此化合物具有较好的结晶和一定的物理常数，可用于化合物鉴定。

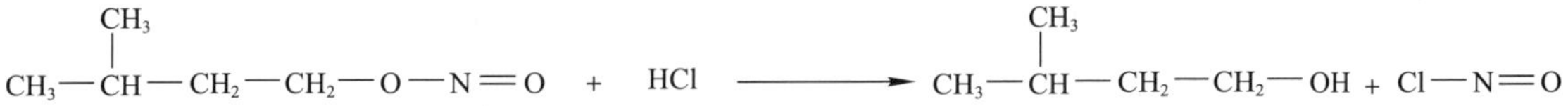

亚硝酸异戊酯　　亚硝酰氯

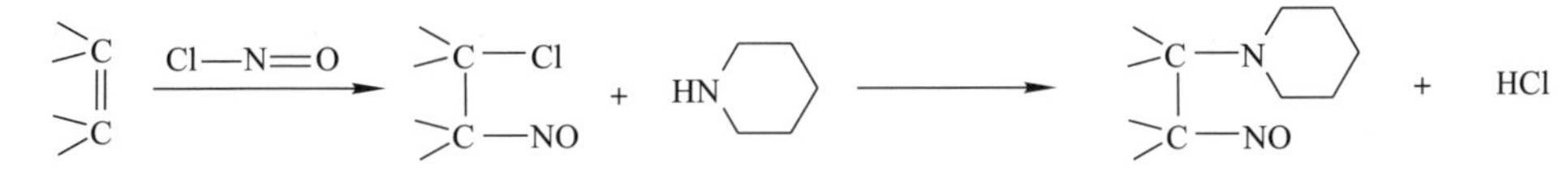

不饱和萜类　　氯化亚硝基衍生物　　亚硝基胺类

4）Diels-Alder 加成反应：具有共轭二烯结构的萜类化合物能与顺丁烯二酸酐发生 Diels-Alder 加成，生成产物为结晶，可借此证明共轭双键的存在。

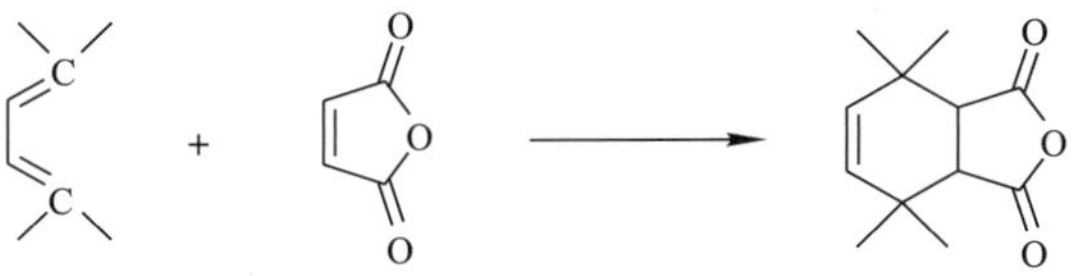

顺丁烯二酸酐

（2）羰基加成反应

1）与亚硫酸氢钠加成：具有羰基的萜类化合物与亚硫酸氢钠发生加成反应，生成结晶性加成物，其加成物加酸或加碱可分解，生成原来的反应产物。但需注意，含双键和羰基的萜类成分在应用此法时，若反应时间过长或温度过高，可使双键发生不可逆的加成。如图 10-7 所示，柠檬醛的加成，不同条件下得到的加成产物不同。

2）与硝基苯肼加成：萜类化合物的羰基可与 2,4- 二硝基苯肼等在磷酸中发生加成反应，生成 2,4- 二硝基苯肼的加成物。

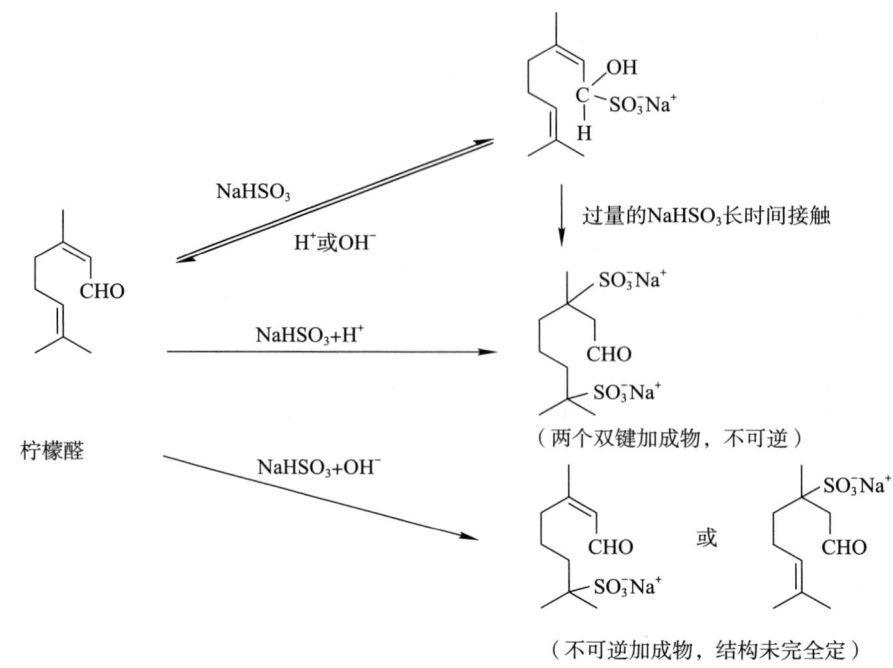

图 10-7　柠檬醛不同条件下的加成反应

3）与吉拉德试剂加成：吉拉德试剂（Girard reagent）是一类带有季铵基团的酰肼，常用的为 Girard reagent T 和 Girard reagent P，可与含有羰基的萜类化合物生成水溶性加成物从而与脂溶性非羰基萜类化合物分离。

吉拉德试剂T　　　　　　　　　吉拉德试剂P

2. 氧化反应　使用不同氧化剂可将萜类化合物氧化成不同的氧化产物。常用的氧化剂有臭氧、铬酐、高锰酸钾和二氧化硒等。

（1）臭氧：可用来测定分子中双键的位置，也可用于相关的醛酮合成。

第二节 萜类化合物的结构类型与理化性质

月桂烯 $\xrightarrow{3O_3}$ [过氧化物中间体] $\xrightarrow{[H]}$ 丙酮 + α-羰基戊二醛 + 2HCHO

（2）铬酐：是广泛应用的一种氧化剂，它与仲醇在适当溶剂中回流可生成酮，产率高，副产物少，产物易纯化。例如，薄荷醇被铬酐氧化生成薄荷酮。

薄荷醇 $\xrightarrow{CrO_3/H^+}$ 薄荷酮

（3）高锰酸钾：是常用的中强氧化剂，可使环断裂而氧化成羧酸。

薄荷酮 $\xrightarrow{KMnO_4}$ 丙酮 + β-甲基己二酸

（4）二氧化硒：是特殊性能的氧化剂，它能较专一地氧化羰基的 α-甲基或亚甲基，以及碳碳双键旁的 α-亚甲基。

$$R-CH_2-\overset{O}{\underset{\|}{C}}-CH_3 \xrightarrow{SeO_2} R-CH_2-\overset{O}{\underset{\|}{C}}-CHO$$

$$-CH_2-CH=CH- \xrightarrow{SeO_2} -\underset{OH}{CH}-CH=CH- + -\underset{O}{C}-CH=CH-$$

3. 脱氢反应 脱氢反应通常在惰性气体的保护下，用钯或铂作催化剂与硫或硒共热（200～300℃），有时可导致环的裂解或环合。

4. 分子重排反应 萜类化合物在发生加成、消除或亲核取代反应时，常发生 Wagner-Meerwein 重排，使碳架发生改变。例如，目前工业上由 α-蒎烯合成樟脑。

α-蒎烯 $\xrightarrow[\text{异构化}]{Al_2O_3 \atop 150\sim160℃}$ → $\xrightarrow{HCOOH}$ [碳正离子 $\xrightarrow{重排}$ 碳正离子] $\xrightarrow{H-\overset{O}{\underset{\|}{C}}-O^-}$

→ 甲酸酯 $\xrightarrow{水解}$ 醇 $\xrightarrow[\text{丙酮}]{Cr_2O_3/\text{强碱型树脂}}$ 樟脑

萜类化合物除具有上述加成和分子重排反应外，氧化和脱氢等反应曾广泛应用于萜类化合物的结构测定，但目前主要采用波谱法测定萜类化合物结构。

第三节　萜类化合物的提取分离

一、萜类化合物的提取

非苷形式的萜类化合物具有较强的亲脂性，溶于甲醇、乙醇中，易溶于苯、乙醚、三氯甲烷、乙酸乙酯等亲脂性有机溶剂中。一般用有机溶剂提取，或先用甲醇或乙醇提取后，再用石油醚、三氯甲烷或乙酸乙酯等亲脂性有机溶剂萃取；也可用不同极性的有机溶剂按极性递增的方法依次萃取，得到不同极性的萜类提取物。

提取萜苷类多用甲醇或乙醇作溶剂。在萜苷的提取纯化过程中，要防止酶及酸对苷键的水解，尤其是环烯醚萜苷稳定性较差，更需注意。

倍半萜化合物容易发生结构的重排，二萜化合物易聚合而树脂化，所以宜选用新鲜药材或迅速晾干的药材，并尽可能避免酸碱的处理。

二、萜类化合物的分离

（一）利用结构中的特殊官能团进行分离

可利用萜类化合物的含氧官能团进行分离，如含内酯基团的萜类可在碱性条件下开环，加酸后又环合，借此可与非内酯类化合物分离；不饱和双键、羰基等可用加成的方法制备衍生物加以分离。

（二）结晶法分离

有些萜类的萃取液回收到小体积时，可能有结晶析出，再以适量的溶媒重结晶，可得纯的萜类化合物。

（三）柱色谱分离

硅胶或氧化铝吸附色谱法　分离萜类化合物多用吸附柱色谱法，常用的吸附剂有硅胶、氧化铝等，应用较多的是硅胶，几乎所有的萜类化合物都可用硅胶作吸附剂。氧化铝在色谱分离过程中可能会引起萜类化合物的结构变化，故选用氧化铝作吸附剂时一般多选用中性氧化铝。

因萜类化合物的结构中多具有双键，硅胶硝酸银色谱法也较常用，不同萜类的双键数目和位置不同，与硝酸银形成 π- 络合物的难易程度和稳定性有差别，可借此分离。

萜类化合物的柱色谱分离洗脱剂一般选用非极性有机溶剂，如正己烷、环己烷、石油醚、乙醚或乙酸乙酯作洗脱剂，多选用混合溶剂梯度洗脱，如石油醚 – 乙酸乙酯、三氯甲烷 – 丙酮等，多羟基萜类可选用三氯甲烷 – 甲醇或三氯甲烷 – 甲醇 – 水等。

反相柱色谱：通常以反相键合相硅胶 RP-18 为填充剂，常用甲醇 – 水或乙腈 – 水等为洗脱剂。反相色谱柱需用对应的反相薄层色谱进行检识，如预制的 RP-18 反相高效薄层板。

凝胶色谱法：凝胶色谱法是利用分子筛的原理来分离相对分子质量不同的化合物，在用不同浓度的甲醇、乙醇等溶剂洗脱时，各成分按相对分子质量由大到小顺序依次被洗脱下来，即相对分子质量大的苷类成分先被洗脱下来、相对分子质量小的苷和苷元后被洗脱下来。应用较多的是能在有机相使用的 Sephadex LH-20，它除了具有分子筛特性外，在由极性与非极性溶剂组成的混合溶剂中常常起到反相分配色谱的效果。

用色谱法分离萜类化合物通常采用多种色谱相组合的方法，即一般先通过硅胶柱色谱进行分离后，再结合低压或中压反相柱色谱、薄层制备色谱、高效液相色谱或凝胶色谱等方法进一步分离。

案例探讨　雷公藤中二萜内酯类活性成分的提取分离

第四节 萜类化合物的结构鉴定

一、萜类化合物的紫外光谱

具有共轭双烯的萜类在 λ_{max} 215~270 nm（κ 2 500~30 000 L·mol^{-1}·cm^{-1}）有最大吸收，含有 α，β- 不饱和羰基的萜类则在 λ_{max} 220~250 nm（κ 10 000~17 500 L·mol^{-1}·cm^{-1}）有最大吸收。

二、萜类化合物的红外光谱

红外光谱主要用来检识结构中的官能团。萜类化合物中多存在羰基、偕二甲基、环外亚甲基、双键、共轭双键、甲基或含氧官能团等，一般较好分辨。如贝壳杉烷二萜的环外亚甲基通常在 900 cm^{-1} 左右有最大吸收峰；而偕二甲基则在 1 370 cm^{-1} 吸收峰处裂分，出现 2 条吸收带；在 1 850~1 735 cm^{-1} 间出现强的羰基吸收峰，则考虑有内酯化合物存在。

三、萜类化合物的质谱

萜类化合物质谱裂解途径一般有下列规律：①萜类化合物的分子离子峰一般较弱，基峰除外；②在裂解过程中常伴随着分子重排裂解，麦氏重排多见；③环状萜类化合物中常发生 RDA 裂解；④裂解方式受功能基的影响较大，得到的裂解峰主要是失去功能基的离子碎片。例如，有羟基或羟甲基存在时，多有失水或失羟甲基、甲醛等离子碎片。

四、萜类化合物的核磁共振谱

萜类化合物结构多较复杂，就其结构测定来说，核磁共振谱是最有力的工具，特别是近年来各种 2D-NMR 技术的广泛应用，可以提供更多的结构信息。篇幅有限，难以在此做全面总结和归纳，但对于结构复杂的萜类化合物，必须依赖 2D-NMR 技术。

微视频 萜类化合物结构解析实例

第五节 萜类化合物的生物活性

萜类化合物种类繁多，结构复杂，性质各异，具有抗肿瘤、抗疟、抗炎、抗心血管疾病、降血糖等多方面的生物活性。

一、抗肿瘤作用

萜类化合物具有鲜明的结构特征和良好的抗肿瘤活性，有潜力作为先导化合物研发出高效、安全的抗肿瘤新药，主要为二萜。紫杉醇（taxol）是一种从红豆杉属（*Taxus*）植物中分离得到的四环二萜类化合物，具有多种抗癌活性，临床上用于治疗晚期卵巢癌、乳腺癌及非小细胞肺癌等，1992 年底获美国 FDA 批准上市，其销售额高居世界抗癌药物之首，为 20 世纪 90 年代国际抗肿瘤药三大成就之一。

斑蝥素衍生物去甲斑蝥素（demethylcantharidin）为抗肿瘤药，适用于肝癌、食管癌、胃和贲门癌等。衍生物 N-羟基斑蝥胺（N-hydroxy cantharidimide）亦为抗肿瘤药，主要用于肝癌、乳腺癌、肺癌、食管癌、结肠癌等的治疗。

二、抗疟作用

萜类化合物青蒿素是中国药学工作者于 20 世纪 70 年代从菊科植物黄花蒿叶中提取的一种倍半萜内酯化合物，具有高效、低毒、快速杀灭疟原虫等特性，且不与其他抗疟药产生交叉耐药性。

青蒿素结构中的过氧基是产生抗疟活性的基团，对青蒿素的化学结构进行了改造，获得双氢青蒿素、蒿甲醚和青蒿琥珀酸单酯等青蒿素类抗疟药。

中国药学家屠呦呦研究员因从大量中医古籍中筛选出青蒿作为抗疟疾首选药材，率先发现青蒿有效部位乙醚提取物，并于 2015 年获得诺贝尔生理学或医学奖。青蒿素作为先导化合物的发现及其类似物的开发，是中国科学家在药物研究领域最伟大的标志性成就，也是中国医药学在抗疟疾治疗药物领域内的重大国际贡献。

三、抗炎作用

多元环萜类 C 环上的取代基类型是发挥抗炎活性的主要原因，并且松香烷型二萜和巨大戟烷型二萜具有较好的抑制活性。

中国传统医学运用中药雷公藤（Tripterygium wilfordii）治疗免疫系统疾病和炎性疾病已有数百年的历史，三环二萜雷公藤内酯（triptolidenol）是雷公藤的主要生物活性成分，也是已发现的最有效的抗炎和免疫调节天然产物之一，用于治疗各种自身免疫和炎症相关病症。

芍药苷（paeoniflorin）是从毛茛科植物芍药（P. lactiflora）的根中分离得到的一种单萜类糖苷化合物，具有镇痛抗炎的生物活性。

雷公藤内酯　　　　芍药苷

四、抗心血管疾病

近年来，心血管疾病的发病率逐年增高，寻找治疗心血管疾病的有效药物是科研工作者刻不容缓的任务。

丹参酮 II$_A$（tanshinone II$_A$）是中药丹参（S. miltiorrhiza）中主要有效成分之一，对多种心血管疾病都有着显著的治疗作用，如保护心肌细胞、抗心肌梗死、抗心绞痛、抗动脉粥样硬化、扩张血管、改善微循环等。

第六节 萜类化合物的研究实例

丹参酮Ⅱ_A

五、降血糖作用

糖尿病是一种复杂的代谢性疾病，已成为继肿瘤、心血管疾病之后的第三大慢性非传染性疾病。

甜菊苷（stevioside）是一种从植物甜叶菊中提取的二萜甜菊醇糖苷，研究表明其对于糖尿病有良好的治疗作用。近年来，青蒿素被发现能够促进大鼠体内胰高血糖素向胰岛素的转化，是一种潜在的改善1型糖尿病的治疗药物。

六、其他作用

萜类化合物具有较广泛的生物活性，除了上述生物活性外，还具有抗虫、免疫调节、抗氧化、抗衰老、神经保护等生物活性。

第六节　萜类化合物的研究实例

取唐古特瑞香（*Daphne tangutica* Maxim.）干燥全株50 kg，粉碎后使用70%乙醇进行提取，通过开放硅胶柱色谱，开放HP20柱色谱，开放ODS柱色谱，以及制备HPLC等分离手段，得到2个化合物，具体提取分离过程见图10-8，通过波谱分析确定了它们的结构，其推导过程如下：

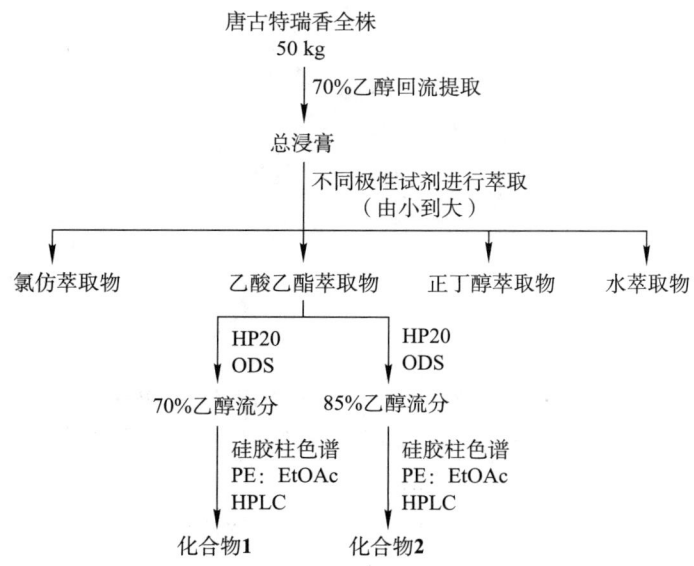

图 10-8　唐古特瑞香全株的提取分离流程图

化合物1：白色结晶（甲醇）。易溶于甲醇、二氯甲烷等溶剂。$[\alpha]_D^{20}$ +88.5（c 0.20，MeOH），UV广谱吸收带λ_{max} 217 nm。HRESI-MS给出准分子离子峰287.1249 [M+Na]$^+$（calcd for $C_{15}H_{20}NaO_4$，287.125 4），结合^{1}H、^{13}C-NMR数据确定其分子式为$C_{15}H_{20}O_4$，计算其不饱和度为6。

^{1}H-NMR（600 MHz，CDCl$_3$）谱中，δ_H 1.76（1H，s），1.46（1H，s），1.12（1H，d，J = 6.8 Hz）提示为3个甲基质子信号。^{13}C-NMR（150 MHz，CDCl$_3$）谱共给出15个碳信号，包括2个烯碳信号（δ_C 162.5，123.2），1个酯羰基碳信号（δ_C 172.2），3个甲基碳信号（δ_C 23.4，15.4，8.2），4个亚甲基碳信号（δ_C 29.2，30.4，21.3，45.3），2个次甲基碳信号（δ_C 48.6，37.6），3个连氧季碳信号（δ_C 74.8，58.8，105.2）。以上信息提示化合物1为倍半萜化合物。

HMBC谱中，H-9与C-1、C-7相关，H-6与C-1、C-8相关，H-3与C-1、C-5相关，H-4与C-6相关，提示结构中存在一个愈创木烷型的倍半萜骨架。H$_3$-13与C-7、C-12存在相关，H-6与C-8、C-11存在相关，H-9与C-8、C-7存在相关，确定了化合物1中α,β-不饱和-γ-丁内酯的存在，且确定了H$_3$-13的位置。H$_3$-15与C-3、C-4、C-5相关，H$_3$-14与C-1、C-9相关确定了另外两个甲基的位置。综上，确定了化合物1的平面结构。通过HSQC谱，对该化合物进行了碳氢直接相关归属并结合其^{1}H-^{1}H COSY谱相关，建立了化合物1的平面结构，如下所示。

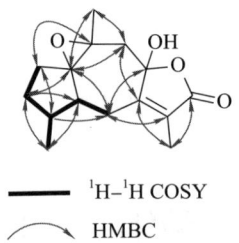

—— ^{1}H-^{1}H COSY
⌒ HMBC

化合物1的C-4、C-5、CH$_3$-14的相对构型由NOESY谱确定。H-1/H-14、H-6/H-8、H-7/H-13的NOE相关信号确定H-2、H-6、H-8、H-11均为β构型，H-5与H-7的NOE相关信号确定H-7为α构型。由于C-8为季碳，且无法观察到8-OH信号，因此无法通过NOESY相关对C-8位的相对构型进行确定。

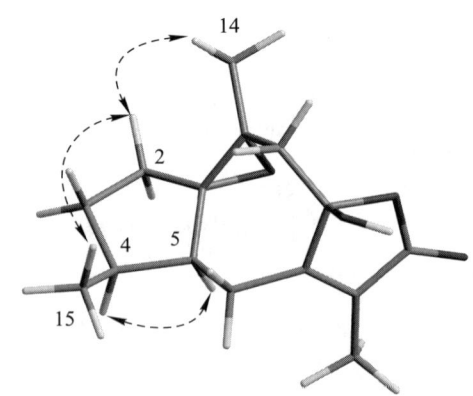

该化合物在甲醇中培养获得了结晶，通过Bruker D8 VENTURE PHOTON II衍射仪（Cu Kα）进行了单晶X射线衍射（Flack参数为0.08），因此确定了其绝对构型为4S, 5S, 8S, 10R。

综上所述，化合物 1 的最终构型确定为 4S, 5S, 8S, 10R，将其命名为 tanguticatin A，并对其碳氢信号进行了归属，见表 10-2。

tanguticatin A

表 10-2 化合物 1 的氢谱和碳谱核磁数据

序号	δ_H	δ_C	序号	δ_H	δ_C
1		74.8	8		105.2
2	1.69（1H, m）	29.2	9	2.83（1H, d, J = 14.3 Hz）	45.3
	2.29（1H, dd, J = 15.4, 10.1 Hz）			1.75（1H, d, J = 14.3 Hz）	
3	1.98（1H, m）	30.4	10		58.8
	1.37（1H, m）		11		123.2
4	2.49（1H, m）	37.6	12		172.2
5	1.58（1H, m）	48.6	13	1.76（3H, s）	8.2
6	2.61（1H, d, J = 13.4 Hz）	21.3	14	1.46（3H, s）	23.4
	2.08（1H, t, J = 13.4 Hz）				
7		162.5	15	1.12（3H, d, J = 6.8 Hz）	15.4

化合物 2：白色无定形粉末（甲醇）。易溶于甲醇、二氯甲烷等溶剂。^{1}H NMR（600 MHz，CDCl$_3$）谱中，包括 2 个连在季碳上的甲基 δ_H 1.78（3H, d, J = 1.4 Hz），1.88（3H, s），1 个连在叔碳上的甲基 δ_H 1.38（3H, d, J = 7.2 Hz），1 组末端双键上的质子信号 δ_H 5.02（1H, s），5.03（1H, s），1 个连在季碳上的羟甲基 δ_H 3.97（1H, d, J = 12.4 Hz），3.80（1H, d, J = 12.4 Hz），4 个连氧次甲基信号 δ_H 4.27（1H, s），3.63（1H, d, J = 0.9 Hz），5.11（1H, s），4.92（1H, d, J = 2.5 Hz），还显示 1 组单取代苯环质子信号 δ_H 7.72（2H, d, J = 15.3 Hz），7.38（2H, m），7.39（1H, m）。此外，脂肪族亚甲基 δ_H 2.13（2H, m），1.45（2H, m），3 组烯氢质子信号 δ_H 5.79（1H, d, J = 15.2 Hz），7.25（1H, dd, J = 15.2 Hz，11.3 Hz），6.20（1H, dd, J = 14.9 Hz，11.3 Hz），6.56（1H, dd, J = 14.9 Hz，10.7 Hz），6.15（1H, dd, J = 15.0 Hz，10.7 Hz），5.97（1H, dd, J = 15.0 Hz，7.1 Hz）及 1 个连在仲碳上的甲基 δ_H 0.92（3H, t, J = 7.4 Hz）提示为该类化合物中常见的取代基 2E, 4E, 6E-decatriene。以上核磁共振波谱数据与文献对照一致，确定该化合物为 gniditrin。

gniditrin

第七节 挥发油

挥发油（volatile oil）也称精油（essential oil），是一类具有芳香气味的油状液体的总称。在常温下能挥发，可随水蒸气蒸馏，大多具有芳香气味，所以又称为芳香油。挥发油具有广泛的生物活性，是植物中一类重要的化学成分。

挥发油在植物界中分布广泛，已知我国有56科136属植物中含有挥发油。尤其是芳香植物中，例如，菊科植物菊、蒿、苍术、白术等，芸香科植物芸香、花椒、柠檬等，唇形科植物薄荷、藿香、荆芥、紫苏等，以及胡椒科、松科、柏科、蔷薇科、瑞香科等科的一些植物中，也含丰富的挥发油。挥发油存在于植物的腺毛、油室、油管、分泌细胞或树脂道等各种组织和器官中，大多数成油滴存在，也有与树脂、黏液质共存者，还有少数以苷的形式存在，如冬绿苷。

挥发油多具有祛痰、止咳、平喘、祛风、健胃、解热、镇痛、抗菌消炎作用。例如，香柠檬油对淋球菌、葡萄球菌、大肠杆菌和白喉杆菌有抑制作用；柴胡挥发油制备的注射液有较好的退热效果；丁香油有局部麻醉、止痛作用；土荆芥油有驱虫作用；薄荷油有清凉、祛风、消炎、局麻作用；茉莉花油具有兴奋作用等。临床上早已应用的有樟脑、冰片、薄荷脑、丁香酚、百里香草酚等。另外，挥发油在香料工业、日用食品工业及化学工业中的应用也极为广泛。

一、挥发油的组成和分类

挥发油为多种类型化合物的混合物，所含化学成分比较复杂，一种挥发油中常常由数十到数百种成分组成。构成挥发油的成分类型大体上可分为如下4类，其中以萜类化合物为多见。

（一）萜类化合物

挥发油中的萜类成分主要是单萜、倍半萜和它们的含氧衍生物，其中含氧衍生物多是生物活性较强或具有芳香气味的主要组成成分。前面所论及的单萜及倍半萜类化合物除了它们的苷类化合物、内酯衍生物及与其他成分混杂结合的化合物外，几乎均在挥发油中存在。

（二）芳香族化合物

在挥发油中，芳香族化合物的含量仅次于萜类。挥发油中的芳香族化合物，大多是苯丙烷类衍生物，结构多具有 C_6-C_3 骨架，如桂皮醛（cinnamaldehyde）存在于桂皮油中，丁香酚（eugenol）为丁香油中的主成分，茴香醚（anethole）为八角茴香油及茴香油中的主成分，α-细辛醚及β-细辛醚（α-asarone，β-asarone）为菖蒲及石菖蒲挥发油中的主成分。有的是萜源衍生物，如百里香酚（thymol）、孜然芹烯（p-cy-mene）、α-姜黄烯（α-curcumene）等。

桂皮醛　　　丁香酚　　　茴香醚　　　百里香酚

（三）脂肪族化合物

一些小分子脂肪族化合物如烃、醇、醛、酮、酯在挥发油中也广泛存在，如陈皮中的正壬醇（n-nonyl alcohol），人参挥发油中的人参炔醇（panaxynol）以及鱼腥草挥发油中的癸酰乙醛（decanoylacetaldehyde）即鱼腥草素等都属挥发油中的脂肪族化合物。

（四）其他类化合物

除上述3类化合物外，还有一些中药经水蒸气蒸馏能分解出挥发性物质，亦称为挥发油，如芥子油（mustard oil）、挥发杏仁油（volatile bitter almond oil）、原白头翁素（protoanemonin）、大蒜油（garlic oil）等。黑芥子油是芥子苷经芥子酶水解后产生的异硫氰酸烯丙酯，挥发杏仁油是苦杏仁中苦杏仁苷水解后产生的苯甲醛，原白头翁素是毛茛苷水解后产生的物质，大蒜油则是大蒜中大蒜氨酸经酶水解后产生的物质，如大蒜辣素（allicin）等。

此外，如川芎挥发油中的川芎嗪（tetramethylpyrazine）、烟叶中的烟碱（nicotine）及无叶毒藜中的毒藜碱（anabasine）等生物碱也是可以随水蒸气蒸馏的液体，但这些化合物往往不作挥发油类成分对待，而将其归为生物碱类成分。

苯甲醛　　异硫氰酸烯丙酯　　原白头翁素　　大蒜辣素　　川芎嗪　　烟碱　　毒藜碱

二、挥发油的物理性质

大多数挥发油具有如下共性：①在常温下大多为无色或微带淡黄色，具有特殊而浓烈的香气或其他气味，有辛辣烧灼感，室温下可挥发。②多数挥发油比水轻，仅少数挥发油比水重，如丁香油、桂皮油等。③挥发油难溶于水，而易溶于各种有机溶剂中。④各种挥发油均具有一定的旋光性和折射率，折射率是挥发油质量鉴定的重要依据，一般挥发油的折射率都在1.43~1.61。⑤挥发油在常温下为透明液体，有的在冷却时其主要成分可以结晶析出，这种析出物习称为"脑"，如薄荷脑、樟脑等。

三、挥发油的提取方法

挥发油的提取方法主要有水蒸气蒸馏法、浸取法和压榨法。

（一）水蒸气蒸馏法

挥发油与水不相混合，受热后，当两者蒸气压的总和与大气压相等时，溶液即开始沸腾，继续加热则挥发油可随水蒸气蒸馏出来。

该法是从中药材中提取挥发油最常用的方法，具有设备简单、操作容易、成本低、产量大、挥发油回收率较高等优点。但原料易受强热而焦化，可能使成分发生变化，挥发油发生变味，降低作为香料的价值。

（二）浸取法

对不宜用水蒸气蒸馏法提取的挥发油原料，可以直接利用有机溶剂进行浸取。常用的方法有油脂吸收法、溶剂萃取法、超临界流体萃取法。

1. 油脂吸收法　油脂类一般具有吸收挥发油的性质，往往利用此性质提取贵重的挥发油，如玫瑰油、茉莉花油常采用吸收法进行。通常用无臭味的猪油 3 份与牛油 2 份的混合物均匀地涂在面积 50 cm × 100 cm 的玻璃板两面，然后将此玻璃板嵌入高 5~10 cm 的木质框架中，在玻璃板上面铺放金属网，网上放一层新鲜花瓣，这样一个个的木框玻璃板重叠起来，花瓣被包围在网层脂肪的中间，挥发油逐渐被油脂所吸收，待脂肪充分吸收芳香成分后刮下脂肪，即为"香脂"，谓之冷吸收法；或者将花等原料浸泡于油脂中，于 50~60℃ 条件下低温加热，让芳香成分溶于油脂中，此为温浸吸收法。吸收挥发油后的油脂可直接供香料工业用，也可加入无水乙醇共搅，醇溶液减压蒸去乙醇即得精油。

2. 溶剂提取法　用石油醚（30~60℃）、二硫化碳、四氯化碳等有机溶剂浸提，提取方法可采用回流提取法或冷浸法，减压浓缩后即得浸膏。得到的浸膏往往含有植物蜡类等物质，可利用乙醇对植物蜡等脂溶性杂质的溶解度随温度的下降而降低的特性，先用热乙醇溶解浸膏，放置冷却，滤除杂质，回收乙醇后即得净油；也可将浸膏再蒸馏，以获得较纯的精油。

3. 超临界流体萃取法　一般使用二氧化碳超临界流体萃取法（CO_2 supereritical fluid ex-traction，CO_2-SFE），此法提取挥发油具有防止氧化、热解及提高品质的优点。所得的芳香挥发油气味与原料相同，明显优于其他方法，如在徐长卿、橘皮、肉桂、茵陈、木香等挥发油提取中的应用，注意此法除可以提取出中药、天然药物中的挥发油成分外，还可以提取出其他脂溶性成分。此法设备价格昂贵，因此提取成本较高，最大的优点是二氧化碳很容易除去，无需考虑溶剂残留。

（三）压榨法

此法适用于含挥发油较多和新鲜原料的提取，如鲜橘、柑、柠檬果皮。一般药材经撕裂粉碎冷压后静置分层，或用离心机分出油层，即得粗品。此法所得挥发油可保持原有的新鲜香味，但可能含有水分、叶绿素、黏液质及细胞组织等杂质而呈浑浊状态，如柠檬油常溶出原料中的叶绿素，而使柠檬油呈绿色。

四、挥发油的分离方法

挥发油的分离方法主要有冷冻法、分馏法、化学方法和色谱法。

（一）冷冻法

将挥发油置于 0℃ 以下使析出结晶，如无结晶析出可将温度降至 -20℃，继续放置。所得结晶再经重结晶可得纯品。如薄荷油冷至 -10℃，12 h 析出第一批粗脑，薄荷油再在 -20℃ 冷冻 24 h 可析出第二批粗脑，粗脑加热熔融，在 0℃ 冷冻即可得较纯薄荷脑。本法操作简单，但对某些挥发性单体分离不够完全，而且大部分挥发油冷冻后仍不能析出结晶。

（二）分馏法

挥发油中由于成分类别不同，沸点差异较大。由于挥发油的成分多对热及空气中的氧较敏感，因此分馏时宜在减压下进行。通常在 35~70℃/10 mmHg 被蒸馏出来的为单萜烯类化合物，在 70~100℃/10 mmHg 被蒸馏出来的是单萜的含氧化合物，在更高的温度被蒸馏出来的是倍半萜烯及其含氧化合物，有的倍半萜含氧化合物的沸点很高，所得各馏分中的成分呈交叉情况。一般在单萜中，沸点随着双键的增多而升高，即三烯＞二烯＞单烯；在含氧单萜中，沸点随其官能团的极性增大而升高，即醚＜酮＜醛＜醇＜酸；酯比相应的醇沸点高。

（三）化学方法

1. 利用酸、碱性不同进行分离

（1）碱性成分的分离：挥发油经过预试若含有碱性成分，可将挥发油溶于乙醚，加 1% 稀盐酸或硫酸萃取，分取酸水层碱化，用乙醚萃取，蒸去乙醚可得碱性成分。

（2）酚、酸性成分的分离：将挥发油溶于等量乙醚中，先以 5% 碳酸氢钠溶液萃取，分出碱水液，加稀酸酸化，用乙醚萃取，蒸去乙醚，可得酸性成分。提取酸性成分后的挥发油继续用 2% 氢氧化钠溶液萃取，分取碱水层，酸化后用乙醚萃取，蒸去乙醚可得酚性成分。工业上从丁香罗勒油中提取丁香酚就是应用此法。

2. 利用官能团特性进行分离 对于一些中性挥发油，多利用功能团的特性制备成相应衍生物的方法进行分离。

（1）醇类化合物的分离：将挥发油与丙二酸单酰氯或邻苯二甲酸酐或丁二酸酐反应生成酯，再将生成物溶于碳酸钠溶液，用乙醚洗去未作用的挥发油，碱溶液皂化，再以乙醚萃取出所生成的酯，蒸去乙醚，残留物经皂化而得到原有的醇类成分。

$$R-OH + \text{邻苯二甲酸酐} \xrightarrow{\text{吡啶}} \text{酸性邻苯二甲酸萜醇酯} \xrightarrow[\text{NaOH}]{\text{皂化}} \text{邻苯二甲酸二钠} + R-OH$$

萜醇　　邻苯二甲酸酐　　　　　酸性邻苯二甲酸萜醇酯　　　　　　　　　　　萜醇

（2）醛、酮化合物的分离：将除去酚、酸类成分的挥发油乙醚液，经水洗至中性，以无水硫酸钠干燥后，加亚硫酸氢钠饱和液振摇或吉拉德试剂 T（Girard T）或 P 回流 1 h，分出水层或加成物结晶，加酸或碱液处理，使加成物水解，以乙醚萃取，可得醛或酮类化合物。

（3）其他成分的分离：挥发油中的酯类成分多使用精馏或色谱分离；醚萜成分在挥发油中不多见，可利用醚类与浓酸形成𬭩盐易于结晶的性质从挥发油中分离出来。如桉叶油中的桉油精（eucalyptol）属于醚成分，它与浓磷酸可形成白色的磷酸盐结晶。或利用 Br_2、HCl、HBr、$NOCl_2$ 等试剂与双键加成，这种加成产物常为结晶状态，可借以分离和纯化。

（四）色谱分离法

1. 吸附柱色谱法 色谱法中以硅胶和氧化铝吸附柱色谱应用最广泛。由于挥发油的成分复杂，分离多采用分馏法与吸附柱色谱法相结合。一般将分馏的馏分溶于石油醚或己烷等极性小的溶剂中，上硅胶或氧化铝吸附柱，洗脱剂多用石油醚或己烷，混以不同比例的乙酸乙酯构成。洗脱液分别以 TLC 进行检查，这样使每一馏分中的各成分又得到分离。如常共存于许多植物的挥发油中的香叶醇和柠檬烯的分离，在氧化铝色谱柱上，极性较小的柠檬烯首先被石油醚洗脱，然后改用石油醚中加入适量甲醇的混合溶剂冲洗，则极性较大的香叶醇被洗脱下来，使两者得到分离。

2. 硝酸银络合色谱法 除采用一般的色谱法之外，还可采用硝酸银-硅胶或硝酸银-氧化铝柱色谱及其 TLC 进行分离。这是根据挥发油成分中双键的多少和位置不同，与硝酸银形成 π-络合物的难易程度和稳定性的差别得到色谱分离。一般规律是双键数目越多，吸附越牢，越难洗脱；末端双键较难洗脱；顺式较反式难洗脱。一般硝酸银的浓度为 2%~2.5% 较为适宜。例如，α-细辛醚

（α-asarone）、β-细辛醚（β-asarone）和欧细辛醚（euasarone）的混合物，用2%AgNO$_3$处理的硅胶柱进行分离，苯-乙醚（5：1）洗脱，TLC检查。洗脱顺序为反式的α-细辛醚先下，然后是顺式的β-细辛醚，最后是具有末端双键的欧细辛醚。

3. 其他色谱法 气相色谱是研究挥发油组成成分的重要手段，制备型薄层色谱结合波谱鉴定也是常用的方法。

五、挥发油的鉴定

挥发油成分多用物理常数（相对密度、比旋光度、折射率和凝固点等）和化学常数（酸值、皂化值、酯值）来进行鉴定。酸值是代表挥发油中游离羧酸和酚类成分的含量，以中和 1 g 挥发油中含有游离的羧酸和酚类所需的氢氧化钾质量（mg）来表示。酯值代表挥发油中酯类成分的含量，以水解 1 g 挥发油所需的氢氧化钾质量（mg）来表示。皂化值是以皂化 1 g 挥发油所需的氢氧化钾质量（mg）来表示，皂化值等于酸值和酯值之和。

案例探讨 石菖蒲挥发油的研究

（张　琼）

数字资源详见　新形态教材网

- 学习目标　　思维导图　　思政元素　　案例探讨　　参考文献
- 微视频　　　拓展阅读　　本章小结　　自测题　　　教学课件

第十一章 三萜及其苷类化合物

编者导学

📍 学习目标

🎯 思维导图

本章导航
第一节　概述
第二节　三萜及其苷类化合物的结构类型与理化性质
第三节　三萜及其苷类化合物的提取分离
第四节　三萜及其苷类化合物的结构鉴定
第五节　三萜及其苷类化合物的生物活性
第六节　三萜类化合物的研究实例

三萜类化合物以苷元、苷的形式广泛存在于自然界，显示出多种生物活性，部分化合物作为药效成分已被用于相关疾病的治疗。本章根据化学结构特点将三萜类化合物主要分为四环三萜、五环三萜，列举了人参皂苷、灵芝三萜酸等代表性三萜类化合物及其生物活性。从颜色、溶解性等方面阐述三萜的物理性质；从显色反应等方面阐述三萜的化学性质；从抗肿瘤活性等方面阐述三萜的生物活性；从溶剂提取、色谱分离、波谱学特点等方面阐述三萜化合物的提取分离与结构鉴定方法。最后，以灵芝中Ganoderica A为例，详细阐述三萜类化合物的分离与鉴定过程，为天然产物中三萜类化合物的研究与药物开发提供技术方法参考。

第一节　概　　述

三萜（triterpene）是包含30个碳原子，符合"异戊二烯法则"，由6个异戊二烯单位缩合而成的一类化合物。

三萜类化合物以游离形式存在时，称为三萜皂苷元（triterpene sapogenin或triterpenoid spogenin）；三萜与糖类结合，以苷的形式存在，称为三萜皂苷（triterpene saponin或triterpenoid saponin）。常见的皂苷元为四环三萜和五环三萜，也有少量链状、单环、双环和三环三萜。组成三萜皂苷的糖类有葡萄糖、半乳糖、木糖、阿拉伯糖、鼠李糖、葡萄糖醛酸、半乳糖醛酸、鸡纳糖、芹糖和乙酰氨基糖等。这些糖类多为吡喃型糖，也有呋喃型糖，有些苷元或糖类上还有酰基等。三萜皂苷多为醇苷（alcohol saponin），少数为酯苷（ester saponin），部分皂苷分子二者均有。此外，根据皂苷分子中糖链数量，又可分为单糖链苷（monodemosides）、双糖链苷（bisdemosides）或三糖链苷（tridesmosides）。原生苷被水解或酶解，丢失部分糖单元所生成的苷叫次生皂苷（prosapogenin）。因三萜苷类多溶于水，振摇后可生成胶体溶液，并有持久性似肥皂溶液的泡沫，故常称为三萜皂苷。三萜皂苷多具有羧基，所以又常被称为酸性皂苷。三萜皂苷常具有溶血、毒鱼及毒贝类的作用。

三萜及其苷类化合物广泛存在于自然界，分布于菌类、蕨类、单子叶和双子叶植物、动物及海洋生物，尤以双子叶植物中分布最多。游离三萜主要来源于菊科、豆科、大戟科、楝科、卫矛科、茜草科、橄榄科及唇形科等植物；三萜苷类在豆科、五加科、葫芦科、毛茛科、石竹科、伞形科、鼠李科、报春花科等植物分布较多。含有三萜成分的常用中药有人参、甘草、柴胡、黄芪、桔梗、川楝皮、泽泻、灵芝等。三萜成分也存在于少数动物体，如羊毛脂中的羊毛脂醇、鲨鱼肝中的鲨烯。海洋生物如海参、软珊瑚中也含有各种类型的三萜化合物。

第二节　三萜及其苷类化合物的结构类型与理化性质

一、三萜及其苷类化合物的结构类型

（一）无环三萜

无环三萜多为鲨烯类化合物。鲨烯（角鲨烯，squalene）主要存在于鲨鱼肝油及其他鱼类的鱼肝油中的非皂化部分，也存在于某些植物油（如菜籽油、橄榄油等）的非皂化部分。

2,3-环氧角鲨烯（squalene-2,3-epoxide）是角鲨烯转变为三环、四环和五环三萜的重要生源中间体。在动物体内，它是由角鲨烯在肝通过环氧酶的作用而生成。2,3-环氧角鲨烯在环化酶或弱酸性介质中很容易被环化。

（二）单环三萜

蓍醇 A（achilleol A）是菊科蓍属植物（*Achillea odorta*）中的一个具有单环骨架的三萜类化合物，是 2,3-环氧角鲨烯形成三萜化合物时，环化反应第一步的产物。

蓍醇A

（三）二环三萜

从蕨类植物 Polypodiaceous 和 Aspidiaceous 的新鲜叶子中分离得到的 α-polypodatetraene 和 γ-polypodatetraene，是两个具有新骨架的双环三萜类化合物。

α-polypodatetraene　　　γ-polypodatetraene

（四）三环三萜

龙涎香是抹香鲸肠道排泄的灰色块状物，作为贵重香料应用。龙涎香醇（ambrein）是龙涎香（Ambergris）中的成分，本身没有香味，在空气中发生变化而产生香味。马拉巴醇（malabaricol）是岭南臭椿（*Ailantus malabarica* DC）的树干渗出的树脂状物中的主要成分。

（五）四环三萜

四环三萜类化合物在植物界分布很广，许多高等植物和低等菌藻类植物及某些动物中都可能含有此类成分。四环三萜（tetracyclic triterpenoids）在生源上可视为由鲨烯变为甾体的中间体，大多数结构和甾醇很相似，具有环戊烷并多氢菲的甾核母核。在4、4、14位上比甾醇多三个甲基，故也可认为是植物甾醇的三甲基衍生物。目前发现的四环三萜主要有以下几种类型。

1. 羊毛脂烷型 羊毛脂烷（lanostane）型四环三萜，其结构特点是A/B、B/C、C/D环均为反式，C-10、C-13和C-14位分别连有两个β-CH_3和一个α-CH_3，C-20位为R构型，C-17位侧链为β构型，且C-3位常有—OH存在。羊毛脂醇（lanosterol）是羊毛脂的主要成分，也存在于大戟属植物 *Euphorbia balsamifera* 的乳液中。

灵芝是多孔菌科真菌赤芝（*Ganoderma lucidum*）和紫芝（*Ganoderma sinense*）的干燥子实体，是补中益气、扶正固本、延年益寿的名贵中药，从其中分离出的羊毛脂烷型四环三萜已达百余种。根据这些三萜中所含碳原子数目的不同可分为 C_{30}、C_{27} 和 C_{24} 三种基本骨架，后两种为第一种三萜的降解产物。如灵芝酸A（ganoderic acid A）、赤芝酸F（lucidenic acid F）和赤芝酮B（lucidone B）分别属于这三种骨架，它们是羊毛脂烷高度氧化的衍生物。

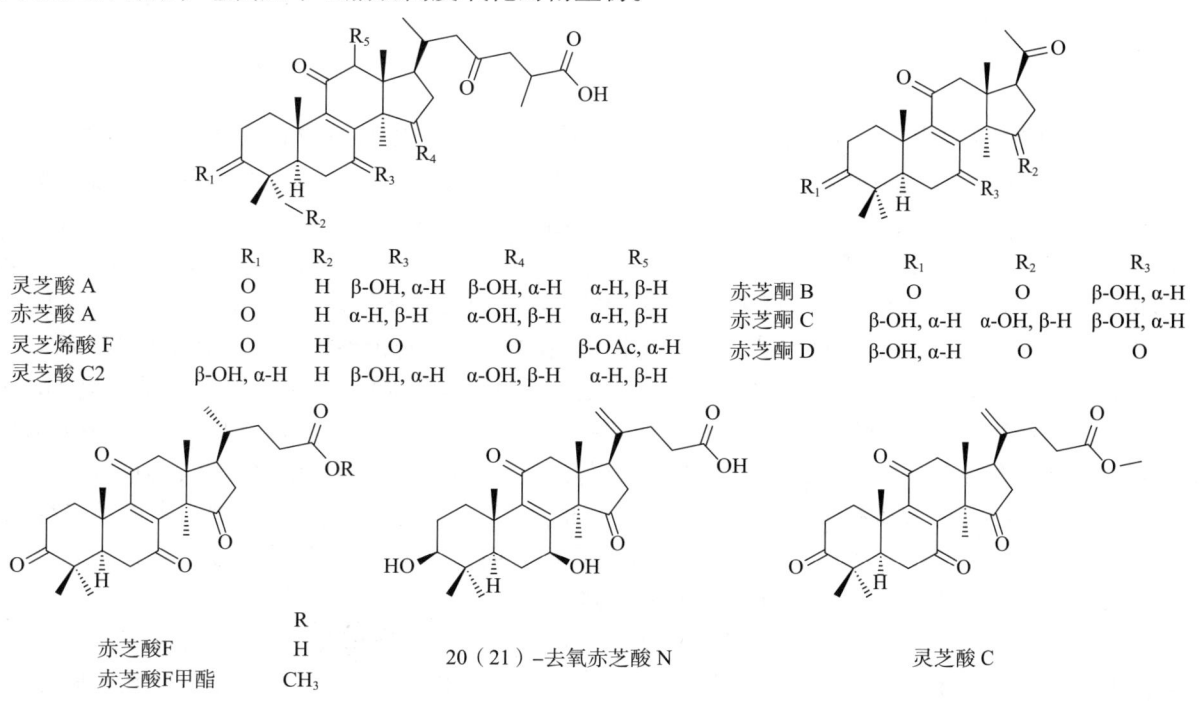

2. 达玛烷型

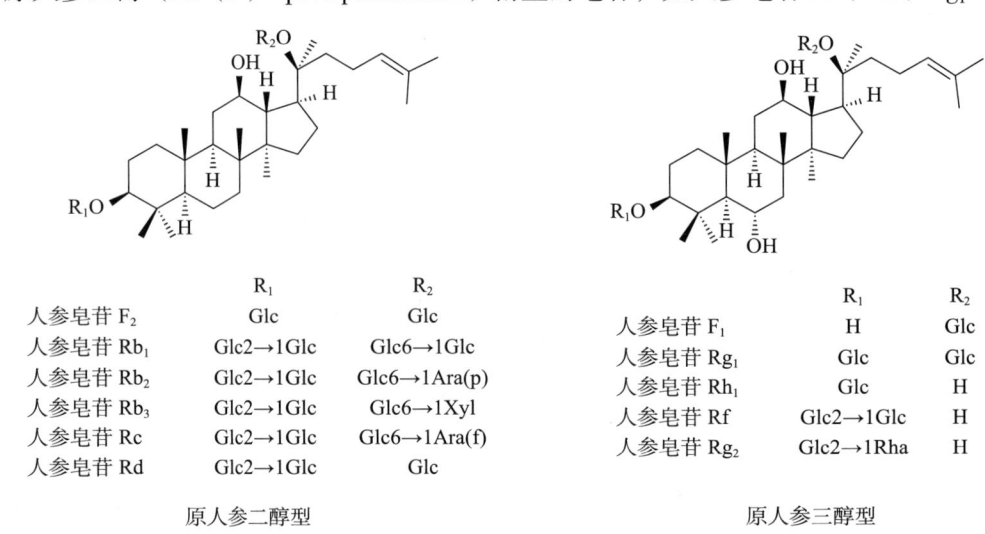

达玛烷

达玛烷（dammarane）型四环三萜从环氧角鲨烯的全椅型构象形成，其结构特点是C-8位有角甲基，且为β构型。此外C-13位连有β-H，C-10位有β-CH₃，C-17位有β-侧链，C-20位构型为R或S。五加科植物人参（Panax ginseng）的干燥根为名贵滋补中药，已从中分离鉴定了近200个皂苷类化合物。人参的主根、侧根及茎叶均含有多种人参皂苷（ginsenoside），绝大多数属于达玛烷型四环三萜。达玛烷型人参皂苷根据其6位碳上是否有羟基分为两类：① 6位碳上没有羟基的20（S）-原人参二醇（20（S）-protopanaxadiol）衍生的皂苷，如人参皂苷Rb_1、Rb_2等；② 6位碳上有羟基的20（S）-原人参三醇（20（S）-protopanaxatriol）衍生的皂苷，如人参皂苷Re、Rf、Rg_1等。

	R_1	R_2
人参皂苷 F_2	Glc	Glc
人参皂苷 Rb_1	Glc2→1Glc	Glc6→1Glc
人参皂苷 Rb_2	Glc2→1Glc	Glc6→1Ara(p)
人参皂苷 Rb_3	Glc2→1Glc	Glc6→1Xyl
人参皂苷 Rc	Glc2→1Glc	Glc6→1Ara(f)
人参皂苷 Rd	Glc2→1Glc	Glc

原人参二醇型

	R_1	R_2
人参皂苷 F_1	H	Glc
人参皂苷 Rg_1	Glc	Glc
人参皂苷 Rh_1	Glc	H
人参皂苷 Rf	Glc2→1Glc	H
人参皂苷 Rg_2	Glc2→1Rha	H

原人参三醇型

对于达玛烷型人参皂苷，用缓和条件酸水解。例如，用50% HOAc于70℃加热4 h，则20位苷键能断裂，生成较难溶于水的次级苷，进一步再水解，则使3位苷键水解。若用稀盐酸溶液加热煮沸水解，从水解产物中得不到原生皂苷元，这是由于在稀盐酸溶液中，20（S）-原人参二醇或20（S）-原人参三醇的20位上甲基和羟基发生差向异构化，变为20（R）-原人参二醇或20（R）-原人参三醇，然后环合生成具有三甲基四氢吡喃环侧链的人参二醇（panaxadiol）或人参三醇（panaxatriol）（图11-1）。因此欲得到原生皂苷元，须采用缓和的方法进行水解。例如，先用过碘酸钠氧化，水解后再用硼氢化钠还原，后在室温下用2 mol/L 稀H_2SO_4水解；或者在室温下用稀盐酸水解，然后加入消除试剂叔丁醇钠。

达玛烷型人参皂苷种类较多，其生物活性的差异显著。例如，由20（S）-原人参三醇衍生的皂苷有溶血性质，而由20（S）-原人参二醇衍生的皂苷则有对抗溶血的作用，因此人参总皂苷不表现出溶血作用。人参皂苷Rg1有轻度中枢神经兴奋及抗疲劳作用；人参皂苷Rb_1则有中枢神经抑制和安定作用。人参皂苷Rb_1有增强核糖核酸聚合酶的活性，而人参皂苷Rc则有抑制核糖核酸聚合酶的活性，人参皂苷Rg_3和人参皂苷Rh_2具有较强的抗肿瘤活性。

三七（Panax Notoginseng（Burk.）F. H. Chen）为五加科人参属植物，是我国传统名贵中药材，具有散瘀止血、消肿定痛的作用。用于咯血、吐血、衄血、便血、崩漏、外伤出血、胸腹刺痛、跌

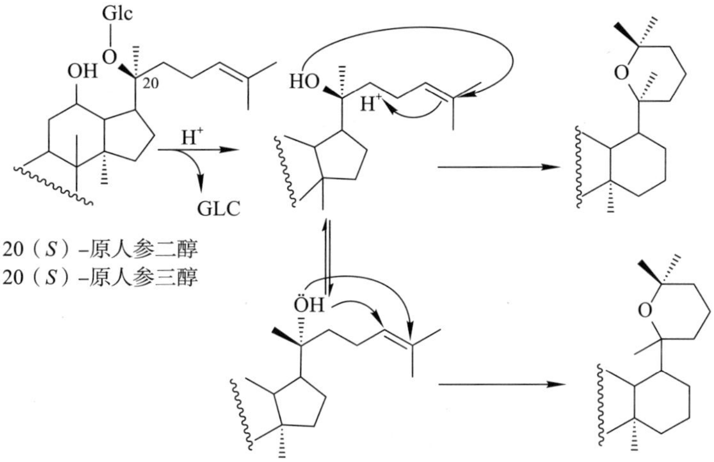

第二节 三萜及其苷类化合物的结构类型与理化性质

图 11-1 人参皂苷酸水解过程

扑肿痛。三七中所含皂苷与人参相似，为达玛烷型四环三萜皂苷，大多数为 20(S)-原人参二醇型和 20(S)-原人参三醇型，但未发现含有齐墩果酸型皂苷，这与同属植物人参和西洋参有显著区别。皂苷类成分在其根块、根茎（剪口）、茎叶、花果等各部位中均有分布。三七中的皂苷类成分主要为 20(S)-原人参二醇型皂苷：人参皂苷 Rb_1、Rb_2、Rc、Rd、Rg_3、Rh_2 等；20(S)-原人参三醇型皂苷：Re、Rg_1、Rg_2、Rh_1 等；另含有三七皂苷 R_1、R_2 等。

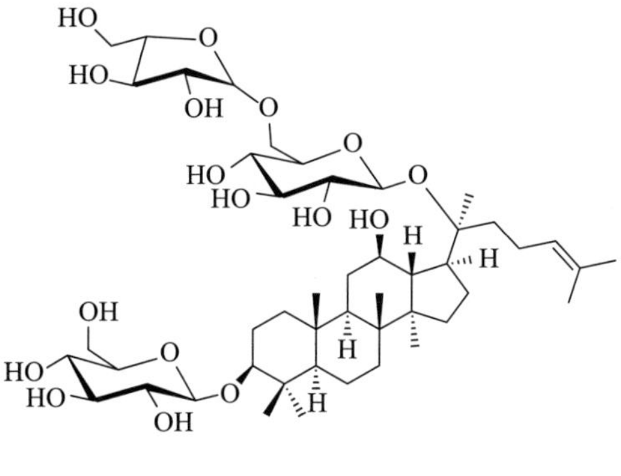

三七皂苷Fe

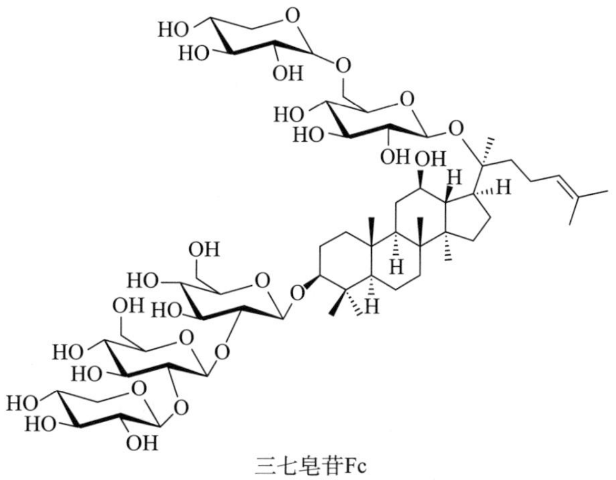

三七皂苷Fc

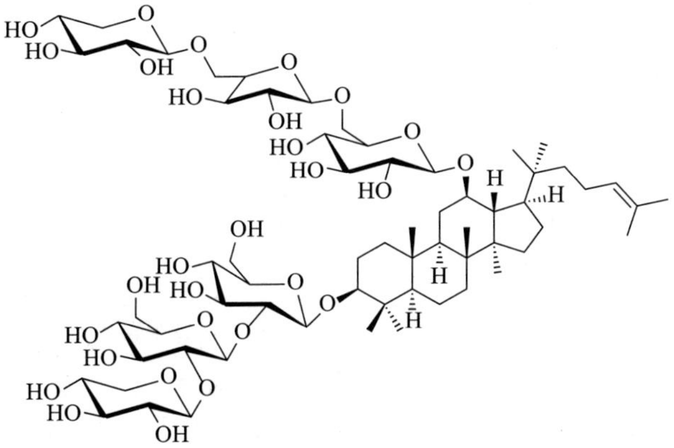

三七皂苷S

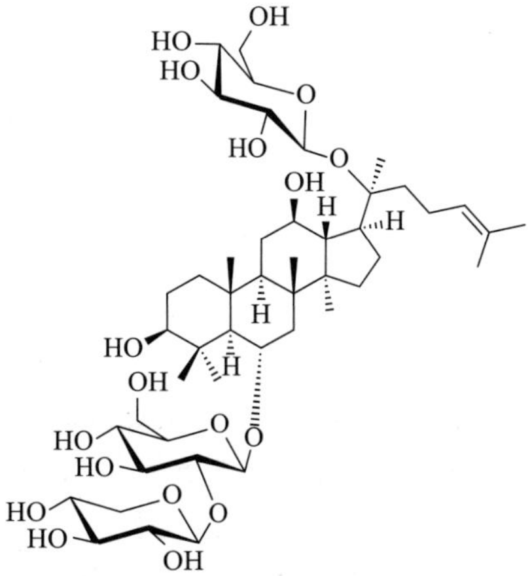

三七皂苷R_1

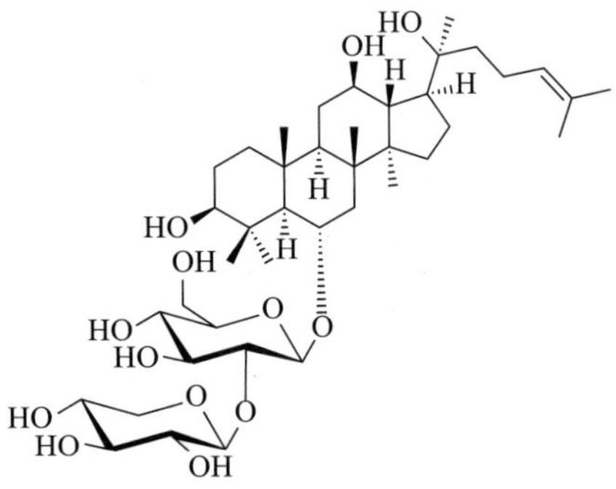

三七皂苷R₂

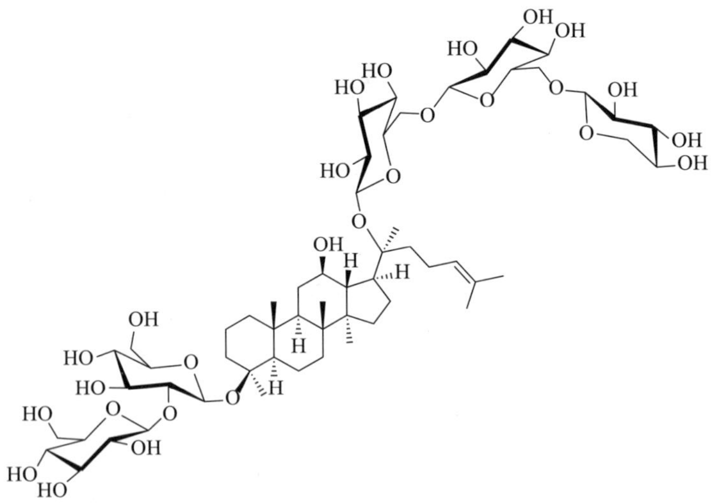

三七皂苷R₄

3. 葫芦烷型 葫芦烷型（cucurbitane）三萜结构仅A、B环上取代与羊毛脂烷不同，具有5β-H、8β-H、10α-H，其余与羊毛脂烷相同。

葫芦科许多种植物中含有此类成分，总称为葫芦苦素类（cucurbitacins）。例如，葫芦科雪胆属植物云南果雪胆（*Hemsleya amabilis*）为清热解毒药，其根中含有抗菌消炎成分雪胆甲素（cucurbitacin Ia）和雪胆乙素（cucurbitacin Ⅱb），临床上用于治疗急性痢疾、肺结核、慢性气管炎等具有较好疗效。

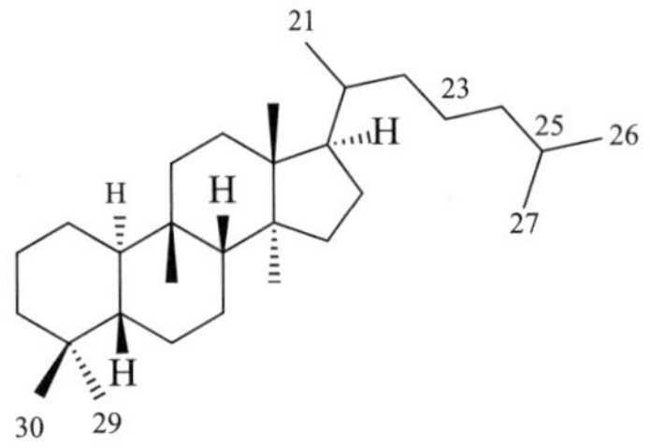

葫芦烷

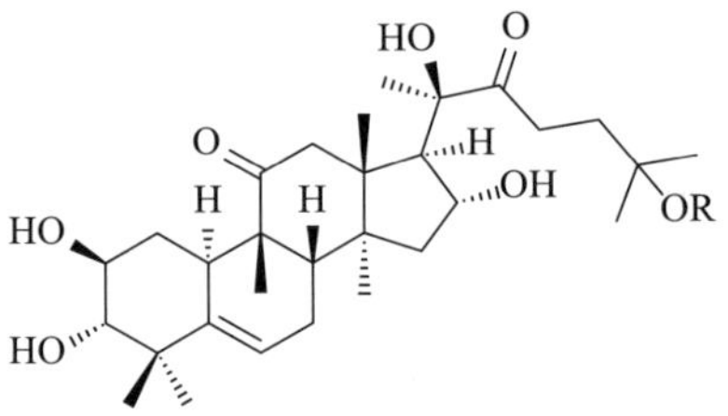

雪胆甲素 R = COCH₃
雪胆乙素 R = H

从苦瓜籽中分离得到两个新的葫芦烷型三萜皂苷，分别为苦瓜苷（momorcharaside）A和B。苦瓜苷A对S180移植性肿瘤细胞DNA和RNA生物合成具有抑制作用。

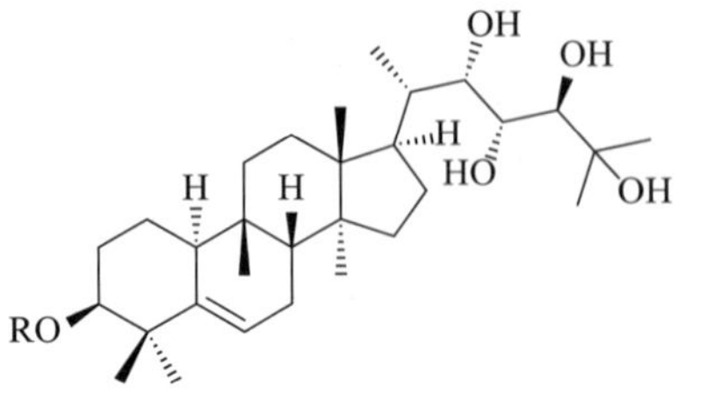

苦瓜苷A：R = Gal6→1Gal
苦瓜苷B：R = Glc

4. 甘遂烷型 甘遂烷（tirucallane）型四环三萜同羊毛脂烷一样，A/B、B/C、C/D环也均为反式，但13、14位CH₃的构型与羊毛脂烷相反，分别为α、β-CH₃，17位连有α-侧链。甘遂烷型四环三萜主要分布于楝科植物，芸香科、无患子科、苦木科等植物中也有分布。甘遂烷型四环三萜主要结构类型有*apo*-型、17α-侧链直链型和成环型及降碳类型。其中*apo*-型甘遂烷是母核D环通过

Wagner-Meerwein 重排，14，15 位形成双键，而 17 位连接的 α- 侧链可以是直链，或成环、环氧化；降碳类则是侧链失去几个碳原子，多数失去 4 个，并且被不同程度氧化。

甘遂烷

brujavanoneA

tirucalla-7,24-diene-3β,23-diol

flindissone

25-dehydroxy protoxylogranatin B

5. 环阿屯烷型 环阿屯烷型（cycloartane）又称环阿尔廷烷型。此类化合物的基本碳架与羊毛脂烷很相似，差别仅在于 10 位上的甲基（C-19）与 9 位脱氢形成三元环。该类化合物分子中虽然有 5 个碳环，但因其与羊毛脂烷的化学转变关系较密切，故仍将其视为四环三萜。

中药黄芪为豆科植物蒙古黄芪（*Astragalus membranaceus* var. *mongholicus*）或膜荚黄芪（*A. membranaceus*）的根，具有补气、强壮之功效。从其基原植物之一膜荚黄芪（*A. membranaceus*）中分离出多种环阿屯烷型三萜皂苷，如黄芪苷 I（astragaloside I）、黄芪苷 V（astragaloside V）和黄芪苷 VII（astragaloside VII）等，其苷元为环黄芪醇（cycloastragenol）。黄芪苷 I 具有降压、抗炎、镇静和调节代谢等作用。当这些皂苷在酸性条件下进行水解时，除获得共同皂苷元环黄芪醇外，同时亦获得黄芪醇（astragenol），这是由于环黄芪醇结构中环丙烷环极易在酸水解时开裂，生成具 $\Delta^{9(11)}$，10-CH_3 的次生结构黄芪醇。因此，为避免三元环的开裂，一般采用两相酸水解或酶水解。

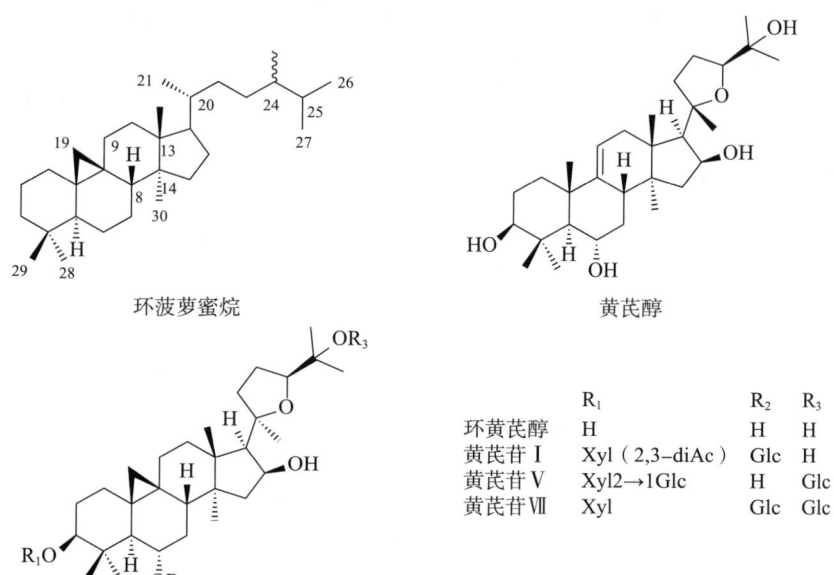

环菠萝蜜烷

黄芪醇

	R_1	R_2	R_3
环黄芪醇	H	H	H
黄芪苷 I	Xyl（2,3-diAc）	Glc	H
黄芪苷 V	Xyl2→1Glc	H	Glc
黄芪苷 VII	Xyl	Glc	Glc

6. 原萜烷型　原萜烷型（protostane）三萜与达玛烷型比较，实际上是达玛烷型的立体异构体。其 CH_3-8 为 α 型、H-9 为 β 型、H-13 为 α 型、CH_3-14 为 β 型，且 C-17 侧链为 α 型。

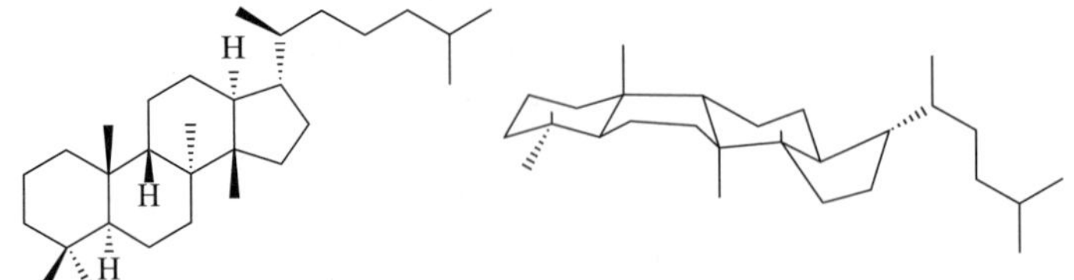

原萜烷型

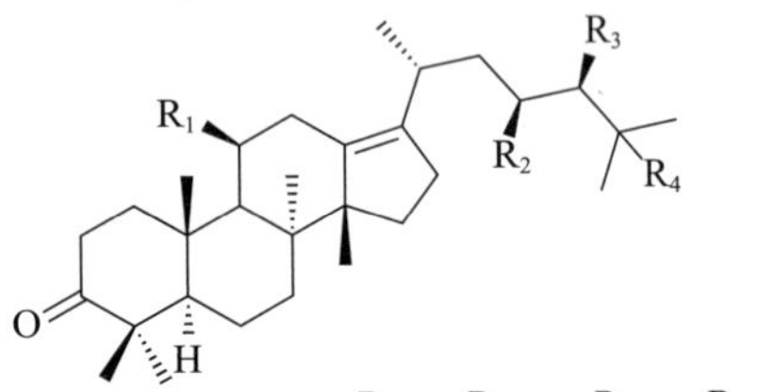

	R_1	R_2	R_3	R_4
25-O-ethylalisol A	OH	OH	OH	OEt
alisol A		OH	OH	OH
11-deoxyalisol A	H	OH	OH	OH

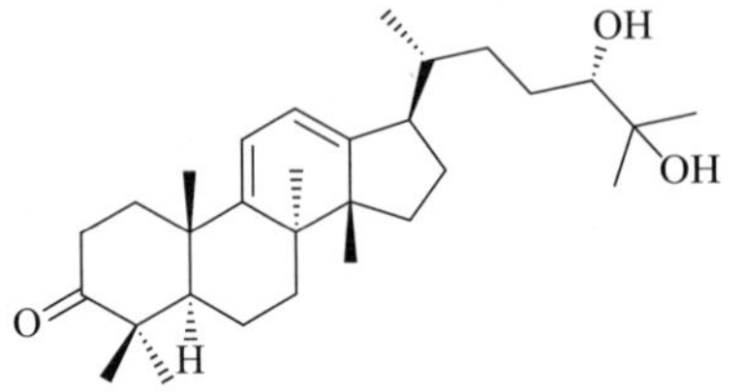

alismanol D

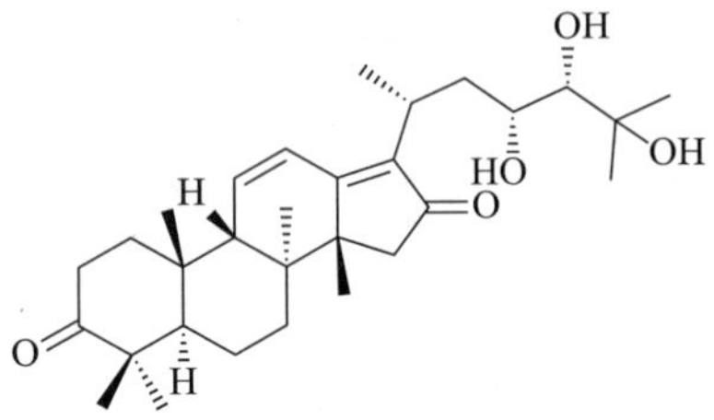

16-oxo-11-anhydroalisol A

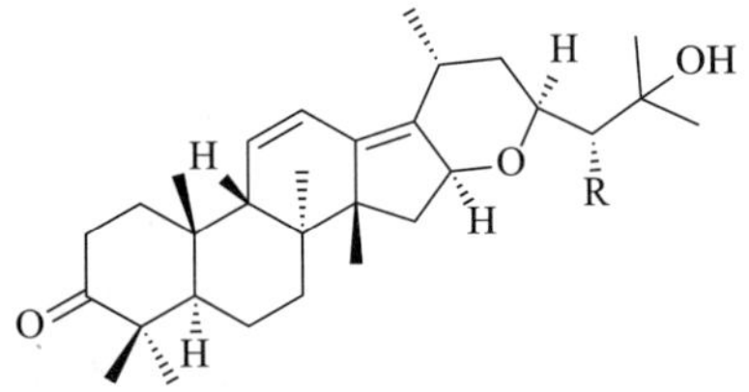

	R
24-deacetylalisol O	OH
alisol O	$COOCH_3$

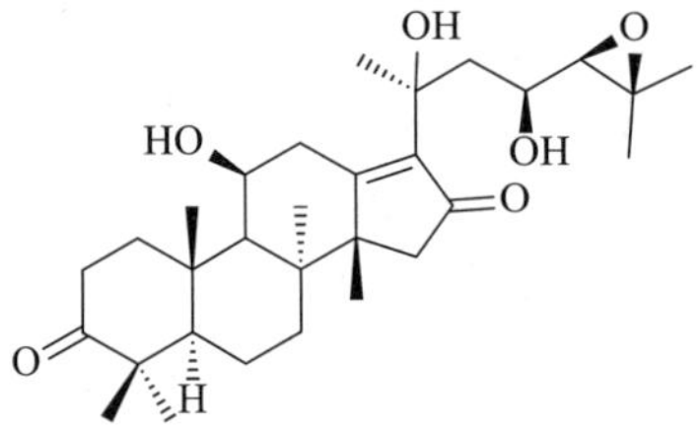

20-hydroxyalisol C

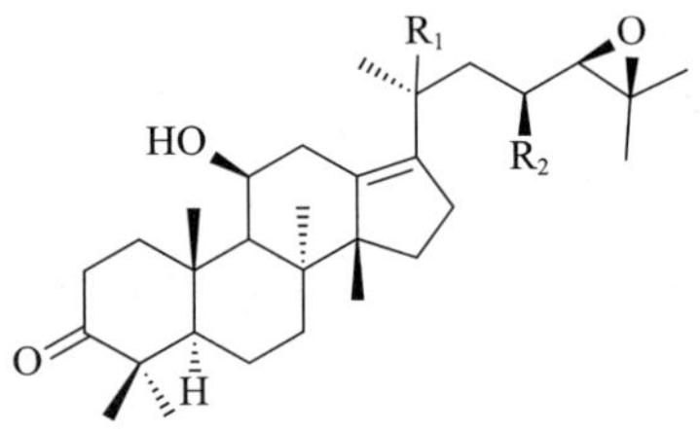

	R_1	R_2
alisol B 23-acetate	H	$COOCH_3$
alisol B	H	OH

中药泽泻具有利尿渗湿的功效，能够降血压和降低血清总胆固醇。其主要活性成分为原萜烷型三萜，包括泽泻醇 A、B 和 C（alisols A、B、C）等原萜烷型四环三萜。

7. 大戟烷型　大戟烷（euphane）与羊毛脂烷基本碳架相同，是羊毛脂烷的立体异构体，只是 C-13、C-14 和 C-17 位上的取代基构型不同，分别是 13α-CH_3、14β-CH_3、17α- 取代且 20 位为 S 构型。与羊毛脂烷型类似，A/B、B/C、C/D 环均为反式。

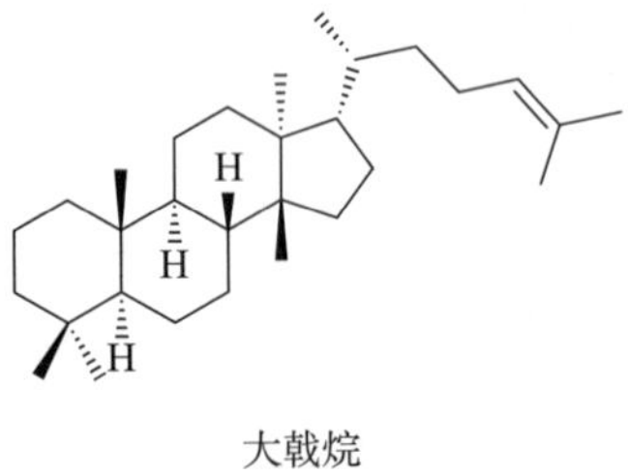

大戟烷

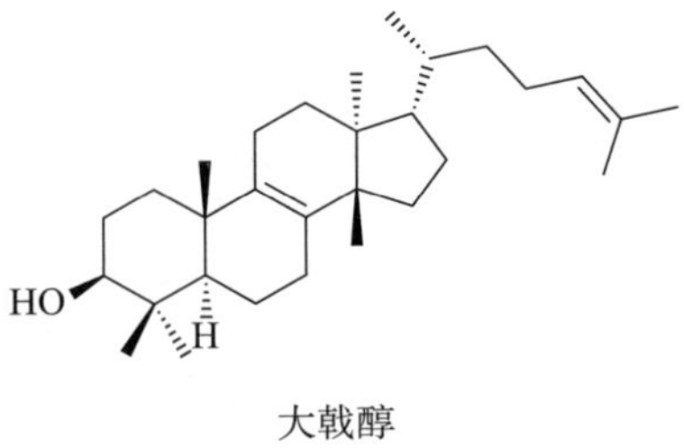

大戟醇

乳香二烯酮酸 $\triangle^{7(8)}$　　　　　　　　异乳香二烯酮酸 $\triangle^{8(9)}$

大戟醇（euphol）存在于许多大戟属植物乳液中，在甘遂、狼毒和千金子中均有大量存在。乳香中含有的乳香二烯酮酸（masticadienonic acid）和异乳香二烯酮酸（isomasticadienonic acid）也属于大戟烷衍生物。

8. 楝烷型　楝烷（meliacalie）类三萜结构骨架由 26 个碳构成，推测此类成分是由大戟醇（euphol）类成分 14-CH$_3$ 移位到 C-8 位，生成阿朴大戟醇（*apo*-euphol），然后失去侧链末端的 4 个碳原子，统称为降四环三萜类（*nor*-tetracyclic triterpenoid）。楝科楝属植物苦楝的果实及树皮中含有多种该类成分，具苦味，总称为楝苦素类（meliacins）成分。川楝素（chuanliansu）是川楝（*Melia toosendan*）果皮、根皮和树皮所含成分，具有驱蛔作用。

楝烷　　　　　　　　川楝素

拓展阅读　四环三萜新颖骨架类型

（六）五环三萜

五环三萜（pentacyclic triterpenoids）也是常见的三萜皂苷苷元，其 3-OH 与糖类结合成苷，苷元中常含有羧基，故又称酸性皂苷，在植物体中常与钙、镁等离子结合成盐。五环三萜主要有下面几种类型。

1. 齐墩果烷型　齐墩果烷型（oleanane）五环三萜又称 β- 香树脂烷（β-amyrane）型。此类化合物在植物界分布广泛，有的呈游离状态，有的成酯或以苷的形式存在。主要分布于五加科、豆科、桔梗科、远志科、木通科和桑寄生科等植物中。其基本碳架是多氢蒎的五环母核，A/B 环、B/C 环、C/D 环均为反式稠合，D/E 环多数为顺式（即 18β-H），少数为反式稠合。母核上有 8 个甲基，其中 C-8、C-10、C-17 上的甲基为 β 型，C-14 上的甲基为 α 型，C-4 位和 C-20 位各有两个甲基。3-OH 多为 β 型，少数为 α 型，如 α- 乳香酸（α-boswellic acid）。3-OH 可与糖类结合成苷，与酸结合成酯。该类化合物多具有羧基，故也称为酸式皂苷，羧基多位于 C-28、C-30 或 C-24 位。C-11、C-12 或 C-13 往往有不饱和双键的存在。根据结构中双键的数目、位置及是否成环，齐墩果烷分为 $\triangle^{12}$- 齐墩果烯型、$\triangle^{18}$- 齐墩果烯型、$\triangle^{13(18)}$- 齐墩果烯型、$\triangle^{9(11), 12}$- 齐墩果二烯型（同环双烯）、$\triangle^{11, 13(18)}$- 齐墩果二烯型、$\triangle^{5, 12}$- 齐墩果二烯型、$\triangle^{12, 15}$- 齐墩果二烯型（异环双烯）及 13,18- 环氧 - 齐墩果烷型等类型。

齐墩果烷 α-乳香酸

齐墩果酸 A/B, B/C, C/D trans, D/E cis

齐墩果酸（oleanolic acid）首先从木犀科植物木樨榄（*Olea europaea*，习称齐墩果）的叶子中分得，广泛分布于植物界。动物实验证实齐墩果酸有降转氨酶作用，对四氯化碳引起的大鼠急性肝损伤有明显的保护作用，用于治疗急性黄疸型肝炎，对慢性肝炎也有一定疗效。齐墩果酸还具有抗炎、镇静和预防肿瘤等作用。含齐墩果酸的植物很多，但含量超过10%的很少；刺五加（*Acanthopanax senticosus*）、龙牙楤木（*Aralia mandshurica*）中齐墩果酸的得率都超过10%，是很好的植物资源。齐墩果酸在植物中有的以游离形式存在，如青叶胆、当归、女贞子、白花蛇舌草、柿蒂、连翘等；在人参、三七、紫菀、柴胡、八月扎、木通、牛膝、楤木等中草药中的齐墩果酸则多与糖类结合成苷的形式存在。

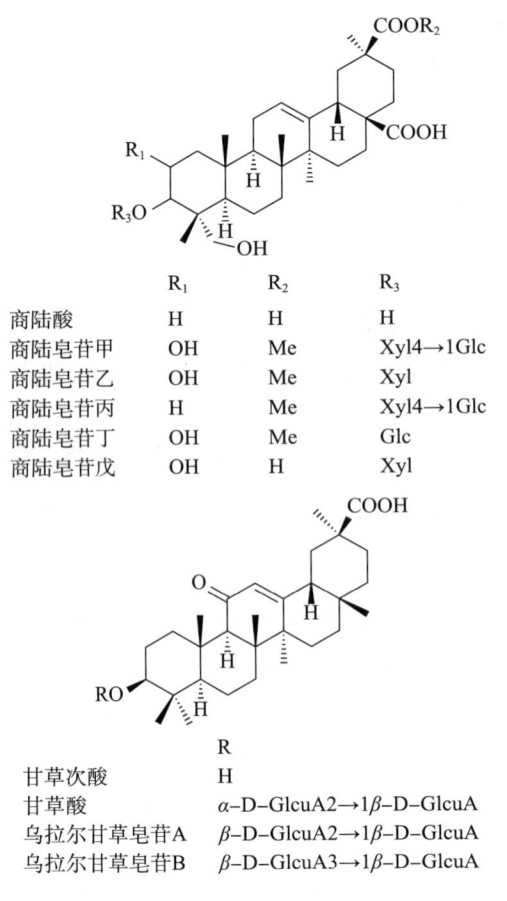

	R_1	R_2	R_3
商陆酸	H	H	H
商陆皂苷甲	OH	Me	Xyl4→1Glc
商陆皂苷乙	OH	Me	Xyl
商陆皂苷丙	H	Me	Xyl4→1Glc
商陆皂苷丁	OH	Me	Glc
商陆皂苷戊	OH	H	Xyl

	R
甘草次酸	H
甘草酸	α-D-GlcuA2→1β-D-GlcuA
乌拉尔甘草皂苷A	β-D-GlcuA2→1β-D-GlcuA
乌拉尔甘草皂苷B	β-D-GlcuA3→1β-D-GlcuA

从中药商陆（*Phytolacca acinosa*）根中分离出18种皂苷，其中商陆皂苷甲、乙、丙、丁、戊（esculentoside A、B、C、D、E）的苷元为商陆酸（esculentic acid）。药理试验表明商陆皂苷能显著促进小鼠白细胞的吞噬功能，可对抗由抗癌药羟基脲引起的DNA转化率下降，并能诱生 γ-干扰素。

甘草为豆科甘草属植物，作为药用有甘草（*Glycyrrhiza uralensis*）、光果甘草（*G. glabra*）及胀果甘草（*G. inflata*）的根和根茎。具有缓急、润肺、解毒、调和诸药的作用。甘草为常用中药，从古至今广为药用，甘草酸及其苷元甘草次酸为其主要药效成分。甘草次酸（glycyrrhetinic acid），D/E环为顺式（即18β-H）稠合，其异构体D/E环为反式稠合，即18-α甘草次酸，又称乌拉尔甘草次酸（uraleniacid），也存在于甘草中，甘草次酸在甘草中除以游离形式存在外，主要是以与两分子葡萄糖醛酸结合生成的苷——甘草酸（glycyrrhizic acid）或称甘草皂苷（glycyrrhizin）而存在，由于有甜味，又称甘草甜素。甘草及胀果甘草（*G. inflata*）中的乌拉尔甘草皂苷B（uralsaponin B）和黄甘草皂苷（glyeurysaponin）都是以甘草次酸为苷元，只是两分子葡萄糖醛酸的连接位置或构型不同。至今，已经从不同甘草中分离齐墩果烷类型皂苷100余种。甘草酸和甘草次酸都有促肾上腺皮质激素（ACTH）的作用，临床上用于抗炎和治疗胃溃疡。构效关系研究表明只有18β-H的甘草次酸才有此活性，18α-H者无此活性。

2. 乌苏烷型 乌苏烷（ursane）型五环三萜又称α-香树脂烷（α-amyrane）型或熊果烷型。其分子结构与齐墩果烷型的不同之处是E环上两甲基位置不同，即在C-19位和C-20位上分别有一个甲基，C-30甲基由20位移到19位上。

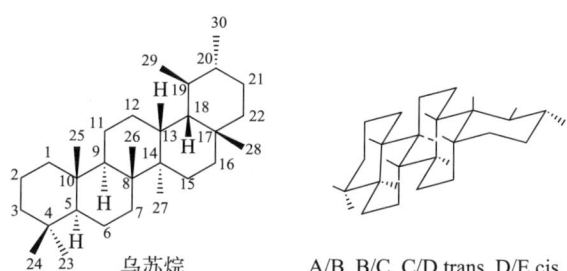

乌苏酸（ursolic acid），又称熊果酸，在植物界分布广泛，如熊果叶、栀子果实、女贞叶、车前草、白花蛇舌草、地榆、石榴叶和果实中均有存在。该成分对革兰氏阳性菌、革兰氏阴性菌、酵母菌均有抑制活性，能明显降低大鼠的正常体温，并有抗病毒、抗肿瘤、安定等作用。

中药地榆（*Sanguisorba officinalis*）具有凉血止血的功效，其中除含有大量鞣质外，还含有乌苏烷型三萜皂苷，如地榆皂苷B和E（sanguisorbin B and E）均为乌苏酸的苷。

积雪草是伞形科植物（*Centella asiatica*）的全草，其粗皂苷是一种创伤愈合促进剂。从中分离出多种三萜皂苷，其中的积雪草苷（asiaticoside）是由两分子葡萄糖、一分子鼠李糖和积雪草酸（或称亚细亚酸，asiatic acid）分子中的羧基结合形成的酯苷；羟基积雪草苷（madecassoside）则是由两分子葡萄糖、一分子鼠李糖和羟基积雪草酸（madecassic acid）分子中的羧基结合形成的酯苷，其糖类部分的结构与积雪草苷相同，也是由两分子葡萄糖和一分子鼠李糖组成。其他共存的皂苷，大多数也是乌苏酸衍生的酯苷。

	R_1	R_2
积雪草酸	H	H
羟基积雪草酸	OH	H
积雪草苷	H	Glc6→1Glc4→1Rha
羟基积雪草苷	OH	Glc6→1Glc4→1Rha

3. 羽扇豆烷型　羽扇豆烷型（lupane）五环三萜的结构特点为E环19位有异丙基以α构型取代，E环为五元环；A/B、B/C、C/D、D/E为反式（18α-H），C-19位有一个异丙基，且为α构型；C-20-C-30为不饱和末端双键；C-3位多具有OH，C-28位多具有COOH。此类成分主要有黄羽扇豆（*Lupinus luteus*）种子中存在的羽扇豆醇（lupeol）、酸枣仁中的白桦醇（betulin）、白桦酸（betulinic acid）等。

羽扇豆烷

白桦脂醇（betulin）存在于中草药酸枣仁、桦树皮、棍栏树皮、槐花等。白桦脂酸（betulinic acid）存在于酸枣仁、桦树皮、柿蒂、天门冬、石榴树皮及叶、睡菜叶等。羽扇豆醇（lupeol）存在于羽扇豆种皮。

羽扇豆醇　R=CH$_3$
白桦脂醇　R=CH$_2$OH
白桦脂酸　R=COOH

以上三种羽扇豆烷型化合物已在20余种柿属植物中检出。

从白头翁（*Pulsatilla chinensis*）的根中得到23-羟基桦木酸、白头翁酸（pulsatillic acid）、白翁皂苷A（pulsatilloside A）、白头翁皂苷B（pulsatilloside B）、白头翁皂苷C（pulsatilloside C）。

	R_1	R_2	R_3
23-羟基桦木酸	H	OH	H
白头翁酸	H	=O	H
白头翁皂苷A	H	O-α-L-Ara	H
白头翁皂苷B	H	OH	β-D-Glc6→1-β-D-Glc
白头翁皂苷C	H	OH	β-D-Glc6→1-β-D-Glc4→1-α-L-Rha

4. 木栓烷型 木栓烷（friedeiane）在生源上是由齐墩果烯甲基移位演变而来的。其结构特点是 A/B、B/C、C/D 环均为反式，D/E 环为顺式；C-1、C-5、C-9、C-14 各有一个 β-CH_3 取代；C-13 为 α-CH_3 取代；C-2、C-3 多为 α-CH_3 取代，也可为—CHO、—COOH 或—CH_2OH 取代；C-2、C-3 位常有羰基取代。

图 11-2 齐墩果烯演变木栓烷型三萜

卫矛科植物雷公藤（Tripterygium wilfordii Hook. f.），在我国有着悠久的药用历史，对类风湿疾病有独特疗效，从其去皮根中分离出的雷公藤酮（tripterygone）为木栓烷型三萜，化学名为 3-hydroxy-25-nor-friedel-3,1（10）-dien-2-one-3-oic acid，是失去 25 位甲基的木栓烷型衍生物。

Leslie 等从卫矛科植物 Kokoona zeylanica 的茎皮分离鉴定 11 种木栓烷型化合物，分别为：fredelin（1）、D：A-friedo-oleanane-3,21-dione（2）、21α-hydroxy-D：A-friedo-oleanane-3-7one（3）、kokoonol（4）、kokoononol（5）、kokoondiol（6）、zeyianur（7）、zeyiaiunoi（8）、zeylandiol（9）、kokzeylanol（10）和 kokzeylanonol（11），化合物 11 具有抗癌活性。这些化合物均为木栓烷-3-酮类化合物，21 位有羟基或酮基取代，有的 6 位有羟基，有的有 27-CH_2OH。

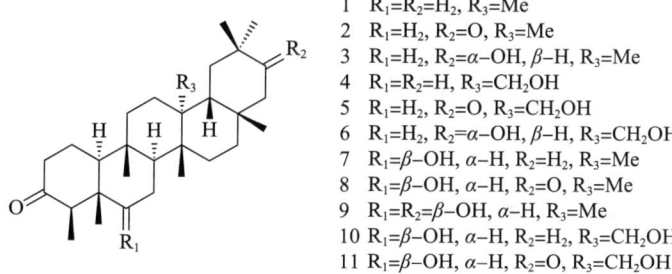

1　$R_1=R_2=H_2$, $R_3=Me$
2　$R_1=H_2$, $R_2=O$, $R_3=Me$
3　$R_1=H_2$, $R_2=α-OH$, $β-H$, $R_3=Me$
4　$R_1=R_2=H$, $R_3=CH_2OH$
5　$R_1=H_2$, $R_2=O$, $R_3=CH_2OH$
6　$R_1=H_2$, $R_2=α-OH$, $β-H$, $R_3=CH_2OH$
7　$R_1=β-OH$, $α-H$, $R_2=H_2$, $R_3=Me$
8　$R_1=β-OH$, $α-H$, $R_2=O$, $R_3=Me$
9　$R_1=R_2=β-OH$, $α-H$, $R_3=Me$
10　$R_1=β-OH$, $α-H$, $R_2=H_2$, $R_3=CH_2OH$
11　$R_1=β-OH$, $α-H$, $R_2=O$, $R_3=CH_2OH$

5. 羊齿烷型和异羊齿烷型 羊齿烷型（fernane）和异羊齿烷型（isofernane）三萜可认为是羽扇豆烷型的异构体，除异丙基的连接位置不同外，C-8 位上的角甲基转到 C-13 位上。其中羊齿烷型的 C-13 甲基为 α 构型，C-14 甲基为 β 构型；异羊齿烷型的 C-13 甲基为 β 构型，C-14 甲基为 α 构型。

白茅根（Imperata cylindria）具有清热凉血、止血和利尿的作用。从日本产的白茅根中分得多种羊齿烷型和异羊齿烷型三萜成分，其中芦竹素（arundoin）和羊齿烯醇（fernenol）为羊齿烷型，白茅素（cylindrin）为异羊齿烷型。

芦竹素　　　　　　羊齿烯醇　　　　　　白茅素

6. 何伯烷型和异何伯烷型　何伯烷型（hopane）和异何伯烷型（isohopane）互为异构体，均为羽扇豆烷和羊齿烷的异构体，C-14 和 C-18 均有角甲基。何伯烷型与羽扇豆烷型的主要区别在于异丙基的位置，即何伯烷型的异丙基移到 C-21 位（羽扇豆烷型的异丙基在 C-19 位）；另外 C-17 位甲基移到 C-18 位，即 C-28 由 C-17 位移到 C-18 位；C-21 位异丙基为 α 型。异何伯烷型与何伯烷型相比，C-21 位异丙基为 β 型。

东北贯众（*Dryopteris crassirhizoma*，绵马鳞毛蕨）和石韦（*Pyrrosia lingua*）中含有的里白烯（diploptene）、达玛树脂中的羟基何伯酮（hydroxyhopanone）也属于何伯烷型三萜化合物。

拓展阅读　五环三萜新颖骨架类型

二、三萜及其苷类化合物的理化性质

（一）性状及溶解性

三萜多有较好结晶，能溶于石油醚、苯、乙醚、三氯甲烷等有机溶剂，而不溶于水。三萜苷元若与糖类结合成苷，尤其是寡糖苷，由于糖类分子的引入，使羟基数目增多，极性加大，不易结晶，因而皂苷大多为白色无定形粉末，可溶于水，易溶于热水、含水稀醇、热甲醇和热乙醇中，几乎不溶或难溶于乙醚、苯等极性小的有机溶剂，含水丁醇或戊醇对皂苷的溶解度较好，是提取和纯化皂苷的常用溶剂。

三萜皂苷多数具有苦而辛辣味，其粉末对人体黏膜有强烈刺激性，尤其鼻内黏膜的敏感性最大，吸入鼻内能引起喷嚏。因此某些皂苷内服，能刺激消化道黏膜，产生反射性黏液腺分泌，而用于祛痰止咳。但有的三萜皂苷无这种性质，如甘草苷有显著的甜味，对黏膜刺激性弱。此外，三萜皂苷还具有吸湿性。

（二）显色反应

三萜化合物在无水条件下，与强酸（硫酸、磷酸、高氯酸）、中等强酸（三氯乙酸）或 Lewis 酸（氯化锌、三氯化铝、三氯化锑）作用，会产生颜色变化或荧光，具体作用原理还不清楚，主要是使羟基脱水，增加双键结构，再经双键移位、双分子缩合等反应生成共轭双烯体系，又在酸作用下形成碳正离子而呈色。因此，全饱和的 3 位又无羟基或羰基的化合物呈阴性反应。本来就有共轭双键的化合物显色很快，含孤立双键的三萜显色较慢，常见显色反应如下。

（1）醋酐-浓硫酸反应（Liebermann-Burchard reaction）：将样品溶于醋酐中，加浓硫酸-醋酐（1:20），可产生黄→红→紫→蓝等颜色变化，最后褪色。

（2）五氯化锑反应（Kahlenberg reaction）：将样品的三氯甲烷或醇溶液点于滤纸上，喷以 20% 五氯化锑的三氯甲烷溶液，该反应试剂也可选用三氯化锑饱和的三氯甲烷溶液代替（不应含乙醇和水），于60~70℃加热，显蓝色、灰蓝色、灰紫色等多种颜色斑点。

（3）三氯乙酸反应（Rosen-Heimer reaction）：将样品液滴在滤纸上，喷25%三氯乙酸乙醇溶液，加热至100℃，生成红色渐变为紫色。

（4）三氯甲烷-浓硫酸反应（Salkowski reaction）：样品溶于三氯甲烷，加入浓硫酸后，在三氯甲烷层呈现红色或蓝色，并有绿色荧光出现。

（5）冰醋酸-乙酰氯反应（Tschugaeff reaction）：样品溶于冰醋酸中，加乙酰氯数滴及氯化锌结晶数粒，稍加热，则呈现淡红色或紫红色。

三萜皂苷作为三萜衍生物，也具有上述三萜化合物的显色反应。

（三）表面活性

三萜皂苷水溶液经强烈振摇能产生持久性的泡沫，且不因加热而消失，这是由于三萜皂苷能够降低水溶液表面张力的缘故。因此，三萜皂苷可作为清洁剂、乳化剂应用。三萜皂苷的表面活性与其分子内部亲水性和亲脂性结构的比例相关，只有当二者比例适当时，才能较好地发挥出这种表面活性。某些三萜皂苷由于亲水性强于亲脂性或亲脂性强于亲水性，则不呈现这种活性。

（四）溶血作用

三萜皂苷的水溶液大多能破坏红细胞而有溶血作用，若将其水溶液注射到静脉中，毒性极大，低浓度水溶液就能产生溶血作用。因此，三萜皂苷又称皂毒类（sapotoxins），就是针对其有溶血作用而言的。三萜皂苷水溶液肌内注射易引起组织坏死，口服则无溶血作用，可能与其在胃肠道吸收很差或被肠道微生物代谢发生水解等有关。各类皂苷的溶血作用强弱不同，可用溶血指数（hemolytic index）表示。溶血指数是指在一定条件下能使血液中红细胞完全溶解的最低浓度，如甘草皂苷的溶血指数为$1:4000$。

三萜皂苷能溶血，是因为多数三萜皂苷能与胆固醇（cholesterol）结合生成不溶性的分子复合物。当三萜皂苷水溶液与红细胞接触时，红细胞壁上的胆固醇与皂苷结合，生成不溶于水的复合物沉淀，破坏了血红细胞的正常渗透，使细胞内渗透压增加而发生崩解，从而导致溶血现象。但并不是所有皂苷都能破坏细胞而产生溶血现象。例如，人参总皂苷就没有溶血的现象，但经过分离后，其中以原人参三醇及齐墩果酸为苷元的人参皂苷具有显著的溶血作用，而以原人参二醇为苷元的人参皂苷，则有抗溶血作用。皂苷溶血活性还和糖类部分有关，以单糖链皂苷作用明显，某些双糖链皂苷无溶血作用，可是经过酶解转为单糖链皂苷后，就具有溶血作用了。还有一些三萜酯皂苷具有溶血作用，但当E环上酯键被水解，生成物仍是三萜皂苷，却失去了溶血作用。如果在A环上有极性基团而在D环或E环上有一个中等极性基团的三萜皂苷，一般有溶血作用。苷元3位有β-OH，16位有α-OH时，溶血指数最高；如果D环或E环有极性基团，如28位连有糖链，或具有一定数量的取代基，则可导致溶血作用消失。

另外植物粗提液中有一些其他成分也有溶血作用，如某些植物的树脂、脂肪酸、挥发油等亦能产生溶血作用，鞣质则能凝集血细胞而抑制溶血。要判断是否是由皂苷引起的溶血，除进一步提纯再检查外，还可以结合胆固醇沉淀法。如沉淀后的滤液无溶血现象，而沉淀分解后有溶血活性，表示确系皂苷引起的溶血现象。

（五）沉淀反应

三萜皂苷的水溶液可以和一些金属盐类如铅盐、钡盐、铜盐等产生沉淀。酸性皂苷（通常指三萜皂苷）的水溶液加入硫酸铵、醋酸铅或其他中性盐类即生成沉淀。中性皂苷（通常指甾体皂苷）的水溶液则需加入碱式醋酸铅或氢氧化钡等碱性盐类才能生成沉淀。利用这一性质可进行三萜皂苷的提取和初步分离。

第三节　三萜及其苷类化合物的提取分离

三萜化合物的提取与分离方法大致分三类：一是用乙醇、甲醇或稀乙醇提取，提取物直接进行分离；二是用醇类溶剂提取后，提取物依次用石油醚、三氯甲烷、乙酸乙酯等溶剂进行分步萃取，然后进一步分离，三萜成分主要从三氯甲烷萃取物中获得；三是有许多三萜化合物在植物体中以皂苷形式存在，可由三萜皂苷水解后获得，即将三萜皂苷进行水解，水解产物用三氯甲烷等溶剂萃取，然后进行分离。但有些三萜在酸水解时，由于水解反应比较强烈，发生结构变化而生成次生结构，得不到原生皂苷元，如果欲获得原生皂苷元，则应采用温和的水解条件，如两相酸水解、酶水解或 Smith 降解等方法。

一、柱色谱分离

1. 硅胶或氧化铝吸附色谱法　分离三萜类化合物多用吸附柱色谱法，常用的吸附剂有硅胶、氧化铝等，其中应用最多的是硅胶，几乎所有的三萜化合物都可以选用硅胶作为柱色谱的吸附剂，待分离物与吸附剂之比为 $1:30 \sim 1:60$。

由于氧化铝在色谱分离过程中可能引起三萜化合物的结构变化，故选用氧化铝作吸附剂时要慎重，一般多选用中性氧化铝，待分离物与吸附剂之比为 $1:30 \sim 1:50$。

三萜化合物的柱色谱分离一般选用非极性有机溶剂，如正己烷、石油醚、环己烷、乙醚、苯或乙酸乙酯作洗脱剂。但使用单一溶剂往往达不到分离的效果，故在实践中多选用混合溶剂，而且应根据被分离物质的极性大小来考虑。常用的溶剂系统有：石油醚 – 乙酸乙酯、苯 – 乙酸乙酯、苯 – 三氯甲烷、三氯甲烷 – 丙酮等，多羟基的萜类化合物可选用三氯甲烷 – 甲醇或三氯甲烷 – 甲醇 – 水等作洗脱剂。

除柱色谱法外，制备型硅胶薄层色谱也可用于三萜化合物的分离。

2. 反相柱色谱　通常以反相键合相硅胶 $Rp-C_{18}$、$Rp-C_8$ 或 $Rp-C_2$ 为填充剂，常用甲醇 – 水或乙腈 – 水等溶剂为洗脱剂。反相色谱柱需用相对应的反相薄层色谱进行检识，如预制的 $Rp-C_{18}$、$Rp-C_8$ 等反相高效薄层板。

3. 分配柱色谱法　由于三萜皂苷极性较大，采用分配柱色谱法要比吸附柱色谱法好。常用硅胶等作为支持剂，固定相为 3% 草酸水溶液等，流动相为含水的混合有机溶剂，如三氯甲烷 – 甲醇 – 水、二氯甲烷 – 甲醇 – 水、乙酸乙酯 – 乙醇 – 水等，也可用水饱和的正丁醇等作为流动相。

4. 高效液相色谱法　高效液相色谱法是目前分离三萜皂苷类化合物最常用和有效的方法。多采用甲醇 – 水、乙腈 – 水等系统为洗脱剂。

5. 大孔树脂色谱法　大孔树脂色谱法适用于苷类成分包括三萜皂苷的精制和初步分离。将含有苷的水溶液通过大孔树脂柱后，先用水洗涤除去糖类和其他水溶性杂质，然后再用不同浓度的甲醇或乙醇依其浓度由低到高的顺序进行梯度洗脱。极性大的苷，可被 10% ~ 30% 的甲醇或乙醇洗脱下来，极性小的苷，则被 50% 以上的甲醇或乙醇洗脱下来。

6. 凝胶色谱法　凝胶色谱法是利用分子筛的原理来分离相对分子质量不同的化合物，在用不同浓度的甲醇、乙醇或水等溶剂洗脱时，各成分按相对分子质量递减顺序依次被洗脱下来，即相对分子质量大的苷类成分先被洗脱下来，相对分子质量小的苷和苷元后被洗脱下来。应用较多的是能以有机溶剂为洗脱剂的 Sephadex LH-20。

用色谱法分离三萜化合物通常采用多种色谱法组合的方法，即一般先通过硅胶柱色谱进行分离后，再结合低压或中压柱色谱、反相柱色谱、薄层制备色谱、高效液相色谱或凝胶色谱等方法进行进一步的分离。

二、人参中三萜皂苷的提取和分离

人参为五加科植物人参（*Panax ginseng*）的干燥根，是传统名贵中药，具有大补元气、复脉固脱、补脾益肺等功能，用于体虚欲脱、肢冷脉微、脾虚食少等疾病的治疗。人参的根、茎、叶、花和果实中均含有人参皂苷（ginsenosides）。人参根中总皂苷的含量约占5%，根须中人参皂苷的含量比主根高。目前已从人参（白参和红参）及其地上部分共分得人参皂苷 Ra_1、Ra_2、Rb_1、Rb_2、Rb_3、Rc、Rd、Re、Rf、Rg_1、Rg_2、Rg_3、Rh_1、Rh_2、Rh_3 及 Ro 等40多种人参皂苷，这些皂苷的苷元可分为三类：原人参二醇类、原人参三醇类及齐墩果酸类，其化学结构如下，提取分离流程见图11-3。

1. 原人参二醇型

	R_1	R_2
20（*S*）-原人参二醇	H	H
人参皂苷 Ra_1	Glc（2→1）Glc	Glc（6→1）Ara（p）（4→1）Xyl
人参皂苷 Ra_2	Glc（2→1）Glc	Glc（6→1）Ara（f）（4→1）Xyl
人参皂苷 Rb_1	Glc（2→1）Glc	Glc（6→1）Glc
人参皂苷 Rb_2	Glc（2→1）Glc	Glc（6→1）Ara（p）
人参皂苷 Rb_3	Glc（2→1）Glc	Glc（6→1）Xyl
人参皂苷 Rc	Glc（2→1）Glc	Glc（6→1）Ara（f）
人参皂苷 Rd	Glc（2→1）Glc	Glc
人参皂苷 Rg_3	Glc（2→1）Glc	H
人参皂苷 Rh_2	Glc	H

2. 原人参三醇型

	R_1	R_2
20（*S*）-原人参三醇	H	H
人参皂苷 Re	Glc（2→1）Rha	Glc
人参皂苷 Rf	Glc（2→1）Glc	Glc
人参皂苷 Rg_1	Glc	Glc
人参皂苷 Rg_2	Glc（2→1）Rha	H
人参皂苷 Rh_1	Glc	H

3. 齐墩果酸型

人参皂苷 Ro

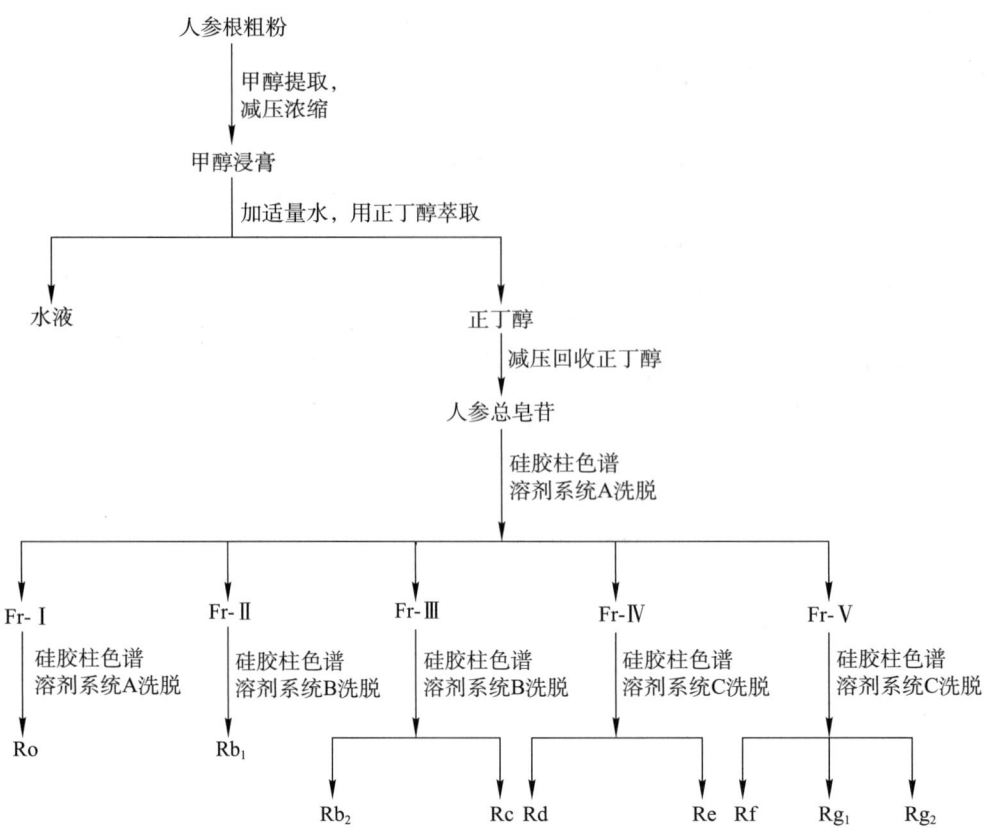

图 11-3 人参皂苷的提取分离流程图

拓展阅读 人参中三萜及其皂苷的提取工艺和分离鉴定

第四节 三萜及其苷类化合物的结构鉴定

三萜及其苷类化合物是目前天然产物研究中最活跃的领域之一，其结构研究呈现快速、微量、准确的特点，这得益于现代波谱分析技术尤其是超导二维核磁共振新技术的应用。

一、紫外光谱在三萜及其苷类结构鉴定中的应用

具有共轭双键的三萜类化合物，在紫外光区产生吸收，在结构鉴定中有一定的意义。一般共轭双烯在 λ_{max} 215～270 nm 有最大吸收，而含有 α,β-不饱和羰基则在 λ_{max} 220～250 nm 有最大吸收。具有紫外吸收官能团的最大吸收波长取决于该共轭体系在分子结构中的化学环境。例如，链状结构的共轭双键体系在 λ_{max} 217～228 nm 处有最大吸收；共轭双键体系在环内时，最大吸收波长出现在 λ_{max} 256～265 nm 处；当共轭双键有一个在环内时，则最大吸收波长出现在 λ_{max} 230～240 nm 处。此外共轭双键的碳原子上有无取代基及共轭双键的数目也会影响最大吸收波长。

当部分五环三萜类化合物不产生紫外吸收时，以浓硫酸为试剂时，可在 310 nm 处观察到最大吸收，而且不受母核上的取代基影响。

齐墩果烷型三萜化合物由于结构中多具有双键，可用紫外光谱判断其双键类型。如结构中只有一个孤立双键，仅在 205～250 nm 处有微弱吸收，若有 α，β- 不饱和羰基，最大吸收在 242～250 nm；异环共轭双烯最大吸收在 240 nm、250 nm、260 nm；同环共轭双烯最大吸收则在 285 nm。紫外光谱还用于判断 11-*oxo*，$\triangle^{12}$- 齐墩果烷三萜化合物 18-H 的构型：当 18-H 为 β 构型（D/E *cis*）时，最大吸收为 248～249 nm；当 18-H 为 α 构型（D/E *trans*）时，最大吸收为 242～243 nm。

二、红外光谱在三萜及其苷类结构鉴定中的应用

红外光谱主要用来检测化学结构中的官能团。三萜类化合物中多存在双键、共轭双键、甲基、偕二甲基、环外亚甲基或含氧官能团等，一般都能很容易地分辨出来。如偕二甲基在 δ 1 370 cm^{-1} 吸收峰处裂分，出现二条吸收带。

根据红外光谱 A 区（1392～1355 cm^{-1}）和 B 区（1330～1245 cm^{-1}）的碳氢吸收可区别齐墩果烷、乌苏烷和四环三萜的基本骨架。齐墩果烷型的 A 区有两个峰（1392～1379 cm^{-1}、1370～1355 cm^{-1}）；B 区有三个峰（1330～1315 cm^{-1}、1306～1299 cm^{-1}、1269～1250 cm^{-1}）。乌苏烷型的 A 区有三个峰（1392～1386 cm^{-1}、1383～1370 cm^{-1}、1364～1359 cm^{-1}）；B 区也有三个峰（1312～1308 cm^{-1}、1276～1270 cm^{-1}、1250～1245 cm^{-1}）。四环三萜的 A 区和 B 区都只有一个峰。

还可根据红外光谱初步判断三萜母核上羟基的类型。通常伯羟基的吸收在 3641～3640 cm^{-1}，仲羟基在 3630～3623 cm^{-1}（*a* 键仲羟基在 3628～3625 cm^{-1}，*e* 键仲羟基在 3630～3623 cm^{-1}）。

三、^{1}H-NMR 在三萜及其苷类结构鉴定中的应用

核磁共振谱是三萜类化合物结构测定最有力的工具，特别是超导核磁分析新技术和 2D-NMR 相关技术的开发和应用，不但提高了谱图的质量，而且提供了更多的结构信息。

三萜类化合物的 ^{1}H-NMR 谱具有较强的规律性，从中能获取重要信息的主要有双键质子、与氧同碳质子、甲基质子和糖的端基质子。下面是对其进行的归纳。

（1）烯氢信号的化学位移值一般为 δ_H 4.3～6.0：环内双键质子的化学位移值（δ_H）一般大于 5，如齐墩果酸类和乌苏酸类 C-12 烯氢在 δ_H 4.93～5.50 处出现分辨不好的多重峰。若 11 位引入羰基与此双键共轭，则烯氢可因去屏蔽而向低场位移，在 δ_H 5.55 处出现一单峰。环外烯键的 δ 值一般小于 5，如羽扇豆烯和何伯烯型的 C-29 位两个同碳氢信号多出现在 δ_H 4.30～5.00。由于羽扇豆烯型的 E 环上异丙烯基受 C-12 位质子空间位阻的影响不能自由旋转，双键末端的两个质子不等价，表现为双峰；而何伯烯型的两个末端烯氢接近等价，合并为一单峰，利用这一特点可区别两种母核。

（2）连氧碳上质子的化学位移随着位置、环境、构型的不同有较明显的变化：比较有规律的有乙酰基质子、羧甲酯质子和 C-3 位质子（绝大多数三萜的 C-3 连有氧）。连接—OH 的碳上质子信号一般出现在 δ_H 3.2～4.0。连接乙酰氧基的碳上的质子信号一般为 δ_H 4.0～5.5。乙酰基质子的 δ_H 值在 1.82～2.07。对于绝大多数齐墩果烷型和乌苏烷型三萜，当—COOCH$_3$ 位于 C-28 位时，其甲酯的化学位移值小于 3.795，否则就大于 3.795。这一规律常用于推定齐墩果烷和乌苏烷母核中 C-28 的羧基。大多数三萜化合物 C-3 上有羟基或其他含氧基团，此时 C-3 质子的信号多为双二重峰（dd）。以 3-乙酰氧基取代的三萜衍生物为例，C-3 位 H 为竖键（α-H，β-OAc）时，其 δ_H 值在 4.00～4.75，最大耦合常数为 12 Hz 左右；C-3 位 H 若为横键（β-H，α-OAc），δ 值在 5.00～5.48，最大耦合常数约为 8 Hz，二者均为宽低峰。

（3）三萜中甲基的信号一般出现在 δ_H 0.50～1.50：其中最低场甲基 δ_H 值为 1.13～1.15（27-CH$_3$），其他 CH$_3$ 的 δ_H 值小于 1.0。对于齐墩果烷型和乌苏烷型的三萜，其最高场甲基（26-CH$_3$）的 δ_H 值与

C-28 的取代基有关。当 C-28 为 COOCH$_3$ 时最高场甲基的 δ_H 值小于 0.775，当 C-28 为 CH$_2$OH、CH$_3$ 或内酯时最高场甲基的 δ_H 值则大于 0.775。

羽扇豆烯型的 C-30 甲基因与双键相连，且有烯丙耦合，化学位移值在较低场 1.63～1.80，且呈宽单峰。

四、^{13}C-NMR 在三萜及其苷类结构鉴定中的应用

在三萜的 ^{13}C-NMR 谱中，角甲基一般出现在 δ_C 8.9～33.7，其中 23-CH$_3$ 和 29-CH$_3$ 为 e 键甲基，出现在较低场，δ_C 值分别约为 28.0 和 33.0。苷元中除与氧连接的碳和烯碳等外，其他 δ_C 值一般在 60 以下，苷元和糖类化合物上与氧相连的碳的 δ_C 值为 60～90，烯碳在 δ_C 109～160，羰基碳在 δ_C 170～220。

（一）双键位置及三萜结构母核的确定

根据碳谱中苷元烯碳的个数和化学位移值不同，可推测一些三萜的双键位置。还可以确定齐墩果烷型、乌苏烷型和羽扇豆烷型皂苷元的结构母核。一般来说，在齐墩果烷型的烯碳中 C-12 的 δ_C 值多位于 122.0～124.0，C-13 的 δ_C 值多为 144.0～145.0；乌苏酸型的烯碳中，C-12 的 δ_C 值一般均大于 124.0（多为 125.0 左右），而 C-13 的 δ_C 值多为 140.0 左右；在白桦脂酸型中，因有异丙烯基，双键处于环外，且其 C-20 的 δ_C 值较大，约为 150.0，而 C-30 的 δ_C 值较小，约为 110.0。因此，根据 ^{13}C-NMR 谱中的季碳信号数和烯碳的化学位移值的不同，可以对上述三种类型进行鉴别（表 11-1）。

表 11-1　齐墩果烷、乌苏烷、羽扇豆烷型三萜烯碳化学位移

三萜及双键位置	烯碳 δ_C	其他特征碳 δ_C
$\triangle^{12}$- 齐墩果烯	C-12：122～124；C-13：143～144	
11-oxo，$\triangle^{12}$- 齐墩果烯	C-12：128～129；C-13：155～167	11-C=O：199～200
$\triangle^{11,13}$，28-$epoxy$- 齐墩果烯	C-11：132～133；C-12：131～132	
$\triangle^{11,13(18)}$- 齐墩果烯	C-11：126～127；C-12：126～	C-13：84～85.5
异环双烯	C-13：136～137；C-18：133～	
$\triangle^{9(11),12}$- 齐墩果烯	C-9：154～155；C-11：116～117	
同环双烯	C-12：121～122；C-13：143～147	
$\triangle^{12}$- 乌苏烯	C-12：124～125；C-13：139～140	
$\triangle^{20(29)}$- 羽扇豆烯	C-29：109～；C-20：150～	

（二）苷化位置的确定

三萜 3-OH 连糖苷化后，一般 C-3 向低场位移约 8～10，而且会影响 C-4 的 δ_C 值。糖之间连接的 α- 碳的苷化位移为 +3～8。但糖与 28-COOH 成酯苷时，苷化位移是向高场位移，羰基碳苷化位移约为 -2～5，糖的端基碳一般位移至 δ_C 95～96。

（三）羟基取代位置及取向的确定

齐墩果烷型三萜羟基取代可引起 α- 碳向低场移 34～50，β- 碳向低场移 2～10，而 γ- 碳则向高场移 0～9。

1. 29、30-COOH 和 CH$_2$OH 位置的确定　与 29、30 位甲基取代比较，C-29、C-30 位羧基或羟甲基取代时，C-19、C-21 化学位移值向高场位移 4～6；C-20 向低场位移，如为羧基取代，位移

13 左右；如为羟甲基取代则位移 5 左右，这时 C-20 连接的甲基碳的化学位移值向高场位移 4~5。C-29 和 C-30 氧取代的主要区别是，当为 29-COOH（或 CH$_2$OH，e 键）取代时，C-29 化学位移值为 181.4（73.9），C-30（CH$_3$）化学位移值为 19~20；当为 30-COOH（或 CH$_2$OH，a 键）取代时，C-30 化学位移值为 176.9（65.8），C-29（CH$_3$）化学位移值为 28~29。

2. 23、24-OH 位置的确定 23-CH$_2$OH（e 键）化学位移值约为 68，比 24-CH$_2$OH（约为 64）总处于低场；和 23、24-CH$_3$ 比较，具 23-CH$_2$OH 取代时，使 C-4 向低场位移约 4，C-3、C-5 和 C-24（CH$_3$）向高场位移约 4、6.5 和 2.4。具 24-CH$_2$OH 取代时，也使 C-4 的化学位移值向低场位移约 4，C-23（CH$_3$）向高场位移约 4.5，但对 C-3 和 C-5 影响较小。

3. 2、3-OH 构型的确定 3β-OH 取代与相应的 3α-OH 取代的化合物比较，C-5 的化学位移向高场位移 4.2~7.2，C-24 向低场位移 1.2~6.6。当 2 位有羟基取代时，C-2 的化学位移值（66.5~71.0）总是比 C-3（78.2~83.8）处于高场，而且使 C-1 的化学位移值向低场位移 5~10。

4. 16-OH 构型的确定 具有 16β-OH 的 C-16 化学位移值（67.5）比其具有 16α-OH 构型的异构体的 C-16 化学位移值（74.0）向低场位移约为 5.5。但在 $\Delta^{11,13(18)}$ 异环双烯三萜中则相反，如当 C-16 OH 为 β 型时，其化学位移值为 77 左右；C-16 OH 为 α 型，则 C-16 化学位移值为 68 左右。

（四）糖上乙酰基的确定

糖上乙酰化可能发生在任一羟基上，有的还出现双羟基乙酰化。一般乙酰化后，连接乙酰基位置的碳化学位移值向低场位移（+0.2~1.6），其邻位碳向高场位移（-2.2~3.5），但邻位双乙酰化时，乙酰化及其邻位碳一般均向高场位移。

五、质谱在三萜及其苷类结构鉴定中的应用

（一）五环三萜类化合物的质谱裂解有较强的规律性

Δ^{12} 齐墩果烯或乌苏烯类化合物，其 EI-MS 显示分子离子峰 [M]$^+$ 及失去 CH$_3$、OH 或 COOH 等碎片峰。由于分子中存在 C-12 双键，具环己烯结构，故 C 环易发生反 RDA 裂解，出现含 A、B 环和 D、E 环的碎片离子峰。根据裂解所产生的质量数，可以初步推断取代基所在的部位。以下是齐墩果酸的质谱裂解过程，如图 11-4、图 11-5 所示。

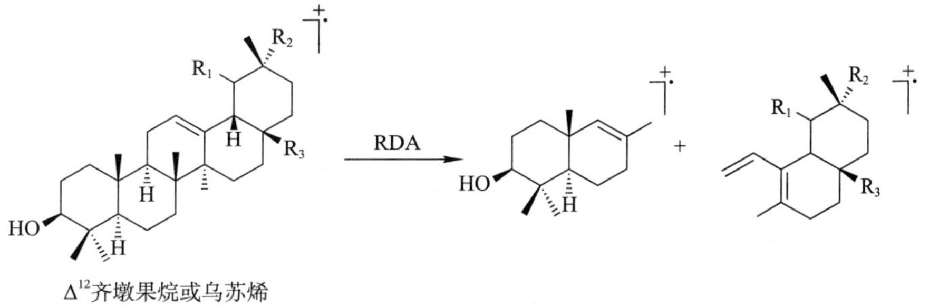

图 11-4 齐墩果烷的 RDA 裂解过程

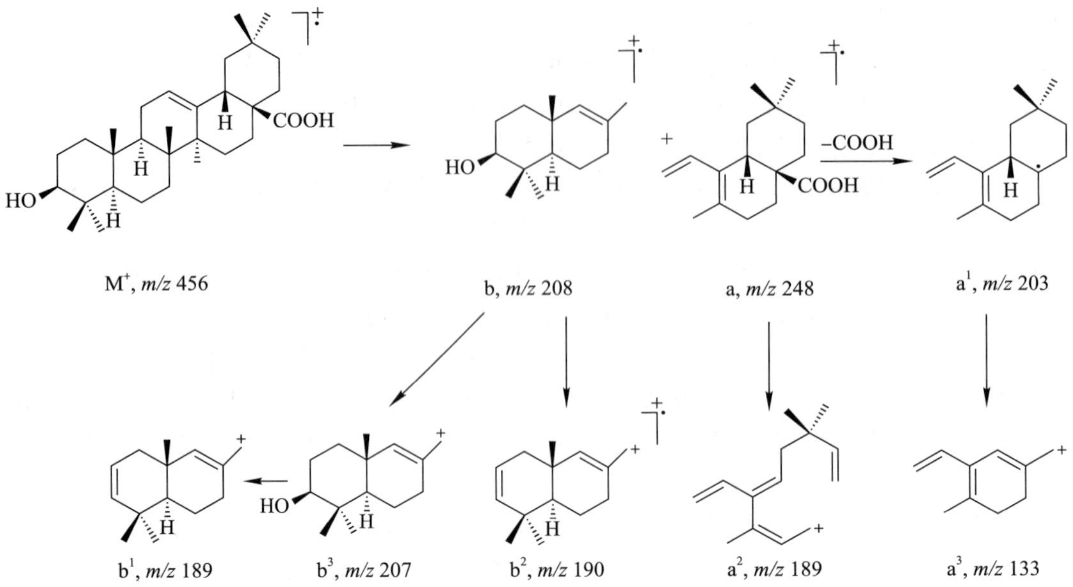

图 11-5 齐墩果酸的质谱裂解过程

如无环内双键时，常从 C 环断裂成两个碎片，如图 11-6 所示。

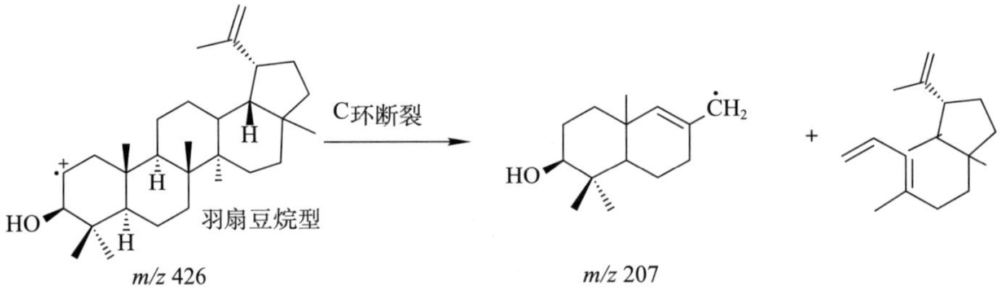

图 11-6 羽扇豆烷三萜的质谱裂解过程

在有些情况下，可同时产生 RDA 裂解和 C 环断裂，如图 11-7 所示。

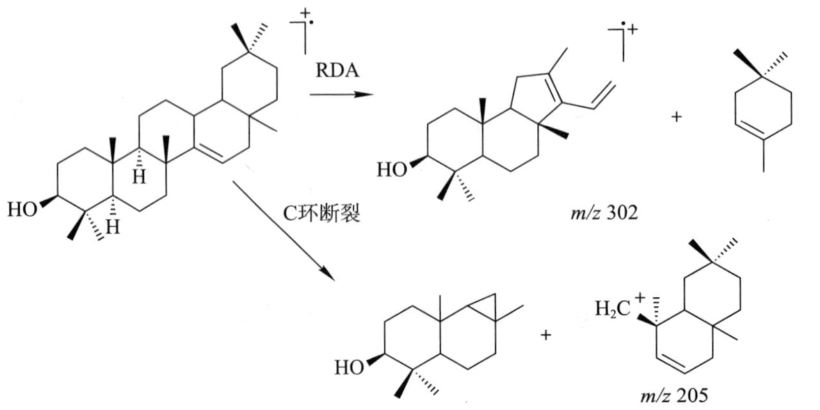

图 11-7 齐墩果烷型三萜的质谱裂解过程

羽扇豆醇型三萜皂苷元还可出现失去异丙基时产生的 M-43 的特征碎片离子峰（图 11-8）。

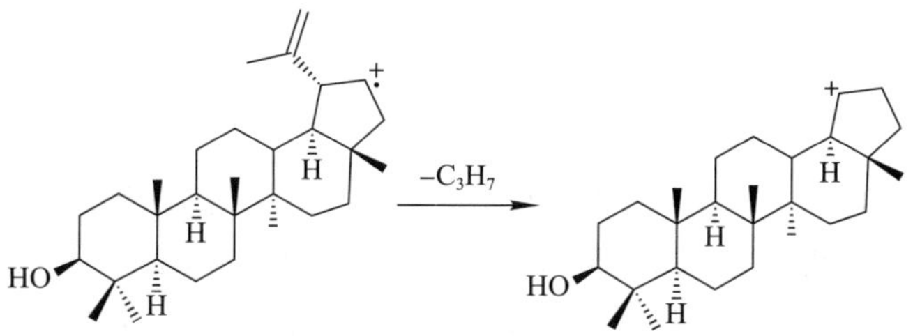

图 11-8　羽扇豆醇的质谱裂解过程

（二）四环三萜类化合物裂解的共同规律是失去侧链

此外，场解析质谱（FD-MS）、快原子轰击质谱（FAB-MS）、二级离子质谱（SI-MS）、飞行时间质谱（TOF-MS）、电喷雾质谱（ESI-MS）和激光解析质谱（LD-MS）等也被成功地应用于皂苷的结构研究。

微课　代表成分波谱综合解析

拓展阅读　基于质谱技术的中药三萜及其苷类成分在线分析

第五节　三萜及其苷类化合物的生物活性

一、抗肿瘤活性

大豆皂苷经体外实验证实可通过抑制肿瘤细胞 DNA 合成、干扰细胞代谢及改变细胞迁移的性质，抑制贴附型细胞贴壁生长，对肺腺癌细胞 SPC2A21 增殖有抑制作用。

作为中国传统中药的人参，其主要成分人参皂苷具有多种药理作用，人参皂苷 Rh_1 及其前体 Rg_1，对小鼠宫颈癌（U14）和 EAC 有明显的抑制作用，具有很强的抗肿瘤作用，其中 Rh_1 抗肿瘤作用强于 Rg_1；其二醇类皂苷 Rh_2 经研究证实具有很强的抗肿瘤活性，对肿瘤细胞具有分化诱导、增殖抑制和诱导细胞凋亡等作用。人参皂苷 Rh_2 可诱导体外培养的人肝癌 Bel-7404 细胞凋亡；人参皂苷 Rg_3 可抑制胃癌诱导的血管内皮细胞的增殖，明显抑制 B16 黑色素瘤的生长及增殖活性，还具有抑制甲状腺癌血管生成的作用，可有效抑制其生长和转移。此外人参皂苷通过阻止细胞增殖周期的 G0/G1 期或促使细胞死亡两种方式抑制肿瘤细胞 U20S 的增殖。人参三醇（PTS）是人参皂苷内抑制白血病细胞的有效成分，能抑制 HL260 细胞的生长并增强其对化疗药物的敏感性，为临床应用提供依据。

二、降血糖、血脂作用

云南七叶树（Aesculus assamuica）中的两个新三萜皂苷长柄七叶树素（assamicin）Ⅰ和Ⅱ，具有胰岛素样活性。当 assamicins Ⅰ和Ⅱ质量浓度分别为 100 μg/mL 和 25 μg/mL 时，几乎可完全抑制肾上腺素性大鼠脂肪细胞释放游离脂肪酸。另外，可促进培养的 3T3-Ll 脂肪细胞葡萄糖的吸收，皂苷质量浓度为 25 μg/mL 时，检测含有［$3H$］-2-脱氧葡萄糖的 3T3-Ll 细胞时，与对照组比较，这种作用可增强 2.5 到 3.5 倍。

西洋参叶总皂苷不仅能降低血糖，还能够降低总胆固醇、甘油三酯、低密度脂蛋白，升高高密度脂蛋白，对冠心病和血脂异常有治疗作用；此外研究证实西洋参叶总皂苷和人参总皂苷都对胰脂肪酶活性有抑制作用。泽泻具有降脂功效，其主要活性成分为原萜烷型三萜，该类成分具有肠道脂肪酶抑制活性，干预膳食脂质的消化吸收，调节机体脂质水平，发挥降脂功效。

三、保肝作用

七叶皂苷钠能显著降低 CCl_4 所致肝损伤的小鼠血清谷丙转氨酶升高,对小鼠实验性肝损伤具有明显的保护作用。三七皂苷和绞股蓝总皂苷对乙醇引起的肝损伤具有干预、保护作用,能减轻肝组织脂肪变性程度。甘草酸在日本已广泛用于治疗慢性病毒性肝炎。α-常春藤皂苷具有肝解毒作用。灵芝子实体中的小极性成分主要为三萜类,该类成分对实验性小鼠肝损伤模型(四氯化碳、氨基半乳糖苷和卡介苗+脂多糖)具有较为显著的保护作用。关于其作用机制,目前认为主要是抑制血清β-葡萄糖苷酶、蛋白激酶 C 的活性,同时增强促分裂原活化蛋白激酶(MAPK)活性。

四、抗病毒作用

山皂荚(*Gleditsia japonica*)和肥皂荚(*Gymnocladus chinensis*)中的两个皂苷可明显抑制 H-9 细胞中的 HIV 的复制(EC_{50} 分别为 1.1 μmol/L、2 μmol/L),并且毒性很低(IC_{50} 分别为 9.8 μmol/L、14 μmol/L)。从植物 Aesculus chinensis 种子中得到的三萜皂苷明显地抑制 HIV-1 蛋白酶活性。

从桔梗(*Platycodon grandiforum*)的根中分离到的三个新三萜皂苷具有抗病毒的活性,能有效抑制 HSV-1、呼吸道合胞病毒(RSV)和流感病毒(Flu A)。

黄芪总皂苷能够阻断 HSV-2333 感染 HepG-2 细胞,并抑制其增殖,对 HSV-1 和 HSV-2 均有很好的抑制作用。另外,苦瓜茎叶总皂苷也表现出一定的抗 HSV-2 病毒活性。

五、对心脑血管系统的作用

(一)抗心肌缺血作用

五加科植物刺五加的茎叶总皂苷作用于急性梗死犬时能明显增加心肌血流量,降低冠脉阻力,亦可明显减慢心率降低血压;同时减少心肌耗氧量及心肌耗氧指数,从而发挥抗心肌缺血作用;对心肌梗死 24 h 的大鼠,可明显缩小心肌梗死面积,增强抗氧化酶活性,纠正心肌缺血时 FFA 代谢紊乱和减少自由基对心肌的氧化损伤,因此对急性心肌缺血有保护作用。

(二)对脑损伤的保护作用

β-七叶皂苷钠对大鼠局灶性脑缺血-再灌注损伤具有明显保护作用,能显著改善脑缺血-再灌注后脑梗死面积,减轻脑水肿,改善神经功能症状,其保护作用可能与抑制局部炎性渗出有关。刺五加皂苷对缺血性神经元凋亡有保护作用,可能是通过抑制 NO 的释放及稳定细胞膜拮抗神经元凋亡。

(三)对血压作用

紫草科植物聚合草(*Symphytum offinicinder*)的乙醇提取物及其一个常春藤型结构的三萜皂苷能以剂量依赖方式引起麻醉小鼠收缩压和舒张压的降低。

(四)抗凝血作用

绞股蓝总皂苷对于高分子右旋糖酐所引起的血栓形成时间缩短具有较强的拮抗作用,对高分子右旋糖酐引起的凝血时间及凝血酶原时间的缩短亦具有较强拮抗作用。黄芪总皂苷具有显著抗实验性血栓形成作用,并能抑制血小板聚集,提高前列腺素水平和氧化氮含量。

六、抗炎、抗过敏作用

三七是五加科人参属植物,传统用于止血化瘀、消肿镇痛。近年来研究表明,三七总皂苷对多种实验性炎症模型具有良好的抗炎活性。例如，三七总皂苷及三七叶皂苷，对于角叉菜胶诱发的大鼠气囊膜炎具有明显的抗炎作用，升高中性粒细胞（Neu）内环磷酸腺苷（cAMP）含量，抑制炎症介质肿瘤坏死因子（TNF）及NO水平的升高，显著降低灌洗液中白细胞数量和蛋白质含量，其抗炎机制与升高Neu内cAMP水平，抑制NO及TNF含量升高，减轻脂质过氧化损伤有密切关系。金银花中分离得到的新三萜皂苷忍冬苦苷C，50~200 mg/kg剂量对耳肿胀的抑制率为15.0%~31.0%，与同剂量的忍冬苦苷A的抗炎活性相当，明显优于同剂量的阿司匹林。

七、其他作用

三萜及其苷对代谢、免疫系统也有作用，如人参皂苷对肾上腺皮质激素的分泌和血浆中皮质酮的升高有促进作用，人参和黄芪皂苷可增强机体的免疫功能，大豆（黄豆）中的大豆皂苷（soyasaponins）可抑制血清中脂类氧化及过氧化脂质生成，并有减肥作用。有些皂苷还有杀软体动物、抗生育等活性。另外，由于皂苷具有降低表面张力的活性，可被用作乳化稳定剂、洗涤剂和起泡剂等。

第六节 三萜类化合物的研究实例

研究实例：灵芝中三萜类成分的分离和结构鉴定

（一）研究对象

中药灵芝为多孔菌科真菌赤芝（*Ganoderma lucidum*）或紫芝（*Ganoderma sinense*）的干燥子实体，其味甘性平，归心、肝、肺肾经，主产于四川、浙江、江西等地。《神农本草经》中将其列为上品，具有补气安神、止咳平喘、扶正固本之功效。灵芝的化学成分丰富，主要包括多糖、三萜，此外还含有甾醇、蛋白质、多肽、生物碱及微量元素等。现代药理学研究表明，灵芝及其有效成分具有抗肿瘤、增强免疫、降血糖、保肝、抗衰老、抗炎、抗凝血等药理作用。灵芝作为药用已有2 000多年的历史，在肝保护、免疫调节及抗肿瘤方面临床应用广泛。

（二）Ganoderica A 结构式

chemical formula：$C_{30}H_{40}O_8$

（三）Ganoderica A 结构鉴定

化合物1为白色无定形粉末；根据（+）-HRESIMS显示的准分子离子峰 *m/z* 529.2779 [M+H]$^+$，以及NMR数据提示其分子式为$C_{30}H_{40}O_8$。化合物1的^{1}H-NMR谱提示结构中存在四个与季碳相连的甲基质子 [δ_H 0.90（s, CH$_3$-18），1.24（s, CH$_3$-19），0.97（s, CH$_3$-29），1.45（s, CH$_3$-30）]、一个与烯键相连的甲基质子 [δ_H 2.15（s, CH$_3$-21）]、一个三取代双键质子 [δ_H 6.25（s, H-22）]、一个与叔碳相连甲基质子 [δ_H 1.18（d, *J* = 7.2 Hz, CH$_3$-27）]、一个连氧次甲基质子 [δ_H 4.97（t, *J* = 8.4 Hz, H-7）]、一个连氧亚甲基质子 [δ_H 3.59（d, *J* = 10.8 Hz, H-28a）和 3.39（d, *J* = 10.8 Hz, H-28b）]。

化合物 1 的 ^{13}C-NMR 谱显示了 30 个碳信号，包括 4 个酮羰基碳信号 [δ_C 218.6（C-3），199.6（C-11），217.0（C-15），200.9（C-23）]、一个羧基信号 [δ_C 179.8（C-26）、四个烯碳信号 [δ_C 160.3（C-8），142.2（C-9），155.5（C-20），125.9（C-22）]、两个连氧碳信号 [δ_C 66.9（C-7）和 68.1（C-28）]。上述 1D 和 2D NMR 谱数据表明化合物 1 具有与已知化合物 28（或 29）-dihydroxy-3,11,15,23-tetraoxolanost-8,20（22）-dien-26-oic acid 相同的平面结构。在 HMBC 谱中，H2-28 和 H$_3$-29/C-3、H-7/C-8 和 C-9、H-22/C-17 和 C-21、H$_3$-27/C-26、H$_3$-30/C-15 关键的远程相关信号证实了上述推断。在 NOESY 谱中，H$_3$-19/H$_3$-29、H-5/H-7、H$_3$-30/H-17、H-22/H-17 和 H-16 之间存在 NOE 效应，可确定化合物 1 的相对构型为如图 11-9 所示结构。化合物 1 经 X 射线单晶衍射（Cu）实验进一步确定了该化合物的绝对构型（5R，8R，9R，10R，11R，12R，14R）（图 11-10）。综上，明确化合物 1 的结构为（4R，5R，7S，10S，13R，14R，17R，25R）-7,28-dihydroxy-3,11,15,23-tetraoxo-5α-lanosta-8,20（22）E-dien-26-oic acid，命名为 ganoderica A。

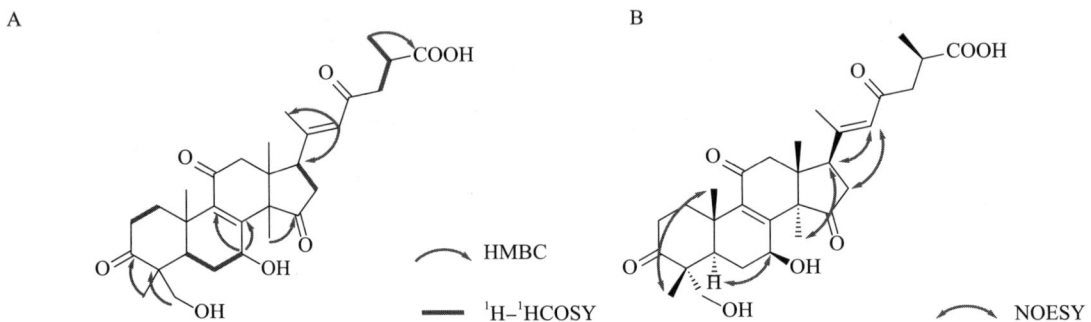

图 11-9 Ganoderica A 的关键 HMBC（H→C）和 ^{1}H-^{1}H COSY（A）和 NOESY（B）相关信号

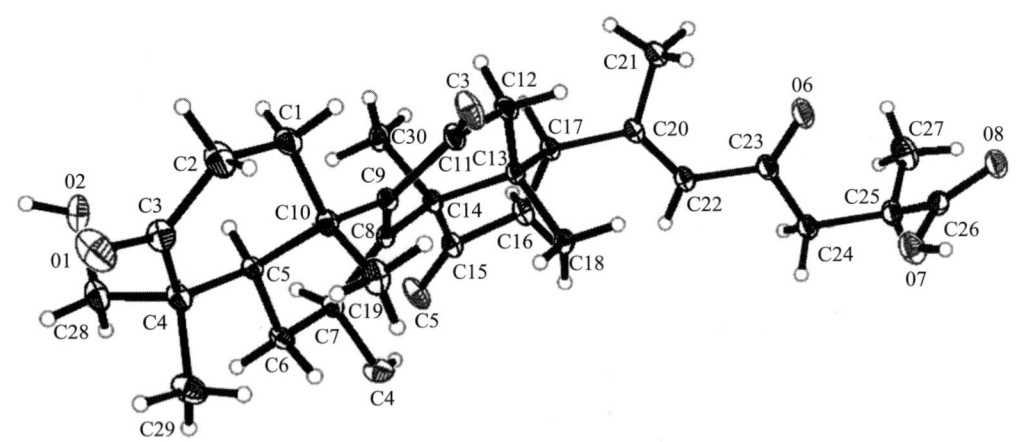

图 11-10 ganoderica A 的 X 射线单晶衍射图

（四）核磁共振数据

表 11-2 ganoderica A 的氢谱和碳谱核磁共振数据（CD$_3$OD）

序号	δ_H	δ_C	序号	δ_H	δ_C
1	2.88（1H，m） 1.56（1H，m）	35.2	17	3.26（1H，t，J = 8.4 Hz）	50.8
2	2.49（1H，m） 2.49（1H，m）	37.1	18	0.90（3H，s）	19.6
3		218.6	19	1.24（3H，s）	18.4

续表

序号	δ_H	δ_C	序号	δ_H	δ_C
4		53.0	20		155.5
5	2.22（1H, dd, J = 13.8, 1.8 Hz）	42.3	21	2.15（3H, s）	21.2
6	2.07（1H, ddd, J = 12.6, 8.4, 1.8 Hz） 1.60（1H, m）	28.9	22	6.25（1H, s）	125.9
7	4.97（1H, t, J = 8.4 Hz）	66.9	23		200.9
8		160.3	24	2.93（1H, m） 2.60（1H, m）	48.7
9		142.2	25	2.88（1H, m）	36.3
10		39.2	26		179.8
11		199.6	27	1.18（3H, d, J = 7.2 Hz）	17.6
12	3.07（1H, d, J = 16.8 Hz） 2.53（1H, d, J = 16.8 Hz）	50.2	28	3.59（1H, d, J = 10.8 Hz） 3.39（1H, d, J = 10.8 Hz）	68.1
13		47.2	29	0.97（3H, s）	17.4
14		59.5	30	1.45（3H, s）	25.6
15		217.0	$COCH_3$		
16	2.82（1H, dd, J = 18.6, 10.2 Hz） 2.62（1H, dd, J = 18.6, 8.4 Hz）	39.0	$COCH_3$		

（五）附图（图 11-11～图 11-17）

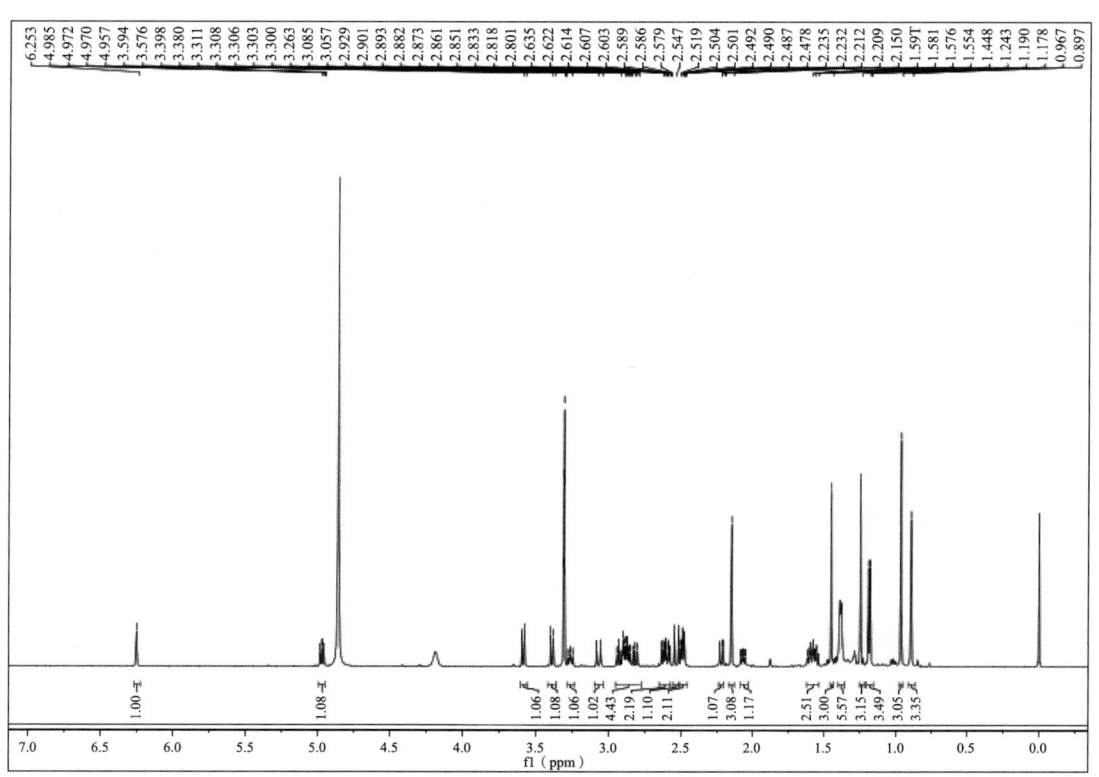

图 11-11　Ganoderica A 的 ^{1}H-NMR 谱

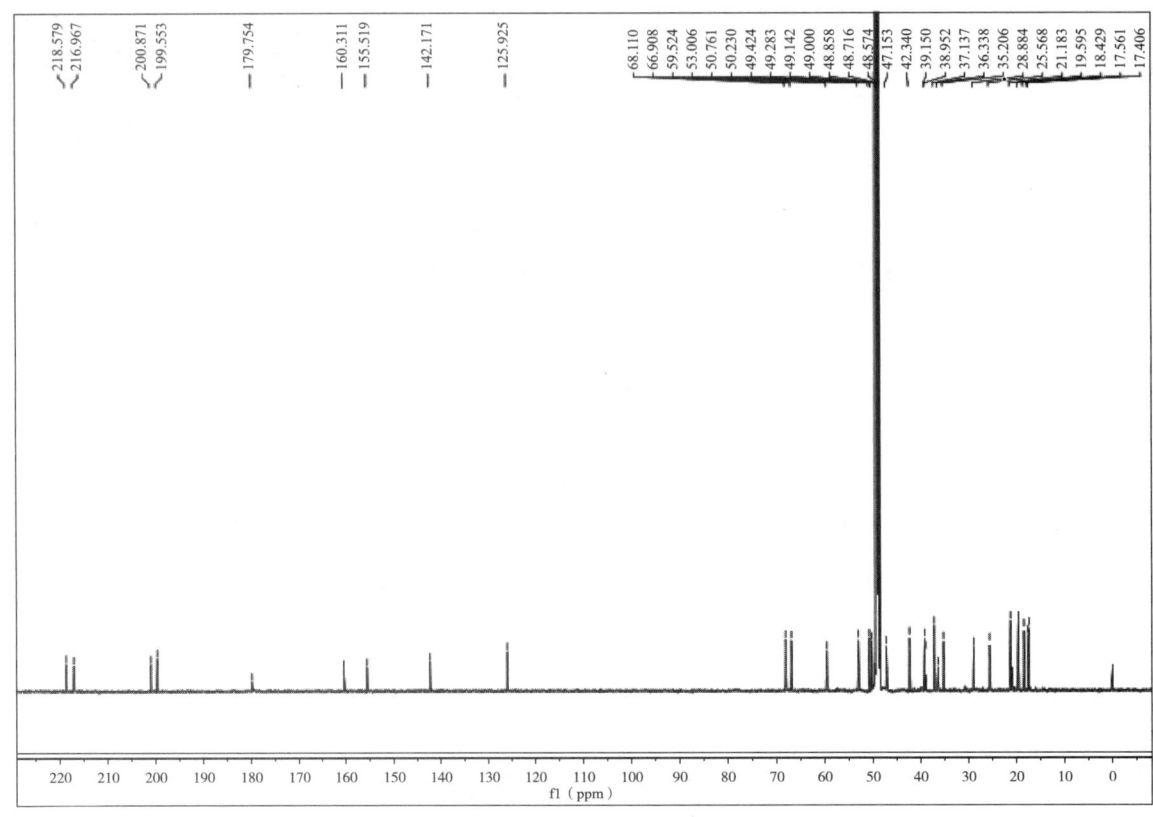

图 11-12　Ganoderica A 的 ^{13}C-NMR 谱

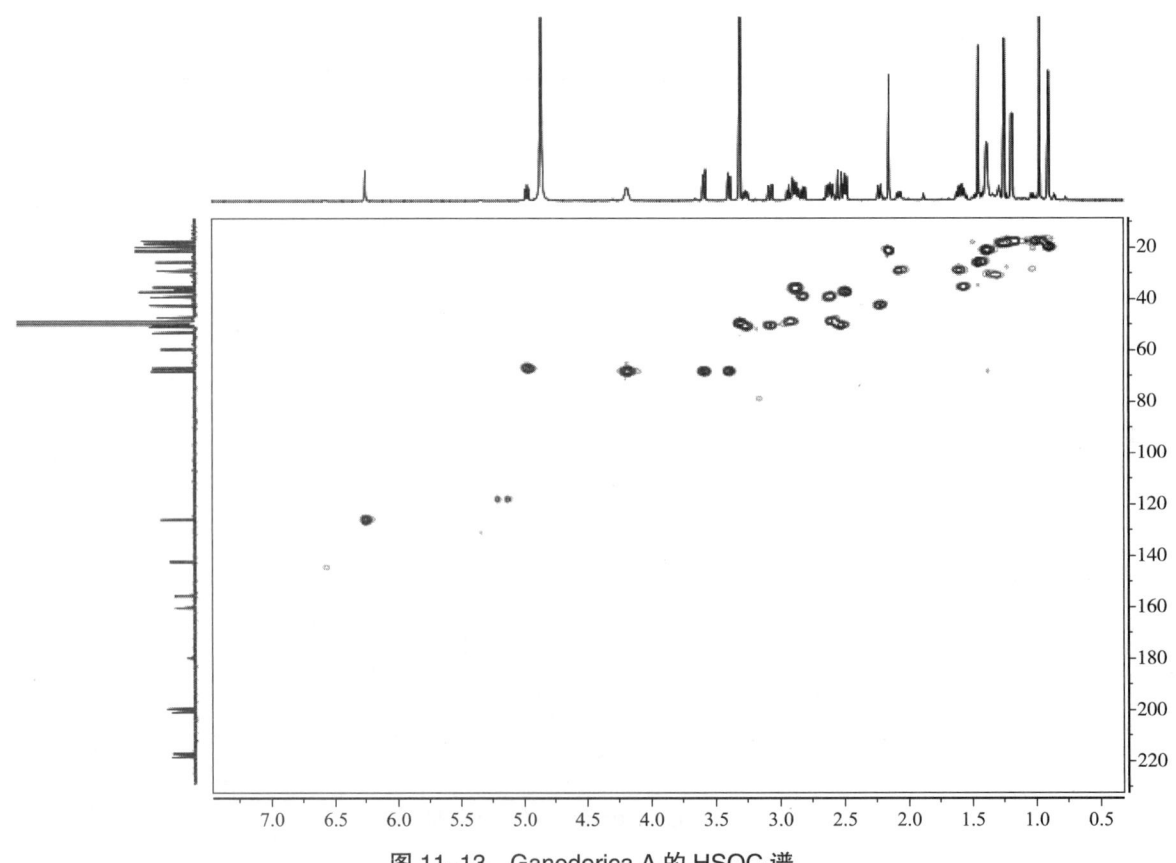

图 11-13　Ganoderica A 的 HSQC 谱

第六节 三萜类化合物的研究实例 · 263 ·

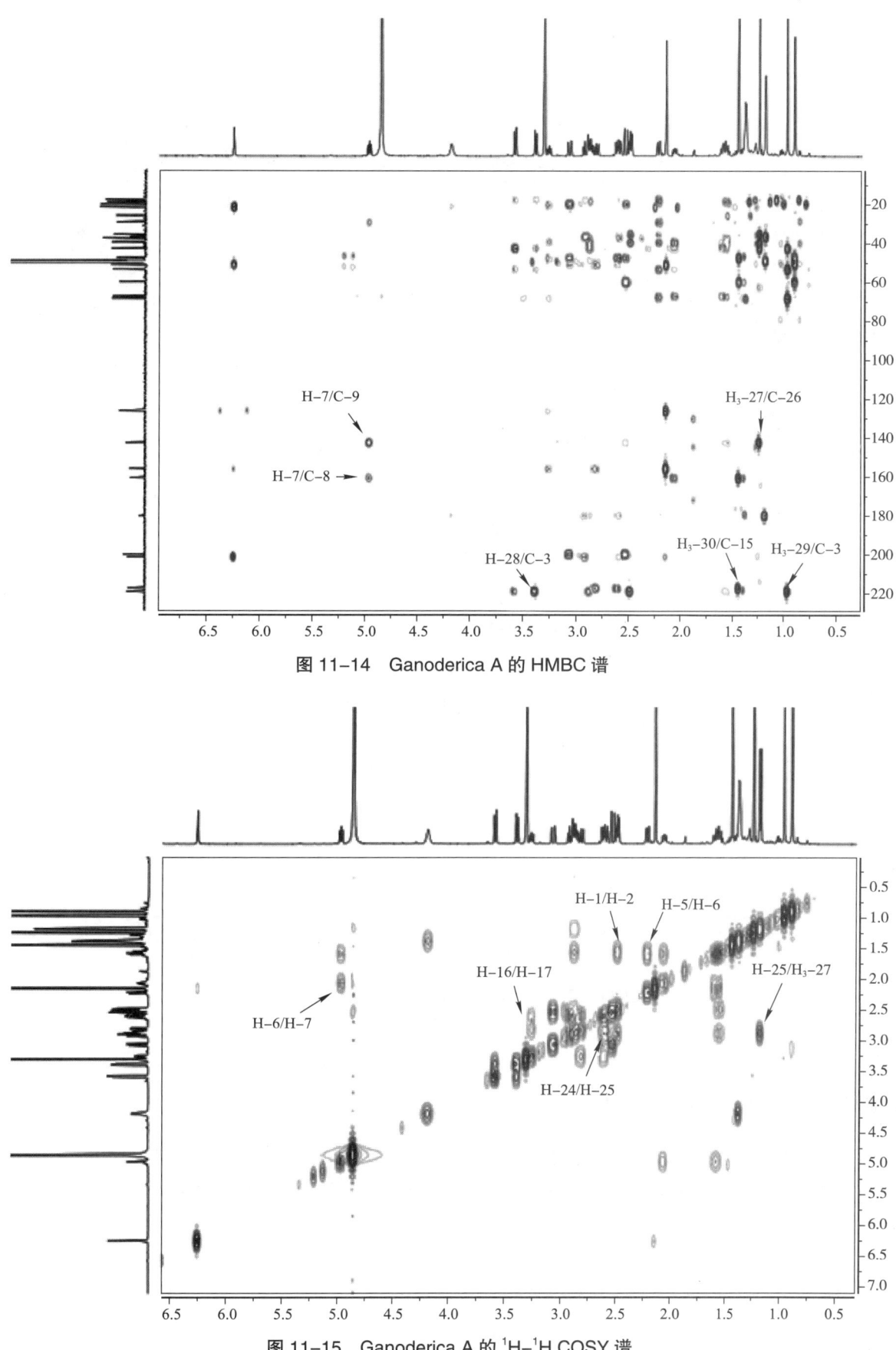

图 11-14 Ganoderica A 的 HMBC 谱

图 11-15 Ganoderica A 的 ^1H-^1H COSY 谱

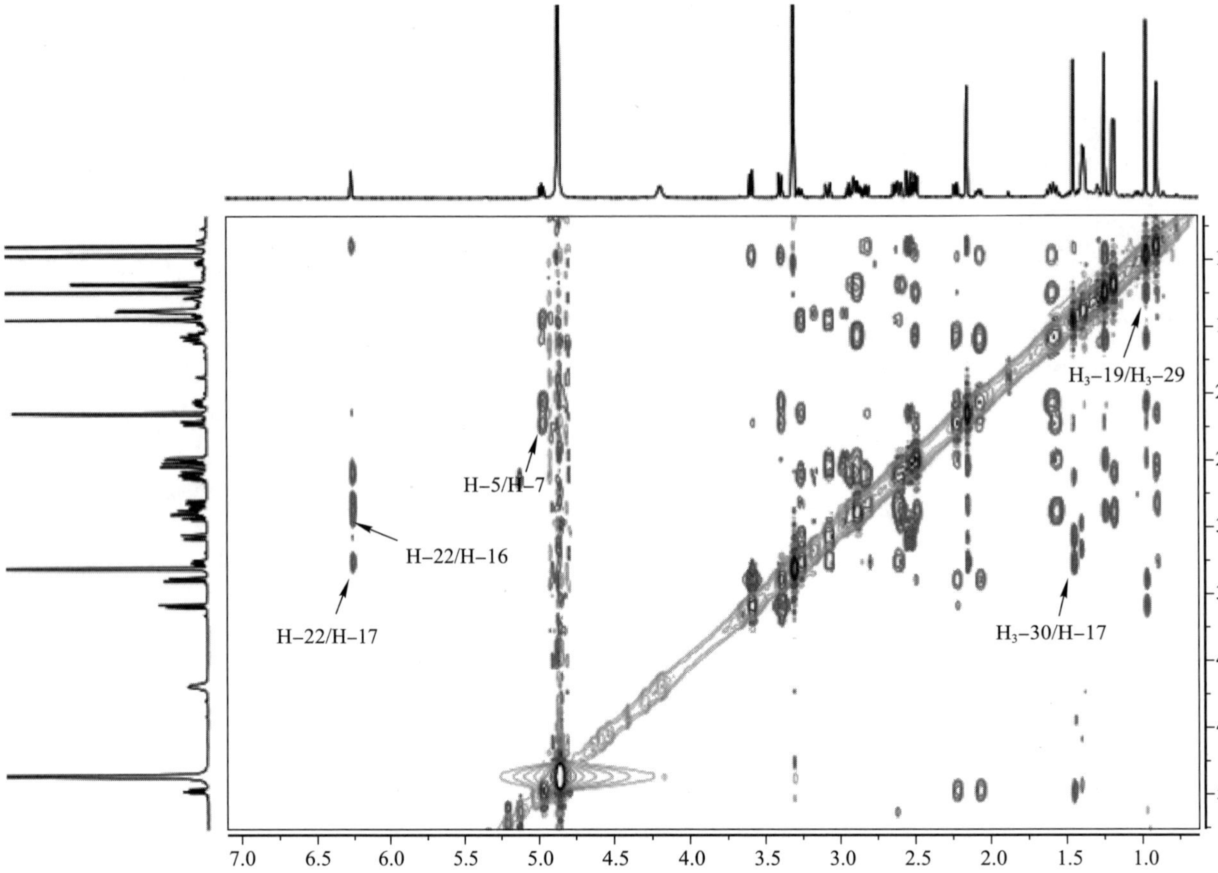

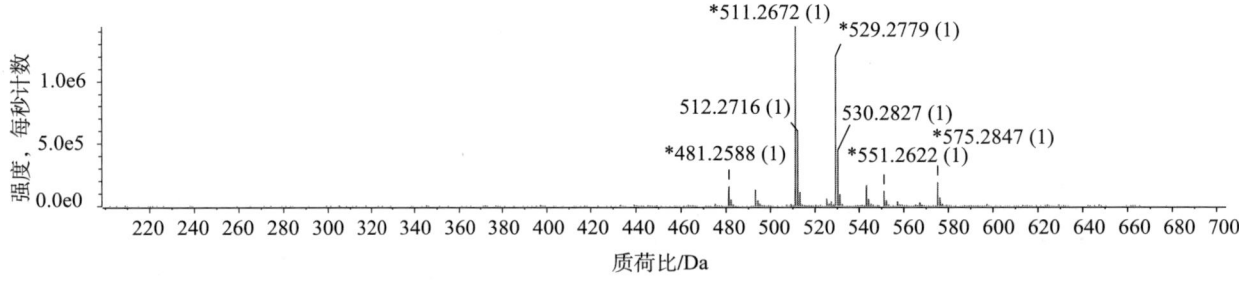

图 11-16　Ganoderica A 的 NOESY 谱

图 11-17　Ganoderica A 的 HR-ESI-MS 图谱

（王　超）

数字资源详见　新形态教材网

学习目标　思维导图　思政元素　案例探讨　参考文献
微视频　拓展阅读　本章小结　自测题　教学课件

第十二章
甾体及其苷类化合物

编者导学

📍 学习目标

🌀 思维导图

本章导航
第一节　概述
第二节　强心苷类化合物
第三节　甾体皂苷类化合物
第四节　其他甾体类化合物
第五节　甾体及其苷类化合物的研究实例

甾体类化合物（steroids）是一类广泛存在于生物组织内的重要天然化学成分，几乎所有生物体自身都能经甲戊二羟酸生物合成途径合成甾体类化合物。甾体类化合物具有广泛的生物活性，已有多个甾体类化合物成功开发成药物并应用于临床，国际上有多位科学家因从事甾体有关研究获得诺贝尔奖。

根据甾体类化合物的环戊烷并多氢菲甾核上 C-17 位侧链不同，天然甾体类化合物可分为强心苷类、甾体皂苷类、C_{21} 甾类、植物甾醇、胆酸类、昆虫变态激素等类型。本章将主要介绍甾体类化合物的结构类型，强心苷及甾体皂苷的结构、理化性质、波谱学特征及生物活性，以及其他类型甾体类化合物的结构与活性。最后结合开口箭甾体皂苷及薯蓣皂苷研究实例，介绍甾体皂苷的研究过程和方法。

第一节　概　　述

甾体类化合物是指具有环戊烷并多氢菲（甾核）的一类天然产物，是广泛存在的一类重要天然化学成分。生源上，甾体类化合物都是由甲戊二羟酸生物合成途径转化而来。地球上的绝大多数生物体（包括人体）都能合成甾体化合物，具有重要的调节生理功能作用，与许多生命过程密切相关，备受科学家的关注。

自 20 世纪 50 年代甾体避孕药开始应用于临床，甾体类化合物发展迅猛。20 世纪 60 年代末至 70 年代前期发现甾体蜕皮激素，20 世纪 70 年代末至 80 年代初发现甾体植物生长调节剂。20 世纪 90 年代后期，随着分子生物学及各种现代天然产物分离技术的快速发展，从植物和海洋生物中相继发现大量结构新颖的多羟基甾醇、甾体皂苷、多胺甾体、甾体多羟基硫酸酯等化合物。甾体化合物的提取分离、合成及应用研究已成为药物开发十分活跃的领域，被称作 20 世纪研究最为透彻的药物。目前，已上市的甾体药物超过 100 种，在化学药物体系中占有重要的地位，是仅次于抗生素的第二大类药物，被广泛用于治疗风湿性关节炎、哮喘、淋巴性白血病、过敏、肿瘤、皮肤病、内分泌失调等疾病，国际医药市场需求巨大。

甾体类化合物的环戊烷骈多氢菲甾核四个环可以有不同的稠合方式，甾核的 C-3 位有羟基取代，多与糖类结合成苷。甾核的 C-10 和 C-13 位有角甲基取代，C-17 位有侧链。根据 C-17 位侧链不同，可将天然甾体化合物分为若干类型，如表 12-1 所示。

天然甾体化合物的 C-10、C-13、C-17 侧链大都是 β 构型。根据 C-3 位羟基的空间取向，有两种异构体：3-OH 和 10-CH_3 为顺式，称为 β 型（以实线表示）；3-OH 和 10-CH_3 为反式，称为 α 型或 epi-（表-）型（以虚线表示）。甾核的多个位置还可以有羟基、羰基、双键、环氧醚键等基团取代。本章主要介绍强心苷、甾体皂苷、C_{21} 甾、植物甾醇和胆酸类成分。

表 12-1　天然甾体化合物分类及甾核的稠合方式

甾核	类别	C-17 侧链	A/B	B/C	C/D
	强心苷类	不饱和内酯环	顺、反	反	顺
	甾体皂苷类	含氧螺杂环	顺、反	反	反
	C_{21} 甾类	甲羰基衍生物	反	反	顺
	植物甾醇	脂肪烃	顺、反	反	反
	胆酸类	戊酸	顺	反	反
	昆虫变态激素	脂肪醇	顺	反	反

甾体类化合物与三萜化合物类似，在无水条件下遇强酸亦能产生各种颜色反应，可用于甾体类化合物的鉴别。主要有以下反应。

（1）醋酐-浓硫酸反应（Liebermann-Burchard 反应）：将样品溶于乙酸酐，加浓硫酸-乙酸酐（1∶20），产生红、紫、蓝、绿、污绿等颜色变化，多数甾体皂苷最后呈现绿色。

拓展阅读　Liebermann-Burchard 反应

（2）三氯甲烷-浓硫酸反应（Salkowski 反应）：样品溶于三氯甲烷，沿管壁滴加浓硫酸，硫酸层呈现红色或蓝色，三氯甲烷层出现绿色荧光。

拓展阅读　Salkowski 反应

（3）三氯乙酸反应（Rosen-Heimer 反应）：样品和 25% 的三氯乙酸乙醇溶液反应可显红色至紫色。将 25% 三氯乙酸乙醇液和 3% 氯胺 T（chloramine T）水溶液以 4∶1 混合，喷在滤纸上与强心苷反应，干燥后于 90℃加热数分钟，在紫外光灯下观察，可显黄绿色、蓝色、灰蓝色荧光，反应较为稳定，也可用氧化苯甲酰、次氯酸盐、过氧化氢等代替氯胺 T。

（4）三氯化锑或五氯化锑反应（Kahlenberg 反应）：将样品醇溶液点在滤纸上，喷 20% 三氯化锑（或五氯化锑）三氯甲烷溶液（不应含乙醇和水），干燥后再于 60~70℃加热，显黄色、灰蓝色、灰紫色斑点。

（5）冰醋酸-乙酰氯反应（Tschugaeff 反应）：样品溶于冰醋酸中，加乙酰氯数滴及氯化锌结晶数粒，稍加热后呈现淡红色或紫红色。

第二节　强心苷类化合物

强心苷（cardiac glycoside）是存在于植物中具有强心作用的一类甾体苷类化合物。目前临床上应用的强心苷达二十余种，如地高辛、西地兰、毛花苷 C、毛地黄毒苷等，可选择性作用于心脏，具有增强心肌收缩力、减慢窦性心率、改善动脉系统供血状况的作用，主要用于充血性心力衰竭及节律障碍等心脏疾患的治疗。几千年前，古埃及人就发现多种含强心苷的药用植物。强心苷存在于许多有毒的植物中（主要有十几个科的几百种植物），特别是以玄参科、夹竹桃科植物最普遍，在萝藦科、百合科、十字花科、卫矛科、豆科、桑科、毛茛科、梧桐科、大戟科植物中也较普遍。

至今，动物中尚未发现有强心苷类存在。中药蟾酥（蟾蜍皮下腺分泌物）中所含强心成分为蟾毒配基（bufogenins）及其酯类（称蟾酥毒类，bufotoxins），但不是苷类成分。

一、强心苷的结构类型

强心苷的结构比较复杂，是由强心苷元（cardiac aglycone）与糖两部分构成的。天然存在的强心苷元甾体母核四个环的 B/C 环都是反式稠合，C/D 环都是顺式稠合。A/B 环顺反稠合方式都有，其中以顺式稠合的较多，如毛地黄毒苷元（digitoxigenin）；反式稠合的较少，如乌沙苷元（uzarigenin）。

在强心苷的甾核上，C-3 和 C-14 位都有羟基取代，3-OH 多为 β 构型，少数是 α 构型。α 构型强心苷命名时冠以表字（*epi*），如毛地黄毒苷元（digitoxigenin）的 C-3 异构体称为 3-表毛地黄毒苷元（3-epidigitoxigenin）。由于 C/D 环是顺式，所以 14-OH 都是 β 构型。甾核其他位置上也可能有羟基取代，一般位于 1β、2α、5β、11、12、15β、16β 等。16β-OH 还可能与甲酸、乙酸、异戊酸（isovaleric acid）等脂肪酸结合成酯。甾核上一般在 C-11 或 C-12 位可能有羰基取代，还可能有 Δ^4、Δ^5、$\Delta^{9(11)}$、Δ^{16} 双键，7 与 8β、8 与 14β 或 11 与 12β 之间还可能有环氧基。强心苷元甾核的 C-10 多是甲基，也可能是醛基、羟甲基、羧基，都是 β 构型。C-13 上均为角甲基。

强心苷 C-17 位侧链多为 β-不饱和内酯；个别为 α 构型，命名时标以 17β-H。C-17 位如连接五元环的 $\Delta^{\alpha\beta}$-γ-内酯，称为甲型强心苷元；如连接六元环的 $\Delta^{\alpha\beta,\gamma\delta}$-δ-内酯，称为乙型强心苷元。

甲型强心苷元　　　　　　乙型强心苷元

在命名方面，甲型强心苷以强心甾（cardenolide）为母核命名，如毛地黄毒苷元命名为 3β,14β-二羟基-5β-强心甾-20(22)-烯［3β,14β-dihydroxy-5β-card-20(22)-enolide］。乙型强心苷元则以海葱甾（scillanolide）或蟾酥甾（bufanolide）为母核命名，如海葱苷元（scillaridin）化学名为 3β,14β-二羟基海葱甾-4,20,22-三烯（3β,14β-dihydroxy-scilla-4,20,22-trienolide）。

毛地黄毒苷元　　　　　　乌沙苷元　　　　　　海葱苷元

强心苷中糖均与苷元 3-OH 结合形成苷，可多至 5 个糖单元，以直链连接。大多数强心苷的糖链与苷元的连接方式如下：①强心苷元 -O-（去氧糖）$_{1-3}$（末端葡萄糖）$_{1-2}$；②强心苷元 -O-（去氧糖）；③强心苷元 -O-（葡萄糖）。

由此通式可知，苷元如果同时接有去氧糖与葡萄糖，则去氧糖总是直接与苷元相连，再接葡萄糖，也有的苷元仅接去氧糖或葡萄糖。与其他植物成分的苷不同，强心苷中的糖有六碳醛糖、6- 去氧糖、6- 去氧糖甲醚和五碳醛糖，如 L- 黄花夹竹桃糖（L-thevetose）、D- 毛地黄毒糖（D-digitoxose）、D- 鸡纳糖（D-quinovose）、D- 弩箭子糖（D-antiarose）、D-6- 去氧阿洛糖（D-6-deoxyallose）；还有存在于强心苷中特殊的 2,6- 二去氧糖、2,6- 二去氧糖甲醚，如 L- 夹竹桃糖（L-oleandrose）、D- 地芰糖（D-diginose）、D- 毛地黄糖（D-digitalose）、D- 加拿大麻糖（D-cymarose）。强心苷中常见的去氧糖如下所示。

L-黄花夹竹桃糖 R = OH
L-夹竹桃糖 R = H

D-毛地黄糖 R = OH
D-地芰糖 R = H

D-毛地黄毒糖 R = OH
D-加拿大麻糖 R = CH$_3$

D-鸡纳糖　　　D-弩箭子糖　　　D-6-去氧阿洛糖

强心苷的糖上可连有乙酰基，如 4′- 乙酰基加拿大麻苷（4-acetyl cymaroside）。有些强心苷元还与氨基糖成苷，如米替非林（mitiphyllin）和 N- 去甲米替非林（N-demethyl mitiphyllin）。

4′-乙酰基加拿大麻苷

米替非林　　　R= CH$_3$
N-去甲米替非林　R= H

（一）甲型强心苷

甲型强心苷主要分布于玄参科（毛地黄属）、夹竹桃科、萝藦科（杠柳属、马利筋属）、百合科（铃兰属、万年青属）、十字花科、毛茛科等。同一植物中含有多种强心苷，通常是由不同的苷元与不同的糖缩合而成，有单糖苷，还有多糖苷。目前，研究较多的含强心苷植物有毛花毛地黄（*Digitalis lanata*）、紫花毛地黄（*D. purpurea*）、黄花夹竹桃（*Thevetia peruviana*）、毒毛旋花子（*Strophanthus kombe*）、杠柳（*Periploca sepium*）、铃兰（*Convallaria keiskei*）等。

从毛花毛地黄叶中分离出的强心苷均属甲型强心苷，是由五种强心苷苷元——毛地黄毒苷元

（digitoxigenin）、羟基毛地黄毒苷元（gitoxigenin）、异羟基毛地黄毒苷元（digoxigenin）、双羟基毛地黄毒苷元（diginatigenin）和吉他洛苷元（gitaloxigenin），与不同糖缩合所形成的，大多数是次级苷，如毛地黄毒苷（digitoxin）、羟基毛地黄毒苷（gitoxin）、异羟基毛地黄毒苷（digoxin）、双羟基毛地黄毒苷（diginatin）、吉他洛苷（gitaloxin）。属于一级苷存在的强心苷有毛花毛地黄苷A、B、C、D和E（lanatosides A、B、C、D、E），分子中还连有乙酰酯基。紫花毛地黄叶中分离出的强心苷已达20多种，是由毛地黄毒苷元、羟基毛地黄毒苷元和吉他洛苷元三种强心苷元衍生的，大多数亦为次级苷，属于一级苷的有紫花毛地黄苷A、B（purpurea glycosides A、B）和葡萄糖吉他洛苷（glucogitaloxin）等。在临床上，除毛地黄苷C为一级苷亲水性强、适于注射外，其余均为次级苷。如毛地黄毒苷（digitoxin）亲脂性较强，口服吸收完全，作用持久而缓慢，可注射或口服，但多口服用于慢性病例。异羟基毛地黄毒苷（地高辛，digoxin）在C-12位引入羟基，亲脂性降低，口服不易吸收，但可制成注射液用于急性病例，作用迅速，蓄积性小。去乙酰毛花毛地黄苷C（deslanoside，毛花苷丙）亲水性更强，口服吸收差，适于注射，作用基本与地高辛相似，毒性小，安全性大，为一个速效强心苷。

G-毒毛旋花苷（G-strophanthin），又称乌本苷（ouabain），是从旋花羊角拗（*Strophanthus gratus*）成熟种子中分离得到，为乌本苷元（ouabagenin）的L-鼠李糖苷，为速效强心苷，并作为测定强心苷生物效价的标准品。

	R_1	R_2	苷元
毛地黄毒苷	H	H	毛地黄毒苷元
羟基毛地黄毒苷	H	OH	羟基毛地黄毒苷元
异羟基毛地黄毒苷	OH	H	异羟基毛地黄毒苷元
吉他洛苷	H	OCHO	吉他洛苷元

digitoxose—⁴—digitoxose—⁴—digitoxose—O—

	R_1	R_2
毛花毛地黄苷A	H	H
毛花毛地黄苷B	H	OH
毛花毛地黄苷C	OH	H
毛花毛地黄苷D	OH	OH
毛花毛地黄苷E	H	OCHO

(digitoxose—⁴—)₂digitoxose—⁴—glc
|3
COCH₃

	R
紫花毛地黄苷A	H
紫花毛地黄苷B	OH
葡萄糖吉他洛苷	OCHO

(digitoxose—⁴—)₃glc

（二）乙型强心苷

乙型强心苷是C_{24}甾类，主要存在于百合科（海葱属）、景天科、毛茛科、鸢尾科、檀香科、楝科，且百合科分布最多，已发现有100多种。该类化合物最早在古埃及用于治疗心脏疾病的海葱（*Urginea maritima*）中发现，现代研究发现海葱的主要成分原海葱苷A（proscillaridin A）、海葱苷A（scillaren A）及葡萄糖海葱苷A（glucoscillaren A）等，其苷元都是海葱苷元（scillaridin）。绿海葱苷（scilliglaucoside）是绿海葱苷元（scilliglaucogenin）的5-O-葡萄糖苷，也存在于海葱中。

	R		R	R'
海葱苷元	H	绿海葱苷元	H	H
原海葱苷 A	Rha	绿海葱苷	Glc	H
海葱苷 A	Rha—Glc	scillicyanogenin	H	OCOCH₃
葡萄糖海葱苷 A	Rha—Glc—Glc	scillicyanoside	Glc	OCOCH₃

中药蟾酥（*Bufonis Venenum*）由中华大蟾蜍（*Bufo gargarizan*s Cantor）或黑框蟾蜍（*B. gargarizan* Schneider）耳后腺及皮下腺分泌的白色浆液经加工而制成，具有解毒、止痛、开窍醒神之功效。现代药理试验和临床证明，蟾酥具有强心利尿、升压抗炎、镇咳祛痰、抗癌、升白细胞等多方面生物活性。蟾酥所含成分复杂，它的毒性成分是蟾毒配基类（bufogenins）及其酯类即蟾酥毒素类（bufotoxins），它们都属于六元内酯环型强心苷元的衍生物。蟾毒配基在蟾酥中不是以苷的形式存在，而是其 3-OH 与辛二酰精氨酸（suberoylarginine）等结合成酯的形式存在，即蟾酥毒类。蟾酥毒类在加工过程中降解成蟾毒配基类，至今从蟾酥中分离出的蟾毒配基已有 140 多种。例如由日蟾酥它灵与辛二酰、庚二酰、己二酰和丁二酰精氨酸形成的酯类，称为日蟾蜍它灵毒素类（gamabufotalitoxins）。

$n= 2$ 丁二酰精氨酸
$n= 4$ 己二酰精氨酸
$n= 5$ 庚二酰精氨酸
$n= 6$ 辛二酰精氨酸

日蟾蜍它灵毒素类

蟾毒配基类成分有较强的强心作用，毒性也大，其中以来西蟾酥毒配基（resibufogenin）的毒性最弱，具有强心、升压、呼吸兴奋作用，临床上用于心力衰竭、呼吸抑制的急救。此外，蟾毒配基类成分对多种人肿瘤细胞的增殖具有显著抑制作用。

二、强心苷的生物合成

在生源上，甾体类化合物都是甲戊二羟酸（mevalonate，MVA）的生源合成途径。在甾体的生物合成中，合成前体角鲨烯或其衍生物环氧角鲨烯在酶的作用下环合形成羊毛甾醇（lanosterol）。羊毛甾醇在细胞色素 P450 单氧化酶等的催化下，其 C-14 甲基及 28,29- 甲基经过氧化脱羧，形成甾体化合物生物合成共同的前体—甾醇母核结构。

甾醇母核经过多次转化逐步生成强心苷，其中涉及还原酶、氧化还原酶、苷化酶、糖基转移酶、乙酰化酶等约 20 种酶。胆甾醇通过羟基化及氧化裂解脱去侧链，在 NADPH 的参与下形成孕酮。孕酮的 3 位还原成羟基，并依次发生 14 位和 21 位的羟基化。21 位羟基通过和丙二酸单酰辅酶 A（malonyl-CoA）反应形成丙二酸酯，再经过羟醛缩合、脱羧、脱水形成具有五元不饱和内酯环的甲型强心苷元，如毛地黄毒苷元；若与草酸乙酰辅酶 A（oxaloacetyl-CoA）反应，通过类似步骤可以形成具有六元不饱和内酯环侧链的乙型强心苷元，如蟾蜍灵（bufalin）及其衍生物。

三、强心苷的理化性质

1. 性状及溶解度 强心苷多为无定形粉末或无色结晶，有旋光性，对黏膜具有刺激性。C-17 侧链为 β 构型的味苦，α 构型的味不苦。

强心苷一般可溶于水、丙酮及醇类等极性溶剂，微溶于乙酸乙酯、含醇三氯甲烷，几乎不溶于乙醚、苯、石油醚等非极性溶剂。

2. 显色反应 强心苷除甾体母核所产生的显色反应外，还有结构中不饱和内酯环和 2-去氧糖产生的特征显色反应。

（1）不饱和内酯环产生的显色反应：在碱性醇溶液中，甲型强心苷的 C-17 位的不饱和五元内酯环双键发生移位形成活性次甲基，能与某些试剂反应而显色。乙型强心苷在碱性醇溶液中不能产生活性次甲基，故无此类反应，据此可以区分两种类型的强心苷。具体反应如表 12-2 所示。

此类显示反应可以在试管中进行，也可用作薄层色谱或纸色谱的显色剂。用作显色剂时，先喷硝基苯类试剂，再喷醇性氢氧化钠溶液，即可呈现有色斑点，放置颜色会逐渐消退。

拓展阅读 Kedde 反应

表 12-2 活性次甲基显色反应

反应名称	样品	试剂	颜色	最大波长（λ_{max}/nm）
Legal 反应	1~2 mg 样品，2~3 滴吡啶	3% 亚硝酰铁氰化钠；2 mol/L NaOH	深红或蓝	470
Kedde 反应	乙醇溶液	2% 3,5-二硝基苯甲酸乙醇溶液；20% NaOH	紫红或红	590
Raymond 反应	50% 乙醇溶液	1% 间二硝基苯乙醇溶液；20% NaOH	紫红或蓝	620
Baljet 反应	乙醇溶液	2,4,6-三硝基苯酚；5% NaOH	橙或橙红	490

（2）2-去氧糖产生的反应：甾体化合物与糖成苷后，均可与 5% α-萘酚乙醇液及浓硫酸发生反应，在两液面间产生紫色环（Molisch 反应）。由于强心苷中含有独特的 2-去氧糖，除可发生 Molisch 反应外，还有 2-去氧糖的专属反应。

1) Keller-Kiliani 反应：将强心苷溶于含少量 Fe^{3+} [$FeCl_3$ 或 $Fe_2(SO_4)_3$] 的冰醋酸中，沿管壁滴加浓硫酸，观察界面和醋酸颜色变化。分子中如有 2-去氧糖存在，醋酸层渐呈蓝色或蓝绿色。由于浓硫酸对苷元所起的作用渐渐扩散至下层，界面的颜色变化随苷元不同而异。此反应只对游离的 2-去氧糖或在反应条件下能水解出 2-去氧糖的苷显色。

拓展阅读 Keller-Kiliani 反应

2) 对二甲氨基苯甲醛（Ehrlich 试剂）反应：将强心苷醇溶液滴在滤纸上，挥干后喷对二甲氨基苯甲醛试剂 [1% 对二甲氨基苯甲醛乙醇溶液-浓盐酸（4:1）]，于 90℃加热 30 s，如有 2-去氧糖，可显灰红色斑点。

3) 咕吨氢醇（xanthydrol）反应：取强心苷固体样品少许，加咕吨氢醇试剂（10 mg 咕吨氢醇溶于 100 mL 冰醋酸，加入 1 mL 浓硫酸），置于水浴上加热 3 min，若分子中有 2-去氧糖则显红色。

4) 过碘酸-对硝基苯胺反应：过碘酸能将样品分子中的 2-去氧糖氧化生成丙二醛，丙二醛与对硝基苯胺缩合而呈黄色。

此显色反应可作为薄层色谱和纸色谱的显色剂。在薄层上先喷过碘酸钠溶液（1份过碘酸钠饱和水溶液，加2份蒸馏水），室温放置10 min，再喷对硝基苯胺试液［1%对硝基苯胺乙醇溶液－浓盐酸（4：1）］，在灰黄色的背景上立即呈现深黄色斑点，在紫外灯下呈现黄色荧光斑点，如再喷5% NaOH甲醇溶液，斑点变成绿色。

3. 酯键断裂 强心苷分子C-17位有内酯环结构，当用KOH或NaOH的水溶液处理时，内酯环开裂，但酸化后又发生环合。但是，如用醇性苛性碱溶液处理，内酯环会发生异构化，这种变化是不可逆的，遇酸也不能复原。甲型强心苷元在醇性苛性碱溶液中通过内酯环的质子转移、双键转位后，14-OH质子与C-20发生亲电加成，形成内酯型异构化物（A），再因碱的作用，内酯环开裂，形成开链型异构化物（B）。如有16-OH，则可形成16,22-环氧衍生物。乙型强心苷在醇性苛性碱溶液中，内酯环开裂生成酯，再脱水生成异构化物。

强心苷的苷元或糖基上若有酰基存在，一般可用碱试剂使酯键水解脱去酰基。碱试剂的碱性不同，水解作用的酯基类型也不同。$NaHCO_3$和$KHCO_3$可使α-去氧糖上的酰基水解，而α-羟基糖及苷元上的酰基多不被水解；而$Ca(OH)_2$和$Ba(OH)_2$可使α-去氧糖、α-羟基糖及苷元上的酰基水解。NaOH因碱性太强，不仅可使所有酰基水解，还可使内酯环开裂。

4. 内酯环氧化开裂 强心苷内酯环上双键经臭氧氧化可得到酮醛化合物，经$KHCO_3$进一步水解，可得酮醇化合物，最后用过碘酸氧化，可得17-羧基化合物。内酯环也可直接用$KMnO_4$-CH_3COCH_3，氧化得17-羧基化合物。

5. 苷键水解　与其他苷类成分相似，强心苷苷键亦能被酸或酶水解。同时，强心苷分子中有酯键结构，还可被碱水解。由于强心苷中糖结构不同，苷键的水解难易程度有区别，水解产物也有差异。

（1）温和酸水解：用 0.02～0.05 mol/L 的盐酸或硫酸在含水醇中经较短时间（半小时至数小时）加热回流，可水解去氧糖的苷键。但是，对于 2-羟基糖的苷，由于 2-羟基的存在，产生以下互变，阻挠了水解反应的进行，在稀酸条件下不易水解。

（2）剧烈酸水解：对于 2-羟基糖苷，必须提高酸的浓度（1～1.3 mol/L），延长水解时间，或同时加压。但由于反应比较剧烈常引起苷元的脱水，产生苷元脱水产物。如羟基毛地黄毒苷，用盐酸水解，不能得到羟基毛地黄毒苷元，而得到它的三脱水产物。

（3）盐酸丙酮法（Mannich 水解）：强心苷溶于丙酮，室温条件下与氯化氢长时间反应（约 2 周，反应液中含 0.4%～1%HCl 溶液），糖分子中 2-OH 和 3-OH 与丙酮反应，生成丙酮化物，进而水解，可得到原来的苷元和糖的衍生物。需要注意的是，如果苷元分子中存在相邻羟基，可发生丙酮化而生成苷元丙酮化物，如乌本苷的水解，需再用稀酸加热水解而得到乌本苷元。

（4）酶催化水解：酶催化水解有良好的专属性，不同性质的酶可水解不同的苷键。如紫花毛地黄叶中存在的紫花苷酶（digipurpidase），只能使紫花毛地黄苷 A 和 B 脱去一分子葡萄糖，分别生成毛地黄毒苷和羟基毛地黄毒苷。在实际应用中，可根据需要选择合适的酶对强心苷进行水解。

四、强心苷的提取与分离

植物中强心苷多为寡糖苷，同时常与皂苷、鞣质、糖类、色素等共存，这些成分的存在能影响强心苷类成分在许多溶剂中的溶解度。同时植物中还含有可酶解强心苷类的酶。植物原料在保存或提取过程中，要注意酶解问题。如要提取植物中的原生苷，必须抑制酶的活性，新鲜原料采集后要低温快速干燥或采用其他方法使酶失活。如要提取次生苷，则可利用植物中酶对原生苷进行酶解（25~40℃），获得次生苷。此外，在提取与分离纯化过程中还要注意酸、碱对强心苷结构的影响，避免获得的强心苷为人工产物。

（一）提取

原生苷易溶于水、醇等极性溶剂，难溶于石油醚、乙醚等亲脂性溶剂；次生苷则相反，易溶于亲脂性溶剂而难溶于水等极性溶剂。提取时应根据强心苷的性质选择不同溶剂，如乙醚、三氯甲烷、三氯甲烷-甲醇混合溶剂、甲醇、乙醇等。但常用提取溶剂为甲醇或70%乙醇，提取效率高，且能破坏酶的活性。

（二）分离纯化

1. 溶剂法　如果从种子或含油脂类较多的原料中提取的强心苷，一般宜先脱脂，然后用醇或稀醇提取。也可先用醇或稀醇提取，提取液浓缩除去醇，无醇水提液用石油醚等萃取除去亲脂性杂质后，再用三氯甲烷-甲醇混合溶剂提取出强心苷，而亲水性杂质留在水层。若原料为叶绿素含量较高的地上部分，可将醇提液浓缩，使醇的浓度维持在10%~20%，放置一段时间后，再过滤除去叶绿素等脂溶性杂质。

2. 吸附法　将适量活性炭加入强心苷的稀醇提取液中，可吸附除去提取液中叶绿素等脂溶性杂质。当向提取液中加入中性氧化铝，则可吸附提取液中糖类、水溶性色素、皂苷等极性成分，从而达到纯化目的。但强心苷也可能被活性炭或氧化铝吸附而带来一定程度的损失，且吸附量与溶液中乙醇的浓度有关。

3. 溶剂萃取法　萃取法是利用强心苷在两种互不相溶的溶剂中分配系数不同而达到分离目的。例如，毛花毛地黄总苷中苷甲、乙、丙的分离，在三氯甲烷中苷丙的溶解度（1:2 000）比苷甲（1:225）和苷乙（1:550）小，而三者在甲醇（1:20）和水（几不溶）中溶解度相似。因此，可用三氯甲烷-甲醇-水（5:1:5）为溶剂系统进行二相溶剂萃取，溶剂用量为总苷的1 000倍，苷甲和苷乙容易分配到三氯甲烷层，而苷丙主要在水层。分出水层，浓缩到原体积的1/50，放置析出结晶，可得到纯的苷丙。

对于分配系数不同的强心苷，也可采用逆流分配法进行分离。例如，黄花夹竹桃苷A和B的分离，以三氯甲烷-乙醇（2:1）和水为二相溶剂，三氯甲烷为流动相，水为固定相，经逆流分配后，从三氯甲烷层获得苷B，水层获得苷A。

4. 色谱法　对于单糖苷、次生苷和苷元等亲脂性成分，可选用吸附色谱法进行纯化。常用硅胶作为吸附剂，以正己烷-乙酸乙酯、三氯甲烷-甲醇、乙酸乙酯-甲醇等混合溶剂梯度洗脱。

对极性较强的强心苷类成分，常选用分配色谱法分离纯化。以硅胶、硅藻土、纤维素等作支持剂，以乙酸乙酯-甲醇-水或三氯甲烷-甲醇-水进行梯度洗脱。此外，液滴逆流分配色谱法（DCCC）和高速逆流色谱法（HSCCC）也是分离强心苷的有效方法。当分离组分复杂、量微成分时，往往需多种方法包括半制备HPLC等配合应用、反复分离，方能达到理想的分离效果。

（三）提取分离实例

1. 西地兰（去乙酰毛花苷丙）的提取分离　毛花苷丙为毛花毛地黄特有成分，也是主要有效成分。去乙酰毛花苷丙（cedilanid，西地兰）为毛花苷丙的脱乙酰基产物，因其稳定性与溶解度比毛花苷丙大，临床上应用较多，用于治疗急、慢性充血性心力衰竭和心房纤维颤动等症。制备毛花苷丙首先需要得到原生苷毛花苷丙，然后毛花苷丙经碱水解脱去乙酰基得到目标化合物。

（1）提取总苷：毛花毛地黄叶粉碎后加5倍量70%乙醇于60℃温浸2 h，过滤，滤渣再用3倍量70%乙醇提取2次，合并提取液并减压浓缩至含醇量15%~20%。静置过夜，使胶质（叶绿素等脂溶性杂质）充分沉淀，吸取上清液，减压浓缩至相当于生药量，用1/3体积的三氯甲烷萃取，除去亲脂性杂质和部分毛花毛地黄苷甲和乙。水层加入95%乙醇使含醇量达22%左右,三氯甲烷提取三次,合并三氯甲烷萃取液,减压蒸干即为粗制总苷。经甲醇重结晶,加丙酮-乙醚(1:1)后过滤、洗涤、干燥,得精制总苷。

(2)分离纯化:将精制总苷溶于甲醇并过滤,按精制总苷:甲醇:三氯甲烷:水(1:100:500:500)的比例向滤液中加三氯甲烷与水,振摇,三氯甲烷层主要含毛花苷甲和苷乙,水层主要为苷丙和少量苷乙。将水层减压浓缩至少量,放冷后可析出苷乙和苷丙的混合苷,过滤后,按上述比例重复操作一次,所得水层浓缩放冷后,析出的苷丙纯度可达95%以上。

(3)脱乙酰基:将苷丙溶于5倍量的热甲醇中,加入等量新鲜配制的0.15% Ca(OH)$_2$水溶液,放置室温过夜,混合液应呈中性[如果不是中性,用盐酸或Ca(OH)$_2$调至中性],减压浓缩至少量,放置过夜,析出的沉淀或结晶用甲醇重结晶即得去乙酰毛花苷丙(西地兰)纯品。

2. 地高辛(异羟基毛地黄毒苷)的提取分离 地高辛是从紫花毛地黄或毛花毛地黄中提取得到的强心苷,用于治疗高血压引起的急慢性心力衰竭。

毛花毛地黄干燥叶粉碎后加等量水,保持40～50℃发酵酶解20 h左右,每2～5 h翻动一次,然后依次用4倍及3倍量80%乙醇加热回流提取2次,每次2 h,冷却后过滤,合并提取液,减压浓缩至含醇量20%左右,低温静置过夜,析出叶绿素等胶质后,滤取上清液,用1/3量的三氯甲烷萃取三次,合并萃取液,减压蒸干后用丙酮重结晶,即得地高辛粗品,再经80%乙醇重结晶两次,即得地高辛纯品。

五、强心苷的波谱特征

(一)紫外光谱

甲型强心苷元具有 $\Delta^{\alpha\beta}$-γ-内酯环,在紫外光谱中于约220 nm处出现最大吸收。乙型强心苷元具有 $\Delta^{\alpha\beta,\gamma\delta}$-$\delta_C$-内酯环,在295～300 nm处有最大吸收,据此可区别两类强心苷。

(二)红外光谱

在红外光谱中,强心苷最特征的吸收峰源自不饱和内酯环上的羰基。根据羰基吸收峰的位置和强度,可以区分强心苷元是甲型或乙型。

具有 $\Delta^{\alpha\beta}$-γ-内酯环的甲型强心苷元,一般在1 800～1 700 cm^{-1}处有两个羰基吸收峰,较低波数的吸收峰是α,β-不饱和羰基产生的正常吸收,在1 765 cm^{-1}左右;而较高波数的吸收峰是其不正常吸收,随溶剂性质改变,在极性大的溶剂中,吸收强度减弱甚至消失。如用溴化钾压片测定,此较高波数的吸收峰消失。而正常吸收在极性溶剂中,吸收强度基本不变或略增强。如3-乙酰毛地黄毒苷元在二硫化碳溶液中,红外光谱有3个羰基峰,即1 738 cm^{-1}、1 756 cm^{-1}、1 783 cm^{-1}。其中,1 738 cm^{-1}是乙酰基上羰基吸收,1 756 cm^{-1}和1 783 cm^{-1}都来自 $\Delta^{\alpha\beta}$-γ-内酯环的羰基。1 756 cm^{-1}是正常吸收,因羰基与α,β-不饱和双键共轭而向低波数位移20～30 cm^{-1}。1 783 cm^{-1}是非正常吸收,溶剂极性增大,吸收强度显著减弱,但峰位不变。

具有 $\Delta^{\alpha\beta,\gamma\delta}$-$\delta_C$-内酯环的乙型强心苷元,在1 800～1 700 cm^{-1}处也有两个羰基吸收峰。但由于乙型强心苷有2个共轭双键,其两个羰基吸收峰较甲型强心苷元中相应的羰基峰均向低波数位移约40 cm^{-1}左右,其正常吸收峰向低波数位移至约1 718 cm^{-1}。如嚏根草苷元(hellebrigenin),在三氯甲烷溶液中出现1 718 cm^{-1}和1 740 cm^{-1}两个吸收峰。前者为正常峰,后者为非正常峰,亦因溶剂极性增大而吸收强度减弱。

(三)质谱

强心苷苷元质谱的裂解方式较复杂,分子离子峰较弱。质谱中可见羟基脱水、醛基脱羧、脱甲基、脱C-17内酯侧链和有双键时的RDA裂解方式外,还出现一些较复杂的特征裂解碎片。甲型强

心苷的 $\triangle^{\alpha\beta}$-γ-内酯侧链，在质谱中裂解产生 m/z 111、124、163 和 164 的碎片离子。

乙型强心苷的 $\triangle^{\alpha\beta,\gamma\delta}$-$\delta$-内酯侧链，在质谱中裂解产生 m/z 109、123、135、136 等 δ-内酯的碎片离子。

（四）核磁共振谱

1. 核磁共振氢谱（^{1}H-NMR） ^{1}H-NMR 是鉴定强心苷类化合物结构的一种重要方法。强心苷元在 ^{1}H-NMR 中特征性信号主要有甲基、连氧碳上质子和烯氢信号。C-10、C-13 位上的角甲基为 2 个甲基单峰，位于 δ_H 1.00 左右，它们的化学位移值与 C-5、C-14 位的构型有关。C-3 位质子一般为多重峰，位于 δ_H 3.90 左右，成苷后向低场位移 0.2 以上。

甲型强心苷的 $\triangle^{\alpha\beta}$-γ-内酯环中 C-22 位烯氢质子呈宽单峰，位于 δ_H 5.60~6.30；C-21 位 2 个质子呈宽单峰或三重峰或呈两个磁不等价的双峰（J = 18 Hz），位于 δ_H 4.50~5.00。乙型强心苷 $\triangle^{\alpha\beta,\gamma\delta}$-$\delta$-内酯中 C-21 位烯氢质子呈单峰，位于 δ_H 7.20~7.40；C-22 和 C-23 位质子分别在 δ_H 7.80~8.00 和 δ_H 6.25~6.30，均为烯氢双峰。

强心苷的糖部分，除常见的糖的信号外，还有一些特殊的去氧糖的特征信号。例如，6-去氧糖 C-5 位甲基，在 δ_H 1.00~1.50 呈现二重峰（J = 6.5 Hz）。2-去氧糖中 C-2 位上 2 个质子，处于高场区。在 β-D-2-去氧糖苷中 H-1 与 C-2 位上 2 个质子构成 ABX 耦合系统，呈 dd 峰。

2. 核磁共振碳谱（^{13}C-NMR） ^{13}C-NMR 在强心苷结构鉴定中发挥重要作用。强心苷甾体母核结构在 A/B 环的稠合方式及不同位置上取代基存在差异，碳谱数据亦不同。强心苷元甾核饱和 CH 和 CH$_2$ 的化学位移值在 δ_C 20~59；连氧碳为 δ_C 65~86，如 C-14 位季碳（连有羟基）化学位移值为 δ_C 84~86。烯碳的化学位移值通常在 δ_C 108~177，由于共轭双键及羰基的影响，甲型强心苷五元不饱和内酯环中的烯碳 C-20 和 C-23 处于 δ_C 171~177，而乙型强心苷元中六元不饱和内酯环中的羰基碳处于较高场（δ_C 164 左右）。对大量强心苷类化合物的 ^{13}C-NMR 数据进行分析和总结，可为强心苷元的结构鉴定提供有益的参考。

六、强心苷的生物活性

1. 强心作用 强心苷选择性作用于心脏，能增强心肌收缩力，是治疗慢性心功能不全（充血性心力衰竭）最常用的药物。强心苷的化学结构与其强心作用之间有着密切的关系。其苷元甾核 C/D 环必须是顺式稠合，才具有强心作用。如果 C/D 环为反式或 C$_{14}$-OH 脱水成双键，强心作用消失。在甾核的 C-17 位，必须有一个 β 构型不饱和内酯环，如异构化为 α 构型或开环，强心作用很弱甚至消失。

强心苷治疗窗窄，临床有效量接近中毒量的 60%，易发生毒性反应。中毒剂量强心苷能明显增加交感神经节前、节后纤维神经冲动的发放，引起室速和室颤的发生。强心苷对心脏的毒性反应常由于出现迟后除极所引起，并认为与细胞内 Ca^{2+} 超负荷有关。细胞内 Ca^{2+} 超负荷已被认为是由于中毒量强心苷抑制心肌细胞膜上 Na^+-K^+-ATP 酶所致。随着中毒量的加重，自由基有可能进一步加速心肌细胞膜形成过氧化脂质，影响细胞膜的完整性和通透性并加重心肌内 Ca^{2+} 超负荷，导致更严重的代谢功能障碍，由此出现中毒的恶性循环和不可逆的心肌损伤。如毛地黄强心苷类药中毒的表现为心脏和心脏外反应，心脏反应主要为室性早搏、室性心动过速及房室传导阻滞；心脏外反应主要为胃肠道症状（食欲缺乏、恶心、呕吐等）、神经系统症状（视觉异常、定向力障碍、眩晕等）。

2. 抗癌活性 蟾酥的主要成分蟾蜍灵具有显著诱导肿瘤细胞分化和凋亡的作用。蟾蜍灵可抑制内皮细胞增生和血管形成，一定剂量的蟾蜍灵能抑制毛细管样的网络形成。蟾蜍灵还能抑制白血病 K562 细胞的增殖，延缓白血病小鼠的白细胞的升高。毛地黄毒苷等一系列强心苷对人类大多数的癌细胞株有广泛的细胞毒性作用，如乳腺癌 ZR-75-1、结肠癌 Caco2、鼻咽癌 KB、前列腺癌 LNCaP 等。

3. 抗惊厥及解热作用 从椴树科黄麻属植物中得到的强心苷除了具有强心作用和抗癌作用外，还具有抗惊厥、抗雌激素及解热作用。

第三节　甾体皂苷类化合物

甾体皂苷（steroidal saponins）是一类由螺甾烷（spirostane）苷元与糖结合的寡糖苷，在植物界广泛分布，迄今为止已发现逾万种。甾体皂苷主要分布于单子叶植物如百合科、石蒜科、薯蓣科、龙舌兰科、菝葜科、棕榈科等植物中，在双子叶植物如茄科、玄参科、豆科等植物中亦有分布。常用中药薤白、知母、天门冬、麦冬、黄山药、七叶一枝花等都含有大量甾体皂苷。

拓展阅读 可的松人工半合成

甾体皂苷元是合成甾体避孕药及激素类药物的原料，20 世纪 50~60 年代，国内外学者在拓展资源、改进工艺等方面做了大量工作，我国已成为薯蓣皂苷元（diosgenin）、替告皂苷元（tigogenin）等重要甾体皂苷元的主产国之一。进入 20 世纪 90 年代，甾体皂苷许多新的生物活性被发现，有些被开发成新药并广泛应用于临床。如从黄山药（*Dioscorea panthacia* Prain & Burkill）中提取的甾体皂苷（内含 8 种甾体皂苷）开发成用于心血管疾病的药物——地奥心血康胶囊；从蒺藜（*Tribulus terrestris* L.）果实提取的总皂苷开发成用于心血管疾病防治的药物。此外，从药食两用中药薤白 [小根蒜（*Allium macrostemon* Bunge）或薤（*A. chinense* G. Don）] 中分离得到的薤白皂苷具有显著的抑制血小板聚集、降脂及抗肿瘤作用。

甾体皂苷元的基本骨架含有 27 个碳原子，基本母核为环戊烷并多氢菲。四个环有不同的稠合方式，A/B 可为顺式或反式稠合，B/C、C/D 均为反式稠合。C-3 位一般有羟基取代，且多为 β- 取向，少数为 α- 取向。若 A/B 为顺式，C_3-OH 为 α- 取向（e 键）较为稳定，一般与葡萄糖、鼠李糖、半乳糖等糖类结合成各种苷；C-10 和 C-13 位一般有 β-CH_3 存在，C-17 位侧链为含氧螺杂环。C-22 是 E 环和 F 环共享的碳原子，以螺缩酮（spiroketal）的形式相连，从而构成了螺甾烷的基本骨架。根据螺甾烷结构中 C-25 的构型和环的环合状态，可将甾体皂苷元分为 4 大类：螺甾烷醇类（spirostanols）、异螺甾烷醇类（isospirostanols）、呋甾烷醇类（furostanols）和变形螺甾烷醇类（pseudo-spirostanols）。

一、甾体皂苷的结构类型

（一）螺甾烷醇类

螺甾烷醇类化合物 C-25 位连接的甲基为竖键，位于 F 环平面上（β 取向），绝对构型为 S 型。根据 Fischer 投影式，即将氧原子和相应碳原子间的键打开（O-C-26 键和 O-C-16 键），碳链直立地向背面投影，C-26 位 -CH$_2$O［H］基指定向上，取代基在碳链左侧位 β 取向，右侧为 α 取向。即：

$20\beta_F, 22\alpha_F, 25\beta_F$-spirostane　　　　　　$20\beta_F, 22\alpha_F, 25\alpha_F$-spirostane

螺甾烷醇类化合物 C-20 位甲基为 β 构型（$20\beta_F$），C-22 位含氧侧链为 α 构型（$22\alpha_F$），C-25 位甲基构型表示为 25S（25 L、$25\beta_F$、neo）。由螺甾烷衍生的皂苷，属于螺甾烷醇皂苷类（spirostanol saponins）。例如，剑麻皂苷元（sisalagenin）是螺甾烷醇的衍生物，C-12 位有羰基，化学名为 3β- 羟基 -5α，$20\beta_F$，$22\alpha_F$，$25\beta_F$- 螺旋甾 -12- 酮，或简称 3β- 羟基 -5α 螺旋甾 -12- 酮，来源于龙舌兰科植物剑麻（*Agave sisalana* Perr. ex Engelm.），是合成激素的原料。

此外，研究发现一类结构中含有氮原子的螺甾烷醇类化合物，区别于普通螺甾烷醇类，此类化合物 C-22、C-26 位之间的氧被氮所取代，代表性化合物如来源于茄科的番茄碱（tomatidine）和番茄皂苷元 A（esculeogenin A）等。

番茄碱　　　　　番茄皂苷元 A

（二）异螺甾烷醇类

异螺甾烷醇类化合物除 C-25 位构型与螺甾烷醇类不同外，其余结构基本相似。二者互为异构体，常共存于植物体中，由于 25R 型较稳定，因此 25S 型极易转化为 25R 型。该类化合物 C-20、C-22、C-25 的构型可通过 Fischer 投影式表示，C-20 位甲基为 β 构型（20$β_F$），C-22 位含氧侧链为 α 构型（22$α_F$），C-25 位甲基构型表示为 25R（25D、25$α_F$、iso）。由异螺甾烷衍生的皂苷为异螺甾烷醇型皂苷（isospirostanol saponins），例如从薯蓣科薯蓣属植物根茎中分得的薯蓣皂苷（dioscin），其水解产物为薯蓣皂苷元（diosgenin），化学名为 $\triangle^5$-20$β_F$，22$α_F$，25$α_F$- 螺旋甾烯 -3β- 醇，简称 $\triangle^5$- 异螺旋甾烯 -3β- 醇，是制药工业中甾体类药物的重要原料。

此外，与螺甾烷醇类化合物类似，也存在一类结构中含有氮原子的异螺甾烷醇类化合物，其结构特点也为 C-22、C-26 位之间的氧被氮所取代，代表性化合物有来源于番茄的异番茄皂苷元 A（isoesculeogenin A）和来源于龙葵（*Solanum nigrum* L.）的澳洲茄胺（solasodine）等。

异番茄皂苷元 A　　　　　澳洲茄胺　　　　　ophiojaponin E

（三）呋甾烷醇类

呋甾烷醇类化合物的结构特点为 F 环开裂，这种由 F 环裂环而衍生的皂苷称为呋甾烷醇皂苷（furostanol saponins）。该类型皂苷多为双糖链皂苷，通常 C-3 及 C-26 羟基与糖链结合成苷，其中 C-26 位羟基多与葡萄糖成苷，且易被酶解。在 C-26 糖链被水解的同时 F 环也随之发生环合，成为具有相应螺甾烷或异螺甾烷皂苷。

例如，原菝葜皂苷（sarsaparilloside）是从菝葜（*Smilax china* L.）根中分离得到的双糖链皂苷，其苷元为 F 环开裂的呋甾烷醇型衍生物。C-26 的葡萄糖易被 β- 葡萄糖苷酶水解，失去葡萄糖后 F 环重新环合，转化为具有螺甾烷醇结构的单糖链皂苷——菝葜皂苷（parillin），其苷元为螺甾烷醇类的菝葜皂苷元（sarsasapogenin）。如果 C-22 位没有羟基或羟基被取代，C-26 糖链被酶解后 F 环则不会环合。例如，从麦冬（*Ophiopogon japonicus*）块茎中分离得到的呋甾皂苷 ophiojaponin E 具有 $\triangle^{20(22)}$ 双键，水解后可以得到原皂苷元。

（四）变形螺甾烷醇类

变形螺甾烷醇类化合物是 F 环为四氢呋喃环的螺甾烷衍生物，在天然产物中不多见。例如，从百合科植物开口箭（*Tupistra chinensis* Baker）中分离得到的化合物 T1～T5，其中化合物 T2、T3、T5 具有中等强度的抑制 NO 释放活性。

| T1 | R=OH |
| T2 | R=H |

| T3 | R=H |
| T4 | R=OH |

T5

甾体皂苷所含的糖类，主要以 D-葡萄糖、D-半乳糖、D-木糖、L-鼠李糖、L-阿拉伯糖等为主。当糖单元在 3 个以上时，糖链多以分支形式存在。

二、甾体皂苷的生物合成

在生源上，甾体皂苷类化合物也是甲戊二羟酸（mevalonate，MVA）的生源合成途径。在甾体皂苷的生物合成中，其合成前体是胆甾醇（cholesterol）。胆甾醇侧链经过包括 C-16、C-22、C-26 的羟基化，C-22 氧化成羰基等一系列反应后，生成的中间体经环化成半缩酮，形成呋甾烷醇，进一步生成具有螺缩酮结构的甾体皂苷元。

甾体皂苷生物合成中除涉及与萜类共同途径的酶外，还包括生成甾体母核的各种环化酶、甾体皂苷元生成过程中负责结构修饰的各种催化酶，如各种氧化酶、甲基转移酶，以细胞色素 P450 酶为主的 C-16、C-22、C-26 羟化酶，负责催化甾体皂苷糖苷键形成的甾体皂苷糖基转移酶（steroidal glycosyltransferase，SGTase）。目前对甾体皂苷生物合成的催化过程、结构修饰和转录水平的调控机制的了解尚不清晰。对甾体皂苷生物合成途径中的关键酶和基因及其生物合成调控机制进行研究，利用基因工程、发酵工程等手段进行甾体皂苷的生产，有利于实现生物活性甾体皂苷的大量生产，解决药用植物资源匮乏的问题。

三、甾体皂苷的理化性质

（一）性状及溶解性

游离甾体皂苷元多具有较好结晶，能溶于石油醚、环己烷、三氯甲烷等亲脂性溶剂中，不溶于水。游离苷元的熔点随着羟基数目的增加而升高，单羟基苷元在 208℃以下，三羟基苷元在 242℃以上，多数双羟基或单羟基酮类介于二者之间。甾体皂苷元与糖结合成苷后，化合物极性增大，不易结晶，多呈无定型粉末。甾体皂苷一般溶于水，易溶于热水、稀醇，几乎不溶或难溶于石油醚、苯、乙醚等亲脂性溶剂。甾体皂苷同三萜皂苷一样多具有辛辣苦味，对黏膜有刺激性，吸入鼻腔内能引起喷嚏。

（二）表面活性及溶血作用

与三萜皂苷相似，振摇甾体皂苷的水溶液可产生持久性的泡沫。大多数甾体皂苷具有溶血作用，其原理是甾体皂苷与胆甾醇结合形成难溶性的分子复合物。当皂苷水溶液与红细胞接触时，红细胞壁上的胆甾醇与皂苷结合，形成不溶于水的分子复合物，并进一步改变红细胞的正常通透性，使细胞内渗透压增加而发生红细胞的破裂产生溶血现象。值得注意的是，并不是所有的甾体皂苷都产生溶血反应，如 F 环裂解的双糖链皂苷由于不能和胆甾醇形成复合物，因而不产生溶血作用。

除胆甾醇可以与甾体皂苷形成分子复合物外，其他凡是含有 C-3 位 β- 羟基的甾醇（如 β- 谷甾醇、豆甾醇、麦角甾醇等）均可与皂苷结合生成难溶性分子复合物。若甾醇的 C-3 位是 α- 羟基，或者是当 C-3 羟基被酰化及成苷，就不再能与皂苷形成难溶性的分子复合物。三萜皂苷与甾醇形成的分子复合物不及甾体皂苷稳定。

（三）显色反应

在无水条件下，甾体皂苷遇酸可产生与三萜皂苷类似的显色反应。两者的区别是甾体皂苷的乙酸酐 - 硫酸反应（Liebermann–Burchard reaction）在颜色变化中最后呈现绿色，而三萜皂苷最后呈现红色；三萜皂苷发生三氯乙酸反应（Rosen–Heimer reaction）须加热到 100℃才能显色，而甾体皂苷加热至 60℃即发生颜色变化。

F 环开裂的双糖链皂苷（呋甾烷醇类），与盐酸二甲氨基苯甲醛试剂（Ehrlich 试剂，简称 E 试剂）反应显红色，与茴香醛试剂（Anisaldehyde 试剂，A 试剂）反应显黄色。而 F 环闭环的单糖链皂苷和螺甾烷衍生物，只与 A 试剂反应显黄色，对 E 试剂不显色。

四、甾体皂苷的提取与分离

甾体皂苷的提取与分离方法基本与三萜皂苷相似。但甾体皂苷一般不含羧基（又称中性皂苷），亲水性较弱。

（一）提取

甾体皂苷类化合物的极性较强，易溶于水、甲醇、乙醇等强极性溶剂，不易溶于三氯甲烷、乙醚等弱极性溶剂。实验室或工业生产常用不同浓度的含水乙醇或甲醇提取，有些皂苷也可用水作为提取溶剂。

（二）纯化与分离

用水或含水醇作为溶剂提取得到的皂苷组分，含无机盐、糖类、鞣质、色素等杂质，需要进一步纯化除杂。

1. 液 - 液萃取法 液 - 液萃取法是一种常用的皂苷纯化方法，利用皂苷极性较大易溶于水，而部分杂质极性较小易溶于弱极性溶剂的性质去除脂溶性杂质。具体操作是将醇提取液减压浓缩至不含醇后，水悬液依次用石油醚、乙酸乙酯、正丁醇等梯度萃取，甾体皂苷一般集中在正丁醇层，减压回收溶剂后得总皂苷。

2. 沉淀法 利用甾体皂苷的溶解度，向含甾体皂苷的醇溶液中加入乙醚或丙酮，可将部分皂苷类化合物沉淀出来，进一步用过滤或离心的方法得到总皂苷。

3. 大孔吸附树脂法 大孔吸附树脂理化性质稳定，分离甾体皂苷常采用 D101、HPD100 等苯乙烯型非极性的树脂。该法具有吸附快、解吸易、吸附量大、操作简便等特点，可得到纯度较高的总皂苷。

4. 色谱法 经上述方法得到的总皂苷，还需进一步采用色谱法分离才能获得皂苷单体。常采用柱色谱技术，首选硅胶柱色谱，常用流动相为三氯甲烷－甲醇－水三元溶剂体系，即在三氯甲烷－甲醇溶剂体系中加入适量的水，可克服皂苷类化合物在色谱分离时产生的拖尾现象，减少死吸附，获得更好的分离效果。进一步，可采用反相柱色谱法（常用 C_{18} 或 C_8 键合硅胶）和凝胶柱色谱法（一般用羟丙基葡聚糖凝胶 Sephadex LH-20）进行分离纯化。Sephadex LH-20 适合分离相对分子质量相差较大的化合物，反相柱色谱对极性大的化合物分离效果良好。

（三）提取分离实例

甾体皂苷的苷元，如薯蓣皂苷元、剑麻皂苷元等是合成甾体激素和甾体避孕药的重要原料，提取皂苷元具有重要的实用价值。

以薯蓣皂苷元为例介绍常用的提取分离方法。薯蓣科薯蓣属植物的根茎中含有大量的薯蓣皂苷，其苷元为薯蓣皂苷元，又称薯蓣皂素。我国薯蓣属植物资源丰富，用于薯蓣皂苷元生产原料的植物主要有盾叶薯蓣（*Dioscorea zingiberensis* C. H. Wright，又名黄姜）和穿龙薯蓣（*D. nipponica* Makine，又名穿山龙）。工业生产中首先将植物原料加水浸透后，再加 3.5 倍水，并加入浓硫酸，使硫酸浓度达到 3%，通蒸汽加压进行酸水解 8 h。水解产物用水洗去酸至中性，干燥至含水量不超过 6%，粉碎后置回流提取器中，加 6 倍量汽油提取 20 h。过滤后回收溶剂，浓缩至约 1∶40，室温放置，待析晶完全后离心过滤并甩干，即得薯蓣皂苷元粗品。再用乙醇或丙酮重结晶，活性炭脱色，即得薯蓣皂苷元精品。

五、甾体皂苷的波谱特征

（一）紫外光谱

对于饱和的甾体皂苷元，在 200~400 nm 间无吸收。如果结构中有孤立双键、羰基、α,β- 不饱和酮基或共轭双键，则会产生紫外吸收。含孤立双键的甾体皂苷元在 205~225 nm 区间有吸收，含羰基的皂苷元在 285 nm 有弱吸收。具有 α,β- 不饱和酮基的苷元在 240 nm 有特征吸收，共轭双键在 235 nm 有特征吸收。

对于无共轭体系的甾体皂苷元，可用化学方法制备成具有共轭体系的反应产物，再测定产物的紫外光谱，可为结构鉴定提供线索。将甾体皂苷元溶于浓硫酸中，40℃加热 1 h，则可在 220~600 nm 间有吸收峰，同时甾体皂苷元中的 E 环和 F 环还可能引起在 270~275 nm 处的吸收峰。测定其吸收峰值，并和标准品光谱进行对照，可鉴别不同的甾体皂苷元。此外，此法还可用于甾体皂苷元的定量测定。

（二）红外光谱

因为螺甾皂苷元的螺缩酮（spiroketal）结构，在红外光谱中显示四个特征吸收谱带，分别位于 980 cm^{-1}（A）、920 cm^{-1}（B）、900 cm^{-1}（C）和 860 cm^{-1}（D），其中 A 带最强。在 25S 型螺甾皂苷元或皂苷中，B 带比 C 带强，而在 25R 型螺甾皂苷元或皂苷中，C 带比 B 带强。借此可以区别 C-25 位的立体异构体。例如以薯蓣皂苷元为代表的 25R 型化合物，及以菝葜皂苷元为代表的 25S 型化合物，其红外光谱特征图谱如图 12-1 所示。

如果是 25R 和 25S 两种差向异构体的混合物，则 B 带与 C 带的吸收强度相近。对于 $\Delta^{25(27)}$ 甾体皂苷元，在 920 cm^{-1} 附近有强吸收，同时有因双键引起的 1 658 cm^{-1} 和 878 cm^{-1} 的吸收峰。C-25 上有羟基取代的甾体皂苷元，除保留 25S 苷元中 B 带强吸收和 25R 苷元中 C 带强吸收外，A 带都很弱。如果 C-27 甲基被羟甲基取代，红外光谱变化较大，不能用上述四条谱带来判断 C-25 构型，其特点是 25S 在 995 cm^{-1} 处有强吸收，25R 在 1 010 cm^{-1} 附近有强吸收。

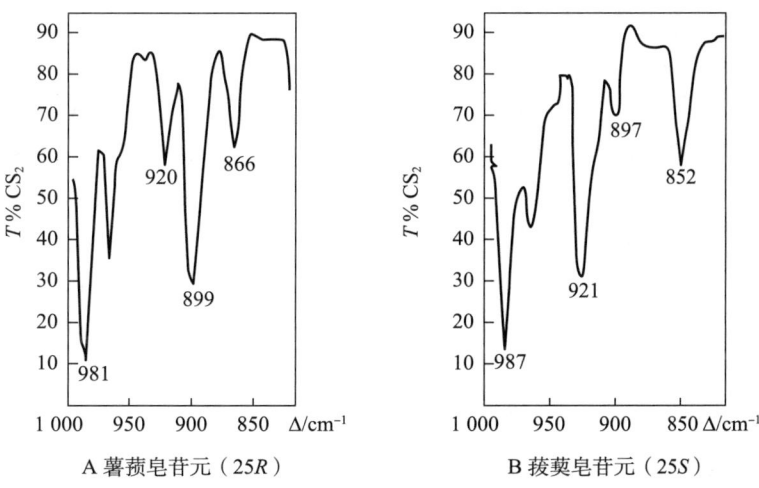

图 12-1 薯蓣皂苷元、菝葜皂苷元的红外光谱特征

F 环开环的呋甾皂苷，没有上述螺缩酮结构的特征吸收。如要确定 C-25 位构型，可将呋甾皂苷 C-26 位糖水解后，F 环闭环生成螺甾类后再通过红外光谱确定。

（三）质谱

质谱在甾体皂苷元的结构鉴定中发挥重要作用。螺甾烷型及异螺甾烷型苷元的主要特征离子峰由 E 环和 F 环裂解或发生麦氏重排产生，出现 m/z 139 的基峰、m/z 115 和 m/z 126 中等强度的离子峰。若 F 环有羟基或双键取代，这些峰 m/z 将发生相应变化，峰强也会改变。例如，C-25 或 C-27 位有羟基取代时，这三个峰的质量数均上移 16 个单位，出现在 m/z 155、131 及 142。甾核结构中如有双键，还会发生 RDA 裂解。

（四）核磁共振谱

1. 核磁共振氢谱（^{1}H-NMR） ^{1}H-NMR 中，甾体皂苷元结构中的甲基、双键以及连氧碳上的质子信号特征明显，其他碳上氢信号重叠严重，难以区分。在高场区通常出现 4 个甲基特征峰：18-CH$_3$、19-CH$_3$ 为角甲基，呈现单峰；21-CH$_3$、27-CH$_3$ 与叔碳相连，呈现双峰，且 27-CH$_3$ 处于较高场。此外，根据 27-CH$_3$ 的化学位移值，可鉴别 25S 和 25R 异构体。25S 构型的 27-CH$_3$（约 δ 1.06）较 25R 构型的 27-CH$_3$（约 δ_H 0.7）大。

除化学位移外，耦合常数也是确定结构的重要参数。例如，化合物 A，H-5 为 β 取向，与 H-4（δ_H 5.63，d）的耦合常数 $J_{H-4,5}$=12 Hz，根据耦合常数可确定 H-4 与 H-5 是反式双直立取向，即 H-4 为 a 键，α 取向。因此推断 4-OAc 位于 e 键，β 取向。H-2（δ_H 5.35，dd）与 C-1 上两个氢（H_{1a}、H_{1e}）的耦合常数分别是 14 Hz 与 6 Hz，分别为 a-a、a-e 耦合，说明 H-2 为 a 键，α 取向。化合物 B 的 H-3 为 δ_H 3.52（dd，J = 9.0、9.5 Hz），说明 H-3 和 H-2、H-4 均为反式双直立取向。从而推断化合物 B 的三个连氧取代为 2β、3α、4β。

化合物 A   化合物 B

2. 核磁共振碳谱　由于甾体皂苷 ^{1}H-NMR 中信号重叠严重，核磁共振碳谱（^{13}C-NMR）是确定甾体皂苷类化合物结构的重要手段。将待鉴定甾体皂苷的 ^{13}C-NMR 数据与文献中已知类似物数据进行比对，可以确定皂苷的结构类型、取代基类型和位置、构型等。已有多个文献对甾体皂苷的 ^{13}C-NMR 特征及规律进行了总结，为该类化合物的结构鉴定提供了有益参考。

在 ^{13}C-NMR 谱中，甾体皂苷元有 27 个碳信号，其中 C-16 和 C-22 信号特征明显。C-16 信号出现在 δ 81.0 左右。对于 C-22 信号，螺甾烷型的 C-22 信号大多数情况下出现在 δ_C 109.8（<110）。当 C-24 上有羟基取代时，螺甾烷型的 C-22 信号出现在 δ 112.6；当 C-24 上羟基成苷后，C-22 碳信号出现在 δ 111.8。呋甾烷型 C-22 位上都有取代基，其信号都在 δ 110 以上。当呋甾烷型 C-22 位取代基为羟基时，C-22 出现在 δ_C 110.7 处；当 C-22 取代基为甲氧基时，C-22 信号在 δ_C 112.6 处；在 $\Delta^{20(22)}$ 中，C-22 的信号出现在 δ_C 152.5，特征明显。变形螺甾烷型的 F 环是五元呋喃环，C-22 信号出现在 δ_C 120.2 处，C-25 信号出现在 δ_C 85.0 处，与其他甾体骨架类型区分明显。

母核上 C-5 的化学位移值与 A/B 环的稠合方式有关。A/B 环顺式稠合时，C-5 在 δ_C 36.6 左右；A/B 环反式稠合时，C-5 在 δ_C 41.0～48.0。当 C-3 有羟基取代时，C-5 在 δ_C 44.7；C-3 无取代时，C-5 在 δ 47.0；$\Delta^{2(3)}$ 时，C-5 在 δ_C 41.6。

微课　甾体皂苷类化合物的结构解析实例

六、甾体皂苷的生物活性

甾体皂苷具有广泛的生物活性，随着研究的深入，一些新的甾体皂苷类药物开始进入临床，且取得良好的临床效果。临床治疗心脑血管疾病的地奥心血康胶囊和心脑舒通片的主要成分都是甾体皂苷。大量活性研究结果表明，甾体皂苷具有防治心血管疾病、抗肿瘤、降血糖、免疫调节、抗炎、抗真菌及驱虫等活性。

1. 防治心脑血管疾病　从黄山药（*Dioscorea panthaica*）根茎中提取的甾体皂苷制成的地奥心血康胶囊，内含 8 种甾体皂苷，对冠心病、心绞痛发作疗效显著。从蒺藜（*Tribulus terrestris*）果实中提取的总皂苷制成的心脑舒通，具有扩冠、改善冠脉循环作用，临床用于防治心脑血管疾病，对缓解心绞痛具有较好疗效。小根蒜（*Allium macrostemon* Bunge）中分离到的薤白皂苷具有较强的抑制 ADP 诱导的人血小板聚集作用。薤白总皂苷具有显著的降脂作用。

2. 抗肿瘤活性　甾体皂苷可通过诱导肿瘤细胞凋亡和自噬、调节肿瘤微环境、细胞毒活性，以及抑制血管生成等多途径发挥抗肿瘤作用。从重楼（*Paris polyphylla*）中分离到的甾体皂苷，对 P388、L1210 和 KB 细胞的增殖具有显著的抑制作用。三角叶薯蓣皂苷（deltonin）具有显著的抗肿瘤活性，可通过诱导细胞凋亡及作用于蛋白激酶通路来抑制肿瘤血管生成，从而造成肿瘤组织细胞产生凋亡。从开口箭（*Tupistra chinensis* Baker）根茎中分离得到的多羟基螺甾皂苷，对 AGS、FaDu、Detroit 562、CNE-1、CNE-2、HepG2 及 K562 等多种肿瘤细胞的增殖具有显著的抑制作用，开口箭总皂苷对裸鼠胃癌移植瘤生长具有显著的抑制作用。

3. 降血糖作用 棕榈科植物糖棕（*Borassus flabellifer*）雄花的甲醇提取物，内含六种甾体皂苷，在剂量为 250 mg/kg 下具有抑制小鼠血糖升高的作用。

薯蓣皂苷对链脲佐菌素诱导的大鼠 2 型糖尿病具有治疗作用。研究发现，薯蓣皂苷可降低空腹血糖、改善口服糖耐量、显著提高胰岛素耐受水平、提升血清中胰岛素含量，增加肝糖原的储备、降低脂质空泡生成、减轻肝损伤。进一步的研究表明，薯蓣皂苷可通过改善高脂血症和胰岛素抵抗、减少内质网应激和氧化应激、清除过量炎症因子等发挥抗糖尿病作用。

4. 抗炎作用 甾体皂苷在多种动物炎症模型中显示抗炎作用。甾体皂苷是常用中药知母（*Anemarrhena asphodeloides* Bunge）的活性成分，知母皂苷可明显抑制 LPS 诱导的小鼠单核巨噬细胞 RAW264.7 细胞中 NO、TNF-α、IL-6、iNOS 的释放，下调 NF-κB p65 蛋白表达，通过下调 NF-κB-iNOS-NO 信号通路，抑制炎症因子的过度表达，从而抑制炎症反应。

七叶一枝花（*Paris polyphylla* var. *chinensis*）与云南重楼（*P. polyphylla* var. *yunnanensis*）是中药重楼的基源植物，收载于 2020 年版《中国药典》。中药重楼具有清热解毒、消肿止痛、凉肝定惊的功效，常用于疗疮痈肿、咽喉肿痛、蛇虫咬伤、跌扑损伤等症，是云南白药、宫血宁等中成药的重要原料之一。研究发现，七叶一枝花中的甾体皂苷类是其抗炎主要活性成分，其中呋甾皂苷、偏诺皂苷和薯蓣皂苷三类成分均有显著的抗炎作用。

5. 神经保护作用 知母皂苷 BⅡ是中药知母中主要的甾体皂苷，能改善学习记忆功能。口服可显著改善双侧颈总动脉结扎模型大鼠、东莨菪碱模型小鼠和 D-半乳糖致衰老模型小鼠的学习记忆功能。其作用机制可能是通过上调胆碱能 N 受体及 M 受体，并通过扩张血管、抑制血栓形成、改善脑缺血及其损伤。

6. 抗菌、抗病毒作用 从葱属植物 *Allium minutiflorum* 中分离出的甾体皂苷 minutoside A、B 及 C 具有抗菌活性，其中 minutoside B 抗菌活性最强。甾体皂苷具有显著的抗真菌作用，抑菌活性与苷元结构相关，而不同寡糖链可以改变其抑制作用的大小，螺甾皂苷的抑制作用随着寡糖链中单糖数目增加而增强。

此外，薯蓣皂苷对腺病毒、乙型肝炎病毒和水疱性口炎病毒具有体外抗病毒活性，不仅能在初期阻断腺病毒感染情况，还能影响宿主细胞对病毒感染的反应。经薯蓣皂苷处理的细胞腺病毒受体（CAR）mRNA 水平下降，薯蓣皂苷对 HBV 阳性细胞株 HepG2-2.2.15 中 HBeAg 和 HBsAg 分泌也有一定的抑制作用。

7. 其他作用 甾体皂苷还具有免疫调节、保护肝、抗过敏、抗生育、抗尿酸血症、肾保护、治疗骨质疏松、减少紫外线损伤及驱虫等作用。

第四节　其他甾体类化合物

一、C_{21} 甾体

C_{21} 甾体（C_{21} steroids）是一类重要的甾体化合物，具有抗肿瘤、抗炎镇痛、抗生育、抗抑郁等多方面的生物活性，已成为广泛关注的一类重要药物。以萝藦科植物通关藤（*Marsdenia tenacissima*）

为原料的新药消癌平,其主要成分就是 C_{21} 甾体,具有广谱抗肿瘤作用。

C_{21} 甾体化合物是在甾核 C-17 位侧链仅连接 2 个碳的含有 21 个碳原子的甾体类衍生物,都具有孕甾烷(pregnane)或其异构体的基本骨架。C_{21} 甾体在 C-3、C-8、C-12、C-14、C-17、C-20 等位置上都可能有 β-OH,C-11 位上则可能有 α-OH,且 C-11、C-12 羟基还可能和乙酸、苯甲酸、桂皮酸等结合成酯。C-10、C-13 位多为 β- 角甲基;多有 $\triangle^{5(6)}$ 双键,C-20 位可能有羰基;C-17 位侧链多为 α 构型,少数为 β 构型。

目前已发现的 C_{21} 甾体的苷元按骨架可分为典型的孕甾烷衍生物(骨架 Ⅰ 和 Ⅱ)和变型的孕甾烷衍生物(骨架 Ⅲ ~ Ⅶ)等 7 种类型。常见的苷元有加加明(gagamin)、告达亭(caudatin)、萝藦苷元(metaplexigenin)、开德苷元(kidjoranin)等。近来还发现 C 环和 D 环发生变形,具有特殊的 14、15 裂环或 13、14,14、15 双裂环孕甾烷的苷元骨架结构。C_{21} 甾苷中糖链多与苷元 3- 羟基成苷,但也有 C-20 位的羟基成苷情况。常见的糖类化合物有加拿大麻糖、地芝糖、夹竹桃糖、毛地黄毒糖、阿洛糖、黄花夹竹桃糖及葡萄糖等,糖链最多的可含有 7 个糖类化合物。

在植物中 C_{21} 甾体成分除以游离方式存在外,还与糖类结合成苷类存在。C_{21} 甾体主要存在于玄参科、毛茛科、夹竹桃科、萝藦科等植物中。其中,研究较多的含有 C_{21} 甾体的植物有鹅绒藤属、牛奶菜属、黑鳗藤属、杠柳属、马利筋属、尖槐藤属、须药藤属、夜来香属、南山藤属等。如已报道从鹅绒藤属植物白薇(*Cynanchum atratum*)、徐长卿(*C. paniculatum*)、牛皮消(*C. auriculatum*)中分离得到大量的 C_{21} 甾苷类成分。

C_{21} 甾苷具有甾体皂苷的性质,分子中有时含有 2- 去氧糖,此时 Keller-Kiliani 颜色反应阳性。由于 C_{21} 甾苷所含的糖类多为甲基化的去氧糖,羟基又多被酯化,极性较小,可溶于三氯甲烷。目前,该类化合物常用的分离方法是甲醇提取物脱脂后溶于三氯甲烷,向三氯甲烷溶液中加入正己烷使总皂苷沉淀析出,再通过硅胶柱色谱、反相硅胶(C_8 或 C_{18})MPLC 及制备型 HPLC 进行精制纯化。

二、甾醇类

甾醇（sterol）是自然界中分布甚广的一类仲醇，以游离状态存在，或与脂肪酸成酯，或与糖成苷。甾醇在甾核的 C-17 上有一个含 8~10 个碳原子的侧链。根据来源不同，可分为植物甾醇、动物甾醇和霉菌甾醇三种。

植物甾醇是甾核 C-17 位侧链为 9~10 个碳原子的脂肪烃，是广泛存在于植物中的活性成分，也是植物细胞膜的成分之一。植物甾醇还是多种激素、维生素 D 及甾体化合物合成的前体，具有营养价值高、生物活性强等特点，广泛应用于医药、化妆品、食品等领域。谷甾醇（sitosterol）、豆甾醇（stigmasterol）、菜油甾醇（campesterol）是最重要的植物甾醇，占植物中发现的所有植物甾醇含量的 98%。人体不能合成植物甾醇，只能通过食物如植物油、坚果、蔬菜、谷物等获得。

β-谷甾醇　　　　豆甾醇　　　　菜油甾醇

麦角甾醇　　　　withanolide A　　　　physalin A

近 30 年来，从海洋生物中发现了大量多羟基甾醇类化合物，具有良好的生物活性和药理作用，引起了科学家的极大兴趣。例如，海星中以硫酸盐、葡萄糖苷的形式或游离的形式存在的甾体化合物，具有显著的生理活性。

真菌代谢物中也含有甾醇类成分，如从燕麦麦角菌（Claviceps purpurea）中分离到麦角甾醇（ergosterol）。麦角甾醇是生产黄体酮和可的松的前体，还是维生素 D_2 的前体。动物甾醇来自动物组织和动物细胞，主要有胆甾醇、胆甾烷醇、粪甾烷醇等。

近年来，从睡茄属（Withania）、酸浆属（Physalis）、枸杞属（Lycium）等植物中分离得到一类结构新颖的麦角甾醇衍生物—麦角甾内酯类化合物，如 withanolide A、physalin A 等，具有抗炎、抗肿瘤、免疫调节等活性。

三、胆酸类

天然胆汁酸（cholic acid）是一类多羟基甾体羧酸化合物，是胆烷酸的总称，由胆固醇在肝细胞内转化生成。胆烷酸的甾核 B/C 环反式稠合，C/D 多为反式稠合，而 A/B 环有顺、反稠合两种异构体形式。甾核 A/B 环为顺式稠合时称为正系，反式稠合则为别系，如胆酸为正系，而别胆酸则为别系。

在动物胆汁中，胆汁酸通常与甘氨酸或牛磺酸的氨基以酰胺键结合成甘氨胆汁酸或牛磺胆汁酸，且以钠盐形式存在。游离型胆汁酸主要包括胆酸（cholic acid）、去氧胆酸（deoxycholic acid）、鹅去氧胆酸（chenodeoxycholic acid）、熊去氧胆酸（ursodeoxycholic acid）、石胆酸（lithocholic acid）。中药牛黄是牛的胆结石，约含8%胆汁酸，主要成分为胆酸、去氧胆酸和石胆酸。牛黄具有解痉作用，其对平滑肌的松弛作用主要由去氧胆酸引起。名贵中药熊胆粉具有清热解毒、保肝利胆作用，主要有效成分为熊去氧胆酸、鹅去氧胆酸和胆酸。

胆酸　　　　　　去氧胆酸　　　　　　鹅去氧胆酸

熊去氧胆酸　　　　石胆酸　　　　β-蜕皮甾酮　　R=H
25R-牛膝甾酮　　R=α-CH₃
25S-牛膝甾酮　　R=β-CH₃

四、昆虫变态激素

昆虫变态激素（insect metamorphosis hormone）是甾醇的衍生物或甾醇类的代谢产物，最早在昆虫中发现，是昆虫脑分泌的变态脱皮所需激素。昆虫变态激素在甾核C-6位有酮基，C-7位有双键，C-14位有α-羟基，C-17位连有脂肪醇侧链。

日本学者中西香尔（Koji Nakanishi）等首次从抗肿瘤草药百日青（*Podocarpus nakaii*）的叶子中分离得到的甾体化合物百日青甾酮A（ponasterone A），具有昆虫蜕皮激素活性。目前，已从100多科的陆生植物中分离得到植物蜕皮素，具有降血糖、降血脂、抗心肌缺血、抗骨质疏松及抗衰老等作用。例如，从具有补肝肾、强筋骨功效的中药怀牛膝（*Achyranthes bidentata*）根中分离的β-蜕皮甾酮、25R-牛膝甾酮和25S-牛膝甾酮，具有抗骨质疏松、促进骨细胞增殖及调节糖、脂代谢等活性。

第五节　甾体及其苷类化合物的研究实例

甾体药物在化学药物体系中占有重要的地位。甾体药物的发现和成功合成被誉为20世纪医药工业取得的两个重大进展之一。目前，已经上市的甾体药物超百种，包括甾体激素类、甾体生物碱、强心苷类、甾体皂苷类等。甾体药物对维持人体健康有着不可替代的作用，具有显著的抗感染、抗过敏、抗病毒和抗休克等作用，可改善蛋白质代谢、恢复和增强体力以及利尿降压。近年来，甾体药物在医药领域的应用范围不断扩大，被广泛应用于治疗风湿性关节炎、支气管哮喘、湿疹等皮肤病、过敏性休克、前列腺炎、艾迪森氏等内分泌疾病，也应用于避孕、安胎、减轻女性更年期症状、预防冠心病、减肥等方面。

一、开口箭甾体皂苷类成分研究

开口箭（*Tupistra chinensis* Baker）为百合科（Liliaceae）开口箭属（*Tupistra*）多年生草本植物，以根茎入药。本草记载，开口箭味甘微苦，性寒，有小毒，具有清热解毒、活血止痛、祛风除湿等功效，可用于治疗头痛咳嗽、咽喉肿痛、白喉、胃痛、痈肿疮毒、风湿痹痛、跌打损伤、毒蛇狂犬咬伤等。

研究发现，甾体皂苷是开口箭的主要活性成分之一，包括螺甾皂苷元、螺甾皂苷及呋甾皂苷。通过对开口箭的进一步研究，发现新的甾体皂苷类化合物37个，并从体外细胞毒活性和抗炎活性两个方面评价了单体化合物的药理活性。

1. 甾体皂苷类成分的提取及分离纯化 取开口箭药材17 kg，用70 L 60%乙醇加热回流提取3次，每次2 h，合并提取液，减压浓缩得到浅棕色浸膏。将浸膏用水混悬，用等体积乙酸乙酯萃取4次，得到乙酸乙酯层（218 g）；水层挥去乙酸乙酯后，经D101大孔树脂柱（95 mm×1 300 mm），用不同浓度的含水乙醇进行洗脱，得到水、20%、60%、80%及95%乙醇洗脱部分。20%、60%及80%乙醇洗脱部分通过反复硅胶柱色谱、反相MPLC及半制备反相HPLC等手段，分离得到72个化合物。

2. 甾体皂苷的结构鉴定 利用理化性质、现代波谱学（IR、MS、^{1}H-NMR、^{13}C-NMR和2D-NMR）及化学沟通（酸水解）等手段鉴定了甾体皂苷的结构。分离鉴定的72个化合物中，变形螺甾皂苷类5个，螺甾类43个，呋甾皂苷类24个。其中，新化合物37个。以化合T7为例介绍甾体皂苷的结构鉴定。

化合物T7为白色无定形粉末，$[\alpha]_D^{29}$ -27.0（*c* 0.12，MeOH），对Anisaldehyde（A试剂）反应显黄色，对Ehrlich（E试剂）不显色，酸水解衍生化后经GC-MS分析，检出D-葡萄糖，提示该化合物为螺甾皂苷类化合物。HRESIMS（positive）给出准分子离子峰 [M+H]$^+$ *m/z* 757.4403（calcd. for $C_{39}H_{65}O_{14}$ 757.4374），提示其相对分子质量为756，结合 ^{1}H-NMR和 ^{13}C-NMR可确定其分子式为 $C_{39}H_{64}O_{14}$。

在IR（KBr）中，3 411 cm^{-1}为多羟基的吸收峰，在1 000~800 cm^{-1}，919 cm^{-1}（B带）吸收强度小于899 cm^{-1}（C带），说明化合物25位为*R*构型。

在 ^{1}H-NMR谱中，高场区给出甾体皂苷元上四个特征的甲基信号，其中两个为单峰，分别位于 δ_H 0.81（3H，s，Me-18）和1.24（3H，s，Me-19），另外两个为双峰，分别位于 δ_H 0.68（3H，d，*J* =5.6 Hz，Me-27）和1.14（3H，d，*J* =6.9 Hz，Me-21）。在糖端基信号区给出两个糖端基质子信号 δ_H 5.02（1H，d，*J* =7.7 Hz）和4.93（1H，d，*J* =7.8 Hz），提示化合物T7为双糖螺甾皂苷。由糖端基氢信号的*J* 值可知两个葡萄糖均为β构型。

^{13}C-NMR（126 MHz，pyridine-*d5*）中共有39个碳信号。其中 δ 109.6为螺甾皂苷元C-22位碳的特征信号，δ_C 105.3与102.4为两个糖端基碳信号。该化合物的碳谱数据与已知化合物 isorhodeasapogenin 3-*O*-β-D-glucopyranosyl-（1→4）-β-D-glucopyranoside 十分相似，仅糖区的碳信号有所差别，因此可以推测二者有相同的苷元及糖组成，只是糖的连接方式不相同。与已知化合物相

比，化合物 T7 葡萄糖的碳谱数据中一个葡萄糖的 6 位碳（δ_C 70.7）向低场位移了 7.7，因此推测两个葡萄糖连接方式为 -Glc-（6→1）-Glc。在 HMBC 谱中糖端基质子 δ_H 5.02 与内侧糖的 C-6（δ_C 70.7）相关，内侧糖端基质子 δ_H 4.93 与苷元 C-3（δ_C 76.0）相关，进一步证明了两个葡萄糖链接位点的正确性。

综合以上信息，化合物 T7 鉴定为（25R）-5β-spirostan-1β,3β-diol-3-O-β-D- glucopyranosyl-（1→6）-β-D-glucopyranoside，为一未见文献报道的新化合物。化合物 T7 的 ^1H 和 ^{13}C-NMR 数据见表 12-3。

表 12-3 化合物 T7 的氢谱和碳谱数据（pyridine-d_5，500 MHz for ^1H-NMR）

序号	δ_C	δ_H	序号	δ_C	δ_H
1	72.3	3.95（1H, m）	20	42.3	1.95（1H, m）
2	31.7	2.35（1H, d, J = 11.3 Hz）	21	15.4	1.14（1H, d, J = 6.9 Hz）
		1.82（1H, m）	22	109.6	
3	76.0	4.55（1H, m）	23	32.2	1.68（1H, m）
4	30.4	1.92（1H, m）	24	29.6	1.56（1H, m）
		1.74（1H, m）	25	30.9	1.56（1H, m）
5	31.4	2.40（1H, d, J = 14.9 Hz）	26	67.2	3.58（1H, m）
6	26.8	1.72（1H, m）			3.51（1H, t, J = 5.6 Hz）
		1.10（1H, m）	27	17.7	0.68（1H, d, J = 5.6 Hz）
7	26.6	1.23（1H, m）	3-O-Glc		
		0.94（1H, m）	1	102.4	4.93（1H, d, J = 7.8 Hz）
8	36.1	1.56（1H, m）	2	75.2	3.93（1H, m）
9	42.2	1.15（1H, m）	3	78.8	4.20（1H, m）
10	40.6		4	72.2	4.05（1H, m）
11	21.4	1.23（1H, m）	5	77.3	4.15（1H, m）
12	40.5	1.61（1H, m）	6	70.7	4.89（1H, d, J = 9.1 Hz）
		1.00（1H, m）			4.18（1H, m）
13	41.0		Glc（1→6）		
14	56.6	1.05（1H, m）	1	105.6	5.02（1H, d, J = 7.7 Hz）
15	32.5	2.02（1H, m）	2	75.8	4.06（1H, m）
		1.42（1H, m）	3	78.7	3.93（1H, m）
16	81.5	4.60（1H, m）	4	71.8	4.25（1H, m）
17	63.5	1.83（1H, m）	5	78.8	4.24（1H, m）
18	17.0	0.81（3H, s）	6	63.0	4.53（1H, m）
19	19.5	1.24（3H, s）			4.39（1H, m）

3. 甾体皂苷的活性测试

（1）细胞毒活性测试：采用 MTT 法测试了从开口箭中分离得到的甾体皂苷单体化合物对 FaDu（人咽鳞癌细胞）、Detroit 562（人咽头癌胸腔积液转移细胞）、CNE-1（高分化人鼻咽鳞癌细胞）、CNE-2（低分化人鼻咽鳞癌细胞）、HepG2（人肝癌细胞）、K562（人慢性骨髓性白血病细胞）、SPC-A-1（人肺腺癌细胞）七种人体肿瘤细胞的细胞毒活性以及对正常细胞 L-929（小鼠成纤维细胞）的毒性，抗癌药顺铂作为阳性对照。结果显示，大部分螺甾类化合物对肿瘤细胞的增殖有不同程度的抑制作用；呋甾皂苷中，只有 T51、T52、T64 和 T69 对肿瘤细胞有杀伤作用，且具有一定的选择性；分离得到的变形螺甾类化合物均无明显细胞毒活性。说明化合物苷元类型对其细胞毒活性有着极其重要的影响。其中化合物 T6、T8、T10、T13-T18 和 T32 对所测试的肿瘤细胞的增殖都有抑制作用，说明这几个化合物具有比较广泛的抗肿瘤活性，但对癌细胞的杀伤并不具有选择性。化合物 T19、T22、T28、T29 和 T33 对所测试的七种肿瘤细胞中的六种有不同程度的杀伤作用，其他化合物对癌细胞的杀伤则具有一定的选择性。

初步的构效关系研究结果表明，螺甾皂苷类化合物活性强于螺甾皂苷元活性；当化合物 C-1 和 C-3 位羟基同时成苷后活性增强，强于仅 C-3 位成苷而 C-1 位羟基游离的化合物；苷元 A 环上羟基的数目、连接位点及构型都会影响化合物的活性。

（2）抗炎活性结果：采用 LPS（脂多糖）诱导的 RAW 264.7（小鼠巨噬细胞）细胞，建立体外炎症模型。采用 MTT 和 Griess 实验，考察从开口箭中分离得到的甾体类化合物对经脂多糖诱导的 RAW 264.7 细胞释放炎症介质 NO 的影响。抗炎药吲哚美辛（indomethacin）作为阳性对照。结果显示，大部分螺甾皂苷类化合物都表现出较强的抑制 NO 释放活性，变形螺甾类化合物 T2、T3、T5 和部分呋甾皂苷类化合物显示出中等强度的抑制 NO 释放活性。

二、薯蓣皂苷及其苷元的制备

薯蓣皂苷（dioscin）是从薯蓣科薯蓣属植物穿龙薯蓣（*Dioscorea nipponica* Makino）、黄山药（*D. panthaica* Prain et Burk）或盾叶薯蓣（*D. zingiberensis* C. H. Wright）等根茎中提取的一类螺甾皂苷，其水解产物为薯蓣皂苷元（diosgenin）。盾叶薯蓣又称黄姜，薯皂苷元含量最高，且易于提取，世界各国生产的甾体激素 60% 以上都以黄姜为主要原料，我国黄姜的植物资源非常丰富。

现代药理研究表明，薯蓣皂苷及其衍生物具有增强心脏收缩力、减慢心率、抗动脉硬化、改善微循环、降血脂、免疫调节、抗关节炎、抗肿瘤、抗艾滋病、抗血小板聚集、保护胃黏膜、祛痰、灭钉螺等多种药理活性。临床用于预防和治疗冠心病、心绞痛的药物盾叶冠心宁片及地奥心血康胶囊就是由黄山药或穿龙薯蓣根茎提取物制成的纯中药制剂。其中地奥心血康胶囊为《中国药典》（2025 版）收载品种，其治疗冠心病的有效成分是 8 种甾体皂苷，总含量达 80% 以上。

（一）薯蓣总皂苷的制备

薯蓣总皂苷的经典提取方法是将黄姜或穿龙薯蓣粉碎成 2~3 mm 的粗颗粒，投入多功能提取罐中，加入 5 倍量 95% 乙醇，热回流提取 3 次，每次 2 h。将提取液过滤，滤液备用。将药渣装入过滤布袋中，3 000 r/min 离心 15 min，收集离心所得上清液与滤液合并，60℃ 下真空浓缩回收乙醇。浓缩液加入 5~7 倍量蒸馏水充分搅拌，在 20~25℃ 下沉降 8 h，3 000 r/min 离心 15 min，取沉淀，加水稀释后经喷雾干燥即得薯蓣总皂苷。

（二）薯蓣皂苷元的制备

薯蓣皂苷元是生产甾体激素类药物的重要原料。从穿龙薯蓣或黄姜中提取薯蓣皂苷元常用的方法有两种：第一种方法是先从穿龙薯蓣中提取薯蓣皂苷，再水解制成苷元。此法流程较长，溶剂用量多，但苷元相对提取量较高；第二种方法是先将药材用强酸水溶液中水解后，再用溶剂提取薯蓣皂苷元，此法工艺简单，但薯蓣皂苷元提取量略低。

目前，国内生产薯蓣皂苷元较成熟的工艺是：将穿龙薯蓣或黄姜的根（块）茎洗净、晾干、粉碎后，投入水解釜，加入盐酸调配使含量达到 3%，在加压下加热水解。水解物过滤后弃去滤液，用水洗水解物至中性后干燥,再用汽油加热回流提取,回收溶剂制得粗品。再经乙醇或丙酮重结晶、活性炭脱色后制得薯蓣皂苷元纯品。

(何祥久)

数字资源详见　新形态教材网

- 学习目标
- 思维导图
- 思政元素
- 案例探讨
- 参考文献
- 微视频
- 拓展阅读
- 本章小结
- 自测题
- 教学课件

第十三章 生物碱类化合物

编者导学

📍 学习目标
🧠 思维导图

本章导航

第一节　概述
第二节　生物碱类化合物的结构类型和生源关系
第三节　生物碱类化合物的理化性质
第四节　生物碱类化合物的提取与分离
第五节　生物碱的结构鉴定
第六节　生物碱类化合物的生物活性
第七节　生物碱类化合物的研究实例

生物碱类化合物是一类重要的天然有机化合物。由生物碱开发的药物约占全部植物药的46%，这是其他类天然活性化合物所不能比拟的。生物碱结构复杂、生物活性多样，一直是天然药物研究的热点。随着分离与结构研究的新方法、新技术的不断涌现，生物碱的发展与鉴定速度不断提升，越来越多具有生物活性的生物碱被不断发现。

天然药物化学的核心在于结构、反应、理化性质、波谱学及生物学之间的关联。本章节在介绍生物碱结构类型时，力求以生源结合化学分类为主，从简单到复杂，循序渐进，使读者便于理解、学习和掌握。此外，本章内容还涵盖生物碱的理化性质、提取与分离方法、结构鉴定方法及生物活性等方面。最后，本章也介绍了生物碱研究实例，希望能进一步巩固读者对于生物碱相关知识的理解。希望通过本章学习，能够使读者对生物碱相关的各方面知识有较深的了解和掌握。

第一节　概　　述

一、研究简史

生物碱（alkaloids）是一类重要的天然有机化合物。人类应用生物碱的历史几乎与人类文明史一样久远。如应用罂粟的历史可追溯到史前的古希腊时期，瑞士人及古希腊人使用罂粟煎剂缓解疼痛、治疗失眠等。但直到法国药剂师德罗斯内（Jean-François Derosne）于1803年分离得到第一个生物碱那可丁（narcotine），以及德国药剂师泽尔蒂纳（Friedrich Wilhelm Adam Sertürner）于1806年从鸦片（opium）中分出吗啡（morphine），并首次报道其具有碱性特性，人们才真正开始了对生物碱的研究。

1819年，德国药剂师迈斯纳（Walther Meissner）将这类从植物中得到的具有碱性的化合物命名为"alkaloids"（生物碱）一词，意为"类碱性"。许多重要的生物碱在这一时期被发现，如尼古丁（nicotine，1809）、马钱子碱（brucine，1817）、士的宁（strychnine，1819）、胡椒碱（piperine，

1819)、辛可宁（cinchonine，1820）、奎宁（quinine，1820）、秋水仙碱（colchicine，1820）、咖啡因（caffeine，1820）、毒芹碱（coniine，1827）等。随后，又相继发现了乌头碱（aconitine，1833）和麦角胺（ergotamine，1918）等生物碱。所有这些生物碱的发现奠定了过去200多年来生物碱研究的基础，而且其中大多数生物碱还应用至今。

尽管19世纪初分离得到了不少生物碱，但由于结构复杂，这些生物碱的化学结构并未确定。毒芹碱（coniine）是一种有毒的生物碱，是导致古希腊著名哲学家苏格拉底中毒死亡的成分，虽然结构简单，但直到1870年才确定其化学结构，1886年实现合成。而许多复杂的生物碱的结构几乎都经历了漫长的化学降解研究后才得以确定。例如，士的宁（又名番木鳖碱），于1819年被发现，直到1946年才由英国化学家罗宾逊（Robert Robinson）确定其结构，经过了漫长的127年历程；1954年，伍德沃德（Robert Burns Woodward）完成士的宁的全合成，这成为天然产物合成的里程碑而载入史册。

直到1900年人类分离的生物碱仅约100个。但是，有机化学的发展及其现代方法学的建立，促进了生物碱化学的研究。及至1950年化学家曼斯克（Richard Manske）所著系列"生物碱"第一卷收集的生物碱数目就增加到1 000个。随着分离和结构研究新方法、新技术的不断涌现，尤其是色谱分离技术、现代波谱结构鉴定技术（1D-NMR、2D-NMR、HR-MS、CD、ORD等）和X射线分析的引入和广泛应用，生物碱的发现和鉴定速度迅速加快。到2001年，从自然界中共分离得到约26 900多种生物碱。另有报道，每年发现新生物碱的数量以超过1500个的速度不断递增，迄今已发现的生物碱已多达约130 000个。

生物碱多具有显著的生物活性，常为许多药用植物的有效成分。如鸦片中的吗啡具有强烈的镇痛作用，可待因（codeine）具有止咳作用；中药麻黄中的麻黄碱具有平喘作用；中药黄连、黄柏中的小檗碱具有抗菌消炎和降血脂作用；长春花（*Catharanthus roseus* G. Don）中的长春新碱、三尖杉（*Cephalotaxus fortunei* Hook.F.）中的高三尖杉酯碱（homoharringtonine）、喜树（*Camptotheca acuminata* Decne.）中的喜树碱（camptothecine）等均具有显著的抗肿瘤作用。目前，临床应用的生物碱类药物已有上百种。生物碱不断吸引着科学家的研究兴趣，经久不衰，成为天然药物化学的重要和热点研究领域。

二、生物碱的定义

最初学者将生物碱定义为存在于生物体内含氮的有机化合物，但由于该表述过于宽泛，失去了实际意义。如何表述生物碱的定义，许多学者都曾有研究。1983年，派勒蒂埃（S. W. Pelletier）在对生物碱结构和分布特点充分研究的基础上，提出了生物碱定义，并得到多数学者认可。生物碱是指一类含负氧化态氮原子、存在于生物有机体中的环状化合物。其中负氧化态氮原子包括胺（-3）、氮氧化物（-1）、酰胺（-3）和季铵（-3）化合物，而排除了含硝基（+3）和亚硝基（+1）的化合物；存在于生物有机体的表述是从实用考虑将其范围限于动物、植物和其他有机体；环状化合物则指排除了小分子的胺类、非环的多胺和酰胺。

此外，有科学家将天然吡唑类（pyrazoles）、咪唑类（imdazoles）、异噁唑类（isoxazoles）、噻唑类（thiazoles）、吡嗪类（pyrazines）、蝶啶类（pteridines）、氰苷类（cyanogenic glycosides）等排除在生物碱范畴之外，总称为含氮的非生物碱化合物。

目前，在派勒蒂埃给出的生物碱定义基础上，人们公认的生物碱至少应具备以下5个特点：①结构中至少含有1个氮原子；②一般不包括相对分子质量大于1 500的肽类化合物；③具有碱性或中性；④氮原子源于氨基酸或嘌呤母核或甾体与萜类的氨基化；⑤排除上述简单定义中所有例外的化合物。

三、生物碱的分布

生物碱主要分布于植物界，在动物界中发现的很少。在83目植物中，有16个目的植物不含生物碱。根据 *NAPRALERT*（*Natural Products Alert*）^{SM} 数据库统计可知，已发现的生物碱分别存在于186科1 730属7 231种植物中。生物碱在植物界的分布有以下规律。

（1）生物碱在低等植物类群中的分布规律：藻类中尚未发现生物碱，菌类植物仅少数植物（如麦角菌类）中含有生物碱；地衣、苔藓类植物中仅发现少数简单的吲哚碱类生物碱；蕨类植物中除了烟碱等简单类型的生物碱外，结构复杂的生物碱则多集中地分布于木贼科（Equisetaceae）、卷柏科（Selaginellaceae）、石松科（Lycopodiaceae）等植物中。

（2）生物碱在高等植物类群中的分布规律：生物碱广泛分布于裸子植物、被子植物类群中。在裸子植物中，生物碱主要分布于4个科的6个属植物中：三尖杉科（Cephalotaxaceae）三尖杉属（*Cephalotaxus*），麻黄科（Ephedraceae）麻黄属（*Ephedra*），松科（Pinaceae）松属（*Pinus*）、云杉属（*Picea*）、油杉属（*Keteleeria*），紫杉科（Taxaceae）红豆杉属（*Taxus*）等植物中。生物碱在被子植物的双子叶植物中分布最广，最重要的18个科为：番荔枝科（Annonaceae）、夹竹桃科（Apocynaceae）、菊科（Compositae）、小檗科（Berberidaceae）、紫草科（Boraginaceae）、黄杨科（Buxaceae）、石竹科（Caryophyllaceae）、卫矛科（Celastraceae）、樟科（Lauraceae）、豆科（Leguminosae）、防己科（Menispermaceae）、罂粟科（Papaveraceae）、蝶形花科（Papilionaceae）、胡椒科（Piperaceae）、毛茛科（Ranunculaceae）、茜草科（Rubiaceae）、芸香科（Rutaceae）和茄科（Solanaceae）；单子叶植物中也有少数科属含生物碱，如百合科（Liliaceae）、石蒜科（Amaryllidaceae）等。

（3）同一种植物中会出现数种或数十种生物碱共同存在的情况，但很少有仅有一种生物碱的情况出现。同一种植物中的生物碱一般来源于同一个前体，化学结构也会相似，同科同属植物中的生物碱也多属于同一结构类型。这种分布规律对利用植物化学分类学寻找新的药用资源及化合物的结构解析具有重要意义。

（4）生物碱的结构类型越特殊，分布的植物类群就越狭窄。如托品类生物碱主要分布在茄科（Solanaceae）颠茄属（*Atropa*）和莨菪属（*Scopolia*）等植物中；倍半萜生物碱主要分布在兰科（Orchidaceae）石斛属（*Dendrobium*）和睡莲科（Nymphaeaceae）萍蓬草属（*Nuphar*）植物中；二萜生物碱主要分布于毛茛科乌头属（*Aconitum*）和翠雀属（*Delphinium*）植物中；三萜类生物碱主要分布在虎皮楠科（Daphniphyllaceae）虎皮楠属（*Daphniphyllum*）植物中。

（5）生物碱极少与萜类和挥发油成分共存于同一植物类群中。

四、生物碱的存在形式

生物碱最突出的结构特征是其分子中含有氮原子，这也是区别于其他天然产物的最重要之处。可根据氮原子所处的状态，将生物碱的存在形式分为以下六类。

1. 游离碱　在植物体内，仅少数碱性极弱的生物碱，如那碎因（narceine）、那可丁（noscapine）等以游离形式存在。

2. 盐类　绝大多数生物碱是以盐的形式存在于植物体内。形成盐的酸主要有：草酸（oxalic acid）、柠檬酸（citric acid）、酒石酸（tartaric acid）、硫酸、盐酸和硝酸等。

3. 酰胺类　以酰胺形式存在的生物碱较常见，如秋水仙碱（colchicine）、喜树碱等。

4. N-氧化物　以 N-氧化物形式存在的生物碱也较常见，目前从植物中发现的 N-氧化物约有120种，如氧化苦参碱（oxymatrine）、野百合碱 N-氧化物（monocrotaline N-oxide）。

5. 氮杂缩醛类 氮杂缩醛，又称 O,N- 混合缩醛（O,N-mixed acetals），如阿马林（ajmaline）等。

6. 其他 极少数生物碱是以亚胺、烯胺、季铵碱、苷、酯形式存在。如新士的宁（neostrychnine）等以烯胺形式存在；小檗碱以季铵碱形式存在；甾体类、吲哚类、异喹啉类等生物碱常和糖类缩合成苷存在于植物中，如茄属植物中的茄碱（solanine）、钩藤属植物中的钩藤芬碱（rhynchophine）；托品类生物碱则多以酯的形式存在，如可卡因（cocaine）等；极少数生物碱则以含硫、氮杂环形式存在，如 xylostostidine 等。

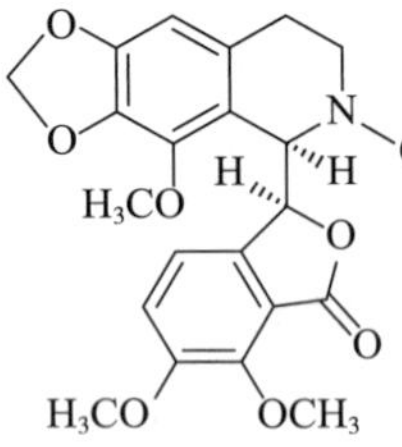

那可丁 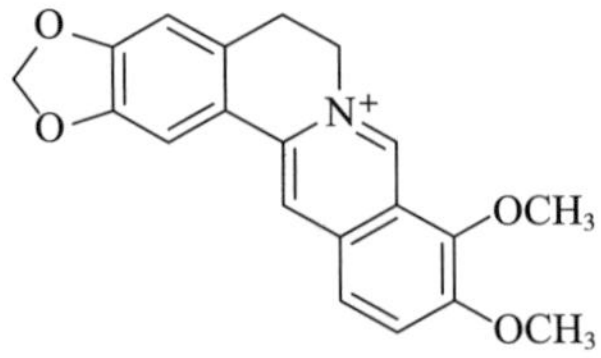　　　　小檗碱（黄连素） 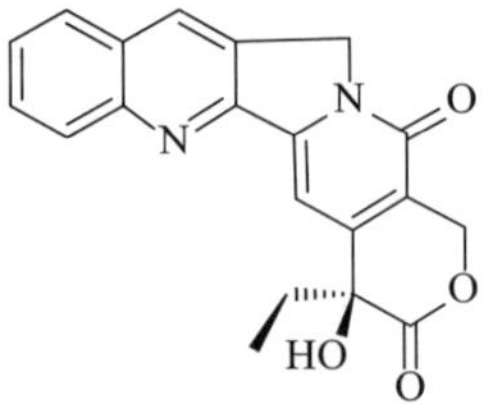　　　　喜树碱

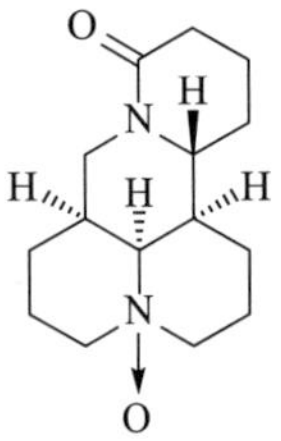

氧化苦参碱 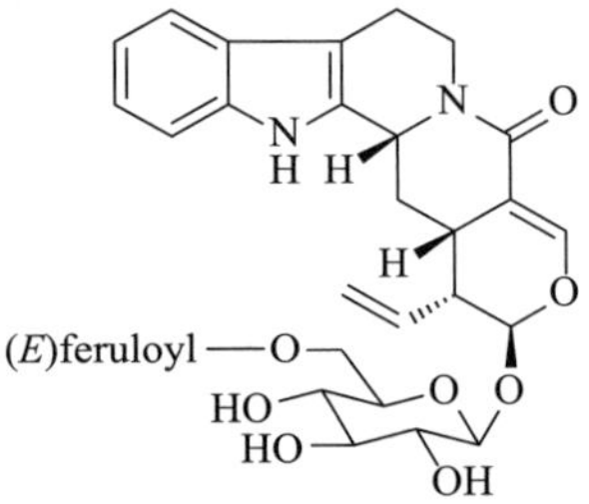　　　　钩藤芬碱

第二节　生物碱类化合物的结构类型和生源关系

生物碱有多种分类方法，每种分类方法各有特点。若按照化学结构类型分类，可以分为甾体类生物碱、异喹啉类生物碱等；若按常用植物来源分类，可以分为石蒜生物碱、麻黄生物碱等；在进行生物碱合成时，若按生源合成途径分类，可以分为原生物碱、真生物碱及伪生物碱等。以上的分类方法全面概括了生物碱的结构特征、来源途径和理化性质等，但其分类方式较为单一，不能直观了解生物碱的生源途径。目前，公认的既能表示生物碱的化学结构特点又能反映生物碱的生源途径的分类方法，即生源结合化学分类法。目前已知的生物碱生源途径主要有两条：氨基酸途径和甲戊二羟酸途径。

一、源于鸟氨酸的生物碱

（一）吡咯类生物碱

吡咯类生物碱（pyrrolidine alkaloids）是指以吡咯环为基本骨架的一类生物碱，氮原子常以叔氮形式存在，来源于鸟氨酸（ornithine）代谢途径。该类生物碱结构较简单，数量相对较少。如从细叶益母草（*Leonurus sibiricus*）中分离到的具祛痰、镇咳作用的水苏碱（stachydrine），从古柯（*Erythroxylon coca*）叶中分得的液态生物碱红古豆碱（cuscohygrine）及从新疆党参（*Codonopsis clematidea*）中得到的具降压作用的党参碱（codonopsine）等。

水苏碱　　　　　红古豆碱　　　　　党参碱

（二）吡咯里西啶类生物碱

吡咯里西啶类生物碱（pyrrolizidine alkaloids）是指以一个四氢吡咯环和一个羟甲基取代四氢吡咯环通过氮原子和邻位碳原子稠合而成的吡咯里西啶为基本骨架的一类生物碱，来源于鸟氨酸代谢途径。该类生物碱多具有很强的肝毒性，主要分布在菊科千里光属（*Senecio*）、泽兰属（*Eupatorium*）和橐吾属（*Ligularia*），紫草科天芥菜属（*Heliotropium*）、紫草属（*Lithospermum*）、鹤虱属（*Lappula*）、豆科野百合属（*Crotalaria*）和兰科羊耳蒜属（*Liparis*）等植物中。如具抗癌活性的野百合碱（monocrotaline），具降血压活性的阔叶千里光碱（platyphylline），从羊耳蒜属植物见血青［*Liparis nervosa*（Thunb. ex A. Murray）Lindl.］中分离得到的单酯型的 nervosine Ⅶ 等。

野百合碱　　　　　阔叶千里光碱　　　　　nervosine Ⅶ

拓展阅读　吡咯里西啶类生物碱肝毒性生物机制

（三）托品烷类生物碱

托品烷类生物碱（tropane alkaloids）是指以吡咯烷和哌啶并合而成的托品烷为基本骨架的一类生物碱，来源于鸟氨酸代谢途径。该类生物碱在植物体内常以有机酸酯的形式存在，主要分布于茄科（Solanaceae）、古柯科（Erythroxylaceae）、大戟科（Euphorbiaceae）、十字花科（Cruciferae）、旋花科（Convolvulaceae）、山龙眼科（Proteaceae）、红树科（Rhizophoraceae）等双子叶植物中，尤其以茄科曼陀罗属（*Datura*）和木曼陀罗属（*Brugmansia*）植物中含量最为丰富。如从颠茄（*Atropa belladonna*）中分离到的阿托品（atropine）、东莨菪碱（scopolamine）以及从唐古特山莨菪（*Anisodus tanguticus*）中分离到的山莨菪碱（anisodamine）和樟柳碱（anisodine）等，均为 M 胆碱受体拮抗剂，临床上用于胃肠道解痉、抑制唾液分泌、镇静和扩瞳等。以从南美古柯树叶中获得的可卡因为先导化合物，通过构效关系研究，设计合成了一系列优良的局部麻醉药物，如利多卡因（lidocaine）、普鲁卡因（procaine）等。

托品烷基本骨架　　　　　阿托品（*dl-*）莨菪碱（*l-*）　　　　　东莨菪碱

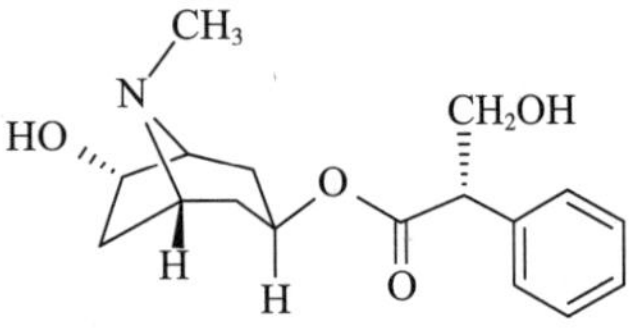

山莨菪碱 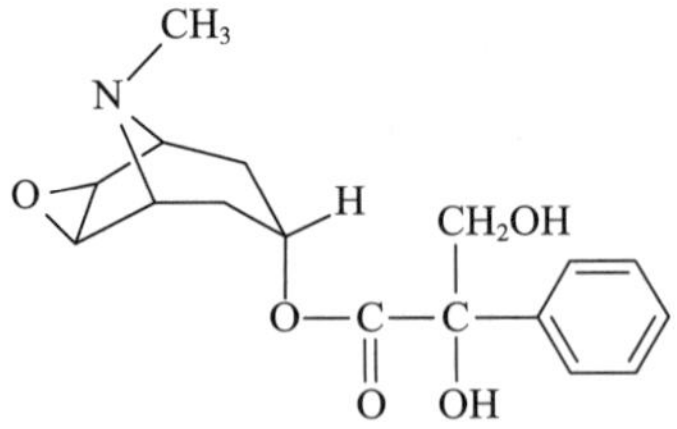　　　　　　　樟柳碱 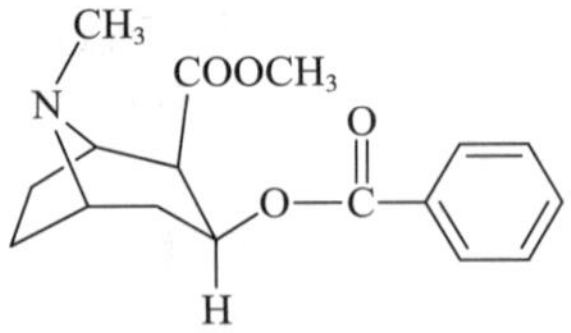　　　　　　　可卡因

二、源于赖氨酸的生物碱

赖氨酸（lysine）是人体必需氨基酸之一，具有促进人体发育，增强免疫力的功能。L-赖氨酸与L-鸟氨酸是同系物，其结构多一个亚甲基，可形成六元哌啶环，在生物合成中提供一个 C_5N 结构单元。赖氨酸作为生物合成前体，通过与鸟氨酸相似的途径合成哌啶类（piperidines）、喹诺里西啶类（quinolizidines）及吲哚里西啶类（indolizidines）生物碱。

（一）哌啶类生物碱

哌啶类生物碱（piperidine alkaloids）主要是以哌啶环为基本骨架的一类生物碱，包括石榴皮碱（pelletierine）、半边莲碱（lobeline）、胡椒碱（piperine）。生源上，此类生物碱主要源于赖氨酸，生物合成一分子哌啶氮杂环。该类生物碱结构相对简单、分布广泛，主要分布在胡椒科、菊科、藜科、伞形科、荨麻科、桔梗科、松科、天南星科、含羞草科、紫薇科、豆科、茜草科、茄科、百合科、大戟科等植物中。

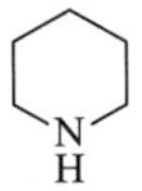

哌啶 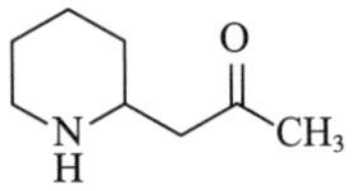　　　石榴皮碱 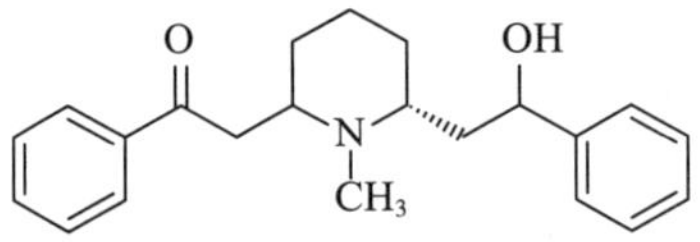　　　半边莲碱 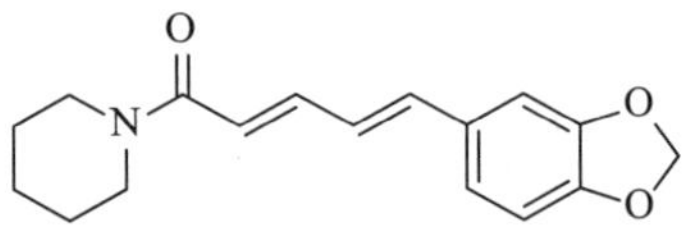　　　胡椒碱

（二）吲哚里西啶类生物碱

吲哚里西啶类生物碱（indolizidine alkaloids）是指以一个哌啶环和一个吡咯环通过一个氮原子和邻位碳原子稠合而成的吲哚里西啶为基本骨架的一类生物碱。该类生物碱结构复杂，在高等植物、动物、微生物及海洋生物等中广泛存在，且生物活性较强，如抑制糖苷酶、抗病毒复制、抗肿瘤细胞迁移以及诱导肿瘤细胞凋亡等活性。如从萝藦科（Asclepiadaceae）娃儿藤属（Tylophora）和鹅绒藤属（Cynanchum）植物中分离到的具抗肿瘤活性的 tylophoridicine E 及 vincetene、从大戟科白饭树属（Securinega）植物中得到的具有中枢兴奋作用的一叶萩碱（securinine）等。

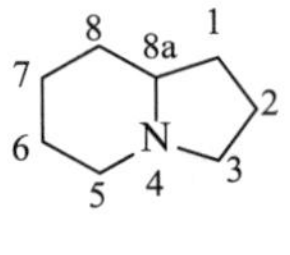

吲哚里西啶 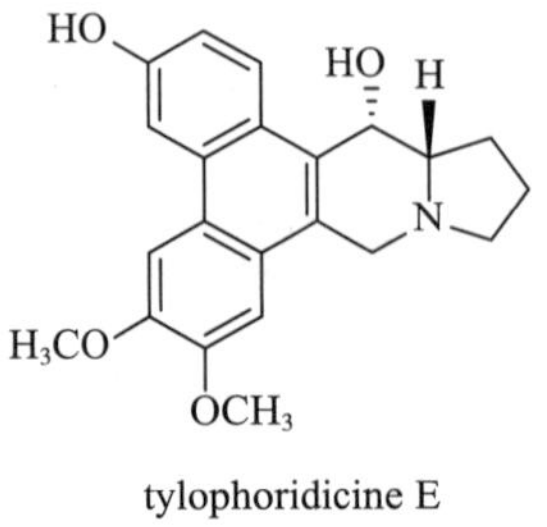　　　tylophoridicine E 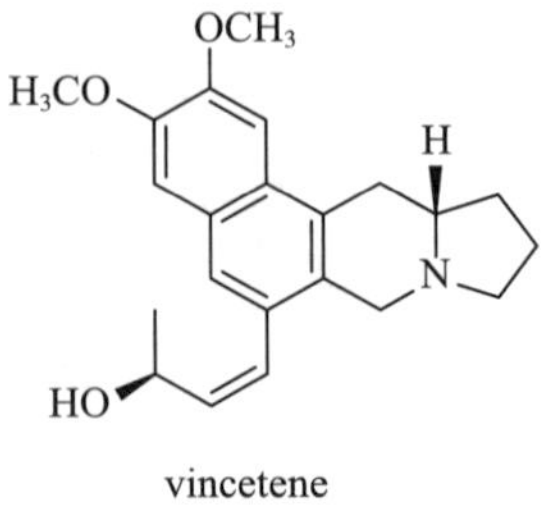　　　vincetene 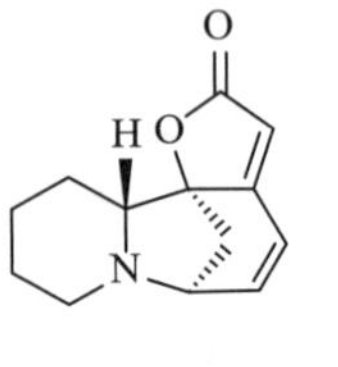　　　一叶萩碱

（三）喹诺里西啶类生物碱

喹诺里西啶类生物碱（quinolizidine alkaloids）来源于赖氨酸代谢途径，是指以两个哌啶环共

用一个氮原子构成的喹诺里西啶为基本骨架的一类生物碱。该类生物碱在高等植物中分布广泛，如豆科（Fabaceae）、小檗科（Berberidaceae）、蔷薇科（Rosaceae）、茄科（Solanaceae）、罂粟科（Papaveraceae）、千屈菜科（Lythraceae）和石松科（Lycopodiaceae）等植物。已发现的该类生物碱数目众多，代表性的有具抗肿瘤活性的苦参碱（matrine）、氧化苦参碱（oxymatrine）、可引起子宫收缩的金雀花碱（sparteine）、具有显著细胞毒性的羽扇豆碱（Tupanine）等。其中，苦参碱类生物碱已被开发成苦参碱注射液、氧化苦参碱注射液、苦参素注射液等应用于临床，具有抑制中枢神经、抗心律失常、抗肝炎和抗肝纤维化，以及抑制肿瘤细胞增殖和转移的作用，促进肿瘤细胞凋亡。苦参碱类还具有广谱的杀菌作用，作为生物农药在农业病虫害防治方面也发挥着重要作用。

苦参碱　　氧化苦参碱　　金雀花碱　　羽扇豆碱

三、源于邻氨基苯甲酸的生物碱

（一）喹啉类生物碱

喹啉类生物碱（quinoline alkaloids）来源于邻氨基苯甲酸途径，是指以喹啉环为基本母核的一类生物碱。茜草科金鸡纳属（*Cinchona*）植物金鸡纳中的奎宁是研究得最早的生物碱之一，从金鸡纳属植物中分离得到的总生物碱，又称为金鸡纳生物碱（cinchona alkaloids），之后分离得到的奎宁，具有良好的抗疟疾的作用。从喜树（*Camptotheca acuminata*）中分离到的具有抗肿瘤作用的喜树碱，具有特异性抑制 DNA 拓扑异构酶 I（topoisomerase I）的活性，其结构改造产物有许多已经成药，如 10-羟基喜树碱（10-hydroxy camptothecine）已在我国上市，用于治疗结肠癌、胃癌、肝癌等消化系统肿瘤。

喹啉　　奎宁　　喜树碱　　10-羟基喜树碱

拓展阅读　喜树药效物质基础研究

（二）吖啶酮类生物碱

吖啶酮类生物碱（acridone alkaloids）是指含有 9（10H）- 吖啶酮基本母核的一类生物碱，来源于邻氨基苯甲酸途径。主要来源于芸香科（Rutaceae）、苦木科（Rimaroubaceae）和胡椒科（Piperaceae）植物，具有一定的抗肿瘤、抗疟疾和抗菌活性。如从芸香科植物山油柑（*Acronychia pedunculata*）树皮中分离得到的山油柑碱（acronycine）具抗肿瘤活性和从吴茱萸（*Tetradium ruticarpum*）中分离得到的吴茱萸宁（evoprenine）具有消炎镇痛的功效等。

吖啶酮　　　　　山油柑碱　　　　　吴茱萸宁

四、源于苯丙氨酸和酪氨酸的生物碱

（一）有机胺类生物碱

有机胺类生物碱（amine alkaloids）是指氮原子不在环状结构内的一类生物碱，该系生物碱只有苯丙氨类生物碱，特指源于苯丙氨酸，但不贡献氮原子进行生物合成的一类生物碱。该类生物碱的生物活性显著，主要来源于麻黄科（Ephedraceae）麻黄属（*Ephedra*）、卫矛科（Celastraceae）巧茶属（*Catha*）、豆科（Leguminosae）金合欢属（*Acacia*）及罂粟科（Papaveraceae）罂粟属（*papaver*）的植物。例如，麻黄碱和伪麻黄碱（pseudoephedrine）都是芳烃仲胺类生物碱，主要来源于中药麻黄，均为拟肾上腺素药，能促进人体内去甲肾上腺素的释放而显效，具有松弛支气管平滑肌和促进中枢神经系统兴奋作用。

麻黄碱　　　　　伪麻黄碱

（二）四氢异喹啉类生物碱

四氢异喹啉类生物碱（tetrahydroisoquinoline alkaloids）是由苯丙氨酸和酪氨酸参与合成，基本骨架为四氢异喹啉的一类生物碱，已知该类生物碱种类较少，分布分散，有待大量开发。主要分布在罂粟科罂粟属和紫堇属（*Corydalis*）、毛茛科（Ranunculaceae）唐松草属（*Thalictrum*）等植物中。如鹿尾草中萨苏林（salsoline）和萨苏里丁（salsolidine）具有降压作用。

四氢异喹啉　　　　　萨苏林　　　　　萨苏里丁

（三）苄基四氢异喹啉类生物碱

1. 苄基四氢异喹啉类生物碱

（1）苄基四氢异喹啉类生物碱（benzyl tetrahydroisoquinoline alkaloids）是由苯丙氨酸和酪氨酸参与合成，基本骨架为一个四氢异喹啉和苄基的一类生物碱，广泛存在于植物中，主要分布于木兰科（Magnoliaceae）、毛茛科（Ranunculaceae）、防己科（Menispermaceae）、马兜铃科（Aristolochiaceae）、番荔枝科（Annonaceae）、罂粟科（Papaveraceae）、大戟科（Euphorbiaceae）、芸香科（Rutaceae）、樟科（Lauraceae）、马钱科（Loganiaceae）、小檗科（Berberidaceae）等植物。由于其结构类型复杂，种类较多，还可进一步细分。例如，乌头中的去甲乌药碱（*dl*-demethuylcoclaurine）可以作为强心剂、鸦片中的罂粟碱（papaverine）具有解痉作用，以及植物厚朴（*Houpoea officinalis*）中的厚朴碱

（magnocurarine）等。

去甲乌药碱　　　　　罂粟碱　　　　　厚朴碱

（2）双苄基四氢异喹啉类生物碱（bis-benzyl tetrahydroisoquinoline alkaloids）是由两（或多）个相同或不同的苄基四氢异喹啉被酚化后形成醚氧键共价连接生成的二聚体或多聚体。分子间连接方式有：头-头相连、尾-尾相连、头-尾相连。常见双苄基异喹啉类生物碱有莲心碱、异莲心碱、甲基莲心碱、粉防己碱（tetrandrine）、蝙蝠葛碱（dauricine）、筒箭毒碱（tubocurarine）等。其中粉防己碱为头-头相连/尾-尾相连，蝙蝠葛碱为尾-尾相连，筒箭毒碱为头-尾/尾-头相连。

粉防己碱　　　　　蝙蝠葛碱

筒箭毒碱

2. 阿朴啡类生物碱　阿朴啡类生物碱（aporphine alkaloids）是以苄基四氢异喹啉为基本骨架，四氢异喹啉的8号碳与苄基的苯环共价连接形成的四环化合物。例如，马兜铃（*Aristolochia debilis*）中具有降压作用的木兰碱（magnoflorine）、番荔枝（*Annona squamosa*）中具有抗癌活性的紫堇定（corydine）及千金藤碱（stephanine）。

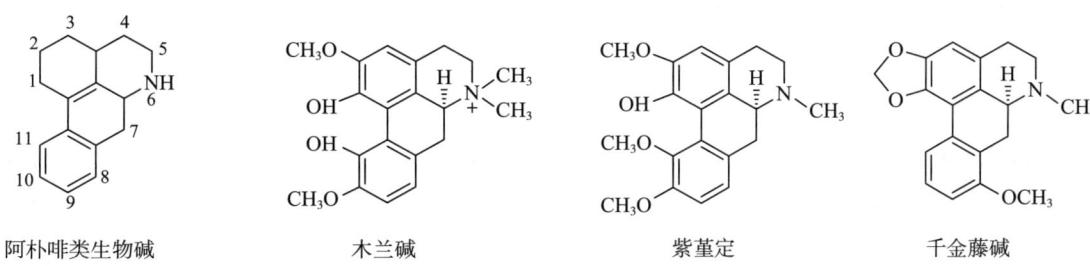

阿朴啡类生物碱　　　木兰碱　　　紫堇定　　　千金藤碱

3. 吗啡烷类生物碱 吗啡烷类生物碱（morphinane alkaloids）是苄基异喹啉为前体，通过酚羟基化、C-C 偶联等反应而产生的具有多氢菲核的四环结构生物碱，又称为改型苄基异喹啉。主要分布在罂粟科（Papaveraceae）和防己科（Menispermaceae）植物中，如鸦片中的吗啡和可待因，中药青藤中具有消炎镇痛作用的青藤碱（sinomenine）、莲花碱（hasubanonine）等。

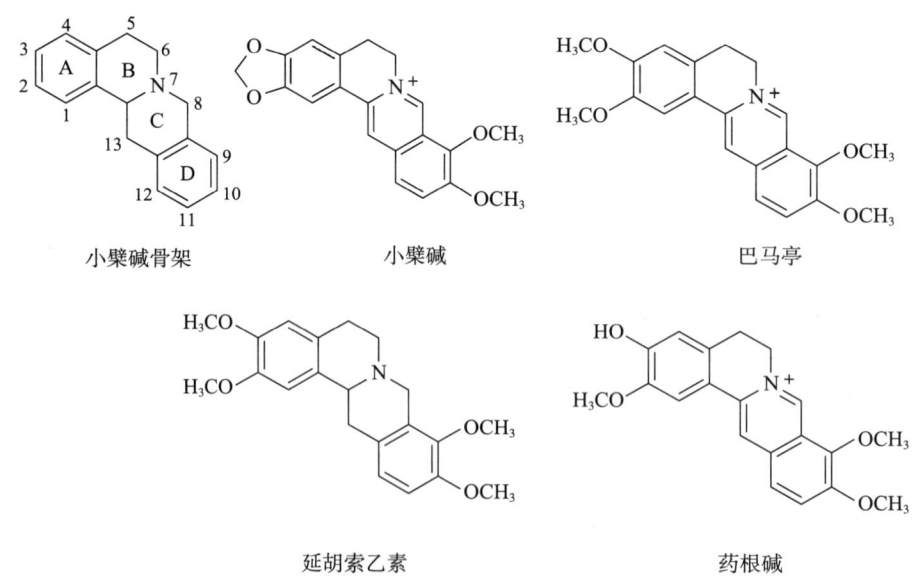

吗啡烷　　　　吗啡　　　　可待因

青藤碱　　　　莲花碱

拓展阅读 吗啡的发现、结构改造及其作用机制

4. 小檗碱类生物碱 小檗碱类生物碱（berberine alkaloids）和原小檗碱类生物碱（protoberberine alkaloids）是一种以异喹啉环为前体，2 个异喹啉环稠合处有一个公共氮原子的生物碱。其中小檗碱为季胺型生物碱，原小檗碱类生物碱为叔胺型生物碱。该类生物碱主要存在于黄连（*Coptis chinensis*）、黄柏及三颗针（*Berberis sieboldii*）等植物中，如小檗碱、巴马亭（palmatine）、延胡索乙素（corydalis B）及药根碱（jatrorrhizine）等。

小檗碱骨架　　　　小檗碱　　　　巴马亭

延胡索乙素　　　　药根碱

5. 普罗托品类生物碱 普罗托品类生物碱（protocin alkaloids）是一类结构与小檗碱相似但不是异喹啉衍生物的生物碱，环内一对 C-N 键断裂形成了三环，具有 14- 酮基，如普罗托品（protopine）。

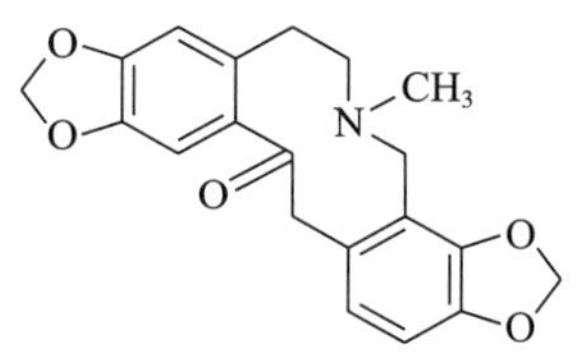

普罗托品

6. 菲啶类生物碱 菲啶类生物碱的基本结构菲啶是异喹啉的衍生物，按合成过程中不同基团与菲啶稠合可分为苯并菲啶类和吡咯并菲啶类，如白屈菜碱（chelidonine）和白屈菜红碱（chelerythrine）属于苯并菲啶类；而石蒜碱（lycorine）则属于吡咯并菲啶类。

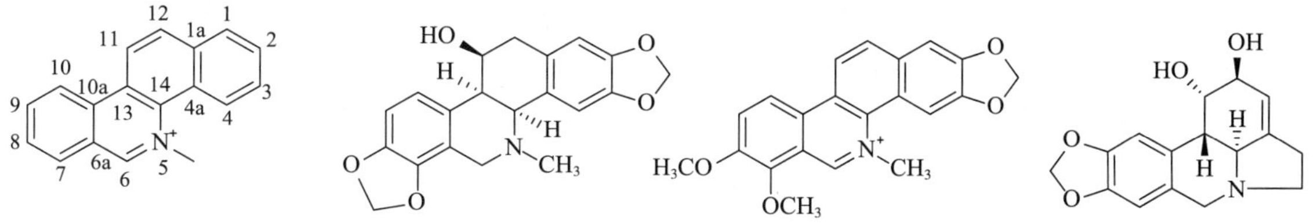

苯并菲啶　　白屈菜碱　　白屈菜红碱　　石蒜碱

（三）苯乙基四氢异喹啉类生物碱

苯并菲啶类和吡咯并菲啶类、苯乙基四氢异喹啉类生物碱由苯丙氨酸和酪氨酸参与合成，既有结构和合成方式简单的又有结构和合成途径复杂的一类生物碱，但无法仅从分子结构上判断这类生物碱，如秋水仙碱类、三尖杉碱类生物碱同位素示踪法显示该类生物碱的生物合成途径均源于苯丙氨酸与酪氨酸，而且经历了一个简单苯乙基四氢异喹啉前体后，再转化成为最终生物碱。如对白血病有较好疗效的三尖杉碱（cephalotaxine）、三尖杉酯碱（harringtonine）等。

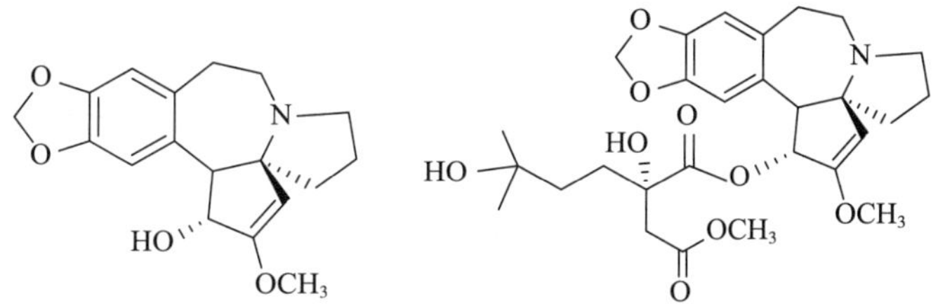

三尖杉碱　　三尖杉酯碱

五、来源于色氨酸的生物碱

此类生物碱也称吲哚类生物碱。吲哚类生物碱是以色氨酸为前体参与合成的已知种类最多、最复杂的一类生物碱。根据结构可分为简单吲哚类、β-卡波林类、单萜吲哚类、半萜吲哚类、双吲哚类，主要分布在夹竹桃科（Apocynaceae）、茜草科（Rubiaceae）、马钱科（Loganiaceae）、苦木科（Simaroubaceae）、十字花科（Brassicaceae）、芸香科（Rutaceae）等植物中。

（一）简单吲哚类生物碱

简单吲哚生物碱（simple indole alkaloids）结构中只有吲哚母核没有其他杂环结构。主要分布在豆科和禾本科植物中。如存在于欧洲菘蓝（*Isatis tinctoria*）中的大青素 B（isatan B）、蓼蓝（*Polygonum tinctorium*）中的靛苷（indican）。

吲哚　　大青素B　　靛苷

（二）β-卡波啉类生物碱

卡波啉类生物碱（carboline alkaloids）可认为是吡啶并吲哚类生物碱（pyridoindoles），可分为 α、β、γ、δ-卡波啉。其中 β-卡波啉类生物碱在自然界分布最广，数量最多，研究最为深入。如从深水海绵（*Plakoris nigra*）中得到的具有肿瘤活性的 plakortamine B，从骆驼蓬（*Peganum harmala*）中得到的具有抗肿瘤活性的骆驼蓬碱（harmaline）和去氢骆驼蓬碱（harmine）。

β-卡波啉　　plakortamine B

骆驼蓬碱　　去氢骆驼蓬碱

（三）半萜吲哚类生物碱

半萜吲哚类生物碱（semiterpenoid indole alkaloids）主要分布在麦角菌（*Ciaveps purpurea*），称为麦角生物碱（ergot alkaloids）。分子中含有一个以吲哚环并喹啉环构成的四环麦角碱母核体系。如具有兴奋子宫作用的麦角新碱（ergometrine）、麦角胺（ergotamine）等。

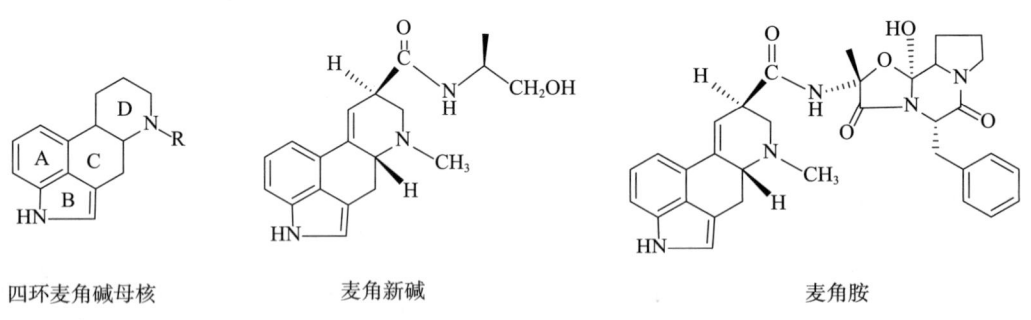

四环麦角碱母核　　麦角新碱　　麦角胺

拓展阅读　麦角菌中药效物质基础研究

（四）单萜吲哚类生物碱

单萜类生物碱（momoterpenoid indole alkaloids）是天然产物中一类重要的活性物质，结构复杂，数量较多，特点是分子中具有吲哚核和 C_9 或 C_{10} 的裂环番木鳖萜及其衍生物的结构单元。如马钱子（*Strychnos nuxvomica*）中具中枢兴奋作用的士的宁，具有降压作用的利血平（reserpine）及钩藤碱（rhynchophylline）。此外尚有柯南因（corynantheine）、长春胺（vincamine）及依波加明（ibogaminge）等亦属单萜吲哚类生物碱。

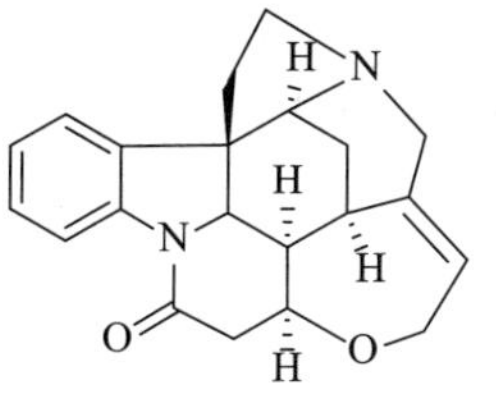

士的宁 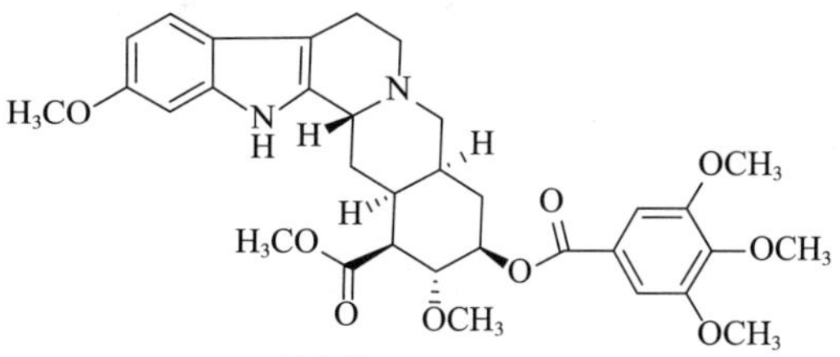　　利血平

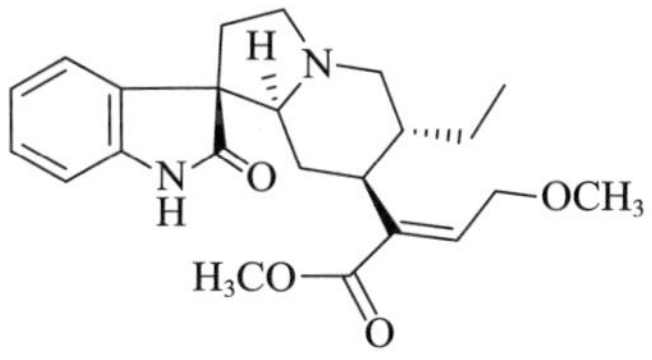

钩藤碱

(五) 双吲哚类生物碱

双吲哚类生物碱 (bisindole alkaloids) 由两分子单萜吲哚类生物碱经分子间缩合而成。如从长春花 (*Catharanthus roseus*) 中分离到的抗肿瘤药物长春碱和长春新碱。

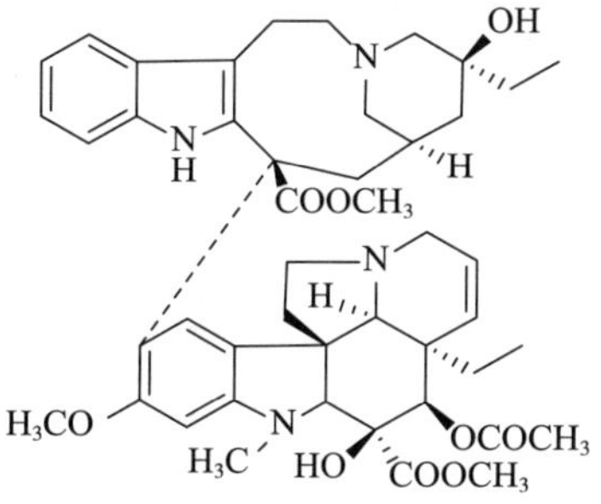

长春碱 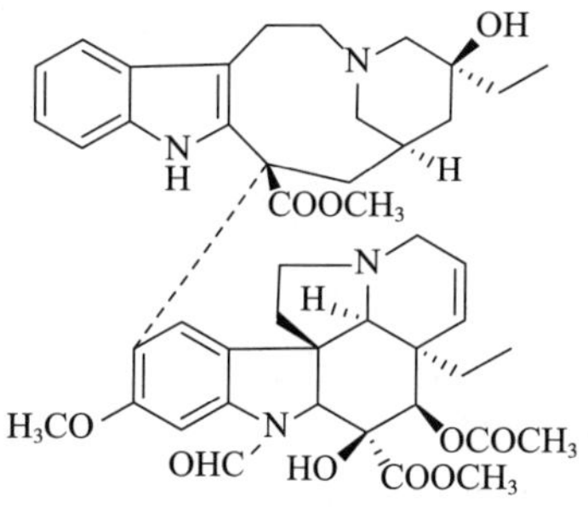　　长春新碱

六、萜类生物碱

萜类生物碱 (terpenoid alkaloids) 主要来源于甲戊二羟酸途径。按其结构中的碳原子个数可分为单萜、倍半萜、二萜及三萜生物碱。

(一) 单萜生物碱

单萜生物碱 (monoterpenoid alkaloids) 是主要由环烯醚萜衍生而来，常与吲哚类生物碱共存，多分布于猕猴桃科 (Actinidiaceae)、龙胆科 (Gentianaceae)、马钱科、夹竹桃科及玄参科 (Scophulariaceae) 植物中。如具有降血压作用的猕猴桃碱 (actinidine)、抗炎镇痛作用的龙胆碱 (gentiannine) 及强壮作用的肉苁蓉碱 (boschniakine) 等。

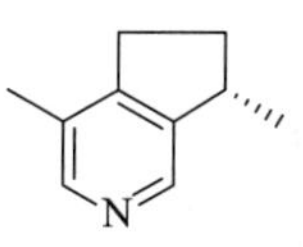

猕猴桃碱 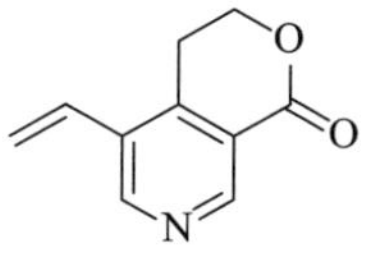　　龙胆碱 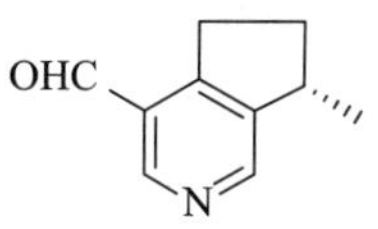　　肉苁蓉碱

(二) 倍半萜类生物碱

倍半萜类生物碱 (sesquiterpenoid alkaloids) 具有倍半萜的骨架，在植物界分布很窄，主要集中

在兰科（Orchidaceae）石斛属（*dendrobium*）、睡莲科（Nymphaeaceae）萍蓬草属（*nuphar*）等植物中。如具有止痛退热作用的石斛碱（dendrobine），具有抗菌活性的黄萍蓬草碱（nuphleine）及萍蓬定（nupharidine）等。

石斛碱　　　　　　黄萍蓬草碱　　　　　　萍蓬定

（三）二萜生物碱

二萜生物碱（diterpenoid alkaloids）按骨架类型可分为 C_{18^-}、C_{19^-}、C_{20^-} 二萜生物碱及双二萜生物碱。18、19 个碳原子和 20 个碳原子构成的四环二萜（对映贝壳杉烷）或五环二萜（乌头烷，aconanes）型，分子中具有 β- 氨基乙醇、甲胺或乙胺形成的杂环。主要分布于毛茛科（Ranunculaceae）乌头属（*Aconitium*）、翠雀属（*Dephinium*）以及蔷薇科（Rosaceae）绣线菊属（*Spiraea*）植物中。如从川乌中分离得到的乌头碱、宋果灵（songorine）等。近年来，我国教授从附子中发现的中乌宁碱（mesaconine）表现出优异的强心与抗心衰作用，为附子强心活性成分，目前该药物正在进行临床前研究。

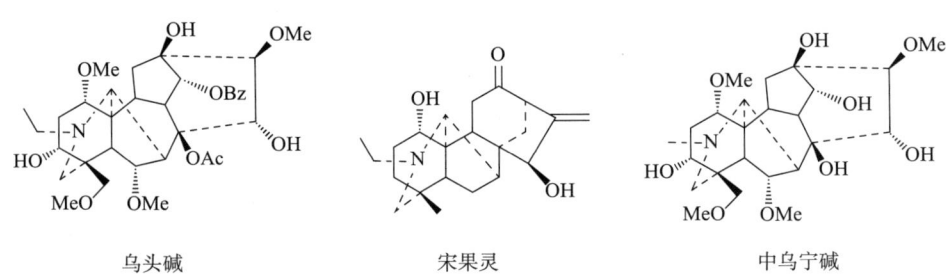

乌头碱　　　　　　宋果灵　　　　　　中乌宁碱

拓展阅读　附子药效物质基础研究

（四）三萜生物碱

三萜生物碱（triterpenoid alkaloids）数目较少，结构中具三萜或降三萜骨架。主要分布于虎皮楠科（Daphniphyllaceae）虎皮楠属（*daphniphyllum*）及黄杨科（Buxaceae）黄杨属（*buxus*）植物中。如治疗肠胃病的药物"肠胃康"、治疗心血管药物的药物"黄杨宁"和"冠安片"都是以含有该类生物碱的植物为主要原材料研制而成。三萜生物碱主要包括虎皮楠生物碱和黄杨生物碱，如交让木碱（daphniphylline）和 *N*-benzoyl-16-acetylcycloxobuxidine 等。

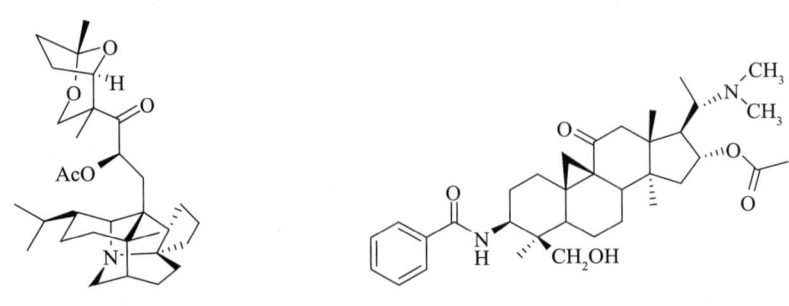

交让木碱　　　　　　　　　　*N*-benzoyl-16-acetylcycloxobuxidine

七、甾体类生物碱

甾体类生物碱（steroid alkalids）是天然甾体的含氮生物，与萜类生物碱同属，为非氨基酸来源生物碱，统称为伪生物碱。根据甾体的骨架分为孕甾烷生物碱、环孕甾烷生物碱和胆甾烷生物碱。

（一）孕甾烷生物碱

孕甾烷生物碱（pregnane alkaloids）具有孕甾烷的基本母核，主要指孕甾烷 C-3 或 C-20 位单氨基或双氨基的衍生物，其骨架一般含有 21 个碳原子，又称 C_{21} 甾体生物碱。例如，假橡胶树（Holanhena lorhbunda）中的康里生（conessine）分子及从黄杨科野扇花（sarcococa rnuscfolia）叶中得到的野扇花碱（saracodine）。

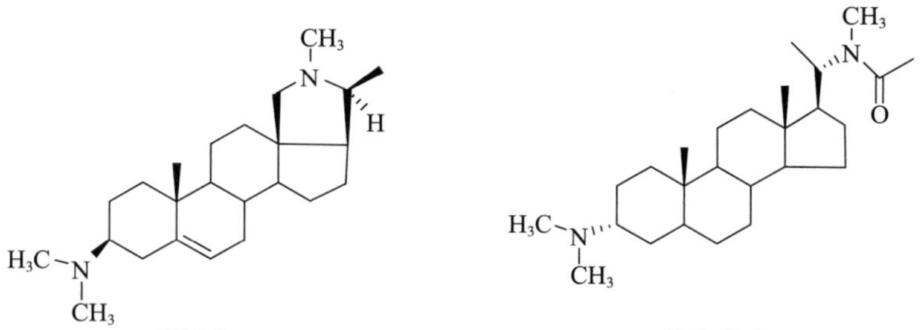

康里生　　　　　　野扇花碱

（二）环孕甾烷生物碱

环孕甾烷生物碱（cyclopregnane alkaloids）具有 19-环-4,4,14α-三甲基孕甾烷结构，一般母核具有 24 个碳原子，又称 C_{24} 甾体生物碱。主要分布在黄杨科（Buxaceae）植物中。如具有增加冠脉流量和强心等作用的环常绿黄杨碱 D（cyclovirobuxine D）及从黄杨木中分离得到的环黄杨酰胺（cycloprotobuxinamine）等。

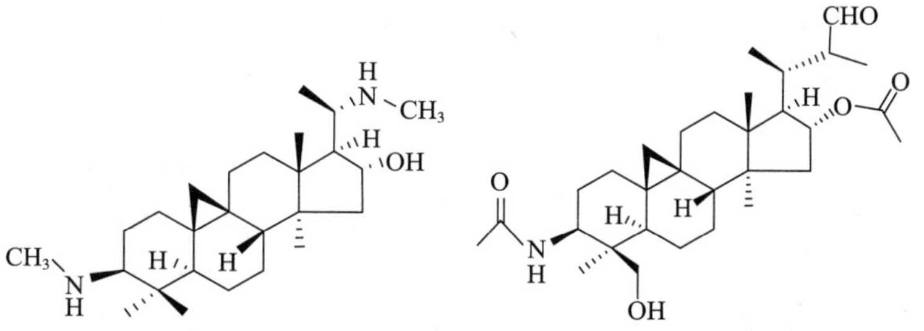

环常绿黄杨碱D　　　　　　环黄杨酰胺

（三）胆甾烷生物碱

胆甾烷生物碱（cholestane alkaloids）按骨架可分为胆甾烷类生物碱和异胆甾烷类生物碱。胆甾烷类是以天然甾醇为母体的氨基化衍生物，一般母核具有 27 个碳原子，又称 C_{27} 甾体生物碱。常以苷的形式存在，主要分布于茄科（Solanaceae）和百合科（Liliaceae）植物中，如澳洲茄胶（slasodine）、维蒙芦胶（lenalkamine）、茄次碱（solanidine）等。异胆甾烷类与胆甾烷类的主要区别在于五元环（C 环）与六元环（D 环）异位，其主要分布于百合科的黎芦属（Verarum）和贝母属（Fritillaria）植物中，常以游离碱、酯及苷的形式存在，如黎芦胺（veratramine）、介黎芦胺（jervine），平贝碱甲（pingpeimine A）等。

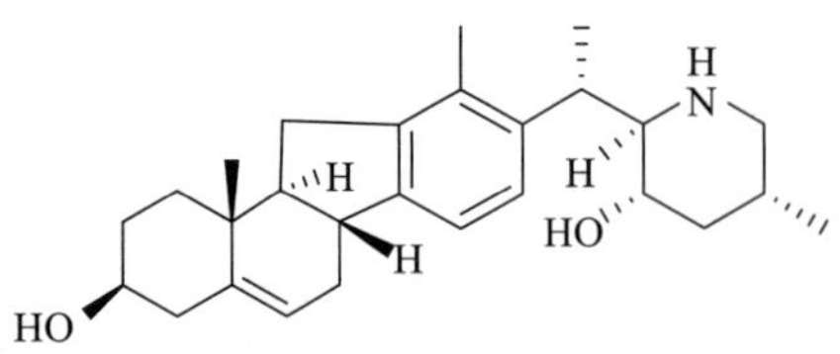

藜芦胺 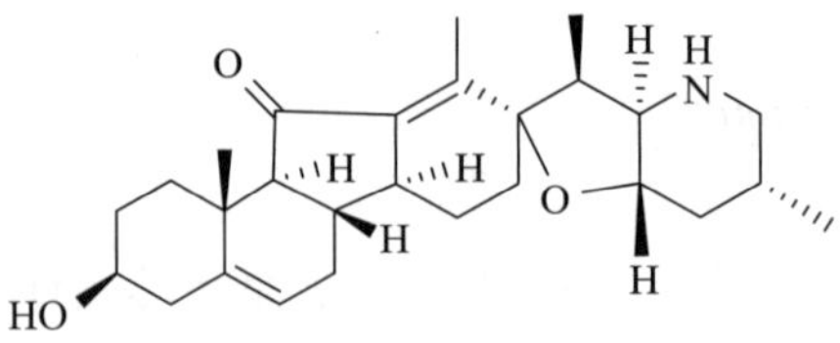　　　　　　　　　　　介藜芦胺

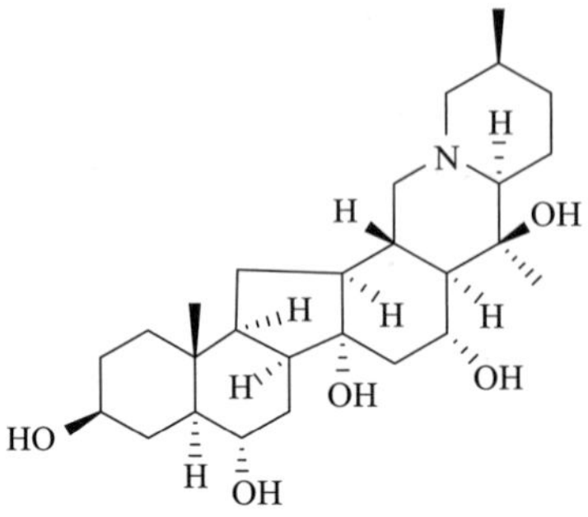

平贝碱甲

第三节　生物碱类化合物的理化性质

一、性状

生物碱类化合物绝大多数由 C、H、O、N 元素组成，极少数含有 Cl、S 等元素。生物碱多数为结晶状固体，少数为无定形粉末，极少数生物碱分子中不含有氧原子或氧原子以酯键形式存在的呈液态，如烟碱（nicotine）、毒藜碱（anabasine）、槟榔碱（arcoline）等。固体生物碱一般具有确定的熔点，值得注意的是极少数如防己诺林碱（fangchinoline）、浙贝乙素（verticinone）等有双熔点。液体生物碱及个别小分子生物碱，如麻黄碱等，常压下能随水蒸气蒸馏而逸出。有的生物碱还具有升华性，如咖啡因（caffeine）等。

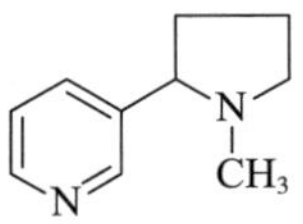

烟碱 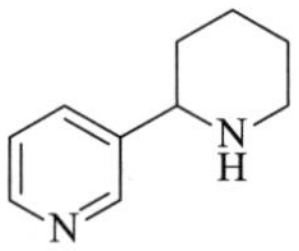　　　　　毒藜碱 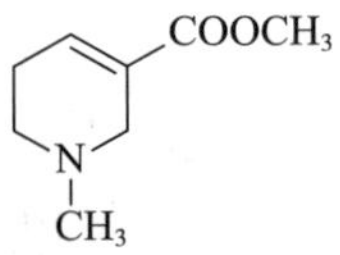　　　　　槟榔碱

生物碱多数具有苦味，有些味极苦，如盐酸小檗碱；有的生物碱具辣味，如胡椒碱；个别生物碱具有甜味，如甜菜碱（betaine）等。

生物碱一般为无色，少数生物碱因具有较长共轭体系及助色团而呈现出各种颜色。如小檗碱、蛇根碱（serpentine）为黄色，小檗红碱（berberrubine）为红色，一叶萩碱（securinine）为淡黄色等。当生物碱结构中共轭体系发生变化，颜色也会随之发生改变。如小檗碱为黄色，当被还原成四氢小檗碱时，因共轭体系减小而变为无色。

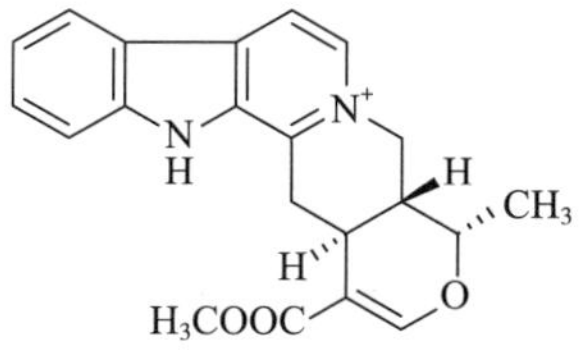

蛇根碱（黄色） 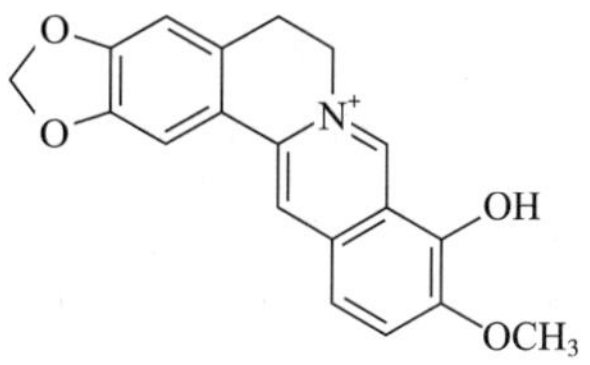　　　　小檗红碱（红色）

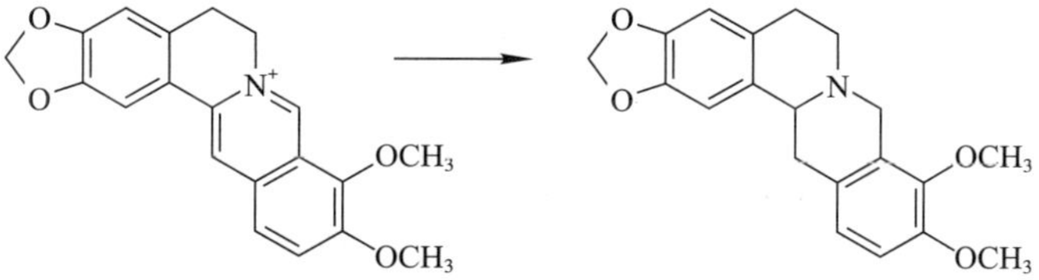

小檗碱（黄色）　　　　四氢小檗碱（无色）

二、旋光性

生物碱结构中如有手性碳原子，或手性氮原子，即叔氮原子处于环中或桥头上或氮原子上连有 4 个不同基团的季铵化合物，结构不对称，因此具有旋光性。其旋光性与手性碳原子的构型有关，并具有加和性。多数生物碱都具有旋光性，且多为左旋。生物碱的旋光性受测定时所用的溶剂、pH、浓度、温度等因素的影响。如麻黄碱在三氯甲烷中测定时为左旋光，而在水中测定则为右旋光；烟碱在中性条件下为左旋光，在酸性条件下为右旋光。北美黄连碱（hydrastine）在 95% 以上高浓度乙醇中为左旋光，而在低浓度乙醇中则为右旋光，且随乙醇浓度降低右旋性增加。除此之外，游离碱与其相应盐类有时旋光性也不一致，如吐根碱（cephaeline）在三氯甲烷中为左旋光，其盐酸盐则为右旋光；长春碱为右旋光，而其硫酸盐则呈左旋光。

生物碱的生理活性与其旋光性紧密相关，通常左旋体活性较高，右旋体的生物活性较弱或无活性。如 L-去甲乌药碱（higenamine）具有强心作用，而右旋体则没有强心作用；L-莨菪碱（hyoscyamine）的散瞳作用比 D-莨菪碱强 10 倍等。也有少数生物其右旋体活性强于左旋体，如 D-可卡因的局部麻醉作用强于 L-古柯碱。

三、溶解性

生物碱在不同溶剂中的溶解性能与结构中氮原子的存在状态、分子大小、结构中官能团种类和数目及溶剂性质等因素有关。多数生物碱的溶解性遵循一定的规律，但少数生物碱的溶解性较为特殊。

大多数生物碱以不成盐的游离状态存在，极性较小，被称为亲脂性生物碱，绝大多数叔胺碱和仲胺碱属于此类。该类生物碱易溶于苯、乙醚、卤代烷烃等亲脂性有机溶剂，特别是易溶解于三氯甲烷中；在甲醇、乙醇、丙酮等亲水性有机溶剂中亦有较好的溶解度；但在水中溶解度较小或几乎不溶。

有些生物碱的水溶性较好，被称为亲水性生物碱。水溶性生物碱数目较少，主要包括季铵型生物碱及少数小分子叔胺碱。该类生物碱易溶于水、酸水和碱水，也可溶于甲醇、乙醇和正丁醇等亲水性有机溶剂，在亲脂性有机溶剂中几乎不溶。

另外少数生物碱的溶解行为既类似脂溶性生物碱又类似水溶性生物碱，既可以溶于亲脂性和亲水性有机溶剂，也可溶于碱水溶液。这些生物碱主要包括一些相对分子质量较小的叔胺碱和液体生物碱，如麻黄碱、苦参碱、秋水仙碱和烟碱等。

有些含 N- 氧化物结构的生物碱，因其具有半极性的 N→O 配位键，其极性大于相应的叔胺碱。故水溶性增大，而脂溶性降低。如氧化苦参碱的水溶性大于苦参碱，苦参碱可溶于乙醚，而氧化苦参碱则不溶。

有些生物碱的结构中含有酸性基团，如酚羟基、羧基等，表现出既有一定碱性又有一定酸性，故将这类生物碱称为两性生物碱。含酚羟基的两性生物碱，其溶解行为类似于脂溶性生物碱，可溶于苛性碱溶液，如药根碱（jatrorrhizine）、吗啡等。含羧基的两性生物碱常形成分子内盐，其溶解行为类似于水溶性生物碱，如槟榔次碱（arecaidine）、那碎因（narceine）等。

生物碱盐一般易溶于水，难溶或不溶于亲脂性有机溶剂，可溶于甲醇或乙醇。生物碱盐的水溶性大小与成盐所用酸的种类有关。一般情况下，生物碱无机酸盐的水溶性大于有机酸盐，无机酸盐又以含氧酸盐的水溶性大于卤代酸盐，有机酸盐中又以小分子有机酸盐的水溶性大于大分子有机酸盐。

有些生物碱盐的溶解性不符合上述一般规律。有些生物碱盐可溶于亲脂性有机溶剂，如奎宁、辛可宁（cinchonine）、罂粟碱、山梗菜碱（lobeline）等的盐酸盐溶于三氯甲烷，麻黄碱草酸盐及小檗碱等一些季铵碱的卤代酸盐在水中溶解度较小或不溶等。

四、生物碱的碱性

生物碱通常表现出一定的碱性，这是因为生物碱分子结构中都含有氮原子。碱性是生物碱的重要性质之一，其碱性的强弱与氮原子的杂化度、诱导效应、诱导-场效应、共轭效应、空间效应及分子内氢键形成等多种因素有关。

（一）生物碱碱性强度的表示方法

根据酸碱质子理论，任何可接受质子的分子或离子都可被称为碱。生物碱分子中氮原子的孤电子对可以接受质子，故显碱性。生物碱碱性的测定通常在水溶液中进行，当在水中加入生物碱后，生物碱分子结构中的氮原子上孤电子对与 H^+ 结合，形成共轭酸，此时，溶液中游离的 H^+ 浓度相对降低，而 OH^- 的浓度相对增加，故显示出碱性。

生物碱碱性强弱通常用其接受质子后形成的共轭酸的电解常数的负对数 pK_a（$-\lg K_a$）来表示。生物碱的 pK_a 值越大，表明其共轭酸的电离程度越小，氮原子与 H^+ 的结合能力越强，即碱性越强。反之，pK_a 值越小，则碱性越弱。

根据 pK_a 值的大小，可将生物碱分为：极弱碱（$pK_a<2$）、弱碱（pK_a 2~7）、中强碱（pK_a 7~12）和强碱（$pK_a>12$）。

处于不同基团中氮原子的 pK_a 值大小顺序为：胍基 [—NHC（=NH）NH_2]>季铵碱>脂肪（杂）胺>芳香（杂）胺>酰胺。

（二）生物碱碱性强弱与分子结构的关系

生物碱碱性强弱和氮原子上孤电子对的杂化方式、氮原子的电子云密度及分子的空间效应等因素有关。

1. 氮原子的杂化形式 氮原子在形成有机胺分子时，氮原子有 sp、sp^2 和 sp^3 三种杂化形式，在杂化轨道中，p 电子可以作为给出电子的供体。因此氮原子的碱性强弱与杂化轨道中 p 电子成分比例相关，p 电子比例增加，则更容易供给电子，也就是说更容易接受质子，碱性增强。故不同杂化状态下氮原子的碱性强弱顺序为：$sp^3>sp^2>sp$。如四氢异喹啉、异喹啉、氰基（—CN）中的氮原子分别为 sp^3、sp^2 和 sp，其碱性则逐渐减弱，其中氰基（—CN）的碱性弱至近中性；再如烟碱中 1 位氮原子 N^1（sp^2，pK_a 3.27）的碱性弱于 N^2（sp^3，pK_a 8.04）。

季铵碱如小檗碱，因结构中的氮原子以正离子状态存在、羟基以负离子形式存在而显强碱性（pK_a 11.5）。

异喹啉 pK_a 5.4

四氢异喹啉 pK_a 9.5

烟碱 N^1 pK_a 3.27 N^2 pK_a 8.04

小檗碱 pK_a 11.5

2. 电性效应 生物碱中氮原子的电子云密度大小对生物碱的碱性影响较大，电子云密度增大，接受质子的能力越强，则碱性增强；反之，则碱性减弱。影响氮原子上电子云密度的主要因素有诱导效应、诱导-场效应和共轭效应等。

（1）诱导效应：氮原子上的电子云密度受邻近取代基性质的影响，且随着碳链增长影响逐渐降低。取代基为给电子基团（如烷基）时，可使氮原子电子云密度增加，碱性增强。如氨（pK_a 9.75）<甲胺（pK_a 10.64）<二甲胺（pK_a 10.70），是随着氮原子上引入给电子基团（甲基）数量的增加，碱性增强；再如去甲麻黄碱（demethylephedrine）的碱性（pK_a 9.00）小于麻黄碱（pK_a 9.58）也是同样的道理。当取代基为吸电子基团（如苯基、羟基、羰基、酯基、醚基、酰基、双键等）时，可使氮原子电子云密度降低，则碱性降低。如可卡因（pK_a 8.31）碱性较托哌可卡因（tropococaine，pK_a 9.88）弱，是由于可卡因氮原子 β 位上酯酰基的吸电子作用引起氮原子电子云密度降低所致；再如石蒜碱的碱性（pK_a 6.4）弱于二氢石蒜碱（pK_a 8.4）也是由于其氮原子附近有吸电子的双键所致。

去甲麻黄碱 pK_a 9.00

麻黄碱 pK_a 9.58

苯异丙胺 pK_a 9.80

托哌可卡因 pK_a 9.88

可卡因 pK_a 8.31

石蒜碱 pK_a 6.4

二氢石蒜 pK_a 8.4

当生物碱中的氮原子处于氮杂缩醛（酮）结构中时，因氮原子常常容易质子化形成季铵碱而表现出强碱性。如阿替生（atisine）的氮原子处于氮杂缩醛中，故显强碱性（pK_a 12.9）；醇胺型小檗碱中的氮原子处于氮杂半缩醛中，氮原子上的孤对电子与 α-羟基的 C-O 单键的 σ 电子发生转位，形成稳定的季铵型而呈强碱性（pK_a 11.5）。但是，如果氮杂缩醛（酮）中的氮原子处于稠环桥头时，则不能发生转位，无法形成季铵碱，反而因为 OR（或 OH）基团的吸电子诱导效应而使碱性降低。如阿马林（raubasine）的结构中虽然有 α- 羟胺结构，但是氮原子处于稠环桥头，不能转位，故为中等碱性（pK_a 8.15）；再如伪士的宁（pseudostrychnine）的碱性（pK_a 5.6）弱于士的宁的碱性（pK_a 8.2）也是由于结构中的 α- 羟基只起吸电子作用，而不能使其转化为季铵型。

醇胺型小檗碱 ⇌ 小檗碱 pK_a 11.5

阿马林 pK_a 8.15　　伪士的宁 pK_a 5.6　　士的宁 pK_a 8.2

（2）诱导-场效应：当生物碱结构中不止一个氮原子时，各个氮原子的碱度总是有所差异的，即使氮原子的杂化形式相同，甚至周围化学环境完全相同的氮原子也是如此。这是因为当其中一个氮原子质子化后，就形成一个强吸电子基团。它对另一个氮原子产生两种碱度降低的效应，即诱导效应和静电场效应。诱导效应是通过碳链传递吸引电子，降低另一个氮原子的电子云密度，但该效应的作用随碳链增长而逐渐降低；而静电场效应是指第一个氮原子质子化后，会产生一个正静电场，该静电场通过空间直接阻碍质子与另一个氮原子的结合（同性排斥），该效应的作用随两个氮原子之间空间距离的增加而逐渐降低，故静电场效应又称直接效应。由于这两种效应同时产生，故可统称为诱导-场效应。如吐根碱分子中两个氮原子都是 sp³ 杂化的四氢异喹啉脂杂环氮，但两者碳链间隔较长（5 个碳原子），空间距离较远，彼此受诱导-场效应的影响较小，故两个氮原子的碱度差别较小：ΔpK_a = 8.43 - 7.56 = 0.87。而金雀花碱分子中两个氮原子均为 sp³ 杂化的脂杂环氮，但由于两个氮原子之间的碳链间隔较短（3 个碳原子），空间距离相近，彼此受诱导-场效应的影响较大，导致碱度差别很大 ΔpK_a = 11.4 - 3.3 = 8.1。

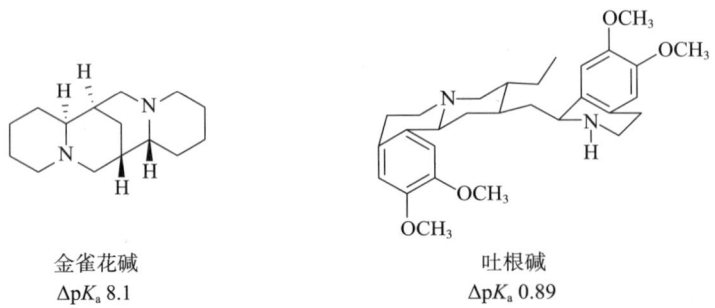

金雀花碱 ΔpK_a 8.1　　吐根碱 ΔpK_a 0.89

（3）共轭效应：在生物碱分子中，当氮原子与具有 π 电子的基团相连时，因氮原子上的孤电子对可与 π 电子形成 p-π 共轭，使氮原子上的电子云密度降低，碱性减弱。常见的 p-π 共轭效应主要有三种类型：苯胺型、烯胺型和酰胺型。

苯胺氮原子孤电子对可以与苯环上大 π 电子形成 p-π 共轭体系，其碱性（pK_a 4.58）比环己胺

（pK_a 10.14）弱得多。如毒扁豆碱分子结构中，N^1 和 N^2 均为 sp^3 杂化氮原子，但由于 N^1 与苯环形成 p-π 共轭体系，碱性很弱，pK_a 仅为 1.76，而 N^2 未处于 p-π 共轭体系中，碱性较强，pK_a 为 7.88，二者碱性差异较大。

环己胺 pK_a 10.14　　苯胺 pK_a 4.58　　毒扁豆碱 N^1 pK_a 1.76　N^2 pK_a 7.88

有些生物碱的氮原子处于烯胺结构中（烯胺 A），通常存在下列转化。

A　　B　　C

烯胺 A 可发生双键转位，形成季铵 B。若 A 为仲烯胺（R 或 R' =H），其季铵 B 不稳定，可进一步转化脱去 R（或 R'）成 C；若 A 为叔烯胺（R，R' 为烷基），则其季铵 B 比较稳定，碱性较强。如 N-甲基-2-甲基二氢吡咯中的氮原子为叔烯胺，碱性较强（pK_a 11.94）。再如蛇根碱的碱性较强（pK_a 10.8），是由于其结构易发生双键转位形成季铵所致。当然，如果叔烯胺的氮原子处于稠环的桥头位置时，因受 Bredt's 规则的影响，则不能形成季铵，反而会受到双键的吸电子诱导效应影响，碱性降低。如新士的宁（pK_a 3.8）的碱性小于士的宁（pK_a 8.2）。

N-甲基-2-甲基二氢吡咯 pK_a 11.94　　蛇根碱 pK_a 10.8

新士的宁 pK_a 3.8　　士的宁 pK_a 8.2

吡咯、吲哚环中的氮原子也属于烯胺，但由于氮原子上的孤电子对直接与碳原子上的 π 电子共同形成了大 π 共轭体系，其吸引质子的能力很弱，故碱性极弱（pK_a 0.4）。吡啶中的氮原子上的孤电子对并不参与大 π 共轭，故碱性较强（pK_a 5.25）。

咪唑为含双氮的五元氮杂环，其中一个氮原子与吡咯中的氮原子类似，碱性很弱；但另一个氮原子与吡啶中的氮原子类似，容易接受质子，显示较强碱性，同时当其接收质子后形成共轭酸的稳定性更好（能形成稳定的共振化合物），将进一步增加其碱性，故咪唑的碱性比吡啶更强（pK_a 7.2）。由此，可以看出，具有—N—C=N—结构的生物碱，由于其接受质子后形成的共轭酸能产生稳定的共振结构，因此显强碱性。甲脒是最小的具有这种结构的化合物，故碱性强（pK_a 12.4）。

吡咯 咪唑   甲脒
pK_a 0.4 pK_a 7.2   pK_a 12.4

胍（或含胍基），当接受质子后形成稳定性更强于甲脒的共轭酸共振结构，故碱性更强（胍：pK_a 13.6）。

胍
pK_a 13.6

当生物碱分子中的氮原子处于酰胺状态时，因氮原子上孤电子对与羰基形成p-π共轭，碱性极弱，几乎呈中性。如胡椒碱（pK_a 1.42），秋水仙碱（pK_a 1.84），咖啡因（pK_a 1.22）的碱性都很弱。

酰胺结构   胡椒碱
              pK_a 1.42

秋水仙碱   咖啡因
pK_a 1.84   pK_a 1.22

在共轭效应中，当有干扰p-π共轭的因素存在时，可使共轭效应减弱或消失，减少氮原子上孤电子对向π键给电子而使碱性增强。如 N,N-二甲基苯胺的碱性（pK_a 4.39）弱于邻甲基 N,N-二甲基苯胺的碱性（pK_a 5.15），正是由于在其邻位引入一个甲基，使氮上孤电子对与苯环的p-π共轭效应降低，致使氮原子碱性增强。

N,N-二甲基苯胺   邻甲基N,N-二甲基苯胺
pK_a 4.39   pK_a 5.15

（4）空间效应：生物碱结构中氮原子的空间范围内是否存在空间位阻会影响氮原子接受质子的能力，进而影响生物碱的碱性。当氮原子的空间范围内有立体障碍时，会阻碍氮原子接受质子，使其碱性降低，反之则碱性增强。如东莨菪碱的碱性（pK_a 7.50）较莨菪碱的碱性（pK_a 9.65）弱，是由于东

莨菪碱分子结构中存在的三元氧环取代基对氮原子产生了空间位阻作用而致；再如甲基麻黄碱分子结构中氮原子上较麻黄碱多一个甲基取代，按电子效应其碱性应增强，而实际的碱性却较麻黄碱弱，其原因亦是由于氮原子上多一个甲基所产生的空间位阻所致；利血平分子结构中有 2 个氮原子，其中吲哚氮近于中性，而脂环叔胺氮因受 C_{19}—C_{20} 竖键的立体阻碍作用，碱性降低，其 pK_a 仅为 6.07。

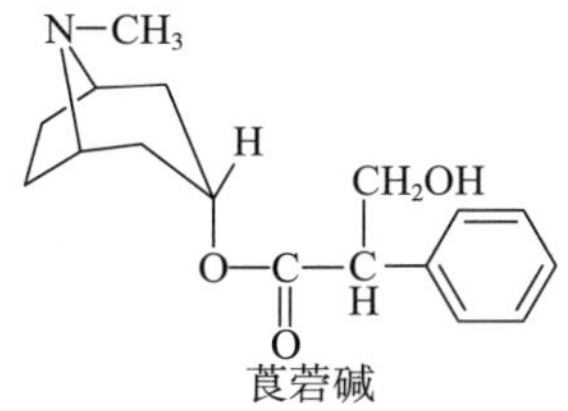

莨菪碱 pK_a 9.65

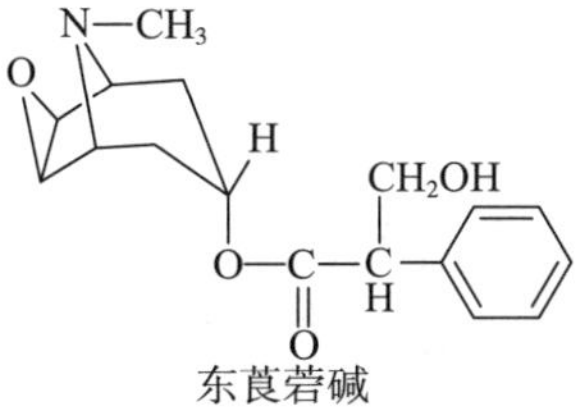

东莨菪碱 pK_a 7.50

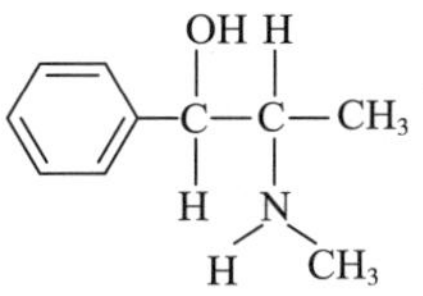

麻黄碱 pK_a 9.56

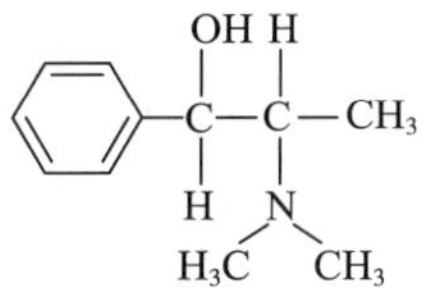

甲基麻黄碱 pK_a 9.30

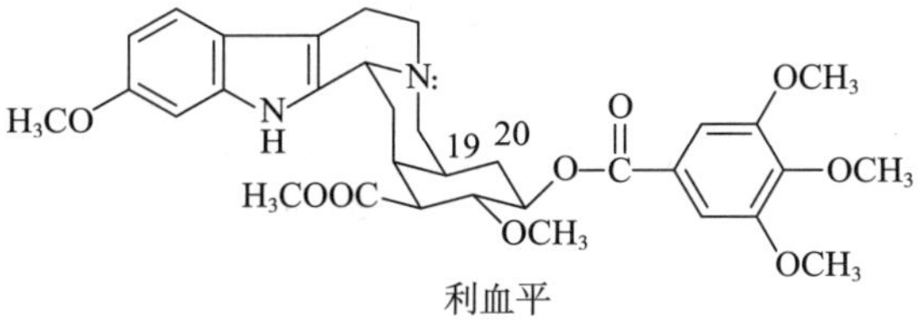

利血平 pK_a 6.07

（5）分子内氢键：由于生物碱接受质子后形成共轭酸的稳定性也会影响生物碱碱性的强弱，共轭酸越稳定，则碱性越强。因此，如果在生物碱的氮原子附近存在可与生物碱共轭酸的质子形成分子内氢键的羟基、羧基等取代基团时，将增加共轭酸的稳定性，从而使生物碱碱性增强。如和钩藤碱（rhynchophylline）的碱性（pK_a 6.32）强于异和钩藤碱（isorhynchophylline，pK_a 5.20），是由于和钩藤碱的共轭酸质子可与羰基形成分子内氢键，使其更稳定，而异和钩藤碱则不能形成分子内的氢键所致。再如 10-羟基二氢去氧可待因，有顺反两种异构体，其中顺式羟基有利于和共轭酸形成分子内氢键，而反式羟基则不能，故 10-羟基二氢去氧可待因的顺式结构的碱性强于反式。

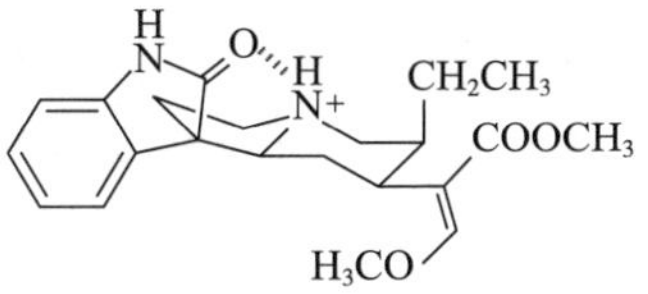

和钩藤碱 pK_a 6.32

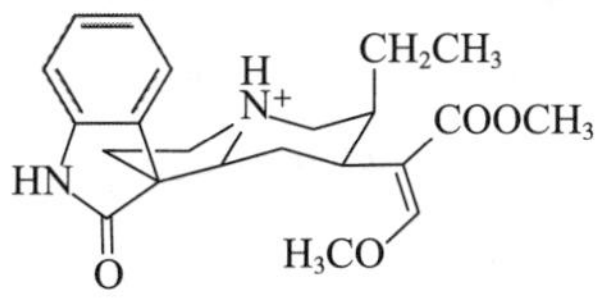

异和钩藤碱 pK_a 5.20

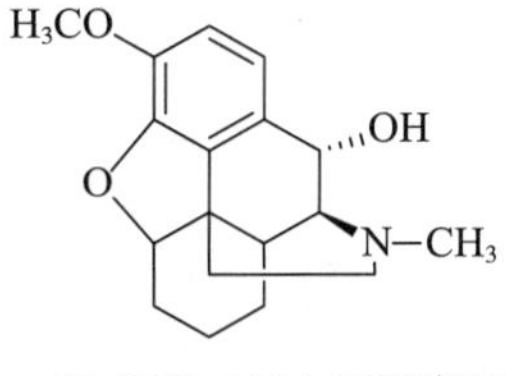

trans-10-羟基二氢去氧可待因 pK_a 7.71

cis-10-羟基二氢去氧可待因 pK_a 9.41

影响生物碱碱性的多种因素往往同时存在，在分析生物碱碱性强度时，常需要综合分析。一般来说，当诱导效应和空间效应同时存在时，空间效应对碱度的影响较大；当诱导效应和共轭效应同时存在时，共轭效应对碱度的影响较大。此外，溶剂、温度等外界因素对生物碱的碱性也有一定的影响，在分析时也要予以考虑。

五、生物碱的检识

在开展生物碱的相关研究中，我们常用生物碱的沉淀反应和显色反应判断天然药物中是否含有生物碱，以及在提取分离和结构鉴定中对生物碱成分进行监测。

（一）生物碱的沉淀反应

在酸性水溶液或酸性醇溶液中，大多数生物碱可与某些试剂反应生成难溶于水的复盐或络合物而产生沉淀，这种反应称为生物碱沉淀反应，这些试剂则称为生物碱沉淀试剂。生物碱沉淀反应，不仅可检识天然药物中是否有生物碱类成分，同样可用于生物碱的分离纯化。某些生物碱和沉淀试剂反应产生的沉淀具有很好的结晶和一定的熔点，还可用于生物碱的鉴定。

生物碱沉淀试剂种类较多，常分为碘化物复盐、重金属盐、大分子酸类等。一些常用生物碱沉淀试剂名称、组成及和生物碱反应产物见表 13-1。

表 13-1 常用生物碱沉淀试剂名称、组成及和生物碱反应产物

试剂名称	试剂组成	主要反应产物	用途
碘化铋钾试剂（Dragendoff 试剂）	$KBiI_4$	黄～橘红色沉淀（$B \cdot HBiI_4$）	改良碘化铋钾常用于色谱显色剂
碘-碘化钾试剂（Wagner 试剂）	$KI-I_2$	棕色～褐色沉淀（$B \cdot I_2 \cdot HI$）	用于鉴别
碘化汞钾试剂（Mayer 试剂）	K_2HgI_4	类白色沉淀（$B \cdot H \cdot HgI_3$）	用于鉴别
10% 磷钼酸试剂（Sonnenschein 试剂）	$H_3PO_4 \cdot 12MoO_3 \cdot H_2O$	白色或黄褐色无定形沉淀（$3B \cdot H_3PO_4 \cdot 12MoO_3 \cdot 2H_2O$）	用于分离
10% 硅钨酸试剂（Bertrand 试剂）	$SiO_2 \cdot 12WO_3 \cdot nH_2O$	淡黄色或灰白色无定形沉淀（$4B \cdot SiO_2 \cdot 12WO_3 \cdot 2H_2O$）	用于分离或含量测定
10% 磷钨酸试剂（Scheibler 试剂）	$H_3PO_4 \cdot 12WO_3 \cdot 2H_2O$	白色或黄褐色无定形沉淀（$3B \cdot H_3PO_4 \cdot 12WO_3 \cdot 2H_2O$）	用于分离
饱和苦味酸试剂（Hager 试剂）	2,4,6-三硝基苯酚	显黄色晶形沉淀（$B \cdot C_6H_4N_3O_7$）	用于分离或含量测定
三硝基间苯二酚试剂	三硝基间苯二酚	显黄色晶形沉淀（$2B \cdot C_6H_3N_3O_8$）	用于分离或含量测定
硫氰酸铬铵试剂（雷氏铵盐，Ammonium Reineckate）	$NH_4[Cr(NH_3)_2(SCN)_4]$	难溶性紫红色复盐（$B \cdot H[Cr(NH_3)_2(SCN)_4]$）	用于分离及含量测定

生物碱沉淀反应通常需在酸性水溶液或酸性醇溶液中进行，苦味酸试剂和三硝基间苯二酚试剂也可在中性条件下进行。个别生物碱与某些生物碱沉淀试剂不产生沉淀，如麻黄碱、咖啡因和碘化铋钾试剂不反应。由于生物碱沉淀试剂对不同生物碱的反应灵敏度存在差异，通常采用三种以上沉

淀试剂进行反应后再综合鉴定。另外，非生物碱类物质也能与生物碱沉淀剂发生沉淀反应，如氨基酸、蛋白质、酶、多肽、多糖、鞣质等成分，亦可与沉淀试剂反应而出现的假阳性结果，并且天然药物提取液的较深颜色也会影响结果的观察，这时需要采用一些方法除去上述干扰因素后，再进行鉴定反应。

（二）显色反应

某些生物碱单体能与一些浓无机酸为主的试剂反应，呈现特殊颜色，常用于检识和鉴别个别生物碱，这些试剂称为生物碱显色试剂。常见显色剂名称、组成及反应物颜色特征见表13-2。

表13-2 常见生物碱显色剂名称、组成及反应物颜色特征

试剂名称	试剂组成	生物碱及颜色特征
Marquis 试剂	0.2 mL 30% 甲醛溶液 –10 mL 浓硫酸	吗啡：紫红色 可待因：蓝色
Fröhde 试剂	1% 钼酸钠（5% 钼酸铵）的浓硫酸溶液	吗啡：紫色渐变为棕绿色 小檗碱：棕绿色 利血平：黄色渐变蓝色
Mandelin 试剂	1% 钒酸铵的浓硫酸溶液	吗啡：蓝紫色 可待因：蓝色 阿托品：红色 奎宁：淡橙色

第四节 生物碱类化合物的提取与分离

一、生物碱类化合物的提取

生物碱类化合物的提取方法主要包括溶剂法、离子交换树脂法和沉淀法，其中溶剂法最常用。

（一）溶剂法

溶剂法提取生物碱是依据生物碱及其不同存在形式所显示的溶解性，采用不同的溶剂（如水或酸水、醇类溶剂、亲脂性溶剂等），根据所用的溶剂特点从而采取不同的操作工艺。溶剂法的提取速率与溶剂用量（一般7~10倍）、原料粉碎度、操作条件（如温度、搅拌）等因素有关。溶剂法主要包括以下几种提取法及相应的操作方法。

1. 水或酸水提取法 大多数生物碱在植物中以有机酸盐形式存在，少数为无机酸盐，易溶于水。选用水或酸水提取时，常用0.1%~2%的硫酸、盐酸等水溶液作为溶剂，使原料中溶解度较小的生物碱有机酸盐转变为溶解度较大的无机酸盐，从而增大生物碱的溶解度。需要注意的是：为防止采用酸水提取以苷形式存在的生物碱时苷键的水解，可用水作为溶剂进行提取。酸水提取法多采用浸渍法和渗漉法，以水提取还可以采用煎煮法。

本法提取溶剂廉价易得，工业生产上常用酸水渗漉法提取小檗碱、巴马亭（palmatine）、喜树碱、粉防己碱（tetrandrine）等药用生物碱。

以水或者酸水提取生物碱，其提取液体积较大，浓缩困难，而且水溶性杂质也较多，常采用有机溶剂萃取，得到生物碱粗品。

2. 醇类溶剂提取法 游离生物碱及其盐类易溶于甲醇或乙醇等，故常以甲醇或乙醇作为提取溶剂，采用回流法、浸渍法或渗漉法提取。有时也用酸性甲醇或乙醇为溶剂（如含0.5%~1.0%硫酸或

乙酸）。醇提取的优点是不同存在形式的生物碱均可选用，且水溶性杂质如多糖、蛋白质较少提出。但是提取液中脂溶性杂质较多，如树脂、脂溶性色素等。对此可配合酸水溶解，碱化游离，有机溶剂萃取法进行处理去除脂溶性杂质。具体方法是醇提取液回收醇后加稀酸水搅拌，放置，滤过，溶液调碱性后以适合的亲脂性有机溶剂萃取，回收溶剂即可得到总生物碱。如工业生产上采用乙醇提取 - 酸转溶法提取鹿葱（*Lycoris squamigera*）中的加兰他敏（galanthamine）。对于有些碱性较弱的生物碱，在酸水中溶解度小，也常考虑用乙醇提取，如提取山慈菇（*Iphigenia indica*）中的秋水仙碱（colchicine）即采用乙醇提取法。

3. 亲脂性有机溶剂提取法 多数游离生物碱都是亲脂性的，故可用亲脂性有机溶剂如三氯甲烷、二氯甲烷、甲苯及乙醚等提取游离生物碱。可采用浸渍、回流或连续回流法提取。对于植物中以盐形式存在的生物碱，在提取前应先用少量碱水（氨水、碳酸钠溶液或石灰乳等弱碱）与原料搅拌至湿润，使生物碱盐转化为游离碱，再用上述有机溶剂提取。对于含脂溶性杂质较多的药材，应先用石油醚等溶剂脱脂再进行提取。

该方法提取的总生物碱一般只含有亲脂性生物碱，不含水溶性生物碱，杂质较少，容易纯化。药用生物碱喜树碱、利血平（reserpine）、长春碱、长春新碱及士的宁等均采用该方法提取。图 13-1 是以亲脂性有机溶剂法提取分离喜树碱的工艺流程。

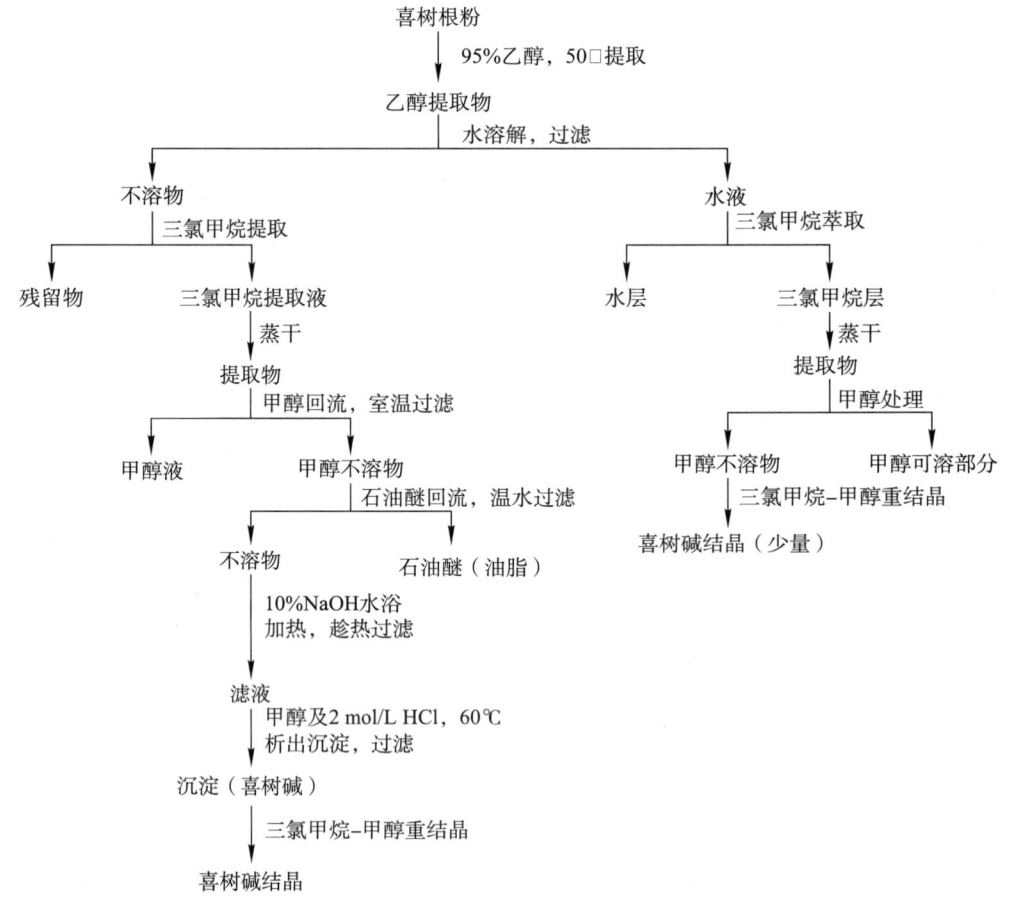

图 13-1 喜树根中喜树碱的提取分离工艺流程

除采用传统的浸渍法、渗漉法、回流法等方法提取生物碱外，随着新技术的发展，溶剂法提取生物碱还可以采用超声波提取、微波辅助提取、超临界 CO_2 流体萃取，以及生物酶解辅助提取等技术。这些新的提取方法具有提取时间短、浸取率与纯度高等优势，如采用超声波法提取麻黄草中的麻黄碱与伪麻黄碱较传统回流法与浸渍法含量高出了 3 倍以上。

有挥发性、升华性的生物碱可分别采用水蒸气蒸馏法、升华法提取。如用水蒸气蒸馏法提取烟叶中的烟碱（nicotine）、麻黄草中的麻黄碱，该方法提取的生物碱纯度高，无需经过其他的处理即可应用。

（二）离子交换树脂法

将生物碱的酸水提取液与阳离子交换树脂进行交换，可达到与非生物碱成分分离的目的。对已交换生物碱的树脂，先用碱液（如 10% 氨水）进行碱化，再用有机溶剂（如乙醚、三氯甲烷、甲醇等）进行洗脱，回收有机溶剂得到总生物碱。该法在工业生产上应用广泛，许多药用生物碱如筒箭毒碱（tubocurarine）、奎宁（quinine）、石蒜碱（lycorine）、咖啡因（caffeine）、一叶萩碱（securinine）等均用该法生产。图 13-2 是用酸水渗漉结合阳离子树脂法提取川乌中总生物碱的流程。

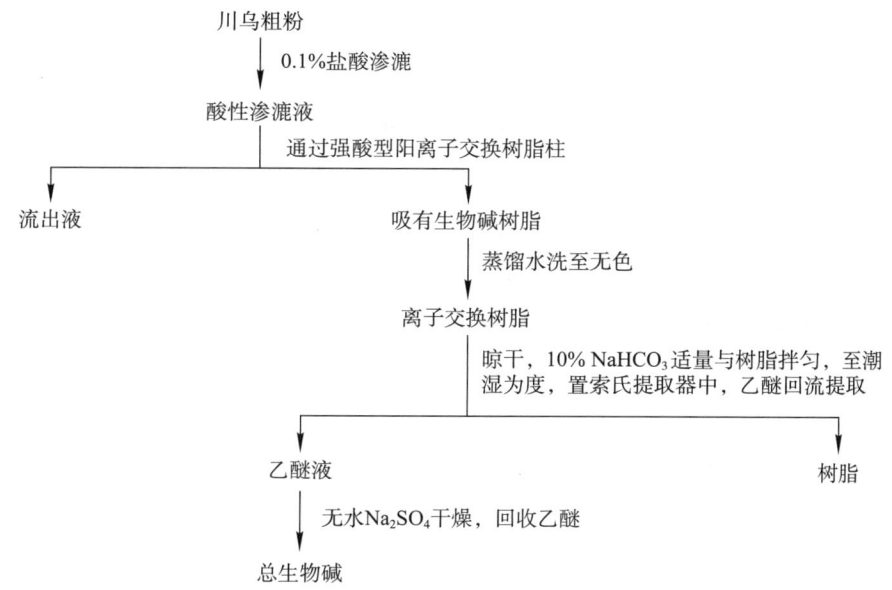

图 13-2　阳离子交换树脂法提取川乌中总生物碱流程图

（三）沉淀法

季铵型水溶性生物碱还可以利用沉淀法进行提取，沉淀法又可分为雷氏铵盐沉淀法与盐析法。

1. 雷氏铵盐沉淀法　雷氏铵盐可与季铵碱生成难溶性复盐沉淀，借此与水溶性杂质分开。流程如图 13-3 所示。一般操作步骤如下：①将含季铵碱的水溶液用稀酸调 pH 至 2~3，加入新配置的雷氏铵盐饱和水溶液，生成生物碱雷氏复盐沉淀，过滤，以少量水洗涤沉淀至洗涤液不呈红色为止；②用丙酮溶解生物碱的雷氏复盐，过滤，于滤液中加入硫酸银饱和水溶液至不再产生雷氏银盐沉淀为止，过滤，滤液中为生物碱硫酸盐；③于滤液中加入与硫酸银物质的量数相等的氯化钡溶液（剧毒），过滤，浓缩滤液，可得到较纯的季铵碱盐酸盐结晶。雷氏铵盐纯化水溶性生物碱的化学反应式如下：

（1）$B^+ + NH_4[Cr(NH_3)_2(SCN)_4] \rightarrow B[Cr(NH_3)_2(SCN)_4]\downarrow + NH_4^+$

（2）$2B[Cr(NH_3)_2(SCN)_4] + Ag_2SO_4 \rightarrow B_2SO_4 + 2Ag[Cr(NH_3)_2(SCN)_4]\downarrow$

（3）$B_2SO_4 + BaCl_2 \rightarrow 2BCl + BaSO_4\downarrow$

（4）$Ag_2SO_4 + BaCl_2 \rightarrow 2AgCl\downarrow + BaSO_4\downarrow$

注：B 代表季铵型水溶性生物碱。

雷氏铵盐沉淀法因其价格较高以及对环境的影响，工业生产中不常用，一般仅用于实验研究，如

从粉防己（*Stephania tetrandra*）中提取纯化环藤酚碱（cyclanoline）

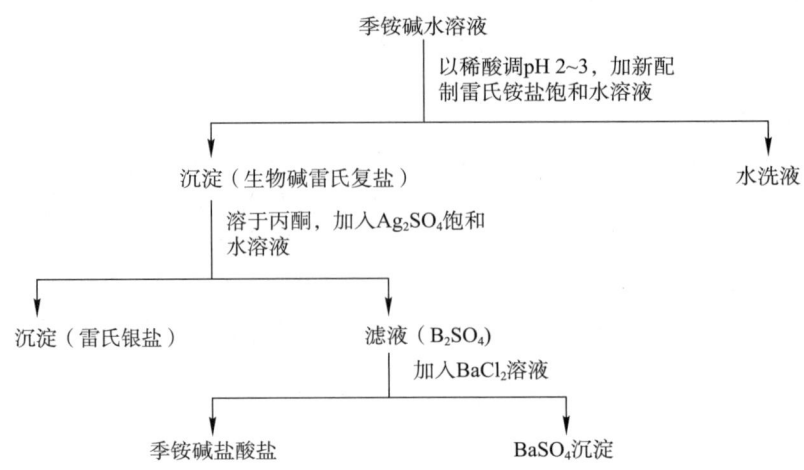

图 13-3　雷氏铵盐沉淀法制备季铵型水溶性生物碱流程

2. 盐析法　有些极性较大的生物碱，在水中溶解度较大，通过盐析作用促进生物碱快速析出。如从三颗针（*Berberis diaphana*）的根和根茎中提取小檗碱，在其酸水提取液中，加入 6%～10% 的氯化钠溶液使其水溶液达到饱和，静置，小檗碱即可析出沉淀从而与其他物质分离。图 13-4 是采用盐析法提取三颗针的根和根茎中小檗碱的流程。

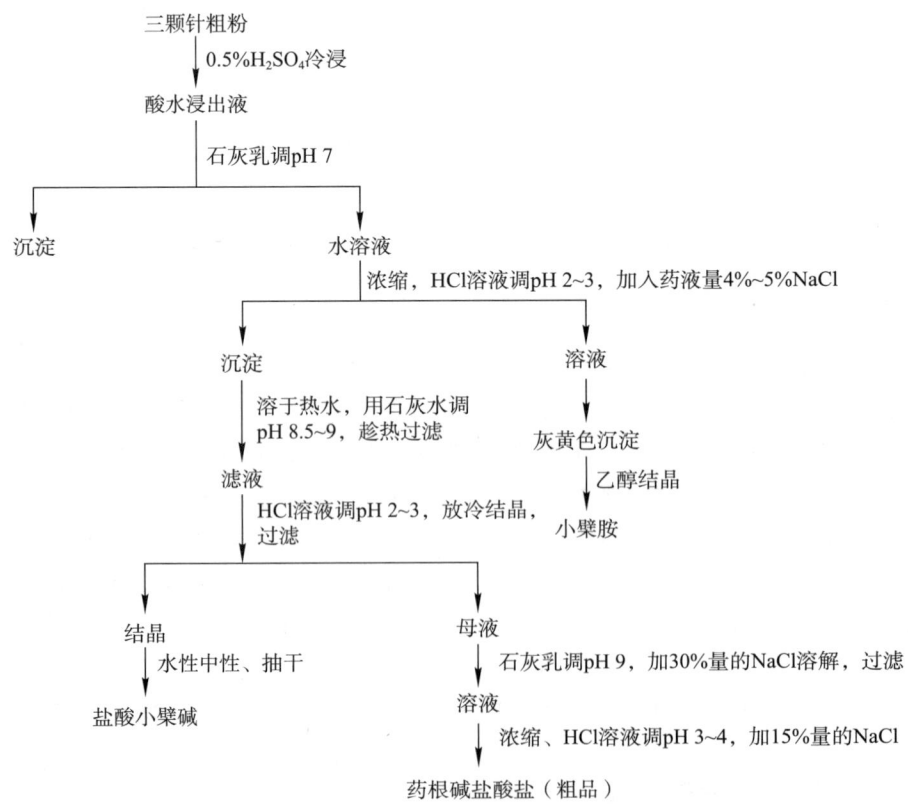

图 13-4　从三颗针的根和根茎中提取小檗碱流程图

此外，水溶性生物碱还可通过溶剂法、大孔吸附树脂法等进行提取和富集。

二、生物碱类化合物的分离

分离程序一般有系统分离和针对特定生物碱的分离。系统分离法一般用于基础研究，经系统分离后得到碱性、极性不同及有无酚羟基的几个生物碱部位后，再采用其他方法分离，得到生物碱的单体。特定生物碱的分离则是依据生物碱的特性，选用简便可行、成本低廉的分离方法。

（一）不同类别生物碱的分离

不同类别生物碱的分离是根据生物碱的碱性及生物碱中有无酚羟基所表现出的溶解度差异而采用的萃取法分离，流程如图 13-5 所示。

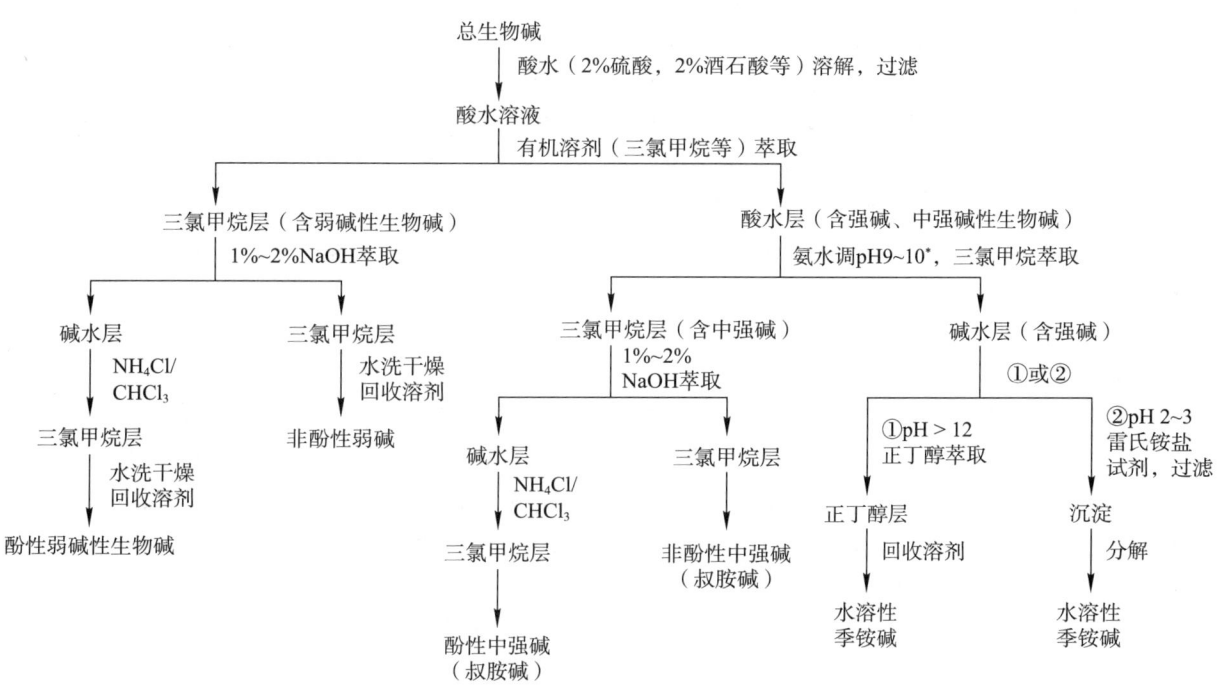

图 13-5 不同类别生物碱的一般分离流程

注：*.酚羟基生成钠盐后，用强酸弱碱盐氯化铵溶液而不用盐酸等强酸调 pH 9～10，否则，酚羟基虽被还原，但酚性生物碱分子中的氮原子与强酸成盐，仍留在水层，不能被三氯甲烷萃取出来；萃取中强碱先用氨水调 pH 而不用氢氧化钠调 pH，以免酚性中强碱成酚钠盐溶留水层，不被转溶到三氯甲烷层。

（二）利用生物碱的酸碱性差异分离

对碱性强弱有差异的生物碱，可用 pH 梯度萃取法进行分离。

1. 已知 pK_a 生物碱的 pH 梯度萃取法分离　由酸碱质子理论公式可以直接获知使生物碱完全成盐的 pH，如使某生物碱 99% 成盐，萃取液的 pH 比其 pK_a 大约小 2 个单位；反之，如使生物碱有 99% 的游离，其萃取液碱化的 pH 比 pK_a 约大 2 个单位。例如，分离洋金花（白曼陀罗的花）中的莨菪碱（hyoscyaminep, pK_a 9.65）与东莨菪碱（scopolamine, pK_a 7.5），是将其乙醇提取液浓缩后碱化至 pH 10，以三氯甲烷萃取，萃取液中加入 pH 6.5 的缓冲液，莨菪碱的碱性强先成盐溶于水层，而东莨菪碱仍游离留溶于三氯甲烷萃取液。

2. 未知 pK_a 生物碱的 pH 梯度萃取法分离　对未知碱性的生物碱，可以采用缓冲纸色谱对总生物碱中生物碱的数目及碱性进行初步了解，以便确定用不同 pH 的缓冲溶液萃取分离。缓冲液纸色谱是将不同 pH 的酸性缓冲液自起始线由 pH 高到低间隔涂布若干个缓冲带，以水饱和的亲脂性有机溶剂组成的溶剂系统为展开剂，混合物在展层过程中由于碱性不同，碱性强的生物碱在弱酸条件下先成盐，极性变大，斑点不动，其他生物碱同理依碱性由强至弱依次分开。如图 13-6 所示。如果在原点处显示没有被展开的生物碱有可能是水溶性生物碱。缓冲纸色谱可作为 pH 梯度萃取生物碱条件选择的依据。

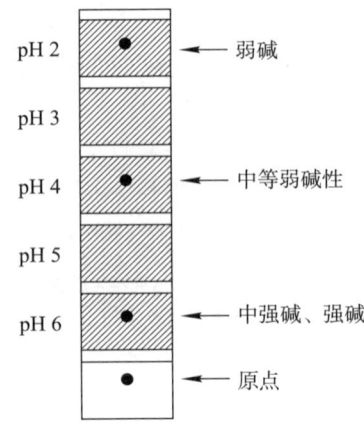

图 13-6　缓冲纸色谱示意图

（三）利用生物碱或生物碱盐溶解度差异分离

利用总生物碱中各生物碱或生物碱盐溶解度差异，可采用结晶法与重结晶法获得高纯度的生物碱单体结晶。有时所得到的粗结晶是混合物，也可采用不同的溶剂处理，进行分步结晶，使溶解度不同的生物碱分别析出，以获得多个生物碱单体结晶。

1. 利用生物碱溶解度差异分离　总生物碱中各单体的极性不同，对有机溶剂中的溶解度有差异，可以利用这种差异，采用沉淀法分离各生物碱。例如，苦参中苦参碱和氧化苦参碱的分离，可利用苦参总碱中氧化苦参碱极性稍大，难溶于乙醚，而苦参碱可溶于乙醚的性质，将苦参总碱溶于三氯甲烷，再加 10 倍量以上乙醚，氧化苦参碱即可析出沉淀。不同生物碱与同一种酸生成的盐溶解性可能不同，也可以利用这种差异来分离生物碱或其盐。如用溶剂法从麻黄中提取分离麻黄碱和伪麻黄碱，即利用二者草酸盐的水溶性不同，提取后经处理得到的甲苯溶液，再经草酸溶液萃取后浓缩，草酸麻黄碱溶解度小而析出结晶，草酸伪麻黄碱溶解度大而留在母液中。汉防己乙素（hanfangichin B）与粉防己碱（tetrandrine）的分离也可根据它们的溶解度差异进行分离。

2. 利用生物碱盐溶解度差异分离　不同生物碱与不同酸形成的生物碱盐溶解度往往有差异，借此可以分离生物碱及其盐类。盐酸小檗碱（berberine hydrochloride）、硫氰酸利血平（reserpine thiocyanic acid）的分离均是利用该生物碱盐的溶解度较小析出沉淀而得到。麻黄中麻黄碱和伪麻黄碱的分离，也是利用它们的草酸盐在水中溶解度不同而进行分离，见图 13-7。

（四）利用生物碱的特殊官能团进行分离

有些生物碱的分子中含有酚羟基或羧基，也有少数含内酰胺键或内酯结构。这些基团或结构能发生可逆性化学反应，故能用于分离。

含酚羟基的生物碱，可将其溶于有机溶剂中，用稀氢氧化钠水溶液萃取，得到酚性生物碱部位。带羧基的生物碱可用碳酸氢钠水溶液萃取其有机溶剂层，得到酸性生物碱部位。例如，从鸦片中提取吗啡，即利用了其具有酚羟基而溶于氢氧化钠溶液的性质，使之与其他生物碱分离。

含有内酰胺或内酯结构的生物碱，可将其在碱水溶液中加热皂化，使之水解开环生成溶于水的羧酸盐，与其他不溶于热碱水的生物碱分离，分出的水层加酸又可使之环合成原生物碱从水溶液沉淀析出。喜树中喜树碱具有内酯环，在提取分离喜树碱工艺中，即利用了这一性质。

（五）利用色谱法分离

利用上述分离方法分离生物碱总碱时通常不能直接获得纯的单体化合物，尤其是总碱成分复杂、结构近似，并且含量低的成分更不易得到。通常在上述分离基础上，配合反复重结晶法或色谱法，尤其是色谱法的分离才能得到理想结果。

生物碱色谱分离法有离子交换树脂法、吸附色谱法、分配色谱法等。

1. 离子交换树脂法　生物碱在水中可解离出生物碱阳离子，能和阳离子交换树脂发生离子交换反应，被交换到树脂上，从而与酸水提取液中的其他杂质分开。具体操作步骤如下。

（1）生物碱交换：生物碱的酸水通过强酸型阳离子交换树脂柱，使酸水中生物碱阳离子与树脂上的阳离子进行交换，用生物碱沉淀反应检查交换是否完全。

（2）碱化树脂：将已交换上生物碱的树脂从色谱柱中倒出，用水洗去树脂中的杂质，然后用氨水

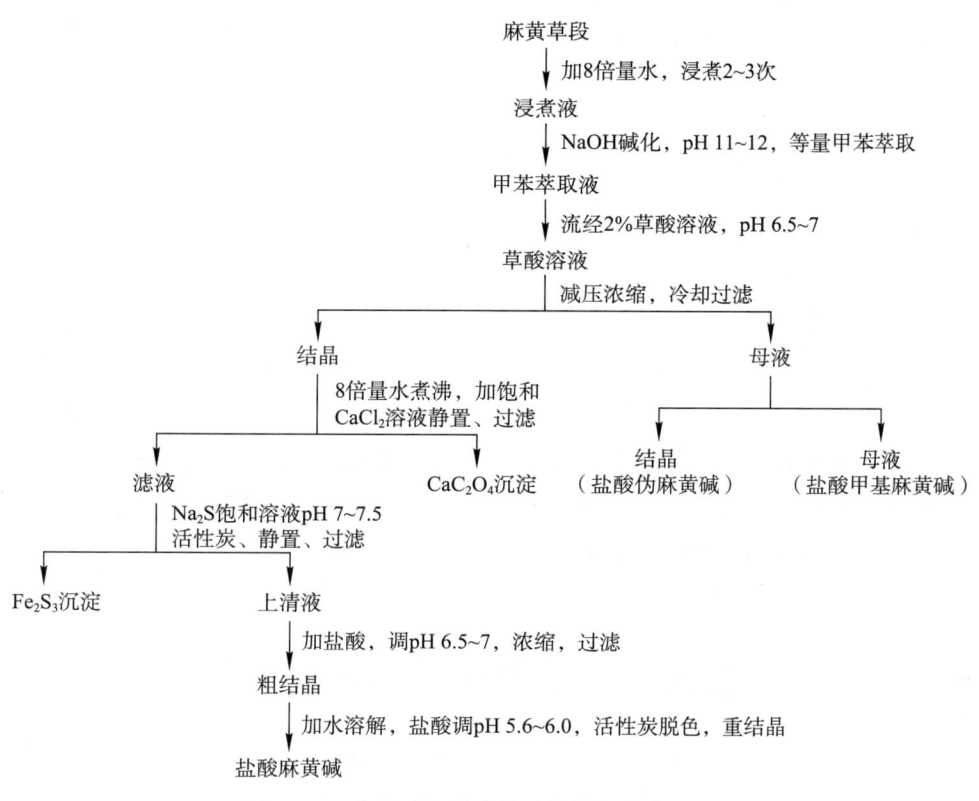

图 13-7 麻黄碱和伪麻黄碱的提取分离流程图

等碱化至 pH 10 左右, 晾干。

（3）有机溶剂洗脱：用三氯甲烷、乙醚或乙醇等有机溶剂连续回流提取碱化后树脂中的游离生物碱，浓缩提取液可得到较纯的总碱。上述过程中生物碱与离子交换树脂发生如下反应：

$$BH^+Cl^- \longrightarrow BH^+ + Cl^-$$
$$R^-H^+ + BH^+ \longrightarrow R^-BH^+ + H^+$$

注：R 代表阳离子交换树脂，B 代表游离生物碱，BH^+ 代表生物碱盐。

离子交换树脂法优点是：①酸水通过树脂，生物碱被树脂选择性吸附而达到富集的效果，所得生物碱纯度高；②该方法不仅可用于生物碱酸水提取液的纯化，对于有碱性差异的生物碱，通过碱化的 pH 不同使其分别游离达到分离的目的；③洗脱有机溶剂用量少，离子交换树脂经过再生后可以反复使用，成本相对较低。许多药用生物碱如筒箭毒碱（tubocurarine）、奎宁（quinine）、一叶萩碱（securinine）、石蒜碱（lycorine）、咖啡因（caffeine）均采用离子交换树脂法进行分离纯化。

2. 吸附色谱法 以吸附色谱法分离生物碱时，常用的吸附剂为硅胶或氧化铝，有时也用纤维素、聚酰胺等。以三氯甲烷、乙醚等亲脂性有机溶剂或以其为主的混合溶剂系统作为洗脱剂。例如，东贝母（*Fritillaria thunbergii* var. *chekiangensis* Hsiao and K. C. Hsia）中 4 个甾体生物碱分离。若以硅胶为吸附剂分离生物碱，因硅胶显弱酸性，有时要在洗脱剂中加入适量的碱性溶剂，如常用二乙胺或氨水，以提高分离效果。

3. 分配色谱法 对某些结构特别相近的生物碱，当吸附色谱分离生物碱效果不佳时，采用分配色谱法可达到较为理想的分离效果。如抗肿瘤药物三尖杉酯碱（harringtonine）和高三尖杉酯碱（homoharringtonine）属同系物，两者的结构只差一个亚甲基，采用吸附色谱法效果不佳，而采用分配色谱法可获得理想的分离效果。具体方法是以硅胶为支持剂，以 pH 5.0 缓冲液为固定相，pH 5.0 缓冲液饱和的三氯甲烷溶液洗脱，首先洗脱的是高三尖杉酯碱，中间部分是二者的混合物，最后部分是三尖杉酯碱。

三尖杉酯碱　R= （结构式）

高三尖杉酯碱　R= （结构式）

此外，相对分子质量有明显差异的生物碱可采用凝胶色谱法分离；对苷类生物碱或极性较大的生物碱，可用大孔吸附树脂、反相色谱材料 RP-8、RP-18 等分离；对组分较多、极性相似难以分离的混合生物碱，可采用中压液相色谱和高效液相色谱法等。

拓展阅读 粗榧（*Cephalotaxus sinensis*）中三尖杉酯碱类生物碱的提取、分离纯化

第五节　生物碱的结构鉴定

生物碱的结构鉴定方法主要包括化学法和波谱学方法。20 世纪 60 年代以前，以化学法为主，生物碱经过脱氢、氧化降解、官能团分析、全合成等测定结构。随着波谱学技术的快速发展，波谱学方法已经成为生物碱结构鉴定的主要方法。常用的波谱学方法有紫外光谱、红外光谱、质谱和核磁共振谱（^{1}H-NMR、^{13}C-NMR 和 2D-NMR）。在确定生物碱立体结构时，常用到旋光光谱、圆二色谱和单晶 X 射线衍射。

一、紫外光谱

紫外光谱能够反映生物碱的基本骨架或分子中发色团的结构特点。紫外光谱数据受发色团和助色团种类、数量、位置、测试溶液 pH 的影响（表 13-3）。

表 13-3　UV 数据受发色团和助色团种类、数量、位置、测试溶液 pH 的影响

UV 数据的影响因素	关系	生物碱分类	特征
生物碱的紫外光谱与结构骨架的关系	发色团为生物碱母体的整体结构部分	吡啶、吲哚、喹啉、异喹啉、氧化阿朴菲类	此类生物碱的发色团组成了分子的基本骨架与结构类型，它们的 UV 数据受取代基影响较小
	发色团为生物碱母体的主体结构部分	含一个发色团者（托品类、苄基四氢异喹啉类、普罗托品类、二氢吲哚类）	1. 不同类型或种类的生物碱具有相同或相似的 UV 谱 2. 不能由 UV 谱推断生物碱的骨架类型，仅有辅助作用
		含两个发色团者（吗啡碱类、刺桐碱类）	
	发色团为生物碱母体的非主体部分	吡咯里西啶、喹诺里西啶类、甾体生物碱	1. UV 谱不能反映分子骨架与母核特征 2. UV 谱推断结构作用有限

续表

UV 数据的影响因素	关系	生物碱分类	特征
生物碱的紫外光谱与测试溶液 pH 的关系	碱性 N 原子参与生色团或与之直接相连	喹啉、喹啉酮、吖啶酮、吲哚类	UV 数据在中性与酸性溶液中测定不同
	非碱性 N 原子与生色团直接相连	2-喹啉酮生物碱	不能与酸成盐,UV 数据中性或酸性溶液中测定基本相同
	N 原子不与生色团相连		无论成盐与否,UV 数据基本不变
	生色团中含有酚羟基		生物碱酚羟基遇碱成酚氧负离子,UV 数据红移

二、红外光谱

红外光谱(IR)主要用于官能团的定性及与已知生物碱的对照鉴定。红外光谱(IR)类型多、结构复杂的生物碱在红外光谱上共性特征不多,仅对个别生物碱骨架立体构型、官能团的位置及构型有一定意义。

(一)羰基吸收

生物碱中的羰基具有跨环效应时,在 1 690~1 600 cm^{-1} 有 C=O 吸收峰,与正常酮羰基相比,其吸收向低波数移动。例如,普罗托品中的酮基吸收在 1 661~1 658 cm^{-1}。

(二)Bohlmann 吸收带

喹诺里西啶生物碱的两个六元环有顺反两种稠合方式。在反式喹诺里西啶环中,只有当 N 原子邻近的 C 上存在两个或两个以上的 H,与孤立的 N 上电子对呈反式双垂直排列时,且 N 原子孤对电子不参与共轭时,反式稠合者在 2 800~2 700 cm^{-1} 区域出现两个以上明显的 C-H 吸收峰,而顺式稠合中则不会观察到这种现象,此峰即为 Bohlmann 吸收峰。如苦参碱的 IR 光谱显示 2 790 cm^{-1},2 750 cm^{-1},说明其喹诺里西啶环为反式结构。

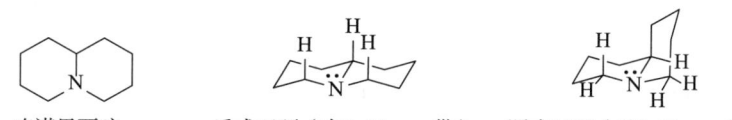

喹诺里西啶　　反式双环(有Bohlmann带)　　顺式双环(无Bohlmann带)

注:①有峰:吐根碱类、四氢原小檗碱类、某些吲哚类、甾体生物碱类;②无峰:反式喹诺里西啶的盐、季铵盐、N-氧化物、内酰胺、育亨宾类生物碱(3β-H 伪或表育亨宾);③三氯甲烷中测定多为 2 个峰;用 KBr 压片时,多为一簇峰。

三、核磁共振氢谱

(一)^{1}H-NMR

提供有关官能团如 NMe、NEt、NH、OH、MeO、双键、芳氢及立体结构信息。

1. 不同类型 N 原子相连 H 与 CH$_3$ 的化学位移　生物碱 N—H 的化学位移受溶剂、温度及浓度的影响较大,并可因加重水进行交换而消失。不同类型 N—H、N—CH$_3$ 上氢化学位移范围见如表 13-4。

2. N 原子电负性对邻近碳上氢原子化学位移的影响　由于生物碱结构中的 N 原子具有较强的电负性,其产生的吸电子效应会导致邻近碳上氢原子向低场位移,一般遵循 $\delta_{\alpha-C} > \delta_{\beta-C}$ 的规律。如 S-反式-轮环藤酚(S-trans-cyclanoline)中位于 N 原子 α 位的 C-6、C-8 位的 2 个氢化学位移值分别为 δ_H 4.43、4.57 与 5.24、5.52,明显向低场位移。而处于 N 原子 β 位的 C-5、C-13 位的 2 个氢原化

表 13-4　不同类型 N–H、N–CH₃ 上氢化学位移范围

N 原子类型	N–H	N–CH₃
叔胺	—	1.9～2.9
伯胺、仲胺	0.3～2.2	2.3～3.1
芳仲胺、芳叔胺	3.5～6.0	2.6～3.5
芳杂环	7.0～13.0	2.7～4.0
酰胺	5.2～10.0	2.6～3.1
季铵	—	2.7～3.5*

注：* 溶剂为 DMSO-d_6，其余为 CDCl₃。

学位移值分别为 δ_H 3.15、3.13 与 3.01、3.94。另外，季铵 N 可以降低甲基的电子云密度，使与其相连的甲基信号向低场移动。如 S-反式-轮环藤酚碱的 N—CH₃ 氢信号化学位移为 δ_H 3.13，明显向低场位移。

S-反式-轮环藤酚碱

具有芳香苯环的生物碱，在立体结构中处于苯环上、下方的氢，由于苯的正屏蔽效应使其化学位移向高场移动，由此可判断生物碱结构式构向和取代基的取向。如以 N,O,O-三甲基乌头碱及其衍生物（N,O,O,O-四甲基乌头碱）为例，前者结构式中 A 环上 7-OCH₃ 位于 C 环的正屏蔽区，受其屏蔽效应影响比 6-OCH₃ 在高场；而后者结构式中 7-OCH₃ 则不受此影响。同理，N—CH₃ 也是如此，在后者结构式中，受 C 环影响，N—CH₃ 中的质子处于 C 环的正屏蔽区，比前者结构式的 N—CH₃ 在高场。

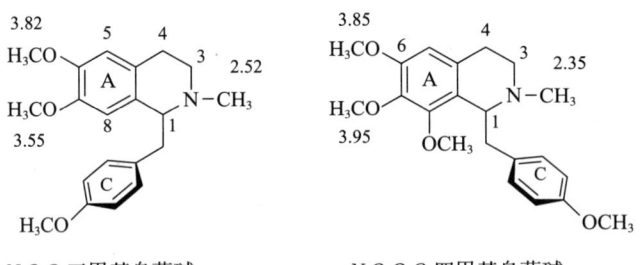

N,O,O-三甲基乌药碱　　　N,O,O,O-四甲基乌药碱

（二）¹³C-NMR

提供生物碱中碳原子的数量和类型，是确定生物碱结构的重要方法，与生物碱结构有关的一些 ¹³C-NMR 规律如下。

1. N 原子对邻近碳原子化学位移的影响　生物碱结构中 N 原子电负性产生的吸电子诱导效应使其邻近碳原子向低场位移，α-C 的位移最大。但脂肪环和芳香环中，N 原子对碳原子的化学位移的影响不同，脂肪环一般规律是 α-C > β-C > γ-C，在芳香环一般规律是 α-C > γ-C > β-C，如哌啶、吡啶与烟碱。在 N-氧化物、季铵、N-甲基季铵盐中的 N 原子使 α-C 向低场位移幅度更大。N—CH₃ 的化学位移值一般在 δ_C 30～50，酰胺的羰基化学位移一般在 δ_C 160～170。

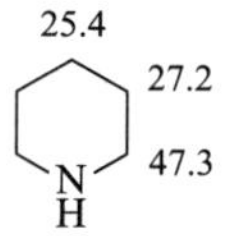

第五节 生物碱的结构鉴定

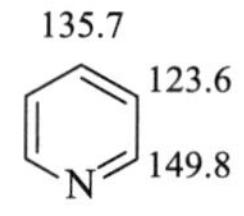

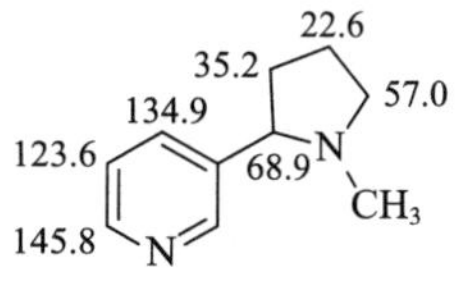

哌啶、吡啶、烟碱的结构（略）

2. 氮原子成盐后对邻近碳原子化学位移的影响 生物碱中 N—CH_3 成盐后，由于质子化作用，使邻近 C 原子的化学位移发生变化。罂粟碱中的亚胺氮生成 N—CH_3 盐后的 α-C，即 C-1、C-3 向高场位移约 5 个化学位移单位，而 β-C、γ-C 的 C-4、C-8a、C-4a 不同程度地向低场位移。

叔胺氮的 N—CH_3 四氢罂粟碱成盐后 α-C，即 C-1、C-3、N—CH_3 向低场位移 8～10 个化学位移单位，而 β-C、γ-C 的 C-4、C-8a、C-a 则不同程度地向高场移动。

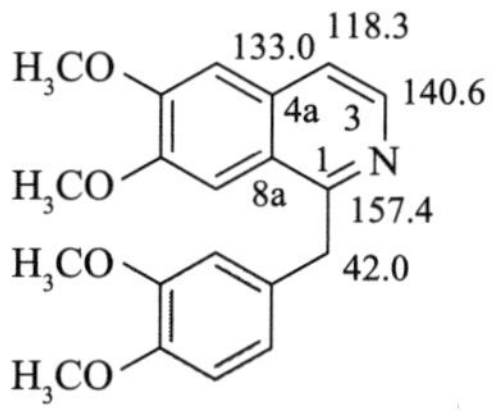

罂粟碱 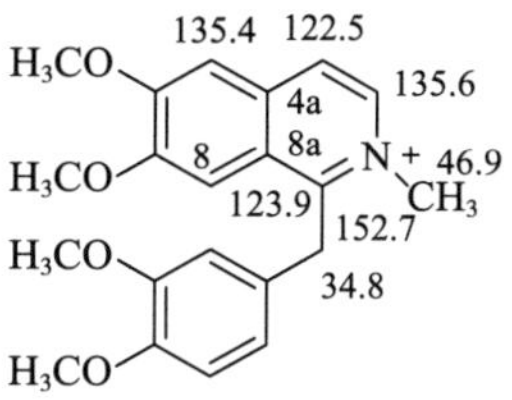　　罂粟碱 N-CH₃ 盐

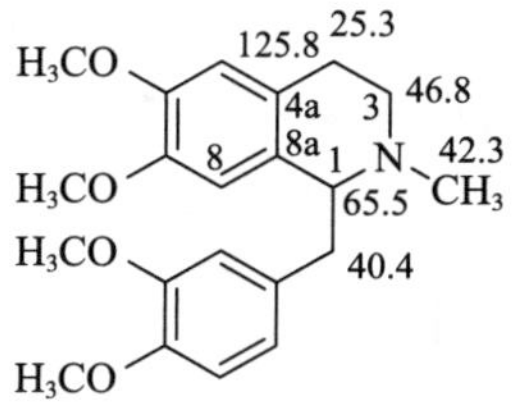

N-CH₃ 四氢罂粟碱 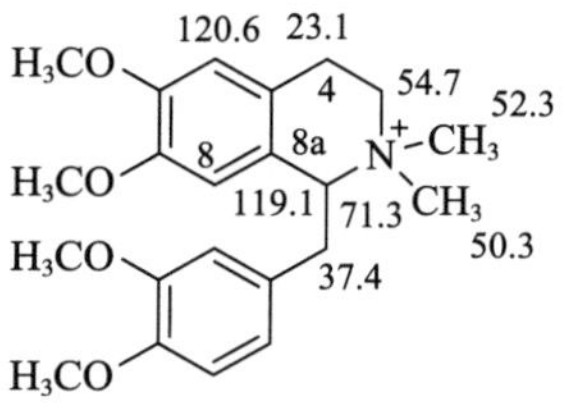　　四氢罂粟碱 N(CH₃)₂ 盐

对结构相对比较复杂生物碱结构的测定，还需进一步借助 2D-NMR，如 ^1H-^1H COSY、HMQC、NOESY、HMBC、TOCSY 等技术。

四、质谱

质谱不仅可确定生物碱的相对分子质量、分子式，还可利用生物碱碎片裂解规律推定其结构。在判断生物碱的分子离子峰时，要注意该离子峰是否符合氮律。下面是生物碱 MS 中一些常见的裂解规律。

（一）难以裂解或由取代基及侧链裂解产生的离子

当生物碱母体较稳定时，骨架的裂解较为困难，一般裂解主要发生在取代基或侧链上。此种裂解的 M^+ 或 $[M-1]^+$ 峰多为基峰或强峰。这种裂解主要有下列两种结构特点，见表 13-5。

表 13-5 两种结构特点

结构特点	生物碱分类
芳香体系组成分子的整体或主体结构	喹啉类、吖啶酮类、β-卡波林类、去氢阿朴菲类、酮式阿朴菲类、苯丙胺类生物碱
环系多、分子结构紧密的生物碱	苦参碱类（苦参碱 M^+ 为基峰）、吗啡碱类（吗啡碱 M^+ 为基峰）、秋水仙碱、马钱子碱、萜类生物碱、某些取代氨基的甾体生物碱

（二）以 N 原子为中心的 α-裂解

1. 这种裂解方式主要发生在和氮原子的 α-C 和 β-C 之间的键上，大多涉及骨架的裂解，对生物碱的骨架测定有重要意义。

2. 特征
（1）分子离子峰很低，裂解后含 N 的基团或部分是基峰或强峰。
（2）当 N 原子的 α-C 连接的基团不同时，则所连接的大基团易于发生 α-裂解。

3. 分类　氮杂环己烷及其衍生物、四氢 β-卡波林环、四氢异喹啉类、双苄基四氢异喹啉类、茛菪烷类、甾体类生物碱

4. 举例
（1）金鸡宁碱的 α-裂解：在 C-2 与 C-3 键断裂，形成一对互补离子 a 和 b，基峰离子 b 还可以继续通过 α-裂解产生其他离子。

金鸡宁 M+ m/z 294　　　　a, m/z 158　　b, m/z 136（100）

（2）甾体生物碱的 α-裂解：甾体生物碱的母核无特征性裂解，几乎所有的主要裂解均涉及氮原子，呈现典型的受氮原子支配的 α-裂解规律，且裂解后含氮原子部分均是基峰。如浙贝甲素的 α-裂解后又发生麦氏重排。

浙贝甲素　　　　　　　　　　　　　　　　　m/z 112(100)

（三）RDA 裂解

1. 条件　生物碱存在相当于环己烯结构时，在双键的 α-C 和 β-C 之间的键发生裂解。

2. 举例　原小檗碱与四氢小檗碱型生物碱从 C 环发生的 RDA 裂解，产生保留 AB 环和 D 环的一对互补离子，不仅可证实生物碱类型和由相应的碎片峰 m/z 值推断 A 环和 D 环上的取代基类型和数目，裂解产生的 a、b、c、d 四个主要离子碎片具有诊断价值。

注：有些生物碱发生 RDA 裂解后产生的不是一对互补离子，可进一步发生 α-裂解，产生的含 N 环部分离子峰的 m/z 也是基峰。

第六节　生物碱类化合物的生物活性

生物碱类化合物具有抗肿瘤、抗神经退行性疾病、抗炎、抗病毒、抗心血管疾病等生理活性和药用价值。

一、抗肿瘤活性

多种生物碱类化合物具有抗肿瘤作用，并已经进入临床应用。

1. **喜树碱和羟喜树碱** 喜树碱和 10-羟喜树碱均为喹啉类生物碱，于 1966 年首次从喜树中提取分离获得，体内外均具有广谱的抗肿瘤活性，主要通过抑制拓扑异构酶 I 发挥抗肿瘤活性。对 10-羟喜树碱进行结构修饰，成果开发了拓扑替康，并应用于临床治疗复发性小细胞肺癌。

喜树碱　　　　　　10-羟基喜树碱

2. **长春碱和长春新碱** 长春碱和长春新碱是从夹竹桃科植物长春花中分离得到的一类双吲哚生物碱，用于膀胱癌、乳腺癌和霍奇金病的治疗。长春碱类药物的抗肿瘤机制是通过与微管蛋白二聚体结合，抑制微管蛋白聚合，从而妨碍纺锤体微管形成，使核分裂停止于中期，引起核崩溃、呈空泡状或固缩，阻止肿瘤细胞的增殖。

3. **三尖杉碱与三尖杉酯碱** 从三尖杉属植物中分离得到，属于苯乙基异喹啉类生物碱。三尖杉碱和三尖杉酯碱对急慢性粒细胞性白血病、急性单核细胞性白血病和红白血病有明显疗效，对真性红细胞增多症亦有非常突出疗效，已广泛用于临床。

三尖杉碱　　　　　　三尖杉酯碱

二、抗早老性痴呆

石杉碱甲（huperzine A）从中草药千层塔中提取得到，是一种高效、低毒和可逆的乙酰胆碱酯酶（AChE）抑制剂。石杉碱甲对脑内乙酰胆碱酯酶具有极高选择性抑制，提高脑内乙酰胆碱水平作用持续达 6 h，临床应用于早老性痴呆症、重症肌无力等疾病。

加兰他敏（galanthamine）从石蒜属植物石蒜鳞茎中分离纯化得到，是 AChE 的可逆竞争性抑制剂，在神经突触间隙与乙酰胆碱竞争同乙酰胆碱酯酶的结合，阻断乙酰胆碱酯酶对乙酰胆碱的降解。由于加兰他敏在临床上疗效好且不良反应轻，临床应用于改善和治疗早性老年痴呆症。

石杉碱甲　　　　　　加兰他敏

三、抗菌活性

小檗碱，俗称黄连素，是从中药黄连中分离的一种季铵型异喹啉生物碱。小檗碱作为非处方药物对细菌性痢疾具有优异的治疗效果，在临床上已有很长的应用历史，尤其是在治疗急性肠胃炎方面具有良好功效。有研究指出小檗碱在体外对革兰阳性菌（G^+）、革兰阴性菌（G^-）和真菌都有显著的抑制活性。同时，小檗碱对致病的肺炎链球菌、无乳链球菌抑菌作用也很明显。对于 G^- 大肠杆菌，小檗碱也有一定的抑制作用，但是抑制作用远远低于对 G^+ 菌的作用。除了对细菌的抗菌作用外，小檗碱还能够与抗真菌药物氟康唑等唑类药物联合使用，明显增强抗真菌药物对多种临床分离真菌菌株的活性。

近年来，随着对于其研究的不断深入，人们发现小檗碱及其衍生物对于肿瘤、糖尿病、心血管疾病、高血脂、炎症、细菌和病毒感染、脑缺血性损伤、骨质疏松等疾病具有重要的药理作用效能。

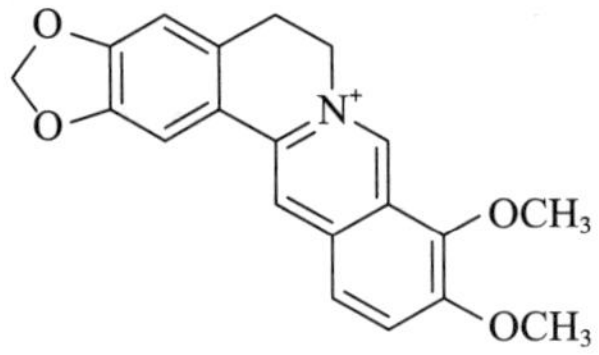

小檗碱

四、抗疟活性

金鸡纳碱，又称奎宁，最早是从茜草科植物金鸡纳树［*Cinchona ledgeriana*（Howard）Moens ex Trim.］的树皮中提取得到的。金鸡纳碱是人类对付疟疾第一种化学药物，对各种疟原虫的红细胞内期裂殖体均有较强的杀灭作用。作用机制为金鸡纳碱能与疟原虫的 DNA 结合，形成复合物，通过抑制 DNA 的复制和 RNA 的转录进一步抑制疟原虫的蛋白质合成。金鸡纳碱也能降低疟原虫耗氧量，抑制疟原虫内的磷酸化酶而干扰其糖代谢。金鸡纳碱对红外期疟原虫无效，不能根治良性疟。

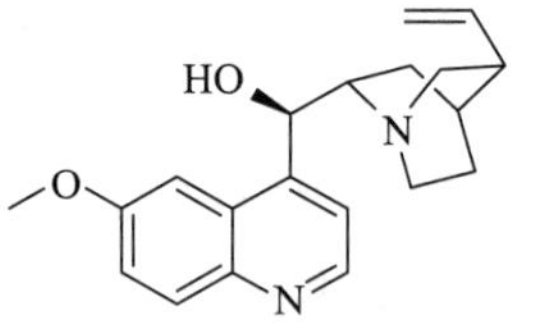

金鸡纳碱

五、镇痛活性

吗啡为阿片生物碱类镇痛药物，其作用靶点为中枢神经系统的 μ 阿片受体，但存在成瘾性及依赖性等副作用，因此主要用于创伤、手术、烧伤等引起的剧痛。

草乌甲素、高乌甲素和 3-乙酰乌头碱属于二萜生物碱，具有较强的镇痛作用。从 20 世纪 80 年代起，国家就批准了草乌甲素肌内注射剂、片剂、软凝胶胶囊在临床的应用。草乌甲素片的镇痛作用是中枢性的，并与脑内 5-羟色胺水平密切联系，起效时间比吗啡慢，但维持时间长，且无成瘾性。

从延胡索中提取出的延胡索乙素为镇痛的主要有效成分，其镇痛作用较吗啡弱，对钝痛的作用优于锐痛，且副作用较少且安全，同时针对呼吸没有明显抑制，也无便秘等副作用。

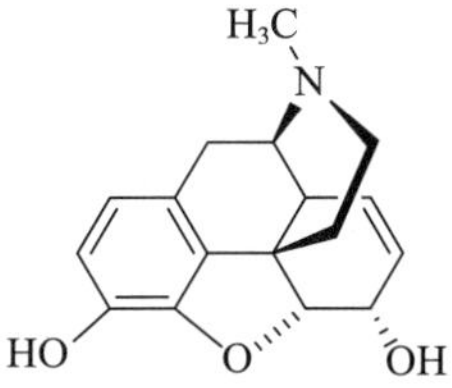

吗啡 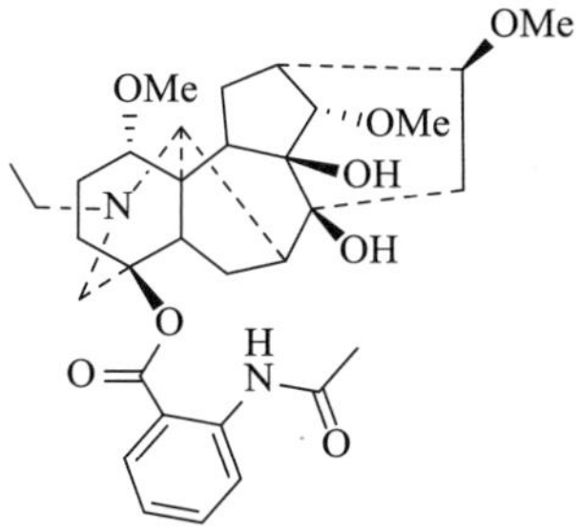　　　高乌甲素 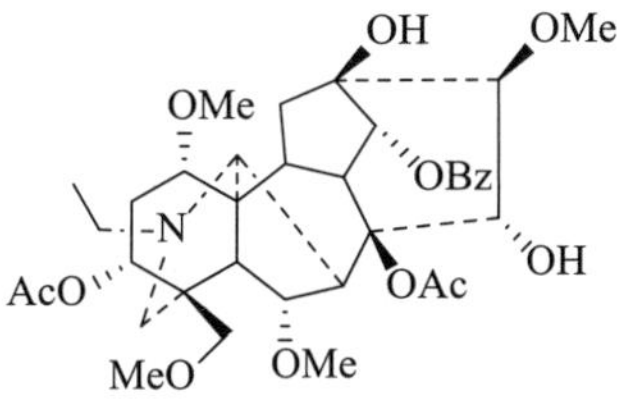　　　3-乙酰乌头碱

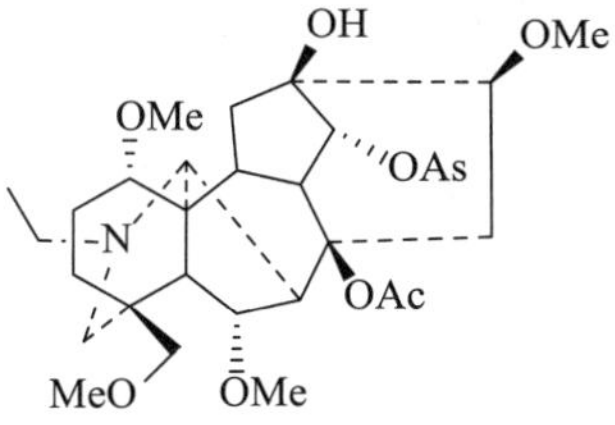

草乌甲素 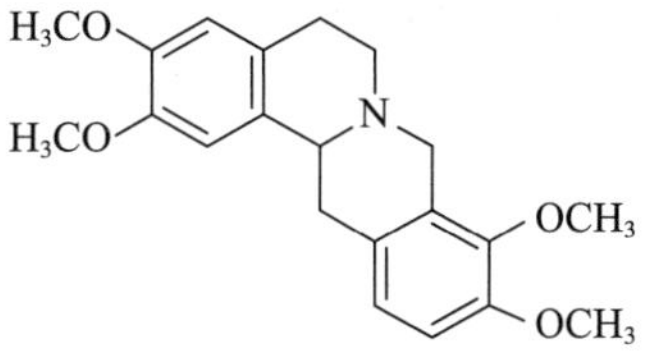　　　延胡索乙素

六、镇咳作用

可待因为阿片生物碱之一，其镇咳作用主要是通过直接抑制延髓咳嗽中枢，而产生止咳作用，属于中枢性镇咳药。与吗啡相似，对咳嗽中枢的作用为吗啡的1/4，镇痛作用为吗啡的1/7~1/10。镇咳剂量不抑制呼吸，成瘾性也较吗啡弱。临床适用于各种原因引起的剧烈干咳和刺激性咳嗽，尤适用于伴有胸痛的剧烈干咳。可待因也有成瘾性，应控制使用。

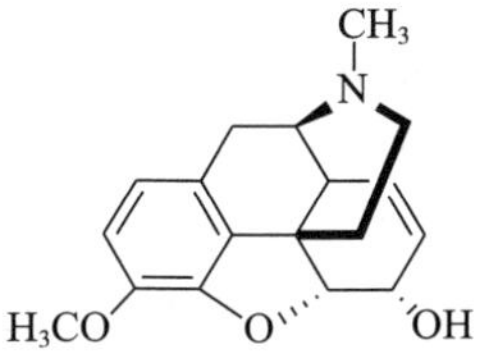

可待因

七、M 胆碱受体拮抗作用

1. 阿托品　阿托品作为一种抗胆碱药，具有解痉止疼、散瞳、解毒等作用。硫酸阿托品片、硫酸阿托品滴眼液以及硫酸阿托品注射液是其主要的药品形式，具有广泛的药用市场。阿托品最早由德国药剂师曼恩（Heinrich Friedrich Georg Mein）在1831年分离提纯出结晶体，然后由阿尔贝特·拉登堡发现，阿托品可由托品碱与托品酸经酯化反应而得，于是开始尝试利用各种羧酸制备不同的托品碱酯。主要作用有松弛平滑肌、抑制腺体分泌以及通过阻断瞳孔括约肌及睫状肌的 M- 胆碱受体而表现为散瞳、升高眼内压及调节麻痹，这三种作用都有重要临床意义。此外，较大剂量（1~2 mg）阿托品能解除迷走神经对心脏的抑制，使心率加快。

阿托品

2. 东莨菪碱 东莨菪碱是一种莨菪烷型生物碱,作用与阿托品相似,其散瞳及抑制腺体分泌作用比阿托品强,对呼吸中枢具兴奋作用,但对大脑皮质有明显的抑制作用,此外还有扩张毛细血管、改善微循环以及抗晕船晕车等作用。东莨菪碱具有良好的血脑屏障透过性,因此能够更好地作用于中枢神经系统。东莨菪碱常用于手术麻醉前给药,通过抑制胃肠道广泛分布的迷走神经引起平滑肌舒张,继而预防术后恶心呕吐;东莨菪碱也可抑制唾液腺的分泌,用于流涎症的治疗。

东莨菪碱

八、抗心脑血管疾病

1. 去甲乌药碱 去甲乌药碱从附子中分离出的有效强心成分,属于苄基异喹啉类生物碱。去甲乌药碱具有正力性和正时性的强心作用,以及舒张血管的功能,通常用于治疗心力衰竭和心动过缓。去甲乌药碱已被开发为制剂"附子一号",用于抗缓慢性心律失常等。

2. 川芎嗪 川芎嗪是从植物川芎中提取出来的吡嗪类生物碱,也是中药川芎的主要有效成分。川芎嗪对心血管疾病具有很好的保护作用。川芎嗪可以通过抗氧化应激、调节自噬、抑制心肌细胞凋亡等途径,减轻心肌缺血/再灌注损伤;川芎嗪还可减轻炎症对心肌细胞的损伤,减轻梗死心肌的纤维化和心肌细胞肥大,抑制心肌梗死后心腔扩大。另外,川芎嗪还对改善家族性扩张型心肌病具有一定保护作用。

3. 黄杨生物碱类环维黄杨星 D 环维黄杨星 D 是从黄杨科植物小叶黄杨及其同属植物中提取的一种生物碱,有保护神经元、抗心律失常及心肌缺血等药理作用,它能够显著减少大鼠体内结扎冠状动脉引起的梗死面积。临床常用于冠心病心绞痛、心功能不全的治疗。可增加氧化或缺氧损伤的心肌细胞活性。

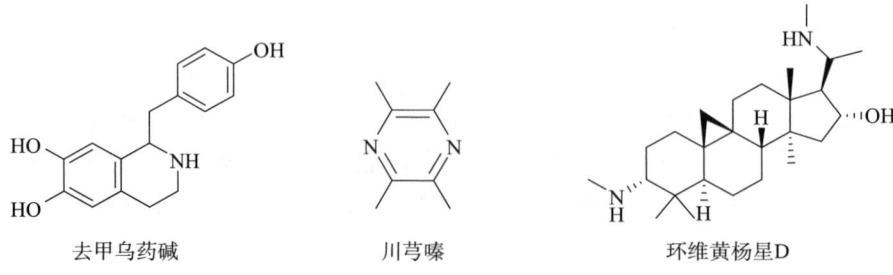

去甲乌药碱　　　川芎嗪　　　环维黄杨星D

九、降压作用

利血平（reserpine）是一种用于治疗高血压及精神病的吲哚类生物碱药物，最初是从萝芙木属植物蛇根木中提取而成。该药物主要通过影响交感神经末梢中去甲肾上腺素摄取进入囊泡而致使其被单胺氧化酶降解，耗尽去甲肾上腺素的贮存，妨碍交感神经冲动的传递，因而使血管舒张、血压下降、心率减慢，中枢神经的镇静和抑制作用可能是利血平进入脑内，耗竭中枢儿茶酚胺贮存的结果。静脉注射 1 h 出现降压作用。由于副作用较多并且有更优的新药上市，利血平已不再是治疗高血压的首选药物。

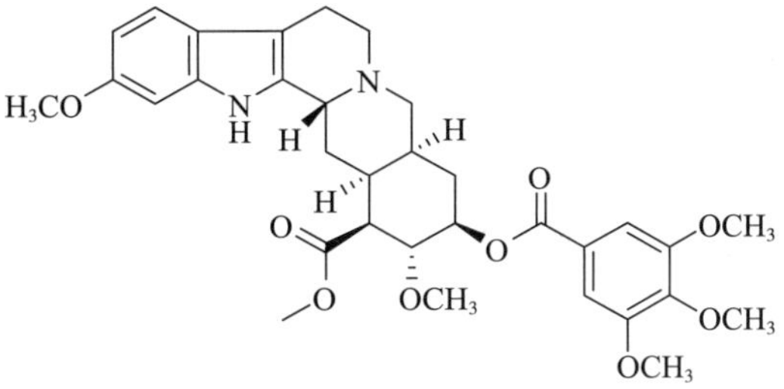

利血平

十、平喘作用

麻黄碱是麻黄中的生物碱，主要作为一种对呼吸系统和血管系统有刺激作用的药物。麻黄碱为拟肾上腺素药，能兴奋交感神经，药效较肾上腺素持久；能松弛支气管平滑肌、收缩血管；有显著的中枢兴奋作用。临床主要用于治疗习惯性支气管哮喘和预防哮喘发作，对严重支气管哮喘治疗效果不及肾上腺素，但用于鼻黏膜充血和鼻塞时治疗效果好于肾上腺素。麻黄碱能够刺激 β2 肾上腺素能受体，导致支气管平滑肌松弛，从而扩张支气管。麻黄碱常被用于治疗哮喘等呼吸道疾病。

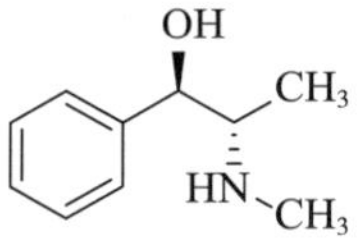

麻黄碱

十一、抗心律失常

关附甲素（acehytisine）是从毛茛科植物黄花乌头（*Aconitum coreanum*（Lévl.）Rapaics）的块根等中首次提取分离得到的二萜类生物碱，具有抗心律失常活性，作用机制为抑制 Na^+ 离子通道。关附甲素已被开发成广谱抗心律失常的原创类新药——盐酸关附甲素注射液，是中国第一个具有自主知识产权的抗心律失常药。

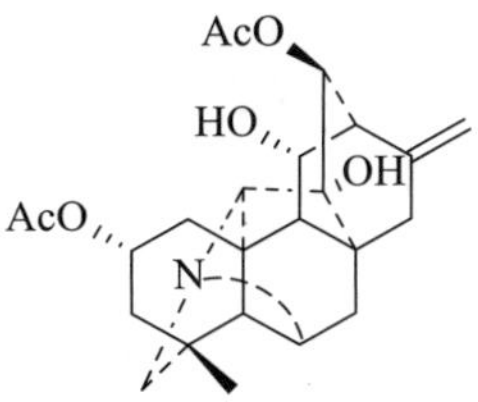

关附甲素

第七节 生物碱类化合物的研究实例

一、阿托品

阿托品（atropine），属于莨菪烷类生物碱。阿托品主要从茄科植物颠茄、曼陀罗莨菪等中提取，是一种抗胆碱药，属于 M-受体阻断剂。阿托品为无色结晶或白色晶性粉末，无臭、味苦。分子式为 $C_{17}H_{23}NO_3$，熔点为 115~118℃，密度为 1.19 g/cm³。阿托品在各溶剂中的溶解度分别为：80℃热水（1:90），乙醇（1:2），三氯甲烷（1:1），乙醚（1:25），溶于苯和稀酸溶液。

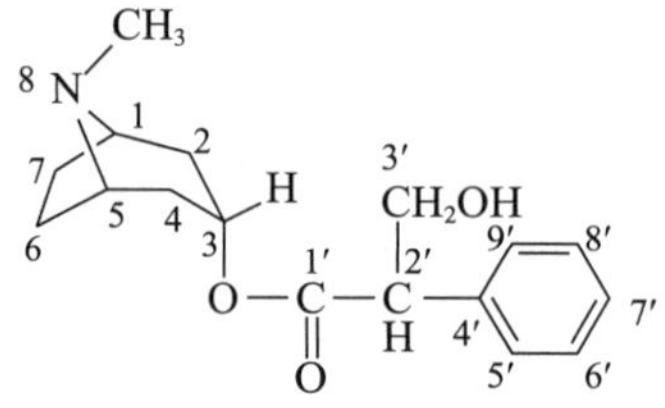

阿托品

阿托品通常采用冷渗法、回流提取法、索氏抽提法或超声辅助提取法。分离方法通常使用酸提碱沉法、高效液相色谱法及薄层色谱法等。^{1}H-NMR（500 MHz，CDCl$_3$）和 ^{13}C-NMR（125 MHz，CDCl$_3$）数据如下：

白色针状结晶（三氯甲烷），^{1}H-NMR（400 MHz，CDCl$_3$）δ_H：3.07(1H，m，H-1)，2.09(1H，m，H-2α)，1.51（1H，d，J=14.4 Hz，H-2β），5.00（1H，m，H-3），2.17（1H，m，H-4α），1.70（1H，d，J=17.2 Hz，H-4β），3.17（1H，s，H-5），1.95（2H，m，H-6），1.75（1H，m，H-7α），1.20（1H，m，H-7β），2.23（3H，s，NCH$_3$），3.72（1H，m，H-2'），4.18（1H，dd，J=9.6 Hz，H-3'a）3.70（1H，m，H-3'b），7.31~7.40（5H，m，H-5'~H-9'）。^{13}C-NMR（100 MHz，CDCl$_3$）δ_C：59.7（C-1）35.9（C-2），67.8（C-3），36.1（C-4），59.7（C-5），24.7（C-6），25.2（C-7），40.1（N-CH$_3$），172.2（C-1'），54.4（C-2'），64.0（C-3'），135.6（C-4'），128.8（C-5'/9'），128.1（C-6'/8'）127.7（C-7'）。

二、一叶萩碱

一叶萩碱（securinine），别名一叶秋碱、叶秋碱，是一种黄色结晶的天然产物。化学名称为（6S，11aR，11bS）-9,10,11,11a-四氢-8H-6,11b-亚甲呋喃并[2,3-c]吡啶并[1,2-a]氮杂卓-2（6H）-酮，分子式为 $C_{13}H_{15}NO_2$，相对分子质量为 217，熔点 140~142℃。一叶萩碱临床上主要用于治疗小儿麻痹后遗症和面神经麻痹。一叶秋碱不溶于稀碱中，但在回流加热时可溶，冷却后加酸中和它又从溶液中析出。易溶于乙醇、三氯甲烷，较难溶于乙醚、石油醚，难溶于冷水。

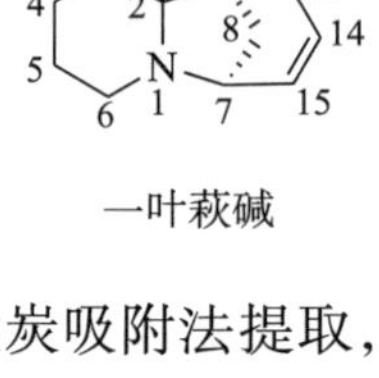

一叶萩碱

一叶萩碱通常通过离子交换法、活性炭吸附法提取，通过高效液相色谱和薄层色谱进行分离。^{1}H-NMR 和 ^{13}C-NMR 数据如下。

^{1}H-NMR（500 MHz，CDCl$_3$）δ_H：1.87（1H，m，H-2），1.64（2H，m，H-3），1.55（2H，m，H-5），2.95（2H，dt，J = 10.5 Hz，4.0 Hz，H-6），3.82（2H，t，J = 4.5 Hz，H-7），2.50（1H，dd，J = 4.0 Hz，9.0 Hz，H-8a），1.76（1H，d，J = 9.0 Hz，H-8b），5.53（1H，s，H-12），6.58（1H，d，J = 9.0 Hz，H-14），6.40（1H，dd，J = 5.5 Hz，9.0 Hz，H-15）。^{13}C-NMR（125 MHz，CDCl$_3$）δ_C：62.9（C-2），25.8（C-3），24.5（C-4），27.2（C-5），48.7（C-6），58.7（C-7），42.2（C-8），89.4（C-9），173.6（C-11），105.0（C-12），170.0（C-13），121.4（C-14），140.1（C-15）。

（符雷蕾）

> 数字资源详见　新形态教材网
> 学习目标　　思维导图　　思政元素　　案例探讨　　参考文献
> 微视频　　　拓展阅读　　本章小结　　课后习题　　教学课件

第十四章

海洋天然药物

编者导学

📍 学习目标

🔆 思维导图

本章导航

第一节　概述
第二节　海洋天然药物的结构类型与生物活性
第三节　海洋天然药物的生物合成
第四节　海洋天然药物的研究实例

海洋天然药物是指来源于海洋生物的天然产物所开发的药物。海洋约占地球表面积的71%，生物总量占地球总生物量的87%，生物种类可能超过200万种，是生物多样性的宝库。海洋生物处于高压、高盐、缺氧、无光照、寡营养等特殊生态环境，产生了结构新颖、活性多样的天然产物，是最具新药开发潜力的资源。

第一节　概　　述

19世纪60年代，第一届海洋天然产物国际会议提出了"向海洋要药"的口号，拉开了海洋天然药物研究的序幕。在各国学者的努力下，海洋天然药物得到快速发展，已成为天然药物化学中的一个重要分支，相关研究成果犹如雨后春笋般涌现。迄今为止，从海洋生物中发现了约4.2万个天然产物小分子实体，这些天然产物不仅具有重要的生态学意义，同时也是创新药物研究的重要源泉。现阶段基于海洋天然产物或其衍生物开发成功、经国际组织（FDA/EMA）批准的上市海洋药物有20个，分别来自海绵（5个）、海鞘（2个）、海兔（5个）、芋螺（1个）、海鱼（5个）、海藻（1个）、海洋微生物（1个），主要应用于抗肿瘤、抗病毒、降血脂、抗菌、镇痛等领域（数字教材3）。本节将从海洋天然药物的发展历史、来源、研究特点3个方面对其进行介绍。

一、海洋天然药物的发展历史

20世纪初到50年代，海洋天然药物处于萌芽阶段。1909年，日本学者发现河鲀鱼卵的毒性成分为河鲀毒素（tetrodotoxin，TXX），但它的结构直到1964年才被最终确定，是一种复杂笼形原酸酯类生物碱。1922年，日本学者从异足索沙蚕 *Lumbrineris heteropoda* Marenzeller 中分离得到了具有杀虫作用的沙蚕毒素（nereistoxin，NTX），时隔11年后才确定了其化学结构，是一种含有二硫戊环片段的小分子。1945 年，意大利布罗楚（Giuseppe Brotzu）教授为了研究水的自净原因，从萨丁的卡利亚里沿海的排污口附近河水中分离出一种丝状真菌，即顶头孢霉（Cephalosporium acremonium）。而后，若干头孢菌素类化合物从 C. acremonium 中被分离鉴定，其代表物头孢菌素 C 成为海洋生物中第一个开发成功的抗生素。20 世纪 50 年代，美国学者贝格曼（Werner Bergmann）从加勒比海域海绵（Crypthoteca crypta）中先后分到两种核苷类化合物 spongothymidine 和 spongouridine，后来以它们为先导结构成功开发了抗病毒药物阿糖腺苷（vidarabine，Ara-A）和抗癌药物阿糖胞苷（cytarabine，Ara-C）。其中，Ara-A 是抗病毒药物的鼻祖。

20 世纪 60 年代到 70 年代，随着河鲀毒素结构鉴定的完成、软珊瑚中高含量前列腺素（15R）-PGA_2 的发现、多个海洋药物的上市，极大地激发了人们对海洋天然产物的兴趣，海洋天然药物研究也因此进入主赛道。抗菌药物头孢菌素 C 和抗结核药物利福霉素分别于 1965 年和 1968 年投放市场，是最早应用于临床的海洋药物。后来，研究人员通过改造头孢菌素 C 的结构陆续开发了五代头孢类抗生素，广泛应用于临床，为人类抵御细菌感染作出了巨大贡献。1969 年，Ara-C 作为抗癌药用于治疗白血病获批上市，成为第一个获 FDA 正式批准应用于临床的海洋药物。阿糖腺苷自 1976 年获批上市后，至今依旧是活跃一线的抗病毒药物。这期间，美国国家癌症研究院（NCI）开始对海洋生物提取物进行抗癌活性筛选，《海洋天然产物化学》（Chemistry of Marine Natural Products）等多本关于海洋天然产物专著陆续出版，标志着海洋天然药物已经成为一门极具潜力的系统性学科。

20 世纪 80 年代到 90 年代，随着色谱分离技术和波谱技术进一步发展，海洋天然产物的发现效率显著提高，复杂分子的结构鉴定时间大幅缩短，单体化合物的生物活性研究也越来越深入，海洋天然药物研究进入快速发展期。从海葵（Palythoa toxicus）中发现了相对分子质量为 2 677 的复杂长链聚醚类化合物岩沙海葵毒素（palytoxin，PTX），对冠脉收缩作用强度是血管紧张素 II 的 100 倍。来源于海藻（Gambierdiscus toxicus）的非蛋白质类毒素刺尾鱼毒素（maitotoxin，MTX），已作为 Ca^{2+} 通道的工具药。氟达拉滨磷酸酯（fludarabine phosphate）作为化疗药物被 FDA 批准上市，用于白血病、淋巴瘤等疾病的治疗。来源于海绵（Luffariella variabilis）的二倍半萜 manoalide 具有抑制磷脂酶 A2（PLA_2）活性，现已成为研究阻断 PLA_2 的工具药。这些发现展现了海洋药物的巨大发展潜力。

21 世纪，海洋天然药物研究进入成熟期，15 个海洋药物经国际组织（FDA/EMA）批准上市，主要用于癌症、病毒感染、慢性疼痛、心脑血管等疾病的治疗。海鞘来源的曲贝替定（trabectedin，Et-743）被 EMA 批准上市，用于治疗晚期或转移性软组织肉瘤。黑色软海绵来源的甲磺酸艾日布林（eribulin mesylate）被 FDA 批准上市，用于治疗晚期三阴性乳腺癌。芋螺来源的齐考诺肽（ziconotide）是 FDA 和 EMA 批准的非阿片类镇痛剂，用于治疗难治性慢性疼痛。首个海洋来源抗体 - 药物偶联物泊仁妥西布凡多汀（brentuximab vedotin）被 FDA 和 EMA 批准上市，用于治疗霍奇金淋巴瘤。随后四个海洋药物来源抗体 - 药物偶联物 polatuzumab vedotin、enfortumab vedotin、belantamab mafodotin、tisotumab vedotin 相继被 FDA 批准上市，分别用于治疗复发或难治性弥漫性大 B 细胞淋巴瘤、晚期难治性尿路上皮癌、复发或难治性多发性骨髓瘤、宫颈癌。目前，至少 42 个海洋药物进入临床研究，绝大部分用于癌症治疗，少数具有抗病毒、抗炎平喘、创伤修复等功效。

拓展阅读　已上市的代表性海洋药物

拓展阅读　处于临床研究的代表性海洋药物

二、海洋天然药物的来源

海洋生物提供了丰富的天然药物来源。从植物、动物到微生物，它们在海洋生态链中扮演着各种角色，也是现代药物研究的重要对象。

海藻，作为海洋中最古老和基础的生命形式之一，种类繁多，已超过 30 000 种，主要包括红藻、褐藻、绿藻和蓝藻等门类，它们不仅在海洋生态系统中提供基本的营养支持，而且其诸多次生代谢产物表现出了抗菌、抗病毒和抗肿瘤等生物活性。特别是海洋红藻，其次生代谢产物容易被卤代，而高比例卤代产物也是海洋红藻的一大特色。红树林生长在热带和亚热带的潮间带地区，虽然种类相对较少，全球大约有 86 种，但它们在盐水环境中生存和繁衍，展现出了独特的生物适应性。研究发现，老鼠簕、海漆、海莲等红树提取物具有抗肿瘤活性。同时，红树林生态系统也为药用研究提供了丰富的微生物资源。

海绵是最原始最低等的多细胞动物，分布广泛，种类繁多，约有 15 000 多种，是活性化合物最丰富的源头之一。它已有多款抗肿瘤药物成功上市。刺胞动物门中最具代表性的是珊瑚虫纲，全球约有 7 000 多种，其活性代谢产物主要为萜类、脂类、甾体和前列腺素类化合物，多表现出抗炎、抗肿瘤等活性。软体动物门约有 52 000 种，是海洋生物中最大的门类，其中研究得最多的是海兔，其在肿瘤治疗方面贡献了多个肽类药物。作为数量最多的被囊动物，海鞘是进化程度最高的无脊椎动物，约有 1 250 余种，其代谢产物在抗肿瘤药物开发领域具有极高的潜力，其中加勒比海海鞘中发现的抗肿瘤药物 Et-743 已经上市用于治疗软组织肉瘤和卵巢癌。棘皮动物是一类海洋特有的底栖生物，已知约有 7 000 种，常见的有海参、海星、海胆等，其产生的皂苷类、脂肪酸类等化合物多具有抗肿瘤、抗炎等活性。苔藓动物是一种群体无脊椎动物，约有 4 000 余种，是现代海洋抗污损生物的主要研究对象。

海洋微生物，包括细菌、真菌和放线菌，是海洋生态系统中数量最庞大、多样性最丰富的生物群体。海洋微生物代谢产物多具有大环内酯、聚醚、多肽、生物碱等结构，在抗菌、抗病毒、抗癌和抗炎等方面具有显著的活性。近年来，海洋微生物中发现的活性物质超过了海洋新天然产物的三分之一，已成为海洋药物研究的最重要热点领域。随着生物技术的突飞猛进，特别是生物合成和合成生物学的发展，为深入进行海洋微生物药用研究提供了理论基础与工具保障，也为药源问题的解决提供了契机。

拓展阅读 海洋天然药物来源

三、海洋天然药物的研究特点

（一）生物来源丰富性

海洋占地球表面 70% 以上，温度范围跨越大，从两极冰冻海洋的 -1.5℃ 到海底热液生态系统的 350℃，造就了它巨大的物种多样性。海洋拥有地球 80% 以上的生物（植物和动物）物种，在已确定的 35 个动物门中，有 34 个与海洋相关，其中 8 个为海洋特有门类。此外，海洋中还有数量惊人的微生物。值得注意的是，约 90% 海洋物种暂未被描述，为海洋天然药物研究蕴藏了巨量的生物资源。

（二）结构类型多样性

海洋天然药物的结构类型包括核苷类、萜类、大环内酯类、聚醚类、肽类、生物碱类、前列腺素类似物、甾体及其苷类、多糖类、杂萜类、脂肪酸等。海洋天然药物与陆地来源天然药物相比，通常溶解度较低，相对分子质量较大，结构骨架更复杂易变，形成具有海洋属性的独特骨架结构；含有更多的氮原子和卤素原子，特别是溴原子，而氧原子较少。种种迹象表明，海洋天然产物比陆地具有更多样化的生物合成途径。

（三）生物活性广泛性

海洋天然药物具有广泛的生物活性，包括抗肿瘤、抗病毒、抗菌、抗炎、降血脂、抗过敏等。某些成分还具有生态学作用，如海洋生物释放海洋毒素用来抵御捕杀或进行防御。除此之外，海洋生物还具有广泛的生物医学应用，马蹄蟹血液可用于检测疫苗和注射类药物是否感染内毒素，水母中绿色荧光蛋白可作为一种重要的蛋白质标记工具。

（四）提取分离复杂性

海洋天然产物的提取分离方法与陆生生物相似，但由于海洋生物特殊的形态及生存环境，其代谢产物的提取分离方法又有诸多不同。海洋动物样品采集后，应立即低温保存或冷冻干燥，以防止样品腐败及体内化学成分降解。海洋植物样品采集后，现场用海水冲洗干净，放入双层聚乙烯袋中冷冻保存或现场晒干后包装。海洋天然产物的提取方法一般采用有机溶剂或水冷浸提取，或用超临界 CO_2 溶剂对生物样品进行萃取。值得注意的是，提取液进行减压浓缩时，温度一般不超过35℃，以免活性成分降解变质。海洋天然产物与陆地天然产物相比，含量微少、结构复杂、活性多样，因此一般需要先对粗提物进行生物活性初筛、TLC 分析、MS 分析、NMR 分析，确定目标样品后进行下一步的分离。

（五）药源瓶颈难题

制约海洋天然产物发展的最大瓶颈就是药源问题。海洋生物分布范围广、密度低，大量重复采集会严重破坏海洋生态系统，难以或不能重新收集，绝大部分药用海洋生物资源目前难以实现人工养殖；活性物质含量低微，不能满足毒理、药理、临床等研究的需要；化学结构特殊，难以人工合成。这些因素一定程度上制约了海洋天然药物的研究与开发。就现阶段而言，受工艺技术的限制，海洋天然药物生产成本居高不下，难以实现规模化生产，对行业发展带来一定的不利影响。

（六）学科交叉融合的必要性

为解决海洋天然药物的瓶颈问题，化学合成、半合成、生物合成、人工养殖等方法不断发展，在保障目标化合物及其类似物供应方面发挥了重要作用。从海洋蓝藻中分离出来的一类组蛋白去乙酰化酶（HDAC）抑制剂拉格唑拉（largazole），已经建立了大规模的全合成方法，通过八个步骤以 21% 的总收率获得了 10 g 的目标化合物作为最终产品。来源于海绵的倍半萜醌 puupehedione 具有抗血管生成、抗肿瘤、抗菌和免疫调节作用等多种生物活性，通过半合成（由香紫苏内酯起始）可以提供充足的量对其进行全面深入的研究，扩展其生物医学应用。将来自海洋嗜盐菌（*Haliangium ochraceum* SMP-2）的抗生素 haliangicin 的生物合成簇在 *Myxococcus xanthus* 中异源表达后，可使其产量提高 10 倍，生成速度提高 3 倍。海绵（*Negombata magnifica*）养殖的年生长率超过 300%，成活率高，同时生长速度随着时间的推移而增加，是大规模人工养殖试验的理想选择，可通过人工养殖大量累积细胞渗透性肌动蛋白聚合抑制剂红海海绵素 B（latrunculin B）。除上述途径外，海洋共生微生物的培养技术、生物合成途径及其表达调控机制研究、表观遗传学、酶工程、代谢工程等领域的发展为海洋药源瓶颈问题的解决提供了新思路。实践证明，多学科交叉融合是海洋天然药物发展的必经路径，为海洋天然药物的持续、深入研究提供了更多的可能。

第二节　海洋天然药物的结构类型与生物活性

一、核苷类化合物

核苷类化合物主要通过竞争酶系统和干扰脱氧核糖核酸（DNA）或核糖核酸（RNA）合成而发挥作用。目前在国际上市的核苷类海洋药物有阿糖胞苷、阿糖腺苷、氟达拉滨磷酸酯、奈拉滨（nelarabine）。其中，阿糖胞苷和阿糖腺苷是以海绵来源核苷类化合物为先导结构合成的类似物，这是海洋天然产物化学最初的探索性研究并成功应用于临床的实例。

拓展阅读　核苷类化合物的分类和代表性化合物

阿糖胞苷在体内经三磷酸化后变为核苷酸，通过 DNA 聚合酶的作用竞争嵌入细胞 DNA 链中导致 DNA 异常，从而产生抑制作用。临床上主要用于治疗急、慢性淋巴细胞和髓细胞性白血病及淋巴瘤性脑膜炎，对少数实体瘤也有疗效，自 1969 年批准上市至今仍是用于治疗急性白血病的常用药物。

阿糖腺苷选择性地作用于病毒 DNA 聚合酶，抑制病毒 DNA 合成，对疱疹病毒、水痘-带状疱疹病毒（HSV-1、HSV-2）、腺病毒、伪狂犬病毒、乙型肝炎病毒（HVB）等 DNA 病毒均有抑制作用。最早于 1976 年被 FDA 批准用于治疗人眼角膜单纯疱疹病毒感染，在临床上还曾用于慢性乙型病毒性肝炎、单纯性疱疹病毒及巨细胞病毒性脑炎、带状疱疹等治疗。

氟达拉滨磷酸酯在体内快速去磷酸化形成 F-ara-A，后者被细胞摄取并经脱氧胞苷激酶磷酸化后转化为有活性的三磷酸盐 F-ara-ATP。F-ara-ATP 竞争并入核酸，从而抑制 DNA 的合成。此外还可以部分抑制 RNA 聚合酶 Ⅱ 的活性从而减少蛋白质合成。1991 年，氟达拉滨磷酸酯由 FDA 批准上市，用于治疗成人 B 细胞慢性淋巴细胞白血病（CLL）。后来发现氟达拉滨磷酸酯联合其他药物，如环磷酰胺、利妥昔单抗、米托蒽醌和地塞米松，治疗效果更佳。

奈拉滨是脱氧鸟苷类似物 9-β-D-阿拉伯呋喃糖基鸟嘌呤（Ara-G）的可溶性前药。Ara-G 可以选择性杀伤 T 细胞，但可溶性差。奈拉滨可被腺苷脱氨酶脱甲氧基转化为 Ara-G，然后转运入细胞内，再转化为活性形式三磷酸鸟苷（Ara-GTP），与脱氧鸟苷酸竞争整合入 DNA，抑制 DNA 的合成，导致 DNA 链合成终止及细胞凋亡。临床上用于治疗复发或诱导治疗效果差的急性淋巴细胞白血病（ALL）和 T 细胞淋巴瘤（ABL）。

从 Mycale 属海绵中分离得到的 mycalisine A 可强烈抑制海星受精卵的分裂，ED_{50} 为 1.73 μmol/L。从软体动物 Anisodoris nobilis 中分离得到的 doridosine 可以减慢心律、减弱心肌收缩力、舒张冠脉血管，具有持续降压作用。

阿糖胞苷　　　　　阿糖腺苷　　　　　氟达拉滨磷酸酯

奈拉滨　　　　　mycalisine A　　　　　doridosine

二、萜类化合物

萜类化合物是海洋天然活性物质的重要来源，广泛分布于海藻、珊瑚、海绵、软体动物等海洋生物中。海洋萜类化合物主要以单萜、倍半萜、二萜、二倍半萜为主，三萜和四萜种类和数量较少。例如，红藻中的凹顶藻含有多种类型的含卤单萜和倍半萜；珊瑚次生代谢产物中以倍半萜和二萜为主等。由于海洋生物的生存环境与陆地生物存在显著不同，海洋生物次生代谢产物中含有许多陆地生物中曾未发现过的具有新颖结构类型和特殊生物活性的萜类化合物。

拓展阅读 萜类化合物的分类和代表性化合物

（一）单萜

大多数海洋单萜化合物以链状骨架为主，且多含有卤素（主要是氯和溴），富含卤素化合物是海洋单萜的显著特征。从红藻 *Plocamium cartilagineum* 中分离得到卤素取代的开链或成环单萜。

aplysiaterpenoid B　　apakaochtodenes A

（二）倍半萜

海绵中的倍半萜数量和种类都很多，新的碳骨架层出不穷。例如，15-oxopuupehenol 是从两种海绵 *Hyrtios* spp. 中分离得到的，具有显著的抗肿瘤和抗疟疾活性。化合物 axisonitrile-3 是从海绵 *Acanthella klethra* 中分离出来的一种异腈倍半萜，对结核分枝杆菌显示出强烈的抑制活性，最低抑制浓度为 8.66 μmol/L。

15-oxopuupehenol　　axisonitrile-3

（三）二萜

海绵、肛肠动物、红藻、绿藻等海洋生物都含有二萜类化合物，其中，珊瑚尤其是八放珊瑚目中发现了大量的二萜类代谢产物。化合物 pseudopterosins A～D 是从柳珊瑚（*Pseudopterogorgia elisabthae*）中分离得到的具有抗炎活性和止痛作用的 amphilectane 型二萜类化合物，且效果比现有药物吲哚美沙酮好。此外，pseudopterosin A 对孵化的海胆卵细胞分裂有抑制活性，IC_{50} 为 25 μmol/L。化合物 pseudopterosins E～L 也是从该种珊瑚中发现的 amphilectane 型二萜类化合物，具有强抗炎和抗过敏活性。在对人嗜中性粒细胞的试验中，pseudopterosin E 能抑制白三烯的生成，是花生四烯酸代谢中脂质氧化酶的拮抗剂。此外，pseudopterosin 的半合成类似物 OAS-1000 或 VM-301（methopterosin）是强的 PGHS-1 抑制剂，已作为抗炎、抗创伤药物进入Ⅱ期临床试验阶段。

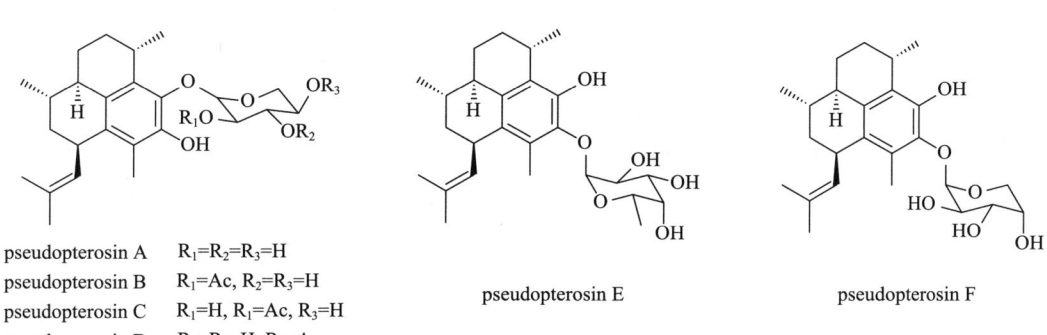

pseudopterosin A　　$R_1=R_2=R_3=H$
pseudopterosin B　　$R_1=Ac, R_2=R_3=H$
pseudopterosin C　　$R_1=H, R_1=Ac, R_3=H$
pseudopterosin D　　$R_1=R_2=H, R_3=Ac$

pseudopterosin E　　　　　　pseudopterosin F

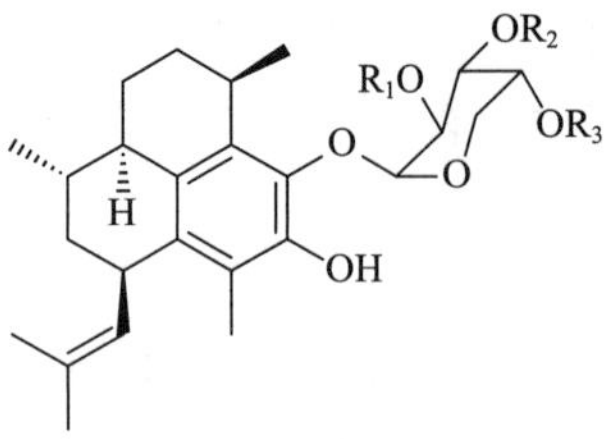

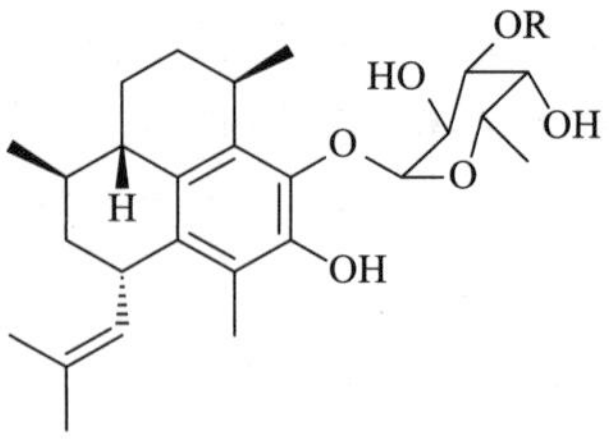

pseudopterosin G R₁=R₂=R₃=H
pseudopterosin H R₁=Ac, R₂=R₃=H
pseudopterosin I R₂=Ac, R₁=R₃=H
pseudopterosin J R₃=Ac, R₁=R₂=H

pseudopterosin K R=H
pseudopterosin L R=Ac

（四）二倍半萜

二倍半萜类化合物在海洋生物中比陆地生物中少，但在海绵中有较多发现，多有抗菌活性。例如，manoalide 是从西太平洋帕劳群岛海绵（*Luffariella variabills*）中分离获得的，具有抗菌活性。该化合物还是一种磷脂酶 A_2（PLA_2，来源于蜂毒，IC_{50} 为 0.05 μmol/L）抑制剂，有望发展成为一种有效的新型抗炎药物。目前已合成了大量的结构类似物，并进行了抗炎活性的测试。虽然这些结构类似物尚停留在临床前研究阶段，但 manoalide 已作为一种药理工具药被广泛应用。

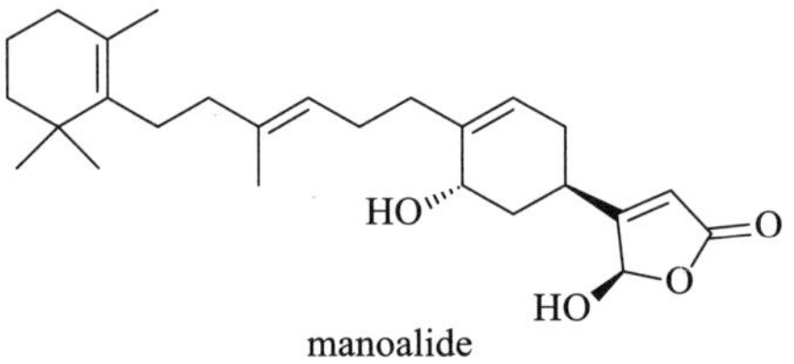

manoalide

（五）三萜

在海洋天然产物中，相对于倍半萜、二萜、二倍半萜等结构类型的化合物，结构新、活性显著的三萜化合物较少，仅在部分海藻和海参中含有。如 thyrsiferol 是从红藻（*Laurencia venusta*）中分离的得到的三萜化合物，具有抗病毒活性，对泡状口炎病毒（VSV）和单纯疱疹病毒 I（HSV-I）抑制活性为 0.1～0.5 μg/disk。化合物 aurilol、teurilene、intricatetraol 是从红藻（*Laurencia intricata*）中分离得到的聚醚三萜类化合物，表现出较强的细胞毒活性，对 Hela S_3 细胞的 IC_{50} 为 4.3 μg/mL。化合物 intercedenside A 是从二色桌片参（*Mensamaria intercedens*）中分离得到的羊毛脂烷型三萜海参皂苷，对人肺癌 A549 等 10 种肿瘤细胞株的 IC_{50} 为 0.80～3.34 μmol/L。

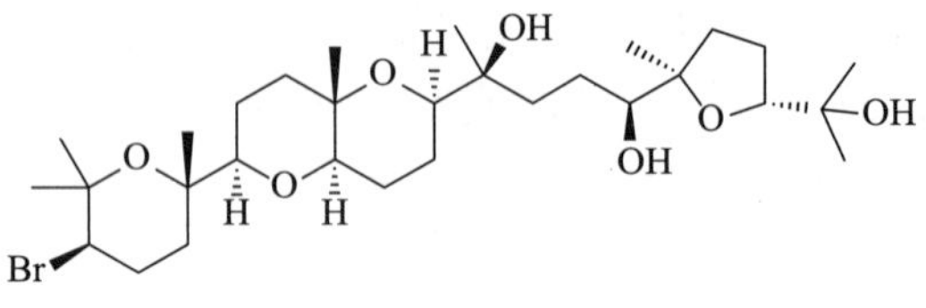

thyrsiferol

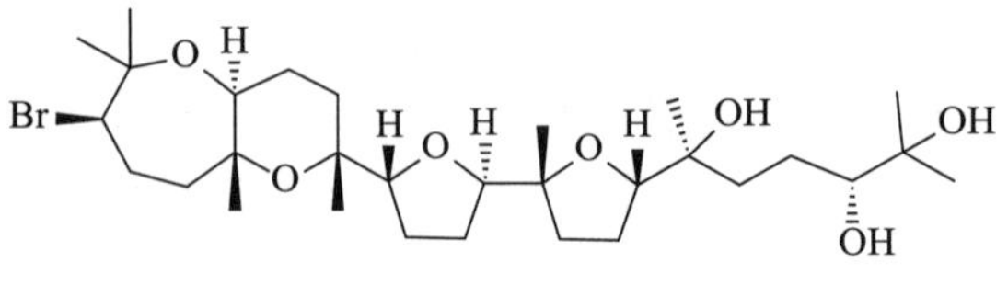

aurilol

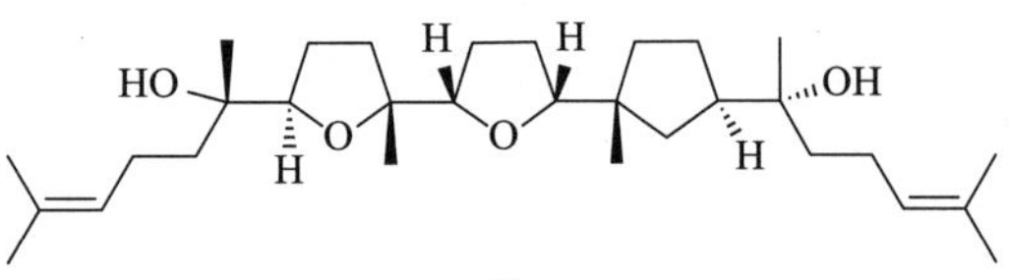

teurilene

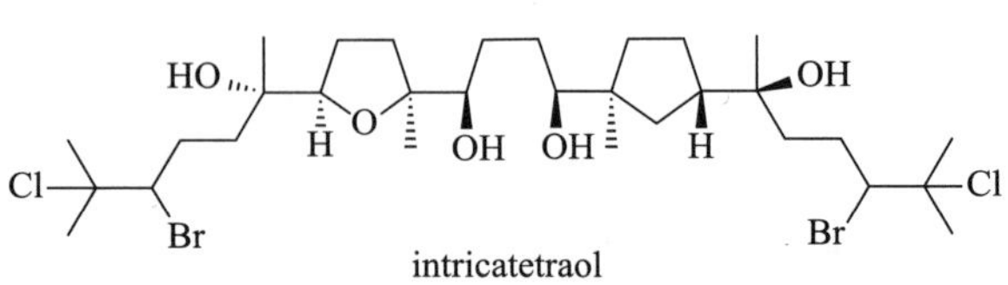

intricatetraol

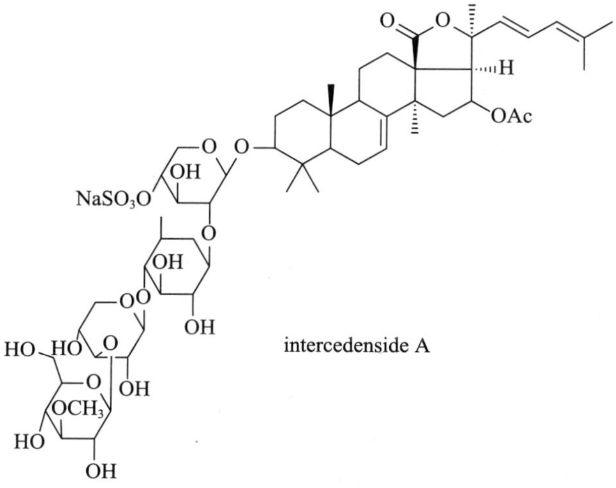

intercedenside A

三、大环内酯类化合物

拓展阅读 大环内酯类化合物的分类和代表性化合物

大环内酯类化合物是一类具有大环结构的内酯化合物。海洋大环内酯类化合物主要有 4 种常见的分类方式：按照分子中酯键的数量可分为大环一内酯、大环二内酯、大环四内酯等；按照环的数量可分为单环内酯、二环内酯、多环内酯等；按照环的大小可分为十二元环大环内酯、十四元环大环内酯、十六元环大环内酯以至六十元环大环内酯等；最常见分类方式是按照化学结构特征进行分类，包括以下几种：简单大环内酯（脂链大环内酯）、氧环大环内酯、多聚大环内酯、类大环内酯。

简单大环内酯一般为十四元环以上化合物，环中含有一个内酯，且内酯环的羰基易被还原或被甲基取代；在简单大环内酯的基础上，相邻或近邻的碳原子被氧化，形成氧环大环内酯；多聚大环内酯或类大环内酯的分子结构复杂，以吡喃环或螺环构成内酯环为结构特征。此外，构成海洋复杂大环内酯类化合物的环上还可能出现嘧啶环、嘌呤环、噻唑环、噻吩环等结构，而大环内酯类化合物环上的羟基还可以与糖类缩合形成糖苷。

（一）简单大环内酯

简单大环内酯类化合物为长链脂肪酸形成的内酯，尽管环的大小不同，多数仅有一个内酯环，环上仅有羟基或烷基等取代，因此又称为脂链大环内酯。

从马尔代夫的 Spongia 属海绵中分离出来的 22 环大环内酯 dictyostatin 1，对小鼠 P388 细胞的 ED_{50} 为 0.7 nmol/L，它能促进微管蛋白的聚合，比紫杉醇活性高。从共生甲藻（Amphidinium sp.）中分离的 amphidinolide Q，对须发癣菌（*Trichophyton mentagrophytes*）、金黄色葡萄球菌（*Staphylococcus aureus*）、枯草杆菌（*Bacillus subtilis*）、大肠杆菌（*Escherichia coli*）和白念珠菌（*Candida albicans*）均表现出抑制活性。

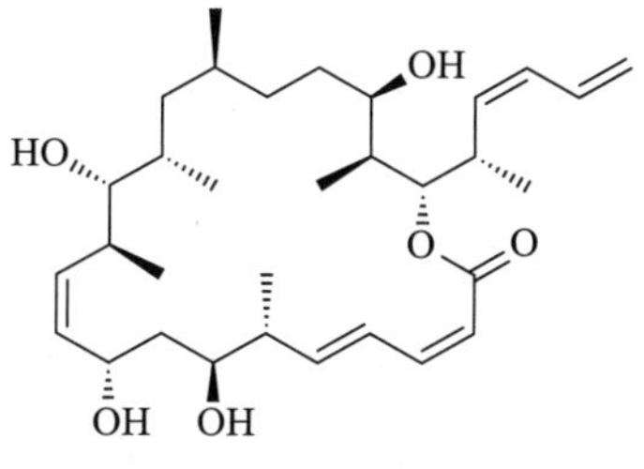

dictyostatin 1 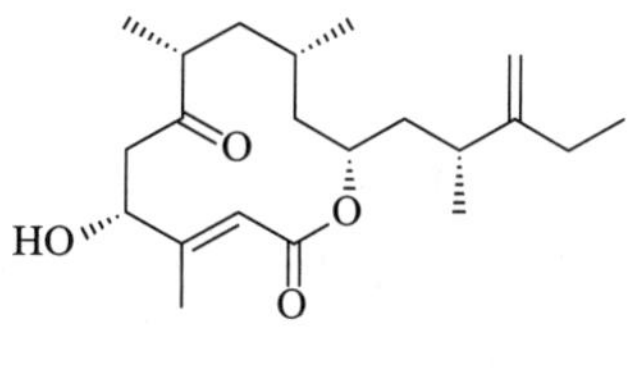   amphidinolide Q

(二)氧环大环内酯

大环内酯类化合物的前体是不饱和脂肪酸,由于环结构上含有双键、羟基等,在次生代谢过程中易氧化、脱水,形成含氧环的大环内酯类化合物,氧环的大小有三元氧环、五元氧环、六元氧环等,其中氧化以三元氧环和六元氧环较为常见,其次是五元氧环。

海洋来源最具代表性的氧环大环内酯类化合物是草苔虫内酯(bryostatins)类化合物,这类化合物是海洋药物研究史上的"明星分子"。1968 年,Pettit 等人发现总合草苔虫(*Bugula neritina*)的提取物具有抗癌活性,进一步在 1982 年分离出了关键次级代谢产物 bryostatin 1。迄今为止,已经发现了超过 20 种天然 bryostatin 类化合物。其中,bryostatin 1 是旗舰成员,它具有非常多样化的生物活性,并在癌症、阿尔茨海默病、HIV、糖尿病、中风、多发性硬化症等多种疾病的临床试验中显示非常大的潜在治疗意义。我国草苔虫资源丰富,先后从中国南海海域的总合草苔虫(*B. neritina*)中发现了 bryostatin 19 和 bryostatin 21 两个活性分子,bryostatin 19 显示了极强的抗肿瘤毒活性,对 U937 和 K562 细胞系的 IC_{50} 值分别为 3.5 nmol/L 和 0.08 nmol/L。

bryostatin 1　　　　bryostatin 19　　　　bryostatin 21

(三)多聚大环内酯

多聚大环内酯类化合物又称为大环多内酯类化合物,分子中含有两个及以上的酯键。

从美国加利福尼亚近海岸的放线菌(*Marinispora* sp. CNQ-140)中分离得到的 marinomycin A,在 NCI 的 60 株癌细胞系的活性筛选中,发现其对 8 种黑色素瘤细胞系中的 6 种具有强烈的抑制作用,尤其是对 SK-MEL-5 的 IC_{50} 达到 5.0 nmol/L。更值得关注的是,marinomycin 类化合物对非白血病癌细胞只有非常微弱的抑制作用,表明此类化合物具有较强的特异组织选择性,对于开发抗肿瘤药物具有重要的意义。

marinomycin A

(四)类大环内酯

海洋大环内酯类化合物是生物活性最广泛的一类化合物,结构类型也复杂多样,除了上述介绍的 3 种结构类型的大环内酯类化合物以外,还可以看到很多大环内酯类化合物分子结构中含有氢化吡喃螺环(如化合物 spongistatin 1)、噁唑环(如化合物 halichondramide)、噻唑环(如化合物 lyngbyabellin A)、羟基氨基酸(如化合物 kulolide)等结构单元。

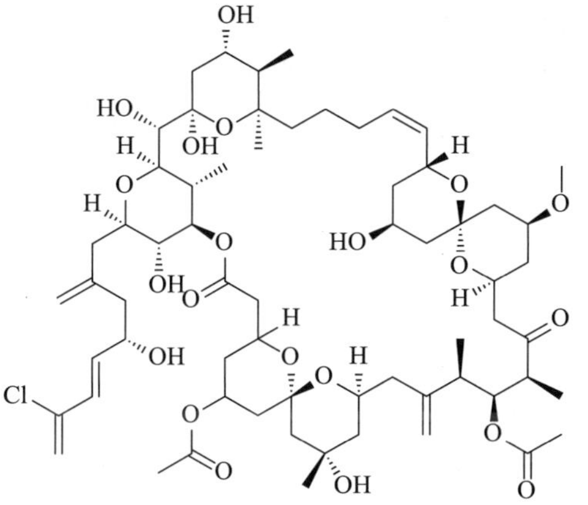

第二节 海洋天然药物的结构类型与生物活性

spongistatin 1

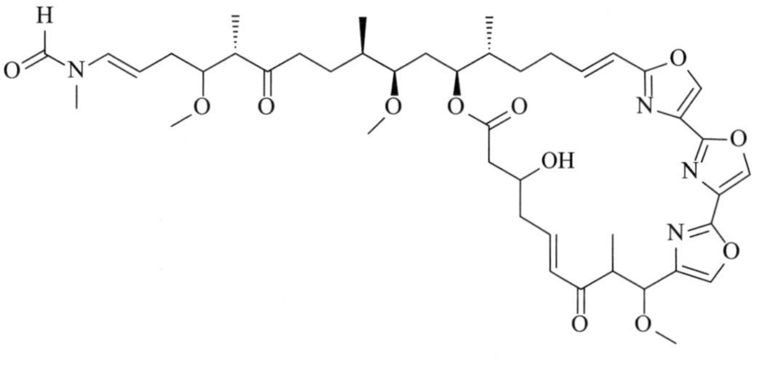

halichondramide

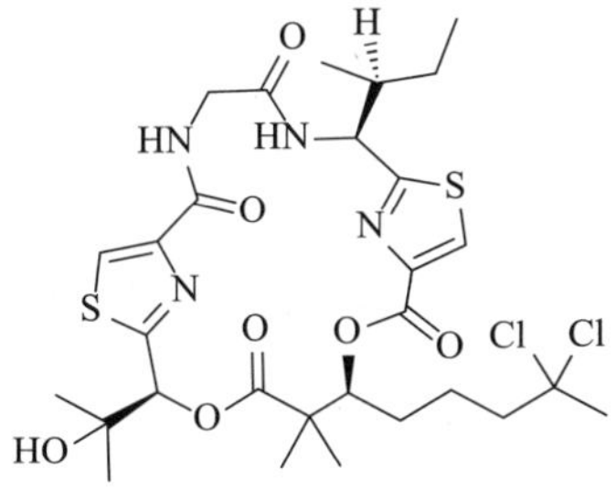

lyngbyabellin A

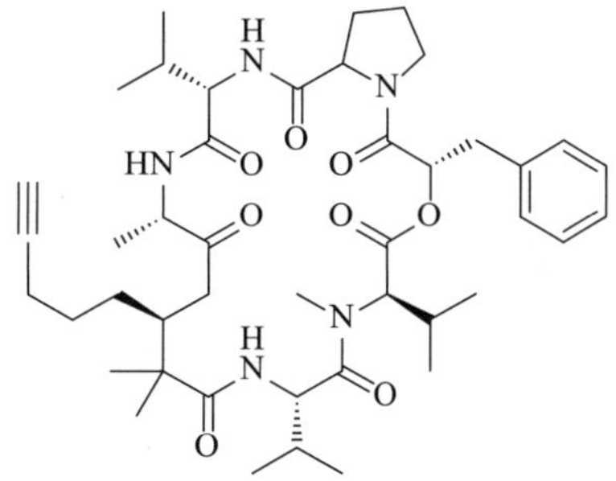

kulolide

类大环内酯类化合物中有多个成功上市药物，如从海绵（*Halichondria okadai*）中获得一类聚醚大环内酯化合物软海绵素（halichondrins），具有显著的抗肿瘤活性，其中 halichondrin B 在体内外都显示强烈的抗肿瘤活性，是长春新碱与微管蛋白结合的非竞争性抑制剂，并且可以阻止核苷酸在微管蛋白上的交换。1992 年，halichondrin B 被美国 NCI 选定为抗癌药物的先导化合物。halichondrins 类化合物的构效关系研究表明，化合物的右半边分子起主要作用。已经成功上市的药物甲磺酸艾日布林 eribulin 就是以 halichondrin B 为模板分子改造而成的。

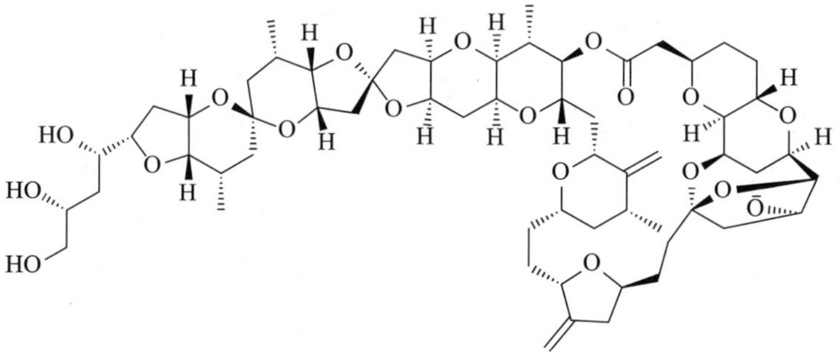

halichondrin B

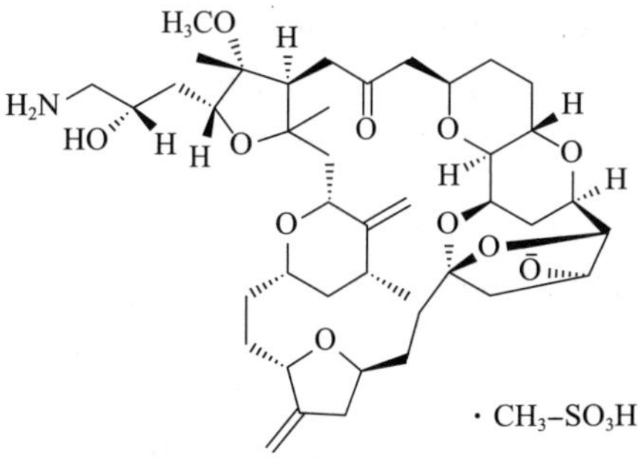

eribulin

从被囊动物海鞘（*Ecteinascidia turbineta*）中分离得到的 ecteinascidin 743（Et-743）结构上可以认为是四氢异喹啉类生物碱，也可以被认为是类大环内酯化合物。Et-743 对多种癌细胞具有较好的疗效，通过作用于 DNA 双螺旋间的沟槽，与组成 DNA 的鸟嘌呤结合，使 DNA 构象发生变化，Et-743 还可以与蛋白质结合，也可以抑制微管蛋白聚合，表现出特殊的抗肿瘤作用机理。特别值得一提的是，Et-743 能够阻止诱导产生 MDR_1 基因，与一般化疗药物相比，不容易产生多药耐药。2007 年，

Et-743（商品名为曲贝替定）正式被欧盟批准用于软组织肉瘤的治疗。Lurbinectedin 是与 ET-743 结构相似的合成化合物，两者的区别在于用 β-四氢咔啉替换了 Et-743 结构中的四氢异喹啉。体外活性测试显示 lurbinectedin 对多种肿瘤细胞有显著的增殖抑制作用，2020 年，lurbinectedin（商品名卢比替定），再次由美国 FDA 批准为小细胞肺癌孤儿药在美国上市。

ecteinascidin 743   lurbinectedin

此外，还从海洋微生物中分离出来一些含有硼原子、镁原子和镍原子的大环内酯，以及一些含有大环内酯结构片段的聚醚、生物碱、二萜、前列腺素、肽类等化合物，都可以归类为类大环内酯化合物。

四、聚醚类化合物

聚醚类化合物（polyethers）是一类具有醚键的化合物，其中醚键由一个氧原子连接两个碳原子。这种结构赋予了聚醚类化合物许多独特的性质和应用，是海洋生物中一类特有的毒性成分。一些是沿海赤潮产生毒鱼作用的主要化学物质。根据结构不同，可以分为线形聚醚、梯形稠环聚醚、大环内酯聚醚和聚醚三萜等。

拓展阅读 聚醚类化合物的分类和代表性化合物

（一）梯形稠环聚醚

该类聚醚化合物的特点是结构中含有多个以六元环为主醚环，醚环间反式并合，并合后聚醚的同侧为顺式结构，氧原子相间排列，形成一个梯子状结构，又称"聚醚烯"（polyether ladder），聚醚梯上有无规则取代的甲基等。这类化合物极性低，为脂溶性毒素。这些毒性成分能够兴奋钠离子通道，在 16 ng/mL 浓度即显示毒鱼作用。该类毒素能被贝壳食用蓄积，当人误食这种贝壳后，往往产生神经毒性或胃肠道反应，严重者可能危及生命。如从形成赤潮的涡鞭毛藻［短裸甲藻（*Ptychodiscus brevis*）］中分离得到的毒性成分短裸甲藻毒素 B（brevetoxin B），是引起大量鱼类死亡的主要毒素。扇贝毒素（虾夷扇贝毒素，yessotoxin）是由一些微藻［如具刺膝沟藻（*Gonyaulax spinifera*）］产生并在双壳类扇贝动物中分离到的梯形稠环类聚醚，具有多种生物活性，如细胞毒性、免疫抑制等，从一些泥鳗或其他微藻［如岗比毒甲藻（*G. toxicus*）］中分离到的西加毒素（cigatoxin）等都属于该类聚醚化合物。

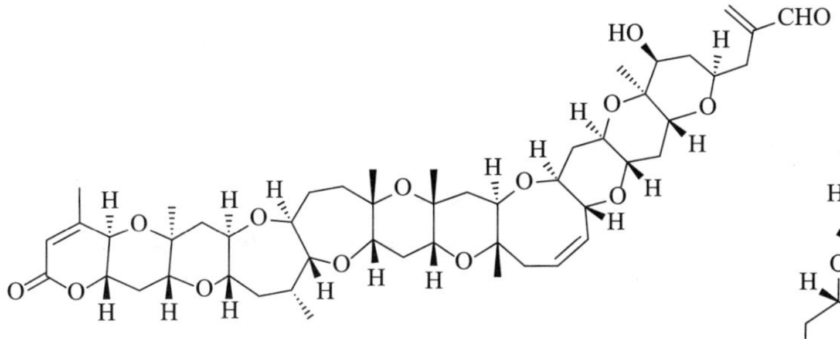

短裸甲藻毒素 B

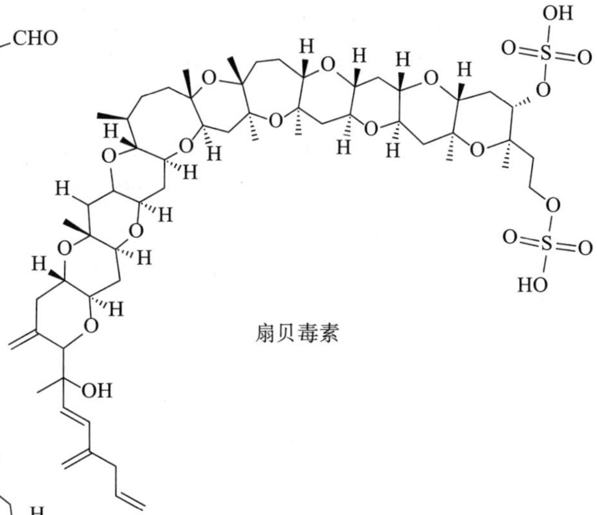

扇贝毒素

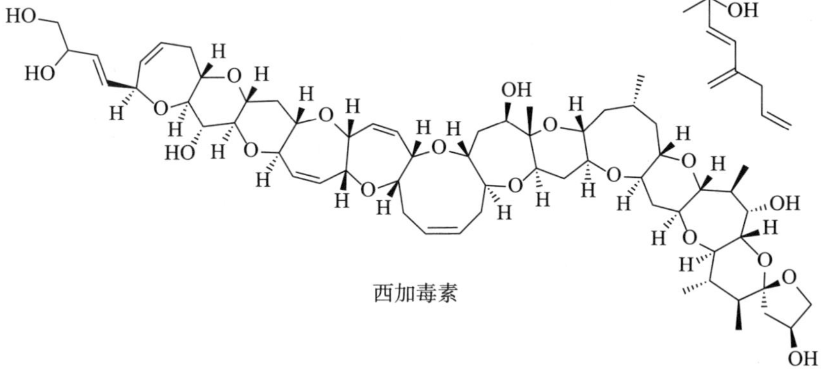

西加毒素

(二) 线形聚醚

线形聚醚类化合物同样含有高度氧化的碳链，但与梯形聚醚化合物不同的是其结构中仅有部分羟基形成醚环，因多数羟基游离而具有水溶性。例如，从多种岩沙海葵（*Palythoa* spp.）中分离的岩沙海葵毒素（palytoxn）含有 129 个碳原子，64 个手性中心。利用 ^{1}H-NMR/^{13}C-NMR 和 ^{15}N-NMR 等核磁共振技术对该化合物的信号进行了完全归属。岩沙海葵毒素对小鼠的 LD_{50} 为 0.15 μg/kg，对兔的 LD_{50} 为 25 ng/kg，可与 Na$^+$/K$^+$ 泵结合，抑制 ATP 酶活性。又如，大田软海绵酸（okadaic acid）也属于线形聚醚，极性介于刺尾鱼毒素和岩沙海葵毒素之间。

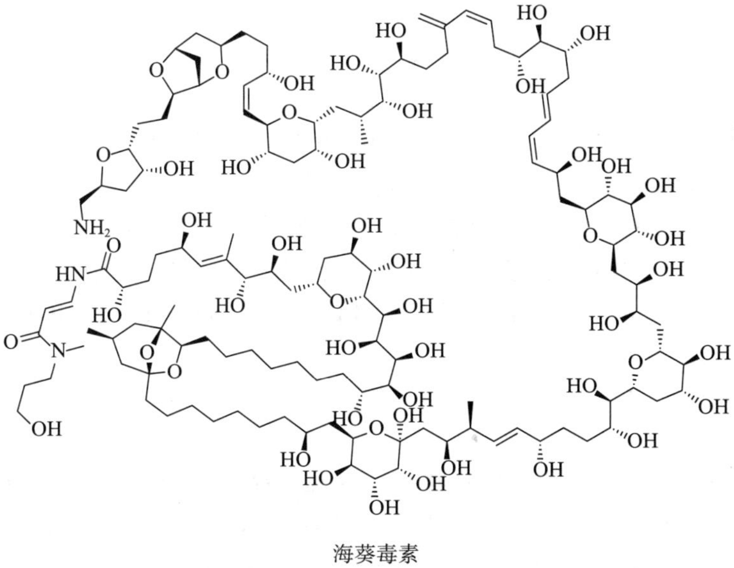

海葵毒素

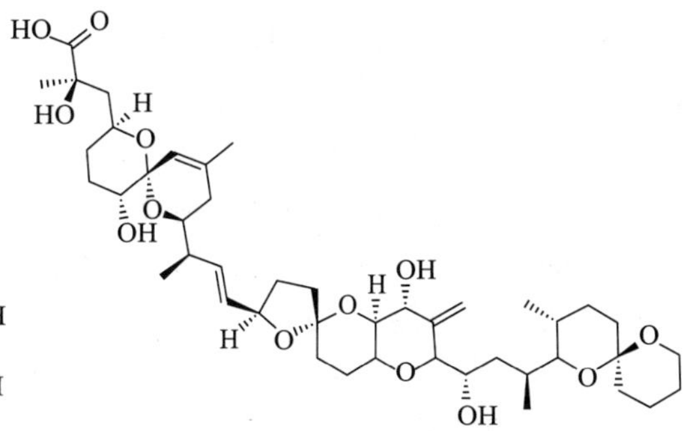

大田软海绵酸

(三) 大环内酯聚醚

大环内酯聚醚的结构特点是含有大环内酯单元，通常是由两个或更多个单元重复连接而成。这些内酯环通常是通过醚键连接在一起。大环内酯聚醚的分子结构具有柔软、弯曲和环状的特点，这使得这类聚合物能够形成高度可变和可调节的结构。此外，大环内酯聚醚还表现出较高的溶解性和热稳定性。

有的聚醚类化合物可以首尾相连，形成大环内酯，如扇贝毒素2（pectenotoxin-2，PTX2），有的聚醚局部形成大环，如从海绵（*Halichondrai okadai*）中分离得到的软海绵素B（halichondrin B）对B-16黑色素瘤细胞的IC_{50}均为0.093 ng/mL左右，5.0 μg/kg剂量的软海绵素B对接种了B-16黑色素瘤细胞和P388白血病细胞小鼠的生命延长率（T/C）分别高达244%和236%。

扇贝毒素2　　　　　　软海绵素B

（四）聚醚三萜

聚醚三萜为红藻和一些海绵中所含有的一类化合物，该化合物氧化度较高，含有多个醚环，但生源过程则是由角鲨烯衍生而来，亦可归属于三萜类化合物，如从红藻（*L. intricata*）中分离得到的teurilene。

teurilene

五、肽类化合物

海洋肽类化合物的结构特征显著异于陆地来源的肽类，组成的氨基酸除了常见氨基酸外，还常含高度修饰的特殊氨基酸，如β-氨基酸、N-取代氨基酸、卤代及糖基化氨基酸等。海洋肽类主要为小分子肽，结构类型多样，根据其骨架特点主要分为直链肽、环肽、肽类毒素、其他肽类等。海洋肽类在抗肿瘤、抗病毒、免疫抑制及镇痛等方面表现出巨大的开发潜力，是药物筛选开发的重点目标分子，目前已批准上市的有5种海洋肽类药物（ziconotide，plitidepsin和系列基于dolastatin 10设计的抗体偶联药），且有众多海洋活性肽进入临床试验阶段。

拓展阅读　肽类化合物的分类和代表性化合物

（一）直链肽

海兔毒素（dolastatin）是一类典型的海洋直链肽，主要从耳状截尾海兔（*Dolabella auricularia*）中分离得到。其中，dolastatin 10和dolastatin 15具有较抗肿瘤活性，如dolastatin 10对P388白血病细胞的IC_{50}为0.04 ng/mL。Monomethyl auristatin E（MMAE）和monomethyl auristatin F（MMAF）是dolastatin 10的类似物，MMAE具有高度的细胞渗透性并显示出很强的细胞毒性，而带负电荷的MMAF由于细胞渗透性受损而显示出低细胞毒性。目前，有三种以MMAE为主要成分的免疫偶联物制剂批准上市，Adce-tris®（brentuximab vedotin，SGN-35）于 2011 年被美国 FDA 批准上市，用于治疗间变性大 T 细胞系统性恶性淋巴瘤、霍奇金淋巴瘤，以及所有 CD30⁺ 肿瘤的许多其他适应症，包括与化疗药物联合使用；Padcev™（enfortumab vedotin-ejfv）于 2019 年经美国 FDA 批准上市，用于复发性膀胱癌的治疗，并于 2023 年批准与 KEYTRUDA® pembrolizumab 用于局部晚期或转移性尿路上皮癌的一线治疗；Polivy™（polatuzumab vedotin）于 2019 年被美国 FDA 批准上市，用于治疗大 B 细胞淋巴瘤，以及与 bendamustine 和 rituximab（Rit）联合用于复发或难治性弥漫性大 B 细胞淋巴瘤。Blenrep™（belantamab mafodotin）是以 MMAF 为主要成分的免疫偶联物制剂，于 2020 年被美国 FDA 批准用于治疗复发或难治性骨髓瘤。迄今为止，超过 36 种携带不同 dolastatins 类似物的抗体药物偶联物（antibody-drug conjugate，ADC）正在进行临床前和临床阶段开发。例如，ladiratuzumab vedotin XI 与 pembrolizumab 联合治疗三阴性乳腺癌已进入 II 期临床试验，治疗复发性骨肉瘤的 glembatumumab vedotin（CDX-011）处于 II 期临床试验，SGN-75 治疗复发或难治性 CD70 阳性非霍奇金淋巴瘤进入 I 期临床试验。

dolastatin 10

dolastatin 15

monomethyl auristatin E

monomethyl auristatin F

（二）环肽

环肽类化合物由于缺少极化的 C 端和 N 端，可以免受蛋白酶的水解，与靶标具有较高的选择性和亲和力，同时环化大大降低了化合物骨架构型的扭曲性，异型构象较少，因此这类活性分子在与受体结合时的空间三维结构更易被观察清楚。

plitidepsin 是一种海洋来源的首创（first-in-class）抗癌药物，最初是从一种原索动物——地中海海鞘（*Aplidium albicans*）中获得的，能够特异性地与真核翻译延长因子 1A2（eEF1A2）结合，并靶向该蛋白质的非典型作用，通过细胞凋亡（程序性死亡）导致肿瘤细胞死亡。目前该药已被澳大利亚监管机构批准，用于治疗多发性骨髓瘤，一种相对罕见的血液恶性肿瘤。plitidepsin 显示出了临床治疗 COVID-19 的重要潜力，抗病毒活性达到实验对照药物瑞德西韦（remdesivir）的 27.5 倍。与其他靶向病毒蛋白酶的药物不同，这种药物的抗病毒思路针对的是宿主蛋白而不是病毒蛋白。这意味着如果能用 plitidepsin 成功治疗 COVID-19，新冠病毒将不会轻易通过突变而获得耐药性。开发该药物的 PharmaMar 公司已完成治疗新冠的 I/II 期临床试验，正在推进 II/III 期临床试验。

didemnin B 是 plitidepsin 的类似物，早在 1984 年就被批准进入临床研究，用于治疗卵巢癌、乳腺癌、宫颈癌和肺癌，被认为是一种有效的蛋白质合成抑制剂。近年来，美国罗（Philip S. Low）教授团队设计了一种针对炎症性疾病的叶酸-didemnin B 偶联物，该偶联物的细胞毒性和 TNF-α 抑制活性的 IC_{50} 值分别为 13 和 5 nmol/L，比未偶联的 didemnin B 的活性强一到两个数量级。

kahalalide F 是一种来自软体动物 *Elysia rufescens* 及其食用藻类 *Bryopsis pennata* 的抗癌环状十三肽，它对人前列腺和乳腺癌细胞系表现出强大的细胞毒活性，IC_{50} 范围为 0.07～0.28 μmol/L。kahalalide F 进入临床试验，用于治疗黑色素瘤、非小肺癌和肝细胞癌等实体瘤，但由于临床上抗肿瘤活性不明显，试验被停止。后来，kahalalide F 针对晚期实体瘤治疗显示出很好的疗效，现已进入 I 期临床试验。

plitidepsin

didemnin B

kahalalide F

（三）肽类毒素

一些具有显著神经系统或心脑血管系统毒性的多肽和蛋白质成分常被统称为肽类毒素，如芋螺毒素、海葵毒素、海蛇毒素、水母毒素、章鱼毒素、海胆毒素等。

芋螺毒素（conotoxins）作为一类具有神经药理活性的多肽，存在于芋螺属（*Conus*）软体动物分泌的毒液中，被认为是其"捕食武器"。此类毒素一般含有 7~41 个氨基酸，同源芋螺毒素的分子多样性是芋螺毒素的显著特征，据估计在已知的数百种芋螺中可能存在数万种甚至十几万种结构不同的芋螺毒素，具有镇痛、神经保护、抗惊厥、镇咳等方面的巨大应用潜力，成为新药开发的重要潜在资源。不同结构的芋螺毒素作用靶标不同，有的作用于配体门控离子通道（烟碱受体、5-HT 受体、NMDA 受体等），有的作用于电压门控离子通道（Ca^{2+} 通道、Na^+ 通道、K^+ 通道等），有的作用于加压素受体、神经紧张素受体、磷脂等，据此可以根据作用靶标分类。

对芋螺毒素药理多样性的发现是科学史上的一个经典故事：20 世纪 80 年代初，美国犹他大学奥利弗（Olivera）教授实验室允许本科生参与科研工作，一批 18 岁左右的大学新生积极介入了芋螺毒素毒性的研究。他们没有固有科研模式的束缚，抛开当时该实验室乃至大多数实验室长期惯用的所谓的标准方法即腹腔内膜注射法，而直接将芋螺毒组分注射到哺乳动物中枢神经系统。这一创新性的实验结果显示：用颅腔注射法引发了大量小鼠不同的行为症状反应，从而才逐步揭开了芋螺毒素药理多样性的面纱。在此基础上，这些学生继续开展深入的研究，陆续发现了"睡虫肽"（sleeper）、"懒虫肽"（sluggisher）、"摇荡肽"（shaker），目前这些毒素多数已进入临床研究阶段。特别是从"摇荡肽"中分离出的 μ-芋螺毒素 MVIIA（ziconotide，齐考诺肽）分别于 2004 年和 2005 年获得美国和欧洲授权上市，商品名 Prialt®，用于治疗适合鞘内注射并且对全身镇痛药等不能耐受或无效的严重慢性疼痛患者。该化合物来自幻芋螺（*Conus magus*），是含有 25 个氨基酸的线性多肽，结构中的 6 个半胱氨酸通过 3 个二硫键连接形成稳定的三维结构。μ-芋螺毒素 MVIIA 为钙离子通道抑制剂，具有极强的镇痛作用，ED_{50} 为 49 nM，其镇痛作用和持续时间均强于吗啡。此外，还有一种与 ziconotide 类似的 ω-芋螺毒素 CVID（leconotide，来考诺肽，AM336）已进入 I 期临床试验，可作为单药使用亦可作为现有治疗选择的辅助镇痛剂来治疗持续性疼痛，具有更广泛的应用前景。

$$H_2N-CKGKGAKCSRLMYDCCTGSCRSGKC-CONH_2$$

ziconotide

（四）其他肽类

随着对海洋肽类化合物研究的日益深入，一些结构新颖、活性广泛的新肽不断被发现。已从海藻、腔肠动物、软体动物、被囊动物等海洋生物及寄生或共生在这些生物体中的微生物中发现了大量肽类化合物。有相对分子质量较小的二肽、寡肽，也有相对分子质量较大的多肽、蛋白质，它们是活性化合物的重要来源。这些肽类成分不仅可作为新药进行开发，也常被用于生物工程等其他领域的研究。研究较多的肽类化合物包括海藻凝集素、藻胆蛋白、硫酸鱼精蛋白、鲨素、麝香蛸素、鲨鱼软骨血管形成抑制因子、降钙素、海洋生物酶、抗冻蛋白等。

六、生物碱类化合物

海洋生物碱主要来源于海绵、海藻、被囊动物、腔肠动物、棘皮动物、海洋微生物等海洋生物，其中海绵是最主要的海洋生物碱来源。海洋生物碱结构多样且具有广泛的生物活性，如抗肿瘤、抗菌、抗病毒、抗心脑血管疾病、抗阿尔茨海默病和抗骨质疏松症等。一些独特的生物碱类化合物，如卤代生物碱，仅存在于海洋生物而未在陆地生物中被发现。

按照化学结构，可将生物碱类化合物分为吲哚类生物碱、吡咯类生物碱、咪唑类生物碱、咔啉类生物碱、咔唑类生物碱、甾体生物碱、萜类生物碱、肽类生物碱、喹啉类生物碱，含异喹啉环的生物碱和其他类型生物碱。

拓展阅读 生物碱类化合物的分类和代表性化合物

（一）吲哚类生物碱

化合物 asperversamides F 和 G 是从中国南海泥土来源真菌（*Aspergillus versicolor*）的大米固体培养物中获得的吲哚类生物碱，通过抑制 iNOS 活性而发挥抗炎作用。从中国浙江舟山潮间土壤来源曲霉菌 YJ 191021 培养物中分离鉴定了 asperthin A，通过抑制 THP-1 细胞释放的 IL-1β 而发挥抗炎活性。

asperversamide F　　　　asperversamide G　　　　asperthin A

（二）吡咯类生物碱

从中国南海海绵（*Agelas* sp.）中分离得到的溴代吡咯类生物碱（+）-longamide D、（−）-longamide E、（+）-longamide F 对 *C. albicans* 表现出良好的抗真菌活性。

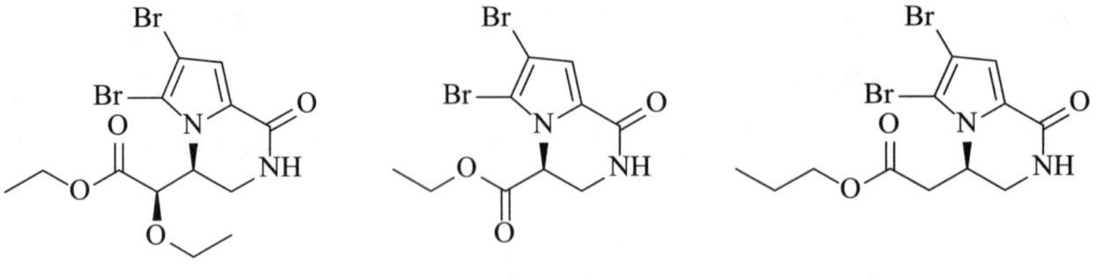

(+)-longamide D (−)-longamide E (+)-longamide F

(三)咪唑类生物碱

从采自中国南海的一种钙质海绵（*Leucetta chagosensis*）中分离得到的 leuchagodine B 和 bis（pyronaamidine）zinc 对 LPS 诱导的人急性单核细胞白血病细胞系 THP-1 中 IL-6 的产生显示出显著的抑制活性。从海绵（*L. chagosensis*）的有机提取物中分离得到的（−）-calcaridine B 对 MCF-7 癌细胞系表现出轻度的细胞毒性。

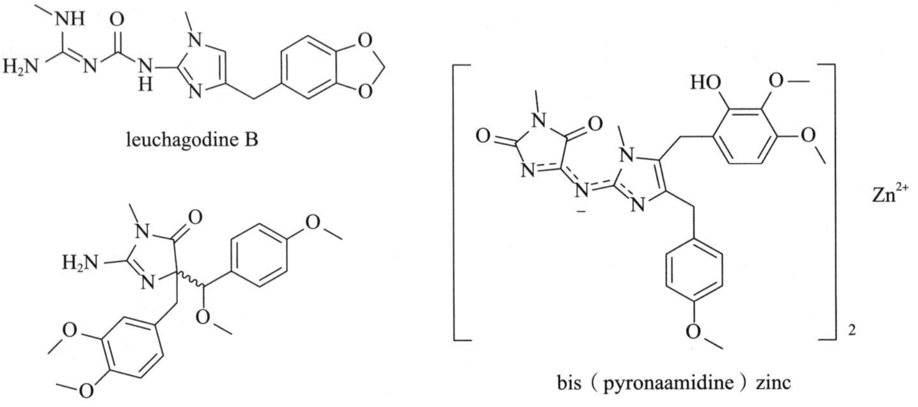

leuchagodine B

(−)-calcaridine B

bis（pyronaamidine）zinc

(四)咔啉类生物碱

从海绵（*Phakellia fusca*）中分离的蓝灰放线菌（*Actinoalloteichus cyanogriseus* LHW 52806）的静态液体发酵提取物中分离得到的 marinacarboline glucuronide 显示出抑制 IL-6 表达的抗炎潜力。

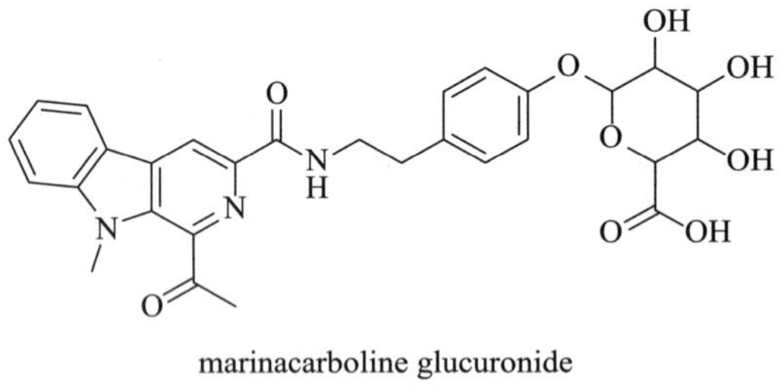

marinacarboline glucuronide

(五)咔唑类生物碱

从海绵共生菌（*Streptomyces diacarni* LHW 51701）中分离鉴定了 4 个咔唑类似生物碱 chlocarbazomycins A～D，其中 chlocarbazomycin C 对耐甲氧西林金黄色葡萄球菌（MRSA）、耻垢分枝杆菌（*Mycobacterium smegalovirus*）、蕈状芽孢杆菌（*Bacillus mycoides*）和白念珠菌（*C. albicans*）等病原微生物均具有抑制活性。

chlocarbazomycin A　　chlocarbazomycin B　　chlocarbazomycin C　　chlocarbazomycin D

（六）甾体类生物碱

从海绵（*Corticium simplex*）中获得具有抗血管生成活性的甾体生物碱 cortistatins A~D，对人脐静脉内皮细胞具有高度选择性的抗增殖活性，IC_{50} 值范围在 1.8 nmol/L~1 μmol/L。其中，cortistatin A 对人脐静脉内皮细胞的选择性最高，与正常人真皮成纤维细胞及三种肿瘤细胞 KB3-1、Neuro2A、K562 相比，其选择性指数超过 3 000 倍。

cortistatin A：R = H
cortistatin B：R = OH

cortistatin C：R = H
cortistatin D：R = OH

（七）萜类生物碱

从海绵（*Agelas mauritiana*）中分离得到的（+）-agelasine B 和 agelasine D 对临床来源的 1 株甲氧西林敏感的金黄色葡萄球菌（MSSA）H608 和 4 株耐甲氧西林金黄色葡萄球菌（MRSA）2010-260、2010-210、2010-292、2010-300 具有显著的抑菌活性，MIC_{90} 范围在 1~8 μg/mL。此外，（+）-agelasine B 和 agelasine D 对 PC9、A549、HepG2、MCF-7、U937 细胞具有一定程度的抑制生长作用，IC_{50} 在 4.49~14.41 μmol/L。

（+）-agelasine B　　agelasine D

（八）肽类生物碱

来源于海鞘（*Lissoclinum patella*）的 ulithiacyclamide 被证实在体外对白血病细胞系 L1210 具有高效的细胞毒活性。circinamide 是从蓝藻（*Anabaena circinalis*）中分离得到的第一个新型木瓜蛋白酶抑制剂。

(九)喹啉类生物碱

化合物 actinoquinoline A 和 actinoquinoline B 来自海洋来源的链霉菌属菌株 CNP975，且被证实在体外抑制炎症介质 COX1 和 COX2 生成，从而发挥高效的抗炎活性。

(十)异喹啉类生物碱

曲贝替定是一种从加勒比海被囊动物红树海鞘（*Ecteinascidia turbinata*）体内分离提取出来的四氢异喹啉生物碱，是第一个海洋来源的新型抗软组织肿瘤药物，可以通过多种机制发挥抗肿瘤作用，用于不可切除或转移、曾接受过含一种蒽环类药物化疗的脂肪肉瘤和平滑肌肉瘤患者的治疗。香茅胺 A 是一种来自澳大利亚海绵中的抗疟原虫异喹啉生物碱，其对引起疟疾的恶性疟原虫的药物敏感（3D7）和耐药（Dd2）菌株表现出中等程度的活性，IC_{50} 值分别为 4.3 μmol/L 和 5.8 μmol/L。

(十一)其他类生物碱

河鲀毒素（tetrodoxin）是一种毒性极强的生物碱，主要存在于卵巢、肝等部位，含毒量以卵巢和肝最高，且性质稳定，普通烹饪手段较难破坏。目前已作为工具药广泛用于生理学和药理学研究，并具有良好的临床应用价值，临床上已经用作镇痛剂、麻醉剂以及镇痉剂等。PM00104（Zalypsis®）是一种海洋来源的烷基化剂，是用于治疗人实体肿瘤和血液系统恶性肿瘤的潜在化疗药物。PM00104 是一种 DNA 结合剂，可抑制细胞周期和转录，导致双链 DNA 断裂。经过严格的临床前测试后，该药物已被用于 II 期临床试验。

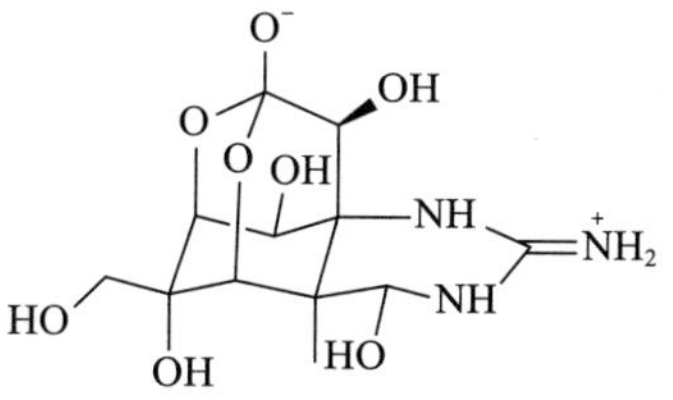

第二节 海洋天然药物的结构类型与生物活性

tetrodoxin

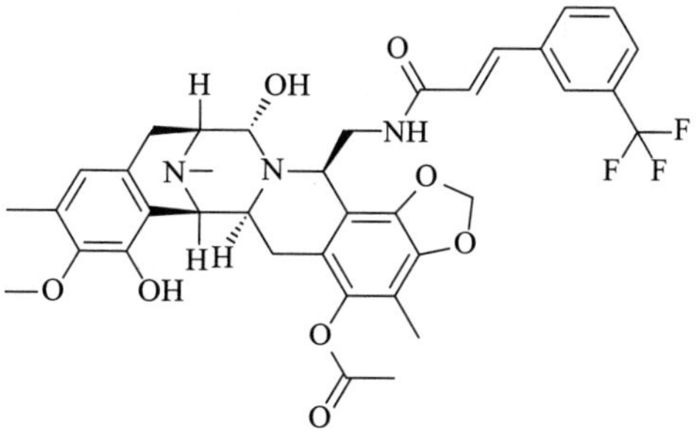

PM00104

七、前列腺素类似物

前列腺素（prostaglandins，PGs）是一类具有重要生物活性、含 20 个碳的非二萜不饱和脂肪酸衍生物，一般由 1 个环戊烷骨架与 1 个七碳侧链和 1 个八碳侧链组成。从珊瑚、海鞘等海洋动物中分离出多个前列腺素类似物。1969 年，Weinheimer 等首次从佛罗里达柳珊瑚（*Plexaura homommalla*）中分离得到（15R）-PGA$_2$。

拓展阅读 前列腺素类化合物的分类和代表性化合物

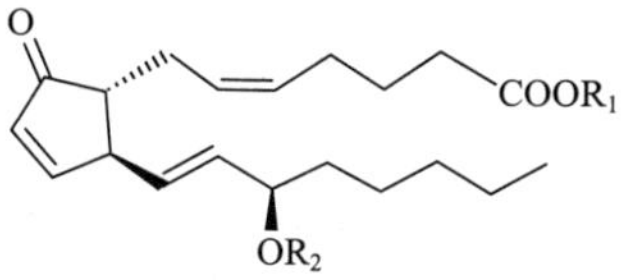

（15R）-PGA$_2$

从日本珊瑚（*Clavularia viridis*）中分离得到 clavulones、4-epiclavulones、chlorovulones 等多类前列腺素类似物，如 clavulone Ⅰ、4-epiclavulone Ⅱ、chlorovulone Ⅰ、chlorovulone Ⅱ。从台湾八放珊瑚（*C. viridis*）分离得到 bromovulones、iodovulones 等类别化合物，如 bromovulone Ⅲ、iodovulone Ⅲ。这些结构的差异主要来源于环戊烷骨架上的不同取代基，以及侧链中双键的差异（位置、个数及 Z/E 构型）。此外，有些类似物与前列腺素的结构差异更大，如从海鞘中分离得到的 clavirins Ⅰ 和 Ⅱ。

部分化合物表现出生物活性，以抗肿瘤活性为主，特别是一些含卤素取代的化合物。如氯代化合物 chlorovulone Ⅱ 对前列腺癌细胞 PC-3 的 IC$_{50}$ 为 0.8 μmol/L，溴代化合物 bromovulone Ⅲ 对 PC-3 和结肠癌细胞 HT-29 的 IC$_{50}$ 均为 0.5 μmol/L。Chlorovulone Ⅰ 对人早幼粒细胞白血病的 IC$_{50}$ 为 0.03 μmol/L。Clavulones 类化合物在 30 μg/mL 的浓度下表现出抗炎活性。

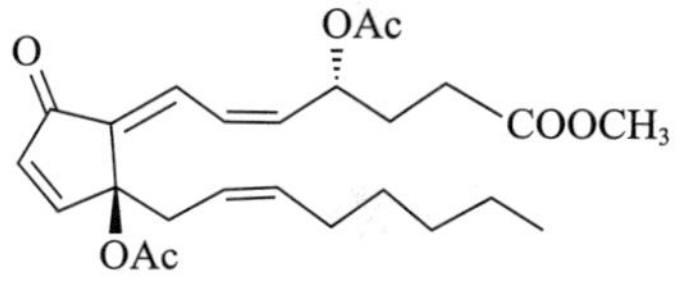

clavulone Ⅰ

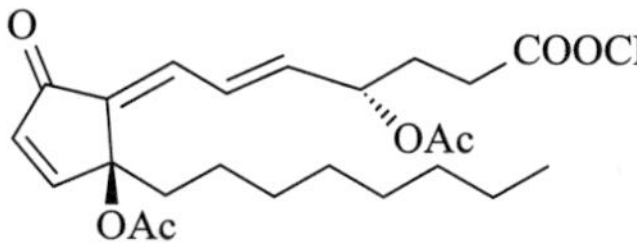

4-epiclavulone Ⅱ

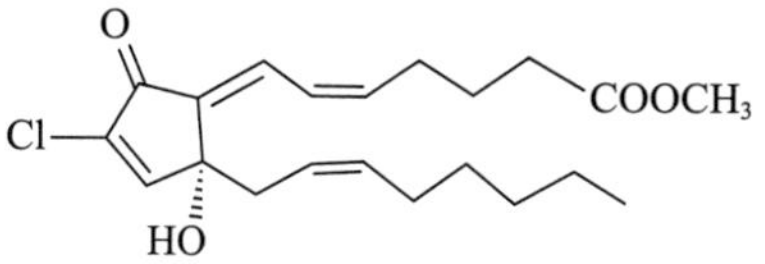

chlorovulone Ⅰ

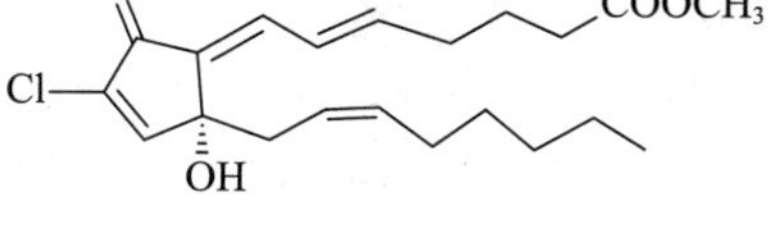

chlorovulone Ⅱ

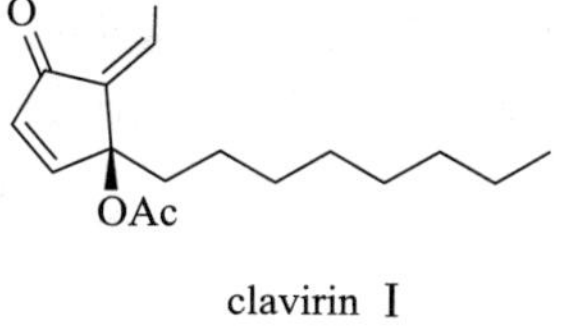

clavirin Ⅰ

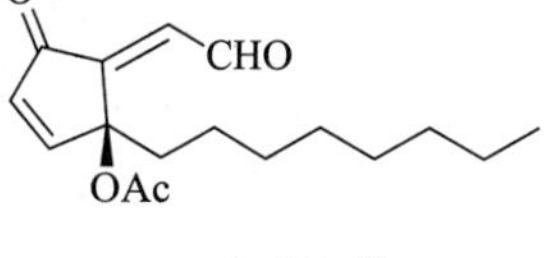

clavirin Ⅱ

八、甾体及其苷类化合物

海洋来源甾体（steroids）主要存在于海草、软珊瑚、海绵、海星中，具有抗癌、抗菌、抗病毒、抗炎、降血压等生物活性。与陆生植物相比，海洋来源甾体除具有基本的环戊烷并多氢菲甾核外，结构骨架和支链结构更复杂多变，分子高度氧化且伴有碳键断裂形成开环甾体结构等。根据其结构差异，可以分为简单甾体化合物、开环甾体化合物和甾体苷类等类型。

拓展阅读 甾体及其苷类化合物的分类和代表性化合物

（一）简单甾体化合物

海洋中的简单甾体化合物具有基本的环戊烷并多氢菲甾核，但其取代基类型和存在形式比陆生植物甾体更为新颖和多样。

squalamine 是从黑缘刺鲨（*Centrophorus atromarginatus* Garman）胃中分离出的具有甾体母核结构的化合物。药理结果显示其具有独特的抗肿瘤活性、抗血管生成和广谱抗微生物作用。同时在实验动物研究中也注意到，角鲨胺对黄热病、马脑炎病毒、巨细胞病毒也显示一定的药效活性。

contignasterol 是从 *Petrosia contignata* Theile 海绵中分离得到的一种具有生物活性的类固醇，研究表明其具有治疗哮喘的潜在价值，对其结构深入研究并改造得到它的结构类似物 LPL576092，该类似物结构简单且具有独特的侧链功能。在哮喘动物模型中对过敏原诱导的支气管收缩和肺部炎症具有保护作用，并且可能没有与合成糖皮质激素治疗相关的副作用，这表明这类药物在治疗哮喘方面具有治疗潜力。

从 *Monanchora* sp. 海绵中得到的 monanchosterol A 和 B，是首个天然来源的具有双环 [4.3.1] A/B 环系统的化合物，其中化合物 monanchosterol B 以剂量依赖的方式抑制 IL-6 的 mRNA 表达，IC_{50} 值为 5.0 ± 0.17 μmol/L，显示显著的抗炎活性。

monanchosterol A R_1= H R_2= O
monanchosterol B R_1= Ac R_2= O

halicrasterol A R_1= OH R_2= H
halicrasterol B R_1= OAc R_2= OH

halicrasterol C R_1= OH R_2= H
halicrasterol D R_1= OAc R_2= H

从 *Haliclona crassiloba* 海绵中分离得到了四个多羟基甾醇 halicrasterol A~D，halicrasterol A 和 B 具有特别的 17（20）*E*- 双键结构，halicrasterol D 对粪肠杆菌 *Escherichia faecalis* ATCC 29212 显示抗菌活性，MIC 值为 4 μg/mL。

（二）开环甾体化合物

开环甾体化合物主要存在于海绵、柳珊瑚、软珊瑚等海洋生物中，按照开环的位置又可以分为 6 类：5,6-、9,10-、8,9-、8,14-、9,11- 和 13,17- 开环甾体化合物，其中 9,11- 开环甾体为主要类型。

从普通马海绵（*Hippospongia communis*）中分离得到的 hipposterol 是第一个 5,6- 开环甾体化合物，此后陆续从同种海绵中分离鉴定了一系列该类型的甾体成分，其结构差别仅在于 C-17 侧链的不同。

hipposterol

9,10- 开环的甾体具有 B 环开环结构，是一组维生素 D 结构类似物，多数具有生物活性，例如，从我国南海采集到的柳珊瑚（*Verrucella umbraculum*）中分离得到了四个 9,10- 开环的甾体化合物 verrucellols A~D，在体外活性测试中，这些化合物能够显著抑制淋巴细胞的分化，这是首次报道 9,10- 甾体具有免疫调节活性。

verrucellol A   verrucellol B   verrucellol C   verrucellol D

8,9- 开环甾体具有 B/C 环开环结构，如塞内加尔海绵（*Microscleroderma spirophora*）中获得的两个化合物 24S-24-ethyl-3β-methoxy-8α,9α-oxido-8,9-seco-5α-cholesta-7,9(11)-diene 和 24S-24-ethyl-3β-methoxy-8α,9α-oxido-8,9-seco-5α-cholesta-7,8(14)-diene。

24S-24-ethyl-3β-methoxy-8α,9α-oxido-8,
9-seco-5α-cholesta-7,9(11)-diene

24S-24-ethyl-3β-methoxy-8α,9α-oxido-8,
9-seco-5α-cholesta-7,8(14)-diene

8,14-开环甾体具有 C 环开环结构，从太平洋海绵（*J. graphidiophora*）中获得的 jereisterol B 为此类型的第一个结构，此后陆续从海绵（*Theonella swinhoei*）中分离得到了 swinhosterol A 和 B。

jereisterol B　　swinhosterol A　　swinhosterol B

9,11-开环的甾体化合物主要存在于海绵、海鞘和肠腔动物（水母纲、珊瑚纲等）体内。该类化合物分子中 C 环开环，并且 C-9 位均含有羰基基团。从海兔（*Aplysia kurodai*）中分离得到 3 个 9,11-开环甾体化合物 aplysiasecosterol A~C，其中 aplysiasecosterol A 对人髓细胞白血病 HL-60 细胞表现出中度的细胞毒性，半抑制浓度值为 16 mmol/L。从长须灰翼海蛞蝓（*Phyllodesmium longicirrum*）中也分离得到了 9,11-开环的甾体化合物 3β,5α,6β-trihydroxy-9-oxo-9,11-secogorgostan-11-ol。

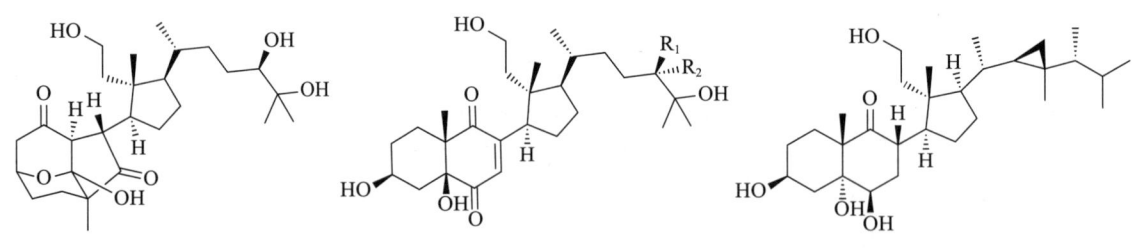

aplysiasecosterol A

aplysiasecosterol B R₁= OH, R₂= H
aplysiasecosterol C R₁= H, R₂= OH

3β, 5α, 6β-trihydroxy-9-oxo-
9, 11-secogorgostan-11-ol

（三）甾体苷类化合物

海星（starfish）是海洋甾体苷类化合物最丰富的来源。海星皂苷已被证实具有溶血、抗病毒等多种生理和药理活性。

其他海洋生物中也分到甾体苷类化合物，如从锥螺（*Conus pulicarius*）的内脏提取物中首次分离得到的三个硫酸化甾体苷类化合物 conusaponin A~C，这些化合物的特点是 C-3 位具有硫酸基团，C-7 位连接有糖基团。测试三种化合物对人类白血病细胞系 K562 的体外细胞毒性，其 GI_{50} 值分别为 1.50、1.39、0.49 mmol/L，用作阳性对照的 staurosporine 在同一 96 孔板中显示出 2.29 mmol/L 的 GI_{50} 值。这些证据表明，这些硫酸化甾体苷值得进一步的药理学研究，以发现抗肿瘤药物。

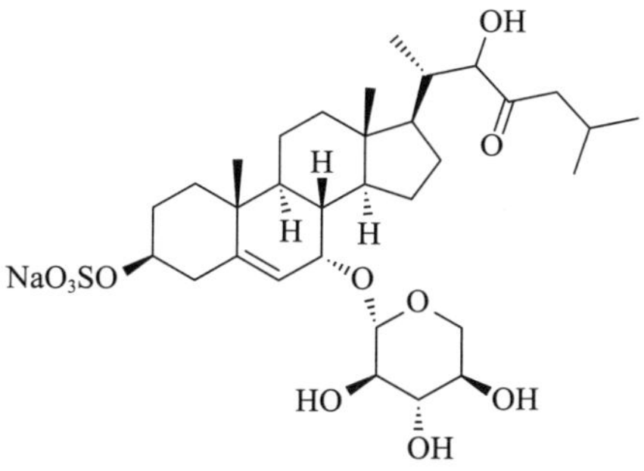

第二节 海洋天然药物的结构类型与生物活性

conusaponin A

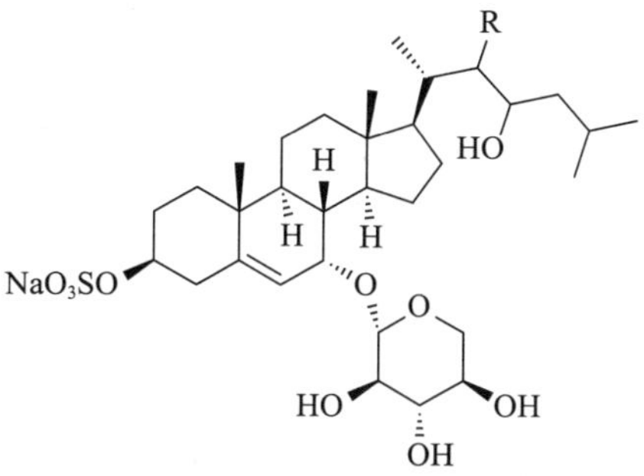

conusaponin B R = OH
conusaponin C R = H

九、多糖类化合物

海洋多糖主要包括海藻多糖、海洋动物多糖和海洋微生物多糖，海洋特殊的生态环境使得海洋多糖呈现出丰富多彩的生理活性和结构多样性。我国有着辽阔的海域，海岸线漫长，栖息着丰富的海藻、海洋动物和海洋微生物，具有丰富的海洋多糖资源。

拓展阅读 多糖类化合物的分类和代表性化合物

（一）海藻多糖

海藻不仅是海洋有机物的原始生产者，同时也是无机物的天然富集者（包括氯、溴、碘等卤素），处于海洋生态系统的底层，是活性代谢产物的重要来源。海藻中含有丰富的多糖，占海藻干重的50%以上，以下重点对褐藻多糖和红藻多糖进行介绍。

褐藻中含有多种多糖，其中褐藻胶（alain）、褐藻糖胶（fucoidan）和海带淀粉（laminaran）存在于所有褐藻中，其中前两者是褐藻细胞壁的填充物，后者存在于细胞质中。三者的化学组成不同，褐藻胶是由糖醛酸结合形成的高聚物；褐藻糖胶则是由褐藻糖结合形成的含硫酸基多糖；海带淀粉是由葡萄糖组成的葡聚糖。

藻酸双酯钠（polysaccharide sulfate，PSS）是中国第 1 个海洋药物，它是从褐藻中提取的褐藻胶，经化学半合成方法，在糖环的 C-6 位酯化，在 C-2 和 C-3 位上磺化得到的多糖硫酸酯类药物，属于类肝素类药物。临床上主要用于缺血性脑血管疾病和心血管疾病的防治。目前认为，PSS 的作用机制在于其分子结构中具有嵌段化合物的基本骨架阴离子聚电介质的线形结构，具有较强的分散乳化性。由于电荷集中在链的边沿，其电斥力对某些离子和物质的聚合或黏附有一定的阻抗作用，从而发生各种药理作用。

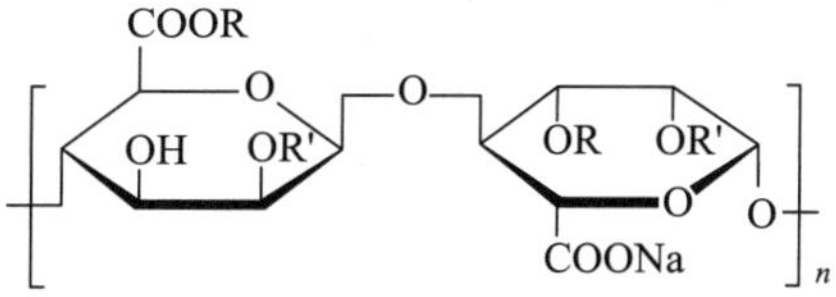

R=H 或 $CH_2CH(OH)CH_3$ R'=SO_3Na

藻酸双酯钠

甘露特钠胶囊（GV-971）于 2019 年 11 月被中国国家药品监督管理局批准有条件上市，用于阿尔茨海默病治疗的药物，是从海带褐藻中制备的甘露糖醛酸寡糖衍生物。GV-971 能多位点、多片段、多状态地捕获 β 淀粉样蛋白，抑制其纤丝形成，使已形成的纤丝解聚为无毒单体。最新研究发现，其通过调节肠道菌群失衡、重塑机体免疫稳态进而降低脑内神经炎症，阻止病程进展。

$n=1\sim9$;$m=0,1$ 或 2;$m'=0$ 或 1

GV-971

红藻多糖主要包括琼胶和卡拉胶两类，均为半乳聚糖，此外，红藻细胞壁组分还有木聚糖和甘露聚糖。红藻淀粉则是以葡萄糖单位结合而成的细胞质组成部分。

卡拉胶的组成是以线性半乳糖为骨架成分，带有不同程度的硫酸酯部分（15%～40%）。不同的卡拉胶类型在组成和结构上也不相同。由于其中硫酸酯结合形态的不同，可分为 K 型（Kappa）、I 型（Iota）、L 型（Lambda）。

卡拉胶

卡拉胶鼻喷雾剂是德国 Marinomed 公司研发的创新型抗病毒鼻喷剂，其主成是 I 型卡拉胶，它的化学结构是由半乳糖及 3,6- 内醚半乳糖所组成的硫酸多糖，具有较低的毒副作用，该药可抑制病毒附着和进入细胞、减少病毒的复制、缓解病毒引起的症状，也可用于治成人、1 岁以上儿童、妊娠及哺乳期女性的普通感冒。目前作为非处方药在欧盟、亚洲部分地区和澳大利亚上市，具有广谱的抗病毒活性。

（二）海洋动物多糖

与所有动物多糖一样，海洋来源的动物多糖也主要是黏多糖（氨基多糖）。目前研究较为深入和广泛的是壳多糖和类肝素硫酸多糖两类氨基多糖，除此之外，近年还对多种海洋动物的多糖进行了化学和药理的研究，它们基本属于黏性多糖，如鲨软骨多糖、海参黏多糖、鲍鱼多糖等。

（三）海洋微生物多糖

海洋微生物所处的高盐、高压、低温、寡营养的特殊环境，赋予其独特的生化结构和生存机制。海洋微生物胞外多糖正是其在生长代谢过程中分泌到细胞壁外的多糖或多糖复合物，以适应其生存环境，维持生命活动。20 世纪 80 年代以来，海洋微生物胞外多糖独特的化学结构和生物活性研究在海洋生态学、微生物学特别是药学领域受到广泛关注。

十、杂萜类化合物

杂萜类天然产物（meroterpenoids）广泛分布于动植物、细菌和真菌中。倍半萜醌（sesquiterpene quinone/quinols，SQs）由倍半萜与醌或氢醌组成，是自然界中发现的最常见杂萜类化合物。根据结构中倍半萜单元的骨架，倍半萜醌可分为 7 个类型，分别为 drimane 类、avarane 类、monocyclofarnesane 类、farnesane 类、aureane 类、miscellaneous 类、dimer 类。

拓展阅读 杂萜化合物的分类和代表性化合物

（一）Drimane 类倍半萜醌

从一种来源于海洋浒苔的真菌（*pleosporales* sp.）中分离到的 4 个化合物 pleosporallin A～D，其中 pleosporallin A~C 对脂多糖诱导的小鼠巨噬细胞系 RAW264.7 的细胞内 IL-6 具有中等抑制活性。此外，pleosporallin D 对密歇根弯曲杆菌亚种 sepedonicus 和白念珠菌的 MIC 分别为 9.48 μg/mL 和 7.44 μg/mL。

pleosporallin A　　pleosporallin B　　pleosporallin C　　pleosporallin D

从海绵（*Niphates recondite*）相关真菌中分离得到的三个新骨架苯螺烷型化合物 chartarolides A~C，其中 chartarolide A 和 B 具有独特的 6/6/6/6 四环骨架。Chartarolide A~C 对一组人源肿瘤细胞表现出显著的细胞毒活性，并对 FGFR3、IGF1R、PDGFRb 和 TrKB 的人源肿瘤相关蛋白激酶表现出显著的抑制活性。

chartarolide A　　chartarolide B　　chartarolide C

（二）Avarane 类倍半萜醌

Avarane 类的倍半萜部分具有重排的 drimane 骨架，最广为人知的例子是从海绵中分离得到的 avarol 和 avarone。经典 avarane 类结构中，倍半萜和醌/氢醌通过 C-1′-C-15 键相连。从南海海绵 *Dactylospongia* sp. 中分离得到的 4 个倍半萜氢醌 dactylospongin A~D，其中 dactylospongin A 和 B 是海洋来源的第一个具有苯并噻唑的倍半萜类化合物。此外，dactylospongin A、B、D 对 LPS 诱导的 THP-1 细胞中炎症细胞因子（IL-6、IL-1β、IL-8 和 PEG_2）的产生具有显著的抑制作用，IC_{50} 值为 5.1~9.2 μmol/L。

dactylospongin A　　dactylospongin B　　dactylospongin C　　dactylospongin D dysideanone 型具有 6/6/5/6 稠合的四环体系，特征是苯二酚和倍半萜之间存在两点连接。南海海绵 *Dysidea* sp. 中分离得到的 3 个四环杂萜 dysiherbols A~C，它们具有 6/6/5/6 稠合四环碳骨架。NF-κB 的抑制和细胞毒性活性评估显示，其中 dysiherbol A 显示出强大的活性，IC_{50} 值分别为 0.49、0.58 μmol/L，比 dysiherbol B 和 C 的活性高约 10 倍和 20 倍。

dysiherbol A　　　dysiherbol B　　　dysiherbol C

利用斑马鱼模型结合 LC-DAD/MS 分析筛选出具有抗血管生成活性的 spiroetherone A 和 B，它们具有独特的螺环[4,5]正十二烷骨架。这一史无前例的骨架被命名为"spiroetherane"（螺醚烷），并被认为是通过 C-1 和 C-16 之间的分子内迈克尔加成反应而形成。

螺醚烷 A　　$\triangle^{4,11}$
螺醚烷 B　　$\triangle^{3,4}$

dysidavarone 型具有独特的双环[3,3,1]-正庚烷碳环骨架。南海海绵 *Dysidea avara* 分离得到 4 个全新碳骨架倍半萜醌类化合物 dysidavarone A~D，其中 dysidavarone A 对 HeLa 细胞系显示出生长抑制作用，IC_{50} 值为 39.9 μmol/L，dysidavarone D 对 HeLa、A549、MDA231 和 QGY7703 细胞系均显示出抑制作用，IC_{50} 值分别为 28.8、21.4、11.6、28.1 μmol/L。此外，使用齐墩果酸作为阳性对照，IC_{50} 值为 1.90 μmol/L，dysidavarone A 和 D 对蛋白酪氨酸磷酸酶 1B（PRP1B）也显示出抑制活性，IC_{50} 值分别为 9.98、21.6 μmol/L。

dysidavarone A　R_1= OEt　R_2= H
dysidavarone B　R_1= H　R_2= OEt
　　　　dysidavarone C　　　　dysidavarone D

（三）Aureane 类倍半萜醌

aureane 是 avarane 甲基迁移的产物，其特征是 C-4 位有一个同碳二甲基。从泰国海绵（*Smenospongia* sp.）中分离得到天然产物 6′-Iodoaureol，它是首次报道的碘代倍半萜氢醌。

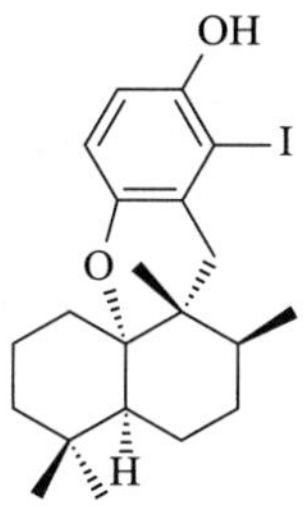

6'-Iodoaureol

(四) Farnesane 类倍半萜醌

Farnesane 类的特征是倍半萜长链连接在苯二酚单元上。从海洋真菌（*Alternaria* sp.）中分离得到的 tricycloalternarene J。

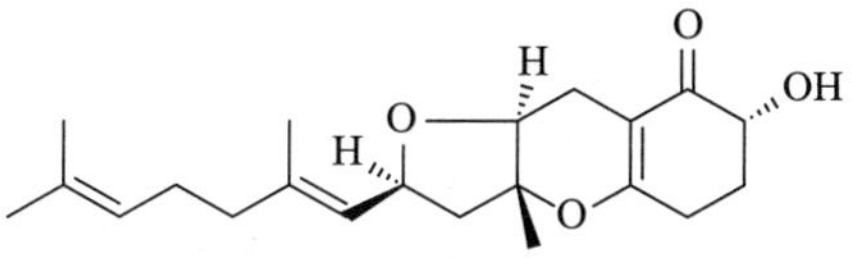

tricycloalternarene J

(五) Monocyclofarnesane 类倍半萜醌

Monocyclofarnesane 类的倍半萜部分可能来源于它们的法尼基前体的环化和甲基迁移。从海绵 *Thorecta reticulata* 和 *Spongia* sp. 中分离得到的 metachromin X 和 metachromin Y，其中 metachromin X 可在 S/G2/M 期阻滞 HeLa/Fucci2 细胞的细胞周期进程。

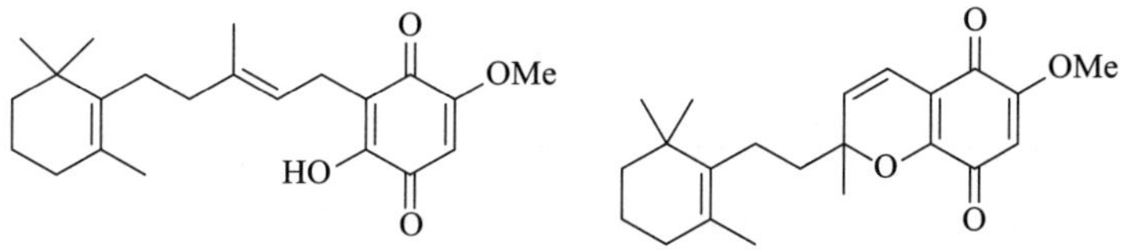

metachromin X   metachromin Y

(六) Miscellaneous 类倍半萜醌

Miscellaneous 通常具有重排的倍半萜类骨架。从硬壳红藻（*peyssonnelia* sp.）中分离得到的全新碳骨架的倍半萜氢醌 peyssonoic acid B，对海藻细菌病原体和海藻真菌病原体具有一定的抗菌活性。此外，还对卵巢癌症细胞表现出适度的抗肿瘤活性。

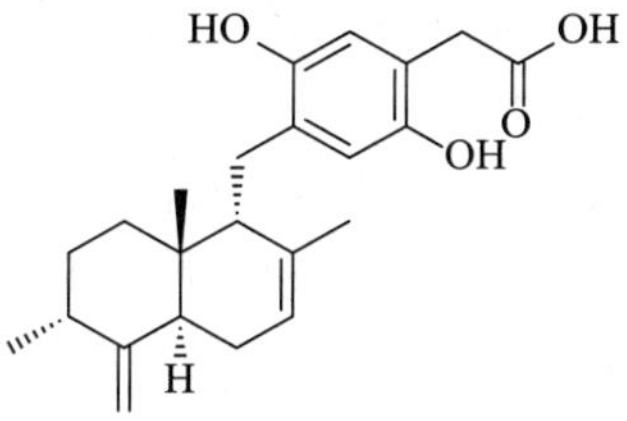

peyssonoic acid B

(七) Dimer 类倍半萜醌

根据两个单体的二聚化规律，将此种倍半萜醌/氢醌分为真二聚体和假二聚体，它们的相对分子质量在 630~900，是相应单体的两倍。在真二聚体中，两个单体通过一个或两个碳碳键直接相连。在假二聚体中，单体通过醚键、胺或烷基胺桥连接。这些二聚体主要分布在 *stachybotrys* sp. 真菌中，也广泛存在于 *Dysidea*, *Dactylospongia*, *Smenospongia* 等属海绵中。此外，这些二聚体的单体大多是苯基螺环烷型。

从来源于海绵真菌（*stachybotrys chartarum*）的发酵液中分离出的苯基螺胺烷型二聚体 chartarlactam Q～T，其结构特征是两个苯基螺胺烷单元通过 C—N 键连接而成。其中 chartarlactam Q～S 对细菌病原体金黄色葡萄球菌有中等抑制作用，MIC 在 4～16 μg/mL，而 chartarlactam T 对 ZikV 病毒有显著的抑制作用。

chartarlactam Q　　R_1= O　　　R_2= H
chartarlactam R　　R_1= OAc　　R_2= H
chartarlactam S　　R_1= OH　　　R_2= OH
chartarlactam T　　R_1= OAc　　R_2= OAc

十一、脂肪酸类

脂肪酸类化合物包括饱和脂肪酸、不饱和脂肪酸和含脂环酸。根据碳链长度的不同又分为短链脂肪酸（碳链上的碳原子数小于 6，也称作挥发性脂肪酸）、中链脂肪酸（碳链上碳原子数为 6～12，主要成分是辛酸和癸酸）和长链脂肪酸（碳链上碳原子数大于 12）。

拓展阅读　脂肪酸类化合物的分类和代表性化合物

（一）饱和脂肪酸

从加勒比海域海绵（*Callyspongia fallax*）中得到的含甲氧基长链脂肪酸 2-methoxytetradecanoic acid、2-methoxypentadecanoic acid、2-methoxyoctadecanoic acid。

2-methoxytetradecanoic acid　　n=9
2-methoxypentadecanoic acid　　n=10
2-methoxyoctadecanoic acid　　　n=13

（二）不饱和脂肪酸

上市药物欧米伽-3-脂肪酸乙酯（omega-3）是一种不饱和脂肪酸酯，常见于深海鱼类和某些植物中，其主要类型包括 α-亚麻酸（ALA）、二十碳五烯酸（EPA，10）和二十二碳六烯酸（DHA，11）。ALA 通常存在于植物性食物的脂肪中，如坚果和种子（核桃和油菜籽富含 ALA）。EPA 和 DHA 被称为长链 omega-3 脂肪酸（LCn3），存在于鱼类脂肪中。Omega-3（特别是 EPA 和 DHA）在促进人体健康方面发挥着积极作用：降低炎症因子生成、降低心血管疾病发病率、改善视力、维持骨密度、令皮肤均衡健康等，除此之外 omega-3 被认为是提高大脑认知能力的关键营养素。

从硬珊瑚（*Eunicea succinea*）中得到一种（5Z，9Z）-14-甲基十五碳-5,9-二烯酸，它能抑制革兰阳性细菌，如对细菌（*S. aureus* 和 *Streptococcus faecalis*）的最小抑制浓度 MIC 分别为 240 μmol/L 和 160 μmol/L。Macrolactic acid 是一种从未鉴定的深海菌中得到的抗病毒活性化合物。石灰质海绵（*Leucetta microraphis*）中含有的（2E，6Z，9Z）-2-甲基二十碳-2,6,9-三烯醛对 Hela S_3 细胞有一定的细胞毒活性。

（5Z,9Z）-14-甲基十五碳-5,9-二烯酸

（2E,6Z,9Z）-2-甲基二十碳-2,6,9-三烯醛

macrolactic acid

（三）含脂环酸

从澳大利亚的海绵（*Amphimedon* sp.）中得到的 amphimic acid A 和 C 中分别含一个亚甲基环丙烷，在极低浓度下可抑制人 DNA 拓扑异构酶 I 活性，且对 P388 白血病细胞有细胞毒作用。从采自格林纳达岛的微生物样品（*L. majuscula*）中分离得到的含环丙烷的脂肪酸衍生物 debromogrenadadiene，除有细胞毒素作用外还有抑制 cannabinoid 受体结合活性（K_i = 4.7 μmol/L）。

amphimic acid A R=$C_{15}H_{31}$
amphimic acid C R=$C_{14}H_{29}$

debromogrenadadiene

（四）脂肪链衍生物

临床在研药物 KRN7000（α-galactosylceramide）是一种新型抗癌药物及免疫激活剂。与大多数抗癌药物不同，它本身不具有细胞毒活性，而是一种非常有效的 NKT 细胞激动剂，可与 CD1d 有效结合。其与 CD1d 的复合物可与 NKT 细胞的 T 细胞抗原受体结合，可能通过增强抗原提呈细胞功能而具有免疫刺激和抗肿瘤活性。在部分患者中干扰素-γ、白细胞介素-4、白细胞介素-12 和粒-巨噬细胞集落刺激因子水平以及自然杀伤细胞活性升高。KRN7000 的先导化合物是来源于日本南部冲绳海域的海绵（*Agelas mauritiamus*）的次级代谢产物 agelasphins，是一类鞘糖脂类化合物。

临床在研药物 spisulosine（ES-285）是一种来源于海洋软体动物 *Spisula polynyma* 的抗肿瘤脂肪胺化合物。通过诱导细胞内神经酰胺积累和 PKCζ 激活，从而抑制人雄激素非依赖性前列腺癌细胞 PC-3 和人雄激素依赖性 LNCaP 细胞系的生长，可用于治疗实体瘤。

α-galactosylceramide

spisulosine

第三节　海洋天然药物的生物合成

海洋天然药物分子的生物合成已成为海洋药物研究领域的前沿和热点。海洋生境造化了海洋生物有别于陆地生物的独特代谢能力，鉴定海洋天然产物分子生物合成基因簇、阐明其生源途径及生物合成机制，对理解海洋生物奇妙的生命与生态现象具有重要理论价值，同时新的代谢途径与酶促反应，能为解决海洋药物长期面临的药源瓶颈问题提供灵感与物质基础。与陆地天然产物主要来源于植物不同，海绵、海鞘、珊瑚和软体动物等海洋底栖低等动物是海洋天然产物的主要来源之一，而这些动物源海洋天然分子的生源途径大多尚不明确，但越来越多的研究表明它们真正的源头是这些低等动物体内共生或捕食的微生物。本章节将以珊瑚素、普立肽及 polytheonamide 为例，简明介绍海洋萜类、非核糖体及核糖体途径来源肽类的生物合成。

拓展阅读　重要海洋分子的生物合成

拟珊瑚素（pseudopterosins）是分离自柳珊瑚（*Pseudopterogorgia elisabethae*）中具有抗炎活性的一类三环二萜糖苷化合物，研究表明其来自珊瑚共生的鞭毛藻（*Symbiodinium* sp.）。其生物合成以异戊二烯途径来源的双香叶基焦磷酸（geranylgeranyl diphosphate，GGDP）为底物，经多步酶促反应如萜烯环化、芳构化、羟基化、脱氢环化和糖基化得到拟珊瑚素 A，其糖基配体不同羟基位点的乙酰化而转化成珊瑚素 B~D（图 14-1）。

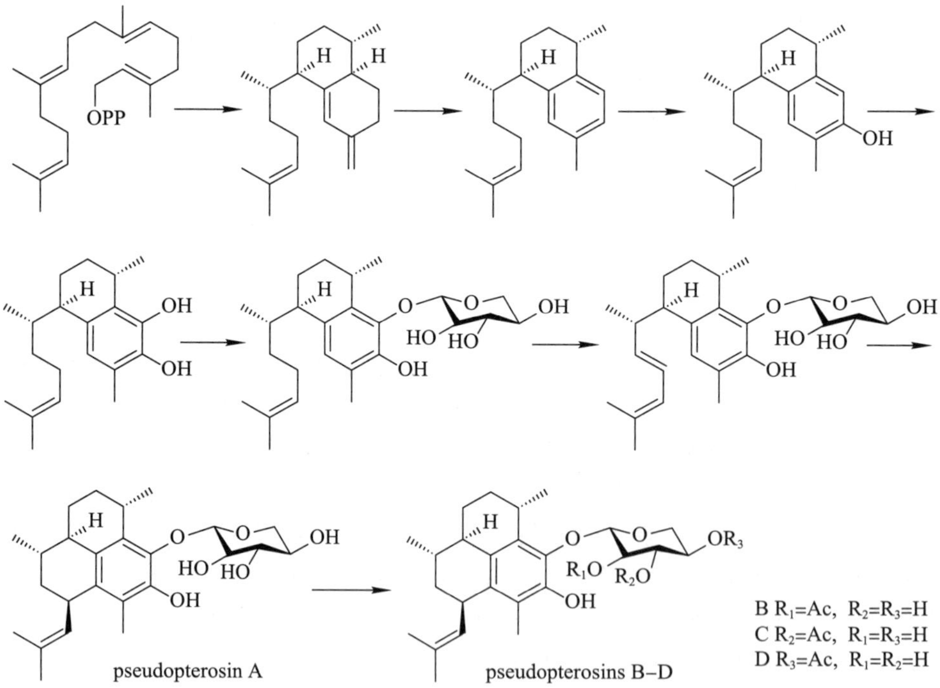

图 14-1　拟珊瑚素的生物合成

普立肽（plitidepsin）属于膜海鞘素类（didemnins）环缩肽，在不同种类海鞘中均有发现，其真正的生源尚不明确，由于在天然样本中含量低微，该抗肿瘤药物的供应仍依靠化学全合成。2012 年，Qian 和 Moore 两个研究组在海洋细菌（*Tistrella* spp.）中鉴定了普立肽类似物海鞘素 B（didemnin B）的生物合成途径（图 14-2），为非核糖体肽-聚酮合成酶（nonribosomal peptide synthetase and polyketide synthase，NRPS-PKS）杂合型，基因簇 *did* 编码于染色体外的大型环状质粒。*did* 基因簇编码 8 个 NRPS 和 2 个 PKS，均为典型的模块化、装配式生物合成酶，内含 13 个模块（Module）分别激活、装载和修饰（氮甲基化、异构化、碳甲基化、酮基还原）一个特定的氨基酸/酰基单元，通过缩合下一个模块挂载的单元进行延长，最终由硫脂酶（TE）进行水解及环化，从装配线上释放含侧链的海鞘素 B 前体，线下后修饰水解切除脂酰 - 聚谷氨酰胺侧链得到海鞘素 B。由于普立肽与海鞘素 B 在结构上仅一个位点的氧化程度有差异，即海鞘素 B 末端脯氨酸氮原子为乳酰化修饰，其乳酰基氧化脱氢成丙酮酰即转化为普立肽。因此可以大胆推测海鞘中的普立肽应来自其体内的共生细菌，其生源前体为海鞘素 B。

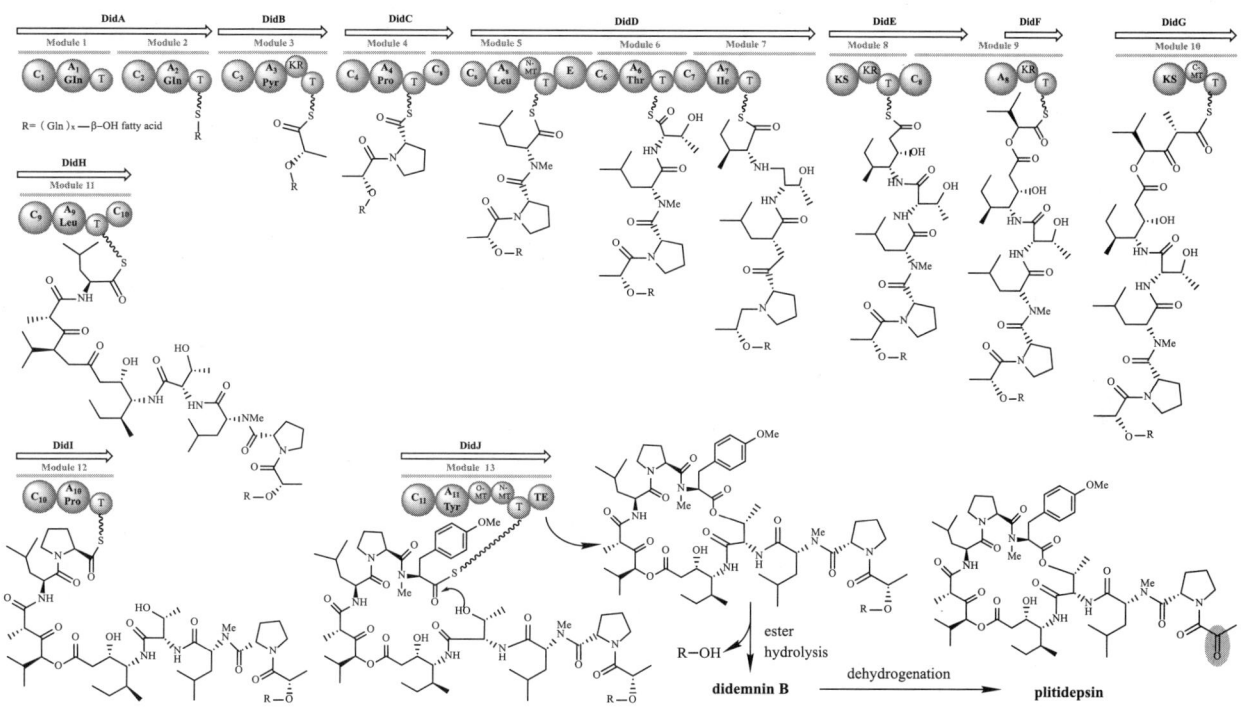

图 14-2 普利肽（前体）的生物合成

Polytheonamides（POY）是一类由 48 个氨基酸残基组成的性线肽，最初分离自隋氏蒂壳海绵（*T. swinhoei*），其自发形成 β- 螺旋构型，可插入细胞膜导致胞内阳离子渗漏，在皮克浓度水平即表现出显著的细胞毒性。由于含有 13 种非常见氨基酸，学界普遍认为 POY 产自非核糖体肽合成酶（non-ribosomal peptide synthetase，NRPS）途径，直到 2012 年，Jörn Piel 研究组从隋氏蒂壳海绵的基因组文库中鉴定了 POY 的生物合成基因簇 *poy*，确定其为共生细菌来源的核糖体合成后修饰肽（ribosomally-synthesized and post-translationally-modifed peptides，RiPPs）。遵循 RiPPs 化合物生物合成共同范式，基因 *poyA* 编码前体肽，其核心肽（core peptide）在后修饰基因编码的碳甲基化酶 PoyB/C、异构酶 PoyD、氮甲基化酶 PoyE、脱水酶 PoyF 及羟化酶 PoyI 催化下完成 17 次碳甲基化、18 次异构化、8 次氮甲基化、1 次脱水和 4 次羟基化，再由蛋白酶 PoyH 水解切除前体肽（leader peptide），最终释放完全后修饰的终产物 POY（图 14-3）。

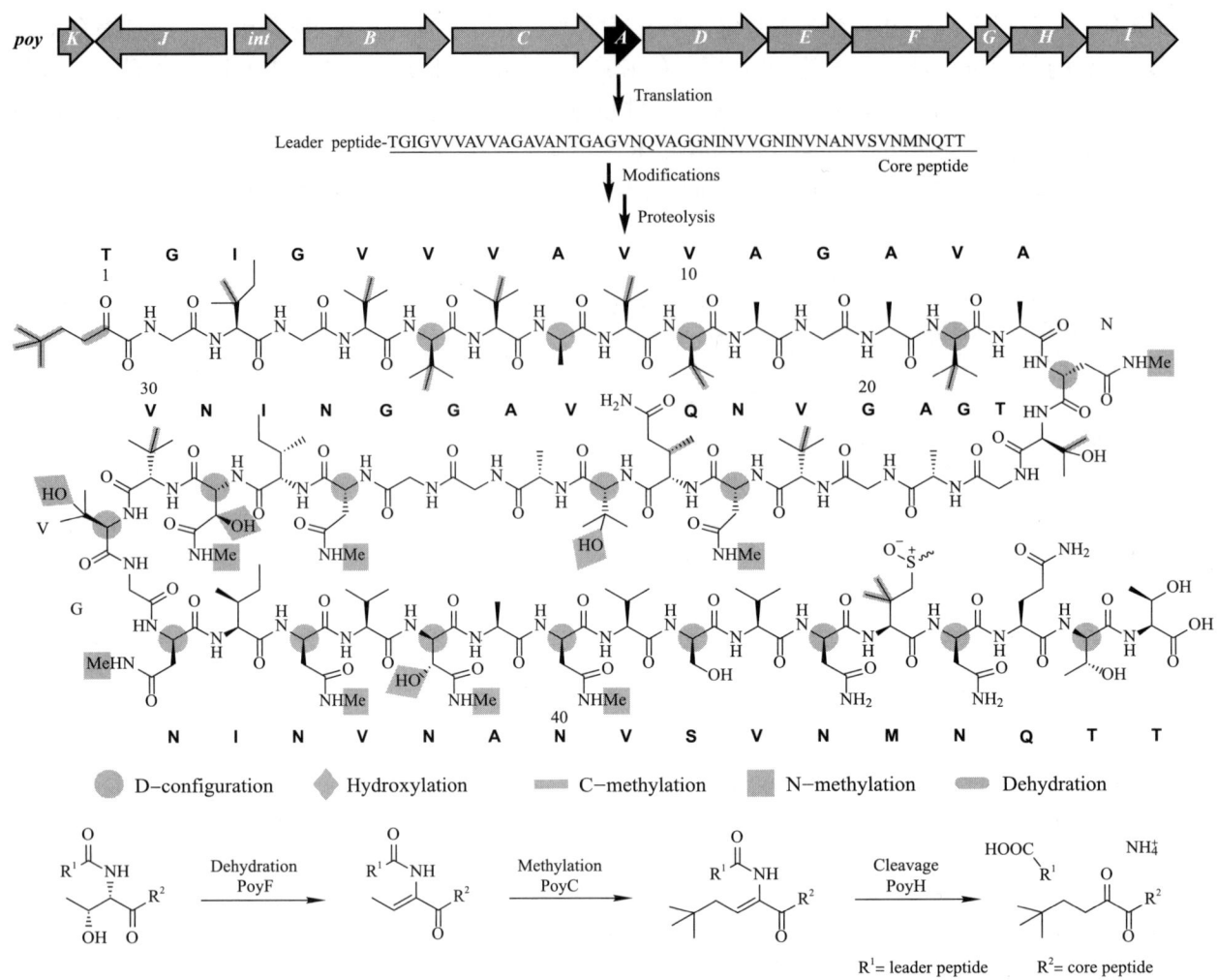

图 14-3 海洋毒性肽 polytheonamides 的生物合成

第四节 海洋天然药物的研究实例

一、抗肿瘤活性物质 ecteinascidin 743（Et-743）

拓展阅读 海洋药物 Et-743 历程

1972 年，美国伊利诺伊大学实验室发现加勒比海海鞘（*Ecteinascidia turbirwte*）提取物含有抗肿瘤活性物质，随后开展了抗肿瘤活性成分的分离和结构鉴定工作，并于 1990 年发现 Et-743。Et-743 是具有四氢异喹啉骨架的生物碱，其结构于 1992 年利用 X 射线单晶衍射得到了确认，并于 1996 年首次实现化合物的全合成。此后，该化合物在美国和欧洲进入 II/III 期临床试验，并于 2007 年作为治疗晚期或转移性软组织肉瘤在欧盟上市。2009 年，ET-743 作为联合用药，与阿霉素 PEG 化脂质体（PLD）联合用于治疗复发性铂敏感的卵巢癌在欧盟上市。同年，FDA 批准其用于软组织肉瘤和卵巢癌，由西班牙 Zeltia 公司生产，通用名为 trabectedin（曲贝替定），商品名为 Yondelis®，成为一个广受关注的现代海洋药物。

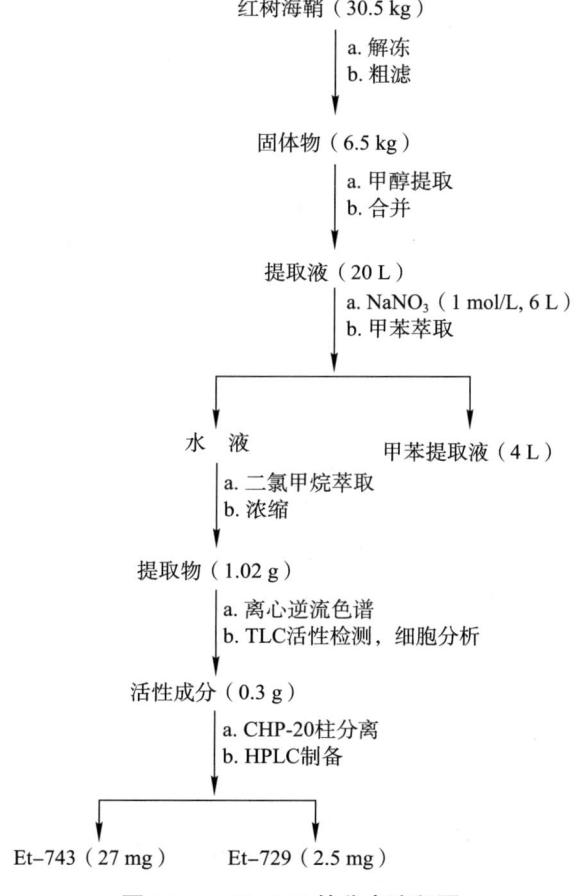

(一)提取分离

关于Et-743的分离方法包括专利方法较多,一种可行性分离流程如下(图14-4):

图14-4 Et-743的分离流程图

注:新鲜采集红树海鞘的样品(30.5 kg),在采集地速冻,解冻后,粉碎、过滤,固体物用甲醇提取,提取液以甲苯萃取脱脂,水液用二氯甲烷萃取,浓缩回收二氯甲烷,活性跟踪进行柱色谱分离,最后经HPLC纯化得到Et-743(27 mg)和Et-729(2.5 mg)。

(二)结构确定

有关Et-743的结构确定过程主要依靠现代波谱技术实现,详细的推导过程不再赘述,这里仅给出主要的质谱裂解特征及 ^{1}H-NMR 和 ^{13}C-NMR 的数据归属。

质谱:FAB-MS/MS测定,高分辨质谱显示[M-H]$^-$ 760.252 2。MS/MS质谱的信号可以方便质谱碎片的归属,对于Et-743结构的确认至关重要。质谱碎片的形成情况见图14-5。NMR的信号:通过测定 1D 和 2D-NMR 结果确定,信号归属见表 14-1。

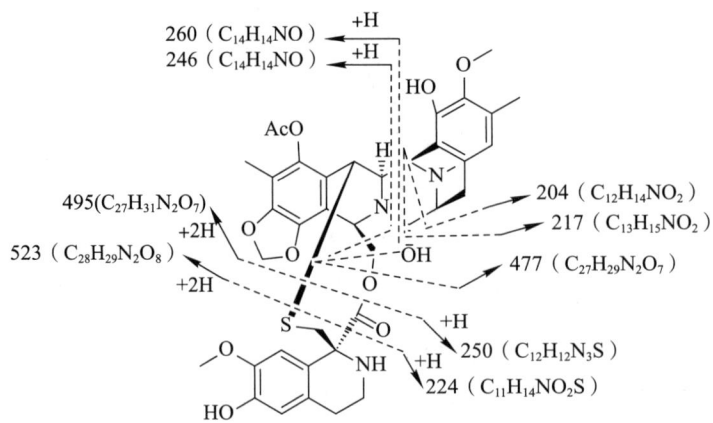

图 14-5　Et-743 的质谱信号对应的质谱裂解过程

表 14-1　Et-743 的 NMR 信号归属

序号	δ_C	δ_H	序号	δ_C	δ_H
1	56.3	4.78（1H, brs）	1'	65.3	
3	58.8	3.72（1H, m）	3'	40.3	3.13（1H, dt, J = 11.0, 4.0 Hz）
4	42.7	4.58（1H, brs）			2.77（1H, ddd, J = 11.0, 5.5, 3.5 Hz）
5	142.2		4'	28.6	2.60（1H, ddd, J = 16.0, 10.5, 5.5 Hz）
6	113.9				2.42（1H, ddd, J = 16.0, 3.5, 5.5 Hz）
7	146.5		5'	115.6	
8	141.9		6'	146.4	
9	116.0		7'	146.4	
10	122.0		8'	111.3	6.42（1H, brs）
11	55.6	4.40（1H, brd, J = 3.5 Hz）	9'	125.4	
13	54.0	3.52（1H, brs）	10'	128.8	
14	24.5	2.91（2H, brd, J = 4.5 Hz）	11'	173.1	
15	120.9	6.55（1H, s）	12'	43.1	3.38（1H, brd, J = 15.5 Hz）
16	131.2				2.05（1H, m）
17	145.1		13'		
18	149.8		14'		
19	119.2		15-OAc (C=0)	169.8	
20	131.5		(CH3)	20.5	2.29（3H, s）
21	92.1	4.26（1H, d, J = 3.0 Hz）	6-CH3	9.9	2.01（3H, s）
22	61.2	5.14（1H, d, J = 11.0 Hz）	16-CH3	16.1	2.28（3H, s）
		4.09（1H, dd, J = 11.0, 2.0 Hz）	17-OCH3	60.2	3.72（3H, s）
OCH2O	103.1	6.07（1H, d, J = 1.0 Hz）	7'-OCH3	55.7	3.58（3H, s）
		5.98（1H, d, J = 1.0 Hz）	12 NCH3	41.1	2.23（3H, s）

注：根据 COSY 和去耦合谱归属氢信号,碳谱的归属根据 APT、DEPT 的归属。测定溶剂为 CD$_3$OD：CDCl$_3$（3：1）。* 信号与甲基信号重叠,信号可以互换；括号中的数据为耦合常数。

HMBC 的信号归属：Et-743 的 HMBC 谱可以归属 H 与 C 间的相互关系，确定化合物中碳的连接关系，对进一步确定骨架结构非常重要。H 与 C 间的相关性见图 14-6。

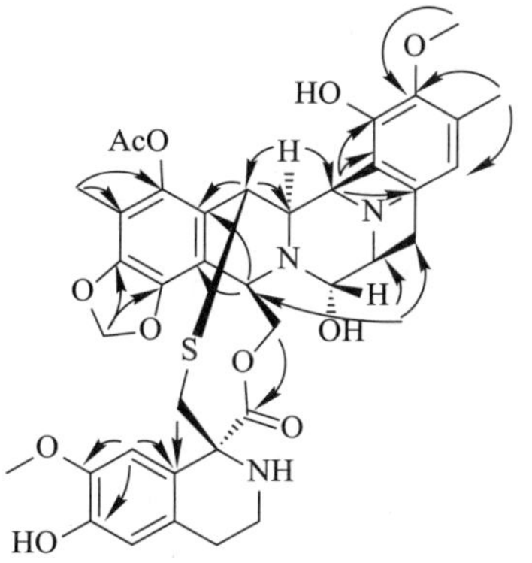

图 14-6　HMBC 确定的 Et-743 结构中 H 与 C 间的相关

（三）生源合成

Et-743 的生源合成过程符合氨基酸途径，其可能过程如图 14-7。

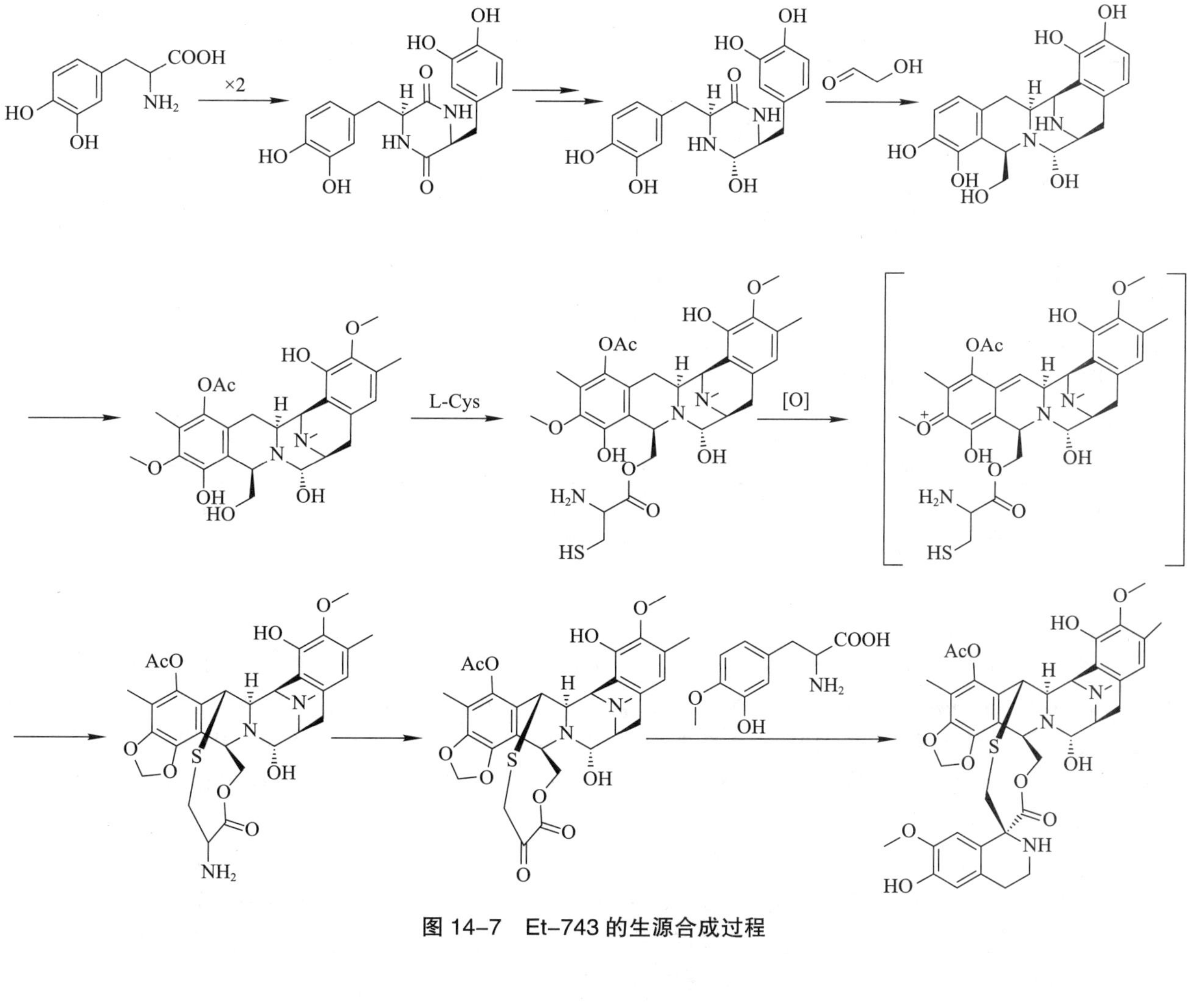

图 14-7　Et-743 的生源合成过程

(四)抗肿瘤试验

体外抑瘤试验结果见表 14-2,体内抑瘤试验结果见表 14-3。Et-743 抗肿瘤的作用机制是抑制 DNA 和 RNA 的合成;对 DNA 双螺旋中 guanjne N2 选择性烷基化,抑制 RNA 聚合酶活性,对 DNA 聚合酶活性影响较小。目前临床应用剂量为每天 2 mg,静脉注射给药。

表 14-2 Et-743 体外抑瘤试验

肿瘤类型	IC_{50}/pmol/L
colon(直肠癌)	< 1
CNS(中枢神经瘤)	< 1
melanoma(黑色素瘤)	< 1
renal(肾癌)	< 1
NSCL(非小细胞肺癌)	4
SCL(小细胞肺癌)	23
breast(乳腺癌)	< 100
ovarian(卵巢癌)	2 020
prostate(前列腺癌)	3 430
leukemia(白血病)	> 10 000

表 14-3 Et-743 体内抑瘤试验

动物模型	肿瘤类型	活性	T/C/%	无肿瘤/天
MX-I	乳腺癌	9/10 CR	< 1	9/10(23)→ 4/16(58)
MEXF989	黑色素瘤	6/6 CR	0.2	6/6(35)
LXFL529	非小细胞肺癌	3/4 CR	0.1	3/7(33)
HOC22	卵巢癌	5/6 CR	< 1	5/6(120)
MRIHL21	肾癌	5/5 PR	30	-/5(39)
PC2	前列腺癌	5/5 PR	44	-/5(20)

注:CR(complete response):完全反应;PR(partial response):部分反应;T/C%:肿瘤相对增殖率。9/10(23)→ 4/16(58):第 23 天观察时,10 只裸鼠中 9 只无肿瘤;到第 58 天观察时,10 只裸鼠中 4 只无肿瘤

(五)构效关系

通过研究 Et-743 及其衍生物与抗肿瘤活性的关系,发现结构中的一些基团对抗肿瘤的作用至关重要,如 1,4 位的含硫桥环打开不影响抗肿瘤作用,但 4 位的内酯、酰胺结构对抗肿瘤作用非常关键。此外,14 位的取代基 OH 或 CN 被置换,抗肿瘤作用明显下降;18 位的 OH、5 位的乙酰基、7,8 位的亚甲二氧基对发挥抗肿瘤作用都是必需的。以 Et-743 的衍生物 phthalascidin 为例,构效关系说明如图 14-8 所示。

(六)化学合成

已有几种 Et-743 的合成方案见诸报道,并合成出以克计量的 Et-743 供进一步临床试验的需要。1996 年,美国化学家科里(Elias James Corey)等首次提出了一条对映选择性全合成 Et-743 的路线,但合成步骤繁多,需要几十步反应,反应条件也比较复杂,难以满足工业化生产的需要。2000 年,

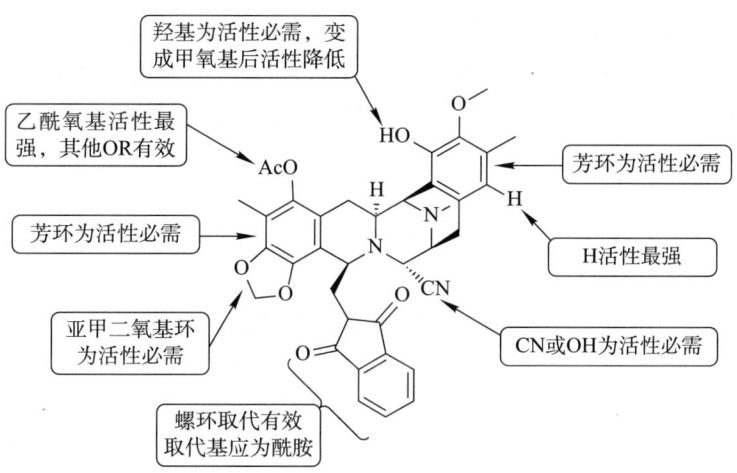

图 14-8　Et-743 衍生物 phthalascidin 的构效关系

Pharma Mar 公司的 Manzanares 以 cyano-safracin B 为起始原料，利用该分子与 Et-743 具有相似的五环骨架和手性中心，进行半合成研究（图 14-9），总收率 1.14%。Safracin B 可通过细菌 *Pseudornon.as fluorescens* 发酵获得，选择性控制发酵过程能得到 1 g 左右的氰基衍生物。该合成路线的步骤较 Corey 等的合成路线简单，有一定的可行性。

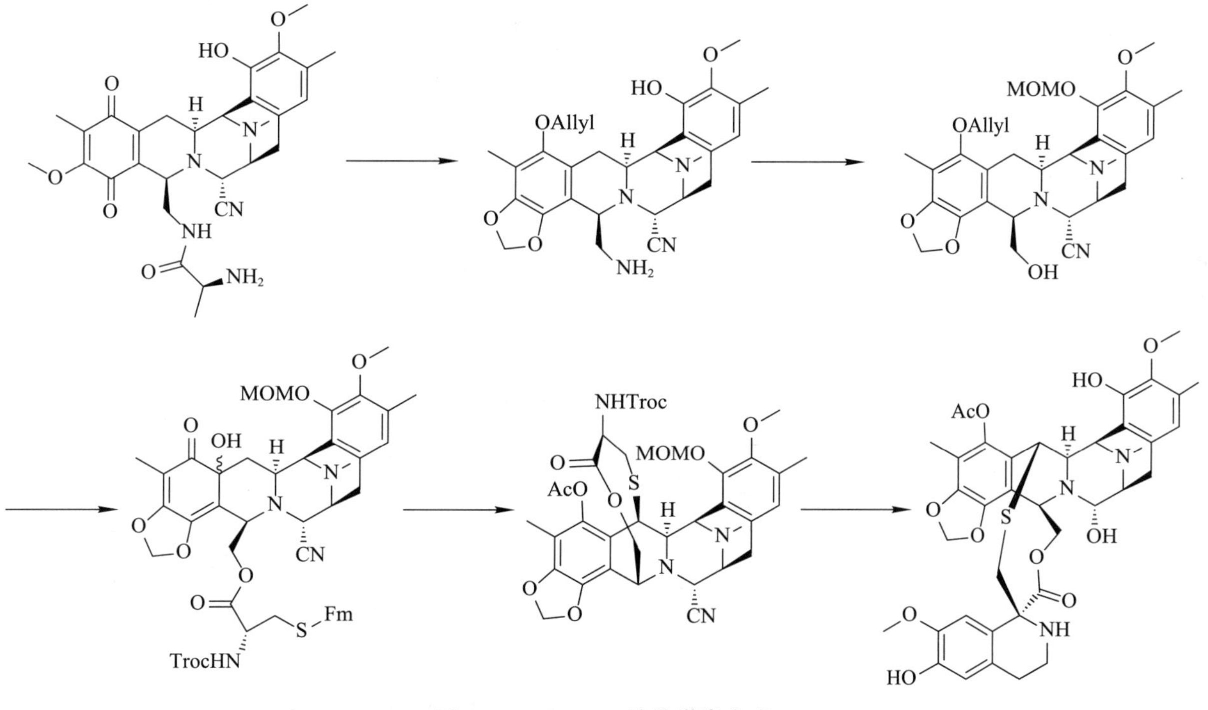

图 14-9　Et-743 的化学半合成

二、抗乳腺癌新药 eribulin mesylate（Halaven）

拓展阅读　海洋药物 Eribulin 开发历程

1986 年，致力于海洋天然产物研发的日本科学家平田正义和上村大辅从海绵 *H. okadai* 中分离出了一种化合物 halichondrin B，其 80 pmol/L 即可有效地杀死小鼠体内的癌细胞。该药物临床药用成分为艾瑞布林甲磺酸，商品名为 Halaven，由日本 Eisai 公司研发，于 2010 年 11 月 15 日在美国首次上市。美国 FDA 批准 Halaven（甲磺酸 eribulin）用于治疗至少已接受过两次晚期疾病化疗的转移性乳腺癌患者，该药品随后在新加坡、欧盟、瑞士、日本等国家陆续上市。

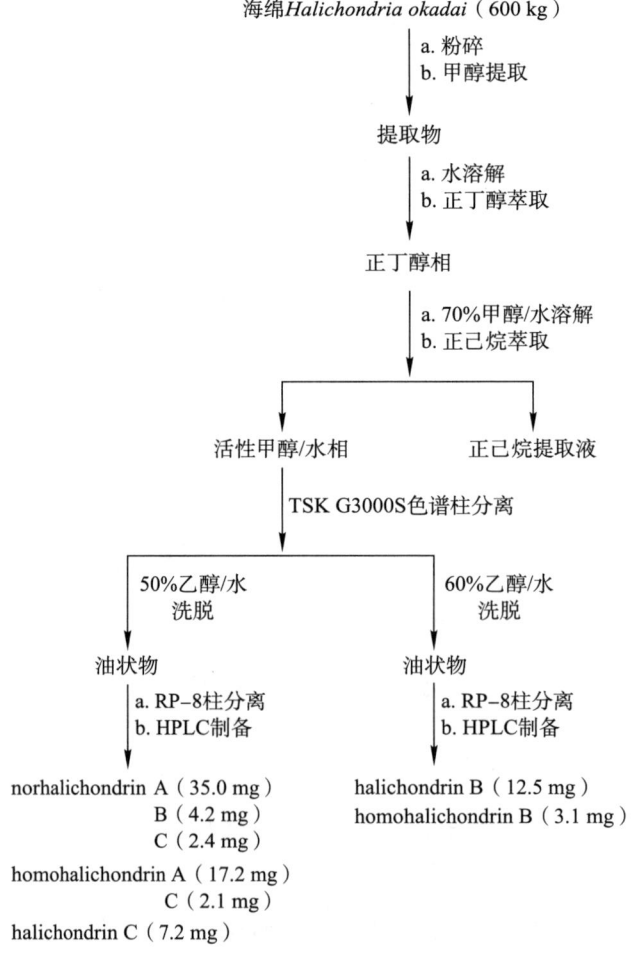

halichondrin B　　　　　　　　　　eribulin

（一）提取分离

平田正义和上村大辅从 *H. okadai* 中分离得到 halichondrin B 的流程如图 14-10：

海绵 *Halichondria okadai*（600 kg）
↓ a. 粉碎
↓ b. 甲醇提取
提取物
↓ a. 水溶解
↓ b. 正丁醇萃取
正丁醇相
↓ a. 70%甲醇/水溶解
↓ b. 正己烷萃取

活性甲醇/水相　　　正己烷提取液

TSK G3000S 色谱柱分离

50%乙醇/水洗脱　　　60%乙醇/水洗脱

油状物　　　　　　　油状物
a. RP-8柱分离　　　a. RP-8柱分离
b. HPLC制备　　　 b. HPLC制备

norhalichondrin A（35.0 mg）　　halichondrin B（12.5 mg）
　　　　　　　B（4.2 mg）　　homohalichondrin B（3.1 mg）
　　　　　　　C（2.4 mg）
homohalichondrin A（17.2 mg）
　　　　　　　C（2.1 mg）
halichondrin C（7.2 mg）

图 14-10　halichondrin B 的提取分离流程

海绵样本在含有甲醇的搅拌器中粉碎。静置三天后，过滤除去固体残留物。所得褐色滤液减压浓缩，随后在水溶液中用水饱和的正丁醇萃取。有机层提取物用 70% 的 MeOH 水溶液溶解，然后用三份正己烷洗涤溶液。甲醇相油状提取物在 TSK G3000S 聚苯乙烯凝胶柱上用乙醇和水充分洗涤。用 50% 乙醇和 60% 乙醇洗脱体外抗 B-16 黑色素瘤细胞的生物活性组分。通过使用 RP-8 柱和 YMC Pack A2l2（C-8）柱进一步分离纯化，最终从 60% 乙醇洗脱液中获得了抗 B-16 黑色素瘤细胞的活性化合物 halichondrin B。

（二）结构确定

有关 halichondrin B 的结构确定过程主要依靠现代波谱技术实现，详细的推导过程不再赘述，这里仅给出主要的 ^{1}H-NMR 和 ^{13}C-NMR 的数据归属（表 14-4）。

表 14-4 halichondrin B 的 NMR 的信号归属

序号	δ_H	δ_C	序号	δ_H	δ_C
1		172.8	31		37.5
2	2.44；2.57	41.2	31-Me	1.07	15.9
3	3.88	74.9	32	3.22	78.0
6	4.33	69.6	33	3.87	65.5
7	2.98	79.1	35	4.12	77.3
8	4，31	75.8	36	4.1	78.0
9	4.13	73.3	37		45.6
10	4.18	78.0	38		114.8
11	4.6	83.8	39		45.0
12	4.71	82.5	40	4.05	73.0
13	1.98；2.09	49.4	41	3.69	80.8
14		111.3	42		27.1
17	4.08	76.3	42-Me	0.94	18.2
18	2.32	39.7	44		98.4
19	2.8	153.2	46		27.1
19=CH$_2$	5.02；5.07	105.8	46-Me	1.01	18.3
20	4.46	76.1	47	3.56	81，3
23	3.71	75.3	48	4.1	75.1
25		37.5	49	1.83；2.27	
25-Me	1.1	18.4	50	4.00	81.3
26		153.2	51	3.78	73.1
26=CH$_2$	4.82；4.88	104.8	52	1.61；1.75	
27	3.62	75.1	53	3.87	71.6
29	4.25	73.8	54	3.46；3.53	75.0
30	4.63	77.3			

（三）抗肿瘤试验

体外抑瘤试验结果见表 14-5，体内抑瘤试验结果见表 14-6 和表 14-7。halichondrin B 抗肿瘤的作用机制是抑制微管蛋白的生长期而不影响其缩短期，通过以微管蛋白为基础的抗有丝分裂机制阻滞、破坏有丝分裂纺锤体，导致细胞复制大部分在 G_2/M 期受到抑制，延长有丝分裂时间，从而导致细胞凋亡而发挥作用。

表 14-5　halichondrin B 体外抑瘤试验

肿瘤类型	$IC_{50}/(ng \cdot mL^{-1})$
B-16（小鼠黑色素瘤细胞）	0.093

表 14-6　halichondrin B 对黑色素瘤 B-16 的体内抑瘤试验

用量/($\mu g \cdot kg^{-1}$)	给药方案	中位生存期/天	$\frac{T}{C}$/%
0	1~9 天，每日腹腔注射	16	——
2.5		32.5	203
5.0		39	244
0	第 1、3、5、7、9 天腹腔注射	19	——
5.0		37.5	197
10.0		39.5	208
0	第 1、5、9 天腹腔注射	18	——
10.0		36.5	203
20.0		39.5	219
0	第 1、4、7、10 天静脉注射	17.5	——
10.0		27.5	157

表 14-7　halichondrin B 对白血病细胞 P388 的体内抑瘤试验

用量/($\mu g \cdot kg^{-1}$)	给药方案	中位生存期/天	$\frac{T}{C}$/%
0	1~9 天，每日腹腔注射	11	——
1.25		15	136
2.5		16.5	150
5.0		26	236
10.0		35.5	323
0	1~5 天、7~12 天，每日腹腔注射	7	——
30		10	143
50		14.5	207
70		14	200
0	第 1、3、5、7、9、11 天腹腔注射	8	——
50		11	138
100		30<	375<

（四）构效关系

通过对天然和修饰的 halichondrins 类化合物的研究表明，该类化合物的构象是抗肿瘤活性的重要影响因素，而且只有拥有 halichondrin B 类似构象的衍生物保持强烈的细胞毒活性。halichondrin 类化合物骨架上 C-19 和 C-26 的 sp^2 杂化消失及内酯环打开会引起细胞毒活性的显著降低。halichondrin 类化合物的活性主要由分子的前半部分决定，C-38 之外的结构修饰对抗有丝分裂的和细胞毒活性的影响较小。

（五）化学合成

Halichondrin 类化合物最早的全合成完成于 1990 年。由于该类化合物的结构过于复杂，化学结构简化及活性优化工作导致化合物 eribulin 等合成修饰产物的发现。Eribulin 含有 19 个手性碳原子，是迄今为止用纯化学合成方法研制生成的结构最复杂的药物。1998 年，Francis G. Fang 通过工业原料经过 62 步反应合成（图 14–11），满足了临床研究用药的需求。但由于 eribulin 结构中的手性中心数量非常多，合成过程中的手性中心难以控制。2015 年，Fang 的团队以 D– 奎尼酸为原料合成了 eribulin 的 C_{14}–C_{26} 片段（图 14–12），所有四个立体中心均来自单一手性源 D– 奎尼酸。虽然合成路线增加了 7 步但去掉了层析过程，让成本及废物生成降低了 80%。

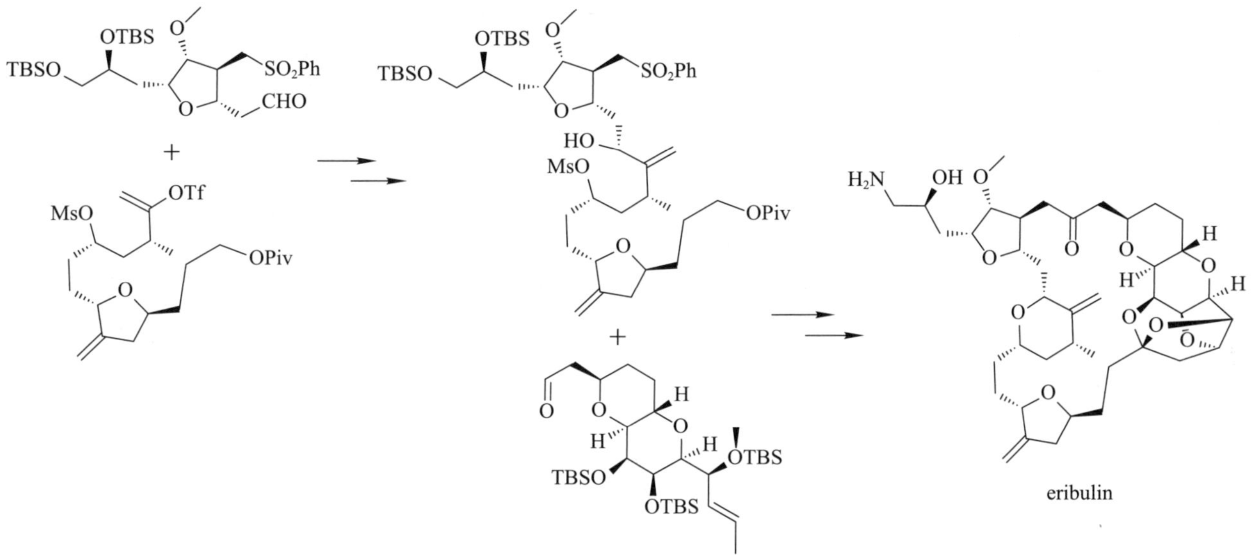

图 14–11　eribulin 的合成简图

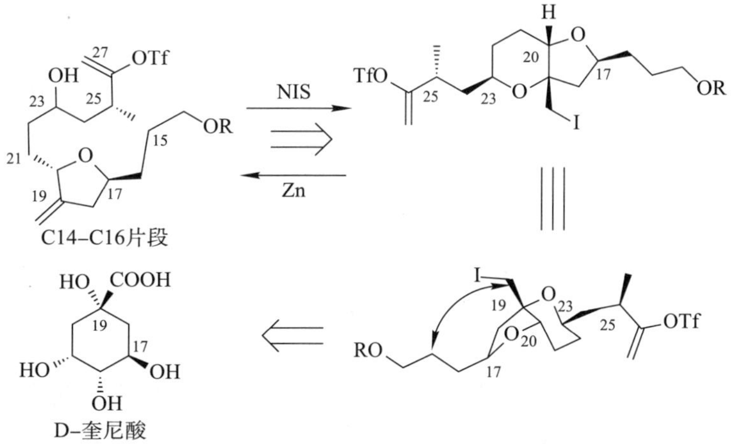

图 14–12　eribulin C_{14}–C_{26} 片段逆合成分析

（林厚文）

数字资源详见　新形态教材网

学习目标　思维导图　思政元素　案例探讨　参考文献
微视频　拓展阅读　本章小结　自测题　教学课件

第十五章
微生物天然药物

编者导学

📍 学习目标

🔬 思维导图

本章导航

第一节　概述
第二节　微生物的采集、分离、鉴定、发酵和菌种保藏
第三节　微生物天然药物的来源及结构特点
第四节　微生物天然药物的生物合成
第五节　微生物天然药物的生物活性及作用机制
第六节　微生物天然药物的研究实例

　　微生物（microorganism，microbe）是指肉眼不可见的单细胞、多细胞生物或者无细胞生命体。虽然微生物通常个体微小，但其在药物研发中有着极其重要的应用，产生了青霉素、链霉素等一系列改变世界的药物分子。本章将介绍微生物资源的获取、鉴定及保藏，让读者对微生物的相关知识有个基本的了解，并将重点讲述微生物天然药物的种类、活性及作用机制。微生物是研究天然产物生物合成非常重要的工具，在遗传信息的获取和分子生物学改造方面有着植物无法比拟的优势，近年来微生物天然产物生物合成研究发展势头迅猛，取得了许多重要成果，本章将简要介绍几类微生物天然药物的生物合成途径。微生物天然药物的发展历史上有着群星璀璨的药物分子，阿维菌素也是其中耀眼的一颗，本章也将以阿维菌素为例，介绍微生物药物的研发历程。

第一节　概　　述

　　微生物通常个体大小在微米（μm）甚至纳米（nm）范围内，其比表面积要大于其他生物类群，因而微生物有着一个巨大的营养物质吸收面、代谢废物排泄面和环境信息交换面，从而具备生物多样性高、转化快、生长旺、繁殖快、适应强易变异等特性。这些特性在微生物菌株资源挖掘筛选、遗传改造、发酵工业等与微生物药物相关的研究以及产业中有着极其重要的应用。青霉素工业的发展便是利用上述微生物特性的过程。最初，1929 年弗莱明（Alexander Fleming）发现青霉素产生菌株为 *Penicillium notatum*，其生产青霉素能力仅有 1~2 U/mL。后来，美国进行了大规模的菌株筛选与选育，1943 年发现了高产青霉素菌株 *Penicillium chrysogenum*，其突变株 Q176 的青霉素产量约为 20 U/mL。之后，经过多年的菌株筛选驯化、遗传改造及发酵条件优化，如今青霉素的产量已超过 50 000 U/mL。微生物是地球上分布最广泛、生物量最大、多样性最丰富、进化历史最长的生命形式，蕴藏着极其丰富的物种、基因及代谢产物资源，为人类进一步开发利用微生物资源，尤其是在微生物药物方面提供了无限广阔的前景。

一、微生物药物

微生物药物按其来源可以分为三类：一是基于微生物整体或部分实体的药物，如疫苗、抗毒素等，称为生物制品；二是来源于微生物初级代谢产物的药物，这类代谢产物是微生物自身生长繁殖所必需的，多数可作为食品，也有一些可以用作药物如氨基酸、核苷酸、维生素 B_2 等；三是来源于微生物次级代谢产物的药物，也是狭义上的微生物药物，这类代谢产物与微生物基本生命活动无关，包括控制感染、治疗癌症的抗生素（antibiotics），以及酶抑制剂与诱导剂、免疫调节剂、细胞功能调节剂、受体拮抗剂与激动剂等生理活性物质（biologically active substances）。次级代谢产物来源的微生物药物将是本章讲述的主要内容。

二、微生物药物发展历史

早在 2 500 年前的中华大地，人类就已经利用"豆腐上衍之霉"来医疮疗痈。而在欧洲和南美洲，几百年前的人们也曾用发霉的面包治疗溃疡、创伤化脓等疾病。19 世纪 70 年代起各国学者已经观察到了一些微生物间的拮抗作用。1876 年廷德尔（John Tyndall）发现细菌悬液表面霉菌可以使浑浊的悬液变清，并指出霉菌与细菌为了生存而竞争；1877 年巴斯德（Louis Pasteur）观察到空气中一些细菌可促使炭疽杆菌迅速死亡，给动物接种无害细菌可以抑制炭疽病状的发生；1889 年，德勒（Paul Doehle）和戈西奥（Giuseppe Gosio）提出微生物之间的这种拮抗现象是物质作用的结果。

1929 年，英国科学家弗莱明观察到青霉菌 Penicillium notatum 菌落周围出现了细菌不能生长的现象，其培养液能抑制各种细菌生长，且没有动物毒性，并把其中的活性成分命名为 penicillin（青霉素或盘尼西林），同时建议用这种培养液外敷治疗局部溃疡等表皮感染。一直到 1940 年，钱恩（Ernst Boris Chain）和弗洛里（Howard Florey）才得到青霉素结晶，并证明它的强效抗菌活性，肯定了青霉素的价值。美国政府于 1941 年邀请了钱恩和弗洛里到美国开发青霉素。采用 X 射线照射法进行诱变育种，提高其产生青霉素的能力，并使用玉米浆培养基进行发酵，实现了青霉素工业化生产，从而开创了抗生素时代。1945 年，因青霉素的发现弗莱明、钱恩和弗洛里三人共同获得诺贝尔生理学或医学奖。

青霉素在临床上的奇异疗效，激发了世界各国学者的研究热情。20 世纪 40 年代初，美国科学家瓦克斯曼（Selman Waksman）在链霉菌属（Streptomyces）中陆续发现了放线菌素、链丝菌素和链霉素，并率先提出"抗生素"的概念。链霉素是第一个能有效对抗结核病的抗生素，因此瓦克斯曼也于 1952 年获得诺贝尔生理学或医学奖。在发现链霉素后的二十多年时间里，全球平均每年报道一两百种新抗生素。具有临床应用价值的抗肿瘤药物博莱霉素、培罗霉素，酶抑制剂美伐他汀、洛伐他汀，免疫抑制剂环孢菌素、他克莫司等药物相继问世。除临床用药外，农用和畜用微生物药物研究也取得了较大的进展，如作为植物生长激素的赤霉素和脱落酸，作为除草剂的除莠霉素以及抗动物寄生虫的阿维菌素、莫西菌素等也相继上市。微生物药物发展的时间线如图 15-1 所示。

在过去近 100 年的时间里，有超过 5 万种微生物来源的天然产物被发现，其中有 1 万余种具有较好的生物活性。在此基础上开发成功的微生物药物在临床治疗中更有着不可或缺的地位。地球上的微生物资源庞大，微生物次生代谢产物具有结构多样、活性广泛、疗效显著等特点，决定了微生物来源药物必将为人类的生产生活作出更大的贡献。

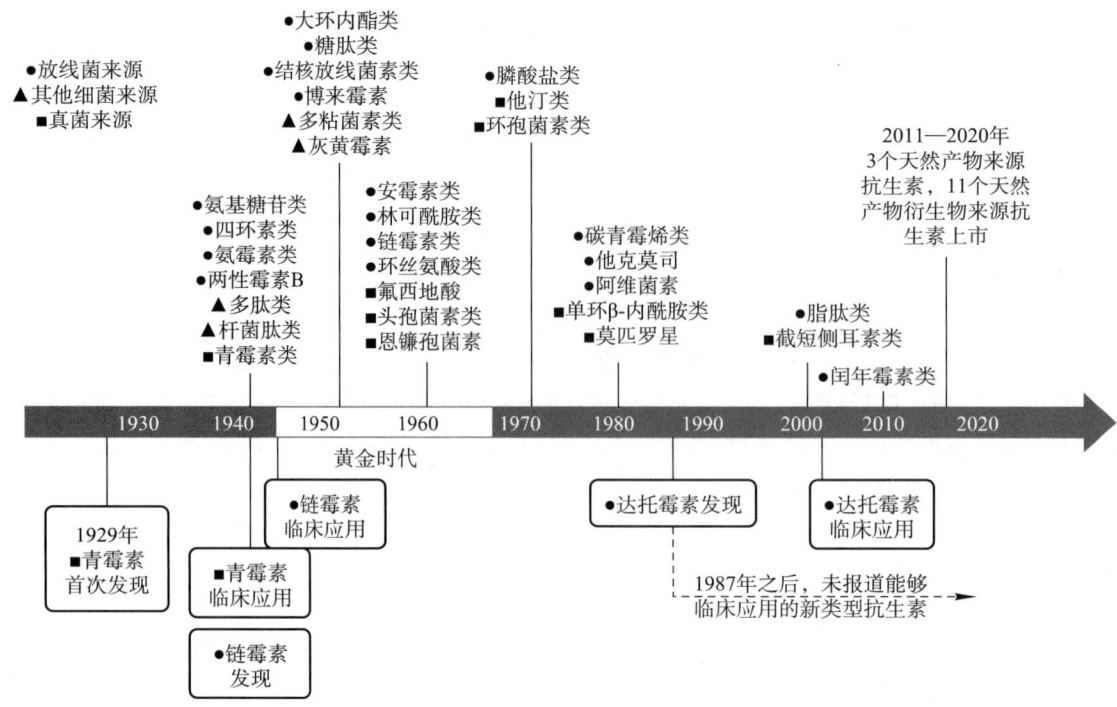

图 15-1　微生物药物发展时间线

三、微生物天然药物发现的方法与途径

从微生物代谢产物中寻找一种新的具有临床应用价值的药物，一般要经过微生物的采集分离、培养发酵、化合物提取分离鉴定及活性筛选等基本流程。主要按照图 15-2 流程进行。

随着常见微生物资源被充分挖掘以及微生物耐药性的出现，微生物药物的研发投资回报率显著降低。20 世纪 80 年代以后，微生物来源小分子药物的研发速度逐渐减缓，新作用机制的抗生素在临床应用方面几乎进入了"静止"状态。新型抗生素研发速度落后于菌株耐药性出现速度。为了获得新的微生物药物，满足人类对抗疾病的需要，化学、生命科学和医学等领域的新方法、新技术被相继应用到微生物天然药物发现中。例如，建立海洋等特殊环境的微生物分离培养方法，挖掘新的微生物资源；发现新的药物筛选靶标，建立高通量、高内涵筛选模型；应用次级代谢产物的生物合成原理，激活微生物沉默基因簇；通过合成生物学技术，构建工程菌，产生"非天然的"微生物新分子；利用宏基因组技术结合异源表达，挖掘难培养微生物的新基因簇，等等。

第二节　微生物的采集、分离、鉴定、发酵和菌种保藏

一、微生物样品的采集

微生物广泛分布于自然界中，几乎任何人们可以想象到的地方都有微生物的存在。一般来说常见微生物样品的来源主要包括动物的皮肤、口腔、肠道、排泄物分泌物、遗体或遗迹，植物的表面、根茎叶的内部、植物病原菌、根土、腐朽的枝干或枯败的落叶，高等真菌的寄生菌，环境中的土壤、矿脉、河（湖、海）泥和水，甚至冰川、极地、临近空间等。目标微生物的特性及其生境特性决定了样品采集和保存方法，一般来说遵循新鲜、无外源微生物干扰原则，并详细记录样本信息。

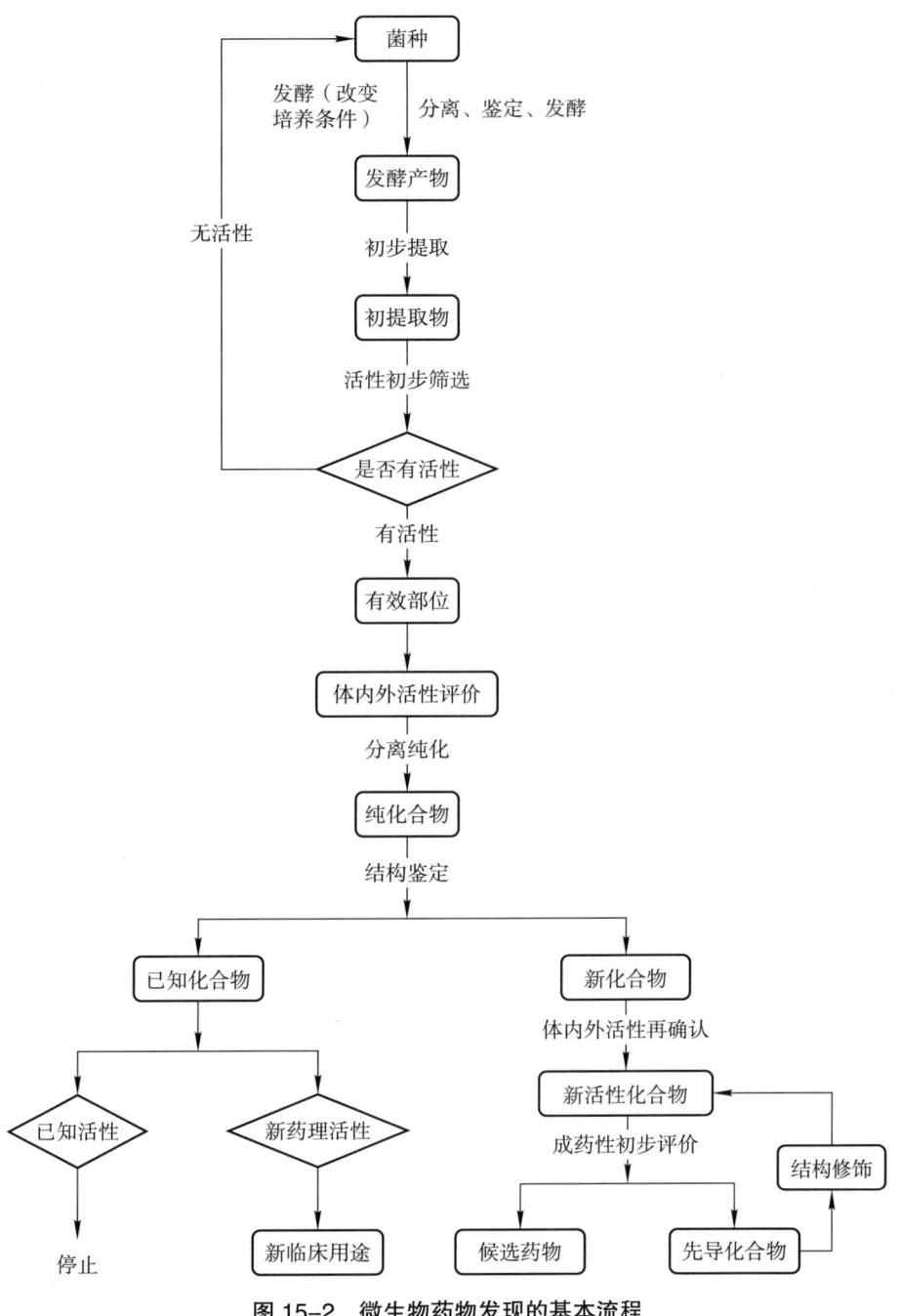

图 15-2　微生物药物发现的基本流程

拓展阅读　*微生物样品采集表*

二、微生物样品的分离和培养

微生物样品分离最重要的目的是从含有一种以上的微生物混合培养物（mixed culture）中获得微生物的纯培养（pure culture）。传统的分离方法包括稀释平板法、组织分离法及单孢分离法等，这些方法相对费时费力。近年来，光镊分选（optical tweezers isolation）、微流控分选（microfluidic isolation）、基于流式细胞仪的荧光活化细胞分选（fluorescence-activated cell sorting，FACS）及激光诱导向前转移技术分选法（laser-induced forward transfer，LIFT）等新的分离技术提高了微生物的分离效率。

样品的前处理在分离目标微生物中非常关键，采用抗生素处理、冷热处理、调整酸碱度、碳氮比、营养富集、添加诱饵或者综合应用以上措施可有效提高目标菌的分离效率。一般来说，将预处理后的样品稀释到一定浓度，通过传统方法或者单细胞分选的方法即可在好氧条件或者厌氧条件下获得单菌落。挑取单菌落进一步划线或者分选即可得到纯化的菌株，以备后续鉴定和研究。

此外，为了增加目标菌株的分出概率，培养基的选择也非常重要。一般分离细菌用牛肉膏蛋白胨培养基（nutrient broth）和 Luria-Bertani（LB）培养基等，分离放线菌可用高氏合成培养基等（Gause's synthetic medium），分离真菌可用 PDA 培养基（potato dextrose medium）和 YPD 培养基（yeast extract peptone dextrose）等。此外还有选择培养基，用于抑制不需要的微生物或者富集需要的微生物，如营养缺陷型培养基、高盐高渗培养基等。

拓展阅读 常用培养基配方

三、微生物鉴定

微生物种质资源是微生物药物研发与生产的重要基础性资源。微生物菌株的准确鉴定是微生物资源开发利用的基础工作。微生物的鉴定一般采用形态特征鉴定、生理生化特征鉴定、分子系统鉴定、全基因组分析等。表 15-1 给出了微生物鉴定的常用方法使用条件及优缺点。

表 15-1 微生物鉴定的常用方法及优缺点

方法	目标类群	检测指标	优点	缺点
形态特征鉴定	所有微生物	菌落大小、颜色、质地、细胞大小、表面结构、附属物有无	可以了解菌株的培养特征	需要显微镜、费时费力、形态相似的物种区分度不高
生理生化特征鉴定	一般用于细菌鉴定	革兰氏染色、细胞壁组分、碳氮源利用、DNA 杂交、抗生素敏感性、产酸产气情况等	系统了解菌株的生化特征	费时费力
分子系统鉴定	所有微生物	16S（细菌、古菌） ITS（真菌）	简单、快速	相似物种区分度不高
基因组分析	细菌、古菌、病毒	平均核苷酸相似度（average nucleotide identity，ANI） 数字 DNA 杂交（digital DNA-DNA hybridization，dDDH）	准确	周期较长、需要高质量的参比基因组

近年来随着测序技术和生物信息技术的发展，微生物鉴定整合了多种手段综合分析。表观特征鉴定结合细菌的 16S rRNA 序列或全基因组序列、真菌的 ITS 序列的系统发育分析，是常见的微生物鉴定手段。当确定为新属或新种，应在相应学术期刊发表并获得认可后，将模式菌株存放至相应国家级菌种保藏机构。

四、微生物发酵

微生物经平板分离培养纯化获得单一菌株后，通过适当放大发酵培养可获得其活性代谢产物。按照发酵方式不同可以分为固体发酵和液体振荡发酵。固体发酵在真菌的发酵培养中较为常用，具有操作简便、不受设备限制、发酵产物容易提取等优点。液体振荡发酵则具有条件易于控制、生产周期短和适合大规模生产等优点。液体振荡培养在实验室研究中广泛用于放线菌和酵母的发酵实验。发酵条件通常包括培养基组成、温度、pH、振荡转速及通气量等。

发酵培养基的主要成分应满足菌种发酵过程中对于碳源、氮源及无机盐等营养成分的需求。发酵培养基和分离培养基原则上可以通用。分离培养基往往相对较为单一固定，而发酵培养基需经过培养基优化以期提高目标产物的含量。在放大发酵之前一般需要制备种子液，这一过程的主要目的是使菌种繁殖，以获得足够数量的菌体，以便接种到大量发酵用的培养器具中。种子液制备时要选择菌株生长快速的培养基，在短时间内获得足量的菌体。

五、微生物菌种保藏

微生物容易变异退化，并且易受到杂菌的污染。为保障菌种的可持续利用和遗传特性的稳定，需要采用一定的方法进行长期保存。在保藏过程中，一般通过低温、干燥和隔绝空气等方法使微生物的代谢处于最不活跃或相对静止状态，以保持生活能力并防止变异。常用的保藏方法主要有斜面培养保藏法、沙土保藏法、滤纸保藏法、冷冻保藏法及冷冻干燥保藏法等。其中斜面培养保藏法，是指将待保藏的菌种接种在合适的斜面培养基上，在相应的条件下培养得到充足的菌体或者孢子，随后密封试管置于4℃左右保存。该方法是实验室和工厂常用的方法，操作简单、方便，不需要特殊设备，但需要定期移种，具有容易变异、容易受到杂菌污染等缺点，并且保藏的菌种需要1~6个月移种一次。沙土保藏法和滤纸保藏法都属于载体保藏法，该方法是将微生物吸附在沙子或滤纸等载体上，而后进行干燥的保藏法。滤纸保藏法，可以保藏细菌和酵母菌约2年，沙土保藏法主要用于霉菌、放线菌等产孢微生物。冷冻保藏法，是将菌株存储于冷冻环境中，如低温冰箱（-20℃至-30℃，-50℃至-80℃）、干冰酒精快速冻结（约-70℃）和液氮（-196℃）等保藏法，该方法适用于一般菌种保藏，可保藏菌种数年之久。冷冻干燥保藏法先使微生物在极低温度（-70℃左右）下快速冷冻，然后在减压下利用升华现象除去水分（真空干燥），做成冻干粉进行保藏，该方法是最有效的保藏方法之一，适用于生命力较强的微生物、孢子和无芽孢细菌，一般可以保存数年至十余年。

除了在实验室或工厂进行小规模的保藏外，世界上还有许多规模较大、成熟完备的菌种保藏机构，它们提供菌种保藏和购买服务。其中著名的机构包括美国典型菌种保藏中心（ATCC，马里兰）、荷兰真菌菌种保藏中心（CBS，得福特）、英国全国菌种保藏中心（NCTC，伦敦）、日本大阪发酵研究所（IFO，大阪）、美国农业部北方利用研究开发部（北方地区研究室，NRRL，皮奥里亚）以及中国普通微生物菌种保藏管理中心（CGMCC，北京）。

第三节　微生物天然药物的来源及结构特点

一、微生物天然药物的来源

微生物产生的次级代谢产物数量超过5万种，结构种类众多，其来源主要是放线菌、细菌（除放线菌以外的细菌）和真菌。此外，随着培养组学和合成生物学等学科发展，人们通过非培养方法也获得了大量的微生物天然产物。

（一）放线菌

放线菌是一类具有分枝状菌丝，G+C含量高的革兰氏阳性细菌。放线菌是微生物生理活性物质的重要来源，主要包括链霉菌（*Streptomyces*）、小单孢菌（*Micromonospora*）和嗜热放线菌（*Thermoactinomycetes*）三个属。在20世纪50~60年代间发现的所有抗生素类物质中，约70%来源于链霉菌，包括链霉素、氯霉素、四环素和大环内酯类抗生素等。在随后的20年间，有25%~30%新发现的抗生素类物质来源于非链霉菌属放线菌，即稀有放线菌。例如，在小单孢菌属中，发现了740多个化学结构类型多样、生理活性各异的物质，主要为抗生素和一些酶抑制剂，如庆大霉素和安莎类抗生素等。近年来，海洋放线菌资源也逐渐受到重视，越来越多的活性物质被报道，为药物筛选提供了丰富的候选化合物库。

（二）细菌

除放线菌外的细菌中，产生次级代谢产物最多的菌是枯草杆菌，此外还有假单胞菌、肠杆菌、乳杆菌和链球菌等。这些细菌通常产生肽类或修饰的肽类化合物如短杆菌肽、简单吩嗪和两性化合物（脂肪酸衍生物），很少产生结构复杂的化合物。近年来，黏细菌引起人们广泛关注。黏细菌（myxcobacteria）是一类单细胞、可滑行运动的革兰氏阴性细菌，其具有超大的基因组（13.03 Mb），能形成类似真核生物的五彩斑斓的子实体形态，被称为"高等原核生物"。黏细菌是抗菌和抗肿瘤药物的"生物工厂"，可以产生包括芳香族、杂环、酮类、大环、聚酰、多烯和肽类等众多结构新颖的化合物。其中，纤维堆囊菌（*Sorangium cellulosum*）产生的埃博霉素（epothilones），已被应用于临床癌症治疗。

（三）真菌

据估计全球真菌物种有160~400万余种，是药物先导化合物的重要来源。其中丝状真菌如曲霉（*Aspergillus*）、青霉（*Penicillium*）和镰孢霉（*Fusarium*）是次级代谢产物的主要产生菌，产生了众多的微生物药物，如目前临床广泛应用的β-内酰胺类抗生素青霉素和头孢菌素类、环孢菌素、他汀类（statins）药物。近年来，研究人员对真菌越来越感兴趣，特别是对内生真菌、海洋真菌及大型真菌，并将其作为新化合物的来源。

植物内生真菌是一定阶段或全部阶段生活于植物组织和器官内部的真菌。目前，多数植物内生真菌还没有被深入研究，未来从中发现新结构、强活性药物先导化合物的概率很大。海洋占地球总表面积的71%，其蕴藏着丰富的微生物资源，因其高盐、高压、低温、低照、寡营养恶劣条件，海洋真菌产生了与陆地真菌不同的代谢系统和机体防御体系，也产生了许多具有特异、新颖化学结构的生物活性物质。1945年，Brotzu对从撒丁岛排污口附近的海水样本中分离得到了一株顶头孢霉（*Cephalosporium acremonium*，今命名为 *Acremonium chrysogenum*），并从中获得了迄今为止最为重要的海洋真菌来源抗生素——头孢霉素C；大型真菌（macrofungi），泛指广义上的蘑菇（mushroom）或蕈菌（macrofungi），分属于担子菌亚门和子囊菌亚门。尽管目前来源于大型药用真菌并开发成药的活性化合物远少于丝状真菌，但是仍有一些化合物及其衍生物在医药或者农业畜牧业广泛应用，其中一些药物还是目前该治疗领域里唯一的特效药物。如分离自药用真菌蝉花无性型真菌辛克莱棒束孢（*Isaria sinclairii*）的多球壳菌素（myriocin），其衍生物芬戈莫德是目前治疗多发性硬化症（multiple sclerosis，MS）的第一种口服药。

（四）基于非培养方法获得的微生物天然药物

传统微生物培养在获取天然产物方面仍具有较大的局限性，一方面是在微生物基因组中存在大量"沉默基因"，难以在常规发酵条件下实现表达；另一方面，实验室的发酵条件往往难以还原和模拟微生物的自然生存条件，目前约99%的微生物是不可培养的，造成微生物资源未得到充分开发和利用。

随着生物技术和生物信息学的不断发展，研究人员通过对（宏）基因组进行分析，将沉默基因簇整合到模式菌株中，通过发酵该模式微生物，实现目标产物的异源表达生产。美国科学家Moore及其同事从海洋放线菌（*Saccharomonospora* sp. CNQ-490）中直接克隆和重构了"沉默"NRPS生物合成基因簇（67 kb），并将其转移到模型异源宿主 *S. coelicolor* 中，获得了塔罗霉素A（taromycin A）。

此外，科研人员也在攻克将未培养或难培养微生物转变为实验室可培养微生物这一难题，如采用膜扩散培养（如iChip）、微流控培养系统、通过分选和功能类群来分离细胞等有选择地分离具有特定功能特征或属于特定分类组的生物（目标隔离）。iChip，是一种多通道设备，被用来同时分离和培养未培养的细菌。将土壤样品稀释，使大约一个细菌细胞被输送到给定的通道中，然后用两层半透膜覆盖该装置并放回土壤中。营养物质和生长因子通过腔室扩散，使未培养的细菌能够在自然环境中生长。一旦产生菌落，大量未培养的分离株就能在体外生长（图 15-3）。2015 年，美国东北大学的刘易斯（Kim Lewis）研究小组通过采用 iChip 技术，成功获得一株暂时被命名为 *Eleftheria terrae* 的革兰氏阴性菌，并从中提取出了可抑制金黄色葡萄球菌生长的化合物—teixobactin。

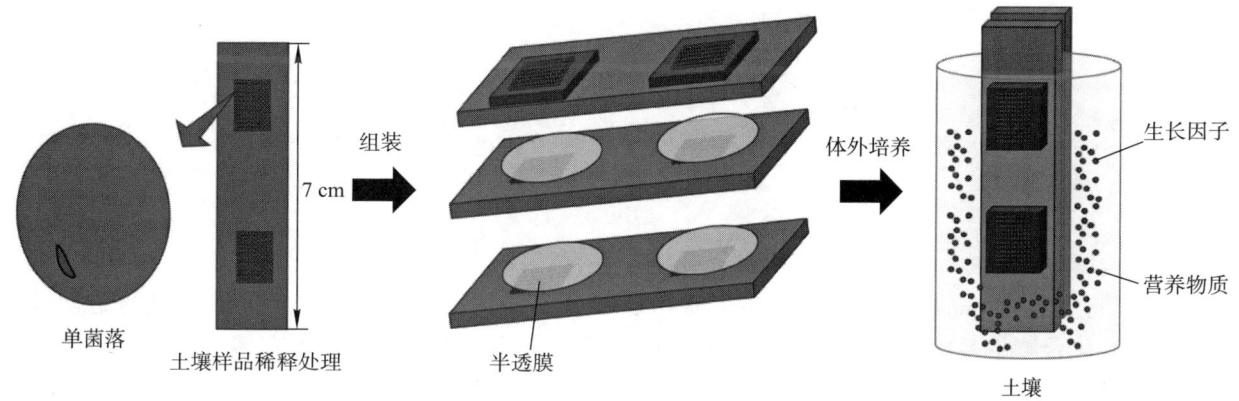

图 15-3　iChip 设备示意简图

teixobactin

二、微生物天然药物的结构特征

微生物次级代谢产物的结构类型丰富且庞杂，现有的分类体系并不能完全囊括已发现的所有化合物。目前，传统的微生物天然药物分类主要有 β- 内酰胺类、氨基糖苷类、大环内酯类、肽类、单苯环衍生物、四环素类、核苷类、脂环类、萜类和甾体，等等。

（一）β- 内酰胺类

β- 内酰胺类（β-lactam）抗生素是发展最早、临床应用最广、品种数量最多和近年研究最活跃的一类抗生素。它们结构上的共同特点是都含有一个 β- 内酰胺母核，包括含有 6- 氨基青霉烷酸（6-aminopenicillanic acid，6-APA）结构的青霉素类和含有 7- 氨基头孢烯酸（7-aminocephalosporanic acid，7-ACA）结构的头孢菌素类。天然来源的主要代表结构有青霉素 G（penicillin G）和头孢菌素 C（cephalosporin C）。青霉素 G 由 *Penicillium rubrum*、*P. notatum*、*P. chrysogenum* 等青霉菌合成，主要应用于抗革兰氏阳性菌和部分阴性菌。头孢菌素 C 由 *Acremonium chrysogenum* 产生。β- 内酰胺类抗生素经过一系列的改造，已发展了多代，抗菌活性、广谱性、稳定性等均有很大改观，该类抗生素多年来一直是临床抗感染的重要药物。

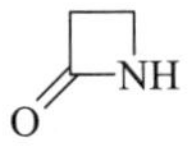

β-内酰胺 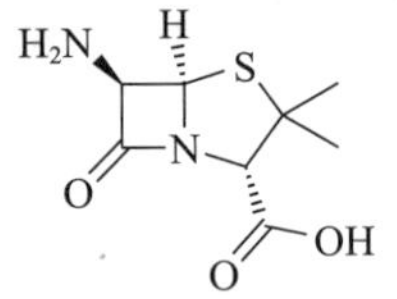　　6-aminopenicillanic acid, 6-APA 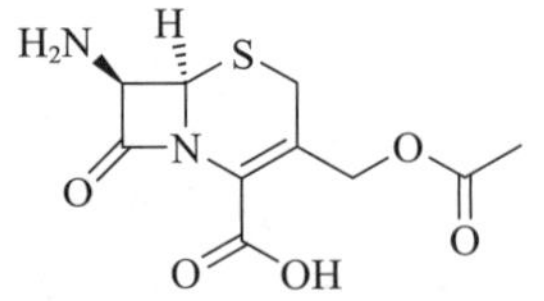　　7-aminocephalosporanic acid, 7-ACA

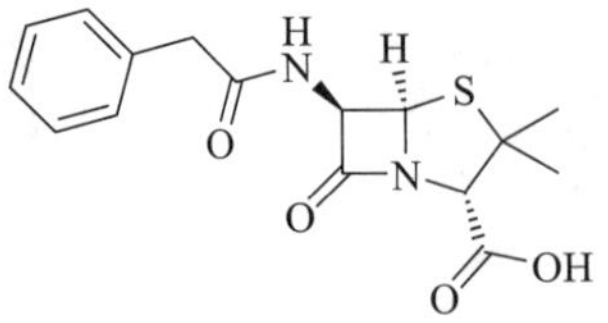

青霉素G 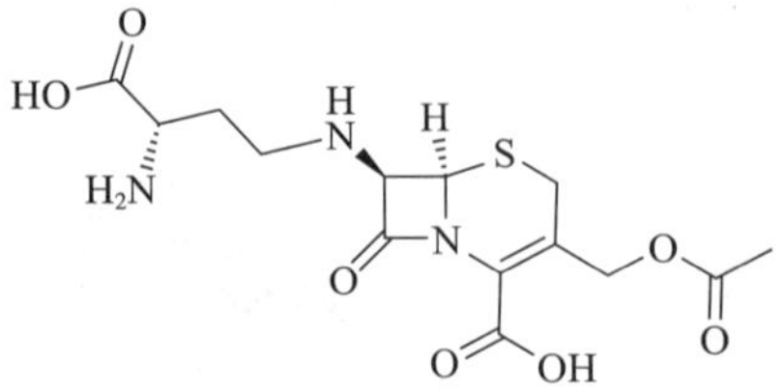　　头孢菌素C

（二）氨基糖苷类

氨基糖苷类（aminoglycosides）抗生素是由氨基糖与氨基环醇通过糖苷键连接而成的糖苷类抗生素。这类化合物主要由链霉菌产生，也由小单孢菌和细菌产生。分子内含有多个氨基与羟基，易溶于水，目前已发现百余种氨基糖苷。代表性的天然氨基糖苷类抗生素有来自链霉菌（*Streptomyces griseus*）的链霉素（streptomycin）、*S. kanamyceticus* 产生的卡那霉素（kanamycin），来自小单孢菌 *Micromonos purpurea* 的庆大霉素（gentamicin）等。链霉素由链霉胍（streptidine）、链霉糖（streptose）和 N-甲基-L-葡萄糖胺（N-methyl-L-glucosamine）三部分组成，抗菌谱广，它具有强大的抗结核分枝杆菌活性，对多数革兰氏阴性菌有强大抗菌作用。卡那霉素是一种蛋白质合成抑制剂，对革兰氏阳性菌和阴性菌及支原体都有杀灭或抑制作用。主要通过与30S核糖体结合从而致使mRNA密码子误读，发挥抗菌活性。庆大霉素对革兰氏阴性杆菌和金黄色葡萄球菌具有抗菌作用，是治疗各种革兰氏阴性杆菌感染的主要抗菌药。

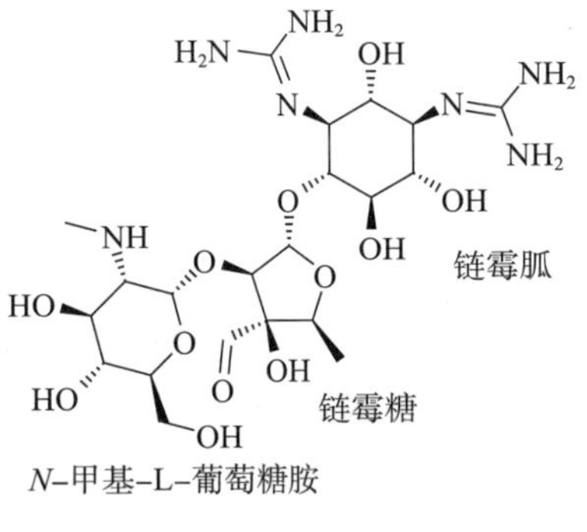

链霉胍　　链霉糖　　N-甲基-L-葡萄糖胺　　链霉素

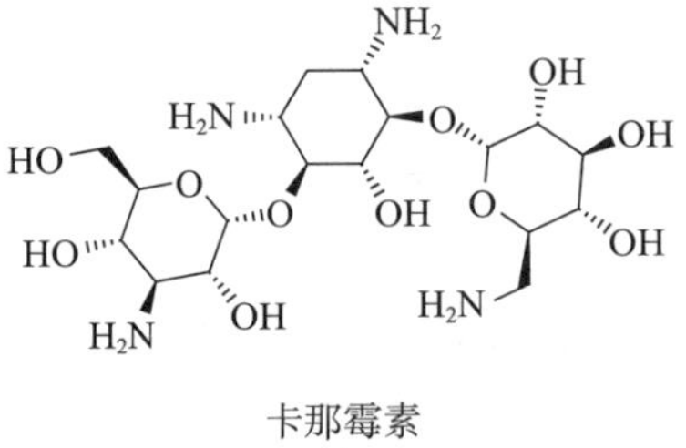

卡那霉素

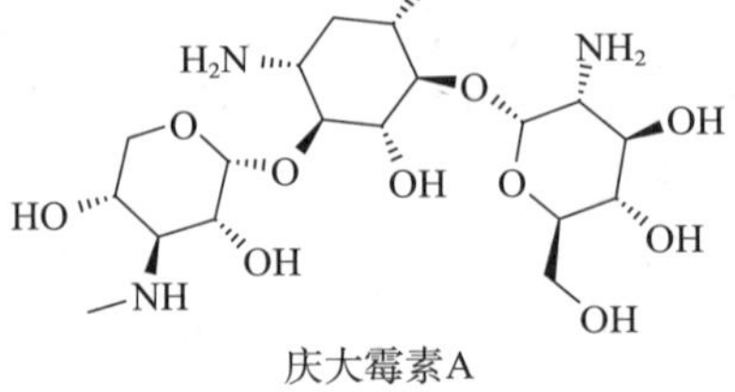

庆大霉素A

（三）大环内酯类

1950年，美国化学家巴克塞姆（Ralph Brockmann）分离出第一个大环内酯（macrolide）-苦霉素（pikromycin）；1952年，红霉素（erythromycin）首先被应用于临床。大环内酯抗生素可分为典型大环内酯、多烯大环内酯和类大环内酯；根据内酯环大小主要有十二、十四和十六元环大环内酯类抗生素。典型大环内酯抗生素主要由链霉菌产生，大环内酯的内酯环上通常连接有二甲基氨基糖与中性糖。代表结构有 S. felleus 产生的苦霉素（pikromycin）和 S. erythraeus 产生的红霉素（erythromycin）等。

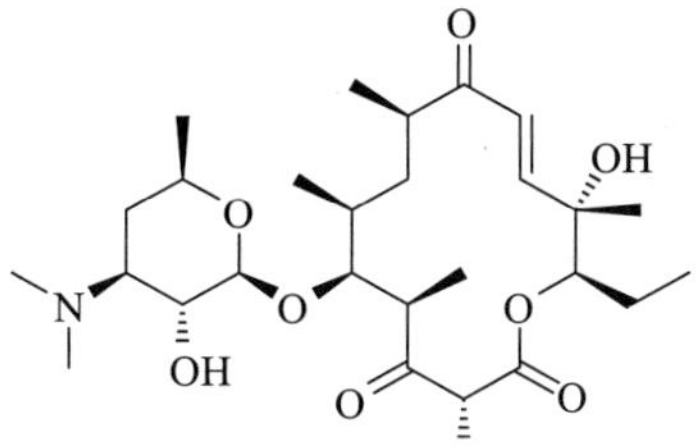

苦霉素

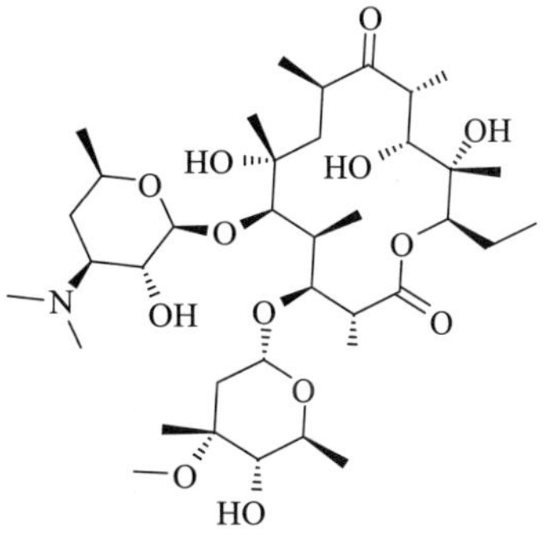

红霉素

多烯大环内酯（polyenemacrolide）主要由链霉菌产生，分子中通常含有 4~7 个共轭双键，该类抗生素对霉菌、酵母等有抑制作用，是重要的抗真菌药物，但在紫外照射下迅速失活。代表结构有 S. noursei 产生的四烯大环内酯制霉菌素（nystatin）和 S. nodosus 产生的七烯大环内酯两性霉素 B（amphotericin B）等。两性霉素 B 抗真菌谱广、活性强，是当前治疗深部真菌病的重要药物。制霉菌素口服不吸收，主要用于口腔、胃肠道、阴道和皮肤、黏膜的念珠菌感染。

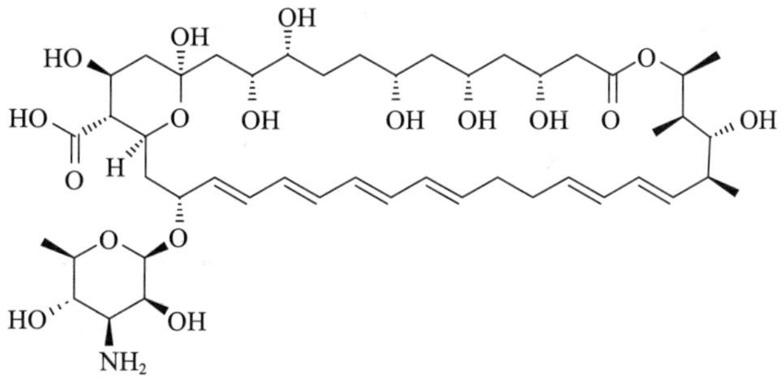

制霉菌素 A_1

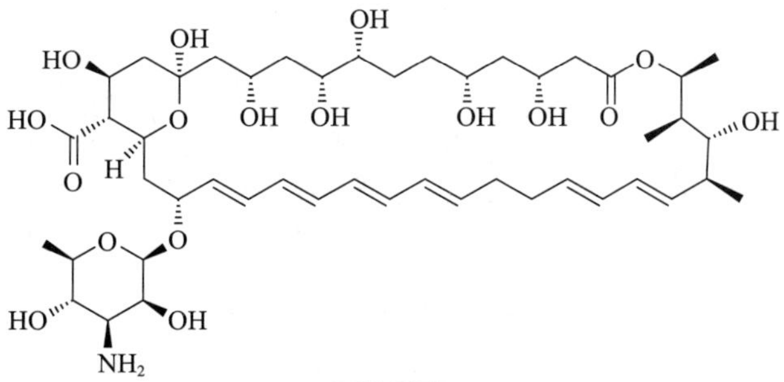

两性霉素 B

类大环内酯类抗生素主要有内酯环中存在氧桥结构的阿维菌素（avermectin）和内酯骨架杂有氮杂原子的他克莫司（tacrolimus）和雷帕霉素（rapamycin）等。阿维菌素由链霉菌（S. avermitilis MA-4680）产生，具有抗寄生虫活性。他克莫司由 S. sukubaensis 产生，是第一个应用的定向免疫抑制剂。雷帕霉素由 S. hygroscopicus 产生，具有很好的抗真菌活性，同时也具有较强的免疫抑制活性。

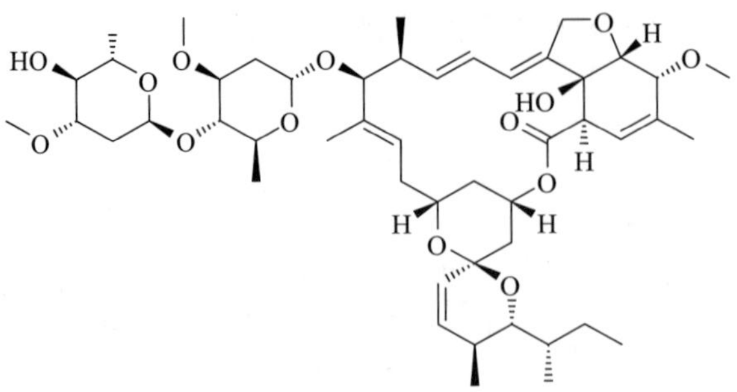

阿维菌素

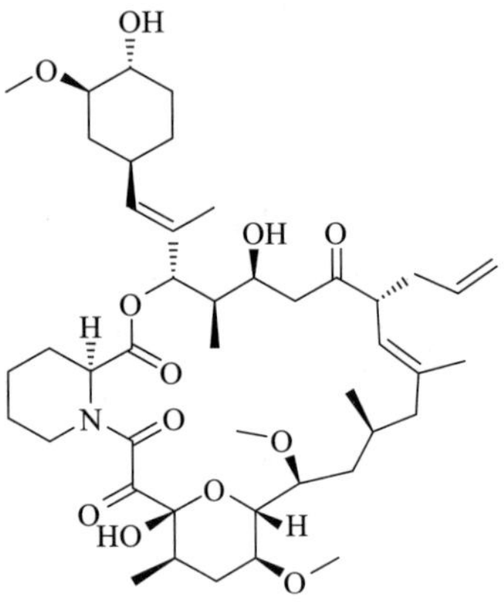

他克莫司

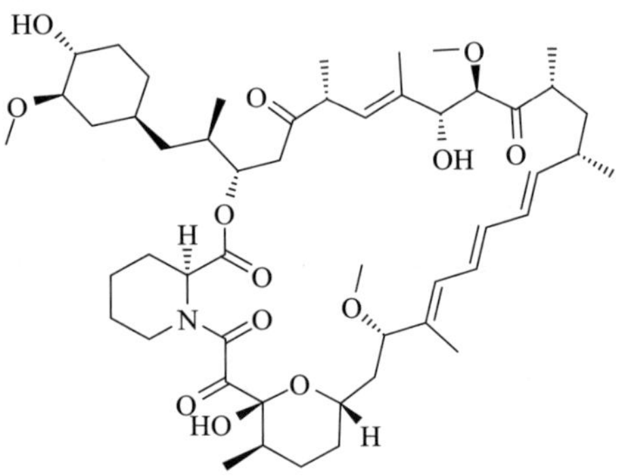

雷帕霉素

（四）肽类

肽类按氨基酸连接方式可以分为线肽、环肽、线-环状肽等。根据非氨基酸部分的组成又分为酯肽、糖肽、脂肽、核苷肽等。

短杆菌素（gramicidins）抗生素是细菌产生的重要的线肽抗生素，只对革兰氏阳性菌有抑制活性，但也有较大毒性。

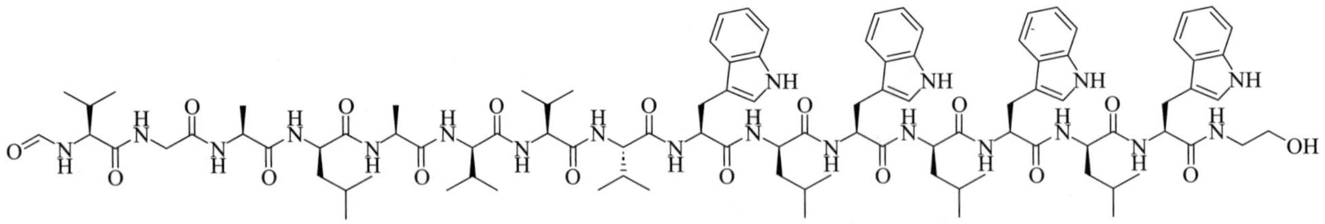

短杆菌素

环孢菌素 A（cyclosporin A）是 1969 年发现的由柱孢（*Cylindrocarpon lucidum*）和白僵菌（*Beauveria bassiana*）产生的环肽抗真菌抗生素，之后还发现其具有免疫抑制活性，是重要的免疫抑制剂。万古霉素（vancomycin）是由 *S. orientalis* 产生，能够抑制细菌细胞壁肽聚糖合成，是用于治疗严重的革兰氏阳性菌感染的糖肽类抗生素，是治疗多重耐药革兰氏阳性细菌引起的重症感染的"最后一道防线"。

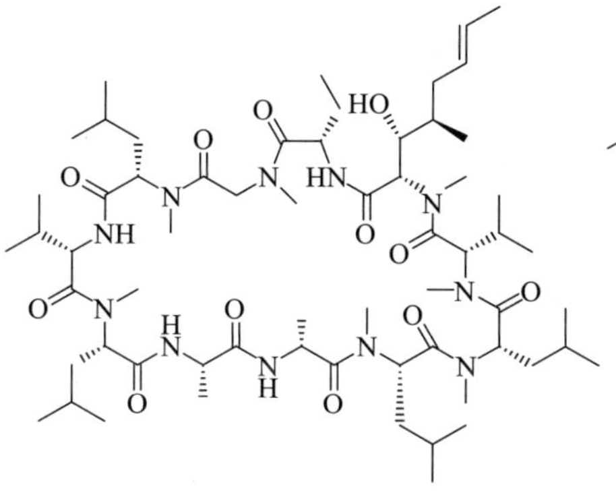

环孢菌素A

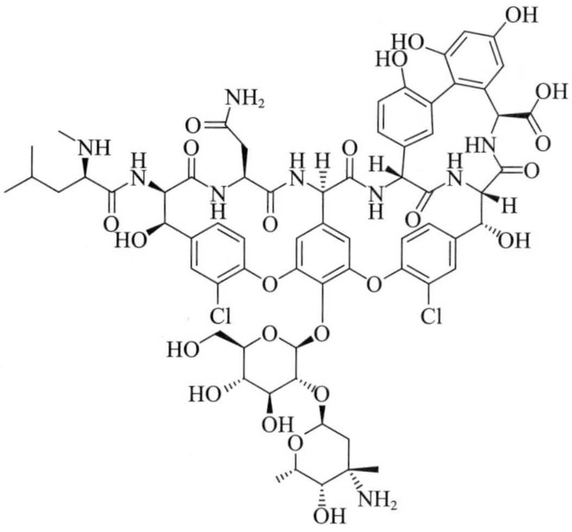

万古霉素

(五) 四环素类

四环素类抗生素 (tetracyclines) 是由放线菌产生的一类广谱抗生素，其结构特征为氢化并四苯为基本骨架，应用于革兰氏阳性和阴性细菌、细胞内支原体、衣原体和立克次氏体引起的感染。天然四环素包括金霉素 (chlortetracycline)、土霉素 (oxytetracycline) 和四环素 (tetracycline)，分别由 *S. aureofaciens*、*S. rimosus* 和 *S. aureus* 产生。

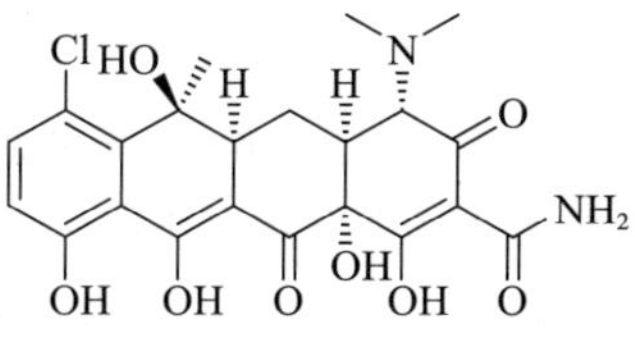

金霉素

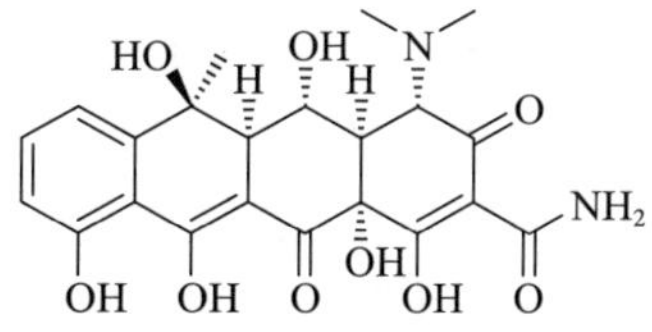

土霉素

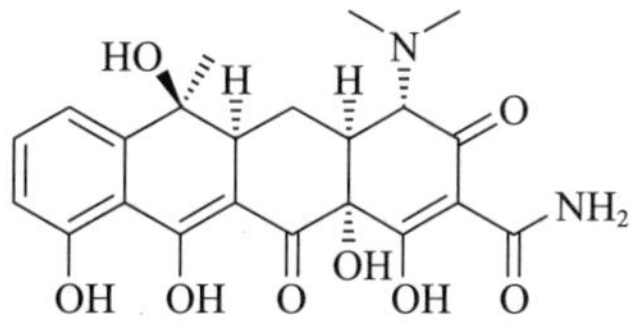

四环素

(六) 单苯环衍生物

以单苯环为母核的微生物次级代谢产物包括氯霉素类、酚类、苯基酮及苯基羧酸衍生物等，其中，氯霉素是最具代表性的抗生素。氯霉素 (chloramphenicol) 于1947年从委内瑞拉链霉菌 (*S. venezuelae*) 中分离获得，对许多需氧革兰氏阳性细菌和革兰氏阴性细菌、厌氧的拟杆菌、立克次氏体、衣原体及菌质体都有抑制作用。但因其可诱发灰婴综合征和再生障碍性贫血等致命性的毒性反应，临床应用受到了极大限制。

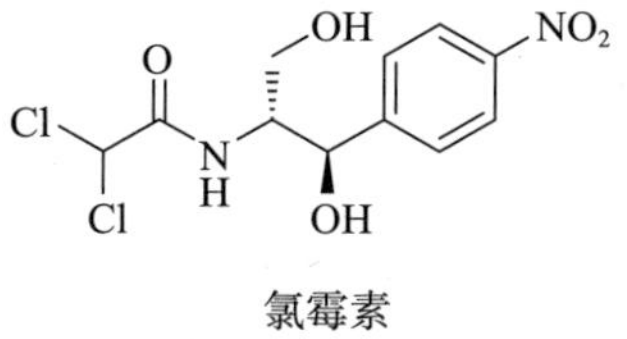

氯霉素

(七) 安莎类

安莎类 (ansamacrolides) 化合物结构中具有一个由脂肪链连接芳香核上两个不相邻碳原子构成的"安莎桥"骨架，因利福霉素 (rifamycins) 在此类抗生素中的重要地位，所以又称利福霉素类。这类化合物可以通过抑制逆转录酶而发挥抗菌作用，主要抗革兰氏阳性菌，包括结核分枝杆菌。安莎类化合物根据母核结构中芳香环的不同可以分为萘安莎类和苯胺莎类。

利福霉素是第一个被发现的萘安莎类化合物,由地中海拟无枝酸菌(*Amycolatoposis mediterranei*)产生。1962年,利福霉素B(rifamycin B)的结构修饰产物利福霉素SV被首次应用于临床。此后,另一个结构修饰产物利福平(rifampicin)被广泛应用于临床,是重要的口服抗结核药物,同时也是分子生物学研究的重要工具药。

苯胺莎类母核的化合物,如柄型菌素P-1(ansamitocin P-1,maytanacine)常见于诺卡菌*Nocardia* sp. C-15003等菌株中,该类化合物具有很强的细胞毒活性。

利福霉素B　　柄型菌素P-1

(八)核苷类

微生物来源的核苷类化合物具有抗细菌、抗真菌、抗肿瘤、抗病毒、钙拮抗及免疫调节等多种药理活性。核苷类化合物通常以1个碱基配基和1个糖类组成,有的还有氨基酸、脂肪酸或另外的糖类。按照糖苷键连接方式可以分为:糖类连结于配基氮原子上的氮-核苷类(N-nucleoside)和连结于配基碳原子的碳-核苷类(C-nucleoside)化合物。代表性化合物有阿糖腺苷、最小霉素等。

阿糖腺苷(vidarabine)具有嘌呤核苷结构,最初来源于海绵的代谢产物,后从链霉菌(*S. antibioticus*)的培养液中分离获得。临床上用于治疗单纯疱疹病毒性脑炎,也用于治疗免疫抑制患者的带状疱疹和水痘感染,该化合物的单磷酸酯,还具有抑制乙肝病毒复制的作用。最小霉素(minimycin)由放线菌(*S. hygroscopicus*)产生,是碳-核苷类抗生素,具有抗细菌和艾氏腹水瘤活性。

阿糖腺苷　　最小霉素

(九)其他类

他汀类化合物一般具有多氢萘结构,该类化合物是一类重要的3-羟基-3-甲基戊二酸单酰辅酶A(3-hydroxy-3-methyl glutaryl coenzyme A reductase,HMG-CoA)还原酶抑制剂,在降脂方面具有重要的应用。洛伐他汀(lovastatin,mevinolin)由真菌红色红曲菌(*Monascus ruber*)产生,是天然他汀类化合物的代表。

微生物产生的甾体类抗生素主要抗革兰氏阳性菌,代表化合物为绯红梭链孢(*Fusidium coccineum*)产生的夫地西酸(fusidic acid),近年来发现某些甾体化合物具有抗真菌效果如康宁木霉(*Trichodrema koningii*)产生的麦角可宁A(ergokonin A)。

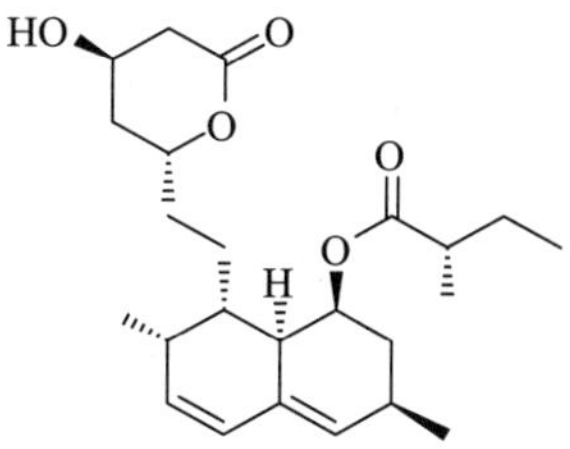

洛伐他汀 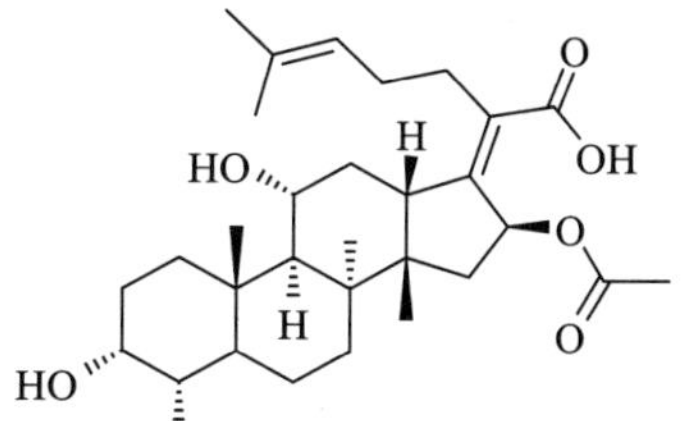　　　　　　夫地西酸 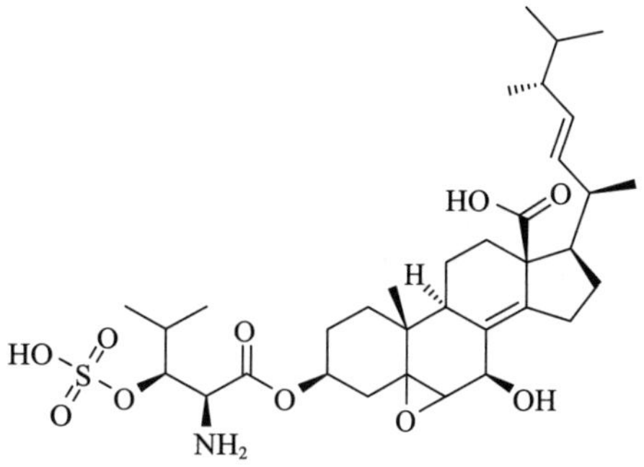　　　　　　麦角可宁A

截短侧耳素（pleuromutilin）是20世纪50年代从猫耳斜盖伞 Clitopilus passeckerianus（以前称为 Pleurotus passeckerianus）分离到的三环二萜类抗生素，对大多数革兰氏阳性菌和某些革兰氏阴性菌有很好的活性，其通过结合其核糖体50S亚基的肽基转移酶来抑制细菌中的蛋白质合成。2019年，截短侧耳素衍生药物来法莫林（lefamulin）批准用于成人社区获得性细菌肺炎（CAPB），也是近20年来首个被批准用于治疗CAPB的药物。

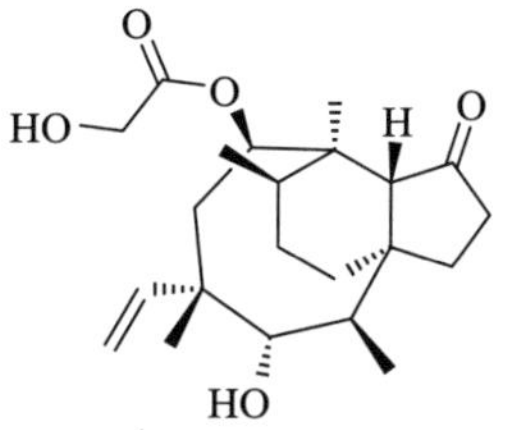

截短侧耳素 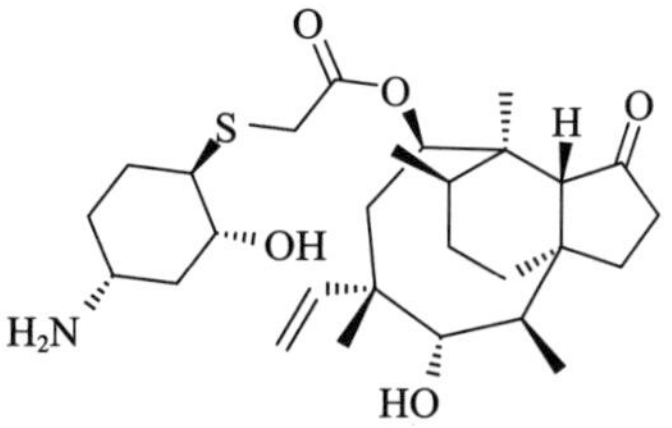　　　　　　来法莫林

微生物天然药物，结构类型多样，上述只是列举了常见的几种类型，此外还有蒽环类、醌类、香豆素类、生物碱类等多种结构类型。这些药物共同为人类的健康作出了重要贡献，随即也产生了较为严重的耐药性，新结构新作用机制的微生物药物的发现一直是人们努力的方向。

第四节　微生物天然药物的生物合成

微生物天然产物的结构类型多种多样，但是按照生源途径分类，微生物天然药物的结构主要分为聚酮（PKs）、非核糖体肽（NRPs）、核糖体肽（RiPPs）及萜类。本节主要介绍这四种结构类型的生物合成过程。

一、聚酮类天然产物

聚酮类化合物（polyketides，PKs）是由细菌、真菌、放线菌、植物及动物产生的一大类次级代谢产物，主要包括大环内酯类、四环素类、蒽环类、聚醚类、酚类化合物等。聚酮化合物数量和分子结构极其庞大繁杂，在至今上市的医药或农用抗生素结构中，聚酮类化合物比例居首位。如阿霉素（adriamycin）、土霉素（oxytetracycline）、放线菌素（actinomycin）、雷帕霉素（rapamycin）、洛伐他汀（lovastatin）和阿维菌素（avermectin）等。

聚酮类化合物是在聚酮合酶（polyketide synthases，PKSs）的催化下，由短链的酰基单元（如乙酸酯、丙酸酯或丙二酸酯等）通过连续的克莱森缩合反应（Claisen condensation）进行脱羧合成结构骨架，主要包括起始单元的选择、碳链延伸、酮基还原、芳香化及环化等酶促反应。常见的起始单元包括乙酸、丙二酸、丁酸及氨基苯甲酸等；延伸单元常见乙酸、丙酸及丁酸。

大多数聚酮合酶由多个二聚体模块组成，可包含多达 30 个模块，称之为装配线，用于添加和修饰不断增长的骨架结构。多个模块根据化合物结构类型和聚酮合酶催化机制的不同，PKS 基本上可分为 I 型 PKS、II 型 PKS 和 III 型 PKS 三大类型，其中 I 型 PKS 可进一步分为模块 I 型 PKS 和迭代 I 型 PKS，如图 15-4 所示。

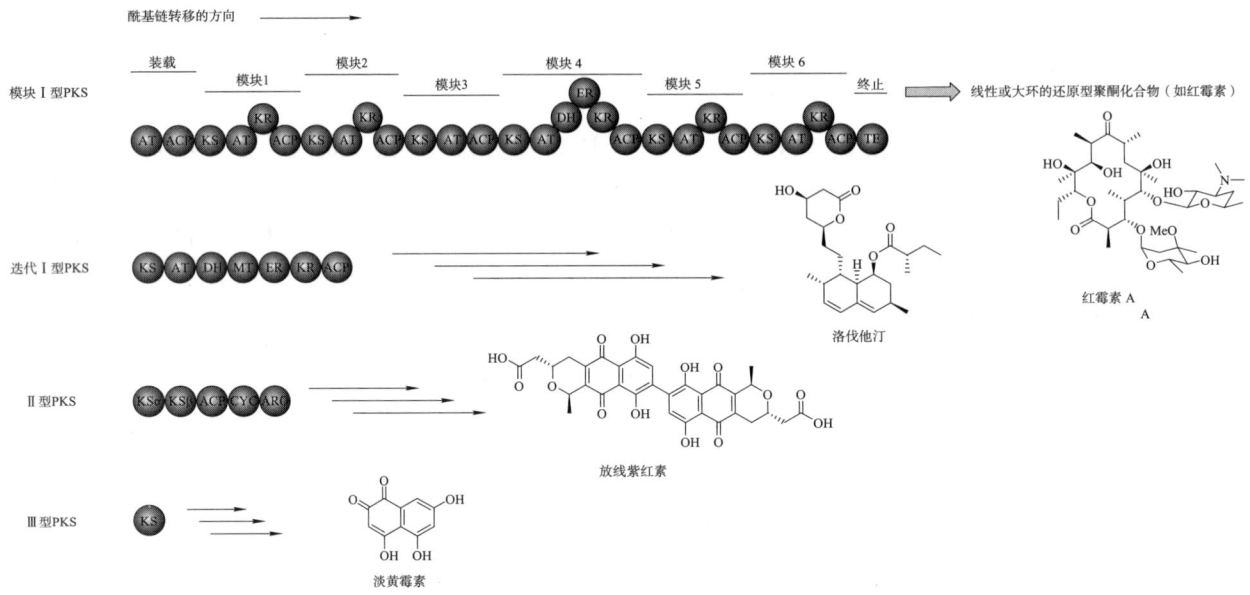

图 15-4　PKS 常见的装配模式

I 型聚酮合酶是以模块形式存在的多功能酶，每一模块含有一套独特的、非重复使用的催化功能域，其非重复使用的催化功能域与聚酮生物合成的反应顺序呈线性对应，主要催化合成大环内酯类、聚烯及聚醚类化合物。II 型聚酮合酶 PKS 也被称作芳香聚酮合酶，其蛋白质结构中仅含有一组重复使用的催化功能域，每个结构域在重复的反应步骤中被多次地用来催化相同的反应。和 I 型聚酮合酶相比较，II 型聚酮合酶在起始单位和延长单位的宽泛性变化较少，因此，该类化合物的结构多样性主要来自后修饰酶的修饰作用，如氧化还原酶，酰基转移酶，糖基转移酶等。III 型聚酮合酶，又称查耳酮型聚酮合酶（chalcone synthase，CHS）。III 型聚酮合酶具有高度保守的催化活性中心，由 Cys-His-Asn 组成的催化三联体组合结构在已发现的 III 型聚酮合酶中高度保守。该类聚酮合酶主要分布于植物，但在少数细菌（如枯草芽孢杆菌、链霉菌）及真菌（米曲霉等）的基因组中也偶有发现。

拓展阅读　I 型聚酮——红霉素的生物合成途径

二、非核糖体肽类天然产物

非核糖体肽是指通过非核糖体肽合成酶（nonribosomal peptides synthetases，NRPSs）催化合成的一类小分子多肽类次级代谢产物。非核糖体多肽生物合成过程中，不依赖于传统的核糖体和 mRNA，而是利用特定的非核糖体 RNA（tRNA）和自身催化活性的核酸酶来合成多肽链。抗生素万古霉素（vancomycin）和免疫抑制剂环孢菌素（cyclosporine）都属于非核糖体多肽类天然产物。从来源上讲，目前发现超过 80% 的非核糖体肽来自真菌和放线菌。

非核糖体肽合成酶 NRPS 是一类多结构域、模块式巨型合酶，典型的 NRPS 由起始模块、延伸模块和终止模块等多个模块（module）构成，这些模块按特定空间顺序排列，每个模块包括多个功能结构域（domain）。基本的延伸模块包含一个腺苷酰化（adenylation，A）结构域、一个肽基载体蛋白（peptide carrier protein，PCP）、一个缩合（condensation，C）结构域和一个硫酯酶（thioesterase，TE）结构域，分别负责氨基酸的活化、肽链的延伸、酰胺键的形成以及肽链的释放。NRPS 的运作类似于由一系列工作站组成的工厂组装线，每个称为"模块"的工作站具有多个合成部件（结构域）进行连续的协作配合，每一模块将添加一个结构单元（building block）到合成中间体中。由于其模块化的性质和广阔的底物库，NRPS 已成为生物工程研究的重点，以生产具有新颖或活性改良的小分子（图 15-5）。

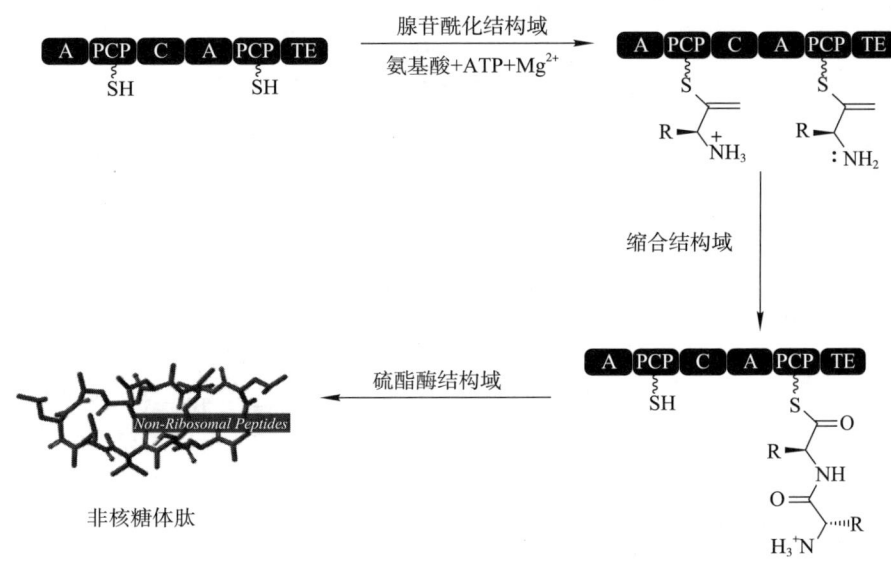

图 15-5 NRPS 蛋白结构域组成和常规催化过程示意图

拓展阅读　环孢菌素的生物合成途径

三、核糖体肽类化合物

核糖体肽类化合物是以核糖体翻译合成的前体肽为基础，经过一系列蛋白质翻译后修饰（post-translational modification，PTM）酶的修饰和改造，产生的具有不同生物活性的多肽类天然产物。前体肽主要由 N 端的前导肽（leader peptide）和 C 端的核心肽（core peptide）组成，还包括 N 端信号肽和 C 端识别序列这两个特征片段。在极特殊情况下，前导肽可能连接在 C 端，核心肽中还包含一部分组成核糖体肽化合物结构骨架的氨基酸序列。具有潜在活性的核心肽被转化为成熟的肽类天然产物，前导肽和识别序列被一系列转运体、肽酶或两者的结合体移除（图 15-6）。核糖体肽类化合物天然且独特的化学结构与拓扑结构还赋予其自身一些抗菌、抗真菌、抗病毒等优良的生物活性，几乎一半的核糖体肽类化合物都拥有抗革兰氏阳性菌的功能。研究最深入的核糖体肽类天然产物是一大类含有硫醚键的羊毛硫肽类（lanthipeptide）物质，其广泛存在于自然界中，具有丰富的化学结构及生物活性多样性，是核糖体肽类化合物中的"明星"家族，其代表分子乳酸菌肽（nisin），既可抑制细菌细胞壁的形成，也可使细胞膜穿孔。

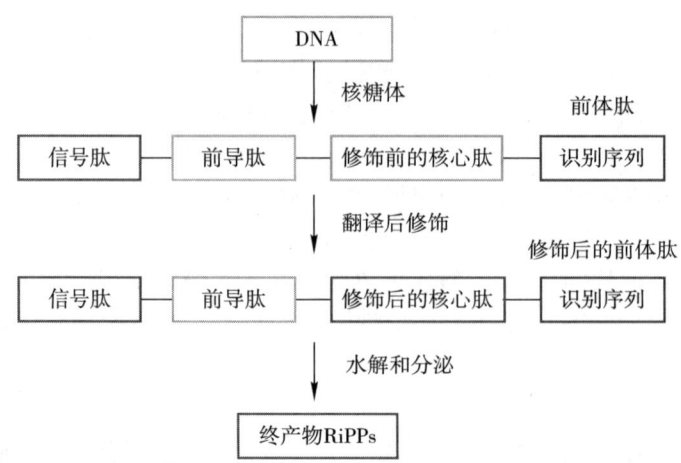

图 15-6 RiPPs 的生物合成途径

乳酸菌肽

拓展阅读 乳酸菌肽的生物合成途径

四、萜类化合物

萜类化合物（terpenoid）的前体在生物体内通过两个途径独立合成，即位于细胞质中的甲羟戊酸途径（mevalonate pathway，MVA）和位于质体中的脱氧木酮糖-5-磷酸途径（1-deoxy-D-xylulose-5-phosphate pathway，DXP）或甲基赤藓醇 4-磷酸途径（methylerythritol 4-phosphate pathway，MEP）。这两个途径大体上可分为 3 个阶段，即中间体异戊烯基焦磷酸（isopentenyl pyrophosphate，IPP，C_5）及其双键异构体二甲基烯丙基焦磷酸（dimethylallyl pyrophosphate，DMAPP，C_5）的合成、直接前体物质的生成和萜类生成及其修饰阶段（图15-7）。其中微生物主要通过MEP途径与MVA途径合成DMAPP和IPP结构单元。

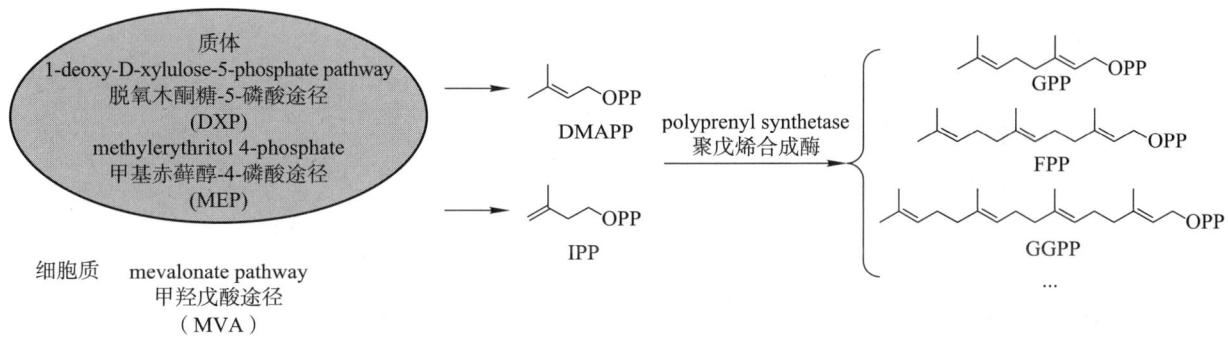

图15-7　生物体内异戊二烯前体的合成途径

IPP是MVA途径和DXP/MEP途径的相同产物，IPP可以穿过质体膜互为对方所用。IPP在古细菌、真菌以及动物体内主要通过MVA途径合成，而在大多数细菌、藻类和植物体内则主要以DXP途径合成。IPP在异戊烯基二磷酸异构酶（isopentenyl diphosphate isomerase，IDI）的作用下部分转化为双键异构体DMAPP，这两种物质是所有萜类化合物的前体物质。IPP形成后，即与其异构体DMAPP各1分子在香叶基二磷酸合酶（geranyl diphosphate synthase，GPPS）的作用下经头尾缩合生成具C_{10}骨架的香叶基二磷酸（geranyl diphosphate，GPP）；2分子IPP和1分子DMAPP在法呢基二磷酸合酶（farnesyl diphosphate synthase，FPPS）催化下形成具C_{15}骨架的法呢基二磷酸（farnesyl diphosphate，FPP）；3分子IPP和1分子DMAPP在香叶基二磷酸合酶（geranylgeranyl diphosphate synthase，GGPPS）催化下形成具C_{20}骨架的香叶基二磷酸（geranylgeranyl diphosphate，GGPP）。

萜类合成途径在3种直接前体物质GPP、FPP和GGPP合成后，即进入最重要的萜烯合成阶段，萜烯合酶（terpene synthase，TPS）在此阶段发挥着至关重要的作用。TPS种类的多样性是植物体中萜类次生代谢产物结构繁多的重要原因之一。GPP在单萜烯合酶（monoterpene synthase）作用下生成单萜烯（monoterpene，C_{10}）；FPP在倍半萜烯合酶（sesquiterpene synthase）作用下生成倍半萜烯（sesquiterpene，C_{15}）；GGPP在二萜烯合酶（diterpene synthase）作用下生成二萜烯（diterpene，C_{20}）。经过一系列后修饰酶，最后得到各类萜类次级代谢产物。

拓展阅读　截短侧耳素的生物合成途径

第五节　微生物天然药物的生物活性及作用机制

微生物天然药物自发现之日起，就在对抗人类疾病中发挥了极其重要的作用。因其在抗感染、抗肿瘤、免疫抑制等方面的优良活性，微生物药物的临床适应证已经涉及20余类临床疾病。据统计，1940—2019年间微生物来源的药物293种，包括直接天然产物来源的药物有105种和天然产物衍生物188种。其中，抗细菌药有206种、抗肿瘤药32种、抗真菌药18种及免疫抑制剂8种，这四类药物占比约90%。此外，洛伐他汀、阿卡波糖和奥利司他等药物的研发与上市，使微生物药物的临床适应证从抗菌、抗肿瘤、免疫抑制作用逐渐扩大到治疗各种慢性病及代谢类疾病，显示出微生物药物的巨大潜力。

一、抗细菌活性

抗细菌药物主要是通过特异性干扰细菌的生化代谢过程，影响其结构和功能，使其失去正常生长繁殖的能力，从而达到抑制或杀灭细菌的作用。其作用机制主要有以下四个方面（图15-8）。

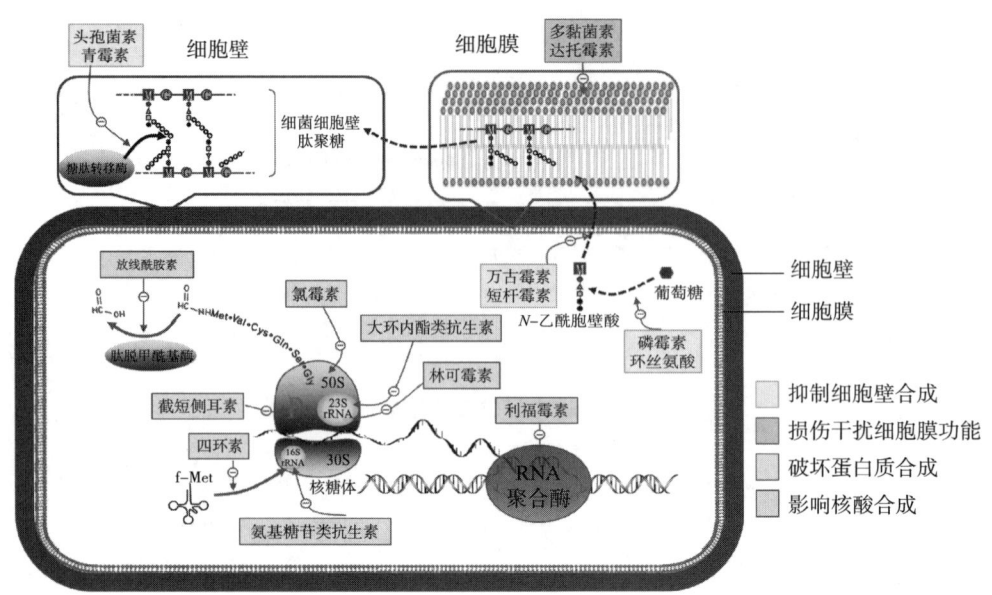

图 15-8　微生物药物抗细菌活性作用机制

（一）抑制细菌细胞壁的合成

细菌细胞壁在维持细菌细胞外形完整、抵抗外界渗透压变化和允许所需物质通过等方面发挥了重要作用。细菌细胞壁合成需经历细胞质内前体的合成，细胞膜上肽聚糖单链的合成以及细胞膜外肽聚糖链的聚合交联三个阶段。这类抗生素，通过抑制细胞壁合成的某个阶段，导致细胞壁破损，细菌细胞丧失屏障作用，胞外水分进入胞内，致使细菌细胞肿胀、变形、破裂而死亡。磷霉素（phosphonomycin）和环丝氨酸（cycloserine）作用于细胞质内肽聚糖前体的合成；万古霉素和短杆菌素（tyrothricin）可以抑制肽聚糖单链的形成；而青霉素和头孢菌素等β-内酰胺类抗生素则抑制转肽作用，阻碍了肽聚糖的交叉联结，导致细菌细胞壁缺损。

磷霉素 phosphonomycin

环丝氨酸

短杆菌素

（二）损伤细菌细胞膜

某些抗生素可以与细菌细胞膜相互作用，从而影响细胞膜的通透性或功能，导致细菌死亡。多肽类抗生素如多黏菌素B（polymyxin B），含有多个阳离子极性基团和一个脂肪酸直链肽，其阳离子能与胞质膜中的磷脂结合，使膜功能受损，细菌内物质外漏导致细菌死亡；达托霉素（daptomycin）则通过扰乱细菌细胞膜的多种功能起到抗菌作用。

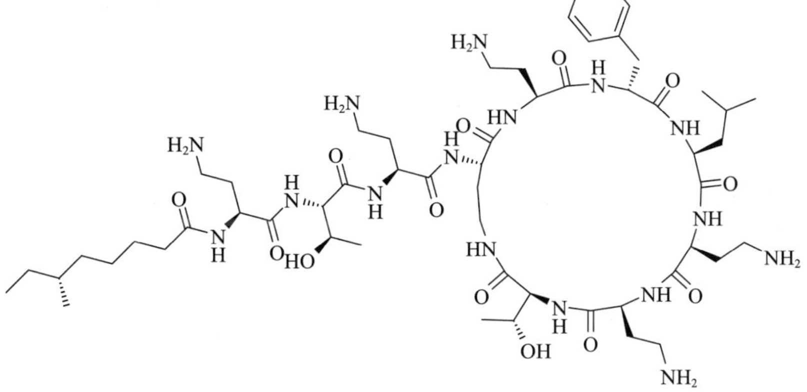

多黏菌素B

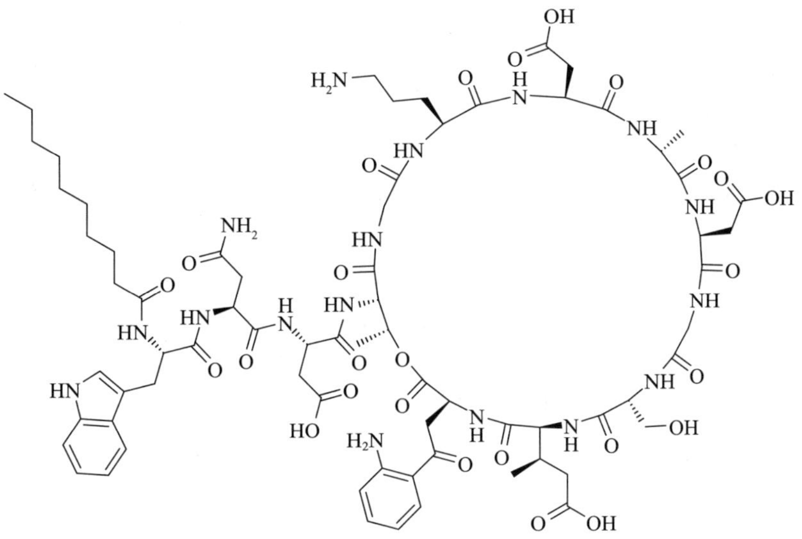

达托霉素

（三）抑制蛋白质的合成

此类抗生素通过抑制细菌赖以生存的蛋白质或者酶的合成，致使细菌死亡。核糖体是蛋白质的合成场所，细菌核糖体为70S核糖体复合物，可解离为50S和30S两个亚基。氯霉素、林可霉素（lincomycin）、大环内酯类抗生素（红霉素等）和截短侧耳素等抗生素能与50S亚基结合；四环素和氨基糖苷类抗生素（链霉素等）作用于30S亚基，从而抑制蛋白质的合成。细菌的蛋白质合成过程中，最后合成的多肽要经肽脱甲酰基酶（PDF）和甲硫氨酸氨基转肽酶（MAP）脱去N端甲酰甲硫氨酸从而成为具有生化功能的成熟蛋白质，放线酰胺素（actinonin）是首个通过抑制PDF从而影响蛋白质合成的微生物天然产物。

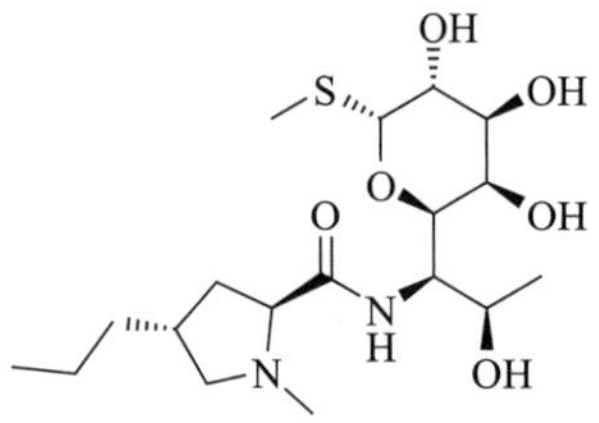

林可霉素 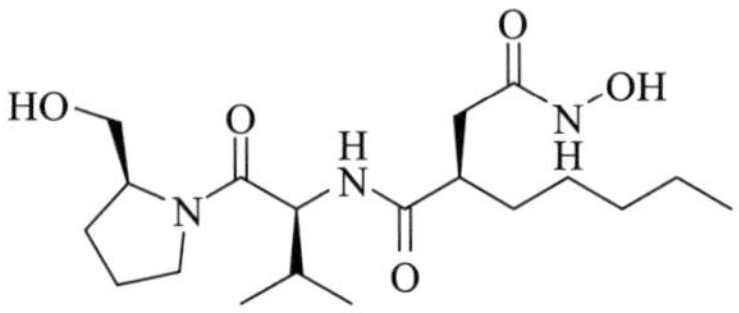　　　　　　　放线酰胺素

（四）影响核酸代谢

此类抗生素通过抑制核酸的转录和复制，抑制细菌核酸的功能，进而阻止细胞分裂和/或所需酶的合成。安莎类抗生素（利福霉素）特异性地抑制细菌 DNA 转录依赖的 RNA 多聚酶，阻碍 mRNA 的转录，进而杀灭细菌。

二、抗真菌活性

真菌属于真核生物，一些细胞器与人或者哺乳动物相似，很难有独特的靶点，因此，低毒、低副作用、高效的抗真菌药物的研发依然困难。常见抗真菌药物的作用靶位集中在细胞表面，主要有以下几点。

（一）作用于真菌细胞膜的抗真菌抗生素

麦角甾醇是真菌细胞膜的主要成分，与多种细胞功能相关，如：细胞膜的完整性，膜结合酶的活性，膜的流动性，细胞物质运输等。以制霉菌素和两性霉素 B 为代表的多烯类抗真菌药主要与真菌细胞膜中的麦角甾醇相结合，干扰真菌代谢、增加细胞膜通透性，导致细胞死亡。

（二）作用于真菌细胞壁合成的抗真菌抗生素

区别于细菌的细胞壁，真菌的细胞壁主要成分为多糖，主要包括葡聚糖和几丁质等，这类抗生素通过破坏细胞壁的完整性来影响真菌活性。棘白菌素及其结构改造后的芬净类药物通过非竞争抑制 β-（1,3）葡聚糖合成酶，从而使 β-（1,3）-D- 葡聚糖的合成受阻，真菌细胞壁的完整性被破坏，最终使真菌细胞溶解；尼克霉素（nikkomycin）通过竞争性抑制几丁质合成的关键酶——几丁质合酶，干扰细胞壁中几丁质的合成。

（三）其他抗真菌靶点

真菌的蛋白质合成及核酸的合成过程，也可以作为抗真菌化合物的作用靶点。灰黄霉素（griseofulvin）与鸟嘌呤相似，能竞争性抑制鸟嘌呤进入 DNA 分子中，干扰真菌 DNA 合成从而抑制真菌的生长；同时，它与微管蛋白结合，干扰真菌微管组装，抑制有丝分裂。粪壳菌素（sordarin），可以特异性抑制真菌蛋白质合成过程中延伸因子 EF-2 的活性，但对人体 EF-2 无作用，是一种被广泛研究的抗真菌候选药物。

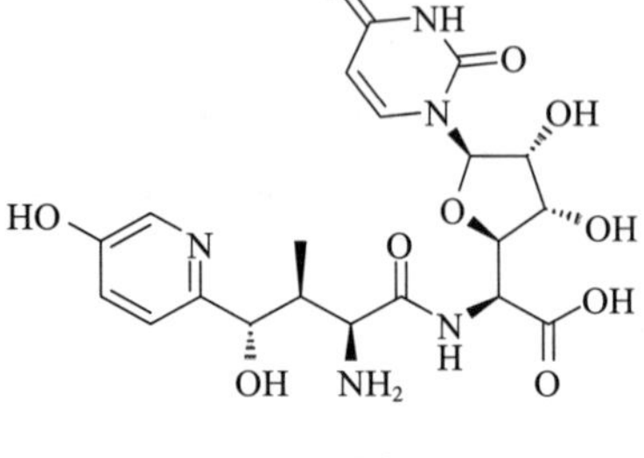

尼克霉素 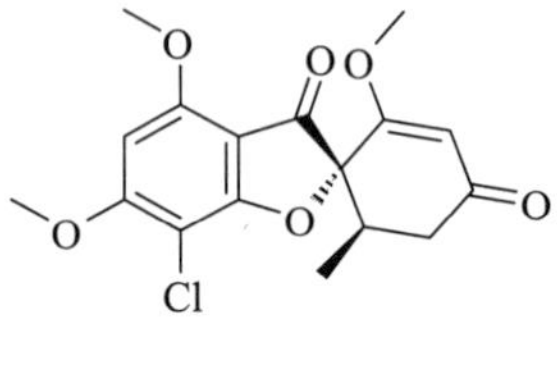　　　　　　灰黄霉素 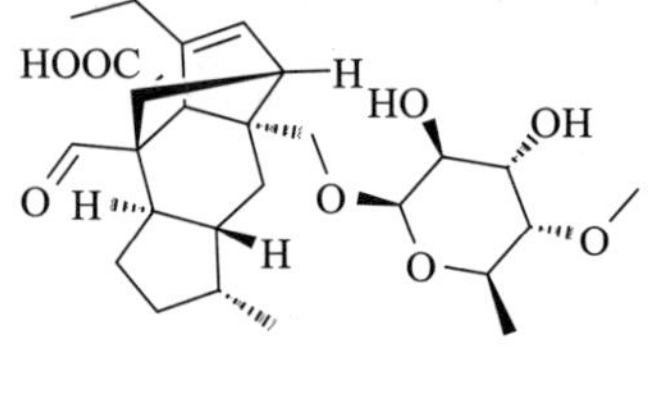　　　　　　粪壳菌素

三、抗肿瘤活性

尽管目前已经发现了很多具有抗肿瘤活性的微生物天然产物，但是最终能够成为临床药物的为数不多，且它们大都兼具抗肿瘤和抗菌活性，这些药物主要抑制 DNA、RNA 和蛋白质的合成发挥抗肿瘤作用。其中肿瘤细胞 DNA 是微生物源抗肿瘤药物的主要作用靶点，根据药物对 DNA 作用，可以分为通过嵌入或与 DNA 小沟结合等非共价结合作用药物，如嵌入型药物柔红霉素（daunorubicin）、棘霉素（echinomycin），小沟结合药物偏端霉素 A（distamycin A）和倍癌霉素（duocarmycin）等；共价结合作用药物如光神霉素（mithramycin）和丝裂霉素 C（mitomycin C）；先与 DNA 结合然后使其断裂的药物如博莱霉素（bleomycin）和培洛霉素（peplomycin）等。近年来，通过对抗肿瘤药物与 DNA 结合的三维结构研究，人们对其作用机制有了比较清晰的了解，特别是发现了 DNA 特定位置的某些特定碱基是抗肿瘤药物的直接靶位，如放线菌素 D（actinomycin D）作用于 DNA 的 GC 或 GT 序列，形成非共价复合物发挥抗肿瘤活性。

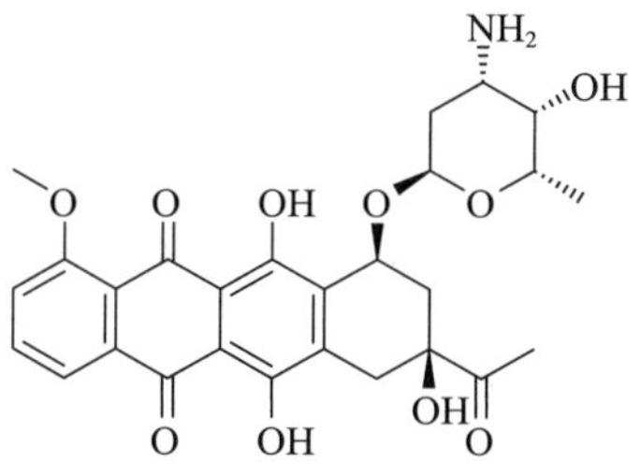

柔红霉素

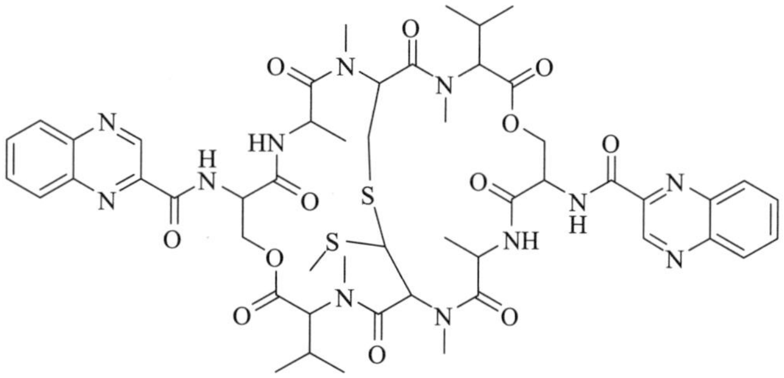

棘霉素

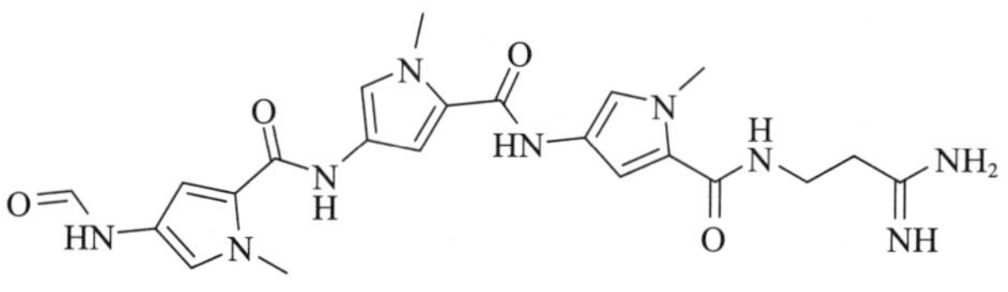

偏端霉素 A

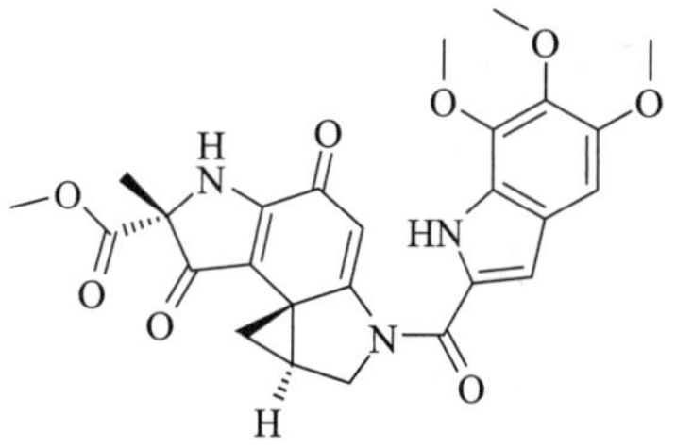

倍癌霉素

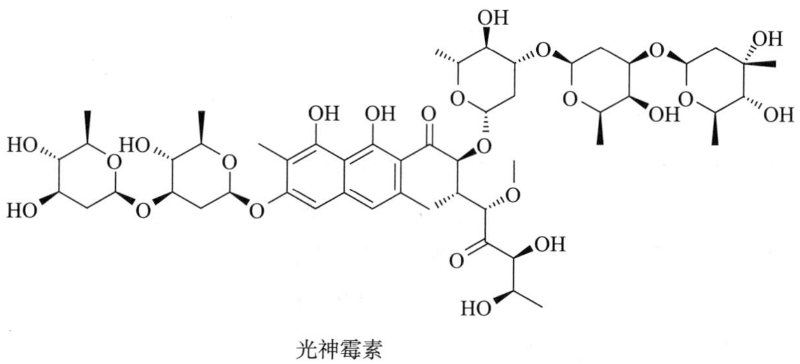

光神霉素

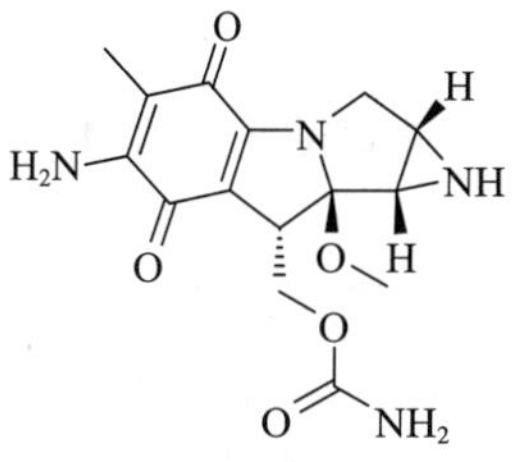

丝裂霉素C

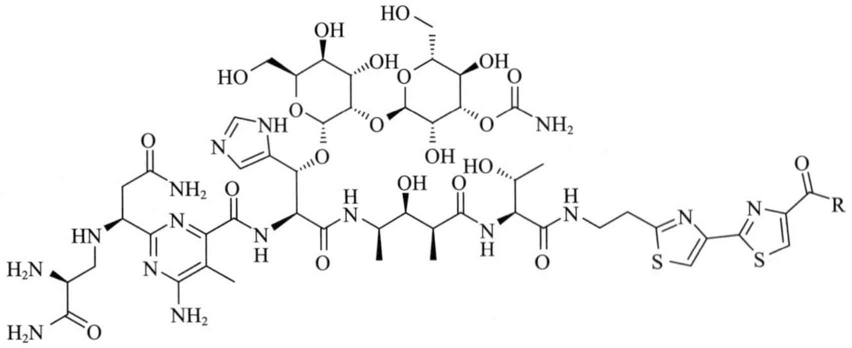

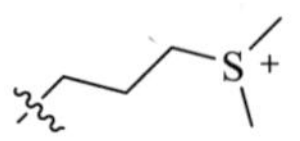

博莱霉素

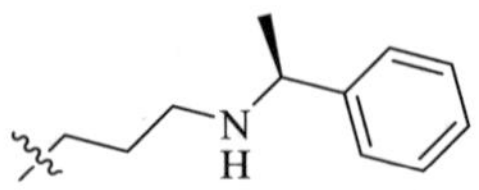

培洛霉素

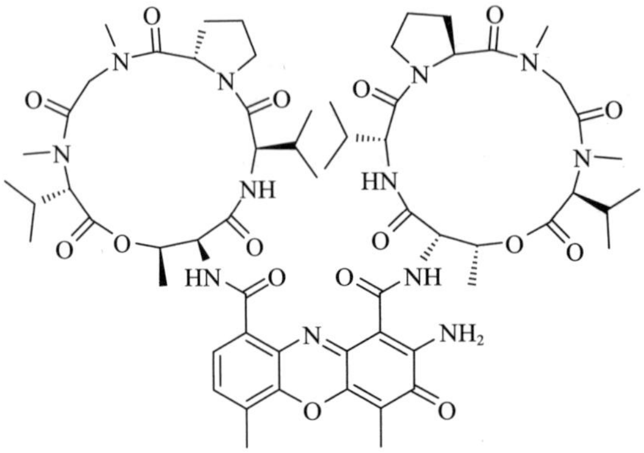

放线菌素D

四、免疫调节活性

免疫调节是指在免疫反应中，各种免疫细胞及其亚群间、细胞与各种细胞因子间存在着正相与负相两方面作用构成的互相制约的调节网络，完成对抗原的识别和反应。这种调节作用对维护机体免疫功能的稳定和动态平衡十分重要。免疫调节剂包括免疫增强剂（immunopotentiator）和免疫抑制剂（immunosuppressant，ISA）。免疫抑制剂，是以抑制异常免疫现象为治疗目的的一组药物，可非特异性抑制人体免疫功能，主要用于防治器官移植排斥反应及自身免疫性疾病的治疗。目前临床上微生物来源的免疫抑制剂主要有环孢菌素A、他克莫司（tacrolimus，FK506）和雷帕霉素（rapamycin，r/min）。大环内酯类免疫抑制剂他克莫司主要抑制IL-2产生、IL-2R的表达和Tc细胞的产生，它也抑制多种淋巴因子基因的活化和mRNA的转录。肽类化合物环孢菌素A其主要作用于T细胞，抑制其增殖和分化。

五、降血糖降血脂活性

随着人类生活水平的提高，肥胖症、糖尿病、高脂血症、动脉硬化的人数增加，来源于微生物的天然药物在改善血糖血脂方面也发挥了重要作用。糖苷酶催化糖类的水解，对食物中的淀粉等消化起重要作用。α-葡萄糖苷酶抑制剂通过竞争性抑制α-糖苷酶的作用来减少糖类的降解，缓解糖类吸收，有效降低糖尿病患者的餐后血糖浓度峰值，从而达到控制血糖的目的。目前临床上使用的降血糖微生物药物有来源于游动放线菌SE50（*Actinoplanes* sp. SE50）的阿卡波糖（acarbose）和由1-脱氧野尻霉素衍生而来的米格列醇（miglitol）等。

阿卡波糖

米格列醇

胆固醇是一切真核生物质膜的组分，它对高等生物的细胞生长和生物活力都是必需的。但是，胆固醇过多会引起一系列的心脑血管疾病。3-羟基-3-甲基戊二酰辅酶A（HMG-CoA）为合成胆固醇关键酶（限速酶），该过程受阻导致人体内脏内源性胆固醇的合成受阻，必然降低胆固醇在血中的含量。目前，他汀类药物选择性的竞争性抑制HMG-CoA还原酶，从而发挥降脂作用，已经成为临床上治疗高脂血症的最重要的药物。

第六节　微生物天然药物的研究实例

阿维菌素（AVM）是来源于链霉菌［*S. avermitilis* MA-4680（NRRL8165）］的一组由8个结构相近同系物组成的十六元大环内酯混合物。阿维菌素及其衍生物首先被应用于动物寄生虫的防治，改良药物伊维菌素具有更低的毒副作用和更好的抗寄生虫活性，其被广泛应用于盘尾丝虫病（河盲症）和淋巴丝虫病（象皮病）的治疗，拯救了全球十几亿的人口。因此，其发现者日本科学家大村智（Satoshi Ômura）和美国默克研究所的坎贝尔（William C. Campbell）同中国发现青蒿素的女科学家屠呦呦共同荣获2015年诺贝尔生理学或医学奖。

一、阿维菌素的发现

1975年大村智从日本静冈县伊东市川奈高尔夫球场附近收集的土壤样本中分离出了一种新的链霉菌属放线菌 *S. avermitilis* MA-4680，之后默克研究所的科研人员通过一系列活性筛选，发现该菌株培养基对寄生虫（*Nematospiroides dubius* Baylis）感染的大鼠表现出显著的活性作用。默克研究所的米勒（Thomas W. Miller）团队对其发酵物进行提取，通过 C_{18} 反相液相色谱分离，获得一类母体骨架含有16元环的大环内酯类化合物阿维菌素（avermectin）。该结构的大环中含有1个二糖（齐墩果糖）所生成的苷（C-13），还含有2个六元环的螺缩酮醇系（C_{17}~C_{28}）和1个六氢苯并呋喃环系（C_2~C_8）。根据C-5位上取代基的不同，C-22和C-23之间单双键的差异及 C_{26} 位上取代基的不同，分别用A、B、1、2和a、b的组合来表示，由此确定了 A_{1a}、A_{1b}、A_{2a}、A_{2b}、B_{1a}、B_{1b}、B_{2a}、B_{2b} 等8个同系物。由于组分a、b的极其相似，所以很难将两者进行分离。A_{1a}、A_{2a}、B_{1a} 和 B_{2a} 是主要成分，其总含量≥80%，抗线虫活性方面B系列强于A系列，其中 B_{1a} 活性最强。以avermectin B_{1a} 为例，该化合的结构是通过质谱核磁及化学反应的方法初步确定的。之后，由X射线单晶衍射方法确定了该化合物的准确结构。一直到1989年才报道了该化合物的核磁共振数据的归属。

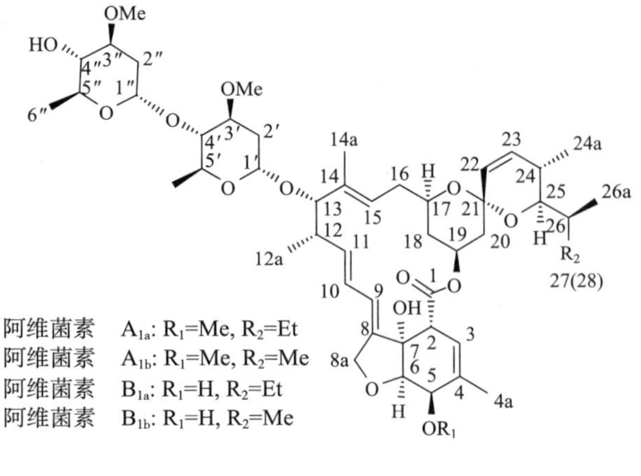

阿维菌素 A_{1a}: R_1=Me, R_2=Et
阿维菌素 A_{1b}: R_1=Me, R_2=Me
阿维菌素 B_{1a}: R_1=H, R_2=Et
阿维菌素 B_{1b}: R_1=H, R_2=Me

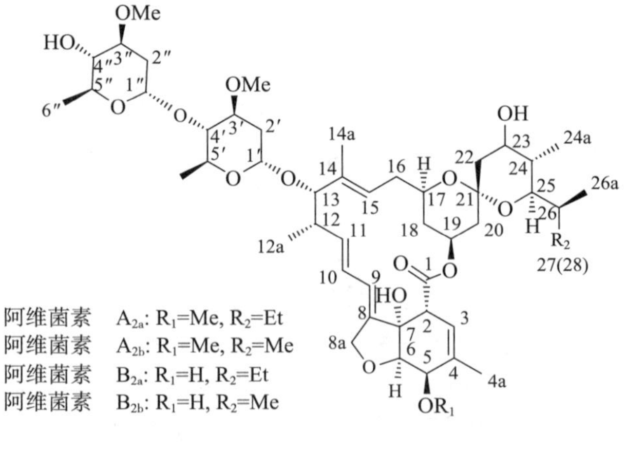

阿维菌素 A_{2a}: R_1=Me, R_2=Et
阿维菌素 A_{2b}: R_1=Me, R_2=Me
阿维菌素 B_{2a}: R_1=H, R_2=Et
阿维菌素 B_{2b}: R_1=H, R_2=Me

拓展阅读 avermectin B1a 的核磁数据归属

二、阿维菌素活性及作用机制

发现阿维菌素之后，默克研究所的坎贝尔教授团队对其中含量最高、活性最强的 avermectin B_{1a} 进行了更加详细的实验，发现其对多种动物寄生虫及昆虫类、蛛形类生物均表现出很强的活性。1981年阿维菌素作为兽药投入市场，随后于 1985 年阿维菌素作为农药投入市场，市售阿维菌素农药是以 abamectin 为主要杀虫成分（abamectin：avermectin B_{1a}+B_{1b}，其中 B_{1a} 不低于 90%、B_{1b} 不超过 5%）。

阿维菌素作用机制主要分两方面，一方面，阿维菌素对神经递质 γ 氨基丁酸（γ-amino butyric acid，GABA）起到激动作用，使神经末梢大量释放 GABA，并能促进 GABA 与次级神经元细胞膜或效应器细胞膜的结合，产生长时间、高强度的抑制效应，使寄生虫麻痹死亡，达到杀虫效果；另一方面，在较低浓度时，阿维菌素能发生立体选择性反应，调节谷氨酸门控 Cl^- 通道，带负电荷的氯离子大量流入细胞内，使膜电位保持在超极化状态，膜难以去极化细胞不能兴奋，致使神经传导受阻，最终引起虫体麻痹死亡。由于在吸虫和绦虫体内缺少受谷氨酸控制的 Cl^- 通道和抑制性神经递质 GABA，所以阿维菌素对吸虫和绦虫无效。另外，至今尚未发现在哺乳动物体内存在受谷氨酸控制的 Cl^- 通道，并且哺乳动物中 GABA 介导的神经位于中枢系统，阿维菌素不易通过血脑屏障进入中枢神经系统，因此阿维菌素对哺乳动物应是比较安全的。

三、阿维菌素的生物合成

21 世纪初，阿维菌素的生物合成基因模块已被科学家全部探明。阿维菌素的生物合成基因簇有 82 kb，共含 18 个编码基因，其结构功能及转录方向如图 15-9 所示。基因簇内部有四个大的阅读框，即 aveA1-aveA4，共同编码阿维菌素结构中的十六元大环内酯酮体。

阿维菌素生物体内合成途径主要包括 3 个阶段：①聚酮链的形成：由 L- 异亮氨酸（L-Ile）及 L- 缬氨酸（L-Val）两条路径出发，由 4 个聚酮合酶催化，依照 P-A-A-A-A-P-P-A-P-A-P-A（P 指丙酰，A 指乙酰）的顺序缩合 7 个乙酸和 5 个丙酸而成，每一个延伸单元均经过一组生物合成反应而被添加至聚酮链中，聚酮链延伸的循环起始物为 β- 酮酯，酮基再经过还原而形成聚酮长链，经多步酶促反应分别生成 2- 甲基丁酰辅酶 A（2-methylbutyrylCoA）及异丁酰辅酶 A（isobutyrylCoA）。②大环内酯骨架合成即糖苷配基的合成：在多模块聚酮合酶 PKS 作用下，这两种起始单元转化为阿维菌素大环内酯骨架结构，C-2 烯酰基与 C-7 羰基缩合形成 C-2 与 C-7 位的环己环。C-21 位羰基酮基化后形成 C-17 和 C-25 位螺缩酮的缩合。C-6 与 C-8a 之间的呋喃环是由 C-8a 位的烯丙基甲基引入氧原子而成，此过程由细胞色素 P450 羟化酶（AveE）来催化。③阿维菌素合成：经多步聚酮后修饰反应，包括环氧化、糖基化、还原及甲基化等，大环内酯骨架转化为系列阿维菌素化合物。用同位素标记葡萄糖可以证明 C-13、C-4′ 位的齐墩果糖均由葡萄糖转化而来。脱氧胸苷二磷酸（Dtdp）- 葡萄糖合成酶将葡萄糖催化合成 Dtdp- 葡萄糖，经过 Dtdp- 葡萄糖 -4,6- 脱水酶催化形成 Dtdp-4- 氧 -6- 脱氧葡萄糖，再将阿维菌素糖苷配基糖基化，并与 Dtdp- 齐墩果糖结合，最终形成阿维菌素。齐墩果糖的合成和转移主要由 AveBI-AveBⅧ编码的蛋白质所催化。

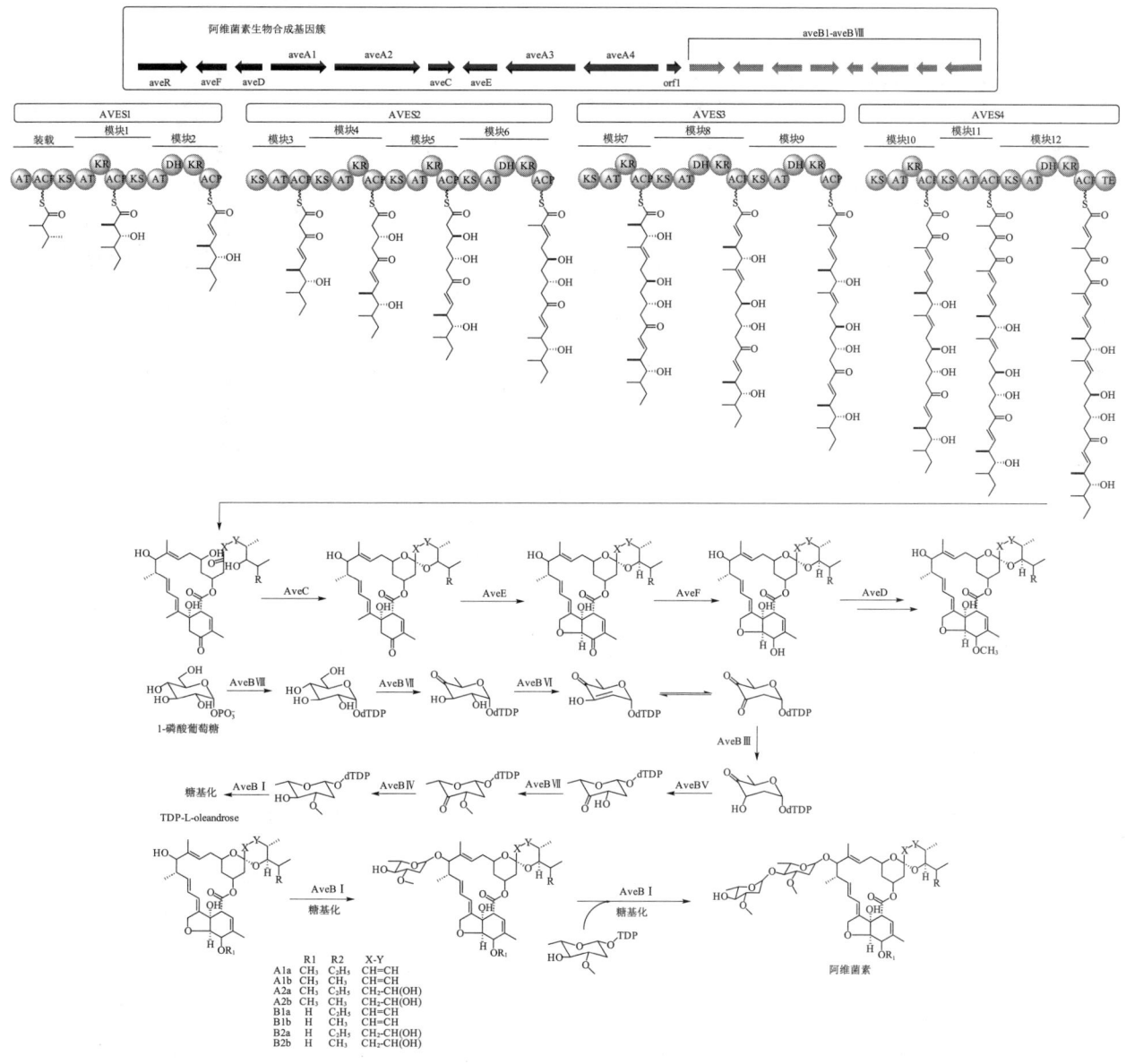

图 15-9　阿维菌素生物合成途径

五、结构改造

对阿维菌素的结构改造的研究已经取得很大进展，改造后的新化合物在防治范围、杀虫活性和对人畜及环境毒性等方面有了进一步的改善。目前关于母体结构的改造，主要集中在阿维菌素的 C-5、C-22、C-25 和 C-4″ 位的改造，产生了色拉菌素（selamectin）、伊维菌素（ivermectin）、道拉菌素

(doramectin)及埃珀利诺菌素(eprinomectin)等一系列新的医用或农用抗生素。表15-2列出了目前已产业化的阿维菌素类药物。

表15-2 已产业化阿维菌素类药物一览表

名称	修饰部位	特点	防治对象
阿巴菌素 abamectin	阿维菌素 B1	杀虫谱广、活性高，广泛用于畜用驱虫和农业害虫防治	家畜消化道内外各种害虫，农业害虫中同翅目、双翅目、缨翅目、膜翅目、鞘翅目、半翅目、鳞翅目幼虫等
伊维菌素 ivermectin	22,23-双氢化阿维菌素 B1	对哺乳动物肌体组织渗透性增强，安全性提高、持效期延长	家畜体内外毛圆线虫超科，类圆线虫超科，蛔超科，尖尾超科，旋尾超科，鞭尾超科的多种线虫
埃珀利诺菌素 eprinomectin	4″-乙酰氨基-4″-脱氧阿维菌素	乳中残留量较低，适用于牲畜哺乳期	胎生网尾线虫，捻转血矛线虫，艾氏矛线虫，蛇形矛线虫，点状古柏线虫等
道拉菌素 doramectin	25-环己烷基阿维菌素 B1	利用突变生物合成方法得到，对某些牲畜体内外的寄生虫具有很高的驱虫率	奥氏奥斯特线虫，肿孔古柏线虫，胎生网尾线虫，皮蝇，毛虱等
色拉菌素 selamectin	单糖基 C5-肟基伊维菌素	安全性有很大提高，口服、注射具有良好效果	扁虱，犬恶丝虫，猫跳蚤等

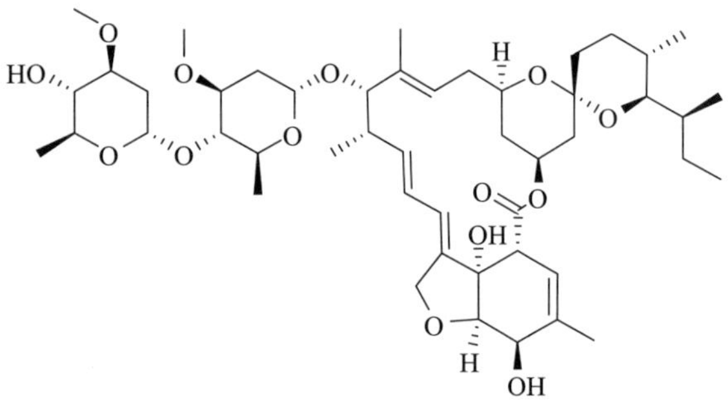

伊维菌素

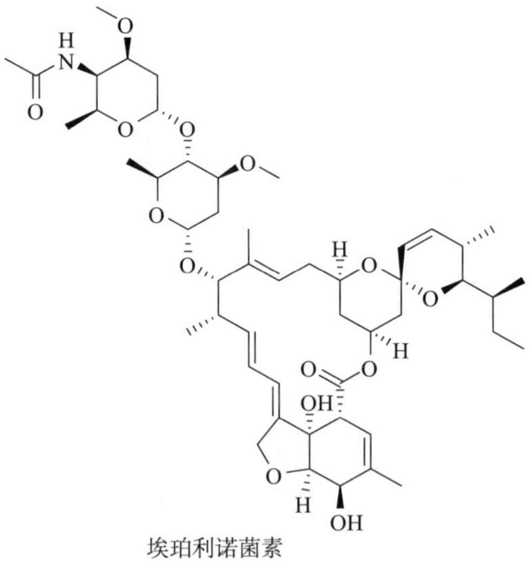

埃珀利诺菌素

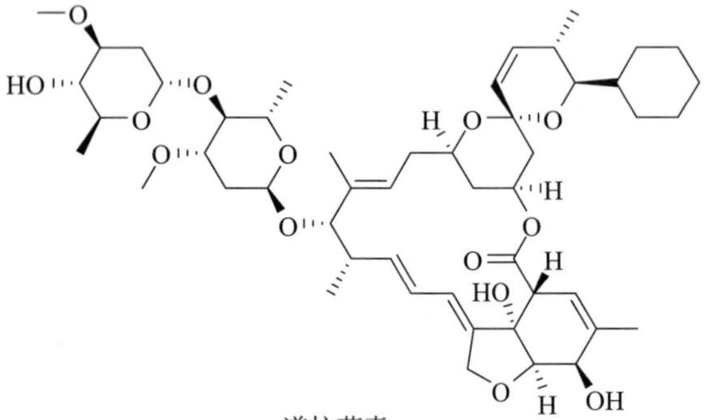

道拉菌素

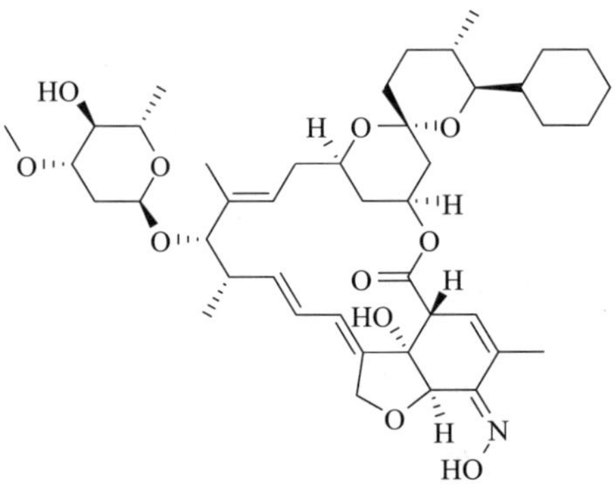

色拉菌素

六、构效关系

关于阿维菌素的改造还远没有停止。针对已有的报道,对于阿维菌素的构效关系进行了总结(图 15-10)。

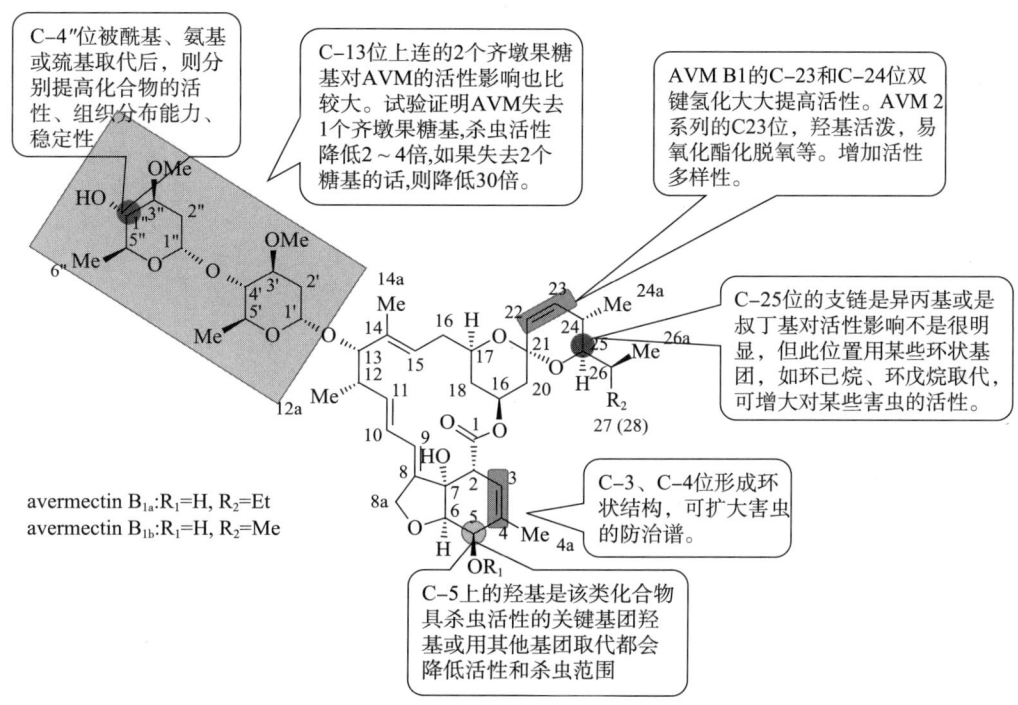

图 15-10 阿维菌素构效关系图

阿维菌素的十六元环是其杀虫的活性中心,对阿维菌素母体的改造主要保留了其核心部位而将修饰的重点部位集中在 C-5、C-4″ 及 C-23 位上,大螺环上 C-4、C-25 上的侧链,以及 C-13 所连的二糖基等。C-5 上的羟基是该类化合物具有杀虫活性的关键基团。C-4″ 位被酰基、氨基或巯基取代后,则分别提高化合物的活性、组织分布能力、稳定性。C-3、C-4 位形成环状结构,可扩大害虫的防治谱。而 C-25 位的支链是异丙基或是叔丁基对活性影响不是很明显,但此位置用某些环状基团,如环己烷、环戊烷取代,可增大对某些害虫的活性。另外,在 C-13 位上连的 2 个齐墩果糖基对 AVM 的活性影响也比较大,试验证明 AVM 失去 1 个齐墩果糖基,杀虫活性降低为原来的 1/4~1/2,如果失去 2 个糖基的话,则降低为原来的 1/30。

人们对阿维菌素的研究仍在继续,结构改造、活性评价等工作也在广泛展开。作为阿维菌素衍生物中的最重要的产品,伊维菌素在象皮症、河盲症及疟疾等寄生虫疾病治疗中作出了突出贡献。此外,阿维菌素类抗生素的抗病毒、抗结核及抗癌活性也在研究,对于白血病的治疗效果也有报道。这些研究成果非常有望进行临床试验,为人类健康做出更大的贡献。

(刘宏伟,张伟)

第三篇

天然药物创新药的研究策略

第十六章 天然药物的结构修饰与改造

编者导学

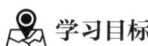
学习目标
思维导图

本章导航
第一节　天然药物结构修饰策略
第二节　改善天然药物药代动力学性质
第三节　提高天然药物的化学稳定性
第四节　天然药物减毒增效的结构修饰

天然产物具有丰富多样的结构类型和新颖的骨架结构，进而表现出广泛的生物学活性，为创新药物发现提供了高品质先导化合物，是创新药物研发的重要源泉。从天然产物中寻找新药是国内外创新药物研究领域的前沿方向，近年来取得了丰硕的成果，某些天然产物（如阿霉素、秋水仙碱、奎宁、紫杉醇等）已广泛应用于临床上肿瘤和感染等疾病的治疗。然而，多数情况下，天然产物因结构的不稳定性、成药性差、较低的活性或毒性等缺陷，难以直接作为药物在临床上使用，需要进行必要的结构修饰，以提高其活性、降低毒性或改善药代动力学性质等，最终被开发成上市药物，其中代表性天然药物有芬戈莫德、美沙酮、阿司匹林等。

第一节　天然药物结构修饰策略

天然药物通常具有复杂的分子结构，需要采取针对性的策略（如化学修饰法、生物转化法和计算机辅助法等）进行必要的结构修饰来改善其性质，包括改善药代动力学性质、增加稳定性、降低毒性、增强活性等，进而提高其成药潜力或扩展药物应用领域。

1. 改善药代动力学性质　天然产物可能在药物代谢属性如吸收、分布、代谢、排泄等方面存在局限性，结构修饰有助于提高药物的生物利用度。

2. 增加稳定性　某些天然产物本身结构不稳定或受体内代谢的影响而失去活性，结构修饰可提高其化学稳定性和代谢稳定性，延长其在体内的作用时间。

3. 降低毒性　天然产物可能具有一定的毒副作用，通过结构修饰可以降低其毒性，提高药物安全性。

4. 增强活性　天然产物结构可能不是理想的药效结构，通过改变分子结构，提高药物的活性和选择性，以更好地满足治疗需求。

5. 拓展药物应用领域　结构修饰可以使天然产物更具多功能性，以拓展其在不同疾病领域的应用范围。

一、化学修饰法

化学修饰法是天然药物最为常用的修饰策略，大致可分为三大类，即基于天然药物官能团（如羟基、氨基、羧基等）的结构修饰（该策略已广泛应用于前药设计）、基于天然产物骨架结构的修饰和结构简化。

（一）基于天然药物官能团的结构修饰

冬凌草甲素（oridonin）是从唇形科香茶菜属植物冬凌草（*Rabdosia rubescens*）中分离得到的贝壳杉烷型四环二萜类化合物，具有清热解毒、消炎止痛、健胃活血和抗肿瘤等生物学作用，大量文献报道其对多种肿瘤具有增殖抑制作用。然而，冬凌草甲素的水溶性（1.29 mg/mL）和生物利用度较差，极大限制了其临床应用。近年来，研究者们对其开展了系统的结构修饰工作（图16-1），发现其结构上的不饱和羰基基团为活性必需基团，在14位OH上引入亲水性的氨基酸片段，可使其水溶性得到极大改善（>50 mg/mL），其中化合物HAO472已于2015年获国家食品药品监督管理总局批准开展临床Ⅰ期试验，用于治疗白血病。

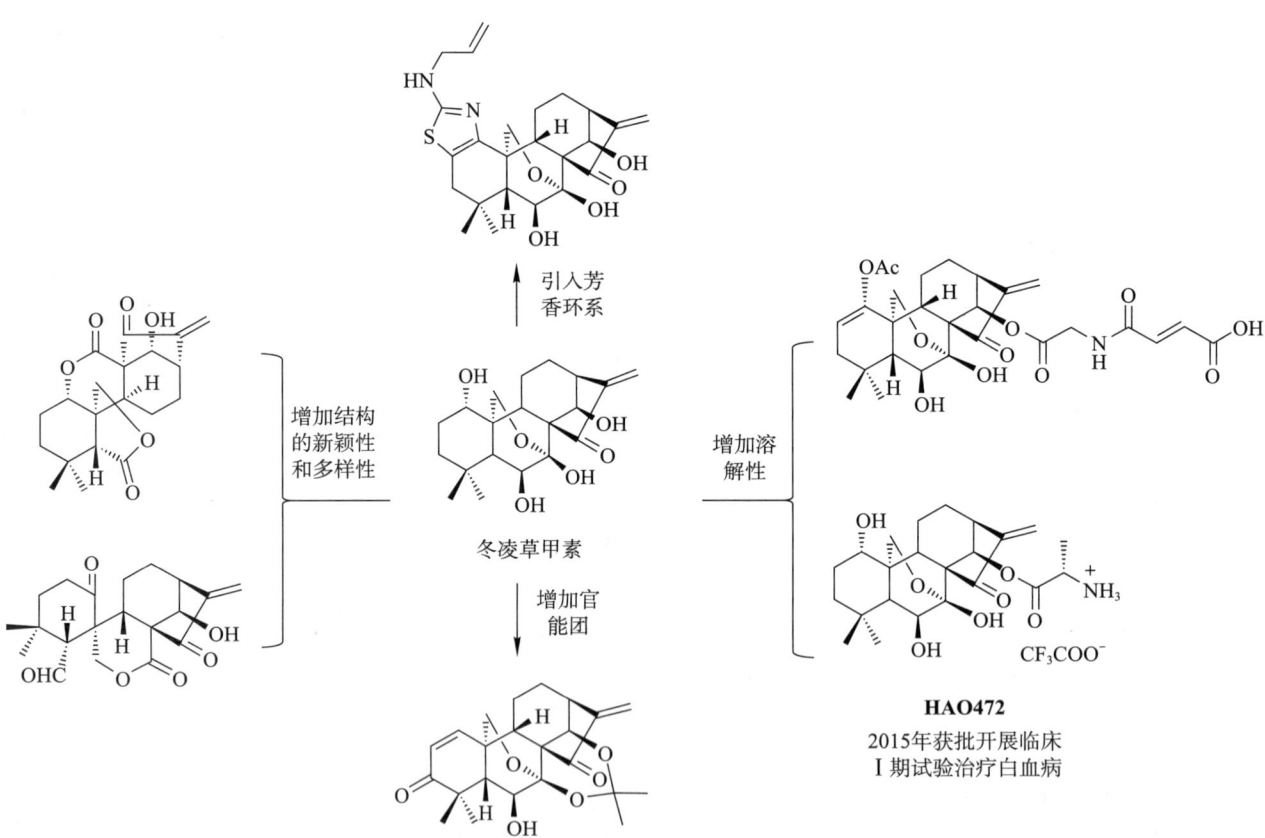

图16-1 基于冬凌草甲素的结构修饰与优化

（二）基于天然产物骨架结构的修饰

基于天然产物骨架结构的修饰策略主要围绕天然产物的核心骨架结构，通过设计适当的化学反应来引入新的环结构或裂解天然产物中的环结构，通过对其核心骨架结构修饰来增加结构的多样性、新颖性和复杂性，进而增强活性、降低毒性或提高药代动力学性质等。

柠檬苦素（limonin）是一类具有17β-呋喃环的四降三萜类化合物，是楝科和芸香科药用植物的主要化学成分。该类化合物具有多样的骨架结构类型，已有30多种全新骨架约1 600多个新柠檬苦素被发现，且表现出显著的抗肿瘤、抗炎等生物活性，使其成为天然药物研究领域的前沿热点。2021年，美国伊利诺伊州大学研究人员通过巧妙的化学反应设计，应用了基于柠檬苦素的复杂结构导向的多样性合成策略（Complexity-to-Diversity，CtD），获得了52个不同于柠檬苦素的复杂骨架结构（其中36个骨架结构为首次报道），很大程度上丰富了该类天然产物的骨架结构类型（图16-2）。

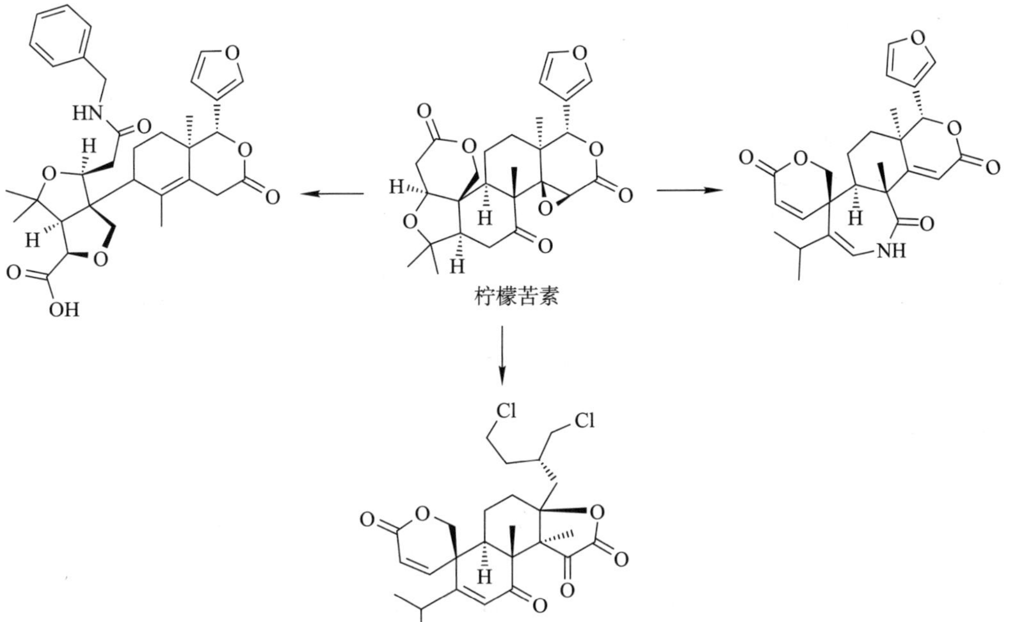

图16-2 基于柠檬苦素的复杂结构导向的多样性合成

（三）结构简化

复杂天然产物结构往往相对分子质量大于500，根据Linpiski类药性规则，该类天然产物通常成药性较差，且往往只有一部分结构片段与靶标结合，因此需要对其进行结构简化，去除多余的片段，保留与靶标结合的关键药效团。天然产物结构简化是一种常用的修饰手段，在天然药物的结构-活性关系研究中被广泛使用，通过去除侧链、环结构简化、去除官能团、骨架裁剪、官能团合并、异构体选择和原子替代等来简化复杂天然产物结构，以产生更简单、更易合成的分子，进而提高合成效率、识别和优化天然产物的活性片段，更好地理解其生物活性。

多球壳菌素（myriocin）是从冬虫夏草中提取的一种真菌代谢产物，通过靶向1-磷酸鞘氨醇（sphingosine-1-phosphate，S1P）受体发挥免疫抑制作用。然而，多球壳菌素明显的毒副作用和较差的溶解性限制了其临床应用。研究者们对其开展了系统的构效关系研究，发现C-4羟基、C-6双键、C-15酮羰基及C-3手性中心并非活性的必需基团，于是通过结构简化策略获得了芬戈莫德（fingolimod），结构特征在于其右侧的2-氨基-2-烷基丙二醇片段和左侧含有苯环的对称侧链结构（图16-3），其表现出更好的免疫抑制活性、理化性质和降低的毒副作用，并于2010年被美国FDA批准上市用于多发性硬化症的治疗。

吗啡（morphine）是从罂粟中分离得到的一类生物碱，由5个环稠合而成，含有部分氢化菲环、哌啶环，环上有5个手性碳原子，是临床上常用的麻醉剂，但其有严重的成瘾性和呼吸抑制等缺点。构效关系研究表明：吗啡的5个环系和手性中心均不是与阿片受体结合的必需活性基团，通过去除不

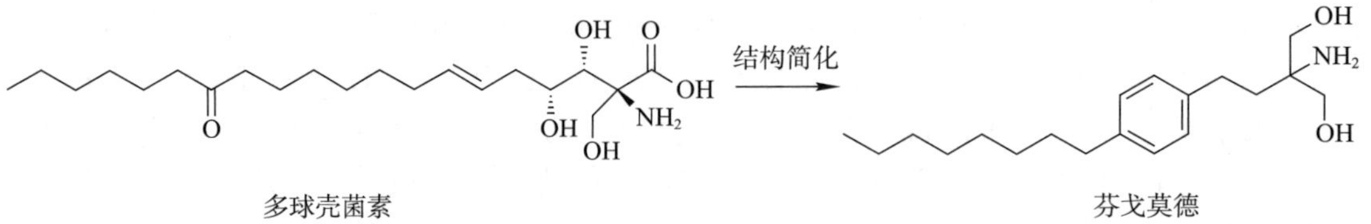

图 16-3 基于多球壳菌素发现上市药物芬戈莫德

必要的环系和手性中心,保留与靶标结合的分子构象,发现哌替啶(pethidine)具有镇痛作用,成瘾性比吗啡低。进一步研究发现,美沙酮(methadone)镇痛作用比吗啡和哌替啶强,耐受性、成瘾性发生较慢,戒断症状轻(图 16-4)。

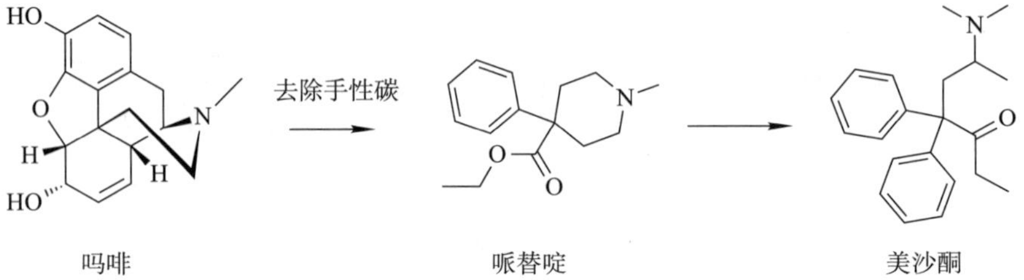

图 16-4 基于吗啡的结构简化发现哌替啶和美沙酮

二、生物转化法

生物转化包括微生物转化、酶转化和动植物细胞转化,是利用生物体系或其产生的酶对外源性底物通过酶催化反应进行结构修饰的生物化学过程。生物转化的反应类型主要有羟基化、糖苷化、氧化还原、异构化、甲基化、酯化、水解、环氧化及重排等,目前已实现了甾体、生物碱、醌类、黄酮类、萜类、苷类等多种天然产物的合成和转化,具有广泛的应用前景。与化学转化相比,生物转化反应具有以下特点:①高效性:生物催化剂能够高效地催化特定反应,产物收率高;②高选择性:包括底物选择性、立体选择性、区域选择性,可避免了特定官能团的保护和脱保护等操作;③完成某些化学转化难以进行的反应;④环境友好:生物转化反应大多在室温、中性环境中进行,减少了不必要的副反应,产生的废物较少,减少了对环境造成的污染,符合绿色化学的要求。

1952 年,研究人员首次利用黑根霉(*Rhizopus nigricans*)实现了化学转化方法极难以实现的转化过程,即孕酮 C-11 羟基化反应,生成 C-11α-羟基孕酮(图 16-5),成功地解决了皮质激素类药物合成难题,开创了甾体类化合物微生物转化的先例。

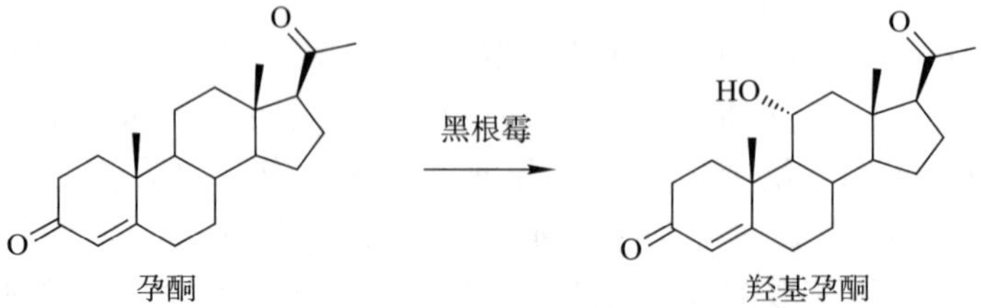

图 16-5 孕酮微生物转化法生成羟基孕酮

三、计算机辅助法

计算机辅助的天然药物结构修饰是指利用计算机辅助的方法如分子模拟等来预测目的蛋白质与天

然产物的结合模型，进而指导分子设计和结构优化，以改善天然药物的性质、活性或其他特征，进而加速天然产物类药物的发现与开发过程。

多数天然产物存在活性弱、特异性低、类药性差等缺点，尤其是针对复杂天然产物，其部分结构片段并不是活性所必需或发挥关键作用，因此需要根据天然产物与目的蛋白质的共晶结构或预测模型开展针对性的结构优化。carfilzomib 是一个以天然产物 epoxomicin 为先导化合物，在共晶结构指导下开展结构优化，最终得到上市药物的经典案例。epoxomicin 是一个具有环氧酮结构的天然线形多肽，于 20 世纪 90 年代由百时美施贵宝（BMS）首次从放线菌菌株中分离得到，对鼠源黑色素瘤和白血病表现出显著的增殖抑制作用（IC_{50} 均小于 2 ng/mL），但其不稳定的环氧酮结构和较差的类药性质使得 BMS 放弃了进一步的开发。耶鲁大学与慕尼黑理工大学研究人员随后合作解析了 epoxomicin 和酵母菌蛋白酶体的复合物晶体结构，发现蛋白酶体 Thr1 的氧原子进攻 epoxomicin 的羰基部分后形成半缩醛结构，Thr1 氮原子继而亲核性进攻环氧生成吗啉环系，使得 epoxomicin 通过共价键不可逆地结合蛋白酶体，这一共价结合机制决定了 epoxomicin 对具有独特 Thr1 结构的蛋白酶体有高选择性，具有潜在成药性。在此基础之上，系统地结构优化聚焦于环氧酮部分和四肽部分，最终得到了水溶性更好、活性更强、成药性更好的 carfilzomib（图 16-6），作为第二代蛋白酶体抑制剂于 2012 年获 FDA 批准上市，用于治疗多发性骨髓瘤。

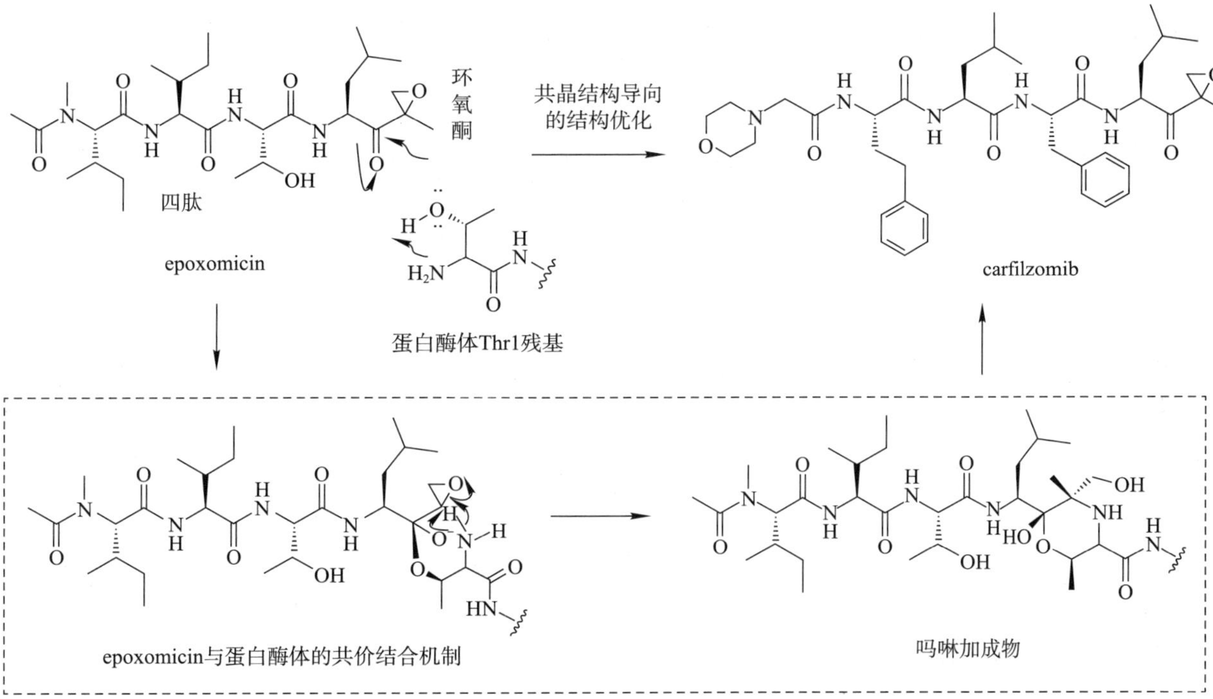

图 16-6　计算机辅助的天然产物 epoxomicin 到 carfilzomib 的优化

第二节　改善天然药物药代动力学性质

天然药物的活性和安全性与其药代动力学性质密不可分，而多数天然药物因相对分子质量较大、结构复杂多样，并未表现出良好的药代动力学性质，通过化学方法对天然药物进行结构修饰，包括改变分子结构、引入新的官能团等，来增加溶解度、代谢稳定性和生物利用度，进而改善天然产物的药代动力学性质，以提高其在临床应用中的可控性和效果。

一、增加天然药物的溶解性

天然产物的溶解性直接影响其在体内的吸收，通过改变天然药物的亲水/亲脂平衡来提高药物的溶解性，进而改善其药代动力学性质。需根据具体天然药物的极性特点来开展适当的结构修饰，如极性较大的天然药物可以将羟基、羧基或氨基修饰成合适的醚、酯或酰胺，但极性较小时可以引入大极性基团（如氨基、羟基、羧基）或其他极性较大的结构片段（如氨基酸等）来增加天然药物极性。

青蒿素，也称黄花蒿素，是从黄花蒿中提取分离得到的一类新型含有过氧桥的倍半萜内酯类化合物，是一款高效、低毒、速效的抗疟药物，尤其是对氯喹敏感株和抗性株的恶性疟及间日疟具有很好的治疗效果，普遍认为这种过氧桥结构与青蒿素的抗疟活性有关。青蒿素的发现在疟疾治疗史上是继氯喹之后的又一重大突破。

尽管青蒿素表现出优异的抗疟效果，但其溶解性较差，疟疾患者口服后大部分以原型的形式排出，提示其口服吸收不好，而尿液中的代谢物均无抗疟活性，研究发现其代谢物中无过氧桥这一活性必需基团，难以达到临床治疗效果。因此，研究者们围绕青蒿素开展了大量的结构修饰工作，在保持过氧桥这一活性必需基团不变的情况下，将青蒿素内酯的羰基还原成羟基，得到二氢青蒿素（dihydroartemisinin），并基于此结构合成了系列青蒿素衍生物，如醚类、酯类和碳酸酯类等，其中蒿甲醚（artemether）脂溶性大大改善，是我国为数不多的进入国际主流药物市场的原创抗疟新药，在世界多个疟疾高发地区得到了广泛的使用，均取得了很好的治疗效果，且未发现明显的毒副作用。研究者们通过将蒿甲醚 10 位上的甲氧基替换为氮杂缩酮类取代基，得到了青蒿酮（artemisone），其具有更好的抗疟活性（$P.\ falciparum$ IC$_{50}$ 值为 0.83 nmol/L）（图 16-7）。

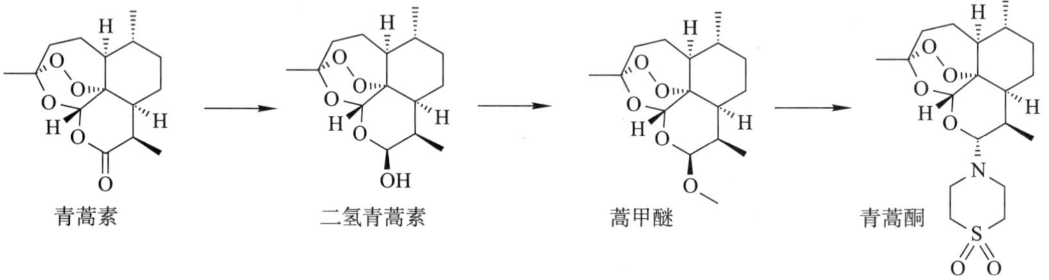

图 16-7 基于青蒿素的抗疟药物发现

二、提高天然药物的代谢稳定性

天然药物进入体内后在代谢酶等的作用下会经过一系列的生物转化，药物的代谢稳定性直接影响其临床疗效和安全性，因此需要针对结构特点开展必要的结构修饰来提高天然药物的代谢稳定性。

埃博霉素 B（epothilone B）是德国国家生物技术中心于 1993 年首次从黏细菌纤维堆囊菌分离得到的一类十六元环的大环内酯类化合物，其与临床上广泛应用的抗肿瘤化疗药物紫杉醇具有相似的作用机制，抗癌活性优于紫杉醇，且无紫杉醇耐药问题，目前处于临床Ⅲ期研究。但鉴于其因内酯环系导致的代谢不稳定性，百时美施贵宝制药公司对埃博霉素 B 开展了进一步的结构优化工作，运用生物电子等排原理将大环内酯替换为内酰胺结构得到抗肿瘤化疗新药伊沙匹隆（ixabepilone）（图 16-8）。2007 年 10 月 FDA 批准伊沙匹隆单药或与卡培他滨联合用于治疗蒽环类、紫杉烷衍生物和卡培他滨治疗无效的转移性或局部进展的晚期乳腺癌。

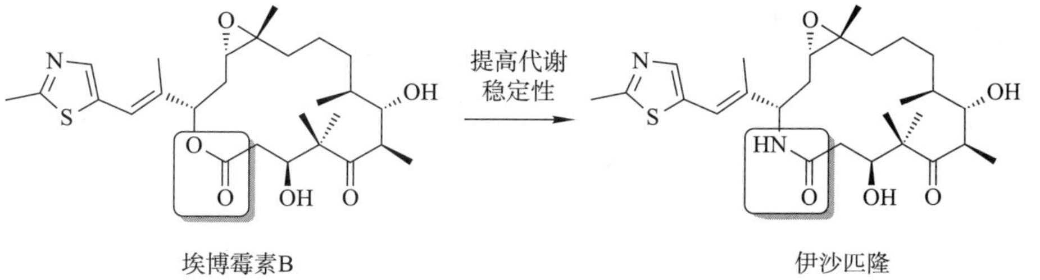

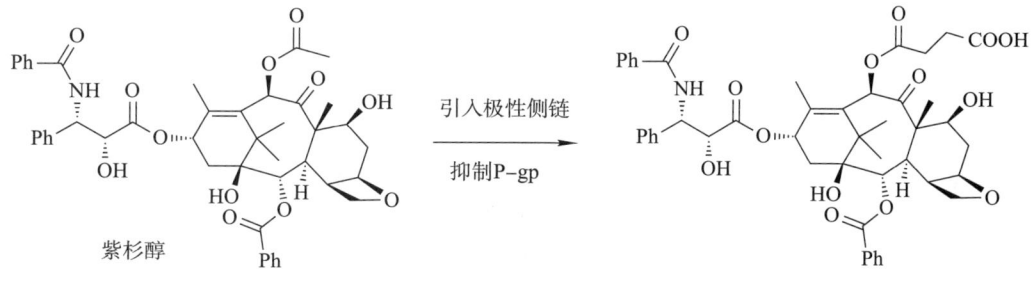

图 16-8 从埃博霉素 B 到伊沙匹隆的发现过程

三、增加天然药物的血脑通透性

因血脑屏障的存在，某些天然药物难以在脑组织达到有效治疗浓度。影响药物穿透血脑屏障的因素包括：药物的理化性质（如相对分子质量大小、脂溶性）、生理条件下的药物的电荷状态（如电离态和脂溶性离子）、血浆蛋白结合率、药物的代谢排泄速率及药物对血脑屏障中高表达的药物转运蛋白的抑制作用等，通过合理的结构修饰，可以改善药物分子的某些性质，提高药物穿透血脑屏障的能力，进而提高药物疗效。

紫杉醇是从太平洋红杉等云杉科植物提取分离得到的天然产物，分子结构非常复杂，有 11 个立体中心和一个 17 碳的四环骨架结构。作为微管蛋白抑制剂，紫杉醇是一种广泛用于癌症治疗的抗肿瘤药物，其临床上主要用于治疗乳腺癌、卵巢癌、非小细胞肺癌等多种癌症。然而，血脑屏障中高表达的药物转运蛋白 P-gp 降低了紫杉醇脑内浓度，减弱了紫杉醇对脑部肿瘤的治疗效果，通过在紫杉醇 10 位上引入极性基团（如羧基），抑制 P-gp，减少药物的外排，提高了脑内药物浓度达到治疗效果（图 16-9）。通过降低相对分子质量或引入羧基来抑制 P-gp 提高脑内药物浓度的修饰策略也成功应用于从 BRAF 抑制剂达拉菲尼（dabrafenib）到 everafenib 的发现与优化，显著改善了其血脑屏障透过性。

图 16-9 基于紫杉醇的结构修饰

拓展阅读 BRAF 抑制剂 everafenib 的发现

第三节 提高天然药物的化学稳定性

天然药物的化学稳定性是天然药物研究中需要解决的关键问题，为科学规范和指导中药、天然药物研发工作，保证研发质量，国家药品监督管理局于 2006 年组织制定了《中药、天然药物稳定性研究技术指导原则》。某些天然药物，尤其是含有酚羟基、环氧丙烷、酯键等类型天然药物，因其结构的不稳定性通常会导致活性测试的不准确、脱靶效应和较差的药代动力学性质等问题。因此，需要针对不稳定的化学基团采取必要的修饰策略（如去除、替换、修饰等）来提高其化学稳定性。

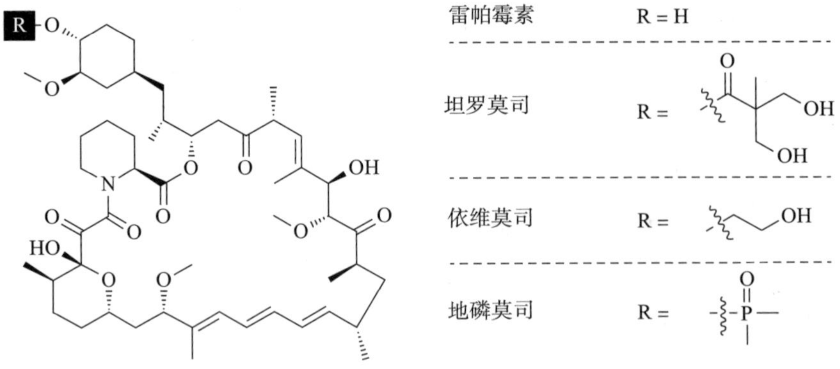

雷帕霉素（rapamycin），药品通用名西罗莫司（sirolimus），商品名雷帕明（rapamune），是一类大环内酯类化合物，首次从复活节岛土壤样品内吸水链霉菌（*Streptomyces hygroscopicus*）中分离得到。作为第一个被发现的 mTOR 抑制剂，雷帕霉素于 1999 年被 FDA 批准作为免疫抑制剂用于肾移植。由于雷帕霉素的水溶性和化学稳定性比较低，阻碍了其在临床上被用于癌症治疗，研究人员对结构中的羟基进行修饰得到系列雷帕霉素类似物。与雷帕霉素相比，辉瑞公司开发的坦罗莫司（temsirolimus）和诺华公司开发的依维莫司（everolimus）表现出更好的溶解性和更强的药效，均已获得美国 FDA 批准用于晚期肾细胞癌的治疗。阿瑞雅德和默克公司联合开发的地磷莫司（ridaforolimus）也表现出优异的化学稳定性、药效和水溶性，临床Ⅲ期试验结果表明其对软组织肉瘤和骨肉瘤有很好的疗效。

白桦内酯 B（pladienolide B）是土壤革兰氏阳性菌 *Streptomyces platensis* MER-11107 产生的一类含有十二元环的大环内酯类化合物，通过靶向剪接体 SF3B 亚单位在体内外模型中均发挥优异的抗肿瘤作用。研究者们通过将 C-18-19 环氧丙烷替换为 C-18-19 环丙烷得到化合物 FD-895（图 16-10），其表现出改善的化学稳定性，与白桦内酯 B 具有相当的诱导凋亡和剪接体抑制活性，对 HCT116 细胞系表现出优异的增殖抑制活性（IC_{50} 为 42.9 nmol/L），构效关系研究表明环氧丙烷并非剪接体抑制活性的必需基团。

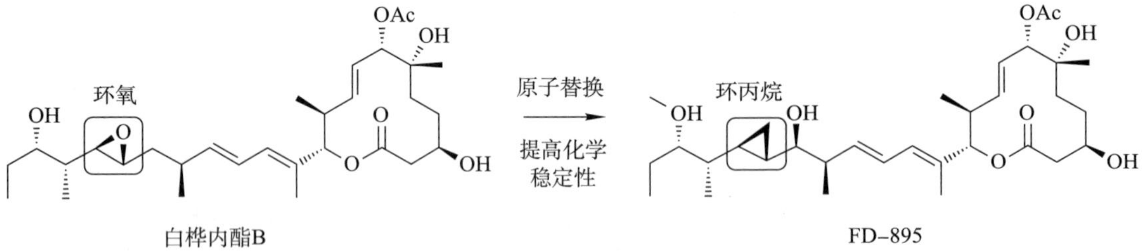

图 16-10　从白桦内酯 B 到 FD-895 的发现

柳树皮作为药用历史悠久，世界各国均有记载柳树皮可入药，《本草纲目》记载柳树皮有"清热解毒、祛风散肿"之功效。直到 1828 年，德国学者从柳树皮中提取了一种黄色的晶体"柳素（salicin）"，随后法国和意大利的科学家从中分离出水杨酸（salicylic acid），其存在于柳树皮、白珠树叶及山桦中，具有缓解疼痛和发热及消炎作用。水杨酸在常温下稳定，但因其酚羟基的存在，使其在光照、强碱和氧化剂等存在的情况下发生变质。1897 年，拜耳制药公司以水杨酸为原料制备了乙酰水杨酸，音译为"阿司匹林（aspirin）"（图 16-11）。作为一种非甾体抗炎类药物，阿司匹林具有解热镇痛、抗炎等功效作用，成为一代"神药"。

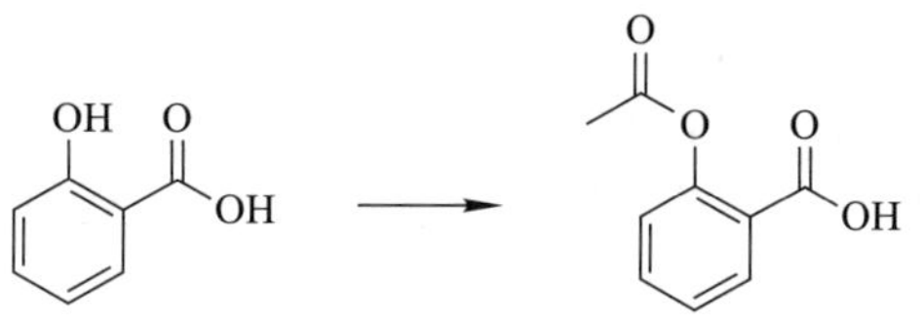

图 16-11 阿司匹林的发现

第四节 天然药物减毒增效的结构修饰

天然产物是药物开发的宝库，是创新药物研发的重要途径，许多新药是从天然产物中发现并研发成功的。然而，某些天然产物通常缺乏足够的活性、选择性或具有一定的毒副作用，其不能直接作为药物使用，需要通过必要的结构修饰来提高活性或降低毒性，进而提高天然药物的安全性和有效性。

日本科学家远藤章发现烂柠檬青霉菌（又称之为桔青霉，*Penicillium citrinum*）的真菌培养液里含有能高效抑制胆固醇合成的物质，并于 1976 年首次从中提取分离得到美伐他汀（mevastatin），其可高效抑制羟甲基戊二酸单酰辅酶（HMG 辅酶 A）还原酶的活性，但因其具有致癌性，最终没有获批进入临床使用。此外，默克公司和远藤章在 1979 年同时从土曲霉（*Aspergillus terreus*）中提纯得到了洛伐他汀（lovastatin），其于 1987 年被美国 FDA 批准成为首个用于降低胆固醇的他汀类药物。随后，研究者们基于美伐他汀和洛伐他汀开展了系列结构修饰工作，一些他汀类重磅药物从此衍生而来，包括治疗高胆固醇血症的瑞舒伐他汀（rosuvastatin），共晶结构显示其模拟了美伐他汀的关键药效团，但具有全新的骨架结构和更少的手性中心（图 16-12）。他汀类药物大幅度降低低密度脂蛋白胆固醇，降低动脉粥样硬化性心脑血管疾病患者的死亡率，已成为治疗动脉粥样硬化性心脑血管疾病的标准方案。

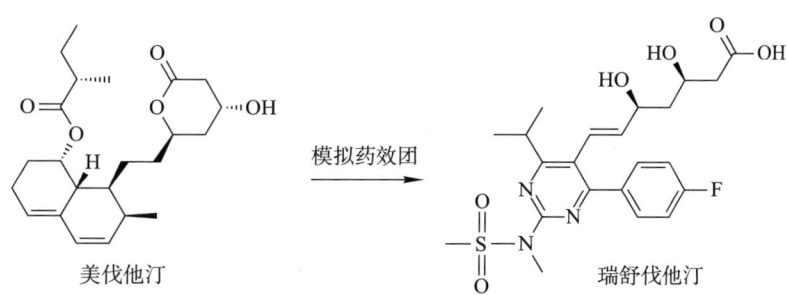

图 16-12 从美伐他汀到瑞舒伐他汀的发现

微视频 他汀类药物瑞舒伐他汀的发现

纤精酮（leptospermone）于 1977 年首次从加利福尼亚州的红千层（*Callistemon citrinus*）灌木中分离得到，广泛存在于桃金娘科植物中。纤精酮是一类特殊的倍半萜酮类植物毒素，含有四个酮基，作为 4-羟基苯丙酮酸脱氢酶（4-hydroxyphenylpyruvate dioxygenase，4-HPPD）抑制剂，发挥除草活性。在毒性研究中，研究者们意外发现纤精酮亦能抑制鼠和人的 4-HPPD。在 I 型酪氨酸血症中，4-HPPD 发挥重要作用，研究者们推测抑制 4-HPPD 或可用于治疗这一疾病。基于纤精酮的系列结构修饰最终得到了尼替西农（nitisinone），其通过抑制 4-HPPD 防止酪氨酸分解代谢和有毒产物（如马来酰乙酰乙酸盐和延胡索酰乙酰乙酸盐）在肝和肾中的积累（图 16-13）。2016 年 6 月 15 日，Sobi 公司宣布尼替西农获 FDA 批准用于治疗 I 型遗传性酪氨酸血症。该药于 2021 年 6 月由广州某公司独家进口，成为国内首个原发性酪氨酸血症 I 型治疗药物。2023 年 2 月，国家药品监督管理局批准其口服混悬液和胶囊两个剂型，用于治疗成人和儿科患者的 I 型遗传性酪氨酸血症。

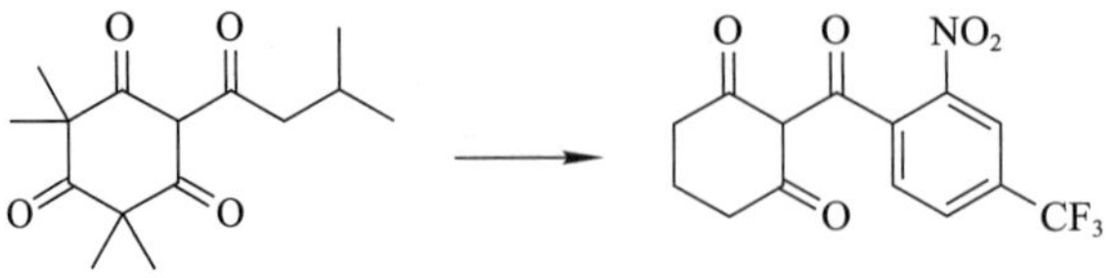

图 16-13 从纤精酮到尼替西农的发现

鬼臼毒素（podophyllotoxin）来源于小檗科桃儿七属植物桃儿七根茎部、小檗科鬼臼属植物华鬼臼根和茎等，为芳基萘类木脂素，其 C 环 C-7 上的羟基与 C-7′ 上 3,4,5- 三甲氧基苯基均为 α 取代，C-8 与 C-8′ 丁内酯环为反式结构，因五元内酯环的存在，其也被归为环木脂内酯型木脂素。

鬼臼毒素在我国用于治疗类风湿性关节炎、淋病、梅毒、水肿、银屑病、尖锐湿疣等疾病。现代药理学研究表明，鬼臼毒素通过抑制微管聚集发挥抗肿瘤作用，对肺癌、肾母细胞瘤、生殖器肿瘤和淋巴瘤等肿瘤疗效显著，但具有脱发、恶心、厌食、腹泻、白细胞和血小板计数低等毒副作用。因此，研究者们以鬼臼毒素为先导化合物开发了系列上市药物如依托泊苷（etoposide）、依托泊苷磷酸酯（etoposide phosphate）和替尼泊苷（teniposide）（图 16-14）。依托泊苷及依托泊苷磷酸酯临床上主要用于小细胞肺癌、恶性淋巴瘤、恶性生殖细胞瘤、白血病的治疗。替尼泊苷主要用于治疗恶性淋巴瘤、中枢神经系统肿瘤和膀胱癌等。

除上述代表性的天然药物外，以天然产物作为先导化合物进行新药的开发案例不胜枚举（图

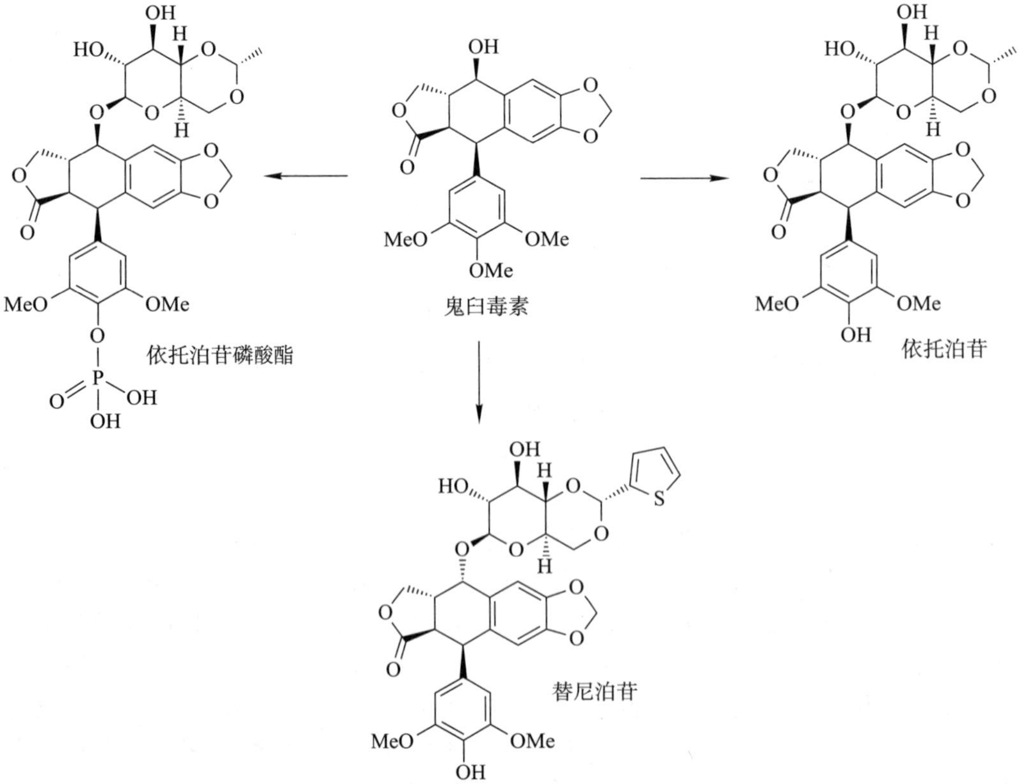

图 16-14 基于鬼臼毒素的泊苷类药物开发

16–15）。如青蒿素的衍生物蒿乙醚（arteether）用于治疗抗氯喹恶性疟原虫导致的脑型疟疾病例，目前作为治疗严重疟疾的二线药物；临床候选药物吗啡 –6– 葡糖苷酸（morphine–6–glucuronide）是吗啡的主要代谢产物，有望替代吗啡，成为副作用少的止痛药；Pierre Fabre 公司研发的长春氟宁（vinflunine），商品名为 Javlor®，于 2009 年上市，是从长春花夹竹桃科植物中提取的长春花碱家族的第三代成员，临床上用于铂药物化疗失败的成人晚期或转移性泌尿道上皮移行细胞癌的治疗。相较于其他长春花碱类抗肿瘤药，长春氟宁在临床试验中展现出更小的神经毒性。

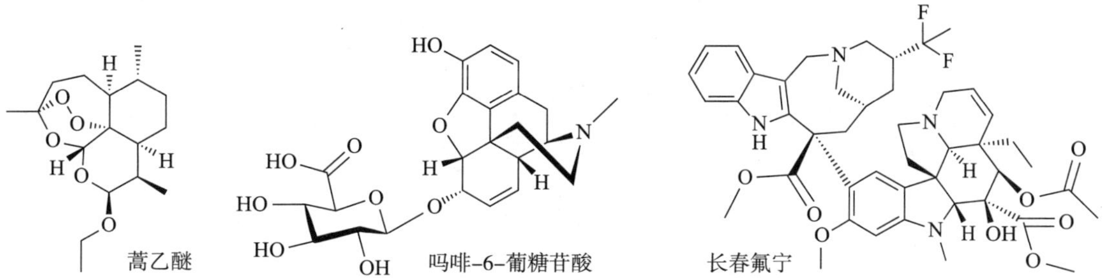

图 16–15 以天然产物作为先导化合物开发新药的代表性案例

（余 斌）

数字资源详见 新形态教材网

学习目标 思维导图 思政元素 案例探讨 参考文献
微视频 拓展阅读 本章小结 自测题 教学课件

第十七章 天然药物创新药的研究

编者导学

📍 学习目标

🧠 思维导图

本章导航

第一节　概述
第二节　天然药物创新药的研究方法
第三节　天然药物创新药的开发过程
第四节　天然药物创新药研究实例

　　天然药物是指从植物、动物、微生物及矿物等天然资源中开发出的药物。一直以来，天然药物都是人类同疾病作斗争的主要武器，为人类健康和文明发展作出了重要贡献。从天然产物中寻找新药或先导化合物是国内外新药创制的重要方向和领域。1804年，从药用植物罂粟中发现了第一种生物碱吗啡。1929年，发现了世界上第一种抗生素青霉素。1948—1949年，分离出一种内源性抗贫血化合物维生素 B_{12}。平喘药物麻黄碱、镇静药物四氢帕马丁等是我国20世纪上半叶基于天然药物创制新药的重要代表。20世纪后半叶我国天然药物研究更是取得了举世瞩目的成就，其中抗疟药物青蒿素的发现是我国天然药物研究领域的一个重要里程碑，对我国基于天然药物研究新药产生了深远的影响。本章介绍天然药物创新药在新药研发中的重要作用、国内外天然药物创新药注册与管理情况、相关研究方法、具体开发过程，同时介绍具有代表性的天然药物创新药研发实例。

第一节　概　　述

一、天然药物创新药在新药研发中的重要作用

　　天然药物创新药的研究往往成为药物研究领域新的突破口，许多现代药物都源于天然产物。进入21世纪，回归自然、重视植物药的呼声越来越高，天然药物因其安全性高、不良反应少，以及独特的整体和多靶点治疗理念等特点在全球范围内日益受到关注和重视。根据天然产物研究权威期刊 Journal of Natural Products 统计，1981—2019年全球获批上市的1881个新药中，天然产物药物占3.77%；天然产物衍生物药物占18.93%；植物提取物药物占0.74%；与天然产物类似物的合成药物占11.54%；含天然产物药效团的合成药物占3.46%；含天然产物药效团类似物的合成药物占11.00%（图17-1）。70多年来，我国研究成功的新药90%以上均与天然产物有关，天然药物研究取得了举世瞩目的成就，获2015年诺贝尔生理学或医学奖的青蒿素就是我国天然药物研究领域的一个重要里程碑。

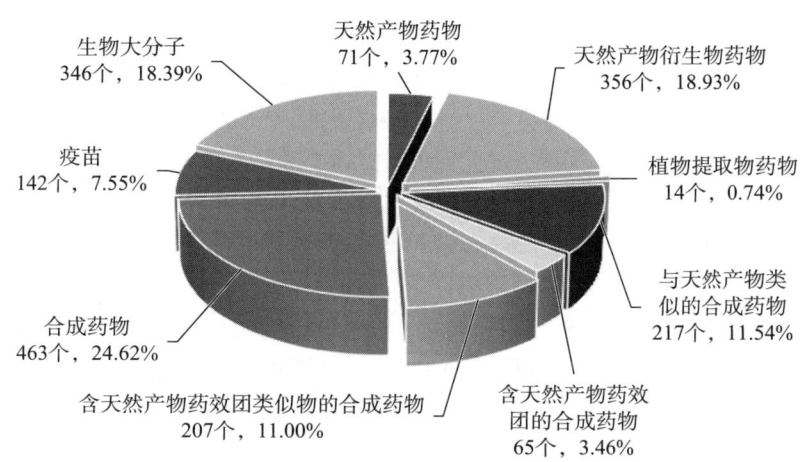

图 17-1 1981—2019 年全球获批上市的 1 881 个新药的类型、数量和占比

（一）天然产物是先导化合物的来源库

大自然中生物资源十分丰富，伴随着漫长时间的演化和适应性选择，产生了结构类型繁多的次生代谢产物。在已发现的天然产物中，很多基本骨架类型在已有的有机合成化合物库中没有出现过，一些人工很难合成的化合物在生物体内通过酶的作用很容易就能形成。另外，天然产物具有生物活性多样性的特点，很多天然产物分子本身就具有"类药"属性，从中寻找先导化合物成功率更高。

（二）天然产物独特的生物活性机制

在长期的生物进化过程中，天然产物与生物体之间已经形成了极其特殊、复杂的相互作用关系。如有的天然产物以单体原型形式在体内直接作用于特定靶点，有的进入体内经代谢后产生新的代谢产物然后再作用于特定靶点，有的进入体内后通过调控内源性物质间接地发挥药理活性，有的是作用于多个靶点并发生协同作用，还有的是活性物质群组共同发挥疗效等。例如，在抗癌药物紫杉醇研究中，发现了抑制微管解聚的作用机制。

（三）天然产物立体构型的优势

药物的药效和毒性与其立体构型或构象有密切关系。众所周知，麻黄碱和伪麻黄碱的立体构型不同，药效也存在明显差异；从蛇足石杉（*Huperzia serrata* Trev.）中分离得到的石杉碱甲，为一种高效 AChE 抑制剂，具有提高记忆效率的功能，是治疗老年痴呆症的一个非常有前景的药物。实验证明，石杉碱甲的手性对其生物活性至关重要，（–）- 石杉碱甲抑制 AChE 的活性是其外消旋混合物的 2 倍，是（+）- 石杉碱甲的 33 倍。

二、国内外天然药物创新药注册与管理情况

天然药物在国外也有 2 000 多年的研究和应用历史，而植物药又是运用最广的一类，一直是药物研发机构寻找新药的热点。欧盟成员国、美国和日本等发达国家和地区在肯定植物药对疾病有预防和治疗作用的同时，也调整了药品的监管方向。在欧盟，从植物中分离提取的药用产品通常称为 phytopharmaceuticals，而在美国则称为 botanicals。根据使用情况，各国对这些产物的注册监管亦不同。

植物药在欧洲具有较悠久的使用历史。欧盟陆续颁布了植物药相关法令，逐渐形成了较为完备的植物药法律体系。在欧盟药品法及欧盟传统植物药注册（registration of traditional herbal medicinal products）中，定义了植物药为"一种或多种植物物质成分、一种或多种植物制剂，以及一种或多种植物物质成分与一种或多种植物制剂复方作为活性组分的任何一种药用产品"。包括新植物药

（herbal medicinal products）、固有应用植物药（well established herbal medicinal products）和传统植物药（traditional herbal medicinal products）3 种类型。已获批上市的新植物药包括：茶多酚软膏（veregen）、大麻喷剂（sativex）和树皮胶（episalvan）等。veregen 活性成分是茶多酚，用于治疗尖锐湿疣，同时在美国和欧盟注册，2006 年在美国获批，成为 FDA 批准的第一个植物药，2009 年在欧盟获批上市。sativex 活性成分是富含 delta-9- 四氢大麻酚和大麻二酚的大麻提取物，通过口腔黏膜给药用于治疗多发性硬化症，2010 年在欧盟获批上市。episalvan 活性成分是以白桦脂醇为主的三萜类桦树皮提取物，用于促进疤痕愈合修复，2016 年获得欧盟新药证书。

美国应用植物药也有悠久的历史。用于治疗艾滋病相关腹泻的止痢胶囊（fulyzaq）为 2012 年 FDA 批准的另一个植物药，是从巴豆属植物红色汁液中提取出来的植物成分。近年来，FDA 加强了天然植物药的法规管理。2016 年 12 月，FDA 发布了《工业界植物药研发指南》(botanical drug development guidance for industry）定稿版，是对 2004 年公布的《植物药指南》(guidance for industry botanical drug products）的修订。新版指南特别提出：植物药中的活性成分（群）可能不清楚，但必须建立生物测定法以证实其活性，并与临床疗效有相关性；到 NDA 阶段须明确其化学成分的特征。

日本的植物药主要指汉方药。1975 年颁布的《一般用汉方制剂承认基准》是日本汉方制剂研究及生产的基础，后续陆续进行了增补。处方绝大部分出自《伤寒论》和《金匮要略》等中医经典名著，也收录少量日本当地的临床经验方。每一处方均包含明确的配伍、用法用量以及功能主治（主要用西医病名表述）。日本于 2014 年 6 月 12 日颁布的药事法等，以科学的态度对植物药进行系统评价，逐步接纳其作为治疗性产品。

我国国家市场监督管理总局令第 27 号公布的《药品注册管理办法》规定，药品注册按照中药、化学药和生物制品等进行分类注册管理。其中，中药是指在我国中医药理论指导下使用的药用物质及其制剂，其注册按照中药创新药、中药改良型新药、古代经典名方中药复方制剂、同名同方药等进行分类。中药创新药一般包含：中药复方制剂；从单一植物、动物、矿物等物质中提取得到的提取物及其制剂；新药材及其制剂。天然药物是指在现代医药理论指导下使用的天然药用物质及其制剂，其来源包括植物、动物和矿物。天然药物参照中药进行注册分类。从中草药活性成分中寻找和发现新药是我国新药创制的优势和特色所在。基于天然药物活性成分发现创新药物先导化合物，是我国新药发现的重要途径。2021—2023 年期间，我国获批上市的天然药物创新药及从单一植物中提取得到的提取物制剂（中药 1.2 类创新药）见表 17-1。

表 17-1 2021—2023 年我国获批上市的天然药物创新药及中药 1.2 类创新药

序号	药品名称	注册分类	药物用途	申报单位	获批年份
1	香雷糖足膏	天然药物 1.1 类创新药	用于清创后创面截面积小于 25 cm^2 的 Wagner 1 级糖尿病足部伤口溃疡	合一生技股份有限公司	2023
2	枳实总黄酮片	中药 1.2 类创新药	用于功能性消化不良的餐后饱胀感、早饱、上腹烧灼感和上腹疼痛等	江西青峰药业有限公司	2023
3	广金钱草总黄酮胶囊	中药 1.2 类创新药	用于输尿管结石中医辨证属湿热蕴结证患者的治疗	武汉光谷人福生物医药有限公司	2022
4	淫羊藿素软胶囊	中药 1.2 类创新药	用于治疗不适合或患者拒绝接受标准治疗，且既往未接受过全身系统性治疗的、不可切除的肝细胞癌	北京珅诺基药业有限公司	2022
5	黄蜀葵花总黄酮口腔贴片	中药 1.2 类创新药	用于心脾积热所致轻型复发性口腔溃疡（轻型复发性阿弗他溃疡）	杭州康恩贝制药有限公司	2022

拓展阅读 近年我国获批上市的中药新药
拓展阅读 清肺排毒颗粒、化湿败毒颗粒、宣肺败毒颗粒的研究

第二节 天然药物创新药的研究方法

2013年1月，国家食品药品监督管理局组织制定了《天然药物新药研究技术要求》。天然药物创新药的研发应符合现代医药理论，注重试验研究证据，体现临床应用价值，说明处方合理性，明确活性成分，保证药物的质量稳定均一和安全有效，且资源可持续利用。为保障资源的可持续利用及保护生态环境，天然药物一般不应以野生动植物为原材料，若确需使用非重点保护野生动植物为原材料的，应提供相关研究资料证明相应品种的生产不会对资源及生态环境产生不利影响，如可使用不影响其生长、繁殖的药用部位为原材料等。应对天然药物进行系统的化学成分研究，明确所含大类成分的结构类型及主要成分的结构，并应研究确定活性成分。天然药物应进行体内过程的探索研究，以主要活性成分进行体内吸收、分布、代谢和排泄研究，了解其药代动力学基本特点。需强调的是，天然药物的开发形式多种多样，不能采用一个固定的模式，要做到具体情况具体分析，根据研究课题的特点采用不同的途径。

一、复方制剂的研究

天然药物复方制剂是由多个提取物组成的制剂。例如，北美黄连（goldenseal）中的黄酮成分和有抑菌活性的生物碱有协同抗菌作用，协同抗菌的机理在于黄酮抑制细胞膜上耐药通路蛋白的作用。复方蒿甲醚是蒿甲醚与本芴醇的联合用药，是目前世界上常用的抗疟一线药。

二、活性成分的研究

创新药物的开发是一个高技术、高风险、高投入、高回报、知识密集型的系统工程，涉及化学、药理学、药剂学、临床医学、毒理学等多学科领域。虽然天然药物/中药有数千年临床实践经验的积累，从中开发新药的成本相对较低，成功率较高，所需时间较短，但是在创新药物研究与开发中，不仅要考虑到活性成分的体内药效，而且还要考虑到活性成分的急性毒性、长期毒性、临床疗效和价值，是否易于制成制剂，生物利用度及在体内的分布、代谢、排泄，原料是否易得及成本如何，与现有同类药物相比有何特点和优势等多方面的问题。如果活性成分无法开发成创新药物，但活性部位具有开发价值，则可考虑将活性部位直接开发成新药。

（一）直接来源于天然产物的新药

天然产物作为动物、植物、微生物和海洋生物的次级代谢产物，具有维持生理、自身防御和种群繁衍的功能，结构多样性和复杂性，多含手性中心的特点。自1803年从阿片中发现吗啡以来，世界范围内在临床上应用的很多化学药物最初都是从天然药物中通过提取分离、结构测定、生物活性筛选发现其药用价值，然后通过大量的研究工作和临床试验发展成新药。如植物来源的抗疟药物奎宁，具有解痉作用的药物阿托品，抗肿瘤药物紫杉醇、喜树碱、长春碱，降血压药物利血平，具有强心作用的药物地高辛，治疗2型糖尿病的药物二甲双胍；来源于微生物的抗肿瘤药物博来霉素、降血脂药物洛伐他汀和抗菌药物青霉素等。

天然药物中原生生物活性成分的研究过程主要包括以下步骤：

（1）选定天然药物：通过调研或广泛筛选选定需要开发的天然药物，可采用体外试验初步筛选该药的生物活性，继而对其进行体内药效学评价，以便再次确认开发价值和活性测试模型或指标。

(2）确定有效部位：根据化学成分的性质将原材料粗提取物分成几个部分，按等剂量不等强度的原则对每部分进行活性测试，确定有效部位。如果每部分均有活性，但活性均不强，说明粗分失败，需改用其他方法进行粗分，直到找到其中某一部分或几部分活性强，剩余部分无活性或活性很弱，以实现活性成分的有效富集。由于这部分往往得量较高，加之某些天然成分属于前体药物（本身无活性，但其体内代谢物具有活性），故活性测试最好采用体内方法。最常用的粗分方法是按极性大小分成几部分，如水煎、醇沉后，水溶液依次用石油醚、三氯甲烷、乙酸乙酯、正丁醇等萃取，或将原料依次用石油醚、三氯甲烷、乙酸乙酯、丙酮、乙醇、水等提取。也可根据其中化学成分的不同类型采用不同的粗分方法。

（3）分离活性部位：采用各种方法对活性部位进行分离，每次分离所得组分均需进行活性测试，弃去无效的组分，研究有效或有活性的组分，直至追踪获得活性成分。采用活性追踪的方法，不仅其活性测试的样品和工作量以及所需费用均大大增加，且需要简易、灵敏、快速、可靠的活性测试方法，以及与药理工作者良好的配合和沟通。但由于这种方法可大大减少分离工作的盲目性，避免分离过程中活性成分的丢失，特别是微量活性成分的丢失；以及即使在分离过程第一阶段，由于化合物本身的原因或选择方法失当导致活性化合物分解变化或流失，也能查明原因，采取有关补救措施获得分解变化或流失的活性成分。

（4）确定化学结构：根据理化性质和波谱数据确定单体化合物的化学结构，对已明确化学结构的单体进行活性评价。确定化学结构通常不消耗或极少消耗样品，而活性评价消耗样品，因而先确定结构后测试活性。

（5）结构修饰：对具有开发价值的化合物进行结构修饰和构效关系研究，进而进行药理学、毒理学、药物动力学等的研究，进行药物的开发。

值得注意的是，有些中药、天然药物中的化学成分本身并无生物活性，但经体内代谢后所产生的代谢产物具有很强的生物活性，这实际上也是有效成分。如中药秦皮具有清热利湿的作用，在临床上用于治疗痢疾效果良好，其中的主要成分秦皮素并无抗菌活性，但在机体内代谢成3,4-二羟基苯丙酸后，其抗菌作用优于氯霉素。对于天然药物中这类生物活性成分的研究常采用体内代谢的方法进行，即将天然药物（既可以是天然药物中的某种成分，也可以是动植物原材料）口服给予动物后，分别收集动物的粪便、尿、胆汁等，继而采用各种提取分离方法分离其中的代谢产物，并采用光谱学、波谱学和与对照品比对的方法确定化学结构，再进行生物活性评价，对于有开发价值的化合物进一步开发成创新药物。

（二）基于天然产物结构修饰的新药

活性天然产物是良好的创新药物先导化合物，需要通过结构修饰和优化，提高活性强度和选择性，改善物理化学、生物化学、药物代谢动力学性质，提高化学和代谢稳定性，消除或降低毒副作用和不良反应等，从而满足成药性要求。通过对先导化合物进行结构修饰和改造，获得活性和安全性增强、更具成药性的分子，是新药创制的主要途径之一。

20世纪中后期基于活性天然产物结构修饰的新药研发，取得了迅速发展。全球范围内基于天然产物结构修饰或类似物合成的方法，研制了许多目前临床一线使用的药物，以抗肿瘤药物为例：①20世纪50年代，从植物中发现了抗癌药物长春碱和长春新碱，并以此为先导化合物研发了长春碱衍生物长春瑞滨和长春地辛等；②20世纪60年代，从中国特有植物喜树果实中发现了抗癌活性成分喜树碱，以此为先导化合物先后创制了抗癌药物托泊替康（topotecan，1996年于美国上市）、伊立替康（irinotecan，1994年于日本上市）；③20世纪60年代末，从短叶红豆杉中发现了抗癌药物紫杉醇，后期通过结构修饰发现多烯紫杉醇。

（三）天然药物中生物活性成分研究需要注意的问题

在天然药物生物活性研究中，需要注意的有：知识产权的保护、活性测试方法的正确选择、供试材料活性的保证、活性测试体系的建立、活性最强成分的追踪分离、脂溶性成分活性的确定、微量活性成分的分离等。

三、新药材及其制剂的研究

（一）新动植物、矿物药等的开发

经文献查询、民间用药调研或体内、外现代药理活性筛选，发现某种动物、植物、矿物或微生物具有药用价值，然后将其开发成为新药。例如，从加拿大引种的具有免疫调节作用的松果菊 [*Echinacea purpurea* (Linn.) Moench]，已被研制成为国家一类新药（药材），其乙醇提取物研发成松果菊健体片。

（二）亲缘动植物药的开发

已知某种成分或某类成分具有药用价值或已成为新药，根据动植物的亲缘关系，寻找含有这种或这类成分的动植物，进而将其开发成为新药。例如，来自黄连、黄柏中的小檗碱具有抗菌、消炎的作用，临床疗效良好，但因黄连、黄柏药材价格较高，资源有限，限制其广泛使用。根据植物的亲缘关系发现三颗针中也含有小檗碱，进而将三颗针开发成一个新药。又如，人参皂苷是人参中的主要有效成分，具有多方面的药理作用，通过对人参茎叶的研究发现其中含有大量皂苷，且与人参根中的皂苷类似，进而将人参茎叶中的皂苷开发成一个新药。再如，具有良好镇痛作用的四氢帕马丁，其在延胡索中的含量很低，而对其全合成成本又很高，从而限制了四氢帕马丁的使用。根据植物亲缘关系研究发现，防己科植物黄藤的块根中含有大量的巴马汀，巴马汀经锌粉和硫酸还原可转化成四氢帕马丁，从而解决了四氢帕马丁的资源问题。

第三节　天然药物创新药的开发过程

一、从天然药物或中药中开发创新药物

（一）复方制剂的开发

复方制剂的开发是将临床疗效明确的经典方、经验方或经药效学研究具有开发价值的复方中药、天然药物开发成创新药。采用这种形式开发的创新药虽然有效成分复杂，药品的质量控制难度较大，但符合中医药理论和现代药理学理论，具有生产工艺较简单、成本较低、符合我国国情等特点。

（二）提取物及其制剂的开发

天然药物创新药还可以是从单一植物、动物、矿物等物质中提取得到的提取物及其制剂。提取物可以是有效部位，也可以是有效成分。

有效部位的开发：在了解有效成分和有效部位的基础上，将有效部位开发成创新药，如目前在临床上广泛使用的三七总皂苷、丹参总酚酸及银杏叶制剂等。因有效成分已明确或基本明确，故采用这种方法开发的创新药具有药品均一性较易控制、临床疗效稳定、质量易于保证等特点。

有效成分的开发：通过天然药物或中药中的有效成分或生物活性成分的研究，发现有药用价值的活性单体或潜在药用价值的活性单体，即先导化合物。通过对先导化合物的结构改造与构效关系的研究，进而发现有药用价值的化合物，然后经系列研究将其开发成新药。例如，单体成分作为药物使用，可以追溯到1826年第一个纯天然药物吗啡的上市，以及1899年第一个基于天然产物的半合成药物阿司匹林的上市。又如麻黄碱、小檗碱、长春碱、长春新碱、紫杉醇等均是直接从天然药物中开发出来的新药，蒿甲醚、普鲁卡因、喷他佐辛、β-甲基地高辛等则都是通过天然先导化合物构效关系的研究和结构修饰开发出来的新药。虽然这些新药均起源于对天然药物或中药中生物活性物质的研

究，但在工业生产中并不局限于从天然药物中提取，通过对材料来源、经济效益、环境保护等综合因素考虑，可以直接从天然药物中提取、半合成或全合成等方法中任选取一种方式。

（三）新药材及其制剂的开发

可开发新的动物药、植物药、矿物药，或进行亲缘动植物药的开发。

二、新药开发的阶段

虽然从天然药物或中药中开发新药的方法多种多样，但是对于具体情况要作具体分析，不可能采用一个固定的模式，应根据具体研究课题的特点采用不同的途径，但无论采用何种方法和途径开发新药，大多经过以下几个阶段：①立题；②初筛活性；③临床前研究；④申请临床试验；⑤临床研究；⑥申请生产；⑦试生产；⑧上市。图17-2是国际上开发新药的大致过程和各个阶段所需的时间和经

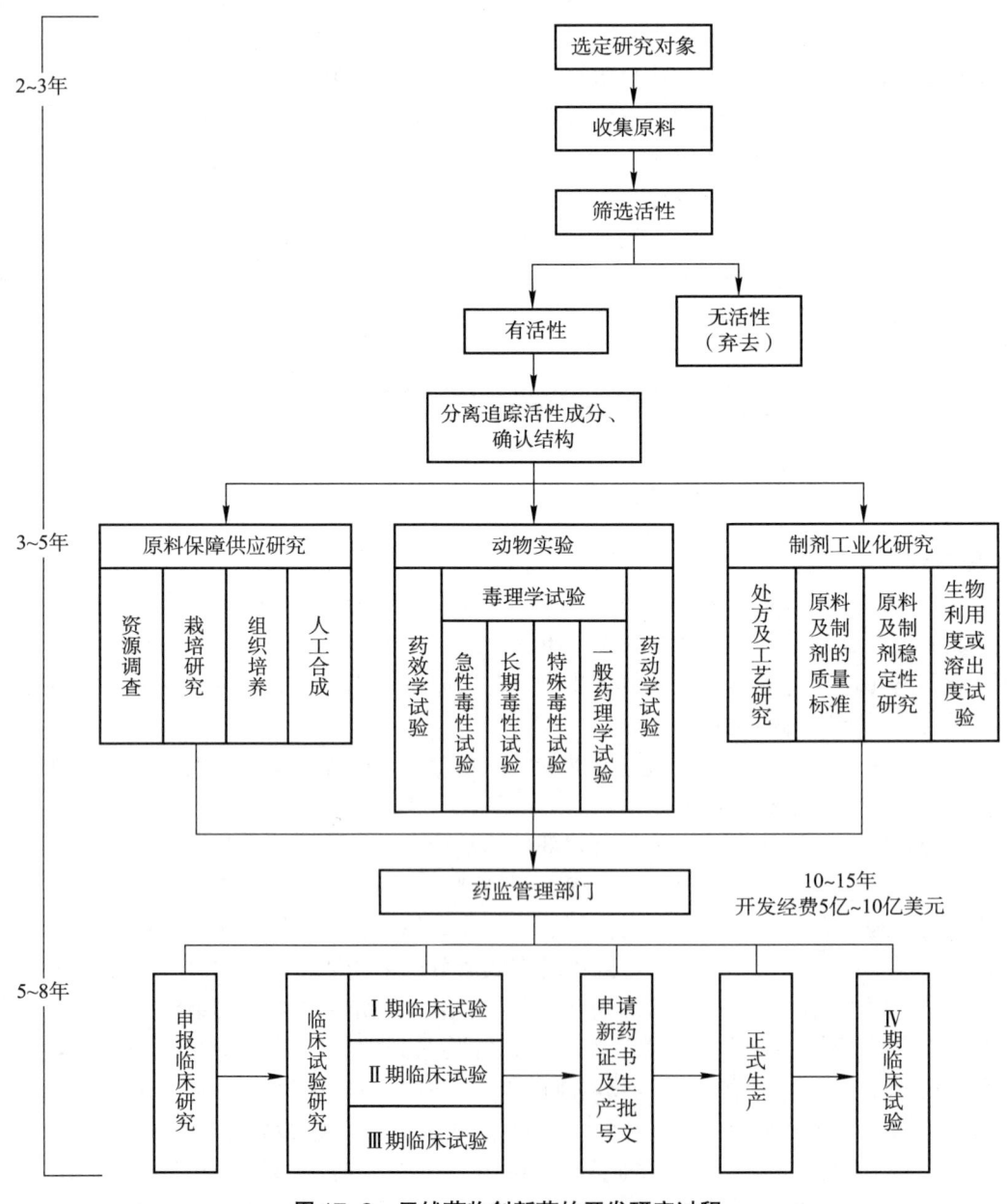

图17-2　天然药物创新药的开发研究过程

费，可供参考。

三、天然药物创新药研究开发的基本途径

（一）经验积累

中医药学长期实践积累的经验，是寻找新药极为重要的源泉和基础。通过查阅文献了解前人成功的经验和方法，可以最大限度地借鉴和利用前人经验开展创新性研究。据统计，我国现在临床常用药物中，大约20%是过去几千年经验积累下来的药物。

（二）偶然发现

科学史上的许多发现带有偶然性，偶然发现在新药研究中也是较常见的，最典型的例子是青霉素的发现。弗莱明发现青霉菌附近的细菌生长受到抑制，继而从青霉菌中提取出青霉素，并用于治疗感染性疾病，使人类找到了一种具有强大杀菌作用的药物，这一发现标志着抗生素时代的开始。

（三）药物普筛

偶然发现药物的过程是不可控的，发现新药须依赖于主动寻找的过程，或称为药物普筛过程。20世纪初，特别是20世纪30年代以来，世界多国开展了在特定药理模型的基础上筛选药物的工作，对天然药物的筛选，促进了许多新药的发现。例如在1957—1981年期间，美国国家癌症研究所对亚洲和拉丁美洲12 000种植物的35 000多个提取物进行了系统筛选，紫杉醇和喜树碱便是这次大规模筛选的成果。

（四）药物代谢研究

新药评价工作中需要开展药物代谢研究，药物的代谢研究结果又能给新药研究提供信息。药物在体内的过程不同，有些药物转化后活性更高，有些转化后则活性降低甚至失活，这些都为我们提供了新药设计的重要信息。

（五）天然药物的化学修饰或结构改造

以天然药物为原料提取分离生物活性成分，是新药开发的重要途径之一。有些天然活性化合物因为存在某些缺点而难以直接开发利用。例如，药效不理想；存在一定的毒副作用；含量低，难以从天然原料中提取；结构过于复杂，合成困难；水溶性差、生物利用度低等。因此，以其为先导化合物，经过一系列的化学修饰或结构改造，对衍生物进行构-效关系研究，发现活性化合物，并开发成新药。例如，为了克服青蒿素治疗剂量大、复发率高、水溶性差等缺点，对其进行结构改造，获得了青蒿素类抗疟药青蒿琥酯。

（六）老药新用

小檗碱是从黄连、黄柏、三棵针等中药中提取的一种生物碱，临床上主要用于治疗消化系统感染，如急性胃肠炎、痢疾、百日咳、胃溃疡、腹泻等病症。近年来，研究发现小檗碱还可用于治疗心律失常、原发性高血压病、高脂血症、糖尿病、压疮等疾病。

（七）其他途径

在新药的研究中，深入研究药物作用机制、基于药物毒副作用发现新药、开发利用海洋天然资源等途径，也能为新药的发现提供重要线索，这些途径也受到越来越多的关注。

第四节 天然药物创新药研究实例

一、复方制剂

（一）青蒿素及复方制剂

1986年10月，青蒿素、青蒿素栓剂获批新药证书。这是我国实施药品管理法以来，第一个批准上市的新药。据世界卫生组织（WHO）的统计数据，自2000年起撒哈拉以南的非洲地区约2.4亿人口受益于青蒿素联合疗法，约150万人因该疗法避免了疟疾导致的死亡。1982年，鉴于青蒿素类单一化合物对疟疾具有速效、高效、低毒、代谢快等特点，中国军事医学科学院提出合并用药延缓青蒿素抗性产生的设想，即选择另一类代谢较慢的抗疟药物与之配伍，可互补增效、更好杀灭原虫、延缓抗性产生。1984年，将蒿甲醚与本芬醇按1∶6配比组成复方蒿甲醚片。1992年4月，获我国新药证书和国际专利。现已在全球包括美国在内的86个国家或地区注册。为进一步提高疗效、缩短疗程、延缓抗药性的产生，中国科学家不仅研究出蒿甲醚本芬醇复方，还有双氢青蒿素磷酸哌喹复方、青蒿素磷酸萘酚喹复方、复方哌喹片、青蒿素-哌喹片等药物。青蒿素类抗疟药组成复方或联合用药，已被WHO确定为全球治疗疟疾必须使用的唯一用药方法。利用青蒿素类药复方加服小剂量的伯氨喹进行治疗以阻止疟疾传播的技术，也被WHO确认和推荐。

（二）香雷糖足膏

糖尿病足部伤口溃疡是糖尿病患者致残和致死的主要原因之一，给患者和社会带来沉重的负担。香雷糖足膏历时15年研发，于2023年11月获国家药品监督管理局批准上市，是我国第一个获批上市的天然药物1.1类创新药，由植物萃取而成（含0.25%到手香萃取物与1%积雪草萃取物），用于治疗糖尿病足部伤口溃疡。香雷糖足膏能有效抑制M1型巨噬细胞，活化M2型巨噬细胞，重塑伤口微环境中巨噬细胞平衡，调控伤口发炎期进入增生期，进而治愈溃疡伤口。用于清创后创面截面积小于$25\ cm^2$的Wagner 1级糖尿病足部伤口溃疡。

二、从单一植物、动物、矿物等物质中提取得到的提取物及其制剂

（一）银杏叶提取物及其制剂

银杏始记于《神农本草经》，银杏和银杏叶的医药价值始于我国宋代（960—1279年），且在后元代《日用本草》、明代《本草纲目》及清代《本草逢原》等多种本草药籍中均有记述。德国植物药企业威玛舒培博士药厂从银杏科植物银杏（*Ginkgo biloba* L.）的干燥叶中制备了提取物，并于1972年注册申请了银杏叶提取物专利，定名为EGb761，其成分含总黄酮醇苷（槲皮素、山柰酚、异鼠李素等）24.0%，萜类内酯（白果内酯及银杏内酯A，B，C）6.0%，花青素类7.0%，羧酸类13.0%，儿茶素类2.0%，非黄酮类20.0%，高分子化合物4.0%，无机物5.0%，水分溶剂3.0%，银杏酸小于0.000 5%，其他成分3.0%。银杏叶提取物具有改善心脑缺血、改善记忆力、神经保护等作用。临床上用于治疗和预防阿尔茨海默病、末端血管阻塞等疾病。其提取工艺在欧洲获得永久专利，生产标准已成为国际银杏叶产品的标准。Schwabe公司出口的银杏叶制剂商品名为金纳多。

我们国家也相继研发出银杏叶提取物和其制剂（口服液、片剂、软胶囊、胶囊、滴丸）。银杏叶提取物的制备工艺为：取银杏叶，粉碎，用稀乙醇加热回流提取，合并提取液，回收乙醇并浓缩至适量，加于大孔吸附树脂柱上，依次用水及不同浓度的乙醇洗脱，收集相应的洗脱液，回收乙醇，喷雾干燥；或回收乙醇，浓缩成稠膏，真空干燥，粉碎，即得。银杏叶提取物制备及主要化学组成见图17-3。

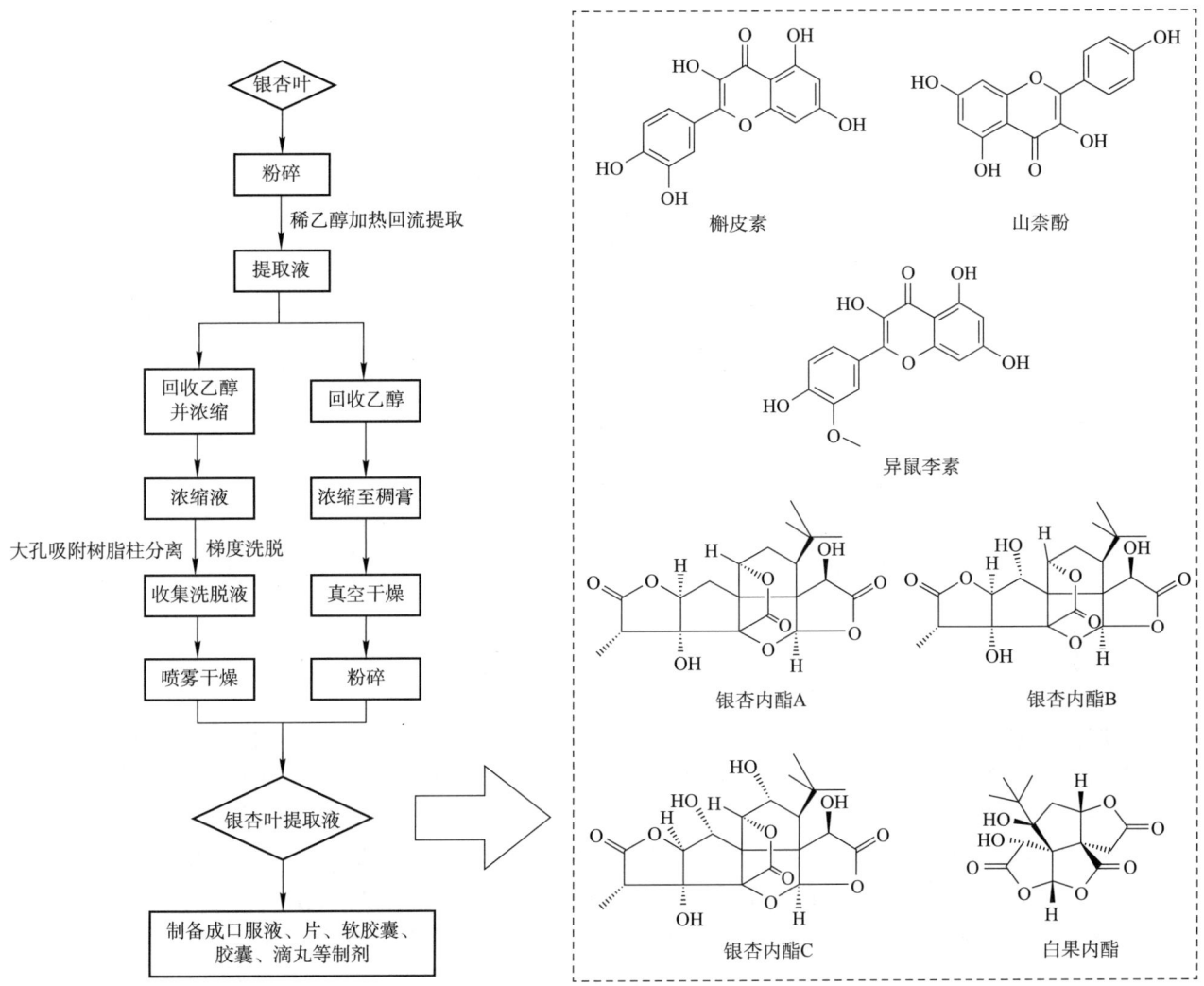

图 17-3　银杏叶提取物的制备流程及主要化学成分

(二) 绿茶提取物及其制剂

中国医学科学院肿瘤研究所在 20 世纪 90 年代研发出治疗尖锐湿疣的儿茶素组合药物,并将专利转让给德国 MediGene 公司。美国 FDA 依据《植物药新药研究指导原则》(guidance for industry botanical drug products) 于 2006 年 10 月批准了自 1962 年美国药品修正案条例颁布以来的第一个植物药 Veregen® 软膏。原料药为 sinecatechins,是山茶科山茶属茶树 [*Camellia sinensis* (L.) O. Kuntze] 绿茶叶水提取物的纯化部分,是儿茶素类成分和其他绿茶成分的混合物。其中,儿茶素类成分占 85%~95%,含 55% 以上的表没食子儿茶素没食子酸酯及其他儿茶素衍生物,如表没食子儿茶素、表儿茶素、表儿茶素没食子酸酯、没食子儿茶素没食子酸酯、没食子儿茶素、儿茶素没食子酸酯和儿茶素。除了上述儿茶素组分外,sinecatechins 中也含有总量约为 2.5% 的没食子酸、咖啡因和可可碱。Veregen® 软膏主要用于 18 岁及以上年龄、免疫力正常并患有外生殖器和肛周疣(尖锐湿疣)患者的局部治疗。

	R_1	R_2	R_3	R_4	R_5
（-）-表没食子儿茶素没食子酸酯	G	OH	-	-	-
（-）-表儿茶素没食子酸酯	G	H	-	-	-
（-）-表没食子儿茶素	H	OH	-	-	-
（-）-表儿茶素	H	H	-	-	-
（-）-没食子儿茶素没食子酸酯	-	-	-	G	OH
（-）-没食子儿茶素	-	-	-	H	OH
（-）-儿茶素没食子酸酯	-	-	-	G	H
（+）-儿茶素	-	-	-	-	H

（三）人参茎叶总皂苷提取物及其制剂

五加科人参属植物人参（*Panax ginseng* C. A. Mey.）的传统入药部位为根及根茎。茎叶是人参的地上部分，每年秋季采收。据统计，每年我国人参茎叶总产量可达人参产量的40%~48%。研究发现，人参茎叶中的皂苷含量显著高于根中皂苷含量。作为独立品种，人参叶（含人参皂苷Rg_1和人参皂苷Re的总量不得少于2.25%）被《中国药典》（2000年版）收载。人参茎叶不仅可作为提取人参皂苷等有效成分的重要来源，也具有较强的生物活性，其药用价值被逐渐发掘。

人参茎叶总皂苷为人参干燥茎叶经加工制成的提取物，按干燥品计算，含人参总皂苷以人参皂苷Re计，应为75%~95%。其制备工艺为：取人参茎叶，切成1~2 cm段，加水煎煮二次（分别为2 h和1.5 h），煎液合并。滤过，滤液通过D101型大孔吸附树脂柱，水洗脱至无色，再用60%乙醇洗脱，收集洗脱液，浓缩至相对密度为1.06~1.08（80℃）的清膏，干燥，粉碎，即得。高效液相色谱法测定提取物，所得特征图谱中应有人参皂苷Rg_1、人参皂苷Re、人参皂苷Rc、人参皂苷Rb_2、人参皂苷Rd等特征峰；且含人参皂苷Rg_1、人参皂苷Re和人参皂苷Rd的总量应为30%~45%。以人参茎叶总皂苷提取物为主要成分，制得的制剂包括人参茎叶总皂苷胶囊和人参茎叶总皂苷片。临床上用于冠心病、更年期综合征、隐性糖尿病及肿瘤的辅助治疗。人参茎叶总皂苷提取物制备流程及主要化学组成见图17-4。

（四）降糖药桑枝总生物碱片

糖尿病，古称消渴病或消渴症。《本草纲目》中记载了桑叶、桑枝、桑白皮可止消渴。受古籍启发，20世纪90年代初，我国药学科学工作者采用体外酶学活性筛选体系对中医古籍收录治疗消渴症的百余种药用植物进行筛选，首次发现了桑枝提取物具有较强的α-葡萄糖苷酶抑制作用，继而采用传统的水提醇沉工艺开发了治疗糖尿病的桑枝颗粒，并于1999年上市。为进一步阐明桑枝中降血糖的有效组分，我国药学科学工作者经多学科协作研究明确了桑枝降糖有效部位为总生物碱，并突破了微量水溶性生物碱分离纯化的技术壁垒，使生物碱含量提高到60%左右，历时21载研发出具有自主知识产权的降血糖原创天然药物桑枝总生物碱片，于2020年3月获国家药品监督管理局批准上市。

微视频 降糖药桑枝总生物碱片的研究

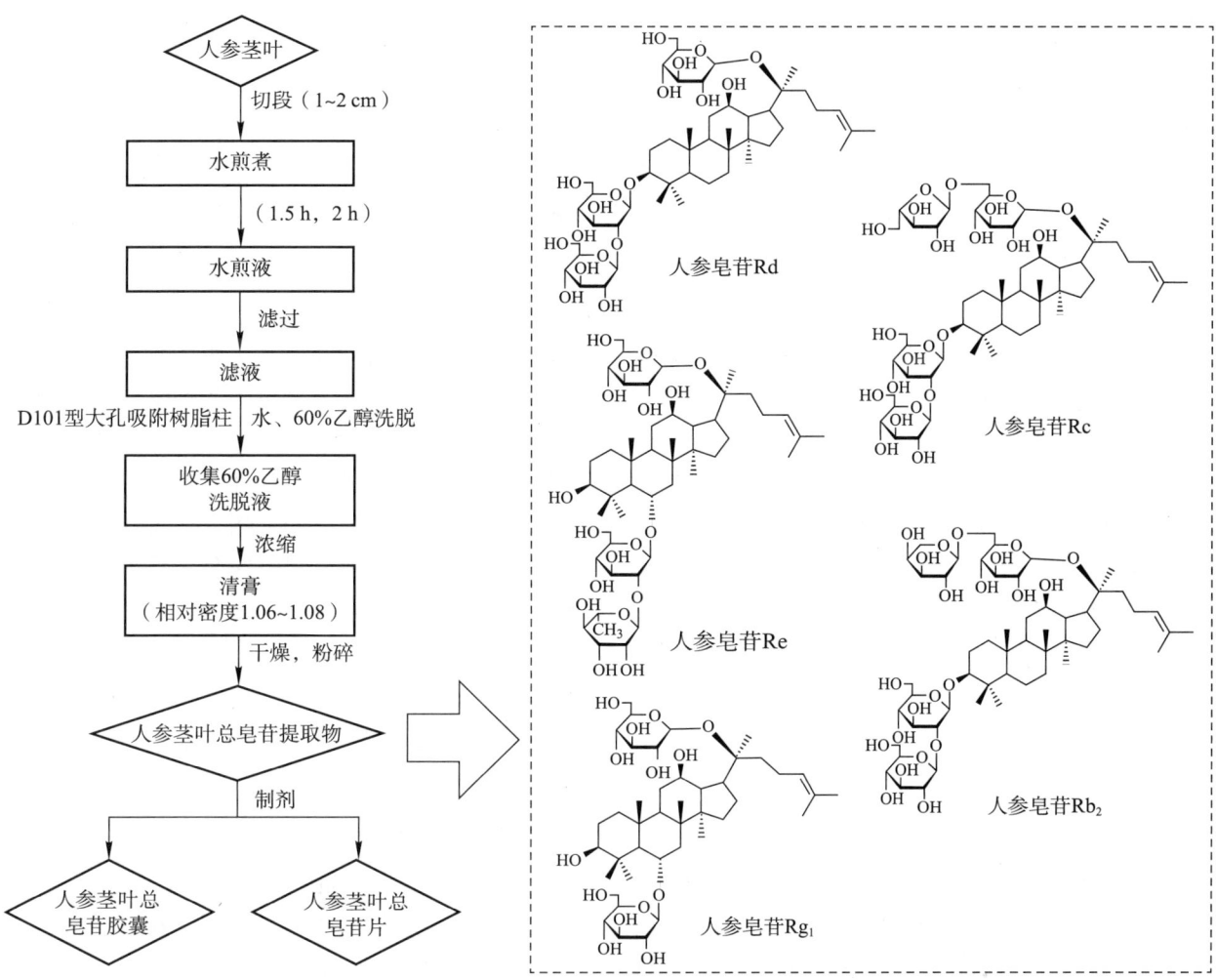

图 17-4 人参茎叶总皂苷提取物的制备流程及主要化学成分

（五）枳实总黄酮片

枳实为芸香科植物酸橙 *Citrus aurantium* L. 及其栽培变种或甜橙 *Citrus sinensis* Osbeck 的干燥幼果，为江西道地药材，载于《神农本草经》《伤寒论》《金匮要略》等经典古籍，作为常用理气药，有近两千年的药用历史。我国药学科学工作者在深度挖掘枳实传统用药经验、系统梳理现代临床用药实践，以及充分分析主要化学成分的基础上，发现了总黄酮（总黄酮苷含量>85%）为枳实治疗功能性消化不良的有效成分，并研发出中药 1.2 类创新药枳实总黄酮片。该药品于 2005 年 4 月立项，2011 年 12 月列入国家"十二五"重大新药创制科技重大专项，2023 年 10 月 19 日获得国家药品监督管理局批准上市。

（六）石杉碱甲

1982 年，浙江医学研究院药物研究所和中国科学院上海药物研究所共同对蛇足石杉化学成分进行了研究，从中分离得到石杉碱甲等多个单体化合物。进一步研究表明，石杉碱甲为一种强效的胆碱酯酶可逆性抑制剂。药理试验证明其对乙酰胆碱酯酶有高选择性抑制作用，易通过血脑屏障进入中枢，作用于神经系统，能改善脑功能谱和老年大、小鼠或各种实验损伤产生的学习、记忆障碍。与其余同类药物对比，石杉碱甲具有化学构造独特、易透过血脑屏障、口服生物利用度好、对脑内乙酰胆碱酯酶的选择性高且作用时间更长、对外周胆碱能副作用更弱等特点，其作用特点与新斯的明相似，但作用维持时间长于后者。1986 年首先应用于治疗重症肌无力症，取得了很好的效果。1996 年，石杉碱甲获国家新药证书。目前，临床上石杉碱甲片、石杉碱甲注射液和石杉碱甲胶囊用于治疗老年痴呆症。

石杉碱甲

（七）麻黄碱

19世纪末，日本科学家首次从麻黄草中分离出麻黄碱。20世纪初，支气管等疾病特效药肾上腺素已被广泛应用，但存在不能经口服用、药效持续时间短等缺点。1924年，我国药理学家陈克恢教授发表了关于麻黄碱可长时间升高颈动脉压、增强心肌收缩力、收缩血管、舒张支气管药理作用的研究报告，证明麻黄碱与肾上腺素具有同样的作用，为肾上腺素代替药物的研究带来了新希望。麻黄碱的研究很快进入临床观察，并证明其可以治疗过敏性疾病、干草热和支气管哮喘，还可用于脊椎麻醉，以防血压下降。1926年，礼来公司将麻黄碱推向市场。我国临床应用的主要有盐酸麻黄碱注射液和盐酸麻黄碱滴鼻液。

麻黄碱

（八）丁苯酞

20世纪70、80年代，中国医科院药物研究所从芹菜籽中分离出丁苯酞（又名芹菜甲素），并于1980年首次化学合成了丁苯酞。但是丁苯酞用于抗癫痫的治疗剂量与毒性剂量接近，存在较大的安全隐患，因此丁苯酞的药物研究被搁浅。直到1986年，发现丁苯酞对脑缺血具有一定疗效。1991年，丁苯酞用于缺血性脑损伤的治疗研究正式开展。在1996—2002年期间，完成丁苯酞软胶囊Ⅰ、Ⅱ、Ⅲ期临床研究。2005年，丁苯酞软胶囊（商品名：恩必普）正式上市。继青蒿素、双环醇之后，丁苯酞是我国第三个拥有自主知识产权的国家一类新药，也是中国脑血管领域第一个国产创新药。丁苯酞上市后因疗效显著、安全性高迅速占领市场，并成为《中国急性缺血性脑卒中诊治指南（2018）》推荐用药。在临床实践过程中，专家发现丁苯酞不仅对缺血性脑卒中有良好疗效，还可以延缓脑血管疾病导致的血管性痴呆患者的病程，对改善其整体认知功能和生活能力有一定效果。

丁苯酞

（九）丹参酮 II_A

丹参酮 II_A 是从唇形科植物丹参（$S.\ miltiorrhza$）的根中分离得到的二萜醌类化合物，能显著增加冠脉血流量，改善缺氧后引起的心肌代谢紊乱，从而提高心肌耐缺氧能力；同时具有保护红细胞膜的作用，能缩小实验动物心肌梗死面积。在一定剂量下还可增强心肌收缩力。经磺化后的丹参酮 II_A 磺酸钠，极大增强了丹参酮 II_A 的水溶性，获得了更好的疗效。临床上，丹参酮 II_A 磺酸钠注射液常用于治疗冠心病、心绞痛、心肌梗死和室性早搏。

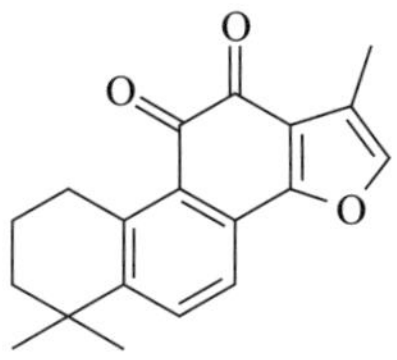

丹参酮 II_A 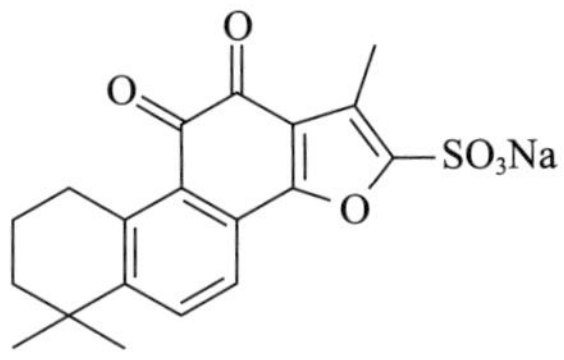   丹参酮 II_A 磺酸钠

(刘金平)

数字资源详见   新形态教材网

学习目标   思维导图   思政元素   案例探讨   参考文献
微视频   拓展阅读   本章小结   课后习题   教学课件

第四篇

天然药物化学生物学研究

第十八章
天然药物化学生物学概述

编者导学

 学习目标

 思维导图

本章导航
第一节　天然药物作用靶点
第二节　基于蛋白质靶点的天然药物化学生物学
第三节　基于核酸靶点的天然药物化学生物学
第四节　基于肠道微生物靶点的天然药物化学生物学

天然药物是从自然界发现的具有显著生物学活性的天然分子，主要来源于植物、动物和矿物。天然药物是人们研究生命活动的有效工具，为人们揭示疾病的发生机制，阐明相关生物学原理作出了重要的贡献。天然药物化学生物学（natural medicinal chemical biology）是利用化学生物学方法研究天然药物的学科，其主要研究天然活性分子在体内的作用靶点和分子机制，进而揭示生命过程的科学本质，并推动新药研发。

第一节　天然药物作用靶点

靶点是药物发挥治疗作用的源头。人类对天然药物作用靶点的探索推动着医学的发展，促使人们战胜了多种威胁健康的疾病，也揭开了生命活动中的众多谜团。因此，天然药物的靶点发现具有重要的现实意义，与人类重大疾病的攻克息息相关。

一、人们对于药物靶点的认识历程

药物在人体内是如何工作的？这个问题长期困扰着科学家，也促使人们对药物的作用机制进行着更深入的探索。药物靶点一般指药物在体内直接结合的生物大分子。药物结合并调控靶点的功能，从而对疾病产生治疗作用。因此，靶点研究是阐释药物作用机制的核心问题。人类对于药物靶点的认识经历了较为漫长的历史过程。1905 年，兰利（John Langley）提出了"接受物质"的概念，认为在细胞中有两种不同的成分：即"主要物质"和"接受物质"，"接受物质"能够受到刺激并对"主要物质"产生影响。"接受物质"的概念形成了药物受体的理论雏形。20 世纪中叶，人们逐步将酶作为药物靶点进行研究，发现他汀类药物的靶点是羟甲基戊二酸单酰辅酶 A 还原酶（HMG-CoA reductase），主要参与人体胆固醇的合成。他汀类药物能够抑制 HMG-CoA 还原酶的活性，减少体内胆固醇含量，从而治疗心血管疾病。1973 年，人们发现吗啡的靶点是阿片受体，进而阐明了阿片类药物的镇痛机制。此外，人们还揭示了上百种酶的结构和功能，促成了大量创新药物的发现。

20 世纪中叶，随着 DNA 双螺旋结构的发现，以核酸为靶点的药物也逐步进入人们的视野。罗森博格（Barnett Rosenberg）发现顺铂能够显著抑制细胞的增殖。进一步研究发现顺铂能够与 DNA 大沟中的鸟嘌呤共价结合，使得 DNA 复制受到抑制。此外，四环素类抗生素是一种广谱抗生素，能够与细菌核糖体 30S 亚基上的 RNA 结合，有效抑制细菌 mRNA 的转录。

20 世纪 70 年代以来，基因克隆和重组蛋白技术迅猛发展，使得基于靶点的药物设计成为可能，特别是人们能够针对靶点蛋白进行高通量药物筛选，促进了现代靶向药物的研发。例如，诺华公司在 20 世纪 90 年代开发了早幼粒细胞白血病的特效药伊马替尼，该药物基于 BCR-ABL 酪氨酸激酶的结构精准设计，是现代药物研发中的里程碑。进入 21 世纪，基因组学、转录组学、蛋白质组学等"组学革命"也极大提高了新药研发的速度。2003 年，人类基因组计划完成，这使得人们能够研究特定基因位点的病理性突变，促成了诸多药物新靶点的发现，同时也促进了单克隆抗体等靶向药物的发展。2006 年，戈登（Jeffrey Gordon）利用基因组测序技术发现肥胖人群的肠道微生物的多样性下降，人们意识到肠道微生物与多种疾病的发生具有关联性，也可能是新的药物靶点类型。随后人们还发现小檗碱等药物能够促进肠道微生物短链脂肪酸的产生，进而发挥降血脂的作用。

同时，随着对靶点结构及功能的理解逐步加深，人们陆续开发出了一系列针对特定靶点的新概念药物。例如，西那卡塞通过变构激活了钙敏感受体，从而缓解甲状腺亢进；酪氨酸激酶共价抑制剂依伏替尼对于自身免疫病具有良好的治疗潜力；由 Arvinas 公司开发的 ARV-110 成为第一个进入临床试验的蛋白质降解靶向嵌合体（Proteolysis targeting chimera，PROTAC）药物，能够靶向降解雄激素受体进而抑制前列腺癌的发展等（表 18-1）。

表 18-1　历史上的经典药物及其作用靶点

中文名称	英文名称	年份	靶点	作用机理
他汀	Statins	1971 年	HMG-CoA 还原酶	抑制胆固醇合成，降低血脂
吗啡	Morphine	1973 年	阿片受体	抑制阿片受体，产生镇痛作用
伊马替尼	Imatinib	1990 年	BCR-ABL 融合蛋白	抑制 BCR-ABL 融合蛋白，治疗早幼粒细胞白血病
曲妥珠单抗	Trastuzumab	1998 年	人表皮生长因子受体	靶向人表皮生长因子受体蛋白，抑制癌细胞生长
西那卡塞	Cinacalcet	2004 年	钙敏感受体	激活甲状旁腺细胞钙敏感受体，降低甲状旁腺激素分泌
依伏替尼	Evobrutinib	2019 年	Bruton 酪氨酸激酶	抑制 Bruton 酪氨酸激酶的活性，缓解自身免疫病
—	ARV-110	2019 年	雄激素受体	靶向降解雄激素受体，缓解前列腺癌发展

随着计算机技术的发展，利用人工智能预测药物靶点进而优化药物结构成为新兴的研究领域。AlphaFold 是 2018 年开发的人工智能程序，能够预测蛋白质结构。利用人工智能程序人们能够以蛋白质和化合物的结构作为参数，通过计算来设计全新的药物。例如，人们基于抗结核药物贝达喹啉的结构，通过虚拟筛选发现了与靶点蛋白具有更好亲和力的化合物，进而优化了贝达喹啉作为抗结核药物的活性。总之，人工智能在药物研发领域逐步占据了重要的地位，在药物设计、药物筛选、结构优化等方面发挥重要作用。

综上，人们对药物靶点的认识历程深刻地影响着创新药物的研发。同时，对靶点蛋白功能的解析也在加深人们对复杂疾病机制的认识，具有重要的科学价值。

二、研究药物靶点的现实意义

靶点研究是新药开发的重要前提。首先，通过了解药物靶点在疾病发展过程中的分子机制，人们可以设计针对特定靶点的药物，并依据靶点的结构来优化药物分子；其次，药物靶点研究有助于阐述药物的作用机制，并以其为突破口揭示更多的生物学问题。最后，药物靶点研究还有助于药物结构优化，提高治疗效果并减轻副作用。药物靶点研究也为药物的临床精准治疗提供了重要指导。人们通过研究药物靶点功能可以深入理解疾病的发生机制，进而根据靶点在不同患者体内的表达分布进行疾病的早期诊断和个性化的精准治疗。总之，药物靶点研究具有重要的现实意义，其对于创新药物的开发、药理机制的解析、药物结构优化和临床精准治疗等方面均产生了积极的推动作用。

三、重要天然产物的靶点发现与重大疾病治疗

阿司匹林是一种广泛使用的药物，常用于退烧、抗凝血和轻中度的镇痛。在公元前 5 世纪，古希腊人已经发现柳树皮具有镇痛作用。19 世纪，人们进一步发现了柳树皮的镇痛作用是由其中所含水杨酸引起的。1879 年，拜耳公司在水杨酸的结构基础上合成了阿司匹林（图 18-1）。随后人们发现阿司匹林能够使环氧合酶失活并抑制前列腺素的生成，最终产生镇痛作用。

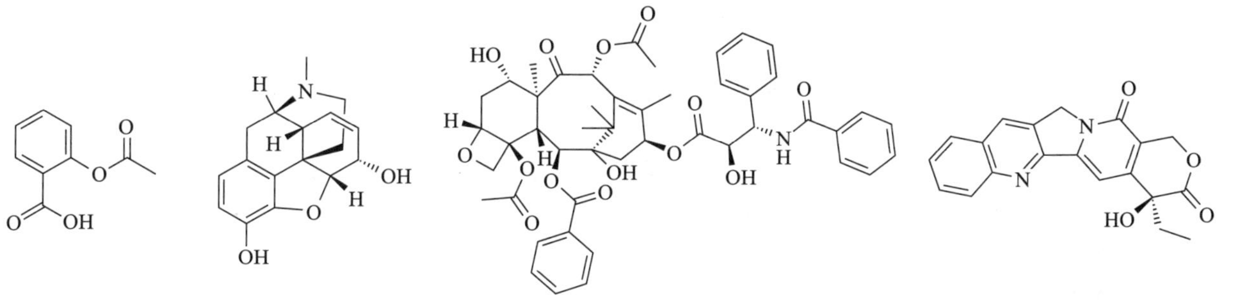

阿司匹林　　　　吗啡　　　　　　　　紫杉醇　　　　　　　　喜树碱

图 18-1　部分重要天然产物结构式

1805 年，泽尔蒂纳（Friedrich Sertürner）从鸦片中分离出了吗啡，其作为强效镇痛药在战争中广泛使用。随后，人们根据吗啡的结构开发出了海洛因、哌替啶、芬太尼等多种阿片类镇痛药。1973 年，佩特（Candace Pert）发现阿片类药物可特异性结合大脑中的 μ 阿片受体，从而产生镇痛作用。同时，人们也利用阿片受体发现了如内啡肽等内源性物质，为神经科学的发展作出了巨大的贡献。

1971 年，人们从太平洋红豆杉中首次分离出了紫杉醇，发现其具有良好的抗癌作用。1980 年，霍维茨（Susan Horwitz）发现紫杉醇可以使细胞微管聚合物的稳定性增加，使得癌细胞停滞在细胞周期的 G2/M 期，形成杀伤作用。1966 年，瓦尼（Mansukh Wani）在系统筛选天然产物时发现喜树碱具有显著的抗癌活性。进一步研究发现，喜树碱能够与拓扑异构酶 I 和 DNA 相结合，形成稳定的三元复合物，从而导致细胞中 DNA 发生损伤，诱导细胞凋亡并产生抗癌作用。

此外，还有很多天然产物的靶点发现在人类战胜疾病的过程中发挥了重要作用，这些靶点也具有极高的研究价值。同时，还有大量天然产物的靶点蛋白尚不明确，亟待进一步研究。

第二节 基于蛋白质靶点的天然药物化学生物学

蛋白质是执行生命活动的基础分子，决定了生物的宏观表型。目前大多数药物都以蛋白质作为靶点分子，通过调控靶点蛋白的功能发挥药效作用。因此，基于蛋白质靶点的研究是天然药物化学生物学的重要组成部分，对新药的开发和疾病的治疗具有重要的现实意义。

一、蛋白质作为药物靶点的重要意义

蛋白质作为生命的基本组成结构，影响着生命过程的多个方面。因此，蛋白质是重要的一类药物靶点类型。例如，酶是一类催化化学反应的蛋白质，能够显著增加生化反应速率，并且几乎所有的代谢过程都需要酶的催化；受体是一类能够与信号分子相互作用并传递信号的蛋白质，这些信号分子通常是神经递质等化学信使，药物分子可以作为受体激动剂或拮抗剂，调节受体信号传导的过程；离子通道是一种成孔的膜蛋白，在细胞膜上负责离子的主动运输，并通过控制细胞内外的离子流动调控跨膜电位，而药物分子可以通过调节离子通道的功能来影响物质的吸收和分布；转录因子能够与特定的DNA序列结合，从而控制DNA的转录，并调节基因的表达；结构蛋白质是一种能够对生命体产生刚性支撑的蛋白质，是细胞和组织中的重要组成部分，在细胞形态结构的维持、蛋白质运输和细胞分裂中起重要作用。总之，由于蛋白质是执行生命活动的重要生物分子，因此针对不同靶点蛋白的药物调控了不同的生命进程，进而对疾病产生多样的治疗作用。

二、基于蛋白质靶点的药物化学生物学研究概述

目前针对蛋白质靶点的化学生物学研究，通常有两种策略可供选择。①以生物学活性明确的分子为研究对象，鉴定其作用靶点蛋白，即正向化学生物学。②通过疾病的发生机理，以重要功能蛋白质为靶点筛选药物分子，即反向化学生物学。

20世纪中叶，人们开始将药物作用与蛋白质功能联系起来，并利用药物探针鉴定靶点蛋白。20世纪90年代，美国哈佛大学的施莱伯（Stuart Schreiber）利用键合药物分子的固相载体，通过亲和层析分离并鉴定出了免疫抑制剂FK506的结合蛋白FKBP12及其复合物，这是正向化学生物学发展的标志性事件（图18-2）。随后，美国耶鲁大学的克鲁斯（Craig Crews）利用生物素化的药物分子探针，在血管内皮细胞中发现烟曲霉素能够与甲硫氨酸氨基肽酶共价结合并抑制其活性。21世纪初，沙普利斯（Barry Sharpless）和梅尔达尔（Morten Meldal）提出铜催化的叠氮-炔基点击反应，为药

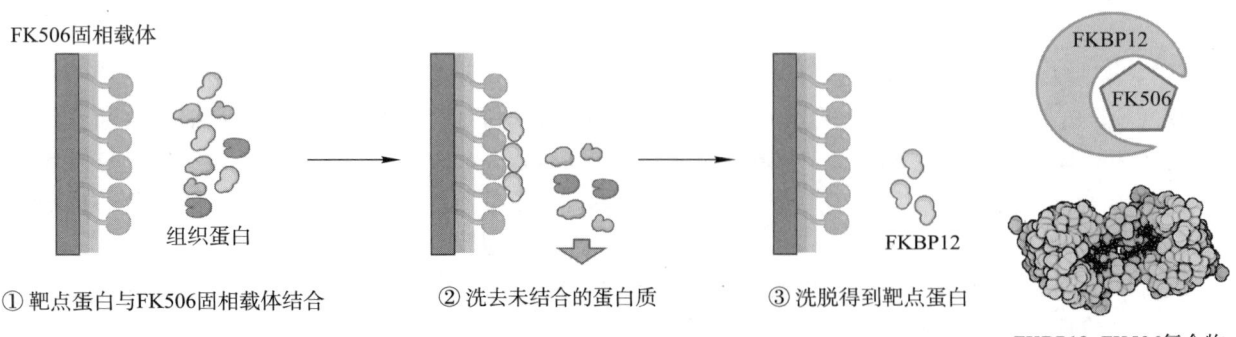

图18-2 FK506的靶点发现

物靶点鉴定提供了更有效的工具。

随着生物物理学的发展，美国学者黄菁（Jing Huang）提出了药物亲和反应靶点稳定性（Drug affinity responsive target stability，DARTS）技术，利用 DARTS 能够有效鉴定药物分子的靶点蛋白。2013 年，诺德隆德（Pär Nordlund）又提出了细胞热迁移实验（Cellular thermal shift assay，CETSA），即利用药物分子对于靶点蛋白热稳定性的影响，鉴定药物分子的作用靶点。2014 年，人们进一步开发了蛋白质组热稳定性分析技术（Thermal proteome profiling），其属于 CETSA 的衍生技术，可以对药物分子实现精确的靶点鉴定。2020 年，中国科学家叶明亮提出了溶剂诱导蛋白质沉淀（Solvent-induced protein precipitation，SIP）技术，并将其开发为一种新的靶点鉴定方法。

随着人们对靶点的理解越来越深入，反向化学生物学逐步发展起来。其研究目标是基于靶点蛋白高通量筛选药物分子，是新药研发的一种重要策略。20 世纪 90 年代，诺华公司的科学家研发出了里程碑式的药物伊马替尼。当时，慢性粒细胞白血病的发病机理已被阐明，患者突变的 ABL-BCR 基因能够产生异常的酪氨酸激酶，使细胞分裂失控。研究人员通过高通量筛选，发现 2-苯氨基嘧啶具有潜在的药理活性，并进一步对其进行结构修饰，最终得到靶向 ABL-BCR 酪氨酸激酶的药物伊马替尼。伊马替尼作为抗击白血病的新式武器，挽救了众多患者的生命。在 21 世纪，随着计算机技术的发展，反向化学生物学领域进入了一个新阶段，虚拟药物筛选和计算机辅助药物设计等方法使得药物研发更加快捷。例如，有学者基于二肽基肽酶 IV（DPP-IV）的蛋白质结构，对 2 万多个化合物进行了虚拟筛选，进而开发出了针对 2 型糖尿病的 DPP-IV 的抑制剂。

因此，反向化学生物学涵盖了新药研发的多个领域，为生命科学研究提供了新的视角。

三、基于蛋白质靶点的药物化学生物学的学科任务

基于靶点的药物化学生物学涵盖了药物靶点从发现到临床应用的多个环节，对于新药研发具有重要价值。该学科的研究任务如下：首先，揭示活性分子的作用靶点，即通过正向化学生物学，合成分子探针并鉴定其在细胞中的靶点。其次，在发现靶点之后可进一步对靶点分子的结构、功能进行深入研究。通过结构解析或分子动力学模拟等方法，研究靶点与药物分子的结合方式，探寻可能的药物结合口袋，阐释药物对靶点结构的影响。由于大部分疾病涉及复杂的细胞信号调控，因此靶点也会通过不同的信号通路产生多样化的生物学作用。因此，对于靶点相关的信号通路研究能进一步促进人们对生命过程的理解。特别是通过小干扰 RNA 或 CRISPR/Cas9 技术构建基因敲除的细胞或动物模型，利用免疫印迹、免疫荧光或转录组测序等方法检测靶点及信号通路的变化，可以深入研究药物在生物体内的作用机制，进而为开发新的药物提供研究思路。最后，基于已发现的靶点，可以进一步开展高通量筛选，进行创新药物开发，或对已有的药物分子结构进行优化，获得更具有临床价值的创新药物。针对难以进行药物设计但具有一定临床意义的"不可成药靶点"，在未来也有希望通过开发 PROTAC 药物、共价抑制剂或抗体偶联药物进行靶向治疗，以期攻克更多医学难题。

总之，靶点驱动的药物化学生物学有效推动了药物研发进程，进而为疾病治疗和人类健康发展提供了重要的助力。

第三节　基于核酸靶点的天然药物化学生物学

核酸，包括 DNA 和 RNA，是由核苷酸聚合而成的具有重要生物功能的大分子，携带着生物体的遗传信息，调控着生长、发育、遗传、变异等关键的生命活动。研发以核酸为靶点的药物能够扩展药物作用靶标的种类，突破现有靶标的局限性，具有治疗"不可靶向"疾病的巨大潜力。因此，基于核酸靶点的药物研究对于天然药物化学生物学至关重要。

一、核酸作为药物靶点的重要意义

核酸调控着生物体的生长、发育、遗传、变异等重要的生命活动。对于细胞来说，核酸就像计算机中的磁盘，它储存着大量的遗传信息，同时具有多种生物学功能。一方面，核酸在分子生物学中处于中心位置，DNA 作为遗传信息的载体，可以被复制用于细胞分裂，并可转录成 RNA 片段，进一步翻译成蛋白质。因此，靶向核酸合成的小分子化合物具有重要的药理学意义。另一方面，核酸及其衍生物可被化学合成，得到多种功能不同的三维结构或超分子组装体，进而发挥分子识别、催化和治疗作用。随着分子生物学、结构生物学和基因组学等技术的不断发展，目前已有多款核酸靶向药物上市或正处于临床研究，核酸分子在未来将成为临床药物的重要靶点。

癌症是一种复杂的疾病，危害着全球人类的生命健康，其遗传变异不仅影响不同的癌症类型，还影响着相同病症的不同患者。而遗传变异可以在基因组水平上被更直接地解决，巧妙地利用这些基因差异，研发以核酸为靶点的药物，将为癌症治疗提供更多新机遇。传统上 DNA 靶向药物直接作用于双链 DNA，因此在治疗疾病的同时会产生较大的副作用，如顺铂类药物。20 世纪 80 年代，端粒 DNA G-四链体特殊二级结构的发现及其靶向抑制剂的研发，开启了 DNA 靶向治疗的新时代。对人类基因组进行生物信息学分析，发现可形成 G-四链体结构的 DNA 序列在基因组中普遍存在。2002 年，美国亚利桑那大学赫尔利（Laurence Hurley）团队利用细胞实验，首次证明了小分子化合物可以通过稳定 *MYC* 癌基因启动子 G-四链体结构，抑制 *MYC* 癌基因的表达水平，进而杀灭癌细胞的新机制。现阶段将基因启动子区域中的 G-四链体结构作为新一类药物靶标已取得了较大进展，解决了一些基因突变导致耐药性的问题，也为天然产物抗癌药物研究提供了新方向。然而，从药物研发的角度来看，以核酸为靶点的研究仍然处于早期的研究阶段，小分子与 G-四链体复合物结构信息的缺乏严重阻碍了其进展。值得一提的是，Quarfloxin（CX-3543）以 G-四链体为靶点，已进入了临床前研究，其他药物在早期开发阶段所显示的治疗潜力也鼓励着更多的科学家在这一领域进行结构研究。

二、基于核酸靶点的药物化学生物学研究概述

1953 年，沃森（James Watson）和克里克（Francis Crick）通过 X 射线晶体学的数据分析，提出了 DNA 的双螺旋结构模型。这一发现标志着生物科学的发展进入了分子生物学阶段，为理解 DNA 的遗传性质和基因传递提供了基础。目前，各式新颖的核酸结构被不断发现，为新药研发提供了更多可能的新靶点。整体而言，针对核酸靶点的药物化学生物学研究主要包含三个方面：核酸靶点的发现与结构解析，核酸靶点的生物学功能研究和基于核酸靶点的配体设计。

物质的结构决定其性质，核酸三维结构的确证对于后续实验的开展具有重大意义。核酸三维结构鉴定的常用方法包括 X 射线晶体学、核磁共振和电子显微镜（EM）等，这些方法均可提供高分辨率的核酸结构信息。但根据不同核酸的结构特点，使用的方法具有倾向性。其中，X 射线晶体学是最常用的核酸三维结构鉴定方法，但对于 G-四链体这种对溶液变化敏感的结构，保留其溶液环境的 NMR 测试是更好的选择。

特殊的核酸结构可能招募相关蛋白参与特定的生理进程，如核糖体 RNA 可以与蛋白质一起构成功能性的核糖核酸复合物。类似地，启动子区域形成的 DNA G-四链体可以招募相关的转录因子形成转录起始复合物来调控转录的进程。除了相关蛋白的发现，科学家还发现新颖核酸结构能够参与表观遗传和相分离调控，如 G-四链体能够诱导远程染色质的相互作用，并可促进相分离的形成。目前，越来越多的前沿研究都发现了新颖核酸结构的存在，这些结构的发现为深入了解生命的本质和相关疾

病的发生、发展机制提供了新的视角和研究方向。

核酸结构的解析，特别是其与小分子化合物结合复合物的结构解析，可以为配体的设计带来更多的可能。通过设计和合成与特殊核酸结构特异性相互作用的配体，可以调控特殊核酸结构的形成和功能，进而达到治疗疾病的目的。特殊核酸结构也可作为疾病的诊断标志物，设计相应的探针可以实现对特定疾病的早期诊断和监测。同时，这些特殊核酸结构还可以作为生物传感器的基础，在环境监测、生物医学研究和生物工程等领域具有广泛的应用前景。此外，特殊核酸结构的存在也为基因治疗提供了新思路。通过设计与特殊核酸结构特异性结合的核酸适配体，可以实现基因的靶向传递和调控，从而提高基因治疗的效果和安全性。

综上所述，核酸靶点的药物化学生物学研究遍布生命科学的各个领域，对生命科学的发展有着重要的理论价值和应用价值。

拓展阅读　核酸结构介绍

拓展阅读　以核酸为靶点的药物研究

三、基于核酸靶点的药物化学生物学的学科任务

新的药物作用靶点的发现是一系列新药研发的基础，寻找新靶点已成为当今创新药研发竞争的焦点。在寻找药物作用靶点的过程中，天然药物化学生物学发挥着极其重要的作用。该学科的任务主要在于：①综合利用天然药物化学、有机化学、分子生物学、细胞生物学、结构生物学等多学科交叉的研究技术和方法，探索以核酸为靶点的天然产物，通过筛选天然产物和合成现有化合物的类似物，开发新型药物先导化合物。②通过靶点发现和活性验证，系统探索天然产物的生物学及药理学功能，并以活性天然产物为基础，利用分子探针技术，研发新型抗癌治疗药物。③为药物研究提供以核酸为靶点的新思路以及获取核酸靶点的技术，使得许多不可成药的靶点成为可能。

天然产物是核酸靶向药物研究的重要源泉，但特殊核酸结构（如G-四链体）靶向的天然药物研究是近年来新兴的研究领域，还存在很多问题有待进一步探索：首先，天然药物如何特异性作用于特殊核酸结构？其次，生物体内特殊核酸靶标的形态、功能和结构的真实信息是怎样的？最后，特殊核酸结构在什么样的情况下会在体内形成？以及其调控机体生物学功能的作用机制如何？针对这些问题仍需投入更多的工作来阐明，为新型核酸靶向药物研究提供理论依据，进而推动天然药物与特殊核酸结构研究领域的发展。

拓展阅读　核酸结构的发展历史

第四节　基于肠道微生物靶点的天然药物化学生物学

肠道作为连接人体内外环境的桥梁，栖息着1 000多种共生微生物，包括细菌、真菌、病毒、古菌和原生生物。肠道微生物群构成了一个庞大复杂的生态系统，长期以来与宿主共演化。肠道微生物群能够对各种外源药物等进行生物转化、积累，并改变这些物质的活性和毒性。因此，基于肠道微生物靶点的研究是天然药物化学生物学的重要组成部分，对新药的开发和疾病的治疗具有重要的现实意义。

一、肠道菌群作为药物靶点的重要意义

在人体内外部生活着为数众多的微生物，其数量可达到10^{14}个，约为人体细胞总数的10倍，这些生活在健康人体各部位、数量大、种类较稳定、一般能发挥有益作用的微生物种群，称为正常菌

群。人体正常菌群的研究起始于 1885 年奥地利儿科医生埃舍里希（Theodor Escherich）从尿布上分离得到的著名菌种——*Escherichia coli*（大肠埃希菌，又称大肠杆菌）。根据不同的分布位置，人体微生物主要可分为五大类，包括消化道微生物、呼吸道微生物、泌尿生殖道微生物、口腔和皮肤微生物，尤其以消化道中的肠道微生物最引人注目，在肠中的微生物数量约占人体总微生物量的 70% 以上。

肠道是一个复杂的共生系统，肠道微生物组又称为人体的"第二基因组"，编码基因超过 1 000 万，是人类基因组的 500 倍之多，包含细菌、真菌、古菌、噬菌体等多种成分，受饮食、环境、遗传等多因素调控，并与人体互作共生、共演化、同发育、维持机体稳态，广泛参与多种疾病的调节过程。经过与宿主长期的共同进化，肠道微生物已经与宿主形成了复杂的共生关系，宿主为肠道微生物的繁殖提供场所与营养，并不会对它们产生强烈的免疫反应，同时，肠道微生物对宿主也发挥着多方面的生理功能，包括与宿主细胞的物质及能量交换，通过分泌多种信号分子调节宿主功能稳态，影响着宿主的生长发育、消化吸收、免疫调节等多种功能。此外，食物、药物等外源性物质经过消化系统，可能与肠道微生物发生相互作用，通过吸收、分解、转化等方式改变食物与药物成分，进而调节宿主对外源物质的利用。目前研究发现二甲双胍等多种药物都通过影响肠道微生物组成和功能，发挥对疾病的改善作用。因此，肠道微生物是宿主沟通外界环境的桥梁与纽带，在多种人类疾病的发生、发展过程中发挥重要作用。

二、基于肠道菌群的药物化学生物学研究概述

2006 年，华盛顿大学戈登（Jeffrey Ivan Gordon）教授团队利用 16S rDNA 测序技术证明肥胖人群肠道菌群的多样性下降。值得注意的是，将胖瘦不同双胞胎个体的粪便移植于无菌小鼠，发现无菌小鼠移植肥胖个体粪便后，体重增长显著快于移植瘦个体粪便的无菌小鼠，说明肥胖个体的肠道菌群具有致肥胖作用。此后，随着一系列大规模临床队列的宏基因组研究的开展，肠道微生物与代谢性疾病、肿瘤、炎症性肠病等多种疾病发生、发展的相关性和因果关系被相继发现和阐明。目前研究发现，肠道微生物产生的丰富代谢产物是其调控宿主稳态的重要成分，肠道微生物可以通过短链脂肪酸、三甲胺等小分子代谢产物调节多种疾病进程。肠道细菌产生的组胺酸衍生物——丙酸咪唑的含量与 2 型糖尿病呈显著正相关，丙酸咪唑通过活化雷帕霉素受体 1 而显著影响胰岛素受体底物的磷酸化水平，诱导胰岛素抵抗。我国研究者发现多种膳食纤维的组合可以通过调节糖尿病人群的肠道菌群，选择性地促进 15 种能够产短链脂肪酸的肠道细菌富集，改善 2 型糖尿病。多项研究表明肠道微生物代谢物次级胆汁酸在多种疾病中发挥重要作用：2 型糖尿病患者的肠法尼醇 X 受体（FXR）信号通路被激活，通过促进神经酰胺的生成而诱导胰岛素抵抗；一线降糖药二甲双胍通过靶向肠道脆弱拟杆菌—甘氨熊去氧胆酸（GUDCA）—法尼醇 X 受体轴，增加胰岛素敏感性，甘氨熊去氧胆酸作为肠法尼醇 X 受体的内源性拮抗剂可有效改善代谢性疾病；肠道普通拟杆菌通过调控宿主胆汁酸组成，诱导以胰岛素抵抗、卵巢功能异常等为特征的多囊卵巢综合征发病。这些研究均表明针对肠道菌群的干预或调节是未来疾病治疗的新方向。因此，靶向肠道微生物的基础与干预研究得以快速、深入、系统推进。

天然药物是我国原创药物的主要来源，然而，天然药物中生物碱、黄酮类、多糖类、皂苷类等许多成分是难吸收的，在很长一段时间内其口服药效均难以解释。肠道微生物与疾病因果关系的阐明，为天然药物的作用机制研究开启了新方向。小檗碱与肠道微生物的研究是其中的经典范例。小檗碱，亦称黄连素，是从中药黄连中分离的一种季铵生物碱，是黄连发挥抗菌作用的主要有效成分。2004 年，我国药理学家蒋建东院士发现小檗碱对小鼠血脂具有调节作用，此后国内外多个临床试验均证实了小檗碱调节血脂、降低血糖的疗效。然而，小檗碱口服后难以吸收，口服生物利用度只有 1%，很难解释其临床疗效及其分子机制。经过多年的不断探索，蒋建东院士团队融合药理学、分析化学、分

子微生物学等知识，以肠道微生物为切入点，发现小檗碱通过促进肠道微生物短链脂肪酸产生发挥降血脂功效，通过肠道微生物硝基还原酶对小檗碱的生物转化发挥对血脂疗效的个体响应性，通过促进肠道微生物合成多巴胺改善帕金森等多个机制，是我国天然药物与肠道微生物相互作用及分子机制研究最早的工作之一。

三、基于肠道菌群的药物化学生物学的学科任务

经过十几年的研究，关于天然药物与肠道微生物的研究得到了全面发展，多项研究阐明了小檗碱、灵芝多糖、茯苓多糖等难吸收天然药物通过肠道微生物发挥对宿主代谢的调控作用，超过500种天然药物的药效被认为与肠道微生物相关。目前，对肠道微生物组成与功能的评价已经成为天然药物研究的重要环节，对天然药物调控肠道微生物的研究也逐渐形成了完善的流程和体系，主要包括：利用粪菌移植在无菌小鼠/混合抗生素处理的伪无菌小鼠中验证天然药物处理后的肠道微生物对疾病的改善作用；利用宏基因组、16S扩增子测序等评估天然药物对疾病动物模型/临床患者粪便/肠内容物样本肠道微生物组成的影响，揭示天然药物对微生物组成的调控作用；结合微生物组成与疾病指标的相关性分析，定位关键天然药物调节的关键菌种；利用培养组学对天然药物调节的关键菌种进行分离培养，构建疾病动物模型验证关键菌种对疾病的改善作用；对关键菌种处理动物模型的组织、血浆样本进行代谢组分析，发现关键菌种影响的代谢产物，利用体外菌株培养体系验证关键菌种对代谢产物的产生/代谢能力，并构建疾病动物模型验证关键代谢产物对疾病的调控作用。

发现天然药物对肠道微生物的调控作用以及具体调节的菌种及活性代谢产物，对理解天然药物药效基础、进行合理结构改造、高效开发新型治疗措施具有重大意义。由于靶向肠道微生物的天然药物研究刚刚处于起步阶段，还有很多问题有待深入探索：天然药物调控关键菌种及其代谢产物的作用机制是什么？关键菌种及其代谢产物调控宿主的分子机制与调控网络有哪些，参与到哪些生理学与病理生理学过程？肠道微生物在不同人群中具有多样性，如何利用天然药物实现针对不同肠道微生物特征图谱的个性化治疗？对以上问题的探索与研究有望加速天然药物与肠道微生物研究领域的发展，为靶向肠道微生物的干预措施理性化开发与应用提供重要指导。

（曾克武，王凯波，汪锴）

数字资源详见　新形态教材网

学习目标　思维导图　思政元素　案例探讨　参考文献
微视频　拓展阅读　本章小结　课后习题　教学课件

第十九章
天然药物靶点发现方法学

编者导学

📍 学习目标

🧠 思维导图

本章导航

第一节　基于经典亲和纯化策略的蛋白质靶点发现
第二节　基于蛋白质微阵列策略的蛋白质靶点发现
第三节　基于点击化学策略的蛋白质靶点发现
第四节　基于非标记策略的靶点蛋白发现
第五节　基于生物学信息分析策略的核酸靶点发现
第六节　基于基因组测序策略的核酸靶点发现
第七节　基于功能培养组学策略的肠道微生物靶点发现
第八节　靶点发现前沿技术展望

靶点鉴定是阐明天然药物分子复杂作用机制不可缺少的一环，同时对于现代创新药物研发也至关重要。近年来，随着分子生物学、化学生物学、蛋白质组学等前沿技术的发展，研究人员已经建立了一系列药物靶点发现方法。例如，基于亲和纯化、基于点击化学、基于非标记策略的靶点发现方法，以帮助阐明天然药物的作用靶点。

第一节　基于经典亲和纯化策略的蛋白质靶点发现

基于亲和纯化策略的靶点发现主要利用药物分子与蛋白质靶点之间的直接相互作用，捕获并分离靶点。因此，亲和纯化法是最经典也是最常用的一种靶点鉴定策略，在靶点发现领域具有极大的潜力。下面介绍了亲和纯化策略在靶点发现中的基本原理及应用。

一、经典亲和纯化策略在靶点发现中的概述

亲和纯化的原理是将药物分子的羧基或氨基等活性基团与琼脂糖、磁珠等固相载体通过连接臂偶联作为固定相。药物分子修饰的固定相与细胞裂解液孵育，使药物分子捕获靶点蛋白并富集在固定相表面，从而实现靶点蛋白与复杂蛋白质溶液的分离。最后通过凝胶电泳和质谱检测进行鉴定，确定靶点蛋白。根据药物分子与固相载体结合方式的不同，可以将亲和纯化策略大致分为生物素标记法、化学交联法、光交联法等。

亲和纯化起源于20世纪50~60年代研究小分子—蛋白质相互作用的开创性工作。1953年，芝加哥大学的莱曼（Leonard Lerman）使用多种固定在纤维素上的偶氮染料从蘑菇提取物中分离酪氨酸酶，并检测洗脱液中单一组分的酶活性以确定酪氨酸酶的存在，这种方法很快被用于分离肝黄素激酶。1968年，安芬森（Christian Boehmer Anfinsen）等人利用琼脂糖基质对蛋白酶进行了亲和纯化，由于琼脂糖具有亲水性、适用性、高负载能力和低成本的特点，使得琼脂糖成为亲和纯化中最常用的固相载体。但琼脂糖多孔结构可能导致更多的非特异性吸附。为了改善固相载体性能，日本科学家半田浩（Hiroshi Handa）等人成功开发出高性能亲和磁性纳米颗粒（FG珠）。FG珠是由铁氧体颗粒表面包裹聚甲基丙烯酸甘油酯组成，具有易于分散、无孔，有较大的比表面积，耐各种有机溶剂，并可磁性回收的特点。

在随后的几十年里，亲和纯化策略被广泛应用于揭示许多生物活性分子的靶点。2010年，有研究人员使用羧基端修饰的沙利度胺衍生物与FG珠进行偶联，从HeLa细胞提取物中富集到两种与沙利度胺结合的蛋白质，分别为Cereblon（CRBN）和受损DNA结合蛋白I（DDB1）。进一步分析表明，沙利度胺直接与CRBN结合，而DDB1通过CRBN与沙利度胺间接结合。沙利度胺正是通过与CRBN结合并抑制相关泛素连接酶活性来启动致畸作用。除此之外，人们也通过亲和纯化方法揭示了雷帕霉素、伊马替尼、万古霉素等药物的作用靶点。同时，研究人员也将亲和纯化策略应用于其他活性天然产物的靶点发现中。例如，研究人员合成了生物素标记的醉茄素A以探究其抗肿瘤作用的靶点，通过生物素化的醉茄素A与亲和素包被的琼脂糖珠结合，从细胞裂解液中富集并鉴定到醉茄素A的靶点蛋白为膜联蛋白Ⅱ。

二、经典亲和纯化策略的技术原理

生物素化探针是应用较为广泛的一种亲和纯化策略。生物素又称维生素H、辅酶R，可以通过其戊酸侧链与药物分子连接。亲和素是从卵生动物中发现的一种糖蛋白，每个亲和素蛋白含有4个亚基，其中每个亚基都能以极高的亲和力结合一个生物素分子，其解离常数可以达到10^{-13}~10^{-15} mol/L，这一特点也可以帮助信号放大（图19-1）。

经典的生物素化探针基本由三部分组成：配体、连接臂和标签。配体即药物分子；连接臂用于共价连接药物分子与亲和标签；标签即生物素，便于将药物分子与靶点蛋白的复合物富集到固相载体从而实现靶点蛋白的分离或组织裂解液进行孵育，构建"靶点—药物分子—探针"复合物。亲和素修饰的固相载体与生物素化探针共孵育时，将会产生一种非常稳定的非共价亲和力，从而实现"靶点—药物分子—探针"复合物的富集。

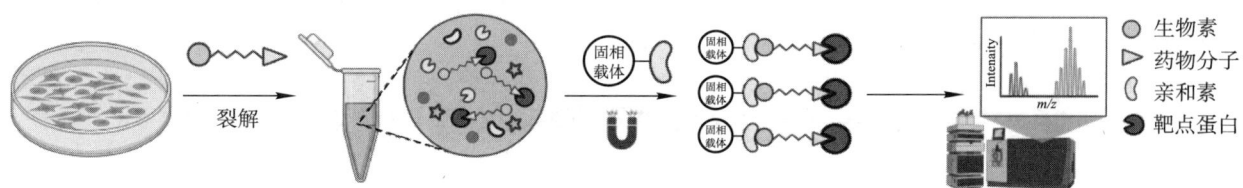

图19-1 基于生物素标记的靶点鉴定技术原理

虽然使用生物素标记法进行药物分子靶点的鉴定十分强大，但是这种方法需要大量的时间和化学专业知识来合成探针。利用环氧基的化学交联法可以简化生物素化探针合成的步骤。环氧基团非常活泼，在加热升温的条件下，环氧基团中的氧原子会与药物分子上的羟基等活性基团发生亲核反应。此时，羟基中的氧原子会与环氧基生成一个新的化学键，从而将药物分子直接固定在固相载体上。键含有药物分子的固相载体与细胞或组织裂解液进行孵育，可以实现对药物靶点的富集与鉴定。

使用生物素标记法需要预先了解药物构效关系来确定合适的修饰位点，进而使修饰后的配体保持其原有的生物活性。对于一些化合物来说，任何一种标签的添加都会导致潜在的活性下降。为了解决这个问题，研究人员将芳烃双吖丙啶等光反应基团通过聚乙二醇连接剂共价连接到固相载体上，在紫外光照射下转化为反应性极强的碳烯（卡宾），碳烯可以与 C（sp^3）—H 及 C（sp^2）—H 等化学键反应，从而结合药物分子，实现药物分子的固相连接。即通过光亲和反应将药物分子直接连接在含有光敏涂层的固相载体上，为光交联法。该方法具有一定的独特优势，如各种药物分子可以在没有构效关系研究和化学标记的情况下被固定。碳烯的反应性极强，因此碳烯与药物分子的结合位点是非选择性的，被固定的药物分子可以视为随机修饰了不同位点，这也最大可能地允许药物分子与大多数潜在的靶点蛋白结合。另外，由于化学固定是通过紫外照射实现的，因此该方法快速且易于使用，但是不适用于对紫外光不稳定的药物分子。

三、基于经典亲和纯化策略的药物靶点发现案例分析

近年来，亲和纯化策略已经成功完成了多种天然产物的靶点鉴定。例如，研究人员将生物素与海洋天然产物 pateamine A 连接构建分子探针，通过与亲和素琼脂糖珠结合，从细胞裂解液中富集并鉴定到了真核蛋白翻译起始因子 4A（eIF4A）和丝氨酸/苏氨酸激酶受体相关蛋白（STRAP）。进一步分析表明，eIF4A 为 pateamine A 发挥抗癌作用的靶点蛋白。此外，研究人员将破骨细胞分化的抑制剂香叶菌素甲酯通过光交联反应连接到琼脂糖珠，并从细胞裂解液中纯化并鉴定到乙二醛酶 1（GLO1）为香叶菌素甲酯的靶点蛋白。在探究苏木酮 A 的靶点时，研究人员制备了生物素标记的苏木酮 A 分子探针，其可以与亲和素琼脂糖珠结合，进而从小胶质细胞裂解液中发现了苏木酮 A 的作用靶点为肌苷磷酸脱氢酶（IMPDH2）。另外，有学者采用环氧基化学交联方式将有神经保护作用的松果菊苷连接在固相载体上，从复杂蛋白质体系中鉴定到松果菊苷的靶点蛋白为酪蛋白激酶 2α′亚基（CK2α′）。这些工作都很好地证明了亲和纯化策略用于靶点鉴定的可行性。

四、优势与不足

基于亲和纯化的靶点鉴定技术经过几十年的发展已经日趋成熟，并广泛应用于各种研究场景中，特别是通过与质谱及免疫沉淀等其他技术的结合，为药物靶点的发现提供新的解决方案。但亲和纯化技术在靶点鉴定中依然存在许多挑战。例如，低丰度的目标蛋白很可能会被掩盖，而高丰度的蛋白可能会干扰真正的靶点蛋白和药物分子相互作用。另外，亲和纯化通常使用细胞或组织裂解液，这与实际药物作用的体内微环境存在差异。尽管药物靶点鉴定是个极具挑战性的问题，但亲和纯化策略仍是揭示药物靶点的重要方法，有助于加速新药发现的进程。

第二节　基于蛋白质微阵列策略的蛋白质靶点发现

蛋白质微阵列（protein microarray）策略是一种在蛋白质研究领域中广泛应用的高通量、平行检测蛋白质—配体相互作用的技术，在近几十年蓬勃发展。这里，我们将围绕蛋白质微阵列的起源、技术原理以及在药物靶点发现中的具体案例展开介绍。

一、蛋白质微阵列策略在靶点发现中的概述

微阵列主要包括基因微阵列和蛋白质微阵列两大类，其中基因微阵列发端于 20 世纪 90 年代初，

由美国斯坦福大学的谢纳（Mark Schena）等人首次报道并成功用于基因表达分析。此后，越来越多研究人员开始把目光转向蛋白质微阵列的开发。在随后的几年里，大量的研究为之展开，包括阵列制备技术、探针设计方法和检测技术等。2000年，美国哈佛大学麦克比斯（Gavin MacBeath）等人成功开发出世界第一台蛋白质微阵列，并报道该技术可用于确定蛋白质之间的相互作用以及小分子化合物的靶点发现。随后，人们开始利用蛋白质微阵列技术来预测药物靶点，并在新药研发和生物医学研究中取得了重要的突破。蛋白质微阵列策略的基本思路是先将多种重组蛋白固定在微型高密度阵列上，然后用亲和标签（如生物素）、荧光基团、光化学基团或放射性同位素等标记药物分子并将其与微阵列共同孵育以找到与该分子特异性结合的蛋白质位点，可用于推测药物分子可能与哪些靶点蛋白相互作用，从而揭示药物药理作用机制。其中荧光基团因其安全、有效的特点，并与现成的微阵列激光扫描仪兼容，通常成为首选。

总之，蛋白质微阵列技术在过去二十多年中经历了不断改进，为药物靶点鉴定提供了一种高通量、高效和精确的方法，对于靶点发现和功能研究具有重要意义。随着技术的进一步成熟和发展，蛋白质微阵列将在未来发挥更大的作用。

二、蛋白质微阵列的技术原理

蛋白质微阵列技术是一种用于快速鉴定蛋白质与配体相互作用的有效方法。其基本原理是基于光刻或喷墨技术，在固体表面上排列大量的蛋白质以形成蛋白质微阵列芯片，并通过特定的检测方法实现蛋白质与配体的相互作用分析。通过使用蛋白质微阵列，可以同时实现数千种蛋白质生物化学反应的平行进行并进行定量表征。蛋白质微阵列的制备可通过如下步骤来实现：首先需要根据实验目的选择合适的蛋白质，包括全长蛋白质或蛋白质功能域等；然后利用基因工程技术表达目的蛋白质，并进行纯化以获得高质量的蛋白质样本；随后，通过喷墨等技术将蛋白质按照特定序列排布在固体表面，形成微小的蛋白质阵列点；再将阵列点上的蛋白质与固相载体连接，使其稳定地固定在阵列点上；最后对制备的蛋白质微阵列进行验证，确保蛋白质在正确位置且保持其活性。

蛋白质微阵列技术用于靶点发现的基本原理是，通过在芯片上高通量排列蛋白质，进而探究可能与特定蛋白发生相互作用的药物分子（图19-2）。通常，将被检测的药物分子与蛋白质微阵列进行孵育，药物分子会与微阵列上的特定靶点蛋白发生结合；随后使用荧光基团来标记药物分子，并通过荧光扫描等手段分析蛋白质微阵列上不同位置的荧光信号变化，以检测与药物分子发生相互作用的靶点蛋白在芯片上的坐标信息，并在此基础上进一步研究其蛋白质功能、相互作用网络及揭示药物作用机制。

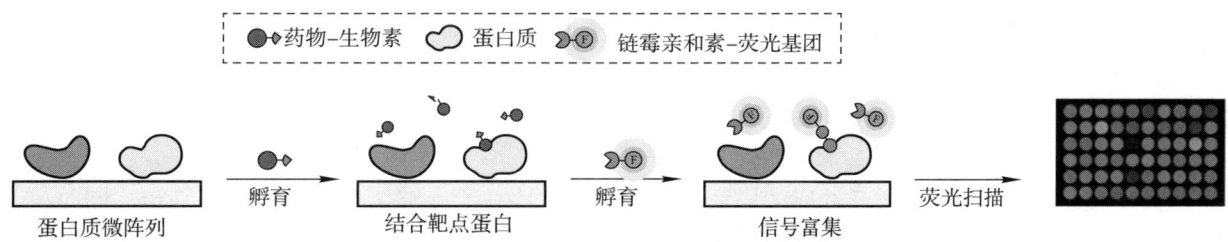

图 19-2 基于蛋白质微阵列芯片的靶点鉴定技术原理

总之，蛋白质微阵列技术通过高通量排列蛋白质，允许研究人员在短时间内鉴定大量与药物分子存在相互作用的蛋白质，为天然产物作用靶点的发现提供了一种快速有效的方法。

三、基于蛋白质微阵列策略的药物靶点发现案例分析

目前,已经有利用蛋白质微阵列策略寻找药物靶点的成功案例。雷帕霉素靶点蛋白(TOR)信号通路在调节细胞生长和代谢中具有重要作用。在此背景下,美国霍华德·休斯医学研究所的学者通过蛋白质微阵列策略进一步发现了参与 TOR 信号通路的其他蛋白质靶点。研究人员先构建了酵母蛋白质组微阵列,然后合成了一系列雷帕霉素的小分子抑制剂(SMIR)并将其生物素化,试图通过该微阵列寻找 SMIRs 的靶点蛋白。其将生物素化的 SMIR 与该微阵列共同孵育,生物素化的 SMIR 会与固定在芯片上的蛋白质发生特定的相互作用;随后加入 Cy3 荧光标记的链霉亲和素,使药物分子带上荧光标签;进而扫描芯片并检测与药物分子存在特异性结合的蛋白质位点的荧光值,找出其在微阵列上的坐标信息,最终鉴定出一种未知功能的蛋白质,接着通过一系列生物学实验证明了其是 TOR 信号通路的一个新的组分,并将其命名为亚硝酸盐还原酶(NIR1)。

研究表明砷在治疗多种恶性肿瘤方面有较大的潜力,但相关机制不清。有学者为了研究砷治疗急性早幼粒细胞白血病的作用靶点,使用了含有 16368 个蛋白质的 HuProt™ 人类蛋白质组微阵列来系统地鉴定砷结合的蛋白质。其先将砷制备成生物素化的探针,与蛋白质微阵列一起孵育,捕获微阵列上的特异性靶点蛋白,同时设置阴性对照组只添加游离生物素,以避免生物素本身结合微阵列上的蛋白质导致假阳性结果;随后对两组都加入 Cy3-链霉亲和素对被探针捕获的靶点蛋白进行荧光标记;最后进行扫描整块芯片,通过检测芯片上不同蛋白质点位的荧光值信号强弱,并减去阴性对照组的荧光值后,发现砷剂的可能作用靶点为己糖激酶 2(HK2),即砷剂通过调控己糖激酶 2 的生物学功能发挥其抗白血病作用。

雷公藤红素具有缓解血管紧张素 II(Ang II)诱导的心肌细胞肥大和纤维化的作用。为了鉴定雷公藤红素的直接作用靶点,研究人员制备了生物素标记的雷公藤红素分子探针,在验证其活性后将其与 HuProt™ 人类蛋白质组微阵列一起孵育,使探针与微阵列上特定的靶点蛋白结合;随后添加 Cy3-链霉亲和素对探针捕获的靶点蛋白进行荧光标记,进而检测微阵列上不同蛋白质点位的荧光值信号强弱,并找出其在微阵列上的坐标信息;最终鉴定出雷公藤红素直接结合的靶点蛋白为信号转导和转录激活因子 3(STAT3)。

有学者为了阐明野马追内酯 B 抗神经炎症的作用靶点,同样使用了 HuProt™ 人类蛋白质组芯片。研究人员合成了生物素标记的野马追内酯 B 分子探针,经实验证实其具有抗神经炎症活性后,将该探针与 HuProt™ 人类蛋白质组芯片孵育,以使得探针可以捕获芯片上特定的靶点蛋白;随后加入 Cy3-链霉亲和素作为荧光报告基团,进一步标记被野马追内酯 B 探针捕获的靶点蛋白;通过检测芯片上不同蛋白质点位的荧光值信号强弱,最终鉴定出荧光信噪比最高的蛋白质点位对应的是泛素特异性蛋白酶 7(USP7),进而成功鉴定了其为野马追内酯 B 发挥抗神经炎症活性的直接靶点蛋白。

四、优势与不足

蛋白质微阵列技术对于靶点发现优势众多。其最大优势在于能够实现高通量靶点筛选;同时,其具有广泛的蛋白质覆盖度,通过将各种蛋白质以定量方式固定在芯片上,可有效规避膜受体、转录因子、离子通道等蛋白质在细胞中因丰度较低而无法被检测出来的弊端。该技术的不足之处在于固定于芯片上的部分蛋白质并不是全长蛋白质,有些是蛋白质的部分结构域。因此可以探索新的蛋白质表达和纯化技术,或是利用先进的基因编辑技术和合成生物学方法,扩展可用蛋白质的范围。此外,标签的引入可能影响药物分子的活性,因此需要在对药物分子进行探针制备的过程中对其活性进行验证,以防止标签化修饰影响其活性。总之,蛋白质微阵列策略在靶点发现中具有巨大的潜力,并且随着技

术的不断发展和创新，将有更多可能来提高其在药物靶点发现中的效率和应用范围。

第三节　基于点击化学策略的蛋白质靶点发现

点击化学（click chemistry）的出现使得复杂的化学反应简单化，即使是非专精化学的学者也可以通过这一巧妙的方式，模式化地构建各自领域所需要的功能分子，因此在近年来的生命科学领域特别是药物靶点发现方面掀起了巨大浪潮，且这一影响将随着技术的革新而不断扩大与升级，大有方兴未艾之势。这一部分将重点围绕点击化学的起源、技术原理以及应用于靶点发现的具体案例进行介绍。

一、点击化学策略在靶点发现中的概述

近年来，一种新兴的技术——点击化学引起了生物医学、化学和材料科学研究人员的广泛关注。点击化学又称为"链接化学""速配接合组合式化学"，因其在水溶液中反应速率高及无副产物等优点而被广泛应用于各种生命体系的研究中。2001年，美国斯克利普斯研究所的夏普莱斯（Karl Barry Sharpless）等人提出了"点击化学"概念，即可以通过一系列高效的化学反应，将简单的小分子组装成大分子，来构建多样性化合物库。特别是其在2002年报道了一种基于一价铜催化的叠氮化物—炔烃环加成反应（CuAAC），该反应的特点是速率快、产率高、特异性好。然而，早期点击化学反应使用的一价铜催化剂对细胞的毒性很大，因此美国霍华德·休斯研究所贝尔托西（Carolyn R. Bertozzi）等人于2004年在CuAAC的基础上进行优化，开发了基于环张力的叠氮化物—炔烃环加成反应（SPAAC）。该反应以环辛炔替代了端炔与叠氮反应，因此不再需要用一价铜进行催化，从而规避了细胞毒性的问题。基于CuAAC的成功经验和点击化学理念的进一步发展，夏普莱斯等人自2014年起开始还进一步提出了六价硫氟交换（SuFEx）反应。总之，点击化学策略在过去二十年中发展迅速，不断创新和完善。随着技术的进一步发展，该策略有望为药物靶点发现和生物医学研究提供更加高效和精确的研究工具。

二、点击化学策略技术原理

以传统的化学合成手段一步一步构建分子探针存在过程复杂、难度大、产率低等诸多问题。直至第一代点击化学反应提出，人们能够通过模式化的反应方式构建功能分子，从此复杂的反应开始简单化。点击化学反应一般是指一价铜催化的叠氮化物-炔烃环加成反应（图19-3）。其中叠氮（azide）化物是一类含有三个氮相连结构的化合物，炔烃（alkyne）指含有碳碳三键的化合物，二者能在一价铜催化的常温条件下发生化学反应，形成共价键生成三氮唑（Triazole）。该反应具有高效稳定、高特异性等优点，且反应不受pH影响，甚至能在活细胞中进行。铜催化的叠氮化物-炔烃环加成反应是点击化学的代表性反应，已经广泛应用于天然产物靶点发现的研究中。

点击化学策略的核心是通过小单元的拼接，来快速可靠地完成分子的化学合成。首先需要对药物分子的化学结构进行评估，判断其引入炔基或者叠氮的可行性。然后针对该药物分子设计一条合适的化学合成路线，将炔基或者叠氮基团引入其结构中，将其制备为分子探针。当分子探针捕获靶点蛋白后，利用铜催化反应使探针结构中的炔基或叠氮基团与带有叠氮基团或炔基的生物素发生反应生成三氮唑（Triazole），最后利用亲和素固相微球对靶点蛋白进行富集与质谱鉴定。可见，点击化学策略具有高效、灵敏和特异性等优点，在药物研发特别是药物靶点发现中具有重要的应用价值。

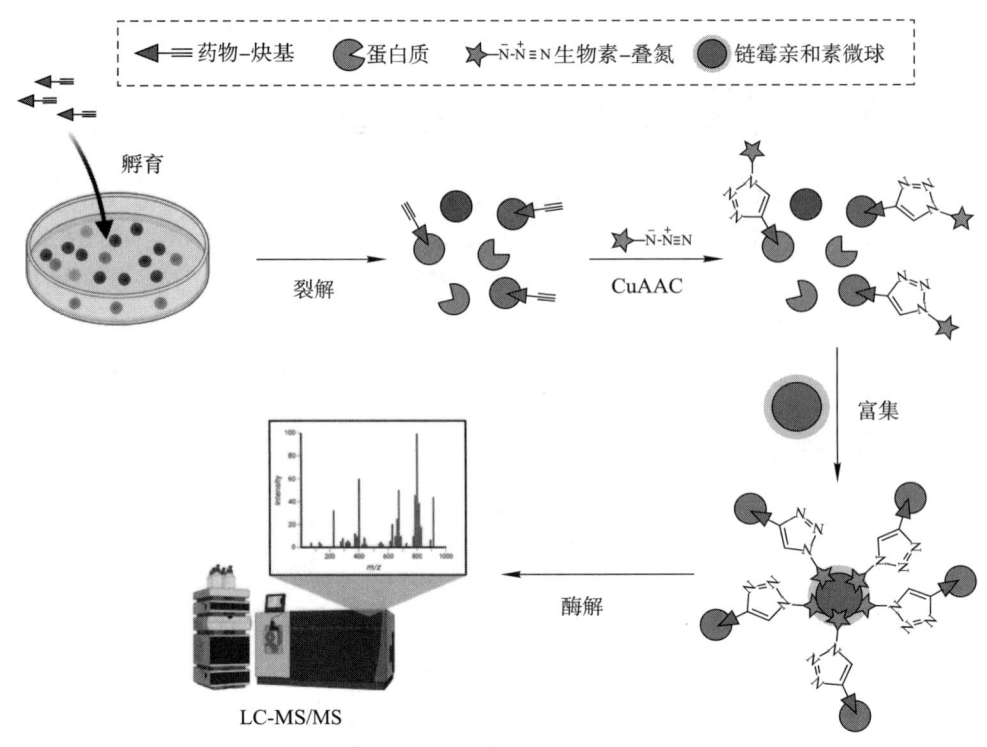

图 19-3　基于点击化学策略的靶点鉴定技术原理

三、基于点击化学策略的药物靶点发现案例分析

穿心莲内酯被证实具有抑制肿瘤转移的作用，但其作用靶点及作用机制尚不明确。研究人员在穿心莲内酯结构中引入炔基进而合成穿心莲内酯的分子探针；随后将探针与活的癌细胞进行孵育，使探针渗透进细胞并与其原位靶点发生共价结合；接着将细胞裂解，往裂解液中加入带有叠氮基团的生物素，通过铜催化使炔烃和叠氮化物反应生成三氮唑，从而使得生物素能够被标记在探针捕获的靶点蛋白上；最后通过亲和素固相微球的下拉（pull down）实验对标记上生物素的靶点蛋白进行富集和质谱鉴定，最终揭示了穿心莲内酯的直接作用靶点为核因子 κB（NF-κB）。

有学者为了阐明青蒿素抗疟的作用靶点及机制，在其分子结构中通过化学合成的手段引入炔基进而制备了青蒿素的分子探针。随后将药物探针与疟原虫进行活体孵育并进行裂解；接着在裂解液中加入带有叠氮基团的生物素，通过铜催化使炔烃和叠氮化物反应生成三氮唑，从而使得生物素能够标记在探针捕获的靶点蛋白上；最后通过亲和素固相微球的下拉实验将标记上生物素的靶点蛋白进行富集，并利用高分辨质谱鉴定到 124 个相关靶点蛋白，最终解析了青蒿素抗疟的一个关键靶点蛋白为谷胱甘肽 S 转移酶 K1（GST1）。

为了探究毛喉素促进成骨细胞分化的潜在靶点，有学者在毛喉素结构中引入同时具有双吖丙啶（diazirine）和炔基的双功能侧链合成了一种光亲和探针，并将其与前成骨细胞进行孵育，经紫外线照射使双吖丙啶对靶点蛋白进行光亲和性标记。随后将细胞裂解并加入带有叠氮基团的生物素，通过铜催化点击反应使得生物素能够被标记在靶点蛋白上。最后通过链霉亲和素固相微球的下拉实验对探针捕获的靶点蛋白进行富集，最终揭示出谷氨酰胺-γ-谷氨酰转移酶 2（TGM2）为毛喉素促成骨细胞分化的直接靶点蛋白。

四、优势与不足

点击化学策略的最大优势在于其修饰基团小巧，对药物的结构改变较小，可以很大程度上减少生物素或其他较大体积报告基团对药物分子的影响。并且，与光交联探针合用可以实现在活细胞中的靶点鉴定，这种方式使得探针能够更好地模拟小分子在细胞内的作用模式。其不足之处在于铜离子可能会导致一些蛋白质的变性。随着越来越多的研究人员将注意力转向基于点击化学策略的蛋白质靶点发现，点击化学技术将会得到进一步发展和改进，预计该技术将成为药物发现领域的重要工具，并在开发创新药物方面发挥重要作用。

第四节 基于非标记策略的靶点蛋白发现

对天然产物进行化学修饰并构建分子探针的策略在靶点鉴定领域已经取得了巨大成功，但这类方法费时费力，还可能会降低或改变天然产物的活性。因此，近年来发展起来的无需化学修饰的非标记方法已逐渐成为研究药物靶点的一类新型技术手段。

一、非标记策略在靶点发现中的应用概述

基于分子探针的靶点鉴定策略已经得到巨大发展，然而这些方法大多需要对天然产物进行一定的化学修饰，会导致天然产物失去活性，因此严重阻碍了这类方法广泛应用。近年来，研究人员开发了一系列基于非标记策略的靶点蛋白鉴定技术，即不需要对天然产物进行结构修饰，而是基于不同条件下蛋白质稳定性的变化等生物物理特性开展靶点鉴定。

非标记策略最早是 2005 年由美国加州大学伯克利分校的马奎斯（Susan Marqusee）提出的脉冲蛋白水解法（pulse proteolysis，PP），即利用化学变性剂诱导的蛋白质稳定性变化来筛选蛋白质靶点。2008 年，美国杜克大学的菲茨杰拉德（Michael C Fitzgerald）等基于脉冲蛋白水解法相似的原理提出氧化速率蛋白质稳定性（stability of proteins from rates of oxidation，SPROX）技术。2009 年，加州大学洛杉矶分校的黄菁（Jing Huang）等基于蛋白质在与配体结合时往往对蛋白质水解酶更具抵抗力的原理，提出了药物亲和反应靶点稳定性（drug affinity responsive target stability，DARTS）技术。2013 年，细胞热迁移实验（cellular thermal shift assay，CETSA）首次由瑞典卡罗林斯卡医学院的诺德隆德（Pär Nordlund）等提出。其主要是发现细胞蛋白在热应激时会发生构象改变，从而导致其稳定性降低，而药物会通过与蛋白质形成复合物而提高其热稳定性。2014 年，德国海德堡欧洲分子生物学实验室的德雷维斯（Gerard Drewes）等在 CETSA 的基础上进一步开发了热蛋白质组学（thermal proteome profiling，TPP）技术，该技术将 CETSA 方法和多重定量质谱结合，其灵敏度和通量均有显著性提高。2020 年，中国科学院大连化学物理研究所的叶明亮等基于有机溶剂诱导蛋白质沉淀原理进一步提出了溶剂诱导蛋白质沉淀（solvent-induced protein precipitation，SIP）技术。

可以看出，这些非标记方法的主要原理均是基于药物分子与靶点蛋白的结合会影响蛋白质的稳定性，如蛋白质的热稳定性、化学变性剂诱导的稳定性和蛋白质水解敏感性等，进而根据不同蛋白质的稳定性差别来筛选靶点蛋白。根据基本原理的不同，这些非标记方法主要可以分为四类。第一类是基于靶点蛋白热稳定性差异的靶点筛选策略，该类方法是基于药物分子与靶点蛋白结合会改变其结构，进而使蛋白质对温度的敏感性降低，主要包括 CETSA 及衍生的 TPP；第二类是基于靶点蛋白水解敏感性差异的筛选策略，该类方法是基于药物分子与靶点蛋白结合后可改变其结构，使靶点蛋白对蛋白酶的降解敏感性降低，这类方法包括 DARTS；第三类是基于化学变性剂诱导靶点蛋白稳定性差异的

筛选策略，该类方法基于药物分子与靶点蛋白结合后可以增加靶点蛋白对化学变性剂的抵抗能力，如SPROX；第四类是基于有机溶剂诱导靶点蛋白溶解度差异的筛选策略，有机溶剂会导致蛋白质沉淀，而药物分子与靶点蛋白结合后可以稳定蛋白质，减少有机溶剂诱导的蛋白质沉淀，这类方法包括SIP。

二、非标记策略技术原理

（一）细胞热迁移及热蛋白质组学技术

细胞热迁移（cellular thermal shift assay，CETSA）技术由瑞典乌普萨拉大学的诺德隆德等于2013年首次提出并使用，这种方法可以用于活细胞、细胞裂解液及动物组织样本的药物靶点鉴定与确证研究。通常蛋白质会随着温度的升高而变性和沉淀。然而，配体与蛋白质结合可以提高其热稳定性，进而使配体结合的蛋白质更不容易变性和聚集。这种现象可以解释为配体—蛋白质复合物的能态比天然蛋白质低，需要克服更高的能垒才能实现去折叠。因此，通过加热诱导蛋白去折叠变性的过程，观察哪些蛋白质的变性熔解曲线发生改变，进而可以筛选天然产物的靶点蛋白（图19-4）。

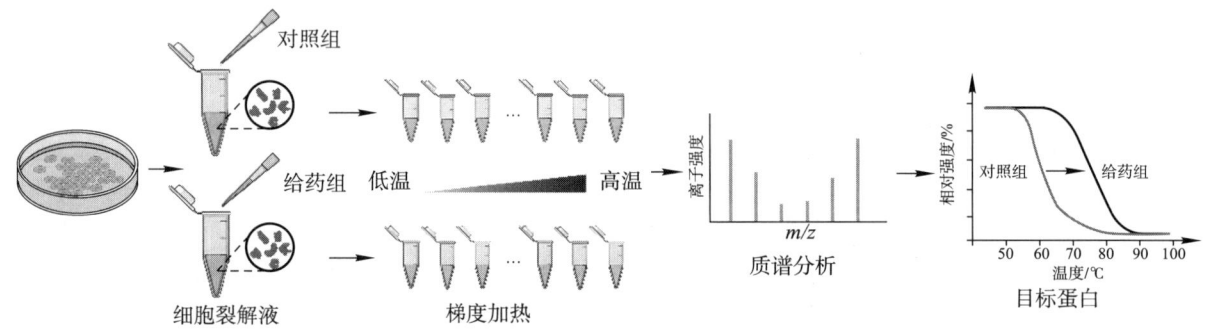

图 19-4　CETSA 靶点鉴定技术原理

虽然CETSA适用范围广且方法简便，但其所需要的药物浓度高，常用于靶点的验证而不是发现，而且还存在通量不足的缺点。为了克服CETSA灵敏度不高和通量不足的缺点，德国海德堡欧洲分子生物学实验室的德雷维斯等于2014年在CETSA的基础上开发了热蛋白质组学（thermal proteome profiling，TPP）技术。TPP实际上就是CETSA与基于多重定量质谱的蛋白质组学的结合，即将天然产物和对照的溶剂分别与活细胞或细胞裂解液孵育之后，选择多个温度进行加热，对未变性的可溶性蛋白质进行质谱检测分析，经过数据标准化之后绘制熔解曲线，从而找到差异蛋白质。由于TPP技术具有稳定性好及鉴定蛋白质数量多的优点，目前应用非常广泛。

（二）药物亲和反应靶点稳定性技术

药物亲和反应靶点稳定性（drug affinity responsive target stability，DARTS）技术由加州大学洛杉矶分校的黄菁等于2009年首次提出。早期研究表明，蛋白质构象会受到配体结合的影响，在与配体结合后，往往对蛋白质水解酶更具抵抗力。蛋白质水解敏感性的降低使潜在的靶点蛋白易于通过凝胶显示出差异条带而被识别，并通过质谱进行鉴定。DARTS实验需要用特定的方法对酶（常用的酶包括链霉菌蛋白酶、枯草杆菌蛋白酶、嗜热菌蛋白酶等）降解蛋白的效果进行检测，常用的检测方法是凝胶染色，如银染或考马斯亮蓝染色，通过比对药物组与对照组蛋白质降解条带的差异，进而找到药物的潜在靶点蛋白条带，以确定潜在靶点（图19-5）。

（三）氧化速率蛋白质稳定性技术

氧化速率蛋白质稳定性（stability of proteins from rates of oxidation，SPROX）技术也是一种基于配体诱导靶点蛋白稳定性增加的方法。SPROX主要检测靶点蛋白的甲硫氨酸的氧化水平，即药物与靶

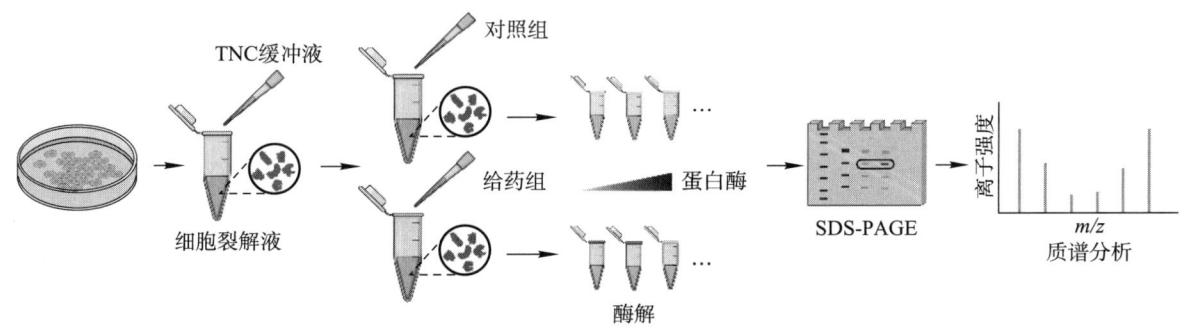

图 19-5 DARTS 靶点鉴定技术原理

点蛋白结合后可以增加靶点蛋白的抗氧化能力。当药物与蛋白孵育后，在化学变性剂存在下使用过氧化氢等氧化蛋白。由于加入化学变性剂会使蛋白质去折叠，相比蛋白质折叠状态下，蛋白质中的甲硫氨酸更多暴露在溶剂中并发生氧化，形成甲硫氨酸亚砜，然后采用质谱对选择性氧化的甲硫氨酸进行定量分析，以确定潜在的靶点蛋白。SPROX 技术一般通过加入不同浓度的盐酸胍或尿素和等量的氧化剂（如过氧化氢），使暴露的甲硫氨酸残基氧化，之后用过量的甲硫氨酸或过氧化氢酶终止氧化反应，将蛋白质样品进行胰蛋白酶消化及质谱分析，通过分析甲硫氨酸氧化比例曲线的变化进而鉴定靶点（图 19-6）。

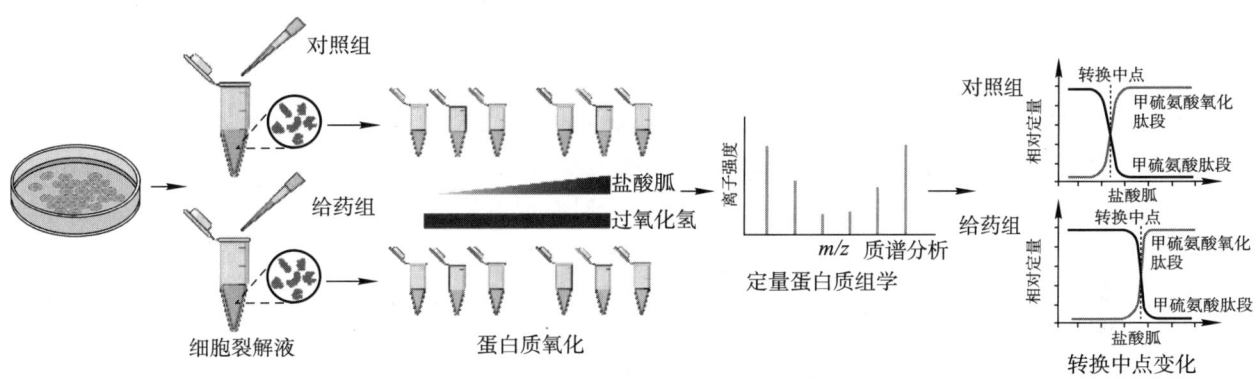

图 19-6 SPROX 靶点鉴定技术原理

（四）溶剂诱导蛋白沉淀技术

2020 年，中国科学院大连化学物理研究所的叶明亮等提出了一种新的识别药物靶点蛋白的方法——溶剂诱导蛋白沉淀（solvent-induced protein precipitation，SIP）技术。有机溶剂（如丙酮、乙醇、甲醇和乙腈等）经常被用来沉淀蛋白以进行蛋白质提纯。一方面，有机溶剂会导致溶液介电常数的降低以及蛋白质水化膜的破坏，另一方面有机溶剂能与蛋白质形成氢键从而破坏了蛋白质中原有的氢键使其变性。因此，从这两方面来看，当药物与靶点蛋白结合后，会增加其稳定性，因此靶点蛋白对于有机溶剂诱导的变性沉淀也会具有更强的抵抗能力。具体来说，SIP 方法通常是在蛋白质样品中加入不同比例的有机溶剂（丙酮、乙醇和乙酸，简称 A.E.A.），由于溶液介电常数的降低和蛋白质水解膜的破坏，蛋白质发生变性并形成沉淀。随后离心获得可溶性蛋白质，进行酶解和稳定同位素二甲基化标记，通过 LC-MS/MS 进行定量蛋白质组学分析。在两次重复实验中，给药组/未给药组的定量变化均超过 2 倍的蛋白质被认为是潜在的靶点蛋白（图 19-7）。

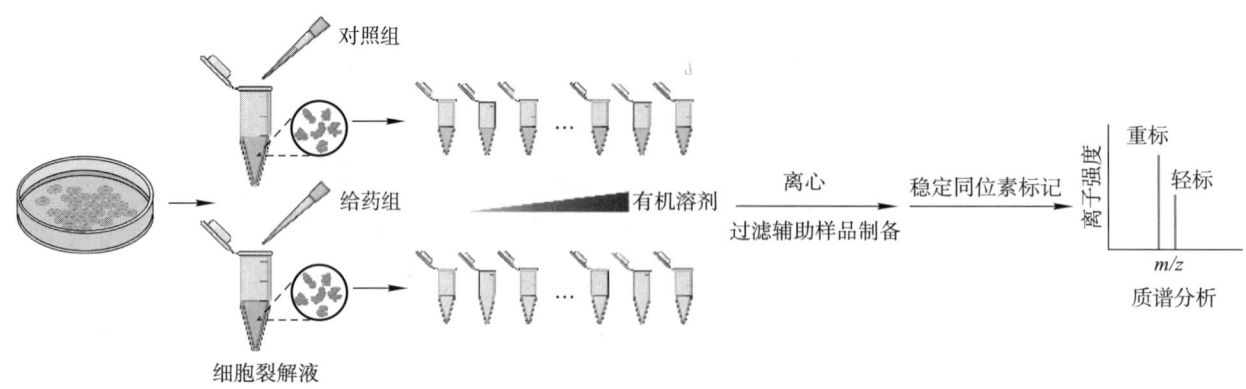

图 19-7　SIP 靶点鉴定技术原理

三、基于非标记策略的药物靶点发现案例分析

有研究人员采用 CETSA 方法发现抗疟药奎宁和甲氟喹的靶点蛋白为嘌呤核苷磷酸化酶（PfPNP）。首先，为了评估恶性疟原虫蛋白质组学的熔解特性，研究人员对疟原虫裂解液和疟原虫感染的红细胞均进行熔解曲线分析，确定蛋白质组在 37℃至 73℃范围内的热稳定性。随后，研究人员采用 CETSA 法鉴定抗疟药奎宁和甲氟喹的靶点，将疟原虫裂解液与药物孵育并加热处理（51℃），通过离心获取可溶性蛋白质，并利用定量蛋白质组学技术进行分析。结果发现，参与疟原虫嘌呤代谢过程的嘌呤核苷磷酸化酶是奎宁及甲氟喹最有可能的作用靶点。

有研究人员利用 DARTS 方法揭示天然产物路路通酸通过靶向肿瘤坏死因子受体相关因子 2（TRAF2），抑制 Wnt/β-catenin 信号传导进而抑制结肠癌的分子机制。首先，研究人员发现路路通酸具有 Wnt 通路抑制活性，随后利用 DARTS 技术鉴定路路通酸的结合蛋白，即将路路通酸与结肠癌细胞裂解液孵育，然后用链霉蛋白酶溶液进行消化及 SDS-PAGE 分离，特异性的凝胶条带用 LC-MS 进行分析并发现 TRAF2 蛋白的打分最高。因此推测，TRAF2 可能是路路通酸的潜在作用靶点蛋白。

vioprolides A（VioA）是一种由黏细菌产生的具有细胞毒性的天然分子，但其作用靶点并不清楚。有研究人员采用 TPP 的方法，将 VioA 与 Jurkat 细胞进行孵育并用不同温度（37~67℃）处理，然后裂解细胞并分离可溶性蛋白，经 TMT 同位素标记后进行定量蛋白质组学分析，最终确定靶点蛋白为 NOP14，即一种在核糖体生物合成的初始阶段至关重要的核仁蛋白。随后的一系列分子生物学实验发现 VioA 通过干扰核糖体生物合成过程，从而抑制癌细胞增殖。

有研究人员采用 TPP 和 SIP 的组合方法，揭示苦参酮可通过靶向水溶性环氧化物酶（sEH）减轻帕金森病症状。为了确定苦参酮的直接靶点蛋白，研究人员使用 TPP 和 SIP 两种方法，将苦参酮与小鼠黑质组织裂解液进行孵育，一方面在高温条件下（52℃）处理样品使其发生变性（TPP 法），同时也利用有机溶剂混合液（丙酮：乙醇：乙酸 = 50：50：0.1）诱导蛋白沉淀（SIP 法），最后均通过高分辨蛋白质谱进行鉴定。由此成功地鉴定出 sEH 为苦参酮抑制神经炎症的关键分子靶点，进而实现帕金森病的治疗效果。

四、优势与不足

基于非标记策略的靶点蛋白发现是一种快速、简便、高通量的方法，具有许多明显优势。该方法允许在近生理条件下直接探究药物与蛋白质的相互作用，且不需要对药物进行化学修饰，减少了对药物结构和活性造成的可能影响。非标记方法也存在一些尚未解决的问题。首先，该方法对于低丰度的靶点蛋白的检出率不高；其次，药物的孵育时间、浓度和温度等条件均需通过大量实验进行摸索；最后，该方法检测灵敏度有限，可导致假阳性或假阴性结果。因此，上述问题仍需在未来的技术改进与升级中逐步解决，开发出新的技术方法，以实现发现更加高效精准的药物靶点的目标。

第五节　基于生物学信息分析策略的核酸靶点发现

生物学信息分析策略是一种在基因序列研究领域中广泛应用的数据分析比对预测技术，为基因的调控研究提供基础，主要在近几十年蓬勃发展。这里，我们将围绕生物学信息分析策略的起源、技术原理及在药物靶点发现中的具体案例展开介绍。

一、生物信息学分析策略在核酸靶点发现中的概述

生物信息学是一门交叉科学，其包含生物科学领域的信息获取、加工、存储、分析、解释在内的所有方面。生物信息学综合运用数学、计算机科学、生命科学技术理论和工具，阐明高通量生物数据所包含的生物学意义。通过对核酸序列的比对，寻找与其同源的序列，进而寻找它们在功能、结构或进化上的关系，也可通过结构预测对核酸序列进行分析从而发现核酸靶点，此即为基于生物学信息分析策略的核酸靶点发现的方法。

二、生物学信息分析策略的技术原理

对已知特殊核酸位点进行核磁共振检测，根据核酸检测结果推测其可能的序列模式，将推测出的可能序列模式输入到包含人类全部核酸序列的生物学信息数据库中，在人类全核酸序列范围内搜索类似序列，根据找到的结果对该序列进行全面分析，确定其结构组成，可能的立体结构及在人核酸序列中的分布位置和数量，如图 19-8。

三、基于生物学信息分析策略的核酸靶点发现案例分析

含有几个连续的鸟嘌呤核酸序列可以形成单链二级结构称为 G-quadruplex（G4）。传统的 G4 挖掘算法使用基于实验数据的正则表达式来描述 G4 结构 - 序列关系，这一规则预测了可能形成 G4 的序列，但并不排除部分或全部基序形成替代结构的可能性。基于以上考虑，提出了以下折叠规则："d（$G_{3+}N_{1-7}G_{3+}N_{1-7}G_{3+}N_{1-7}G_{3+}$）形式的序列将在接近生理条件下折叠成 G4。使用四元分析器算法（简称 quadparser）可以快速分析大量的基因组数据，并报告所识别的 G4 的数量、位置和其他参数，利用马尔可夫窗模型对 DNA 进行显式解析。通过使用规范正则表达式，在人类基因组中已推定的 G4 结构的总数约为 350 000。使用 ENSEMBL 的 ENSmart 模块定义启动子区，用程序 quadparser 分析 G4 的潜在形成区域，其搜索形式为 G3+N17G3+N17G3+N17G3+ 的序列，通过生物学信息分析基因的启动子区域，G4 在启动子核酸酶超敏区的富集程度达 230 倍。结合核酸酶超敏性的测量，结果显示与基因组的其余部分相比，这些多重关联支持 G4 在整个基因组的基因调控中发挥重要作用的假设。这也为新的化学干预策略开辟了道路。

拓展阅读　核酸酶超敏性的测量

目前又开发了三种新的 G4-BS 模型（单链 DNA 序列子集），并利用这些模型鉴定人类基因组中的潜在 G4 序列（pG4-BS），将我们的计算预测与 G4-seq 和 G4 CUT & Tag 数据相结合的分析结果强烈支持 G4-B 构象的存在。使用 ENSEMBL 数据库，可以将基因组的区域分类为与基因相关。该信息

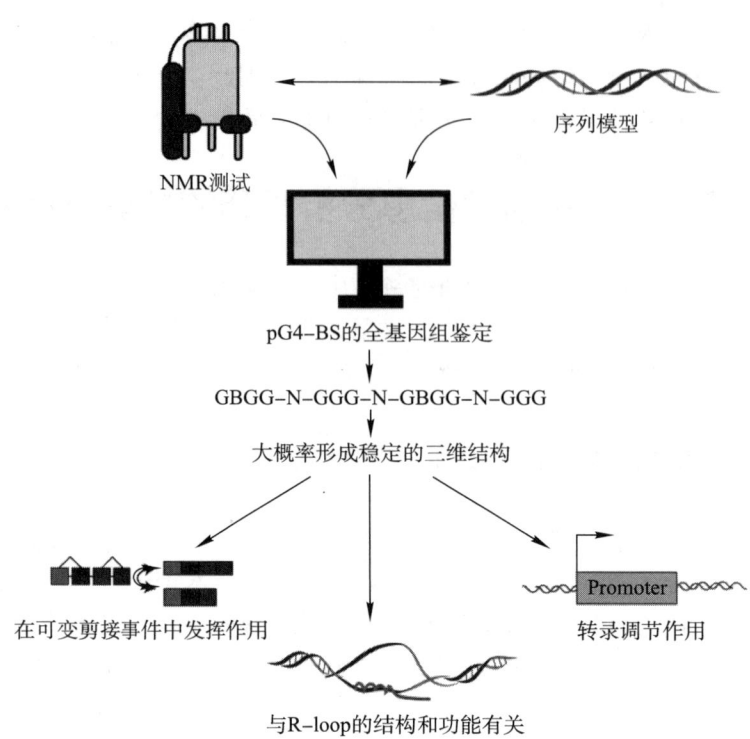

图 19-8　基于生物信息学分析策略核酸靶点发现原理流程图

用于研究在基因中，特别是外显子区域内的潜在 G4 的数量。基于先前关于 pG4 BS 稳定性的结果，开发了一种结构模型和算法来识别潜在的 pG4-BS，如图 19-9。基于完整 G 束的数量和凸出核苷酸的总数，为可能形成 G4-B 的序列创建了七个序列模型。使用全新算法进行计算并对重复序列

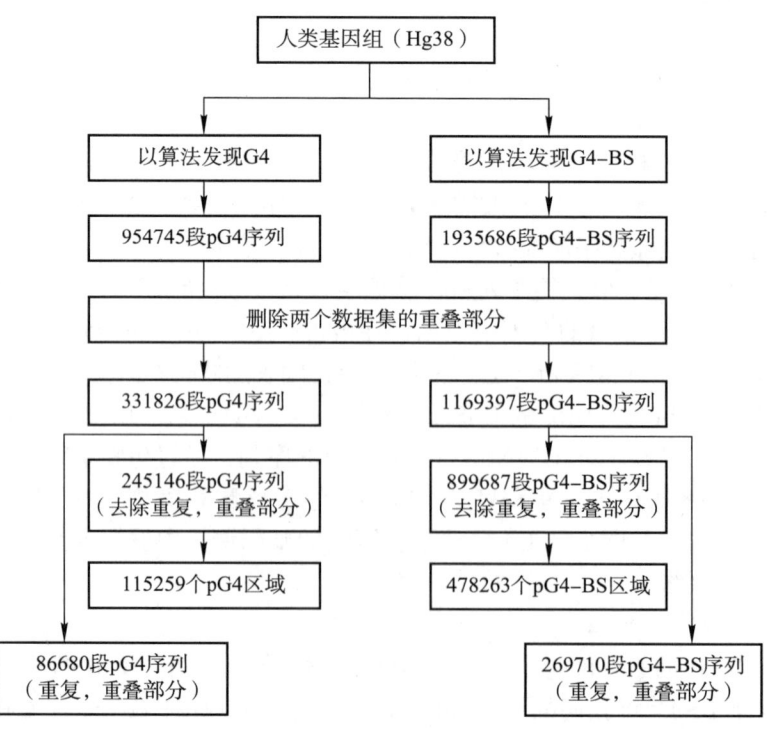

图 19-9　基于生物学信息分析策略的核酸靶点发现示例

进行排除。

四、优势与不足

利用计算机软件，通过数理统计、模式识别、遗传算法等分析手段，对人类生物学信息进行定性和定量分析，极大地促进了人类对于药物作用靶点的探索，有利于新靶点的识别及新药的开发。但是，目前的分析技术和手段还未完全成熟，要想将生物学信息分析得到的理论成果运用于实际中，还存在很大的技术挑战。例如，目前通过 G4-seq、G4-CUT&Tag 和其他 NGS G4 样作图方法获得的结果与计算预测的数据的协调仍然是有问题的。此外，仅使用实验导出的数据集难以识别稳定的 G4-BS 的数量和位置。

第六节 基于基因组测序策略的核酸靶点发现

基因组测序策略是一种基因研究领域中广泛应用的通过破译遗传信息而从根本上认识疾病发生机制的技术，在近几十年蓬勃发展。这里，我们将围绕基因组测序的起源、技术原理及在药物靶点发现中的具体案例展开介绍。

一、基因组测序策略在核酸靶点发现中的概述

基因组测序策略有两种，一种常被称为鸟枪测序法，即将待测基因组 DNA 通过超声波处理成随机的小 DNA 片段，对小的 DNA 片段进行测序，通过对小 DNA 片段间的重复序列用计算机进行识别并自动拼装。另一种是将待测基因组 DNA 用酶消化为有序的大片段，对这些大片段进行体外克隆后再分割为小的 DNA 片段进行测序，根据重叠群对测序后的序列进行自动拼装，如图 19-10。常见的基因组测序技术包括高通量 Sanger 测序、全基因组测序、denovo 测序、全外显子测序、RNA 测序等。目前比较新颖的第二代测序（NGS）的发展已经可以实现大规模并行的 DNA 测序。

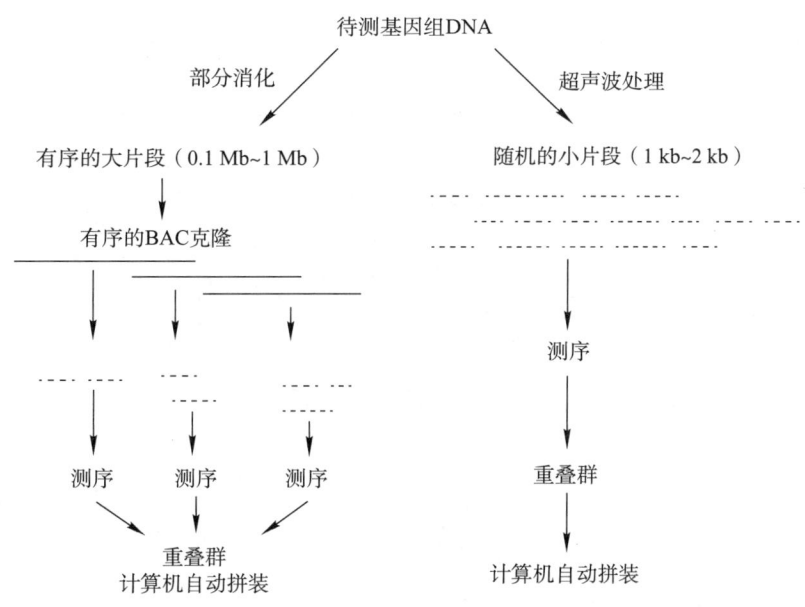

图 19-10 基因组测序策略示意图

二、基因组测序策略的技术原理

以 miRNA 测序为例对其科学原理进行说明。要实现对 miRNA 的潜在靶基因的预测，目前最通用且无偏差的方法是先对大量克隆的 miRNA 进行测序，再分类后进行验证，如图 19-11 所示。其可以分为以下步骤：①样本收集和 RNA 提取；② miRNA 文库的创建；③测序；④生物学信息分析；⑤验证。即通过对一类基因进行大量测序，建立其相应的文库，从中分析该类基因的基本特征，进而对未知结构进行判断与验证，从而发现新的基因或核酸靶点。

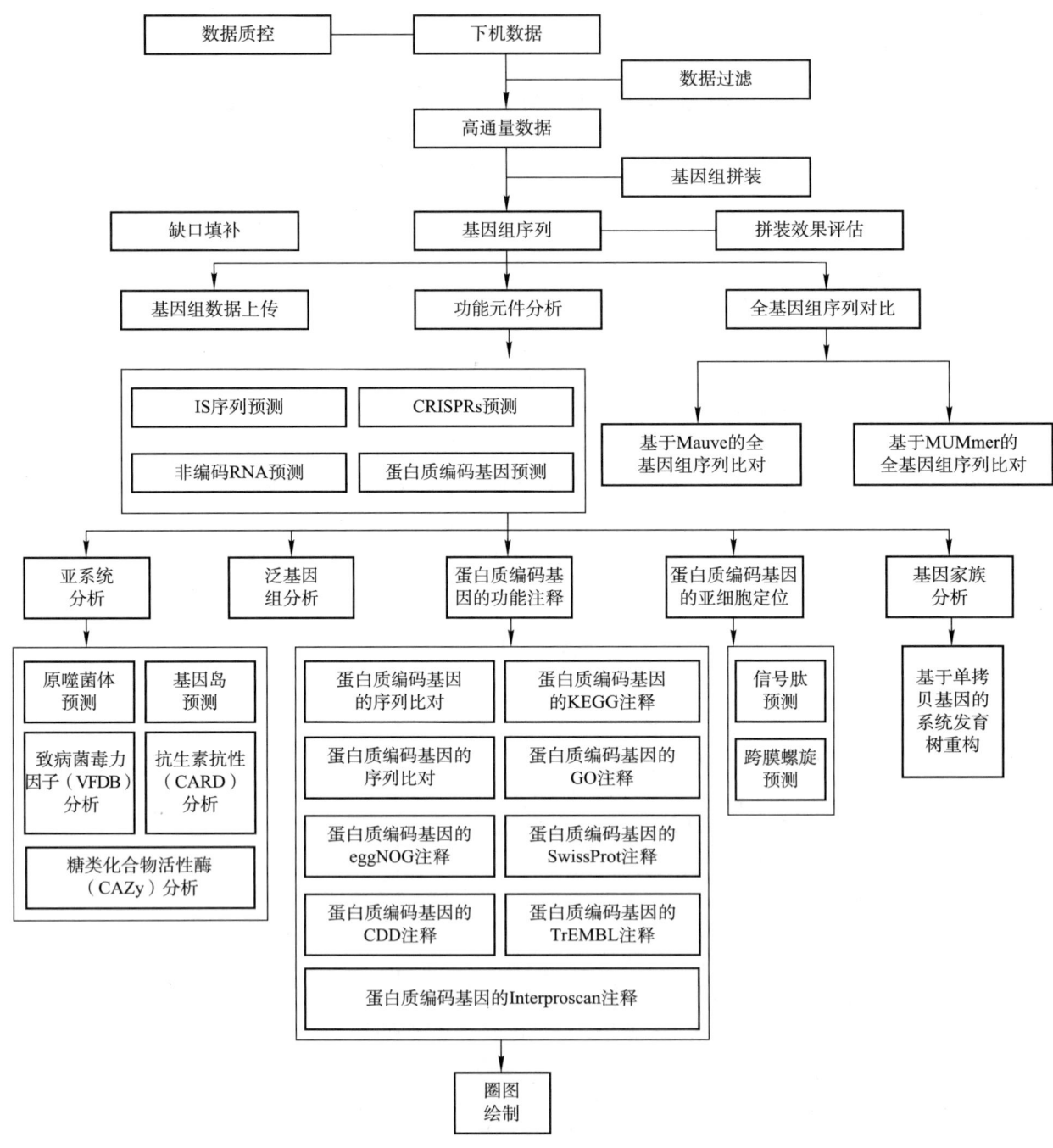

图 19-11 基因组测序流程图

三、基于基因组测序策略的核酸靶点发现案例分析

G4 ChIP-seq 方案是一种基于抗体的 G4 染色质免疫沉淀和高通量测序方法，如图 19-12。利用染色质免疫沉淀和高通量测序对内源性 G-四链体 DNA 结构进行全基因组定位。使用 G4 结构特异性抗体 BG4 对 G4 DNA 结构进行全基因组鉴定。该程序有四个主要阶段：①染色质制备；② ChIP 和质量评估；③文库制备；④测序和基本生物信息学分析。通过 ChIP-seq 方法进行基因组分析，尚难以实现不同实验之间的归一化，这限制了该技术的精度和实践性。后续开发了一种 ChIP 联合参考外源基因组（ChIP-Rx）方法，该方法在两组需要进行比较的基因组中加入固定量的参考表观基因组（通常情况下选择黑色果蝇），并在 ChIP、测序和作图后，将 ChIP 序列读数标准化为样品中参考基因组读数的百分比，进而通过标准化读数的 ChIP-seq 信号的比较来揭示 G4 富集程度的差异。

拓展阅读 G4 CUT&Tag 技术简介

研究人员为了能够在更接近生理环境的条件下捕获 G4，开发了靶向切割和标签化的 G4 测序方法（G4 CUT&Tag）。与其他 G4 测序方法相比，G4 CUT&Tag 提供了更高的信噪比和可靠性来检测 G4 结构。这种方法可以使用更少的细胞进行实验，使少量样本的全基因组 G4 测序成为可能。但该方案主要依赖于细胞样本，且尚未显示出对固定组织有作用，仍具有一定的局限性。

拓展阅读 G4 ChIP-seq 实验流程

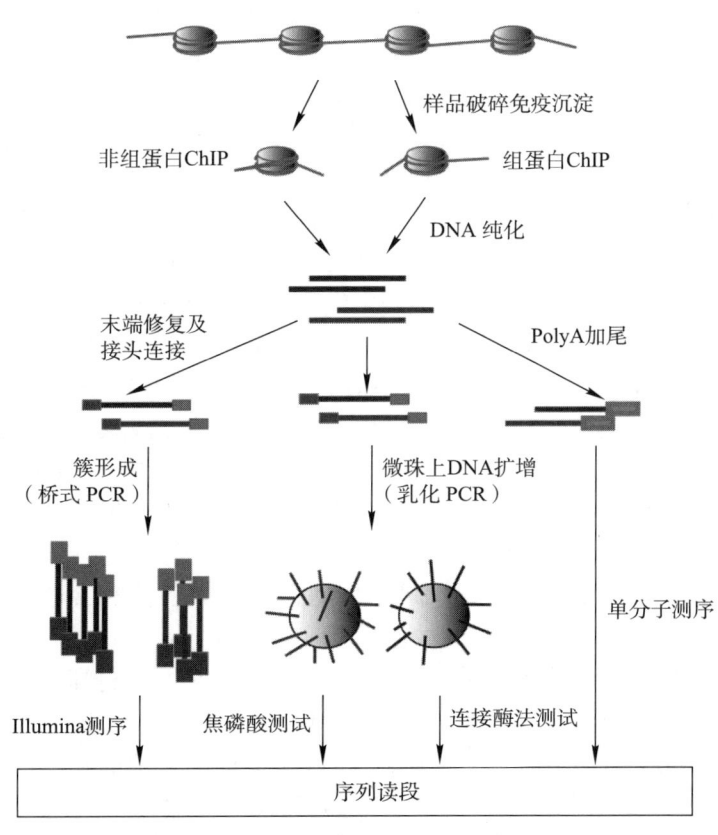

图 19-12 G4 ChIP-seq 实验操作流程图

四、优势与不足

基因组测序技术能对全部 DNA 序列进行检测，不仅覆盖了全部基因的外显子序列，也覆盖了内

含子序列和基因间序列,同时不仅可以检出单个核苷酸变异(SNV)、碱基插入缺失(InDel)、拷贝数变异(CNV),还可以对结构变异(SV)进行分析,并可以常规性地对线粒体基因组(mtDNA)变异进行分析,极大地扩展了检测范围。几十年来,测序技术不断更新改进,出现了各种各样的测序手段。但无论发展到第几代,基本上还是按照边合成边测序的思想或单分子测序的思想进行设计的。而判断测序技术的三个重要指标:测序成本、读长、通量,无论在哪一代的测序技术中都无法达到最优化结果。如第一代测序技术成本高,第二代测序技术虽降低了成本,提高了通量,但其错误率在上升。第三代测序技术仍无法有效避免系统错误的出现,且技术不够成熟。如果测序技术的错误率无法降低,将会大大影响我们通过基因组测序技术发现核酸靶点的准确度,进而影响后续研究。

第七节 基于功能培养组学策略的肠道微生物靶点发现

功能培养组学是一种以培养组学技术为基础,通过多种不同的培养条件和新兴快速的鉴定方法,配合代谢组学、药理学等多学科技术手段,挖掘未知肠道微生物功能的系列研究体系。这里,我们将围绕功能培养组学的起源、技术原理及其在药物靶点发现中的具体案例展开介绍。

一、功能培养组学策略在肠道微生物发现中的概述

人类肠道中的微生物主要以专性厌氧细菌为主,占肠道微生物的90%以上。个体肠道微生物的组成在种水平上具有较大差异,但在门水平上具有一定的稳定性和保守性。重要的细菌种类主要包括厚壁菌门、拟杆菌门、变形菌门、放线菌门、疣微菌门和梭杆菌门,以前4个菌门为主(>99%)。肠道微生物是由上千个物种组成的复杂群体,其种类多样、含量不同、功能千差万别,其组成与功能的稳态的失衡很大程度上影响了宿主的健康与疾病状态。

解析天然药物对肠道微生物的调控作用,关键在于认识天然药物影响的特定微生物物种与功能。由于宏基因组等高通量测序手段的普及,我们已经获得了大量的天然药物-肠道微生物组成谱图(即天然药物给予人与动物模型后肠道菌群中不同微生物种类与丰度的改变),然而,高通量测序的结果仅仅为研究者提供了初步的概览性认识,受限于有限的微生物实体菌株资源,细菌与细菌、细菌与宿主等相互作用机制无法得到验证,同时,基于测序的研究方法还存在如下局限:

(1)天然药物处理往往会引起大量的菌群变化。2015年,赖信智团队发现灵芝多糖可显著改善肥胖小鼠的脂质代谢紊乱,同时伴随着粪便微生物中56个分类操作单元(OTU)的丰度的显著变化,包括24个上调的分类操作单元及32个下调的分类操作单元。如此多的微生物改变,让判断哪种微生物的变化在改善肥胖表型变得十分困难。

(2)由于微生物菌株水平具有多样性,同一个物种的不同菌株时常会有不同甚至完全相反的功能。以大家熟知的大肠杆菌(*Escherichia coli*)为例,仅致病性大肠杆菌就可根据其致病因子和病理作用分为6类:肠致病性大肠杆菌(EPEC)、肠产毒性大肠杆菌(ETEC)、肠侵袭性大肠杆菌(EIEC)、肠出血性大肠杆菌(EHEC)、肠黏附性大肠杆菌(EAEC)和弥散黏附性大肠杆菌(DAEC);而 *E. coli* Nissle1917(EcN)菌株则作为改善炎症性肠胃功能障碍的益生菌使用了超过50年。因此,仅凭微生物种类变化判断其作用往往会得到错误的结论。

(3)由于大量微生物未被获得,仍然缺少很多微生物的基因组信息,基于菌株基因组对功能的分析也存在着一些偏差。

(4)对于相同的样品同时进行培养或是组学的方法进行分析时发现,仅有不到30%的微生物可以同时从两种方法中获得。而很多通过分离培养获得的微生物会在高通量测序中被遗漏。

因此,为了明确天然药物调控肠道微生物的具体功能,肠道微生物实体菌株的培养鉴定及结合细

菌体外生化特征、体内动物模型效果的功能研究不可或缺。功能培养组学（functional culturomics）成为目前天然药物-肠道微生物功能研究的重要手段和发展方向。肠道微生物功能培养组学则是指利用培养组学方法，挖掘肠道微生物中的关键菌株及变化规律，阐明关键菌株的生化性质、代谢特征，探索关键菌株在疾病模型中的定植效率、菌株药理学作用以及作用机制的完整研究框架。其中，培养组学是肠道微生物功能培养组学研究的核心技术与工作重点。

二、功能培养组学策略的技术原理

随着快速、高通量测序技术大规模发展，科学家们发现很多微生物存在于环境中，但是从未被分离培养，因此，"大部分肠道微生物是不可培养的"这一观点应运而生，很长一段时间占据着主流观点，也一定程度上阻碍了肠道微生物培养组学的进展。事实上，早在20世纪70年代就有开创性的工作成功地从人类肠道微生物群中培养出大量的物种，目前人们已经成功培养了肠道微生物群中的大部分的细菌（病毒、真菌及古菌仍然代表性不足）。尽管微生物的培养目前还是"劳动密集型"的工作，有其自身的局限，需要昂贵的专业设备和培养基，但是由于微生物培养的明显优点，包括可进行实体实验、可挖掘未知的基因组功能，以及将微生物菌株作为新的治疗方式，近年来已经发展出多种新型培养方法和培养条件，使得基于培养组学的功能研究成为可能。肠道培养组学的研究主要有以下方向与进展：

（一）防止兼性厌氧菌的快速生长

由于肠道微生物中肠杆菌科（enterobacteriaceae）等部分微生物具有快速生长的特性，往往占据了传统培养方法的生态位，而使得其他微生物成为少数物种而无法获得。为了解决这一技术难题，研究者使用了特定的噬菌体去除大肠杆菌、对非芽孢产生菌进行热处理、使用各种抗生素的组合、酒精预处理辅助牛磺酸盐促进产芽孢菌生长等多种方法，最终从健康志愿者粪便中获得了超过300个潜在新物种。

（二）微生物快速鉴定策略

传统的微生物培养方法中，微生物鉴定也是一项耗时耗力的工程，包括细胞壁的破碎、DNA的提取、目标片段的有效扩增及测序等，随着蛋白质谱技术的发展，高效快捷的基质辅助激光解吸飞行时间质谱（MALDI-TOF MS）和16S rRNA基因测序方法使及时准确地确定微生物的物种分类产生了质的飞跃，使微生物鉴定的工作难度大大减少。

（三）新技术与方法的发展

面对低丰度和难培养微生物的挑战，高通量或具有针对性的新兴培养技术也在不断发展。主要分为三类：基于微流控筛选的培养方法，如纳米多孔微生物培养箱（nanoporous microscale microbial incubators，NMMI）或微液滴培养技术等可以提高筛选细胞的吞吐量；基于细胞分选技术的拉曼活细胞分选（Raman-activated cell sorting，RACS）或活细胞荧光原位杂交技术（fluorescence in situ hybridization of live cells，live-FISH）等可以从原位直接获得其中含量极低的物种或者特定标记的物种；基于膜扩散的方法可以模拟原位生长环境或者使得微生物生长产生的潜在代谢抑制物更好地扩散而非聚集，如中空纤维膜室（hollow-fibre membrane chambers，HFMC）或分离芯片（isolation chip）等。这些创新的培养方法将为肠道微生物资源的开发提供新的实验技术基础。

三、基于功能培养组学策略的肠道微生物发现案例分析

在天然药物功能培养组学研究领域中，我国学者刘宏伟与刘双江研究团队做出了系列原创工作：白肉灵芝（*Ganoderma leucocontextum*）主要分布于青藏高原地区，故又称为藏灵芝，《晶珠本草》中

记载为"补益强身之药",目前对其活性的化学机制尚无深入的研究。团队首次对白肉灵芝的次级代谢产物进行了化学研究,通过多靶点活性筛选、动物水平药效评价及结构改造,发现灵芝杂萜类化合物灵芝菌素 I 衍生物(ganomycin I derivative,GMD)可有效改善多种代谢性疾病模型小鼠的糖脂代谢紊乱。药物动力学分析发现,灵芝菌素 I 衍生物口服生物利用度较低,进一步粪菌移植实验表明灵芝菌素 I 衍生物处理后的小鼠粪便移植给无特定病原体(SPF)的受体肥胖模型小鼠后,受体小鼠体重及代谢紊乱有明显改善,提示肠道菌群在灵芝菌素 I 衍生物药效中发挥重要作用。进一步,团队建立了基于微流控和平板法的肠道厌氧微生物培养组学平台,对灵芝菌素 I 衍生物处理的小鼠粪便进行了系统培养组学分析,并构建迄今最大的小鼠肠道微生物资源库(mGMB),发现灵芝菌素 I 衍生物处理后富集的肠道微生物狄氏副拟杆菌、解木聚糖拟杆菌均对肥胖小鼠具有明显的代谢改善作用,进一步机制研究表明狄氏副拟杆菌可以通过对胆酸组成的调节及产生琥珀酸,调节糖脂代谢紊乱;解木聚糖拟杆菌通过生成叶酸,激活肝一碳代谢相关代谢通路,缓解氧化应激压力。上述系列工作通过基于功能培养组的研究策略,系统解析了白肉灵芝活性天然产物衍生物靶向肠道微生物发挥代谢改善作用的分子机制,为靶向肠道菌群的天然药物研发提供了新的思路。

第八节 靶点发现前沿技术展望

随着生物学、化学和计算机等技术的迅猛发展,来自更多交叉学科的新技术被应用于天然产物的靶点发现,如新型荧光探针、细胞表型分析技术、多组学技术和计算机辅助分析等。这些新技术的出现将为天然药物的靶点鉴定及深入作用机制的阐释,提供更多、更重要的技术方法补充。

一、基于新型荧光探针的化学生物学技术

(一)荧光探针的基本原理介绍

荧光探针是一类在紫外-可见-近红外区有特征荧光,并且其荧光性质可随所处环境变化而灵敏改变的分子。常用的荧光探针有荧光素类探针、无机离子荧光探针、荧光量子点、分子信标等。荧光探针一般由三部分组成,即识别基团、荧光报告基团、连接体。其中识别基团与待测物发生特异性反应,该基团决定了探针分子的选择性和特异性。荧光报告基团是产生荧光信号的关键部分。当识别基团与待测物结合时,微环境发生变化,从而导致荧光信号的改变。连接体部分则起到了连接荧光报告基团和识别基团的作用,实现了识别信息到荧光信号的传递,并在此过程中扮演了重要的枢纽角色(图 19-13)。

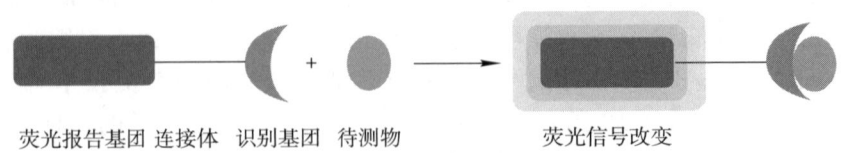

图 19-13 荧光探针的组成原理

荧光探针在天然产物研究中具有广泛的应用。例如,荧光探针可用于天然产物靶点的高通量筛选,将荧光标记的天然产物与蛋白质组进行反应,可以通过观察荧光信号的变化来确定相互作用的靶点蛋白。另外,荧光探针也可通过荧光信号检测目标蛋白与药物的相互作用从而进行药物筛选。此外,为检测药物与靶点蛋白的结合情况,将荧光标记的天然产物与已知的靶点结合,可以通过荧光共振能量转移(FRET)等方法来确认靶点蛋白构象变化。通过荧光分子标记天然产物,还可以在细胞或组织水平上直接观察靶点蛋白的分布,在临床上用于疾病标志物的可视化。由此可见,荧光探针在

天然产物相关研究中具有很大的潜力,然而在使用荧光探针进行研究时,还需要注意控制实验条件和确认荧光信号的特异性,以确保结果的准确性。

(二)基于荧光探针的药物靶点研究案例分析

谷胱甘肽硫转移酶(GST)是抗癌药物筛选的重要靶点,有研究人员设计了一种双功能荧光探针,其以间苯二酚为荧光团,2,4-二硝基苯磺酰基为荧光猝灭剂。在谷胱甘肽的存在下,GST催化谷胱甘肽和探针中缺电子识别位点的结合,导致间苯二酚的释放,从而触发荧光信号。荧光信号的变化与GST活性呈正相关,可用于监测不同药物对GST的调节作用。基于"药物-GST活性-荧光信号"的关系,该探针可实现对GST活性变化的检测,因此可用于快速筛选GST靶向的天然活性分子。最终,研究人员利用该探针从天然药物中筛选到多种GST抑制剂,其中化合物C7有助于增强顺铂在癌细胞中的敏感性。

有研究人员开发了一种重氮香豆素探针,可开展活细胞中的蛋白荧光标记。研究人员将重氮基团连接到香豆素的共轭体系中,使重氮基团的激发波长红移到可见光区,有效避免了紫外光的细胞毒性,并且该探针能以较高的生物相容性实现细胞内蛋白质的特异性标记,而无需采用点击化学的方法。例如,4-羧基苯磺酰胺(CBS)是碳酸酐酶Ⅱ(CA-Ⅱ)的经典抑制剂,将CBS连接上重氮香豆素探针并与癌细胞孵育,用蓝光照射细胞后能观察到明显的荧光,随后进行SDS-PAGE分离细胞裂解液,可观察到特异性荧光条带,经鉴定为CA-Ⅱ。这表明在可见光条件下,CA-Ⅱ在活细胞中可被重氮香豆素探针特异性标记,进而用于靶点蛋白的确认。

(三)优势与不足

荧光探针广泛应用于天然产物靶点发现,该方法具有许多明显的优势。荧光探针可实现天然产物与特定靶点蛋白相互作用的可视化,灵敏性高,还可用于高通量筛选。同时,当前荧光探针最关键的问题是如何消除假阳性,另外样品自身荧光干扰可能会导致"荧光假象"。未来,随着化学生物学技术的不断进步,高亲和力、高选择性的荧光探针将为天然产物靶点研究提供更多高效、可靠的化学生物学工具。

二、基于细胞表型的分析技术

(一)细胞表型分析技术基本原理介绍

细胞表型技术是一种根据药物干预会导致细胞中不同细胞器的特征性形态变化,进而快速筛选小分子靶点的方法。细胞表型的特异性变化通常与其作用的不同靶点有关,通过观察给药后细胞的形态学变化,可以鉴定出与特定表型相关的潜在药物靶点。早期的高内涵筛选(high content screening,HCS)为基于细胞表型的靶点发现奠定了基础。HCS采用高分辨率的荧光数码影像系统,多种荧光标记物标记细胞各类组分,通过自动化细胞成像检测药物对细胞形态、生长、分化、迁移、凋亡和代谢等环节的影响,从而揭示其潜在的生物学靶点及分子机制。

2012年,日本理化学研究所的长田裕之(Hiroyuki Osada)发布了一款基于细胞表型特征的靶点发现平台Morphobase,其主要由两种细胞系在各种药物诱导下的细胞形态变化图像库构成,并利用计算机视觉和机器学习算法来鉴定潜在的药物靶点。Morphobase首先收集大量细胞形态学图像数据并使用计算机视觉和图像处理技术来提取细胞图像的特征。随后通过机器学习算法,Morphobase将提取到的细胞特征与已知的药物靶点信息进行关联,形成关联模型。在模型训练完成后,Morphobase可以根据输入的未知靶点的药物处理后的细胞图像,通过已建立的模型预测出与之相关的潜在药物靶点(图19-14)。

(二)基于细胞表型的药物靶点发现案例分析

长田裕之建立了基于细胞表型特征的靶点发现平台Morphobase并用其确定未知药物的靶点。首

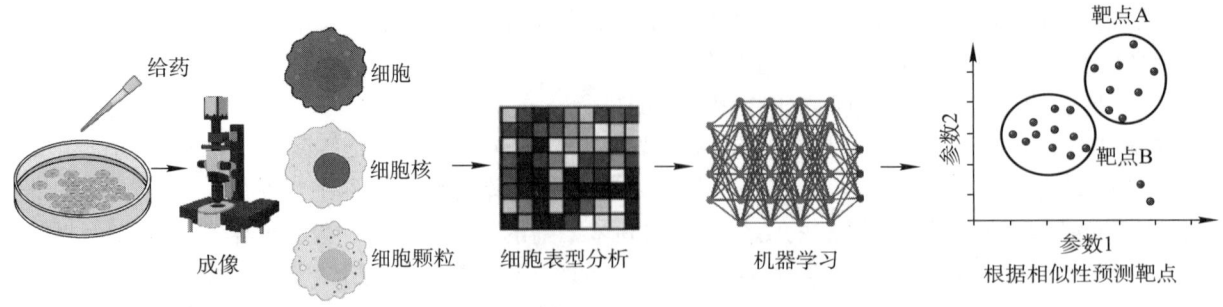

图 19-14 基于细胞表型的靶点鉴定技术原理

先,研究人员通过表型筛选,发现了数百种抑制人类早幼粒细胞白血病细胞系 HL-60 生长的化合物,其中 NPD6689、NPD8617 和 NPD8969 的作用较为突出。随后用上述化合物处理 HeLa 细胞后,进行细胞周期分析并发现 G2/M 期受到阻滞。为了深入揭示这些化合物的作用靶点,研究人员进行了 Morphobase 分析,即在药物处理后,对细胞核进行特异性染色,并通过 IN Cell Analyzer 对其形态学进行定量分析。将获得的表型参数与参考数据集进行比较,发现这些化合物的主成分分析评分彼此相近,并在散点图中围绕微管蛋白抑制剂成簇。此外,研究还发现这些化合物会扰乱细胞的微管动力学,进一步确证了其分子靶点是微管系统。

此外,还有学者使用公开的细胞表型图像来筛选作用于目标通路的化合物。如果化合物和某个基因过表达能产生相同的细胞形态变化,那么说明它们可能会影响相同的细胞功能,因此可以推测化合物作用的潜在靶点和信号通路。首先,研究人员以 69 个基因为例,获得这些基因过表达产生的细胞表型变化图像。随后,研究人员将这些图像与包含大量小分子作用的细胞形态图像的公共数据库基于细胞表型进行匹配,从而识别出在细胞中具有相同功能的化合物以及对应的基因和信号通路。研究人员通过该方法发现了三个与肿瘤基因 [山口肉瘤病毒癌基因同源物 1 相关蛋白(YAP1)] 相关的新化合物,并随后进行了验证,证明这些化合物能作用于 YAP1 并调节相关信号通路。

(三)优势与不足

基于细胞表型技术用于靶点发现的方法拥有许多明显优点。该方法能高效地进行靶点筛选,更好地理解细胞的功能和疾病机制,并且从图像数据中学习到的关联模式可指导新的靶点发现。而数据的可靠性、特征提取算法选择的经验性,以及图像处理模型的泛化能力是该方法的主要问题。总之,该方法可作为研究药物作用机制的重要工具,加速新药的开发过程,并帮助人们更好地理解靶点功能与细胞表型之间的关系。

三、基于多组学的分析技术

(一)多组学技术的基本原理介绍

基于多组学技术进行天然产物靶点发现是一种综合应用多种高通量技术来揭示药理机制的新方法。这些技术包括转录组学、蛋白质组学、代谢组学等,通过对天然产物与生物体内分子的相互调控关系进行系统性的分析和整合,以发现天然产物的潜在作用靶点。以转录组学为例,通过比较药物处理前后的基因表达情况,可以发现与天然产物调控相关的基因,进而推断可能的靶基因。而蛋白质组学则探究药物处理的细胞或组织中蛋白质的表达和修饰情况,以发现与天然产物作用相关的生物标志物,揭示药理机制并找到潜在靶点蛋白。此外还可以应用代谢组学等多组学技术探索天然产物对细胞或组织内代谢产物的影响,以找到与药物作用相关的代谢途径和靶点。

通过综合分析这些多组学数据,研究人员可以获得关于天然产物的整体作用机制和潜在靶点的信息，并进行深入的药理机制阐释。

（二）基于多组学技术的药物靶点发现案例分析

黄芪活性成分环黄芪醇（cycloastragenol，CAG）的抗肿瘤作用显著，但是其分子机制尚不清楚。研究人员在小鼠结肠癌移植瘤模型上确证了环黄芪醇的药理作用，scRNA-seq（单细胞RNA测序）结果发现环黄芪醇可以增强肿瘤细胞的抗原呈递。为了探究具体机制，研究者使用scATAC-seq（单细胞染色质转座酶可及性测序）技术发现通过提高环黄芪醇一系列抗原呈递基因转录因子的表达，可增强肿瘤细胞的抗原呈递功能。随后研究人员使用靶点响应可及性分析技术成功发现环黄芪醇的靶点蛋白为组织蛋白酶B（CTSB），即环黄芪醇通过靶向CTSB增强主要组织相容性复合体1（MHC-I）表达，从而激活抗肿瘤免疫。

灯盏花素具有抗非酒精性脂肪肝炎（NASH）功效，但是其靶点及分子机制尚未阐明。有研究人员采用系列动物实验，确证了灯盏花素能够改善非酒精性脂肪肝炎疾病进展，然后采用转录组学、蛋白质组学和磷酸化蛋白质组学等策略进行整合分析。转录组测序结果提示，灯盏花素可阻断脂质代谢、炎症、肝纤维化和凋亡相关信号通路，蛋白质组学也显示灯盏花素能显著逆转脂质代谢和炎症反应。另外，通过磷酸化蛋白质组学以及蛋白互作网络进一步表明灯盏花素能抑制转化生长因子激酶1（TAK1）磷酸化和随后的丝裂原活化蛋白激酶（MAPK）信号通路。随后，系列实验证实灯盏花素可以通过抑制TAK1信号通路，阻止代谢应激诱导的非酒精性脂肪肝炎进展。

（三）优势与不足

基于多组学技术的方法通过对不同层面的组学数据进行整合分析，既能相互验证，也可相互补充，从而更全面的揭示生物分子功能和调控机制。但该方法数据分析非常复杂，价格高昂，并且需要进行深入的实验验证。随着单细胞测序的普及和进一步发展，相信基于多组学技术进行天然产物研究在未来有更广阔的应用前景。

四、计算机辅助及人工智能技术

（一）基本原理介绍

计算机辅助及人工智能（artificial intelligence，AI）技术是利用机器学习和生物信息学等技术，对天然产物的靶点进行预测的一类方法。分子对接是预测药物分子与靶点蛋白相互作用的重要方法，其通过计算化学模拟，预测和评估药物分子与靶点蛋白之间的结合方式和亲和力，进而以高通量的方式发现药物的潜在作用靶点。此外，基于药效团进行靶点预测也是一种常见方法。药效团是指药物分子中对活性起着重要作用的药效特征元素及其空间排列形式。因此从一系列活性小分子出发，寻找其共同的药效团特征，从而发现影响药物活性的关键因素，这便是药效团模型的构建。将给定的药物分子与多个药效团模型进行匹配，根据匹配程度预测潜在的药物靶点。

目前，计算机靶点预测使用的策略可分为两类：基于配体的预测方法和基于结构的预测方法。基于配体的预测方法主要是基于相似性原理，通过比较化合物之间的结构和性质相似性，来推断它们可能的共同作用靶点。该方法将已知靶点和未知靶点的化合物转化为分子指纹或描述符，将这些数据信息通过相似性搜索或机器学习方法在数据库中筛选，找到与查询分子最相似的系列配体分子，然后关联这些分子的靶点，实现靶点预测。基于结构的方法是使用蛋白质结构信息来预测配体-靶点相互作用，主要包括反向分子对接和反向药效团的靶点预测。反向分子对接以药物分子为探针，在已知的靶点数据库内搜索可能与之结合的生物大分子，通过分子对接的方法预测药物作用靶点。反向药效团法是将化合物的药效团特征与包含已知目标蛋白质信息的数据库进行比较，通过查找与化合物药效团相似的目标蛋白，从而预测化合物可能的作用靶点（图19-15）。其中，PharmMapper是目前最常用的基于反向药效团筛选的靶点预测网站。

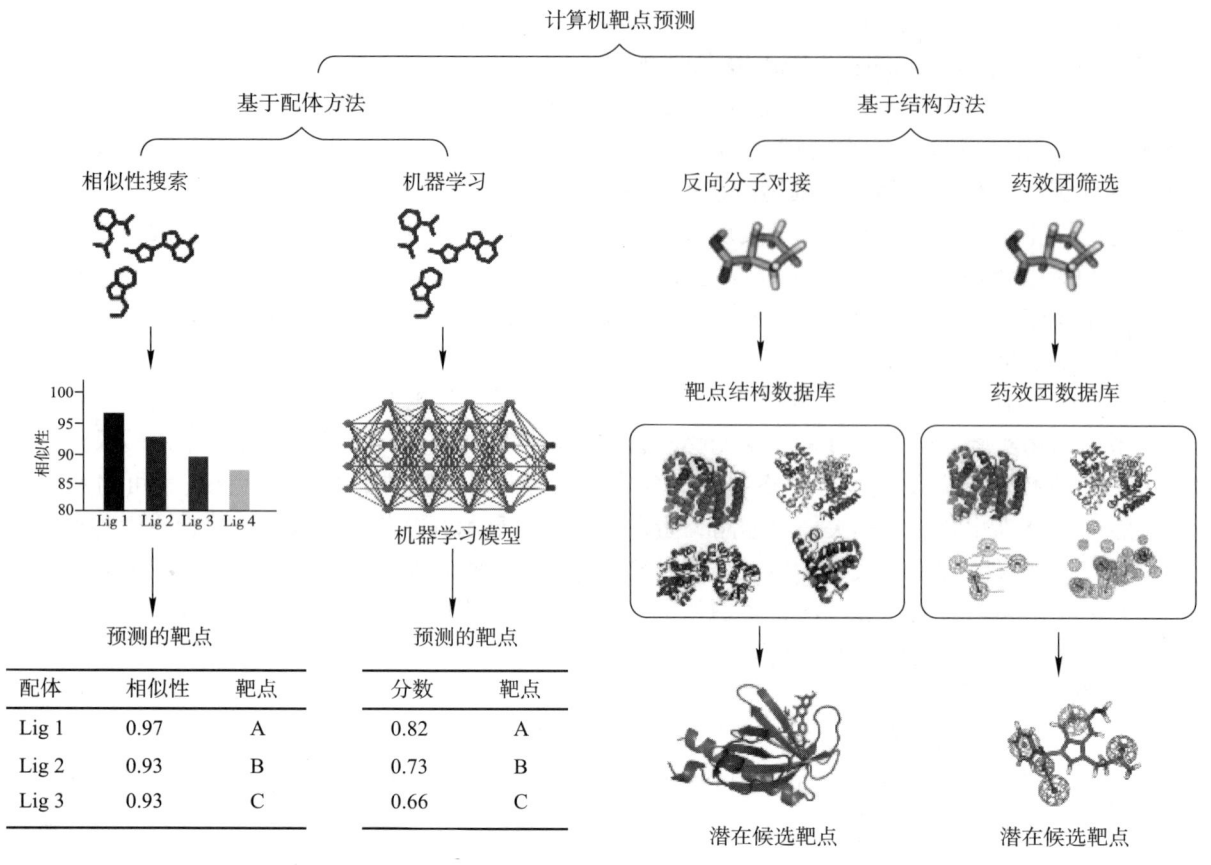

图 19-15　计算机靶点预测两类策略技术原理

近年来，AI 技术在制药领域发挥越来越重要的作用，其中以深度学习（deep learning，DL）为代表的各类机器学习方法在药物-靶点相互作用（DTI）的预测方法为多。其一般研究过程为利用已知的药物和靶点信息，将药物和靶点的结构以及理化性质转化为具有特征的描述符，之后采用不同的深度学习网络模型学习 DTI 规律，最终预测药物与靶点相互作用的可能性及作用强度。除此之外，基于异质网络的方法也被用于药物靶点预测，该方法利用药物—疾病信息、靶点—靶点信息、药物—靶点信息等多维度信息作为网络输入特征，转化为一组深度学习模型可处理的特征矩阵后，将该矩阵输入深度学习模型即可实现对药物靶点的预测。

（二）基于计算机辅助及 AI 技术的药物靶点发现案例分析

[6]-姜辣素具有显著的抗肿瘤活性，但其深入的分子机制仍不清楚。为了阐明其作用靶点，研究人员使用反向对接工具 TarFisDock 与蛋白质-药物靶点结构信息数据库 PDTD 中的每个靶点进行分子对接并排序，排名前 2% 的蛋白质被认为是候选的潜在靶点。其中，白三烯 A4 水解酶（LTA4H）被确定是[6]-姜辣素的潜在靶点，其与癌症进展密切相关。随后，研究人员经过一系列实验证实[6]-姜辣素通过抑制 LTA4H 酶活性从而抑制癌细胞生长。

有学者开发了一个基于机器学习融合模型的方法——STarFish，用于天然产物的靶点鉴定。研究人员通过交叉引用公开数据库生成了一个由天然产物结构及其相关靶点蛋白组成的数据集和一个由人工合成化合物—靶点数据组成的合成化合物数据集。随后，研究人员基于模型融合策略搭建了两层融合模型，即 0 级和 1 级分类器。将合成化合物数据集中的化合物转化为化学指纹数据输入 0 级分类器，包括 k-最近邻、随机森林和多层感知机三种分类器模型，将预测的数据输入 1 级分类器，即逻辑回归模型，再输出最终预测。每个模型的预测性能通过 10 倍交叉验证和对新收集的天然产物数据集进行基准测试来评估，结果证明该模型预测天然产物靶点蛋白的性能很强。

（三）优势与不足

相比于传统实验方法，计算机辅助及 AI 技术可以快速筛选候选靶点，高效地进行虚拟筛选和评估，并且具有很强的数据挖掘和跨领域整合能力，更全面地进行分析和预测。然而，蛋白质结构和功能很复杂，往往难以准确描述蛋白质与药物分子之间的关系，而且由于数据质量和可靠性的问题，需要通过实验进行验证。随着大数据时代的到来，未来会有更多高质量的化合物 – 靶点数据被用于训练模型，加上深度学习等新兴技术在靶点预测中的应用，预测模型的精度和效果有望进一步提高。

（曾克武，王凯波，汪锴）

数字资源详见　新形态教材网

| 学习目标 | 思维导图 | 思政元素 | 案例探讨 | 参考文献 |
| 微视频 | 拓展阅读 | 本章小结 | 课后习题 | 教学课件 |

第二十章
天然药物调控靶点结构、功能及细胞分子机制的研究

编者导学

 学习目标

 思维导图

本章导航

第一节　天然药物对靶点蛋白结构与功能的调控研究

第二节　天然药物对靶点蛋白介导的细胞信号通路的调控

第三节　天然药物作用于核酸靶点的结构与功能研究

第四节　天然药物对肠道微生物靶点的调控与功能研究

探索天然药物调控靶点结构、功能及细胞分子机制是一项具有挑战性的工作。通过使用各种分析技术，如 X 射线晶体学、核磁共振等，可以确定药物与靶点之间的结合方式，有助于深度解析药物如何调控靶点的结构和功能。此外，通过研究药物在细胞水平上的作用机制，还可以揭示药物如何通过信号通路影响基因表达并调节细胞生理功能等。上述这些有助于我们更好地理解天然药物的作用机制，并为创新药物研发提供重要指导。

第一节　天然药物对靶点蛋白结构与功能的调控研究

天然药物对靶点蛋白结构与功能的调控是一个重要的研究领域，对于我们深入了解药物的作用机制、优化药物结构并发展新的疾病治疗策略具有重要意义。

一、研究天然药物调控靶点蛋白结构与功能的意义

蛋白质是生命体内最基本的功能分子，是调节生命活动的主要物质基础，几乎影响着生命体内所有的生物学事件。因此在药物研发历程中，靶点蛋白的发现占据着重要地位。蛋白质的研究历史最早可以追溯到 19 世纪，化学家们早期从动植物组织中分离出不同形态的蛋白质，并认识到蛋白质在生物体中的重要性。直到 20 世纪初，随着化学和生物学技术的发展，科学家们才开始破译蛋白质的结构，由此进入了蛋白质研究的第二阶段——发展期。1951 年鲍林（Linus Pauling）和科里（Robert Corey）发现了蛋白质 α 螺旋和 β 折叠两种经典的二级结构，开启了蛋白质结构与功能研究的新篇章。然而，由于当时技术和仪器的限制，对于蛋白质结构和功能之间的关系及在生命科学领域的应用仍知之甚少。直至 20 世纪 60 年代后，随着生物学、物理学和计算机科学的快速发展，蛋白质研究进入了第三阶段——蓬勃发展期。特别是核磁共振及冷冻电镜技术的应用，使得蛋白质结构解析得以迅速开

展；质谱分析及基因工程等分子生物学技术的普及使得蛋白质功能的研究更加深入。随着时间的推移，对蛋白质结构与功能的研究不断取得突破，截至 2010 年，蛋白质数据库已存有接近 5 万个原子分辨率的蛋白质及其相关复合物结构。这些研究成果在药物结构设计及作用机制解析等领域发挥着巨大的作用。

总之，人们对靶点蛋白的结构认知深刻地影响着创新药物的发展，同时通过靶点蛋白的生物学功能的解析也可进一步加深我们对药物分子作用机理的再认识，具有重要的科学意义。

二、靶点蛋白结构与功能研究的主要策略

（一）蛋白质结构解析策略

1. 蛋白质晶体学 蛋白质晶体学（protein crystallography）是利用 X 射线晶体衍射技术进行生物大分子结构研究的通称，是结构生物学的一个重要组成部分。其研究内容包括蛋白质样品制备、晶体培养与优化、数据收集，以及结构解析与模型构建等。X 射线晶体衍射技术能够精确测定晶体内部原子的空间位置，从而推断分子结构。X 射线晶体衍射技术有着悠久的发展历史。1895 年，德国维尔茨堡大学的物理学家伦琴（Wilhelm Conrad Röntgen）在研究放电管阴极射线时偶然发现 X 射线。之后，布拉格父子在对 X 射线晶体结构分析的深入研究中，于 1913 年提出了 X 射线衍射方程式——Bragg 方程，由此测定了 NaCl 的晶体结构，被认为是 X 射线晶体学的开端。但由于蛋白质分子的复杂性，直至 1958 年，佩鲁茨（Max Perutz）和肯德鲁（John Kendrew）才成功解析了历史上第一个蛋白质——肌红蛋白的三维结构，标志着 X 射线晶体衍射技术在生物化学领域中的成功应用。之后，随着晶体学技术的不断成熟与发展，X 射线晶体衍射技术成为迄今为止使用最广泛、准确度最高的蛋白质三维结构解析技术。

2. 核磁共振 核磁共振技术是一种基于原子核自旋物理现象的分析方法。在外部磁场下，原子核发生自旋并产生能级跃迁，吸收和释放电磁辐射，生成共振频谱。核磁共振技术通过记录不同分子中的原子核产生的共振频率变化来确定分子结构。核磁共振最早由拉比（Isidor Isaac Rabi）于 1930 年发现。直到 1945 年，珀塞尔（Edward Mills Purcell）和布洛赫（Felix Bloch）才在石蜡和水中展示了核磁共振，并提出了核磁共振基本理论。随后，瑞士科学家恩斯特（Richard Robert Ernst）建立了脉冲傅里叶变换核磁共振技术和二维核磁共振技术，将核磁共振从研究小分子结构推进到大分子，尤其是生物大分子的构象研究领域。1977 年，维特里希（Kurt Wüthrich）利用二维核磁共振技术研究了氨基酸和牛胰蛋白酶抑制剂的结构和相互作用，这一突破性成果为生物大分子的构象研究开辟了新的篇章。经过半个多世纪的持续发展，核磁共振技术已然成为结构生物学领域不可或缺的重要技术。特别是随着超高磁场核磁共振谱仪的问世，数据处理技术的改进，以及新型标记方法的出现等，使得核磁共振技术成为探索生物大分子的结构与功能强有力的工具。迄今为止，核磁共振波谱技术仍然是一种十分可靠的方法，能够实现在原子分辨率下测定溶液中生物大分子的三维结构。

3. 冷冻电子显微镜 冷冻电子显微镜（Cryo-electron microscopy，Cryo-EM）技术是一种用于观察生物大分子结构的高分辨率显微镜技术。其原理是将生物大分子快速冷冻并固定在非晶态冰中（需在毫秒的时间尺度内完成），然后利用低温透射电子显微镜收集样品的电子投影图像信息，最终通过三维重构方法计算出大分子的精细三维结构（图 20-1）。2013 年，加州大学旧金山分校的程亦凡教授首次利用冷冻电子显微镜技术达到了近原子水平（0.34 nm）的 TRPV1 膜蛋白结构解析。2020 年，德国马普生物物理化学研究所的施塔克实现了 0.125 nm 原子级别分辨率的脱铁蛋白结构解析。这些突破对于研究蛋白质的折叠、相互作用及药物设计等领域具有重要意义。

冷冻电子显微镜技术结合了 X 射线晶体衍射和核磁共振波谱的优点，被广泛认为是研究蛋白质

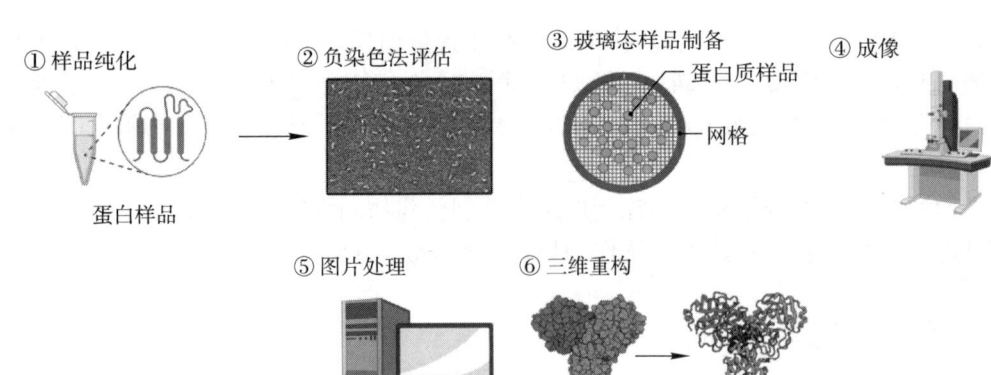

图 20-1　冷冻电子显微镜技术原理

结构的最佳替代方法。冷冻电子显微镜技术相比传统晶体衍射方法，能够直接观察非晶态样品的高分辨率电子投影图像，避免了样品结晶的限制和晶体生长的困难。同时，样品处于冻结状态，保持了生物分子的天然构象，能够观察到生物大分子在接近生理条件下的结构变化。此外，该技术适用范围更广，适合解析更复杂、更大型的生物大分子结构，如蛋白质复合物、细胞器和膜蛋白等。冷冻电子显微镜技术如今已经成为当前结构生物学领域最前沿的成像技术之一，在膜蛋白结构解析和小分子药物及疫苗的开发中显露出巨大的潜力，在天然药物研究领域未来也势必大放光彩，成为强有力的新药研究手段。

4. 氢氘交换质谱　氢氘交换质谱（Hydrogen deuterium exchange mass spectrometry，HDX-MS）技术是研究蛋白质结构动态变化的一种强有力工具。该技术的检测原理是将蛋白质溶解于氘标缓冲溶液中，使蛋白质结构中的不稳定氢原子与溶液中的氘原子发生交换，不同类型的氢原子交换速率不同，由于氘原子质量较大，因此发生氢氘交换后蛋白质的质量会随之增加。通过质谱检测比较酶切后肽段中不同序列片段的氢氘交换速率及蛋白质的氘摄取水平，即可对其高级结构和构象动力学变化进行表征，从而获得蛋白质空间结构相关信息，推测出不同位点的活性程度（图20-2）。1954年，丹麦科学家朗（Linderstrom-Lang）首次使用氘水溶液对蛋白质进行氢氘交换实验，并成功阐述了氢氘交换质谱的基本理论。

氢氘交换质谱作为研究蛋白质高级结构不可或缺的技术，目前已广泛应用于研究蛋白质结构动态变化、推测蛋白质表位构象及蛋白质间相互作用方式等方面。同时，氢氘交换质谱在天然药物研究中

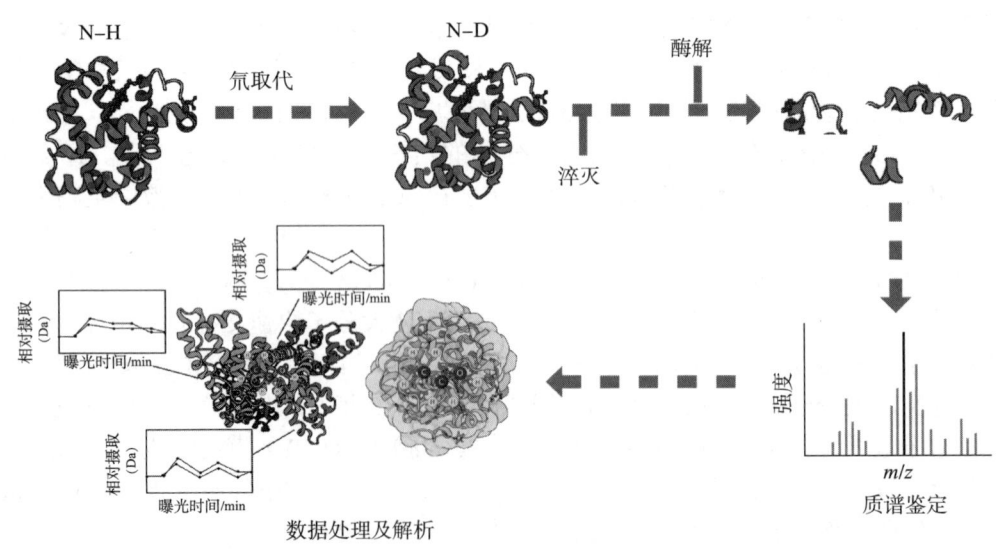

图 20-2　氢氘交换技术原理

也有重要作用，能够揭示药物对蛋白质结构动态调控的机理等，为药物设计和筛选提供重要参考。

（二）功能研究策略

1. 蛋白酶活性测定 酶是一类高效的生物催化剂，影响着生物体内的新陈代谢、能量转换和信号传导等诸多生物学过程。人体内含有至少 5 000 种酶，在机体需要时被激活，发挥特定的生物功能。因此，蛋白酶活性测定（enzyme activity assay，EAA）对于研究天然药物对特定靶点蛋白功能的影响至关重要。早期的蛋白酶活性测定方法主要是观察蛋白质水解的产物。19 世纪末期，费歇尔（Hermann Emil Fischer）和霍夫迈斯特（Franz Hofmeister）发明了依赖于生化反应的方法，用作定性和半定量分析，如肽键断裂试验和酸碱滴定法。但这些方法受时间和反应物质量的限制，不够准确和灵敏。20 世纪初，蛋白酶学家开始探索更为精确的蛋白酶活性测定方法。例如，迈索莫吉（Michael Somogyi）提出了一种测定淀粉酶的方法，通过每隔半分钟取样并加入碘液呈色来计算酶含量的高低。然而，该方法依赖于固定时间和终产物来评估酶活性，依旧无法实现持续和实时的酶催化速率监测。随着分子生物学的发展和自动生化仪的普及，连续监测法逐渐取代固定时间检测法而成为主流。现今，液相色谱、质谱、液相色谱-质谱联用等复杂方法也成功应用于蛋白酶活性检测。

2. 分子动力学模拟 近年来，由于计算机技术的高速发展，分子动力学模拟已然成为研究蛋白质功能的重要手段。分子动力学模拟（molecular dynamics，MD）技术在蛋白质功能研究中的历史可以追溯到 20 世纪 50 年代。1957 年，卡普拉斯（Martin Karplus）等人首次使用计算机模拟了氨基酸的运动，开创了分子动力学模拟研究领域。1970 年，莱维特（Michael Levitt）和瓦谢尔（Arieh Warshel）等科学家开发了多尺度模拟方法，将量子力学和经典力学相结合，对复杂的生物大分子进行计算模拟。随后，蒙特卡罗模拟和自由能表面方法的引入进一步推动了蛋白质分子动力学模拟的发展，能更准确地预测蛋白质的结构和动力学行为。2000 年之后，随着计算能力的提高，基于大规模实验数据和模拟结果的深度学习算法逐渐应用于蛋白质结构预测。如今，分子动力学模拟技术被广泛应用于蛋白质功能研究领域，特别是在揭示蛋白质折叠、变构和药物靶点结合等关键过程中意义重大，已经成为研究生物分子行为的重要工具之一。

3. 荧光共振能量转移 荧光共振能量转移（fluorescence resonance energy transfer，FRET）技术的历史可以追溯到 20 世纪 40~50 年代，科学家们开始研究光激发态分子间非辐射能量转移的现象。1946 年，弗斯特（Theodor Förster）提出了 FRET 的理论基础，即当两个荧光发色基团在足够靠近时，供体分子吸收一定频率的光子后被激发到更高的电子能态，通过分子间的电偶极相互作用，能量以共振方式转移至邻近的受体分子，随后供体分子回到基态。研究人员为了量化描述 FRET 效率与分子间距离之间的关系，发展了 Förster 距离公式。1953 年，FRET 被首次用于解释生物发光现象中的一些特征。直到 20 世纪 80 年代，FRET 技术才开始被广泛应用于生物分子的相互作用、DNA 的超螺旋结构、蛋白质定位等领域，成为揭示复杂生命过程中蛋白质功能的又一重要工具（图 20-3）。

进入 21 世纪，随着基因工程技术的发展，研究人员通过基因编码将荧光蛋白标记在细胞内，结合先进的成像技术和单分子探针技术，即可实现对生物过程蛋白运动的实时监测和定量分析，使得 FRET 技术在细胞生物学和药物开发等领域发挥着重要作用。目前，FRET 被广泛应用于解决蛋白质共定位、聚集体形成、转录机制和蛋白质折叠等生物学问题，为理解蛋白质的功能和信号传递网络等提供重要指导。

4. 氨基酸点突变技术 氨基酸点突变技术（site-directed mutagenesis，SDM）最早可以追溯

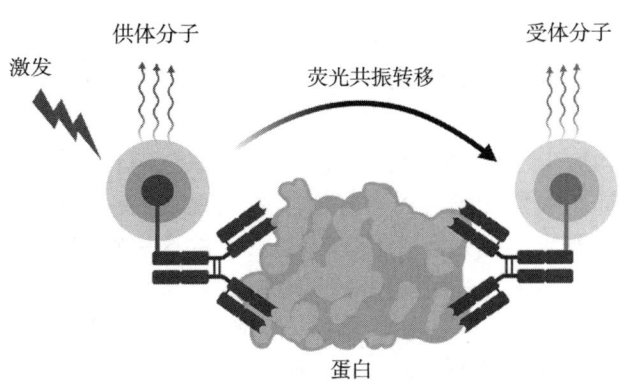

图 20-3 荧光共振能量转移技术原理图

到 20 世纪 70 年代，科学家们通过化学方法合成二肽或三肽来探索蛋白质的功能。然而，由于化学合成方法的限制，这种研究策略通常只适用于较短的肽链。直至 1972 年，美国科学家科恩（Stanley Cohen）和博伊尔（Herbert Boyer）利用限制性内切酶切割不同来源的 DNA 片段，再通过连接酶重新组装，实现了人类历史上第一例 DNA 重组。此后，随着 DNA 测序技术的完善，氨基酸突变技术在蛋白质结构与功能研究中大放光彩。研究人员开始频繁利用重组 DNA 技术对蛋白质进行结构改造，在蛋白质编码序列中引入点突变以系统研究蛋白功能。近年来，CRISPR-Cas9 基因编辑技术的迅速兴起引发了全球范围内的广泛关注。CRISPR-Cas9 利用特定的"剪刀"酶和导向 RNA，实现了高效、精确的 DNA 序列修改，进一步推动了重组 DNA 技术的革新，也将极大加速天然药物化学生物学领域研究。

（三）其他新兴技术方法介绍

此外，还有多种方法和策略用于蛋白质结构与功能研究。结构序列比对可以将已解析的靶点蛋白结构与相关蛋白的序列进行比较，进而揭示保守区域和功能位点等关键信息。同时利用公共数据库和相关资源，可以获取丰富的蛋白质结构和功能信息，如 protein data bank（PDB）和 UniProt 等数据库。再有，运用机器学习和人工智能技术可以分析大规模蛋白质结构和功能数据，挖掘潜在的结构——功能关系，为药物设计提供指导。例如，Deep Mind 团队开发的 AlphaFold 人工智能技术，在推断蛋白质三维结构方面取得了巨大的成功，完成了 98.5% 的人类蛋白质结构预测。由此可见，这些技术为天然产物的靶点蛋白结构和功能研究提供了重要的方法学指导，也为科学解析天然产物如何调控靶点蛋白的功能提供了关键方法学。

三、经典案例介绍

（一）蛋白质结构解析案例分析

基于蛋白质结构解析等方法探究天然产物与靶点蛋白的结合方式、构象及功能变化，为药物作用机制研究和新药研发提供了有力支持。例如，有学者运用晶体学和质谱技术解析了天然药物比洛尼素与 α- 微管蛋白的结合模式，确定了比洛尼素通过迈克尔加成反应与 α- 微管蛋白的 316 位半胱氨酸形成共价结合，进而解释了靶向 α- 微管蛋白引起微管正常组装紊乱的作用机制。此外，基于蛋白质组学分析技术，可以全面检测细胞内蛋白质组的变化。即通过比较天然药物处理组与对照组，筛选差异表达蛋白质，进而挖掘其功能调控网络。例如，有学者借助定量化学蛋白质组学技术，发现黄芩苷的降脂靶点为肉毒碱棕榈酰基转移酶（CPT1），即黄芩苷通过变构调节机制增强了 CPT1 活性，并促进脂肪酸氧化降解，发挥降脂功能。还有学者通过整合赖氨酸反应性分析质谱（LRP-MS）和非变性质谱（nMS）的结构质谱策略，系统研究了多种小分子抑制剂调控下 CDK12/CDK13-Cyclin K 复合物的动态构象变化和整体蛋白质组装，为 CDK12/CDK13 小分子抑制剂的开发设计提供重要理论指导。

（二）蛋白质功能解析案例分析

近年来依据靶点蛋白功能的多样性，研究人员开发出了多种天然药物筛选模型。例如，有学者利用蛋白质对信号通路的调节作用，通过高通量的药物筛选平台发现肝 X 受体脂代谢通路的小分子激动剂 T0901317 能够靶向作用于 cGAS-STING 信号通路中的免疫第二信使 cGAMP，促进其降解，从而抑制天然免疫应答。还有学者利用 α- 淀粉酶能催化 2- 氯 -4- 硝基苯基 -α- 麦芽三糖苷（CNPG3）水解成 2- 氯 -4- 硝基苯（CNP）的这一特性，建立糖苷酶的活性筛选系统，对海洋天然产物进行高通量筛选，进而发现一种新的 α- 淀粉酶抑制剂 Helianthamide。

药物对靶点蛋白功能的影响可以通过基因干扰或基因编辑技术进行研究。例如，有学者通过构建不同的 GPX4 突变体，研究了小分子 RSL3 和 ML162 与 GPX4 的共价结合机制，以此寻找更多的 GPX4 抑制剂。此外，还可以通过分析药物对蛋白酶的变构调控来揭示天然产物的独特作用机制。例如，有学者发现白术内酯Ⅱ是一种有效的二酰基甘油激酶家族蛋白DGKQ的变构激活剂，通过改变DGKQ蛋白构象，增强DGKQ的酶活性，从而降低sn-1,2二酰基甘油（sn-1,2-DAG）水平，抑制蛋白激酶PKCε活性，改善肥胖诱导的胰岛素抵抗。最近，还有一些学者关注于非传统靶点蛋白，这些蛋白质通常不具备经典的活性口袋结构，而是通过影响蛋白-蛋白相互作用和信号传导来发挥生物学功能。对于以此类蛋白质为靶点的药物分子则需要采用荧光共振能量转移、酵母双杂交及免疫共沉淀等技术手段进行评价。例如，有学者通过建立一种可广泛应用的基于时间分辨的荧光共振能量转移系统来分析蛋白质水解靶向嵌合体PROTACs的胞内作用，揭示了雷公藤红素衍生物招募E3酶促进溴结构域蛋白质BRD4降解的作用机理，证明天然产物雷公藤红素是PROTAC开发的潜在配体。以上这些案例均揭示了靶点蛋白的结构与功能研究在天然产物作用机制阐释中的重要作用。

第二节　天然药物对靶点蛋白介导的细胞信号通路的调控

靶点蛋白是药物发挥作用的源头，药物通过对靶点下游相关信号通路的调控，发挥治疗疾病作用。因此，对于靶点蛋白下游相关信号通路的研究有助于我们从整体上系统理解药物的作用机制。在这一节里，我们将主要介绍靶点蛋白相关信号通路的主要研究方法及相关典型案例。

一、研究靶点蛋白介导的信号通路的意义

靶点蛋白通过其下游的分子信号通路来调控细胞功能，进而影响疾病的发生发展。一般来讲，同一个靶点往往关联了下游的多条信号通路，因此对于不同信号通路的研究有助于我们认识药物的复杂分子机制，并探索药物疗效的多面性。同时，对于靶点相关信号通路的研究也有助于我们理解药物的某些副作用，进而对特定通路进行反向调控，以减轻药物的不良反应。特别是靶点相关信号通路的研究结果还可以与临床研究相结合，进而指导临床精准用药，因此具有重要的科学意义。

二、靶点蛋白质介导的信号通路研究的主要策略

探索天然药物如何调控靶点蛋白介导的信号通路，涉及多种研究方法，主要包括：蛋白质分子互作技术、多组学分析技术、基因表达调控技术三个方面。

（一）蛋白质分子互作技术在探索信号通路中的应用

靶点蛋白往往通过与下游底物蛋白发生直接相互作用，将药物的调控信号传导至下游。为深入了解天然药物对细胞信号通路的调控机制，研究人员常常针对靶点蛋白及其下游互作蛋白开展研究。例如，免疫共沉淀（Co-immunoprecipitation，co-IP）技术以抗体和抗原之间的专一性作用为基础，可用于研究蛋白质-蛋白质相互作用，是确定两种蛋白质相互作用的有效方法。基于抗体识别特定蛋白质的原理，通过免疫沉淀的方式富集出靶点蛋白及其相互作用的结合伴侣蛋白，从而揭示天然药物调节特定靶点与下游互作蛋白之间的关系，研究细胞信号通路并构建蛋白质互作网络图。

基于过氧化物酶的邻近标记技术（peroxidase-based proximity labeling，peroxidase-based PL）可用于在活细胞中标记靶点邻近蛋白并检测蛋白质相互作用。过氧化物酶APEX最初由植物的工程化抗坏血酸过氧化物酶改造而来，在过氧化氢存在下可催化生物素-苯酚生成生物素-苯氧基，进而与目标蛋白邻近的蛋白中富含电子的氨基酸发生共价反应，实现生物素标记，经过亲和素系统纯化后开展蛋白质组学分析。基于该技术，可以探究未知蛋白质间的相互作用，进而揭示复杂的细胞信号传导通路，在阐明天然药物的分子作用机制方面具有巨大的应用空间。

染色质免疫共沉淀（chromatin immunoprecipitation，ChIP）技术是一种研究蛋白质与染色质相互

作用的方法，主要用于揭示靶点蛋白在基因调控中的功能。ChIP 能分析某个特定蛋白质与染色质之间的相互作用，并确定其结合位点。目前，ChIP 技术已在多个研究领域得到广泛应用。研究人员可借助 ChIP 技术精确定位某一特定蛋白质结合到染色质上的具体位点，对于揭示转录因子的基因调控功能进而发现启动子及其他调控元件非常重要。此外，ChIP 技术还可用于观察蛋白质是否调控染色质发生表观遗传修饰（如甲基化、乙酰化等），有助于帮助理解药物的表观遗传调控机制，并揭示其与疾病发生之间的关系。

RNA 免疫沉淀反应（RNA immunoprecipitation，RIP）技术是一种研究 RNA 与蛋白质相互作用的方法，主要用于识别和鉴定细胞中特定 RNA 分子与其结合蛋白质之间的相互作用，可以帮助我们理解药物通过蛋白质进而影响 RNA 稳定性、RNA 修饰和 RNA 功能的潜在机制。这对于深入探究药物如何通过特定靶点发挥调控 RNA 功能，进而实现疾病治疗作用也具有重要价值。

由此可见，蛋白质分子互作技术对于揭示药物作用靶点的直接互作蛋白，进而阐明下游信号通路具有积极的意义。同时也有助于我们以靶点为突破口，发现新颖的药物作用机制。

（二）多组学分析技术在探索信号通路中的应用

多组学（Multi-omics）技术通过整合两种或两种以上组学方法，包括转录组学、蛋白质组学、代谢组学等，研究生物系统中各生物分子之间的调控关系，同时将各组分的数据进行整合分析，从而更好地揭示药物作用机制。例如，转录组学可用于检测细胞或组织中的所有 mRNA 转录产物。在天然药物研究中，转录组学可以帮助我们了解天然药物与基因表达之间的关系。通过转录组学技术，可以鉴定由天然药物调控的差异表达基因，并研究这些基因的功能和参与的信号通路，进而揭示天然药物的作用机制。此外，蛋白质组学可以对生物样本中的蛋白质进行全面的分析。通过蛋白质组学技术，可以检测出天然药物作用下的蛋白质全局性变化，这同样有助于深入揭示天然药物的作用机制，并评估药物的疗效和副作用。同时，代谢组学研究可以阐明生物样本中的代谢产物及代谢途径等，也可以帮助我们了解天然药物对代谢通路的影响，并找到与药物治疗效果相关的代谢标志物，特别是通过分析代谢组学数据，还可以评估天然药物的药效和个体差异，为临床精准用药提供依据。

（三）基因表达调控技术在探索信号通路中的应用

基因敲除、RNA 干扰、基因过表达等技术是探究药物对细胞信号通路影响的有效方法，在天然药物的机制解析中发挥着重要作用。基因敲除技术通过靶向特定基因的 DNA 序列，使其在细胞中无法正常表达进而失去功能。目前，CRISPR-Cas9 基因编辑技术被广泛应用于基因敲除，通过人工设计的单向导 RNA 识别目的基因序列，引导 Cas9 蛋白酶对特定 DNA 序列进行切割，造成双链断裂与错配，进而实现基因敲除。当双链断裂后，如果有 DNA 修复模板进入到细胞中，则断裂部分会依据修复模板进行同源重组修复，实现基因敲入。此外，RNA 干扰（siRNA 或 shRNA）技术也可用来抑制特定基因的表达，从而观察与该基因相关的细胞功能变化。这有助于快速确定某个基因是否对天然药物的作用起关键调节作用，并深入阐明药物的作用机制。另外，通过将载有目的基因的质粒转染至细胞，或构建慢病毒/腺相关病毒载体系统，感染宿主细胞，都可以实现特定基因的高表达。再有，基因定点突变技术是一种通过碱基添加、删除、替换等操作，向目的 DNA 片段中引入所需变化，从而改变基因编码的氨基酸序列，实现对目的蛋白特定序列或位点表征的调节。该技术可以帮助我们研究某些特定氨基酸残基对药物调节蛋白质结构、催化活性，以及结合配体能力时发挥的重要作用。

此外，还有很多常用的分子药理学技术，如细胞免疫印迹、免疫荧光、荧光原位杂交、酵母双杂交、单细胞凝胶电泳技术等，这些技术的组合应用均有助于帮助我们深入探索药物的分子机制。

三、天然药物细胞信号通路研究经典案例介绍

有研究团队借助二甲双胍双功能活性探针，从细胞中"钓"出了 2 000 多种与二甲双胍有较高结

合潜力的蛋白质。研究人员对这些蛋白质进行质谱分析，并设计367种蛋白质表达质粒，分别转染至HEK293T细胞中使对应蛋白质过表达，然后进行系统的免疫沉淀实验并通过Western blot进行验证，结果表明其中113种蛋白质可与二甲双胍发生较强的相互作用。通过慢病毒介导的短发夹RNA（shRNA）分别干扰这113个蛋白质的表达，结果发现了一个与众不同的蛋白质——γ分泌酶亚基PEN2。当PEN2表达被抑制时，二甲双胍无法激活AMP活化蛋白激酶，导致其治疗糖尿病的效果显著降低。

有学者通过天然产物库筛选，发现一种柠檬苦素天然产物 harrpernoid D（HD）对多种突变依赖性黑色素瘤细胞具有抑制活性。通过对敏感和非敏感细胞系转录组测序分析，发现MITF基因及其下游靶基因CYP27A1在HD敏感细胞系中高度表达。为验证CYP27A1与MITF的表达相关性，研究人员通过siRNA敲低技术下调MITF表达水平，发现CYP27A1表达也同时发生了明显下调。染色质免疫沉淀实验显示，MITF与CYP27A1启动子之间存在直接结合。随后利用siRNA敲低CYP27A1，发现其逆转了HD介导的细胞增殖抑制，而过表达CYP27A1的细胞系对HD的敏感性则大大提高，由此证实CYP27A1是HD发挥抗黑色素瘤活性的关键靶点。

此外，有研究团队利用天然产物五味子醇甲为分子探针，采用Pull-down实验结合定量质谱技术，从神经细胞中鉴定到五味子醇甲的直接作用靶点ATP6V0d1。质谱分析显示，ATP6V0d1中的335位半胱氨酸被五味子醇甲选择性结合，因此研究人员通过基因过表达技术构建了C335A突变型的ATP6V0d1蛋白质，再次进行Pull-down实验，结果表明五味子醇甲与ATP6V0d1之间的相互作用显著降低，确定了五味子醇甲调控ATP6V0d1的位点在335位半胱氨酸，进而促进溶酶体酸度升高，降解凋亡相关蛋白质并发挥神经细胞保护作用。

第三节　天然药物作用于核酸靶点的结构与功能研究

1953年沃森和克里克首次提出DNA双螺旋结构（B-DNA）后，人们就开始对DNA的形态进行深入系统研究。自20世纪60年代以来，多种不同形态的非B-DNA，如A型双螺旋、Z型双螺旋、发夹结构、三链体（如H-DNA）和四链体（如G-四链体和i-motif）DNA等相继被报道。值得注意的是，人类基因组中含有大量可形成G-四链体结构的DNA序列，且这些内源性G-四链体结构的形成与基因的高转录活性密切相关，参与细胞的多种生理和病理活动，正在被开发成为治疗疾病的有效新靶标。

一、研究核酸靶点的结构和功能的意义

核酸是生物体内遗传信息储存与传递的一个重要载体，在生物功能的调控上也发挥着重要的作用。核酸作为经典且有效的药物靶标，其靶向药物的开发主要包括：作用于核酸结构的小分子药物和作用于序列的反义核酸药物两种方式。前者的常见药物有烷化剂（环磷酰胺、顺铂）、DNA嵌入剂（米托蒽醌、放线霉素、博莱霉素）和拓扑异构酶抑制剂（喜树碱、伊立替康）。反义核酸药物是近年来兴起的一种新的基因治疗药物。反义核酸药物是以RNA为靶点的经过化学修饰的核酸聚合物，其根据Watson-Crick碱基互补配对原则与目标mRNA结合，引起基因沉默、立体阻碍或替代剪接。反义寡核苷酸可以与细胞核中的pre-RNA和细胞质中的成熟mRNA相互作用，它们可以针对外显子、内含子和非翻译区（UTR）等位点。此外，一些特殊核酸结构会被一些蛋白质特异性识别，进而发挥其生理学功能，因此，以核酸-蛋白质复合体为靶点也是药物研发的新方向。整体而言，以核酸为靶点的药物研究对于推动基础科学的发展、促进疾病治疗、推动生物技术创新等方面具有重要的意义和价值。

二、研究核酸靶点的结构与功能的主要策略

（一）核磁共振

核磁共振波谱是获得溶液中生物大分子及其与配体相互作用的高分辨率结构信息过程中不可或缺的技术。NMR 可以提供核酸分子的二级结构信息，包括碱基配对、螺旋形态、碱基翻转等。NMR 可以用来解析各种核酸结构，包括双链 DNA 结构、核酸适配体结构、发夹结构等。在核酸 G-四链体结构确定方面，NMR 具有独特的优势，因其可以解析近生理溶液环境下的 G-四链体结构，是目前 G-四链体结构解析最主要的方法。G-四链体是由三个 G-四集体堆积而成的（图 20-4），在一维氢谱中，G-四集体中的 Hoogsteen 氢键在 10.5~12 ppm 之间会产生特征信号峰，该氢化学位移区域与其他 DNA 结构中的氢化学位移明显不同，故可用来鉴定 G-四链体结构的存在。综合利用二维 COSY、HSQC 和 NOESY 等谱图可对核酸结构上的氢信号进行完全归属，进而根据得到的 H-H 距离信息，结合分子动力学模拟即可得到 G-四链体的三维空间结构（图 20-5）。

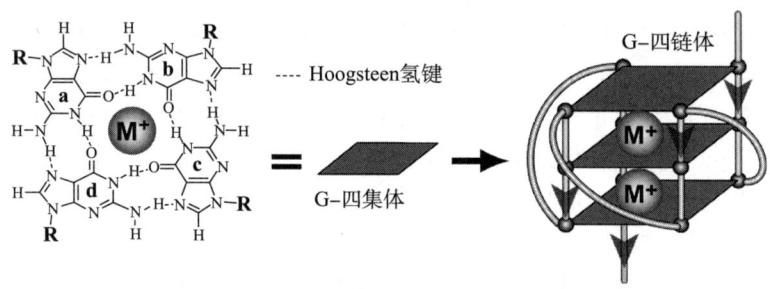

图 20-4　G-四链体结构组成示意图

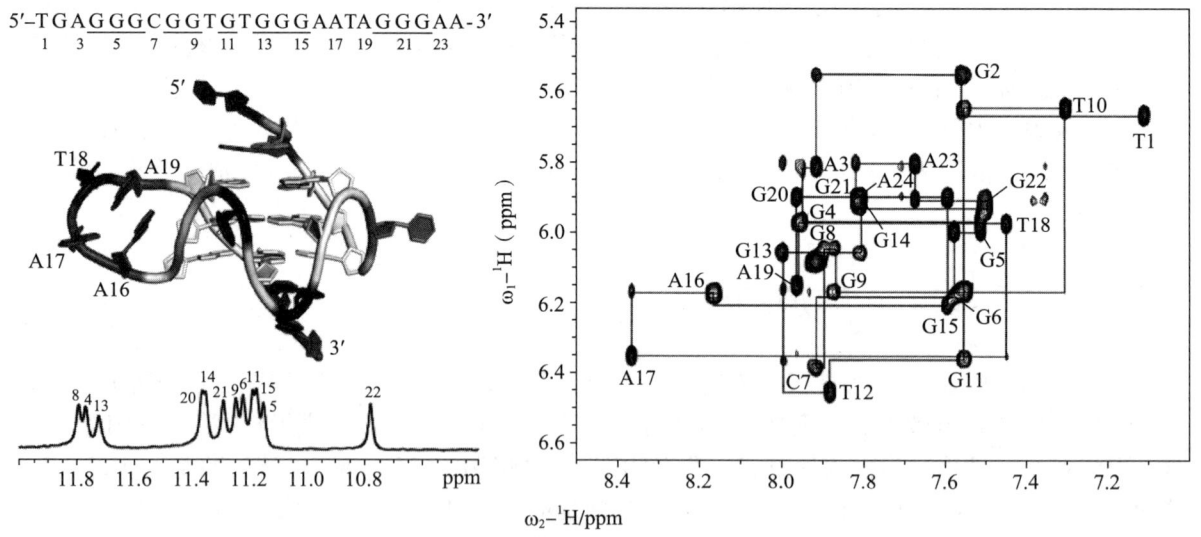

图 20-5　G-四链体的一维氢谱、二维 NOESY 和结构模拟图

（二）X 射线晶体衍射

X 射线通过晶体时，会与晶体中的原子相互作用，产生衍射现象。而晶体由于其点阵结构的不同，其产生的衍射现象也各不相同。DNA 双螺旋的发现，正是借助了 X 射线晶体衍射技术。与 NMR 技术相比，X 射线晶体衍射技术适用于研究结晶态的核酸分子，而结晶态通常比溶液态更加稳定，有利于获得更高分辨率的结构信息。因此，在实际研究中，研究人员会根据具体研究问题和需求选择合

适的技术手段或结合多种方法进行综合分析，以全面理解核酸的结构和功能。

（三）圆二色谱

圆二色谱（CD）是基于分子手性中心对左旋和右旋圆偏振光吸收差异的特性而产生的一种旋光光谱，用于初步判断手性分子的构型和构象。CD 可以监测核酸分子在不同条件下的结构变化，比如温度、pH、离子浓度等以研究核酸的热变性、结构稳定性以及结构重组等动力学过程。CD 可以提供关于核酸分子的二级结构（如螺旋形态）和三级结构（如折叠和组装状态）的信息。核酸分子的手性对谱图有明显的影响，因此可以通过测量样品的 CD 谱图来获得关于核酸结构的信息（图 20-6）。天然 B-DNA 的 CD 光谱特征是在 280 nm 处有一个正带，245 nm 处有一个负带；A-RNA 的 CD 光谱特征是在 250 nm 处有一个正带，210 nm 处有一个负带；i-motif 的 CD 光谱特征是在 220 nm 处有一个的微弱正带，265 nm 处有一个负带和 290 nm 处有一个正带。CD 图谱是判断 G-四链体拓扑结构最重要的方法，不同类型的 G-四链体结构具有不同的光谱特征。平行 G-四链体的 CD 光谱在 260 nm 处有一个正带，240 nm 处有一个相对较浅的负带。反平行 G-四链体的 CD 光谱在 295 nm 处有一个典型的正带，240 nm 处有较小的正带，260 nm 处有一个负带。混合型 G-四链体的 CD 光谱在 290 nm 处有一个正带，260 nm 附近有一个正的肩带，240 nm 处有一个负带。除此之外，CD 可以研究核酸与其他分子（如蛋白质、小分子配体等）之间的相互作用。当分子结合时，谱图会发生变化，因此可以通过比较谱图前后的变化来判断是否发生了结合。

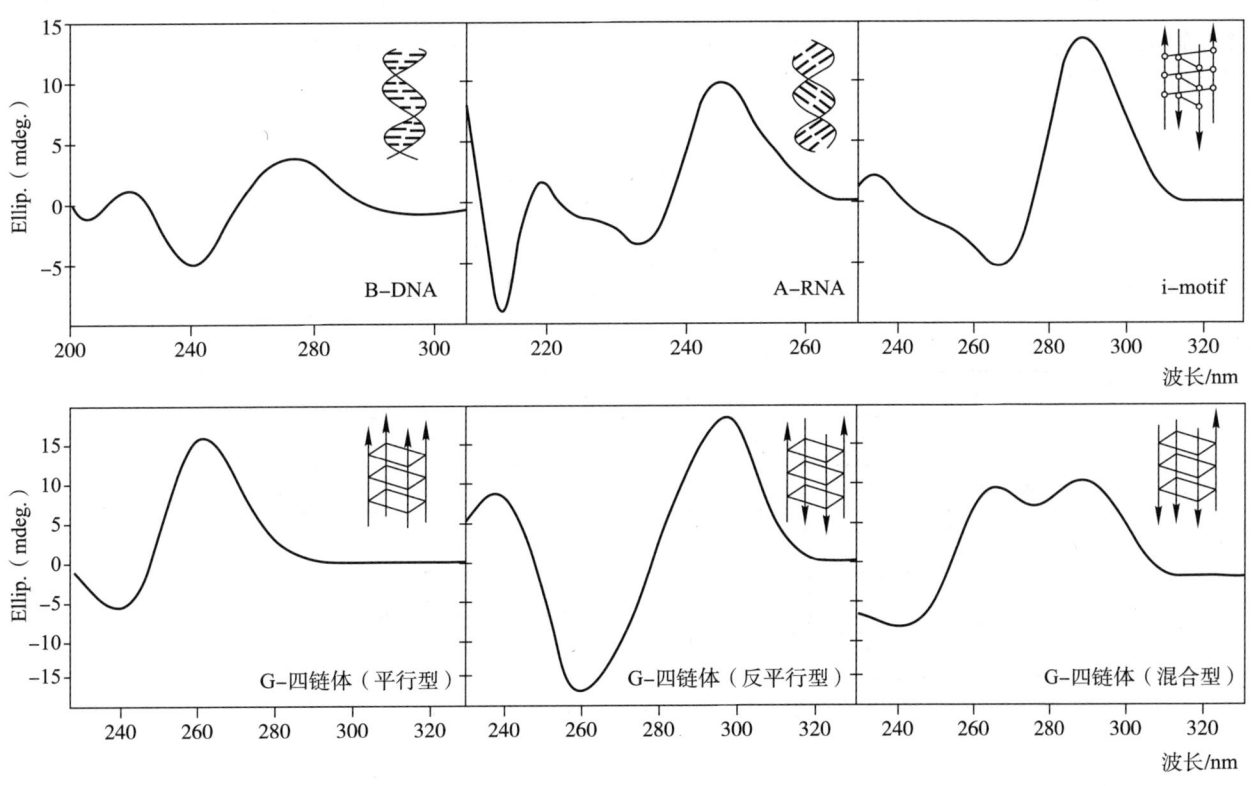

图 20-6　不同核酸结构的圆二色谱图

（四）DNA 聚合酶终止实验

DNA 聚合酶是在 DNA 复制过程中用于合成 DNA 新链的酶，其沿着 DNA 模板链的 3'-5' 方向移动，并从 5'-3' 方向产生一条新的链，而在 DNA 模板链中形成的一些特殊核酸结构可以使 DNA 聚合酶在合成互补链 DNA 时停止，从而产生过早的停滞产物。因此，该实验可以判断各种特殊核酸结构对 DNA 复制进程的影响。此外，能够结合和稳定这些特殊核酸结构的配体能够加强这一现象，因此，通过观察停滞产物的含量可以直观地比较不同配体的稳定作用。如图 20-7 以 G- 四链体结构为例。

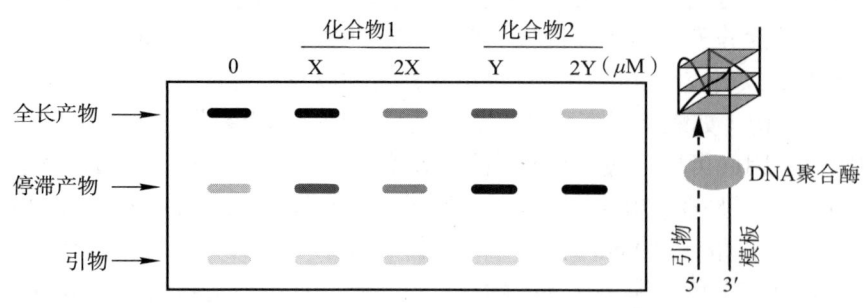

图 20-7　G- 四链体的 DNA 聚合酶终止实验示意图

（五）染色质免疫沉淀 - 测序技术

染色质免疫沉淀 - 测序技术（ChIP-seq）是一种针对 DNA 结合蛋白、组蛋白修饰或核小体的全基因组分析技术（图 20-8）。该技术结合了免疫学和分子生物学的原理，可以确定特定蛋白质与染色质中 DNA 的结合位置和强度，为基因调控、转录因子结合位点、表观遗传修饰和染色质结构等方面的研究提供理论依据。目前，已设计出多种针对特殊核酸结构的抗体，如针对 G- 四链体的 BG4 抗体；针对 R-loop 的 S9.6 抗体和针对 i-motif 的 iMab 抗体等，这对于推动特殊核酸结构的功能和药物开发研究具有重大意义。

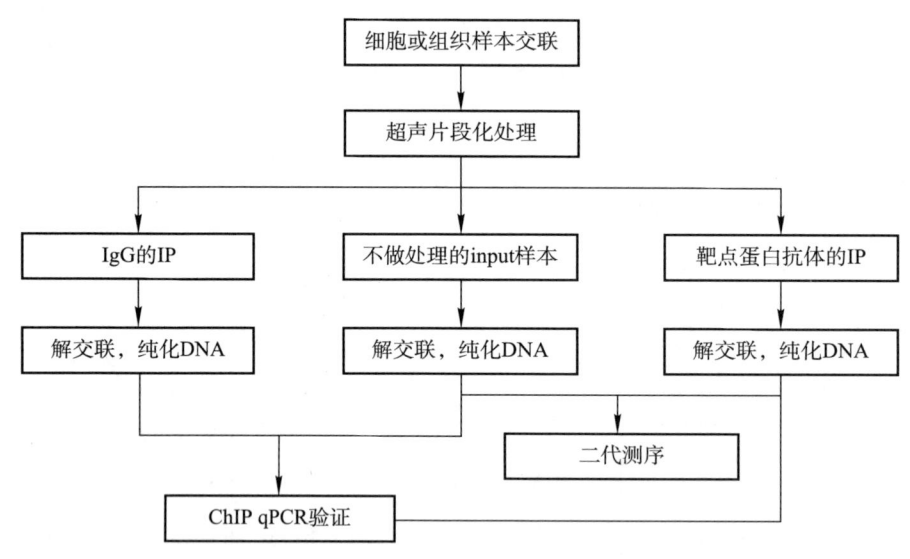

图 20-8　ChIP-seq 实验示意图

（六）质谱

质谱技术主要是测定和分析样品中分子的相对分子质量和相对丰度，从而对分子的组成和结构进行初步判断。该技术多与其他方法联用，如 Cross-linking Mass Spectrometry（XL-MS）技术可鉴定 R-loop 中 RNA 与 DNA 的交联点。电喷雾质谱（ESI-MS）可将 i-motif 离子化，并在质谱仪中进行分析，提供 i-motif 的质谱图，鉴定和表征不同的 i-motif 构象；荧光共振能量转移（FRET）和质谱联用，可以研究 G- 四链体在不同条件下的构象变化。质谱技术还能确定小分子化合物与特殊核酸结构结合的摩尔比。

三、天然药物调控核酸靶点结构与功能研究经典案例介绍

小檗碱靶向 KRAS 癌基因启动子 G- 四链体结构的研究

KRAS 癌基因突变是癌症中最常见的驱动基因。抑制 KRAS 信号通路，能够很好地抑制 KRAS 癌基因驱动的癌症进展，进而提高患者的生存率。但是，KRAS 癌蛋白缺乏小分子结合口袋，研发其靶向抑制剂极具挑战性。因此，亟须开发新技术和新方法来研发新颖的 KRAS 信号通路靶向抑制剂。研究发现，KRAS 癌基因启动子序列的核酸酶超敏反应元件（NHE）可以形成 G- 四链体结构（KRAS-G4），且该结构能够与核蛋白进行相互作用，进而对 KRAS 癌基因的表达进行调控。小分子靶向 KRAS-G4 结构后，能够抑制 KRAS 癌基因的表达，进而达到癌症治疗的目的。因此，KRAS-G4 被认为是有潜力的抗癌药物研究新靶点。KRAS-G4 是一个含有鼓包碱基的平行型 G- 四链体结构，且含有一个 4 碱基的侧环（图 20-9）。KRAS-G4 的 5′端帽子结构由 G2 和 A3 组成；3′端帽子结构由 A23

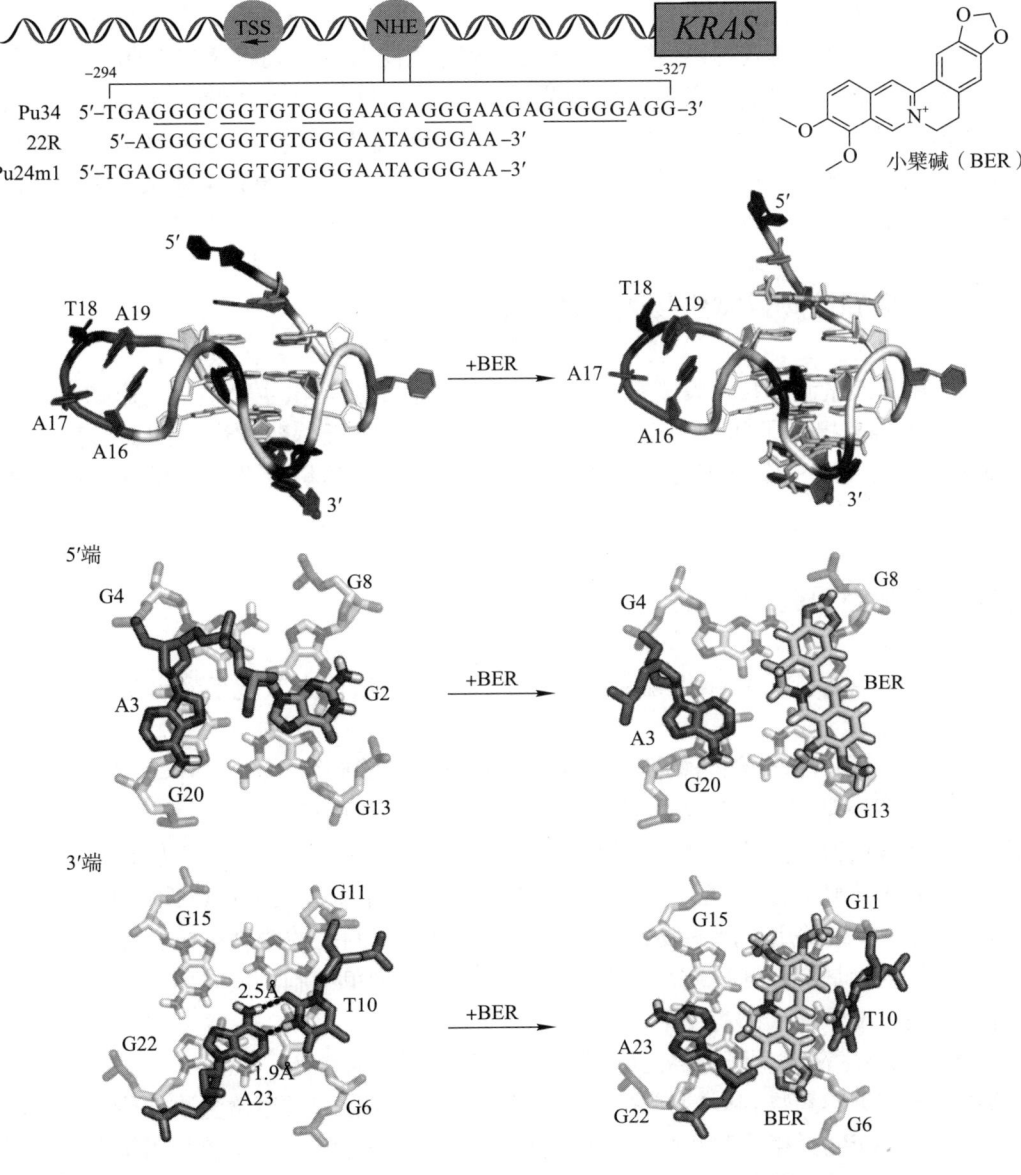

图 20-9　KRAS 基因启动子、KRAS-G4 及其与小檗碱结合结构示意图

碱基及其所招募的鼓包碱基 T10 所组成；侧环的 4 个碱基平行堆叠在一起，增强了 π-π 堆积相互作用。此外，侧环结构的负电子中心与 G- 四链体核心的负电子中心相远离，进而稳定了整体结构。

小檗碱是从黄连中分离的一种天然季铵生物碱，具有抗菌、抗炎、抗氧化等多种药理活性。近年来，小檗碱被证实能够结合并稳定 G- 四链体结构，进而发挥其药理活性。对于 *KRAS*-G4 来说，小檗碱能够以 2∶1 的结合方式堆叠在其外层 G- 四集体上，并诱导其两端侧翼发生明显重排。在 5′ 端，小檗碱占据了 G2 的位置，与 A3 形成共平面。在 3′ 端，小檗碱同样占据了原先 T10 的位置，与 A23 形成共平面，而被挤开的 T10 部分覆盖小檗碱，形成了特殊的结合口袋。小檗碱与 *KRAS*-G4 的结合作用一方面源于其刚性共轭平面，能够与两侧的 G- 四集体形成 π-π 堆积作用；另一方面则是其氮正离子与 G- 四集体的负电子中心具有潜在的静电相互作用。在二者的共同作用下，使得小檗碱能够结合和稳定 *KRAS*-G4 结构。

第四节　天然药物对肠道微生物靶点的调控与功能研究

探究天然药物对肠道微生物的调控作用与功能，包括利用粪菌移植及无菌小鼠模型等观察天然产物对药效的作用是否依赖于肠道微生物、利用多组学测序技术探究天然药物对肠道微生物组成的影响、基于培养组学鉴定天然产物对关键微生物菌株的作用及对疾病表型的因果关系，以及研究天然产物对关键微生物作用的分子机制等多个层次，通过以上研究流程，我们可以明确天然药物是否通过肠道微生物发挥作用、了解天然药物对关键微生物菌株的作用、获得关键微生物菌株影响疾病发生发展的物质基础及分子机制，对于理解天然药物与肠道微生物的相互作用与功能具有重要意义。

一、研究天然药物调控肠道微生物靶点的意义

近期大量利用高通量测序技术发现了多种不同天然药物对肠道微生物组成的影响。然而，高通量测序的结果仅仅为研究提供了初步的概览性认识，进一步探究天然药物影响的关键菌株、活性代谢产物及其分子机制探索等工作对于实现肠道微生物研究领域的学科化及精准化具有重要的科学及临床意义。

二、肠道微生物靶点研究的主要策略

探索天然产物如何影响肠道微生物靶点涉及多种研究方法，大致包括多组学技术、无菌动物技术、培养组学技术等。

（一）多组学技术在探究天然药物调控肠道微生物靶点中的应用

多项研究利用多组学技术探究天然药物对肠道微生物及其靶点的调控作用，其中宏基因组或 6S 扩增子测序技术可以获得天然药物调控肠道微生物的组成及基因变化图谱，宏转录组学用于分析天然药物影响的肠道微生物转录水平变化，代谢组学技术用于探究肠道微生物调控宿主功能的物质基础，宿主转录组学/蛋白质组学用于阐明肠道微生物及其物质基础调控的明确宿主靶点，并推测潜在分子机制。由于肠道微生物具有较强异质性及菌株特异性，微生物单细胞测序技术在探究天然产物调控的微生物亚群中也展示出了强大的应用潜力。

（二）无菌动物技术在挖掘肠道微生物原创靶点中的应用

实验动物是研究天然药物药效的强大工具，多数天然药物影响肠道微生物的研究均是应用实验动物完成的。然而，由于肠道微生物组成的变化与宿主疾病表型之间缺乏直接的因果联系，仅使用通常的实验动物无法区分天然药物是否通过肠道微生物发挥作用。无菌动物是指不含有任何活的微生物和

寄生虫的动物，通常在无菌屏障系统中，剖腹取出胎儿，饲养繁育在无菌隔离器中。无菌动物培养和繁育技术的出现，使得直观探究天然药物的药效是否通过肠道微生物发挥作用成为可能。此外，对无菌动物进行关键微生物定植、活性代谢产物定植，可以进一步阐明天然药物调控肠道微生物的菌源靶点与物质基础，有助于帮助我们深入理解药物的肠道微生物靶点与机制。

（三）培养组学技术在挖掘肠道微生物原创靶点中的应用

肠道微生物实体菌株的培养鉴定及结合细菌体外生化特征、体内动物模型药效的功能研究对于明确天然药物调控肠道菌群的靶点与机制不可或缺。肠道微生物功能培养组学是指利用培养组学方法，挖掘肠道微生物中的关键菌株及变化规律，阐明关键菌株的生化性质、代谢特征，探索关键菌株在疾病模型中的定植效率、菌株药理学作用及作用机制的完整研究框架。培养组学是肠道微生物功能培养组学研究的核心技术与工作重点。基于培养组学原理，可以使我们明确天然药物影响的肠道微生物菌株与宿主疾病表型的因果关系，深入理解关键肠道微生物菌株调控宿主功能的物质基础与分子机制，具有重要的科学意义。

三、天然药物调控肠道微生物研究经典案例介绍

二肽基肽酶 4（DPP4）是一种多肽水解酶，可以水解并使胰高血糖素样肽 1 等胃肠道激素失活，进而调控胰岛素释放等多种生理功能，是 2 型糖尿病及其相关代谢紊乱的重要靶点。有研究团队发现二肽基肽酶 4 活性在无菌小鼠中发生显著下调，基于功能培养组学策略，发现多形拟杆菌等肠道微生物可以产生宿主二肽基肽酶 4 的同源蛋白——菌源二肽基肽酶 4，在不同人群中均有普遍分布，并与糖尿病、肥胖等疾病的发生率具有显著正相关，提示了菌源二肽基肽酶 4 在调控代谢性疾病中的潜在作用。进一步研究发现，菌源二肽基肽酶 4 可以在肠道屏障受损的条件下分泌进入宿主体内，降解活性胰高血糖素样肽 1，诱导糖耐量异常，说明菌源二肽基肽酶 4 是 2 型糖尿病等代谢性疾病的菌源靶点。进一步，研究团队利用高通量药物筛选体系发现一种双苄基异喹啉生物碱类天然产物——蝙蝠葛苏林碱（daurisoline），是强效的菌源二肽基肽酶 4 选择性抑制剂，并在多种动物模型中均发现明显的降糖效果，实现了靶向菌源靶点改善糖耐量异常及相关代谢性疾病。

（曾克武，王凯波，汪锴）

数字资源详见　新形态教材网

学习目标　思维导图　思政元素　案例探讨　参考文献
微视频　拓展阅读　本章小结　课后习题　教学课件

参考文献

[1] 华会明，娄红祥. 天然药物化学 [M]. 8 版. 北京：人民卫生出版社，2022.
[2] 邱峰. 天然药物化学 [M]. 2 版. 北京：清华大学出版社，2021.
[3] 孔令义. 天然药物化学 [M]. 北京：化学工业出版社，2018.
[4] 裴月湖，娄红祥. 天然药物化学 [M]. 7 版. 北京：人民卫生出版社，2016.
[5] 匡海学. 中药化学 [M]. 北京：中国中医药出版社，2011.
[6] 吴继洲. 天然药物化学 [M]. 北京：高等教育出版社，2010.
[7] 王锋鹏. 现代天然产物化学 [M]. 北京：科学出版社，2009.
[8] 吴立军. 实用有机化合物光谱解析 [M]. 北京：人民卫生出版社，2009.
[9] 张培成. 黄酮化学 [M]. 北京：化学工业出版社，2009.
[10] 吴立军. 实用天然有机产物化学 [M]. 北京. 人民卫生出版社，2007.
[11] 方起程，天然药物化学研究 [M]. 北京：中国协和医科大学出版社，2006.
[12] 吴寿金，赵泰，秦永祺 [M]. 现代中草药成分化学 [M]. 北京：中国医药科技出版社，2002.
[13] 姚新生. 天然药物化学 [M]. 3 版. 北京：人民卫生出版社，2001.
[14] 肖崇厚. 中药化学 [M]. 上海：上海科学技术出版社，1997.
[15] 吴立军. 天然药物化学 [M]. 北京：人民卫生出版社，1988.
[16] 中国科学院上海药物研究所. 中草药有效成分提取与分离 [M]. 2 版. 上海：上海科学技术出版社，1983.

郑重声明

高等教育出版社依法对本书享有专有出版权。任何未经许可的复制、销售行为均违反《中华人民共和国著作权法》，其行为人将承担相应的民事责任和行政责任；构成犯罪的，将被依法追究刑事责任。为了维护市场秩序，保护读者的合法权益，避免读者误用盗版书造成不良后果，我社将配合行政执法部门和司法机关对违法犯罪的单位和个人进行严厉打击。社会各界人士如发现上述侵权行为，希望及时举报，我社将奖励举报有功人员。

反盗版举报电话　　（010）58581999　58582371
反盗版举报邮箱　　dd@hep.com.cn
通信地址　北京市西城区德外大街4号　高等教育出版社知识产权与法律事务部
邮政编码　100120

读者意见反馈

为收集对教材的意见建议，进一步完善教材编写并做好服务工作，读者可将对本教材的意见建议通过如下渠道反馈至我社。

咨询电话　400-810-0598
反馈邮箱　gjdzfwb@pub.hep.cn
通信地址　北京市朝阳区惠新东街4号富盛大厦1座　高等教育出版社总编辑办公室
邮政编码　100029

防伪查询说明

用户购书后刮开封底防伪涂层，使用手机微信等软件扫描二维码，会跳转至防伪查询网页，获得所购图书详细信息。

防伪客服电话　　（010）58582300